W0187815

Jürgen Wolf

C von A bis Z

Das umfassende Handbuch

Liebe Leserin, lieber Leser,

dieses umfassende Handbuch zur Programmiersprache C lässt keine Wünsche offen: Hier erhalten Sie eine fachkompetente und unterhaltsame Darstellung der Sprache C. Auf lockere Art, immer unterstützt durch zahlreiche Beispiele, behandelt Jürgen Wolf viele Kern- und Randthemen; Sie erhalten nahezu vollständiges C-Wissen. Auf der Buch-CD finden Sie die HTML-Version des Buches und weitere Openbooks. Außerdem liegt dem Buch eine praktische Referenzkarte mit den C-Standard-Bibliotheken bei.

Egal, ob Sie gerade mit C anfangen oder schon länger in C programmieren: Hier werden Ihre Fragen beantwortet. Und sollte doch noch eine offen sein, dann können Sie sich direkt an unseren Autor wenden. Unter *wolf@pronix.de* steht er Ihnen mit Rat und Tat zur Seite.

Dieses Buch wurde mit großer Sorgfalt geschrieben, lektoriert und produziert. Sollten sich dennoch Fehler eingeschlichen haben, so freue ich mich über eine Rückmeldung und Ihre konstruktive Kritik. Schreiben Sie mich direkt an. Jetzt wünsche ich Ihnen viel Spaß beim Lesen!

Ihre Judith Stevens-Lemoine
Lektorat Rheinwerk Computing

judith.stevens@rheinwerk-verlag.de
www.rheinwerk-verlag.de
Rheinwerk Verlag · Rheinwerkallee 4 · 53227 Bonn

Auf einen Blick

Wir hoffen, dass Sie Freude an diesem Buch haben und sich Ihre Erwartungen erfüllen. Bitte teilen Sie uns doch Ihre Meinung mit. Eine E-Mail mit Ihrem Lob oder Tadel senden Sie direkt an die Lektorin des Buches: *judith.stevens@rheinwerk-verlag.de*. Im Falle einer Reklamation steht Ihnen gerne unser Leserservice zur Verfügung: *service@rheinwerk-verlag.de*. Informationen über Rezensions- und Schulungsexemplare erhalten Sie von: *hendrik.wevers@rheinwerk-verlag.de*.

Informationen zum Verlag und weitere Kontaktmöglichkeiten finden Sie auf unserer Verlagswebsite *www.rheinwerk-verlag.de*. Dort können Sie sich auch umfassend und aus erster Hand über unser aktuelles Verlagsprogramm informieren und alle unsere Bücher versandkostenfrei bestellen.

An diesem Buch haben viele mitgewirkt, insbesondere:

Lektorat Judith Stevens-Lemoine, Anne Scheibe
Fachgutachten Martin Conrad
Korrektorat Friederike Daenecke, Zülpich
Herstellung Norbert Englert
Layout Vera Brauner
Einbandgestaltung Barbara Thoben, Köln
Coverbild Barbara Thoben, Köln
Satz SatzPro, Krefeld
Druck und Bindung Beltz Bad Langensalza

Dieses Buch wurde gesetzt aus der Linotype Syntax Serif (9,25/13,25 pt) in FrameMaker. Gedruckt wurde es auf chlorfrei gebleichtem Offsetpapier (70 g/m²).

Bibliografische Information der Deutschen Nationalbibliothek
Die Deutsche Nationalbibliothek verzeichnet diese Publikation in der Deutschen Nationalbibliografie; detaillierte bibliografische Daten sind im Internet über *http://dnb.d-nb.de* abrufbar.

ISBN 978-3-8362-1411-7

3., aktualisierte und erweiterte Auflage 2009, 5., korrigierter Nachdruck 2017

Inhalt

Vorwort

Bei der Flut an Büchern, die es zur Programmiersprache C mittlerweile gibt, stellt sich natürlich die Frage: Warum sollten Sie sich gerade für dieses Buch entscheiden? Nach mehrjähriger Erfahrung mit C weiß ich, dass es schwierig ist, aus der großen Menge von Büchern immer das richtige oder das mit dem passenden Schwerpunkt zu finden. Spätestens nach dem dritten oder vierten Buch wird es ärgerlich, denn gut ein Drittel des Buchs ist mit Bibliotheksreferenzen und Werkzeugbeschreibungen gespickt.

Zudem ist es immer häufiger so, dass viele Bücher ähnlich aufgebaut sind wie die Bibel von Kernighan&Ritchie, den Erfindern und Entwicklern von C. Dazu fällt mir ein interessantes Zitat von Johann Wolfgang von Goethe ein:

> *Alles Gescheite ist schon gedacht worden. Man muss nur versuchen, es noch einmal zu denken.*

Dieses Buch, das Sie in den Händen halten, verspricht Ihnen C pur auf allen Seiten. Es ist ein reines C-Werk, das quasi bei Adam und Eva anfängt und sich auch nicht scheut, auf komplexere Themen einzugehen. Es soll keine Konkurrenz für viele andere gute Bücher sein, sondern es soll sie ergänzen.

Ich habe mich durchgehend bemüht, nicht nur für eine bestimmte Zielgruppe zu schreiben. Es soll keines der Sorte Bücher sein, die sich ausschließlich an den Anfänger oder den Fortgeschrittenen richten, sondern soll für beide hilfreich sein. Am Titel lässt sich schon erkennen, dass Einsteiger oder Umsteiger angesprochen sind. Der fortgeschrittene Leser kann mit diesem Buch sein Wissen vertiefen. Ich empfehle dieses Buch einfach jedem, der sich intensiv mit C befassen will oder muss.

Da dieses Buch als Online-Kurs im Internet verfügbar war (und es immer noch ist), wurden die Struktur und der Inhalt – dank der Hinweise vieler Kursteilnehmer – immer mehr verfeinert und verbessert. Die einzelnen Kapitel sind jeweils ähnlich gegliedert. Zuerst erfolgt eine Erklärung, worum es geht, und dann schließt sich, falls erforderlich, eine Syntaxbeschreibung an. Ich habe besonders darauf geachtet, dass Sie zu jedem Kapitel möglichst viele ausführbare Listings vorfinden, die anschließend – wenn erforderlich – erklärt werden. In den Kapiteln selbst finden sich oft verschiedene Tipps und Hinweise.

Außerdem finden Sie auf dieser Webseite weiterführende Links zu den einzelnen Kapiteln, alle Quellcodes des Buchs zum Herunterladen und Anleitungen zu verschiedenen Compilern.

In den ersten 20 Kapiteln des Buchs lernen Sie alle Grundlagen zu C kennen. Ab Kapitel 21, so gesehen im zweiten Teil des Buchs, folgen die fortgeschrittenen Themen. Dort behandele ich dynamische Datenstrukturen (Kapitel 21) und verschiedene Algorithmen (Kapitel 22). Ein beliebter, aber leider selten in der Literatur zu findender Aspekt ist die Programmierung von Webanwendungen mit der CGI-Schnittstelle in C (Kapitel 23). Ein weiteres interessantes Thema ist die Programmierung eigener Datenbank-Clients mit der C-API von MySQL (Kapitel 24). Kapitel 25 ist der Netzwerkprogrammierung und der Cross-Plattform-Entwicklung gewidmet. Neu ist in dieser dritten Auflage mit dem Kapitel 26 ein Abschnitt zur Thread-Programmierung (genauer gesagt zu den POSIX-Threads) hinzugekommen.

Mein Dank, dass ich dieses Buch überhaupt realisieren konnte, gilt meiner Frau Fatma und meinem Sohn Jonathan, die mich immer wieder motiviert haben, obwohl ich in den letzten drei Monaten kaum noch Zeit für sie hatte. Außerdem möchte ich mich bei den Mitarbeitern des Verlags bedanken, besonders bei meiner Lektorin Judith Stevens-Lemoine, die das Projekt erst ermöglicht hat. Weitere Personen, die mir beim Schreiben des Buchs mit Rat und Tat zur Seite gestanden haben und denen ich sehr zu Dank verpflichtet bin, sind Oliver Weiss, Patrick Simon und Gerrit Bruchhäuser.

Vorwort zur 3. Auflage

Es ist an der Zeit für die dritte Runde und eine stark verbesserte und erweiterte Auflage des Fachbuchs zur C-Programmierung. Zwar ist mit der Thread-Programmierung ein weiteres neues Kapitel hinzugekommen, aber das Hauptaugenmerk bei der Bearbeitung dieser dritten Auflage lag darauf, endlich komplett den derzeitig aktuellen C99-Standard in dieses Buch einzubinden. Ebenso wurde ein neuer Anhang (B) hinzugefügt mit einer Übersicht zu allen in der C-Standardbibliothek vorhandenen Funktionen, Makros, Konstanten und Typen. Hier wurde nichts ausgelassen.

Ich wünsche Ihnen viel Spaß mit diesem Buch. Sollten während des Lesens Unklarheiten oder Fragen aufkommen, so scheuen Sie sich nicht, mir eine E-Mail zu schicken. Ich freue mich über ein Feedback von Ihnen.

Jürgen Wolf
(wolf@pronix.de)

Vorwort des Gutachters

Bin ich hier richtig?

Vor dem Kauf dieses Buches haben Sie sich sicher Gedanken darüber gemacht, in welcher Programmiersprache Sie Ihr Wissen weiter vertiefen wollen: C, C++, Python, Java, um nur einige der Hochsprachen zu nennen.

Falls Sie in einem Forum diese Frage gestellt haben oder bekannte Programmierer danach gefragt haben, so haben Sie sicher genauso viele unterschiedliche Antworten bekommen, wie es Leute gab, die Ihnen geantwortet haben. Diese Meinungen können also recht weit auseinanderklaffen.

Viele Leute raten von C ab, da C keinen objektorientierten Ansatz mitbringt und man sich um die Speicherverwaltung selbst kümmern muss, was einige Gefahren mit sich bringt. Ich bin der Meinung, dass Sie mit C eine gute Wahl getroffen haben. Die Tatsache, dass man bei C vieles selbst von Hand erledigen muss, sehe ich eher als Vorteil an. Durch den Umgang mit diesen Unbequemlichkeiten stellt sich ein hohes Verständnis für das Betriebssystem und die Arbeitsweise Ihres Computers ein.

C-Programmierung schafft so eine solide Grundlage, die es Ihnen ermöglicht, andere Sprachen schnell zu verstehen, zu erlernen und einzusetzen, da Sie ein grundsätzliches Verständnis von dem haben, was der Computer im Hintergrund tatsächlich macht.

Aber C ist in meinen Augen keinesfalls eine Sprache, die nur zum Einstieg und Lernen der Programmierung dient. Im Gegenteil, mit C können Sie im Grunde alles programmieren – auch einen eigenen objektorientierten Ansatz oder eine komfortable Speicherverwaltung. Nicht ohne Grund sind fast alle modernen Betriebssysteme in C geschrieben.

Mit C bieten sich Ihnen also alle Möglichkeiten – als Grundlage zum Erlernen weiterer Sprachen oder als Programmiersprache für den täglichen Einsatz und für große Projekte.

Viel Spaß mit Ihrem neuen Buch und herzlich willkommen in der »Das muss doch irgendwie gehen«-Welt.

Martin Conrad

Martin Conrad ist freier Programmierer, Systemadministrator und Webdesigner.

Um zu verstehen, warum in C ein Standard eingeführt wurde, müssen Sie etwas zur Geschichte dieser Sprache wissen.

1 Einstieg in C

1.1 Übersicht zu C

Mit C lernen Sie eine Programmiersprache, die auf fast allen Betriebssystemen zur Verfügung steht. Besser noch, anders als bei vielen anderen Sprachen (beispielsweise BASIC) steht Ihnen auf den verschiedensten Plattformen eine genormte Standard-C-Bibliothek zur Verfügung. Dank dieser einheitlichen Implementierung und der sehr guten Geschwindigkeit der damit erstellten Programme ist und bleibt C wohl noch für eine sehr lange Zeit eine sehr populäre Sprache – und das sowohl im kommerziellen als auch (vor allem) im Open-Source-Bereich.

C wird auch liebevoll als High-Level-Assembler bezeichnet. Dies resultiert auch daher, dass der Kern (besser bekannt als *Kernel*) aller gängigen Betriebssysteme in C (und natürlich Assembler) geschrieben wurde – weshalb sich C hervorragend zur Systemprogrammierung eignet.

Dank einer einfachen Struktur und des geringen Umfangs der Sprache gestaltet sich die Portierung eines C-Compilers auf andere neue Prozessorplattformen im Vergleich mit anderen Sprachen weniger aufwendig, weshalb sich der Aufwand vom kleinsten Mikrocontroller bis zum High-End-Rechner immer lohnt. Somit können Sie sich sicher sein, dass Sie – egal für welche Plattform Sie programmieren – immer einen C-Compiler dafür bekommen, und somit bleibt Ihnen auch eine prozessorspezifische Programmierung in Assembler erspart. Meistens können Sie Ihre Anwendung, die Sie für ein bestimmtes System geschrieben haben, (mit kleinen Änderungen) auf eine andere Plattform übernehmen.

Hinweis

Um keine Missverständnisse aufkommen zu lassen: Mit »auf andere Plattformen übernehmen« ist der Quellcode gemeint. Wenn bei Programmiersprachen die Rede von »portabel« ist, ist gewöhnlich der reine Quelltext gemeint. Die Objektdateien bzw. die ausführbare Datei sind nicht mehr auf andere Systeme portierbar. Sie müssen also den Quelltext auf der anderen Plattform erneut übersetzen.

Und dass die Programme, die in C geschrieben sind, dann auch noch einen verhältnismäßig geringen Umfang haben (nur Assembler-Programme sind kleiner), macht C zu einer sehr interessanten Sprache in den Bereichen *Embedded Systems* und Mikrocontroller-Programmierung, wo Speicherplatz sehr kostbar ist.

Trotzdem will ich hier nichts schönreden. C zu können und zu verwenden hat in vielen Bereichen erhebliche Vorteile gegenüber anderen Sprachen – Sie lernen also hier in keiner Weise etwas Überflüssiges –, aber sofern Sie sich intensiver mit der Anwendungsentwicklung auseinandersetzen wollen bzw. müssen, werden Sie über kurz oder lang nicht um eine objektorientierte Programmiersprache wie C++, Java oder C# herumkommen. Der Vorteil von objektorientiertem Code besteht in einer besseren Wartbarkeit, einer Entwurfsunterstützung und einem besseren Abstraktionsniveau. Allerdings sollte der Umstieg von C auf C++ (oder auch Java) keine allzu große Hürde sein, da die Sprache C++ aus C hervorgegangen ist und um die Möglichkeiten der objektorientierten und generischen Programmierung erweitert wurde.

Ein C-Programm wird gewöhnlich mithilfe eines Compilers aus einer oder mehreren einfachen Textdateien zu Objektcodedateien übersetzt. Mehrere Objektcodedateien wiederum werden anschließend von einem *Linker* (auch *Binder* genannt) zu einer ausführbaren Datei gebunden. Jedes ausführbare C-Programm besitzt eine Hauptfunktion (in C wird sie `main()` genannt). Natürlich können Sie auch eigene Bibliotheken erstellen und diese in einem Archiv zusammenfassen. Bibliotheken wiederum können Sie bei einem späteren Bindevorgang des Linkers wieder verwenden, damit diese zum Programm hinzugebunden werden.

1.2 Der ANSI-C-Standard

C wurde 1972 von Dennis Ritchie und Ken Thompson erfunden, wobei »erfunden« nicht ganz der richtige Ausdruck ist. C wurde aufgrund einiger Einschränkungen der Vorgängersprache B implementiert und hauptsächlich für das Betriebssystem UNIX entwickelt. Denn vorher war UNIX vollständig in Assembler programmiert.

Als die ersten frei erhältlichen Compiler für C erschienen, war der Siegeszug nicht mehr aufzuhalten. C wurde im Zusammenhang mit UNIX zur erfolgreichsten Sprache überhaupt.

C wurde aber nicht entwickelt, um Software zu schreiben, sondern für Programmierer, die Compiler entwickelten. Und genau da lag das Problem. Jeder Compiler-Hersteller kochte sein eigenes Süppchen und erweiterte die Programmiersprache um einige Funktionen oder ließ die eine oder andere bestehende Funktion wegfallen.

Mit der Zeit entstanden immer mehr unterschiedliche C-Dialekte, und eine Portierung von einem zum anderen System kam dem Neuschreiben eines Programms gleich.

Schließlich fand sich eine Gruppe von Compiler-, Hardware- und Software-Entwicklern zusammen, mit der Absicht, das Problem der Vielfalt der Sprachendialekte zu beheben. Das *American National Standard Institute* (kurz ANSI) rief 1983 ein Komitee namens X3J11 ins Leben, das die Aufgabe bekam, die Sprache C zu standardisieren.

ANSI-Standards

Das ANSI hat natürlich nicht nur den C-Standard geschaffen, sondern ist auch für unzählige weitere Standards weltweit verantwortlich (siehe *http://www.ansi.org/*).

Das Komitee entwickelte einen Entwurf für einen gemeinsamen Standard und dessen Einhaltung. 1989 war es dann endlich so weit: Der Entwurf wurde vorgelegt und auch von der *International Standards Organization* (ISO) übernommen. In der Kurzform hieß er *C89-Standard* (ANSI-Standard X3.159–1989). Teil des ANSI-C-Standards sind die Software-Bibliotheken (besser bekannt unter dem Begriff *ANSI C standard library*).

Bei einer späteren Revision des C-Standards wurden neue Headerdateien zur Bibliothek hinzugefügt. 1995 kamen beispielsweise die Headerdateien *<iso646.h>*, *<wchar.h>* und *<wctype.h>* hinzu, die als *Normative Amendment 1* bezeichnet wurden (kurz NA1).

Vier Jahre später, 1999, kamen dann die Headerdateien *<complex.h>*, *<fenv.h>*, *<inttypes.h>*, *<stdbool.h>*, *<stdint.h>* und *<tgmath.h>* hinzu. Diese Revision wurde dann als *C99-Standard* bekannt.

Natürlich wurden nicht immer nur Headerdateien hinzugefügt, sondern auch die wesentlichen Schwächen von C verbessert. Dies muss an dieser Stelle erwähnt werden, da häufig auf Titeln von Büchern zu lesen ist: »Entspricht dem neuen C99-Standard«. Häufig bezieht sich diese Aussage auf die wesentlichen Verbesserungen von C und nicht auf die neuen Bibliotheken.

Der aktuelle C99-Standard (ISO/IEC 9899:1999) ist mittlerweile bei vielen Compilerherstellern angekommen und größtenteils implementiert.

Sofern Sie den Standard lesen wollen, müssen Sie diesen käuflich erwerben, da es keine Online-Version davon gibt. Der ISO-Standard wird in Genf unter folgender Adresse vertrieben:

```
ISO Distribution
Case Postale 56
CH-1211 Geneve 20
Suisse
```

Sie können allerdings auch eine *Rationale* via FTP von *ftp.uu.net* beziehen. Im Verzeichnis *doc/standards/ansi/X3.159–1989* finden Sie eine entsprechende Postscript-Datei, die auch von *Silicon Press* (ISBN 0–929306–07–4) vertrieben wird.

Rationale

Eine *Rationale* ist eine Erklärung, warum das Standardisierungskomitee eine Entscheidung so und nicht anders getroffen hat. Allerdings ist diese Rationale nicht Bestandteil des ANSI-Standards, weshalb sie auch nicht im oben genannten ISO-Standard vorhanden ist. Die Rationale dient lediglich zur Information.

Seit 2007 arbeitet das Standardisierungskomitee an einer neuen Revision des C-Standards. Derzeit wird dieser Standard als *C1x* bezeichnet. Daraus kann man zumindest schließen, dass dieser Standard irgendwann im Jahre 2010 bis 2019 erscheinen dürfte. Fakt ist auf jeden Fall, dass dann auch die Thread-Programmierung im Standard implementiert sein wird, was gerade angesichts der Mehrprozessorsysteme unumgänglich wird. Es dürfte wohl auch zu erwarten sein, dass der neue C1x-Standard neue Funktionen für eingebettete Systeme, verschiedene Zeichensätze (Unicode-Unterstützung), Funktionen für eine dynamische Speicherreservierung und Überprüfung von Speicher- bzw. Pufferüberläufen usw. enthalten wird.

1.2.1 Welcher C-Standard wird in diesem Buch verwendet?

Den einen oder anderen dürfte diese Überschrift etwas verwirren, da sich das Buch doch als C99-Standard-konform gibt. Das ist schon richtig, das Buch hier beschreibt auch den C99-Standard. Nur leider schaffen es einige Compiler-Hersteller nicht (darunter auch solche Größen wie Microsoft oder Borland; Stand 2009) den C99-Standard komplett zu implementieren. So bleibt mir in diesem Buch nichts anders übrig, als immer wieder darauf hinzuweisen, dass dies oder jenes eben dem C99-Standard entspricht und somit auch nur bei Compilern funktioniert, die diesen Standard implementiert haben. Besonders hervorzuheben bezüglich der Unterstützung des C99-Standards sind hier die Compiler *GCC*, *Sun Studio (Software)*, *Open Watcom C Compiler* und *Intel C/C++*.

Hinweis

Die Syntaxbeschreibungen bei den Funktionen der Standard-C-Bibliothek finden Sie im C99-Standard. Im Grunde besteht hierbei eigentlich kein Unterschied, nur dass im C99-Standard einige Funktionen mit dem `restrict`-Zeiger deklariert sind. Mehr hierzu finden Sie im entsprechenden Abschnitt 12.13.

1.2.2 Der Vorteil des ANSI-C-Standards

Der Hauptvorteil des ANSI-C-Standards ist die Portabilität von C-Programmen. Das bedeutet: Wenn Sie ein Programm auf Plattform A geschrieben haben und übersetzen, lässt sich dieses Programm auch auf Plattform B übersetzen. Natürlich ist damit eine Neuübersetzung des Quellcodes gemeint und nicht das ausführbare Programm. ANSI-C-Compiler gibt es für über 40 Systeme, vom kleinsten 8-Bit-Computer bis hin zum Superrechner.

Nicht portabel hingegen sind hardwarenahe bzw. betriebssystemspezifische Operationen. Wenn Sie zum Beispiel ein Programm für UNIX/Linux schreiben, das die Grafikkarte anspricht, wird das Programm seine Ausführung auf anderen Systemen verweigern.

Es gibt natürlich noch eine Reihe von weiteren Standards, die aber in diesem Buch nicht behandelt werden.

1.3 Der POSIX-Standard

Der POSIX-Standard ist mittlerweile viel zu mächtig, um ihn zu ignorieren. Zwar werden Sie in diesem Buch damit kaum in Berührung kommen, aber in Anbetracht der Tatsache, dass viele Leser auch unter Linux/UNIX arbeiten und daher zwangsläufig früher oder später (meistens früher) mit POSIX in Kontakt kommen, sollten hier ein paar Zeilen darüber verloren werden.

POSIX (*Portable Operating System Interface for UniX*) ist ein von der IEEE entwickeltes standardisiertes Applikationsebeneninterface, das die Schnittstelle zwischen einer Applikation und dem Betriebssystem UNIX darstellt. Sämtliche UNIX-Derivate halten sich mehr oder weniger an die in IEEE1003.1 (1990) und IEEE1003.2 (1992) festgelegten Standards, die heute die globale Industrienorm DIN/EN/ISO/IEC 9945 bilden.

Der POSIX-Standard P1003.1 beinhaltete Standardkomponenten wie den Betriebssystemkern und C-Bibliotheken. Heute halten sich mehr oder weniger alle UNIX/Linux-Varianten an den POSIX-Standard. Selbst Microsoft Windows bietet eine POSIX-konforme Schnittstelle an, da vor allem in den USA POSIX eine wesentliche Voraussetzung der IT-Ausschreibungen im militärischen und öffentlichen Bereich ist. Natürlich existiert nicht nur ein POSIX-Standard für den Betriebssystemkern und die C-Bibliotheken. Weitere Standardkomponenten sind in Tabelle 1.1 aufgelistet.

Bezeichnung	Bedeutung
P1003.1	Betriebssystemkern und C-Bibliotheken
P1003.2	Shell und Kommandos
P1003.3	POSIX–Test-Suite
P1003.4	Realzeiterweiterungen
P1003.5	Sprachanbindung an ADA
P1003.6	Systemsicherheit
P1003.7	Systemadministration

Tabelle 1.1 POSIX-Standardkomponenten

1.4 Vor- und Nachteile der Programmiersprache C

Auch wenn alle nur noch von »objektorientiert« reden, gibt es noch eine Menge guter Gründe dafür, C zu lernen. Hier sind einige davon:

- Wenn Sie unter Linux/UNIX programmieren wollen oder müssen, kommen Sie ohnehin nicht um C herum. Das Betriebssystem ist zum größten Teil in C implementiert.
- C bietet die Konstrukte höherer Programmiersprachen. Beherrschen Sie C, dann ist es nicht mehr schwer, andere Programmiersprachen wie z. B. C++ oder Java zu erlernen.
- Hardwarenahe Programmierung wird zumeist in C ausgeführt.
- In C geschriebene Programme können einfach auf andere Systeme portiert werden.
- C++ ist die Erweiterung zu C. Somit können Sie fast alles hier Gelernte später in C++ wiederverwenden.
- In C lassen sich Programme schreiben, die schnell in der Ausführung sind und wenig Ressourcen benötigen.
- Der Sprachumfang ist sehr klein: Der kleinste bekannte C-Compiler besteht aus 3742 Bytes C-Code und kann sich selbst kompilieren.
- Es gibt einen Präprozessor zur Spracherweiterung und bedingten Übersetzung.

Natürlich gibt es auch einige Nachteile der Programmiersprache C:

- Eine allzu große Freiheit beim Kodieren kann dazu führen, dass schwer lesbarer Code geschrieben wird.
- Als Anfänger haben Sie bereits direkten Zugriff auf die Hardware und können somit vieles durcheinander bringen, wenn Sie nicht wissen, was Sie genau tun.
- Fehler, die bei anderen Sprachen beim Compiler-Lauf abgeschaltet werden, werden unter Umständen nicht gefunden. Meist treten solche Fehler erst dann auf, wenn das Programm bereits freigegeben wurde.

Nicht erwähnt wurde die größte Stärke von C – die gleichzeitig bei unbedachtem Einsatz die größte Schwäche ist: die uneingeschränkte Freiheit des Programmierers, mit Zeigern und Speicherstrukturen zu arbeiten.

Es soll jedoch nicht unerwähnt bleiben, dass immer noch die meisten Programme in C geschrieben sind. Wenn solche Programme den Bedürfnissen einer Anwendergruppe angepasst oder allgemein verbessert werden müssen, sind gute C-Kenntnisse von Vorteil. Es stellt sich doch immer wieder heraus, dass viele (C-)Programmierer hauptsächlich damit beschäftigt sind, Fehler (Speicherlecks, Pufferüberläufe usw.) auszubügeln.

1.5 C in diesem Buch

Im Rahmen dieses Buchs werde ich mich nicht ausschließlich mit ANSI C befassen. In manchen Kapiteln ist das einfach nicht möglich. Aber ich werde die Programme – sofern das möglich ist – so schreiben, dass diese auf den gängigen Betriebssystemen wie Windows, MS-DOS unter einer Win32-Konsole (besser bekannt als MS-DOS-Eingabeaufforderung) oder Linux-artigen Systemen ausführbar sind. Falls ein Kapitel nicht dem ANSI-C-Standard entspricht, weise ich am Anfang gesondert darauf hin.

1.6 Was benötige ich für C?

Leider ist aller Anfang schwer und erfordert Geduld. Bis Sie anfangen können, C zu lernen, brauchen Sie noch ein paar Dinge. Im Normalfall kosten sie aber kein Geld.

1.6.1 Texteditor

Zuerst benötigen Sie einen beliebigen ASCII-Texteditor. Und davon gibt es ungefähr so viele wie Sand am Meer, egal für welches System. Ob Sie *Emacs* für UNIX oder unter MS-DOS den Dinosaurier *Edit* verwenden, bleibt Ihnen überlassen. Ich empfehle, einen Editor zu verwenden, der in der Lage ist, die Syntax von C farbig hervorzuheben. Dies erhöht die Übersichtlichkeit des Programms enorm.

1.6.2 Compiler

Wenn der Quellcode mit dem Editor geschrieben und abgespeichert wurde, benötigen Sie als Nächstes einen Compiler. Dieser macht aus einer Quelldatei eine Objektdatei (Maschinencodedatei). Auf die genauen Arbeitsschritte eines Compilers (und des meist integrierten Linkers) gehe ich noch im Verlauf des Buches ein.

Mittlerweile sind eine Menge Compiler kostenlos verfügbar. Viele davon lassen sich aus dem Internet herunterladen – und das für alle gängigen Betriebssysteme. Im Unterschied zu Microsoft-Betriebssystemen wird bei der Installation von Linux der GNU-GCC-Compiler normalerweise standardmäßig mitinstalliert.

Auswahl des Compilers

Damit Sie sich nicht mit der Installation und Ausführung eines Compilers herumärgern müssen, habe ich speziell für Sie, die Leser dieses Buchs, einige Dokumentationen geschrieben. Darin finden Sie Informationen zu vielen gängigen Compilern und Entwicklungsumgebungen auf den verschiedensten Systemen, die Sie benötigen, um mit dem Programmieren anzufangen. Sie finden diese Dokumentationen auf der Buch-CD wieder. Besitzer der E-Book-Version des Buches können sich diese Anleitungen auch von der Webseite des Verlags unter *http://www.rheinwerk-verlag.de/2132* herunterladen.

1.6.3 All-in-one – die Entwicklungsumgebung

Die sogenannten Entwicklungsumgebungen werden immer beliebter. Wie der Name schon sagt, befindet sich alles, was Sie zum Programmieren benötigen, in einer Umgebung, also einem Fenster. Sie müssen nicht mehr mühevoll von einem zum anderen Fenster klicken, und Sie verlieren bei umfangreicheren Projekten nicht die Übersicht. Natürlich befindet sich in einer Entwicklungsumgebung mehr als nur der Compiler und ein ASCII-Texteditor. Weitere Hilfsprogramme, die Sie in einer solchen Umgebung typischerweise finden, sind:

- ASCII-Texteditor
- Compiler
- Projektverwaltung
- Debugger
- Profiler
- Versionskontrolle

Solche Programm-Pakete haben aber meistens auch ihren Preis. Produkte von Borland und Microsoft kosten ab 100 Euro in der Standardversion bis zu ein paar Tausend Euro. Wenn Sie noch Anfänger sind, reicht es völlig aus, sich zunächst einen Überblick mithilfe der kostenlos erhältlichen Compiler zu verschaffen.

Natürlich ist hier anzumerken, dass es mittlerweile auch einige kostenlose Varianten von Entwicklungsumgebungen gibt. Besonders zu erwähnen ist dabei die Code::Blocks-Entwicklungsumgebung, die für Microsoft-Systeme erhältlich ist. Für Linux existieren noch viel mehr gute Möglichkeiten, die keinen Eurocent kosten. Mehr zu den Bezugsquellen aller hier genannten und nicht genannten Compiler oder Entwicklungsumgebungen finden Sie auf der Webseite *http://www.pronix.de*[1].

Hinweis

Wenn Sie ein einfaches C-Programm mit solchen riesigen Entwicklungsumgebungen wie beispielsweise mit MS-Visual C++ oder C# übersetzen wollen, gleicht dies etwa dem »mit Kanonen auf Spatzen schießen«-Prinzip. Immer noch sind viele Anfänger verwundert, wenn ich ihnen sage, dass sie theoretisch alles ohne eine solche Entwicklungsumgebung programmieren können. Lassen Sie sich nichts vormachen, wenn Ihnen jemand sagen will, Sie benötigten diese oder jene Entwicklungsumgebung, um Programme zu erstellen. Entwicklungsumgebungen können einem dass Leben erheblich erleichtern, aber einem Anfänger kann solch eine Software schnell das (Programmierer-)Leben vermiesen.

1.7 Welcher Compiler und welches Betriebssystem?

Wie ich bereits erwähnt habe, behandelt dieses Buch vorwiegend den ANSI-C-Standard und ist somit nicht von einem Compiler bzw. von dem Betriebssystem abhängig. Alle Listings in diesem Buch wurden auf mehreren gängigen Systemen und Compilern getestet. Natürlich ist es dennoch nicht auszuschließen, dass es in Einzelfällen zu Fehlermeldungen kommen kann. In solch einem Fall würde ich mich über eine Mail von Ihnen freuen, damit dieses Problem bei der nächsten Auflage des Buchs beseitigt werden kann.

Hinweis

Ob bereits Fehler bemerkt wurden oder einige zusätzliche Anmerkungen zu dem einem oder anderen Kapitel gemacht wurden, können Sie ebenfalls unter *http://www.pronix.de*[1] nachlesen.

1 Diese Website existiert nicht mehr. Alle Beispieldateien und Hinweise zu Compilern finden Sie auf der Verlagswebsite: *www.rheinwerk-verlag.de/2132*.

Das Ziel von Kapitel 2 ist es, Ihnen einen ersten Überblick über den Aufbau eines Programms zu verschaffen. Außerdem zeige ich Ihnen, wie Sie das Programm ausführbar machen, also übersetzen. Voraussetzung für dieses Kapitel ist, dass bereits ein Compiler installiert wurde.

2 Das erste Programm

2.1 Der beste Lernerfolg

Vielleicht haben Sie schon ein wenig in diesem Buch geblättert und sich die hinteren Kapitel angesehen. Wenn Sie gerade dabei sind, C zu lernen und gerade dann, wenn C Ihre erste Programmiersprache ist, dürfte vieles auf den hinteren Seiten ein wenig kryptisch auf Sie wirken. Als Vergleich könnte ich jetzt eine beliebige Fremdsprache nehmen, die Sie gerade lernen wollen. Wenn Sie dabei die hinteren Kapitel Ihres Lehrbuchs ansehen, wird es Ihnen genauso gehen wie mit diesem Buch: Sie werden mit den Fremdwörtern auch noch nichts anfangen können. Den besten Lernerfolg erzielen Sie also, indem Sie das Buch von vorn nach hinten durcharbeiten.

Wer C wirklich lernen will, sollte die Programme auch in der Praxis ausführen. Ideal wäre es natürlich, wenn Sie die Beispiele abtippen und ein wenig damit experimentieren, eventuell sogar mit Absicht Fehler einbauen und sich die Meldungen des Compilers ansehen, mit dem Ziel, möglichst viel daraus zu lernen.

Falls Sie hoffen, dieses Buch in wenigen Tagen durchgearbeitet zu haben und dann ein Profi zu sein, werden Sie schnell enttäuscht sein. Programmieren zu lernen, dauert ein wenig länger. Wenn Sie aber Geduld haben und immer am Ball bleiben, ist der Grundstein einer Programmiererkarriere gelegt. Das Programmierenlernen beruht wie vieles im Leben auf dem Prinzip »Versuch und Irrtum«.

2.2 »Hallo Welt« in C

Obligatorisch ist es, mit dem berühmten »Hallo Welt«-Programm in C zu beginnen. Das Ziel dieses Programms ist es, die Textfolge »Hallo Welt« auf dem Bildschirm auszugeben. Tippen Sie im Texteditor (bzw. in der Entwicklungsumgebung) folgendes Programm ein:

```
/* hallo.c */
#include <stdio.h>

int main (void) {
   printf("Hallo Welt\n");
   return 0;
}
```

Zunächst wird das Programm in einem Verzeichnis, wo auch immer das Programm zur Ausführung gebracht werden soll, mit der Endung (Extension) **.c* abgespeichert (wobei das Sternchen für den beliebigen Namen des Programms steht).

Jetzt müssen Sie das Programm übersetzen (kompilieren). Dieser Vorgang kann von Compiler zu Compiler verschieden ablaufen. Bei einer Entwicklungsumgebung muss dabei häufig nur der Button COMPILE oder KOMPILIEREN angeklickt werden. In einer Konsole wird das Programm mit der Kommandozeile übersetzt.

Hinweis

Anleitungen, wie Sie ein Listing mit einem bestimmten Compiler übersetzen können, habe ich Ihnen auf der Buch-CD bzw. für Besitzer des E-Books auf der Verlagswebseite *http://www.rheinwerk-verlag.de/2132* zum Download bereitgestellt.

Als Ergebnis findet sich im Verzeichnis ein ausführbares Programm namens *hallo* bzw. *hallo.exe* (sollten Sie das Programm *hallo.c* genannt haben). Diese Datei kann jetzt wie jede andere ausführbare Datei in der Kommandozeile gestartet werden.

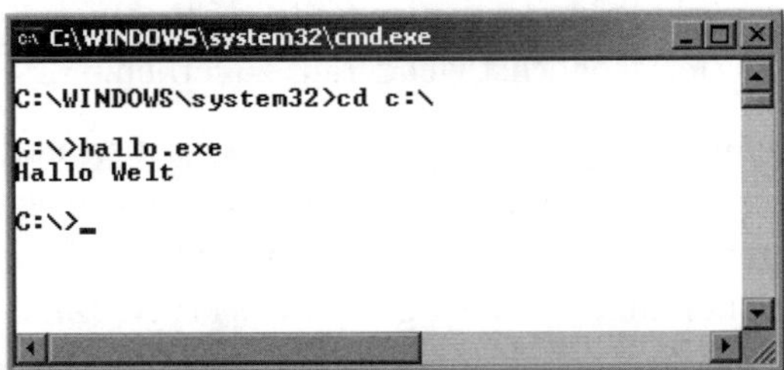

Abbildung 2.1 »Hallo Welt« in einem Konsolenfenster unter MS-DOS

Bei Entwicklungsumgebungen dürfte meistens ein Klick auf AUSFÜHREN bzw. RUN reichen. Wenn die Zeichenfolge »Hallo Welt« auf dem Bildschirm ausgegeben wird, ist es geschafft. Sie haben das erste Programm geschrieben und erfolgreich übersetzt!

Hinweis

Sollten Sie das Programm unter Linux nicht mit dem Programmnamen starten können, schreiben Sie einfach ein ./ vor den Programmaufruf, beispielsweise so:

```
./programmname
```

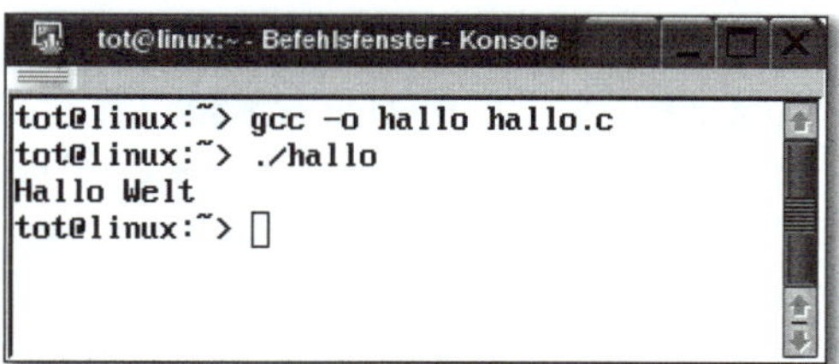

Abbildung 2.2 Das Programm »Hallo Welt« in einer Konsole unter Linux

2.3 Analyse des Programms

Jetzt werden wir das erste Programm in seine einzelnen Bestandteile zerlegen und es uns Schritt für Schritt ansehen.

```
#include <stdio.h>
```

include ist kein direkter Bestandteil der Sprache C, sondern ein Befehl des Präprozessors. Der *Präprozessor* ist ein Teil des Compilers, der nicht das Programm übersetzt, sondern kontrollierend nicht bleibende Änderungen im Programmtext vornimmt. Diese Änderungen sind jedoch nur temporär.

Präprozessorbefehle erkennen Sie am vorangestellten #-Zeichen. Kompilieren Sie das Programm noch einmal ohne #include <stdio.h>, dann sollte eine Fehlermeldung folgen, wie z. B. die folgende:

```
Error. function 'printf' should have a prototype.
```

printf() kommt doch im Programm vor? Richtig. printf() ist eine (Standard-)Funktion, die in #include <stdio.h> deklariert ist. include-Dateien nennt man auch *Headerdateien*. Suchen Sie das Verzeichnis *INCLUDE* auf Ihrem System (unter Linux ist das typischerweise */usr/include* oder */usr/bin/include* und bei MS Windows z. B. *C:\Name_des_Compilers\include*), und Sie werden noch viele andere Headerdateien darin entdecken, die später noch Verwendung finden.

Die Abkürzung stdio steht für **St**andar**d**-**I**nput/**O**utput, also Standard-Ein-/Ausgabe. Ich werde noch öfter auf die Headerdateien eingehen, die ohnehin in jedem Programm benötigt werden. Später werden Sie auch eigene Headerdateien entwerfen und im Programm einbinden.

Sehen wir uns nun weiter die Programmausführung an:

```
int main(void)
```

Hier beginnt das Hauptprogramm. Eine main-Funktion wird immer benötigt, damit der Compiler weiß, wo er beginnen muss, das Programm zu übersetzen. Auch wenn später mehrere Module (Funktionen), also mehrere Quellcode-Dateien, kompiliert werden (d. h. zu einer ausführbaren Datei gebunden werden), benötigen Sie immer eine main-Funktion. main heißt auf Deutsch so viel wie »Hauptfunktion«. Das void in der main()-Funktion steht für einen »leeren« Datentyp (mehr dazu später). void könnten Sie hier auch ganz weglassen – allerdings soll hier nicht unerwähnt bleiben, dass () und (void) in C++ nicht dasselbe sind. Sofern Sie also Ihre Programme erweitern wollen, sollten Sie es gleich mit angeben.

int steht für eine Ganzzahl. Im Fall einer Funktion bedeutet dies, dass sie einen Rückgabewert hat, der vom Typ int ist. In diesem Programm bekommt die main-Funktion den Rückgabewert 0 durch folgenden Aufruf:

```
return 0;
```

Das bedeutet: Das Programm wurde ordnungsgemäß beendet. Es wird also mit return hier der Funktion main der Wert 0 zurückgegeben. Genaueres dazu (zur main()-Funktion und deren Rückgabewerten) erfahren Sie in einem späteren Kapitel. Wir machen zunächst mit

```
{
   printf(".....");
}
```

weiter. Zwischen den geschweiften Klammern steht der Anweisungsblock. Das heißt, in diesem Block befinden sich alle Anweisungen, die die Funktion int main() auszuführen hat. Natürlich können innerhalb eines Anweisungsblocks weitere Anweisungsblöcke verwendet werden. Das hört sich komplizierter an, als es ist. Darauf gehe ich später noch ein.

Merke

Geschweifte Klammern fassen Anweisungen zu einem Block zusammen.

Und was geschieht in diesem Anweisungsblock?

```
printf("Hallo Welt\n");
```

printf() ist eine Funktion, die in der Headerdatei stdio.h deklariert ist, wie bereits erwähnt wurde. Deswegen kann der Compiler, wenn Sie diese Headerdatei nicht im Programm angegeben haben, nichts mit printf() anfangen. Mit der

Funktion printf() kann eine beliebige Stringkonstante formatiert auf dem Bildschirm ausgegeben werden. Die Stringkonstante, in diesem Fall »Hallo Welt«, die ausgegeben wird, steht immer zwischen zwei Hochkommata ("Stringkonstante"). Es ist nicht erlaubt, eine Stringkonstante über das Zeilenende fortzusetzen, wie etwa im folgenden Beispiel:

```
printf("Dies ist in C
nicht erlaubt");
```

Es gibt aber eine Ausnahme von dieser Regel: indem Sie einen \ (Backslash) setzen. Hierzu ein Beispiel:

```
printf("Hier ist die Ausnahme von der Regel \
dies hier ist erlaubt, dank Backslash");
```

Sie sollten aber dabei beachten, dass alle Leerzeichen nach dem Backslash in der nächsten Zeile ebenfalls bei der Ausgabe berücksichtigt werden. Das Zeichen '\n' in der Funktion von printf() ist ein Steuerzeichen. Es bedeutet *newline* und erzeugt auf dem Bildschirm einen Zeilenvorschub, wie er mit der Tastatur durch die Taste [↵] ausgelöst wird.

Kommen wir jetzt zum Semikolon (;): Es wird hauptsächlich dazu verwendet, das Ende einer Anweisung anzuzeigen. Der Compiler weiß dann, dass hier das Ende der Anweisung von printf()ist, und fährt nach der Abarbeitung der Anweisung mit der nächsten Zeile bzw. Anweisung fort. Natürlich hat das Semikolon keine Wirkung, wenn es in einer Stringkonstante verwendet wird:

```
printf("Hallo; Welt\n");
```

Ausgabe:

```
Hallo; Welt
```

Merke

Anweisungen, denen kein Anweisungsblock folgt, werden mit einem Semikolon abgeschlossen.

In (ANSI) C werden zwei Zeichensätze unterschieden: zum einen der Zeichensatz, der bei Quelldateien verwendet werden darf, und zum anderen ein Ausführungszeichensatz, der beim Ausführen des Programms interpretiert wird.

3 Grundlagen

3.1 Zeichensätze

Zunächst wird in C zwischen dem *Basic-Zeichensatz*, dem *Ausführungszeichensatz* und den *Trigraph-Zeichen* unterschieden. Der Basic-Zeichensatz beinhaltet Zeichen, die beim Schreiben von Quellcode verwendet werden können. Der Ausführungszeichensatz hingegen enthält Zeichen, die erst bei der Ausführung des Programms interpretiert werden. Häufig sind beide Zeichensätze identisch.

Erweiterter Zeichensatz

Neben dem Basis-Zeichensatz sind häufig auch noch erweiterte Zeichen vorhanden, die zusammen auch *erweiterter Zeichensatz* (beispielsweise Unicode-Zeichensätze wie UTF-16 oder UTF-32) genannt werden. Die Menge und Art dieser Zeichen ist allerdings von der Implementierung und der lokalen Sprache abhängig und wird nicht vom Standard vorgeschrieben.

3.1.1 Basic-Zeichensatz

Folgende Zeichen stehen Ihnen zum Programmieren in der Sprache C zur Verfügung (dies gilt auch für den Ausführungszeichensatz):

- die zehn Dezimalziffern: `1 2 3 4 5 6 7 8 9 0`
- die Buchstaben des englischen Alphabets:

  `A B C D E F G H I J K L M N O P Q R S T U V W X Y Z`

  `a b c d e f g h i j k l m n o p q r s t u v w x y z`
- die folgenden Grafiksymbole:

  `! " % & / ( ) [ ] { } \ ? =`

  `' # + * ~ - _ . : ; , | < > ^`
- die Whitespace-Zeichen: Leerzeichen, Tabulatorzeichen, neue Zeile, neue Seite

Auf manchen PCs (aber nicht bei ANSI C) kann auch das Dollarzeichen ($) verwendet werden.

3.1.2 Ausführungszeichensatz (Steuerzeichen)

Beim Ausführungszeichensatz kommen zu den oben aufgeführten Zeichen noch weitere hinzu, die in diesem Abschnitt beschrieben werden.

Zuvor soll ein weiteres Programm analysiert werden. Dazu gehen Sie genauso vor wie schon in Kapitel 2: Tippen Sie das Listing in einem Texteditor ab, speichern Sie es ab, und übersetzen Sie es anschließend mit dem Compiler.

Hier das Programmbeispiel zur Demonstration:

```
/* steuerzeichen.c */
#include <stdio.h>

int main(void) {
   printf("Ein akustisches Signal mit : (\\a)\a");
   printf("\nEin Backspace mit : (\\b) | \bx\n");
   printf("Ein Zeilenvorschub mit : (\\t) |\tx");
   printf("\n\tC\n\ti\n\ts\n\tt\n\ttoll\n");
   printf("\t   u\n\t   n\n\t   d\n");
   printf("\t   macht Spaß\n");
   return 0;
}
```

Nach dem Übersetzen und Starten des Programms sieht die Ausgabe folgendermaßen aus:

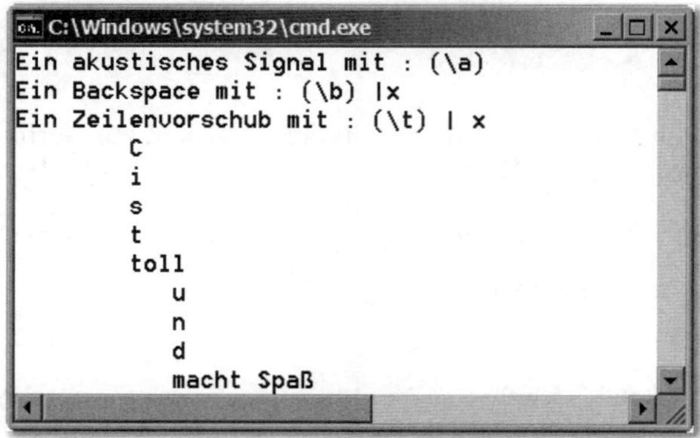

Abbildung 3.1 Steuerzeichen im Einsatz

Hier können Sie die Auswirkungen von *Steuerzeichen*, auch *Escape-Sequenzen* (zu Deutsch »Flucht-Sequenzen«) genannt, sehen. Diese Zeichen sind nicht druckbare

Zeichen in sogenannten char-Konstanten. Und wie der Name (Steuerzeichen) besagt und das Programm soeben gezeigt hat, können Sie damit die Ausgabe auf dem Bildschirm beeinflussen. Diese Zeichen gehören zum Ausführungszeichensatz.

Steuerzeichen beginnen immer mit einem Backslash (\), auf den eine Konstante folgt. Der Compiler behandelt diese Steuerzeichen wie ein einziges Zeichen. Tabelle 3.1 führt die möglichen Steuerzeichen und ihre Bedeutung auf.

Steuerzeichen	Bedeutung
\a	BEL (*bell*) – akustisches Warnsignal
\b	BS (*backspace*) – setzt den Cursor um eine Position nach links.
\f	FF(*formfeed*) – ein Seitenvorschub wird ausgelöst. Wird hauptsächlich bei Programmen verwendet, mit denen Sie etwas ausdrucken können.
\n	NL (*newline*) – der Cursor geht zum Anfang der nächsten Zeile.
\r	CR (*carriage return*) – der Cursor springt zum Anfang der aktuellen Zeile.
\t	HT (*horizontal tab*) – Zeilenvorschub zur nächsten horizontalen Tabulatorposition (meistens acht Leerzeichen weiter)
\v	VT (*vertical tab*) – der Cursor springt zur nächsten vertikalen Tabulatorposition.
\"	" wird ausgegeben.
\'	' wird ausgegeben.
\?	? wird ausgegeben.
\\	\ wird ausgegeben.
\0	Das ist die Endmarkierung eines Strings.
\nnn	Ausgabe eines Oktalwerts (z. B. \033 = ESCAPE-Zeichen)
\xhh	Ausgabe eines Hexdezimalwerts

Tabelle 3.1 Steuerzeichen (Escape-Sequenzen) in Zeichenkonstanten

Hierzu noch ein Listing, das zeigt, wie Sie außer mit dem Newline-Zeichen (\n) noch einen Zeilenvorschub auslösen könnten:

```
/* newline.c */
#include <stdio.h>

int main(void) {
   printf("Darstellung von Newline \\n \n");
   printf("Mögliche Ausführung von Newline\n");
```

```
    printf("Mit hexadezimaler Angabe : \\xa \xa");
    printf("Mit oktaler Wertangabe   : \\012 \012");
    printf("Mit dezimaler Angabe     : 10%c",10);
    printf("Hallo\0Ich bin nicht mehr lesbar\n");
    return 0;
}
```

Dass auch ein Zeilenvorschub bei `\xa` , `\012` und `10` vorgenommen wurde, liegt daran, dass alle diese Zeichen intern den Wert 10 darstellen. Und wenn Sie sich die ASCII-Code-Tabelle (in Anhang A.2) ansehen, können Sie erkennen, dass alle diese Werte in derselben Zeile stehen und das *newline*-Zeichen darstellen. Dass bei der letzten `printf()`-Anweisung der Text nur bis »Hallo« ausgegeben wird, liegt am Steuerzeichen `'\0'`, mit dem eine Stringkonstante terminiert (abgeschlossen) wird. Wird das Beispiel mit einer höheren Warnstufe übersetzt (beispielsweise mit dem Flag `-Wall` beim GCC), wird der Compiler über diese Zeile sowieso »meckern«, weil es einfach keinen Sinn macht, hier das Zeichen `'\0'` einzubetten. Dazu später mehr.

Hinweis

Jeder Compiler hat einen Schalter, mit dem Sie beim Übersetzen mehr Warnungen als üblich ausgeben lassen können. Beim Borland-Compiler ist dies beispielsweise der Schalter `-w`. Beim Intel-Compiler lautet dieser `-w4`, und beim MS Visual-C++-Compiler ist dies `\W4`.

3.1.3 Trigraph-Zeichen

Als Trigraph bezeichnet man in der Linguistik eine Kombination aus drei Schriftzeichen, die als Einheit behandelt werden, z. B. unser »sch«.

In ANSI C wurden neun solche Drei-Zeichen-Sequenzen verwendet, die alle mit `??` beginnen. Trigraph-Zeichen wurden eingeführt, um in C-Quelltexten bestimmte Sonderzeichen zu ersetzen, die auf manchen Tastaturen nicht vorhanden sind.

Anmerkung des Autors

Mir ist zwar schleierhaft, wozu man diese Trigraph-Zeichen heute noch benötigt, aber sie sollten dennoch erwähnt werden, weil sie zum Standard gehören und weil Sie einen Quellcode vor sich haben könnten, der diese Zeichen beinhaltet.

Heute besteht kaum noch eine Notwendigkeit zur Verwendung von Trigraph-Zeichen in C, da auf aktuellen Computersystemen der komplette ASCII-Zeichensatz verfügbar ist. In der folgenden Tabelle finden Sie die verfügbaren Trigraph-Zeichenketten und die Erklärung, für welches Zeichen diese stehen.

Trigraph-Zeichen	Zeichen
??=	#
??(	[
??)	]
??/	\
??'	^
??!	|
??<	{
??>	}
??-	~

Tabelle 3.2 Trigraph-Zeichen in ANSI C

Somit würde beispielsweise das »Hallo Welt«-Programm mit Trigraph-Zeichen folgendermaßen aussehen:

```
// halloTrigraph.c
??=include <stdio.h>

int main( void )
??<
      printf("Hallo Welt");
      return 0;
??>
```

Einige Compiler verarbeiten Trigraph-Zeichen nicht direkt, weil auf dem Rechner, auf dem der Compiler ausgeführt wird, die Eingabe aller Zeichen des C-Zeichensatzes erlaubt ist. Bei solchen Compilern (beispielsweise beim Borland-Compiler) liegen dann entweder spezielle Hilfsprogramme (z. B. *TRIGRAPH.EXE*) bei, oder Sie müssen ein bestimmtes Compiler-Flag (z. B. `-trigraphs`) verwenden. Beim GNU-GCC müssen Sie das Beispiel zudem im C99-Standard (mit der Compiler-Option `-std=c99`) übersetzen.

Hinweis
Bei der Entwicklung neuer Software sollten Sie, wenn möglich, auf den Einsatz von Trigraph-Zeichen komplett verzichten.

3.2 Symbole von C

Wie in jeder anderen Sprache auch, gibt es in C einige gültige Symbole, die Sie kennen sollten.

3.2.1 Bezeichner

Den Begriff *Bezeichner* verwendet man für Namen von Objekten im Programm. Dazu gehören Variablen, Funktionen usw.

Ein gültiger Bezeichner darf aus beliebigen Buchstaben, Ziffern und dem Zeichen _ (Unterstrich) bestehen. Allerdings darf das erste Zeichen niemals eine Ziffer sein. Beachten Sie außerdem, dass C++ zwischen Groß- und Kleinbuchstaben (englisch: *case sensitive*) unterscheidet. Somit sind »Hallo«, »hallo« und »HALLO« drei verschiedene Bezeichner.

Regeln für Bezeichner

Für einen gültigen Bezeichner gibt es somit folgende Regeln:

- Namen bestehen aus Buchstaben, Ziffern und Unterstrichen.
- Das erste Zeichen eines Bezeichners muss ein Buchstabe sein.
- Bezeichner sollten nicht mit einem Unterstrich beginnen, da solche Bezeichner gewöhnlich für das System reserviert sind. Dies ist aber wohl eher eine Stil-Frage als eine Regel.
- Es wird zwischen Groß- und Kleinbuchstaben unterschieden.
- Schlüsselwörter von C (siehe Anhang A.3) dürfen nicht als Bezeichner verwendet werden.

3.2.2 Schlüsselwörter

Schlüsselwörter sind Bezeichner mit einer vorgegebenen Bedeutung in C. Sie dürfen nicht anderweitig verwendet werden. So dürfen Sie beispielsweise keine Variable mit dem Bezeichner »int« verwenden, da es auch einen Basisdatentyp hierzu gibt. Der Compiler würde sich ohnehin darüber beschweren. Eine Liste der Schlüsselwörter in C finden Sie in Anhang A.3.

3.2.3 Literale

Als *Literale* werden Zahlen, Zeichenketten und Wahrheitswerte im Quelltext bezeichnet, die ebenfalls nach einem bestimmten Muster aufgebaut sein müssen. Man kann auch sagen: Literale sind von einer Programmiersprache definierte Zeichenfolgen zur Darstellung der Werte von Basistypen.

Ganzzahlen

Man unterscheidet bei Ganzzahlen zwischen Dezimal-, Oktal- und Hexadezimalzahlen, für die folgende Regeln gelten:

- *Dezimalzahlen* (Basis 10) – Eine Dezimalzahl besteht aus einer beliebig langen Ziffernreihe aus den Zeichen 0 bis 9. Die erste Ziffer darf allerdings keine 0 sein.
- *Oktalzahlen* (Basis 8) – Eine Oktalzahl hingegeben beginnt immer mit einer 0, gefolgt mit einer Reihe von Oktalzahlen (0–7).
- *Hexadezimalzahlen* (Basis 16) – Eine Hexadezimalzahl beginnt immer mit der Sequenz 0x bzw. 0X, gefolgt von einer Reihe von Hexadezimalzahlen (0–F = 0 1 2 3 4 5 6 7 8 9 A B C D E F (oder Kleinbuchstaben: a b c d e f)).

Man kann hinter den Dezimal-, Oktal- und Hexadezimalzahlen noch ein Suffix anhängen, um den Wertebereich einer Zahl genauer zu spezifizieren. Das Suffix `u` bzw. `U` deutet beispielsweise an, dass es sich um eine vorzeichenlose (`unsigned`) Zahl handelt. `l` bzw. `L` gibt an, dass es sich um eine `long`-Zahl handelt. In Tabelle 3.3 sehen Sie einige Beispiele, wobei die Zahlen in einer Reihe immer gleichwertig sind.

Dezimalzahl	Oktalzahl	Hexadezimalzahl
123	0173	0x7B
1234567L	04553207L	0X12D687L
66u	0102U	0x42u

Tabelle 3.3 Beispiele für gültige Ganzzahlen

Fließkommazahlen

Wie eine korrekte *Fließkommazahl* dargestellt wird, wird in Abschnitt 5.8 genauer beschrieben, wenn es um die Basistypen von Fließkommazahlen geht. Wie bei den Ganzzahlen können Sie den Fließkommazahlen ebenfalls ein Suffix hinzufügen. Mit dem Suffix `f` oder `F` kennzeichnen Sie eine Fließkommazahl mit einer einfachen Genauigkeit. Das Suffix `l` oder `L` hingegen deutet auf eine Fließkommazahl mit erhöhter Genauigkeit hin.

Einzelne Zeichen

Ein *Zeichenliteral* wird zwischen einfache Hochkommata (*Single Quotes*) eingeschlossen (`'A'`, `'B'`, `'C'`, ... `'$'`, `'&'` usw.). Wenn Sie nichtdruckbare Zeichen wie beispielsweise einen »Tabulator« oder »Zeilenvorschub« darstellen wollen, müssen Sie eine Escape-Sequenz (auch *Steuerzeichen* genannt) verwenden.

Escape-Sequenzen werden mit einem Backslash (\) eingeleitet (z. B. ein Tabulator = `'\t'` oder ein Zeilenvorschub = `'\n'`).

Zeichenketten

Eine *Zeichenkette* (häufig auch *String* genannt) ist eine Sequenz von Zeichen, die zwischen doppelte Hochkommata (*Double Quotes*) gestellt werden (beispielsweise `"Ich bin eine Zeichenkette"`). Es ist im Zusammenhang mit einer Zeichenkette sehr wichtig zu wissen, dass jede dieser Ketten um ein Zeichen länger ist, als (sichtbar) dargestellt. Gewöhnlich werden Zeichenketten durch das Zeichen mit dem ASCII-Wert `0` (nicht der dezimalen Null) abgeschlossen (`0x00` oder als einzelnes Zeichen `'\0'`). Diese ASCII-0 kennzeichnet immer das Ende einer Zeichenkette. Somit enthält beispielsweise die Zeichenkette `"C++"` vier Zeichen, weil am Ende auch das Zeichen `0x00` (oder auch `'\0'`) abgelegt ist.

3.2.4 Einfache Begrenzer

Um die Symbole voneinander zu trennen, benötigt man in C *Begrenzer*. In diesem Abschnitt wird nur auf einfache Begrenzer hingewiesen. Weitere solcher Begrenzer werden Sie im Verlauf des Buches näher kennenlernen.

Das Semikolon (;)

Der wichtigste Begrenzer dürfte das Semikolon `;` (Plural: Semikola und Semikolons) sein, das auch Strichpunkt genannt wird. Es dient als Abschluss einer Anweisung. Jeder Ausdruck, der mit einem solchen Semikolon endet, wird als Anweisung behandelt. Der Compiler weiß dann, dass hier das Ende der Anweisung ist, und fährt nach der Abarbeitung der Anweisung (Befehl) mit der nächsten Zeile bzw. Anweisung fort. Natürlich hat das Semikolon keine Wirkung, wenn es in einer Stringkonstante verwendet wird:

```
"Hallo; Welt"
```

Komma

Mit dem *Komma* trennt man gewöhnlich die Argumente einer Funktionsparameterliste oder bei der Deklaration mehrere Variablen desselben Typs.

Geschweifte Klammern

Zwischen den *geschweiften Klammern* (amerikanisches Englisch: *braces*, britisches Englisch: *curly brackets*) wird der Anweisungsblock zusammengefasst. In diesem Block befinden sich alle Anweisungen (abgeschlossen mit einem Semikolon), die in einer Funktion ausgeführt werden sollen. Beispielsweise sind beim Listing *hallo.c* alle Anweisungen der `main`-Funktion zwischen den geschweiften Klammern zusammengefasst:

```
int main(void) {
    printf("Hallo Welt!");
    return 0;
}
```

Hier wird lediglich die Textfolge »Hallo Welt!« auf dem Bildschirm ausgegeben und mit `return` der Wert `0` an den aufrufenden Prozess zurückgegeben. Mehr zur `main`-Funktion und deren Rückgabewert erfahren Sie etwas später in den Abschnitten 9.16 und 9.17.

Das Gleichheitszeichen (=)

Mit dem *Gleichheitszeichen* trennt man die Variablendeklaration von den Initialisierungslisten:

```
Typ bezeichner = wert;
```

> **Hinweis**
>
> Wenn Sie eine Variable initialisieren, so ist dies noch lange keine Zuweisung. Ist das nicht ein und dasselbe? Nicht ganz, zwar erfolgen die Zuweisung und die Initialisierung mit dem Gleichheitszeichen, aber zum einen handelt es sich ja hier um den Begrenzer = und zum zweiten um den Operator = – also um zwei verschiedene Dinge, die mit ein und demselben Zeichen einhergehen. Eine Initialisierung erfolgt immer erst beim Anlegen einer Variablen, während eine Zuweisung lediglich auf ein bereits existierendes Objekt ausgeführt werden kann.

> **Hinweis**
>
> Wenn Sie in einem Programm auf zwei aufeinanderfolgende == stoßen, so handelt es sich hierbei nicht mehr um eine Zuweisung, sondern um eine *Prüfung*.

3.2.5 Kommentare

Kommentare sind Textteile in einem C-Quelltext, die vom Compiler ignoriert werden. Kommentare können an einer beliebigen Stelle im Quelltext stehen. Kommentare können auf eine Programmzeile beschränkt sein oder sich über mehrere Zeilen erstrecken.

> **Hinweis**
>
> Die Verwendung von Kommentaren beeinflusst weder die Laufzeit des übersetzten Programms noch dessen Größe, weil Kommentare bei der Übersetzung in Maschinencode entfernt werden.

In den weiteren Programmen, die jetzt folgen, wird es häufiger vorkommen, dass der Quellcode dokumentiert ist, genauer gesagt, dass Kommentare eingefügt sind. Diese Kommentare werden vom Compiler ignoriert. Wie Sie Ihren Quellcode dokumentieren, bleibt letztlich Ihnen selbst überlassen. Sie können beliebig viel, alles oder auch gar nichts dokumentieren.

Wann sind Kommentare sinnvoll?

Kommentare sind eigentlich immer sinnvoll. Wenn Sie vorhaben sollten, ein größeres Projekt zu verwirklichen, kann sich dies über mehrere Monate hinausziehen. Um das Stückchen Quellcode, das Sie vor einem Monat geschrieben haben, nicht immer wieder von Neuem verstehen zu müssen, können Sie ein paar Kommentare mit Erklärungen einfügen. In einer Gruppe ist es ohnehin unerlässlich, mit Kommentaren zu arbeiten, damit jeder den Code des anderen besser versteht und nachvollziehen kann.

Hierzu ein Beispiel:

```
/* kommentare.c */
#include <stdio.h>

int main (void) {         //Beginn des Hauptprogramms
   int i = 10;            //Variable int mit dem Namen i und Wert 10
   printf("%d",i);        //Gibt die Zahl 10 aus.
   printf("\n");          //Springt eine Zeile weiter.
   printf("10");          //Gibt den String "10" aus.
   return 0;

/*  Hier sehen Sie noch eine 2. Möglichkeit, Kommentare
    einzufügen. Dieser Kommentar wird mit einem Slash-
    Sternchen eröffnet und mit einem Sternchen-Slash
    wieder beendet. Alles dazwischen wird vom Compiler
    ignoriert.  */
}
```

Kommentare sind nicht schwer zu verstehen. Sie werden einfach hinter zwei `//` oder zwischen `/* Hier steht der Kommentar */` geschrieben.

Häufig werden Kommentare vor Funktionen geschrieben. Ein guter Stil könnte so aussehen:

```
/******************************
 *                            *
 * Beschreibung der Funktion  *
 * Parameter1    : ...        *
 * Parameter2    : ...        *
```

```
 * Rückgabewert : ...          *
 *                             *
 ******************************/
```

In den Kommentaren können Sie beliebige Zeichen verwenden, also auch deutsche Umlaute oder das Dollarzeichen.

Hinweis

Auch wenn immer empfohlen wird, den Quellcode zu kommentieren, sollten Sie nicht den Fehler machen, jede Zeile zu kommentieren. Bei Code, der ohnehin klar ist, sollten Sie auf Kommentare verzichten. Wenn Sie versuchen, schwer verständlichen Code zu kommentieren, sollten Sie sich vielleicht überlegen, ob Sie nicht den Code vereinfachen könnten.

Welche Kommentar-Schreibweise? – // oder /* */

Da Sie zwei Möglichkeiten haben, Kommentare zum Programm hinzuzufügen, stellt sich die Frage, welche Methode von den beiden die bessere ist. Die folgende Schreibweise wurde erst im Oktober 1999 zum C99-Standard hinzugefügt:

```
// Kommentar
```

Dieser Stil war zuvor nur für C++ erlaubt und im C89-Standard nicht zugelassen. Problematisch könnte dies werden, wenn Sie einen etwas älteren Compiler verwenden. Er würde einen solchen Kommentar als Fehler bemängeln und sich weigern, das Programm zu übersetzen.

Hinweis

Bei DOS- oder Linux-Compilern sollten recht selten Probleme auftreten. Der CC unter IRIX z. B. verhält sich da schon ganz anders als ein üblicher GCC.

Etwas müssen Sie außerdem noch beachten, wenn Sie die Schreibweise // verwenden. Sehen Sie sich dazu folgendes Listing an:

```
/* kommentare_fehler.c */
#include <stdio.h>

int main(void) {
   //das Programm befindet sich im Pfad C:\programme\
   printf("Hallo Welt\n");
   return 0;
}
```

»Hallo Welt« wird niemals ausgegeben. Der Grund dafür ist, dass die Zeile mit dem Kommentar mit einem Backslash endet. Achten Sie also darauf, dies zu vermeiden, denn die Suche nach diesem Fehler könnte unnötig Zeit kosten. Wenn Sie außerdem eine etwas höhere Warnstufe des Compilers (beispielsweise das Flag `-Wall` beim GCC) verwenden, wird dieser Sie auch darauf hinweisen, dass der Kommentar nicht in Ordnung ist (beispielsweise mit `warning: multi-line comment`).

Um auf den nächsten Seiten etwas mehr mit den Programmen machen zu können, benötigen Sie Kenntnisse in der einfacheren (hier formatierten) Ein- und Ausgabe. Die in diesem Kapitel vorgestellten Funktionen `printf()` *und* `scanf()` *sind recht gut für diesen Einstieg geeignet, stellen allerdings keinesfalls das Nonplusultra in C dar. Ganz im Gegenteil: Beide Funktionen sind eher als sicherheitskritisch zu betrachten und in der Praxis mit Vorsicht zu genießen (Stichwort: »Format String Exploits«).*

4 Formatierte Ein-/Ausgabe mit »scanf()« und »printf()«

4.1 Formatierte Eingabe mit »scanf()«

Hinweis

Zuerst noch ein Hinweis für die absoluten Anfänger in der Programmiersprache C. Einiges wird Ihnen in diesem Kapitel ein wenig unklar sein. Aber wenn Sie das Buch ganz durchgelesen haben, wird sich vieles von selbst klären. Sie werden Erleuchtung finden, versprochen!

Betrachten wir zunächst die Syntax dieser Funktion:

```
//benötigter include für diesen Befehl
#include <stdio.h>

int scanf(const char * restric format, ...);
```

Mit der Funktion `scanf()` können Werte unterschiedlicher Datentypen formatiert eingelesen werden. Eingelesen wird dabei von der Standardeingabe (`stdin`). Mit *Standardeingabe* ist normalerweise die Tastatur gemeint. Hierzu ein Beispiel mit der Funktion `scanf()`:

```
/* scanf1.c */
#include <stdio.h>

int main (void) {
   int i;                /* ein ganzzahliger Datentyp */
```

```
   printf("Bitte geben Sie eine Zahl ein : ");
   scanf("%d",&i);       /* Wartet auf die Eingabe.    */
   printf("Die Zahl, die Sie eingegeben haben, war %d\n",i);
   return 0;
}
```

Wenn das Programm korrekt abläuft, wird nach einer Zahl gefragt. Jetzt gibt der Anwender eine Zahl ein und drückt [↵]. Anschließend gibt das Programm die Zahl, die eingegeben wurde, auf dem Bildschirm aus und wird beendet.

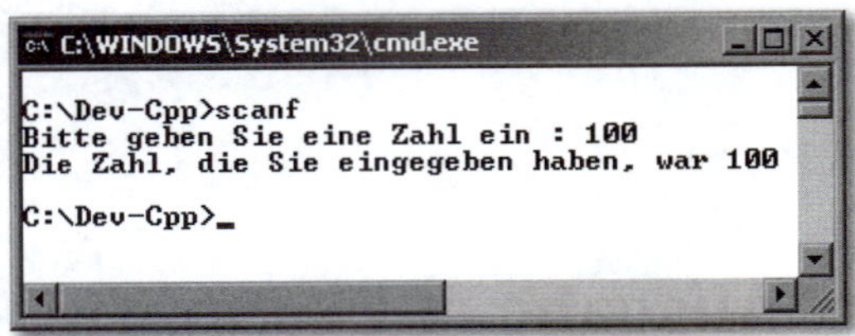

Abbildung 4.1 Eine einfache Zahleneingabe mit »scanf()«

Bildlich können Sie sich diesen Vorgang folgendermaßen vorstellen:

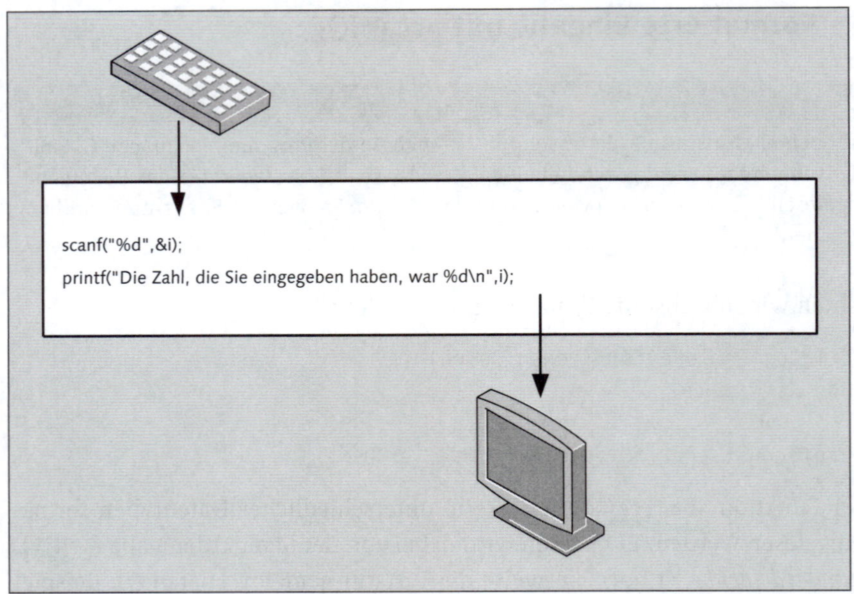

Abbildung 4.2 Programm-Ein-/Ausgabe mit »scanf()« und »printf()«

`scanf()` ist ähnlich aufgebaut wie `printf()`. Wie bei `printf()` werden hier zwei Klammern und zwei Hochkommata verwendet. Es wird also formatiert eingelesen. Das Formatzeichen `%d` steht für die formatierte Eingabe einer dezimalen Zahl. Was aber bedeutet hier das Zeichen »&«?

4.1.1 Der Adressoperator »&«

Den Adressoperator »&« jetzt schon besser zu verstehen, kann nicht schaden. Später, wenn das Thema »Zeiger« (Pointer; siehe Kapitel 12) besprochen wird, kann dieses Vorverständnis von Nutzen sein. Sollte dieser Abschnitt Ihnen ein wenig fremd vorkommen, ist das kein Grund zur Sorge.

Eine Variable kann in die vier folgenden Einzelteile zerlegt werden:

- Datentyp
- Name der Variable
- Speicheradresse der Variable
- Wert der Variable

Im Programmbeispiel von oben heißt das konkret: Der Datentyp ist `int`, der Name ist `i`, und die Adresse wird während der Laufzeit zugewiesen (darauf haben Sie keinen Einfluss). Die Speicheradresse sei hier z. B. `0000:123A`. Der Wert ist der, den Sie mit `scanf()` noch eingeben mussten. Wurde jetzt z. B. `5` eingegeben, ist dieser Speicherplatz wie folgt belegt:

Datentyp	Name	Speicher-adresse	Wert
int	i	0000:123A	5

Abbildung 4.3 Eine Variable im Speicher (vereinfacht dargestellt)

Das `&`-Zeichen ist nichts anderes als der Adressoperator. Dies bedeutet hier, dass der Variablen `i` vom Typ `int` mit der Speicheradresse `0000:123A` der Wert `5` zugewiesen wird. Oder einfacher: Verschicken Sie eine E-Mail an jemanden, ohne die E-Mail-Adresse anzugeben?

Hinweis

Die Attribute einer Variable wurden hier nur vereinfacht dargestellt. Neben den hier erwähnten Attributen gibt es noch das *Zugriffsrecht*, den *Gültigkeitsbereich* und die *Lebensdauer* einer Variablen. Aber darauf gehe ich erst später in Kapitel 9 ein.

Achtung

Ein Fehler, den Anfänger häufig machen, ist das Weglassen des Adressoperators `&`.

Was beim Einlesen einer Zeichenkette richtig ist, ist bei anderen Datentypen wie Ganz- oder Gleitpunktzahlen wieder falsch:

```
/* FALSCH, da Adressoperator & fehlt */
scanf("%d", zahl);

/*
   Richtig, denn eine Zeichenkette benötigt keinen Adressoperator.
*/
scanf("%s", string);
```

Auch wenn `scanf()` das Gegenstück zu `printf()` ist und sich beide in ihrer Schreibweise ähneln, sollten Sie nicht auf die Idee kommen, Folgendes zu schreiben:

```
/* FALSCH */
scanf("Bitte geben Sie eine Zahl ein: %d\n", &zahl);
```

Das funktioniert deshalb nicht, weil `scanf()` für die Standard*ein*gabe programmiert ist und `printf()` für die Standard*aus*gabe. Wobei die Standardausgabe auf der Kommandozeile auch umgeleitet werden kann.

4.1.2 Probleme und deren Behandlung mit »scanf()«

Ein häufiges Problem, das auftritt, wenn Sie `scanf()` für die Eingabe verwenden, ist die Pufferung. Diese ist je nach System und Anwendung zeilen- oder vollgepuffert. Dies gilt wiederum nicht für die Standardfehlerausgabe (`stderr`), die laut ANSI C niemals vollgepuffert sein darf. Bevor ich weiter erkläre, sollten Sie folgendes Programm testen:

```
/* scanf2.c */
#include <stdio.h>

int main(void) {
   char a,b,c;
   printf("1. Buchstabe : ");
   scanf("%c",&a);
   printf("2. Buchstabe : ");
   scanf("%c",&b);
   printf("3. Buchstabe : ");
   scanf("%c",&c);
```

```
    printf("Sie gaben ein : %c %c %c ",a,b,c);
    return 0;
}
```

Folgendes könnte nun vom Programm auf den Bildschirm ausgegeben werden:

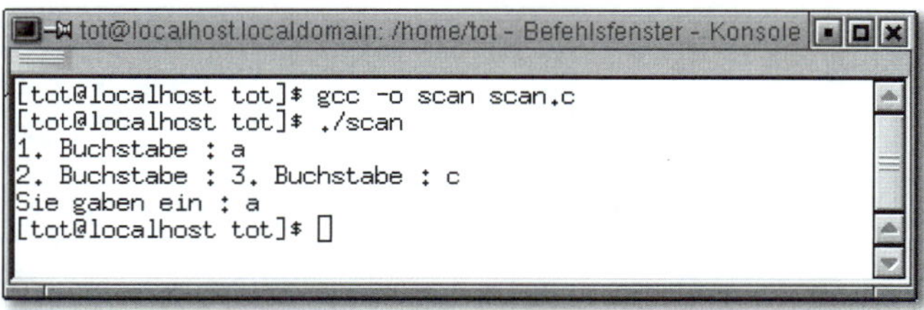

Abbildung 4.4 Ein mögliches Problem mit »scanf()« unter Linux

Was ist hier passiert? Warum wird der zweite Buchstabe immer übersprungen? Wie gesagt, das Problem ist hier die Pufferung. Und in C gibt es keinen Befehl (wie etwa `chomp` bei Perl), um das letzte Zeichen zu entfernen.

In diesem Beispiel wurde als erster Buchstabe »a« eingegeben und [↵] gedrückt. Dieses [↵] (ASCII-Code = 10 = `\n` = *newline*) befindet sich immer noch im Puffer der Standardeingabe und wird automatisch für das zweite Zeichen verwendet. Was können Sie dagegen tun? Hier gibt es ein paar Möglichkeiten, die allerdings auch systemabhängig sind:

Möglichkeit 1

Sie benutzen die Funktion `fflush()` zum Entleeren des Tastaturpuffers. Möglicherweise gelingt dies nicht auf jedem Betriebssystem (speziell nicht unter Linux):

```
/* scanf3.c */
#include <stdio.h>

int main(void) {
    char a,b,c;
    printf("1. Buchstabe : ");
    scanf("%c",&a);
    fflush(stdin);
    printf("2. Buchstabe : ");
    scanf("%c",&b);
    fflush(stdin);
    printf("3. Buchstabe : ");
    scanf("%c",&c);
    printf("Sie gaben ein : %c %c %c ",a,b,c);
    return 0;
}
```

Möglichkeit 2

Sie benutzen eine `do while`-Schleife und *ziehen* das Newline-Zeichen aus dem Puffer heraus:

```
/* scanf4.c */
#include <stdio.h>

int main(void) {
   char a, b, c;
   printf("1. Buchstabe : ");
   do {scanf("%c",&a);} while ( getchar() != '\n' );
   printf("2. Buchstabe : ");
   do {scanf("%c",&b);} while ( getchar() != '\n' );
   printf("3. Buchstabe : ");
   do {scanf("%c",&c);} while ( getchar() != '\n' );
   printf("%c %c %c\n", a, b, c);
   return 0;
}
```

Mehr zur `do while`-Schleife finden Sie in Abschnitt 8.9.

Möglichkeit 3

Sie verwenden `scanf()` erst gar nicht (wie dies in der Praxis aus Sicherheitsgründen zu empfehlen ist) und greifen auf eine der vielen anderen Standardeingabe-Funktionen zurück. Ideal wäre es beispielsweise, die Funktion `fgets()` zum Einlesen zu verwenden und diese Eingabe mit der Funktion `sscanf()` in ein entsprechendes Format zu konvertieren (siehe auch Abschnitt 16.23). Ein entsprechendes Beispiel könnte so aussehen:

```
/* scanf5.c */
#include <stdio.h>

int main(void) {
   char ch;
   char buf[2];

   printf("Ein Zeichen bitte : ");
   fgets(buf, 2, stdin);
   sscanf(buf, "%c", &ch);
   printf("Das Zeichen : %c\n",ch);
   return 0;
}
```

> **Hinweis**
>
> In diesem Buch wird noch des Öfteren die Funktion `scanf()` verwendet. Falls etwas nicht so funktioniert, wie es sollte, beziehen Sie sich auf die drei gezeigten Möglichkeiten in diesem Kapitel.

Achtung

Die Funktion `scanf()` ist nicht gegen einen Pufferüberlauf (*Buffer-Overflow*) geschützt und somit unsicher, d. h., sie könnte für einen Hack des Programms durch eine andere Person missbraucht werden. Damit ist gemeint, dass die Funktion nicht die Anzahl der eingegebenen Zeichen überprüft und es damit zu Fehlern kommen kann bzw. ein Fehlverhalten von außen provoziert werden kann. Abgesehen davon ist `scanf()` (und auch `printf()`) ein guter Kanidat für *Format String Exploits*. Viele Compiler monieren `scanf()` auch als unsichere Funktion. Der Compiler von Microsoft VC++ z. B. rät, stattdessen die Funktion `scanf_f()`zu verwenden. Beachten Sie hierbei allerdings, das `scanf_f()` keine Standard-C-Funktion und somit auch nicht portabel ist.

4.1.3 Überprüfen auf das richtige Format

Um sicherzugehen, dass der Benutzer auch das Richtige eingegeben hat, können (müssen) Sie den Rückgabewert von `scanf()` überprüfen:

```
/* scanf6.c */
#include <stdio.h>

int main(void) {
   char a;
   int b, check;

   printf("Bitte Eingabe machen (Zeichen/Zahl): ");
   check = scanf("%c %d",&a, &b);
   printf("check = %d \n",check);
   return 0;
}
```

Der Rückgabewert von `scanf()` ist dabei immer die Anzahl der erfolgreich gelesenen Werte. Der Wert 0 hingegen wird zurückgegeben, wenn es zu keiner Übereinstimmung mit dem geforderten Formatzeichen gekommen ist. In diesem Beispiel erwartet `scanf()` die Eingabe eines Zeichens (`%c`) und einer Dezimalzahl (`%d`). Wenn beide Eingaben richtig gemacht wurden, sollte die folgende `printf()`-Anweisung den Wert »2« ausgeben.

Mit einer kleinen Überprüfung können Sie das Programm verbessern, um ein undefiniertes Verhalten für die Weiterarbeit zu verhindern:

```
/* scanf7.c */
#include <stdio.h>

int main(void) {
   int a, b, check;
```

```
   printf("Bitte zwei Zahlen eingeben: ");
   check = scanf("%d %d",&a ,&b);
   fflush(stdin);  /* unter Linux entfernen */
   //getchar();    /* für Linux             */
   /* Ist check gleich 2, war die Eingabe richtig. */
   if(check == 2)
      printf("Beide Zahlen richtig %d und %d\n",a ,b);
   /* ... nicht richtig, also war die 2. Zahl falsch. */
   else if(check == 1) {
         printf("Die 2.Zahl hat das falsche Format!!\n");
         printf("Bitte Eingabe wiederholen: ");
         /* noch ein Versuch */
         check = scanf("%d",&b);
         fflush(stdin);
         if(check)
            printf("Eingabe Ok. Ihre Zahlen %d %d\n",a,b);
         else
            printf("Leider nochmals falsch\n");
      }
   else
      printf("Die erste oder beide Eingaben waren falsch!\n" );
   return 0;
}
```

Bei fehlerfreier Ausführung liefert die `scanf()`-Funktion die Anzahl der Zeichen zurück, die erfolgreich gelesen, konvertiert und gespeichert wurden.

Wenn die erste Eingabe von `scanf()` im Beispiel schon fehlerhaft ist, wird die zweite Eingabe gar nicht mehr beachtet. Daher gibt `scanf()` dann `0` zurück, da gar keine Zeichen gespeichert werden konnten.

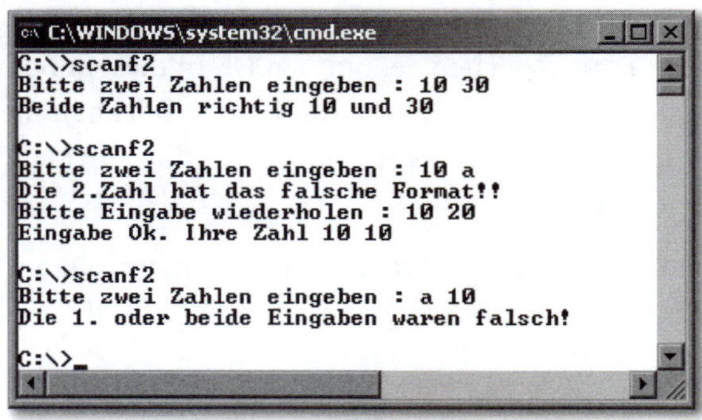

Abbildung 4.5 Die Überprüfung des Rückgabewertes von »scanf()«

4.1.4 Zusammenfassung zu »scanf()«

Die Funktion `scanf()` liest zeichenweise eine Folge von Eingabefeldern ein. Für jedes Eingabefeld muss eine Adresse vorhanden sein, wobei das Eingabefeld mit dem Datentyp der Adresse übereinstimmen muss. Bei Erfolg liefert `scanf()` die Anzahl der erfolgreich eingelesenen Felder zurück. Konnten keine Felder korrekt eingelesen werden, gibt `scanf()` als Rückgabewert `0` zurück. Für den Fall, dass bei der Eingabe schon ein Fehler auftrat, bevor die Daten überhaupt gelesen werden konnten, wird `EOF` zurückgegeben.

Folgende Zeichen werden bei `scanf()` als Eingabefelder akzeptiert:

- alle Zeichen bis zum nächsten Whitespace
- alle Zeichen bis zu einer bestimmten Feldbreite von n
- alle Zeichen bis zu dem ersten Zeichen, das nicht mehr in ein entsprechendes Format konvertiert werden konnte

Whitespace

Ein *Whitespace* ist ein Leerzeichen, ein Tabulator oder eine Zeilenschaltung.

Anmerkung für den Anfänger

Nochmals eine Anmerkung für die absoluten Neulinge in C: Sie wurden in diesem Kapitel teilweise mit Begriffen wie *Variablen, Datentypen, Format, Formatanweisungen, Feldbreite* usw. bombardiert, mit denen Sie zum größten Teil wohl noch nichts anfangen können. Den Großteil dieser Begriffe werden Sie aber auf den nächsten Seiten noch genauer kennenlernen. Ich habe die Aufteilung der einzelnen Themen bewusst in dieser Form vorgenommen. Wenn Sie dieses Buch durchgearbeitet haben, werden Sie kein Anfänger mehr sein und hin und wieder das eine oder andere Thema nachschlagen wollen. Dann wird es Ihnen leichter fallen, Informationen zur Funktion `scanf()` kompakt in ein oder zwei Kapiteln zu finden, anstatt im ganzen Buch verstreut danach suchen zu müssen.

4.2 Formatierte Ausgabe mit »printf()«

Die Syntax von `printf()` sieht so aus:

```
#include <stdio.h>

int printf(const char * restrict format, ...);
```

Der Rückgabewert von `printf()` ist die Anzahl der Zeichen, die ausgegeben werden (ohne das Terminierungszeichen `'\0'`), oder im Fehlerfall `EOF`. Folgendes Beispiel demonstriert dies:

```
/* printf1.c */
#include <stdio.h>

int main(void) {
   int zeichen;
   zeichen = printf("Hallo Welt");
   printf(" enthaelt %d Zeichen\n", zeichen);  // 10 Zeichen
   return 0;
}
```

`printf()` bekommt mindestens einen Parameter, nämlich den Formatstring. Dieser Formatstring besteht wiederum aus einem Ausgabetext (Stringkonstante), der nullterminiert ist (`\0`), und/oder aus einer Formatanweisung.

Abbildung 4.6 »printf()«, in seine einzelnen Bestandteile zergliedert

Bei dem Formatstring handelt es sich um eine Zeichenkette beliebiger Länge. Zum Beispiel:

```
printf("Ich bin der Formatstring in der printf-Anweisung");
```

Achtung

Das mit der »beliebigen Länge« stimmt nicht ganz. Auch mit `printf()` kann es einen Pufferüberlauf geben, sollte der Text länger sein als erlaubt. Ein Pufferüberlauf (*Buffer-Overflow*) wird in Hacker-Kreisen gern verwendet, um an Root-Rechte (Rechte des Systemadministrators) zu kommen. Bei mehr als 4096 Zeichen würde `printf()` laut C99-Standard Probleme bekommen (bei dem C89-Standard wird es ab 512 Zeichen gefährlich). Microsoft Visual C++ verweigert außerdem bei mehr als 65.535 Zeichen die Übersetzung (Compiler-Limit).

Die Funktion `printf()` wird bei der Ausführung von rechts nach links abgearbeitet. Dabei sucht die Funktion nach einem Ausgabetext (Stringkonstante) und Formatanweisungen.

Diese Formatanweisung wird von `printf()` dann mit entsprechenden Parametern der variablen Liste ausgegeben. Formatanweisungen beginnen alle mit einem `%`-Zeichen. Dahinter folgt ein Buchstabe, der den Datentyp des Formates angibt. `%d` steht z. B. für eine dezimale Ganzzahl. Die Formatanweisung lässt sich natürlich noch erweitert formatieren.

Bevor ich die einzelnen und erweiterten Formatanweisungen vorstelle, folgt erst einmal ein Kapitel, das zeigt, was für Datentypen Sie überhaupt zur Verfügung haben.

Die Ausgabe von `printf()` muss übrigens nicht ausschließlich auf dem Bildschirm erfolgen. Sie können die Standardausgabe (`stdout`) auch in eine Datei umleiten:

```
/* printf2.c */
#include <stdio.h>

int main(void) {
   printf("Diese Ausgabe soll in einer Textdatei stehen\n");
   return 0;
}
```

Übersetzen Sie dieses Programm wie gewohnt, und starten Sie es, indem Sie in einer Konsole Folgendes eingeben (als Programmname sei hier *out* gegeben):

```
$ out > test.txt
```

Jetzt befindet sich im aktuellen Verzeichnis eine Datei namens *test.txt* mit dem Inhalt, den `printf()` normalerweise auf dem Bildschirm ausgegeben hätte.

Anmerkung des Autors

Sicherlich stellt sich der eine oder andere die Frage, warum ich schon zu Beginn des Kapitels auf die Schwachstellen von `printf()` und `scanf()` hingewiesen habe und dennoch auf diese Funktionen eingegangen bin. Ich habe es nur den Anfängern zuliebe getan. Zwar richtet sich dieses Buch nicht nur an Anfänger, aber würde ich gleich auf die sicheren Alternativen eingehen, so würde dies einem absoluten Einsteiger zu viel abverlangen. Ich müsste auf eine Menge Themen vorgreifen. Und wenn man schon am Anfang eines Buches auf Themen stößt, die sich vielleicht erst ein paar hundert Seiten später auflösen, dann kann dies sehr frustrierend sein.

In diesem Kapitel erfahren Sie alles zu den einzelnen Datentypen in C, ohne die sich wohl kaum ein Programm realisieren lassen würde.

5 Basisdatentypen

Zu den Grundlagen der C-Programmierung gehört auch die Kenntnis der einzelnen Datentypen. Datentypen sind, wie der Name schon vermuten lässt, Arten von Variablen, in denen Sie Daten speichern können, um zu einem späteren Zeitpunkt wieder darauf zurückzugreifen. Diese Variablen bestehen aus zwei Teilen: dem *Datentyp*, der eine bestimmte Menge Arbeitsspeicher zugewiesen bekommt, und dem *Namen der Variable*, mit dem dieser Datentyp im Programm angesprochen werden kann.

Als *Basisdatentypen* werden einfache vordefinierte Datentypen bezeichnet. Dies umfasst in der Regel Zahlen (`int`, `short int`, `long int`, `float`, `double` und `long double`), Zeichen (`char`, `wchar_t`) und den (Nichts-)Typ (`void`).

5.1 Deklaration und Definition

Beginnen wir mit dem etwas unbequemeren Abschnitt. Die Begriffe *Deklaration* und *Definition* werden oft durcheinandergebracht oder auch als ein und dasselbe verwendet. Mit einer Deklaration machen Sie den Compiler mit einem Namen (Bezeichner) bekannt und verknüpfen diesen Namen mit einem Typ. Der Typ wiederum beinhaltet die Informationen über die Art der Bezeichner und bestimmt somit implizit die Aktionen, die auf dem Speicherobjekt zulässig sind. Bei einer Ganzzahl z. B. sind hierbei die arithmetischen Operationen `+`, `-`, `*`, `/` als Aktionen zulässig. Die Syntax einer einfachen Deklaration sieht somit immer wie folgt aus:

```
Typ name;
Typ name1, name2, name3;
```

Mit `Typ` geben Sie immer den Datentyp an, und `name` ist immer der Bezeichner. Natürlich können Sie, wie Sie im zweiten Beispiel sehen, auch mehrere Bezeichner eines Typs durch Kommata voneinander trennen.

Mit einer *Deklaration* geben Sie dem Compiler nur Informationen zum Typ bekannt. Bis dahin wurde noch keine Zeile Maschinencode erzeugt, geschweige denn ein Speicherobjekt (Variable) angelegt.

Für das konkrete Speicherobjekt im Programm bzw. in dem ausführbaren Code wird die *Definition* vereinbart. Somit ist jede Definition gleichzeitig auch eine Deklaration. Gleiches gilt auch häufig andersherum, beispielsweise gibt die Deklaration einer Variable vom Datentyp `int` in der folgenden ausgeführten Art

```
int i;
```

den Namen des Speicherobjekts bekannt und vereinbart somit auch den Speicherplatz für das Objekt. Ebenso kann der Name einer Variablen mit dem Speicherklassenattribut `extern` vereinbart werden, ohne dass ein Objekt erzeugt wird. Damit kann es für jedes Objekt im Programm zwar beliebig viele Deklarationen geben, aber nur eine einzige Definition.

Hinweis

Seit dem C99-Standard können in C (wie in C++) Deklarationen überall im Quelltext vorgenommen werden – worauf Sie allerdings wenn möglich der Lesbarkeit des Codes zuliebe verzichten sollten. Setzen Sie die Deklarationen noch vor den »arbeitenden« Anweisungen.

Was ist eine Variable?

Eine Variable ist eine Stelle (Adresse) im Hauptspeicher (RAM), an der Sie einen Wert ablegen können und gegebenenfalls später wieder darauf zurückgreifen können. Neben einer Adresse hat eine Variable auch einen Namen, genauer gesagt einen *Bezeichner*, mit dem man auf diesen Wert namentlich zugreifen kann. Und natürlich belegt eine Variable auch eine gewisse Größe des Hauptspeichers, was man mit dem Typ der Variablen mitteilt. Rein syntaktisch kann man das wie folgt ausdrücken:

```
long lvar;
```

Hier haben Sie eine Variable mit dem Namen (Bezeichner) `lvar` vom Typ `long`, der üblicherweise vier Bytes (auf 32-Bit-Systemen) im Hauptspeicher (RAM) belegt. Wo (d. h. an welcher Speicheradresse) im Arbeitsspeicher Speicherplatz für diese Variable reserviert wird – hier vier Bytes –, können Sie nicht beeinflussen.

5.2 Der Datentyp »int« (Integer)

Der Datentyp `int` muss, gemäß ANSI C, mindestens eine Größe von zwei Byte aufweisen. Mit diesen zwei Bytes lässt sich ein Zahlenraum von -32768 bis +32767 beschreiben. Mit dem Datentyp `int` lassen sich nur Ganzzahlen darstellen. Die Abkürzung `int` steht für *Integer*.

Hier kommen Sie auch gleich mit betriebssystemspezifischen Eigenheiten in Berührung. Auf 16-Bit-Systemen mag das eben Gesagte zutreffen. Dort ist ein Integer (`int`) auch wirklich zwei Bytes groß. Manch einer wird aber sagen: 16-Bit-Systeme sind doch Schnee von gestern und eigentlich nur noch für MS-DOS- und Windows-3.1-Compiler relevant. Denken Sie aber daran, dass es noch andere Programmierplattformen neben Linux und MS Windows gibt (besonders wären hier die *Embedded Systems* und Mikrocontroller hervorzuheben), wo C seine Stärken ausspielen kann!

Linux, Windows (ab Windows 95) und Macintosh sind alles schon Betriebssysteme auf 32-Bit-Basis. 32 Bit entsprechen vier Byte. Somit erstreckt sich der Zahlenraum auf 32-Bit-Systemen von -2147483648 bis +2147483647.

Ein `int` hat somit laut Standard die natürliche Größe, die von der »Ausführ-Umgebung« vorgeschlagen wird. Das wären dann z. B. auf einer PDP10-Maschine 36 Bit, auf einem Pentium 4 32 Bit und auf einem beliebigen 64-Bit-Prozessor-System eben 64 Bit.

Tabelle 5.1 gibt einen kurzen Überblick über den Datentyp `int` und seinen möglichen Wertebereich auf den verschiedenen Systemen:

System	Name	Größe	Wertebereich	Formatzeichen
ANSI C	`int`	2 Byte	–32768 +32767	`%d` oder `%i`
IBM PC MS-DOS und Win3.1	`int`	2 Byte	–32768 +32767	`%d` oder `%i`
Macintosh Metrowerks CW	`int`	4 Byte	–2147483648 +2147483647	`%d` oder `%i`
Win98/2000/NT/XP/Vista	`int`	4 Byte	–2147483648 +2147483647	`%d` oder `%i`
Linux	`int`	4 Byte	–2147483648 +2147483647	`%d` oder `%i`

Tabelle 5.1 Der Datentyp »int« auf verschiedenen Plattformen

64-Bit-Architektur

Sicherlich stellen Sie sich jetzt die Frage, was ist dann mit der neuen 64-Bit-Architektur? Theoretisch hätte hier `int` ja eine Wortbreite von 64 Bit. Auch die Zeiger (siehe Kapitel 12) hängen entscheidend von der Wortbreite ab. Daher hat man beim Übergang von der 32-Bit- zur 64-Bit-Architektur Zeiger und den Typ `long` auf 64 Bit verbreitert und `int` weiterhin auf 32 Bit belassen. Dies wird kurz auch mit *LP64* abgekürzt.

Wenn Sie prüfen wollen, welchen Wertebereich der Datentyp `int` auf einem System hat, so können Sie ihn mit folgendem Listing herausfinden:

```
/* sizeof_int.c */
#include <stdio.h>
#include <limits.h>    /* INT_MIN und INT_MAX */

int main(void) {
   printf("int Größe : %d Byte\n", sizeof( int ) );
   printf("Wertebereich von %d bis %d\n", INT_MIN, INT_MAX);
   return 0;
}
```

Die Konstanten `INT_MIN` und `INT_MAX` sind in der Headerdatei *<limits.h>* mit den Werten deklariert, die der Datentyp `int` auf Ihrem System besitzt.

5.3 Variablen verwenden

Wie Sie Datentypen in der Praxis verwenden, also deklarieren und mit Werten initialisieren können, soll jetzt grundsätzlich anhand des Datentyps `int` erläutert werden. Für andere Datentypen, die noch behandelt werden, gilt dies entsprechend. Sehen wir uns dazu ein Listing an:

```
/* deklarieren.c */
#include <stdio.h>

int main(void) {
   int a;     // Deklaration
   int b;
   int c;
   a = 5;     // Initialisieren
   b = 100;
   c = 12345;
   printf("Wert von int a=%d ,b=%d, c=%d\n", a, b, c);
   return 0;
}
```

Hier werden drei int-Variablen mit den Bezeichnern a, b und c deklariert. Die Auswahl der Bezeichner bleibt dabei Ihnen überlassen. In kleinen Programmbeispielen ist die Verwendung sogenannter sprechender Namen für Bezeichner nicht unbedingt erforderlich, dennoch empfehle ich Ihnen, aussagekräftige Namen (z. B. ZuFallsZahl, statt einfach nur z) zu verwenden. Damit behalten Sie bei größeren Projekten den Überblick.

Hier bekommt a den Wert 5, b den Wert 100 und c den Wert 12345 zugewiesen. Die Zuweisung eines Werts wird das *Initialisieren einer Variable* genannt. Den Wert einer Variablen übergibt man mit dem =-Operator (er wird auch *Zuweisungsoperator* genannt).

Folgende Schreibweisen sind dabei erlaubt:

```
int wert  = 5;                    // wert=5
int wert1 = 10, wert2 = 20;       // wert1=10 ,wert2=20

// wert1=nicht initialisiert, wert2=33
int wert1, wert2 = 33;

int wert1;
int wert2 = wert1 = 10;           // wert1=10, wert2=10
```

Jetzt folgt die Beschreibung der Ausgabe mit printf() (siehe Abbildung 5.1).

Sicherlich ist Ihnen %d im Formatstring aufgefallen. Das Prozentzeichen ist ein Formatzeichen. Der Compiler sieht jetzt nach, um welches Format es sich dabei handelt. Im Beispiel ist es das d (für dezimal). Sie können auch das Formatzeichen %i anstelle von %d benutzen. Für einige ist das leichter zu verstehen, da das i für Integer steht. Hiermit wird also eine Ganzzahl (int) ausgegeben.

Hinter dem Ende der Hochkommata befindet sich jetzt der Variablenname a. Damit wird der Wert von int a an der Position ausgegeben, an der sich das Formatzeichen %d befindet. Gleiches geschieht mit den anderen beiden int-Werten für b und c.

Die Initialisierung dieser Werte kann aber auch noch anders bewerkstelligt werden:

```
/* initialisieren.c */
#include <stdio.h>

int main(void) {
   int a=5;
   int b=100, c=12345;
```

```
    printf("Wert von int a=%d ,b=%d, c=%d\n", a, b, c);
    return 0;
}
```

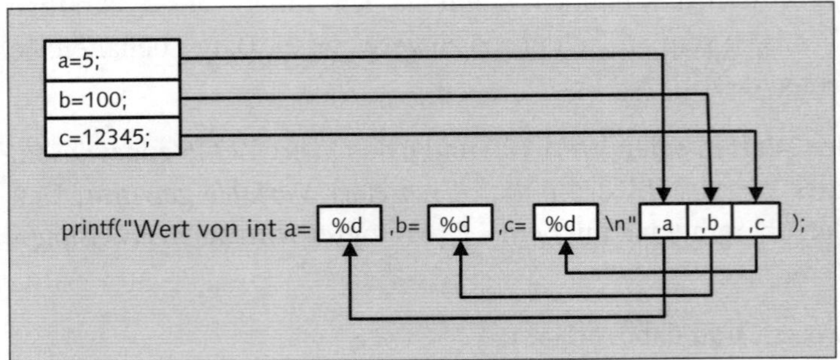

Abbildung 5.1 Der Ablauf der Funktion »printf()«

Wie Sie hier sehen, kann die Wertzuweisung schon während der Deklaration vorgenommen werden. Es können auch alle Werte auf einmal zugewiesen werden, wie es bei `int b` und `int c` geschehen ist. Die Werte müssen mit einem Komma getrennt werden.

Wenn eine Variable nicht mit einem Wert initialisiert wurde und Sie diese dennoch ausgeben, ist die Ausgabe des Werts undefiniert. Das heißt, es ist nicht vorhersehbar, welcher Wert ausgegeben wird.

Erlaubte Bezeichner

Im Folgenden gehe ich nochmals detaillierter auf die erlaubten Bezeichner ein. Mit dem Begriff *Bezeichner* werden Namen für Variablen, Funktionen, Datentypen und Makros zusammengefasst. Damit Sie bei der Namensvergabe von Variablen oder (später) Funktionen keine Probleme bekommen, müssen Sie bei deren Angabe folgende Regeln beachten:

- Ein Bezeichner darf aus einer Folge von Buchstaben, Dezimalziffern und Unterstrichen bestehen. Einige Beispiele:

  `var8, _var, _666, var_fuer_100tmp, VAR, Var`

- C unterscheidet zwischen Groß- und Kleinbuchstaben.

  `Var, VAr, VAR, vAR, vaR, var`

  Hierbei handelt es sich jeweils um verschiedene Bezeichner.

- Das erste Zeichen darf keine Dezimalzahl sein.
- Die Länge des Bezeichners ist beliebig lang. Nach ANSI-C-Standard sind aber nur die ersten 31 Zeichen von Bedeutung. Allerdings können viele Compiler auch zwischen mehr Zeichen unterscheiden.

Die reservierten Schlüsselwörter in C dürfen logischerweise auch nicht als Bezeichner verwendet werden. Folgende Schlüsselwörter sind in C reserviert:

```
auto  break  case  char  complex  const  continue  default
do  double  else  enum  extern  float  for  goto
if  imaginary  inline  int  long  register  restrict  return
short  signed  sizeof  static  struct  switch  typedef
union  unsigned  void  volatile  while
```

Die Schlüsselwörter, die hier nicht fett dargestellt wurden, sind erst bei den neueren Compilern (C99) vorhanden.

5.4 Der Datentyp »long«

Der Datentyp `long` entspricht wie der Datentyp `int` auch einer Ganzzahlvariablen. Bei 16-Bit-Systemen hat dieser Typ einen größeren Zahlenbereich und verbraucht somit auch mehr Speicherplatz als der Datentyp `int`. Hier ein Vergleich mit dem Datentyp `int` auf einem 16-Bit-System:

Name	Größe	Wertebereich	Formatzeichen
`int`	2 Byte	–32768 +32767	`%d` oder `%i`
`long`	4 Byte	–2147483648 +2147483647	`%ld` oder `%li`

Tabelle 5.2 Der Datentyp »long« im Vergleich mit »int« (auf 16-Bit-Systemen)

Den Datentyp `long` können Sie benutzen, wenn Berechnungen mit größeren Zahlen durchführt werden. Das Formatzeichen ist hier `%ld` oder `%li`, von »long dezimal« bzw. »long integer«. `long` ist also nichts anderes als ein größeres `int`, und genauso kann es auch benutzt werden. Mit dem Datentyp `long` kann der Datentyp `int` auf 16-Bit-Systemen modifiziert werden, sodass der Wertebereich von `int` vergrößert wird:

```
long int a;
```

Jetzt stellt sich die Frage, welche Daseinsberechtigung hat der Datentyp `long` dann eigentlich noch auf 32-Bit-Systemen? `long` hat ja auf diesen Systemen dieselbe Größe und denselben Wertebereich wie der Datentyp `int`.

Die Antwort könnte lauten: Es gibt ihn aus Kompatibilitätsgründen, damit alte Programme, die für 16-Bit-Rechner geschrieben wurden, auch noch auf einem 32-Bit-Rechner laufen bzw. übersetzt werden können. Das gilt auch für den umgekehrten Fall. Dies sollten Sie beachten, wenn Sie ein Programm für ein 32-Bit-

System geschrieben haben und es dann auf ein 16-Bit-System portieren wollen. In diesem Fall ist es empfehlenswert, den Datentyp `long` zu verwenden. Sollte bei einem Programm auf dem 16-Bit-Rechner eine Zahl, z. B. »1000000«, vorkommen, und es wurde der Datentyp `int` verwendet, wird das Programm mit falschen Werten rechnen und möglicherweise völlig unvorhergesehene Reaktionen zeigen.

Hinweis

Und wie bereits zuvor beim Datentyp `int` erwähnt wurde, hat `long` bei der 64-Bit-Architektur auch tatsächlich 64 Bit, während man den Datentyp `int` vorerst weiterhin auf 32 Bit belassen hat. Den Wertebereich eines `long` auf einem 64-Bit-System entnehmen Sie bitte dem Abschnitt 5.5, »Der Datentyp ›long long‹«.

5.5 Der Datentyp »long long«

Neu (seit dem C99-Standard) ist der erweiterte `long`-Datentyp. `long long` ist ein 64 Bit (8 Byte) breiter Datentyp, der einen Wertebereich von -9.223.372.036.854.755.808 bis +9.223.372.036.854.755.807 darstellen kann.

Name	Größe	Wertebereich	Formatzeichen
`unsigned long long`	8 Bytes	0 … 18446744073709551615	`%llu`
`long long`	8 Byte	–9.223.372.036.854.755.808 +9.223.372.036.854.755.807	`%lld` oder `%lli`

Tabelle 5.3 Der Datentyp »long long« und sein »unsigned«-Gegenstück

5.6 Der Datentyp »short«

Nach der Betrachtung der Typen `int` und `long` stellt sich die Frage: Was ist, wenn ich gar keine so große Ganzzahl benötige? Beziehungsweise, was ist, wenn das Programm nicht so viel Speicherplatz verbrauchen darf?

Dafür gibt es den Datentyp `short`, der genauso verwendet wird wie schon `int` und `long`. Hier die Angaben zu `short`:

Name	Größe	Wertebereich	Formatzeichen
`short`	2 Byte	–32768 +32767	`%d` oder `%i`

Tabelle 5.4 Der Datentyp »short«

Achtung

Wollen Sie Programme schreiben, die auf 16-Bit- und 32-Bit-Systemen richtig laufen sollen, verwenden Sie für Ganzzahltypen die Typen `long` und `short` und verzichten dabei ganz auf den Datentyp `int`, da dieser wie gezeigt unterschiedliche Zahlenräume auf verschiedenen Systemen abdeckt.

Hinweis

Um das hier gleich richtigzustellen: Die korrekten Typnamen heißen eigentlich `short int`, `long int` und `long long int`. In der Praxis wird üblicherweise `short`, `long` und `long long` verwendet.

5.7 Ganzzahlige Typen mit vorgegebener Breite – <stdint.h>

Ab dem C99-Standard finden sich in der Headerdatei *<stdint.h>* weitere Ganzzahldatentypen, die mit vorgegebener Breite verwendet werden. Mit *vorgegebener Breite* ist die Anzahl der Bits zur Darstellung des Werts gemeint, die dieser Typ verwenden darf. Hier die Typen im Überblick:

Typ	Bedeutung
`int`*N*`_t` `uint`*N*`_t`	Ein `int`-Wert mit einer Breite von *exakt* N Bits. Dieser Typ ist optional und wird nicht vom C99-Standard gefordert. Damit wäre es beispielsweise möglich, eigene erweiterte Ganzzahltypen wie beispielsweise `int22_t` oder `uint34_t` zu definieren und zu verwenden.
`int_least`*N*`_t` `uint_least`*N*`_t`	ein `int`-Wert mit einer Breite von *mindestens* N Bits (erlaubte Werte für N: 8, 16, 32, 64)
`int_fast`*N*`_t` `uint_fast`*N*`_t`	der schnellste `int`-Typ mit mindestens einer Breite von N Bits (erlaubte Werte für N: 8, 16, 32, 64)
`intmax_t` `uintmax_t`	größtmöglicher ganzzahliger Typ (Sein Wert ist in der Konstante `INT64_MAX` bzw. `UINT64_MAX` deklariert.)
`intptr_t` `uintptr_t`	maximale Breite, um den Wert eines Zeigers zu speichern

Tabelle 5.5 Neue ganzzahlige Typen vorgegebener Breite

Typen, die mit `u` (*unsigned*) beginnen, sind vorzeichenlos. Von den in der Tabelle aufgelisteten Typen wiederum werden vom C99-Standard nur `int_least`*N*`_t`, `int_fast`*N*`_t` und `intmax_t` und deren `unsigned`-Gegenstücke gefordert. Die anderen beiden Typen sind optional und müssen nicht implementiert sein. Die maximalen und minimalen Limits dieser Ganzzahltypen sind ebenfalls in der

Headerdatei *<stdint.h>* deklariert. Bei den Namen der Limits brauchen Sie nur den Typnamen großschreiben und das Suffix `_t` gegen `_MIN` bzw. `_MAX` austauschen. So lautet beispielsweise der Makroname für den minimalen bzw. maximalen `int_least32_t`-Wert `INT_LEAST32_MIN` bzw, `INT_LEAST32_MAX`. Hierzu ein einfaches Listing als Beispiel:

```
/* stdint.c */
#include <stdio.h>
#include <stdlib.h>
#include <stdint.h>

int main(void) {
   int_least8_t i8;
   int_least32_t i32;
   int_least64_t i64;
   // beispielsweise Linux: -128 und 127
   printf("int_least8_t/Max. : %d; Min : %d\n",
       INT_LEAST8_MIN, INT_LEAST8_MAX );
   // beispielsweise Linux: -2147483648 und 2147483647
   printf("int_least32_t/Max.: %d; Min : %d\n",
      INT_LEAST32_MIN, INT_LEAST32_MAX );
   // beispielsweise Linux: -9223372036854775808 und
   // 9223372036854775807
   printf("int_least64_t/Max.: %lld; Min: %lld\n",
      INT_LEAST64_MIN, INT_LEAST64_MAX );
   return EXIT_SUCCESS;
}
```

Hinweis

Um diese Typen verwenden zu können, muss Ihr Compiler dem C99-Standard entsprechen.

Hinweis

Spezielle Konvertierungspezifizierer, die im Formatstring von `printf()` bzw. `scanf()` verwendet werden, gibt es in *<stdint.h>* nicht. Aber in der Headerdatei *<inttypes.h>* sind für Makros spezielle Stringliterale definiert.

Im Grunde sind diese erweiterten Typen in der Headerdatei *<stdint.h>* nur Synonyme für Standardtypen. So sind beispielsweise in `<stdin.h>` folgende Zeilen enthalten:

```
// ...
typedef signed char   int_least8_t;
```

```
typedef short int      int_least16_t;
typedef int            int_least32_t;
// ...
```

Abhängig von der Wortgröße ist dann beispielsweise `int_least64_t` als `long int` oder `long long int` implementiert.

5.7.1 <inttypes.h> (C99)

Auch der Header *<inttypes.h>* inkludiert die Headerdatei *<stdint.h>* und verwendet hier die ganzzahligen Datentypen mit einer bestimmten Breite – ganz besonders die Typen `intmax_t` und `uintmax_t`, womit die größtmöglichen Typen dargestellt werden.

Neben einigen Funktionen beinhaltet diese Headerdatei auch Makros, die als Konvertierungsspezifizierer im Formatstring von `printf()` und `scanf()` verwendet werden können. Hierfür gibt es für jeden in *<stdint.h>* definierten Typ bestimmter Breite ein entsprechendes Makro mit dem Präfix `PRI` (für `printf()`) oder `SCN` (für `scanf()`), gefolgt vom Konvertierungspezifizierer `d`, `i`, `o` oder `x` und dem Typnamen. Im Falle von beispielsweise `int_least8_t` sehen die Konvertierungsspezifizierer für `printf()` und `scanf()` wie folgt aus:

```
SCNdLEAST8   // für scanf()
PRIdLEAST8   // für printf()
```

Oder für den Typ `int_fast32_t`:

```
SCNdFAST32   // für scanf()
PRIdFAST32   // für printf()
```

In der Praxis sieht die Verwendung der Konvertierungsspezifizierer für Typen einer bestimmten Breite, die in der Headerdatei *<inttypes.h>* als Makro definiert sind, wie folgt aus:

```
/* inttypes.c */
#include <stdio.h>
#include <stdlib.h>
#include <stdint.h>
#include <inttypes.h>

int main(void) {
   int_least8_t i8;
   int_least32_t i32;

   printf("Wert für int_least8_t eingeben : ");
   scanf("%" SCNdLEAST8 , &i8 );
```

```
   printf("Wert für int_least32_t eingeben: ");
   scanf("%" SCNdLEAST32 , &i32 );

   printf("i8  : " "%10" PRIdLEAST8 "\n", i8 );
   printf("i32 : " "%10" PRIdLEAST32 "\n", i32 );

   return EXIT_SUCCESS;
}
```

Die Konvertierung funktioniert hier mit einer Verkettung der Stringliterale `"%"` und dem entsprechenden Konvertierungsspezifizierer.

5.8 Die Gleitpunkttypen »float« und »double«

Jetzt kommen wir zu den Gleitpunkttypen (*Floatingpoint*). Mit ihnen wird es möglich, genauere Berechnungen mit Nachkommastellen auszuführen. Hier wieder zuerst eine kleine Übersicht:

Name	Größe	Wertebereich	Genauigkeit	Formatzeichen
`float`	4 Byte	1.2E-38 3.4E+38	6-stellig	`%f`
`double`	8 Byte	2.3E-308 1.7E+308	15-stellig	`%lf`
`long double`	10 Byte	3.4E-4932 1.1E+4932	19-stellig	`%Lf`

Tabelle 5.6 Datentypen zur Darstellung von Gleitpunktzahlen

Beachten Sie, dass die Größenangaben und Wertebereiche dieser Typen komplett implementierungsabhängig sind. Es ist lediglich gewährleistet, dass bei `float`, `double` und `long double` (hier von links nach rechts) jeder Typ den Wert des vorherigen aufnehmen kann.

Angewendet wird dieser Datentyp genauso wie `int` und alle anderen Datentypen, die Sie bereits kennen.

Hierzu eine kurze Erklärung, warum es Gleit*punkt*typ und nicht Gleit*komma*typ heißt. Dies liegt daran, dass die Programmiersprache C in den USA entwickelt wurde. Und dort wird anstatt eines Kommas zwischen den Zahlen ein Punkt verwendet (man spricht von *floating point variables*):

```
float a=1,5;   /* FALSCH  */
float b=1.5;   /* RICHTIG */
```

Das Komma verwenden die US-Amerikaner wiederum genauso wie Europäer den Punkt bei größeren Zahlen. Folgendes Beispiel schreiben wir (Europäer) so:

```
1.234.567
```

Und die US-Amerikaner schreiben dies wiederum so:

```
1,234,567
```

Dazu ein Beispiel. Es wird ein Programm geschrieben, das die Fläche eines Rechtecks berechnet.

```
/* rectangle.c */
#include <stdio.h>

int main(void) {
   /* Deklaration */
   float flaeche, l, b;

   printf("Berechnung der Flaeche eines Rechtecks\n");
   /* Werte einlesen */
   printf("Laenge des Rechtecks: ");
   scanf("%f",&l);
   printf("Breite des Rechtecks: ");
   scanf("%f",&b);
   /* Fläche berechnen */
   flaeche = l * b;
   printf("Flaeche des Rechtecks betraegt : %f\n",flaeche);
   return 0;
}
```

Bei diesem Listing wird der Anwender nach der Länge und der Breite einer rechteckigen Fläche gefragt. Diese Gleitpunktzahl wird mithilfe von `scanf()` eingelesen und an die Adressen der Variablen `l` und `b` übergeben. Anschließend wird dieser Wert zur Berechnung verwendet. Das Ergebnis wird am Schluss des Programms auf dem Bildschirm ausgegeben.

Beachten Sie im Zusammenhang mit Gleitpunktzahlen auch Folgendes: Wenn Sie zwei verschiedene Variablen z. B. `int` und `float` miteinander durch Operatoren verknüpfen, erhalten Sie das Ergebnis vom genaueren Datentyp dieser beiden Variablen zurück. Ein Beispiel:

```
/* divide.c */
#include <stdio.h>

int main(void) {
   float f = 5.0;
```

```
    int i = 2;
    printf("%f\n",f/i); // Ergebnis = 2.500000
    return 0;
}
```

Die Ausgabe des Programms ist »2.500000«, weil der genauere der beiden Datentypen hier vom Typ `float` ist.

5.8.1 Gleitpunkttypen im Detail

Bei Gleitpunkttypen wird auch von *Zahlen mit gebrochenem Anteil* (reellen Zahlen) gesprochen. Der C-Standard schreibt hierbei nicht vor, wie die interne Darstellung von reellen Gleitpunktzahlen erfolgen muss. Dies hängt von den Entwicklern der Compiler ab. Meistens wird aber der IEEE-Standard 754 verwendet (IEEE – *Institute of Electrical and Electronics Engineers*). In der Regel kann es dem Programmierer egal sein, wie Gleitpunktzahlen auf seinem System dargestellt werden. Trotzdem folgt hier für den interessierten Programmierer eine kurze Erklärung der internen Darstellung von Gleitpunktzahlen, ohne dass wir uns zu sehr in den Details verlieren wollen.

Gleitpunktzahlen werden halb logarithmisch dargestellt. Das heißt, die Darstellung einer reellen Gleitpunktzahl basiert auf einer Zerteilung in ein Vorzeichen, eine Mantisse und einen Exponenten zur Basis 2. Für echte Mathematiker sei gesagt, dass der Begriff »Mantisse« hier nichts mit einer Mantisse eines Logarithmus gemeinsam hat.

Die Genauigkeit nach dem Komma der Gleitpunktzahl hängt von der Anzahl der Bits ab, die der entsprechende reelle Datentyp in seiner Mantisse speichern kann. Der Wertebereich hingegen wird durch die Anzahl der Bits für den Exponenten festgelegt.

Hierzu folgen die Speicherbelegungen der einzelnen reellen Gleitpunktzahlen im IEEE-Format.

5.8.2 »float« im Detail

`float` ist eine 32-Bit-Zahl. Diese 32 Bit teilen sich folgendermaßen auf:

- *Vorzeichen-(Vz-)Bit* (1 Bit): In Bit 31 wird das Vorzeichen der Zahl gespeichert. Ist dieses 0, dann ist die Zahl positiv, bei 1 ist sie negativ.
- *Exponent* (8 Bits): In Bit 23 bis 30 wird der Exponent mit einer Verschiebung (*Bias*) der Zahl gespeichert (Bias bei `float` 127).
- *Mantisse* (23 Bits): In Bit 0 bis 22 wird der Bruchteil der Mantisse gespeichert. Das erste Bit der Mantisse ist immer 1 und wird nicht gespeichert.

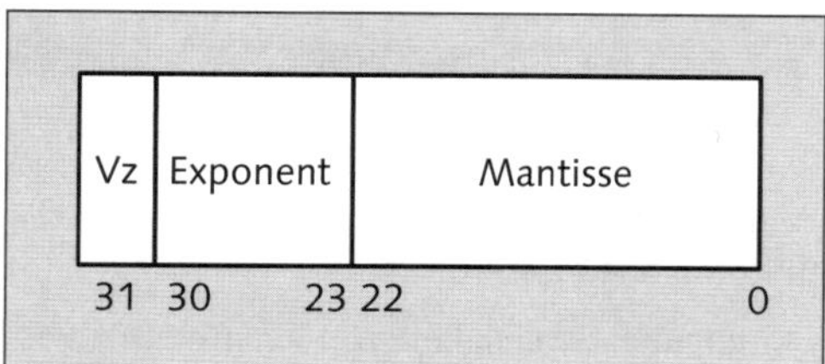

Abbildung 5.2 »float« im Detail

5.8.3 »double« im Detail

Beim Datentyp `double` ist es ähnlich wie bei `float`. `double` ist eine 64-Bit-Zahl mit doppelter Genauigkeit. `double` ist folgendermaßen aufgeteilt:

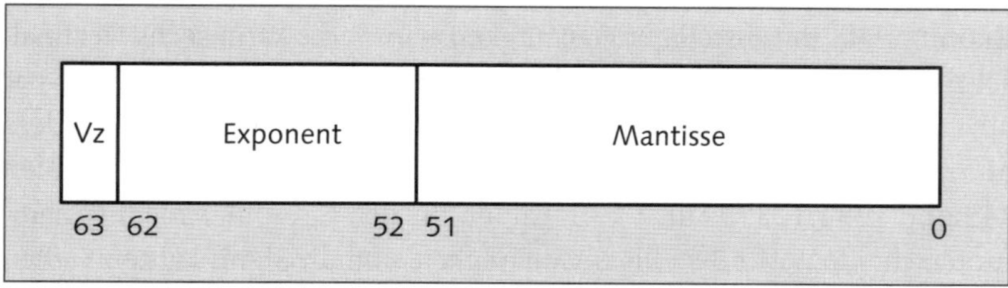

Abbildung 5.3 »double« im Detail

- *Vorzeichen-Bit* (1 Bit): In Bit 63 wird das Vorzeichen der Zahl gespeichert. Ist dieses 0, dann ist die Zahl positiv, bei 1 ist sie negativ.
- *Exponent* (11 Bit): In Bit 52 bis 62 wird der Exponent mit einer Verschiebung (*Bias*) der Zahl gespeichert (Bias bei `double` 1023).
- *Mantisse* (52 Bit): In Bit 0 bis 51 wird der Bruchteil der Mantisse gespeichert. Das erste Bit der Mantisse ist immer 1 und wird nicht gespeichert.

5.8.4 long double

Wird dem Datentyp `double` das Schlüsselwort `long` vorangestellt, erhalten Sie eine 80-Bit-Zahl mit einer noch höheren Genauigkeit.

Wenn Sie `long double` mit dem `sizeof`-Operator auf seine Speichergröße in Bytes überprüft haben, dürften Sie sicherlich verwundert sein, dass der Datentyp auf 32-Bit-Systemen 12 Bytes beansprucht. Auf einem 32-Bit-System werden dazu einfach zwei Füllbytes angefügt. Auf 16-Bit-Systemen beansprucht `long double` weiterhin 10 Bytes Speicher. Auf einer HP-UX-Maschine hingegen benötigt `long double` gar 16 Bytes an Speicher. Dabei werden aber alle 128 Bits genutzt, und somit lässt sich eine Genauigkeit von 33 Stellen anzeigen.

Internes

Sollten Sie jetzt denken, mit `long double` erhielten Sie eine größere Genauigkeit, kann der Schein trügen. Intern (in der FPU) werden sowieso alle Werte, ob `float` oder `double`, erst nach `long double` konvertiert, und dann entsprechend zurück. Daher sollten Sie sich erst noch zwei Fälle durch den Kopf gehen lassen:

- Fall 1: Man braucht wirklich nie eine so genaue Genauigkeit wie `long double`, es reicht `double` aus.
- Fall 2: Man braucht viel Genauigkeit, in diesem Fall bietet sich eher die Benutzung von speziellen Bibliotheken an, die extra dafür konzipiert worden sind und Genauigkeit bis ins Unendliche erlauben (z. B. Perl, *Math::BigInt/BigFloat*).

5.8.5 Einiges zu n-stelliger Genauigkeit

Eine Fließkommazahl mit 6-stelliger Genauigkeit wie `float` kann sechs Dezimalstellen nicht immer korrekt unterscheiden. Wenn beispielsweise die Zahl vor dem Komma (z. B. »1234,1234«) bereits vier Stellen besitzt, so kann sie nach dem Komma nur noch zwei Stellen unterscheiden. Somit wären die Gleitpunktzahlen 1234,12345 und 1234,123999 als `float`-Zahlen für den Computer nicht voneinander zu unterscheiden. Mit 6-stelliger Genauigkeit sind die signifikanten Stellen von links nach rechts gemeint. Der Typ `float` ist also ungeeignet für kaufmännische und genaue wissenschaftliche Berechnungen. Dazu folgendes Beispiel:

```
/* floating.c */
#include <stdio.h>

int main(void) {
   float x=1.1234;
   float dollar=100000.12;
   float end_float;

   double y=1.1234;
   double DOLLAR=100000.12;
   double end_double;

   printf("%f Euro mit float\n",end_float=dollar*x);
   printf("%f Euro mit double\n",end_double=DOLLAR*y);
   return 0;
}
```

Hier werden zwei verschiedene Ergebnisse zurückgegeben. Die Differenz mag minimal sein, doch bei Börsenberechnungen könnte eine solche Ungenauigkeit durchaus Millionen von Euro kosten, und in der Astronomie wäre der Mond wohl heute noch nicht erreicht.

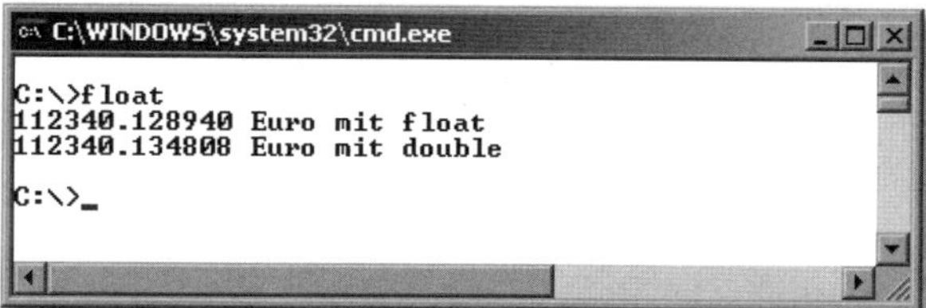

Abbildung 5.4 Darstellung von Fließkommazahlen mit »double« und »float«

`float` ist nach sechs Dezimalstellen am Ende. Mit `double` haben Sie dagegen die Möglichkeit, eine auf 15 Stellen genaue Zahl zu erhalten, und mit `long double` bekommen Sie eine 19-stellige.

Was ist zu tun, wenn diese Genauigkeit nicht ausreichen sollte? In diesem Fall müssen Sie sich nach sogenannten Festkomma-Algorithmen umsehen. Denn Festkomma-Darstellungen wie die BCD-Arithmetik gibt es in C nicht.

BCD-Arithmetik

BCD steht für *Binary Coded Decimals* und bedeutet, dass die Zahlen nicht binär, sondern als Zeichen gespeichert werden. Beispielsweise wird der Wert 56 nicht wie gewöhnlich als Bitfolge 00111000 gespeichert, sondern als die Werte der Ziffern im jeweiligen Zeichensatz. In unserem Fall wäre das im ASCII-Code-Zeichensatz. Und dabei hat das Zeichen »5« den Wert 53 und das Zeichen »6« den Wert 54. Somit ergibt sich dadurch folgende Bitstellung: 00110101 (53) 00110110 (54). Damit benötigt der Wert 53 allerdings 16 anstatt der möglichen 8 Bit. Für die Zahl 12345 hingegen benötigen Sie schon 40 Bits. Es wird zwar erheblich mehr Speicherplatz verwendet, doch wenn Sie nur die Grundrechenarten für eine Ziffer implementieren, können Sie mit dieser Methode im Prinzip unendlich lange Zahlen bearbeiten. Es gibt keinen Genauigkeitsverlust.

Hinweis

Bei dem Listing oben wurde bei der formatierten Ausgabe für den Datentyp `double` `%f` verwendet, was übrigens bei der Ausgabe mit `printf()` nicht falsch ist. Verwenden Sie hingegen `scanf()`, kommt es zu Problemen. `scanf()` benötigt für `double` nämlich `%lf`. Dies liegt daran, dass Argumente in variablen Argumentlisten in C der *Default Promotion* unterliegen. Das heißt in diesem Fall, dass der Compiler versucht, einen Ausdruck vom Typ `float` in einen Ausdruck vom Typ `double` zu konvertieren.

5.9 Numerische Gleitpunktprobleme

Vorsicht ist geboten vor Ungenauigkeiten durch die binäre Darstellung von Gleitpunktzahlen. Reelle Zahlen können im Gleitpunktformat nicht immer exakt dargestellt werden. Das liegt daran, dass die Gleitpunktsemantik so implementiert ist, wie es der Prozessor berechnet. Würde man dafür eine extra Funktion für den Compiler schreiben, wäre die Berechnungsdauer systemabhängig. Würde die Berechnung beispielsweise bei einem Pentium-Prozessor optimal ablaufen, könnte sie bei einem Athlon wiederum katastrophale Laufzeiten haben. Dadurch kann es bei der Berechnung von arithmetischen Ausdrücken zu Ungenauigkeiten kommen (wie weiter oben schon gezeigt wurde).

Achtung

Zahlen im Gleitpunktformat sollten nie auf Gleichheit überprüft werden!

Folgendes Programm wird in eine Endlosschleife laufen, da die Zahl 0.1 nie exakt dargestellt werden kann:

```
/* never_ending.c */
#include <stdio.h>

int main(void) {
   float i=0.0;
   for (i=0.0; i != 1.0; i += 0.1)
      printf("%f",i);
   return 0;
}
```

Sicherer ist es, wenn Sie dieses Beispiel so überprüfen:

```
/* equal_float.c */
#include <stdio.h>

int main(void) {
   float i=0.0;
   for (i=0.0; i < 0.9999 || i > 1.0001; i += 0.1)
      printf("%f",i);
   return 0;
}
```

Hinweis

Für Vergleiche von reellen Gleitpunktzahlen stehen auch Makros zur Verfügung. Mehr dazu können Sie in Abschnitt 20.3.6, »Makro zum Vergleich mit reellen Zahlen«, nachlesen.

Hinweis

Für den Fall, dass sich jemand näher mit der Gleitpunktdarstellung auf verschiedenen Systemen auseinandersetzen will (muss), hier ein Link dazu:
http://cch.loria.fr/documentation/IEEE754/numerical_comp_guide/index.html

Natürlich kann ich jetzt nicht einfach schreiben, dass Sie sich in Acht nehmen sollen, wenn Sie Gleitpunktzahlen für Ihre Berechnungen verwenden, sondern hier wird wohl eine informatiker-gerechte Erklärung nötig sein. Zunächst mal möchte ich Ihnen das Gleitpunktformat beschreiben, das aus einem Vorzeichen, einem Dezimalbruch und einem Exponenten besteht:

$+\text{-}f.fff \times 10^{+\text{-}e}$

Zunächst finden Sie mit +- das Vorzeichen, gefolgt vom Dezimalbruch mit den vier Stellen *f.fff* und am Ende den Exponenten mit einer Stelle ($^{+\text{-}e}$). Die Zahlen werden gewöhnlich im E-Format (+-f.fffE$^{+\text{-}e}$) geschrieben. Zwar hat das IEEE das Gleitpunktformat standardisiert, aber leider halten sich nicht alle Computer daran. So wird beispielsweise die Zahl 1.0 wie im E-Format mit +1.000E+0 beschrieben oder –0.006321 mit –6.321E-3 und die 0.0 mit +0.000E+0.

So weit, so gut. Wenn Sie beispielsweise $^2/_6 + ^2/_6$ rechnen, kommen Sie wohl auf das Ergebnis $^4/_6$. Richtig für Sie, aber hier geht das Dilemma Gleitpunktzahlen und Rundungsfehler schon los. $^2/_6$ ist im E-Format gleich +3.333E-1. Addieren Sie nun +3.333E-1 mit +3.333E-1, erhalten Sie als Ergebnis +6.666E-1 (bzw. 0.6666). Gut, aber leider falsch, denn $^4/_6$ sind im E-Format +6.667E-1, aber nicht wie berechnet +6.666E-1. Mit derartigen Rundungsfehlern haben viele Computer ihre Probleme.

Daher schon der erste Ratschlag: Sollten Sie eine Software entwickeln, mit der Geld verwaltet wird, und Sie wollen bzw. können dabei auf keine anderen Bibliotheken bzw. BCD-Arithmetiken zurückgreifen, dann sollten Sie die Beträge niemals im Gleitpunktformat verwenden (hierzulande also niemals mit Euro und Cent wie 1,99 €). Hier empfiehlt es sich, zur Berechnung die Geldbeträge in Cent als Integerzahl zu verwenden, da sonst bei immer intensiveren Berechnungen Rundungsfehler gemacht werden und somit eine falsche Berechnung garantiert ist.

Man kann nicht mal ganz genau sagen, wie genau eine solche gebrochene Zahl ist, weil dies von der Art der Berechnung abhängt. Beispielsweise führen Subtraktionen mehrerer ähnlicher Zahlen zu einem ungenaueren Ergebnis.

Hinweis

Um sich also mit den Problemen der Gleitpunktzahlen auseinanderzusetzen, müssen Sie sich mit Themen wie »numerischer Analyse« oder BCD-Arithmetik befassen. Allerdings sind dies Themen, die weit über dieses Buch hinausgehen würden.

5.10 Komplexe Gleitpunkttypen – <complex.h>

Mit dem C99-Standard wurden auch komplexe Gleitpunkttypen eingeführt. Diese Typen sind in der Headerdatei *<complex.h>* definiert.

> **Hinweis**
>
> C++-Entwickler sollten die Headerdatei *<complex.h>* nicht mit dem C++-Standard-Header `<complex>` gleichsetzen.

Eine komplexe Zahl wird hierbei als Paar aus Real- und Imaginärteil dargestellt, die auch mit den Funktionen `creal()` und `cimag()` ausgegeben werden können. Beide Teile der komplexen Zahl bestehen entweder aus den Typen `float`, `double` oder `long double`. Daher gibt es wie auch bei den reellen Gleitpunktzahlen folgende drei komplexe Gleitpunkttypen:

```
float _Complex
double _Complex
long double _Complex
```

Da komplexe Zahlen einen Real- und einen Imaginärteil haben, beträgt die Größe des Datentyps in der Regel das Doppelte wie bei den grundlegenden Datentypen. Ein `float _Complex` benötigt somit 8 Bytes, weil ja im Grunde zwei `float`-Elemente benötigt werden. Folgendes Listing soll das verdeutlichen:

```
/* complex.c */
#include <stdio.h>
#include <stdlib.h>
#include <complex.h>

int main(void) {
   float f1 = 1.0;
   float complex fc = 2.0 + 3.0*I;
   // 4 Bytes
   printf("sizeof(float)         : %d\n", sizeof(float));
   // 8 Bytes (realer und imaginärer Teil)
   printf("sizeof(float complex) : %d\n",
      sizeof(float complex));
   // Ausgabe vom Real- und Imaginärteil
   printf("%f + %f\n", creal(fc), cimag(fc));
   return EXIT_SUCCESS;
}
```

Um nicht die umständliche Schreibweise mit dem Unterstrich `_Complex` verwenden zu müssen, ist in der Headerdatei *<complex.h>* das Makro `complex` definiert, womit Sie anstelle des Schlüsselworts `_Complex` auch `complex` verwenden können:

```
float complex          // gleich wie float _Complex
double complex         // gleich wie double _Complex
long double complex    // gleich wie long double _Complex
```

Des Weiteren ist in der Headerdatei das Makro `I` definiert, das die imaginäre Einheit mit dem Typ `const float complex` darstellt.

Vielleicht hierzu eine kurze Hintergrundinformation zu komplexen Gleitpunktzahlen. Eine komplexe Zahl `zVal` wird beispielsweise folgendermaßen in einem kartesischen Koordinatensystem dargestellt:

```
zVal = xVal + yVal * I
```

`xVal` und `yVal` sind hierbei reelle Zahlen, und `I` ist der imaginäre Teil. Die Zahl `xVal` wird hierbei als realer Teil betrachtet, und `yVal` ist der imaginäre Teil von `zVal`.

Kartesisches Koordinatensystem

Das *kartesische Koordinatensystem* ist ein häufig verwendetes Koordinatensystem im zwei- und dreidimensionalen Raum, mit dem sich viele geometrische Sachverhalte einfacher beschreiben lassen.

Noch mehr zu den komplexen Gleitpunkttypen und deren mathematischen Funktionen erfahren Sie ab Abschnitt 20.3, »Mathematische Funktionen«.

5.11 Der Datentyp »char«

Der Datentyp `char` kann auf zwei logisch völlig unterschiedliche Arten verwendet werden. Zum einen dient er zur Darstellung von einzelnen Zeichen wie `'a'`, `'A'`, `'b'`, `'B'`, `'5'`, `'7'`, `'§'` usw. für Tastatureingabe und Bildschirmausgabe. Zum anderen kann `char` genutzt werden, um kleine Ganzzahlen zu verarbeiten, wobei gesagt werden muss, dass dafür der Wertebereich relativ klein ist. Hier die Übersicht dazu:

Name	Größe	Wertebereich	Formatzeichen
`char`	1 Byte	–128 ... +127 bzw. 0 ... 255	`%c`

Tabelle 5.7 Der Datentyp »char«

Hinweis

Ein Byte besteht nicht zwangsläufig aus 8 Bits. Es gab früher auch Maschinen, die z. B. 9 Bits als kleinsten adressierbaren Typ hatten. Des Weiteren gibt es z. B. DSPs, bei denen ein Byte 32 Bits groß ist. Damit kann ein `char` auch von $2^{31} \ldots 2^{31-1}$ gehen. Der ANSI-C-Standard schreibt hierbei nämlich nur Folgendes vor: *»Alle Speicherobjekte in C müssen durch eine gleichmäßige Sequenz von Bytes mit mindestens 8 Bits Breite darstellbar sein. Ein char, egal ob jetzt signed oder unsigned, belegt exakt ein Byte.«* Dies kann beispielsweise bei einer 36-Bit-Maschine bedeuten, dass ein Byte mit 9, 12, 18 oder 36 Bits definiert ist, da all diese Nummern den gleichen Teiler haben und nicht weniger als 8 Bits breit sind – und somit beide Bedingungen des ANSIC-C-Standards einhalten. Mehr zu einem Byte finden Sie hier:

http://www.fact-index.com/b/by/byte.html

Hinweis

Wie viele Bits ein `char` auf Ihrem System nun hat, ist im Makro `CHAR_BIT` (*limits.h*) definiert. Aber egal, wie viele Bits ein `char` hat, ein `sizeof(char)` muss immer eins (ein Byte) ergeben!

An dieser Stelle will ich zum besseren Verständnis etwas weiter ausholen. Der Computer ist eigentlich dumm. Er kennt nichts anderes als die Zustände 0 für »aus« und 1 für »ein«. Dies entspricht etwa einem Lichtschalter, den Sie ein- oder ausschalten können. Im Fall von `char` wären dies acht Lichtschalter. Sehen wir uns dazu zuerst die mögliche Größe der Datentypen an:

```
Größe von char              1 Byte  =  8 Bit
Größe von short             2 Byte  = 16 Bit
Größe von int        2 oder 4 Byte  = 16 Bit oder 32 Bit
Größe von long              4 Byte  = 32 Bit
Größe von float             4 Byte  = 32 Bit
Größe von double            8 Byte  = 64 Bit
Größe von long double      10 Byte  = 80 Bit
```

Betrachten Sie den Datentyp `char`, der ja meistens aus acht einzelnen Bits besteht. Diese acht Bits sollen nun ein Byte darstellen (wie dies am häufigsten auch anzutreffen ist) (siehe Abbildung 5.6).

Jedes dieser acht Bits kann einen bestimmten Wert darstellen (siehe Abbildung 5.7).

Der PC kann doch nur zwei Zahlen darstellen. Woher kommen dann diese Werte? Sie werden aus der Potenz von 2 berechnet ($2^7+2^6+2^5+2^4+2^3+2^2+2^1+2^0$). Würden Sie jetzt hier Bit 0 und Bit 1 auf 1 setzen, also »Licht an«, würde der Wert 3 dargestellt. Dieser errechnet sich ebenfalls wieder aus den Potenzen:

$0*2^7+0*2^6+0*2^5+0*2^4+0*2^3+0*2^2+1*2^1+1*2^0 = 3$

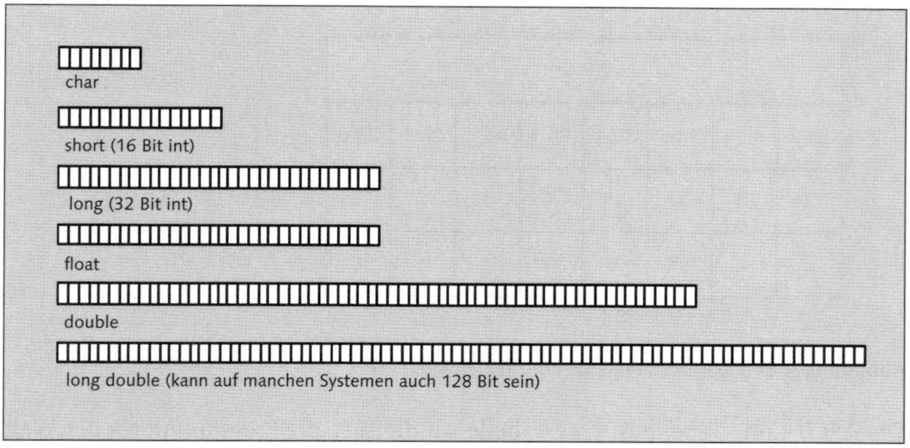

char

short (16 Bit int)

long (32 Bit int)

float

double

long double (kann auf manchen Systemen auch 128 Bit sein)

Abbildung 5.5 Einzelne Bits der Datentypen im Überblick

1 Byte							
Bit 7	Bit 6	Bit 5	Bit 4	Bit 3	Bit 2	Bit 1	Bit 0

Abbildung 5.6 Ein Byte (Datentyp »char«)

1 Byte							
Bit 7	Bit 6	Bit 5	Bit 4	Bit 3	Bit 2	Bit 1	Bit 0
128	64	32	16	8	4	2	1

Abbildung 5.7 Diese Zahlen ergeben sich durch die Potenzen von 2.

Ein Beispiel:

Der Dezimalwert dieser Zusammensetzung der einzelnen Bits beträgt 66 $(0*2^7+\mathbf{1*2^6}+0*2^5+0*2^4+0*2^3+0*2^2+\mathbf{1*2^1}+0*2^0 = 66)$. Es müssen nur die einzelnen Bits zusammengezählt werden, die gesetzt (also 1) sind. Wenn Sie jetzt die ASCII-Code-Tabelle in Anhang A.2 betrachten und unter dem dezimalen Wert 66 nachsehen, stellen Sie fest, dass 66 für das große `'B'` steht. Es geht nämlich hier bei `char` nicht um den `int`-Wert, sondern um das Zeichen, das diesem dezimalen Wert in der ASCII-Tabelle entspricht.

1 Byte							
Bit 7	Bit 6	Bit 5	Bit 4	Bit 3	Bit 2	Bit 1	Bit 0
128	64	32	16	8	4	2	1
0	1	0	0	0	0	1	0

Abbildung 5.8 Dualdarstellung des dezimalen Werts 66

Die ASCII-Code-Tabelle ist eine Tabelle, an die sich alle Programmierer der Welt halten müssen. Sie enthält alle Zeichen, die der Computer darstellen kann.

Kommen wir nun nach diesem kleinen Ausflug ins Dualsystem zurück zum Thema dieses Kapitels, dem Datentyp `char`. Hier ein kleines Listing:

```
/* playing_char.c */
#include <stdio.h>

int main(void) {
   char a = 'A';
   char b = 65;
   int c  = 65;
   int d;

   printf("a = %c\n",a);
   printf("b = %c\n",b);     // Überrascht?
   printf("c = %c\n",c);     // Nochmals :)

   d = a + b + c;            // Rechenbeispiel
   printf("d = %d\n",d);

   d = 'a' + 'A';
   printf("d = %d\n",d);

   printf("char a = %c und %d\n",a,a);
   printf("char b = %c und %d\n",b,b);
   printf("int c = %c und %d\n",c,c);
   return 0;
}
```

Der Programmablauf sieht etwa folgendermaßen aus:

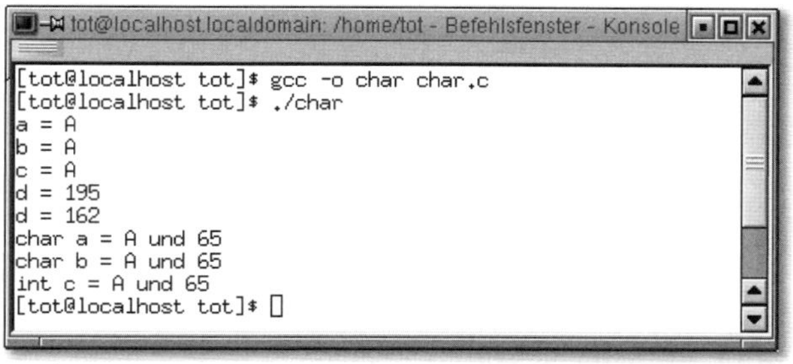
tot@localhost.localdomain: /home/tot - Befehlsfenster - Konsole
[tot@localhost tot]$ gcc -o char char.c
[tot@localhost tot]$ ./char
a = A
b = A
c = A
d = 195
d = 162
char a = A und 65
char b = A und 65
int c = A und 65
[tot@localhost tot]$

Abbildung 5.9 Das Programm bei der Ausführung unter Linux

Kommen wir jetzt zur Zeile:

```
char a = 'A';
```

Wenn Sie `char` ein Zeichen zuweisen wollen, muss es zwischen zwei einzelnen Hochkommata stehen (`'A'`). Folgende Varianten sind nicht möglich bzw. falsch:

```
// falsch, in doppelte Hochkommata == String
char a = "A";

// falsch, Variablenzuweisung
char a = A;

/*    schlechter Stil, da nicht gleich durchschaubar ist, ob der
 *    Programmierer hier den ASCII-Buchstaben oder den
 *    dezimalen Wert verwenden will
 */
char b = 65;
```

Hier sehen Sie auch gleich die andere Möglichkeit, `char` einen Wert zuzuweisen. Für den PC sind der Wert `65` und das Zeichen `'A'` identisch. Beide haben dieselbe Bitdarstellung:

1 Byte							
Bit 7	Bit 6	Bit 5	Bit 4	Bit 3	Bit 2	Bit 1	Bit 0
128	64	32	16	8	4	2	1
0	1	0	0	0	0	0	1

Abbildung 5.10 Bitdarstellung des Dezimalwerts 65 und des Zeichens 'A'

Dies bestätigt auch die Ausgabe im Programm:

```
printf("a = %c\n", a);
printf("b = %c\n", b);
```

Auch wenn es hier so aussieht: In C gibt es keinen Datentyp, mit dem Sie echte Zeichen wie `'A'`, `'B'` oder `'C'` speichern können. Daher stehen diese Zeichen auch zwischen einzelnen Anführungszeichen. Sie geben zwar Folgendes an:

```
char a = 'A';
```

aber nach der Übersetzung des Compilers sieht dies so aus:

```
char a = 65;
```

Verwenden Sie jetzt im Programm das Formatierungszeichen `%c`, wird der Wert `65` anhand der ASCII-Code-Tabelle kodiert. Wird hierbei das Formatierungszeichen `%d` verwendet, würde dieser Wert nicht kodiert und in seiner tatsächlichen Form ausgegeben, wobei »tatsächliche Form« natürlich rein optisch gemeint ist. In Wirklichkeit wäre die tatsächliche Form eine Zahlenkolonne von Einsen und Nullen. Für den PC gelten weiterhin nur Bits und Bytes. Und wie Sie gesehen haben, funktioniert das analog auch mit dem Datentyp `int`.

Achtung

Auch wenn Sie `char` oder `unsigned char` für kleine Ganzzahlwerte verwenden könnten, ist von dieser Möglichkeit abzuraten. Dies vor allem, weil in C nicht festgelegt ist, ob dieser Datentyp mit oder ohne Vorzeichen interpretiert wird. Es könnte ähnlich wie bei `int` auf verschiedenen Systemen zu unterschiedlichem Verhalten oder gar zu Fehlern führen (siehe Abschnitt 7.1 zu `int`).

Hinweis

Den Zeichentyp `char` kann man zwar auch mit `signed` oder `unsigned` spezifizieren, beachten Sie aber, dass `char`, `unsigned char` und `signed char` drei verschiedene Typen sind! Des Weiteren hängt es von der Compiler-Implementierung ab, ob `char` auch negative Zahlen aufnehmen kann.

5.12 Nationale contra internationale Zeichensätze

Der ASCII-Zeichensatz (*American Standard Code for Information Interchange*) wurde von US-amerikanischen Ingenieuren entwickelt. Zur damaligen Zeit wurde als achtes Bit das Paritätsbit benutzt, womit nur noch sieben Bits zur Verfügung standen; also gab es Platz für 128 Zeichen und Sonderzeichen.

Nun fehlte der Platz für westeuropäische und slawische Zeichen (von der japanischen Schrift mit über 40.000 Zeichen und der kyrillischen Schrift ganz zu schweigen). Man beschränkte sich also auf die Zeichen, die im Englischen benötigt wurden.

Als die Europäer mit ihren landestypischen Zeichen ebenfalls in die ASCII-Tabelle aufgenommen werden wollten, war es schon zu spät. Wie Sie an der ASCII-Code-Tabelle sehen können, befinden sich unter den 128 Zeichen, die in 7 Bits Platz haben, keine Umlaute wie zum Beispiel »äöüßÄÖÜß« oder landestypische Zeichen anderer europäischer Länder wie etwa französische.

Jetzt war die ISO (*International Organisation for Standardization*) gefragt. Der ASCII-Zeichensatz wurde auf 8 Bits erweitert und unter der Bezeichnung »ISO-8859-1«, »ISO-8859-2« usw. etabliert. Der westeuropäische Standard ist in der »ISO-8859-1« erfasst. Damit lassen sich folgende Zeichen darstellen:

```
/* iso_ascii.c */
#include <stdio.h>

int main(void) {
   int i;
   for(i=0; i < 254; i++) {
         if(i==27)    // ESC-Zeichen ignorieren
            continue;
         printf(" |%d : %c| ",i,i);
      }
   return 0;
}
```

Die deutschen Sonderzeichen in oktaler Form können auch folgendermaßen ausgegeben werden (unter einer MS-Windows-Konsole):

```
/* umlaute.c */
#include <stdio.h>

int main(void) {

   printf("R\204tsel, \2311, \232berfall\n");
   printf("Umlaute oktal : \204\216\224\231\201\232\341\n");
   return 0;
}
```

Das Problem mit den deutschen Sonderzeichen unter der Windows-Konsole ist, dass diese nicht den gewöhnlichen Windows-Zeichensatz verwendet, sondern einen OEM-Zeichensatz. Deshalb müssen Sie in diesem Fall einen Umweg machen. Mit Linux haben Sie dieses Problem nicht.

Um in diesem Zusammenhang nochmals auf `char` zurückzukommen: Der Wertebereich von `char` ist außerdem auch abhängig von dem Zeichensatz, der vom eingesetzten Rechner und dessen Betriebssystem verwendet wird. Hierbei sind folgende Zeichensätze (Codes) verbreitet (ohne hier zu sehr ins Detail zu gehen):

Zeichensatz	Ordinalwert	Speicherbedarf	Bemerkung
ASCII	0 ... 127	7 Bit	
OEM	0 ... 255	8 Bit	Mit ASCII-Code
ANSI	0 ... 255	8 Bit	Mit ASCII-Code
ISO-Latin-1	0 ... 255	8 Bit	Mit ASCII-Code
Unicode	0 ... 65535	16 Bit	Mit ASCII-Code
EBCDIC	0 ... 255	8 Bit	

Tabelle 5.8 Verbreitete Zeichensätze

Die Zeichensätze mit einem Speicherbedarf von maximal 8 Byte werden in C gewöhnlich mit dem Datentyp `char` dargestellt. Für den Unicode-Zeichensatz wird der Datentyp `wchar_t` verwendet.

Im Zusammenhang mit den verschiedenen Zeichensätzen sind folgende Probleme zu beachten:

- Die Ordnung der Zeichen kann sich in den verschiedenen Zeichensätzen unterscheiden.
- Einem Ordinalwert können in unterschiedlichen Zeichensätzen verschiedene Zeichen entsprechen.

5.13 Der Breitzeichen-Typ »wchar_t«

Ganz klar: Für die Zeichensätze mancher Sprachen wie beispielsweise der chinesischen mit über tausend Zeichen ist der Datentyp `char` zu klein. Für die Darstellung beliebiger landesspezifischer Zeichensätze kann daher der Breitzeichen-Typ `wchar_t` (*wide char* = breite Zeichen) aus der Headerdatei *<stddef.h>* verwendet werden. Der Datentyp `wchar_t` ist wie `char` und `int` ein integraler Datentyp und hat eine Größe von 2 Bytes (ist aber zunehmend auch mit 4 Bytes zu finden), womit natürlich erheblich mehr Zeichen aufgenommen werden können. Bei der

Deklaration eines solchen Zeichens muss vor den einzelnen Anführungszeichen noch das Präfix `L` gestellt werden:

```
wchar_t ch = L'Z';
```

Entsprechend wird auch beim *Formatzeichen* für die Ausgabe oder Eingabe eines `wchar_t` ein `l` vor dem `c` verwendet (`%lc`):

```
print("%lc", ch);
```

Das folgende Beispiel soll Ihnen zeigen, wie Sie `wchar_t` in der Praxis verwenden können:

```
/* widechar.c */
#include <stdio.h>
#include <stddef.h>

int main(void) {
   wchar_t ch1=L'Z';
   wchar_t ch2;
   printf("Bitte ein Zeichen eingeben: ");
   scanf("%lc", &ch2);
   printf("%lc %lc\n", ch1, ch2);
   printf("wchar_t: %d Bytes\n", sizeof(wchar_t));
   return 0;
}
```

Die Größe von `wchar_t` lässt sich hierbei nicht exakt beschreiben (meistens 2 oder 4 Bytes). Es lässt sich lediglich mit Sicherheit sagen, dass `wchar_t` mindestens so groß wie `char` und höchstens so groß wie `long` ist. `wchar_t` muss auf jeden Fall mindestens so groß sein, um alle Werte des größten unterstützten Zeichensatzes aufnehmen zu können.

5.14 Multibyte-Zeichen

Neben den Breitzeichen unterstützt der C-Standard mit den Multibyte-Zeichen noch eine zweite Möglichkeit, Zeichen zu repräsentieren, die nicht mehr in einem Byte darstellbar sind.

Hinweis

Der C-Standard spezifiziert außer dem Basic-Zeichensatz und den Ausführungszeichensätzen keine bestimmte Zeichencodierung und auch keinen bestimmten Zeichensatz. Daher hängt es von der Implementierung ab, welche Zeichen zu den erweiterten Zeichen gehören und wie diese als Multibyte-Zeichen und Breitzeichen codiert sind.

Im Gegensatz zu den Breitzeichen, die immer die gleiche Anzahl Bits verwenden, können Multibyte-Zeichen unterschiedlich lang sein. Wenn Sie beispielsweise bei einem Breitzeichen-Typ ein Zeichen vom Basic-Zeichensatz verwenden, hat das Breitzeichen immer eine feste Breite (abhängig von der Implementierung sind dies meistens 2 oder 4 Bytes). Bei einem Multibyte-Zeichen hingegen haben Zeichen vom Basic-Zeichensatz tatsächlich nur ein Byte.

Der Vorteil von Multibyte-Zeichen gegenüber Breitzeichen besteht klar darin, keinen Speicherplatz zu verschenken. Es macht beispielsweise keinen Sinn, wenn Sie für einen erweiterten Zeichensatz für jedes Zeichen vier Bytes verschwenden, auch wenn Sie vorwiegend nur Zeichen aus dem Basic-Zeichensatz verwenden würden, die ja eigentlich in einem Byte darstellbar sind. In Multibyte-Zeichen sind somit beispielsweise die ASCII-Zeichen in nur einem Byte gespeichert, und wenn Sie andere Zeichen benötigen, dann haben diese eben auch nur so viel Speicherplatz, wie diese wirklich benötigen.

Der Nachteil daran ist, dass bei den Multibyte-Zeichen die Anzahl der Bytes je nach benötigtem Zeichen variieren kann, was natürlich auch die Arbeit damit erheblich schwieriger macht.

5.15 Boolescher Wert – <stdbool.h>

Im C99-Standard wurde mit `_Bool` ein boolescher Wert eingeführt. Glücklicherweise existiert für den Typ `_Bool` in der Headerdatei *<stdbool.h>* das Makro `bool`, sodass Sie den Bezeichner `bool` wie in C++ verwenden können. Allerdings müssen Sie hierfür dann extra die Headerdatei *<stdbool.h>* inkludieren.

Boolesche Werte sind Elemente einer booleschen Algebra, die einen von zwei möglichen Werte annehmen kann. Dieses Wertepaar hängt von der Anwendung ab und lautet entweder *wahr/falsch, true/false* oder eben *1/0*. In C/C++ kann hierfür das Wertepaar `true` (für wahr) und `false` (für falsch) verwendet werden, die beide in der Headerdatei *<stdbool.h>* mit der Konstante 1 und 0 definiert sind. Natürlich können Sie hierfür auch das Paar 1 und 0 als Dezimalwert verwenden:

```
#include <stdbool.h>
// ...
// Schalter auf wahr setzen
Bool b1 = 1;
// Schalter auf unwahr setzen
_Bool b2 = 2;
// benötigt <stdbool.h>
bool b3 = true;    // wahr
```

```
// benötigt <stdbool.h>
bool b4 = false;    // unwahr
```

Ob die Wahrheitswerte true oder false in *<stdbool.h>* überhaupt vorhanden sind, lässt sich mit dem Makro __bool_true_false_are_defined überprüfen. Gibt dieses Makro 1 zurück, stehen Ihnen true und false zur Verfügung:

```
if( __bool_true_false_are_defined )
   print("true/false sind vorhanden\n");
```

Hinweis

Um hier kein Durcheinander zu verursachen, muss noch erwähnt werden, dass der C99-Standard den Typ _Bool als echten Datentyp implementiert hat. Das Makro bool und die beiden Wertepaare true bzw. false können Sie nur verwenden, wenn Sie die Headerdatei *<stdbool.h>* inkludieren.

Hinweis

Da immer noch einige namhafte Compiler-Hersteller wie beispielsweise Microsoft, den C99-Standard nicht unterstützen, habe ich bei den Beispielen im Buch (in dieser Auflage) noch auf den Datentyp _Bool bzw. dessen Synonym bool verzichtet. Sinnvoll ist dieser Datentyp beispielsweise bei der Rückgabe von Funktionen oder bei Überprüfungen von logischen Ausdrücken.

5.16 Vorzeichenlos und vorzeichenbehaftet

Mit dem Schlüsselwort unsigned weisen Sie den Compiler an, dass er einen Datentyp vorzeichenlos behandeln soll. Dadurch erhöht sich auch der Wertebereich der positiven Zahlen. Mit dem Schlüsselwort signed bewirken Sie genau das Gegenteil. signed ist bei allen Datentypen voreingestellt. Das bedeutet, dass folgende Schreibweisen die gleiche Bedeutung haben:

```
int a;
signed int a;
// Auch möglich, weil signed ein Synonym von signed int ist
signed a;
```

Es gibt außerdem die Regel, dass zu jedem signed-Typ ein unsigned-Gegenstück existiert. Natürlich haben sowohl signed- als auch unsigned-Werte dieselbe Ausrichtung und auch dieselbe Größe. Bei beiden Typen gilt zusätzlich, dass diese nicht überlaufen können. Wird jeweils ein Wert aufgenommen, der um 1 größer als der maximale Wert ist, wird der Wert um den jeweiligen Typ reduziert. Bei einem signed short mit dem Wert +32768 bedeutet dies, dass dieser wieder mit dem Wert –32768 anfangen würde. Selbiges gilt natürlich auch beim `unsigned`-Gegenstück, nur dass hierbei beispielsweise der Wert 65536 wieder mit dem Wertebereich 0 anfangen würde.

Am besten sehen Sie sich dazu die folgende Tabelle an, in der sich alle Datentypen befinden, die Sie bisher kennengelernt haben.

Name	Größe	Wertebereich
`char`	1 Byte = 8 Bit	wie `signed char` oder `unsigned char`
`signed char`	1 Byte = 8 Bit	–128 ... +127
`unsigned char`	1 Byte = 8 Bit	0 ... 255
`short, signed short`	2 Byte = 16 Bit	–32768 ... +32767
`unsigned short`	2 Byte = 16 Bit	0 ... 65535
`int, signed int`	4 Byte = 32 Bit	–2147483648 ... +2147483648
`unsigned int`	4 Byte = 32 Bit	0 ... 4294967295
`long, signed long`	4 Byte = 32 Bit	–2147483648 ... +2147483648
`unsigned long`	4 Byte = 32 Bit	0 ... 4294967295
`long long, signed long long`	8 Byte = 64 Bit	–9223372036854775808 ... +9223372036854775807
`unsigned long long`	8 Byte = 64 Bit	0 ... 18446744073709551615
`float`	4 Byte = 32 Bit	$3.4*10^{-38}$ ... $3.4*10^{38}$
`double`	8 Byte = 64 Bit	$1.7*10^{-308}$ ... $1.7*10^{308}$
`long double`	10 Byte = 80 Bit	$3.4*10^{-4932}$ ... $3.4*10^{4932}$

Tabelle 5.9 Übersicht aller Standard-Datentypen in C

Hinweis

Diese Tabelle stellt nur einen Überblick zu den gängigen Größen der Standard-Datentypen dar. Sie sollten keinesfalls den Eindruck bekommen, dass die dort angegebenen Größen allgemeingültig sind.

Dazu nochmals `char` als Beispiel. Manch einer wird sich vorhin gedacht haben: »Warum kann ich mit `char` nur Werte zwischen –128 und 127 darstellen?«

Denn wenn alle Bits gesetzt sind und Sie nachrechnen, ist das Ergebnis der Summe 255. Doch es müssen ja auch negative Werte dargestellt werden, etwa –100. Wenn das Schlüsselwort `unsigned` vor einen Datentyp gestellt wird, sind keine negativen Zahlen mehr möglich. Somit verdoppelt sich aber der positive Wert der Zahl. Sollten Sie z. B. zwei Zahlen subtrahieren, und es kommt ein negatives Ergebnis heraus, und es wurde vor dem Datentyp des Ergebnisses das Schlüsselwort unsigned gesetzt, so wird das Minus der negativen Zahl ignoriert, und es wird eine positive Zahl daraus.

»Und was ist mit wchar_t?«, werden sich einige hier fragen. Hierzu müssen Sie wissen, dass es bei wchar_t kein explizites signed oder unsigned gibt. Abhängig vom unterliegenden Typen ist wchar_t entweder signed oder unsigned.

5.17 Limits für Ganzzahl- und Gleitpunktdatentypen

Jetzt haben Sie eine Menge über Datentypen und ihre Eigenschaften erfahren. Häufig hieß es jedoch, auf bestimmten Systemen hat Datentyp x die Größe y. Wenn Sie jetzt erfahren wollen, welchen maximalen oder minimalen Wert der Datentyp int z. B. auf Ihrem System besitzt, können Sie die Konstanten in den Standard-Headerdateien *<limits.h>* und *<float.h>* abfragen bzw. ausgeben. Mit folgendem Listing ist es möglich, alle Limits des Datentyps int auf Ihrem System abzufragen:

```
/* int_limit.c */
#include <stdio.h>
#include <limits.h>

int main(void) {
   printf("int-Wert mindestens : %d\n", INT_MIN);
   printf("int-Wert maximal    : %d\n", INT_MAX);
   printf("unsigned int max.   : %u\n", UINT_MAX);
   printf("int benötigt %d Byte (%d Bit) Speicher\n",
      sizeof(int), sizeof(int) * CHAR_BIT);
   return 0;
}
```

Genauso wie in diesem Beispiel können Sie auch die anderen Limit-Eigenschaften der Datentypen abfragen – vorausgesetzt, Sie binden die Headerdatei *<limits.h>* mit ein. Tabelle 5.10 führt die Limits für ganzzahlige Datentypen in der Headerdatei *<limits.h>* auf:

Konstante	Mindestwert	Erklärung
CHAR_BIT[1)]	8	Bitzahl für ein Byte
SCHAR_MIN	–127	min. signed char
SCHAR_MAX	+127	max. signed char
UCHAR_MAX	255	max. unsigned char

Tabelle 5.10 Limit-Konstanten für ganzzahlige Datentypen in <limits.h>

Konstante	Mindestwert	Erklärung
CHAR_MIN	SCHAR_MIN oder 0	min. char
CHAR_MAX	SCHAR_MAX oder UCHAR_MAX	max. char
WCHAR_MIN	implementierungsabhängig	min. wchar_t
WCHAR_MAX	implementierungsabhängig	max. wchar_t
MB_LEN_MAX[2)]	1	max. Byte für ein Multibyte-Zeichen
SHRT_MIN	–32767	min. short int
SHRT_MAX	+32767	max short int
USHRT_MAX	65535	max. unsigned short
INT_MIN	–32767 (32 Bit: –2147483647)	min. int
INT_MAX	+32767 (32 Bit: +2147483647)	max. int
UINT_MAX	65535 (32 Bit: 4294967295)	max. unsigned int
LONG_MIN	–2147483647	min. long int
LONG_MAX	+2147483647	max. long int
ULONG_MAX	4294967295	max. unsigned long int
LLONG_MIN	–9223372036854775808	min. long long
LLONG_MAX	+9223372036854775807	max. long long
ULLONG_MAX	+18446744073709551615	max. unsigned long long
1) Bei vielen DSPs (digitalen Signalprozessoren) ist CHAR_BIT gleich 16 oder mehr.		
2) Wird Unicode verwendet, ist MB_LEN_MAX auf 4 oder mehr gesetzt.		

Tabelle 5.10 Limit-Konstanten für ganzzahlige Datentypen in <limits.h> (Forts.)

Benötigen Sie hingegen Limit-Werte für Gleitpunktzahlen, gibt die Headerdatei *<float.h>* Auskunft. Darin finden Sie u. a. Konstanten mit allen Limits und Eigenschaften, die für Gleitpunktdatentypen entscheidend sind. Das folgende Listing gibt alle Limits und Eigenschaften für den Datentyp `float` auf Ihrem System aus:

```
/* float_limit.c */
#include <stdio.h>
#include <float.h>
#include <limits.h> //für CHAR_BIT

int main(void) {
   printf("Limits und Eigenschaften von float\n");
```

```
   printf("--------------------------------\n");
   printf("Bytes: %d\n", sizeof(float));
   printf("Bit  : %d\n", sizeof(float) * CHAR_BIT );
   printf("Basis-Exponenten-Darstellung: %d\n", FLT_RADIX);
   printf("Anzahl Mantissenstellen    : %d\n", FLT_MANT_DIG);
   printf("Anzahl   Dezimalziffern    : %d\n", FLT_DIG);
   printf("Kl. neg. FLT_RADIX-Exponent: %d\n", FLT_MIN_EXP);
   printf("Kl. neg. Zehnerexponent : %d\n", FLT_MIN_10_EXP);
   printf("Größter FLT_RADIX-Exponent : %d\n", FLT_MAX_EXP);
   printf("Größter Zehnerexponent   : %d\n", FLT_MAX_10_EXP);
   printf("Größter endl. float-Wert   : %f\n", FLT_MAX);
   printf("Kleinster endl. float-Wert : %f\n", FLT_MIN);
   return 0;
}
```

Die folgende Tabelle zeigt die Limits und Eigenschaften von Gleitpunktdatentypen, die in der Headerdatei *<float.h>* deklariert sind:

Konstante	Bedeutung
FLT_RADIX	Basis für Exponentendarstellung
FLT_MANT_DIG	Anzahl der Mantissenstellen (float)
DBL_MANT_DIG	Anzahl der Mantissenstellen (double)
LDBL_MANT_DIG	Anzahl der Mantissenstellen (long double)
FLT_DIG	Genauigkeit in Dezimalziffern (float)
DBL_DIG	Genauigkeit in Dezimalziffern (double)
LDBL_DIG	Genauigkeit in Dezimalziffern (long double)
FLT_MIN_EXP	minimaler negativer FLT_RADIX-Exponent (float)
DBL_MIN_EXP	minimaler negativer FLT_RADIX-Exponent (double)
LDBL_MIN_EXP	minimaler negativer FLT_RADIX-Exponent (long double)
FLT_MIN_10_EXP	minimaler negativer Zehnerexponent (float)
DBL_MIN_10_EXP	minimaler negativer Zehnerexponent (double)
LDBL_MIN_10_EXP	minimaler negativer Zehnerexponent (long double)
FLT_MAX_EXP	maximaler FLT_RADIX-Exponent (float)
DBL_MAX_EXP	maximaler FLT_RADIX-Exponent (double)
LDBL_MAX_EXP	maximaler FLT_RADIX-Exponent (long double)
FLT_MAX_10_EXP	maximaler Zehnerexponent (float)
DBL_MAX_10_EXP	maximaler Zehnerexponent (double)

Tabelle 5.11 Limit-Konstanten für Gleitpunkt-Datentypen in <float.h>

Konstante	Bedeutung
LDBL_MAX_10_EXP	maximaler Zehnerexponent (long double)
FLT_MAX	maximaler Gleitpunktwert (float)
DBL_MAX	maximaler Gleitpunktwert (double)
LDBL_MAX	maximaler Gleitpunktwert (long double)
FLT_EPSILON	kleinster float-Wert x, für den 1.0 + x ungleich 1.0 gilt
DBL_EPSILON	kleinster double-Wert x, für den 1.0 + x ungleich 1.0 gilt
LDBL_EPSILON	kleinster long double-Wert x, für den 1.0 + x ungleich 1.0 gilt
FLT_MIN	minimaler normalisierter Gleitpunktwert (float)
DBL_MIN	minimaler normalisierter Gleitpunktwert (double)
LDBL_MIN	minimaler normalisierter Gleitpunktwert (long double)

Tabelle 5.11 Limit-Konstanten für Gleitpunkt-Datentypen in <float.h> (Forts.)

Natürlich gilt auch bei der Verwendung der Konstanten, die sich in der Headerdatei *<float.h>* befinden, dass die entsprechende Headerdatei mit eingebunden wird.

5.18 Der Typ »void«

Der Typ void ist kein echter Datentyp und wird überall dort verwendet, wo kein Wert benötigt wird oder vorhanden ist. Bei Funktionen (mehr dazu siehe Kapitel 9, »Funktionen«) wird void verwendet, wenn eine Funktion keinen Wert zurückgibt oder die Funktion keinen Parameter hat, beispielsweise so:

```
// Funktion ohne Rückgabewert
void func1( const char *str ) {  /* ... */  }
// Funktion ohne Parameter
int func2( void ) {  /* ... */  }
```

Das andere Anwendungsgebiet von void sind typenlose Zeiger bzw. genauer gesagt void-Zeiger (void *). Solche Zeiger werden häufig bei der Deklaration von Funktionen verwendet, die mit unterschiedlichen Typen von Zeigern aufgerufen werden und auch wieder unterschiedliche Typen zurückgeben können. Mehr dazu finden Sie in Abschnitt 12.11, »void-Zeiger«.

5.19 Konstanten

Eine Konstante ist entweder eine ganzzahlige Konstante, eine Gleitpunktkonstante, eine Zeichenkonstante oder ein Stringliteral. Jede Konstante besteht aus einem Typ, der sich aus dem Wert und seiner Schreibweise ergibt.

5.19.1 Ganzzahlkonstanten

Ganzzahlige Konstanten können als Dezimalzahl, als Oktalzahl oder als Hexadezimalzahl dargestellt werden. Die dezimale Konstante kann durch folgende Datentypen dargestellt werden:

```
int, unsigned long, long, long long
```

Oktale und hexadezimale Konstanten lassen sich mit folgenden Datentypen darstellen:

```
int, unsigned int, long, unsigned long, unsigned long long
```

Der Typ der Konstante lässt sich übrigens auch mit dem Suffix `L` oder `l` für `long`, `ll` oder `LL` für `long long` und `u` oder `U` für `unsigned`-Konstanten beschreiben.

Tabelle 5.12 enthält einige Beispiele ganzzahliger Konstanten.

dezimal	hexadezimal	oktal	Typ
30	0x1e	036	`int`
30U	0x1eu	036U	`unsigned int`
30L	0x1eL	036l	`long`
30ul	0x1EUL	036UL	`unsigned long`
30ll	0x1ell	036ll	`long long`
30ull	0x1eull	036ull	`unsigned long long`

Tabelle 5.12 Beispiele ganzzahliger Konstanten

5.19.2 Gleitpunktkonstanten

Eine Gleitpunktkonstante ist eine Folge von Dezimalziffern mit einem Gleitpunkt. Gleitpunktkonstanten müssen stets mit einem Gleitpunkt oder der Angabe von `e` oder `E` gekennzeichnet werden. Wird kein Suffix angegeben, ist die Konstante vom Typ `double`. Mit dem Suffix `f` oder `F` ist der Typ der Konstante `float`, und mit dem Suffix `l` oder `L` wird daraus ein `long double`.

Auch hierzu einige Beispiele:

11.	.11e2	11e0	11.0
0.007	0.7e-2	.7E-2	7E-3

Tabelle 5.13 Beispiele für Gleitpunktkonstanten

5.19.3 Zeichenkonstanten

Zeichenkonstanten bestehen aus einem Zeichen, das zwischen zwei einfache Hochkommata eingeschlossen wird. Zeichenkonstanten sind intern vom Typ `int` und werden durch entsprechenden Zeichencode (ASCII-Code) dargestellt. Einige Beispiele für Zeichenkonstanten sind:

```
'a', 'b', '\t', '\n', 'x'
```

Wollen Sie eine Zeichenkonstante vom Typ `wchar_t` verwenden, müssen Sie das Präfix `L` voranstellen:

```
L'a', L'b', L'\t', L'\n', L'x'
```

5.19.4 Stringliterale (Stringkonstante)

Ein Stringliteral ist ein `char`-Array, das mit dem schließenden Stringende-Zeichen `\0` gespeichert wird. Außerdem werden Stringliterale zwischen zwei doppelte Hochkommata gestellt.

Beispiele:

```
"Hallo Welt", "Hallo\nWelt\n"
```

Sofern Sie auch hierbei sogenannte Wide-String-Literale definieren wollen, muss auch hier das Präfix `L` vorangestellt werden:

```
L"Hallo Welt", L"Hallo\nWelt\n"
```

Mehr zu den Strings im Allgemeinen erfahren Sie in Kapitel 11, »Arrays«.

5.20 Umwandlungsvorgaben für formatierte Ein-/Ausgabe

Sie haben oben für Datentypen auch die Umwandlungsvorgaben, also Formatzeichen kennengelernt. Es lässt sich damit aber noch eine Menge mehr anstellen. Die Formatierungszeichen (oder auch Formatierungsanweisung genannt) beginnen immer – wie schon bei `scanf()` und `printf()` – mit dem Zeichen `%` und beziehen sich dann auch auf das oder die nachfolgenden Argumente. Mit

```
scanf("%d",&a);
```

wird beispielsweise auf die Eingabe eines Integerwerts gewartet. Dies erkennen Sie am Formatierungszeichen `%d`. Folglich wird durch

```
%c
```

ein `char`-Zeichen anhand der ASCII-Code-Tabelle in einen Buchstaben umgewandelt (genauer kodiert). Aber außer den bereits erwähnten Umwandlungszeichen können noch weitere Umwandlungsvorgaben festgelegt werden.

Bei der formatierten Ausgabe mit Funktionen, wie z. B. `printf()`, `fprintf()`, `vprintf()`und `sprintf()`, haben Sie noch folgende Möglichkeiten:

```
% F W G L U
```

Die Bedeutung der einzelnen Buchstaben ist:

- `F` = [Formatierungszeichen]
- `W` = [Weite]
- `G` = [Genauigkeit]
- `L` = [Längenangabe]
- `U` = [Umwandlungszeichen]

Die Formatierungszeichen sind die Zeichen eines bestimmten Typs, die Sie ausgeben können. In Tabelle 5.14 sehen Sie die Liste. Einige wurden bereits verwendet:

Formatierungszeichen	Ausgegeben wird (eine)
`%d`, `%i`	vorzeichenbehaftete ganze Dezimalzahl
`%lld`, `%lli`	vorzeichenbehaftete ganze Dezimalzahl (`long long`)
`%o`	vorzeichenlose ganze Oktalzahl
`%u`	vorzeichenlose ganze Dezimalzahl
`%llu`	vorzeichenlose ganze Dezimalzahl (`unsigned long long`)
`%x`, `%X`	vorzeichenlose ganze Hexzahl (`a,b,c,d,e,f`) bei `x`; (`A,B,C,D,E,F`) bei `X`
`%llx`, `%llX`	vorzeichenlose ganze Hexzahl (`a,b,c,d,e,f`) bei `x`; (`A,B,C,D,E,F`) bei `X` (`unsigend long long`)
`%f`	Gleitpunktzahl in Form von `ddd.dddddd`

Tabelle 5.14 Typenbezeichner von Umwandlungszeichen

Formatierungszeichen	Ausgegeben wird (eine)
`%e, %E`	Gleitpunktzahl in Form von `d.ddde+-dd` bzw. `d.dddE+-dd`. Der Exponent enthält mindestens 2 Ziffern.
`%a`	wie `%f` (neu ab C99)
`%g, %G`	`float` ohne Ausgabe der nachfolgenden Nullen
`%c`	Form von einem Zeichen (`unsigned char`)
`%lc`	Form von einem breiten Zeichen (`wchar_t`)
`%s`	Form einer Zeichenkette
`%p`	Ausgabe eines Zeigerwertes
`%n`	Keine Ausgabe. Dieses Argument ist ein Zeiger auf eine Ganzzahl.
`%%`	das Zeichen `%`

Tabelle 5.14 Typenbezeichner von Umwandlungszeichen (Forts.)

Beim Einlesen eines Zeichens, eines numerischen Werts oder einer Zeichenkette gelten bei der formatierten Eingabe mit Funktionen wie etwa `scanf()`, `sscanf()`, `fscanf()` dieselben Umwandlungszeichen wie bei `printf()`. Hierbei können Sie aber auch noch eine Suchmengenkonvertierung verwenden:

Umwandlungszeichen	Es wird eingelesen,
`%[bezeichner]`	bis ein Zeichen eingegeben wurde, das nicht in der Liste `bezeichner` vorkommt.
`%[^bezeichner]`	bis ein Zeichen eingegeben wurde, das in der Liste `bezeichner` vorkommt.

Tabelle 5.15 Suchmengenkonvertierung mit »scanf()«

Diese Suchmengenkonvertierung kann durch Zeichen des Formatierungstyps `s` (String, Zeichenkette) ersetzt werden. Dabei wird die Menge von Zeichen eingeschlossen, die sich zwischen den Klammern befindet. Beispiel:

```
/* suchmenge1.c */
#include <stdio.h>

int main(void) {
   char str[20];
   printf("Bitte geben Sie nur Zahlen ein: ");
   scanf("%[0-9]", str);
   printf("%s\n",str);
   return 0;
}
```

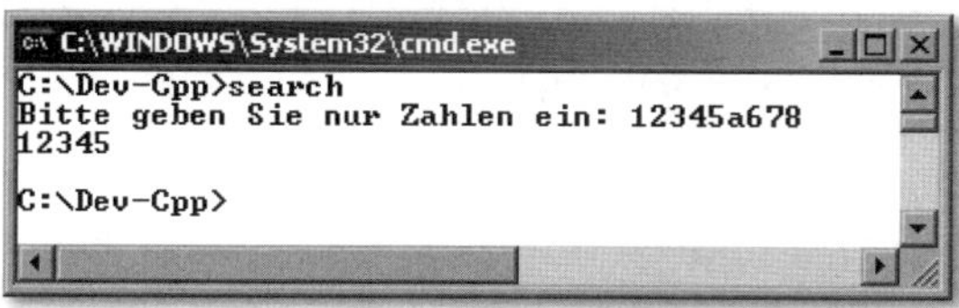

Abbildung 5.11 Suchmengenkonvertierung mit »scanf()«

In diesem Beispiel werden Sie aufgefordert, nur Zahlen einzugeben. `scanf()` liest so lange Zahlen ein, bis das erste Zeichen nicht zwischen 0 bis 9 ist. Beachten Sie bitte, dass es sich hierbei um keine reellen Zahlen handelt, sondern um einen String. Wünschen Sie eine reelle Zahl, müssen Sie den String mit einer entsprechenden Funktion konvertieren. Mehr dazu folgt später beim Thema Strings (siehe Abschnitt 11.13).

Ist das erste Zeichen der Suchmenge ein Caret (^), wird die Suchmenge invertiert, sodass alle ASCII-Zeichen zulässig sind, außer denen, die in den Klammern angegeben sind. Auch hierzu ein Beispiel:

```
/* suchmenge2.c */
#include <stdio.h>

int main(void) {
   char str[20];
   printf("Eingabe (keine Buchstaben wie x,y und z): ");
   scanf("%19[^xyz]", str);
   printf("%s\n",str);
   return 0;
}
```

Hierbei liest `scanf()` so lange ein, bis es auf das Zeichen `'x'`, `'y'` oder `'z'` trifft. Zusätzlich wurde hier festgelegt, dass `scanf()` nach mehr als 19 Zeichen ebenfalls abbricht (aus Sicherheitsgründen sollten Sie `scanf()` in der Praxis immer mit einer Längenangabe verwenden). Weitere Beispiele:

```
%[A-Z]    //alle Großbuchstaben von A bis Z
%[a-z]    //alle Kleinbuchstaben von a bis z
//Alle Groß- und Kleinbuchstaben von A bis F (Hexadezimalzahlen)
%[a-fA-F]
```

Wenn Sie wie in diesen Beispielen den Bindestrich verwenden, müssen Sie folgende Regeln beachten:

- Das Zeichen vor dem Bindestrich muss lexikalisch vor dem darauf folgenden Zeichen liegen. Es ist also nicht möglich, `[C-A]` anzugeben.

- Der Bindestrich darf nicht das letzte oder erste Zeichen sein (es sei denn, es wird nach dem ASCII-Zeichen des Bindestrichs gesucht).

Formatierungszeichen sind ausschließlich für die formatierte Ausgabe gedacht, wie mit `printf()`, `fprintf()`, `sprintf()` und `vprintf()`. Folgende Flags stehen dafür zur Verfügung:

Flag	Bedeutung
-	Linksbündig justieren
+	Ausgabe des Vorzeichens '+' oder '-'
Leerzeichen	Ist ein Argument kein Vorzeichen, wird ein Leerzeichen mit ausgegeben.
0	Bei numerischer Ausgabe wird mit Nullen bis zur angegebenen Weite aufgefüllt.
#	Bei `o` bzw. `x` oder `X` (bspw. `%#X`) wird der Wert im Formatstring mit vorangestellter `0` bzw. `0x` ausgegeben. Bei `e`, `E` oder `f` wird der Wert mit einem Dezimalpunkt ausgegeben, auch wenn keine Nachkommastelle existiert.

Tabelle 5.16 Flags für die Formatanweisung

Die Flags müssen nach dem `%`-Zeichen stehen, und falls es sinnvoll ist, können mehrere Flags gleichzeitig verwendet werden.

Als Nächstes betrachten wir die Ausgabe der Weite. Folgende zwei Angaben lassen sich dazu verwenden:

Angaben	Bedeutung
n	Es werden mindestens `n` Stellen ausgegeben, auch wenn der Wert weniger als `n` Stellen besitzt.
*	Der Wert des nächsten Arguments (ganzzahlig) legt die Weite fest. Bei negativem Wert wird linksbündig justiert.

Tabelle 5.17 Formatangaben zur Ausgabe der Weite

Folgendes Programm soll die Ausgabe der Weite demonstrieren:

```
/* weite.c */
#include <stdio.h>

int main(void) {
   int i=10;
   printf("%5d\n",i);
   printf("%*d\n",i,i);
   return 0;
}
```

Falls Sie eine nicht vorhandene oder zu kleine Weitenangabe vornehmen, bewirkt dies nicht, dass die Zahlen beschnitten werden bzw. mehr Zeichen enthalten. Beispiel:

```
printf("%2d\n",100); // Ausgabe: 100
printf("%4d\n",100); // Ausgabe: 100
```

In beiden Fällen wird die Zahl 100 ausgegeben, egal, welche Längenangabe getroffen wird. Beim formatierten Einlesen gilt Folgendes als Weitenangabe:

```
scanf("%2d\n",&zahl);
```

Falls Sie jetzt nach dieser `scanf()`-Eingabe-Aufforderung mehr als zwei Ziffern eingeben, z. B. 100, so wird in diesem Fall die letzte 0 nicht mit eingelesen, und der Wert der Variable `zahl` ist 10.

Kommen wir jetzt zur Genauigkeitsangabe der formatierten Ausgabe. Der genauen Schreibweise geht ein Punkt voran:

```
printf("%.2f\n",3.143234); // Ausgabe 3.14
```

Hiermit wird die Gleitpunktzahl »3.143234« als »3.14« ausgegeben. Das heißt aber nicht, dass sich der Wert der Zahl verändert hat, sondern dies bezieht sich nur auf die formatierte Ausgabe. Die Zahl wird also nicht auf- oder abgerundet. So bewirkt z. B. die Ausgabe von

```
printf("%.2d\n",1000); // Ausgabe 1000
```

nicht, dass 10 ausgegeben wird. In diesem Fall wird dennoch die Zahl 1000 ausgegeben. Hingegen wird bei Strings dieser Bereich wiederum beschnitten. Zur Verdeutlichung ein weiteres Beispiel:

```
/* formatieren .c */
#include <stdio.h>

int main (void) {
   char text[]="Tiefstand";
   printf("|01234567890123456789|\n");
   printf("|%s|\n",text);
   printf("|%20s|\n",text);
   printf("|%-20s|\n",text);
   printf("|%20s|\n",text+4);
   printf("|%20.4s|\n",text);
   printf("|%-20.4s|\n",text);
   printf("|%-20s|\n",text+4);
   return 0;
}
```

Abbildung 5.12 Formatierte Ausgabe mit Angabe der Weite

Zum Schluss sind jetzt noch die einzelnen Längenangaben und ihre jeweiligen Auswirkungen vorzustellen. Im Fachjargon spricht man auch von einer Argumenttyp-Modifikation.

Modifikation	Auswirkung
`h`	Die Umwandlungszeichen `d`, `i`, `o`, `u`, `x`, `X` werden als `short int`-bzw. `unsigned short int`-Wert behandelt.
`l`	Die Umwandlungszeichen `d`, `i`, `o`, `u`, `x`, `X` werden als `long int`- bzw. `unsigned long int`-Wert behandelt. Wird hingegen `e`, `f` oder `g` verwendet, werden die Umwandlungszeichen als `double`-Wert behandelt.
`L`	Die Umwandlungszeichen `e`, `E`, `f`, `g`, `G` werden als `long double`-Wert behandelt. Die Umwandlungszeichen `d`, `i`, `o`, `u`, `x`, `X` hingegen werden als `long long`-Wert behandelt.
`hh`	Wie `h`, nur dass die Umwandlungszeichen `d`, `i`, `o`, `u`, `x`, `X` als `signed char`- bzw. `unsigned char`-Wert behandelt werden.
`j`	Die Umwandlungszeichen `d`, `i`, `o`, `u`, `x`, `X` werden als `intmax_t`- bzw. `uintmax_t`-Wert behandelt (neu ab C99).
`t`	Die Umwandlungszeichen `d`, `i`, `o`, `u`, `x`, `X` werden als `ptrdiff_t`-Wert behandelt (neu ab C99).
`z`	Die Umwandlungszeichen `d`, `i`, `o`, `u`, `x`, `X` werden als `size_t`-Wert behandelt (neu ab C99).

Tabelle 5.18 Argumenttyp-Modifikationen

Hierzu ein einfaches Listing, das einige dieser Argumenttyp-Modifikationen in der Praxis demonstrieren soll:

```
/* typmodifikation.c */
#include <stdio.h>

int main (void) {
   short sval;
   double dval;
```

```
    long long llval;
    signed char cval;

    printf("Ein short-Wert     : ");
    scanf("%hd", &sval);
    printf("Ein double-Wert    : ");
    scanf("%lf", &dval);
    printf("Ein long long-Wert : ");
    scanf("%Ld", &llval);
    printf("Ein char-Wert : ");
    scanf("%hhd", &cval);

    printf("Der short-Wert ist  %hd\n", sval);
    printf("Der double-Wert ist %lf\n", dval);
    printf("Der long long-Wert ist %Ld\n", llval);
    printf("Der char-Wert ist %hhd\n", cval);
    return 0;
}
```

Zum Berechnen und Weiterverarbeiten von Variableninhalten gibt es viele Operatoren in C. Im Folgenden wird die Verwendung solcher Operatoren besprochen.

6 Operatoren

6.1 Exkurs zu Operatoren

Damit auch Nicht-Mathematiker oder Hobby-Programmierer verstehen, wie sich Operatoren unterscheiden, hierzu beginnen wir mit einem kleinen Exkurs. Operatoren werden hinsichtlich der Zahl ihrer Operanden unterschieden:

- *unär* – der Operator hat einen Operanden.
- *binär* – der Operator hat zwei Operanden.
- *ternär* – der Operator hat drei Operanden.

In C werden Sie vorwiegend mit unären und binären Operatoren arbeiten. Es gibt aber auch einen ternären Operator. Des Weiteren wird unterschieden, welche Position der Operator einnimmt:

- *Infix* – der Operator steht zwischen den Operanden.
- *Präfix* – der Operator steht vor den Operanden.
- *Postfix* – der Operator steht hinter den Operanden.

Vorwiegend werden Sie es mit der Infix-Schreibweise zu tun haben. Einige unäre Operatoren können sowohl in der Präfix- als auch in der Postfix-Schreibweise verwendet werden. Und schließlich werden die Operatoren noch hinsichtlich der Assoziativität differenziert. Als Assoziativität wird die Auswertungsreihenfolge bezeichnet, in der Operanden in einem Ausdruck ausgewertet werden. Dabei gibt es folgende Assoziativitäten der Operatoren:

- *Linksassoziativität*
- *Rechtsassoziativität*

Der Großteil der Operatoren in C ist linksassoziativ. Das bedeutet z. B., dass bei folgendem Ausdruck

```
var1 + var2 - var3;
```

zuerst `var1` mit `var2` addiert wird. Anschließend wird `var3` von der Summe subtrahiert. Wären die Operatoren rechtsassoziativ, würde zuerst `var3` von `var2` subtrahiert und danach das Ergebnis mit `var1` addiert werden. Ist dies erwünscht, müssen Klammern gesetzt werden:

```
var1 + (var2 - var3);
```

Nachdem diese sprachlichen Stolpersteine beseitigt sind, können wir uns mit den einzelnen Operatoren in der Programmiersprache C befassen.

6.2 Arithmetische Operatoren

Für arithmetische Operationen (mathematische Gleichungen) gibt es folgende arithmetische Operatoren:

Operator	Bedeutung
+	Addiert zwei Werte.
-	Subtrahiert zwei Werte.
*	Multipliziert zwei Werte.
/	Dividiert zwei Werte.
%	Modulo (Rest einer Division)

Tabelle 6.1 Darstellung arithmetischer Operatoren in C

Für arithmetische Operatoren gelten folgende Regeln:

- Die Punkt-vor-Strich-Regelung: `*` und `/` binden also stärker als `+` und `-`. In der Praxis heißt dies: 5 + 5 * 5 ergibt 30 und nicht, wie eventuell erwartet, 50. Wenn zuerst 5 + 5 berechnet werden soll, verwenden Sie Klammern. Diese binden dann stärker als die Rechenzeichen; also (5 + 5) * 5 = 50.
- Arithmetische Operatoren sind binäre Operatoren. Binäre Operatoren arbeiten immer mit zwei Operanden, also `<Operand><Operator><Operand>`.

Ein Programmbeispiel verdeutlicht den Sachverhalt:

```
/* arithmetik.c */
#include <stdio.h>

int main(void) {
   int zahl1,zahl2,zahl3;
   int ergeb;
```

```
    zahl1=10;
    zahl2=20;
    zahl3=30;

    printf("Zahl 1= %d\n",zahl1);
    printf("Zahl 2= %d\n",zahl2);
    printf("Zahl 3= %d\n",zahl3);

    // Möglichkeit 1: zuerst Berechnung, dann Ausgabe
    ergeb=zahl1+zahl2+zahl3;
    printf("Summe aller Zahlen:%d\n",ergeb);

    // Möglichkeit 2: wie oben, nur mit Ausgabe in einem Schritt
    ergeb=zahl3-zahl2;
    printf("%d - %d = %d\n",zahl3,zahl2,ergeb);

    /* Möglichkeit 3: mit Anzeige
     * und Berechnung am Ende der
     * 'printf'-Anweisung */
    printf("%d * %d = %d\n",zahl1,zahl1,zahl1*zahl1);

    // Möglichkeit 4: weitere 'printf'-Berechnung
    printf("Zahl 3 / Zahl 1 =%d\n",zahl3/zahl1);

    // Möglichkeit 5: wieder eine mit 'printf'
    printf("Zahl 1 + x-Beliebige Zahl =%d\n",zahl1+11);

    // Ein Klammerbeispiel
    ergeb=(zahl1+zahl2)/zahl3;
    printf("(%d + %d)/%d = %d\n",zahl1,zahl2,zahl3,ergeb);
    return 0;
}
```

Wie Sie in diesem Beispiel sehen, kann die Berechnung auch in der `printf`-Anweisung ausgeführt werden.

6.2.1 Dividieren von Ganzzahlen

Wenn zwei Ganzzahlen wie z. B. 4/3 dividiert werden, bekommen Sie als Ergebnis 1 zurück. Der Grund ist ganz einfach, denn der Datentyp `int` entspricht einer Ganzzahlvariablen und schneidet daher den nicht ganzzahligen Rest einfach ab. Wird der Rest benötigt, können Sie den Modulo-Operator verwenden. Der Modulo-Operator hat `%` als Zeichen. Das ist doch das Formatierungszeichen der Funktionen `printf()` und `scanf()`? Nein, denn das eine hat mit dem anderen nichts zu tun. Das Formatierungszeichen von `printf()` und `scanf()` wird immer zwischen zwei Hochkommata geschrieben ("`%d`"). Der Modulo-Operator `%` ist ein Rechenoperator, genau genommen ein integraler Rechenoperator, der zwischen zwei Operanden steht. Hier ein kleines Programmbeispiel:

```
/* modulo.c */
#include <stdio.h>

int main(void) {
   int x=5;
   int y=2;
   x=x%y;
   printf("Der Rest von 5/2=%d\n",x); /* Rest=1 */
   return 0;
}
```

Eventuell ist der Nutzen dieses Operators nicht sofort ersichtlich. Seine Verwendung wird in späteren Beispielen noch deutlicher gemacht. Zunächst noch ein weiteres Beispiel für den Modulo-Operator:

```
/* zeit.c */
#include <stdio.h>

int main(void) {
   int sekunden,minuten;

   printf("Bitte geben Sie die Zeit in Sekunden ein :");
   scanf("%d",&sekunden);
   minuten=sekunden/60;
   sekunden=sekunden%60;
   printf("genauer = %d min. %d sek.\n", minuten, sekunden);
   return 0;
}
```

Zuerst werden die eingegebenen Sekunden durch 60 dividiert, womit Sie die Minuten erhalten. Anschließend wird der Modulo-Operator benutzt, um den Divisionsrest zu berechnen – in diesem Beispiel also die restlichen Sekunden.

Hinweis

Bitte beachten Sie, dass bei einer Division und bei der Verwendung des Modulo-Operators keine 0 vorkommen darf.

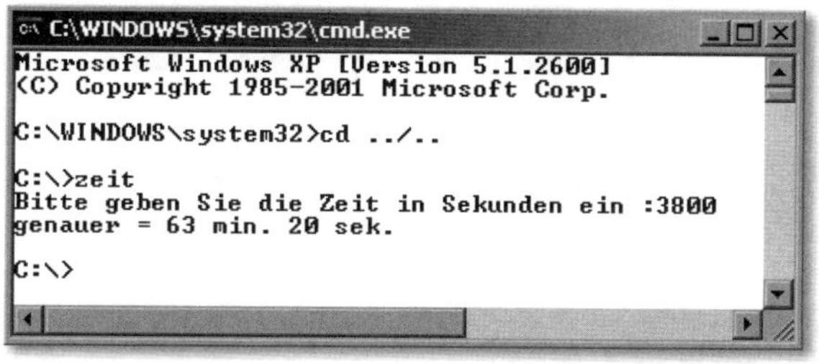

```
C:\WINDOWS\system32\cmd.exe
Microsoft Windows XP [Version 5.1.2600]
(C) Copyright 1985-2001 Microsoft Corp.

C:\WINDOWS\system32>cd ../..

C:\>zeit
Bitte geben Sie die Zeit in Sekunden ein :3800
genauer = 63 min. 20 sek.

C:\>
```

Abbildung 6.1 Rechenbeispiel mit dem Modulo-Operator

6.3 Erweiterte Darstellung arithmetischer Operatoren

Die arithmetischen Operatoren, die im vorangegangenen Abschnitt verwendet wurden, lassen sich auch noch in anderer Form darstellen, und zwar in einer kürzeren Schreibweise:

Erweiterte Darstellung	Bedeutung
`+=`	`a+=b` ist gleichwertig zu `a=a+b`
`-=`	`a-=b` ist gleichwertig zu `a=a-b`
`*=`	`a*=b` ist gleichwertig zu `a=a*b`
`/=`	`a/=b` ist gleichwertig zu `a=a/b`
`%=`	`a%=b` ist gleichwertig zu `a=a%b`

Tabelle 6.2 Erweiterte Darstellung arithmetischer Operatoren

Das Rechenzeichen und das darauf folgende = verkörpern eigentlich nur eine verkürzte Schreibweise von:

```
Zahl = Zahl <operand> Zahl
```

Es wird dabei auch von einem *Zuweisungsoperator* gesprochen. Somit sind die folgenden Schreibweisen gleichwertig:

```
printf("Die Fläche beträgt : %d\n", x *= x);
printf("Die Fläche beträgt : %d\n", x = x * x);
```

Zur Verdeutlichung ein Programm:

```
/* arithmetik2.c */
#include <stdio.h>
```

```
int main(void) {
   int x=2, y=4, z=6;

   printf("x=%d\n",x);
   printf("y=%d\n",y);
   printf("z=%d\n",z);

   printf("%d\n",x+=y);
   printf("%d\n",z+=y);
   printf("%d\n",z+=x);

   printf("x=%d\n",x);      // x wurde verändert.
   printf("y=%d\n",y);      // y bleibt gleich.
   printf("z=%d\n",z);      // z wurde verändert.
   return 0;
}
```

6.4 Inkrement- und Dekrement-Operatoren

Bei einem Inkrement oder Dekrement wird der Wert einer Variablen um 1 erhöht bzw. heruntergezählt. Diese Operatoren werden in C folgendermaßen geschrieben:

Operator	Bedeutung
++	Inkrement (Variable um 1 erhöhen)
--	Dekrement (Variable um 1 verringern)

Tabelle 6.3 Inkrement- und Dekrementoperator

Dabei gibt es für diese Operatoren jeweils zwei Möglichkeiten:

Verwendung	Bezeichnung
var++	Postfix-Schreibweise
++var	Präfix-Schreibweise
var--	Postfix-Schreibweise
--var	Präfix-Schreibweise

Tabelle 6.4 Postfix- und Präfix-Schreibweisen

Folgende Unterschiede gibt es zwischen der Postfix- bzw. Präfix-Schreibweise:

- Die Postfix-Schreibweise erhöht bzw. verringert den Wert von `var`, gibt aber noch den alten Wert an den aktuellen Ausdruck weiter.
- Die Präfix-Schreibweise erhöht bzw. verringert den Wert von `var` und gibt diesen Wert sofort an den aktuellen Ausdruck weiter.

Hierzu ein Beispiel:

```
/* incr.c */
#include <stdio.h>

int main(void) {
   int i=1;

   printf("i=%d\n",i);          // i=1
   i++;
   printf("i=%d\n",i);          // i=2
   printf("i=%d\n",i++);        // i=2
   printf("i=%d\n",i);          // i=3
   printf("i=%d\n",++i);        // i=4
   return 0;
}
```

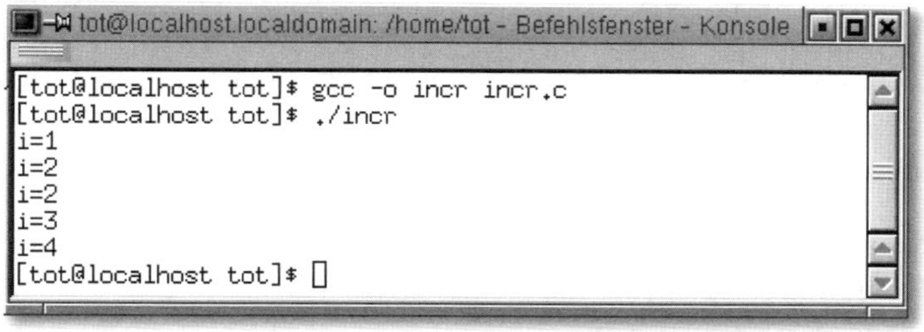

```
tot@localhost.localdomain: /home/tot - Befehlsfenster - Konsole
[tot@localhost tot]$ gcc -o incr incr.c
[tot@localhost tot]$ ./incr
i=1
i=2
i=2
i=3
i=4
[tot@localhost tot]$
```

Abbildung 6.2 Verwendung des Inkrement-Operators

Analog verhält es sich mit dem Dekrement-Operator (--).

Der Inkrement- und der Dekrement-Operator werden vorwiegend bei Schleifen genutzt. Beide Operatoren sind unärer Natur.

6.5 Bit-Operatoren

Mithilfe von Bit-Operatoren können Sie direkt auf die binäre Darstellung der Zahlen zurückgreifen.

Zuerst eine kurze Übersicht, welche Bit-Operatoren es gibt:

Bit-Operator	Bedeutung
&, &=	Bitweise AND-Verknüpfung
|, |=	Bitweise OR-Verknüpfung
^, ^=	Bitweises XOR
~	Bitweises Komplement
>>, >>=	Rechtsverschiebung
<<, <<=	Linksverschiebung

Tabelle 6.5 Übersicht über die bitweisen Operatoren

Wie schon bei den arithmetischen Operatoren steht Ihnen auch bei den bitweisen Operatoren die erweiterte Zuweisungsschreibweise zur Verfügung.

> **Hinweis**
>
> Es ist nicht zulässig, als Operanden `float` bzw. `double` zu verwenden. Die Operanden müssen bei der Verwendung von Bit-Operatoren immer ein ganzzahliger Datentyp sein.

6.5.1 Bitweises UND

Steht der `&`-Operator zwischen zwei Operanden, so handelt es sich um den bitweisen UND-Operator. Dieser ist leicht mit dem unären Adressoperator (siehe `scanf()`) zu verwechseln.

Der Operator wird hauptsächlich dafür verwendet, einzelne Bits gezielt zu löschen. Folgendes Programmbeispiel soll dies demonstrieren:

```
/* and.c */
#include <stdio.h>

int main(void) {
   int x=55;
   printf("x=%d\n",x);
   x= x&7;
   printf("x=%d\n",x);   /* x=7 */
   return 0;
}
```

Nach der Ausführung des Programms werden Sie sich fragen, warum die Verknüpfung mit dem UND-Operator zum Ergebnis 7 führt. Sehen Sie sich dies wieder in der Bitdarstellung an (unter Verwendung der ersten 8 Bits):

	Bit 7	Bit 6	Bit 5	Bit 4	Bit 3	Bit 2	Bit 1	Bit 0
	128	64	32	16	8	4	2	1
55	0	0	1	1	0	1	1	1
&7	0	0	0	0	0	1	1	1
7	0	0	0	0	0	1	1	1

Abbildung 6.3 Verwendung des bitweisen UND-Operators

Dabei gelten per Definition folgende Regeln für den bitweisen UND-Operator:

BitA	BitB	BitA&BitB
0	0	0
0	1	0
1	0	0
1	1	1

Tabelle 6.6 Regeln einer bitweisen UND-Verknüpfung

Mit dem bitweisen UND-Operator lässt sich sehr gut testen, ob eine Zahl gerade oder ungerade ist. Es muss nur Bit 0 (bzw. das 1. Bit) daraufhin überprüft werden, ob es gesetzt (ungerade, also = 1) oder nicht gesetzt (gerade, also = 0) ist. Folgendes Beispiel demonstriert dies:

```
/* gerade.c */
#include <stdio.h>

int main(void) {
   int x;

   printf("Bitte geben Sie eine Zahl ein: ");
   scanf("%d",&x);
   if(x&1)  // Ist das erste Bit gesetzt?
      printf("Eine ungerade Zahl\n");
   else     // Nein, es ist nicht gesetzt.
      printf("Eine gerade Zahl\n");
   return 0;
}
```

6.5.2 Bitweises ODER

Mit dem bitweisen ODER-Operator können Sie gezielt zusätzliche Bits setzen. Verwendet wird dieser wie schon zuvor der bitweise UND-Operator:

```
char x = 1;
x = x|126;      // x=127
```

Auch hierzu die Bitdarstellung:

	Bit 7	Bit 6	Bit 5	Bit 4	Bit 3	Bit 2	Bit 1	Bit 0
	128	64	32	16	8	4	2	1
1	0	0	0	0	0	0	0	1
|126	0	1	1	1	1	1	1	0
127	0	1	1	1	1	1	1	1

Abbildung 6.4 Verwendung des bitweisen ODER-Operators

Für den ODER-Operator gilt folgende Verknüpfungstabelle:

BitA	BitB	(BitA|BitB)
0	0	0
0	1	1
1	0	1
1	1	1

Tabelle 6.7 Regeln einer bitweisen ODER-Verknüpfung

6.5.3 Bitweises XOR

Der exklusive ODER-Operator XOR liefert nur dann eine 1 zurück, wenn beide Bits unterschiedlich sind. Er ist sehr gut geeignet, um Bits umzuschalten. Alle gesetzten Bits werden gelöscht und alle gelöschten gesetzt. Hier sehen Sie ein Beispiel:

```
char x=20;
x = x^55;     // x=35
```

In binärer Darstellung ergibt sich aus dieser Operation folgendes Bild:

	Bit 7	Bit 6	Bit 5	Bit 4	Bit 3	Bit 2	Bit 1	Bit 0
	128	64	32	16	8	4	2	1
20	0	0	0	1	0	1	0	0
^55	0	0	1	1	0	1	1	1
35	0	0	1	0	0	0	1	1

Abbildung 6.5 Verwendung des exklusiven ODER-Operators XOR

Für XOR-Verknüpfungen gilt folgende Verknüpfungstabelle:

BitA	BitB	BitA^BitB
0	0	0
0	1	1
1	0	1
1	1	0

Tabelle 6.8 Regeln einer bitweisen XOR-Verknüpfung

6.5.4 Bitweises Komplement

Der NOT-Operator (~) wirkt sich auf Zahlen so aus, dass er jedes einzelne Bit invertiert. Bei vorzeichenbehafteten Datentypen entspricht das einer Negation mit anschließender Subtraktion von 1:

```
char x=20;
x=~x;  /* x= -21 */
```

Für den NOT-Operator gilt folgende Verknüpfungstabelle:

BitA	~BitA
0	1
1	0

Tabelle 6.9 Regeln einer bitweisen NOT-Verknüpfung

6.5.5 Linksverschiebung

Mit einer Linksverschiebung (<<) werden alle Bits einer Zahl um *n* Stellen nach links gerückt. Die rechts entstehenden Leerstellen werden mit 0 aufgefüllt.

> **Achtung**
>
> Achtung bei Vorzeichen! Ist der Datentyp `signed`, ändert sich das Vorzeichen, wenn eine 1 in die Bitstelle des Vorzeichens gerückt wird. Falls der linke Operand aber einen negativen Wert hat, so ist das Ergebnis compiler-spezifisch.

Hier sehen Sie ein Beispiel für eine Linksverschiebung:

```
/* shift_left.c */
#include <stdio.h>

int main(void) {
   char x=8;

   printf("x=%d\n",x);
   x<<=1;         // Alle Bits um 1 Stelle nach links
   printf("x=%d\n",x);
   return 0;
}
```

Warum aus dem Wert 8 eine 16 wurde, wird aus der folgenden Bitdarstellung ersichtlich:

	Bit 7	Bit 6	Bit 5	Bit 4	Bit 3	Bit 2	Bit 1	Bit 0
	128	64	32	16	8	4	2	1
8	0	0	0	0	1	0	0	0
<<1	0	0	0	1	0	0	0	0

Abbildung 6.6 Bitverschiebung nach links

Sie werden es bemerkt haben: Hier wurde eine Multiplikation durchgeführt. Auf diese Weise können Zahlen sehr gut potenziert werden. Die Bitstelle um eine Position nach links zu rücken, bedeutet mathematisch eine Multiplikation mit 2. Bei Einrückung um zwei Stellen nach links wird mit 4 multipliziert, bei drei Stellen mit 8, bei vier Stellen mit 16 usw.

Solche Bitverschiebungen können – abhängig vom System – bis zu 40(!)-mal schneller ablaufen als normale arithmetische Berechnungen im Stil von 4*x.

6.5.6 Rechtsverschiebung

Die Rechtsverschiebung mit dem >>-Operator ist das Gegenstück zur Linksverschiebung (<<). Damit können Sie statt einer Multiplikation mit 2 eine Division durch 2 bewirken. Ansonsten gilt das Gleiche wie für die Linksverschiebung.

6.5.7 Rezept für Fortgeschrittene

Oft ist eine Funktion wünschenswert, mit der eine Zahl daraufhin getestet wird, ob ein bestimmtes Bit gesetzt ist, oder mit der sich gezielt einzelne Bits setzen oder löschen lassen. Hierzu ein Listing mit entsprechenden Funktionen:

```
/* playing_bits.c */
#include <stdio.h>
#define BYTE unsigned char

/* Funktion : Bit_Test()
 * val   : der Wert, den es zu testen gilt
 * bit   : Bitnummer, die abgefragt wird, ob gesetzt (0-7)
 * Rückgabewert :  (1)=Bit gesetzt; (0)=Bit nicht gesetzt
 */

int Bit_Test(BYTE val, BYTE bit) {
   BYTE test_val = 0x01;     /* dezimal 1 / binär 0000 0001 */
   /* Bit an entsprechende Pos. schieben */
   test_val = (test_val << bit);
   /* 0=Bit nicht gesetzt; 1=Bit gesetzt */
   if ((val & test_val) == 0)
      return 0;       /* nicht gesetzt */
   else
      return 1;       /* gesetzt */
}

/* Funktion :  Bit_Set()
 * val   : Wert, bei dem das Bit gesetzt werden soll
 * bit   : Bitnummer, die gesetzt werden soll (0-7)
 * Rückgabewert : keiner
 */

void Bit_Set(BYTE *val, BYTE bit) {
   BYTE test_val = 0x01;       /* dezimal 1 / binär 0000 0001 */
```

```
   /* Bit an entsprechende Pos. schieben */
   test_val = (test_val << bit);
   *val = (*val | test_val);      /* Bit an Pos. bit setzen */
}

/* Funktion : Bit_Clear()
 * val   : Wert, bei dem das Bit gelöscht werden soll
 * bit   : Bitnummer, die gelöscht werden soll (0-7)
 * Rückgabewert :  keiner
 */

void Bit_Clear(BYTE *val, BYTE bit) {
   BYTE test_val = 0x01;         /* dezimal 1 / binär 0000 0001 */
   /* Bit an entsprechende Pos. schieben */
   test_val = (test_val << bit);
   *val = (*val & (~test_val));   /* Bit an Pos. bit löschen*/
}

int main(void) {
   BYTE wert = 0;
   /* Test, ob Bit 0 gesetzt ist */
   printf("%s\n",Bit_Test(wert, 0)?"gesetzt":"nicht gesetzt");
   Bit_Set(&wert, 0);    /* Bit 0 setzen */
   /* Wieder testen, ob Bit 0 gesetzt ist */
   printf("%s\n",Bit_Test(wert, 0)?"gesetzt":"nicht gesetzt");
   Bit_Clear(&wert, 0);  /* Bit 0 wieder löschen */
   /* Wieder testen, ob Bit 0 gesetzt ist */
   printf("%s\n",Bit_Test(wert, 0)?"gesetzt":"nicht gesetzt");
   return 0;
}
```

Die Funktionen können Sie natürlich Ihren eigenen Bedürfnissen entsprechend anpassen. Sie dienen nur als Anregung für weitere Spielereien mit Bits und Bytes.

6.6 Makros für logische Operatoren und Bit-Operatoren – <iso646.h>

Seit dem C99-Standard finden Sie in der Headerdatei *<iso646.h>* einige Makros, die Sie als alternative Schreibweise für logische Operatoren und Bit-Operatoren nutzen können. In der folgenden Tabelle finden Sie einen Überblick zu den Makros.

Konstante in <iso646.h>	Operator
and	&& (logisches UND)
or	|| (logisches ODER)
not	! (logisches NICHT)
bitand	& (bitweises UND)
bitor	| (bitweises ODER)
xor	^ (bitweises Exklusiv-ODER)
compl	~ (bitweises NICHT)
and_eq	&= (bitweises UND mit Zuweisung)
or_eq	|= (bitweises ODER mit Zuweisung)
xor_eq	^= (bitweises Exklusiv-ODER mit Zuweisung)
not_eq	!= (logisches NICHT mit Zuweisung)

Tabelle 6.10 Alternative symbolische Konstanten für Operatoren

Das bitweise XOR (exklusiver ODER-Operator, wie in Abschnitt 6.5.3) können Sie beispielsweise mit dem Makro `xor` wie folgt verwenden:

```
#include <iso646.h>
...
char x = 20;
x = x xor 55;    // Alternative zu:  x = x^55
```

6.7 Der »sizeof«-Operator

Der Operator `sizeof` gibt Auskunft über die Größe eines Datentyps in Byte. Der `sizeof`-Operator wird später noch häufiger zur dynamischen Speicherreservierung verwendet. Zur Erklärung des `sizeof`-Operators folgt hier wieder ein Programmbeispiel:

```
/* sizeof_type.c */
#include <stdio.h>

int main(void) {
   printf("char     : %d Byte\n" , sizeof(char));
   printf("int      : %d Bytes\n", sizeof(int));
   printf("long     : %d Bytes\n", sizeof(long int));
   printf("float    : %d Bytes\n", sizeof(float));
   printf("double   : %d Bytes\n", sizeof(double));
   printf("66       : %d Bytes\n", sizeof(66));
```

```
    printf("Hallo    : %d Bytes\n", sizeof("Hallo"));
    printf("A        : %d Bytes\n", sizeof((char)'A'));
    printf("34343434 : %d Bytes\n", sizeof(34343434));
    return 0;
}
```

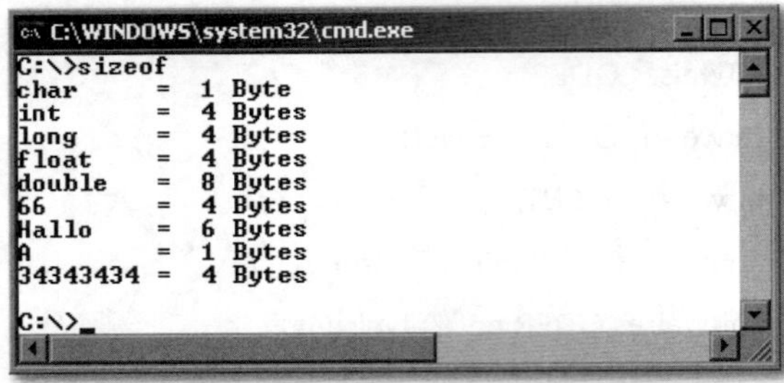

Abbildung 6.7 Verwendung des »sizeof«-Operators

Das Programm macht nichts anderes, als Ihnen die Größe, die der Datentyp belegt, in Byte auszugeben. Zum Beispiel: `'A'` benötigt ein Byte Speicherplatz, da `'A'` vom Typ `char` ist. Bei `sizeof("Hello")` sollten Sie sich jetzt noch keine Gedanken darüber machen, warum dieses Wort sechs Byte Speicher benötigt, obwohl es nur aus fünf Zeichen besteht. Das sechste Byte wird für das Stringende-Zeichen verwendet. Hier geht es im Augenblick lediglich um den `sizeof`-Operator.

Jetzt fällt es sicher nicht mehr schwer, zu verstehen, wie Sie mit dem `sizeof`-Operator Speicherplatz reservieren können. Sie müssen dazu lediglich abfragen, wie viel Speicherplatz ein Datentyp benötigt, und den ermittelten Wert dann einer anderen Variablen (genauer: einem Zeiger) übergeben. Des Weiteren wird der `sizeof`-Operator zur Portierbarkeit von Programmen auf verschiedenen Systemen verwendet. Wie Sie bereits erfahren haben, gibt es Systeme, auf denen ein `int`-Wert eine Speichergröße von zwei Byte hat. Auf anderen Systemen beträgt die Größe von `int` wiederum vier Byte. Als Beispiel dient folgender Pseudocode:

```
BRAUCHE_SPEICHER_PLATZ = (Datentyp)sizeof(4);
```

Der Datentyp `BRAUCHE_SPEICHER_PLATZ` benötigt hier Speicherplatz der Größe eines `int`-Werts, in diesem Fall vier Bytes. Wenn das Programm jetzt beispielsweise auf ein anderes System portiert werden soll, auf dem der Datentyp `int` eine Größe von zwei Byte hat, dann könnte dies zu Problemen führen. Aus diesem Grund ist es besser, dem Compiler zur Übersetzungszeit diese Aufgabe zu überlassen. Dies geschieht folgendermaßen (Pseudocode):

```
BRAUCHE_SPEICHER_PLATZ = (Datentyp)sizeof(int);
```

Somit können Sie sicher sein, dass das Programm auf jedem System läuft und die richtige Menge an Speicherplatz reserviert.

Hinweis

Der `sizeof`-Operator ist keine Funktion, obwohl das oft behauptet wird. Der `sizeof`-Operator holt sich nur die Größe eines Datentyps während der Kompilierzeit. Er ist somit tatsächlich ein echter Operator.

6.7.1 C versus C++

Im Programmbeispiel des `sizeof`-Operators dürfte Ihnen folgende Zeile aufgefallen sein:

```
printf("A : %d Bytes\n", sizeof((char)'A'));
```

Da in C ein Zeichenliteral vom Typ `int` ist, musste ich hier eine Typenumwandlung nach `char` machen. In C++ würde folgende Zeile auch 1 Byte ausgeben:

```
printf("A : %d Bytes\n", sizeof('A'));
```

In diesem Kapitel erfahren Sie, wie in C bestimmte Datentypen in andere konvertiert werden und wie Sie dies selbst beeinflussen können.

7 Typumwandlung

Wenn Sie in C einen Datentyp in einen anderen konvertieren (umwandeln), vollziehen Sie ein Type-Casting. Es gibt zwei Möglichkeiten, den Datentyp zu ändern:

- Der Compiler nimmt eine automatische Konvertierung von einem zum anderen Datentyp vor. Dies geschieht, wenn Sie z. B. einem `int`-Wert einen `float`-Wert zuweisen. Man spricht dabei von einer *impliziten Datentypumwandlung*.
- Der Programmierer kann die Konvertierung des Datentyps durch eine *explizite Typumwandlung* erzwingen.

Bei beiden Vorgehensweisen wird vorausgesetzt, dass der Compiler eine Typumwandlung auch wirklich unterstützt.

7.1 Implizite Datentypumwandlung

Wenn man in Ausdrücken Operanden unterschiedlicher Datentypen miteinander über Operanden verknüpft, sind implizite Datentypumwandlungen nötig. Wie diese implizite (automatische) Umwandlung vor sich geht und worauf Sie gegebenenfalls achten müssen, soll in den folgenden Abschnitten näher erläutert werden.

7.1.1 Implizites »char« nach »int«

Ein `char` wird bei Bewertungen und Berechnungen immer in ein `int` umgewandelt. Es wird mit nichts Kleinerem gerechnet als mit `int`. Nehmen wir beispielsweise folgende Berechnung:

```
char val1 = 10, val2 = 20, val3;
val3 = val1 + val2;
```

Zwar haben Sie hier `char`-Datentypen verwendet, aber der Compiler führt hier trotzdem eine implizite Datentypumwandlung nach `int` durch. Daraus kann man ableiten, dass `int` und `char` beliebig mischbar sind. Diese »`char` nach `int`«-Umwandlung ist auch von Bedeutung beim Einlesen einzelner Zeichen und beim Überprüfen auf `EOF`.

Hinweis

Die »`char` nach `int`«-Umwandlung ist allerdings auch rechnerabhängig, weil `char` mit dem Zahlenwert –128 bis +127 oder 0 bis +255 abgebildet sein kann. Ob `char` vorzeichenbehaftet ist oder nicht, wird vom ANSI-C-Standard nicht vorgeschrieben.

Gleiches wie für »`char` nach `int`« gilt auch analog für »`short` nach `int`«.

7.1.2 Implizites »float« nach »double«

Dasselbe, was ich schon zuvor über »`char` nach `int`« geschrieben habe, gilt für implizite Umwandlungen von `float` nach `double`. Auch hierbei wird bei Berechnungen ein `float` automatisch in ein `double` konvertiert. Daher erfolgen alle Berechnungen immer mit derselben Genauigkeit.

7.1.3 Implizite Umwandlung in einen komplexen Gleitpunkttyp

Bei einer Umwandlung einer reellen Gleitpunktzahl oder ganzen Zahl in einen komplexen Gleitpunkttyp (C99) erhält der Realteil den Wert der reellen Gleitpunktzahl bzw. ganzen Zahl. Der Imaginärteil hingegen ist 0. Bei der Umwandlung von komplexen Gleitpunkttypen in einen anderen komplexen Typ wird der Typ wie bei den reellen Gegenstücken umgewandelt.

7.1.4 Übliche arithmetische Datentypumwandlung

Die Operanden eines binären Operators dürfen in C einen unterschiedlichen skalaren Datentyp besitzen. Durch die übliche arithmetische Datentypumwandlung wird dabei implizit ein gemeinsamer Datentyp gebildet. Dazu wird die ganzzahlige Erweiterung ausgeführt. Treten danach noch Operanden mit verschieden Typen auf, wird in den Typ desjenigen Operanden umgewandelt, der in der nebenstehenden Hierarchie am weitesten oben steht. Das Ergebnis ist ebenfalls von diesem Typ.

Für die Hierarchie von ganzzahligen Typen gelten folgende Regeln:

- Bei ganzzahligen Standardtypen gilt folgende Rangfolge:

  `char < short < int < long < long long`

- Die Rangfolge bei ganzzahligen Typen ist unabhängig vom Vorzeichen. Der Typ `int` hat beispielsweise denselben Rang wie `signed int` und `unsigned int`.

- Der Rang eines Standardtyps ist immer größer als der Rang eines erweiterten ganzzahligen Typs in *<stdint.h>* (C99) mit gleicher Breite. So ist der Rang von `int` höher als der von `int_least32_t`, obwohl beide die gleiche Breite besitzen.

Bei der Hierarchie von Gleitpunkttypen gelten folgende Regeln:

- Die Rangfolge der Gleitpunkttypen sieht folgendermaßen aus:

  `float < double < long double`

  bzw. für die komplexen Gegenstücke:

  `float _Complex < double _Complex < long double _Complex`

- Gleitpunkttypen haben immer einen höheren Rang als ganzzahlige Typen.

Bei der Zuweisung wird der rechte Operand immer in den Typ des linken Operanden umgewandelt. Dabei werden überzählige (Nachkomma-)Stellen oder höherwertige Bits, die nicht mehr Platz haben, einfach abgeschnitten: Es wird nicht gerundet. Wenn der Originalwert im neuen Typ nicht mehr darstellbar ist, findet ein Überlauf statt, und das Ergebnis hat mit dem Originalwert meist nicht mehr viel gemein.

Hinweis

Die automatische Typumwandlung (implizit) funktioniert nicht bei den Zuweisungsoperatoren und den logischen Operatoren `&&` und `||`.

Bezogen auf diese Aussage, finden Sie in der folgenden Tabelle eine Zusammenfassung, was passiert, wenn Sie einem Datentyp (linker Operand) einen anderen Datentyp (rechter Operand) zuweisen (Operator).

Typ	Operand	Typ	Umwandlung
`int`	=	`float`	Der Nachkommateil wird weggelassen.
`int`	=	`double`	
`int`	=	`long`	Die höherwertigen Bits werden weggelassen.
`char`	=	`int`	
`char`	=	`short`	
`float`	=	`double`	Der Wert wird entweder gerundet oder abgeschnitten (hängt von der Implementierung ab).
`float`	=	`long, int, short, char`	Sollte hier keine genaue Darstellung möglich sein, wird der Wert entweder gerundet oder abgeschnitten (ebenfalls abhängig von der Implementierung).
`double`	=		

Tabelle 7.1 Übliche arithmetische Typumwandlungen

Bei der üblichen arithmetischen Datentypumwandlung gibt es folgende Punkte, die Sie unbedingt beachten sollten:

- Bei der Umwandlung von höherwertigen Datentypen in niederwertigere Datentypen kann es zu Informationsverlust kommen.
- Der Verleich von `signed`- und `unsigned`-Typen kann falsch sein. So kann beispielsweise `-1 > 1U` wahr sein.
- Die Division zweiter `int`-Werte gibt immer nur einen Ganzzahlanteil zurück. Hier findet keine automatische Konvertierung in eine Gleitpunktzahl statt.
- die Umwandlung eines negativen Wertes in einen Typ ohne Vorzeichen
- Bei der Umwandlung von ganz großen Zahlen (beispielsweise `long long`) in einen Gleitpunkttyp kann es passieren, dass die Genauigkeit nicht mehr ausreicht, um die Zahl genau darzustellen.

Hierzu noch ein einfaches Listing mit solchen üblichen arithmetischen Datentypumwandlungen:

```
/* implizitCasts.c */
#include <stdio.h>

int main(void) {
   // Nachkommateil wird weggelassen.
   int float2int = 3.8;
   // Höherwertige Bits werden abgeschnitten.
   char int2char = 1000;
   float char2float = 'A';
   float long2float = 444444444;

   printf("float2int : %d\n", float2int );
   printf("int2char  : %c\n", int2char );
   printf("char2float: %f\n", char2float );
   printf("long2float: %f\n", long2float );
   return 0;
}
```

Bei mir gibt das Programm beispielsweise Folgendes aus:

```
float2int : 3
int2char  : Þ
char2float: 65.000000
long2float: 444444448.000000
```

7.2 Explizite Datentypumwandlung mit dem »cast«-Operator

Da die implizite Datentypumwandlung häufig zu Fehlern bzw. unerwünschten Ergebnissen führen kann, gibt es noch die explizite Datentypumwandlung, womit der Variablentyp mit cast-Operator durchgeführtwerden kann. Dieses explizite Casten des Datentyps wird quasi entgegen der Compiler-Regeln erzwungen. Der cast-Operator besteht aus einem eingeschlossenen gültigen Datentyp.

Die Syntax einer expliziten Typumwandlung sieht folgendermaßen aus:

```
(typ) ausdruck;
```

Dabei wird zuerst der ausdruck ausgewertet, und anschließend wird dieser Wert in einen Datentyp typ umgewandelt.

Das folgende Beispiel zeigt das implizite und das explizite Type-Casting im Vergleich:

```
/* casting.c */
#include <stdio.h>

int main(void) {
   int x = 5, y = 2;
   float z;
   // Implizite Datentypumwandlung
   z = x / y;
   printf("%f\n", z);              // = 2.000000
   // Explizite Datentypumwandlung
   z = (float) x / (float) y;
   printf("%f\n", z);              // = 2.500000
   return 0;
}
```

Die erste Berechnung

```
z = x / y;
```

gibt das Ergebnis »2.000000« aus. Das ist leicht nachvollziehbar, denn es werden zwei int-Werte dividiert. int-Werte können keinen Wert nach dem Komma darstellen. Dass hier das Ergebnis dennoch vom Typ float ist, verdanken Sie dem impliziten Type-Casting des Compilers.

Die Berechnung

```
z = (float) x / (float) y;
```

konvertiert die beiden Datentypen `int` explizit in `float`-Typen. Deshalb erhalten Sie als Ergebnis »2.500000« zurück.

Wichtig ist dabei, dass `x` und `y` im Programm weiterhin vom Datentyp `int` sind. Das »Casten« des Datentyps ist nur während dieser einen Ausführung gültig.

Es hätte auch gereicht, nur einen dieser beiden Typen zu casten, denn wenn Sie zwei verschiedene Variablen miteinander durch Operatoren verknüpfen, bekommen Sie das Ergebnis des genaueren Typs dieser beiden Variablen zurück:

```
z = (float) x / y; /* Ergebnis = 2.50000 */
```

Aber Achtung, falls Sie vorhaben, Gleitpunktzahlen in Ganzzahlen umzuwandeln – etwa folgendermaßen:

```
long x;
float z = 5.5;
x = (long) z;
```

Hier wird der Wert nach dem Komma abgeschnitten. Falls Sie einen Wert umwandeln wollen, der größer als seine Zielgruppe ist, liegt ein undefiniertes Verhalten vor. Wird z. B. ein `float`-Wert in einen `short`-Wert konvertiert, könnte das zu Problemen führen, denn der `float`-Wert hat eine Größe von vier Bytes und der `short`-Wert eine von zwei Bytes. Mit niedrigeren Werten mag dies zufällig funktionieren:

```
short x;
float z = 25.0;
x = (short) z;
```

Sollte der Wert von `float` z. B. »1000000.0« betragen, wird dies nicht mehr gelingen, denn der Wert »1000000« ist nicht mehr mit 16 Bit (= 2 Bytes) darstellbar. Das Gleiche gilt auch für Casts von `double` nach `float` oder von `long double` nach `double`.

Mit dem bisherigen Wissen können Sie die Programme immer nur sequenziell ablaufen lassen. Sie laufen also immer Zeile für Zeile ab. In diesem Kapitel wird nun der sequenzielle Programmfluss gebrochen.

8 Kontrollstrukturen

Sie haben folgende drei Möglichkeiten, um den sequenziellen Programmfluss zu ändern:

- *Verzweigungen*: Im Programm wird eine Bedingung definiert, die entscheidet, an welcher Stelle das Programm fortgesetzt werden soll.
- *Schleifen (Iteration)*: Ein Anweisungsblock wird so oft wiederholt, bis eine bestimmte Abbruchbedingung erfüllt wird.
- *Sprünge*: Die Programmausführung wird mithilfe von Sprungmarken an einer anderen Position fortgesetzt. Obwohl sie nach wie vor möglich sind, werden Sprünge in einem Programm mittlerweile als schlechter Stil angesehen. Sie sind auch nicht notwendig. Mit dem bisher Gesagten meine ich *direkte Sprünge*. Mit Schlüsselwörtern wie `return`, `break`, `continue`, `exit` und der Funktion `abort()` können jedoch kontrollierte Sprünge ausgeführt werden.

8.1 Verzweigungen mit der »if«-Bedingung

Die `if`-Bedingung hat folgende Syntax:

```
if(BEDINGUNG == wahr) {
   Anweisung1;
 }
Anweisung2;
```

Wenn die Bedingung zwischen den Klammern des `if`-Schlüsselwortes wahr (true) ist, wird `Anweisung1` im Anweisungsblock ausgeführt. Anschließend wird das Programm bei `Anweisung2`, also nach dem Anweisungsblock, fortgesetzt. Ist die Bedingung unwahr (false), wird `Anweisung1` nicht ausgeführt, und das Programm fährt sofort mit `Anweisung2` fort.

8.1.1 Anweisungsblock

In einem Anweisungsblock werden Anweisungen (mindestens eine) zusammengefasst. Als Anweisungsblock gelten alle Anweisungen, die zwischen geschweiften Klammern ({ }) stehen. Anweisungsblöcke lassen sich auch ineinander verschachteln. Es empfiehlt sich daher, beim Erstellen eines Programms auf eine saubere Strukturierung (d. h. entsprechendes Einrücken bei den Anweisungen eines Blocks) zu achten, um den Überblick zu wahren.

Den Programmablauf der `if`-Bedingung können Sie sich schematisch so vorstellen wie in Abbildung 8.1 (die Darstellung wird auch als *Programmablaufplan* bezeichnet):

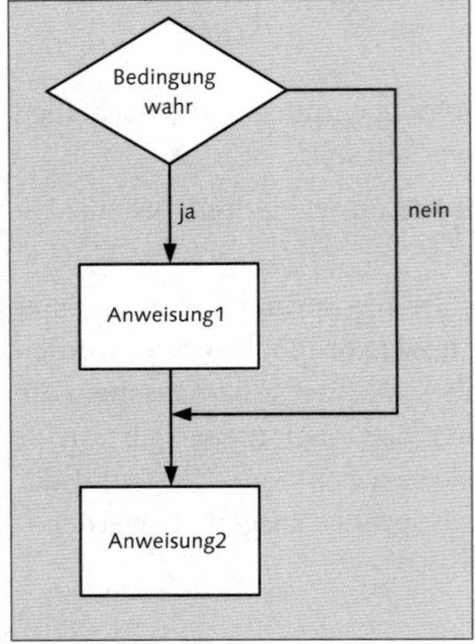

Abbildung 8.1 Programmablaufplan zur »if«-Anweisung

Sehen Sie sich dazu das folgende Programmbeispiel an:

```
/* if1.c */
#include <stdio.h>

int main(void) {
   unsigned int alter;

   printf("Wie alt sind Sie: ");
   scanf("%u", &alter);
   /* ... noch jünger als 18? */
   if(alter < 18) {
      printf("Sie sind noch nicht volljährig\n");
   }
```

```
    printf("Bye\n");
    return 0;
}
```

Das Programm fordert Sie auf, Ihr Alter einzugeben. In der Bedingung `if(zahl < 18)` wird überprüft, ob Sie jünger als 18 Jahre sind. Sind Sie jünger, wird die `printf()`-Anweisung im Anweisungsblock mit entsprechender Ausgabe bearbeitet. Wurde aber ein Wert eingegeben, der größer oder gleich 18 ist, wird nur die `printf()`-Anweisung hinter dem Anweisungsblock ausgeführt, die »Bye« ausgibt. Abbildung 8.2 zeigt den Programmablaufplan zu diesem Beispiel:

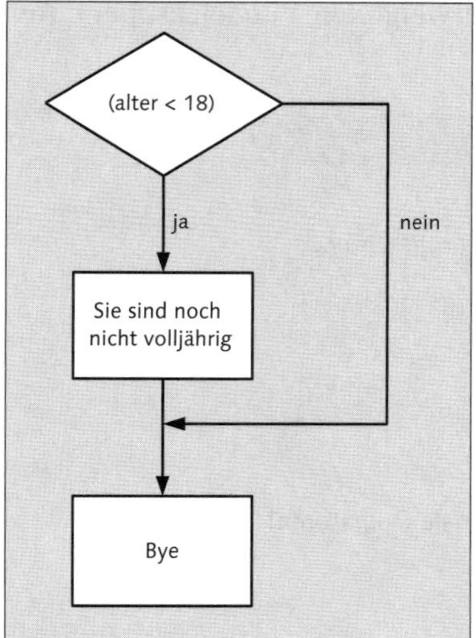

Abbildung 8.2 Programmablaufplan zum Listing

Jetzt soll das Programm um einige `if`-Bedingungen erweitert werden:

```
/* if2.c */
#include <stdio.h>

int main(void) {
   unsigned int alter;

   printf("Wie alt sind Sie: ");
   scanf("%u", &alter);

   if(alter < 18)  {
      printf("Sie sind noch nicht volljährig\n");
   }
   if(alter > 18)  {
      printf("Sie sind volljährig\n");
```

```
   }
   if(alter == 18) {
      printf("Den Führerschein schon bestanden?\n");
   }
   printf("Bye\n");
   return 0;
}
```

Es ist offensichtlich, wie das Programm vorgeht: Sie geben das Alter ein, und mithilfe der einzelnen `if`-Bedingungen testet es, ob die eingegebene Zahl größer, kleiner oder gleich 18 ist. Bevor das Programm etwas genauer analysiert wird, sollten Sie sich eine Tabelle mit den bisher verwendeten Vergleichsoperatoren und ihrer jeweiligen Bedeutung ansehen.

Vergleichsoperator	Bedeutung
`a < b`	wahr, wenn `a` kleiner als `b`
`a <= b`	wahr, wenn `a` kleiner oder gleich `b`
`a > b`	wahr, wenn `a` größer als `b`
`a >= b`	wahr, wenn `a` größer oder gleich `b`
`a == b`	wahr, wenn `a` gleich `b`
`a != b`	wahr, wenn `a` ungleich `b`

Tabelle 8.1 Übersicht zu Vergleichsoperatoren (relationale Operatoren)

Zurück zum Programm. Die erste Anweisung

```
if(alter < 18)
```

testet, ob die Zahl, die Sie eingegeben haben, kleiner als 18 ist. Ist die Bedingung wahr, springt das Programm unmittelbar in den für diese Bedingung geschriebenen Anweisungsblock, der in den geschweiften Klammern steht. Falls also die eingegebene Zahl kleiner als 18 ist, wird der Anweisungsblock

```
{
   printf("Sie sind noch nicht volljährig\n");
}
```

ausgeführt. Besteht der Anweisungsblock hinter der Kontrollstruktur lediglich aus einer einzigen Anweisung, so können die geschweiften Klammern auch weggelassen werden:

```
if(alter < 18)
   printf("Sie sind noch nicht volljährig\n");
```

Diese Schreibweise ist korrekt und wird auch häufig verwendet. Sie sollten sich jedoch klarmachen, dass sie sehr leicht zur Fehlerquelle werden kann – nämlich dann, wenn Sie eine weitere Anweisung hinzufügen wollen, die auch nur in dem Fall ausgeführt werden soll, wenn die if-Bedingung wahr ist, wie etwa im folgenden Beispiel:

```
if(alter < 18)
   printf("Sie sind noch nicht volljährig\n");
   printf("Sollte nur erscheinen, wenn (alter < 18)!\n");
```

Wenn – wie hier – dann die geschweiften Klammern vergessen werden, wird die zweite printf()-Anweisung immer ausgeführt, da die if-Bedingung im Wahr-Fall wirklich nur eine weitere Anweisung ausführt.

Korrekt müsste es folgendermaßen aussehen:

```
if(alter < 18) {
   printf("Sie sind noch nicht volljährig\n");
   printf("Sollte nur erscheinen, wenn (alter < 18)!\n");
}
```

Jetzt wird auch die zweite Anweisung nur ausgeführt, wenn die if-Bedingung wahr ist.

Die nächsten beiden if-Bedingungen verhalten sich analog. Hiermit wird getestet, ob die eingegebene Zahl für das Alter kleiner bzw. gleich 18 ist. Sollte sich einer dieser Fälle als wahr herausstellen, so wird ebenfalls der jeweils zugehörige Anweisungsblock ausgeführt.

Achtung

Ein häufig gemachter Fehler ist if(alter=18). Hier wurde der Variablen alter der Wert 18 zugewiesen, und der Anweisungsblock wird ausgeführt. Dabei ist es jedoch egal, ob der Wert gleich 18 ist, denn alter wird jetzt der Wert 18 zugewiesen. Diese if-Abfrage ist also immer wahr. Der Fehler ist zudem schwer auffindbar, da die Syntax absolut korrekt ist, der Compiler also keine Fehlermeldung anzeigt. Eine oft verwendete und empfohlene Maßnahme ist es, die Überprüfung umzustellen: if (18 == alter) ist syntaktisch korrekt und bewirkt das Gleiche. Hiermit würde der Compiler sofort eine Fehlermeldung anzeigen, falls Sie versehentlich if (18 = alter) schreiben, da sich einer Zahl keine Variable zuordnen lässt. Diese Umstellungsmethode funktioniert nur bei ==-Vergleichen, nicht bei den anderen Operatoren.

8.2 Die Verzweigung mit »else if«

Was ist, wenn die erste Bedingung im Listing zuvor wahr ist, d. h. die Zahl größer als 18 ist? Dann nimmt das Programm als nächsten Schritt dennoch die Überprüfung vor, ob die Zahl kleiner als 18 und gleich 18 ist. Das ist eigentlich nicht mehr notwendig. Sie können dies mit else if verbessern:

```
   else if(alter > 18)  {
      printf("Sie sind volljährig\n");
   }
   else if(alter == 18) {
      printf("Den Führerschein schon bestanden?\n");
   }
```

Hier sehen Sie die Syntax dazu:

```
if(BEDINGUNG1 == wahr) {
      Anweisung1;
}
else if(BEDINGUNG2 == wahr) {
      Anweisung2;
}
Anweisung3;
```

Ist die `Bedingung1` wahr, wird die `Anweisung1` im Anweisungsblock ausgeführt, und die Kontrollstruktur ist fertig. Ist `Bedingung1` nicht wahr, wird die `Bedingung2` überprüft. Ist `Bedingung2` wahr, wird `Anweisung2` ausgeführt, und das Programm endet. Ist aber auch `Bedingung 2` nicht wahr, wird die `Anweisung 3` ausgeführt.

Das Programmbeispiel sieht in der neuen Fassung so aus:

```
/* if3.c */
#include <stdio.h>

int main(void) {
   unsigned int alter;

   printf("Wie alt sind Sie: ");
   scanf("%u", &alter);

   if(alter < 18) {
      printf("Sie sind noch nicht volljährig\n");
   }
   else if(alter > 18)  {
      printf("Sie sind volljährig\n");
   }
   else if(alter == 18) {
      printf("Den Führerschein schon bestanden?\n");
   }
   printf("Bye\n");
   return 0;
}
```

Abbildung 8.3 zeigt den Programmablaufplan dazu:

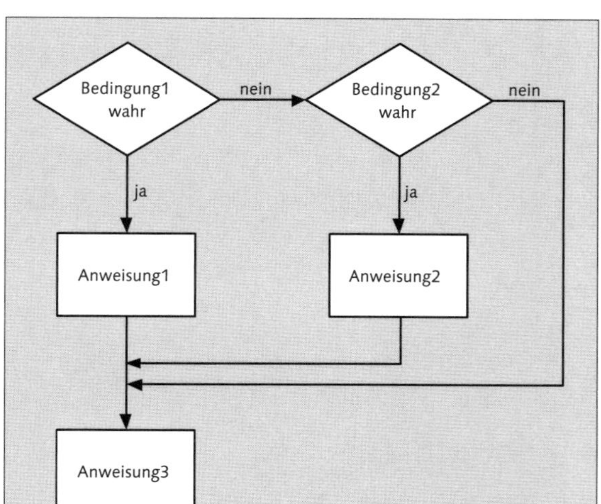

Abbildung 8.3 Programmablaufplan mit »if else if«

8.3 Die Verzweigung mit »else«

Eigentlich hätten Sie sich im vorangegangenen Programmbeispiel folgende Bedingung sparen können:

```
else if(alter == 18)
```

Denn wenn die Variable `alter` nicht größer als 18 und auch nicht kleiner als 18 ist, kann diese nur noch gleich 18 sein. Um sich eine solche Bedingung zu ersparen, gibt es die `else`-Verzweigung, was so viel heißt wie *Ansonsten nimm mich* oder *Andernfalls tue das Folgende*:

Sie könnten also die Zeile `else if(alter == 18)` ersetzen durch:

```
else {
   printf("Den Führerschein schon bestanden?\n");
}
```

Die Syntax der `if else`-Verzweigung sieht folgendermaßen aus:

```
if(BEDINGUNG == wahr) {
   Anweisung1;
}
else {
   Anweisung2;
}
```

Sehen Sie sich hierzu auch den Programmablaufplan an:

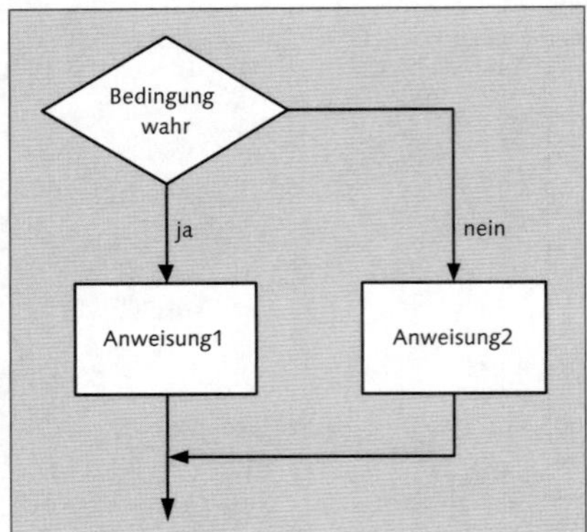

Abbildung 8.4 Programmablaufplan mit »else«

Merke

`else` folgt immer einem vorausgehenden `if` oder `else if`.

Umgeschrieben sieht das Listing jetzt wie folgt aus:

```
/* if4.c */
#include <stdio.h>

int main(void) {
   unsigned int alter;

   printf("Wie alt sind Sie: ");
   scanf("%u", &alter);

   if(alter < 18) {
      printf("Sie sind noch nicht volljährig\n");
   }
   else if(alter > 18) {
      printf("Sie sind volljährig\n");
   }
   else {
      printf("Den Führerschein schon bestanden?\n");
   }
   printf("Bye\n");
   return 0;
}
```

Jetzt haben Sie die einzelnen Bedingungen im Programm optimal gestellt. Wird z. B. für das Alter der Wert 16 eingegeben, führt das Programm den entsprechenden Anweisungsblock aus. Danach folgen keine weiteren Überprüfungen. Wird hingegen für das Alter der Wert 20 genannt, ersparen Sie sich wenigstens die letzte Überprüfung, ob das Alter gleich 18 ist, und der entsprechende Anweisungsblock wird ausgeführt. Trifft keine dieser Bedingungen zu, wird der `else`-Anweisungsblock ausgeführt. Für das bessere Verständnis zeigt Abbildung 8.5 einen Programmablaufplan zu diesem Listing.

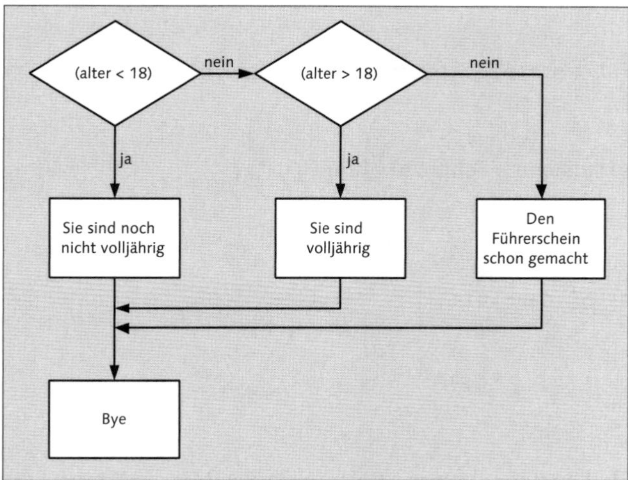

Abbildung 8.5 Programmablaufplan zum Listing

Häufig wird der Fehler gemacht, hinter eine Bedingungsanweisung ein Semikolon zu setzen:

```
else if(alter > 18);    //Fehler (das Semikolon)
   {
      printf("Sie sind volljährig\n");
   }
```

Der Compiler wird Ihnen in solchen Fällen die Fehlermeldung ausgeben, dass `else` hier fehl am Platze ist. Denn einer `else`-Verzweigung muss immer ein `if` bzw. `else if` vorausgehen. Sie können probeweise im Listing hinter der `else`-Verzweigung ein Semikolon setzen. Das Programm wird dann immer ausgeben, dass die Variable gleich 18 ist. Dies wird zusätzlich ausgegeben, auch wenn eine der vorangegangenen Bedingungen bereits wahr gewesen ist.

Es ist auch möglich, mehrere Anweisungen bzw. Anweisungsblöcke ineinander zu verschachteln. Das heißt, eine Anweisung mit Anweisungsblock steht innerhalb einer Anweisung mit Anweisungsblock. Ein Beispiel:

```
/* if5.c */
#include <stdio.h>
```

```
int main(void) {
   unsigned int alter;

   printf("Wie alt sind Sie: ");
   scanf("%u", &alter);

   if(alter <= 18) {
      if(alter == 18) {
         printf("Den Führerschein schon bestanden?\n");
      }
      else {
         printf("Sie sind noch nicht volljährig\n");
      }
   }
   else {
      printf("Sie sind volljährig\n");
   }
   printf("Bye\n");
   return 0;
}
```

Das Listing bewirkt das Gleiche wie schon das Beispiel zuvor. Mit der Anweisung

```
if(alter <= 18)
```

wird überprüft, ob `alter` kleiner oder gleich 18 ist. Sollte das der Fall sein, verzweigt das Programm weiter in den Anweisungsblock mit der Abfrage, ob `alter` gleich 18 ist. Wenn nicht, ist `alter` kleiner als 18. Sollte die Zahl aber größer als 18 sein, geht es gleich zur `else`-Verzweigung weiter.

Wie Sie die Anweisungsblöcke anordnen, bleibt Ihnen letztlich selbst überlassen. Sehen Sie sich dennoch einmal folgendes (Negativ-)Beispiel an:

```
/* if6.c */
#include <stdio.h>

int main(void) {
   unsigned int alter;
   printf("Wie alt sind Sie: ");
   scanf("%u", &alter);

   if(alter <= 18){
   if(alter == 18){
   printf("Den Führerschein schon bestanden?\n");}
   else{
```

```
      printf("Sie sind noch nicht volljährig\n");
     }}
   else{printf("Sie sind volljährig\n");}
   printf("Bye\n");
   return 0;
}
```

Das Programm ist zwar nicht falsch, aber dennoch etwas unübersichtlich.

8.4 Der !-Operator (logischer Operator)

Den logischen `!`-Operator (NOT-Operator) haben Sie eben schon kennengelernt. Dieser Operator wird oft falsch verstanden, weswegen ihm ein eigenes Kapitel gewidmet ist. Der `!`-Operator ist ein unärer Operator und kann einen Wert bzw. eine Bedingung negieren. Dies bedeutet, er kann aus »wahr« »falsch« machen und umgekehrt. Dazu ein Programmbeispiel:

```
/* logic_not1.c */
#include <stdio.h>

int main(void) {
   int checknummer;

   printf("Bitte geben Sie Ihren Code-Schlüssel ein: ");
   scanf("%d", &checknummer);

   if( ! (checknummer == 4711) ) {
      printf("Error - Falscher Code-Schlüssel \n");
   }
   else {
      printf("Success -  Login erfolgreich \n");
    }
   return 0;
}
```

Zur Erklärung der `if`-Bedingung im Programm:

```
if( !(checknummer == 4711) )
```

Hier wird der Ausdruck zwischen den Klammern geprüft. Das bedeutet, der `!`-Operator überprüft den Wert in der Klammer und gibt 1 (wahr) zurück, falls der Wert in der Klammer nicht 4711 ist. Ist der Wert aber gleich 4711, dann wird 0 (falsch) zurückgegeben. Das Programm fährt daraufhin mit der `else`-Verzweigung fort und gibt aus, dass Sie die richtige Zahl eingegeben haben.

Tabelle 8.2 zeigt die verschiedenen Verwendungsmöglichkeiten.

Anweisung	==	Anweisung
`if(a != 0)`	gleich	`if(a)`
`if(a == 0)`	gleich	`if(!a)`
`if(a > b)`	gleich	`if(! (a <= b) )`
`if( (a-b) == 0)`	gleich	`if(! (a-b) )`

Tabelle 8.2 Darstellung von Wahrheitswerten

Hier sehen Sie ein weiteres Programmbeispiel zur Verdeutlichung:

```
/* logic_not2.c */
#include <stdio.h>


int main(void) {
   int zahl1, zahl2;

   printf("Bitte Zahl 1 eingeben: ");
   scanf("%d", &zahl1);
   printf("Bitte Zahl 2 eingeben: ");
   scanf("%d", &zahl2);

   if(!zahl1)
      printf("Error: Der Wert ist gleich 0!! \n");
   else if(!zahl2)
      printf("Error: Der Wert ist gleich 0!! \n");
   else
      printf("%d/%d = %f \n", zahl1, zahl2, (float) zahl1/zahl2);
   return 0;
}
```

Sie vermeiden mit diesem Programm eine Division durch 0. Sollte also keine der beiden Zahlen dem Wert 0 entsprechen, wird mit `(float) zahl1/zahl2` eine Division durchgeführt. Sie verwenden hier ein explizites Type-Casting, damit der Wert nach dem Komma nicht einfach abgeschnitten wird.

Hinweis

Als alternative Schreibweise für den logischen `!`-Operator können Sie seit dem C99-Standard auch das Makro `not` verwenden, das in der Headerdatei *<iso646.h>* definiert ist. Die Schreibweise `if( !a )` entspricht somit exakt `if( not a )`.

8.5 Logisches UND (&&) – logisches ODER (||)

Sie haben sicher schon bemerkt, dass es in C viele Operatoren gibt. So ist die Sprache zwar unter Umständen schwerer lesbar, aber auch schneller, vielseitiger und effektiver zu programmieren. Sobald Sie die Operatoren kennengelernt haben, werden Sie diese sehr zu schätzen wissen.

Mit dem logischen ODER-Operator (||) werden Operanden so miteinander verknüpft, dass der Ausdruck »wahr« zurückliefert, wenn mindestens einer der Operanden wahr ist.

```
if( (Bedingung1) || (Bedingung2) )
   /* mindestens eine der Bedingungen ist wahr */
else
   /* keine Bedingung ist wahr */
```

Sehen Sie sich dazu in Abbildung 8.6 den Programmablaufplan des logischen ODER-Operators an.

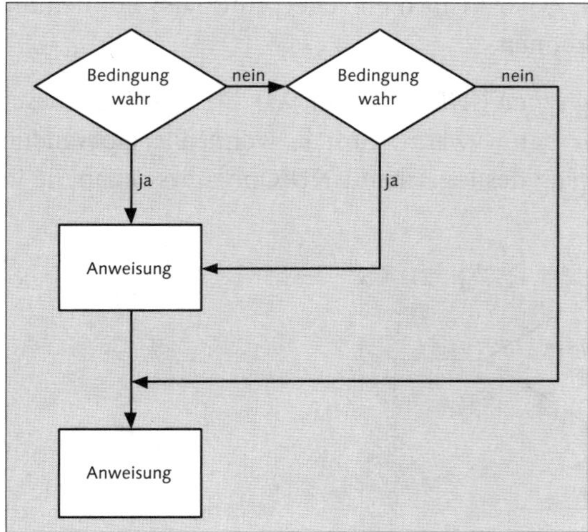

Abbildung 8.6 Der Programmablaufplan des logischen ODER-Operators

Jetzt wird der Operator in dem Programm eingesetzt, das Sie beim logischen NICHT-Operator zuvor verwendet haben:

```
/* logic_or.c */
#include <stdio.h>

int main(void) {
   int zahl1, zahl2;
```

```
   printf("Bitte Zahl 1 eingeben: ");
   scanf("%d", &zahl1);
   printf("Bitte Zahl 2 eingeben: ");
   scanf("%d", &zahl2);

   if( (!zahl1) || (!zahl2) )
      printf("Error: Einer der Werte ist gleich 0!!! \n");
   else
      printf("%d/%d = %f \n", zahl1, zahl2, (float)zahl1/zahl2);
   return 0;
}
```

Die `if`-Konstruktion des Programms sieht so aus:

```
if( (!zahl1) || (!zahl2) )
```

In Worten ausgedrückt, sähe das etwa folgendermaßen aus: Ist der Wert `zahl1` gleich 0 ODER der Wert `zahl2` gleich 0, dann ist die Bedingung wahr, und Sie haben eine 0 eingegeben. Sollte die erste Bedingung (`!zahl1`) schon wahr sein, so wird die zweite Bedingung (`!zahl2`) gar nicht mehr überprüft: Dies können Sie auch am Programmablaufplan erkennen.

Analog verhält es sich mit dem logischen UND-Operator (`&&`). Das Ergebnis dieser verknüpften Operanden gibt nur dann »wahr« zurück, wenn alle Operanden wahr sind. Den Programmablaufplan des logischen UND-Operators sehen Sie in Abbildung 8.7.

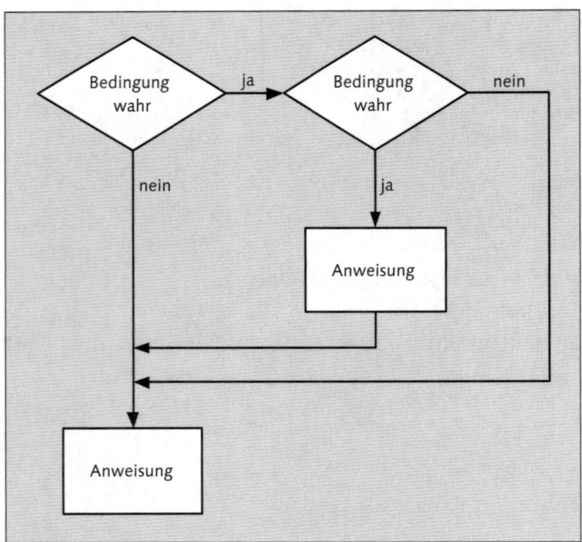

Abbildung 8.7 Programmablaufplan des logischen UND-Operators

Wiederum folgt zur Verdeutlichung ein Programmbeispiel:

```
/* logic_and.c */
#include <stdio.h>

int main(void) {
   int zahl;
   printf("Geben Sie einen Wert zwischen 10 und 20 ein: ");
   scanf("%d", &zahl);

   if( (zahl >= 10) && (zahl <= 20) )
      printf("Danke für die Eingabe! \n");
   else
      printf("Falsche Eingabe! \n");
   return 0;
}
```

In der Zeile

```
if( (zahl >= 10) && (zahl <= 20) )
```

prüfen Sie, ob die eingegebene Zahl einen Wert zwischen 10 und 20 besitzt. In Worten: Ist es wahr, dass die Zahl größer oder gleich 10 ist UND die Zahl auch kleiner gleich 20 ist, dann ist die Bedingung wahr.

Natürlich können Sie mit dem `&&`-Operator und dem `||`-Operator weitere Bedingungen miteinander verknüpfen. Allerdings sollten Sie dabei die Lesbarkeit eines solchen Konstrukts im Auge behalten.

Hinweis

Als alternative Schreibweise für die logischen Operatoren `&&` und `||` können Sie seit dem C99-Standard auch die Makros `and` und `or` verwenden, die beide in der Headerdatei *<iso646.h>* definiert sind.

8.6 Der Bedingungsoperator »?:«

Der Bedingungsoperator `?:` ist ein ternärer Operator (der einzige in ANSI C). Im Prinzip repräsentiert dieser Operator nichts anderes als eine Kurzform der `if else`-Anweisung. Seine Syntax sieht so aus:

```
<BEDINGUNG> ? <ANWEISUNG 1> : <ANWEISUNG 2>
```

Wenn die `BEDINGUNG` wahr ist, wird die `ANWEISUNG1` ausgeführt. Ansonsten wird `ANWEISUNG2` ausgeführt. Der Programmablaufplan ist identisch mit dem der if else-Anweisung. Sie benötigen beispielsweise von zwei Zahlen den höheren Wert? Mit dem Bedingungsoperator ?: könnten Sie folgendermaßen arbeiten:

```
max = (a>b) ?a :b;
```

Diese Schreibweise ist äquivalent zu der folgenden:

```
if(a > b)
   max=a;
else
   max=b;
```

Ein Listing soll das Prinzip verdeutlichen:

```
/* max_val.c */
#include <stdio.h>

int main(void) {
   int a=5,b=10;
   int max;
   max = (a > b) ? a : b;
   printf("Der größte Wert ist %d \n", max);
   return 0;
}
```

Natürlich ist es auch hier möglich, die einzelnen Ausdrücke ineinander zu verschachteln:

```
/* more_max_val.c */
#include <stdio.h>

int main(void) {
   int a=8, b=3, c=76, big;
   printf("Die größte Zahl ist....");
   big = (a>b) ? ((a>c) ?a :c) : ((b>c) ?b :c);
   printf("..%d\n", big);
   return 0;
}
```

Auch hier kann bei mehrfacher Verschachtelung die Übersichtlichkeit und Nachvollziehbarkeit des Programms leiden. Hier wären if else-Anweisungen besser geeignet. Sehen Sie sich folgende Codezeile näher an:

```
big = (a>b) ? ((a>c) ?a :c) : ((b>c) ?b :c);
```

Bevor die Variable big einen Wert zugewiesen bekommt, werden zuerst folgende Bedingungen überprüft: Ist der Wert von a größer als der von b, wird überprüft, ob der Wert von a auch größer als der von c ist. Ist das der Fall, so ist a der größte

Wert. Ist dies nicht der Fall, ist c der größte Wert. Sollte aber in der ersten Bedingung a nicht größer als b sein, so wird überprüft, ob b größer als c ist. Ist b größer als c, haben Sie den größten Wert gefunden. Ist b nicht größer als c, bleibt nur noch c als größte Zahl übrig.

Häufig wird der Bedingungsoperator auch wie folgt verwendet:

```
printf("Bitte geben Sie eine Zahl ein: ");
scanf("%d",&zahl);
printf("Die Zahl, die Sie eingegeben haben, ist ");
(zahl%2) ? printf("ungerade \n") : printf("gerade \n");
```

8.7 Fallunterscheidung: die »switch«-Verzweigung

Was ist zu tun, wenn unterschiedliche Bedingungen mehrere verschiedene Zahlen beachten sollen? Sie könnten entsprechend viele if-Anweisungen verwenden. Aber warum so umständlich, wenn es auch einfacher geht? Für solche Aufgaben gibt es die Fallunterscheidung mit switch, was auf Deutsch so viel wie »Schalter« heißt. Die Syntax von switch sieht so aus:

```
switch(AUSDRUCK) {
     AUSDRUCK_1 : anweisung_1
     AUSDRUCK_2 : anweisung_2
     AUSDRUCK_3 : anweisung_3
     ...
     AUSDRUCK_n : anweisung_n
  }
```

Der AUSDRUCK in den Klammern nach switch wird im darauf folgenden Anweisungsblock ausgewertet. Sollte der AUSDRUCK==AUSDRUCK_1 sein, so wird anweisung_1 ausgeführt. Sollte aber AUSDRUCK==AUSDRUCK_2 sein, so wird die anweisung_2 ausgeführt usw. Hier ist ein Programm, das Sie nach den Zahlen 1–5 fragt:

```
/* switch1.c */
#include <stdio.h>

int main(void) {
   int a;
   printf("Bitte eine Zahl von 1-5 eingeben: ");
   scanf("%d", &a);

   switch(a) {
      case 1: printf("Das war eins \n");
              break;
```

```
      case 2: printf("Das war zwei \n");
              break;
      case 3: printf("Das war drei \n");
              break;
      case 4: printf("Das war vier \n");
              break;
      case 5: printf("Das war fünf \n");
              break;
      }     /* Ende switch */
   return 0;
}
```

Nach der Eingabe einer Zahl wird diese im Schalter ausgewertet mit:

```
switch(a)
```

Die Auswertung steht wieder in einem Anweisungsblock in geschweiften Klammern. Zuerst wird

```
case 1: printf("Das war eins \n");
```

ausgewertet. `case` heißt auf Deutsch »Fall«. Zuerst wird geprüft, ob der Fall, der in `switch(a)` steht, zutrifft (also hier, ob `a==1`). Wenn ja, wird das Programm den entsprechenden Text ausgeben.

```
break;
```

Die `break`-Anweisung am Ende eines jeden Falls bedeutet: Ab hier springt das Programm aus dem Anweisungsblock heraus und setzt seine Ausführung nach dem `switch`-Anweisungsblock fort. In unserem Fall endet das Programm dann bereits. Wenn `break` nicht nach jedem Fall angegeben wird, wird der nächste Fall auch ausgegeben. Sehen Sie sich einen Programmablaufplan dazu an (siehe Abbildung 8.8).

Das Weglassen von `break` kann aber durchaus gewollt sein. Dies hat den Vorteil, dass Sie in gewisser Weise auf mehrere Fälle gleichartig reagieren können. Das obige Programm wird leicht abgewandelt:

```
/* switch2.c */
#include <stdio.h>

int main(void) {
   int a;
   printf("Bitte eine Zahl von 1-5 eingeben: ");
   scanf("%d", &a);
```

```
    switch(a) {
       case 1: printf("Das war eins oder...");
       case 2: printf("...zwei \n");
               break;
       case 3: printf("Das war drei \n");
               break;
       case 4: printf("Das war vier...");
       case 5: printf("...oder fünf \n");
               break;
       }      /* Ende switch */
    return 0;
}
```

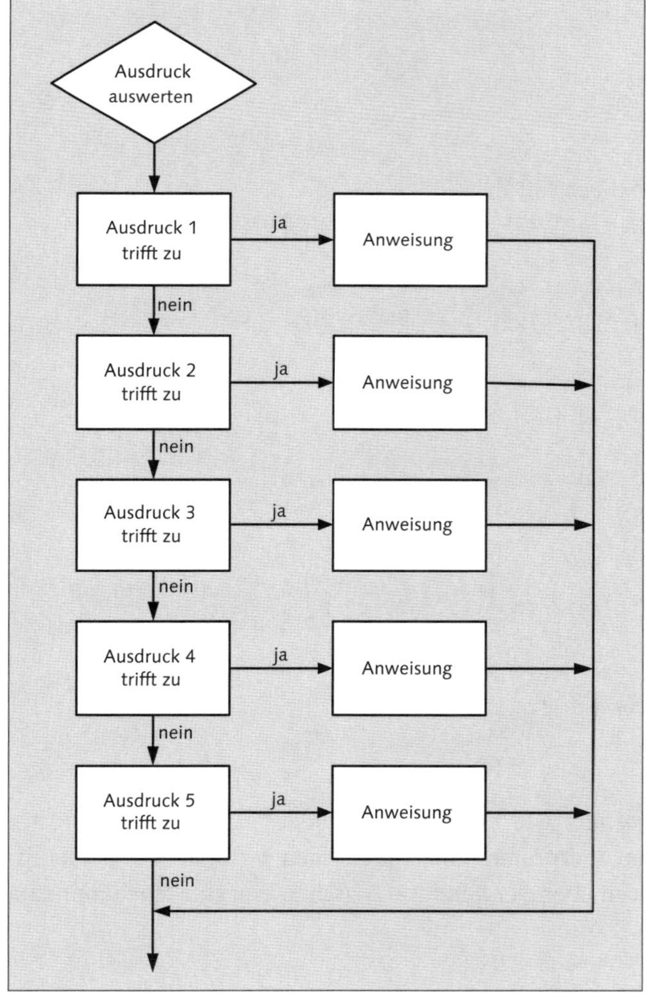

Abbildung 8.8 Programmablaufplan zur »switch«-Fallunterscheidung

Geben Sie in diesem Programm beispielsweise den Wert 4 für die Variable a ein, so trifft sowohl der Fall case 4 als auch case 5 zu, weil bei der Fallunterscheidung case 4 das break nach der printf()-Ausgabe weggelassen wurde. Ebenso würde sich das Programm verhalten, wenn Sie den Wert 1 eingegeben hätten.

8.7.1 default

Jetzt stellt sich die Frage, was geschieht, wenn Sie einen anderen Wert als 1 bis 5 eingeben. Das Programm einfach ohne eine Meldung zu beenden, ist unschön, denn auch bei falschen Werten sollte eine Reaktion erfolgen. Dafür gibt es das Schlüsselwort default. Testen Sie es gleich in einem Programm:

```
/* switch3.c */
#include <stdio.h>

int main(void) {
   int a,b;
   char opera;
   printf("Grundrechenarten \n");
   printf(" (zahl)(Operator)(zahl) ohne Leerzeichen \n");

   printf("Rechnung bitte eingeben : ");
   scanf("%d%c%d", &a, &opera, &b); /* Bsp.: 10+12 */

   switch(opera) {
      case '+': printf("%d + %d = %d \n",a ,b ,a+b);
                break;
      case '-': printf("%d - %d = %d \n", a, b, a-b);
                break;
      case '*': printf("%d * %d = %d \n", a, b, a*b);
                break;
      case '/': printf("%d / %d = %d \n", a, b, a/b);
                break;
      default: printf("%c? kein Rechenoperator \n", opera);
      }      /* Ende switch */
 return 0;
}
```

Jetzt haben Sie auch gesehen, wie es möglich ist, jedes beliebige darstellbare ASCII-Zeichen mit case zu überprüfen. Einzelne Zeichen werden – wie beim Programm mit den Operatoren eben verwendet – zwischen einzelne Hochkommata gestellt.

Natürlich wäre es auch denkbar, statt

```
case '+': printf("%d + %d = %d \n", a, b, a+b);
```

eben

```
case 43 : printf("%d + %d = %d \n", a, b, a+b);
```

zu verwenden, da ja das Zeichen `'+'` den dezimalen Wert 43 hat (siehe ASCII-Tabelle). Sie könnten auch die Oktalzahl `053` oder die Hexzahl `2B` verwenden. Hier ist die Schreibweise für die Hexzahl von `'+'`:

```
case 0x2B: printf("%d + %d = %d \n", a, b, a+b);
```

Im Programm haben Sie gesehen, wie `default` verwendet wurde:

```
default: printf("'%c' ist kein Rechenoperator \n", opera);
```

Falls Sie keine gültigen Rechenoperatoren eingegeben haben, bekommen Sie eine entsprechende Meldung.

`default` bedeutet hier: *Falls eine passende* `case`*-Verzweigung fehlt, nimm immer das Folgende.* Wenn also keine `case`-Anweisung greift, dann wird der Code-Block nach `default` ausgeführt (man spricht oft vom sogenannten *Default-Verhalten*, wenn der `default`-Block ausgeführt wird). Sie werden in einem späteren Abschnitt (8.9) noch sehen, dass sich die `switch`-Verzweigung hervorragend für den Aufbau eines einfachen Menüs in einer Konsolenanwendung eignet.

8.8 Die »while«-Schleife

Mit Schleifen können Sie Anweisungsblöcke mehrfach hintereinander ausführen lassen. Das Grundgerüst der Schleifenbedingung `while` sieht folgendermaßen aus:

```
while(Bedingung == wahr) {
   /* Abarbeiten von Befehlen, bis Bedingung ungleich wahr */
}
```

Ist die Bedingung, die in den Klammern nach `while` folgt, wahr, so wird der Anweisungsblock in geschwungenen Klammern (oft auch »curly brackets« genannt) ausgeführt. Diese Anweisungen werden so oft ausgeführt, bis die Bedingung in den Klammern falsch, also unwahr ist. Den zugehörigen Programmablaufplan sehen Sie in Abbildung 8.9.

Üblicherweise läuft die `while`-Schleife in drei Schritten ab:

- *Initialisierung* – Die Schleifenvariable bekommt einen Wert.
- *Bedingung* – Die Schleifenvariable wird daraufhin überprüft, ob eine bestimmte Bedingung bereits erfüllt ist.
- *Reinitialisieren* – Die Schleifenvariable erhält einen anderen Wert.

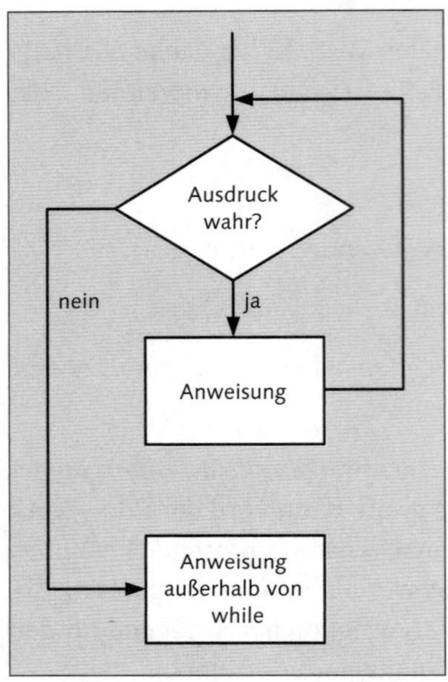

Abbildung 8.9 Programmablaufplan der »while«-Schleife

In der Praxis sieht dies etwa so aus:

```
int var=0;           // Initialisieren
while(var < 10) {    // Solange var kleiner als 10 - Bedingung
      // weitere Anweisungen
      var++;         // Reinitialisieren
   }
```

Jetzt folgt ein Listing mit einer `while`-Schleife:

```
/* while1.c */
#include <stdio.h>

int main(void) {
   int zahl=1, tmp=0;

   while(zahl <= 10) {
      tmp=tmp+zahl;
      printf("%d+",zahl++);      /* Zahl + 1 */
   }
```

```
   printf("\b = %d\n",tmp);
   return 0;
}
```

Das Programm führt die `while`-Schleife so lange aus, bis die Variable `zahl` kleiner oder gleich 10 ist. Hier ein kurzer Durchgang des Programms Schritt für Schritt:

```
while(zahl<=10)
```

Ist die Zahl kleiner oder gleich 10? Die Zahl hat den Wert 1, also wird in den Anweisungsblock gesprungen. Hier wird zuerst die Addition `tmp=tmp+zahl` durchgeführt. Somit ist der Wert von `tmp` 1. Jetzt wird die Variable `zahl` um 1 erhöht (`zahl++`). Der `while`-Anweisungsblock endet, und das Programm springt zurück zum Anfang der `while`-Anweisung. Es erfolgt eine erneute Überprüfung daraufhin, ob die Zahl immer noch kleiner oder gleich 10 ist. Da sie jetzt den Wert 2 hat, geht es wie vorher schon im Anweisungsblock weiter. Das wird so lange wiederholt, bis `zahl` den Wert 11 erreicht hat. Denn dann ist die Bedingung, ob `zahl` kleiner oder gleich 10 ist, falsch (unwahr). Das Programm läuft nach dem `while`-Anweisungsblock weiter und gibt das Ergebnis 55 aus.

8.8.1 Endlosschleife (»while«)

Die `while`-Schleife wird oft absichtlich in Form einer Endlosschleife implementiert. Für das Beenden einer Endlosschleife sorgt dann nicht die Schleifenbedingung, sondern das Schlüsselwort `break`. Mit der `break`-Anweisung können Sie die Schleife jederzeit verlassen. Hier sehen Sie ein Beispiel für eine Endlosschleife:

```
/* while2.c */
#include <stdio.h>

int main(void) {
   int zahl, summe=0;
   printf("Summenberechnung\nBeenden der Eingabe mit 0 \n");

   while(1) {     /* Endlosschleife, denn: 1 ist immer wahr */
      printf("Bitte Wert eingeben > ");
      scanf("%d", &zahl);
      if(zahl == 0)     /*  Haben wir 0 eingegeben ...?   */
         break;         /* ... dann raus aus der Schleife */
      else
         summe+=zahl;
   }
   printf("Die Summe aller Werte beträgt: %d\n", summe);
   return 0;
}
```

Die Zeile

```
while(1)
```

verkörpert die Endlosschleife. Der Inhalt dieser Schleife ist immer wahr, da Sie hier den Wert 1 haben. Sie könnten dort jede beliebige Zahl außer 0 hinschreiben. Sie haben in den vorangegangenen Kapiteln gesehen, dass 1 (und alle anderen Werte ungleich 0) für »wahr« (true) und 0 für »unwahr« (false) steht.

Zurück zu dem Programm. Sie werden so lange aufgefordert, eine Zahl einzugeben, bis Sie den Wert 0 verwenden:

```
if(zahl == 0)     /* Falls 0 eingegeben wurde ... */
   break;         /* ... dann Schleife verlassen  */
```

Hat die Variable `zahl` den Wert 0, wird mit der Anweisung `break` aus dem Anweisungsblock herausgesprungen.

8.8.2 Fehlervermeidung bei »while«-Schleifen

Natürlich können Sie mit Schleifen auch diverse Fehler machen. Im Folgenden sollen daher einige häufig auftretende Fehler angesprochen werden.

Schließen Sie eine Schleife niemals mit einem Semikolon ab. Folgendes Beispiel erzeugt ungewollt eine Endlosschleife:

```
int x=0;
while(x > 10); /* Fehler durch Semikolon am Ende */
   {
      printf("Der Wert von x beträgt %d\n", x);
      x++;
   }
```

Die Variable `x` wird niemals im Anweisungsblock inkrementiert werden, da die `while`-Schleife nichts anderes tut, als ständig die Bedingung zu prüfen, ob `x` größer als 10 ist.

Vermeiden Sie außerdem – wenn möglich – **Überprüfungen auf Gleichheit** in den Schleifen:

```
int x=2;
while(x == 10) {
   printf("Der Wert von x beträgt %d \n", x);
   x*=x;
}
```

Die Bedingung der while-Schleife wird nie erfüllt. Verwenden Sie in einem solchen Fall besser die Überprüfung auf kleiner oder gleich, etwa wie folgt:

```
while(x <= 10)
```

Eine weitere **Fehlerquelle** können die **logischen Operatoren** in der while-Schleife darstellen, wie das folgende Programmbeispiel verdeutlicht:

```
/* while3.c */
#include <stdio.h>

int main(void) {
   int zahl1=0, zahl2=0;
   while((zahl1++ < 5) || (zahl2++ < 5) )
      printf("Wert von zahl1: %d zahl2: %d \n ", zahl1, zahl2);
   return 0;
}
```

Da hier der erste Ausdruck fünfmal wahr ist, wird wegen des logischen ODER-Operators der zweite Ausdruck nicht ausgewertet. Erst dann, wenn der erste Ausdruck unwahr, also 5 ist, wird der zweite Ausdruck fünfmal durchlaufen. Als Nebeneffekt wird aber gleichzeitig der erste Ausdruck bei jedem Schleifendurchlauf inkrementiert. Und so kommt es, dass die Variable zahl1 am Ende den Wert 10 hat, statt 5 wie ursprünglich beabsichtigt.

8.9 Die »do while«-Schleife

Die Schleife do while verhält sich wie die while-Schleife, nur dass die Bedingung am Ende des Anweisungsblocks überprüft wird. Hier die Syntax:

```
do {
      /* Anweisungen */
} while(BEDINGUNG == wahr);
```

Der Anweisungsblock wird mit dem Schlüsselwort do eingeleitet. Im Block werden dann Anweisungen ausgeführt. Am Ende des Anweisungsblocks steht der bereits bekannte Ausdruck while, bei dem überprüft wird, ob die angegebene Bedingung wahr ist. Ist die Bedingung wahr, wird der Anweisungsblock erneut ausgeführt, und es beginnt wieder bei do. Wenn die Bedingung unwahr ist, geht es hinter der while-Bedingung weiter.

Achten Sie auch darauf, dass Sie die do while-Schleife am Ende von while mit einem Semikolon abschließen. Das Semikolon zu vergessen, ist ein häufig gemachter Fehler. Abbildung 8.10 zeigt den Programmablaufplan zur `do while`-Schleife.

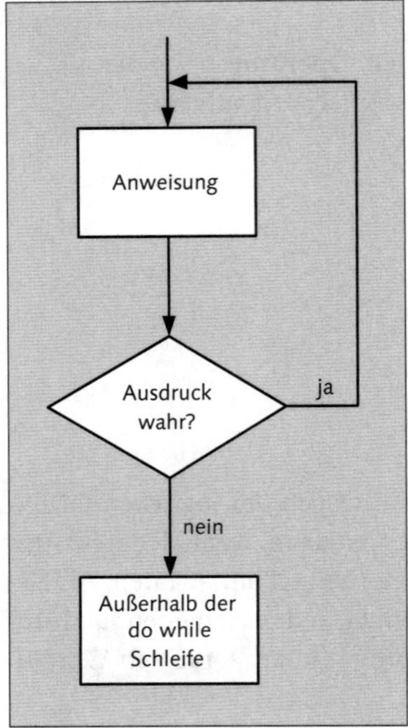

Abbildung 8.10 Programmablaufplan der »do while«-Schleife

Zur Veranschaulichung sehen Sie hier ein weiteres Listing:

```
/* do_while1.c */
#include <stdio.h>
#include <stdlib.h>  /* für die Bibliotheksfunktion rand() */

int main(void) {
   int ratezahl, count=0, erraten=0;
   int zufall = rand() % 10; /* Pseudo-Zufallszahl von 1-10 */

   do {
      printf("Zahleingabe bitte (1-10): ");
      scanf("%d", &ratezahl);
      if(ratezahl==zufall) {  /* Zahl richtig geraten ... ? */
         erraten=1;           /* Ja, die Zahl ist richtig   */
         count++;
      }
      else {
         (ratezahl > zufall) ?
```

```
            printf("kleiner\n") : printf("grösser\n");
         count++;
      }
   } while( (erraten != 1) && (count != 3) );

   if(erraten == 0) {
      printf("Sie haben 3 Chancen vertan ;) \n");
      printf("Die Zahl wäre %d gewesen: \n", zufall);
   }
   else
      printf("Mit %d Versuchen erraten!\n",count);
   return 0;
}
```

In diesem Programm wird die Headerdatei

```
#include<stdlib.h>
```

für die Funktion

```
rand() % 10;
```

verwendet, womit eine (Pseudo-)Zufallszahl zwischen 1 und 10 erzeugt wurde, deren Wert Sie an die Variable `zufall` übergeben.

Die `do while`-Schleife wird so lange wiederholt, bis die beiden Ausdrücke in `while` wahr sind:

```
while( (erraten != 1) && (count != 3) );
```

Die Bedingung für das Spiel lautet also: Sie haben maximal 3 Versuche (`count != 3`), in denen Sie die Zahl erraten müssen. Solange Sie die Variable von `erraten` auf dem Wert 0 UND den Zähler für die Versuche `count` noch nicht auf 3 stehen haben, beginnt der Anweisungsblock wieder von Neuem. Ist eine dieser Bedingungen unwahr, haben Sie entweder die Zahl erraten oder mehr als drei Versuche benötigt. Dies wird anschließend nach dem Anweisungsblock ausgewertet.

Aber warum lassen Sie nicht den Computer eine Zahl raten, die Sie sich ausgedacht haben? »Künstliche Intelligenz« und »zu kompliziert« denken Sie? Solch ein Spiel lässt sich einfacher realisieren, als Sie glauben. Hier ist das Spiel andersherum:

```
/* do_while2.c */
#include <stdio.h>

int main(void) {
   char response;
```

```
   printf("Denk Dir eine Nummer zwischen 1 und 100 aus.\n");
   printf("Das errate ich in 7 oder weniger Versuchen \n\n");
   do {
      int lo = 1, hi = 100;
      int guess;
      while (lo <= hi) {
         guess = (lo + hi) / 2;
         printf("Ist es %d ",guess);
         printf(" ((h)oeher/(n)iedriger/(j)a): ");
         fflush(stdout);
         scanf("%c%*c",&response);

         if (response == 'h')
            lo = guess + 1;
         else if (response == 'n')
            hi = guess - 1;
         else if (response != 'j')
            printf("Erraten ... :-)");
         else
            break;
      }
      /* Resultat ausgeben */
      if (lo > hi)
         printf("Du schummelst!\n");
      else
         printf("Deine Nummer lautet: %d\n",guess);
      printf("Noch ein Spiel (j)a/nein : ");
      fflush(stdout);
      scanf("%c%*c",&response);
   } while( response == 'j' );
   return 0;
}
```

Der Computer errät dabei Ihre Zahl immer in maximal sieben Versuchen. Verwendet wird dabei ein sogenanntes »Teile und herrsche«-Prinzip. Die Variable `guess` erhält durch die Berechnung `(lo+hi)/2` zuerst den Wert 50. Ist die von Ihnen gesuchte Zahl jetzt höher, erhält die Variable `lo` einen neuen Wert mit `guess+1`, also 51. Somit beginnt das Teilen und Herrschen von Neuem mit `(lo+hi)/2`, in Zahlen: (51+100)/2, also 75. Ist jetzt die gesuchte Zahl niedriger, bekommt `hi` einen neuen Wert mit `guess-1`. Es ergibt sich beim nächsten Schleifendurchlauf `(lo+hi)/2`, in Zahlen: (51+74)/2, also 62. Und so weiter, bis die Zahl erraten wurde. Auf dieses »Teile-und-herrsche-Prinzip« werden Sie noch einige Male in diesem Buch stoßen.

Ein weiteres praktisches Anwendungsbeispiel der `do while`-Schleife ist ein Benutzermenü für die Konsole:

```
/* do_while3.c */
#include <stdio.h>

int main(void) {
   int auswahl;

   do {
      printf("-1- Auswahl1\n");
      printf("-2- Auswahl2\n");
      printf("-3- Auswahl3\n");
      printf("-4- Programmende \n\n");
      printf("\n\n Ihre Auswahl: ");
      scanf("%d", &auswahl);
      switch(auswahl) {
         case 1  :  printf("\n Das war Auswahl 1 \n"); break;
         case 2  :  printf("\n Das war Auswahl 2 \n"); break;
         case 3  :  printf("\n Das war Auswahl 3 \n"); break;
         case 4  :  printf("\n Programmende \n");      break;
         default :  printf("\n Unbekannte Auswahl \n");
      }
   } while(auswahl!=4);
   return 0;
}
```

Meist stellt sich nach einem solchen Menübeispiel die Frage, wie der Bildschirm gelöscht werden kann. In ANSI C ist aber keine Funktion dafür vorgesehen. Das bedeutet, dass es von Compiler und Betriebssystem abhängt, ob eine (nicht standardisierte) Funktion hierfür existiert. Wenn Sie eine solche verwenden wollen, halten Sie Ausschau nach Funktionen wie `clrscr()` für Microsoft Windows oder nach der Bibliothek *<ncurses.h>* für Linux/UNIX.

8.10 Die »for«-Schleife

Mit der `for`-Schleife können Sie – wie schon mit der `while`-Schleife – Anweisungsblöcke mehrfach hintereinander ausführen. Der Unterschied ist jedoch, dass bei der `for`-Schleife die Initialisierung, die Bedingung und die Reinitialisierung der Schleifenvariable schon in der `for`-Anweisung erfolgen. Die Syntax zur `for`-Schleife:

```
for(Initialisierung; Bedingung; Reinitialisierung) {
   /* Anweisungen */
}
```

Beim Ablauf der for-Schleife wird in der Regel zuerst die Schleifenvariable initialisiert. Dies geschieht aber nur einmal, unabhängig davon, wie oft sich die Schleife wiederholt. Danach findet typischerweise eine Bedingungsüberprüfung statt. Ergibt diese »wahr«, geht die Ausführung im Anweisungsblock mit weiteren Anweisungen weiter.

Hat der Anweisungsblock alle Anweisungen ausgeführt, wird die Reinitialisierung der Schleifenvariable ausgeführt. Dann wird erneut die Schleifen-Bedingung überprüft, und alles beginnt von vorn. Die for-Schleife wird beendet, wenn die Schleifenbedingung nicht mehr wahr ist.

Die Arbeitsweise einer for-Schleife lässt sich gut anhand des folgenden Beispiels demonstrieren:

```
/* for1.c */
#include <stdio.h>

int main(void) {
   int i;
   for(i=1; i <= 5; i++)
      printf("for(i=1; %d <= 5; %d++) \n", i, i);
   return 0;
}
```

Das Programm zeigt jeweils den aktuellen Variableninhalt von i in der for-Schleife. Wie Sie in diesem Beispiel gesehen haben, kann auch bei den Schleifen der Anweisungsblock mit den geschweiften Klammern weggelassen werden, wenn dieser nur aus einer Anweisung besteht. Der Programmablaufplan der for-Schleife ist in Abbildung 8.11 dargestellt.

Mit for-Schleifen lassen sich aber nicht nur Schleifen zum Dekrementieren (--) bzw. Inkrementieren (++) realisieren. Sie können in der for-Schleife auch weitere Rechenoperationen vornehmen. Hier sehen Sie ein Programm, das immer die letzte Dezimalstelle eines Werts abschneidet. Die Ergebniszahl soll danach spiegelverkehrt ausgegeben werden:

```
/* for2.c */
#include <stdio.h>

int main(void) {
   int zahl;
```

```
    for(zahl=1234; zahl >= 1; zahl/=10)
       printf("%d", zahl%10);
    printf("\n");
    return 0;
}
```

Typische Fehler bei der Verwendung einer »for«-Schleife

- Ein häufiger Fehler ist, das Semikolon zwischen der Initialisierung, der Bedingung und der Reinitialisierung der Schleifenvariable zu vergessen.

  ```
  for(i=1 i<=5 i++)    /* korrekt-> */      for(i=1; i<=5; i++)
  ```

- Natürlich sollten Sie auch nicht den Fehler machen, am Ende der Schleife ein Semikolon zu setzen; außer es ist gewollt.

  ```
  for(i=1; i<=5; i++);  /* korrekt-> */  for(i=1; i<=5; i++){  }
  ```

- Und das Wichtigste ist, für die richtige Abbruchbedingung zu sorgen, da sonst das Programm die `for`-Schleife nicht mehr verlässt. Man spricht dann von einer Endlosschleife.

  ```
  for(i=2; i!=5; i+=2)   /* korrekt-> */   for(i=2; i<=5; i+=2)
  ```

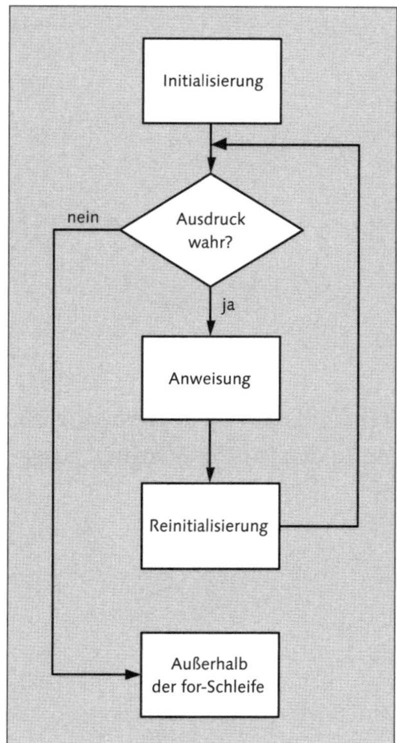

Abbildung 8.11 Programmablaufplan der »for«-Schleife

8.10.1 Einsatzmöglichkeiten der »for«-Schleife

Als Anregung und Übung zeige ich Ihnen im Anschluss 10 verschiedene Möglichkeiten der Verwendung einer for-Schleife.

1. Möglichkeit

```
/* for3.c */
#include <stdio.h>

int main(void) {
   int sek;

   for(sek = 5; sek > 0; sek--)
      printf("%d Sekunden!\n", sek);
   printf("Die Zeit ist abgelaufen! \n");
   return 0;
}
```

Hier benutzen Sie den Dekrement-Operator zum Rückwärtszählen. Die Schleife zählt so lange rückwärts, bis der Wert sek gleich 0 ist.

2. Möglichkeit

```
/* for4.c */
#include <stdio.h>

int main(void) {
   int n;
   for(n = 0; n <= 60; n = n + 10)
      printf("%d\n",n);
   return 0;
}
```

Sie können innerhalb der Schleife nicht nur inkrementieren und dekrementieren, sondern auch rechnen. In diesem Fall werden die Zahlen in 10er-Schritten ausgegeben – von 0 bis 60.

3. Möglichkeit

```
/* for5.c */
#include <stdio.h>

int main(void) {
   char ch;
```

```
   for(ch = 'A'; ch <= 'Z'; ch++)
      printf("%c, ", ch);
   printf("\n");
   return 0;
}
```

Diese Möglichkeit funktioniert auch sehr gut mit dem Datentyp `char`. Dann wird das Alphabet in Großbuchstaben ausgegeben.

4. Möglichkeit

```
/* for6.c */
#include <stdio.h>

int main(void) {
   int cube;

   for(cube = 1; cube * cube * cube <= 216; cube++)
      printf("n=%d Volumen : %d \n", cube, cube*cube*cube);
   return 0;
}
```

Als Abbruchbedingung können Sie ebenso eine Berechnung verwenden. In diesem Fall soll das Volumen eines Würfels bis zur Größe von maximal 216 berechnet werden. Die Abbruchbedingung ist also erreicht, wenn `cube` bis 7 hochgezählt wurde, da 7*7*7 größer ist als 216.

5. Möglichkeit

```
/* for7.c */
#include <stdio.h>
int main(void) {
   double zs;
   for(zs = 100.0; zs < 150.0; zs = zs * 1.1)
      printf("%.2f\n", zs);
   return 0;
}
```

Bei dieser Möglichkeit werden immer 10 % vom jeweiligen Gesamtwert berechnet. Sie haben zum Beispiel 100 € auf der Bank und bekommen darauf 10 % Zinsen im Jahr. Sie wollen wissen, nach wie vielen Jahren der Betrag in die Nähe von 150 € kommt.

6. Möglichkeit

```
/* for8.c */
#include <stdio.h>

int main(void) {
   int x,y=50;
   for(x = 0; y <= 75; y = (++x*5) + 50)
      printf("%d\n", y);
   return 0;
}
```

Diese etwas komplex anmutende Schleife tut nichts anderes, als einen Wert in 5er-Schritten von 50–75 auszugeben. Zuerst wird in den Klammern (`x*5`) berechnet und anschließend 50 addiert. Da `x` sich bei jedem Durchlauf um den Wert 1 erhöht und mit 5 multipliziert wird, ergeben sich Werte in 5er-Sprüngen.

7. Möglichkeit

```
/* for9.c */
#include <stdio.h>

int main(void) {
   int x = 2, y;

   for(y=2; x<20;) {
         x = x * y;
         printf("%d\n", x++);
   }
   return 0;
}
```

Sie sehen hier, dass nicht unbedingt alle Variablen einer `for`-Schleife deklariert werden müssen. Lediglich die beiden Semikolons müssen immer in der `for`-Schleife stehen.

8. Möglichkeit

```
/* for10.c */
#include <stdio.h>

int main(void) {
   for(;;)
      printf("Endlosschleife!!\n");
   return 0;
}
```

Hier ein Beispiel, bei dem überhaupt nichts in der for-Schleife steht. Wenn Sie dieses Programm ausführen, wird so lange der String Endlosschleife auf dem Bildschirm ausgegeben, bis Sie das Programm selbst *gewaltsam* abbrechen. Die Schreibweise for(;;) ist gleichwertig mit while(1). Beides sind Formen von Endlosschleifen.

9. Möglichkeit

```
/* for11.c */
#include <stdio.h>

int main(void) {
   int n;

   for( printf("Bitte eine Zahl eingeben: "); n!=5; )
      scanf("%d", &n);
   printf("Diese Zahl wollte ich\n");
   return 0;
}
```

Hier benutzen Sie die for-Schleife zur Abfrage einer Zahl. Die Schleife wird beendet, wenn Sie die Zahl 5 eingeben.

10. Möglichkeit

```
/* for12.c */
#include <stdio.h>

int main(void) {
   int n1, n2;

   for(n1 = 1, n2 = 2; n1 <= 10; n1++)
      printf("%d\n",n1*n2);
   return 0;
}
```

Es ist auch möglich, mehrere Werte innerhalb einer for-Schleife zu initialisieren.

Natürlich war dies nur eine Auswahl von Verwendungsmöglichkeiten einer for-Schleife. Der Abschnitt sollte jedoch zeigen, wie flexibel sich for-Schleifen verwenden lassen.

8.11 Kontrollierte Sprünge

Es gibt vier Möglichkeiten, eine Ablaufstruktur (wie etwa Schleifen, Funktionen, Bedingungen oder gar das Programm) unmittelbar zu verlassen. Über sie kann aber nicht in eine bestimmte Anweisung verzweigt werden, sondern lediglich zur nächsten Ablaufstruktur.

- `continue` – damit beenden Sie bei Schleifen nur den aktuellen Schleifendurchlauf.
- `break` – beendet die Schleife oder eine Fallunterscheidung. Befindet sich `break` in mehreren geschachtelten Schleifen, wird nur die innerste verlassen.
- `exit` – beendet das komplette Programm.
- `return` – beendet die Iteration und die Funktion, in der `return` aufgerufen wird. Im Fall der `main()`-Funktion würde dies das Ende des Programms bedeuten.

Es sei angemerkt, dass `exit` und `return` keine schleifentypischen Anweisungen sind – im Gegensatz zu `break` und `continue`. Auf `continue` und `break` gehe ich jetzt noch etwas genauer ein.

8.11.1 continue

Die `continue`-Anweisung beendet nur die aktuelle Schleifenausführung. Das bedeutet, dass ab dem Aufruf von `continue` im Anweisungsblock der Schleife alle anderen Anweisungen übersprungen werden und die Programmausführung zur Schleife mit der nächsten Ausführung zurückspringt:

```
/* continue1.c */
#include <stdio.h>

int main(void) {
   int i;

   for(i = 1; i <= 20; i++) {
     if(i % 2)         /* Rest bedeutet ungerade Zahl. */
        continue;      /* printf überspringen         */
     printf("%d ", i);
   }
   printf("\n");
   return 0;
}
```

Bei diesem Beispiel überprüfen Sie, ob es sich bei der Variable `i` um eine ungerade Zahl handelt. In diesem Fall wird die `continue`-Anweisung ausgeführt. Die printf-Anweisung wird dabei übersprungen, und es geht zum nächsten Schleifendurchlauf. Die Ausgabe des Programms bestätigt Ihnen, dass nur die geraden Zahlen *durchkommen*. So konnten Sie sich mit continue praktisch eine else-Anweisung sparen.

Bitte achten Sie bei continue auf die folgenden eventuell ungünstigen Seiteneffekte:

```
/* continue2.c */
#include <stdio.h>

int main(void) {
   int i=2;
   while(i <= 10) {
      if(i % 2)          /* Rest bedeutet ungerade Zahl. */
         continue;       /* printf überspringen         */
      printf("%d ", i);
      i++;
   }
   return 0;
}
```

Dieses Programm hätte dasselbe ausführen sollen wie schon das Programmbeispiel zuvor – mit dem Unterschied, dass es sich hier um eine Endlosschleife handelt. Denn sobald

```
if(i % 2)
```

wahr ist, also der Wert ungerade ist, springt das Programm wieder zum Schleifenanfang. Die Iteration (i++) wird danach nie mehr ausgeführt, da sich der Wert der Variable i nicht mehr ändern kann und somit immer ungerade bleibt.

8.11.2 break

Bisher haben Sie die break-Anweisung nur bei der switch case-Verzweigung verwendet. Mit break können aber auch Schleifen vorzeitig beendet werden. Allerdings sollte dies nur ausnahmsweise erfolgen. Denn im Regelfall sollten Sie eine Schleife immer mit einer Bedingung beenden.

Achtung

Häufig wird der Fehler gemacht, break in einer verschachtelten Schleife zu setzen. Wenn break in der innersten Schleife verwendet wird, wird auch nur diese Schleife abgebrochen.

8.12 Direkte Sprünge mit »goto«

Ich habe mir lange überlegt, ob ich goto überhaupt in diesem Buch erwähnen soll, da die Verwendung von goto gemeinhin als sehr schlechter Stil angesehen wird und Sie diesen Befehl nach Möglichkeit nicht benutzen sollten. Da ich aber ein möglichst vollständiges Werk zur Sprache C vorlegen wollte, habe ich das goto-Thema als Ergänzung hinzugefügt.

Der goto-Sprungbefehl gilt heute bei vielen Programmierern als verpönt. Die Geschichte von goto begann damit, dass es für die Programmiersprache C keine genauen Zeilennummern wie in anderen Programmiersprachen gab. Mit der goto-Label-Anweisung konnte man ein genaues Sprungziel festlegen. Es ist dabei egal, ob das Sprungziel vor oder nach dem goto-Statement im Programm aufgeführt ist. Die einzige Bedingung ist dabei, dass die Sprunganweisungen und Marken in derselben Funktion liegen müssen.

Nützlich (dies sei vorsichtig betont) kann goto sein, um aus tief verschachtelten Schleifen herauszuspringen oder diese als Reaktion auf Programmfehler zu verlassen. Die Syntax für goto sieht folgendermaßen aus:

```
goto LABEL;
LABEL : Anweisung;
```

Mit goto LABEL wird zur Marke LABEL gesprungen, und die dortigen Anweisungen werden ausgeführt. Ein Beispiel zu goto:

```
/* goto.c */
#include <stdio.h>

int main(void) {
   int i,j,k;
   for(i=1; i<10; i++) {
      for(j=1; j<10; j++) {
         for(k=1; k<10; k++) {
            printf("Tiefe Verschachtelungsebene\n");
            goto RAUS;
         }
      }
   }
   RAUS : printf("Mit einem Sprung raus hier \n");
   return 0;
}
```

In diesem Beispiel wird, sobald Sie in der innersten Verschachtelung angekommen sind, mittels der goto-Sprunganweisung zum Label RAUS gesprungen, das sich am Ende des Programms befindet.

Warum also ist goto so verpönt? Aus Performance-Gründen! Durch goto wird der normale Ablauf des Programms einfach unterbrochen. Ein weiterer Grund, goto nicht zu verwenden, ist folgender: Wenn mit goto in einen Anweisungsblock gesprungen wird, der lokale Variablen beinhaltet, ist das Verhalten systemabhängig.

Es gibt wohl kaum ein Problem, das sich nicht auch ohne goto lösen lässt. Man kann sagen, dass ein goto mit einem Sprung nach vorne nichts ausmacht. Von einem goto, das aber zurückspringt, kann nur abgeraten werden. In solch einem Fall (wenn Sie also zurückspringen wollen) können Sie die do while-Schleife als bessere Alternative verwenden.

Sprünge über Funktionsgrenzen hinweg sind mit goto ohnehin nicht möglich. Dafür gibt es die Funktionen setjmp und longjmp.

8.13 Notationsstil

Ich möchte noch ein paar Sätze zur Notationsform von strukturierten Anweisungen verlieren. Als Beispiel soll die for-Schleife verwendet werden. Folgende Stile finden Sie häufiger vor:

8.13.1 K&R-Stil

```
for(i=0; i < 10; i++){
        /* Anweisungen */
   }
```

8.13.2 Whitesmith-Stil

```
for(i=0; i < 10; i++)
           {
             /* Anweisungen */
           }
```

8.13.3 Allman-Stil

```
for(i=0; i < 10; i++)
{
           /* Anweisungen */
}
```

8.13.4 GNU EMACS-Stil

```
for(i=0; i < 10; i++)
          {
                    /* Anweisungen */
          }
```

8.13.5 Der Stil des Autors ;) (K&R-like)

```
for(i=0; i < 10; i++) {
   /* Anweisungen */
}
```

Welchen Notationsstil Sie letztendlich verwenden, ist wohl eine Frage des eigenen Geschmacks. Arbeiten Sie allerdings an einem größeren Projekt mit mehreren Personen, so sollte der Stil vorher abgesprochen werden, um eine Vermischung zu vermeiden.

Tipp

Verwenden Sie möglichst immer nur eine Anweisung pro Zeile. Sollte Ihr Code einen Fehler enthalten, ist es bei dieser Schreibweise viel einfacher, den Fehler zu finden.

Funktionen werden nicht nur in C, sondern auch in vielen anderen Programmiersprachen verwendet. Wenn Sie von einer anderen Sprache zu C gewechselt haben, kennen Sie Funktionen möglicherweise auch unter den Namen »Subroutine«, »Unterprogramm« oder »Subfunktion«.

9 Funktionen

9.1 Was sind Funktionen?

Funktionen sind kleine Unterprogramme, mit denen Sie Teilprobleme einer größeren Aufgabe lösen können. In der Praxis können Sie sich das so vorstellen: Eine Funktion führt eine komplizierte Berechnung aus, eine andere Funktion schreibt das Ergebnis der Berechnung in eine Datei, und wieder eine andere überprüft das Ergebnis auf Fehler. Die parallele Ausführung von Funktionen ist in ANSI C allerdings nicht möglich. Funktionen werden also in der Regel wie normale Anweisungen auch nur sequenziell, das heißt nacheinander, ausgeführt.

9.2 Wozu dienen Funktionen?

Funktionen haben eine Menge Vorteile. Einige der wichtigsten sind:

- Mit Funktionen lässt sich der Quellcode besser lesen.
- Der Code kann durch Erstellen einer Funktionsbibliothek wiederverwertet werden.
- Ständig sich wiederholende Routinen können in eine Funktion gepackt werden und müssen nicht immer wieder neu geschrieben werden.
- Fehler und Veränderungen lassen sich daher auch schneller finden bzw. ausbessern, da der Code nur an einer Stelle bearbeitet werden muss.

Im Laufe dieses Kapitels gehe ich noch ein wenig genauer auf die Vorteile ein.

9.3 Definition von Funktionen

Die allgemeine Syntax für Funktionen sieht folgendermaßen aus:

```
[Spezifizierer] Rückgabetyp Funktionsname(Parameter) {
   /* Anweisungsblock mit Anweisungen */
}
```

Wenn Sie sich die Syntax ansehen, erkennen Sie darin vielleicht auch die Hauptfunktion `main()`:

```
int main(void)
```

Eine Funktionsdefinition wird in folgende Bestandteile gegliedert:

- *Rückgabetyp* – Hier legen Sie den Datentyp des Rückgabewerts fest. Dabei dürfen Sie alle Datentypen verwenden, die Sie bisher kennengelernt haben. Eine Funktion ohne Rückgabewert wird als `void` deklariert. Sollten Sie einmal keinen Rückgabetyp angeben, so wird automatisch eine Funktion mit Rückgabewert vom Datentyp `int` erzeugt.
- *Funktionsname* – Dies ist ein eindeutiger Funktionsname, mit dem Sie die Funktion von einer anderen Stelle aus im Programmcode aufrufen können. Für den Funktionsnamen selbst gelten dieselben Regeln wie für Variablen. Außerdem sollten Sie auch keine Funktionsnamen der Laufzeitbibliothek verwenden, wie z. B. `printf()`.
- *Parameter* – Die Parameter einer Funktion sind optional. Sie werden durch einen Datentyp und einen Namen spezifiziert und durch ein Komma getrennt. Wird kein Parameter verwendet, können Sie zwischen die Klammern entweder `void` schreiben oder gar nichts.
- *Anweisungsblock* – Der Anweisungsblock behält dieselbe Funktion wie immer (in der `main()`-Funktion). In diesem werden also wie gehabt Deklarationen und Anweisungen ausgeführt.
- *Spezifizierer* – Außerdem lassen sich bei Funktionen auch sogenannte Speicherklassen-Spezifizierer verwenden. Mehr hierzu finden Sie im entsprechenden Abschnitt.

9.4 Funktionsaufruf

Nach so viel Theorie wird es Zeit für die Praxis. Zunächst wird eine einfache Funktion erstellt, die nur einen Text auf dem Bildschirm ausgibt:

```
void hilfe(void) {
   printf("Ich bin die Hilfsfunktion\n");
}
```

Die Funktion hat keinen Rückgabetyp und keine(n) Parameter. Aufgerufen wird sie zum Beispiel mit

```
hilfe();
```

innerhalb der `main()`-Funktion. Sehen Sie sich den Quellcode dazu an:

```
/* func1.c */
#include <stdio.h>

void hilfe(void) {
   printf("Ich bin die Hilfsfunktion\n");
}

int main(void) {
   hilfe();
   return 0;
}
```

Durch den Aufruf von `hilfe()` in der `main()`-Funktion wird die Funktion `hilfe` ausgeführt und gibt einen Text auf dem Bildschirm aus.

Merke

Ein C-Programm beginnt immer mit der `main()`-Funktion. Ohne die `main()`-Funktion wäre ein Programm nicht lauffähig.

Eine Grafik soll dies veranschaulichen:

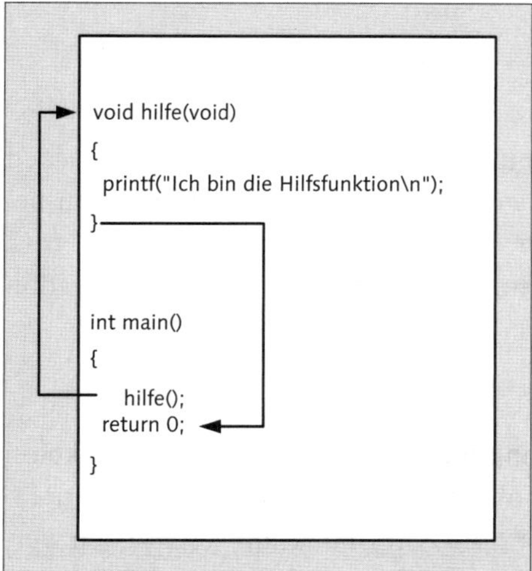

Abbildung 9.1 Der Ablauf bei einem Funktionsaufruf

Sie können es sich etwa so vorstellen: Durch den Funktionsaufruf wird zuerst zur ersten Anweisung der Funktion gesprungen. Nach der letzten Anweisung in der Funktion können Sie sich einen Rücksprungbefehl hinzudenken. Mit diesem

Rücksprungbefehl wird zur nächsten Anweisung nach dem Funktionsaufruf zurückgesprungen.

9.5 Funktionsdeklaration

Damit der Compiler überhaupt von einer Funktion Kenntnis nimmt, muss diese vor ihrem Aufruf deklariert werden. Im vorangegangenen Beispiel ist das automatisch geschehen. Zuerst wurde die Funktion `hilfe()` und anschließend die `main()`-Funktion definiert.

Sie können aber auch Funktionen schreiben, die hinter der `main()`-Funktion stehen:

```
/* func2.c */
#include <stdio.h>

void hilfe(void);

int main(void) {
   hilfe();
   return 0;
}

void hilfe(void) {
   printf("Ich bin die Hilfsfunktion\n");
}
```

Da hier die Funktion `hilfe()` erst hinter der `main()`-Funktion geschrieben wurde, müssen Sie den Compiler zur Übersetzungszeit mit dieser Funktion bekannt machen. Sonst kann der Compiler in der `main()`-Funktion mit `hilfe()` nichts anfangen. Dies stellen Sie mit einer sogenannten Vorwärtsdeklaration sicher:

```
void hilfe(void);
```

Die Deklaration wird im Gegensatz zur Funktionsdefinition mit einem Semikolon abgeschlossen. Funktionsdeklarationen sollten aber nicht nur dann vorgenommen werden, wenn die Funktionen hinter die `main()`-Funktion geschrieben werden. Es ist ja auch möglich, dass eine Funktion andere Funktionen aufruft. Funktionen können Sie auch als unterschiedliche Formen der `main()`-Funktion betrachten. Sehen Sie sich im Beispiel an, was gemeint ist:

```
/* func3.c */
#include <stdio.h>
```

```
void func1(void);
void func2(void);
void func3(void);

void func1(void) {
   printf("Ich bin func1 \n");
   func3();
}

void func2(void) {
   printf("Ich bin func2 \n");
}

void func3(void) {
   printf("Ich bin func3 \n");
   func2();
}

int main(void) {
   func1();
   return 0;
}
```

Hätten Sie hier keine Vorwärtsdeklaration mit

```
void func1(void);
void func2(void);
void func3(void);
```

vorgenommen, hätte der Compiler beim Übersetzen (Kompilieren) Probleme mit der Funktion `func1()` gehabt. Denn in `func1()` steht der Funktionsaufruf `func3()`. Dem Compiler ist bis dahin eine solche Funktion noch unbekannt, da diese erst weiter unten im Quellcode implementiert wird.

Ein weiterer Grund für die Erstellung einer Vorwärtsdeklaration ist der Austausch von Funktionen über die Dateigrenzen hinweg. Aber dazu später mehr in Abschnitt 9.19, »Getrenntes Kompilieren von Quelldateien«.

9.6 Lokale Variablen

Die lokalste Variable ist immer die Variable im Anweisungsblock. Sehen Sie sich kurz ein Beispiel an:

```
/* lokal_var1.c */
#include <stdio.h>

int main(void) {
   int i = 333;

   if(i == 333) {
     int i = 111;
     printf("%d\n",i);  /* 111 */
   }
   printf("%d\n",i);    /* 333 */
   return 0;
}
```

Zunächst übergeben Sie am Anfang des Programms der Variablen `i` den Wert 333. In der `if`-Bedingung wird der Wert auf 333 überprüft. Anschließend wird erneut eine Variable `i` erstellt, der Sie jetzt den Wert 111 übergeben. Die Ausgabe im Anweisungsblock von `if` ist somit 111. Die Ausgabe außerhalb des Anweisungsblocks `if` ist aber wieder 333.

Aber ganz so einfach will ich es Ihnen nicht machen. Schreiben Sie das Programm nochmal neu:

```
/* lokal_var2.c */
#include <stdio.h>

int main(void) {
   int i = 333;

   if(i == 333) {
      i = 111;
      printf("%d\n",i);  /* 111 */
   }
   printf("%d\n",i);     /* 111 */
   return 0;
}
```

Sie haben hier im Gegensatz zum vorherigen Beispiel den Wert der Variablen `i` im `if`-Anweisungsblock auf 111 gesetzt, aber keine neue lokale Variable `i` definiert.

Merke

Für lokale Variablen gilt Folgendes: Bei gleichnamigen Variablen ist immer die lokalste Variable gültig, also die, die dem Anweisungsblock am nächsten steht.

Hier folgt nochmals ein Beispiel, das aber keine Schule machen sollte:

```
/* lokal_var3.c */
#include <stdio.h>

int main(void) {
   int i=333;

   if(i == 333) {
      int i = 666;
      {
         i = 111;
         printf("%d\n",i);   /* 111 */
      }
      printf("%d\n",i);      /* 111 */
   }
   printf("%d\n",i);         /* 333 */
   return 0;
}
```

Lokale Variablen, die in einem Anweisungsblock definiert wurden, sind außerhalb dieses Anweisungsblocks nicht gültig.

Funktionen sind im Prinzip nichts anderes als Anweisungsblöcke. Sehen Sie sich folgendes Beispiel an:

```
/* func4.c */
#include <stdio.h>

void aendern(void) {
   int i = 111;
   printf("In der Funktion aendern: %d\n",i);
}

int main(void) {
   int i=333;

   printf("%d\n",i);
   aendern();
   printf("%d\n",i);
   return 0;
}
```

Hier gilt dasselbe wie schon im vorherigen Beispiel. Die neu definierte Variable `i` in der Funktion `aendern()` hat keinen Einfluss auf die gleichnamige Variable `i` in der `main()`-Funktion. Bringen Sie zum Beispiel die Funktion in die folgende Form:

```
void aendern(void) {
   i = 111;
   printf("In der Funktion aendern: %d\n",i);
}
```

In diesem Fall würde sich das Programm nicht übersetzen lassen, da die Variable `i` noch nicht deklariert wurde. In einer Funktion müssen Sie eine Variable vor ihrer Verwendung zuerst deklarieren. Aber es gibt eine Möglichkeit, dem Compiler mitzuteilen, dass eine Variable für alle Funktionen gültig ist.

9.7 Globale Variablen

Globale Variablen können Sie sich als Vorwärtsdeklarationen von Funktionen vorstellen. Und wie der Name schon sagt, sind globale Variablen für alle Funktionen gültig. Hier ein Beispiel:

```
/* func5.c */
#include <stdio.h>

int i=333; /* globale Variable */

void aendern(void) {
   i = 111;
   printf("In der Funktion aendern: %d\n",i); /* 111 */
}

int main(void) {
   printf("%d\n",i);  /* 333 */
   aendern();
   printf("%d\n",i);  /* 111 */
   return 0;
}
```

Natürlich gilt auch hier die Regel, dass bei gleichnamigen Variablen die lokalste Variable den Zuschlag erhält. Beispiel:

```
/* func6.c */
#include <stdio.h>

int i=333;  /* globale Variable i */
```

```
void aendern(void) {
   i = 111;   /* Ändert die globale Variable. */
   printf("In der Funktion aendern: %d\n",i);  /* 111 */
}

int main(void) {
   int i = 444;

   printf("%d\n",i);   /* 444 */
   aendern();
   printf("%d\n",i);   /* 444 */
   return 0;
}
```

In diesem Beispiel nimmt die `main()`-Funktion wieder keine Notiz von der globalen Variablen `i`, da eine lokalere Variable mit demselben Namen vorhanden ist. Dabei können auch unangenehme Fehler auftreten, wenn Sie bei längeren Programmen zwei Variablen – eine globale und ein lokale – mit demselben Namen haben. Deshalb sollten Sie sich folgenden Satz zu Herzen nehmen:

Merke

Für das Anlegen von Variablen gilt: »So lokal wie möglich und so global wie nötig.«

Tipp

Am besten fassen Sie die Definitionen von globalen Variablen in einer zentralen C-Datei zusammen (relativ zum Programm oder Modul) und verwenden externe Deklarationen in Headerdateien, die dann mit `#include` eingebunden werden, wo immer Sie die Deklarationen benötigen. Mehr dazu finden Sie in Kapitel 10, »Präprozessor-Direktiven«.

9.8 Statische Variablen

Bevor ich Ihnen die statischen Variablen erkläre, sollten Sie sich zunächst folgendes Programmbeispiel ansehen:

```
/* func7.c */
#include <stdio.h>

void inkrement(void) {
   int i = 1;
   printf("Wert von i: %d\n",i);
   i++;
}
```

```
int main(void) {
   inkrement();
   inkrement();
   inkrement();
   return 0;
}
```

Wenn Sie das Programm ausführen, wird dreimal ausgegeben, dass der »Wert von i: 1« ist. Allerdings muss man doch hier davon ausgehen, dass der Programmierer andere Absichten hatte, da er doch den Wert der Variable `i` am Ende der Funktion inkrementiert. Dass dies nicht funktioniert, hat mit der Speicherverwaltung des Stacks zu tun. Mehr zu diesem Thema finden Sie in Abschnitt 9.20.1, »Exkurs: Stack«.

Jetzt können Sie bei diesem Programm vor die Variable das Schlüsselwort `static` schreiben. Ändern Sie also diese Funktion:

```
void inkrement(void) {
   static int i = 1;
   printf("Wert von i : %d\n",i);
   i++;
}
```

Damit werden für die Variable `i` tatsächlich die Werte 1, 2 und 3 ausgegeben. Dies haben Sie dem Schlüsselwort `static` zu verdanken. Denn statische Variablen verlieren bei Beendigung ihres Bezugsrahmens (also bei Beendigung der Funktion) nicht ihren Wert, sondern behalten diesen bei. Dass dies gelingt, liegt daran, dass statische Variablen nicht im Stacksegment der CPU, sondern im Datensegment gespeichert werden. Aber Achtung: Statische Variablen müssen schon bei ihrer Deklaration initialisiert werden!

9.9 Schlüsselwörter für Variablen – Speicherklassen

Es gibt noch weitere Schlüsselwörter in C für Variablen außer `static`, sogenannte Speicherklassen, die hier in Kurzform erwähnt werden sollen. Das Thema Speicherklassen gehört eigentlich in das Kapitel über Variablen, hätte einen Anfänger zu Beginn aber nur verwirrt. Mit den Speicherklassen legen Sie den Geltungsbereich in der Datei, die Lebensdauer und die Bindung einer Variablen fest. Für Variablen gibt es zwei Möglichkeiten der Lebensdauer:

- Die *statische Lebensdauer* – die Variable wird zu Programmbeginn einmal deklariert sowie initialisiert und existiert während der gesamten Programmausführung.

- Die *automatische Lebensdauer* – die Variable wird beim Eintritt in den Anweisungsblock, in dem sie definiert ist, neu erzeugt und beim Verlassen des Anweisungsblocks wieder gelöscht.

Jetzt folgt ein Überblick über die zusätzlichen Speicherklassen-Spezifizierer (einschließlich `static`).

9.9.1 auto

Der Name kommt daher, dass durch das Voranstellen des Schlüsselworts `auto` die Variable automatisch angelegt und auch automatisch wieder gelöscht wird, ohne dass sich der Programmierer darum kümmern muss. Der Bezugsrahmen von `auto` ist derselbe wie bei lokalen Variablen. So ist zum Beispiel

```
int zahl = 5;
```

dasselbe wie:

```
auto int zahl = 5;
```

Folglich ist das Schlüsselwort `auto` überflüssig.

9.9.2 extern

Befindet sich die Variable in einer anderen Datei, wird das Schlüsselwort `extern` davor gesetzt. Diese Speicherklasse wird für Variablen verwendet, die im gesamten Programm verwendet werden können.

9.9.3 register

Das Schlüsselwort `register` wird heute eigentlich überhaupt nicht mehr benutzt. Der Bezugsrahmen ist derselbe wie bei `auto` und lokalen Variablen. Durch Voransetzen des Schlüsselworts `register` weisen Sie den Compiler an, eine Variable so lange wie möglich im Prozessorregister (CPU-Register) zu halten, um dann blitzschnell darauf zugreifen zu können. Denn Prozessorregister arbeiten wesentlich schneller als Arbeitsspeicher. Allgemein wird vom Gebrauch von `register` abgeraten, denn ob und welche Variable der Compiler in dem schnellen Prozessorregister hält, entscheidet er letztlich selbst. Somit ist das Schlüsselwort eigentlich nicht erforderlich.

9.9.4 static

Das Schlüsselwort `static` wird vor immer währenden Variablen mit einem beschränkten Geltungsbereich gesetzt.

9.10 Typ-Qualifizierer

Außer der Speicherklasse, die Sie für eine Variable festlegen können, können Sie auch den Typ eines Objekts näher spezifizieren.

9.10.1 volatile

Mit dem Schlüsselwort `volatile` modifizieren Sie eine Variable so, dass der Wert dieser Variablen vor jedem Zugriff neu aus dem Hauptspeicher eingelesen werden muss.

Meistens wird `volatile` bei der Treiberprogrammierung eingesetzt. Hier sehen Sie ein Beispiel, bei dem ein Programm diejenigen Ergebnisse in einer Schleife überprüft, die ins Register der CPU abgelegt wurden:

```
do {
   printf("Gerät X wird überprüft ...\n");
} while(reg & (STATUS_A|STATUS_B) == 0);
printf("Gerät X Status ...  [OK]\n");
```

Manche Compiler erkennen jetzt an der `while`-Schleife, dass hier immer die gleiche Adresse überprüft wird, und optimieren die `do while`-Schleife einfach weg. Dieser Vorgang wird dann nur einmal durchgeführt, da die Schleife weg ist. Wird dabei die Hardware nicht erkannt, entsteht ein Problem. Somit gilt für Variablen, die mit `volatile` deklariert sind, dass diese ohne jede Optimierung neu aus dem Hauptspeicher geladen werden und neue Werte auch sofort wieder dort abgelegt werden.

9.10.2 const

Mit dem Typ-Qualifizierer `const` definieren Sie eine Konstante. Dies ist eine Variable, deren Wert im Laufe der Programmausführung nicht mehr geändert werden darf.

```
const int wert = 10;
wert += 5;    /* Fehler */
```

9.11 Geltungsbereich von Variablen

Die Lebensdauer und der Geltungsbereich von Variablen hängen somit von zwei Punkten ab:

- von der Position der Deklaration einer Variablen
- vom Speicherklassen-Spezifizierer, der vor einer Variablen steht

Je nachdem, an welcher Stelle eine Variable in einer Quelldatei deklariert wurde, gibt es folgende Geltungsbereiche:

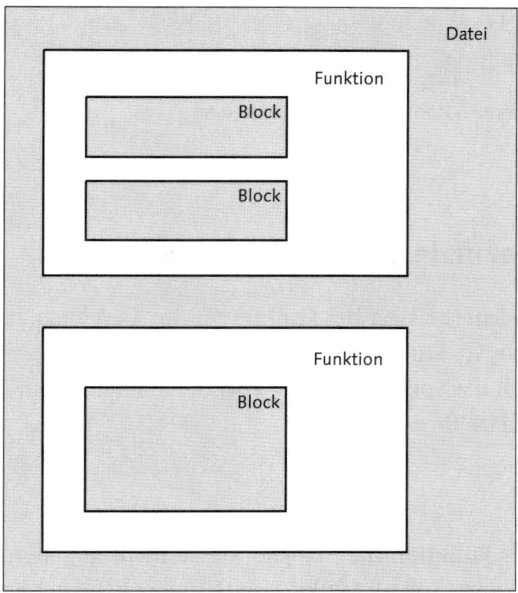

Abbildung 9.2 Geltungsbereiche von Variablen

- *Block (block scope):* Wird eine Variable in einem Anweisungsblock ({ }) deklariert, reichen der Geltungsbereich und die Lebensdauer dieser Variablen vom Anfang des Anweisungsblocks bis zu seinem Ende.
- *Funktion (local scope):* Wird eine Variable in einer Funktion deklariert, reichen der Geltungsbereich und die Lebensdauer vom Anfang des Funktionsblocks bis zu seinem Ende. Es sei denn, in der Funktion wird eine Variable innerhalb eines Blocks deklariert. Dann gilt diese Variable nur noch in diesem Block.
- *Datei (file scope):* Wird eine Variable außerhalb von Funktionen und Anweisungsblöcken deklariert, reichen Geltungsbereich und Lebensdauer vom Punkt der Deklaration bis zum Dateiende.

Wie Sie im Abschnitt über lokale Variablen erfahren haben, gilt außerdem, dass die äußere Deklaration nicht mehr sichtbar ist, wenn eine Variable mit demselben Namen in einem inneren Block deklariert wird. Beim Verlassen des inneren Blocks ist die äußere Variable wieder sichtbar, und die innere Variable gibt es nicht mehr.

Der Geltungsbereich und die Lebensdauer von Variablen können noch auf eine andere Weise verändert werden, nämlich mithilfe des Speicherklassen-Spezifizierers (siehe Tabelle 9.1).

Position	Speicherklasse	Lebensdauer	Geltungsbereich
In einer Funktion	keine, `auto`, `register`	automatisch	Block
In einer Funktion	`extern`, `static`	statisch	Block
Außerhalb der Funktion	keine, `extern`, `static`	statisch	Datei

Tabelle 9.1 Lebensdauer und Geltungsbereich von Variablen mithilfe eines Speicherklassen-Spezifizierers

9.12 Speicherklassen-Spezifizierer für Funktionen

Natürlich sind die zusätzlichen Speicherklassen bei Funktionen im Vergleich zu Variablen nur beschränkt einsetzbar, da Funktionen ja nur global definiert werden können. Im Folgenden stelle ich die Speicherklassen vor, die Sie den Funktionen voranstellen können, und erkläre ihre Bedeutung.

9.12.1 extern

Wenn Sie bei der Deklaration einer Funktion die Speicherklasse nicht angeben, ist diese automatisch mit `extern` gesetzt. Solche Funktionen können sich auch in einer anderen Quelldatei befinden. Dann speziell empfiehlt es sich, dieses Schlüsselwort zu verwenden (auch wenn dies nicht nötig wäre). Dieser Hinweis kann hilfreich für den Programmierer sein, weil er sofort weiß, worum es sich handelt. `extern` zu setzen dient also nicht der Verbesserung bzw. Optimierung des Quellcodes, sondern ist ein Hinweis für dessen Leser.

9.12.2 static

Wenn Sie einer Funktion das Schlüsselwort `static` zuweisen, können Sie diese Funktion nur innerhalb der Datei nutzen, in der sie definiert wurde. Es ist somit das Gegenteil des Schlüsselworts `extern`.

9.12.3 volatile

`volatile` ist zwar keine Speicherklasse, sollte aber hier trotzdem erwähnt werden. Mit `volatile` verhindern Sie (analog zu Variablen), dass der Compiler den Quellcode optimiert und die Funktion immer wieder neu aus dem Hauptspeicher gelesen werden muss.

Nach diesen etwas theoretischen, aber wichtigen Themen geht es wieder zurück zum eigentlichen Thema des Kapitels: den Funktionen.

9.13 Datenaustausch zwischen Funktionen

Für den Austausch von Daten kennen Sie bisher nur die Möglichkeit, globale Variablen zu verwenden. Eine globale Variable ist jeweils eine gemeinsame Variable für alle Funktionen:

```
/* func8.c */
#include <stdio.h>

static int zahl;
void verdoppeln(void);
void halbieren(void);

void verdoppeln(void) {
   zahl *= 2;
   printf("Verdoppelt: %d\n", zahl);
}

void halbieren(void) {
   zahl /= 2;
   printf("Halbiert: %d\n", zahl);
}

int main(void) {
   int wahl;

   printf("Bitte geben Sie eine Zahl ein: ");
   scanf("%d",&zahl);
   printf("Wollen Sie diese Zahl\n");
   printf("\t1.)verdoppeln\n\t2.)halbieren\n\nIhre Wahl: ");
   scanf("%d",&wahl);

   switch(wahl) {

      case 1  : verdoppeln();
                break;
      case 2  : halbieren();
                break;
      default : printf("Unbekannte Eingabe\n");
   }
   return 0;
}
```

Dieses Programm weist keinerlei Fehler auf. Nur wirkt es etwas störend, dass eine globale Variable für alle Funktionen verwendet wurde. Zum einen wissen

Sie, dass es besser wäre, die Variable lokal zu halten. Zum anderen kann das Programm auf diese Art schnell unübersichtlich werden. Als Beispiel dient hier ein Programm, das sich über mehrere Dateien verteilt, bei dem Sie auf folgende Funktion stoßen:

```
void berechnung(void) {
   V = l * b * h / 4;
   x = V * V;
}
```

Es erscheint alles eindeutig, nicht wahr? Natürlich ist es das nicht, denn es lässt sich anhand dieser Berechnung überhaupt nicht erkennen, um welchen Datentyp es sich handelt. Um also den Datentyp zu ermitteln, müssen Sie nach seiner Deklaration suchen.

Einfach ausgedrückt heißt das, dass Sie eine Funktion so programmieren müssen, dass diese auch für eine allgemeine Verwendung ausgelegt ist. Dafür gibt es in der Regel zwei Möglichkeiten, die Sie am besten auch beide nutzen.

- Funktionen mit Wertübergabe (Parameter)
- Funktionen mit Wertrückgabe

Mit der Wertübergabe durch Parameter übergeben Sie einer Funktion Daten (Datenfluss in die Funktion hinein), und mit der Wertrückgabe geben Sie Daten aus einer Funktion heraus (Datenfluss aus der Funktion heraus). Die Funktion arbeitet somit als eine Art Schnittstelle.

9.14 Wertübergabe an Funktionen (call-by-value)

Hier folgt ein Beispiel, das zeigt, wie Sie einer Funktion Daten übergeben können:

```
/* func9.c */
#include <stdio.h>
void verdoppeln(int);
void halbieren(int);

void halbieren(int zahl) {
   zahl /= 2;
   printf("Halbiert : %d\n", zahl);
}

void verdoppeln(int zahl) {
   zahl *= 2;
```

```
   printf("Verdoppelt : %d\n", zahl);
}

int main(void) {
   int wahl, z;

   printf("Bitte geben Sie eine Zahl ein : ");
   scanf("%d",&z);
   printf("Wollen Sie diese Zahl\n");
   printf("\t1.)verdoppeln\n\t2.)halbieren\n\nIhre Wahl : ");
   scanf("%d",&wahl);

   switch(wahl) {
      case 1  : verdoppeln(z);
                break;
      case 2  : halbieren(z);
                break;
      default : printf("Unbekannte Eingabe\n");
   }
   return 0;
}
```

An der Deklaration der Funktion können Sie schon erkennen, dass die Funktion einen Parameter vom Datentyp `int` verwendet. Außerdem fällt auf, dass die globale Variable verschwunden ist und in der `main()`-Funktion wieder auftaucht. Werfen Sie einmal einen Blick auf eine Funktion:

```
void halbieren(int zahl) {
   zahl /= 2;
   printf("Halbiert : %d\n",zahl);
}
```

Es handelt sich also um eine Funktion, die als Parameter einen `int`-Wert übernimmt. Das bedeutet, dass Sie die Funktion `halbieren()` nur mit einem Argument vom Typ `int` aufrufen können. Andernfalls meldet der Compiler einen Fehler.

Aufgerufen wird diese Funktion (von einer anderen Funktion aus) mit einem *Argument*, auch *formaler Parameter* genannt. Im gezeigten Beispiel sieht der Funktionsaufruf mit Argument folgendermaßen aus:

```
halbieren(zahl);
```

Dann wird für die aufrufende Funktion ein Stack-Rahmen (dynamischer Speicherbereich) angelegt. In diesem Speicherbereich wird Speicher für diejenigen Parameter reserviert, die die Funktion beinhaltet. Der Parameter, den Sie der Funktion durch das Argument übergeben haben, wird auch initialisiert. Damit steht der Funktion das Argument `z` auch mit dem gleichen Wert für die Funktion `halbieren()` (nur mit dem Namen `zahl`) als Kopie zur Verfügung. Die Funktion kann nun mit den Parametern ganz normal arbeiten. Der Parameter einer Funktion ist bei einer sogenannten *Call-by-value*-Übergabe eine Kopie des Werts, mit dessen Argument Sie die Funktion aufgerufen haben.

Fassen wir die vier Schritte zusammen, wie der Datenfluss bei der Übergabe von Argumenten abläuft:

1. Bei der Funktionsdefinition wird die Parameterliste festgelegt (formale Parameterliste).
2. Die Funktion wird von einer anderen Funktion mit dem Argument aufgerufen (sie muss mit dem Typ des formalen Parameters übereinstimmen).
3. Für die Funktion wird ein dynamischer Speicherbereich (im Stack) angelegt.
4. Jetzt kann die Funktion mit den Parametern arbeiten.

Neben *call-by-value* existiert auch *call-by-reference*, womit statt einem Wert eine Adresse kopiert wird. Diese Art des Aufrufs wird im Zusammenhang mit Zeigern näher besprochen (Kapitel 12).

Natürlich können Sie auch mehrere Parameter in einer Funktion verwenden. Als Anwendungsbeispiel soll im Folgenden der gregorianische Kalender in den julianischen umgerechnet werden. Dieses Verfahren wird vorwiegend in der Astronomie und Raumfahrt genutzt.

Der julianische Kalender beginnt mit der ägyptischen Berechnung seit dem 1.1.4713 vor Christus. Mit dem julianischen Datum lassen sich sehr gut Sonnen- bzw. Mondfinsternisse berechnen:

```
/* greg2jul.c */
#include <stdio.h>

/* Umrechnung vom gregorianischen zum julianischen Datum */
void greg2jul(int tag, int monat, int jahr) {
   int k, l, jd;
   k = (monat - 14) / 12;
   l = jahr + k + 4800;
   jd = tag - 32075 + 1461 *l / 4 + 367 *
      ((monat-2-12*k) / 12) - 3 * ((l+100) / 100) / 4;
   printf(" sind %d Tage vergangen\n",jd);
}

int main(void) {
   int tag,monat,jahr;
```

```
   printf("Eingabe (Tag)  : ");
   scanf("%d",&tag);
   printf("Eingabe (Monat): ");
   scanf("%d",&monat);
   printf("Eingabe (Jahr) : ");
   scanf("%d",&jahr);

   printf("Seit dem 1.1.4713 v.Chr. bis %2d.%2d.%4d",
      tag,monat,jahr);
   greg2jul(tag, monat, jahr);
   return 0;
}
```

Wichtig ist dabei, dass Sie darauf achten, die Argumente beim Funktionsaufruf in der richtigen Reihenfolge anzugeben. Vertauschte Werte führen zu falschen Berechnungen. Die Parameter könnten auch von unterschiedlichen Datentypen sein, was der Compiler im Fall der Vertauschung in den meisten Fällen aber moniert:

```
/* func10.c */
#include <stdio.h>

void mixed(int x, char y, float z) {
   printf("Stückzahl : %d ",x);
   printf("Klasse    : %c ",y);
   printf("Preis     : %.2f Euro\n",z);
}

int main(void) {
   mixed(6, 'A', 5.5f);
   mixed(9, 'B', 4.3f);
   return 0;
}
```

9.15 Der Rückgabewert von Funktionen

Jetzt haben Sie gesehen, wie es möglich ist, Daten an eine Funktion zu übergeben. Nun wollen Sie natürlich noch wissen, wie eine Funktion so geschrieben wird, dass sie Daten an den Aufrufer zurückgibt.

Zunächst benötigen Sie eine Funktionsdefinition mit einem Rückgabewert. Als Rückgabewert können Sie jeden beliebigen Datentyp verwenden, zum Beispiel:

```
int bignum(int a, int b) {
   if(a > b)
      return a;
   else if(a < b)
      return b;
   else
      return 0;  /* Beide Zahlen gleich groß. */
}
```

Sie erkennen an dieser Funktion durch das Voranstellen des Datentyps, dass hier der Rückgabewert ein Integer ist. Und in der Funktion selbst wird mit der Anweisung

```
return WERT;
```

ein Wert an die aufrufende Funktion zurückgeliefert. Diese `return`-Anweisung dient aber nicht nur dazu, der aufrufenden Funktion einen Wert zurückzuliefern, sondern setzt zugleich das Ende einer Funktion fest. Bei `return` wird also die Kontrolle an die aufrufende Funktion zurückgegeben. Dabei kann ein Wert zurückgegeben werden. Jetzt wird noch der Aufrufer selbst mit seinen Argumenten benötigt:

```
int big;
...
big = bignum(wert1, wert2);
```

Damit wird der Variablen `big`, die zwingend vom Datentyp `int` sein muss, der Rückgabewert der Funktion `bignum()` zugewiesen. Das vollständige Programm sähe dann folgendermaßen aus:

```
/* bignum.c */
#include <stdio.h>

int bignum(int a, int b) {
   if(a > b)
      return a;
   else if(a < b)
      return b;
   else
      return 0; /* Beide Zahlen sind gleich groß. */
}

int main(void) {
   int wert1, wert2, big;
   printf("Bitte einen Wert eingeben: ");
   scanf("%d",&wert1);
```

```
   printf("Bitte noch einen Wert eingeben: ");
   scanf("%d",&wert2);

   big = bignum(wert1, wert2);
   if(big != 0)
      printf("%d ist die größere der beiden Zahlen\n",big);
   else
      printf("Beide Zahlen haben denselben Wert\n");
   return 0;
}
```

Im weiteren Verlauf werden Sie einige Möglichkeiten von Funktionen mit verschiedensten Rückgabewerten kennenlernen.

9.16 Die Hauptfunktion »main()«

Gemäß dem ANSI-C-Standard muss mindestens eine Funktion in einem Programm den Namen `main()` besitzen. Diese Funktion ist auch die erste, die beim Programmstart ausgeführt wird.

Geben Sie der `main()`-Funktion einen anderen Rückgabewert als `int`, könnte ein C99-Standard-konformer Compiler ein undefiniertes Verhalten zeigen. In einigen (vorwiegend älteren) Büchern finden Sie die `main()`-Funktion mitunter in folgender Schreibweise:

```
void main(void) {
}
```

Nach einem älteren C-Standard ist dies auch richtig. Läuft ein Compiler aber nach dem neuesten C99-Standard, wird eine Warnung ausgegeben werden, dass die `main()`-Funktion einen Rückgabewert erwartet.

Die `main()`-Funktion lautet (nach dem C99-Standard) richtig:

```
int main(void) {
   return 0;  // Muss nicht verwendet werden.
}
```

Weiterhin ist auch eine Variante mit zwei Parametern erlaubt:

```
int main(int argc, char *argv[]) {
   return 0;  // Muss nicht verwendet werden.
}
```

Hinweis

Um das gleich klarzustellen: Nach dem neuen C99-Standard muss `main()` nicht mehr mit `return` beendet werden.

Näheres zu dieser Schreibweise erfahren Sie später in Kapitel 13, »Kommandozeilenargumente«.

Der Rückgabewert, der der `main()`-Funktion zugewiesen wird, dient dazu, dass der Startup-Code dem Betriebssystem und der Umgebung mitteilt, ob das Programm ordnungsgemäß beendet wurde oder nicht (abhängig vom Rückgabewert).

In folgenden Fällen liegt ein undefiniertes Verhalten beim Beenden der `main()`-Funktion vor:

- kein Rückgabewert bei Verwendung von `void main()`
- Verwendung von `_exit()` im Programm

Wichtig ist in diesem Zusammenhang die Bedeutung des Begriffs »Startup-Code«. Der Startup-Code wird zu Beginn des Prozesses erzeugt (meist in Assembler) und dient zum Beenden eines Prozesses. Beim Beenden der `main()`-Funktion wird wieder zum Startup-Code zurückgesprungen. Er ruft dann die `exit()`-Funktion auf. Die `exit()`-Funktion führt dann noch einige Aufräumarbeiten aus (z. B. Freigabe des Speicherplatzes von benutzten Variablen des Programms). Zuletzt wird der Prozess mit der Funktion `_exit()` endgültig beendet. Abbildung 9.3 zeigt den Programmablauf bei Beendigung des Programms.

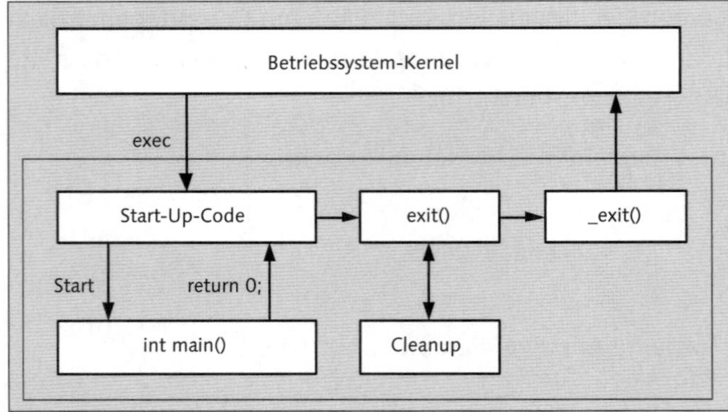

Abbildung 9.3 Vom Start bis zum Ende eines Programms

Hinweis

Ein Prozess ist ein Programm während seiner Ausführung.

9.17 Rückgabewert beim Beenden eines Programms

Über dieses Thema wurden bereits ganze Threads in diversen Foren gefüllt. Generell ist der Rückgabewert beim Beenden eines Programms abhängig von der Umgebung des Betriebssystems. Unter Linux/UNIX beispielsweise bedeutet ein Rückgabewert von 0, dass ein Programm erfolgreich beendet wurde; alles andere bedeutet eben, dass irgendetwas schiefgelaufen ist.

Andere Betriebssysteme wiederum können allerdings auch einen anderen Rückgabewert als erfolgreiche Beendigung erwarten – was bedeutet, dass es hierbei keinen portablen Standard gibt.

Dennoch gibt es mit den Makros `EXIT_SUCCESS` und `EXIT_FAILURE` einen recht zuverlässigen Weg, um ein Programm zu beenden. Beide Makros sind in der Headerdatei *<stdlib.h>* definiert und schon seit dem C89-Standard vorhanden. Damit müssen Sie sich nicht mehr darum kümmern, welchen Wert auf welchem System Sie denn nun zurückgeben müssen, um zu melden, ob sich eine Anwendung erfolgreich oder eben nicht erfolgreich beendet hat. Bei einem erfolgreichen Ende geben Sie einfach `EXIT_SUCCESS` zurück und bei einem Fehler `EXIT_FAILURE`. Natürlich müssen Sie auch die Headerdatei *<stdlib.h>* mit einbinden.

Hierzu ein Beispiel, wie Sie diese beiden Makros sinnvoll einsetzen können:

```
/* exit_code.c */
#include <stdio.h>
#include <stdlib.h>

int main(void) {
   int val, ret;

   printf("Bitte Eingabe machen : ");
   ret = scanf("%d", &val);

   if(ret != 1) {
      printf("Fehler bei scanf()-Eingabe\n");
      return EXIT_FAILURE;
   }

   if(val < 0) {
      printf("Fehler - Negative Zahl\n");
      return EXIT_FAILURE;
   }
   return EXIT_SUCCESS;
}
```

> **Hinweis**
> Von nun an sollen auch in den folgenden Listings die entsprechenden EXIT_-Makros verwendet werden.

9.17.1 Programmende auswerten

Jeder will Ihnen sagen, dass ein Programm bei erfolgreicher Beendigung 0 und bei einem Fehler etwas ungleich 0 zurückgeben soll. Aber wie man dies anschließend auswerten kann, erfährt man eigentlich selten. Ich will Ihnen hier jeweils einen Weg für MS-Windows und einen für Linux/Unix zeigen, wie Sie das Programmende auswerten können. Als Beispiel dient das Listing *exit_code.c* aus dem vorherigen Abschnitt.

MS-Windows/MS-DOS

Unter MS-Windows/MS-DOS kommt man hier mit der Batch-Programmierung recht weit. Eine Batch-Datei hat die Endung **.bat* und ist in Windows und MS-DOS standardmäßig integriert. Zum Erstellen von Batch-Dateien ist ein gewöhnlicher ASCII-Editor (wie beispielsweise *Notepad*) ausreichend. Die Befehle einer solchen Datei werden zeilenweise abgearbeitet.

Viele DOS-Progamme liefern beim Beenden einen sogenannten *Errorlevel*. Dieser kann die Werte 0 bis 255 annehmen. Auch hier bedeutet gewöhnlich ein Errorlevel ungleich 0, dass ein Fehler aufgetreten ist. In unserem Fall bedeutet dies: Gibt unser Programm 0 zurück, ist der Errorlevel auch 0. Geben wir aus unserem Programm 1 zurück, dann ist der Errorlevel ebenfalls 1 usw.

Einen solchen Errorlevel können Sie mit einer üblichen if-Bedingung im Batch-Skript abfragen, zum Beispiel so:

```
if errorlevel 1 goto eins
```

Ist hier beispielsweise der Rückgabewert des Programms 1, dann wird zum Label eins gesprungen. Ein solches Label wird folgendermaßen angegeben:

```
:eins
```

Hinter diesem Label können Sie jetzt entsprechend auf den Errorlevel reagieren. Hierzu zeige ich Ihnen nun ein Batch-Skript, welches den Rückgabewert von unserem Programm exit_code.exe auswertet (Kommentare werden mit den Zeichen :: eingeleitet):

```
:: Programmname: check.bat
:: keine Anzeige der Eingabe (auch nicht von echo)
@echo off
```

```
:: Programm starten
exit_code.exe

:: Errorlevel auswerten
if errorlevel 1 goto eins
if errorlevel 0 goto null

:: Errorlevel 1
:eins
   echo Fehler: Ende-Status ist 1
   goto ende
:null
   echo Alles Ok: Ende-Status ist 0
   goto ende
:ende
   PAUSE
```

Durch die Verwendung von `PAUSE` am Ende können Sie die Batch-Datei *check.bat* auch per Mausklick starten, vorausgesetzt, das Programm *exit_code.exe* und das Batch-Skript befinden sich im selben Verzeichnis. Hier sehen Sie das Batch-Skript (per Mausklick) bei der Ausführung:

```
Bitte Eingabe machen : x
Fehler bei scanf()-Eingabe
Fehler: Ende-Status ist 1
Drücken Sie eine beliebige Taste . . .

Bitte Eingabe machen : 5
Alles Ok: Ende-Status ist 0
Drücken Sie eine beliebige Taste . . .
```

Linux/Unix

Bei Linux/Unix gibt es für die Beendigung eines Shellskripts oder Programms, das zuletzt ausgeführt wurde, die automatische Shellvariable `$?`. Die Bedeutung dieser Variable ist im Grunde dieselbe, wie eben schon bei Errorlevel unter Windows/MS-DOS erwähnt wurde. Selbst die Erstellung des Shellskripts dafür gestaltet sich recht ähnlich – nur dass die Shell von Linux/Unix schon um einiges mächtiger ist.

Hinweis

Wollen Sie mehr über die Shell-Programmierung unter Linux/Unix erfahren, kann ich Ihnen *hüstel* mein Buch »Shell-Programmierung. Das umfassende Handbuch« empfehlen, das ebenfalls bei Galileo Press erschienen ist.

Das Shellskript sieht wie folgt aus:

```
# Rückgabewert Überprüfen
# Name: check.sh

# Programm starten
./exit_code

# Rückgabewert in ret
ret=$?

# Rückgabewert: 0
if [ ret -eq 0 ]
then
   echo "Alles Ok: Rückgabewert war 0"
fi

# Rückgabewert: 1
if [ ret -eq 1 ]
then
   echo "Fehler: Rückgabewert war 1"
fi
```

Dieses Shellskript muss nur noch ausführbar gemacht werden. Das Programm sieht bei der Ausführung so aus (hier wird auch davon ausgegangen, dass sich das Shellskript `check.sh` im selben Verzeichnis wie das auszuführende Programm befindet):

```
$ chmod u+x check.sh
$ ./check.sh
Bitte Eingabe machen : x
Fehler bei scanf()-Eingabe
Fehler: Rückgabewert war 1
$ ./check.sh
Bitte Eingabe machen : 5
Alles Ok: Rückgabewert war 0
```

9.18 Funktionen der Laufzeitbibliothek

Funktionen wie `printf()` oder `scanf()` sind solche Funktionen, wie Sie sie in den Kapiteln zuvor schon gesehen und verwendet haben. Dies sind zum Beispiel Funktionen der Laufzeitbibliothek *<stdio.h>*, die jedem Compiler beigefügt sind. Diese Funktionen werden bereits als Objektcode mit Ihrem Compiler mitgeliefert. Sie müssen dem Compiler jedoch trotzdem bekannt gemacht werden, und zwar mit den Headerdateien der Funktionen:

```
#include <stdio.h>
```

Natürlich gibt es außer den Funktionen `printf()` und `scanf()` noch eine Menge mehr Funktionen in der Headerdatei *<stdio.h>*. Alle können in einem Programm verwendet werden, sobald die entsprechende Headerdatei inkludiert wurde. Es ist gängige Praxis, nachzusehen, welche nützlichen Funktionen einer Headerdatei in einem Programm verwendet werden können, bevor Funktionen selbst neu programmiert werden. Sehen Sie sich die *<stdio.h>* ruhig einmal näher mit einem Editor an. Sie ist unter Linux/UNIX für gewöhnlich im Verzeichnis */usr/include* und unter Windows oft im Verzeichnis *C:\Pfad_zum_Compiler\include* zu finden. Auch gibt es bei ANSI-C-Compilern noch eine Menge mehr Headerdateien, die wiederum fertige Funktionen beinhalten. Den entsprechenden Objektcode zu den Headerdateien der Laufzeitbibliothek finden Sie im *LIB*-Verzeichnis des Compilers.

Wenn Sie die Headerdatei *<stdio.h>* mit einem Texteditor ansehen, werden Sie darin die Funktionsdefinitionen von z. B. `printf()` finden:

```
int printf(const char *format, ...);
```

Der dem Compiler nachgeschaltete Linker sorgt dafür, dass diese Funktionen automatisch in das Programm mit eingebunden werden.

9.19 Getrenntes Kompilieren von Quelldateien

Für kleinere Programme, deren kompletter Quelltext in einer Datei geschrieben wurde, können Sie beim Kompilieren weiterhin wie bisher verfahren. Bei zunehmend größeren Programmen könnten jedoch folgende Probleme auftreten:

- Das Editieren und das Kompilieren dauern länger.
- Der Quelltext wird unübersichtlich und schwieriger zu verstehen.
- Teamarbeit wird erschwert.

Ich werde dieses Beispiel anhand des GNU-Compilers `gcc` demonstrieren. Mit anderen Compilern dürfte dieser Vorgang ähnlich ablaufen. Bei Entwicklungsumgebungen müssen Sie dabei ein neues Projekt anlegen und die einzelnen Quelldateien zum Projekt hinzufügen. Im Folgenden sehen Sie ein Beispiel zum getrennten Kompilieren mit drei Programm-Modulen, die zu Demonstrationszwecken sehr kurz gehalten sind:

```
/*main.c*/
#include <stdio.h>
#include <stdlib.h>

extern void modul1(void);
extern void modul2(void);

int main(void) {
   modul1();
   modul2();
   return EXIT_SUCCESS;
}

/*modul1.c*/
void modul1(void) {
   printf("Ich bin das Modul 1\n");
}


/*modul2.c*/
void modul2(void) {
   printf("Ich bin Modul 2\n");
}
```

Jetzt haben Sie drei Dateien, die zusammen kompiliert und gelinkt werden müssen. Zuerst wird dazu der Schalter `-c` verwendet. Das bewirkt, dass die einzelnen Dateien zwar übersetzt werden, der Linkerlauf dabei aber nicht gestartet wird:

```
gcc -c main.c
gcc -c modul1.c
gcc -c modul2.c
```

Jetzt befinden sich drei Objektdateien (`*.obj` oder `*.o`) im Verzeichnis, in dem kompiliert wurde. Diese drei Objektdateien können Sie mit folgender Anweisung zu einer ausführbaren Datei linken:

```
gcc main.o modul1.o modul2.o
```

Jetzt befindet sich im Verzeichnis die Datei *a.out*. Dies ist die ausführbare Datei, das fertige Programm. Der Name *a.out* wird standardmäßig vom Compiler verwendet. Mit dem Schalter `-o` können Sie auch einen eigenen Namen vorgeben:

```
gcc -o myapp main.o modul1.o modul2.o
```

Sollten Sie `gcc` unter Windows verwenden, fügen Sie beim Programmnamen `myapp` die Extension `*.exe` hinzu (*myapp.exe*). Wenn Sie jetzt die Datei *main.c* ändern müssen, brauchen Sie nur diese neu zu übersetzen:

```
gcc -c main.c
```

und können anschließend die einzelnen Dateien wieder zusammenlinken:

```
gcc main.o modul1.o modul2.o
```

Das nochmalige Kompilieren der anderen Dateien entfällt, da deren Code nicht geändert wurde und deshalb die unveränderten `*.o`-Dateien neu verlinkt werden können. Bei großen und sehr großen Projekten führt dieses Vorgehen zu deutlich kürzeren Kompilierzeiten.

Natürlich versteht es sich von selbst, dass sich in einer der Dateien die `main()`-Funktion befinden muss. Abbildung 9.4 zeigt den ganzen Vorgang noch einmal grafisch.

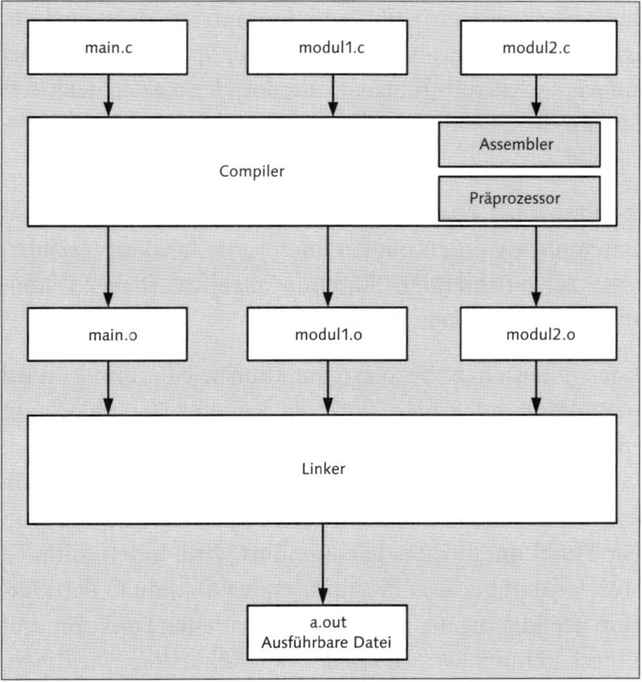

Abbildung 9.4 Übersetzen mehrerer Quelldateien

Hinweis

In der Praxis wird gewöhnlich dieser Vorgang komfortabel in ein Makefile verpackt und mit `make` übersetzt (*gebaut*).

9.20 Rekursive Funktionen (Rekursion)

Kurz gesagt ist eine Rekursion eine Funktion, die sich selbst aufruft und sich selbst immer wieder neu definiert. Damit sich aber eine Rekursion nicht unendlich oft selbst aufruft, sondern irgendwann auch zu einem Ergebnis kommt, benötigen Sie unbedingt eine sogenannte *Abbruchbedingung*. Sonst kann es irgendwann passieren, dass Ihr Computer abstürzt, da eine Funktion, die sich immer wieder selbst aufruft, eine Rücksprungadresse, den Wert der Variablen und – falls noch nicht freigegeben – den Rückgabewert speichert. Der dafür zur Verfügung stehende Speicher (Stack) wird so aber unweigerlich irgendwann voll sein beziehungsweise überlaufen (*Stacküberlauf* oder *Stack-Overflow*).

9.20.1 Exkurs: Stack

Der Stack wurde bereits öfter erwähnt. Er soll deshalb im Folgenden näher betrachtet werden.

Der Stack dient dazu, den Speicherbereich für Funktionsaufrufe zu verwalten. Dieser Speicherbereich ist dynamisch, was bedeutet, dass der Speicher bei Bedarf automatisch anwächst und wieder schrumpft. Der Compiler, der diesen Stack verwaltet, legt hier alle Daten ab, die er zur Verwaltung von Funktionsaufrufen benötigt.

Wenn eine Funktion aufgerufen wird, erweitert der Compiler den Stack um einen Datenblock. In diesem Datenblock werden die Parameter, die lokalen Variablen und die Rücksprungadresse zur aufrufenden Funktion angelegt. Dieser Datenblock wird als *Stack-Frame* oder *Stackrahmen* bezeichnet.

Der Datenblock bleibt so lange bestehen, bis diese Funktion wieder endet. Wird in ihm aber eine weitere Funktion aufgerufen, wird ein weiterer Datenblock auf den (richtig wäre: unter den) aktuellen gepackt. Der Stack wächst nach unten an. Am Anfang des Stacks befindet sich der Startup-Code, der die `main()`-Funktion aufruft, die eine Position unter dem Startup-Code liegt. An unterster Stelle befindet sich immer die aktuelle Funktion, die gerade ausgeführt wird. Eine Position – oder besser: einen Datenblock – darüber liegt die aufrufende Funktion in der Wartestellung. Sie wartet auf die Beendigung der nächsten aufgerufenen Funktion. Mit diesem Wissen über den Stack können Sie sich wieder den Rekursionen widmen.

9.20.2 Rekursionen und der Stack

Mit Rekursionen haben Sie die Möglichkeit, den Computer zu etwas zu bewegen, was ihn intelligenter erscheinen lässt. Ein Beispiel wäre etwa Schach. Wenn Sie einen Zug machen, gehen Sie zuerst alle Möglichkeiten durch, um den Gegner in

Bedrängnis bzw. den gegnerischen König in Gefahr zu bringen oder gar schachmatt zu setzen. Das ist eine logische Denkweise des Menschen. Mit einer Rekursion ist es ebenfalls möglich, den Computer eine Situation so oft durchgehen zu lassen, bis er auf eine Lösung kommt – oder auch nicht. Man spricht dabei vom »Trial and Error«-Verfahren (Versuch und Irrtum). Ein Beispiel: Sie bedrohen den König des Computers. Der Computer geht dann alle Züge durch, um den König aus dieser Bedrohung zu befreien, und dann, in einem zweiten Schritt, geht er nochmals alle Züge durch, die Sie als Nächstes theoretisch machen könnten. Wie viele Züge er untersucht, richtet sich danach, wie tief die Rekursion gehen soll. Zum besseren Verständnis folgt ein konkretes Beispiel.

Eine Funktion soll zwei Zahlen dividieren. Der ganzzahlige Rest der Division soll angegeben werden. Zum Beispiel: 10/2=5 oder 10/3=3 Rest 1. Das Programm darf aber nicht die Operatoren / und % verwenden. Die Lösung soll die Form einer rekursiven Funktion haben:

```
int divide(int x, int y) {
   if(x >= y)
      return (1 + divide(x - y, y));
   if(x)
      printf("Zahl nicht teilbar -> Rest: %d -> ", x);
   return 0;
}
```

Hier ein Fall, in dem der Funktion beispielsweise die Werte x=8 und y=2 übergeben werden:

```
/* Funktionsaufruf */
printf("8/2 = Ergebnis : %d\n", divide(8, 2));
```

Innerhalb der Funktion wird zunächst die Abbruchbedingung überprüft:

```
if(x >= y)
```

Da die Bedingung für x=8 und y=2 wahr ist, wird die nächste Anweisung ausgeführt:

```
return 1 + divide(x - y, y);
```

Die Funktion gibt mittels `return` die Summe `1+divide(x-y,x)` zurück. Damit wird, bevor das Ergebnis endgültig zurückgegeben wird, die Funktion `divide` erneut aufgerufen. Die Funktion ruft sich also selbst auf. Hiermit beginnt die Rekursion. Aber was passiert jetzt mit dem Rückgabewert 1? Sehen Sie sich das Beispiel zum besseren Verständnis in Abbildung 9.5 an.

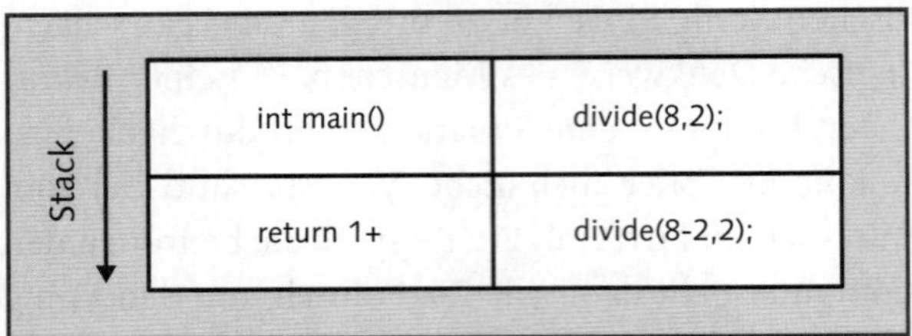

Abbildung 9.5 Erster rekursiver Aufruf

Auf den Stack wurde zuerst die `main()`-Funktion gelegt, da diese zuerst die Funktion `divide()` aufgerufen hat. Hier ist quasi gespeichert, wie Ihr Programm wieder zur `main()`-Funktion zurückkommt. Sie können sich das in etwa so vorstellen: Bei jedem Funktionsaufruf in einem Programm – unabhängig davon, ob rekursiv oder nicht – wird der aktuelle Zustand der `main()`-Funktion *eingefroren* und auf dem Stack abgelegt. Damit das Programm weiß, wo die Adresse der `main()`-Funktion ist, wird auf dem Stack eine Rücksprungadresse mit abgelegt.

Kommen wir zurück zur Programmausführung des konkreten Beispiels. Die Funktion hat sich also selbst mit der Anweisung

```
return 1 + divide(x - y, y);
```

aufgerufen; in Zahlen also: `divide(8-2,2)`, mit den Werten `x=8` und `y=2`. Im abermaligen Funktionsaufruf wird erneut überprüft:

```
if(x >= y)
```

Da `x=6` und `y=2` und somit die `if`-Abfrage wieder wahr ist, geht die Programmausführung wieder in der nächsten Zeile weiter. Es folgt ein erneuter Selbstaufruf der Funktion `divide()`:

```
return 1 + divide(x - y, y);
```

Also wird Folgendes auf dem Stack abgelegt (siehe Abbildung 9.6).

Stack

int main()	divide(8,2);
return 1+	divide(8-2,2);
return 1+	divide(6-2,2);

Abbildung 9.6 Zweiter rekursiver Aufruf

Nun liegt auf dem Stack zweimal der Rückgabewert 1, inklusive der Rücksprungadressen (diese sind hier nicht mit abgebildet). Jetzt wiederholt sich das ganze Spiel noch zweimal, bis es auf dem Stack so aussieht wie in Abbildung 9.7 gezeigt.

Der Funktionswert für `x` im Aufruf der Funktion ist mittlerweile auf 2 reduziert worden. Danach wird erneut die Funktion `divide()` aufgerufen, und zwar mit den Werten:

```
divide(2-2,2)
```

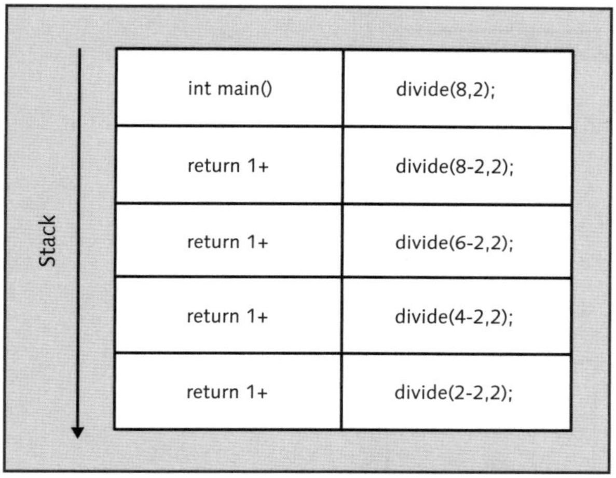

Stack

int main()	divide(8,2);
return 1+	divide(8-2,2);
return 1+	divide(6-2,2);
return 1+	divide(4-2,2);
return 1+	divide(2-2,2);

Abbildung 9.7 Der Stack nach vier rekursiven Aufrufen

Jetzt wird die Abbruchbedingung aktiv:

```
if(x >= y)
```

Denn jetzt ist `x=0` und `y=2`, und somit wird die Programmausführung nicht mehr in der nächsten Zeile fortgesetzt. Die nächste Abfrage

```
if(x)
```

dient dazu, den Rest auszugeben, falls `x` ungleich 0 sein sollte. In unserem Beispiel gibt es keinen Rest. Es wird also der Wert 0 (`return 0`) zurückgegeben. Das Programm muss nun zur nächsten Rücksprungadresse gehen, da sich die Funktion ja beendet hat. Sehen Sie sich anhand von Abbildung 9.8 nochmals den Stack an.

Der Rückgabewert 0 wurde von dem Funktionsaufruf `divide(2-2,2)` erzeugt. Dorthin führt auch die Rücksprungadresse, also `return 0+1`. Die nächste Rücksprungadresse wurde von `divide(4-2,2)` erzeugt, also folgt `return 0+1+1`; anschließend folgt `return 0+1+1+1` und zuletzt `return 0+1+1+1+1`. Die `main`-Funktion bekommt dann den Rückgabewert 0+1+1+1+1, also 4, und das ist auch korrekt, denn 8/2 ist 4.

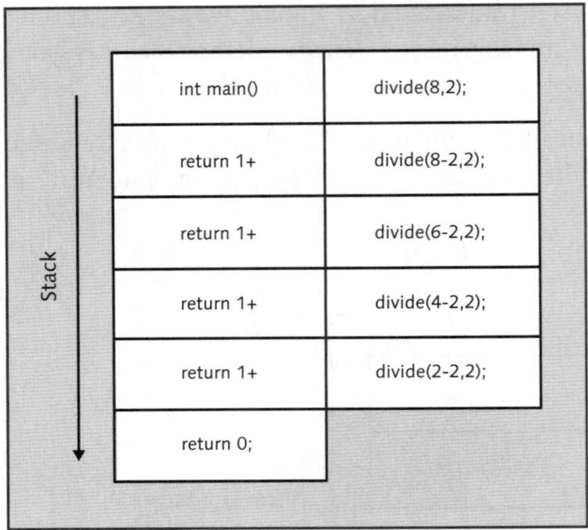

Abbildung 9.8 Die Abbruchbedingung greift jetzt ein.

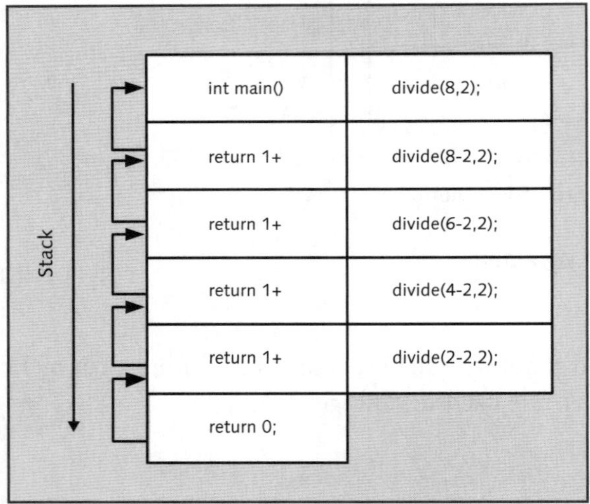

Abbildung 9.9 Addieren der einzelnen Rückgabewerte auf dem Stack

Sie werden sich möglicherweise fragen, welche Vorteile ein solches Programm gegenüber einem Programm in der folgenden Form hat:

```
/* divide.c */
#include <stdio.h>
#include <stdlib.h>

int main(void) {
   int x = 8, y = 2;
```

```
   printf("%d ", x/y);
   if(x % y)
      printf("Rest = %d\n",x%y);
   return EXIT_SUCCESS;
}
```

Dieses Programm erfüllt doch denselben Zweck und ist einfacher! Sie haben recht: Das rekursive Programm ist zum einen schwieriger und zum anderen langsamer, da ständig etwas auf den Stack geschoben und wieder von ihm geholt werden muss.

Kurz gesagt: Die rekursive Lösung ist die schlechtere in diesem Beispiel. Schlimmer noch, die rekursive Lösung verbraucht viel Speicherplatz zum Anlegen von Parametern, lokalen Variablen, Rückgabewerten und Rücksprungadressen. Ein Beispiel: Sie wollen die Zahl 1.000.000 durch 2 teilen. Für die zwei Parameter `x` und `y` benötigen Sie schon acht Byte pro Aufruf. Für den Rückgabewert (`return 1`) werden weitere vier Bytes benötigt, genauso wie für die Rücksprungadresse. Das heißt, Sie verwenden für eine Ablage auf dem Stack 16 Byte. Wenn Sie die Zahl 1.000.000 durch 2 teilen, bedeutet dies, dass auf dem Stack 500.000 Werte zu je 16 Bytes liegen. Das sind ca. 7,6 Megabyte Arbeitsspeicher, die Sie durch eine rekursive Lösung eines solch einfachen Problems verschwenden.

Warum also Rekursionen anwenden, wenn die *direkte* Lösung oftmals die bessere ist? In späteren Programmen werden Sie einige Beispiele kennenlernen (sogenannte binäre Bäume), die ohne Rekursion nicht so einfach realisierbar wären.

Die Rekursion will ich Ihnen anhand von einigen Beispielen noch näher erläutern. Die verwendeten Programme sollen nur die Rekursion verdeutlichen. Es ist einleuchtend, dass die Programme ansonsten auch einfacher und meistens besser lösbar sind. Es sind typische, klassische Beispiele.

9.20.3 Fakultät

In diesem Beispiel soll eine Funktion geschrieben werden, die die Fakultät der Zahl *n* berechnet. Die Fakultät der Zahl 6 ist zum Beispiel: `1*2*3*4*5*6=720`. Die Fakultät von 10 ist `1*2*3*4*5*6*7*8*9*10=3.628.800`.

Wie schreiben Sie die Funktion am besten? Zuerst benötigen Sie eine Abbruchbedingung. Es muss lediglich überprüft werden, ob die Zahl, von der Sie die Fakultät berechnen wollen, ungleich 0 ist:

```
/* fakul.c */
#include <stdio.h>
#include <stdlib.h>
```

```
long fakul(long n) {
   if(n)
      return n * fakul(n-1);
   return 1;
}

int main(void) {
   printf("Fakultät von 5 = %ld\n",fakul(5));
   printf("Fakultät von 9 = %ld\n",fakul(9));
   return EXIT_SUCCESS;
}
```

Die Funktion rechnet so lange `n*n-1`, bis `n` den Wert 0 hat. Denn `n*0` würde sonst das Ergebnis 0 ergeben. Bei `fakul(5)` wären dies dann 5*4*3*2*1=120, wobei `n*1` eigentlich auch eingespart werden kann, denn mit `n*1` wird sich der Wert nicht ändern. Natürlich will ich Ihnen die alternative direkte Lösung des Problems nicht vorenthalten:

```
long fakul(int n) {
   int x = n;
   while(--x)
      n *= x;
   return n;
}
```

9.20.4 Fibonacci-Zahlen

Die Fibonacci-Zahlen sollen rekursiv berechnet werden. Fibonacci-Zahlen sind z. B. 1, 2, 3, 5, 8, 13, 21, ...

Errechnet werden können sie mittels ... `1+2=3, 2+3=5, 3+5=8, 5+8=13`. Die Formel lautet also:

F(n+2)=F(n+1) +F(n)

Der Code dazu sieht so aus:

```
/* fibo.c */
#include <stdio.h>
#include <stdlib.h>

long fibo(long n) {
   if(n)
      return (n <= 2) ? n : fibo(n-2) + fibo(n-1);
   return 0;
}
```

```
int main(void) {
   long f;
   long i=0;

   printf("Wie viele Fibonacci-Zahlen wollen Sie ausgeben:");
   scanf("%ld",&f);
   while(i++ < f)
      printf("F(%ld) = %ld\n", i, fibo(i));
   return EXIT_SUCCESS;
}
```

9.20.5 Größter gemeinsamer Teiler (GGT)

Nun folgt ein Listing zum Ermitteln des größten gemeinsamen Teilers zweier Zahlen. Natürlich wird dafür der rekursive Weg eingeschlagen. Auch hier muss zuerst eine Abbruchbedingung gefunden werden. Sie haben drei Möglichkeiten zum Errechnen des GGT zweier Zahlen:

```
ist Zahl1 == Zahl2 dann Ergebnis = Zahl1
ist Zahl1  > Zahl2 dann Ergebnis = ggT(Zahl1-Zahl2, Zahl2)
ist Zahl1  < Zahl2 dann Ergebnis = ggT(Zahl1, Zahl2-Zahl1)
```

Das Programm sieht folgendermaßen aus:

```
/* ggt1.c */
#include <stdio.h>
#include <stdlib.h>

unsigned long ggt(unsigned long a, unsigned long b) {
   if(a==b)
      return a;
   else if(a < b)
      return ggt(a, b-a);
   else
      return ggt(a-b, b);
}

int main(void) {
   unsigned long a, b;

   printf("ggt = größter gemeinsamer Teiler\n");
   printf("Zahl 1: ");
   scanf("%lu",&a);
   printf("Zahl 2: ");
   scanf("%lu",&b);
```

```
   printf("Der ggT von %lu und %lu ist %lu\n", a, b, ggt(a,b));
   return EXIT_SUCCESS;
}
```

Beispiel: Sie geben für a=10 und für b=3 ein. Abbildung 9.10 zeigt, welche Wertepaare auf den Stack gelegt werden, bis das Programm den GGT von 1 zurückgibt.

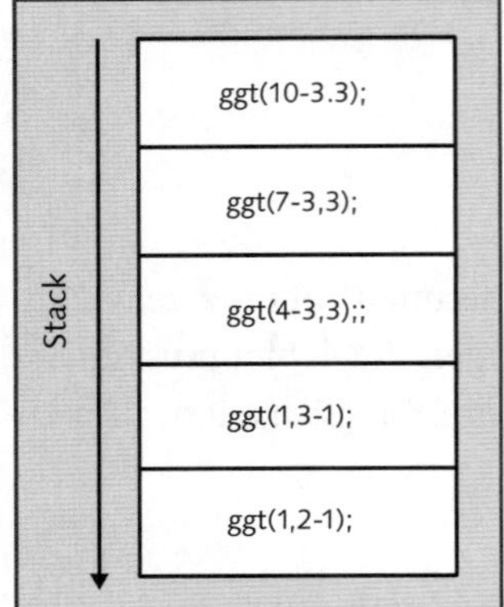

Abbildung 9.10 Rekursive Ermittlung des größten gemeinsamen Teilers

Eine alternative direkte Lösung wäre gewesen:

```
/* ggt2.c */
#include <stdio.h>
#include <stdlib.h>

unsigned long ggt(unsigned long a, unsigned long b) {
   unsigned long count;

   if(a==b)
      return a;
   else if( (a % b) == 0)
      return b;
   else
      for(count = b; count > 0; count--) {
         if( ( (a % count) + (b % count) ) == 0)
            return count;
      }
   return 0;
}

int main(void) {
   unsigned long a, b, c;
```

```
    printf("ggt = größter gemeinsamer Teiler\n");
    printf("Zahl 1: ");
    scanf("%lu",&a);
    printf("Zahl 2: ");
    scanf("%lu",&b);
    if(a<b) { /* a und b vertauschen */
       c=a; a=b; b=c;
    }
    printf("Der ggT von %lu und %lu ist %lu\n", a, b, ggt(a,b));
    return EXIT_SUCCESS;
}
```

Nun soll der größte gemeinsame Teiler von beliebig vielen Zahlen ermittelt werden. Die Schwierigkeit besteht bei diesem Beispiel aber nicht in der rekursiven Funktion, sondern in der `main()`-Funktion. Sie könnten die Funktion GGT, wie diese eben geschrieben wurde, benutzen, ohne sie zu verändern. Zuvor möchte ich Ihnen aber noch eine zweite Möglichkeit demonstrieren, wie Sie den GGT ermitteln können. Hier ist die Funktion dazu:

```
unsigned long ggt(unsigned long a, unsigned long b) {
    if(b==0)
       return a;
    return ggt(b, a % b);
}
```

Jetzt lassen sich womöglich die Vorteile einer Rekursion erkennen. Die rekursive Funktion erfüllt den gleichen Zweck wie die beiden Funktionen GGT zuvor. Mit `return ggt(b, a%b)` rufen Sie die Funktion erneut auf. Wenn `a%b==0` ergibt, haben Sie ja den GGT durch `b` an `a` übergeben. Hier sehen Sie die `main()`-Funktion zum Ermitteln des GGT mehrerer Zahlen:

```
/* ggt3.c */
#include <stdio.h>
#include <stdlib.h>

unsigned long ggt(unsigned long a, unsigned long b) {
    if(b == 0)
       return a;
    return ggt(b, a % b);
}
int main(void) {
    unsigned long a, b;

    printf("ggt = größter gemeinsamer Teiler(mit 0 beenden)\n");
    printf("Zahl> ");
    scanf("%lu", &a);
```

```
   printf("Zahl> ");
   scanf("%lu", &b);
   a=ggt(a, b);

   while(1) {
      printf("Zahl> ");
      scanf("%lu", &b);
      if(b==0)
         break;
      a=ggt(a, b);
   }
   printf("-------->ggt = %lu\n", a);
   return EXIT_SUCCESS;
}
```

An dem Programm wurde nicht viel verändert. Es kam lediglich die `while`-Schleife hinzu, die Sie mit der Eingabe 0 beenden können.

Wichtig ist, dass Sie bei jedem Schleifendurchlauf den größten gemeinsamen Teiler an `a` und die neue Zahl an `b` übergeben. Somit wird immer der GGT aller Zahlen aktualisiert.

Als letztes Beispiel will ich Ihnen zeigen, wie Sie eine rekursive Funktion zum Umwandeln von Dezimalzahlen nach Dualzahlen verwenden können. Um beispielsweise aus der Zahl 10 die entsprechende Dualzahl 1010 zu machen, ist folgender Vorgang nötig:

```
-> Solange die Zahl ungleich null ->
-> Zahl % 2 = kein Rest dann 0 oder = Rest dann 1 ->
-> Zahl = Zahl / 2
```

Auf die Zahl 10 angewendet, sieht dieser Vorgang wie folgt aus:

```
10/2 = 5 kein Rest -> 0
5/2  = 2 Rest 1    -> 1
2/2  = 1 kein Rest -> 0
1/2  = 0 Rest 1    -> 1
```

Damit liegen auf dem Stack (umgekehrte Reihenfolge):

```
1
0
1
0
```

Hier sehen Sie das Listing dazu:

```
/* dez2bin.c */
#include <stdio.h>
```

```
#include <stdlib.h>
#define ulong unsigned long

void dez2bin(ulong dez) {
   if(dez) {
      dez2bin(dez / 2);
      printf("%lu", dez % 2);
   }
}

int main(void) {
   ulong dezimal;

   printf("Dezimalzahl in Dualzahl konvertieren\n");
   printf("Welche Zahl : ");
   scanf("%lu",&dezimal);
   printf("Dezimal = %lu Dual = ",dezimal);
   dez2bin(dezimal);
   printf("\n");
   return EXIT_SUCCESS;
}
```

Dies genügt nun zum Thema Funktionen. In Kapitel 18, »Arbeiten mit variablen langen Argumentlisten – <stdarg.h>«, wird es wieder aufgegriffen, wenn es darum geht, Funktionen mit beliebig vielen Parametern zu erstellen. Dafür müssen wir jedoch zuerst die Zeiger besprechen.

9.21 »inline«-Funktionen

`inline`-Funktionen sind dem C++-Programmierer ja bereits wohlbekannt und stehen mit dem C99-Standard auch dem C-Programmierer zur Verfügung. Um eine Funktion als `inline`-Funktion zu präsentieren, muss nur das Schlüsselwort `inline` vorangestellt werden:

```
/* inliner.c */
#include <stdio.h>
#include <stdlib.h>

static inline void xchange(int *z1, int *z2) {
   int tmp;

   tmp  = *z2;
   *z2  = *z1;
```

```
   *z1   = tmp;
}

static inline void print(int *z1, int *z2) {
   printf("%d :: %d\n", *z1, *z2);
}

int main(void) {
   int zahl1 = 123, zahl2 = 321;

   print(&zahl1, &zahl2);
   xchange(&zahl1, &zahl2);
   print(&zahl1, &zahl2);
   return EXIT_SUCCESS;
}
```

`inline`-Funktionen stellen eine sinnvolle Alternative zu parametrisierten `define`-Makros da. Der Code einer `inline`-Funktion wird vom Compiler direkt an der Stelle eingefügt, wo der Aufruf stattfindet. Damit entfällt der Sprung in ein Unterprogramm. Das heißt, die Sicherung der Rücksprungadresse, der Sprung zur Funktion und nach der Ausführung der Sprung zurück zur gespeicherten Rücksprungadresse entfallen. Dadurch ist die Ausführung einer `inline`-Funktion genauso schnell, als würde der Code direkt an der Stelle eingefügt.

Die `inline`-Funktionen sollten aber möglichst klein gehalten werden. Werden zu viele Anweisungen verwendet, kann der Compiler das Schlüsselwort `inline` auch ignorieren und es als eine normale Funktion behandeln. Das Schlüsselwort `inline` ist nämlich für den Compiler nur ein Hinweis und kein Befehl. Wann der Compiler eine Funktion als `inline` behandelt und verwendet, entscheidet dieser selbst.

Dass im Listing die `inline`-Funktion mit dem Spezifizierer `static` deklariert wurde, liegt daran, dass die Definition einer `inline`-Funktion in der Übersetzungseinheit vorhanden sein muss, wo diese verwendet wird. Der Nachteil an der `inline`-Funktion, die mit `static` deklariert ist, ist, dass Sie hierbei keine veränderbaren Speicherobjekte mit statischer Lebensdauer verwenden können.

In der Praxis wird daher die Deklaration (!) einer `inline`-Funktion in eine externe Headerdatei ohne `inline` geschrieben und zusätzlich mit dem Schlüsselwort `extern` versehen, um so der kompletten Übersetzungseinheit zur Verfügung zu stehen, die diese Headerdatei inkludiert.

```
/* inline.h */
#ifndef INLINE_H
#define INLINE_H
```

```
extern void xchange(int *z1, int *z2);
extern void print(int *z1, int *z2);

#endif
```

Jetzt können Sie auch die `inline`-Funktionen wie gewöhnliche Funktionen verwenden:

```
/* inliner2.c */
#include <stdio.h>
#include <stdlib.h>
#include "inline.h"

inline void xchange(int *z1, int *z2) {
   int tmp;

   tmp  = *z2;
   *z2  = *z1;
   *z1  = tmp;
}

inline void print(int *z1, int *z2) {
   printf("%d :: %d\n", *z1, *z2);
}

int main(void) {
   int zahl1 = 123, zahl2 = 321;

   print(&zahl1, &zahl2);
   xchange(&zahl1, &zahl2);
   print(&zahl1, &zahl2);
   return EXIT_SUCCESS;
}
```

In diesem Kapitel erfahren Sie einiges zum Präprozessor. Der Präprozessor ist ein Teil des Compilers, der noch vor der Übersetzung einige Änderungen am Quelltext vornimmt.

10 Präprozessor-Direktiven

Wenn in der Sprache C ein Programm übersetzt (kompiliert und gelinkt) werden soll, dann wird, bevor der Compiler den Quelltext verarbeitet, von einem besonderen Teil des Compilers – dem Präprozessor – ein zusätzlicher Übersetzungslauf durchgeführt. Bei Präprozessor-Direktiven steht immer das Zeichen # am Anfang der Zeile. Außerdem darf pro Zeile nur eine Direktive eingesetzt werden. Folgendes ist also nicht erlaubt:

```
#include <stdio.h>  #include <stdlib.h>
```

Kommentare hingegen dürfen sehr wohl hinter einer Direktive stehen:

```
#include <stdio.h>  /* Headerdatei für Standardfunktionen */
```

Die folgenden Arbeiten fallen für den Präprozessor neben der Quelltextersetzung ebenfalls an:

- Stringliterale werden zusammengefasst (*konkateniert*).
- Zeilenumbrüche mit einem Backslash am Anfang werden entfernt.
- Kommentare werden entfernt und durch Leerzeichen ersetzt.
- Whitespace-Zeichen zwischen Tokens werden gelöscht.

Des Weiteren gibt es Aufgaben für den Präprozessor, die vom Programmierer gesteuert werden können:

- Header- und Quelldateien in den Quelltext kopieren (`#include`)
- symbolische Konstanten einbinden (`#define`)
- bedingte Kompilierung (`#ifdef`, `#elseif`, ...)

Auf die Präprozessor-Direktiven, die Sie als Programmierer selbst steuern können, gehe ich auf den folgenden Seiten ein.

10.1 Einkopieren von Dateien mittels »#include«

Die Direktive `#include` kopiert andere, benannte (Include-)Dateien in das Programm ein. Meistens handelt es sich dabei um Headerdateien mit der Extension **.h* oder **.hpp*. Hier sehen Sie die Syntax der Präprozessor-Direktive `include`:

```
#include <header >
#include "header"
```

Der Präprozessor entfernt die `include`-Zeile und ersetzt diese durch den Quelltext der `include`-Datei. Der Compiler erhält anschließend einen modifizierten Text zur Übersetzung.

Natürlich können Sie damit eigene Headerdateien schreiben und diese einkopieren lassen. Sie haben beispielsweise eine Headerdatei geschrieben und diese im Verzeichnis */HOME/MYOWNHEADERS* unter dem Namen *meinheader.h* gespeichert. Dann müssen Sie diese Headerdatei am Anfang des Quelltextes mit

```
#include "/home/myownheaders/meinheader.h"
```

einkopieren. Dabei muss dasjenige Verzeichnis angegeben werden, in dem die Headerdatei gespeichert wurde. Steht die Headerdatei hingegen zwischen eckigen Klammern (wie dies bei Standardbibliotheken meistens der Fall ist), also so:

```
#include <datei.h>
```

so wird die Headerdatei *datei.h* im implementierungsdefinierten Pfad gesucht. Dieser Pfad befindet sich in dem Pfad, in dem sich die Headerdateien Ihres Compilers befinden.

Steht die Headerdatei zwischen zwei Hochkommata, also so:

```
#include "datei.h"
```

so wird diese im aktuellen Arbeitsverzeichnis oder in dem Verzeichnis gesucht, das mit dem Compiler-Aufruf `-I` angegeben wurde – vorausgesetzt, Sie übersetzen das Programm in der Kommandozeile. Sollte diese Suche erfolglos sein, so wird in denselben Pfaden gesucht, als wäre `#include <datei.h>` angegeben.

Abbildung 10.1 zeigt die einzelnen Schritte, durch die aus dem Quellcode eine ausführbare Datei wird (von oben nach unten).

Tabelle 10.1 enthält eine Übersicht der Standard-Headerdateien, die von ANSI C vorgeschrieben sind:

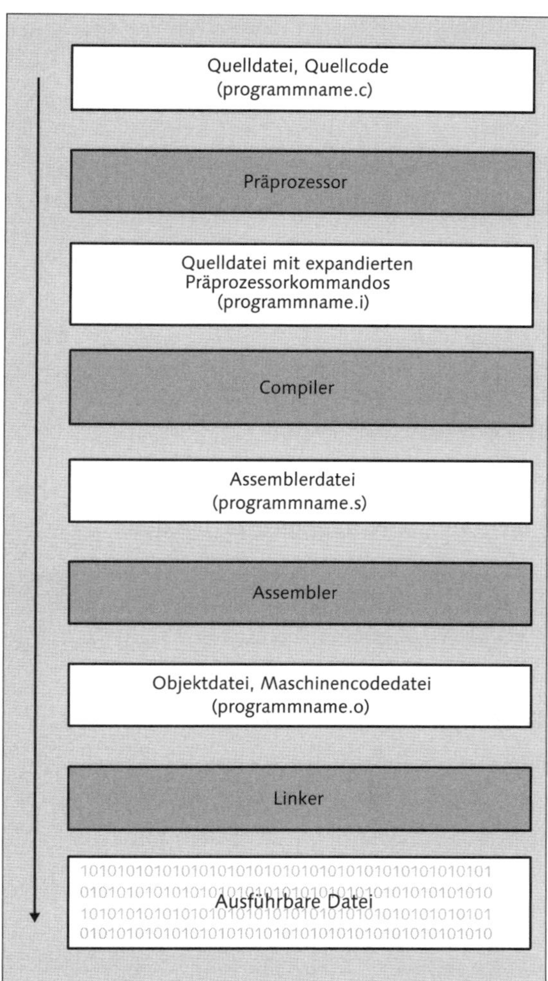

Abbildung 10.1 Von der Quelldatei zur ausführbaren Datei

Headerdatei	Bedeutung
`assert.h`	Fehlersuche und Debugging
`ctype.h`	Zeichentest und Konvertierung
`errno.h`	Fehlercodes
`float.h`	Limits/Eigenschaften für Gleitpunkttypen
`limits.h`	Implementierungskonstanten
`locale.h`	länderspezifische Eigenschaften
`math.h`	mathematische Funktionen

Tabelle 10.1 Übersicht der Standard-Headerdateien (C89)

Headerdatei	Bedeutung
`setjmp.h`	unbedingte Sprünge
`signal.h`	Signale
`stdarg.h`	variable Parameterübergabe
`stddef.h`	Standard-Datentyp
`stdio.h`	Standard-I/O
`stdlib.h`	nützliche Funktionen
`string.h`	Zeichenkettenoperationen
`time.h`	Datum und Uhrzeit

Tabelle 10.1 Übersicht der Standard-Headerdateien (C89) (Forts.)

Beim C99-Standard (bzw. C95) sind dann noch folgende Headerdateien neu hinzugekommen (sie sind allerdings nicht in allen Compilern vorhanden):

Headerdatei	Bedeutung
`complex.h`	komplexe Arithmetik (Trigonometrie etc.)
`Fenv.h`	Kontrolle der Gleitpunkzahlen-Umgebung
`inttypes.h`	für genauere Integertypen
`iso646.h`	alternative Schreibweisen für logische Operatoren; zur Verwendung von Zeichensätzen im ISO-646-Format (seit C95 vorhanden)
`stdbool.h`	boolesche Datentypen
`stdint.h`	ganzzahlige Typen mit vorgegebener Breite
`tgmath.h`	typengenerische Mathematik-Funktionen
`wchar.h`	Umwandlung von Strings in Zahlwerte für den erweiterten Zeichensatz; String- und Speicherbearbeitung für den erweiterten Zeichensatz; Ein- und Ausgabe für den erweiterten Zeichensatz (seit C95 vorhanden)
`wctype.h`	Zeichenuntersuchung für den erweiterten Zeichensatz (seit C95 vorhanden)

Tabelle 10.2 Standard-Headerdateien, seit C99 vorhanden

10.2 Makros und Konstanten – »#define«

Mit `#define` ist es möglich, Zeichenketten anzugeben, die vor der Übersetzung des Programms gegen eine andere Zeichenkette ausgetauscht werden. Sie erinnern sich sicherlich aus dem vorangegangenen Kapitel daran, wie ein Programm übersetzt wird. Auch hier wird durch das Zeichen # bewirkt, dass der Präprozessor zuerst seine Arbeit verrichtet, bevor das werdende Programm vom Compiler in Assembler und dann in Maschinensprache übersetzt wird. Die Syntax der define-Direktive sieht so aus:

```
#define Bezeichner    Ersatzbezeichner
#define Bezeichner(Bezeichner_Liste)    Ersatzbezeichner
```

Bei der ersten Syntaxbeschreibung wird eine symbolische Konstante und im zweiten Fall ein Makro definiert.

10.2.1 Symbolische Konstanten mit »#define«

Hier sehen Sie ein erstes Programmbeispiel, das eine symbolische Konstante definiert:

```
/* define1.c */
#include <stdio.h>
#include <stdlib.h>
#define EINS 1

int main(void) {
   printf("%d\n",EINS);
   return EXIT_SUCCESS;
}
```

Im Programm wird jede symbolische Konstante EINS mit dem Wert 1 definiert. Wenn Sie das Programm übersetzen, werden vor der Kompilierung alle Namen mit EINS im Quelltext vom Präprozessor durch den Wert 1 ersetzt. Die Konstante EINS müssen Sie nicht wie im Beispiel ausdrücklich in großen Buchstaben schreiben. Dies dient nur der besseren Übersicht. Aber Achtung, Folgendes funktioniert nicht:

```
printf("EINS");
```

In diesem Fall wird tatsächlich der String "EINS" auf dem Bildschirm ausgegeben und nicht der Wert 1. Das bedeutet, hier wird die Konstante EINS nicht durch 1 ersetzt.

Merke

Beachten Sie, dass #define-Makros Konstanten sind. Einmal festgelegte Konstanten können zur Laufzeit des Programms nicht mehr geändert werden.

Welchen Vorteil haben solche Defines? Das soll das folgende Programm demonstrieren:

```
/* kreisber.c */
#include <stdio.h>
#include <stdlib.h>
/*  Bei Linux muss für math.h das Compiler-Flag -lm
 *  mit angegeben werden:
 *  gcc -o synkonst2 symkonst2.c -lm
 */
#include <math.h>
#define PI 3.1415926f

/*  Programm zur Berechnung von Kreisfläche(A), Durchmesser(d)
 *  und Umfang(U) und Durchmesser aus Umfang */

void kreisflaeche(void) {
   float A,d;

   printf("Durchmesser des Kreises eingeben: ");
   scanf("%f", &d);
   A = d*d*PI / 4;
   printf("Die Kreisfläche beträgt  %f\n", A);
}

void durchmesser(void) {
   float A, d;

   printf("Kreisfläche des Kreises eingeben: ");
   scanf("%f", &A);
   d =(float) sqrt((double)4*A/PI);
   printf("Der Duchmesser des Kreises ist %f\n", d);
}

void kreisumfang(void) {
   float U, d;

   printf("Durchmesser des Kreises eingeben: ");
   scanf("%f", &d);
   U = d * PI;
   printf("Der Umfang des Kreises beträgt %f\n", U);
}

void d2umfang(void) {
   float U,d;

   printf("Umfang des Kreises eingeben: ");
   scanf("%f",&U);
```

```
    d = U/PI;
    printf("Der Durchmesser des Kreises beträgt %f\n", d);
}

int main(void) {
    kreisflaeche();
    durchmesser();
    kreisumfang();
    d2umfang();
    return EXIT_SUCCESS;
}
```

In diesem Programm werden einfache Berechnungen von kreisförmigen Flächen durchgeführt. Statt `PI` an jeder Stelle im Programm erneut festzulegen, ist hier die textliche Ersetzung mittels `define` besser geeignet. Dadurch wird auch garantiert, dass stets der gleiche Wert überall im Programm verwendet wird. Sollten Sie z. B. eine genauere Angabe von `PI` benötigen, so müssen Sie nur die symbolische Konstante ändern.

Einen weiteren Vorteil bietet z. B. die Verwendung bestimmter Konstanten, etwa einer Landeswährung. Falls eine Änderung erforderlich wird, kann diese ohne viel Aufwand für das gesamte Programm an einer zentralen Stelle vorgenommen werden. Sie können bei Makrodefinitionen auch auf früher definierte Namen zurückgreifen, wie im folgenden Beispiel:

```
#define PI 3.141592653
#define PI_2 PI*2
```

Hier wird zuerst `PI` definiert und in der nächsten Zeile der Wert von `PI*2`, der textlich durch `PI_2` ersetzt wird.

Tipp

Verzichten Sie bei textlichen Ersetzungen auf überflüssige Berechnungen. So führt zum Beispiel ein Define der Art `#define PI atan(1)*4` dazu, dass dieser Wert im Programm jedes Mal erneut berechnet wird. Verwenden Sie für solche Fälle besser eine `const`-Variable wie zum Beispiel:

```
const double PI = atan(1)*4;
```

Mit der `#define`-Direktive können nicht nur Zahlen als symbolische Konstanten festgelegt werden, sondern auch Strings. Beispiel:

```
#include <stdio.h>
#define GANZZAHL    int
#define SCHREIB     printf(
#define END         );
```

```
#define EINGABE       scanf(
#define ENDESTART     return 0;
#define NEUEZEILE     printf("\n");
#define START         int main()

#define BLOCKANFANG   {
#define BLOCKENDE     }
```

Mit diesen Festlegungen wurde mit minimalem Aufwand eine eigene kleine Programmiersprache erzeugt! Ein Programm in der neuen Sprache könnte zum Beispiel so aussehen:

```
START
 BLOCKANFANG
   GANZZAHL zahl;
   SCHREIB "Hallo Welt" END
   NEUEZEILE
   SCHREIB "Zahleingabe: " END
   EINGABE "%d", &zahl END
   SCHREIB "Die Zahl war %d", zahl END
 ENDESTART
BLOCKENDE
```

Hier wurde nicht wirklich eine neue Programmiersprache erzeugt. Statt `int main()` wird in dem Programm einfach `START` geschrieben, oder statt `return 0` wird `ENDESTART` geschrieben. Der Präprozessor ersetzt vor der Übersetzung des Compilers die Pseudo-Sprache wieder nach C.

Diese Pseudo-Sprache soll jetzt in eine eigene Headerdatei gepackt werden. Legen Sie dazu eine neue Quelldatei mit folgendem Inhalt an:

```
/* mysyntax.h */
#ifndef MYSYNTAX_H
#define MYSYNTAX_H

#include <stdio.h>
#include <stdlib.h>
#define GANZZAHL         int
#define SCHREIB          printf(
#define END              );
#define EINGABE          scanf(
#define ENDESTART        return EXIT_SUCCESS;
#define NEUEZEILE        printf("\n");
#define START            int main()
#define BLOCKANFANG      {
```

```
#define BLOCKENDE          }

#endif /*MYSYNTAX_H*/
```

Speichern Sie diese Codezeilen unter dem Namen *MYSYNTAX.H*. Jetzt folgt noch das Hauptprogramm inklusive der neuen Headerdatei:

```
/* mein_C.c */
#include "mysyntax.h"

START
 BLOCKANFANG
     GANZZAHL zahl;
     SCHREIB "Hallo Welt" END
     NEUEZEILE
     SCHREIB "Zahleingabe: " END
     EINGABE "%d", &zahl END

     SCHREIB "Die Zahl war %d", zahl END
     NEUEZEILE
   ENDESTART
 BLOCKENDE
```

Speichern Sie das Hauptprogramm im selben Verzeichnis, in dem sich auch *mysyntax.h* befindet. Den Namen für das Hauptprogramm können Sie frei wählen, zum Beispiel: *mein_C.c*. Übersetzen Sie dieses Programm. Befindet sich die Headerdatei *mysyntax.h* in einem anderen Verzeichnis als das Hauptprogramm, muss dies dem Compiler mitgeteilt werden. Befindet sich die Headerdatei z. B. in */home/myhome/myheader*, wird dies dem Präprozessor wie folgt mitgeteilt:

```
#include "/home/myhome/myheader/mysyntax.h"
```

Auf MS Windows-Systemen muss das so aussehen (*C:* sei Ihr Arbeitslaufwerk):

```
#include "c:\Programme\mysyntax.h"
```

10.2.2 Makros mit »#define«

Weiterhin haben Sie die Möglichkeit, mit der `define`-Direktive parametrisierte Makros zu schreiben. Ein Beispiel:

```
/* define2.c */
#include <stdio.h>
#include <stdlib.h>
#define KLEINER_100(x) ((x) < 100)
```

```
void klHundert(int zahl) {
   if(KLEINER_100(zahl))
      printf("Ja! Die Zahl ist kleiner als 100!\n");
   else
      printf("Die Zahl ist größer als 100!\n");
}

int main(void) {
   int b = 99;

   klHundert(b);
   return EXIT_SUCCESS;
}
```

Ein parametrisiertes Makro erkennen Sie daran, dass unmittelbar nach dem Makronamen eine Klammer folgt:

```
#define KLEINER_100(x)  ((x) < 100)
```

Alleinstehende Makros benötigen bei Verwendung im Programm kein Semikolon am Ende der Zeile. Daran lassen sich Makros auch oft erkennen. Es wird zwar nicht vom Compiler moniert, wenn Sie dennoch Semikolons setzen; es ist aber nicht erforderlich.

Im betrachteten Fall haben Sie den formalen Parameter `x`. Dieser kann auf der rechten Seite des Makros beliebig oft verwendet werden. Dabei müssen Sie beachten, dass dieser formale Parameter ebenfalls auf der rechten Seite in Klammern stehen muss. Folgende Definition wäre falsch:

```
#define KLEINER_100(x)  (x < 100)
```

da sich hier der Parameter `x` nicht zwischen Klammern befindet. Die Zeile

```
if(KLEINER_100(zahl))
```

sieht nach dem Präprozessorlauf, also vor der eigentlichen Kompilierung, so aus:

```
if((zahl) < 100)
```

Eine weitere, häufig eingesetzte Variante dieser Art ist:

```
#define MAX(x,y) ( (x)<=(y) ?(y) :(x) )
```

Hier werden gleich zwei Argumente als Parameter verwendet. Beide Parameter werden durch ein Komma voneinander getrennt. Bei diesem Makro wird die größere der beiden Dezimalzahlen ermittelt. Ein weiteres Beispiel:

```
#define TAUSCHE(x,y)   { \
   int j; \
```

```
   j=x; x=y; y=j; \
  }
```

Mit diesem Makro werden zwei Integer-Werte vertauscht. Wie sich ein Makro mit mehreren Statements über mehrere Zeilen erstrecken kann, lässt sich an diesem Beispiel ebenfalls erkennen. Bei der Makrodefinition muss an jedem Zeilenende ein Backslash geschrieben werden.

Lange Makros, auf die häufig zugegriffen wird, können allerdings den Code unnötig aufblähen. In solch einem Fall sind Funktionen besser geeignet. Hierzu ein Negativ-Beispiel:

```
/* bad_define1.c */
#include <stdio.h>
#include <stdlib.h>
#define VIEL_TEXT "TextTextTextTextTextTextTextTextTextText"\
                  "TextTextTextTextTextTextTextTextTextText"\
                  "TextTextTextTextTextTextTextTextTextText"\
                  "TextTextTextTextTextTextTextTextTextText\n"

int main(void) {
   printf(VIEL_TEXT);
   printf(VIEL_TEXT);
   printf(VIEL_TEXT);
   return EXIT_SUCCESS;
}
```

Dieses Programm würde nach dem Präprozessorlauf und vor dem Compilerlauf folgendermaßen aussehen:

```
/* bad_define2.c */
#include <stdio.h>
#include <stdlib.h>

int main(void) {
   printf("TextTextTextTextTextTextTextTextTextText"\
          "TextTextTextTextTextTextTextTextTextText"\
          "TextTextTextTextTextTextTextTextTextText"\
          "TextTextTextTextTextTextTextTextTextText\n");
   printf("TextTextTextTextTextTextTextTextTextText"\
          "TextTextTextTextTextTextTextTextTextText"\
          "TextTextTextTextTextTextTextTextTextText"\
          "TextTextTextTextTextTextTextTextTextText\n");
   printf("TextTextTextTextTextTextTextTextTextText"\
          "TextTextTextTextTextTextTextTextTextText"\
          "TextTextTextTextTextTextTextTextTextText"\
```

```
        "TextTextTextTextTextTextTextTextTextText\n");
   return EXIT_SUCCESS;
}
```

Jetzt dasselbe Beispiel mit einer Funktion, die in diesem Fall die effizientere Methode darstellt:

```
/* without_define.c */
#include <stdio.h>
#include <stdlib.h>

void viel_text(void) {
   printf("TextTextTextTextTextTextTextTextTextText"\
          "TextTextTextTextTextTextTextTextTextText"\
          "TextTextTextTextTextTextTextTextTextText"\
          "TextTextTextTextTextTextTextTextTextText\n");
}

int main(void) {
   viel_text();
   viel_text();
   viel_text();
   return EXIT_SUCCESS;
}
```

Die `define`-Direktive ist im Übrigen eine rein für die Programmiersprache C gedachte Direktive. Ein reiner C++-Compiler wird `define` deshalb nicht erkennen und kompilieren. Die meisten Compiler kennen aber sowohl C als auch C++.

In der Regel sollten hier also keine Probleme beim Kompilieren auftreten. Dies nur ergänzend zum Thema, falls Sie die Grundlagen in C kennenlernen wollen, um anschließend mit C++ fortzufahren. Unter C++ und dem neuen ANSI-C99-Standard können kleinere Funktionsmakros außerdem durch `inline`-Funktionen ersetzt werden.

Hinweis

Der Geltungsbereich von symbolischen Konstanten bzw. Makros reicht vom Punkt der Deklaration mit `#define` bis zur Aufhebung mit `#undef`. Die Aufhebung mittels `#undef` ist aber optional. Wird `#undef` nicht verwendet, reicht der Geltungsbereich bis zum Dateiende.

10.3 Bedingte Kompilierung

Zu diesem Unterkapitel muss erwähnt werden, dass viele der beschriebenen Vorgehensweisen nicht dem ANSI-C-Standard entsprechen. Da aber Programmierer oft ihre Programme auch auf andere Systeme portieren wollen, gehe ich hier dennoch näher auf die Thematik ein. Hierzu betrachten wir die Syntax zur bedingten Übersetzung:

```
#ifdef   symbol
#ifdef ( symbol )

#elif   symbol
#elif ( symbol )

#else

#endif
```

Diese Direktiven werden eingesetzt, um zu überprüfen, ob ein Symbol zuvor schon mit `#define` definiert wurde. Ist `symbol` definiert, liefern diese Direktiven 1 zurück, ansonsten 0. Abgeschlossen wird eine bedingte Übersetzung mit der Direktive `#endif`.

Sie haben im vorangegangenen Kapitel (bei der selbst geschriebenen Headerdatei) schon einen kurzen Einblick in die bedingte Kompilierung erhalten. Hierzu ein einfaches Beispiel:

```
/* clrscr.c */
#include <stdio.h>
#include <stdlib.h>
#ifdef __unix__
   #define clrscr() printf("\x1B[2J")
#elif __BORLANDC__ && __MSDOS__
   #include <conio.h>
#elif __WIN32__ || _MSC_VER
   #define clrscr() system("cls")
#else
   #define clrscr() printf("clrscr() - Fehler!!\n")
#endif

int main(void) {
   /* universale Routine zum Löschen des Bildschirms */
   clrscr();
   return EXIT_SUCCESS;
}
```

Hier wird vor der Übersetzung festgelegt, welche Routine zum Löschen des Bildschirms benutzt werden soll. Mit

```
#ifdef __unix__
```

überprüft der Präprozessor, ob das Programm auf einem UNIX-artigen System läuft. Wenn das der Fall ist, dann wird mit

```
#define clrscr() printf("\x1B[2J")
```

die Routine zum Löschen des Bildschirms definiert, da diese eben nur unter UNIX/Linux funktioniert. Falls es sich nicht um ein UNIX-System handelt, wird mit

```
#elif __BORLANDC__ && __MSDOS__
```

überprüft, ob das Programm mit einem Borland-Compiler und unter MS-DOS übersetzt wird. Ist das der Fall, dann wird das Löschen des Bildschirms durch eine in der Headerdatei `#include <conio.h>` definierte Funktion mit demselbem Namen vorgenommen. Anschließend wird überprüft, ob das Programm in einem Win32-Fenster läuft oder mit dem Visual C++-Compiler übersetzt wird.

```
#elif __WIN32__ || _MSC_VER
   #define clrscr() system("cls")
```

Trifft keiner der geprüften Fälle zu, wird eine entsprechende Ausgabe erzeugt:

```
#else
   #define clrscr() printf("clrscr()-Fehler!!\n")
```

Abgeschlossen wird diese bedingte Kompilierung mit:

```
#endif
```

Durch die bedingte Kompilierung besteht die Möglichkeit, Programme einfacher auf andere Systeme zu portieren. Die bedingte Kompilierung lässt sich auch anders verwenden:

```
/* t_system.c */
#include <stdio.h>
#include <stdlib.h>

#ifdef __MSDOS__
int main(void) {
   printf("Programm läuft unter MSDOS \n");
   return EXIT_SUCCESS;
}

#elif __WIN32__ || _MSC_VER
```

```
int main(void) {
   printf("Programm läuft unter Win32\n");
   return EXIT_SUCCESS;
}

#elif __unix__ || __linux__
int main(void) {
   printf("Programm läuft unter UNIX/LINUX\n");
   return EXIT_SUCCESS;
}

#else
int main(void) {
   printf("Unbekanntes Betriebssystem!!\n");
   return EXIT_SUCCESS;
}
#endif
```

Hier wurden mehrere main()-Funktionen verwendet. Auf dem System, für das die bedingte Kompilierung gilt, wird die entsprechende main-Funktion auch ausgeführt.

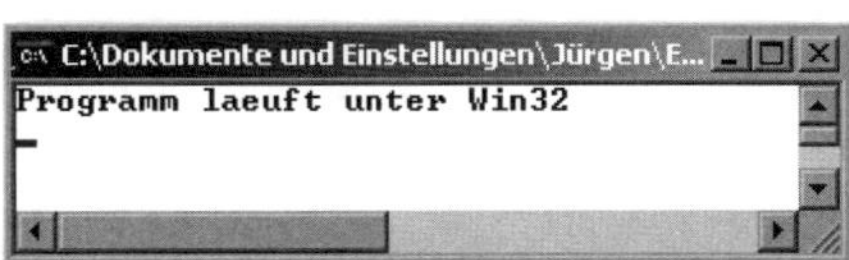

Abbildung 10.2 Bedingte Kompilierung – das Programm läuft unter Win32.

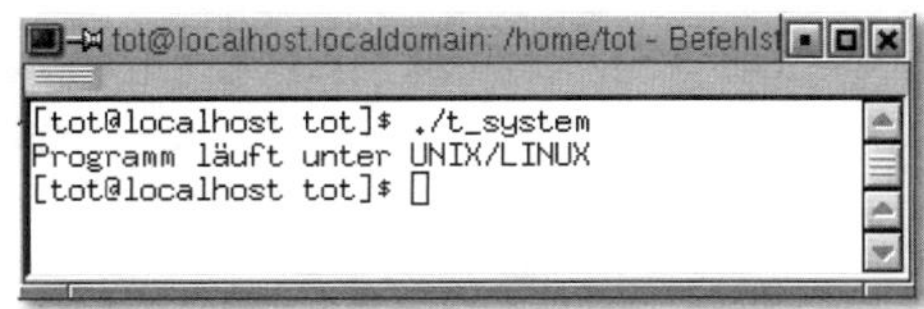

Abbildung 10.3 Bedingte Kompilierung – das Programm läuft unter Linux/UNIX.

Sie können die bedingte Kompilierung mit if else-Abfragen vergleichen. Um compiler-spezifische Abfragen zu tätigen, gibt es folgende Compiler-Konstanten:

Konstante	Compiler
_MSC_VER	Microsoft C ab Version 6.0
_QC	Microsoft Quick C ab Version 2.51

Tabelle 10.3 Konstanten für bestimmte Compiler

Konstante	Compiler
`_TURBOC_`	Borland Turbo C, Turbo C++ und BC++
`_BORLANDC_`	Borland C++
`_ZTC_`	Zortech C und C++
`_SC_`	Symantec C++
`_WATCOMC_`	WATCOM C
`_GNUC_`	Gnu C
`_EMX_`	Emx Gnu C

Tabelle 10.3 Konstanten für bestimmte Compiler (Forts.)

Denken Sie daran, dass diese Konstanten nicht vom ANSI-C-Gremium vorgeschrieben sind!

Für die bedingte Kompilierung mit Betriebssystemen finden sich folgende Konstanten:

Konstante	Betriebssystem
`__unix__` oder `__unix`	UNIX-System
`__MS_DOS__`	MS-DOS
`__WIN32__`	Windows ab 95
`__OS2__`	OS2
`_Windows`	Zielsystem Windows
`__NT__`	Windows NT
`__linux__`	Linux
`__FreeBSD__`	FreeBSD
`OpenBSD`	OpenBSD
`_SGI_SOURCE`	SGI-IRIX mit Extension `*.sgi`
`_MIPS_ISA`	SGI-IRIX
`_hpux`	HP-UX

Tabelle 10.4 Konstanten für bestimmte Betriebssysteme

Es gibt sicherlich noch weitere Konstanten. Die hier genannten zählen zu den gängigsten. Sehen Sie sich ein anderes Programmbeispiel dazu an:

```
/* sektor.c */
#include <stdio.h>
#include <stdlib.h>
```

```
#ifdef __unix__ || linux
   #define SEKTORSIZE 4096
#elif __MSDOS__ || __WIN32__ || _MSC_VER
   #define SEKTORSIZE 512
#else
#define SEKTORSIZE 0
#endif

void sect(long size) {
   long kb,s=SEKTORSIZE;

   if(s == 0)
      printf("Unbekanntes System\n");
   else if(s==4096)
      printf("UNIXsystem : ");
   else
     printf("DOS/Win32 : ");
   kb = size * s;
   printf("%ld Sektoren = %ld B\n", size, kb);
}

int main(void) {
   long sector;

   printf("Wie viele Sektoren: ");
   scanf("%ld",&sector);
   sect(sector);
   return EXIT_SUCCESS;
}
```

Dies ist ein Beispiel zum Thema Portabilität. Auf MS-DOS/Win32 beträgt die Größe eines Sektors auf der Festplatte 512 KB. Auf UNIX-Systemen hingegen beträgt sie meist 4096 KB (unter BSD für gewöhnlich 1024 KB) pro Sektor. Sie müssen nur am Anfang des Programms dem Präprozessor die Anweisung geben, für welches System er die Größe einer bestimmten Anzahl von Sektoren ausgeben soll.

Folgende Schreibweisen sind im Übrigen identisch:

```
#ifdef MAKRO
/* ist identisch mit */
#if defined MAKRO
```

Des Weiteren gibt es eine Direktive, die es Ihnen ermöglicht, zu überprüfen, ob etwas nicht definiert wurde:

```
#ifndef __STDIO_H
   #define __STDIO_H
#endif
```

Hier überprüft der Präprozessor, ob er die Headerdatei *<stdio.h>* noch nicht eingebunden hat.

Das ist zum Beispiel erforderlich, wenn mehrere Headerdateien und Module benutzt werden, die *<stdio.h>* benötigen. Somit würden alle Makros in der Headerdatei *<stdio.h>* mehrmals definiert werden, was im schlimmsten Fall sogar einen Fehler auslösen kann. Mit der eben geschriebenen Struktur wird dies vermieden.

Auch zu dieser Direktive gibt es eine alternative Schreibweise:

```
#ifndef MAKRO
/* ist dasselbe wie */
#if !defined MAKRO
```

10.4 Vordefinierte Präprozessor-Direktiven (ANSI C)

Folgende vordefinierten Makros werden von ANSI C vorgeschrieben:

Makroname	Bedeutung
`__LINE__`	die Zeilennummer der aktuellen Zeile in der Programmdatei
`__FILE__`	der Name der Programmdatei
`__DATE__`	das Übersetzungsdatum der Programmdatei
`__TIME__`	die Übersetzungszeit der Programmdatei
`__STDC__`	das Erkennungsmerkmal eines ANSI-C-Compilers. Ist die ganzzahlige Konstante auf den Wert 1 gesetzt, handelt es sich um einen ANSI-C-konformen Compiler.
`__cplusplus`	C++-Code

Tabelle 10.5 Vordefinierte Standard-Makros

Hier sehen Sie ein Beispiel zur Verwendung dieser vordefinierten Makros:

```
/* direktiven.c */
#include <stdio.h>
#include <stdlib.h>

#if defined __STDC__
   #define isstd_c() printf("ANSI-C-Compiler\n")
#else
```

```
   #define isstd_c() printf("Kein ANSI-C-Compiler\n")
#endif

int main(void) {
   printf("Zeile %d in Datei %s\n",__LINE__,__FILE__);
   printf("Übersetzt am %s um %s\n",__DATE__,__TIME__);

   #line 999 "asdf.c"
   printf("Zeile %d in Datei %s\n",__LINE__,__FILE__);

   isstd_c();  /* Ist es ein ANSI-C-Compiler ? */
   return EXIT_SUCCESS;
}
```

Im Programm wurde gleich eine weitere neue Präprozessor-Direktive eingesetzt:

```
#line Zeilennummer dateinamen.c
```

Damit wird bewirkt, dass die nächste Zeile der Datei `dateiname.c` mit der Zeile `Zeilennummer` (also 999) beginnt. Diese Präprozessor-Direktive beeinflusst das Programm selbst nicht, sondern nur die Nummerierung der einzelnen Zeilen. Sie wird verwendet, um einem Programm Zeilennummern für Querverweise oder Fehlermeldungen zu übergeben. Diese Direktive wird vorwiegend von Programmen wie *lex* oder *yacc* verwendet, die C-Quelltexte erzeugen.

Außer den vordefinierten Makros (wie `__LINE__`, `__FILE__`, `__DATE__`, `__TIME__` und `__STDC__`) sind im C99-Standard weitere drei Makros hinzugekommen (siehe Tabelle 10.6).

Makro	Bedeutung
`__func__`	Gibt den Namen der Funktion aus, in der dieses Makro verwendet wird.
`__STD_HOSTED__`	Wenn es sich um eine Hosted-Implementierung der Standardbibliothek handelt, ist diese Konstante 1, ansonsten 0.
`__STD_VERSION__`	Wenn der ANSI-C99-Standard unterstützt wird, ist diese Konstante `199901L` (1999 Januar).

Tabelle 10.6 Neue vordefinierte Standardmakros

Einen Präprozessortest auf C99-Kompatibilität können Sie somit wie folgt durchführen:

```
#if defined(__STDC_VERSION__) && __STDC_VERSION__ >= 199901L
 // C99-kompatibler Quellcode.
#else
```

```
 // nicht C99-kompatibler Quellcode
#endif
```

Hier sehen Sie ein weiteres Beispiel mit dem Makro `__func__`, das sich prima zum Debuggen von Programmen eignet:

```
/* stdmakro.c */
#include <stdio.h>
#include <stdlib.h>

void eine_funktion(void) {
   printf("Name der Funktion: %s\n",__func__);
}

int main(void) {
   eine_funktion();
   return EXIT_SUCCESS;
}
```

10.5 Ersetzung eines Makroparameters durch einen String

Ist in einem Ersetzungstext vor dem Parameter das Zeichen # gesetzt, werden beim Aufruf des Makros das # und der Parameter durch den entsprechenden String ersetzt:

```
#define ausgabe(variable) printf(#variable"=%d\n",variable)
```

Hier wird der Variablen `zahl` der Wert 10 (`int Zahl=10;`) übergeben. Steht im Programm beispielsweise:

```
ausgabe(Zahl);
```

dann wandelt dies der Präprozessor zunächst um in:

```
printf("Zahl"" = %d\n", Zahl);
```

Tatsächlich verhält sich der Ausdruck so, als würde Folgendes in der Zeile stehen:

```
printf("Zahl = %d\n", Zahl);
```

Hierzu ein kleines Programmbeispiel, in dem diese Technik verwendet wird:

```
/* replace_makrparam.c */
#include <stdio.h>
#include <stdlib.h>
/* Bei Linux muss für math.h das Compiler-Flag -lm
 * mit angegeben werden:
```

```
 * gcc -o strkont strkont.c -lm
 */
#include <math.h>

#define wurzel(zahl)\
   printf(#zahl" von %f = %f\n",zahl,sqrt(zahl))
#define summe(zahl1,zahl2)\
   printf(#zahl1 "+" #zahl2 " = %d\n",zahl1+zahl2)
#define gibaus(string)\
   printf(#string"\n")
#define wertvon(zahl,format)\
   printf(#zahl" = "format"\n",zahl)

int main(void) {
   float Wurzel;
   int Wert1 = 100, Wert2 = 150, integer = 20;
   char character = 's';
   float floating = 5.550f;

   printf("Zahl eingeben : ");
   scanf("%f",&Wurzel);
   wurzel(Wurzel);
   summe(Wert1,Wert2);
   gibaus(Hallo Welt);
   wertvon(character,"%c");
   wertvon(integer,"%d");
   wertvon(floating,"%f");
   return EXIT_SUCCESS;
}
```

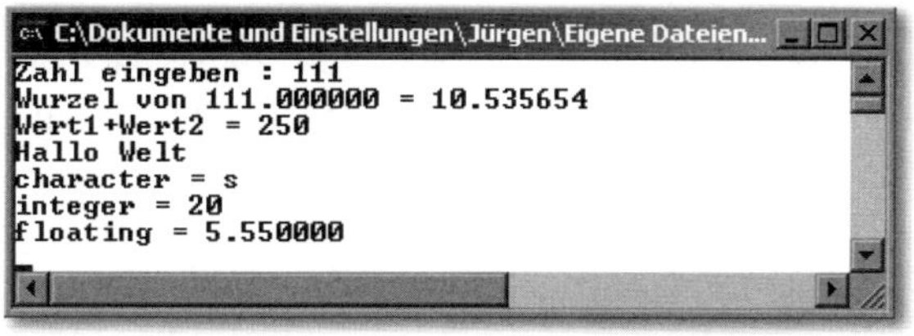

```
C:\Dokumente und Einstellungen\Jürgen\Eigene Dateien...
Zahl eingeben : 111
Wurzel von 111.000000 = 10.535654
Wert1+Wert2 = 250
Hallo Welt
character = s
integer = 20
floating = 5.550000
```

Abbildung 10.4 Ersetzung eines Makroparameters durch einen String

10.6 »#undef« – Makronamen wieder aufheben

Um ein Makro bzw. eine symbolische Konstante, die mit `#define` definiert wurde, wieder aufzuheben, müssen Sie im Programm nur

```
#undef makroname
```

schreiben. Eine Makrodefinition gilt von deren Festlegung (`#define`) bis zum Programmende oder bis zur nächsten `#undef`-Direktive. Ein Beispiel:

```
/* undef.c */
#include <stdio.h>
#include <stdlib.h>
#define NUM 10

int main(void) {
   printf("Wert für symb. Konstante NUM: %d\n",NUM); /* 10 */

#ifdef NUM
   #undef NUM    /* symb. Konstante aufheben */
#endif

#define NUM 100 /* symb. Konstante wieder neu definieren */

   printf("Wert für symb. Konstante NUM: %d\n",NUM); /* 100 */
   return EXIT_SUCCESS;
}
```

Hätten Sie die symbolische Konstante `NUM` vor der Neudefinition nicht mit `undef` aufgehoben, hätte dies eine Warnung des Compilers zur Folge.

10.7 Ausgeben von Fehlermeldungen – »#error«

Mit

```
#error "Fehlermeldung"
```

wird eine Stringkonstante `Fehlermeldung` in der entsprechenden Zeile ausgegeben; zum Beispiel so:

```
/* nicht_fertig.c */
#include <stdio.h>
#include <stdlib.h>
#define FERTIG

int main(void) {
   printf("Programmstart!\n");

#ifdef FERTIG
   #error "Das Programm ist noch nicht fertig gestellt!!\n"
#endif
```

```
    printf("Programmende");
    return EXIT_SUCCESS;
}
```

Wenn Sie versuchen, das Programm zu kompilieren, wird folgende Fehlermeldung des Compilers ausgegeben:

```
Das Programm ist noch nicht fertig gestellt!!
```

Das Programm lässt sich somit auch nicht kompilieren. Damit kann z. B. vermieden werden, dass ein noch nicht ganz fertiggestellter bzw. nicht fehlerfreier Codeabschnitt verwendet wird. Das kann bei einem Projekt, an dem mehrere Leute arbeiten, praktisch sein. Aber es lassen sich damit auch Fehlermeldungen ausgeben, die im Zusammenhang mit der Expansion von Makros festgestellt wurden. Zum Beispiel:

```
/* nicht_gerade.c */
#include <stdio.h>
#include <stdlib.h>
#define MAX 101

int main(void) {
   printf("Programmstart\n");

#if (MAX % 2) == 1
   #error "symb. Konstante MAX muss eine gerade Zahl sein!\n"
#endif

   printf("Programmende\n");
   return EXIT_SUCCESS;
}
```

Dieses Programm lässt sich erst übersetzen, wenn Sie der symbolischen Konstante `MAX` einen geraden Wert übergeben.

10.8 »#pragma«

`#pragma`-Direktiven sind compiler-spezifisch, also von Compiler zu Compiler verschieden. Wenn ein Compiler eine bestimmte `#pragma`-Direktive nicht kennt, wird diese ignoriert. Mithilfe dieser Pragmas können Compiler-Optionen definiert werden, ohne mit anderen Compilern in Konflikt zu geraten. Da das Verhalten von `#pragma`-Anweisungen stark systemabhängig ist, werde ich darauf hier nicht näher eingehen.

Bisher habe ich mich bei den speicherorientierten Strukturelementen auf einfache Datentypen beschränkt. Bei den Aufgaben wurden lediglich ganze Zahlen (`char`, `short`, `int`, `long`*) bzw. Fließkommazahlen (*`float`, `double`, `long double`*) besprochen. In diesem Kapitel erfahren Sie nun etwas über zusammengesetzte Datenstrukturen, kurz Arrays.*

11 Arrays

Mit Arrays haben Sie die Möglichkeit, eine geordnete Folge von Werten eines bestimmten Typs abzuspeichern und zu bearbeiten. Arrays werden auch als *Vektoren*, *Felder* oder *Reihungen* bezeichnet.

11.1 Arrays deklarieren

Die Syntax zur Deklaration eines Arrays sieht wie folgt aus:

```
Datentyp Arrayname[Anzahl_der_Elemente];
```

Als `Datentyp` geben Sie an, von welchem Datentyp die Elemente des Arrays sein sollen. Der `Arrayname` ist frei wählbar, mit denselben Einschränkungen für Bezeichner wie bei Variablen. Mit `Anzahl_der_Elemente` wird die Anzahl der Elemente angegeben, die im Array gespeichert werden können. Man spricht dabei auch vom Indexwert. Ein Array, das aus Elementen unterschiedlicher Datentypen besteht, gibt es in C nicht.

Angesprochen wird das gesamte Array mit allen Komponenten über den Array-Namen. Die einzelnen Elemente eines Arrays werden durch den Array-Namen und einen Indexwert (in eckigen Klammern) verwendet. Der Indexwert selbst wird über eine Ordinalzahl (Ganzzahl) angegeben und fängt bei null an zu zählen. Anhand der folgenden Zeile wird ein Array jetzt näher untersucht:

```
int i[5];
```

Durch diese Deklaration wird Platz für fünf Variablen im Array `i` vom Datentyp `int` im Speicher reserviert. In diesem Array können somit fünf Integerwerte gespeichert werden (siehe Abbildung 11.1).

Wie Sie in der Abbildung sehen, wurde ein Array vom Typ `int` deklariert. Mit dieser Deklaration wurde automatisch auch Speicherplatz für fünf `int`-Werte reserviert. Bei vier Bytes für eine `int`-Variable (je nach System) würden 20 Bytes im Arbeitsspeicher des Rechners belegt werden. Demnach benötigt ein Array wie z. B. `double abc[2000]` 16.000 Bytes. Alte C-Compiler hatten bei großen Arrays Probleme mit der Speicherverwaltung, da der Speicher auf 64 KB beschränkt war. (Es gab natürlich Tricks, diese Schwierigkeiten zu umgehen, darauf soll hier aber nicht näher eingegangen werden.) Bei modernen 32-Bit-Compilern dürften Sie in der Praxis wohl nie an irgendwelche Grenzen stoßen.

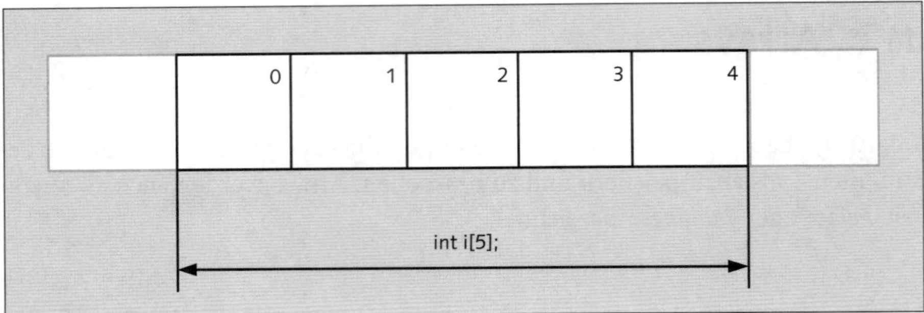

Abbildung 11.1 Anordnung eines Arrays mit fünf Werten

Merke

Die Größe eines Arrays muss zum Zeitpunkt der Übersetzung in der Regel bekannt sein. In C gibt es keine wachsenden Arrays. Natürlich gibt es auch hierzu wieder die Ausnahme von der Regel. Näheres dazu finden Sie in Kapitel 12, »Zeiger (Pointer)«.

11.2 Initialisierung und Zugriff auf Arrays

In dem folgenden Listing wird gezeigt, wie ein Array mit Werten initialisiert wird und wie darauf zugegriffen werden kann:

```
/* array1.c */
#include <stdio.h>
#include <stdlib.h>

int main(void) {
   int i[5];      /* Array mit 5 int-Elementen */

   /* Wertzuweisungen des Arrays */
   i[0] = 5;
   i[1] = 100;
```

```
   i[2] = 66;
   i[3] = 77;
   i[4] = 1500;

   /*Ausgabe der einzelnen Array-Elemente*/
   printf("Array-Element i[0]= %d\n", i[0]);
   printf("Array-Element i[1]= %d\n", i[1]);
   printf("Array-Element i[2]= %d\n", i[2]);
   printf("Array-Element i[3]= %d\n", i[3]);
   printf("Array-Element i[4]= %d\n", i[4]);
   return EXIT_SUCCESS;
}
```

Bei diesem Beispiel wurde an alle fünf Feldelemente ein Wert mithilfe des Indizierungsoperators [] übergeben. Und wie der Name des Operators schon sagt, dient dieser dem indizierten Zugriff auf Datentypen, die typischerweise hintereinander im Speicher abgelegt sind.

Warum lautet der Index des letzten Elements [4] und nicht [5]? Für den Computer ist die Zahl 0 auch ein Wert, und somit fängt dieser stets bei 0 an zu zählen:

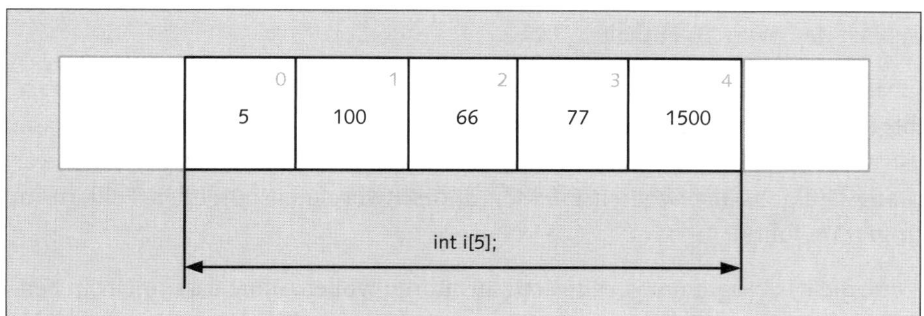

Abbildung 11.2 Ein Array mit Werten initialisieren

Sie sehen hier 5 Zahlen: 0, 1, 2, 3 und 4. Befände sich im Programm die Zeile

```
i[5] = 111;
printf("i[5] = %d\n",i[5]);
```

würde versucht, auf einen nicht reservierten Speicher zuzugreifen. Es wurde aber nur Speicher für fünf Adressen vom Datentyp int reserviert. Gefährlicher kann das werden, wenn dies in einer for-Schleife geschieht. Wird hier der Indexbereich überschritten, kann es passieren, dass mit falschen Werten weitergearbeitet wird. Hier ein Beispiel für einen Fehler, der leider oft gemacht wird:

```
/* array2.c */
#include <stdio.h>
```

```
#include <stdlib.h>

int main(void) {
   int test[10];
   int i;

   for(i = 0; i <= 10; i++)  /*  !!Bereichsüberschreitung!! */
      test[i] = i;
   for(i = 0; i <= 10; i++)
      printf("%d, ", test[i]);
   printf("\n");
   return EXIT_SUCCESS;
}
```

Das Programm macht nichts anderes, als das Array `test[10]` mit 11(!) Werten zu initialisieren, und anschließend werden diese Werte auf dem Bildschirm ausgegeben. Haben Sie den Fehler schon gefunden? Der Fehler liegt in der `for`-Schleife:

```
for(i = 0; i <= 10; i++)
```

Die `for`-Schleife wird insgesamt elfmal durchlaufen: 0, 1, 2, 3, 4, 5, 6, 7, 8, 9, 10. Es kann (oder besser es wird) bei diesem Programm passieren, dass `test[10]` tatsächlich den Wert 10 enthält.

Sobald aber irgendwo im Programm diese Speicheradresse für eine andere Variable benötigt wird, wird der aktuelle Wert von `test[10]` überschrieben. Es kann also nicht garantiert werden, dass der Wert von `test[10]` erhalten bleibt, was zwangsläufig zu ungewollten Effekten und schwer aufzuspürenden Fehlern im Programm führt.

Wenn Sie das Programm gegenwärtig ausführen wollen, ohne dass solch ein Fehler auftritt, müssen Sie nur den Zuweisungsoperator aus den beiden `for`-Schleifen entfernen:

```
for(i = 0; i < 10; i++)  /* ohne '='-Zeichen richtig */
```

In dem Programm haben Sie gesehen, wie auf ein Array zugegriffen werden kann, um es mit Werten zu initialisieren:

```
for(i = 0; i < 10; i++)
   test[i] = i;
```

Damit wird die Schleife abgebrochen, sobald `i` den Wert 10 erreicht. Generell ist also bei der Verwendung von Arrays im Zusammenhang mit Schleifen Vorsicht geboten, und Sie müssen genau darauf achten, dass der Wertebereich des Feldes nicht unter- bzw. überschritten wird. Solche Unter- oder Überschreitungen werden vom Compiler nicht überprüft oder moniert.

Hinweis

Auf manchen Systemen gibt es eine Compiler-Option (*range-checking*), womit ein solcher Über- bzw. Unterlauf eines Arrays zur Laufzeit des Programms geprüft wird. Das fertige Programm sollte allerdings nicht mehr mit dieser Option übersetzt werden, da dies zu einem schlechten Laufzeitverhalten führt.

Statt einer konstanten Ganzzahl wurde hier die Variable `i` verwendet. Das funktioniert deshalb, weil diese Variable vom Datentyp `int` ist und somit auch einer Ordinalzahl entspricht. Die Variable wird von der `for`-Schleife bei jedem Durchlauf um den Wert eins erhöht (inkrementiert). Daraus ergibt sich, dass als Index nur Ganzzahlwerte erlaubt sind. Oftmals wird zur Bezeichnung des Index auch eine `define`-Konstante verwendet, wie das folgende Beispiel demonstriert:

```
/* array3.c */
#include <stdio.h>
#include <stdlib.h>
#define SIZE 10

int main(void) {
   int zahlen[SIZE] = { 0 };

   printf("Anz. Elemente : %d\n", sizeof(zahlen) / sizeof(int));
   return EXIT_SUCCESS;
}
```

Solche Konstanten können die Lesbarkeit bei längeren Programmen erheblich verbessern und tragen dazu bei, Fehler zu vermeiden. Ein weiterer Vorteil entsteht, wenn Sie die Anzahl der Elemente des Arrays erhöhen wollen. Sie müssen nur den Wert der `define`-Konstante ändern und nicht mühsam im Programm danach suchen.

Arrays lassen sich auch anders, nämlich direkt bei der Deklaration, initialisieren. Die Werte müssen dabei zwischen geschweiften Klammern stehen:

```
int numbers[] = { 1, 2, 4, 5, 9 };
```

Wenn Sie das Array so initialisieren, können Sie die Größe des Arrays auch weglassen. C kümmert sich darum, dass genügend Speicher zur Verfügung steht. Die einzelnen Initializer werden immer mit einem Komma getrennt und stehen in geschweiften Klammern. Dadurch ist das Feld wie folgt mit Werten belegt:

```
numbers[0] = 1;
numbers[1] = 2;
numbers[2] = 4;
```

```
numbers[3] = 5;
numbers[4] = 9;
```

Natürlich können Sie trotzdem die Größe des Arrays angeben. Bei einem größeren Array hat diese Initialisierung den Vorteil, dass Sie alle anderen Werte gleich mit 0 vorbelegen können. Anstatt eine `for`-Schleife zu schreiben, wie etwa:

```
int bigarray[1000];

for(i = 0; i < 1000; i++)
   bigarray[i] = 0;
```

lässt sich das auch einfacher formulieren:

```
int bigarray[1000] = { 0 };
```

Hier wurde nur das Array mit dem Index `[0]`, also `bigarray[0]`, mit dem Wert 0 initialisiert. Die restlichen 999, die nicht ausdrücklich initialisiert wurden, werden jedoch automatisch ebenfalls mit dem Wert 0 besetzt.

Dies kann aber noch ganz anders gelöst werden, und zwar unter Verwendung der folgenden Funktion:

```
/* Beschreibung der Funktion, siehe Abschnitt 20.8  */
#include <string.h>

void *memset(void *adres, int zeichen, size_t n);
```

Mit der Funktion `memset()` wird der Wert von `zeichen` in jedes der ersten `n` Zeichen des Speicherbereichs mit der Adresse `adres` geschrieben. Das sieht dann wie folgt aus:

```
int bigarray[1000];
memset(bigarray, 0, sizeof(bigarray));
```

Wenn Sie das jetzt nicht nachvollziehen können: Ein paar Seiten später werden Sie es besser verstehen. Tatsächlich handelt es sich hier auch um einen Spezialfall der Verwendung von `memset()`, da sich dieses Verfahren nur mit dem Wert 0 auf ein `int`-Array anwenden lässt. Das liegt daran, dass `memset()` bitweise arbeitet. Bei einem `int`-Array auf einem 32-Bit-System würde dies bei 4 Bytes den Wert 16843009 bedeuten (alle Bits auf 1).

Hier noch ein weiteres Beispiel zur Initialisierung von Arrays:

```
double inhalt[100] = { 2.4, 2.8, 9.45, 10.99 };
```

Internes

memset() kann unter Umständen schneller sein als eine for-Schleife, da memset() viel näher an der Hardware operiert und eventuell deren Funktionalität ausbeuten kann (z. B. ist es viel sinnvoller, einen char[512] mit 128 0-longs zu belegen, anstatt 512-mal eine 0 zu speichern). memset() funktioniert außerdem auch bei multidimensionalen Arrays ohne Pointer, z. B.:

```
char m_ar[10][10];
memset(m_ar, 0, 100);
```

Hiermit wurden folgende Werte initialisiert:

```
inhalt[0] = 2.4
inhalt[1] = 2.8
inhalt[2] = 9.45
inhalt[3] = 10.99
inhalt[4] = 0.0
inhalt[5] = 0.0
...
inhalt[997] = 0.0
inhalt[998] = 0.0
inhalt[999] = 0.0
```

Ab inhalt[4] bis inhalt[999] werden alle Werte automatisch mit 0.0 initialisiert. Leider ist es nicht möglich, den Inhalt eines Arrays mit einem anderen konstanten Wert außer 0 zu initialisieren.

Hinweis

Manche Systeme vertragen keine lokalen, übergroß dimensionierten Arrays. Sollte das Programm bei Ihnen gleich nach dem Start abstürzen und verwenden Sie ein recht großes Array, dann könnte ein global definiertes Array Abhilfe schaffen.

11.2.1 Gültigkeitsbereich von Arrays

Der Gültigkeitsbereich von Arrays richtet sich danach, ob es sich dabei um ein statisches, globales oder ein normales (lokales) Array handelt. Betrachten Sie zur Verdeutlichung ein kleines Beispielprogramm:

```
/* array4.c */
#include <stdio.h>
#include <stdlib.h>

int wert_global[5];

int main(void) {
```

```
   static int wert_static[5];
   int wert_auto[5];
   int i;

   for(i = 0; i < 5; i++)
      printf("%d:\t%10d\t%10d\t%10d\n",
         i, wert_global[i], wert_static[i], wert_auto[i] );
   return EXIT_SUCCESS;
}
```

Abbildung 11.3. zeigt die Ausgabe des Programms am Bildschirm.

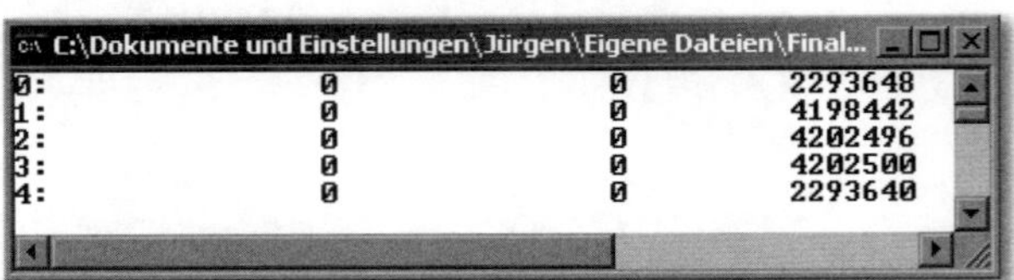

Abbildung 11.3 Gültigkeitsbereich von Variablen

Das Programm gibt für das globale und für das mit dem Schlüsselwort `static` deklarierte Array jeweils den Wert 0 aus. Das automatische Array `wert_auto` hingegen gibt einen undefinierten Wert zurück. Daraus lässt sich schließen, dass globale und mit `static` deklarierte Arrays automatisch mit 0 initialisiert werden.

Das Verhalten des Programms ändert sich, wenn die Automatic-Variable (`wert_auto`) mit mindestens einem Wert initialisiert wird:

```
/* array5.c */
#include <stdio.h>
#include <stdlib.h>

int wert_global[5];

int main(void) {
   static int wert_static[5];
   int wert_auto[5] = { 0 };  /* Array mit 0 initialisiert */
   int i;

   for(i = 0; i < 5; i++)
      printf("%d:\t%10d\t%10d\t%10d\n",
         i, wert_global[i], wert_static[i], wert_auto[i] );
  return EXIT_SUCCESS;
}
```

Es wurde hier nur die Zeile

```
int wert_auto[5] = { 0 };
```

verändert und `wert_auto[0]` mit dem Wert 0 initialisiert. Die Ausgabe des Programms zeigt jetzt (erwartungsgemäß) die initialisierten Werte.

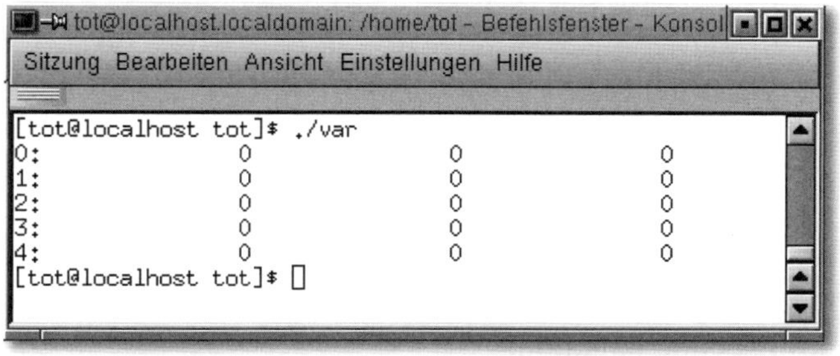
tot@localhost.localdomain: /home/tot - Befehlsfenster - Konsol
Sitzung Bearbeiten Ansicht Einstellungen Hilfe
[tot@localhost tot]$ ./var
0: 0 0 0
1: 0 0 0
2: 0 0 0
3: 0 0 0
4: 0 0 0
[tot@localhost tot]$

Abbildung 11.4 Gültigkeitsbereich von Variablen

11.3 Arrays vergleichen

Mithilfe des Indizierungsoperators `[]` können Sie zwei `int`-Arrays auf Gleichheit überprüfen:

```
/* array6.c */
#include <stdio.h>
#include <stdlib.h>
#define MAX 10

int main(void) {
   int i;
   int array1[MAX], array2[MAX];

   for(i = 0; i < MAX; i++) {
         array1[i] = i;
         array2[i] = i;
   }
   array2[5] = 100; /* array2 an Pos. 5 verändern */

   for(i = 0; i < MAX; i++) {
      if( array1[i] == array2[i] )
         continue;
      else {
         printf("Unterschied an Position %d\n",i);
         break;
      }
   }
   return EXIT_SUCCESS;
}
```

Mit der Zeile

```
if( array1[i] == array2[i] )
```

werden die einzelnen Werte `array1[i]` und `array2[i]` miteinander verglichen. Es werden also alle Elemente der Arrays durchlaufen und verglichen. Folgendes funktioniert allerdings nicht:

```
if( array1 == array2 )
```

Ganze Arrays lassen sich nicht miteinander vergleichen. In diesem Fall wurden lediglich zwei Speicheradressen verglichen. Für den Vergleich vollständiger bzw. kompletter Arrays gibt es folgende Funktion:

```
#include <string.h>

int memcmp(const void *adr1, const void *adr2, size_t n);
```

Diese Funktion vergleicht `n` Zeichen aus Adresse `adr1` und Adresse `adr2`. Sind beide Speicherbereiche gleich, liefert die Funktion den Wert 0 zurück (zur weiteren Beschreibung dieser Funktion siehe Abschnitt 20.8, »<string.h> – die mem…-Funktionen zur Speichermanipulation.« Hierzu ein Beispiel mit der Funktion `memcmp()`:

```
/* array7.c */
#include <stdio.h>
#include <stdlib.h>
#include <string.h>
#define MAX 10

int main(void) {
   int i;
   int array1[MAX];
   int array2[MAX];

   for(i = 0; i < MAX; i++) {
         array1[i] = i;
         array2[i] = i;
   }
   array2[5] = 100; /* Verändert array2 an Pos. 5. */

   if(memcmp(array1, array2, sizeof(array1)) == 0 )
      printf("Beide Arrays haben den gleichen Inhalt\n");
   else
      printf("Die Arrays sind unterschiedlich\n");
   return EXIT_SUCCESS;
}
```

Internes

Natürlich gilt bei `memcmp()` im Vergleich zur `for`-Schleife dasselbe wie schon bei `memset()`. Auch hierbei ist unter Umständen die Funktion `memcmp()` um einiges schneller als der Vergleich mit einer `for`-Schleife, da `memcmp()` ebenfalls näher an der Hardware operiert.

11.4 Anzahl der Elemente eines Arrays ermitteln

Wie lässt sich die Anzahl der Elemente eines Arrays ermitteln? Dies kann mit dem `sizeof`-Operator realisiert werden, den Sie bereits kennengelernt haben. Mit ihm lässt sich die Größe eines Datentyps in Byte ermitteln. Folgendes Array soll als Beispiel dienen:

```
int zahlen[] = { 3,6,3,5,6,3,8,9,4,2,7,8,9,1,2,4,5 };
```

Jetzt soll der `sizeof`-Operator auf dieses Array angewendet werden:

```
/* array8.c */
#include <stdio.h>
#include <stdlib.h>

int main(void) {
   int zahlen[] = {3,6,3,5,6,3,8,9,4,2,7,8,9,1,2,4,5};

   printf("Anzahl der Elemente: %d\n", sizeof(zahlen));
   return EXIT_SUCCESS;
}
```

Bei der Ausführung des Programms erhalten Sie auf einem 16-Bit-System als Ergebnis den Wert 34 und auf einem 32-Bit-System den Wert 68. Dass dieser Wert nicht der Anzahl der Elemente entspricht, ist leicht nachvollziehbar. Der Wert 34 bzw. 68 stellt in diesem Beispiel zunächst nur die Größe des Arrays in Byte dar. Damit die Anzahl der Elemente bestimmt werden kann, muss dieser Wert durch die Größe des Array-Datentyps geteilt werden:

```
/* array9.c */
#include <stdio.h>
#include <stdlib.h>

int main(void) {
   int zahlen[] = {3,6,3,5,6,3,8,9,4,2,7,8,9,1,2,4,5};

   printf("Anz. Elemente : %d\n", sizeof(zahlen) / sizeof(int));
```

```
    return EXIT_SUCCESS;
}
```

Damit haben Sie die richtige Anzahl der Elemente (17) ermittelt.

11.5 Übergabe von Arrays an Funktionen

Um Arrays an Funktionen zu übergeben, gehen Sie ähnlich wie bei Variablen vor. Die Funktionsdeklaration sieht folgendermaßen aus:

```
void function(int feld[], int n_Anzahl)
```

Auffällig ist hier, dass der Indexwert für die Größe des Arrays nicht angegeben wird. Das liegt daran, dass der Funktion nicht bekannt ist, wie viele Elemente das Array besitzt. Daher ist es empfehlenswert, der Funktion die Anzahl der Elemente als Argument mitzugeben, wie auch im Beispiel oben bei der Deklaration der Variablen `n_Anzahl` zu sehen ist.

Hierbei kommen Sie zum ersten Mal mit Zeigern in Berührung. Arrays werden bei einer Funktion nicht wie Variablen (*call-by-value*) kopiert, sondern als Zeiger übergeben (*call-by-reference*, siehe Kapitel 12, »Zeiger (Pointer)«). Somit muss die Funktion nicht notwendigerweise eine Kopie für das übergebene Array anlegen (wie sonst üblich), sondern arbeitet lediglich mit der (Anfangs-)Adresse des Arrays. Es ist also nicht zwingend erforderlich, die Größe des Arrays als Parameter an eine Funktion zu übergeben, da auf diese Weise von der Anfangsadresse eines Arrays aus sequenziell alle Elemente des Arrays erreicht werden können. Dieser enge Zusammenhang zwischen Arrays und Pointern wird in Kapitel 12 und teilweise auch in Kapitel 14 ausführlich erklärt.

Aufgerufen wird die Funktion mit folgenden Argumenten:

```
#define MAX 100
...
function(feld, MAX);
```

Damit bekommt die Funktion `function()` die Anfangsadresse des Arrays `feld` übergeben. Es wäre auch folgender Funktionsaufruf möglich:

```
function(&feld[0], MAX);
```

Auch hier wird der Funktion die Anfangsadresse übergeben, also die Adresse des ersten Elements des Arrays. Hier sehen Sie ein Beispiel dazu:

```
/* array10.c */
#include <stdio.h>
```

```
#include <stdlib.h>
#define MAX 10

void function(int feld[], int n_anzahl) {
   int i;

   for(i = 0; i < n_anzahl; i++)
      printf("%d; ", feld[i]);
   printf("\n");
}

int main(void) {
   int val[MAX];
   int i;

   for(i = 0; i < MAX; i++)
      val[i] = i+1;

   function(val, MAX);
   return EXIT_SUCCESS;
}
```

So weit, so gut. Wenn Sie jetzt aber bereits ein wenig Erfahrung mit C haben bzw. Ihnen das Thema Zeiger nicht ganz fremd ist, werden Sie sich wohl fragen, warum hier die Array-Deklaration so einfach mit einer Zeiger-Deklaration als formalem Parameter austauschbar ist? Dies hat den einfachen Grund, dass Arrays sofort in Zeiger umgewandelt werden (zerfallen) und somit nie wirklich ein Array an eine Funktion übergeben wird. Besonders Anfänger verwirrt dieser Umstand recht häufig, aber diese Umwandlung gilt wirklich *nur* für die formalen Parameter einer Funktion!

Jetzt ist Ihnen zwar bekannt, dass ein Array an eine Funktion als Referenz (auf eine Adresse) übergeben wird. Wie aber ist vorzugehen, wenn ein Array unbedingt als Kopie übergeben werden soll? Sie können das Array in eine Struktur verpacken und dann an die Funktion übergeben. Näheres zu den Strukturen erfahren Sie weiter unten. Für den Fall der Fälle folgt hier das Beispiel dazu:

```
/* array11.c */
#include <stdio.h>
#include <stdlib.h>

struct array{ int wert[3]; };

void output_array(struct array z) {
   int i;
```

```
   for(i = 0; i < sizeof(struct array) / sizeof(int); i++)
      printf("%d\t", z.wert[i]);
   printf("\n");
}

int main(void) {
   struct array new_array;

   new_array.wert[0] = 10;
   new_array.wert[1] = 20;
   new_array.wert[2] = 30;

   /* call-by-value */
   output_array(new_array);
   return EXIT_SUCCESS;
}
```

11.6 Arrays aus Funktionen zurückgeben

Arrays können nicht als Rückgabetyp von Funktionen definiert werden. Auch dazu bedienen wir uns des bekannten Tricks, Arrays in eine Struktur zu verpacken. Hierzu ein Listing zur Demonstration:

```
/* array12.c */
#include <stdio.h>
#include <stdlib.h>

struct array{ int wert[3]; };

struct array init_array(void) {
   int i;
   struct array z;

   for(i = 0; i < sizeof(struct array) / sizeof(int); i++) {
      printf("Wert %d eingeben: ",i);
      scanf("%d",&z.wert[i]);
   }
   return z;
}

void output_array(struct array z) {
   int i;
```

```
   for(i = 0; i < sizeof(struct array) / sizeof(int); i++)
      printf("%d\t", z.wert[i]);
   printf("\n");
}

int main(void) {
   struct array new_array;

   /* Array als Rückgabewert in einer Struktur verschachtelt */
   new_array=init_array();
   /* call-by-value */
   output_array(new_array);
   return EXIT_SUCCESS;
}
```

Die letzten beiden Listings dürften einen Programmierneuling ein wenig verwirrt haben, da zur Demonstration Strukturen verwendet wurden, die erst später in Kapitel 15 behandelt werden.

11.7 Programmbeispiel zu den Arrays

Das folgende, etwas umfangreichere Beispiel zeigt, welche Möglichkeiten die Verwendung von Arrays bietet. Das Beispielprogramm wertet eine Statistik für zwei Fußballmannschaften aus, und zwar das Tore- und Punkteverhältnis der letzten fünf Spiele, die beide Mannschaften gegeneinander gespielt haben:

```
/* array13.c */
#include <stdio.h>
#include <stdlib.h>

/* Bilanz aus 5 Spielen */
#define SPIELE 5
#define WIN    3
#define LOSE   0
#define REMIS  1

/* Alle Elemente mit 0 initialisieren */
int Bayern[SPIELE]  = { 0 };
int Borussia[SPIELE]= { 0 };

/* Funktion zum Zählen der Punkte */
void punkte(int bm[], int bd[], int count) {
   if(bm[count] > bd[count]) {
```

```
      bm[count] = WIN;  /* 3 Punkte für Bayern */
      bd[count] = LOSE;
   }
   else if(bm[count] < bd[count]) {
      bm[count] = LOSE;
      bd[count] = WIN;  /* 3 Punkte für Borussia */
   }
   else if(bm[count] == bd[count]) {
      bm[count] = REMIS; /* 1 Punkt für jeden - unentschieden */
      bd[count] = REMIS;
   }
}

int main(void) {
   unsigned int tor1, tor2;
   unsigned int tmptor1 = 0, tmptor2 = 0;
   unsigned int punkte_bay = 0, punkte_bor = 0;
   unsigned int count=0;          /* Indexzaehler */

   /* Eingabe des Anwenders */
   printf("Eingabe der letzten %d Spiele\n", SPIELE);

   while(count != SPIELE) {
         printf("%d. Spiel : Bayern - Borrusia\n", count+1);
         printf("Tor(e) Bayern   : ");
         scanf("%2u", &tor1);
         Bayern[count] = tor1;
         printf("Tor(e) Borussia : ");
         scanf("%2u", &tor2);
         Borussia[count] = tor2;

         tmptor1 += tor1;          /*Tore zaehlen Bayern*/
         tmptor2 += tor2;          /*Tore zaehlen Borussia*/
         /* Werte an Funktion punkte() uebergeben */
         punkte(Bayern, Borussia, count);

         /* Punkte zaehlen */
         punkte_bay += Bayern[count];
         punkte_bor += Borussia[count];
         /* Nächstes Spiel */
         count++;
   }
   /* Ausgabe der Statistik */
   printf("\n\nStatistik der letzten %d Spiele\n\n", SPIELE);
```

```
    printf("Bayern - Borussia\n");
    printf("Punkte : %2d : %2d\n", punkte_bay, punkte_bor);
    printf("Tore   : %2d : %2d\n", tmptor1, tmptor2);
    return EXIT_SUCCESS;
}
```

Die Bildschirmausgabe des Programms könnte (abhängig von den Eingabewerten) z. B. so aussehen wie in Abbildung 11.5.

Abbildung 11.5 Ausgabe des Programmbeispiels

Das Programm soll nun Schritt für Schritt erläutert werden.

```
int Bayern[SPIELE]  = { 0 };
int Borussia[SPIELE]= { 0 };
```

Hier wird jeweils ein Array mit dem Wert 0 initialisiert. Sehr wichtig im Programm ist folgende Variable:

```
unsigned int count = 0;
```

Mit ihr wird die Anzahl der gespielten Spiele gezählt.

In der `while`-Schleife der Hauptfunktion werden Sie aufgefordert, das Endergebnis jedes einzelnen Spiels einzugeben. Der Wert wird an die Arrays mittels

```
Bayern[count] = tor1;
...
Borussia[count] = tor2;
```

übergeben. War das erste Ergebnis beispielsweise 2:1 für `Bayern`, dann bekommen die Elemente mit dem Index 0 folgende Werte:

```
Bayern[0] = 2;
...
Borussia[0] = 1;
```

Diese beiden Werte werden danach mit der Anzahl absolvierter Spiele an die Funktion `void punkte(...)` übergeben:

```
punkte(Bayern, Borussia, count);
```

Tatsächlich werden hier die Anfangsadressen der Arrays an die Funktion `punkte()` übergeben. Dort wird mit `if else`-Anweisungen überprüft, welcher der beiden Werte höher ist. Dabei ist das aktuelle Ergebnis von Interesse, das mit dem Index `[count]` angegeben ist. Im konkreten Beispiel (2:1) wäre folgende Bedingung wahr:

```
if(bm[count] > bd[count]) {
      bm[count] = WIN;   /* 3 Punkte für Bayern */
      bd[count] = LOSE;
   }
```

Somit werden den Elementen der Arrays folgende Werte zugewiesen:

```
bm[0] = 3    /* Punkte für Bayern */
bd[0] = 0    /* Punkte für Borussia */
```

Wenn `Borussia` siegen sollte, überprüft die Funktion `punkte()` die nächste Bedingung. Die letzte `else-if`-Anweisung steht für ein Unentschieden beider Mannschaften, und jeder bekommt einen Punkt. Danach fährt das Programm mit der `while`-Schleife der Hauptfunktion fort. Dort wird mit

```
count++;
```

der Indexzähler um 1 erhöht, und es kommt die nächste Abfrage der Werte für:

```
Bayern[1]=... und Borussia[1]=...
```

Es werden so lange Werte eingegeben, bis

```
while(count != SPIELE)
```

unwahrheitsgemäß abbricht. Das ist der Fall, sobald `count == SPIELE` wird, also 5 Spiele gespielt wurden. Anschließend wird die Gesamtpunktzahl von jedem Team auf dem Bildschirm ausgegeben. Zur Vergabe von Punkten wurden hier symbolische Konstanten verwendet, falls sich im Reglement wieder einmal etwas in der Punktevergabe ändert.

11.8 Einlesen von Array-Werten

Einlesen können Sie die vom Benutzer eingegebenen Werte für ein Array beispielsweise mit `scanf()`, z. B. folgendermaßen:

```
/* array14.c */
#include <stdio.h>
#include <stdlib.h>
#define MAX 5

int main(void) {
   int i;
   int array[MAX];

   for(i = 0; i < MAX; i++) {
      printf("%d. Zahl > ", i+1);
      scanf("%d", &array[i]);
   }
   printf("Sie haben eingegeben: ");
   for(i = 0; i < MAX; i++)
      printf("%d ", array[i]);
   printf("\n");
   return EXIT_SUCCESS;
}
```

Sie müssen lediglich mithilfe des Indizierungsoperators das Indexfeld verwenden, das Sie mit einem Wert versehen wollen.

11.9 Mehrdimensionale Arrays

Arrays, wie sie bisher besprochen wurden, können Sie sich als einen Strang von hintereinander aufgereihten Zahlen vorstellen. Man spricht dann von *eindimensionalen Arrays* oder *Feldern*. Es ist aber auch möglich, Arrays mit mehr als nur einer Dimension zu verwenden:

```
int Matrix[4][5];     /* Zweidimensional - 4 Zeilen x 5 Spalten */
```

Hier wurde z. B. ein zweidimensionales Array mit dem Namen `Matrix` definiert. Dies entspricht im Prinzip einem Array, dessen Elemente wieder Arrays sind. Sie können sich dieses Feld wie bei einer Tabellenkalkulation vorstellen (siehe Abbildung 11.6).

[0][0]	[0][1]	[0][2]	[0][3]	[0][4]
[1][0]	[1][1]	[1][2]	[1][3]	[1][4]
[2][0]	[2][1]	[2][2]	[2][3]	[2][4]
[3][0]	[3][1]	[3][2]	[3][3]	[3][4]

Abbildung 11.6 Ein zweidimensionales Array (4 Zeilen × 5 Spalten)

11.9.1 Mehrdimensionale Arrays initialisieren

Werte bei mehrdimensionalen Arrays werden ähnlich übergeben wie bei einem eindimensionalen Array. Hier sehen Sie zum Beispiel eine Deklaration mit sofortiger Initialisierung von Werten:

```
/* 4 Zeilen 5 Spalten */
int Matrix[4][5] = { {10,20,30,40,50},
                     {15,25,35,45,55},
                     {20,30,40,50,60},
                     {25,35,45,55,65}};
```

Dadurch ergibt sich die Belegung des Feldes, die Sie in Abbildung 11.7 sehen.

[0][0] 10	[0][1] 20	[0][2] 30	[0][3] 40	[0][4] 50
[1][0] 15	[1][1] 25	[1][2] 35	[1][3] 45	[1][4] 55
[2][0] 20	[2][1] 30	[2][2] 40	[2][3] 50	[2][4] 60
[3][0] 25	[3][1] 35	[3][2] 45	[3][3] 55	[3][4] 65

Abbildung 11.7 Ein zweidimensionales Array, mit Werten initialisiert

Wie bei den normalen Arrays lassen sich die einzelnen Elemente mithilfe des Feldindex initialisieren. Wollen Sie beispielsweise das Element mit dem Wert 60 in 100 ändern, dann geht das wie folgt:

```
Matrix[2][4] = 100;
```

Hier wurde zum Beispiel der Inhalt von `Matrix[2][4]` verändert. Wollen Sie das Element mit dem Wert 65 in 66 umändern, dann wird folgender Feldindex verwendet:

```
Matrix[3][4] = 66;
```

Eine weitere Möglichkeit zur Initialisierung von mehrdimensionalen Arrays ist folgende:

```
int Matrix[4][4] = { {0},
                     {1},
                     {0,1},
                     {0,0,1} };
```

Hiermit besitzen alle Feldelemente, die nicht ausdrücklich initialisiert wurden, automatisch den Wert 0. Die Belegung des Feldes sieht also so aus wie in Abbildung 11.8.

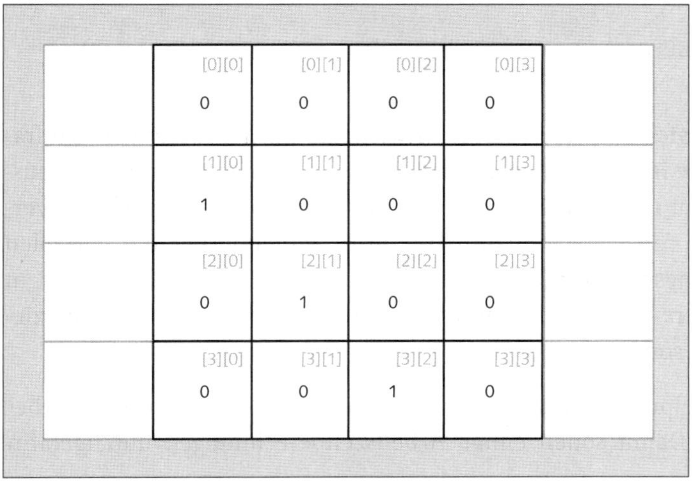

[0][0] 0	[0][1] 0	[0][2] 0	[0][3] 0
[1][0] 1	[1][1] 0	[1][2] 0	[1][3] 0
[2][0] 0	[2][1] 1	[2][2] 0	[2][3] 0
[3][0] 0	[3][1] 0	[3][2] 1	[3][3] 0

Abbildung 11.8 Ein zweidimensionales Array (4 × 4)

In der Praxis werden mehrdimensionale Arrays bei verschiedensten Arten von Berechnungen benötigt oder bei 2D-Darstellungen von Grafiken. Das folgende Programm demonstriert die Anwendung eines mehrdimensionalen Arrays:

```
/* md_array1.c */
#include <stdio.h>
```

```
#include <stdlib.h>

#define VOL1 3    /* Anzahl Felder erste Dimension - Zeilen   */
#define VOL2 4    /* Anzahl Felder zweite Dimension - Spalten */

int main(void) {
   int i,j;
   int myarray[VOL1][VOL2];      /* [3][4] */

   /* Eingabe der Array-Elemente */
   for(i=0; i < VOL1; i++) {
      for(j=0; j < VOL2; j++) {
         printf("Wert für myarray[%d][%d]:", i, j);
         scanf("%d", &myarray[i][j]);
      }
   }
   printf("\nAusgabe von myarray[%d][%d]...\n\n", VOL1, VOL2);
   for(i=0; i < VOL1; i++) {
      for(j=0; j < VOL2; j++) {
         printf("\t%4d ",myarray[i][j]);
      }
      printf("\n\n");
   }
   return EXIT_SUCCESS;
}
```

Das Programm tut nichts anderes, als den Anwender nach Ganzzahlen abzufragen, um diese Werte im zweidimensionalen Array zu speichern und wieder auszugeben. Um dies zu realisieren, wird eine äußere und innere `for`-Schleife verwendet. Die äußere `for`-Schleife dient dabei zur Inkrementierung der Variablen im linken Indizierungsoperator (oder, aus der Sicht einer Tabellenkalkulation, in der Zeile). Die innere `for`-Schleife inkrementiert den Wert im rechten Indizierungsoperator (und somit in der Spalte).

Im nächsten Beispielprogramm soll ein kleines Zeitkonto für einen Arbeitgeber verwaltet werden. Damit sollen einige Arbeitszeitberechnungen durchgeführt werden.

```
/* md_array2.c */
#include <stdio.h>
#include <stdlib.h>

#define ARBEITER 3
#define TAGE     5
```

```
int zeitkonto[ARBEITER][TAGE];

/* Fehlerausgabe */
void error(int n) {
   printf("%d (?) Falsche Eingabe!!\n",n);
}

/* -1- Ausgabe der Wochenarbeitszeit je Arbeiter */
void ArbeiterWochenStunden(void) {
   int i,j,tmp;

   for(i=0; i < ARBEITER; i++) {
      tmp=0;
      printf("Wochenarbeitszeit von Arbeiter Nr. %d\n", i+1);
      printf("-------------------------------------\n");
      for(j=0; j < TAGE; j++) {
         printf("|%d Std.", zeitkonto[i][j]);
         tmp += zeitkonto[i][j];
      }
      printf("| = Ges. %d Std.\n\n",tmp);
   }
}

/* -2- Durchschnittszeiten pro Tag in der Woche je Arbeiter */
void ArbeiterTagesDurchschnitt(void) {
   int i,j,tmp;

   for(i=0; i < ARBEITER; i++) {
      tmp=0;
      printf("Durchschn. pro Tag/Woche Arbeiter: %d\n",i+1);
      printf("-------------------------------------------\n");
      for(j=0; j < TAGE; j++) {
         tmp+=zeitkonto[i][j];
      }
      printf("Durchschn. v. Arbeiter %d p. Tag: %.1f "
             "Std/Tag\n\n" , i+1, (float)tmp / TAGE);
   }
}

/* -3- Durchschnittszeit aller Arbeiter pro Tag */
void TeamTagesDurchschnitt(void) {
   int i,j,tmp;

   for(i=0; i < TAGE; i++) {
      tmp=0;
```

```
      printf("Durchschn. Arbeitszeit aller Mitarbeiter pro "
             "Tag %d = ", i+1);
      for(j=0; j < ARBEITER; j++) {
         tmp += zeitkonto[j][i];
      }
      printf("%.1f Std.\n\n",(float)tmp/ARBEITER);
   }
}

/* -4- Gesamtstunden aller Arbeiter in der Woche */
void TeamWochenStunden(void) {
   int i, j, tmp=0;

   printf("Gesamtstunden aller Arbeiter in der Woche\n");
   printf("-----------------------------------------\n");
   for(i=0; i < ARBEITER; i++) {
      for(j=0; j < TAGE; j++) {
         tmp+=zeitkonto[i][j];
      }
   }
   printf("Gesamtstunden aller Arbeiter i. d. Woche: "
          " %d Std.\n" , tmp);
}

/* Stundenübersicht eines einzelnen Arbeiters */
void ArbeiterStundenUebersicht(void) {
   int arb,tag;

   printf("Welcher Arbeiter: ");
   scanf("%d", &arb);
   printf("Welcher Tag: ");
   scanf("%d", &tag);
   if(arb > ARBEITER) {
      printf("Die Firma hat nur %d Arbeiter\n", ARBEITER);
      return;
   }
   else if(tag > TAGE) {
      printf("Es werden nur %d Tage gespeichert\n", TAGE);
      return;
   }
   printf("Arbeiter Nr.%d hat am Tag %d : ", arb, tag);
   printf("%d Stunden gearbeitet!\n\n", zeitkonto[arb-1][tag-1]);
}

int main(void) {
```

```
   int abfrage, i, j;

   for(i=0; i < TAGE; i++) {
      printf("\n\tTag %d in der Woche\n",i+1);
      printf("\t-------------------\n\n");
      for(j=0; j < ARBEITER; j++) {
         printf("Arbeiter Nr.%d in Std.: ",j+1);
         scanf("%d",&zeitkonto[j][i]);
         if(zeitkonto[j][i] > 24)
            printf("Ein Tag hat nur 24 Stunden?\n");
      }
   }
   do {
      printf("\n\n");
      printf("\t-1- Stundenwoche\n");
      printf("\t-2- Durchschnitt/Tag\n");
      printf("\t-3- Durchschnitt aller Arbeiter/Tag\n");
      printf("\t-4- Stunden aller Arbeiter/Woche\n");
      printf("\t-5- Einzelauswahl eines Arbeiters\n");
      printf("\t-6- ENDE\n");
      printf("\n\tIhre Wahl : ");
      scanf("%1d",&abfrage);
      printf("\n");

      switch(abfrage) {
         case 1  : ArbeiterWochenStunden();
                   break;
         case 2  : ArbeiterTagesDurchschnitt();
                   break;
         case 3  : TeamTagesDurchschnitt();
                   break;
         case 4  : TeamWochenStunden();
                   break;
         case 5  : ArbeiterStundenUebersicht();
                   break;
         case 6  : break;
         default : error(abfrage);
      }
   } while(abfrage != 6);
   return EXIT_SUCCESS;
}
```

Die Bildschirmausgabe des Programms könnte zum Beispiel so aussehen wie in Abbildung 11.9.

Es fällt auf, dass die Funktionen immer in etwa gleich aufgebaut sind. Auf eine entsprechende korrekte Feldindexierung muss natürlich geachtet werden. In der Funktion `ArbeiterStundenUebersicht()` wird demonstriert, wie gezielt auf ein Element eines Arrays zugegriffen werden kann. Das Programm ist natürlich noch verbesserungswürdig. Warnungen, dass ein Arbeiter zu viel oder zu wenig arbeitet, die Information, ob ein Arbeiter krank war, oder die Anweisung, dass Stunden als Gleitpunktzahlen angegeben werden sollen, sind nur einige Vorschläge dazu.

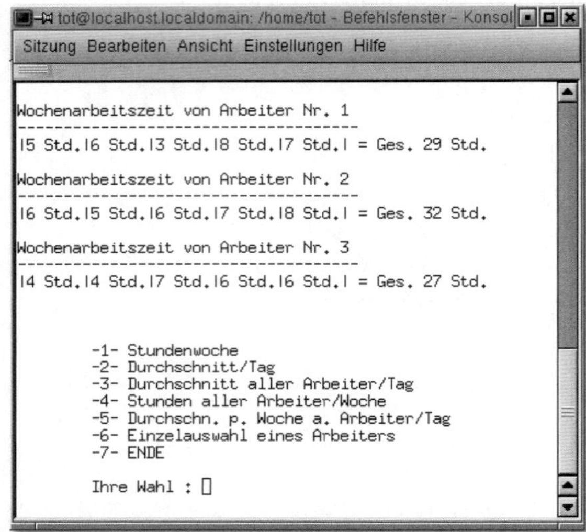

Abbildung 11.9 Die Stundenverwaltung des Personals in Aktion

Tatsächlich sind Arrays zwar sehr komfortabel in der Anwendung, sie sind jedoch sehr unflexibel, was die Anzahl der Elemente angeht. Die Anzahl der Elemente muss zum Zeitpunkt der Implementierung schon festgelegt werden, da sich ein Feld nicht ohne Mehraufwand dynamisch zur Laufzeit des Programms vergrößern oder verkleinern lässt.

Das bedeutet, dass die Menge der im Array zu speichernden Daten schon vor Ablauf des Programms bekannt sein oder zumindest überdimensioniert werden muss.

Wenn das Array im vorgestellten Beispiel für 1000 Mitarbeiter dimensioniert würde, wäre das Programm nicht mehr benutzbar, sobald mehr als 1000 Mitarbeiter verwaltet werden sollen.

Eine Lösungsmöglichkeit besteht darin, das Array sehr groß zu dimensionieren, um von vornherein sehr große Grenzen vorzugeben, etwa `MitarbeiterArray[100000]`.

Dieser Ansatz kostet aber sehr viel (möglicherweise) ungenutzten Arbeitsspeicher, der das Programm unter Umständen stark verlangsamt.

Da aus Performance-Gründen generell stets möglichst wenig Arbeitsspeicher von Programmen belegt werden soll, gelten Arrays bei großen Datenmengen oder bei stark wechselnder Anzahl der Daten als nicht so effizient wie etwa verkettete Listen.

In Kapitel 21, »Dynamische Datenstrukturen«, gehe ich auf die Datenverwaltung mit verketteten Listen näher ein.

Tic Tac Toe

Ein weiteres interessantes Beispiel zur Demonstration von zweidimensionalen Arrays ist das wohl allseits bekannte Spiel »Tic Tac Toe«. Sie benötigen dabei lediglich ein Kästchen von 3 × 3 Feldern. Dies lässt sich prima mit einem zweidimensionalen Array darstellen: Sie verwenden eine Dimension für die Reihe und eine weitere für die Spalte.

```
char TicTacToe[3][3] = { {' ',' ',' '},
                         {' ',' ',' '},
                         {' ',' ',' '} };
```

Ein kurze Beschreibung des Spiels: Ein Spieler hat das Zeichen `X` und ein anderer das Zeichen `O`. Nach einem Zug ist der andere Spieler an der Reihe. Gewonnen hat der Spieler, der zuerst drei gleiche Zeichen (`X` oder `O`) in der Waagerechten, in der Senkrechten oder in der Diagonalen hat. Es gibt insgesamt acht Stellungsmöglichkeiten, um das Spiel zu gewinnen. Diese gilt es zu überprüfen. Es gibt außerdem noch eine neunte Möglichkeit, nämlich die, dass alle Felder besetzt sind, aber keiner der beiden Spieler gewonnen hat. Hier ist der vollständige Quellcode dazu:

```
/* tictactoe.c */
#include <stdio.h>
#include <stdlib.h>
#ifdef __unix__
   #define clrscr() printf("\x1B[2J")
#elif __BORLANDC__ && __MSDOS__
   #include <conio.h>
#elif __WIN32__ || _MSC_VER
   #define clrscr() system("cls")
#else
   #define clrscr() printf("clrscr() - Fehler!!\n")
#endif
```

```
#define X 'X'
#define O 'O'
#define LEER ' '
#define GAME_OVER 0
#define A_WINNER 1
#define CONTINUE 2

/* Inhalt des 3 x 3 großen Felds */
char TicTacToe[3][3] = { {' ',' ',' '},
                         {' ',' ',' '},
                         {' ',' ',' '} };
/* Spieler1 hat das Zeichen 'X'. */
char Spieler1 = X;
/* Spieler2 hat das Zeichen 'O'. */
char Spieler2 = O;
/* Anzahl der Felder, die besetzt werden können */
unsigned int felder = 9;

/* Funktionsprototypen */
void print_spielfeld(void);
char neuer_zug(char);
int if_win(void);

/* Gibt den aktuellen Zustand des Spielfelds aus. */
void print_spielfeld(void) {
   int i;

   clrscr();
   printf("      1   2   3  \n     +---+---+---+\n");
   for(i = 0; i < 3; i++) {
      printf("  %d  | ",i+1);
      printf("%c",TicTacToe[i][0]);
      printf(" | ");
      printf("%c",TicTacToe[i][1]);
      printf(" | ");
      printf("%c",TicTacToe[i][2]);
      printf(" | \n");
      if(i != 2) {
         printf("     +---+---+---+\n");
      }
      else {
         printf("     +---+---+---+\n");
      }
   }
}
```

```
/* Führt einen neuen Zug aus.
 * char ch: Zeichen des Spielers, der an der Reihe ist, 'X'
 * oder 'O'
 * Rückgabewert: Zeichen des Spielers, der eben an der Reihe war.
 * Falls ein Feld besetzt ist, wird der Rückgabewert vertauscht,
 * damit der aktuelle Spieler nochmals seinen Zug machen kann.
 * Hat ein Spieler gewonnen, gibt die Funktion die
 * symbolische Konstante GAME_OVER zurück.
 */
char neuer_zug(char ch) {
   unsigned int row, colum;

   printf("\nSpieler \"%c\" ist an der Reihe\n\n",ch);
   printf("Zeile  (1-3): ");
   scanf("%u",&row);
   printf("Spalte (1-3): ");
   scanf("%u",&colum);

   if(TicTacToe[row-1][colum-1] == LEER) {
      /* Zeichen in das mehrdimensionale Array */
      TicTacToe[row-1][colum-1] = ch;
      print_spielfeld();
      /* Haben wir schon einen Gewinner? */
      if(if_win() == A_WINNER)
         return GAME_OVER;
   }
   else { /* Ein bereits besetztes Feld */
      print_spielfeld();
      printf("\n!!! Feld ist bereits gesetzt !!!\n");
      return (ch == X) ?O :X;
   }
   /* Sind bereits alle Felder besetzt? */
   if(--felder > 0)
      return ch;
   else {
      printf("\nAlle Felder sind besetzt - Unentschieden\n");
      return GAME_OVER;
   }
}

/* Auswertung aller Möglichkeiten, um einen Gewinner zu ermitteln.
 * Rückgabewert: symb. Konstante A_WINNER, falls ein Gewinner
 * ermittelt wurde, oder die symbolische Konstante CONTINUE zum
 * Weiterspielen
 */
```

```
int if_win(void) {
  /* Zuerst Spieler1 'X' */
  if(TicTacToe[0][0] == Spieler1 &&
     TicTacToe[0][1] == Spieler1 &&
     TicTacToe[0][2] == Spieler1 ||
     TicTacToe[1][0] == Spieler1 &&
     TicTacToe[1][1] == Spieler1 &&
     TicTacToe[1][2] == Spieler1 ||
     TicTacToe[2][0] == Spieler1 &&
     TicTacToe[2][1] == Spieler1 &&
     TicTacToe[2][2] == Spieler1 ||
     TicTacToe[0][0] == Spieler1 &&
     TicTacToe[1][0] == Spieler1 &&
     TicTacToe[2][0] == Spieler1 ||
     TicTacToe[0][1] == Spieler1 &&
     TicTacToe[1][1] == Spieler1 &&
     TicTacToe[2][1] == Spieler1 ||
     TicTacToe[0][2] == Spieler1 &&
     TicTacToe[1][2] == Spieler1 &&
     TicTacToe[2][2] == Spieler1 ||
     TicTacToe[0][0] == Spieler1 &&
     TicTacToe[1][1] == Spieler1 &&
     TicTacToe[2][2] == Spieler1 ||
     TicTacToe[0][2] == Spieler1 &&
     TicTacToe[1][1] == Spieler1 &&
     TicTacToe[2][0] == Spieler1) {
        printf("Spieler1 hat gewonnen\n");
        return A_WINNER;
  }

  /* Jetzt Spieler2 'O' */
  else if( TicTacToe[0][0] == Spieler2 &&
           TicTacToe[0][1] == Spieler2 &&
           TicTacToe[0][2] == Spieler2 ||
           TicTacToe[1][0] == Spieler2 &&
           TicTacToe[1][1] == Spieler2 &&
           TicTacToe[1][2] == Spieler2 ||
           TicTacToe[2][0] == Spieler2 &&
           TicTacToe[2][1] == Spieler2 &&
           TicTacToe[2][2] == Spieler2 ||
           TicTacToe[0][0] == Spieler2 &&
           TicTacToe[1][0] == Spieler2 &&
           TicTacToe[2][0] == Spieler2 ||
           TicTacToe[0][1] == Spieler2 &&
           TicTacToe[1][1] == Spieler2 &&
```

```
            TicTacToe[2][1] == Spieler2 ||
            TicTacToe[0][2] == Spieler2 &&
            TicTacToe[1][2] == Spieler2 &&
            TicTacToe[2][2] == Spieler2 ||
            TicTacToe[0][0] == Spieler2 &&
            TicTacToe[1][1] == Spieler2 &&
            TicTacToe[2][2] == Spieler2 ||
            TicTacToe[0][2] == Spieler2 &&
            TicTacToe[1][1] == Spieler2 &&
            TicTacToe[2][0] == Spieler2)  {
               printf("Spieler2 hat gewonnen\n");
               return A_WINNER;
   }
   return CONTINUE;
}

int main(void) {
   char check = X;

   /* Leeres Spielfeld ausgeben */
   print_spielfeld();

   do { /* War Spieler mit dem Zeichen 'X' gerade dran ... */
      /* ... dann ist jetzt Spieler mit dem Zeichen 'O' dran ...*/
      if(check==X) {
            check=neuer_zug(O);
      }
      else { /* ... ansonsten der Spieler mit dem Zeichen 'X'. */
        check=neuer_zug(X);
      }
   } while( check != GAME_OVER );
   return EXIT_SUCCESS;
}
```

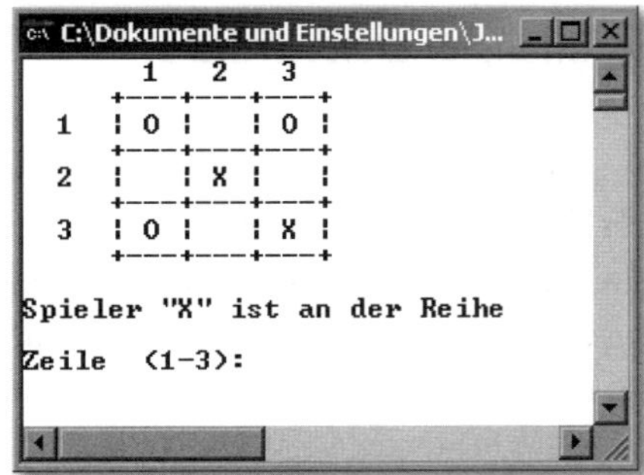

Abbildung 11.10 Das Spiel »Tic Tac Toe« für die Konsole

Wenn Sie jetzt noch Lust und viel Zeit haben, können Sie sich ja hinsetzen und eine Funktion basteln, um gegen den Computer antreten zu können, also eine eigene KI programmieren. Dabei können Sie so ähnlich vorgehen wie bei der Funktion `if_win()`.

Künstliche Intelligenz

Das Kürzel *KI* steht für *künstliche Intelligenz*. Gemeint ist damit die Möglichkeit einer Maschine, sich Funktionen des Menschen, wie Denken oder Bewegungsabläufe, mithilfe von Programmen anzueignen (zu simulieren).

Dreidimensionale Arrays

Zur Veranschaulichung folgt hier ein Beispiel dafür, wie ein dreidimensionales Array direkt mit Werten initialisiert werden kann:

```
int dreid[2][3][4]={{{6,7,4,3},{6,4,6,9},{3,4,6,7}},
                    {{7,8,6,4},{5,99,3,5},{4,6,7,8}}};
```

Hier ist eine geschweifte Klammer hinzugekommen:

```
int dreid[][][]= {1.Feldindex{2.Feldindex{3.Feldindex}}};
```

Wenn zum Beispiel auf die erste Zahl zugegriffen werden soll, geschieht das folgendermaßen:

```
dreid[0][0][0]    /* erste Zahl 6 */
```

Auf die Zahl 99 greifen Sie so zu:

```
dreid[1][1][1]    /* die Zahl 99 */
```

Ein Beispiel dazu erspare ich mir, da Sie in der Regel selten mit einem solchen Array zu tun haben. Außerdem lässt sich ein dreidimensionales Array nur recht schwer vorstellen.

11.9.2 Übergabe von zwei- bzw. mehrdimensionalen Arrays an Funktionen

Unschön an den vorangegangenen Beispielen mit den zweidimensionalen Arrays war, dass der Speicher immer global definiert wurde. Allerdings ist es auch hier immer ein wenig verwirrend, wenn man ein zweidimensionales Array an eine Funktion übergeben will – da ein zweidimensionales Array (oder auch Array auf Array) in einen Zeiger auf Arrays zerfällt – und nicht, wie man vielleicht vermuten würde, in einen Zeiger auf einem Zeiger!

Wollen Sie also ein zweidimensionales Array wie folgt an eine Funktion übergeben:

```
int val[ZEILE][SPALTE];
function(val);
```

dann sollte die Funktion so aussehen:

```
/*  1. Möglichkeit :
 *      automatische Umsetzung, wird vom Compiler vorgenommen
 */
void function( int feld[][SPALTE] ) {
   ...
}

// ODER :

/*  2. Möglichkeit:
 *      explizite Umsetzung
 */
void function( int (*ptr)[SPALTE] ) {
   /* ptr ist ein Zeiger auf das Array der Länge SPALTE */
   ...
}
```

Da eine aufgerufene Funktion keinen Speicher für ein Array bereitstellt, muss die gesamte Größe des Arrays (erste Dimension) nicht angegeben werden – weshalb hier die (Dimension) Zeile weggefallen ist. Allerdings müssen die weiteren Dimensionen (zweite, dritte etc.), wie im Beispiel mit `SPALTE`, immer mit angegeben werden.

Hierzu zeige ich noch ein einfaches Beispiel, das demonstriert, wie Sie ein zweidimensionales Array an eine Funktion übergeben können:

```
/* md_array3.c */
#include <stdio.h>
#include <stdlib.h>
#define DIM1 5
#define DIM2 5

void function(int feld[][DIM2], int dim1) {
   int i, j;

   for(i = 0; i < dim1; i++) {
      for(j = 0; j < DIM2; j++) {
         printf("%d; ", feld[i][j]);
      }
```

```
      printf("\n");
   }
   printf("\n");
}

int main(void) {
   int val[DIM1][DIM2];
   int i, j;

   for(i = 0; i < DIM1; i++)
      for(j = 0; j < DIM2; j++)
         val[i][j] = i+j;

   function(val, DIM1);
   return EXIT_SUCCESS;
}
```

11.10 Arrays in Tabellenkalkulation einlesen (*.CSV-Dateien)

Kommaseparate Werte (CSV, engl. *comma separate values*) lassen sich sehr gut mithilfe von Arrays erstellen. Ich möchte Ihnen ein kurzes Beispiel dafür zeigen, wie mehrdimensionale Arrays in einer Tabellenkalkulation wie »Excel« oder »Kspread« eingelesen werden. Betrachten wir zuerst ein kleines Programm, das einen beliebigen Aktienstand der letzten vier Wochen bereitstellt:

```
/* md_array4.c */
#include <stdio.h>
#include <stdlib.h>
#define WOCHEN  4
#define TAGE    7

float stand[WOCHEN][TAGE] = {
   { 12.3f,13.8f,14.1f,12.2f,15.4f,16.5f,14.3f },
   { 15.4f,13.6f,13.6f,14.6f,15.6f,16.3f,19.5f },
   { 20.5f,20.4f,21.5f,23.4f,21.4f,23.5f,25.7f },
   { 25.5f,26.6f,24.3f,26.5f,26.9f,23.6f,25.4f }
};

int main(void) {
   int i, j;
```

```
   printf("Tag;Montag;Dienstag;Mittwoch;Donnerstag; "
          "Freitag;Samstag;Sonntag");
   for(i=0; i < WOCHEN; i++) {
      printf("\nWoche%d;",i);
      for(j=0;j < TAGE; j++) {
         printf("%.2f;",stand[i][j]);
      }
   }
   return EXIT_SUCCESS;
}
```

Die Kommata zwischen den einzelnen Elementen des Feldes `stand` sind wichtig für CSV-Dateien. Kompilieren Sie das Programm, und starten Sie es in der Kommandozeile mit:

```
programmname > november.csv
```

Damit wird die Ausgabe des Programms *programmname* in eine Datei namens *november.csv* umgeleitet, die auch gleich neu erstellt wird. Jetzt befindet sich im Verzeichnis eine CSV-Datei mit dem Namen `november.csv` und folgendem Inhalt:

```
Tag;Montag;Dienstag;Mittwoch;Donnerstag;Freitag;Samstag;Sonntag
Woche0;12.30;13.80;14.10;12.20;15.40;16.50;14.30;
Woche1;15.40;13.60;13.60;14.60;15.60;16.30;19.50;
Woche2;20.50;20.40;21.50;23.40;21.40;23.50;25.70;
Woche3;25.50;26.60;24.30;26.50;26.90;23.60;25.40;
```

Starten Sie ein Tabellenkalkulationsprogramm wie Excel oder KSpread, und öffnen Sie die CSV-Datei damit. Die eingelesenen Werte sehen in Excel beispielsweise so aus, wie in Abbildung 11.11 gezeigt.

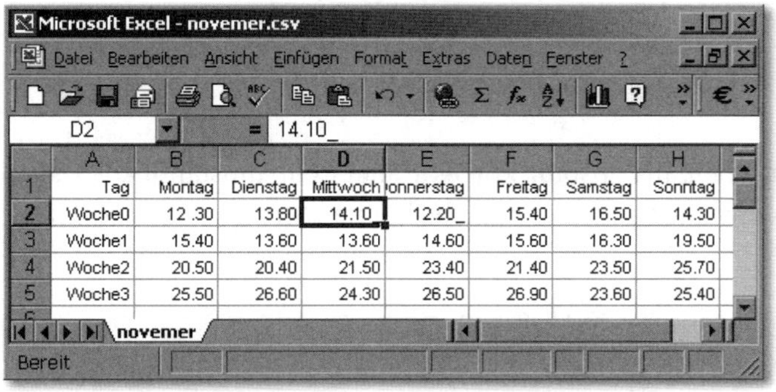

Abbildung 11.11 Eine CSV-Datei, mit Excel geöffnet

Dieses Thema wird nochmals ausführlicher in Kapitel 16, »Ein-/Ausgabe-Funktionen«, behandelt.

11.11 Strings/Zeichenketten (»char«-Array)

Arrays vom Datentyp `char` werden *Strings* genannt. Ein String ist eine Kette von einzelnen `char`-Zeichen mit einer abschließenden 0 (was nicht mit dem Zeichen `'0'` gleichzusetzen ist). `char`-Arrays sind typischerweise eindimensional.

Viele Programmierer, die auf die Programmiersprache C stoßen, sind verwundert, dass es keinen eigenen Datentyp für einen String gibt. Für ein `char`-Array gelten nicht nur die Einschränkungen der herkömmlichen Arrays, sondern es existiert auch das Problem der maximalen Länge von Arrays. Diese scheinbare Unflexibilität kann später, wenn sie effektiv eingesetzt wird, sehr ressourcensparend und schnell sein. Belassen Sie es aber erst einmal in den nächsten Kapiteln bei den etwas eingeschränkten `char`-Arrays.

Mit dem `char`-Array können Zeichenfolgen dargestellt und verarbeitet werden. Damit können Sie Benutzerschnittstellen und Textdateien verarbeiten und erstellen.

Eine Form der Stringkonstante wurde schon öfter in diesem Buch verwendet:

```
printf("Ich bin die Stringkonstante");
```

Generell lässt sich Folgendes sagen: Alles, was sich zwischen zwei Hochkommata befindet, gilt als Stringkonstante.

Die Deklaration eines `char`-Arrays ist identisch mit der bisher bekannten Form der Array-Deklaration:

```
char string_array[100];
```

Im obigen Beispiel wird ein Array vom Datentyp `char` angelegt, das 100 einzelne Zeichen speichern kann. Dabei muss die Größe des Array-Feldes nicht mehr ausdrücklich mit angegeben werden:

```
const char hallo[] = { 'H', 'a', 'l', 'l', 'o', ' ',
                       'W', 'e', 'l', 't', '\n', '\0' };
```

Diese Schreibweise ist ebenfalls absolut korrekt, aber sehr umständlich. Daher können Sie ein `char`-Array auch anders, nämlich als einen String (dt. *Zeichenkette*), deklarieren:

```
const char hallo[] = { "Hallo Welt\n" };
```

Beide Variationen sind absolut gleichwertig. Abbildung 11.12 zeigt die rechnerinterne Darstellung des Strings.

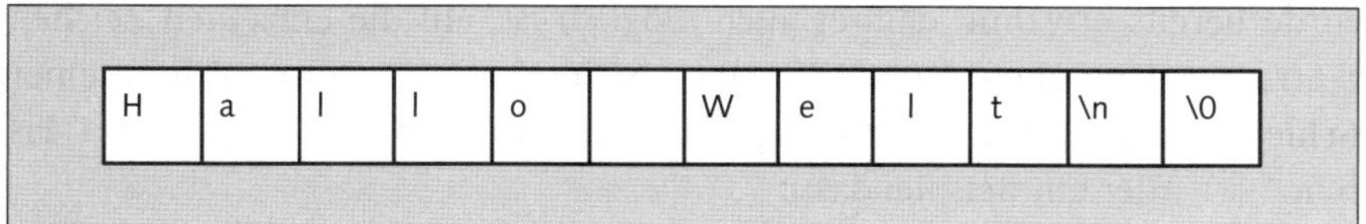

Abbildung 11.12 Der String »Hallo Welt« ist ein einfaches »char«-Array.

Diese Zeichenkette benötigt zwölf Elemente (genauer: zwölf Bytes). Wenn Sie aber die Deklaration zu `hallo[]` genauer betrachten, werden Sie feststellen, dass hierfür eigentlich nur elf Zeichen erforderlich wären. Welche Bedeutung hat das zwölfte Zeichen? Bei einem String benötigen Sie immer ein Stringende-Zeichen, das das Ende eines Strings anzeigt. Das ist die Bedeutung des Zeichens `'\0'`. Das versehentliche Weglassen des Zeichens ist eine häufige Fehlerquelle, wenn beispielsweise Speicher für `n` Zeichen reserviert werden soll. Generell muss also bei einem Bedarf von `n` Zeichen immer für `n+1` Zeichen Platz im Array reserviert werden. Hierzu ein kurzes Listing:

```
/* string1.c */
#include <stdio.h>
#include <stdlib.h>

char hello1[] = { "Hallo Welt\n" };
char output[] = { "Ich bin lesbar \0 Ich nicht mehr" };
char deznu[]  = { "Mich siehst du 0 Mich und die Null auch" };

int main(void) {
   printf("%s",hello1);
   printf("%s\n",output);
   printf("%s\n",deznu);
   return EXIT_SUCCESS;
}
```

Dieses Beispiel zeigt auch, wie Sie für die formatierte Ausgabe von Zeichenketten die Formatangabe `%s` verwenden können (`s` = String). Daher benötigt ein String ein Ende-Kennungszeichen. Bei dem String

```
char output[] = {"Ich bin lesbar \0 Ich nicht mehr"};
```

werden nur die Zeichen bis `'\0'` angezeigt. Der hintere Teil des Strings existiert nur im Arbeitsspeicher. Da zuvor das Zeichen für das Ende des Strings `'\0'` steht, wird dieser Teil nie auf dem Bildschirm ausgegeben. Im nächsten Beispiel

```
char deznu[] = {"Mich siehst du 0 Mich und die Null auch"};
```

wird der ganze String ausgegeben, weil das Zeichen `'0'` nicht gleichzusetzen ist mit dem Zeichen `'\0'`.

Es wurde bereits erwähnt, dass es auch möglich ist, auf die einzelnen Zeichen eines Strings zuzugreifen. Wenn Sie einen String beispielsweise mithilfe einer `for`-Schleife auf seine Länge hin überprüfen wollen, prüfen Sie lediglich auf das Zeichen `'\0'`. Hier ein Beispiel dazu:

```
/* string2.c */
#include <stdio.h>
#include <stdlib.h>

char hello1[] = { "Hallo Welt" };
char output[] = { "Ich bin lesbar \0 Ich nicht mehr" };
char deznu[]  = { "Mich siehst du 0 Mich und die Null auch" };


int main(void) {
   int i;

   printf("%c", output[0]);       /* I */
   printf("%c'", hello1[9]);      /* t */
   printf("%c ", deznu[5]);       /* s */
   printf("%c", hello1[7]);       /* Gibt das Zeichen 'e' aus */
   printf("%c", output[12]);      /* a */
   printf("%c", deznu[5]);        /* s */
   deznu[1] = 'y';                /* aus 'i' wird 'y' */
   printf("%c\n", deznu[1]);      /* y */

   for(i=0; hello1[i] != '\0'; i++);
   printf("Länge von '%s' = %d Zeichen\n", hello1, i);

   for(i=0; output[i] != '\0'; i++);
   printf("Länge von '%s' = %d Zeichen\n", output, i);

   for(i=0; deznu[i] != '\0'; i++);
   printf("Länge von '%s' = %d Zeichen\n", deznu, i);
   return EXIT_SUCCESS;
}
```

Hier werden mit dem Feldindex einzelne Zeichen ausgegeben, genau wie bei den Arrays mit Zahlen. In diesem Fall wird der Text »`It's easy`« ausgegeben. Es ist natürlich auch möglich, den Inhalt zu verändern, etwa so wie in der Zeile

```
deznu[1] = 'y';
```

Anschließend wird mit

```
for(i=0; hello1[i] != '\0'; i++);
```

die Anzahl der Zeichen hochgezählt, die sich im String `hello1[ ]` ohne `\0` befinden. Die Abbruchbedingung

```
hello1[i] != '\0';
```

ist so lange wahr, bis der Inhalt von `hello1[i] == '\0'` ist. In diesem Beispiel wäre das bei `hello1[11]`der Fall, da sich hier das Zeichen `'\0'` befindet. Beachten Sie hier, dass hinter der `for`-Schleife ein Semikolon steht. Es gibt in diesem Fall keinen Anweisungsblock zur `for`-Schleife. Hier wird die Variable `i` so lange hochgezählt, bis das Stringende-Zeichen `'\0'` erreicht wird. Gleiches gilt für die anderen beiden Strings.

11.11.1 Vom String zur Binärzahl

Oben habe ich behauptet, dass es in C keine Datentypen gibt, die Zeichen darstellen können. Die Zeichen wurden mithilfe der ASCII-Code-Tabelle kodiert. Wie verhält sich dies jetzt mit der folgenden Stringkonstante?

```
char str[] = { "Hallo!\n" };
```

Wird dieser String in seine einzelnen Zeichen zerlegt, ergibt sich die Zeile:

```
/* gleichwertig zu "Hallo!\n" */
char str[] = { 'H', 'a', 'l', 'l', 'o', '!', '\n', '\0' };
```

Werden die einzelnen Zeichen jetzt anhand der ASCII-Code-Tabelle dekodiert, sieht der String schon anders aus:

```
char str[] = { 72, 97, 108, 108, 111, 33, 10, 0 };
```

Theoretisch könnten Sie den String auch so angeben und ausgeben lassen, wie das folgende Listing demonstriert:

```
/* string3.c */
#include <stdio.h>
#include <stdlib.h>

int main(void) {
   /* Hallo!\n ... */
   char str[] = { 72, 97, 108, 108, 111, 33, 10, 0 };
   printf("%s\n",str);
   return EXIT_SUCCESS;
}
```

Wenn Sie jetzt noch die einzelnen Werte in Binärzahlen umrechnen, können Sie den String aus der Sicht des Computers betrachten:

```
0100100001100001011011000110110001101111001000010000101000000000
```

Diese Erklärung soll Ihnen nur zeigen, dass Zeichenketten nicht magischer sind als ganz normale Zahlen-Arrays und in gewisser Hinsicht auch solche sind. Sie wollen einen Beweis? Bitte sehr:

```
/* string4.c */
#include <stdio.h>
#include <stdlib.h>

int main(void) {
   int i;
   int str[] = { 72, 97, 108, 108, 111, 33, 10, 0 };

   for(i = 0; i < sizeof(str) / sizeof(int); i++)
      printf("%c", str[i]);
   return EXIT_SUCCESS;
}
```

Ein kleines Programm demonstriert im Folgenden den Umgang mit Strings. Das Programm durchläuft eine Zeichenkette und wandelt alle Stringfolgen `"und"` in Großbuchstaben um:

```
/* string5.c */
#include <stdio.h>
#include <stdlib.h>

char undbig[] = {
   "Hund und Katze sind nicht ohne "
   "Grund des Menschen beste Freunde\n"
};

int main(void) {
  int i;

  for(i=0; undbig[i] != '\0'; i++) {
     if(undbig[i-1]==' '&& (undbig[i]=='u' ||undbig[i]=='U')) {
        if(undbig[i+1]=='n'&&undbig[i+2]=='d'&&undbig[i+3]==' '){
           undbig[i] = 'U';
           /* n in Großbuchstaben konvertieren (N) */
           undbig[i+1] -= 32;
           /* d in Großbuchstaben konvertieren  (D) */
           undbig[i+2] -= 32;
        }
     }
   }
   printf("%s", undbig);
```

```
   return EXIT_SUCCESS;
}
```

Zu Beginn des Programms sehen Sie, wie Sie eine Stringkonstante über mehrere Zeilen schreiben können:

```
char array[] = {
   "Eine Zeichenkette über"
   "2 Zeilen\n"
};

/* Alternative */
char array[] = {
   "Eine Zeichenkette über \
2 Zeilen"};
```

Beide Schreibweisen erfüllen den gleichen Zweck. Fahren wir mit der ersten `for`-Schleife des Programms fort:

```
for(i=0; undbig[i] != '\0'; i++)
```

Hier wird der String zeichenweise durchlaufen, bis das Stringende-Zeichen `'\0'` gefunden wird. Bei der nächsten Anweisung

```
if(undbig[i-1] == ' ' && (undbig[i]=='u' || undbig[i]=='U'))
```

wird überprüft, ob das Zeichen, bei dem sich der Feldindex gerade befindet, ein kleines `'u'` oder ein großes `'U'` und das Zeichen davor ein Whitespace-Zeichen (Leerzeichen) ist. Falls nicht, wird `i` in der `for`-Schleife um den Wert 1 inkrementiert. Wird ein `'u'` oder `'U'` gefunden, folgt die Überprüfung

```
if(undbig[i+1]=='n' && undbig[i+2]=='d' && undbig[i+3]==' ')
```

daraufhin, ob die nächsten beiden Zeichen `'n'` und `'d'` sind und ob sich dahinter ebenfalls ein Whitespace-Zeichen befindet. Falls dies ebenso zutrifft, wurde eine Zeichenfolge `"und"` gefunden. Dann werden die einzelnen Zeichen geändert:

```
undbig[i] = 'U';
undbig[i+1] -= 32;  /* 'n' - 32 */
undbig[i+2] -= 32;  /* 'd' - 32 */
```

Sehen Sie sich zum besseren Verständnis auch die ASCII-Tabelle in Anhang A.2 an. Sehen Sie nach, welche Dezimalwerte die Zeichen `'n'` und `'d'` haben. In Dezimalwerten würden die Subtraktionen der Werte so aussehen:

```
110-32=78 und 100-32=68
```

In der ASCII-Tabelle sind `'N' = 78` und `'D' = 68`.

11.12 Einlesen von Strings

Die Verarbeitung von Strings ist nicht so leicht, wie Sie vielleicht zunächst vermuten würden. Sehen Sie sich zur Veranschaulichung folgendes Programm an:

```
/* string6.c */
#include <stdio.h>
#include <stdlib.h>

int main(void) {
   char string[100];

   printf("Geben Sie ein paar Wörter ein: ");
   scanf("%99s", &string[0]);

   printf("Ihre Eingabe: %s\n",string);
   return EXIT_SUCCESS;
}
```

Nehmen wir an, dass folgende Eingabe vorgenommen wurde:

```
Programmieren in C macht Spass
```

Folgende Ausgabe bekommen Sie dabei auf dem Bildschirm zu sehen:

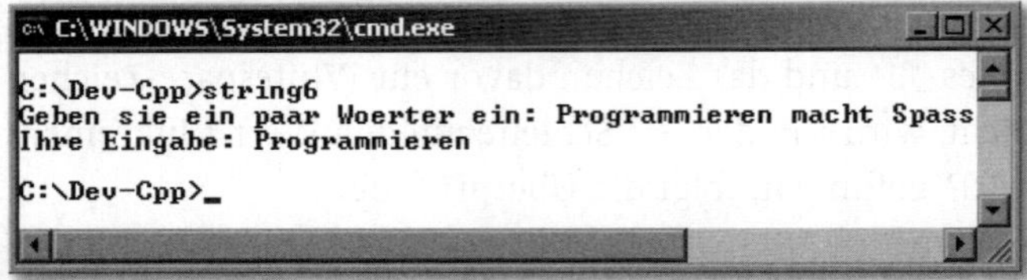

Abbildung 11.13 Probleme beim Einlesen von Strings mit »scanf«

Wo sind die restlichen Zeichen? Das Problem wird hier von der Funktion `scanf()` verursacht. Denn `scanf()` liest lediglich bis zum ersten Leerzeichen ein. Also wird eine andere Funktion zum (sicheren) Einlesen von Zeichenketten benötigt.

Gut geeignet wäre die Funktion `fgets()`, die in Abschnitt 16.16 noch genauer erklärt wird. Kurz zur Syntax von `fgets()`:

```
#include <stdio.h>

char *fgets(char *string,int anzahl_zeichen,FILE *stream);
```

Diese Funktion soll jetzt gegen die Funktion `scanf()` im Programmbeispiel ausgetauscht werden:

```
/* string7.c */
#include <stdio.h>
#include <stdlib.h>

int main(void) {
   char str[100];

   printf("Geben Sie ein paar Wörter ein : ");
   fgets(str, 100, stdin);
   printf("Ihre Eingabe: %s\n",str);
   return EXIT_SUCCESS;
}
```

Bei diesem Beispiel werden mit `fgets()` vom Stream `stdin` maximal 100 Zeichen in das `char`-Array `str` eingelesen, beginnend mit der Anfangsadresse von `str`. Der Vorteil von `fgets()` ist dabei, dass mit dieser Funktion keine gefährlichen sogenannten Pufferüberläufe (Buffer-Overflows) passieren können. Sollten Sie in diesem Beispiel 120 Zeichen eingegeben haben, liest `fgets()` davon 98 sichtbare Zeichen plus Newline-Zeichen (`\n`) plus Stringende-Zeichen (`\0`) ein. `fgets()` hängt am Ende des Strings immer ein `\n`-Zeichen an.

Zum Einlesen von Strings noch ein Programmbeispiel:

```
/* string8.c */
#include <stdio.h>
#include <stdlib.h>

/*Passwort*/
const char p[]=  { "123xyz456" };

int check_passwort(char passw[]) {
   int i, n = sizeof(p) / sizeof(char);

   for(i=0; i < n; i++)
      if(passw[i] != p[i])
         return 0; /* Falsches Passwort */
   return 1;   /* Richtiges Passwort */
}

int main(void) {
   char Name[20], passwort[10];

   printf("Login-Name : ");
   fgets(Name, 20, stdin);
   printf("Passwort   : ");
```

```
   fgets(passwort, 10, stdin);

   if( check_passwort(passwort) == 1)
      printf("Willkommen im System %s\n",Name);
   else
      printf("Falsches Passwort! Systemzugriff verweigert.\n");
   return EXIT_SUCCESS;
}
```

Hier haben Sie ein Programm für eine einfache Passwort-Abfrage, die innerhalb der Funktion `check_passwort` ausgeführt wird. Die Funktion durchläuft `n` Zeichen.

Stimmen alle eingegebenen Zeichen überein, gibt die Funktion 1 zurück. Stimmt ein Zeichen nicht überein, beendet sich die Funktion mit dem Rückgabewert 0.

In Kapitel 12, »Zeiger (Pointer)«, werden Sie noch mehr über Strings erfahren.

11.13 Die Standard-Bibliothek <string.h>

Im weiteren Verlauf dieses Buchs werden Sie öfter Funktionen der Headerdatei *<string.h>* verwenden. Darin sind viele nützliche Funktionen enthalten, die die Arbeit mit Strings vereinfachen. Die Headerdatei *<string.h>* entspricht dem ANSI-C-Standard und dürfte somit im Lieferumfang der meisten Compiler vorhanden sein, sofern sie ANSI-C-kompatibel sind.

Hinweis

Bei den String-Verarbeitungsfunktionen in der Headerdatei *<string.h>* werden `char`-Zeiger verwendet, die auf den Anfang des Strings, genauer gesagt auf das erste Zeichen, verweisen. Aufgrund der Zeiger kann es auch sein, dass speziell Anfänger ihre Probleme mit dem Kapitel haben werden (besonders mit der Syntax-Beschreibung). Über Zeiger erfahren Sie mehr im nächsten Kapitel.

11.13.1 »strcat()« – Strings aneinanderhängen

Um einen String an einen anderen zu hängen, können Sie die Funktion `strcat()` (*string catenation*) verwenden.

```
char *strcat(char *s1, const char *s2);
```

Damit wird `s2` an das Ende von `s1` angehängt, wobei (logischerweise) das Stringende-Zeichen `'\0'` am Ende von String `s1` überschrieben wird. Voraussetzung ist auch, dass der String `s2` Platz in `s1` hat.

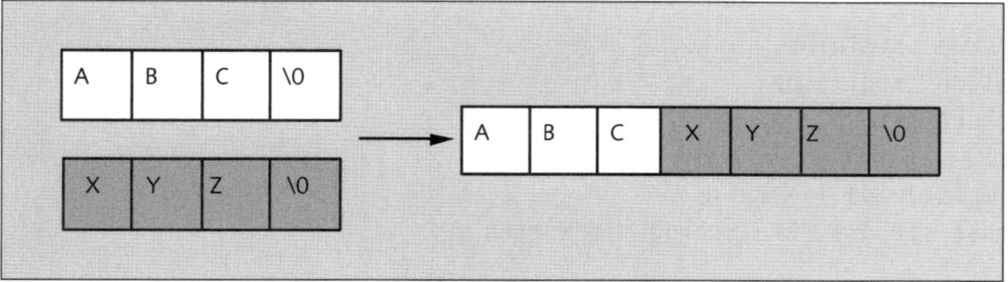

Abbildung 11.14 »strcat()« – zwei Strings aneinanderhängen

Hier sehen Sie ein Beispiel zu `strcat()`:

```
/* stringcat.c */
#include <stdio.h>
#include <stdlib.h>
#include <string.h>

int main(void) {
   char ziel[30] = "Hallo ";
   char name[20];

   printf("Wie heissen Sie: ");
   fgets(name, 20, stdin);

   strcat(ziel, name);
   printf("%s",ziel);
   return EXIT_SUCCESS;
}
```

Hinweis

Bitte beachten Sie, dass `strcat()` eine unsichere Funktion ist, weil die Länge des Quellstrings nicht überprüft oder angegeben werden kann. Somit kann mit `strcat()` über den offiziellen Speicherbereich hinaus geschrieben werden. Es wird empfohlen, `strncat()` zu verwenden. Mehr dazu folgt in Abschnitt 27.1, »Buffer-Overflow (Speicherüberlauf)«.

11.13.2 »strchr()« – ein Zeichen im String suchen

Wollen Sie in einem String nach einem bestimmten Zeichen suchen, eignet sich die Funktion `strchr()` (*string char*). Hier ist ihre Syntax:

```
char *strchr(const char *s, int ch);
```

Diese Funktion gibt die Position im String `s` beim ersten Auftreten von `ch` zurück. Tritt das Zeichen `ch` nicht auf, wird `NULL` zurückgegeben. Ein Beispiel:

```
/* strchr.c */
#include <stdio.h>
#include <stdlib.h>
#include <string.h>

int main(void) {
   char str[] = "Ein String mit Worten";

   printf("%s\n",strchr(str, (int)'W'));
   return EXIT_SUCCESS;
}
```

Hiermit wird ab dem Auftreten des Buchstabens `'W'` der komplette String ausgegeben.

11.13.3 »strcmp()« – Strings vergleichen

Für das lexikografische Vergleichen zweier Strings kann die Funktion `strcmp()` verwendet werden. Die Syntax lautet:

```
int strcmp(const char *s1, const char *s2);
```

Sind beide Strings identisch, gibt diese Funktion 0 zurück. Ist der String `s1` kleiner als `s2`, ist der Rückgabewert kleiner als 0; und ist `s1` größer als `s2`, dann ist der Rückgabewert größer als 0. Ein Beispiel:

```
/* strcmp.c */
#include <stdio.h>
#include <stdlib.h>
#include <string.h>

void String_Vergleich(char s1[], char s2[]) {
   int ret = strcmp (s1, s2);
   if(ret == 0)
      printf("%s == %s\n", s1, s2);
   else
      printf("%s %c %s\n",s1,( (ret < 0) ?'<' :'>'), s2);
}

int main(void) {
   char str1[] = "aaa";
   char str2[] = "aab";
   char str3[] = "abb";

   String_Vergleich(str1, str2);
   String_Vergleich(str1, str3);
```

```
    String_Vergleich(str3, str2);
    String_Vergleich(str1, str1);
    return EXIT_SUCCESS;
}
```

11.13.4 »strcpy()« – einen String kopieren

Wollen Sie einen String in einen adressierten `char`-Vektor kopieren, können Sie die Funktion `strcpy()` (*string copy*) nutzen. Die Syntax lautet:

```
char *strcpy(char *s1, const char *s2);
```

Dass hierbei der String-Vektor `s1` groß genug sein muss, versteht sich von selbst. Bitte beachten Sie dabei, dass das Ende-Zeichen `'\0'` auch Platz in `s1` benötigt. Hierzu ein Beispiel:

```
/* strcpy.c */
#include <stdio.h>
#include <stdlib.h>
#include <string.h>

int main(void) {
   char ziel_str[50];
   char str1[] = "Das ist ";
   char str2[] = "ein ";
   char str3[] = "Teststring";

   strcpy(ziel_str, str1);
   /* Ein umständliches Negativbeispiel */
   strcpy(&ziel_str[8], str2);
   /* So ist es einfacher und sicherer */
   strcat(ziel_str, str3);
   printf("%s\n",ziel_str);
   return EXIT_SUCCESS;
}
```

In diesem Beispiel haben Sie gesehen, dass es auch möglich ist, mit `strcpy()` Strings aneinanderzuhängen:

```
strcpy(&ziel_str[8], str2);
```

Nur ist das umständlich, und schließlich gibt es dafür die Funktion `strcat()`. Beim Betrachten der Funktion `strcpy()` fällt außerdem auf, dass hierbei ebenfalls nicht überprüft wird, wie viele Zeichen in den Zielstring kopiert werden, mit denen wieder auf einen undefinierten Speicherbereich zugegriffen werden kann. Daher ist auch die Funktion `strcpy()` eine gefährliche Funktion, wenn diese falsch eingesetzt wird. Hierzu sei wieder auf den Abschnitt 27.1, »Buffer-Overflow (Speicherüberlauf)«, verwiesen.

11.13.5 »strcspn()« – einen Teilstring ermitteln

Wollen Sie die Länge eines Teilstrings bis zum Auftreten eines bestimmten Zeichens ermitteln, eignet sich die Funktion `strcspn()`. Die Syntax lautet:

```
int strcspn(const char *s1, const char *s2);
```

Sobald ein Zeichen, das in `s2` angegeben wurde, im String `s1` vorkommt, liefert diese Funktion die Position dazu zurück. Ein Beispiel:

```
/* strcspn.c */
#include <stdio.h>
#include <stdlib.h>
#include <string.h>

int main(void) {
   char string[] = "Das ist ein Teststring";
   int  pos;

   pos = strcspn( string, "Ttg" );
   printf("Erstes Auftreten von T, t oder g an Pos.: %d\n",pos);
   return EXIT_SUCCESS;
}
```

11.13.6 »strlen()« – Länge eines Strings ermitteln

Um die Länge eines Strings zu ermitteln, kann die Funktion `strlen()` (*string length*) eingesetzt werden. Die Syntax lautet:

```
size_t strlen(const char *s1);
```

Damit wird die Länge des adressierten Strings `s1` ohne das abschließende Stringende-Zeichen zurückgegeben. Das Beispiel zu `strlen()`:

```
/* strlen.c */
#include <stdio.h>
#include <stdlib.h>
#include <string.h>

int main(void) {
   char string[] = "Das ist ein Teststring";
   size_t laenge;

   laenge = strlen(string);
```

```
    printf("Der String \"%s\" hat %d Zeichen\n",string, laenge);
    return EXIT_SUCCESS;
}
```

Hinweis

Dass die Funktion `strlen()` das Stringende-Zeichen `'\0'` nicht mitzählt, ist eine häufige Fehlerquelle, wenn es darum geht, dynamisch Speicher für einen String zu reservieren. Denken Sie daran, dass Sie immer Platz für ein Zeichen mehr bereithalten.

11.13.7 »strncat()« – String mit n Zeichen aneinanderhängen

`strncat()` ist die gleiche Funktion wie `strcat()`, nur dass hiermit `n` Zeichen angehängt werden. Die Syntax lautet:

```
char *strncat(char *s1, const char *s2, size_t n);
```

Diese Funktion ist aus Sicherheitsgründen der Funktion `strcat()` vorzuziehen. Ein Beispiel:

```
/* strncat.c */
#include <stdio.h>
#include <stdlib.h>
#include <string.h>
#define MAX 15

int main(void) {
    char string[MAX] = "Hallo ";
    char puffer[20];
    /* Vorhandenen Platz in string ermitteln */
    size_t len = MAX - strlen(string)+1;

    printf("Ihr Name: ");
    fgets(puffer, 20, stdin);
    strncat(string, puffer, len);
    printf("%s",string);
    return EXIT_SUCCESS;
}
```

Damit ist sichergestellt, dass nicht mehr in einen undefinierten Speicherbereich geschrieben wird.

Hinweis

`size_t` ist ein primitiver Datentyp, der meistens als `unsigned int` oder `unsigned long` deklariert ist.

11.13.8 »strncmp()« – n Zeichen von zwei Strings miteinander vergleichen

Diese Funktion arbeitet genauso wie die Funktion `strcmp()`, nur mit dem Unterschied, dass `n` Zeichen miteinander verglichen werden. Die Syntax lautet:

```
int strncmp(const char *s1, const char *s2, size_t n);
```

Hiermit werden also die ersten `n` Zeichen von `s1` und die ersten `n` Zeichen von `s2` lexikografisch miteinander verglichen. Der Rückgabewert ist dabei derselbe wie schon bei `strcmp()`. Ein Beispiel:

```
/* strncmp.c */
#include <stdio.h>
#include <stdlib.h>
#include <string.h>

int main(void) {
   char str1[] = "aaaa";
   char str2[] = "aabb";
   int i;

   for(i = strlen(str1); i > 0; i--) {
      if(strncmp( str1, str2, i) != 0)
         printf("Die ersten %d Zeichen der Strings "
                "sind nicht gleich\n",i);
         else {
            printf("Ab Zeichen %d sind "
                   "beide Strings gleich\n",i);
            /* Weitere Vergleiche sind nicht mehr nötig */
            break;
         }
   }
   return EXIT_SUCCESS;
}
```

11.13.9 »strncpy()« – String mit n Zeichen kopieren

Die sicherere Alternative zur Funktion `strcpy()` lautet `strncpy()`, die `n` Zeichen kopiert. Der Ablauf der Funktion ist hingegen wieder derselbe wie bei `strcpy()`. Die Syntax lautet:

```
char *strncpy(char *s1, const char *s2, size_t n);
```

Hier werden `n` Zeichen aus dem String `s2` in den String `s1` ohne das `'\0'`-Zeichen kopiert. Das Beispiel:

```
/* strncpy.c */
#include <stdio.h>
#include <stdlib.h>
#include <string.h>
#define MAX 20

int main(void) {
   char str1[MAX];
   char str2[] = "Ein Teststring, der laenger"
                 " als 20 Zeichen ist";

   /* MAX-Zeichen in str1 kopieren */
   strncpy(str1, str2, MAX-1);
   /* Wichtig, String am Ende terminieren !! */
   str1[MAX-1] = '\0';
   printf("%s\n",str1);
   return EXIT_SUCCESS;
}
```

11.13.10 »strpbrk()« – nach dem Auftreten bestimmter Zeichen suchen

Die Funktion `strpbrk()` arbeitet ähnlich wie `strcspn()`, nur dass hierbei nicht die Länge eines Teilstrings ermittelt wird, sondern das erste Auftreten eines Zeichens in einem String, das im Suchstring enthalten ist. Die Syntax lautet:

```
char *strpbrk( const char *s1, const char *s2);
```

Ein Beispiel dazu:

```
/* strpbrk.c */
#include <stdio.h>
#include <stdlib.h>
#include <string.h>

int main(void) {
   char str1[]="Das ist ein Teststring";
   char str2[]="ie";

   printf("%s\n",strpbrk(str1, str2));
   return EXIT_SUCCESS;
}
```

11.13.11 »strrchr()« – das letzte Auftreten eines bestimmten Zeichens im String suchen

Die Funktion `strrchr()` ähnelt der Funktion `strchr()`, nur dass hierbei das erste Auftreten des Zeichens von hinten, genauer gesagt des letzten Zeichens, ermittelt wird. Die Syntax lautet:

```
char *strrchr(const char *s, int ch);
```

Die Funktion `fgets()` hängt beim Einlesen eines Strings immer das Newline-Zeichen am Ende an. Manchmal ist das nicht erwünscht. Wir suchen mit `strrchr()` danach und überschreiben diese Position mit dem `'\0'`-Zeichen:

```
/* strrchr.c */
#include <stdio.h>
#include <stdlib.h>
#include <string.h>

int main(void) {
   char string[20];
   char *ptr;

   printf("Eingabe machen: ");
   fgets(string, 20 , stdin);
   /* Zeiger auf die Adresse des Zeichens \n */
   ptr = strrchr(string, '\n');
   /* Zeichen mit \0 überschreiben */
   *ptr = '\0';
   printf("%s",string);
   return EXIT_SUCCESS;
}
```

11.13.12 »strspn()« – das erste Auftreten eines Zeichens, das nicht vorkommt

Die Funktion `strspn()` gibt die Position des ersten Auftretens eines Zeichens an, das nicht vorkommt. Die Syntax lautet:

```
int strspn(const char *s1, const char *s2);
```

Ein Beispiel dazu:

```
/* strspn.c */
#include <stdio.h>
#include <stdlib.h>
#include <string.h>
```

```
int main(void) {
   char string[] = "75301234-2123";
   int pos = strspn(string, "0123456789");

   printf("Position, welche keine Ziffer ist:");
   printf(" %d\n",pos); /* 8 */
   return EXIT_SUCCESS;
}
```

Dieses Beispiel liefert Ihnen die Position des Zeichens zurück, das keine Ziffer ist.

11.13.13 »strstr()« – einen String nach dem Auftreten eines Teilstrings durchsuchen

Mit der Funktion `strstr()` können Sie einen String daraufhin untersuchen, ob ein bestimmter Teilstring auftritt. Die Syntax ist:

```
char *strstr(const char *s1, const char *s2);
```

Damit wird der String `s1` nach einem String mit der Teilfolge `s2` ohne `'\0'` durchsucht. Ein Beispiel:

```
/* strstr.c */
#include <stdio.h>
#include <stdlib.h>
#include <string.h>

int main(void) {
   char string[] = "Das ist ein Teststring";
   char suchstring[] = "ein";

   if( strstr(string, suchstring) != NULL)
      printf("Suchstring \"%s\" gefunden\n", suchstring);
   return EXIT_SUCCESS;
}
```

11.13.14 »strtok()« – einen String anhand bestimmter Zeichen zerlegen

Mit der Funktion `strtok()` können Sie einen String anhand von Tokens in einzelne Teilstrings zerlegen. Die Syntax sieht so aus:

```
char *strtok(char *s1, const char *s2);
```

Damit wird der String `s1` durch das Token getrennt, das sich in `s2` befindet. Ein Token ist ein String, der keine Zeichen aus `s2` enthält. Ein Beispiel:

```
/* strtok.c */
#include <stdio.h>
#include <stdlib.h>
#include <string.h>

int main(void) {
   char string[] = "Ein Teststring mit mehreren Worten\n"
                   "und mehreren Zeilen.\t Ende\n";
   int i=1;
   char *ptr;

   ptr = strtok(string, "\n\t ");
   while(ptr != NULL) {
      printf("% d. Wort: %s\n",i++,ptr);
      ptr = strtok(NULL, "\n\t ");
   }
   return EXIT_SUCCESS;
}
```

Mit der Zeile

```
ptr = strtok(string, "\n\t ");
```

würde nur das erste Wort anhand eines der Whitspace-Zeichen Newline, Tabulator oder Space getrennt werden. Der String wird jetzt von der Funktion `strtok()` zwischengespeichert. Wollen Sie jetzt den String mit weiteren Aufrufen zerlegen, müssen Sie `NULL` verwenden.

```
ptr = strtok(NULL, "\n\t ");
```

Dabei gibt jeder Aufruf das Token zurück. Das jeweilige Trennzeichen wird dabei mit `'\0'` überschrieben. In diesem Beispiel ist die Schleife zu Ende, wenn `strtok()` den `NULL`-Zeiger zurückliefert.

Allmählich ist es an der Zeit, dass Sie lernen, mit Zeigern zu arbeiten. Lesen Sie in Kapitel 12 weiter.

Hinweis

Zu den in der Headerdatei *<string.h>* deklarierten Funktionen für die Verarbeitung von Strings vom Typ `char` gibt es in der Headerdatei `<wchar.h>` die entsprechenden Funktionen für Breitzeichen mit dem Typ `wchar_t`. Die Verwendung der Funktionen für Breitzeichen-Strings unterscheidet sich nicht von den Funktionen für normale Byte-Strings. Nur der Funktionsname lautet immer ein wenig anders. Eine Übersicht über die Stringfunktionen für Breitzeichen in *<wchar.h>* finden Sie in Anhang B.23.

In diesem Kapitel geht es um das vielleicht wichtigste und vielseitigste Thema in der Programmiersprache C: die Zeiger. Dabei handelt es sich allerdings um ein Thema, das oft nicht auf Anhieb verstanden wird. Aber ist die Zeigerarithmetik erst einmal klar, erscheinen die Hürden der fortgeschrittenen Kapitel nicht mehr so hoch. Also: Ist das Thema Zeiger kein Problem mehr, ist es auch die Programmiersprache C nicht mehr.

12 Zeiger (Pointer)

Im Grunde sind Zeiger aber gar nicht so kompliziert, wie sie oft dargestellt werden. Zeiger sind im Prinzip nichts anderes als ganz normale Variablen, die statt Datenobjekten wie Zahlen, Zeichen oder Strukturen eben Adressen eines bestimmten Speicherbereichs beinhalten.

Was können Sie mit Zeigern auf Adressen so alles machen? Hierzu ein kleiner Überblick über die Anwendungsgebiete von Zeigern:

- Speicherbereiche können dynamisch reserviert, verwaltet und wieder gelöscht werden.
- Mit Zeigern können Sie Datenobjekte direkt (*call-by-reference*) an Funktionen übergeben.
- Mit Zeigern lassen sich Funktionen als Argumente an andere Funktionen übergeben.
- Rekursive Datenstrukturen wie Listen und Bäume lassen sich fast nur mit Zeigern erstellen.
- Es lässt sich ein typenloser Zeiger (`void *`) definieren, womit Datenobjekte beliebigen Typs verarbeitet werden können.

Auf den nächsten Seiten erläutere ich erst einmal die Grundlagen der Zeiger (die häufig auch *Pointer* genannt werden). Im Laufe des Buchs werden dann die zuvor genannten Punkte besprochen. Ich empfehle Ihnen, sich für dieses Kapitel viel Zeit zu nehmen. Es stellt auf jeden Fall die Grundlage für den Fortgang des Buchs und Ihre Karriere als C-Programmierer dar.

12.1 Zeiger deklarieren

Die Deklaration eines Zeigers hat die folgende Syntax:

```
Datentyp *zeigervariable;
```

Der `Datentyp` des Zeigers muss vom selben Datentyp wie der sein, auf den er zeigt (referenziert).

Hinweis

Wenn ich im Weiteren von »auf etwas zeigen« spreche, ist damit natürlich gemeint, dass auf einen bestimmten Speicherbereich (eine Adresse im Arbeitsspeicher) referenziert wird.

Das Sternchen vor `zeigervariable` kennzeichnet den Datentyp als Zeiger. Im Fachjargon heißt dieser Operator *Indirektionsoperator*. Die Position für das Sternchen befindet sich zwischen dem Datentyp und dem Zeigernamen. Beispiel:

```
int *zeiger1;
int* zeiger2;
char *zeiger3;
char* zeiger4;
float *zeiger5;
```

Hier sehen Sie zwei verschiedene Schreibweisen, wobei beide richtig sind; es hat sich aber folgende eingebürgert:

```
int *zeiger1;
int *zeiger2;
int *zeiger3;
```

Mit dieser Schreibweise wird der gemachte Fehler deutlicher:

```
int *zeiger1 ,zeiger2;
```

Hier wurde nur ein Zeiger deklariert, was auch recht schnell zu sehen ist. Bei der folgenden Schreibweise ist dieser Fehler nicht mehr so eindeutig zu erkennen:

```
int* zeiger1 ,zeiger2;
```

Hier könnte man fälschlicherweise annehmen, es seien zwei Zeiger deklariert worden. Am besten verwenden Sie also die übliche Schreibweise. Damit können Sie sich einige Probleme ersparen.

12.2 Zeiger initialisieren

Hier beginnt eine gefährliche Operation. Wird im Programm ein Zeiger verwendet, der zuvor nicht initialisiert wurde, kann dies zu schwerwiegenden Fehlern führen – sogar bis zum Absturz eines Betriebssystems (bei 16-Bit-Systemen). Die Gefahr ist, dass bei einem Zeiger, der nicht mit einer gültigen Adresse initialisiert wurde und auf den jetzt zurückgegriffen werden soll, stattdessen einfach auf irgendeine Adresse im Arbeitsspeicher zurückgegriffen wird. Wenn sich in diesem Speicherbereich wichtige Daten oder Programme bei der Ausführung befinden, kommt es logischerweise zu Problemen.

Um das Prinzip der Zeiger zu verstehen, müssen Sie nochmals zurück zu den normalen Datentypen springen, beispielsweise zu folgender Initialisierung:

```
int x = 5;
```

Durch diese Initialisierung ergibt sich im Arbeitsspeicher folgendes Bild:

Adresse: 0022FF7C	Name: x	Wert: 5

Abbildung 12.1 Darstellung einer Variablen im Arbeitsspeicher

Die Adresse ist eine erfundene Adresse im Arbeitsspeicher, auf die Sie keinen Einfluss haben. Diese wird vom System beim Start des Programms vergeben. Damit der Rechner weiß, von wo er den Wert einer Variablen auslesen soll, wird eine Adresse benötigt. Ebenso sieht es mit der Initialisierung einer Variablen aus, falls dieser ein Wert zugewiesen wird. Der Name einer Variablen ist der Name, den Sie bei der Deklaration selbst festgelegt haben. Der Wert 5 wurde zu Beginn des Programms definiert. Dieser Block oben hat eine Speichergröße von vier Bytes (`int` = vier Bytes oder, auf 16-Bit-Systemen, zwei Bytes).

Hundertprozentig stimmt diese Analyse eines Datentyps nicht. Es gibt noch einige weitere Attribute, die ein Datentyp besitzt, und zwar folgende:

- Wann bekommt die Variable ihren Speicherplatz zugeordnet? (Das ist abhängig vom Schlüsselwort `static` oder `auto`.)
- Wie lange bleibt der Speicherort dieser Variablen gültig?

- Wer kann diesen Wert ändern bzw. abrufen? (Das ist abhängig vom Gültigkeitsbereich und von der Sichtbarkeit der Variablen: global, lokal, Schlüsselwort const.)
- Wann wird die Variable gespeichert? (Das ist abhängig vom Schlüsselwort volatile.)

Dies dient allerdings hier nur zur Information, denn die Dinge sollten jetzt nicht komplizierter gemacht werden, als sie sind.

Benötigen Sie die Adresse einer Variablen im Arbeitsspeicher, dann kann diese mit dem Formatzeichen %p und dem Adressoperator & abgefragt und ausgegeben werden:

```
/* ptr1.c */
#include <stdio.h>
#include <stdlib.h>

int main(void) {
   int x = 5;

   printf("Die Adresse von x ist %p \n",&x);
   return EXIT_SUCCESS;
}
```

In diesem Beispiel wurde mithilfe des Adressoperators und des Formatzeichens %p die aktuelle Speicheradresse der Variablen x ausgegeben.

Jetzt ist auch klar, warum scanf() eine Fehlermeldung ausgibt, wenn kein Adressoperator mit angegeben wird:

```
scanf("%d",x);  /* Wohin damit ...??? */
```

Das wäre dasselbe, als wenn der Postbote einen Brief zustellen soll, auf dem sich keine Anschrift befindet. Der Brief wird niemals sein Ziel erreichen. Genauso läuft es in Ihrem PC ab, egal ob Sie jetzt ein Computerspiel spielen oder ein Textverarbeitungsprogramm verwenden. Jedes Speicherobjekt, das Sie definieren, hat eine Adresse, einen Namen und eine bestimmte Speichergröße (je nach Datentyp). Der Wert ist der einzige dieser vier Angaben, der zur Laufzeit festgelegt oder verändert werden kann.

Wie kann jetzt einem Zeiger die Adresse einer Variablen übergeben werden? Dies soll das folgende Beispiel demonstrieren:

```
/* ptr2.c */
#include <stdio.h>
```

```
#include <stdlib.h>

int main(void) {
   int abfrage;
   int Kapitel1 = 5;
   int Kapitel2 = 60;
   int Kapitel3 = 166;
   int Nachtrag = 233;
   int *Verzeichnis;    /* Zeiger */

   do {
      printf("\tINDEXREGISTER VOM BUCH\n");
      printf("\t*******************************\n\n");
      printf("\t-1- Kapitel 1\n");
      printf("\t-2- Kapitel 2\n");
      printf("\t-3- Kapitel 3\n");
      printf("\t-4- Nachtrag\n");
      printf("\t-5- Ende\n");
      printf("\n");
      printf("\tAuswahl : ");
      scanf("%d",&abfrage);
      printf("\tKapitel %d finden Sie auf ",abfrage);

      switch(abfrage) {
         case 1  :  Verzeichnis =& Kapitel1;
                    printf("Seite %d\n", *Verzeichnis);
                    break;
         case 2  :  Verzeichnis =& Kapitel2;
                    printf("Seite %d\n", *Verzeichnis);
                    break;
         case 3  :  Verzeichnis =& Kapitel3;
                    printf("Seite %d\n", *Verzeichnis);
                    break;
         case 4  :  Verzeichnis =& Nachtrag;
                    printf("Seite %d\n", *Verzeichnis);
                    break;
         default :  printf("Seite ???\n");
                    break;
      }
   } while(abfrage < 5);
   return EXIT_SUCCESS;
}
```

Der Zeiger des Programms ist:

```
int *Verzeichnis;
```

Hiermit wurde ein Zeiger mit dem Namen `Verzeichnis` deklariert. Bis zur `switch`-Verzweigung geschieht so weit nichts Neues. Aber dann finden Sie in der ersten `case`-Anweisung:

```
Verzeichnis =& Kapitel1;
```

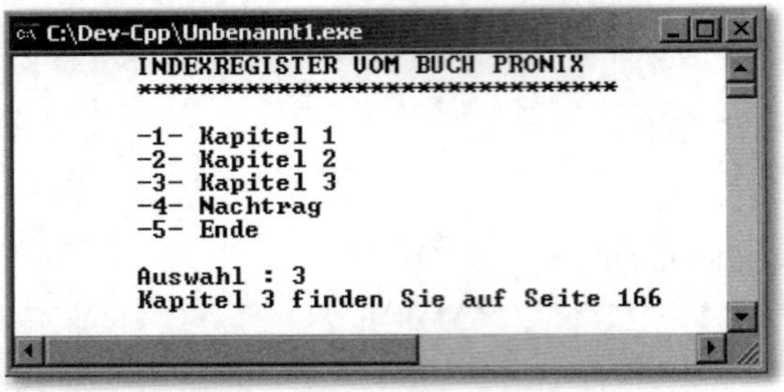

```
C:\Dev-Cpp\Unbenannt1.exe
INDEXREGISTER VOM BUCH PRONIX
********************************

-1- Kapitel 1
-2- Kapitel 2
-3- Kapitel 3
-4- Nachtrag
-5- Ende

Auswahl : 3
Kapitel 3 finden Sie auf Seite 166
```

Abbildung 12.2 Programm zur Verwendung der Zeiger in Aktion

Damit wird dem Zeiger `Verzeichnis` die Adresse der Variablen `Kapitel1` übergeben. Dies können Sie am Adressoperator `&` erkennen, der sich vor der Variablen `Kapitel1` befindet. Falls Sie den Adressoperator vor der Variablen `Kapitel1` vergessen, wird der Compiler das Programm nicht übersetzen, da ein Zeiger eine Adresse und nicht den Wert einer Variablen haben will.

Zu diesem Beispiel folgt ein kleiner Ausschnitt, der verdeutlicht, was im Speicher alles geschieht:

```
int Kapitel1 = 5;
int Kapitel2 = 60;
int Kapitel3 = 166;
int Nachtrag = 233;
int *Verzeichnis;
```

Adresse: 00000005	Name: Kapitel1	Wert: 5
Adresse: 0000003C	Name: Kapitel2	Wert: 60
Adresse: 000000A6	Name: Kapitel3	Wert: 166
Adresse: 000000E9	Name: Nachtrag	Wert: 233
Adresse: 00402000	Name: Verzeichnis	Adresse: --------

Abbildung 12.3 Darstellung im Arbeitsspeicher

Zunächst erfolgt beispielsweise die Adressübergabe der Variablen `Kapitel1` an den Zeiger `Verzeichnis` mit dem Adressoperator:

```
Verzeichnis =& Kapitel1;
```

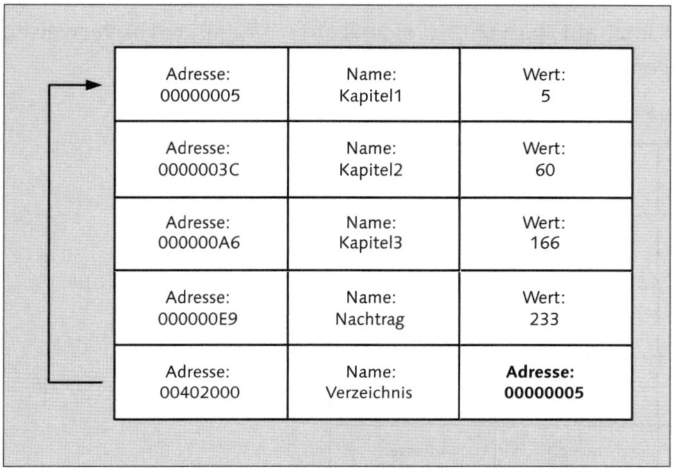

Adresse:	Name:	Wert:
Adresse: 00000005	Name: Kapitel1	Wert: 5
Adresse: 0000003C	Name: Kapitel2	Wert: 60
Adresse: 000000A6	Name: Kapitel3	Wert: 166
Adresse: 000000E9	Name: Nachtrag	Wert: 233
Adresse: 00402000	Name: Verzeichnis	**Adresse: 00000005**

Abbildung 12.4 Der Zeiger verweist hier auf die Adresse der Variablen »Kapitel1«.

Daran lässt sich erkennen, wie der Zeiger `Verzeichnis` die Adresse der Variablen `Kapitel1` enthält. Ein wenig anders sieht es dann hiermit aus:

```
printf("Seite %d\n", *Verzeichnis);
```

Hier kommt zum ersten Mal der Indirektionsoperator (*) ins Spiel. Dieser dereferenziert den Wert der Adresse, mit der der Zeiger zuvor mit

```
Verzeichnis =& Kapitel1;
```

initialisiert wurde. Lassen Sie bei der Ausgabe einfach einmal den Indirektionsoperator weg:

```
printf("Seite %d\n", Verzeichnis);    /* ohne '*' */
```

Übersetzen Sie dieses Programm erneut, und lassen Sie sich das `Verzeichnis` von `Kapitel1` ausgeben. Es wird irgendeine Zahl ausgegeben, nur nicht die Zahl 5. Warum? Eine Umänderung der Zeile

```
printf("Seite %d\n", *Verzeichnis);
```

in

```
printf("Adressen %p %p\n", *Verzeichnis, Kapitel1);
```

zeigt mehr. Jetzt soll wieder das erste Kapitel bei der Abfrage verwendet werden. Danach müssten beide Male dieselben Adressen ausgegeben werden. Mit

Verzeichnis =& Kapitel1 wurde doch nur die Adresse übergeben. Und im Zeiger selbst befindet sich auch nur die Adresse von Kapitel1. Ohne den Indirektionsoperator ist der Zeiger hier nutzlos. Nur mit diesem Operator können Sie auf den Inhalt einer Variablen mithilfe eines Zeigers zugreifen.

Wenn Sie den Zeiger jetzt auf Kapitel3 (Verzeichnis =& Kapitel3) verweisen lassen, ergibt sich folgender Stand im Arbeitsspeicher:

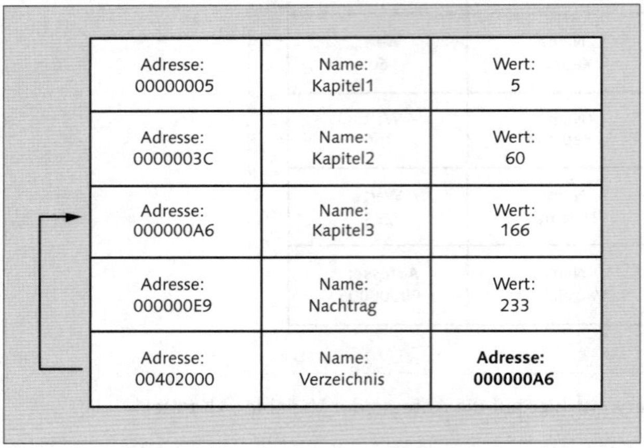

Adresse: 00000005	Name: Kapitel1	Wert: 5
Adresse: 0000003C	Name: Kapitel2	Wert: 60
Adresse: 000000A6	Name: Kapitel3	Wert: 166
Adresse: 000000E9	Name: Nachtrag	Wert: 233
Adresse: 00402000	Name: Verzeichnis	**Adresse: 000000A6**

Abbildung 12.5 Der Zeiger verweist jetzt auf die Adresse von »Kapitel3«.

Merke

Wird der Indirektionsoperator (*) vorangestellt, erkennen Sie, dass nicht auf den Zeiger zurückgegriffen werden soll, sondern auf das Datenobjekt, dessen Anfangsadresse sich im Zeiger befindet.

Zum besseren Verständnis folgt dazu ein weiteres Programm, das die Verwendung von Zeigern detaillierter darstellen soll. Es ist ein lehrreiches Beispiel, und es lohnt sich, es zu studieren:

```
/* ptr3.c */
#include <stdio.h>
#include <stdlib.h>

int main(void) {
   int x=5;
   int *y;

   printf("Adresse x=%p, Wert x=%d\n", &x, x);

   /*  Führt bei manchen Systemen zum Programmabsturz,
    *  ggf. auskommentieren. */
```

```
    printf("Adresse *y=%p, Wert *y=%d(unsinn)\n", &y, *y);
    printf("\ny=&x;\n\n");

    /* y hat jetzt die Adresse von x. */
    y =& x;
    printf("Adresse  x=%p, Wert x=%d\n", &x, x);
    printf("Adresse *y=%p, Wert *y=%d\n", &y, *y);
    printf("\nAdresse, auf die y zeigt, ist %p\n", y);
    printf("und das ist die Adresse von x = %p\n", &x);

    printf("\nACHTUNG!!!\n\n");
    *y=10;
    printf("*y=10\n\n");
    printf("Adresse  x=%p, Wert  x=%d\n", &x, x);
    printf("Adresse *y=%p, Wert *y=%d\n", &y, *y);
    printf("\nAdresse, auf die y zeigt, ist %p\n", y);
    printf("weiterhin die Adresse von x (%p)\n", &x);
    return EXIT_SUCCESS;
}
```

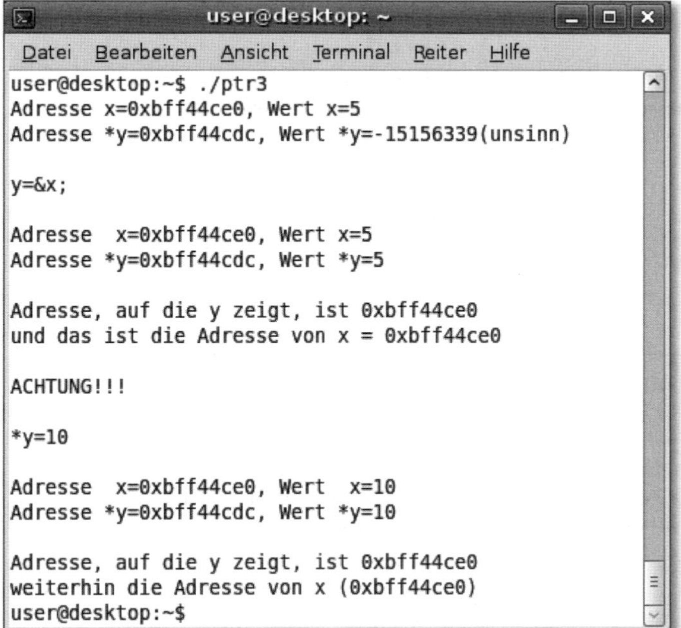

Abbildung 12.6 Die Ausgabe des Programms unter Linux

Folgende Zeile dürfte Ihnen bei diesem Programm aufgefallen sein:

```
*y = 10;
```

Hiermit wird der Wert der Variablen x dereferenziert. Mit dieser Dereferenzierung kann jederzeit auf den Wert der Variablen x zugegriffen werden. Dadurch kann mithilfe eines Zeigers der Inhalt der Variablen verändert werden, und zwar so, als würden Sie direkt darauf zugreifen. Die folgenden Abbildungen verdeutlichen den Verlauf.

```
int x = 5;
int *y;
```

Adresse: 000000FF	Name: x	Wert: 5
Adresse: 0000003C	Name: y	Adresse: NULL

Abbildung 12.7 Speicheradressierung der Variablen »x« und des Zeigers »y«

```
y =& x;
```

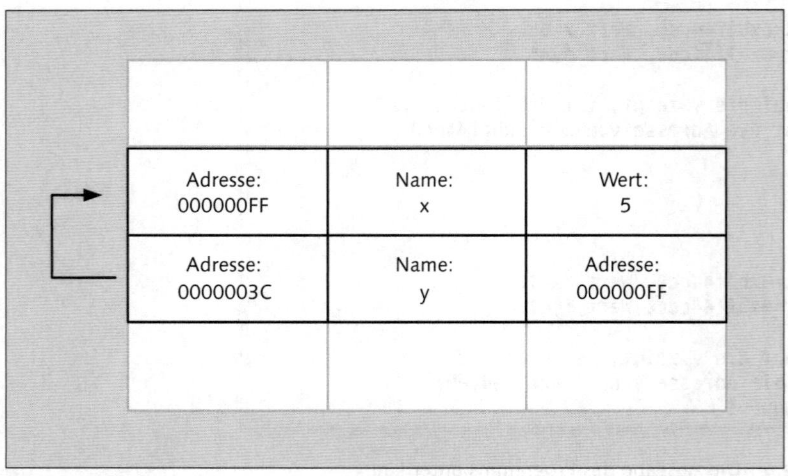

Abbildung 12.8 Der Zeiger »y« verweist jetzt auf die Adresse von Variable »x«.

```
*y = 10;
```

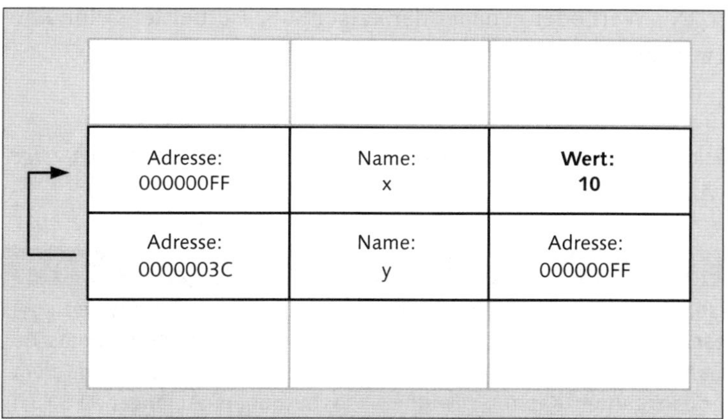

Abbildung 12.9 Dereferenzierung der Variablen »x«

Somit gilt: Wenn Sie mit dem Indirektionsoperator den Wert einer Variablen auslesen können, dann kann damit auch die Variable verändert werden. Das Wichtigste ist, dass Sie verstehen, dass einem Zeiger kein Wert übergeben wird, sondern eine Adresse (ich wiederhole mich), um anschließend mit dem Wert dieser Adresse zu arbeiten. Aber Achtung, das folgende Programm könnte böse Folgen haben:

```
/* ptr4.c */
#include <stdio.h>
#include <stdlib.h>

int main(void) {
   int *y;
   *y=10;

   printf("Der Wert von *y ist %d\n", *y);
   return EXIT_SUCCESS;
}
```

Dem Zeiger `y` wurde hier zuvor keine gültige Adresse zugewiesen. Dies bedeutet, dass dem Zeiger `y` beim Start des Programms eine Adresse zur Verfügung steht, die durch ein zufälliges Bitmuster vom Linker erzeugt wurde. Das Programm kann theoretisch sogar korrekt ablaufen. Irgendwann kann (wird) es jedoch ein vollkommen falsches Ergebnis zurückliefern. Auch könnte es sein, dass auf einen Speicherbereich zugegriffen wird, der bereits Daten beinhaltet. Dies könnte zu erheblichen Problemen bei der Programmausführung bis hin zum Absturz führen.

Solche Fehler können Sie vermeiden, indem Sie einen nicht verwendeten Zeiger mit `NULL` initialisieren und vor der Verwendung des Zeigers eine Überprüfung auf

NULL durchführen. Der Wert oder genauer der Zeiger NULL ist meistens eine Konstante, die mit dem Wert 0 definiert ist:

```
#define NULL (void *)0
```

Einfach ausgedrückt handelt es sich bei diesem NULL-Zeiger um einen *Ich-zeige-auf-keine-gültige-Adresse*-Wert.

Hinweis

Auf NULL gehe ich in einem anderen Abschnitt (Abschnitt 14.3, »Das NULL-Mysterium«) nochmals etwas genauer ein. Allerdings empfehle ich Ihnen, hierzu auch die deutsche FAQ der *de.comp.lang.c* (*http://www.dclc-faq.de/inhalt.htm*) zu lesen. Hier wurde dem Thema NULL-Zeiger ein ganzes Kapitel gewidmet, da besonders Anfänger NULL zu sehr vergleichen – was aber nicht immer so sein muss. Theoretisch muss ein NULL-Zeiger nämlich kein Zeiger auf null sein, sondern kann auch eben nur als 0 definiert werden.

Hier sehen Sie das Erwähnte in der Praxis:

```
/* ptr5.c */
#include <stdio.h>
#include <stdlib.h>

int main(void) {
   int *y=NULL;     /* Zeiger mit NULL initialisieren */

   if(y == NULL) {
      printf("Der Zeiger besitzt keine gültige Adresse\n");
      return EXIT_FAILURE;
   }
   else
      *y = 10;
   return EXIT_SUCCESS;
}
```

Ein Tipp zu einer sichereren Überprüfung von:

```
if(y == NULL)
```

Es kann dabei schnell passieren, dass Sie statt einer Überprüfung auf NULL den Zeiger mit NULL initialisieren:

```
if(y = NULL)  /* Fehler */
```

Mit folgender Überprüfung kann Ihnen dieser Fehler nicht mehr unterlaufen:

```
if(NULL == y)
```

Denn sollten Sie NULL den Zeiger y zuweisen wollen, wird der Compiler das Programm nicht übersetzen, da dies rein syntaktisch falsch ist.

Natürlich geht dies auch umgekehrt. Sie können einer normalen Variablen auch den Wert eines Zeigers übergeben, auf den dieser zeigt. Beispiel:

```
/* ptr6.c */
#include <stdio.h>
#include <stdlib.h>

int main(void) {
   int *ptr;
   int var=10, tmp;

   /* ptr zeigt auf Adresse von var. */
   ptr =& var;
   /* Variable tmp bekommt den Wert, den ptr dereferenziert. */
   tmp = *ptr;          /* tmp=10 */
   *ptr = 100;          /* Inhalt von var wird verändert var=100. */
   if(var > 50)         /* Ist var größer als 50 ... ? */
      var = tmp;          /* ... wieder den alten Wert */
   printf("var=%d\t*ptr=%d\n",var, *ptr); /* var=10   *ptr=10 */
   return EXIT_SUCCESS;
}
```

Wichtig ist allerdings dabei, dass Sie den Indirektionsoperator verwenden. Denn dieser dereferenziert den Wert, auf den der Zeiger zeigt:

```
tmp = *ptr;  /* tmp=10 */
```

Sollten Sie den Indirektionsoperator vergessen, lässt sich das Programm ohnehin nicht übersetzen, denn es würde ja versucht werden, der Variablen tmp eine Adresse zu übergeben.

Hier ein schneller Überblick zum Zugriff und zur Dereferenzierung von Zeigern:

```
// Deklaration
int *ptr;
int var, var2;

// Initialisieren: ptr bekommt die Adresse von var.
ptr =& var;

// Dereferenzierung : var bekommt den Wert 100 zugewiesen.
*ptr=100;
```

```
// var2 mit demselben Wert wie var initialisieren
var2 = *ptr;

*ptr+=100;       // Dereferenzierung: var wird um 100 erhöht.
(*ptr)++;        // Dereferenzierung: var hat jetzt den Wert 201.
(*ptr)--;        // var hat wieder den Wert 200.
ptr=&var2;       // ptr zeigt auf var2.

printf("%d", *ptr);     // Gibt Wert von var2 aus.
printf("%p", &ptr);     // Gibt Adresse von ptr aus.
printf("%p", ptr);      // Gibt Adresse von var2 aus.
```

Sicherlich sind Ihnen im Beispiel auch die Klammern bei den Zeilen

```
(*ptr)++;        // Dereferenzierung: var hat jetzt den Wert 201.
(*ptr)--;        // var hat wieder den Wert 200.
```

aufgefallen. Diese waren nötig, da die Operatoren ++ und -- einen höheren Rang haben als der Indirektionsoperator (*) (siehe Anhang A.1, »Rangfolge der Operatoren«). Wenn Sie diese Klammerung vergessen, kann das fatale Folgen haben.

12.2.1 Speichergröße von Zeigern

Ich komme bei der Speicherverwaltung zwar nochmals genauer auf dieses Thema zurück, aber es soll hier schon einmal kurz erwähnt werden. Die Größe eines Zeigers hängt nicht von dem Datentyp ab, auf den dieser verweist. Das ist schließlich nicht notwendig, denn Zeiger sollen ja keine Werte, sondern Adressen speichern. Und zur Speicherung von Adressen werden in der Regel zwei oder vier Bytes benötigt. Der Beweis:

```
/* ptr7.c */
#include <stdio.h>
#include <stdlib.h>

int main(void) {
   char   *v;
   int    *w;
   float  *x;
   double *y;
   void   *z;

   printf("%d\t %d\t %d\t %d\t %d \n",
      sizeof(v),sizeof(w), sizeof(x), sizeof(y), sizeof(z));
   return EXIT_SUCCESS;
}
```

Zeiger auf 64-Bit-Architekturen

Auf 64-Bit-Architekturen mit einem 64-Bit-Betriebssystem und dem LP64-Typenmodell ist ein Zeiger (wie auch der Datentyp `long`) üblicherweise auch 64 Bit breit und somit 8 Bytes.

Sicherlich stellt sich die Frage, warum man Zeiger dann überhaupt typisieren sollte, wenn der Speicherverbrauch immer gleich ist. Dies ist ziemlich wichtig in C. Nur dadurch lässt sich in C die Zeigerarithmetik realisieren. Denn nur durch das Wissen um die Speichergröße des assoziierten Typs kann die Adresse des Vorgänger- oder Nachfolgeelementes berechnet werden. Darüber hinaus ermöglicht die Typisierung von Zeigern dem Compiler, Verletzungen der Typkompatibilität zu erkennen.

Hinweis

Es gibt in der Tat Zeiger, die keinem Typ zugeordnet sind (`void`-Zeiger; siehe Abschnitt 12.11, »void-Zeiger«). Diese Zeiger können allerdings nicht dereferenziert, inkrementiert oder dekrementiert werden.

12.3 Zeigerarithmetik

Folgende Rechenoperationen können mit einem Zeiger und auf dessen Adresse verwendet werden:

- Ganzzahlwerte erhöhen
- Ganzzahlwerte verringern
- inkrementieren
- dekrementieren

Wenn Sie Folgendes eingeben würden:

```
int *ptr;
int wert;

ptr =& wert;
ptr += 10;
```

Auf welche Adresse zeigt dann der Zeiger `ptr`? 10 Bytes von der Variablen `wert` entfernt? Nein, ein Zeiger wird immer um den Wert der Größe des Datentyps erhöht bzw. heruntergezählt. Auf einem 32-Bit-System würde der Zeiger auf eine Stelle verweisen, die 40 Bytes von der Anfangsadresse der Variablen `wert` entfernt ist.

Solch eine Erhöhung der Adresse ist ohnehin sehr gefährlich, da der Zeiger danach höchstwahrscheinlich nicht mehr auf einen reservierten Speicherbereich zeigt.

Des Weiteren sind bei Verwendung eines Zeigers natürlich auch die Vergleichsoperatoren <, >, !=, ==, <= und => erlaubt. Die Verwendung ist aber hierbei nur sinnvoll, wenn die Zeiger auf Elemente eines Arrays zeigen.

12.4 Zeiger, die auf andere Zeiger verweisen

Zeiger können letztendlich auch auf andere Zeiger verweisen:

```
int *ptr1;
int *ptr2;

ptr1 = ptr2;
```

In diesem Fall zeigen beide Zeiger auf dieselbe Adresse. Dies ist ein wenig verwirrend. Daher folgt ein kleines Beispiel dazu:

```
/* ptr8.c */
#include <stdio.h>
#include <stdlib.h>

int main(void) {
   int wert=10;
   int *ptr1;
   int *ptr2;

   ptr1 = &wert;
   ptr2 = ptr1;

   printf("ptr1 verweist auf %p\n", ptr1);
   printf("Wert in %p ist %d\n\n", ptr1, *ptr1);

   printf("ptr2 verweist auf %p\n", ptr2);
   printf("Wert in %p ist %d\n\n", ptr2, *ptr2);

   printf("Adresse von ptr1 : %p\n", &ptr1);
   printf("Adresse von ptr2 : %p\n", &ptr2);
   printf("Adresse von wert : %p\n\n", &wert);

   printf("ptr1 [%p] -> [%p] = [%d]\n", &ptr1, ptr1, *ptr1);
```

```
    printf("ptr2 [%p] -> [%p] = [%d]\n", &ptr2, ptr2, *ptr2);
    return EXIT_SUCCESS;
}
```

Bei diesem Programm verweisen beide Zeiger auf denselben Wert (genauer gesagt auf dieselbe Adresse), nämlich auf die Adresse der Variablen `wert`. Mit `ptr2 = ptr1` bekommt `ptr2` dieselbe Adresse zugewiesen, auf die schon `ptr1` zeigt. Auffällig ist hierbei auch, dass kein Adressoperator verwendet wird. Dieser wird nicht benötigt, da der Wert eines Zeigers schon eine Adresse ist und ein Zeiger auch einen Wert als Adresse erwartet.

Würde jetzt

```
*ptr1 = 11;
```

im Programm eingefügt, würde der Wert der Variablen `wert` auf 11 geändert, und somit wäre die Ausgabe des Programms immer 11. Falls Sie

```
wert = 20;
```

schreiben, werden auch die beiden Zeiger (mit Verwendung des Dereferenzierungsoperators) 20 ausgeben, da die Zeiger ja weiterhin auf die Speicheradresse der Variablen `wert` zeigen.

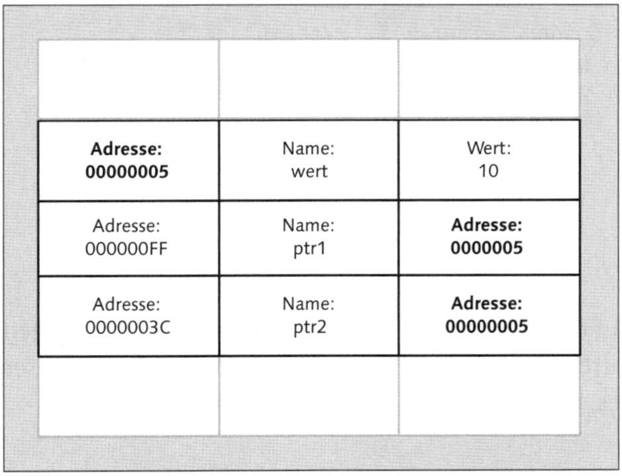

Adresse: 00000005	Name: wert	Wert: 10
Adresse: 000000FF	Name: ptr1	**Adresse: 0000005**
Adresse: 0000003C	Name: ptr2	**Adresse: 00000005**

Abbildung 12.10 Ein Zeiger bekommt die Adresse eines anderen Zeigers.

12.4.1 Subtraktion zweier Zeiger

In der Standard-Headerdatei *<stddef.h>* befindet sich ein primitiver Datentyp `ptrdiff_t`, der meist mit `int` deklariert ist. Dieser wird verwendet, um das Ergebnis aus der Subtraktion zweier Zeiger zurückzugeben. Diese Subtraktion wird verwendet, um zu berechnen, wie weit zwei Zeiger zum Beispiel in einem Vektorelement voneinander entfernt sind. Näheres über den Zusammenhang von Arrays bzw. Strings und Zeigern können Sie in Abschnitt 12.7 lesen. Hier sehen Sie ein einfaches Listing:

```
/* ptr9.c */
#include <stdio.h>
#include <stddef.h>  /* für ptrdiff_t */
#include <stdlib.h>

int main(void) {
   char *ptr1, *ptr2;
   ptrdiff_t diff; /* Primitiver Datentyp */
   char string[] = { "Hallo Welt\n" };

   /* ptr2 auf Anfangsadresse von string */
   ptr2 = string;
   /* ptr1 6 Bytes weiter von der Adresse ptr2 platzieren */
   ptr1 = ptr2 + 6;
   /* Wie weit liegen beide Zeiger voneinander entfernt? */
   diff = ptr1-ptr2;
   // Nach dem neuen C99-Standard können Sie die formatierte
   // Ausgabe auch mit dem Argumenttyp-Modifikator t für
   // ptrdiff_t verwenden, also %td anstatt %d.
   printf("Differenz der beiden Zeiger : %d Bytes\n",diff);
   printf("%s",ptr1);  /* Welt */
   printf("%s",ptr2);  /* Hallo Welt */
   return EXIT_SUCCESS;
}
```

Mit der Zeile

```
ptr1 = ptr2 + 6;
```

lassen Sie den Zeiger `ptr1` auf die Adresse `string[6]` zeigen. `ptr2` zeigt hingegen weiterhin auf die Anfangsadresse des Strings (`string[0]`). Die Differenz dieser beiden Zeiger beträgt 6 Bytes, da diese so weit voneinander entfernt sind.

12.5 Typensicherung bei der Dereferenzierung

Zeiger sind in C streng typisiert. Sie können einen Zeiger vom Datentyp `int` nicht auf die Adresse eines `double`-Werts zeigen lassen, wie im folgenden Beispiel zu sehen ist:

```
/* ptr10.c */
#include <stdio.h>
```

```
#include <stdlib.h>

int main(void) {
   int *int_ptr;
   double double_wert=999.999;

   int_ptr=&double_wert;
   printf("*int_ptr=%d double=%f\n", *int_ptr, double_wert);
   return EXIT_SUCCESS;
}
```

Die Ausgabe des Zeigers wird irgendwelchen Unsinn ergeben. Es ist aber auch möglich, die Typensicherung durch explizite Typumwandlung oder über einen void-Zeiger zu umgehen. Aber dazu später mehr.

12.6 Zeiger als Funktionsparameter (call-by-reference)

Funktionen, die mit einem oder mehreren Parametern definiert werden und mit return einen Rückgabewert zurückliefern, haben wir bereits verwendet (*call-by-value*). Der Nachteil dieser Methode ist, dass bei jedem Aufruf erst einmal alle Parameter kopiert werden müssen, sodass diese Variablen der Funktion anschließend als lokale Variablen zur Verfügung stehen. Betrachten Sie beispielsweise folgendes Programm:

```
/* ptr11.c */
#include <stdio.h>
#include <stdlib.h>
#define PI 3.141592f

float kreisflaeche(float wert) {
   return (wert = wert * wert * PI);
}

int main(void) {
   float radius, flaeche;

   printf("Berechnung einer Kreisfläche!!\n\n");
   printf("Bitte den Radius eingeben : ");
   scanf("%f", &radius);
   flaeche = kreisflaeche(radius);
   printf("\nDie Kreisfläche beträgt : %f\n", flaeche);
   return EXIT_SUCCESS;
}
```

In solch einem Fall bietet es sich an, statt der Variablen radius einfach nur die Adresse der Variablen als Argument zu übergeben. Die Übergabe von Adressen als Argument einer Funktion wird *call-by-reference* genannt. Das Prinzip sehen Sie im abgeänderten Programmbeispiel:

```
/* ptr12.c */
#include <stdio.h>
#include <stdlib.h>
#define PI 3.141592f

void kreisflaeche(float *wert) {
   *wert = ( (*wert) * (*wert) * PI );
}

int main(void) {
   float radius;

   printf("Berechnung einer Kreisfläche!!\n\n");
   printf("Bitte den Radius eingeben : ");
   scanf("%f", &radius);
   /* Adresse von radius als Argument an kreisflaeche() */
   kreisflaeche(&radius);
   printf("\nDie Kreisfläche beträgt : %f\n", radius);
   return EXIT_SUCCESS;
}
```

Statt einer Variablen als Argument wurde in diesem Beispiel einfach die Adresse der Variablen radius übergeben. Bildlich können Sie sich das Prinzip so vorstellen:

```
float radius; /* Wir geben einfach mal 5.5 ein */
```

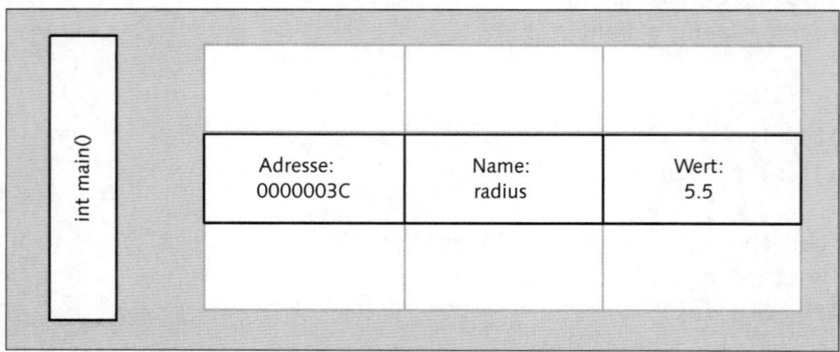

Abbildung 12.11 Die Variable »radius« bekommt den Wert 5.5.

```
kreisflaeche(&radius);
```

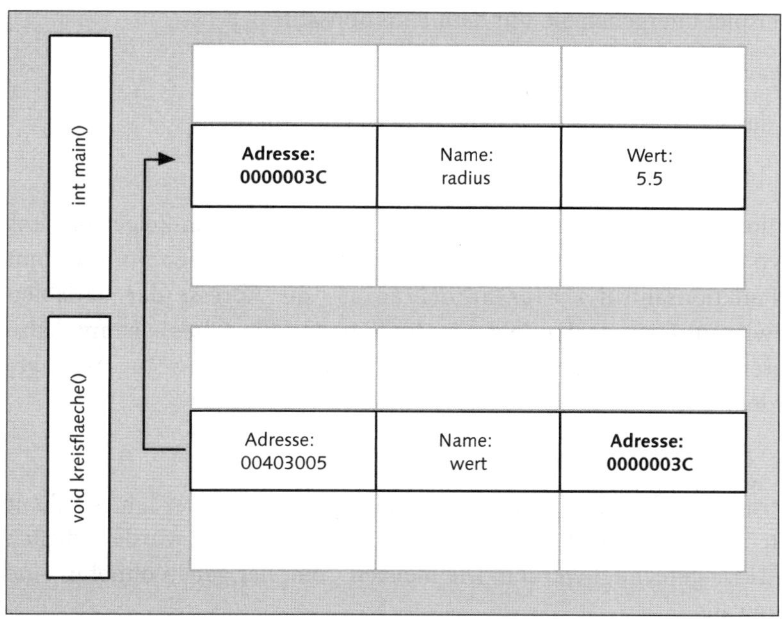

Abbildung 12.12 Adresse als Funktionsparameter (call-by-reference)

```
*wert = (*wert) * (*wert) * PI;
```

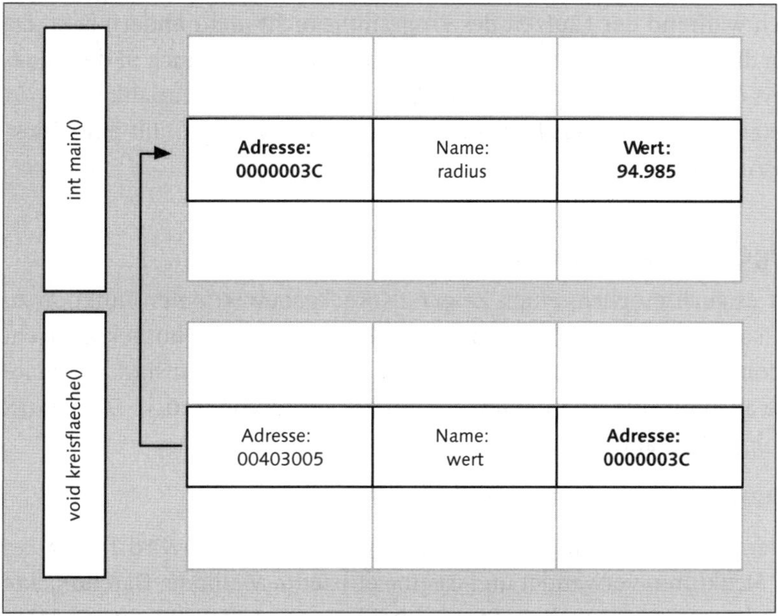

Abbildung 12.13 In der Funktion wird mit der Referenz gerechnet.

In diesem Beispiel übergeben Sie mit dem Funktionsaufruf

```
kreisflaeche(&radius);
```

die Adresse der Variablen `radius` als Referenz an die Funktion:

```
void kreisflaeche(float *wert)
```

In der Funktion `kreisflaeche()` befindet sich als Parameter ein Zeiger namens `wert` vom Typ `float`. Der Zeiger `wert` in der Funktion `kreisflaeche()` bekommt durch den Funktionsaufruf `kreisflache(&radius)` die Adresse der Variablen `radius` zugewiesen. Jetzt, da der Zeiger in der Funktion die Adresse kennt, kann mit dem Dereferenzierungsoperator, der ja auf den Wert von `radius` zeigt, gerechnet werden:

```
*wert= (*wert) * (*wert) * PI;
```

Die Klammerung bei der Berechnung kann auch weggelassen werden. Sie dient der besseren Übersicht. Ohne den Dereferenzierungsoperator würde lediglich mit einer Adresse gerechnet werden. Die meisten Compiler geben ohnehin eine Fehlermeldung aus.

Es wird Ihnen sicherlich aufgefallen sein, dass bei der Funktion keine Rückgabe mehr mit `return` erfolgt und der Rückgabetyp `void` ist. Das liegt daran, dass bei jeder Neuübersetzung des Programms jeder Variablen eine Adresse zugewiesen wird, die sich während der Laufzeit des Programms nicht mehr ändern lässt. Da die Funktion die Adresse der Variablen `radius` bekommt, wird auch in der Funktion der Wert dieser Variablen verändert. Weil hierbei mit der Variablen `radius` und dem Zeiger `wert` mit derselben Adresse gearbeitet wird, entfällt eine Rückgabe an den Aufrufer.

12.6.1 Zeiger als Rückgabewert

Natürlich ist es auch möglich, einen Zeiger als Rückgabewert einer Funktion zu deklarieren, so wie das bei vielen Funktionen der Standard-Bibliothek gemacht wird. Funktionen, die mit einem Zeiger als Rückgabetyp deklariert sind, geben logischerweise auch nur die Anfangsadresse des Rückgabetyps zurück. Die Syntax dazu sieht folgendermaßen aus:

```
Zeiger_Rückgabetyp *Funktionsname(Parameter)
```

Das Verfahren mit Zeigern als Rückgabewert von Funktionen wird häufig bei Strings oder Strukturen verwendet und ist eine effiziente Methode, Datenobjekte aus einer Funktion zurückzugeben. Speziell bei Strings ist dies die einzige Möglichkeit, eine ganze Zeichenkette aus einer Funktion zurückzugeben. Natürlich ist sie es nicht wirklich. Tatsächlich wird ja nur die Anfangsadresse, also das erste Zeichen an den Aufrufer zurückgegeben. Hierzu ein recht einfaches Beispiel:

```
/* ptr13.c */
#include <stdio.h>
#include <stdlib.h>
#include <string.h>
#define MAX 255

char *eingabe(char *str) {
   char input[MAX];

   printf("Bitte \"%s\" eingeben: ",str);
   fgets(input, MAX, stdin);
   return strtok(input, "\n");
}

int main(void) {
   char *ptr;

   ptr = eingabe("Vorname");
   printf("Hallo %s\n", ptr);
   ptr = eingabe("Nachname");
   printf("%s, interssanter Nachname\n", ptr);
   return EXIT_SUCCESS;
}
```

Der Funktion `eingabe()` wird hierbei als Argument die Adresse eines Strings übergeben. In der Funktion werden Sie aufgefordert, einen Namen einzugeben. Die Anfangsadresse des Strings geben Sie mit folgender Zeile zurück:

```
return strtok(input, "\n");
```

Die Funktion `strtok()` liefert ja selbst als Rückgabewert einen `char`-Zeiger zurück. Da die Funktion `fgets()` beim Einlesen von der Standardeingabe das Newline-Zeichen mit einliest, haben Sie hierbei gleich zwei Fliegen mit einer Klappe geschlagen. Das Newline-Zeichen wird mit `strtok()` entfernt, und die Funktion liefert auch gleich die Anfangsadresse des Strings `input` als Rückgabewert zurück, den Sie direkt mit `return` weiterverwenden. Doch Vorsicht, Folgendes funktioniert nicht:

```
char *eingabe(char *str) {
   char input[MAX];

   printf("Bitte \"%s\" eingeben: ", str);
   fgets(input, MAX, stdin);
```

```
   return input;
}
```

Normalerweise sollte hier der Compiler schon melden, dass etwas nicht stimmt. Spätestens aber dann, wenn Sie das Beispiel ausführen, werden Sie feststellen, dass anstatt des Strings, den Sie in der Funktion `eingabe()` eingegeben haben, nur Datenmüll ausgegeben wird.

Wenn Sie die Geschichte mit den Funktionen und dem Stack (in Abschnitt 9.20.1, »Exkurs: Stack«) gelesen haben, wissen Sie, dass beim Aufruf einer Funktion ein Stack verwendet wird, auf dem alle benötigten Daten einer Funktion (die Parameter, die lokalen Variablen und die Rücksprungadresse) angelegt werden (die Rede ist vom *Stack-Frame*). Dieser Stack-Frame bleibt nun so lange bestehen, bis sich die Funktion wieder beendet.

Die Funktion `eingabe()` gibt eben einen solchen Speicherbereich (lokales Feld) zurück, der sich ebenfalls auf diesem Stack-Frame befindet bzw. befand – und somit bei Beendigung der Funktion nicht mehr vorhanden ist. Wollen Sie also einen Zeiger auf einen Speicherbereich zurückgeben, haben Sie folgende Möglichkeiten. Sie verwenden

- einen statischen Puffer (`static`),
- einen beim Aufruf der Funktion als Argument übergebenen Puffer oder
- einen mittels `malloc()` reservierten Speicher (siehe Kapitel 16, »Ein-/Ausgabe-Funktionen«).

Das folgende Beispiel soll alle drei Möglichkeiten demonstrieren:

```
/* ptr14.c */
#include <stdio.h>
#include <stdlib.h>
#include <string.h>

/* Fehler: Funktion gibt die Adresse
 * einer lokalen Variablen zurück. */
char *test1(void){
   char buffer[10];
   strcpy(buffer, "testwert");
   return buffer;
}

/* Möglichkeit1: Statische Variable */
char *test2(void){
   static char buffer[10];
   strcpy(buffer, "testwert");
```

```
   return buffer;
}

/* Möglichkeit2: Speicher vom Heap verwenden */
char *test3(void){
   char *buffer = (char *) malloc(10);
   strcpy(buffer, "testwert");
   return buffer;
}

/* Möglichkeit3: Einen Zeiger als Argument übergeben */
char *test4(char *ptr){
   char buffer[10];
   ptr = buffer;
   strcpy(buffer, "testwert");
   return ptr;
}

int main(void) {
   char *ptr;

   ptr = test1();
   printf("test1: %s\n", ptr); // meistens Datenmüll
   ptr = test2();
   printf("test2: %s\n", ptr);
   ptr = test3();
   printf("test3: %s\n", ptr);
   test4(ptr);
   printf("test4: %s\n", ptr);
   return EXIT_SUCCESS;
}
```

Hinweis

Bitte beachten Sie außerdem, dass die Verwendung eines statischen Puffers (`static`) nicht mehr funktioniert, wenn eine Funktion rekursiv aufgerufen wird!

12.7 Array und Zeiger

Um Irrtümer gleich zu vermeiden: Arrays und Zeiger sind nicht das Gleiche, auch wenn dies im Verlauf dieses Kapitels den Anschein hat. Ein Zeiger ist die Adresse einer Adresse, während ein Array-Name nur eine Adresse darstellt. Dieser Irrtum, dass Array und Zeiger dasselbe sind, beruht häufig darauf, dass Array- und

Zeigerdeklarationen als formale Parameter einer Funktion austauschbar sind, weil hierbei (und nur hierbei) ein Array in einen Zeiger zerfällt. Diese automatische »Vereinfachung« erschwert einem Anfänger das Verständnis jedoch. Weiterhin verstärkt wird dieses Missverständnis, wenn ein Zeiger auf einem Speicherblock, der mit `malloc()` dynamisch Speicher reserviert, wie ein Array verwendet wird (da der Speicherblock auch mit `[]` verwendet werden kann).

Internes

Ein Array belegt zum Programmstart automatisch einen Speicherbereich, der nicht mehr verschoben oder in der Größe verändert werden kann. Einem Zeiger hingegen muss man einen Wert zuweisen, damit dieser auch auf einen belegten Speicher zeigt. Außerdem kann der »Wert« eines Zeigers später nach Belieben einem anderen »Wert« (Speicherobjekt) zugewiesen werden. Ein Zeiger muss außerdem nicht nur auf den Anfang eines Speicherblocks zeigen.

Zuerst folgt ein Beispiel, wie mit Zeigern auf ein Array zugegriffen werden kann:

```
/* arr_ptr1.c */
#include <stdio.h>
#include <stdlib.h>

int main(void) {
   int element[8]= { 1, 2, 4, 8, 16, 32, 64, 128 };
   int *ptr;
   int i;

   ptr = element;
   printf("Der Wert, auf den *ptr zeigt, ist %d\n", *ptr);
   printf("Durch *ptr+1 zeigt er jetzt auf %d\n", *(ptr+1));
   printf("*(ptr+3) = %d\n", *(ptr+3));
   printf("\nJetzt alle zusammen : \n");
   for(i=0; i<8; i++)
      printf("element[%d]=%d \n", i, *(ptr+i));
   return EXIT_SUCCESS;
}
```

Durch die Anweisung

```
ptr = element;
```

wird dem Zeiger `ptr` die Adresse des Arrays `element` übergeben. Dies funktioniert ohne den Adressoperator, da laut ANSI-C-Standard der Array-Name immer als Zeiger auf das erste Array-Element angesehen wird. Hier sind der Beweis und das Beispiel dazu:

```
/* arr_ptr2.c */
#include <stdio.h>
#include <stdlib.h>

int main(void) {
   int element[8] = { 1, 2, 4, 8, 16, 32, 64, 128 };
   int i;

   printf("*element     = %d\n", *element);
   printf("*(element+1) = %d\n", *(element+1));
   printf("*(element+3) = %d\n", *(element+3));

   printf("\nJetzt alle zusammen : \n");
   for(i=0; i<8; i++)
      printf("*(element+%d) = %d \n", i, *(element+i));
   return EXIT_SUCCESS;
}
```

Leider sind es aber exakt solche Programmbeispiele, durch die der Eindruck entsteht, Arrays und Zeiger seien gleichwertig. Warum dies nicht so ist, habe ich bereits am Anfang erklärt.

Wenn Sie in dem eben gezeigten Beispiel unbedingt einen Adressoperator verwenden wollen, können Sie dies auch so schreiben:

```
ptr =& element[0]; /* identisch zu ptr=element */
```

Auf beide Arten wird dem Zeiger die Anfangsadresse des ersten Elements vom Array mit dem Index `[0]` übergeben. Der Verlauf des Programms soll jetzt genauer analysiert werden.

```
*(ptr+1);
```

Mit dieser Anweisung wird aus dem Array `element` der Wert 2 ausgegeben, also `element[1]`. Wieso dies so ist, möchte ich Ihnen wieder anhand einiger Grafiken veranschaulichen.

```
int *ptr;
...
int element[8] = { 1, 2, 4, 8, 16, 32, 64, 128 };
```

Das Array hat die Speicheradresse 0022FF60 bis 0022FF7C und eine Gesamtgröße von 32 Bytes (auf 16-Bit-Systemen: 16 Bytes). Ein Element hat die Größe von vier Bytes, da `int` vier Bytes groß ist (auf 32-Bit-Rechnern). Daher erfolgt auch die Adressierung immer in Vierer-Schritten. Durch die Anweisung

```
ptr = element /* oder */ ptr =& element[0]
```

Adresse: 0022FF60	elemente	Wert: 1
Adresse: 0022FF64		Wert: 2
Adresse: 0022FF68		Wert: 4
Adresse: 0022FF6C		Wert: 8
Adresse: 0022FF70		Wert: 16
Adresse: 0022FF74		Wert: 32
Adresse: 0022FF78		Wert: 64
Adresse: 0022FF7C		Wert: 128
Adresse: 004030FF	Name: ptr	Adresse: NULL

Abbildung 12.14 Visuelle Darstellung des Zeigers und des Arrays im Speicher

sieht es im Speicher folgendermaßen aus:

Adresse: 0022FF60	elemente	**Wert: 1**
Adresse: 0022FF64		Wert: 2
Adresse: 0022FF68		Wert: 4
Adresse: 0022FF6C		Wert: 8
Adresse: 0022FF70		Wert: 16
Adresse: 0022FF74		Wert: 32
Adresse: 0022FF78		Wert: 64
Adresse: 0022FF7C		Wert: 128
Adresse: 004030FF	Name: ptr	**Adresse: 022FF60**

Abbildung 12.15 Der Zeiger »ptr« verweist auf das erste Array-Element.

Damit verweist der Zeiger auf das erste Element im Array (oder genauer: auf die Speicheradresse des ersten Elements). Danach wird mit

```
*(ptr+1);
```

die Adresse 0022FF60 um vier Bytes erhöht. Genauso läuft dies auch mit den Arrays intern ab, wenn der Indexzähler erhöht wird.

Damit der Zeiger tatsächlich auf die nächste Adresse zeigt, muss `ptr+1` zwischen Klammern stehen, weil Klammern eine höhere Bindungskraft als der Dereferenzierungsoperator haben und somit zuerst ausgewertet werden. Sollten Sie die Klammern vergessen, würde nicht auf die nächste Adresse verwiesen, sondern auf den Wert, auf den der Zeiger `ptr` zeigt, und dieser wird um eins erhöht.

Jetzt zeigt der Zeiger `ptr` durch `*(ptr+1)` auf:

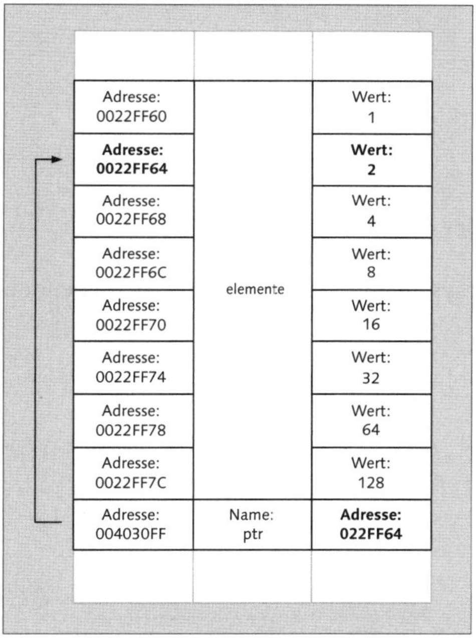

Adresse: 0022FF60		Wert: 1
Adresse: 0022FF64		**Wert: 2**
Adresse: 0022FF68		Wert: 4
Adresse: 0022FF6C	elemente	Wert: 8
Adresse: 0022FF70		Wert: 16
Adresse: 0022FF74		Wert: 32
Adresse: 0022FF78		Wert: 64
Adresse: 0022FF7C		Wert: 128
Adresse: 004030FF	Name: ptr	**Adresse: 022FF64**

Abbildung 12.16 Die Adresse des Zeigers wurde erhöht.

Somit wäre die Ausgabe 2. Kommen wir jetzt zur nächsten Anweisung:

```
*(ptr+3);
```

Hiermit wird der Wert der Adresse auf 0022FF6C erhöht. Deshalb wird auch der Wert 8 ausgegeben:

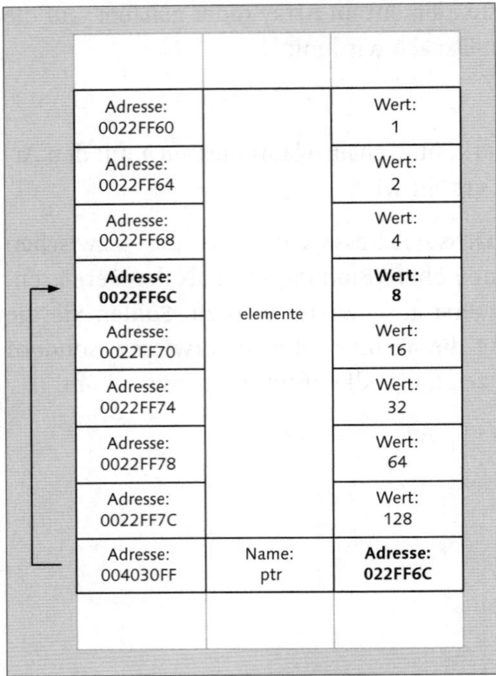

Abbildung 12.17 Nach einer weiteren Erhöhung der Adresse des Zeigers

Um also auf das n-te Element eines Arrays zuzugreifen, haben Sie die folgenden Möglichkeiten:

```
int array[10];            // Deklaration
int *pointer1, *pointer2;
pointer1 = array;         // pointer1 auf Anfangsadresse von array
pointer2 = array + 3;     // pointer2 auf 4.Element von array

array[0]        = 99;    // array[0]
pointer1[1]     = 88;    // array[1]
*(pointer1+2)   = 77;    // array[2]
*pointer2       = 66;    // array[3]
```

Dasselbe gilt auch für Funktionsaufrufe von Array-Namen. Einen Array-Parameter in Funktionen können Sie auf zwei Arten deklarieren:

```
int funktion(int elemente[])

// Gleichwertig mit ...

int funktion(int *elemente)
```

Also kann eine Funktion mit folgenden Argumenten aufgerufen werden:

```
int werte[] = { 1, 2, 3, 5, 8 };
int *pointer;
pointer = werte;

funktion(werte);         // 1. Möglichkeit
funktion(&werte[0]);     // 2. Möglichkeit
funktion(pointer);       // 3. Möglichkeit
```

Natürlich ist es auch möglich, die Adresse des n-ten Elements an eine Funktion zu übergeben:

```
funktion(&werte[2]);     // Adresse vom 3.Element an funktion
```

Hierzu ein kleines Beispiel:

```
/* arr_ptr3.c */
#include <stdio.h>
#include <stdlib.h>

void funktion(int *array, int n_array) {
   int i;

   for(i=0; i < n_array; i++)
      printf("%d ",array[i]);
   printf("\n");
}

int main(void) {
   int werte[] = { 1, 2, 3, 5, 8, 13, 21 };

   funktion(werte, sizeof(werte) / sizeof(int));
   return EXIT_SUCCESS;
}
```

Wie sieht es aber mit dem Laufzeitverhalten aus? Was passiert, wenn die Funktion mit Feldindex verwendet wird?

```
void funktion(int array[], int n_array)
```

Compiler optimieren den Code bei der Übersetzung in der Regel selbst. Die Umwandlung eines Feldindex in einen Zeiger macht dem Compiler heutzutage keine Probleme mehr. Somit dürfte es keine bemerkbaren Laufzeitverluste bei der Verwendung des Indizierungsoperators geben.

12.8 Zeiger auf Strings

Alles, was bisher zu den Zeigern mit Arrays gesagt wurde, gilt auch für Zeiger auf Strings. Häufig wird dabei irrtümlicherweise von einem Zeiger gesprochen, der auf einen String verweist. Dieses Missverständnis entsteht durch folgende Deklaration:

```
char *string = "Hallo Welt";
```

Dies ist eine Stringkonstante, auf die ein Zeiger zeigt. Genauer: Der Zeiger zeigt auf die Anfangsadresse dieser Konstanten, den Buchstaben `'H'` – genauer, auf die Adresse des Buchstabens `'H'`. Hierzu ein Beispiel:

```
/* str_ptr1.c */
#include <stdio.h>
#include <stdlib.h>

void funktion(char *str) {
   printf("%s\n",str);
}

int main(void) {
   char *string = "Hallo Welt";

   funktion(string);
   printf("Anfangsadresse auf die *string zeigt = %p\n",string);
   printf("Der Inhalt dieser Anfangsadresse     = %c\n",*string);
   return EXIT_SUCCESS;
}
```

Wie diese Funktion hier werden übrigens alle ANSI-C-Funktionen deklariert, die Zeichenketten verarbeiten. All diese Funktionen (`printf()` zum Beispiel) bekommen als Argument nur die Anfangsadresse einer Zeichenkette übergeben. Anschließend lesen diese Funktionen Zeichen für Zeichen aus, bis sie auf das Stringende-Zeichen `'\0'` treffen. Dabei dürfte Ihnen bei einem genaueren Blick auffallen, dass bei vielen Funktionen die Variablen-Parameter mit dem Schlüsselwort `const` deklariert sind.

12.8.1 Zeiger auf konstante Objekte (Read-only-Zeiger)

Zeiger, die als Zusatz das Schlüsselwort `const` enthalten, sind sogenannte *Read-only*-Zeiger. Das bedeutet, dass auf diese Zeiger nur lesend zugegriffen werden kann. Angenommen, die Syntax von `printf()` ist in der Headerdatei *<stdio.h>* folgendermaßen deklariert:

```
int printf (const char*, ...);
```

Mit dieser Angabe kann aus dem Parameter der Funktion printf() nur gelesen werden. Es ist also nicht möglich, diesen Inhalt irgendwie mit einem anderen Zeiger zu manipulieren. Hierzu ein Beispiel:

```
/* const_ptr.c */
#include <stdio.h>
#include <stdlib.h>

void funktion1(char *str) {
   char *ptr;

   ptr = str+5;
   *ptr = '-';
}

int main(void) {
   char string1[] = "Hallo Welt\n";

   funktion1(string1);
   printf("%s\n",string1);
   return EXIT_SUCCESS;
}
```

Hier wird die Zeichenfolge Hallo Welt in der Funktion manipuliert. Zwischen Hallo und Welt wird in der Funktion ein Bindestrich eingefügt. Wollen Sie dies vermeiden, müssen Sie nur die Funktionsdeklaration ändern:

```
void funktion1(const char *str)
```

Sie können jetzt zwar die einzelnen Inhalte der Zeichenkette lesen, aber nicht mehr in der Funktion ändern. Außerhalb der Funktion ist der Schreibschutz natürlich wieder aufgehoben.

12.9 Zeiger auf Zeiger und Stringtabellen

»Zeiger auf Zeiger« sind ein recht schwieriges Thema, aber es zu verstehen, lohnt sich. Die Syntax von Zeigern auf Zeiger sieht so aus:

```
datentyp **bezeichner;
```

Was heißt jetzt »Zeiger auf Zeiger« genau? Sie haben einen Zeiger, der auf einen Zeiger zeigt, der auf eine Variable zeigt, und auf diese Variable zurückgreifen kann. Im Fachjargon wird dabei von einer *mehrfachen Indirektion* gesprochen. Theoretisch ist es auch möglich, Zeiger auf Zeiger auf Zeiger usw. zu verwenden.

In der Praxis machen allerdings solche mehrfachen Indirektionen kaum noch Sinn. Meistens verwenden Sie Zeiger auf Zeiger, also zwei Dimensionen.

Das Haupteinsatzgebiet von Zeigern auf Zeiger ist die dynamische Erzeugung von mehrdimensionalen Arrays wie beispielsweise Matrizenberechnungen. Aber darauf gehe ich in Kapitel 14, »Dynamische Speicherverwaltung«, ein.

Sehen wir uns zuerst ein Beispiel zu diesem komplexen Thema an:

```
/* ptrptr1.c */
#include <stdio.h>
#include <stdlib.h>

int main(void) {
   int wert = 10;
   /* ptr ist ein Zeiger auf int wert. */
   int *ptr=&wert;
   /* ptr_ptr ist ein Zeiger auf den Zeiger int *ptr. */
   int **ptr_ptr =& ptr;

   printf("*ptr      : %d\n",*ptr);
   printf("**ptr_ptr : %d\n", **ptr_ptr);

   /* Verändert den Wert, auf den int *ptr zeigt. */
   **ptr_ptr = 100;
   printf("*ptr      : %d\n",*ptr);
   printf("**ptr_ptr : %d\n", **ptr_ptr);

   /* Verändert nochmals den Wert. */
   *ptr = 200;
   printf("*ptr      : %d\n",*ptr);
   printf("**ptr_ptr : %d\n", **ptr_ptr);
   return EXIT_SUCCESS;
}
```

Wichtig in diesem Beispiel ist, dass Sie bei der Veränderung der Variablen den doppelten Indirektionsoperator (**) einsetzen, genauso wie bei der Deklaration des Zeigers auf einen Zeiger. Hätten Sie nämlich anstatt

```
**ptr_ptr = 100;
```

Folgendes geschrieben:

```
*ptr_ptr = 100;
```

würde der Zeiger `ptr_ptr` auf die Speicheradresse 100 verweisen. Und dies ist zumeist irgendwo im Nirwana des Speichers. Wie gesagt, in Kapitel 14 wird dieses Thema nochmals aufgegriffen, und es wird Ihnen dort einiges sinnvoller erscheinen.

12.9.1 Stringtabellen

Um es jetzt noch komplizierter zu machen, will ich gleich noch die Stringtabellen hinzunehmen, die den Zeigern auf Zeiger nicht unähnlich sind (aber nicht dasselbe sind!).

Ein Beispiel: Folgende Stringkonstanten sollen nach Alphabet sortiert werden (ohne Verwendung der Headerdatei *<string.h>*):

```
"Zeppelin", "Auto", "Amerika", "Programmieren"
```

Sie wissen ja noch, dass `*ptr` dieselbe Anfangsadresse wie `ptr[0]` repräsentiert. Und Gleiches gilt jetzt auch für:

```
**ptrptr und *ptrptr[0]
```

Damit haben Sie ein Array von Zeigern. Und so würde dies im Beispiel aussehen:

```
char *sort[] = {
   "Zeppelin", "Auto", "Amerika", "Programmieren"
};
```

Hier haben Sie eine sogenannte Stringtabelle. Wie kann jetzt auf die einzelnen Strings einer Stringtabelle zugegriffen werden? Dazu ein kleines Beispiel:

```
/* ptrptr2.c */
#include <stdio.h>
#include <stdlib.h>

int main(void) {
   char *sort[] = {
      "Zeppelin", "Auto", "Amerika", "Programmieren"
    };

   printf("%s\n", sort[1]);                      /* Auto      */
   printf("%s ", (sort[2]+2));                   /* erika     */
   printf("%s %s\n", (sort[0]+6), sort[2]); /* in Amerika */
   printf("%.5s\n", (sort[3]+5-2));              /* gramm     */
   return EXIT_SUCCESS;
}
```

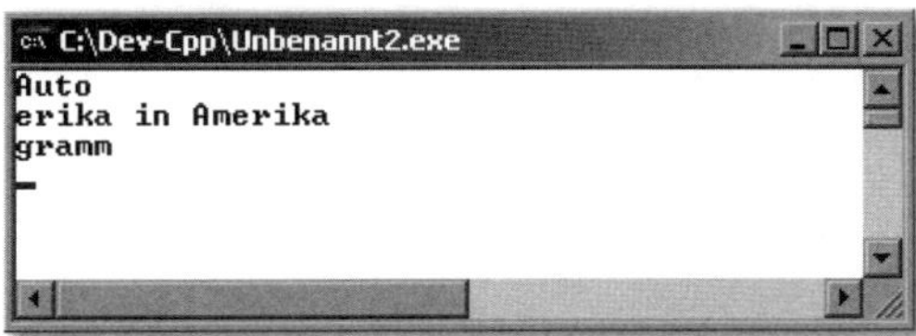

Abbildung 12.18 Verwendung einer Stringtabelle

Der Zugriff auf die Stringtabelle erfolgt ähnlich wie bei den mehrdimensionalen Arrays. Die erste Ausgabe

```
printf("%s\n", sort[1]);
```

gibt das Wort »Auto« auf dem Bildschirm aus. Daher kann davon ausgegangen werden, dass bei

```
sort[0] = "Zeppelin"
sort[1] = "Auto"
sort[2] = "Amerika"
sort[3] = "Programmieren"
```

mithilfe des Indizierungsoperators auf die Anfangsadressen der einzelnen Zeichenketten verwiesen wird. Mit der zweiten Anweisung

```
printf("%s ", (sort[2] + 2) );
```

wird der Name »erika« ausgegeben. Das lässt sich so erklären: `sort[2]` repräsentiert die Anfangsadresse von »Amerika« also »A«. Danach kommt `+2` hinter dem Feldindex hinzu. Der Zeiger, der ohne `+2` weiterhin auch auf den Anfang von »Amerika« gezeigt hätte, zeigt jetzt auf den dritten Buchstaben des Wortes, also auf »e«. Oder genauer: auf die Adresse von »e«. Mit dem Formatzeichen `%s` wird anschließend veranlasst, dass der String von dieser Adresse an auf dem Bildschirm ausgegeben wird. Genauso verläuft dies bei der nächsten Ausgabe. Die Schreibweise

```
printf("%s\n", (sort[3] + 5 - 2) );
```

dient nur der Demonstration, dass es so auch geht. Natürlich lässt sich das leichter lesen mit:

```
printf("%s\n", (sort[3] + 3) );
```

Das Programm soll nochmals anhand von Adressen demonstriert werden:

```
/* ptrptr3.c */
#include <stdio.h>
#include <stdlib.h>

int main(void) {
   char *sort[] = {
      "Zeppelin", "Auto", "Amerika", "Programmieren"
    };
   printf("%p = %c\n", **sort, **sort);

   printf("%p = %c\n", *sort[0], *sort[0]);
   printf("%p = %c\n", *(sort[0]+0), *(sort[0]+0));
```

```
    printf("%p = %s\n", sort[0], sort[0]);
    printf("%p = %s\n", *sort, *sort);

    printf("%p = %s\n", (sort[0]+1), (sort[0]+1));
    printf("%p = %s\n", (sort[0]+2), (sort[0]+2));

    printf("*sort = %p, **sort = %p\n", *sort, **sort);
    return EXIT_SUCCESS;
}
```

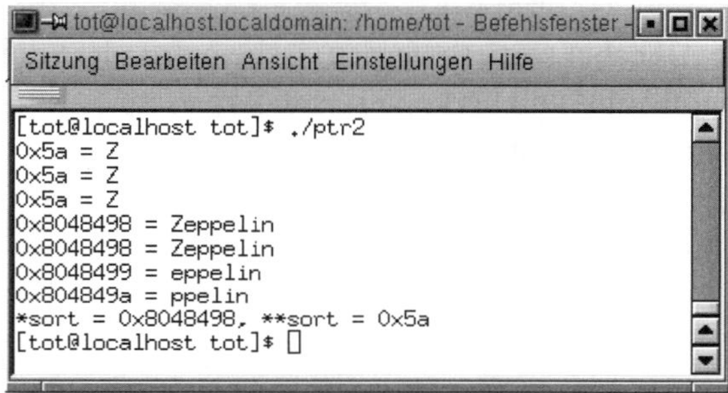

Abbildung 12.19 Ausgabe der Adressen einer Stringtabelle

Bei den ersten drei Ausgaben

```
printf("%p = %c\n", **sort, **sort);
printf("%p = %c\n", *sort[0], *sort[0]);
printf("%p = %c\n", *(sort[0]+0), *(sort[0]+0));
```

wurden immer die (Anfangs-)Adressen und Inhalte verwendet, auf die der zweite Zeiger zeigt – was die Ausgabe auch bestätigt. Anschließend wird nur die Adresse des ersten Zeigers benutzt:

```
printf("%p = %s\n", sort[0], sort[0]);
printf("%p = %s\n", *sort, *sort);
```

Der Inhalt ist bei Benutzung von einem Zeiger natürlich derselbe wie bei der Benutzung von zwei Zeigern. Aber bei der Übersetzung des Programms haben beide Zeiger eine andere Adresse. Die Ausgabe von

```
printf("*sort = %p, **sort = %p\n", *sort, **sort);
```

bestätigt alles dies erneut. Jeder einzelne Zeiger benötigt also seinen Speicherplatz und somit auch eine eigene Adresse. Ich versuche, es noch einmal anders zu erklären:

```
*(* (Variable + x) +y)
```

Hiermit wird auf das y-te Zeichen im x-ten String gezeigt. Bei dem Programm sieht dies so aus:

```
*(* (sort + 1) +2)
```

oder auch – wie schon bekannt – so:

```
*( (sort[1]) +2)
```

Hiermit würde auf das 3-te Zeichen im 2-ten String verwiesen, was hierbei dem Zeichen »t« vom String »Auto« entspricht.

Jetzt soll diese Stringtabelle nach Alphabet sortiert werden. Dabei wird nicht die ganze Textzeile verlagert und unnötig hin- und herkopiert, sondern es müssen lediglich die Zeiger in die richtige Reihenfolge gebracht werden:

```
/* ptrptr4.c */
#include <stdio.h>
#include <stdlib.h>
#include <string.h>

int main(void) {
   char *sort[] = {
      "Zeppelin", "Auto", "Amerika", "Programmieren"
    };
   int i,j;
   char *temp;

   for(i = 0; i < 4; i++) {
      for(j = i + 1; j < 4; j++) {
         if( (strcmp(sort[i],sort[j]) > 0) ) {
            temp=sort[i];
            sort[i]=sort[j];
            sort[j]=temp;
         }
      }
   }
   for(i = 0; i < 4; i++)
      printf("%s\n", sort[i]);
   return EXIT_SUCCESS;
}
```

Bei diesem Sortieralgorithmus handelt es sich um »Selektion Sort«. Die folgenden Zeilen sortieren die Felder mit Zeigern:

```
   for(i = 0; i < 4; i++) {
      for(j = i + 1; j < 4; j++) {
```

```
         if( (strcmp(sort[i],sort[j]) > 0) ) {
            temp=sort[i];
            sort[i]=sort[j];
            sort[j]=temp;
         }
      }
   }
```

Zuerst wird das erste Element in der Stringtabelle mit allen anderen verglichen. So wird das kleinste Element gefunden, das an den Anfang gestellt wird. Danach wird das zweite Element mit allen vor ihm liegenden verglichen. Dies geht so weiter bis zum letzten Element in der Stringtabelle. Mehr zu den Algorithmen finden Sie in Kapitel 22.

Das Wichtigste – wie schon mehrmals erwähnt wurde – ist, dass Zeiger für Adressen da sind und sonst nichts. Beispielsweise bedeutet

```
char *text[500];
```

nichts anderes als ein `char`-Array mit 500 `char`-Zeigern. Genauer gesagt, kann jeder dieser 500 Zeiger z. B. auf einen String (`char`-Array) zeigen. Beweis gefällig? Bitte sehr:

```
/* ptrptr5.c */
#include <stdio.h>
#include <stdlib.h>

int main(void) {
   char *text[500];
   char str1[] = "Text1";
   char str2[] = "Text2";
   char str3[] = "Text3";

   text[0] = str1;
   text[1] = str2;
   text[2] = str3;

   printf("%s %s %s\n", text[0], text[1], text[2]);
   return EXIT_SUCCESS;
}
```

In diesem Beispiel wurde den ersten drei Zeigern jeweils die Anfangsadresse einer Stringkonstante übergeben. Mit einfachen Arrays war dies nicht ausführbar. Natürlich ist es jetzt noch nicht möglich, die Anfangsadresse eines zur Laufzeit erstellten Textes so zuzuweisen. Dazu brauchen Sie Kenntnisse in der dynamischen Speicherverwaltung.

Als es darum ging, Strings zu sortieren, konnte mithilfe der Zeiger auf die Anfangsadresse der Strings wesentlich effektiver (schneller) sortiert werden, als wenn dies mit dem ganzen String gemacht würde. Dies rührt daher, dass ja nur Adressen auf einem String benutzt werden.

Und anstatt

```
char *sort1 = "Zeppelin";
char *sort2 = "Auto" ;
char *sort3 = "Amerika";
char *sort4 = "Programmieren";
```

zu schreiben, ist doch diese Schreibweise

```
char *sort[] = {
   "Zeppelin", "Auto", "Amerika", "Programmieren"
 };
```

viel effektiver und kürzer. Hier sind es vier Zeiger auf ein `char`-Array, die auf die Anfangsadresse eines jeden einzelnen Wortes zeigen.

Folgende Vorteile ergeben sich für den Programmierer, wenn er Stringtabellen verwendet:

- Mit Stringtabellen wird das Programm übersichtlicher.
- Es wird Speicherplatz gespart.
- Die Verwaltung von Stringtabellen ist einfacher und effizienter.
- Sollte ein Programm in mehreren Sprachen geschrieben werden, kann dies leichter lokalisiert werden.

Hier ein Beispiel, wie Sie Stringtabellen effektiv einsetzen können:

```
/* ptrptr6.c */
#include <stdio.h>
#include <stdlib.h>
#define ASK    0
#define WORDS  1
#define START  2

#define ENGLISH 1

#ifdef GERMAN
const char *language[] = {
   "Du sprichst Deutsch?", "Einige Worte: ",
   "Feuer", "Erde", "Wasser", "Luft", "Leben", NULL
 };
```

```
#elif ENGLISH
const char *language[] = {
   "Do you speak english?", "Some words: ",
   "Fire", "earth", "water", "air", "life", NULL
 };
#else /* FRENCH */
const char *language[] = {
   "Tu parle francais?", "quelques mots: ",
   "Le feu", "La terre", "de l'eau", "de l'air", "La vie", NULL
 };
#endif

int main(void) {
   int i;

   printf("%s\n", language[ASK]);
   printf("%s\n",language[WORDS]);

   for(i = START; language[i] != NULL; i++)
      printf("\t%s,\n", language[i]);
   return EXIT_SUCCESS;
}
```

Hierbei handelt es sich um ein einfaches Listing, das mit bedingter Kompilierung ein Programm in entsprechender Sprache übersetzt. In diesem Beispiel wurde mit

```
#define ENGLISH 1
```

die Sprache auf Englisch eingestellt. Bei Ausgabe des Programms wird dies auch bestätigt. Müssen Sie jetzt eine Version für Ihren spanischen Kollegen schreiben, müssen Sie nur nach der Stringtabelle suchen und entsprechende Einträge übersetzen und hinzufügen. So entsteht ohne allzu großen Aufwand ein internationales Programm:

```
#ifdef GERMAN
const char *language[] = {
   "Du sprichst Deutsch?", "Einige Worte: ",
   "Feuer", "Erde", "Wasser", "Luft", "Leben", NULL
 };
#elif ENGLISH
const char *language[] = {
   "Do you speak english?", "Some words: ",
   "Fire", "earth", "water", "air", "life", NULL
 };
#elif FRENCH
const char *language[] = {
```

```
   "Tu parle francais?", "quelques mots: ",
   "Le feu", "La terre", "de l'eau", "de l'air", "La vie", NULL
};
#else /* ESPANOL */
const char *language[] = {
   "Habla Usted espanol", "algunas palabras: ",
   "Fuego", "tierra", "agua", "aire", "vida", NULL
};
#endif
```

Mit Stringtabellen lassen sich auch komfortabel Fehlermeldungen auf dem Bildschirm ausgeben:

```
char *fehlermeldung[] = {
   "Mangel an Speicherplatz",
   "Speicherbereichsüberschreitung",
   "Wertbereichsüberschreitung",
   "Die Syntax scheint falsch",

   "Zugriff verweigert - keine Rechte",
   "Zugriff verweigert - falsches Passwort",
   "Unbekannter Fehler trat auf"
};
```

Zugegriffen wird auf die einzelnen Fehlermeldungen mit dem Feldindex von Nr.`[0]-[6]`. »Zugriff verweigert – keine Rechte« beispielsweise ist somit `fehlermeldung[4]`.

Nach diesem Abschnitt über Zeiger auf Zeiger und den Stringtabellen kommen sicherlich jetzt die einen oder anderen Fragen auf. Vor allem wurden die Beispiele immer nur mit konstanten Werten gegeben. Um sich also wirklich effektiv und sinnvoll mit dem Thema auseinanderzusetzen, müssen Sie sich noch ein wenig gedulden, bis Sie zur (ich wiederhole mich) dynamischen Speicherverwaltung gelangen (Kapitel 14).

12.10 Zeiger auf Funktionen

Mit den Zeigern können Sie auch auf Maschinencode von anderen Funktionen zeigen, die schließlich ebenfalls eine Anfangsadresse im Speicher besitzen. Ein einfaches Beispiel dazu:

```
/* ptr_func1.c */
#include <stdio.h>
#include <stdlib.h>
```

```
int main(void) {
   int (*ptr) (const char*, ...);
   ptr=printf;
   (*ptr)("Hallo Welt\n");
   return EXIT_SUCCESS;
}
```

Jetzt eine Erklärung zur folgenden Schreibweise:

```
int (*ptr)(const char*, ...);
```

Dies ist ein Zeiger auf eine Funktion, die einen variablen, langen String erhält und einen `int`-Wert zurückgibt. Die Funktion `printf()` zum Beispiel ist eine solche Funktion:

```
int printf (const char*, ...);
```

Daher bekommt der Zeiger die Adresse dieser Funktion mit folgender Anweisung:

```
ptr = printf;
```

Jetzt können Sie die Funktion `printf()` mit dem Zeiger aufrufen:

```
(*ptr)("Hallo Welt\n");
```

Die erste Klammerung des Zeigers `ptr` ist wichtig. Würden Sie diese weglassen, dann würden Sie `ptr` als eine Funktion deklarieren, die einen `int`-Zeiger zurückgibt. Sie können den (Funktions-)Zeiger auch auf eine andere Funktion zeigen lassen, mit demselben Rückgabewert und dem- bzw. denselben Argument(en). Hier sehen Sie das Listing von eben mit weiteren Adressierungen:

```
/* ptr_func2.c */
#include <stdio.h>
#include <stdlib.h>

int main(void) {
   int (*ptr)(const char*, ...);
   int zahl;

   ptr=printf;
   (*ptr)("Bitte eine Zahl eingeben: ");
   ptr=scanf;
   (*ptr)("%d",&zahl);
   ptr=printf;
   (*ptr)("Die Zahl lautet %d\n",zahl);
   return EXIT_SUCCESS;
}
```

Dieses Beispiel sollte natürlich keine Schule machen und Ihnen nur zeigen, wie Sie mit Zeigern auf Funktionen zeigen können.

Zeiger auf Funktionen können ganz nützlich sein. Sie können die Zeiger in einem Feld speichern und eine Sprungtabelle daraus machen. Damit ist gemeint, dass die einzelnen Funktionen mit einem Feldindex angesprochen werden können, ähnlich wie bei den Stringtabellen – also ein Array von Funktionen, wenn Sie so wollen. Dazu soll das Listing von eben wieder herhalten:

```
/* ptr_func3.c */
#include <stdio.h>
#include <stdlib.h>
#define INPUT  0
#define OUTPUT 1

int main(void) {
   int (*ptr[])(const char *, ...) = { scanf, printf };
   int zahl;

   (*ptr[OUTPUT])("Bitte eine Zahl eingeben: ");
   (*ptr[INPUT])("%d",&zahl);

   (*ptr[OUTPUT])("Die Zahl lautet %d\n",zahl);
   return EXIT_SUCCESS;
}
```

Viel verändert hat sich hierbei nicht. Statt

```
int (*ptr)(const char*, ...);
```

wurde hier einfach noch ein Indizierungsoperator hinzugefügt. Am Ende befinden sich zwischen den geschweiften Klammern noch die einzelnen Funktionen, auf die Sie im Programm mithilfe des Indizierungsoperators und dem entsprechenden Index zurückgreifen können:

```
int (*ptr[])(const char *, ...) = { scanf, printf };
```

In diesem Beispiel zeigt (`*ptr[0]`) auf die Adresse der Funktion `scanf()`, und (`*ptr[1]`) zeigt auf die Funktion `printf()`. Im Programm wurden hierbei symbolische Konstanten verwendet, um diese beiden Funktionen besser auseinanderzuhalten.

Voraussetzung dafür, dass diese Zeiger auf Funktionen auch funktionieren, ist immer, dass der Rückgabewert (hier vom Typ `int`) und der/die Parameter der Funktion (hier `(const char *, ...)`) übereinstimmen. Sie können hierbei nicht einfach zusätzlich z. B. die Funktion `fgets()` zum Einlesen von Strings anhängen:

```
/* falsch */
int (*ptr[])(const char *, ...) = { scanf, printf, fgets };
```

Die Funktion `fgets()` erwartet andere Argumente, hier (`const char *, ...`).

Wenn es möglich ist, mit Zeigern auf Funktionen der Standard-Bibliothek zu zeigen, dann ist es selbstverständlich auch möglich, mit Zeigern auf selbst geschriebene Funktionen zu zeigen.

```
/* ptr_func4.c */
#include <stdio.h>
#include <stdlib.h>
/* Bei Linux für math.h das Compiler-Flag -lm mit angeben:
 *     gcc -o programm programm.c -lm
 */
#include <math.h>     /* sqrt() */

int addition(int zahl) {
   int y;

   printf("%d+>", zahl);
   scanf("%d", &y);
   fflush(stdin);
   return zahl += y;
}

int subtraktion(int zahl) {
   int y;

   printf("%d->", zahl);
   scanf("%d", &y);
   fflush(stdin);
   return zahl -= y;
}

int division(int zahl) {
   int y;

   printf("%d/>",zahl);
   scanf("%d", &y);
   fflush(stdin);
   return zahl /= y;
}

int multiplikation(int zahl) {
   int y;
```

```
   printf("%d*>",zahl);
   scanf("%d", &y);
   fflush(stdin);
   return zahl *= y;
}

int sqrtw(int zahl) {
   double x=sqrt((double)zahl);

   printf("(sqrt)%f>", x);
   return (int)x;
}

int (*rechenfunk[]) (int) = {
   addition, subtraktion, division, multiplikation, sqrtw
};

int main(void) {
   char op;
   static int zahl;

   printf("no.>");
   scanf("%d",&zahl);
   do {
      printf(" op>");
      scanf("%c",&op);
      fflush(stdin);
      switch(op) {
         case '+': printf("%d", zahl = (*rechenfunk[0])(zahl));
                   break;
         case '-': printf("%d", zahl = (*rechenfunk[1])(zahl));
                   break;
         case '/': printf("%d", zahl = (*rechenfunk[2])(zahl));
                   break;
         case '*': printf("%d", zahl = (*rechenfunk[3])(zahl));
                   break;
         case 'q': printf("%d", zahl = (*rechenfunk[4])(zahl));
                   break;
         default : printf("op '=','+','-','/','*','q'\n");
      }
   } while(op != '=');
   printf("Gesamtergebnis=%d\n",zahl);
   return EXIT_SUCCESS;
}
```

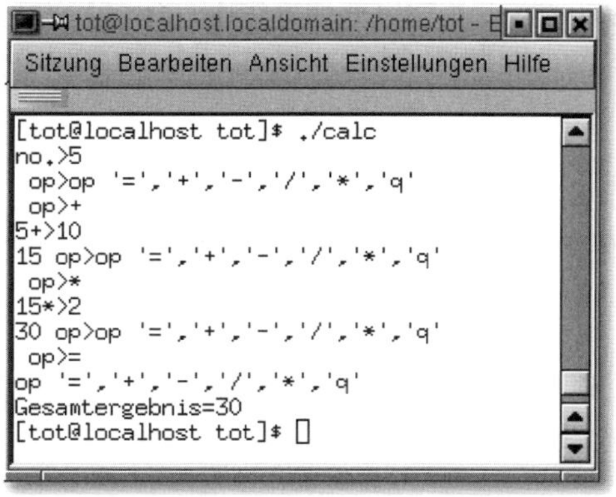

```
tot@localhost.localdomain: /home/tot
Sitzung Bearbeiten Ansicht Einstellungen Hilfe
[tot@localhost tot]$ ./calc
no.>5
 op>op '=','+','-','/','*','q'
 op>+
5+>10
15 op>op '=','+','-','/','*','q'
 op>*
15*>2
30 op>op '=','+','-','/','*','q'
 op>=
op '=','+','-','/','*','q'
Gesamtergebnis=30
[tot@localhost tot]$ 
```

Abbildung 12.20 Zeiger auf selbst geschriebene Funktionen

Dieses Programm stellt einen kleinen Taschenrechner dar, der allerdings stark verbesserungswürdig ist. Es können fünf Rechenoperationen wie Addition, Subtraktion, Multiplikation, Division und die Quadratwurzel verwendet werden. Es wird so lange gerechnet, bis das =-Zeichen eingegeben wurde. Hierzu folgt ein kurzer Trocken-Durchlauf. Nachdem das Programm gestartet wurde, sollte auf dem Bildschirm Folgendes erscheinen:

```
no.>
```

Hier geben Sie die erste Zahl ein und drücken [↵], beispielsweise die Zahl 8. Anschließend geht es in der `do while`-Schleife weiter. Jetzt erscheint auf dem Bildschirm:

```
op>
```

Hier muss der Rechenoperator eingegeben werden: entweder `+`, `-`, `*`, `/` oder `q`. In diesem Beispiel soll es eine Addition sein, also geben Sie das +-Zeichen ein und drücken [↵]. Danach wird das Zeichen im `switch`-Schalter darauf geprüft, ob es sich dabei um ein gültiges Zeichen handelt. In diesem Fall wäre das:

```
case '+': printf("%d", zahl = (*rechenfunk[0])(zahl));
```

Hiermit wird die Rechenfunktion mit dem Index `[0]` aufgerufen. Dieser Funktion wird als Parameter der Wert der Variablen `zahl` übergeben. Sehen Sie sich dazu die Funktionstabelle an:

```
int (*rechenfunk[]) (int) = {
   addition, subtraktion, division, multiplikation, sqrtw
};
```

Die Rechenfunktion mit dem Index `[0]` ist die Funktion `addition`. `subtraktion` hat den Index `[1]`, `division` den Index `[2]` usw.

In der Funktion `addition()` geben Sie dann eine Zahl ein, mit der der übergebene Wert addiert werden soll, beispielsweise die Zahl 2, und anschließend drücken Sie wieder [↵]:

```
10 op>
```

Jetzt kann ein weiterer Operator verwendet oder mit dem =-Zeichen das Programm beendet werden.

12.11 void-Zeiger

Ein Zeiger auf `void` ist ein typenloser und vielseitiger Zeiger. Wenn der Datentyp des Zeigers noch nicht feststeht, wird der `void`-Zeiger verwendet. `void`-Zeiger haben den Vorteil, dass Sie diesen eine beliebige Adresse zuweisen können. Außerdem kann ein `void`-Zeiger durch eine explizite Typumwandlung in jeden anderen beliebigen Datentyp umgewandelt werden. Beispielsweise:

```
/* void_ptr1.c */
#include <stdio.h>
#include <stdlib.h>

int main(void) {
   int a = 10;
   char *string = "void-Zeiger";
   void *ptr;

   /* void-Zeiger auf Variable int a */
   ptr = (int *)&a;
   printf("ptr = %p a=%p\n",ptr,&a);
   /* void-Zeiger auf string */

   ptr = (char *)string;
   printf("ptr = %p string = %p\n",ptr,string);
   return EXIT_SUCCESS;
}
```

Natürlich sollten Sie darauf achten, dass Sie für das Casting einen Zeiger angeben und nicht etwa einen Datentyp:

```
/* Richtig */
ptr=(typ *)&ptr2;

/* Falsch: typ ist kein Zeiger, sondern eine Variable. */
ptr=(typ)&ptr2;
```

Zwar wurde hier im Beispiel ein Cast von `void *` nach `datentyp *` gemacht, aber dies ist in C nicht unbedingt nötig – C++ allerdings macht sehr wohl einen Unterschied und braucht einen Cast von `void *` nach `datentyp *`.

Würden Sie im Beispiel oben die Casts entfernen und das Beispiel als C++-Projekt übersetzen (was bei vielen Compilern unter MS-Windows häufig voreingestellt ist), würde der Compiler eine Warnung ausgeben, wie beispielsweise:

```
[Warning]:
In function int main : invalid conversion from `void*' to ` int*`
```

Und genau diese Warnmeldung lässt viele Programmierer vermuten, dass etwas am Listing falsch sei und man den `void`-Pointer immer casten müsste. Sofern Sie Ihren Compiler nicht davon überzeugen können, dass Sie gern ein C-Projekt schreiben würden, sollten Sie meiner Meinung nach dem sanften Druck des Compilers nachgeben (auch wenn das Programm tut, was es tun soll und ohne Problem ausgeführt werden kann) und ihm sein Cast geben – da dies ja auch nicht unbedingt »falsch« ist. Schließlich zählt zu einem der oberen Gebote eines Programmierers, dass man niemals Warnmeldungen eines Compilers ignorieren soll.

Vorwiegend findet ein `void`-Zeiger Anwendung in Funktionen, die mit unterschiedlichen Zeigern aufgerufen werden können. Beispielsweise ist die Funktion `memcmp()` in der Headerdatei *<string.h>* folgendermaßen angegeben:

```
int memcmp (const void*, const void*, size_t);
```

Somit kann diese Funktion mit unterschiedlichen Zeigertypen verwendet werden, wie das folgende Beispiel zeigt:

```
/* void_ptr2.c */
#include <stdio.h>
#include <stdlib.h>
#include <string.h>

int main(void) {
   char str1[]="Hallo";
   char str2[]="Hallo";
   int num1[] = { 1,2,3,4,5,6 };
   int num2[] = { 1,3,5,7,9,1 };
   int cmp;
   /* Casts sind nicht unbedingt nötig. */
   cmp=memcmp( (char *)str1, (char *)str2, sizeof(str1));
   if(cmp ==0)
      printf("Beide Strings sind gleich\n");
   else
      printf("Die Strings sind nicht gleich\n");
```

```
    /* Casts sind nicht unbedingt nötig. */
    cmp=memcmp((int *)num1,(int *)num2, sizeof(num1)/sizeof(int));
    if(cmp == 0)
       printf("Der Inhalt der beiden Zahlenarrays ist gleich\n");
    else
       printf("Die Zahlenarrays sind unterschiedlich\n");
    return EXIT_SUCCESS;
}
```

Die Umwandlung in einen entsprechenden Zeigertyp findet mit einem einfachen Type-Casting statt – was auch hier nicht unbedingt nötig gewesen wäre (siehe den Abschnitt vor dem Listing).

Für einige ist es verwirrend, wie ein leerer Zeiger (`void`, dt. *leer*) einfach so in irgendeinen Datentyp gecastet werden kann, weil sie gelernt haben, dass `int` vier Bytes Speicher hat, `double` acht Bytes Speicher und `void` eben keinen. Dabei ist `void` eigentlich auch nicht ganz leer. Wenn Sie mit `void` den `sizeof`-Operator verwenden, erfahren Sie, dass `void` ein Byte an Speicher benötigt.

Aber erinnern Sie sich nochmals an den Anfang des Kapitels, bei dem Sie den `sizeof`-Operator auf alle Typen von Zeigern verwendet haben: Da habe ich gesagt, dass alle Zeiger, egal welchen Typs, einen Speicherbedarf von vier Bytes (32 Bit) haben. Mehr ist auch nicht erforderlich, um eine Speicheradresse zu speichern. Ebenso sieht es mit dem `void`-Zeiger aus. Dieser benötigt wie alle anderen Zeiger vier Byte Speicherplatz.

```
/* void_ptr3.c */
#include <stdio.h>
#include <stdlib.h>

int main(void) {
    void *void_ptr;

    printf("%d Byte\n", sizeof(void_ptr));
    return EXIT_SUCCESS;
}
```

Wollen Sie den Typ, auf den der `void`-Zeiger verweist, dereferenzieren, wird die Sache ein wenig komplizierter. Dafür benötigen Sie einen weiteren Zeiger:

```
/* void_ptr4.c */
#include <stdio.h>
#include <stdlib.h>

int main(void) {
    void *void_ptr;
```

```
   int wert = 10;

   void_ptr=(int *)&wert;
   *(int *)void_ptr = 100;
   printf("%d\n",wert);   /* 100 */
   return EXIT_SUCCESS;
}
```

Da der gecastete `void`-Zeiger allein noch nicht dereferenziert werden kann, wird hier einfach ein weiterer Zeiger verwendet:

```
*(int *)void_ptr = 100;
```

Jetzt denken Sie sicherlich darüber nach, welchen Vorteil eigentlich ein `void`-Zeiger hat? Bei dem Beispiel, in dem die Funktion `memcmp()` verwendet wurde, ist der Vorteil eigentlich schon klar. Anstatt für jeden Datentyp eine eigene Funktion zu schreiben, wird einfach der `void`-Zeiger verwendet, und der Funktion kann es egal sein, mit welchem Datentyp sie verwendet wird. Wichtig ist dabei nur, dass die Funktion (logischerweise) entsprechend universell geschrieben wurde. Sie können nicht einfach einer Funktion, die mit der Funktion `strcmp()` einzelne Strings vergleicht, als Argument die Anfangsadresse eines `int`-Arrays übergeben.

12.12 Äquivalenz zwischen Zeigern und Arrays

Es wurde ja bereits erwähnt, dass Zeiger und Arrays zwar eine gewisse Ähnlichkeit in ihrer Anwendung aufweisen, aber deswegen noch lange nicht gleich sind – geschweige denn untereinander austauschbar sind. Dennoch wird häufig beides in einen Topf geworfen.

```
/* ptr_versus_array1.c */
#include <stdio.h>
#include <stdlib.h>

int main(void) {
   int var[] = { 123, 456, 789};

   printf("*var : %d; var[0] : %d\n", *var, var[0]);
   return EXIT_SUCCESS;
}
```

Wenn Sie dieses Beispiel übersetzen, verstehen Sie, worauf ich hinaus will. Die Angaben von `var[0]` und `*var` repräsentieren ja dieselbe Adresse. Somit stehen Ihnen also zwei Möglichkeiten zur Verfügung. Damit Sie bei diesem Wirrwarr noch die Übersicht behalten können, folgt jetzt eine Tabelle, die die Verwandtschaft zwischen den Zeigern und den Arrays verdeutlicht. Falls Sie wieder einmal einen Quellcode finden, bei dem Sie nicht wissen, was das nun wieder sein soll, blättern Sie einfach zu diesen Tabellen. Es sollen folgende Werte für die erste Tabelle verwendet werden:

```
int n=3;
int array[5]={ 0 };  /* eindim. Array mit Platz für 5 Werte*/
int *ptr = array;    /* int-Zeiger verweist jetzt auf array[0] */
```

Folgendes ist jetzt gleichwertig in Bezug auf den Zugriff von Werten. Betrachten wir zuerst die Möglichkeiten des Zugriffs auf das erste Element:

Zeiger-Variante	Array-Variante
*ptr	ptr[0]
*array	array[0]

Tabelle 12.1 Äquivalenz beim Zugriff auf das erste Element

Als Nächstes folgt die Möglichkeit des Zugriffs auf das n-te Element:

Zeiger-Variante	Array-Variante
*(ptr+n)	ptr[n]
*(array+n)	array[n]

Tabelle 12.2 Äquivalenz beim Zugriff auf das n-te Element

Die nächste Tabelle zeigt alle möglichen Zugriffe auf die Anfangsadresse:

Ohne Adressoperator	Mit Adressoperator
ptr	&ptr[0]
array	&array[0]

Tabelle 12.3 Äquivalenz beim Zugriff auf die Anfangsadresse

Jetzt folgt die Tabelle für den Zugriff auf die Speicheradresse des n-ten Elements:

Ohne Adressoperator	Mit Adressoperator
ptr+n	&ptr[n]
array+n	&array[n]

Tabelle 12.4 Äquivalenz beim Zugriff auf die Adresse des n-ten Elements

Nun folgt noch ein Listing, das alle Punkte nochmals demonstriert:

```
/* ptr_versus_array2.c */
#include <stdio.h>
#include <stdlib.h>

int main(void) {
   int n=3;
   /* eindim. Array mit Platz für 5 Werte */
   int array[5]={ 1,2,3,4,5 };
   /* int-Zeiger verweist jetzt auf array[0] */
   int *ptr = array;

   /* 4 Möglichkeiten, um auf das erste Element zuzugreifen */
   printf("%d ", *ptr);
   printf("%d ", ptr[0]);
   printf("%d ", *array);
   printf("%d\n", array[0]);
   /* 4 Möglichkeiten, um auf das n-te Element zuzugreifen */
   printf("%d ", *(ptr+n));
   printf("%d ", ptr[n]);
   printf("%d ", *(array+n));
   printf("%d\n", array[n]);
   /* 4 Möglichkeiten, um auf die Anfangsadresse zuzugreifen */
   printf("%p ", ptr);
   printf("%p ", &ptr[0]);
   printf("%p ", array);
   printf("%p\n", &array[0]);
   /* 4 Möglichkeiten, um auf die Adresse des n-ten Elements
      zuzugreifen */
   printf("%p " , ptr+n);
   printf("%p ", &ptr[n]);
   printf("%p ", array+n);
   printf("%p\n", &array[n]);
   return EXIT_SUCCESS;
}
```

12.13 Der »restrict«-Zeiger

Mit dem C99-Standard wurde der Typqualifizierer `restrict` neu eingeführt. Mit diesem Schlüsselwort können Sie Zeiger qualifizieren, sogenannte `restrict`-Zeiger. Der `restrict`-Zeiger hat eine enge Beziehung zu dem Speicherobjekt, auf das er verweist. Mit dem Qualifizierer geben Sie quasi vor, dass während der Lebensdauer des Zeigers das Speicherobjekt, auf das dieser verweist, nicht verändert werden kann und der Zugriff nur über diesen `restrict`-Zeiger erfolgen darf. Einfachstes Beispiel:

```
int * restrict iRptr = malloc (sizeof (int) );
```

Damit geben Sie praktisch vor, dass Sie den von `malloc()` zurückgegebenen reservierten Speicher nur mit dem Zeiger `iRptr` verwenden. Wohlgemerkt: Mit dem Qualifizierer `restrict` geben Sie nur dem Compiler das Versprechen, dass Sie auf das Speicherobjekt ausschließlich mit diesem Zeiger zurückgreifen. Jede Manipulation außerhalb des `restrict`-Zeigers, und sei es nur lesend, ist unzulässig.

Zu überprüfen, ob der `restrict`-Zeiger richtig verwendet wird, Sie also nur über diesen Zeiger auf ein Speicherobjekt zugreifen, ist Ihre Aufgabe. Der Compiler kann nicht überprüfen, ob Sie Ihr *Versprechen* eingehalten haben. Fall Sie die Regeln nicht einhalten, gibt es zwar keine Fehlermeldung des Compilers und häufig auch keine Probleme bei der Ausführung des Programms, aber dennoch ist das Verhalten laut Standard undefiniert. Abgesehen davon: Mit oder ohne den `restrict`-Zeiger bleibt die Ausführung des Programms dieselbe.

Der Vorteil des `restrict`-Zeigers ist es, dass Sie es dem Compiler ermöglichen, Optimierungen des Maschinencodes durchzuführen, die sonst bei Zeigern zu Problemen führen können. Allerdings muss der Compiler auch diesem Hinweis nicht nachkommen und kann den Qualifizierer `restrict` auch ignorieren.

Der `restrict`-Zeiger kann auch sehr gut bei Funktionen verwendet werden, um anzuzeigen, dass sich zwei Zeiger in der Parameterliste nicht überlappen dürfen, sprich, dasselbe Speicherobjekt verwenden. Beispielsweise ist bei

```
int flaeche( int * w, int * b ) {
   /* ... * /
}
```

nicht klar angegeben, ob sich die beiden Speicherobjekte, auf die die Zeiger `w` und `h` verweisen, überlappen dürfen oder nicht. Mit dem neuen Qualifizierer `restrict` ist dies jetzt sofort erkennbar:

```
int flaeche( int * restrict w, int * restrict b ) {
   /* ... * /
}
```

Wird trotzdem versucht, die Funktion mit sich überlappenden Speicherobjekte aufzurufen, ist das weitere Verhalten undefiniert. Ein ungültiger Aufruf kann beispielsweise wie folgt aussehen:

```
int val, x=20, y=10;
// Unzulässig, wegen den restrict-Zeigern,
// zwei gleiche Speicherobjekte werden verwendet,
// die sich somit überlappen
val = flaeche( &x, &x );
// OK, zwei verschiedene Speicherobjekte
val = flaeche( &x, &y );
```

Vom `restrict`-Zeiger wird mittlerweile auch rege in der Standard-Bibliothek Gebrauch gemacht. Beispielsweise sieht die Syntax der Funktion `strncpy()` wie folgt aus:

```
#include <string.h>

char *strncpy( char * restrict s1,
               const char * restrict s2,
               size_t n );
```

Die Funktion kopiert `n` Bytes vom Quellarray `s2` in das Zielarray `s1`. Dadurch, dass die beiden Zeiger als `restrict` deklariert sind, müssen Sie beim Aufruf der Funktion beachten, dass die Zeiger nicht auf dieselben Speicherobjekte verweisen, sprich. sich nicht überlappen. Betrachten Sie dazu folgendes Beispiel:

```
char arr1[20];
char arr2[] = { "Hallo Welt" };
// Ok, 10 Zeichen von arr2 nach arr1 kopieren
strncpy( arr1, arr2, 10 );
arr1[10] = '\0'
// Unzulässig, Speicherbereiche überlappen sich,
// das gibt nur Datensalat.
strncpy( arr1, arr1, 5 );
```

Ein weiteres klassisches Beispiel von Funktionen der Standardbibliothek sind die Funktionen `memcyp()` und `memmove()` in der Headerdatei *<string.h>*. Die Syntax der Funktionen lautet:

```
#include <string.h>

void *memcpy( void * restrict s1,
              const void * restrict s2,
              size_t n );

void *memmove( void *s1,
               const void *s2,
               size_t n);
```

Bei diesen beiden Funktionen kann man sehr schön sehen, dass sich bei `memcpy()` der Quell- und der Zielbereich nicht überlappen dürfen, weil sonst die `restrict`-Regel verletzt würde. Bei der anderen Standardfunktion `memmove()` hingegen dürfen sich der Quell- und der Zielbereich überlappen.

Hinweis

Da sich der C99-Standard noch nicht auf allen Compilern komplett durchgesetzt hat, wurde bei den Beispielen in diesem Buch auf `restrict`-Zeiger verzichtet. Die Syntaxbezeichnungen der Standardfunktionen hingegen wurden bereits im C99-Standard verfasst.

In der heutigen »Look&Feel«-Zeit scheinen Kommandozeilenprogramme schon ein wenig veraltet zu sein. Die nächste Generation wird mit Begriffen wie »Kommandozeile« oder »Konsole« wohl nichts mehr anzufangen wissen.

13 Kommandozeilenargumente

Wenn aber z. B. ältere Programme überholt werden müssen, wird der Umgang mit der Kommandozeile wieder wichtig. Bei Betriebssystemen wie Linux, UNIX oder FreeBSD ist es nach wie vor üblich (teilweise sogar unerlässlich), sehr viel mit einer Kommandozeile zu arbeiten.

Beim Schreiben eines Konsolenprogramms für Linux/UNIX oder MS-DOS (Eingabeaufforderung) sind Kommandozeilenparameter immer noch eines der wichtigsten Konzepte. Da Konsolenprogramme keine grafische Oberfläche besitzen, stellt die Kommandozeile die wichtigste Schnittstelle zwischen dem Anwender und dem Programm dar.

Hinweis

Dem Programm werden Argumente beim Aufruf übergeben. Unter MS-Windows können Sie hierfür die Eingabeaufforderung *cmd.exe* verwenden. Unter Linux genügt eine einfache Konsole bzw. Shell. Sofern Sie Entwicklungsumgebungen (IDEs) verwenden, müssen Sie Kommandozeilenargumente anders übergeben. Viele Entwicklungsumgebungen bieten hierfür beim Menü AUSFÜHREN noch ein Untermenü PARAMETER oder so ähnlich (abhängig von der IDE), um die Argumente noch vor dem Programmstart festzulegen. Mehr dazu finden Sie auf der Buch-CD oder unter der Webseite *http://www.pronix.de/pronix-1168.html*[1].

13.1 Argumente an die Hauptfunktion übergeben

Um einem Programm beim Start Argumente zu übergeben, wird eine parametrisierte Hauptfunktion benötigt. Ihre Syntax sieht wie folgt aus:

```
int main(int argc, char *argv[]) { /* ... */ }
```

1 Diese Website existiert nicht mehr. Alle Beispieldateien und Hinweise zu Compilern finden Sie auf der Verlagswebsite: *www.rheinwerk-verlag.de/2132*.

Diese Hauptfunktion `main()` besitzt zwei Parameter mit den Namen `argc` und `argv`. Die Namen dieser Parameter sind so nicht vorgeschrieben. Sie können genauso gut Folgendes schreiben:

```
int main(int argumenten_zaehler, char *argumenten_vektor[]) {
   /* ... */
}
```

Der erste Parameter beinhaltet die Anzahl von Argumenten, die dem Programm beim Start übergeben wurden. Dabei handelt es sich um einen Integerwert. Im zweiten Parameter stehen die einzelnen Argumente. Diese werden als Strings in einer Stringtabelle gespeichert. Folgendes Beispiel demonstriert dies:

```
/* argument.c */
#include <stdio.h>
#include <stdlib.h>

int main(int argc, char *argv[]) {
   int i;

   for(i=0; i < argc; i++) {
      printf("argv[%d] = %s ", i, argv[i]);
      printf("\n");
   }
   return EXIT_SUCCESS;
}
```

Das Listing wurde z. B. unter dem Namen *argument.c* gespeichert und anschließend übersetzt. Wenn Sie das Programm starten, wird auf dem Bildschirm der Programmname ausgegeben:

```
argv[0] = argument
```

Starten Sie das Programm jetzt nochmals mit folgender Eingabe (*argument* sei wieder der Programmname):

```
argument Hallo Welt
```

Abbildung 13.1 zeigt die Ausgabe, die Sie dann erhalten.

In `argv[0]` befindet sich meistens der Programmname, das muss aber nicht so sein. Ein Beispiel:

```
char *argv_for_new_app[] = {"ganzAndererName", ....argumente};
char *application = "/bin/bash";

execve(application, argv_for_new_app, envp);
```

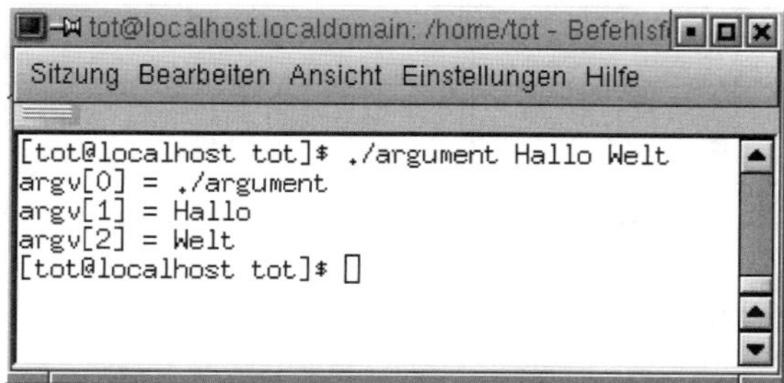

Abbildung 13.1 Argumente aus der Kommandozeile auswerten

Somit ist in `argv[0]` der *Bash* nun eben »ganzAndererName« zu lesen. Das ist u. a. ein effektiver Workaround für DOS/Windows-Plattformen, die keine Symlinks haben (d. h., manche Programme erkennen ihre Funktion an `argv[0]`).

Die einzelnen Argumente, die dem Programm übergeben werden, müssen immer durch mindestens ein Leerzeichen getrennt sein. Wenn Sie zum Beispiel

```
argument HalloWelt
```

schreiben, wäre die Ausgabe stattdessen:

```
argv[0] = argument
argv[1] = HalloWelt
```

Der Parameter `int argc` zählt die Anzahl der Strings, die dem Programm beim Aufruf mitgegeben wurden. Dazu ein Beispiel:

```
/* arg_counter.c */
#include <stdio.h>
#include <stdlib.h>

int main(int argc, char **argv) {
   printf("Insgesamt %d Argumente\n", argc-1);
   printf("Letztes Argument: %s\n", argv[argc-1]);
   return EXIT_SUCCESS;
}
```

Bei diesem Beispiel werden die Anzahl der Argumente und das letzte Argument ausgegeben. Als Programmaufruf dient etwa:

```
argument abc xyz
```

In der Stringtabelle `char **argv` befinden sich die Strings, die Sie in Abbildung 13.2 sehen.

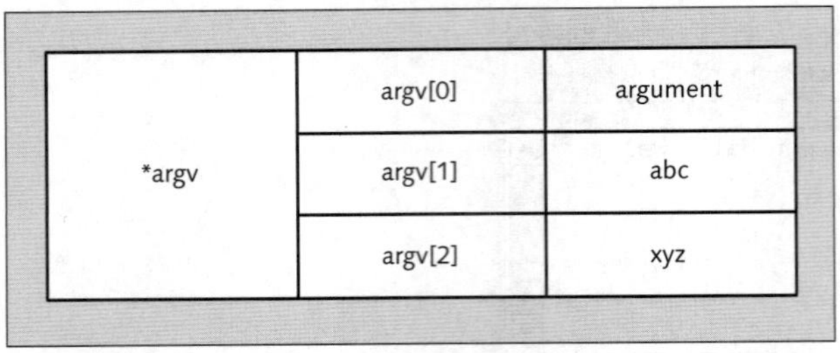

	argv[0]	argument
*argv	argv[1]	abc
	argv[2]	xyz

Abbildung 13.2 Inhalt der Stringtabelle »argv«

Falls dezimale Werte anstelle von Strings als Argumente übergeben werden, handelt es sich dabei weiterhin um Strings. Wird der dezimale Wert benötigt, so muss der String erst in einen solchen Wert konvertiert werden. Hier sehen Sie ein Beispiel einer solchen Konvertierung:

```
/* calc.c */
#include <stdio.h>
#include <stdlib.h>
#include <string.h>

int main(int argc, char *argv[]) {
   int i, j ;
   long y, erg;

   if(argc < 4) {
      printf("Benötige mindestens 4 Argumente!\n");
      printf("Aufruf: %s <zahl><op><zahl> ...\n", *argv);
      return EXIT_FAILURE;
   }
   /* 1.Zahl in einen Integer konvertieren*/
   erg = strtol(argv[1], NULL, 10);
   if( erg == 0 ) {
      printf("Keine gültige Ganzzahl ... \n");
      return EXIT_FAILURE;
   }

   for(i = 1; i < argc-1; i += 2) {
      for(j=i+1; j < i+2; j++) {
         y = strtol(argv[i+2], NULL, 10);
         if( y == 0 ) {
            printf("Keine gültige Ganzzahl ... \n");
            printf("argc: %d (%s)?!\n", i+2, argv[i+2]);
            return EXIT_FAILURE;
         }
```

```
        if(strcmp(argv[j],"+") == 0)
           erg += y;
        else if(strcmp(argv[j],"-") == 0)
           erg -= y;
         else if(strcmp(argv[j], "x") == 0)
           erg *= y;
         else if(strcmp(argv[j],"/") == 0)
           erg/=y;
         else {
           printf("Ungültiger Operand: %s\n", argv[j]);
           return EXIT_FAILURE;
         }
      }
   }
   printf("%ld\n",erg);
   return EXIT_SUCCESS;
}
```

Damit lassen sich einfache Rechenoperationen ausführen. Im Folgenden soll eine solche Eingabe demonstriert werden (der Programmname sei hierfür *calc*):

```
calc 5 + 5 - 9 x 10 / 2
```

Intern sieht diese Eingabe so aus:

*argv	argv[0]	calc
	argv[1]	5
	argv[2]	+
	argv[3]	5
	argv[4]	-
	argv[5]	9
	argv[6]	x
	argv[7]	10
	argv[8]	/
	argv[9]	2

Abbildung 13.3 Einzelne Argumente für Rechenoperationen auswerten

Hier wurden zehn Argumente eingegeben, wobei jedes dieser zehn Argumente ein Stringende-Zeichen (`\0`) besitzt. Somit besitzt der Parameter `int argc` in der Funktion `main()` den Wert 9. Beachten Sie bei der Eingabe, dass nach jedem Zeichen ein Leerzeichen folgt. Folgendes würde nicht funktionieren:

```
calc 5+5-9x10/2    /* falsch, nur ein Argument*/
```

Mit

```
if(argc < 4) {
   printf("Benötige mindestens 4 Argumente!\n");
   printf("Aufruf: %s <zahl><op><zahl> ...\n", *argv);
   return EXIT_FAILURE;
}
```

wird getestet, ob weniger als vier Argumente eingegeben wurden. Falls dies zutrifft, wird eine entsprechende Fehlermeldung auf dem Bildschirm ausgegeben und das Programm beendet.

Wenn die Mindestanzahl von Argumenten gegeben ist, folgt als Nächstes die Konvertierung der Argumente:

```
erg = strtol(argv[1], NULL, 10);
```

Hierbei wird mit der Funktion `strtol` der String in `argv[1]` in eine dezimale Zahl konvertiert. Im ersten Fall wird der String `"5"` in den Integerwert 5 umgewandelt. Die Funktion `strtol()` ist in der Headerdatei *<stdlib.h>* deklariert. Mehr zu `strtol()` und weiteren ähnlichen Funktionen erwartet Sie in Kapitel 20, »Weitere Headerdateien und ihre Funktionen (ANSI C)«.

Weiter mit dem Programmablauf bei den `for`-Schleifen:

```
for(i = 1; i < argc-1; i += 2) {
   for(j=i+1; j < i+2; j++) {
      y = strtol(argv[i+2], NULL, 10);
```

Die erste `for`-Schleife durchläuft die ungeraden Zahlen des Feldindex, in dem sich (bei richtiger Anwendung des Programms) dezimale Zahlen befinden: `[1]="5"`, `[3]="5"`, `[5]="9"`, `[7]="10"`, `[9]="2"`. Die zweite `for`-Schleife durchläuft die geraden Zahlen und dient den Operatoren +, -, * und / (`[2]="+"`, `[4]="-"`, `[6]="*"`, `[8]="/"`). Danach bekommt die Variable `y` den dezimalen Wert der Zeichenkette `argv[3]`, der wiederum mit `strtol()` konvertiert wird.

Jetzt erfolgt die Auswertung des Operators:

```
      if(strcmp(argv[j],"+") == 0)
         erg += y;
```

Entspricht `argv[2]` dem Additionszeichen `"+"`? In dem Fall ist das zweite Argument tatsächlich das Zeichen `"+"`. Daher kann jetzt der erste Wert (zweites Argument) mit dem zweiten Wert (viertes Argument) addiert (drittes Argument) werden. Der Wert wird in der Variablen `erg` zwischengespeichert. Genauso läuft dies mit den nächsten Zahlen und Operatoren ab, bis keine Argumente (Zahlen oder Operatoren) mehr vorhanden sind.

13.2 Optionen (Schalter) aus der Kommandozeile auswerten

Der Taschenrechner, wie Sie ihn eben programmiert haben, macht in der heutigen Zeit wenig Sinn. Sinnvoller und (immer noch) sehr häufig verwendet werden Kommandozeilenargumente, um Schalter auszuwerten, etwa so:

```
rm --help
```

Damit wird eine kurze Hilfsanleitung des Programms `rm` angezeigt. Meistens handelt es sich dabei um eine kurze Beschreibung, mit welchen Optionen (Schaltern) das Programm aufgerufen werden kann und was diese bewirken. Das Programm `rm` ist in der UNIX-Welt beheimatet und dient zum Löschen von Dateien und Verzeichnissen. Beispielsweise wird mit den Schaltern `-rf`

```
rm -rf verzeichnis
```

ein ganzes Verzeichnis rekursiv ohne Nachfrage gelöscht. Dazu folgt jetzt ein Beispiel. Auf (fast) jedem System gibt es das Programm `echo`, mit dem Sie einen Text auf die Standardausgabe schicken können. Beispielsweise wird mit

```
echo Hallo Welt
```

»Hallo Welt« auf dem Bildschirm ausgegeben. Das folgende Programm ist ein eigenes Echo, `myecho`, mit dem der Text mithilfe von Schaltern spiegelverkehrt, in Groß- oder Kleinbuchstaben ausgegeben werden kann. Folgende Schalter werden verwendet:

```
void show_help(void) {
   printf("\nProgrammaufruf: myecho [OPTION] STRING\n"\
          "Programm gibt den Text in gewünschter Form auf"\
          "dem Bildschirm aus\n\n nFolgende Optionen stehen"\
          "Ihnen zur Verfügung:\n\n"\
          "\t-r  Text wird spiegelverkehrt ausgegeben\n"\
          "\t-g  Text wird in Grossbuchstaben ausgegeben\n"\
          "\t-s  Text wird in Kleinbuchstaben ausgegeben\n "\
```

```
          "\t-h  Dieser Text\n"
          "\t-v  Versionsnummer\n\n");
}
```

Hier sehen Sie den vollständigen Quellcode:

```
/* myecho.c */
#include <stdio.h>
#include <string.h>
#include <ctype.h> /* tolower(), toupper(), isalpha() */
#include <stdlib.h>
#define FALSE 0
#define TRUE  1
#define BUF 4096

void show_help(void) {
   printf("\nProgrammaufruf: myecho [OPTION] STRING\n"\
          "Programm gibt den Text in gewünschter Form auf"\
          "dem Bildschirm aus\n\nFolgende Optionen stehen"\
          "Ihnen zur Verfügung:\n\n"\
          "\t-r  Text wird spiegelverkehrt ausgegeben\n"\
          "\t-g  Text wird in Grossbuchstaben ausgegeben\n"\
          "\t-s  Text wird in Kleinbuchstaben ausgegeben\n "\
          "\t-h  Dieser Text\n"
          "\t-v  Versionsnummer\n\n");
}

int getopt(char *argument, char *option) {
   if( argument[0]=='-' && argument[1]==option[0] )
      return TRUE;
   return FALSE;
}

void spiegeln(char *string) {
   char *reverse = string;
   while(*reverse++);
   while(reverse-- != string)
      printf("%c",*reverse);
   printf("\n");
}

void larger(char *string) {
   char *large=string;

   while(*large)
```

```
      printf("%c",(isalpha(*large))?toupper(*large++):*large++);
   printf("\n");
}

void smaller(char *string) {
   char *small=string;

   while(*small)
      printf("%c",(isalpha(*small))?tolower(*small++):*small++);
   printf("\n");
}

int main(int argc, char *argv[]) {
   int counter=3;
   char buffer[BUF];
   size_t len=0;

   if(argc == 1 || getopt(argv[1],"h") == TRUE ) {
      show_help();
      return EXIT_FAILURE;
   }
   else if(getopt(argv[1],"v") == TRUE) {
      printf("Version 1.0\n");
      return EXIT_SUCCESS;
   }
   else if(argc < 3) {
      show_help();
      return EXIT_FAILURE;
   }
   len=strlen(argv[2])+1;
   /* ab argv[2] bis argv[n] alle Elemente in buffer */
   if(len > BUF) {
      printf("Der String enthält zu viele Zeichen\n");
      return EXIT_FAILURE;
   }
   strcpy(buffer,argv[2]);
   while(argv[counter] != NULL) {
      len += strlen(argv[counter])+2;
      if(len > BUF) {
         printf("Der Puffer ist bereits voll\n");
         break;
      }
      strcat(buffer, " ");
      strcat(buffer, argv[counter++]);
   }
```

```
   if(getopt(argv[1],"r") == TRUE)
      spiegeln(buffer);
   else if(getopt(argv[1],"g") == TRUE)
      larger(buffer);
   else if(getopt(argv[1],"s") == TRUE)
      smaller(buffer);
   else
      show_help();
   return EXIT_SUCCESS;
}
```

Als Kernstück in diesem Programm dient die Funktion `getopt()`:

```
int getopt(char *argument, char *option) {
   if( argument[0]=='-' && argument[1]==option[0] )
      return TRUE;
   return FALSE;
}
```

Damit wird überprüft, ob der String mit dem Schalterzeichen (-) beginnt und ob für `option` eine Option vorhanden ist:

```
if(getopt(argv[1],"s") == TRUE)
```

Hier wird beispielsweise überprüft, ob der Schalter `s` verwendet wurde. Falls dies zutrifft, wird `TRUE` zurückgegeben, andernfalls `FALSE`. Alle anderen Funktionen dienen nur zur Verzierung des Programms, das Sie natürlich weiter ausbauen können.

Hier wurden außerdem Funktionen der Standard-Headerdatei *<ctype.h>* verwendet, die zur Überprüfung und Konvertierung von einzelnen Zeichen dienen. Die Funktion `isalpha()` überprüft, ob es sich um ein Zeichen des Alphabets handelt. Ist dies der Fall, liefert diese Funktion 1 zurück. Die Funktion `tolower()` macht aus einem großen Buchstaben einen kleinen, und `toupper()` macht aus einem kleinen Buchstaben wieder einen großen. Mehr zu dieser Headerdatei und den darin enthaltenen Funktionen erfahren Sie später.

Hinweis

Damit nicht jeder sein eigenes `getopt()` baut, möchte ich hier noch auf die echten Funktionen `getopt()`, `getopt_long()` bzw. auf die POPT-Bibliothek hinweisen, die auf vielen Systemen vorhanden sind und Ihnen die ganze Arbeit recht komfortabel abnehmen.

Bisher legen Sie Daten wie Arrays in einem statischen Speichersegment im Programm ab. Wenn sich allerdings die Anzahl der Elemente zur Laufzeit verändert oder ein Speicher nicht dauerhaft benötigt wird, ist ein solcher statischer Speicher nicht geeignet. In diesem Kapitel erfahren Sie daher, wie Sie Speicherblöcke mit variabler Größe zur Laufzeit des Programms anfordern können.

14 Dynamische Speicherverwaltung

Bisher wurde die Speicherverwaltung in Variablendefinitionen versteckt. Sie mussten sich so zwar keine Gedanken über die Verwaltung machen, aber spätestens dann, wenn Sie neuen Speicher für weitere Daten benötigten, musste der Code umgeschrieben werden. Es kann auch Probleme mit der Gültigkeit einer Variablen geben. Eine Variable existiert nur in dem Anweisungsblock, in dem sie deklariert wurde. Die Gültigkeit des Speicherbereichs dieser Variablen verfällt, sobald dieser Anweisungsblock verlassen wird. Ausnahmen stellen globale und als `static` deklarierte Variablen dar.

Bei der dynamischen Speicherverwaltung gibt es diese Probleme nicht mehr. Zur dynamischen Speicherverwaltung wird ein Zeiger mithilfe der Funktion `malloc()` verwendet. Mit dieser Funktion geben Sie an, wie viel Speicherplatz reserviert werden soll. Der Zeiger verweist bei erfolgreicher Reservierung auf die Anfangsadresse des reservierten Speicherblocks. Die Aufgabe des Programmierers ist es, dafür zu sorgen, dass es immer einen Zeiger gibt, der auf diese Anfangsadresse verweist. Der so reservierte Speicher bleibt so lange erhalten, bis dieser entweder explizit mit der Funktion `free()` freigegeben wird oder bis das Programm sich beendet.

Sie müssen natürlich einen gewissen Aufwand betreiben, um die dynamische Speicherverwaltung zu realisieren. Wenn Sie dabei unvorsichtig zu Werke gehen, haben Sie schnell eine Zugriffsverletzung mit einem Zeiger verursacht. Ebenfalls zu Problemen kann es kommen, wenn Sie bei einem Programm immer wieder Speicher reservieren und dieser niemals mehr freigegeben wird. Man spricht dabei von *Speicherlecks* (engl. *Memory Leaks*). Wie diese und andere Probleme vermieden werden, erfahren Sie in den folgenden Abschnitten.

14.1 Das Speicherkonzept

Bevor gezeigt wird, wie Speicher dynamisch reserviert werden kann, folgt ein Exkurs über das Speicherkonzept von laufenden Programmen. Ein Programm besteht aus den vier Speicherbereichen, die in Tabelle 14.1 aufgeführt sind.

Speicherbereich	Verwendung
Code	Maschinencode des Programms
Daten	statische und globale Variablen
Stack	Funktionsaufrufe und lokale Variablen
Heap	dynamisch reservierter Speicher

Tabelle 14.1 Verschiedene Speicherbereiche in einem Programm

Code-Speicher

Der Code-Speicher wird in den Arbeitsspeicher geladen, und von dort aus werden die Maschinenbefehle der Reihe nach in den Prozessor (genauer gesagt in die Prozessor-Register) geschoben und ausgeführt.

Daten-Speicher

Im Daten-Speicher befinden sich alle statischen Daten, die bis zum Programmende verfügbar sind (globale und statische Variablen).

Stack-Speicher

Im Stack-Speicher werden die Funktionsaufrufe mit ihren lokalen Variablen verwaltet. In Abschnitt 9.20.1, »Exkurs: Stack«, bin ich schon näher auf den Stack eingegangen.

Heap-Speicher

Dem Heap-Speicher gebührt in diesem Kapitel das Hauptinteresse. Über ihn wird die dynamische Speicherreservierung mit Funktionen wie `malloc()` erst realisiert. Der Heap funktioniert ähnlich wie der Stack. Bei einer Speicheranforderung erhöht sich der Heap-Speicher, und bei einer Freigabe wird er wieder verringert. Wenn ein Speicher angefordert wurde, sieht das Betriebssystem nach, ob sich im Heap noch genügend zusammenhängender freier Speicher dieser Größe befindet. Bei Erfolg wird die Anfangsadresse des passenden Speicherblocks zurückgegeben.

14.2 Speicherallokation mit »malloc()«

Ich habe bereits kurz erwähnt, mit welcher Funktion Speicher dynamisch reserviert werden kann. Es wird dabei auch von einer *Speicherallokation* (*allocate*, dt. *zuweisen*) gesprochen. Die Syntax dieser Funktion sieht so aus:

```
#include <stdlib.h>

void *malloc(size_t size);
```

Bei erfolgreichem Aufruf liefert die Funktion `malloc()` die Anfangsadresse mit der Größe `size` Bytes vom Heap zurück. Da die Funktion einen `void`-Zeiger zurückliefert, hängt diese nicht von einem Datentyp ab. Hierzu ein Beispiel:

```
/* malloc1.c */
#include <stdio.h>
#include <stdlib.h>

int main(void) {
   int *p;

   p = malloc(sizeof(int));
   if(p != NULL) {
      *p=99;
      printf("Allokationerfolgreich ... \n");
   }
   else {
      printf("Kein virtueller RAM mehr verfügbar ...\n");
      return EXIT_FAILURE;
   }
   return EXIT_SUCCESS;
}
```

Nach der Deklaration eines `int`-Zeigers wurde diesem mit

```
p = malloc(sizeof(int));
```

eine Anfangsadresse eines Speicherbereichs der Größe `int` zugewiesen. Bei Erfolg zeigt der Zeiger `p` auf den Anfang des reservierten Speicherbereichs. Ist dabei etwas schiefgegangen, zeigt der Zeiger auf `NULL`, und es wird ausgegeben, dass kein Speicherplatz reserviert werden konnte. Abbildung 14.1 verdeutlicht den Programmablauf anhand einer Grafik.

Hinweis

Ein Type-Casting der Funktion `malloc()` ist in C nicht notwendig. ANSI C++ schreibt allerdings ein Casten des Typs `void *` vor (im Beispiel wäre dies C++-konform: `p=(int *) malloc(sizeof(int));`). Falls Sie also eine Fehlermeldung wie `'void *' kann nicht in 'int *' konvertiert werden` erhalten, dann haben Sie einen C++-Compiler vor sich bzw. einen Compiler, der im C++-Modus läuft. Häufig ist es aber problemlos möglich, den Compiler im C-Modus zu betreiben. Bei Visual C++ (hier beispielsweise die Version 2008) z. B. brauchen Sie nur die Eigenschaftsseite mit [ALT]+[F7] aufrufen und über Konfigurationseigenschaften • C/C++ • Erweitert die Option Kompilierungsart auf Als C-Code kompilieren einstellen. Bei anderen Compilern ist dies häufig einfacher, weil man gleich ein reines C-Projekt erstellen kann.

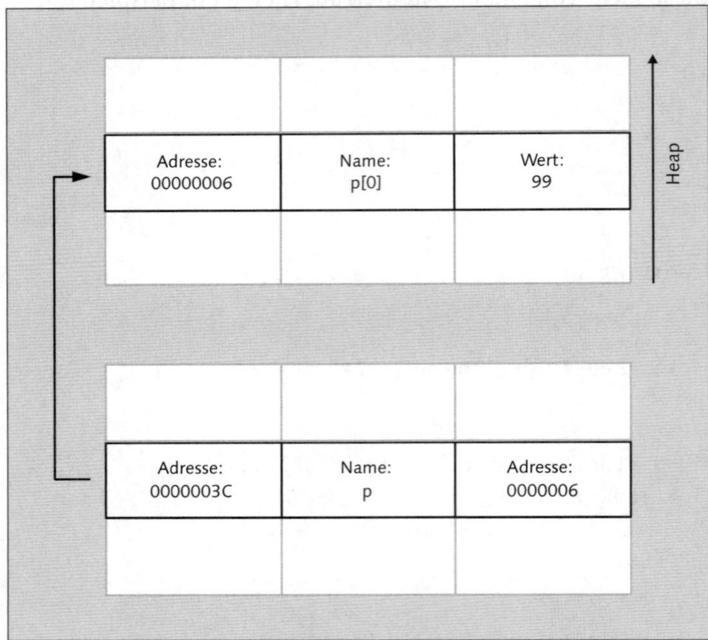

Abbildung 14.1 Dynamisch reservierter Speicher vom Heap

Na gut, ich denke, das beeindruckt Sie nicht besonders. Zur Laufzeit eines Programms Speicherplatz für einen `int`-Wert reservieren mit solch einem Aufwand? Gut, dann reservieren Sie eben mehr Speicherplatz für mehrere `int`-Werte:

```
p = malloc(2 * sizeof(int));
```

Hiermit reservieren Sie Speicherplatz für zwei `int`-Werte vom Heap. Hier sehen Sie das Beispiel als Listing:

```
/* malloc2.c */
#include <stdio.h>
```

```
#include <stdlib.h>

int main(void) {
   int *p = malloc(2 * sizeof(int));

   if(p != NULL) {
      *p=99;          /* alternativ auch p[0] = 99  */
      *(p+1) = 100;   /* alternativ auch p[1] = 100 */
      printf("Allokation erfolgreich ... \n");
   }
   else {
      printf("Kein virtueller RAM mehr verfügbar ...\n");
      return EXIT_FAILURE;
   }
   printf("%d %d\n", p[0], p[1]);
   /* Sie können die Werte auch so ausgeben lassen. */
   printf("%d %d\n", *p, *(p+1));
   return EXIT_SUCCESS;
}
```

Abbildung 14.2 soll den Sachverhalt veranschaulichen.

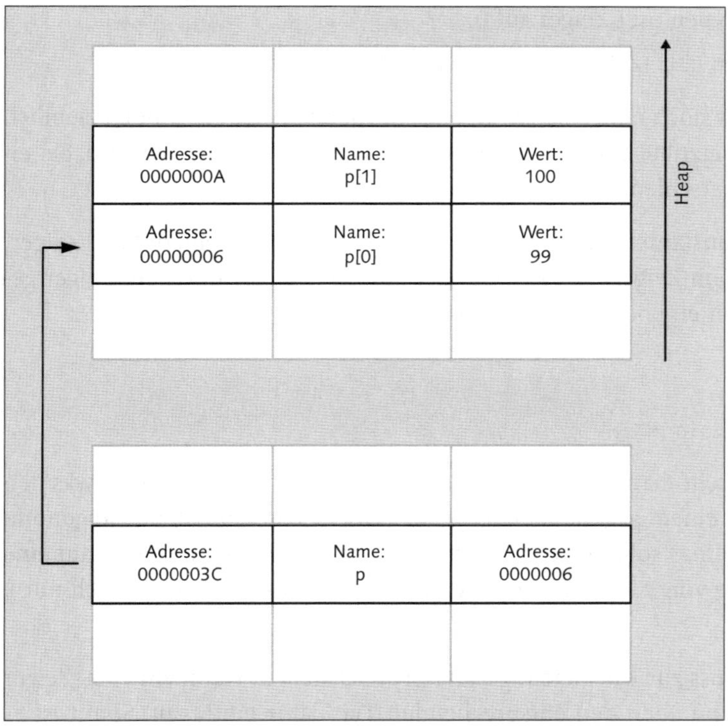

Abbildung 14.2 Speicher für mehrere Elemente dynamisch anfordern

Der Sachverhalt, warum `*p` und `p[0]` oder `*(p+1)` und `p[1]` auf dasselbe Element zugreifen, wurde in Kapitel 12, »Zeiger (Pointer)«, geklärt. Blättern Sie notfalls einfach zu den Tabellen am Ende von Kapitel 12 zurück.

14.3 Das NULL-Mysterium

Ein `NULL`-Zeiger wird zurückgeliefert, wenn `malloc()` nicht mehr genügend zusammenhängenden Speicher finden kann. Der `NULL`-Zeiger ist ein vordefinierter Zeiger, dessen Wert sich von einem regulären Zeiger unterscheidet. Er wird vorwiegend bei Funktionen zur Anzeige und Überprüfung von Fehlern genutzt, die einen Zeiger als Rückgabewert zurückgeben.

14.3.1 NULL für Fortgeschrittene

Sicherlich haben Sie sich schon einmal gefragt, was es mit `NULL` auf sich hat. Wenn Sie dann in einem Forum nachgefragt haben, könnten Sie beispielsweise dreierlei Antworten zurückbekommen haben:

- `NULL` ist ein Zeiger auf 0.
- `NULL` ist ein typenloser Zeiger auf 0.
- Es gibt keinen `NULL`-Zeiger, sondern nur `NULL`, und das ist eben 0.

Sicherlich gibt es noch einige Antworten mehr hierzu. Aber es ist doch ziemlich verwirrend, ob jetzt `NULL` eben 0 ist oder ein Zeiger auf 0 – und wo ist dabei eigentlich der Unterschied?

Ein integraler konstanter Ausdruck mit dem Wert 0 wird zu einem `NULL`-Zeiger, wenn dieser einem Zeiger zugewiesen oder auf Gleichheit mit einem Zeiger geprüft wird. Damit ergeben sich die folgenden möglichen `define`s für `NULL`:

```
#define NULL 0
#define NULL 0L
#define NULL (void *) 0
```

Am häufigsten sieht man das Makro `NULL` als `(void *) 0` implementiert, was den Vorteil hat, dass einem gegebenenfalls bei der Übersetzung die Arbeit abgenommen wird. Allerdings sollten Sie – egal wie `NULL` nun implementiert ist – auf eine Typumwandlung von `NULL` verzichten, denn schließlich kann `NULL` ja auch nur `0` oder `0L` sein.

Der Compiler muss zur Übersetzungszeit selbst feststellen, wann ein `NULL`-Zeiger benötigt wird, und eben den entsprechenden Typ dafür eintragen. Somit ist es ohne Weiteres möglich, folgende Vergleiche zu verwenden (beide Versionen erfüllen denselben Zweck):

```
/* null_ptr1.c */
#include <stdio.h>
#include <stdlib.h>

int main(void) {
   char *ptr1 = NULL;
   char *ptr2 = 0;

   if(ptr1 != NULL){
      /* ... */
   }
   if(ptr2 != 0) {
      /* ... */
   }
   return EXIT_SUCCESS;
}
```

Bei einem Funktionsargument allerdings ist ein solcher Zeiger-Kontext nicht unbedingt feststellbar. Hier kann ein Compiler eventuell nicht feststellen, ob der Programmierer hier 0 (als Zahl) oder eben den NULL-Zeiger meint. Hier ein Beispiel, das zeigt, worauf ich hinaus will:

```
execl ("/bin/sh", "sh", "-c", "ls", 0);
```

Der (UNIX)-Systemaufruf execl() erwartet eine Liste variabler Länge mit Zeigern auf char, die mit einem NULL-Zeiger abgeschlossen werden. Der Compiler kann hierbei allerdings nicht feststellen, ob der Programmierer hier mit 0 den NULL-Zeiger meint; daher wird sich der Compiler in diesem Fall für die Zahl 0 entscheiden. In diesem Fall müssen Sie unbedingt eine Typumwandlung nach char* durchführen – oder eben den NULL-Zeiger verwenden:

```
execl ("/bin/sh", "sh", "-c", "ls", (char *)0);
// ... oder ...
execl ("/bin/sh", "sh", "-c", "ls", NULL);
```

Dieser Fall ist besonders bei einer variablen Argumentenliste (wie sie hier mit execl() vorliegt) wichtig. Denn hier funktioniert alles (auch ohne ein Type-Casting) bis zum Ende der explizit festgelegten Parameter. Alles was danach folgt, wird nach den Regeln für die Typenerweiterung behandelt, und es wird eine ausdrückliche Typumwandlung erforderlich. Da es sowieso kein Fehler ist, den NULL-Zeiger als Funktionsargument einer expliziten Typumwandlung zu unterziehen, ist man bei regelmäßiger Verwendung (eines expliziten Casts) immer auf der sicheren Seite, wenn dann mal Funktionen mit einer variablen Argument-Anzahl verwendet werden.

Bei einem »normalen« Funktionsprototypen hingegen werden die Argumente weiterhin anhand ihrer zugehörigen Parameter im Prototyp umgewandelt. Verwenden Sie hingegen keinen Funktionsprototyp im selben Gültigkeitsbereich, wird auch hier eine explizite Umwandlung benötigt.

14.3.2 Was jetzt – NULL, 0 oder \0 ... ?

Ob Sie jetzt `NULL` oder 0 verwenden, ist eine Frage des Stils und des Progammierers. Viele Programmierer halten `NULL` für eine sinnlose Neuerung, auf die man gern verzichten kann (wozu soll man eine 0 hinter `NULL` verstecken) – andere wiederum entgegnen dem, dass man mit `NULL` besser unterscheiden kann, ob denn nun ein Zeiger gemeint ist oder nicht. Denn Folgendes wird der Compiler bemängeln, wenn `NULL` als `(void *)0` implementiert ist:

```
/* null_ptr2.c */
#include <stdio.h>
#include <stdlib.h>

int main(void) {
   int *ptr = NULL;
   int i = NULL;       // falsch

   return EXIT_SUCCESS;
}
```

Intern nach dem Präprozessorlauf würde aus der Zeile

```
int i = NULL;
```

Folgendes gemacht:

```
int i = (void *) 0;
```

Dies ist ein klarer Regelverstoß und somit unzulässig.

Irgendwie bringen dann die Anfänger noch das Terminierungszeichen `\0` (NULL) mit in diese Geschichte ein (ich begreife zwar nicht wie, aber es geschieht ...). Vielleicht wird dabei das ASCII-Zeichen NUL mit `NULL` verwechselt. Allerdings kann man `\0` nicht mit `NULL` vergleichen. `\0` garantiert beispielsweise laut Standard, dass alle Bits auf 0 gesetzt sind (`NULL` tut das nicht).

14.3.3 Zusammengefasst

Aufgrund der häufigen Nachfragen zu `NULL` habe ich mich bewusst entschieden, dass Thema etwas breiter aufzurollen. Vielleicht ist der eine oder andere jetzt total verwirrt. Daher folgen hier zwei Regeln zum Umgang mit `NULL`, die Sie einhalten sollten, damit Sie auf der sicheren Seite sind:

- Wollen Sie im Quelltext einen `NULL`-Zeiger verwenden, dann können Sie entweder eben diesen Null-Zeiger mit der Konstante 0 oder eben das Makro `NULL` verwenden.
- Verwenden Sie hingegen 0 oder `NULL` als Argument eines Funktionsaufrufes, wenden Sie am besten die von der Funktion erwartete explizite Typumwandlung an.

14.4 Speicherreservierung und ihre Probleme

Bei einem Aufruf der Funktion `malloc()` muss die Größe des zu reservierenden Speichers in Bytes angegeben werden. Damit ist die Größe des Speicherobjekts gemeint, das durch einen Zeiger referenziert werden soll. Für die dynamische Speicherzuweisung haben Sie folgende drei Möglichkeiten:

- als numerische Konstante:

  ```
  p = malloc(sizeof(2));
  ```

  Hiermit werden vier Bytes (!) reserviert, auf deren Anfangsadresse der Zeiger `p` verweist. Es werden nicht – wie vielleicht irrtümlicherweise angenommen – zwei Bytes reserviert, sondern es wird eben so viel Speicher reserviert, wie es dem Datentyp im `sizeof`-Operator auf dem jeweiligen System entspricht. Der Wert 2 entspricht gewöhnlich auf 32-Bit-Rechnern 4 Bytes (`int`). Somit kann die Verwendung einer numerischen Konstante sehr verwirrend sein.
- Angabe des Datentyps mithilfe des `sizeof`-Operators:

  ```
  p = malloc(sizeof(int));
  ```

  Diese Möglichkeit hat einen Nachteil. Was ist, wenn Sie statt `int`-Werten auf einmal `double`-Werte benötigen? Dann müssen Sie mühsam alle Speicherzuweisungen ändern in:

  ```
  p = malloc(sizeof(double));
  ```
- Sie können auch den dereferenzierten Zeiger selbst für den `sizeof`-Operator verwenden:

  ```
  p = malloc(sizeof(*p));
  ```

Aber Achtung: Wehe, Sie vergessen den Dereferenzierungsoperator (*) wie im folgenden Listing:

```
/* malloc3.c */
#include <stdio.h>
#include <stdlib.h>

int main(void) {
    double *p1,*p2;

    p1 = malloc(sizeof(p1)); // Fehler
    p2 = malloc(sizeof(p2)); // Fehler

    if(p1 != NULL && p2 != NULL) {
            *p1 = 5.15;
            printf("p1 = %f\n",*p1);
            *p2 = 10.99;
            printf("p2 = %f\n",*p2);
        }
    return EXIT_SUCCESS;
}
```

Wenn Sie »Glück« haben, stürzt das Programm ab. Im schlimmsten Fall funktioniert das Programm und gibt die richtigen Zahlen aus. Das wäre aber purer Zufall. Denn ohne den Dereferenzierungsoperator wird nicht ein `double`-Wert an `malloc()` übergeben, sondern die Größe des Zeigers. Und diese beträgt immer vier (bei 32-Bit-Rechnern) statt der erforderlichen acht Bytes. Wenn jetzt ein anderer Wert an diese Adresse gelangt, ist der weitere Verlauf des Programms nicht absehbar. Es kommt zu einer sogenannten *Überlappung der Speicherbereiche*.

14.5 »free()« – Speicher wieder freigeben

Wenn Sie Speicher vom Heap angefordert haben, sollten Sie diesen auch wieder zurückgeben. Der allozierte Speicher wird mit folgender Funktion freigegeben:

```
#include <stdlib.h>

void free (void *p)
```

Der Speicher wird übrigens auch ohne einen Aufruf von `free()` freigegeben, wenn sich das Programm beendet.

Hinweis

Zwar wird generell behauptet (und es ist auch meistens der Fall), dass bei der Beendigung eines Programms das Betriebssystem den reservierten und nicht mehr freigegebenen Speicher selbst organisiert und somit auch wieder freigibt, aber dies ist nicht vom ANSI/ISO-Standard gefordert.

Somit hängt dieses Verhalten also von der Implementation der Speicherverwaltung des Betriebssystems ab.

Ein Beispiel zu `free()`:

```
/* free1.c */
#include <stdio.h>
#include <stdlib.h>

int main(void) {
   int *p = malloc(sizeof(int));

   if(p != NULL) {
      *p=99;
      printf("Allokation erfolgreich ... \n");
      }
   else {
      printf("Kein virtueller RAM mehr verfügbar ... \n");
      return EXIT_FAILURE;
   }
   if(p != NULL)
      free(p);
   return EXIT_SUCCESS;
}
```

Es wird hier auch überprüft, dass nur wirklich reservierter Speicherplatz wieder freigegeben wird. Der mit `free()` freigegebene Speicherplatz wird danach zwar als frei markiert, aber `p` zeigt immer noch auf die ursprüngliche Speicherstelle. Hier sehen Sie das Beispiel:

```
/* free2.c */
#include <stdio.h>
#include <stdlib.h>

int main(void) {
   int *p = malloc(sizeof(int));

   if(p != NULL) {
         *p=99;
         printf("Allokation erfolgreich ... \n");
```

```
    }
    else {
        printf("Kein virtueller RAM mehr verfügbar ... \n");
        return EXIT_FAILURE;
    }
    printf("vor free() *p = %d\n", *p);
    if(p != NULL)
        free(p);
    printf("nach free() *p = %d\n", *p);
    return EXIT_SUCCESS;
}
```

Hinweis

Da der Heap üblicherweise aus Performance-Gründen nicht wieder reduziert wird, konnten Sie wie hier im Beispiel eventuell auf den freigegebenen Speicherplatz und dessen Inhalt wieder zugreifen. Aber dieses Verhalten ist nicht »portabel« und wird auch nicht vom ANSI-C-Standard gefordert. Sofern Sie also vorhaben, so etwas absichtlich in der Praxis auszuführen (warum auch immer), ist das Verhalten undefiniert.

Wenn Sie absolut sicher sein wollen, dass der Zeiger nichts mehr zurückgibt, dann übergeben Sie dem Zeiger nach der Freigabe von Speicher einfach den NULL-Zeiger:

```
free(p);
p = NULL;
```

Dies können Sie wie folgt in ein Makro verpacken:

```
#define my_free(x)  free(x); x = NULL
```

Internes

Die Speicherverwaltung merkt sich die Größe eines jeden Speicherblocks, der von Ihnen angefordert wurde – daher ist es auch nicht nötig, die Größe des Blocks (als echte Byte-Größe) anzugeben, um den Speicher mit `free()` wieder freizugeben. Leider gibt es daher allerdings auch keinen portablen Weg, um zu erfahren, wie groß dieser Speicherblock denn tatsächlich ist.

Was `malloc()` und die weiteren Speicherallokationsfunktionen so bedeutend und wichtig macht, ist die Möglichkeit, von jedem beliebigen Datentyp Speicher anfordern zu können – sind es nun einfache Datentypen wie Strings, Arrays oder komplexe Strukturen.

Natürlich können Sie auch Speicherplatz für ein `char`-Array zur Laufzeit anfordern. Das folgende Beispiel demonstriert dies:

```
/* malloc4.c */
#include <stdio.h>
#include <string.h>
#include <stdlib.h>
#define BUF 80

int main(void) {
   char puffer[BUF];
   char *dyn_string;

   printf("Ein Text mit max. 80 Zeichen: ");
   fgets(puffer, BUF, stdin);

   dyn_string = malloc(strlen(puffer) + 1);
   if(dyn_string != NULL)
      strncpy(dyn_string, puffer, strlen(puffer) + 1);
   else {
      printf("Konnte keinen Speicherplatz reservieren\n");
      return EXIT_FAILURE;
   }
   printf("%s",dyn_string);
   free(dyn_string);
   return EXIT_SUCCESS;
}
```

Wobei erwähnt werden muss, dass diese Art, dynamisch Speicher für einen Text zu reservieren, noch recht unflexibel ist. Mit

```
dyn_string = malloc(strlen(puffer) + 1);
```

wird exakt so viel Speicher angefordert, wie zuvor mit `fgets()` in den String `puffer` eingelesen wurde. Im Verlauf des Buchs in Abschnitt 16.25, »Ein fortgeschrittenes Thema«, werden Sie erfahren, wie Sie viel effektiver dynamischen Speicher für Text anfordern. Denn bei diesem Beispiel hätten Sie es ja gleich beim `char`-Array `puffer` belassen können.

14.6 Die Freispeicherverwaltung

Ohne mich hier zu sehr in die Details der Freispeicherverwaltung zu verstricken, soll dieses Thema kurz behandelt werden. Als Programmierer kann es Ihnen im Prinzip egal sein, wie ein Betriebssystem seinen Speicher reserviert. Aber wenn Sie irgendwann professionelle Programme schreiben, die häufig Speicher vom Heap anfordern, wäre manches Mal ein wenig Hintergrundwissen wünschenswert.

Außer dem Hauptspeicher und dem Festplattenspeicher gibt es noch weitere Möglichkeiten, Daten zu speichern und zu verarbeiten. Es wird dabei von einer Speicherhierarchie gesprochen, die sich in die folgenden sechs Schichten aufteilt:

- Prozessor-Register
- First Level Cache der CPU (On-chip-Cache, 8–64 KB)
- Second Level Cache der CPU (128–512 KB)
- Hauptspeicher (RAM, z. B. 128–512 MB)
- Sekundärspeicher (Festplatte, 10–120 GB)
- Tertiärspeicher (Magnetband, 20–160 GB)

Als C-Programmierer bedienen Sie sich allerdings vorwiegend vom Hauptspeicher. Das Betriebssystem verwendet dabei das sogenannte Paging zur Verwaltung des Speichers. Als *Paging* wird die Unterteilung des virtuellen Speichers in Seiten (*Pages*) und des physischen Speichers in Seitenrahmen (*Page Frames*) bezeichnet. Die Größe einer Seite beträgt bei den gängigen Betriebssystemen 512 KB oder 1024 KB. Ein virtuelles Speichersystem ist erforderlich, damit auch mehrere Programme laufen können, die nicht alle in den physischen Speicher (echter vorhandener Speicher, RAM) passen würden. Dafür stellt Ihnen das Betriebssystem eine sogenannte Adresskonvention zur Verfügung, mit der aus einer virtuellen Adresse wieder eine physische Adresse wird. Denn mit virtuellen Adressen allein könnte kein Programm laufen.

Hinweis

Jedem Prozess steht ein eigener virtueller Adressraum und darin eine eigene Speicherverwaltung zur Verfügung. Meistens wird hier auch noch das Swapping benutzt. Dabei wird ein Prozess in den Hauptspeicher geladen und läuft eine gewisse Zeit, bis er anschließend auf die Festplatte ausgelagert wird. Dieses Swapping findet z. B. statt, wenn nicht mehr genügend Speicherplatz vorhanden ist, um einen Prozess ausführen zu können.

In Abschnitt 14.1 haben Sie bereits etwas über den Heap erfahren. Sie wissen, dass der Heap ein zusammenhängender Speicherplatz im Arbeitsspeicher ist, von dem Sie als Programmierer Speicher allozieren können. Das Betriebssystem verwaltet diesen Speicherbereich als eine Kette von freien Speicherblöcken, die nach aufsteigenden Speicheradressen sortiert ist. Jeder dieser Blöcke enthält Informationen wie die Gesamtlänge oder den nächsten freien Block. Benötigen Sie jetzt Speicherplatz, durchläuft das Betriebssystem diesen Speicherblock nach verschiedenen Verfahren. Dabei wird von einer prozessinternen Freispeicherverwaltung gesprochen.

14.6.1 Prozessinterne Freispeicherverwaltung

Durch einen Aufruf von `malloc()` sucht das Betriebssystem jetzt einen zusammenhängenden Speicherblock, der den Anforderungen entspricht. Auf der Suche nach diesem Speicherplatz gibt es verschiedene Strategien bzw. Algorithmen, die im Betriebssystem (genauer: im Kernel) implementiert sind.

Als Beispiel dienen freie Speicherbereiche, die so im System angeordnet sind, wie Sie es in Abbildung 14.3 sehen.

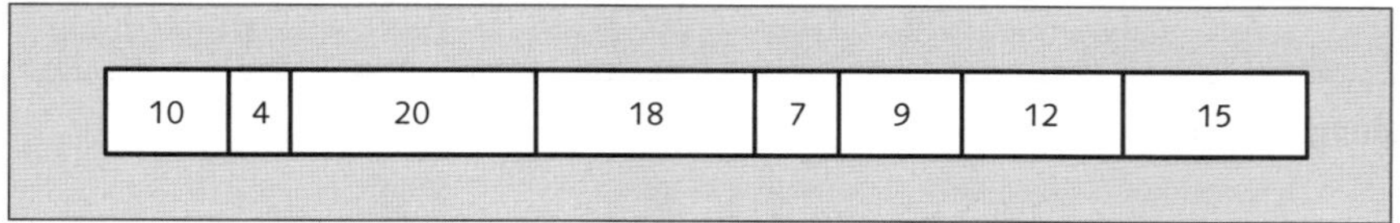

Abbildung 14.3 Freie Speicherbereiche im System

Sie fordern jetzt von diesen freien Speicherbereichen mit der Funktion `malloc()` folgende Speicherblöcke an:

```
ptr1 = malloc(10);
ptr2 = malloc(12);
ptr3 = malloc(9);
```

Anhand des freien Speicherbereichs (siehe Abbildung 14.3) und den drei Speicheranforderungen will ich Ihnen die einzelnen Verfahren erklären.

First-Fit-Verfahren

Beim First-Fit-Verfahren durchläuft die Speicherverwaltung die Liste der Reihe nach und alloziert den erstbesten freien Bereich, der groß genug ist. Somit sieht die Speicherbelegung im First-Fit-Verfahren so aus wie in Abbildung 14.4 gezeigt.

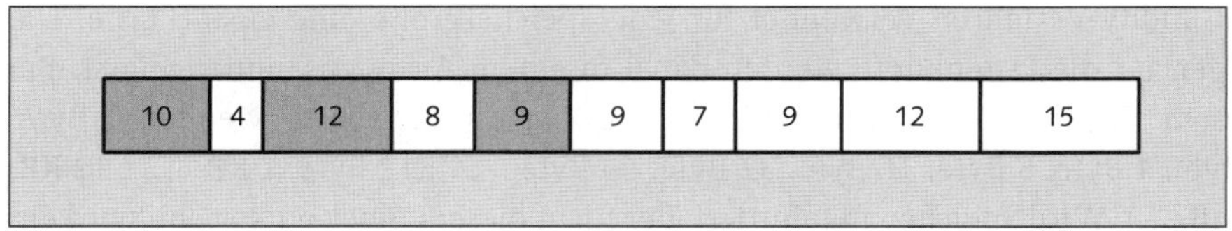

Abbildung 14.4 First-Fit-Verfahren

Next-Fit-Verfahren

Das Next-Fit-Verfahren funktioniert wie First-Fit, nur merkt sich das Next-Fit-Verfahren die aktuelle Position und fährt bei der nächsten Suche nach freiem Speicher von dieser Position aus fort.

Best-Fit-Verfahren

Beim Best-Fit-Verfahren wird die gesamte Speicherliste durchsucht, bis ein kleinstmögliches Loch gefunden wird. Mit diesem Verfahren wird eine optimale Speicherausnutzung garantiert.

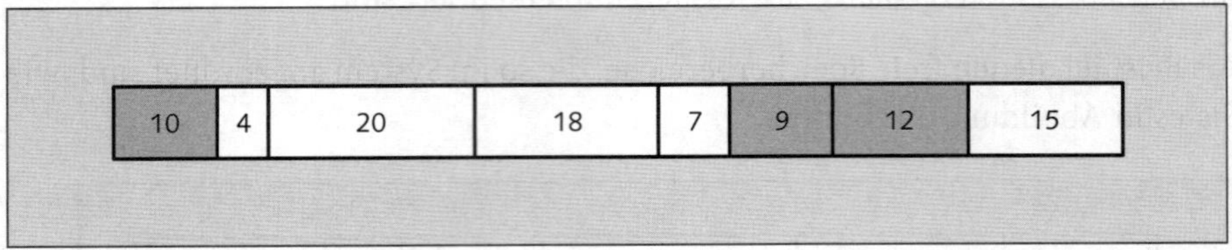

Abbildung 14.5 Best-Fit-Verfahren

Worst-Fit-Verfahren

Das Worst-Fit-Verfahren ist das Gegenteil von Best-Fit. Dabei wird in der Liste nach dem größten verfügbaren freien Bereich gesucht, und dieser wird verwendet.

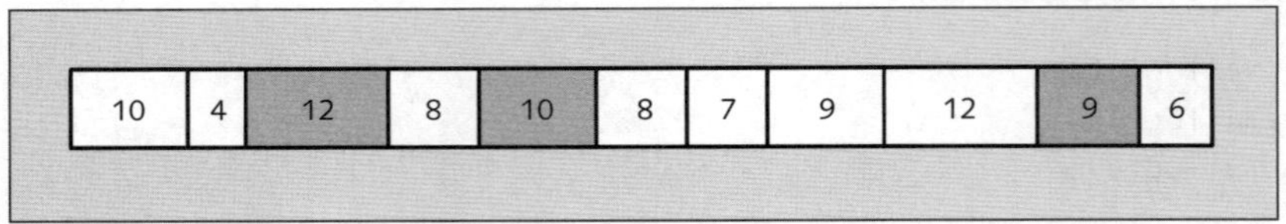

Abbildung 14.6 Worst-Fit-Verfahren

Quick-Fit-Verfahren

Das Quick-Fit-Verfahren unterhält getrennte Listen für freie Bereiche gebräuchlicher Größe.

Buddy-Verfahren

Das Buddy-Verfahren verwendet für jede Speichergröße eine eigene Liste. Die Zeiger auf die Listenköpfe werden dabei in einem Array zusammengefasst. Bei diesem Verfahren werden nur Blöcke von Zweierpotenzen verwendet (1 Byte, 2 Byte, 4 Byte, 8 Byte, 16 Byte, 32 Byte, 64 Byte, … , 512 Byte, 1 KB, …, 512 KB, 1 MB, …). Wird Speicher angefordert, der nicht diesem Block entspricht, wird ein Block mit der nächsten Zweierpotenz verwendet. Die Blöcke werden außerdem dahingehend markiert, ob sie zur Anwendung frei sind. Ist bei Speicheranforderung kein gewünschter Block frei, wird ein Block in zwei gleich große Blöcke aufgeteilt.

Hinweis

Solche Strategien der Freispeicherverwaltung haben natürlich auch ihren Sinn. Vorwiegend dienen solche Verfahren dazu, einen Verschnitt des Speichers zu vermeiden. Das bedeutet, dass der Speicher schlecht ausgenutzt wird, wenn sehr viele unterschiedliche Stücke verwaltet werden müssen. So kann es passieren, dass einzelne Fragmente des Speichers wahrscheinlich nicht mehr verwendet werden können.

Ein zweiter Grund für die Freispeicherverwaltung ist natürlich die Geschwindigkeit. Je schneller wieder auf einen Speicherblock zurückgegriffen werden kann, umso besser ist es.

Freigabe von Speicher

Der Speicherplatz, der wieder freigegeben wird, wird nicht an das Betriebssystem zurückgegeben, sondern in die Freispeicherliste eingehängt.

Nach diesem Ausflug, der schon mehr in Richtung Programmierung von Betriebssystemen ging, nun kehren wir wieder zur Praxis zurück.

14.7 Dynamische Arrays

Wenn mit der Funktion `malloc()` ein zusammenhängender Speicherbereich reserviert werden kann, dann muss es auch möglich sein, Speicher für ein Array während der Laufzeit zu reservieren. Bei einem zusammenhängenden Speicher können Sie davon ausgehen, dass dieser in einem Block (lückenlos) zur Verfügung gestellt wird. In dem folgenden Beispiel wird ein solches dynamisches Array erzeugt:

```
/* dyn_array1.c */
#include <stdio.h>
#include <stdlib.h>
#include <string.h>

int main(void) {
   int *value;
   int size, i = 0;

   printf("Wie viele Werte benötigen Sie : ");
   scanf("%d", &size);
   value = malloc(size*sizeof(int));
   if( NULL == value ) {
      printf("Fehler bei malloc....\n");
      return EXIT_FAILURE;
   }
   while( i < size ) {
```

```
      printf("Wert für value[%d] eingeben : ", i);
      scanf("%d", &value[i]);
      i++;
   }
   printf("Hier Ihre Werte\n");
   for(i=0; i < size; i++)
      printf("value[%d] = %d\n", i, value[i]);
   return EXIT_SUCCESS;
}
```

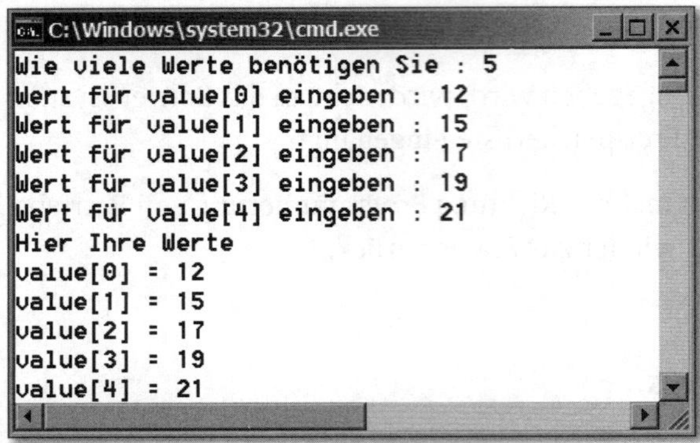

Abbildung 14.7 Dynamisch erzeugtes Array

Mit

```
value = malloc(size*sizeof(int));
```

wird ein zusammenhängender Speicherbereich mit `size` `int`-Werten reserviert. Danach werden mit

```
while(i < size) {
   printf("Wert für value[%d] eingeben : ", i);
   scanf("%d", &value[i]);
   i++;
}
```

diesem Speicherbereich Werte zugewiesen. Zum besseren Verständnis zeige ich hier dasselbe Programm nochmals, aber statt mit Arrays nun mit Zeigern:

```
/* dyn_array2.c */
#include <stdio.h>
#include <stdlib.h>
#include <string.h>

int main(void) {
   int *value;
```

```
    int size, i=0;

    printf("Wie viele Werte benötigen Sie : ");
    scanf("%d", &size);

    value = malloc(size*sizeof(int));
    if(NULL == value) {
       printf("Fehler bei malloc...!!\n");
       return EXIT_FAILURE;
    }
    while(i < size) {
       printf("Wert für value[%d] eingeben : ",i);
       scanf("%d",(value+i));
       i++;
    }
    printf("Hier Ihre Werte\n");
    for(i=0; i<size; i++)
       printf("value[%d] = %d\n", i, *(value+i));
    return EXIT_SUCCESS;
}
```

Da `*value`, `value[0]` und `*(value+1)`, `value[1]` immer auf dieselbe Speicheradresse verweisen, ist es egal, wie darauf zugegriffen wird.

Das Programm ist jetzt etwas unflexibel. Was ist, wenn Sie für fünf weitere Elemente Speicherplatz benötigen? Mit der Funktion `realloc()` wäre dies recht einfach zu realisieren. Aber diese Funktion steht jetzt noch nicht zur Debatte. Die Speicherzuweisung ist auch mit `malloc()` möglich, wenn auch etwas umständlicher. Hier sehen Sie das Beispiel:

```
/* dyn_array3.c */
#include <stdio.h>
#include <string.h>
#include <stdlib.h>

int main(void) {
   int *value,*temp;
   int i=0, more;
   int size, merker = 0;

   printf("Wie viele Werte benötigen Sie : ");
   scanf("%d", &size);
   value = (int *)malloc(size*sizeof(int));
   if(NULL == value) {
      printf("Fehler bei malloc...!! n");
      return EXIT_FAILURE;
```

```
   }
   do {
      while(merker < size) {
         printf("Wert für value[%d] eingeben : ",merker);
         scanf("%d",&value[merker]);
         merker++;
      }
      printf("Neuen Platz reservieren (0=Ende) : ");
      scanf("%d",&more);
      temp = malloc(size*sizeof(int));
      if(NULL == temp) {
         printf("Kann keinen Speicher mehr reservieren!\n");
         return EXIT_FAILURE;
      }
      for(i=0; i<size; i++)
         temp[i]=value[i];
      size+=more;
      value = malloc(size * sizeof(int));
      if(NULL == value) {
         printf("Kann keinen Speicher mehr reservieren!\n");
         return EXIT_SUCCESS;
      }
      for(i=0; i<size; i++)
         value[i]=temp[i];
   }while(more!=0);
   printf("Hier Ihre Werte\n");
   for(i=0; i<size; i++)
      printf("value[%d] = %d\n" ,i ,value[i]);
   return EXIT_SUCCESS;
}
```

Bevor Sie für das bereits dynamisch reservierte Array erneut Speicherplatz reservieren können, müssen Sie die bereits eingegebenen Werte erst einmal in ein temporär alloziertes Array zwischenspeichern. Danach kann neuer Speicherplatz für das Array reserviert werden, in den anschließend die Werte aus dem temporären Array zurückkopiert werden. Das alles ist ziemlich aufwendig. Ihnen das jetzt anhand eines `char`-Arrays (Strings) zu demonstrieren, erspare ich mir zunächst.

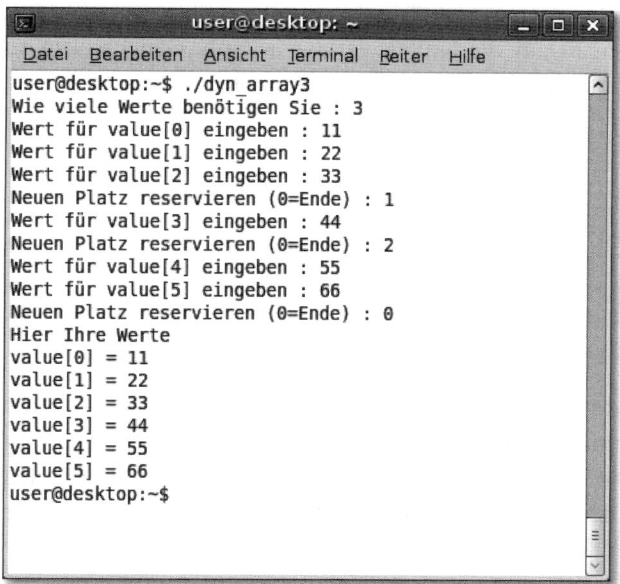

Abbildung 14.8 Ein dynamisch reserviertes Array dynamisch erweitern

14.8 Speicher dynamisch reservieren mit »realloc()« und »calloc()«

In der Headerdatei *<stdlib.h>* sind noch zwei weitere Funktionen zum dynamischen Reservieren von Speicher deklariert. Hier sehen Sie die Syntax zu diesen Funktionen:

```
void *calloc(size_t anzahl, size_t groesse);
void *realloc(void *zgr, size_t neuegroesse);
```

Die Funktion `calloc()` ist der Funktion `malloc()` sehr ähnlich, nur dass es bei der Funktion `calloc()` nicht einen, sondern zwei Parameter gibt. Im Gegensatz zu `malloc()` können Sie mit `calloc()` noch die `anzahl` von Speicherobjekten angeben, die reserviert werden soll. Wird z. B. für 100 Objekte vom Typ `int` Speicherplatz benötigt, so erledigen Sie dies mit `calloc()` folgendermaßen:

```
int *zahlen;

zahlen = calloc(100,sizeof(int));
```

Außerdem werden mit der Funktion `calloc()` alle Werte des allozierten Speicherbereichs automatisch mit dem Wert 0 initialisiert. Bei `malloc()` hat der reservierte Speicherplatz zu Beginn einen undefinierten Wert. Allerdings können

Gleitpunkt- und Zeiger-Nullen auch ganz anders dargestellt werden, weshalb man sich auf solchen Feldern nicht auf die Nullen verlassen kann. Gleichwertig zu calloc() verhält sich außerdem folgendes Code-Konstrukt mit malloc():

```
ptr = calloc(100, sizeof(int));

// Alternative dafür mit malloc(); erfüllt denselben Zweck
ptr = malloc(100 * sizeof(int));
memset(ptr, 0, 100 * sizeof(int));
```

Da calloc() außer den beiden eben genannten Unterschieden genauso funktioniert wie die Funktion malloc(), gehe ich nicht mehr näher darauf ein.

Interessanter ist dagegen die dynamische Speicherreservierung mit der Funktion realloc(). Mit dieser Funktion ist es möglich, während des laufenden Programms so viel Speicher zu reservieren, wie Sie benötigen. Des Weiteren können Sie sich darauf verlassen, dass ein neuer Pool mit malloc() erstellt wird und die ganzen Ergebnisse herüberkopiert werden, wenn im aktuellen Speicherblock nicht mehr genügend freier Speicher vorhanden ist.

Mit realloc() ist es noch einfacher, z. B. dynamische Arrays zu programmieren. Die Anfangsadresse des dynamischen Arrays ist diejenige, auf die der Zeiger (zgr) zeigt. Der Parameter neuegroesse dient dazu, einen bereits zuvor allozierten Speicherplatz auf neuegroesse Bytes zu vergrößern. Die Funktion realloc() ermöglicht es auch, den Speicherplatz zu verkleinern. Dazu wird einfach der hintere Teil des Speicherblocks freigegeben, während der vordere Teil unverändert bleibt. Bei einer Vergrößerung des Speicherplatzes mit realloc() behält der vordere Teil auf jeden Fall seinen Wert, und der neue Teil wird einfach hinten angehängt. Dieser angehängte Wert ist aber wie bei malloc() undefiniert. Hier sehen Sie ein kleines Beispiel dafür, wie ein Array mit der Funktion realloc() dynamisch erstellt wird:

```
/* realloc1.c */
#include <stdio.h>
#include <stdlib.h>

int main(void) {
   int n=0, max=10, z,i;
   int *zahlen=NULL;

   /* Wir reservieren Speicher für 10 int-Werte mit calloc. */
   zahlen = calloc(max, sizeof(int));
   if(NULL == zahlen) {
      printf("Kein virtueller RAM mehr vorhanden ... !");
      return EXIT_FAILURE;
```

```
   }
   printf("Zahlen eingeben --- Beenden mit 0\n");
   /* Endlossschleife */
   while(1) {
      printf("Zahl (%d) eingeben : ", n+1);
      scanf("%d", &z);
      if(z==0)
         break;
      /* Reservierung von Speicher während der Laufzeit
       * des Programms mit realloc */
       if(n >= max) {
          max += max;
          zahlen = realloc(zahlen,max*sizeof(int));
          if(NULL == zahlen) {
             printf("Kein virtueller RAM mehr vorhanden ... !");
             return EXIT_FAILURE;
          }
          printf("Speicherplatz reserviert "
                 " (%d Bytes)\n", sizeof(int) * max);
       }
       zahlen[n++] = z;
   }
   printf("Folgende Zahlen wurden eingegeben ->\n\n");
   for(i = 0; i < n; i++)
      printf("%d ", zahlen[i]);
   printf("\n");
   free(zahlen);
   return EXIT_SUCCESS;
}
```

Den benötigten Speicherbedarf könnten Sie in diesem Beispiel auch einzeln allozieren. Die einfache Anwendung dieser Funktion soll nicht darüber hinwegtäuschen, dass auch hier erst der alte Speicherbereich temporär zwischengespeichert werden muss, so wie bei der Funktion `malloc()`. In diesem Fall ist es aber einfacher, da Sie sich nicht mehr selbst darum kümmern müssen.

Im Beispiel wurde der Speicherplatz nach jedem erneuten Allozieren mit `calloc()` gleich verdoppelt (`max += max`). Dies ist nicht optimal. Benötigt ein Programm z. B. täglich 500 `double`-Werte, wäre es am sinnvollsten, erst nach 500 `double`-Werten neuen Speicher zu allozieren. Somit müsste das Programm nur einmal am Tag neuen Speicher bereitstellen.

Dasselbe Beispiel lässt sich recht ähnlich und einfach auch auf `char`-Arrays umschreiben. Das folgende Listing demonstriert die dynamische Erweiterung eines Strings:

```
/* dyn_string1.c */
#include <stdio.h>
#include <string.h>
#include <stdlib.h>
#define BUF 255

int main(void) {
   size_t len;
   char *str = NULL;
   char puffer[BUF];

   printf("Ein dynamisches char-Array für Strings\n");
   printf("Eingabe machen : ");
   fgets(puffer, BUF, stdin);
   str = malloc(strlen(puffer)+1);
   if(NULL == str) {
      printf("Kein virtueller RAM mehr vorhanden ... !");
      return EXIT_FAILURE;
   }
   strcpy(str, puffer);
   printf("Weitere Eingabe oder beenden mit \"END\"\n>");
   /* Endlossschleife */
   while(1) {
      fgets(puffer, BUF, stdin);
      /* Abbruchbedingung */
      if(strcmp(puffer,"end\n")==0 || strcmp(puffer,"END\n")==0)
         break;
       /* aktuelle Länge von str zählen für realloc */
       len = strlen(str);
       /* neuen Speicher für str anfordern */
       str = realloc(str,strlen(puffer)+len+1);
       if(NULL == str) {
          printf("Kein virtueller RAM mehr vorhanden ... !");
          return EXIT_FAILURE;
       }
       /* Hinten anhängen */
       strcat(str, puffer);
   }
   printf("Ihre Eingabe lautete: \n");
   printf("%s", str);
   free(str);
   return EXIT_SUCCESS;
}
```

Beim `char`-Array läuft es so ähnlich ab wie schon im Beispiel mit den `int`-Werten zuvor. Sie müssen allerdings immer darauf achten, dass bei erneuter Speicheranforderung mit `realloc()` das Stringende-Zeichen berücksichtigt wird (+1). Ansonsten ist der Vorgang recht simpel: String einlesen, Zeichen zählen, erneut Speicher reservieren und hinten anhängen.

14.9 Speicher vom Stack anfordern mit »alloca()« (nicht ANSI C)

Die Funktion `alloca()` ist nicht vom ANSI-C-Standard vorgeschrieben. Da diese Funktion bei vielen Compilern vorhanden ist, soll sie hier kurz erwähnt werden. Die Syntax zu `alloca()` lautet:

```
void *alloca(size_t size);
```

Bei Linux/UNIX befindet sich `alloca()` in der Headerdatei *<stdlib.h>*, und unter MS-DOS/Windows sollte sich diese Funktion in der Headerdatei *<malloc.h>* befinden.

`alloca()` kann bezüglich der Verwendung mit `malloc()` verglichen werden, aber mit dem Unterschied, dass `alloca()` den Speicherplatz nicht vom Heap, sondern vom Stack anfordert. Die Funktion `alloca()` vergrößert den Stack-Bereich (Stack Frame) der aktuellen Funktion.

`alloca()` hat außerdem den Vorteil, dass der Speicherplatz nicht extra mit `free()` freigegeben werden muss, da dieser automatisch beim Verlassen der Funktion freigegeben wird. Ganz im Gegenteil, es darf hierbei nicht einmal »ge-`free()`t« werden, da der `alloca()`-Block nicht von dem `malloc()`-Pool kommt, sondern eben vom Stack. Ein `free()` hätte dabei böse Folgen. Die Funktion `alloca()` wird ansonsten genauso verwendet wie die Funktion `malloc()`.

14.10 »free()« – Speicher wieder freigeben

Die Syntax der Funktion zur Freigabe von Speicher lautet:

```
#include <stdlib.h>

void free(void *zeiger);
```

`free()` wurde bereits des Öfteren verwendet. Diese Funktion dient zur Freigabe von Speicher, der zuvor mit Funktionen wie `malloc()`, `calloc()` oder `realloc()` angefordert wurde. Folgendes sollten Sie bei dieser Funktion aber noch beachten:

- Falls ein Speicherbereich freigegeben wird, der nicht zuvor mit `malloc()`, `calloc()` oder `realloc()` alloziert wurde, kann dies katastrophale Folgen haben. Die ganze Speicherverwaltung kann so aus dem Tritt gebracht werden. Daher sollten Sie darauf achten, dass wirklich nur Speicherplatz freigegeben wird, der auch alloziert wurde.
- Speicher, den Sie mit `free()` freigeben, wird während der Laufzeit des Prozesses nicht wirklich an den Kern zurückgegeben, sondern in einem sogenannten `malloc()`-Pool gehalten, um bei Bedarf während des laufenden Prozesses wieder darauf zurückgreifen zu können. Erst, wenn der Prozess beendet wurde, geht der Speicher wieder zurück an den Kern.

Beim Allozieren des Speichers mit `malloc()` wird der Aspekt, den Speicher wieder freizugeben, häufig vernachlässigt. In den Beispielen dieses Buchs dürfte ein vergessenes `free()` nicht allzu tragisch sein, da ein Programm, das sich beendet, seinen Speicherplatz gewöhnlich automatisch wieder freigibt (bei einem gut programmierten Betriebssystem). Schlimmer dürfte der Fall aber bei sogenannten Server-Programmen sein, die oft wochen- bzw. jahrelang laufen müssen. Das Programm wird zwangsweise immer langsamer. Man spricht dabei von *Memory Leaks* (Speicherlecks). Das passiert sicherlich nur Anfängern? Das ist leider ganz und gar nicht so. Nicht umsonst verdienen sich viele Softwarehersteller eine goldene Nase mit Programmen, die solche und andere Programmierfehler entdecken. Memory Leaks gehören neben Buffer Overflows zu den Fehlern, die C-Programmierer am häufigsten machen. Mehr zu Memory Leaks finden Sie im gleichnamigen Abschnitt 27.2.

14.11 Zweidimensionale dynamische Arrays

In Abschnitt 12.9 haben Sie gelesen, dass das Anwendungsgebiet von Zeigern auf Zeiger unter anderem das dynamische Erstellen von Matrizen ist. Ich will Sie jetzt nicht quälen und als Thema die Matrizenberechnung nehmen, sondern ich werde nur einfache Speicherreservierungen mit Zeilen und Spalten vornehmen:

```
int matrix[zeile][spalte];
```

Um also für ein zweidimensionales Array mit beliebig vielen Zeilen und Spalten Speicher zu reservieren, benötigen Sie zuerst Platz für die Zeile. Und zu jeder dieser Zeilen wird nochmals Platz für die Spalte benötigt. Beim Freigeben des Speichers muss dies in umgekehrter Reihenfolge geschehen.

Hier folgt das vollständige Listing dazu:

```
/* 2D_dyn_array.c */
#include <stdio.h>
#include <stdlib.h>
#define BUF 255

int main(void) {
   int i, j, zeile, spalte;
   /* Matrix ist Zeiger auf int-Zeiger. */
   int ** matrix;

   printf("Wie viele Zeilen : ");
   scanf("%d", &zeile);
   printf("Wie viele Spalten: ");
   scanf("%d", &spalte);

   /* Speicher reservieren für die int-Zeiger (=zeile) */
   matrix = malloc(zeile * sizeof(int *));
   if(NULL == matrix) {
      printf("Kein virtueller RAM mehr vorhanden ... !");
      return EXIT_FAILURE;
   }
   /* jetzt noch Speicher reservieren für die einzelnen Spalten
    * der i-ten Zeile */
   for(i = 0; i < zeile; i++) {
      matrix[i] = malloc(spalte * sizeof(int));
         if(NULL == matrix[i]) {
            printf("Kein Speicher mehr fuer Zeile %d\n",i);
            return EXIT_FAILURE;
         }
   }
   /* mit beliebigen Werten initialisieren */
   for (i = 0; i < zeile; i++)
      for (j = 0; j < spalte; j++)
         matrix[i][j] = i + j;       /* matrix[zeile][spalte] */

   /* Inhalt der Matrix entsprechend ausgeben */
   for (i = 0; i < zeile; i++) {
      for (j = 0; j < spalte; j++)
         printf("%d ",matrix[i][j]);
      printf("\n");
   }

   /* Speicherplatz wieder freigeben.
    * Wichtig! In umgekehrter Reihenfolge. */
```

```
   /* Spalten der i-ten Zeile freigeben */
   for(i = 0; i < zeile; i++)
      free(matrix[i]);
   /* Jetzt können die leeren Zeilen freigegeben werden. */
   free(matrix);
   return EXIT_SUCCESS;
}
```

Zugegeben, das Listing hat es in sich. Für einige dürfte es etwas undurchsichtig erscheinen, wie aus `**matrix` nun `matrix[zeile][spalte]` wird. Am besten sehen Sie sich einfach einmal an, was bei folgender Speicherreservierung geschehen ist:

```
matrix = malloc(zeile * sizeof(int));
```

Als Beispiel soll eine 4×3-Matrix erstellt werden, also vier Zeilen und drei Spalten.

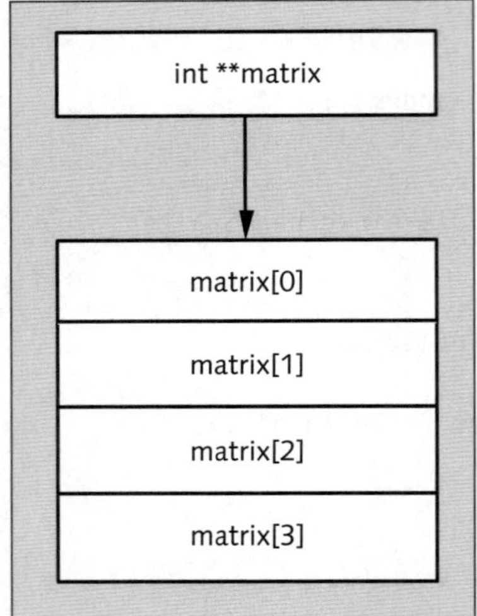

Abbildung 14.9 Reservierung des Speichers für die Zeile (erste Dimension)

Nachdem Sie den Speicher für die einzelnen Zeilen reserviert haben, können Sie als Nächstes Speicher für die einzelnen Spalten reservieren.

```
for(i = 0; i < zeile; i++) {
   matrix[i] = malloc(spalte * sizeof(int));
      if(NULL == matrix[i]) {
         printf("Kein Speicher mehr fuer Zeile %d\n",i);
         return EXIT_FAILURE;
      }
}
```

Somit ergibt sich im Speicher dann das finale Bild aus Abbildung 14.10.

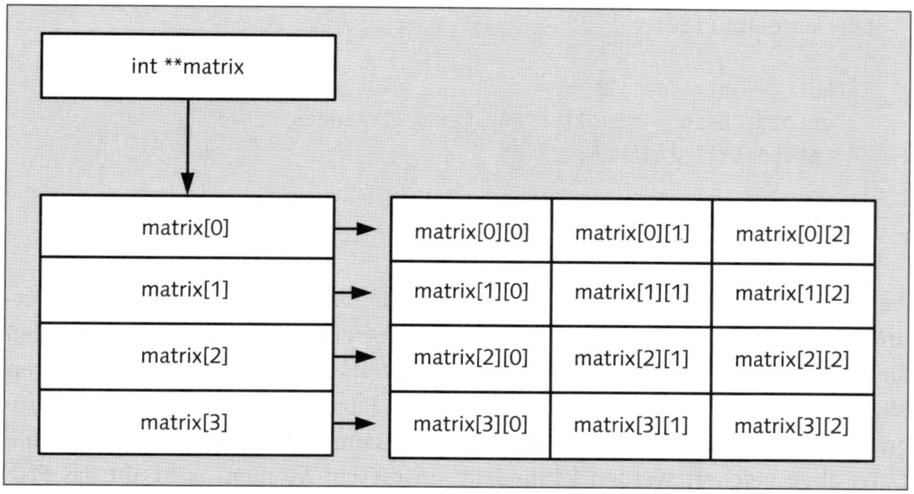

Abbildung 14.10 Nach der Reservierung des Speichers für die Spalte

Sicherlich erinnern Sie sich noch an die Demonstration des gleichwertigen Zugriffs auf ein Speicherobjekt mithilfe eines Zeigers und eines Arrays in Kapitel 12, »Zeiger (Pointer)«. Auch bei den Zeigern auf Zeiger und den zweidimensionalen Arrays gibt es einige äquivalente Fälle. Sie finden sie in Tabelle 14.2 aufgelistet.

Zugriff auf ...	Möglichkeit 1	Möglichkeit 2	Möglichkeit 3
1. Zeile, 1. Spalte	`**matrix`	`*matrix[0]`	`matrix[0][0]`
i. Zeile, 1. Spalte	`**(matrix+i)`	`*matrix[i]`	`matrix[i][0]`
1. Zeile, i. Spalte	`*(*matrix+i)`	`*(matrix[0]+i)`	`matrix[0][i]`
i. Zeile, j. Spalte	`*(*(matrix+i)+j)`	`*(matrix[i]+j)`	`matrix[i][j]`

Tabelle 14.2 Äquivalenz zwischen Zeigern auf Zeiger und mehrdimensionalen Arrays

14.12 Wenn die Speicherallokation fehlschlägt

In den vergangenen Abschnitten wurde die Speicherallokation folgendermaßen verwendet:

```
/* nomem1.c */
#include <stdio.h>
#include <stdlib.h>
```

```
int main(void) {
   int *ptr;
   ptr = malloc(100);

   if(NULL == ptr) {
      printf("Kein virtueller RAM mehr vorhanden ... !");
      return EXIT_FAILURE;
   }
   return EXIT_SUCCESS;
}
```

Auf den ersten Blick scheint dieser Code auch in Ordnung zu sein. Es wird überprüft, ob die Funktion `malloc()` erfolgreich Speicher allozieren konnte. Stellen Sie sich jetzt vor, Sie arbeiten an einem Textverarbeitungsprogramm und haben ein paar Seiten Text zusammengestellt, den es jetzt abzuspeichern gilt. Das Programm alloziert noch Speicherplatz für den gesamten Text, bevor dieser in eine Datei abgespeichert werden kann. Jetzt, in diesem Moment, schreibt das Programm die Fehlerausgabe auf den Bildschirm und beendet sich. Der Text ist futsch und die Nerven des Anwenders auch. Es ist also kein guter Stil, ein Programm einfach zu beenden, wenn die Speicherallokation fehlschlägt. Hier folgen jetzt einige theoretische Tipps dazu, was Sie tun können, wenn eine Speicheranforderung nicht erfüllt werden konnte.

14.12.1 Speicheranforderung reduzieren

Kann partout kein Speicherblock einer bestimmten Größe angefordert werden, sollten Sie die Speicheranforderung ein wenig reduzieren. Vielleicht kann das System einfach keinen großen zusammenhängenden Block finden. Wie Sie die erneute Speicheranforderung reduzieren, bleibt Ihnen selbst überlassen. Eine Möglichkeit wäre es, den angeforderten Speicher durch zwei zu teilen. Ein Beispiel dazu:

```
/* red_mem.c */
#include <stdio.h>
#include <stdlib.h>
#define MIN_LEN 256

int main(void) {
   int *ptr;
   char jn;
   static size_t len = 8192;  /* Speicheranforderung */

   do {
      ptr = malloc(len);
```

```
      /* Speicher konnte nicht alloziert werden. */
      if(ptr == NULL) {
         len /= 2;  /* Versuchen wir es mit der Hälfte. */
         ptr = malloc(len);
         if(ptr == NULL) {
            printf("Konnte keinen Speicher allozieren. "
                   " Weiter versuchen? (j/n): ");
            scanf("%c", &jn);
            fflush(stdin);
         }
      }
      else
         /* Erfolg. Speicherreservierung - Schleifenende */
         break;
   /* so lange weiterprobieren, bis 'n' gedrückt wurde oder
    * len weniger als MIN_LEN beträgt */
   } while(jn != 'n' && len > MIN_LEN);

   if(len <= MIN_LEN)
      printf("Speicheranforderung abgebrochen!!\n");
   return EXIT_SUCCESS;
}
```

Gelingt die Speicheranforderung hierbei nicht, wird der angeforderte Speicher um die Hälfte reduziert. Bei einem erneuten Versuch und eventuellem Scheitern wird der angeforderte Speicher wieder um die Hälfte reduziert. Dies setzt sich so lange fort, bis `MIN_LEN` Speicherplatzanforderung unterschritten wird oder der Anwender zuvor mit dem Buchstaben `'n'` abbrechen will. Dies ist natürlich nur eine von vielen Strategien, die Sie anwenden können.

14.12.2 Speicheranforderungen aufteilen

So einfach wie im Beispiel eben werden Sie es aber höchstwahrscheinlich nicht haben. Was ist, wenn die Länge eines Strings oder die Größe einer Struktur bereits feststeht? Sie können nicht für einen String der Länge *n* einfach *n/2* Bytes Speicherplatz anfordern. Schließlich soll ja nicht nur der halbe Text gespeichert werden. Wenn es Ihnen dabei nicht allzu sehr auf die Geschwindigkeit ankommt, könnten Sie die Funktion `realloc()` verwenden:

```
/* more_mem.c */
#include <stdio.h>
#include <stdlib.h>
#include <string.h>
#define BUF 8192
```

```
int main(void) {
   char *buffer;
   int reserviert=0;
   int i;
   static size_t len = BUF; /* Speicheranforderung */

   buffer = malloc(sizeof("Hallo Welt"));
   strcpy(buffer, "Hallo Welt");

   while(reserviert != BUF && len != 0) {
      buffer = realloc(buffer, len);
      /* Speicher konnte nicht alloziert werden. */
      if(buffer == NULL) {
         len /= 2;  /* Versuchen wir es mit der Hälfte. */
      }
      else {
         reserviert += len;
      }
   }

   for(i = 0; i < reserviert; i++)
      buffer[i] = 'x';
   buffer[i]='\0';
   printf("\n%s\n",buffer);
   return EXIT_FAILURE;
}
```

Dieses Listing erweist sich als ein hartnäckiger Fall der Speicherallokation. Im String `buffer` soll zusätzlicher Speicherplatz von 8192 Bytes reserviert werden. Gelingt dies nicht, teilt das Programm diesen Happen in zwei Teile auf und versucht es erneut. Diese Aufteilung geht so weit, dass eventuell byteweise Speicherplatz reserviert wird. Damit Sie auch eine Abbruchbedingung im Programm haben, wird die Anzahl des erfolgreich reservierten Speichers mitgezählt. Die Funktion `realloc()` wird dazu verwendet, dass der neu allozierte Speicher jeweils hinten angefügt wird.

14.12.3 Einen Puffer konstanter Größe verwenden

Das Problem hat vielleicht nichts mit der dynamischen Speicherallokation zu tun, aber manches Mal ist die dynamische Speicherreservierung fehl am Platze. Überdenken Sie das Programm dahingehend, ob es nicht sinnvoller wäre, ein `char`-Array konstanter Größe zu verwenden. Ein einfaches Beispiel ist das Kopieren zweier Dateien.

14.12.4 Zwischenspeichern auf Festplatte vor der Allokation

Wenn möglich, sollten Sie vor zeitkritischen oder umfangreichen Speicherallokationen Daten auf die Festplatte zwischenspeichern. Sie könnten zum Beispiel sehr viel früher im Programm Speicher dafür allozieren. Bevor eine umfangreiche Allokation für kritische Daten erfolgt, können Sie diesen Speicher verwenden, um Daten darin zwischenzuspeichern und auf die Festplatte zu schreiben. Im Allgemeinen gilt es, nur so viele Daten im virtuellen Speicher (RAM) zu beherbergen, wie auch wirklich nötig sind. Eine weitere Strategie ist es, vor einer Speicherallokation einen bereits reservierten Speicherbereich auf die Festplatte zu schreiben (temporäre Datei) und diesen Speicherblock für die nachfolgende Allokation freizugeben. Womit wir auch gleich beim nächsten Punkt wären.

14.12.5 Nur so viel Speicher anfordern wie nötig

Um eine optimale Speicherausnutzung zu erhalten, sollten Sie mit dem Speicher geizen wie Dagobert Duck mit seinen Talern. Wenn immer nur der benötigte Speicher oder kleine Speicherblöcke angefordert werden, erreichen Sie außerdem die beste Performance. Speicher sparen können Sie schon bei der Auswahl des Datentyps bei der Entwicklung des Programms. Benötigen Sie zum Beispiel unbedingt einen `double`-Wert im Programm? Reicht ein `float` nicht aus? Bei umfangreichen Strukturen sollten Sie sich fragen, ob alle Strukturelemente wirklich erforderlich sind. Müssen Berechnungen zwischengespeichert werden? Ein Beispiel ist der Matrixzugriff von `matrix[x][y]`. Das Ergebnis müsste dabei nicht gespeichert werden. Sie können auch einen Funktionsaufruf vornehmen, der Ihnen das berechnet (`matrix(x, y)`).

Bisher wurden mit den Arrays Datenstrukturen desselben Typs verwendet. In dem folgenden Kapitel werden jetzt unterschiedliche Datentypen zu einer Struktur zusammengefasst. Anschließend können Sie auf diese Struktur zugreifen wie auf einfache Variablen.

15 Strukturen

15.1 Struktur deklarieren

Als Beispiel dient hier ein Programm zur Verwaltung von Adressdaten mit folgenden Variablen:

```
char vname[20];
char nname[20];
long PLZ;
char ort[20];
int geburtsjahr;
```

Bei Ihrem jetzigen Kenntnisstand müsste jeder einzelne Parameter extra bearbeitet werden, sei es das Einlesen, Bearbeiten oder Ausgeben von Daten. Die Entwickler der Programmiersprache C haben zum Glück auch daran gedacht. Sie müssen einfach alle Variablen in eine Struktur verpacken. Bei den Adressdaten sieht dies dann so aus:

```
struct adres {
   char vname[20];
   char nname[20];
   long PLZ;
   char ort[20];
   int geburtsjahr;
} adressen;
```

Alle Daten wurden in einer Struktur (`struct`) namens `adres` zusammengefasst. Die Sichtbarkeit und die Lebensdauer von Strukturen entsprechen exakt der Sichtbarkeit und Lebensdauer von einfachen Variablen. Der Inhalt der Struktur `adres` wird in geschweiften Klammern zusammengefasst. Am Ende der geschweiften Klammern steht der Variablen-Bezeichner (`adressen`), mit dem auf die Struktur zugegriffen wird.

Zur Deklaration einer Struktur in C dient folgende Syntax:

```
struct typNAME {
   Datentyp1;
   Datentyp2;
   .........
   /* Liste der Strukturelemente */
   Datentyp_n;
} Variablen_Bezeichner;
```

Strukturelemente sind im Prinzip nichts anderes als normale Variablen, die als Teil einer Struktur definiert werden. Als Datentypen kommen alle bekannten Typen in Frage – natürlich und vor allem auch Zeiger und Strukturen selbst.

Folgende Struktur können Sie sich im Speicher so vorstellen:

```
struct index {
   int seite;
   char titel[30];
};
```

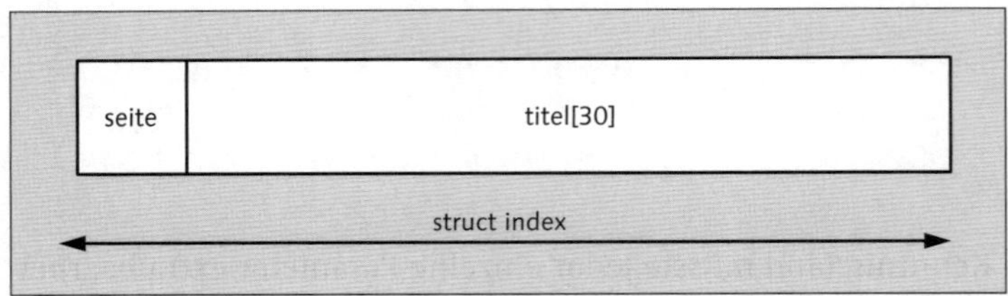

Abbildung 15.1 Strukturelemente der Struktur »index«

In diesem Beispiel wurde eine Struktur vom Typ `index` deklariert. Diese Struktur kann einen `int`-Wert und einen String von 30 Zeichen Länge aufnehmen. Folglich wäre die Gesamtgröße der Struktur 34 Bytes (auf 16-Bit-Systemen entsprechend 32 Bytes).

Hinweis

Vielleicht haben Sie schon mit dem `sizeof`-Operator die wirkliche Größe dieser Struktur getestet. Auf 32-Bit-Systemen dürften dies 36 Bytes sein. Dies liegt an der Fragmentierung des Betriebssystems. Meistens werden die Daten im Vier-Byte-Alignment gespeichert. Mehr dazu erfahren Sie in Abschnitt 15.12, »Attribute von Strukturen verändern (nicht ANSI C)«.

15.2 Initialisierung und Zugriff auf Strukturen

Auf die einzelnen Variablen einer Struktur greifen Sie mithilfe des Punktoperators (.) zu. Ansonsten erfolgen die Initialisierung und der Zugriff wie bei normalen Variablen. Beispielsweise:

```
/* struct1.c */
#include <stdio.h>
#include <stdlib.h>
#include <string.h>

struct index {
   int seite;
   char titel[30];
};

int main(void) {
   struct index lib;

   lib.seite = 23;
   strcpy(lib.titel, "C-Programmieren");
   printf("%d, %s\n",lib.seite, lib.titel);
   return EXIT_SUCCESS;
}
```

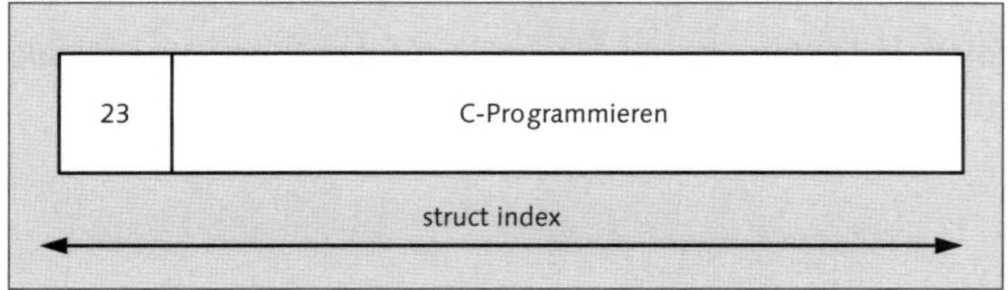

Abbildung 15.2 Strukturelemente wurden mit Werten initialisiert.

Mit

```
struct index lib;
```

wird eine Struktur mit der Bezeichnung `lib` vom Typ `index` deklariert. Diese Extra-Deklaration hätten Sie auch mit folgender Schreibweise erzielt:

```
struct index {
   int seite;
   char titel[30];
} lib;
```

Wenn Sie den Typnamen dieser Struktur nicht benötigen, kann sie auch ohne deklariert werden:

```
struct {
   int seite;
   char titel[30];
} lib;
```

Es spricht auch nichts dagegen, mehrere Typen auf einmal zu deklarieren:

```
struct index {
   int seite;
   char titel[30];
} lib1, lib2, lib3;
```

Hiermit wurden drei Variablen vom Typ `index` deklariert. Strukturen können natürlich ebenso wie normale Datentypen direkt bei der Deklaration mit Werten initialisiert werden:

```
struct index {
   int seite;
   char titel[30];
} lib = { 308, "Strukturen" };
```

Oder auch bei der Deklaration in der `main()`-Funktion:

```
struct index lib = { 55, "Einführung in C" };
```

Zur Demonstration folgt ein Listing, das zeigt, wie Sie auf den Inhalt einer Struktur zugreifen können:

```
/* struct2.c */
#include <stdio.h>
#include <stdlib.h>
#define MAX 30

struct adres {
   char vname[MAX];
   char nname[MAX];
   long PLZ;
   char ort[MAX];
   int geburtsjahr;
} adressen;

/* Funktion zur Ausgabe des Satzes */
void ausgabe(struct adres x) {
   printf("\n\nSie gaben ein:\n\n");
   printf("Vorname.........:%s",   x.vname);
```

```
   printf("Nachname........:%s",    x.nname);
   printf("Postleitzahl....:%ld\n",x.PLZ);
   printf("Ort.............:%s",    x.ort);
   printf("Geburtsjahr.....:%d\n", x.geburtsjahr);
}

int main(void) {
   printf("Vorname      : ");
   fgets(adressen.vname, MAX, stdin);
   printf("Nachname     : ");
   fgets(adressen.nname, MAX, stdin);
   printf("Postleitzahl : ");
   do {
      scanf("%5ld",&adressen.PLZ);
   } while(getchar()!= '\n');
   printf("Wohnort      : ");
   fgets(adressen.ort, MAX, stdin);
   printf("Geburtsjahr  : ");
   do {
      scanf("%4d",&adressen.geburtsjahr);
   } while(getchar()!='\n' );

   ausgabe(adressen);
   return EXIT_SUCCESS;
}
```

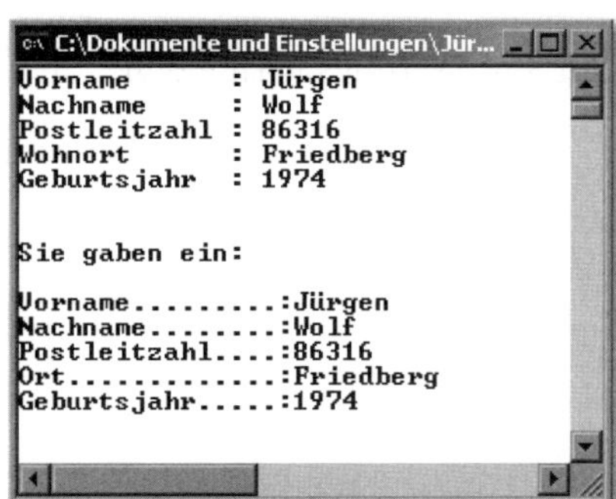

Abbildung 15.3 Einlesen und Ausgeben von Strukturen

Die erste Eingabe in der `main()`-Funktion lautet:

```
fgets(adressen.vname, MAX, stdin);
```

Damit wird der Vorname eingelesen. Der Zugriff erfolgt über den Namen der Struktur, gefolgt vom Punktoperator. Dahinter folgt das entsprechende Strukturelement, das diese Daten erhalten soll. Dies funktioniert genauso, wenn Sie einen String direkt mit der Funktion `strcpy()` in ein Strukturelement einkopieren wollen:

```
strcpy(adressen.vname , "Tux");
```

Die direkte Initialisierung numerischer Werte an Strukturelementen lässt sich ebenfalls variablentypisch durchführen:

```
adressen.PLZ = 89000;
```

Wenn Sie alle Strukturelemente eingegeben haben, wird die Funktion `ausgabe()` aufgerufen:

```
ausgabe(adressen);
```

Als Argument erhält diese Funktion die Struktur `adressen`. Danach werden die einzelnen Elemente der Struktur auf dem Bildschirm ausgegeben.

Eine weitere Möglichkeit, die Struktur im Listing sofort mit einem Inhalt zu initialisieren, ist diese:

```
stuct adres {
   char vname[20];
   char nname[20];
   long PLZ;
   char ort[20];
   int geburtsjahr;
} adressen = {"Ernest", "Hemming" ,3434, "Havanna" ,1913};
```

Folgende Wertzuweisung von Strukturen sollten Sie allerdings vermeiden:

```
struct {
   int a1;
   int a2;
   int a3;
} werte1, werte2;

werte1.a1 = 8;
werte1.a2 = 16;
werte1.a3 = 32;

werte2 = werte1;   // Bitte vermeiden Sie solche Zuweisungen.
```

Das ist in C zwar erlaubt, kann aber zu Fehlern führen, wenn ein Compiler dies nicht unterstützt. Sicherer wäre die folgende Möglichkeit:

```
memcpy(&werte2, &wert1, sizeof(werte1));
```

Dies soll nur ein Hinweis sein und keine Vorschrift!

Es folgt ein kleiner Tipp, wie Sie sich die Strukturen vielleicht noch besser vorstellen können. Als Vergleich dienen dazu die Variablen `int x` und `char c` (siehe Tabelle 15.1).

Typ	Name
int	x
char	c
struct adres	adressen

Tabelle 15.1 Strukturen im Vergleich mit Standard-Datentypen

Wird die Variable `x` mit einem Wert initialisiert, gehen Sie bekannterweise so vor:

```
x = 1999;
```

Bei einer Struktur kommt noch ein kleiner Zusatz hinzu:

```
adressen.geburtsjahr = 1999;
```

Bestimmte Elemente initialisieren

Ab dem C99-Standard ist es auch möglich, nur bestimmte Elemente einer Struktur zu initialisieren. Als Initialisierer wird hierbei ein sogenannter Elementbezeichner verwendet. Verwenden wir beispielsweise nochmals folgende Struktur:

```
stuct adres {
   char vname[20];
   char nname[20];
   long PLZ;
   char ort[20];
   int geburtsjahr;
};
```

Sind Ihnen in diesem Fall z. B. nur die Angaben zum Nachnamen und Ort bekannt, können Sie folgendermaßen die Elemente `nname` und `ort` initialisieren:

```
struct adres adressen = {
   .nname = "Wolf",
   .ort   = "Mering"
};
```

Um also bestimmte Elemente in einer Struktur zu initialisieren, sieht der Elementebezeichner für ein Strukturelement immer folgendermaßen aus:

```
.strukturelement = wert  // Elementbezeichner
```

Selbst auf die Reihenfolge müssen Sie hierbei nicht achten. Sie können also auch folgendermaßen bestimmte Elemente der Struktur mit dem Elementbezeichner initialisieren:

```
struct adres adressen = {
   .ort   = "Mering",
   .PLZ   = 12345,
   .nname = "Wolf",
};
```

Geben Sie die Elemente in der vorgegebenen Reihenfolge an, können Sie natürlich wieder auf dem Elementbezeichner verzichten. Kennen Sie beispielsweise in unserer Beispielstruktur den Vornamen, Nachnamen und den Wohnort, können Sie auf die Angaben von `.vname` und `.nname` verzichten, weil diese jeweils das erste und zweite Element in der Struktur sind. Erst für `.ort` benötigen Sie wieder einen Elementbezeichner. Hier das Beispiel:

```
struct adres adressen = {
   "Jürgen",         // geht automatisch an vname
   "Wolf",           // geht automatisch an nname
   .ort = "Mering"   // nötig, weil das 3. Element PLZ ist
};
```

Das funktioniert natürlich auch anders. Kennen Sie beispielsweise nur die Postleitzahlen, den Ort und das Geburtsjahr, brauchen Sie nur den Elementbezeichner von `.PLZ` verwenden. Die restlichen beiden Angaben können Sie, in der richtigen Reihenfolge gesetzt, wieder ohne Elementbezeichner verwenden:

```
struct adres adressen = {
   .PLZ    =  1234,
   "Mering",            // geht autmatisch an ort
   1974                 // geht automatisch an geburtsjahr
};
```

Zum Schluss stellt sich noch die Frage, was mit den Strukturelementen passiert, die nicht initialisiert wurden? Alle diese Elemente ohne einen Initialisierer bekommen automatisch den Wert 0. Hierzu folgt noch ein einfaches Beispiel, das die Möglichkeit demonstrieren soll, bestimmte Elemente einer Struktur zu initialisieren:

```
/* struct_init_c99.c */
#include <stdio.h>
#include <stdlib.h>
#define MAX 30
```

```
struct adres {
   char vname[MAX];
   char nname[MAX];
   long PLZ;
   char ort[MAX];
   int geburtsjahr;
};

/*Funktion zur Ausgabe des Satzes*/
void ausgabe(struct adres x) {
   printf("\n\nSie gaben ein:\n\n");
   printf("Vorname.........:%s\n",   x.vname);
   printf("Nachname........:%s\n",   x.nname);
   printf("Postleitzahl....:%ld\n",x.PLZ);
   printf("Ort.............:%s\n",   x.ort);
   printf("Geburtsjahr.....:%d\n", x.geburtsjahr);
}

int main(void) {
   struct adres adressen1 = {
      "Jürgen",
      "Wolf",
      .ort   = "Mering"
   };

   struct adres adressen2 = {
      .ort   = "Mering",
      .PLZ   = 1234,
      .nname = "Wolf",
   };

   struct adres adressen3 = {
      .PLZ    = 1234,
      "Mering",
      1974
   };

   ausgabe(adressen1);
   ausgabe(adressen2);
   ausgabe(adressen3);
   return EXIT_SUCCESS;
}
```

Hinweis

Beim Testen des Beispiels muss man leider immer noch feststellen, dass einige Compiler-Hersteller sich nur bedingt um den C99-Standard scheren. Gerade bei großen Herstellern wie Microsoft und Borland ist es schon enttäuschend, dass diese immer noch nicht den kompletten C99-Standard implementiert haben. Bleibt nur zu hoffen, dass mit der 2010er-Version etwas Bewegung hereinkommt. Am besten schneidet der GNU-GCC-Compiler ab.

15.3 Strukturen als Wertübergabe an eine Funktion

Anhand des Funktionsaufrufs vom Beispiel zuvor konnten Sie sehen, dass Strukturen genauso wie jeder andere Datentyp per call-by-value an Funktionen übergeben werden können. Die Funktion bekommt dabei eine Kopie der vollständigen Struktur übergeben. Das Anlegen einer Kopie kann bei häufigen Funktionsaufrufen mit umfangreichen Strukturen die Laufzeit des Programms erheblich beeinträchtigen. Um diesen Mehraufwand zu sparen, empfehle ich Ihnen, Zeiger auf Strukturen als Parameter zu verwenden. Das folgende Listing soll dies demonstrieren:

```
/* struct3.c */
#include <stdio.h>
#include <stdlib.h>
#define MAX 30

struct adres {
   char vname[MAX];
   char nname[MAX];
   long PLZ;
   char ort[MAX];
   int geburtsjahr;
} adressen;

/* Funktion zur Ausgabe des Satzes */
void ausgabe(struct adres *struct_ptr) {
   printf("\n\nSie gaben ein:\n\n");
   printf("Vorname.........:%s",(*struct_ptr).vname);
   printf("Nachname........:%s",(*struct_ptr).nname);
   printf("Postleitzahl....:%ld\n",(*struct_ptr).PLZ);
   printf("Ort.............:%s",(*struct_ptr).ort);
   printf("Geburtsjahr.....:%d\n",(*struct_ptr).geburtsjahr);
}
```

```
int main(void) {
   printf("Vorname      : ");
   fgets(adressen.vname, MAX, stdin);
   printf("Nachname     : ");
   fgets(adressen.nname, MAX, stdin);
   printf("Postleitzahl : ");
   do {
      scanf("%5ld",&adressen.PLZ);
   } while(getchar()!= '\n');
   printf("Wohnort      : ");
   fgets(adressen.ort, MAX, stdin);
   printf("Geburtsjahr  : ");
   do {
      scanf("%4d",&adressen.geburtsjahr);
   } while(getchar()!='\n' );

   ausgabe(&adressen);
   return EXIT_SUCCESS;
}
```

Dies ist dasselbe Listing wie oben, nur wird dieses Mal das Argument der Funktion `ausgabe()` mit call-by-reference übergeben:

```
ausgabe(&adressen);
```

Die Funktion `ausgabe()` selbst musste dabei auch ein wenig verändert werden:

```
void ausgabe(struct adres *struct_ptr) {
   printf("\n\nSie gaben ein:\n\n");
   printf("Vorname.........:%s",(*struct_ptr).vname);
   printf("Nachname........:%s",(*struct_ptr).nname);
   printf("Postleitzahl....:%ld\n",(*struct_ptr).PLZ);
   printf("Ort.............:%s",(*struct_ptr).ort);
   printf("Geburtsjahr.....:%d\n",(*struct_ptr).geburtsjahr);
}
```

Außer dem Zeiger `struct_ptr` als Parameter, der auf eine Struktur vom Typ `adress` zeigen kann, musste auch der Zugriff auf die Strukturelemente geändert werden. Dass Sie bei Call-by-reference-Variablen mit dem Dereferenzierungsoperator arbeiten müssen, ist Ihnen ja bekannt. Da aber hier der Punktoperator verwendet wird, muss der Referenzzeiger `struct_ptr` zwischen zwei Klammern gestellt werden, da der Ausdruck zwischen den Klammern die höhere Bindungskraft hat und zuerst ausgewertet wird:

```
printf("Vorname.........:%s",(*struct_ptr).vname);
```

Die Hersteller von C haben aber auch gemerkt, dass eine solche Schreibweise – speziell dann, wenn mehrere Referenzen folgen – schwer lesbar ist. Daher wurde der sogenannte Elementkennzeichnungsoperator (->) eingeführt. Mit diesem würde die Ausgabe des Vornamens folgendermaßen vorgenommen werden:

```
printf("Vorname.........:%s", struct_ptr->vname;
```

Dies lässt sich auch recht einfach lesen, da dieser Operator wie ein Pfeil oder auch ein Zeiger aussieht. Diesen Operator werden Sie noch häufiger in diesem Buch benötigen, als Ihnen lieb sein wird – speziell, wenn es um die dynamischen Datenstrukturen geht (siehe das gleichnamige Kapitel 21).

15.4 Strukturen als Rückgabewert einer Funktion

Wie bei der Werteübergabe von Strukturen sollten Sie auch bei der Wert*erück*gabe von Strukturen Zeiger verwenden. Dafür soll wieder das eben geschriebene Listing verwendet werden. Es fehlt nämlich noch eine Funktion zur Eingabe der einzelnen Strukturelemente. Hier sehen Sie das Listing mit der Funktion `eingabe()`, die die Anfangsadresse der Struktur zurückgibt:

```
/* struct4.c */
#include <stdio.h>
#include <stdlib.h>
#define MAX 30

struct adres {
   char vname[MAX];
   char nname[MAX];

   long PLZ;
   char ort[MAX];
   int geburtsjahr;
};

/* Funktion zur Ausgabe des Satzes */
void ausgabe(struct adres *struct_ptr) {
   printf("\n\nSie gaben ein:\n\n");
   printf("Vorname.........:%s",struct_ptr->vname);
   printf("Nachname........:%s",struct_ptr->nname);
   printf("Postleitzahl....:%ld\n",struct_ptr->PLZ);
   printf("Ort.............:%s",struct_ptr->ort);
   printf("Geburtsjahr.....:%d\n",struct_ptr->geburtsjahr);
}
```

```
struct adres *eingabe(void) {
   static struct adres *adressen;
   adressen = malloc(sizeof(struct adres));
   printf("Vorname : ");
   fgets(adressen->vname, MAX, stdin);
   printf("Nachname : ");
   fgets(adressen->nname, MAX, stdin);
   printf("Postleitzahl : ");
   do {scanf("%ld",&adressen->PLZ);} while(getchar()!= '\n');
   printf("Wohnort : ");
   fgets(adressen->ort, MAX, stdin);
   printf("Geburtsjahr : ");
   do {
      scanf("%d",&adressen->geburtsjahr);
   }while(getchar()!='\n' );
   return adressen;
}

int main(void) {
   struct adres *adresse1, *adresse2;

   adresse1=eingabe();
   adresse2=eingabe();

   ausgabe(adresse1);
   ausgabe(adresse2);
   return EXIT_SUCCESS;
}
```

Bei diesem Listing verwenden Sie bereits nur noch Zeiger und kommen zum ersten Mal mit den dynamischen Datenstrukturen in Berührung. Aufgerufen wird diese Funktion zur Eingabe von Strukturelementen mit:

```
adresse1 = eingabe();
```

Einen Adressoperator benötigen Sie hier nicht, da Sie ja bereits einen Zeiger verwenden. Und da Sie hier einen Zeiger verwenden, benötigen Sie in der Funktion erst einmal Speicherplatz für eine Struktur. Dieser wird mit der Funktion `malloc()` angefordert:

```
static struct adres *adressen;
adressen = malloc(sizeof(struct adres));
```

Jetzt können Sie mithilfe des Elementkennzeichnungsoperators die Daten der einzelnen Strukturelemente einlesen. Am Ende der Funktion wird die Adresse dieser reservierten und mit neuem Inhalt versehenen Struktur mit `return` an den

Aufrufer zurückgegeben. In der `main()`-Funktion zeigt jetzt der Zeiger `adresse1` auf diesen Speicherbereich.

Hinweis für Anfänger

In den letzten beiden Kapiteln ist der Schwierigkeitsgrad enorm gestiegen. Falls Sie hier nur Bahnhof verstanden haben, machen Sie sich keine Sorgen: Im weiteren Verlauf dieses Buches fügen sich auch für Sie die einzelnen Puzzle-Teile zu einem Ganzen. Die nächsten Abschnitte werden jetzt wieder um einiges verständlicher sein.

Natürlich lässt sich eine Funktion mit Strukturen als Rückgabewert auch einfacher deklarieren:

```
struct typNAME Funktionsname()
```

15.5 Strukturen vergleichen

Es gibt leider keinen portablen oder sinnvollen Weg, um zwei Strukturen direkt miteinander zu vergleichen. Das Problem besteht darin, dass ein Compiler aus Optimierungsgründen Lücken zwischen den einzelnen Elementen lassen kann. Mehr zu diesem sogenannten *Padding* erfahren Sie in Abschnitt 15.12, »Attribute von Strukturen verändern (nicht ANSI C)«.

Es bleibt Ihnen also letztendlich nichts anderes übrig, als eine eigene Funktion zu schreiben. Hier sehen Sie ein Beispiel dafür, wie Sie vorgehen können:

```
/* struct5.c */
#include <stdio.h>
#include <string.h>
#include <stdlib.h>
#define MAX 30

struct adres {
   char vname[MAX];
   char nname[MAX];
   long PLZ;
   char ort[MAX];
   int geburtsjahr;
};

int cmp_structs(struct adres *str1, struct adres *str2) {
   /* Vorname gleich und */
   if(strcmp(str1->vname, str2->vname) == 0 &&
      /* Nachname gleich und */
```

```
      strcmp(str1->nname, str2->nname) == 0 &&
      /* Postleitzahl gleich und */
      (str1->PLZ-str2->PLZ) == 0 &&
      /* Wohnort gleich und */
      strcmp(str1->ort, str2->ort) == 0 &&
      /* geburtsjahr gleich */
      (str1->geburtsjahr-str2->geburtsjahr) == 0)
         return 0;    /* Beide Strukturen gleich */
   else
      return 1;       /* Strukturen nicht gleich */
}

int main(void) {
   struct adres adresse1={"John","Leroy",1234,"New York",1980 };
   struct adres adresse2={"John","Leroy",1234,"New York",1980 };

   if(cmp_structs(&adresse1, &adresse2) == 0)
      printf("Beide Strukturen sind gleich?!?!\n");
   else
      printf("Die Strukturen weisen Unterschiede auf\n");
   return EXIT_SUCCESS;
}
```

15.6 Arrays von Strukturen

Bei Arrays von Strukturen gilt dasselbe Prinzip wie im Abschnitt zuvor dargestellt. Die Wertzuweisung funktioniert ebenfalls wie bei den normalen Arrays, nämlich mithilfe des Indizierungsoperators ([]). Hierzu ein Beispiel:

```
/* struct_arr1.c */
#include <stdio.h>
#include <stdlib.h>
#include <string.h>

struct index {
   int seite;
   char titel[30];
};

int main(void) {
   int i;
   struct index lib[3];
```

```
    lib[0].seite=312;
    strcpy(lib[0].titel, "Arrays von Strukturen");
    lib[1].seite=320;
    strcpy(lib[1].titel, "Strukturen in Strukturen");
    lib[2].seite=900;
    strcpy(lib[2].titel, "Anhang");

    for(i=0; i<3; i++)
       printf("Seite %3d\t %-30s\n", lib[i].seite, lib[i].titel);
    return EXIT_SUCCESS;
}
```

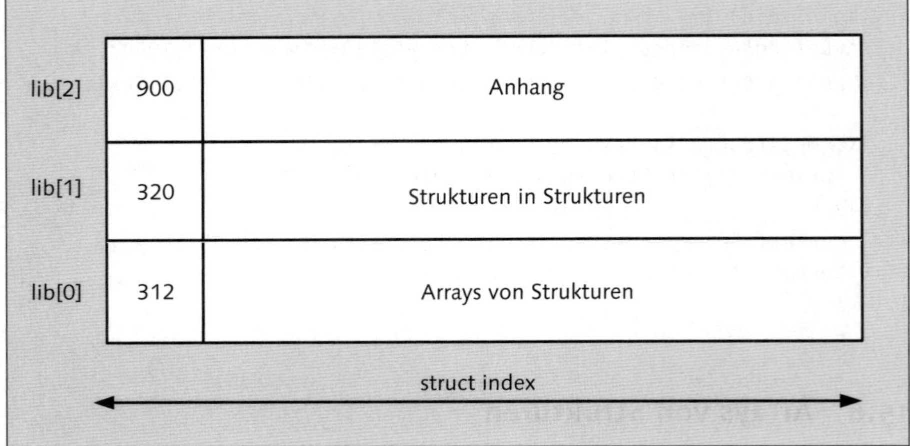

Abbildung 15.4 Array von Strukturen

Abbildung 15.4 verdeutlicht dies nochmals. Auch hierbei erfolgt die Initialisierung der einzelnen Werte über den Punktoperator. Ein Fehler, der dabei oft gemacht wird, ist folgende falsche Wertübergabe:

```
// falsche Position des Feldindex
strcpy(lib.titel[1], "Hallo");          //falsch

strcpy(lib[1].titel, "Hallo");          //richtig
```

Der Variablenname der Struktur lautet schließlich `lib` und nicht `titel`.

Jetzt soll das Listing zur Adressverwaltung erweitert werden. Diesmal wird das Programm so umgeschrieben, dass es mit Arrays von Strukturen ausgeführt wird:

```
struct adres {
   /*Variablen*/
} adressen[100];
```

In dieser Struktur von Arrays lassen sich somit 100 Daten von Adressen speichern. Hier sehen Sie das vollständige Listing:

```
/* struct_arr2.c */
#include <stdio.h>
#include <string.h>
#include <stdlib.h>
#define MAX 30

static int x = 0;

struct adres {
   char vname[MAX];
   char nname[MAX];
   long PLZ;
   char ort[MAX];
   int geburtsjahr;
} adressen[100];

void Eingabe(int nr, struct adres neu[]) {
   printf("Vorname : ");
   fgets(neu[nr].vname, MAX, stdin);
   printf("Nachname : ");
   fgets(neu[nr].nname, MAX, stdin);
   printf("Postleitzahl: ");
   do {
      scanf("%5ld",&neu[nr].PLZ);
   } while(getchar()!= '\n');
   printf("Wohnort : ");
   fgets(neu[nr].ort, MAX, stdin);
   printf("Geburtsjahr : ");
   do {
      scanf("%4d",&neu[nr].geburtsjahr);
   }while(getchar()!= '\n');
}

void Suche(struct adres search[], char buchstabe, int nr) {
   int i;

   for(i = 0; i <= nr; i++) {
      if(search[i].nname[0] == buchstabe) {
         printf("\n\nGefunden unter Buchstabe "
                ":\"%c\"\n\n", buchstabe);
         printf("Vorname......:%s",search[i].vname);
         printf("Nachname.....:%s",search[i].nname);
         printf("Postleitzahl.:%ld\n",search[i].PLZ);
```

```
            printf("Ort..........:%s",search[i].ort);
            printf("Geburtsjahr..:%d\n", search[i].geburtsjahr);
            printf("\n\tWeiter mit <ENTER>\n");
            getchar();
         }
      }
}

void Ausgabe(struct adres all[],int nr) {
   int i;

   for(i = 0; i < nr; i++) {
      printf("Vorname.........:%s",all[i].vname);
      printf("Nachname........:%s",all[i].nname);
      printf("Postleitzahl....:%ld\n",all[i].PLZ);
      printf("Ort.............:%s",all[i].ort);
      printf("Geburtsjahr.....:%d\n\n",all[i].geburtsjahr);

      if((!(i%2))&& i!=0) {
         printf("\n\tWeiter mit <Enter>\n\n");
         getchar();
      }
   }
}

void Sort(struct adres sort[], int nr) {
   int i,j;
   struct adres *temp;

   temp = malloc(sizeof(struct adres *));
   if(NULL == temp) {
      printf("Konnte keinen Speicher reservieren...\n");
      return;
   }
   for(i = 0; i < nr; i++) {
      for(j=i+1;j<nr;j++) {
         if(strcmp(sort[i].nname, sort[j].nname) > 0) {
            *temp=sort[j];
            sort[j]=sort[i];
            sort[i]=*temp;
         }
      }
   }
   printf(".....Sortiert!!\n\n");
}
```

```
int main(void) {
   int auswahl;
   char c;

   do {
      printf("-1- Neue Adresse eingeben\n");
      printf("-2- Bestimmte Adresse ausgeben\n");
      printf("-3- Alle Adressen ausgeben\n");
      printf("-4- Adressen sortieren\n");
      printf("-5- Programm beenden\n");
      printf("\nIhre Auswahl : ");
      scanf("%d",&auswahl);
      /* fflush(stdin); */
      getchar();

      switch(auswahl) {
         case 1 : Eingabe(x++,adressen);
                  break;
         case 2 : printf("Anfangsbuchstabe des Nachnamens :");
                  do {
                     scanf("%c",&c);
                  } while(getchar()!= '\n');
                  Suche(adressen,c,x);
                  break;
         case 3 : Ausgabe(adressen,x);
                  break;
         case 4 : Sort(adressen,x);
                  break;
         case 5 : printf("Ende....\n");
                  break;
         default: printf("Falsche Eingabe\n");
      }
   }while(auswahl <5);
   return EXIT_SUCCESS;
}
```

Der erste Funktionsaufruf des Programms lautet:

```
Eingabe(x++, adressen);
```

Damit wird die Funktion `Eingabe()` zur Eingabe eines Adresssatzes aufgerufen. Als Argument wird dieser Funktion die globale Variable `x` und die Struktur `adressen` vom Typ `struct adres` übergeben. Die globale Variable `x` dient als Zähler und Indexfeld und gibt an, wie viele und welche Strukturen gespeichert wurden. Der Funktionskopf sieht so aus:

```
void Eingabe(int nr, struct adres neu[])
```

Wenn Sie das Buch genau durchgelesen haben, wissen Sie, dass Sie auch folgende Schreibweise hätten verwenden können:

```
/* struct adres *neu und struct adres neu[]==call-by-reference */
void Eingabe(int nr, struct adres *neu)
```

Jetzt werden die ersten Daten in die Struktur eingegeben:

```
printf("Vorname : ");
fgets(neu[nr].vname, MAX, stdin);
```

`fgets()` liest den Vornamen des ersten Adresssatzes ein. Genauso werden auch die nächsten Daten an den einzelnen Strukturelementen übergeben. Danach können Sie einen zweiten Adresssatz eingeben.

Benötigen Sie z. B. den Nachnamen des 20. Adresssatzes (falls vorhanden), können Sie diesen wie folgt ausgeben lassen:

```
printf("%s", adressen[19].nname);
```

Die zweite Funktion des Programms lautet:

```
Suche(adressen, c, x);
```

Sie stellt eine primitive Suchfunktion nach dem Anfangsbuchstaben des Nachnamens dar. Die Funktion erhält als Argument die Anfangsadresse des ersten Struktur-Arrays, den Anfangsbuchstaben des Nachnamens (`c`) und den Indexzähler für die Anzahl der vorhandenen Strukturen (`x`).

```
void Suche(struct adres search[], char buchstabe, int nr)
```

Die Suche selbst ist relativ einfach aufgebaut:

```
for(i = 0; i <= nr; i++) {
      if(search[i].nname[0] == buchstabe)
```

In der `for`-Schleife wird die Anzahl der vorhandenen Adressen hochgezählt, um jeden Adresssatz mit dem eingegebenen Anfangsbuchstaben des Nachnamens zu vergleichen. Als Beispiel sei der Buchstabe »M« gegeben. Der Programmablauf sieht damit folgendermaßen aus:

```
for...i=0
if(search[0].nname[0] == 'M')
falls ja, werden dessen Daten ausgegeben
for..i++ ..i<=nr
if(search[1].nname[0] == 'M')
falls ja, werden dessen Daten ausgegeben
for..i++..i<=nr
if(search[2].nname[0] == 'M')
usw.
```

Diese Suchfunktion sucht nur anhand des ersten Buchstabens des Nachnamens. Bei der Suche nach ganzen Namen ist die Implementierung nicht viel komplizierter. Dazu verwenden Sie am besten die Funktion `strcmp()` aus der Headerdatei *<string.h>*. Die Funktion `Ausgabe()` ist die einfachste von allen. Hiermit wird lediglich der Indexzähler hochgezählt, um alle vorhandenen Adressen auf dem Bildschirm auszugeben. Als etwas schwieriger dürfte sich die Sortierfunktion erweisen:

```
void Sort(struct adres sort[], int nr)
```

So wird ein Zeiger `temp` vom Typ `struct adres *` definiert:

```
struct adres *temp;
temp = malloc(sizeof(struct adres *));
```

Dieser dient als temporärer Zwischenspeicher zum Austausch zweier Strukturen. Damit dieser Zwischenspeicher auch verwendet werden kann, muss Speicherplatz von der Größe der Struktur reserviert werden. Danach wird die Struktur mit dem Algorithmus *Selektion Sort* nach dem Anfangsbuchstaben des Nachnamens sortiert:

```
for(i = 0; i < nr; i++) {
   for(j=i+1;j<nr;j++) {
      if(strcmp(sort[i].nname, sort[j].nname) > 0) {
         *temp=sort[j];
         sort[j]=sort[i];
         sort[i]=*temp;
      }
   }
}
```

Bei den Strukturen von Arrays tritt irgendwann das gleiche Problem wie bei den Arrays auf. Nach 100 Adressen ist bei diesem Programmbeispiel Schluss. Dann müssen Sie sich wieder Gedanken über neuen Speicherplatz machen. Vom Aufwand einmal abgesehen, sind Struktur-Arrays eine erhebliche Bremse für ein Programm. Nehmen wie das Sortieren als Beispiel: Alle Elemente einer Struktur müssen erst in einen temporären, extra reservierten Speicher kopiert werden. Danach müsste Speicherplatz für neue Elemente der Struktur reserviert werden. Jetzt können Sie die Daten aus dem temporären Speicher wieder zurückkopieren, und zwar in den neu angelegten Speicher für Strukturen von Arrays – von dem Fall, dass ein Element mitten in der Liste gelöscht werden soll, ganz zu schweigen. Schließlich müssen Sie diese Lücke auch wieder füllen. Somit müssten Sie z. B. alle Daten hinter dem gelöschten Element eine Position nach vorn setzen. Wenn dies bei einer Datenbank mit mehreren Tausend Adressen geschieht, wäre die Laufzeit katastrophal. Wie Sie diesen Aufwand umgehen und sich das Leben einfacher machen können, erfahren Sie in Kapitel 21, »Dynamische Datenstrukturen«.

15.7 Strukturen in Strukturen (Nested Structures)

Neben der Kombination von Arrays und Strukturen können auch Strukturen innerhalb von Strukturen verwendet werden. Ein einfaches Beispiel sind Uhrzeit und Datum:

```
struct uhrzeit {
   unsigned int stunde;
   unsigned int minute;
   unsigned int sekunde;
};

struct datum {
   unsigned int tag;
   unsigned int monat;
   int jahr;
};

struct termin {
   struct datum d;
   struct uhrzeit z;
} t;
```

Anhand von Abbildung 15.5 lässt sich deutlich erkennen, was »Strukturen in Strukturen« bedeutet. Es wird dabei auch von *Nested Structures* gesprochen.

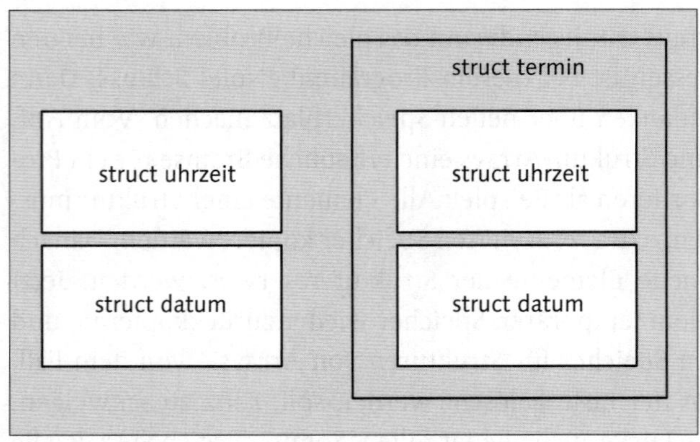

Abbildung 15.5 Strukturen in Strukturen

Der Zugriff auf die einzelnen Strukturen ist ein wenig aufwendiger. Hier sehen Sie ein Programmbeispiel, wie auf die einzelnen Elemente und die gesamte Struktur zugegriffen werden kann:

```
/* nested_struct1.c */
#include <stdio.h>
#include <stdlib.h>

struct uhrzeit {
   unsigned int stunde;
   unsigned int minute;

   unsigned int sekunde;
};

struct datum {
   unsigned int tag;
   unsigned int monat;
   int jahr;
};

struct termin {
   struct datum d;
   struct uhrzeit z;
} t;

int main(void) {
   /* Termin am 19.12.2004 um 20:15 Uhr */
   struct termin t = { {19, 12, 2004}, {20, 15, 0} };

   printf("Termin am ");
   printf("%u.%u.%d um ", t.d.tag, t.d.monat, t.d.jahr);
   printf("%u.%u.%u0 Uhr \n\n",
      t.z.stunde, t.z.minute, t.z.sekunde);

   printf("Neuen Termin eingeben !!\n\n");
   printf("Tag.............: ");
   scanf("%u",&t.d.tag);
   printf("Monat...........: ");
   scanf("%u",&t.d.monat);
   printf("Jahr............: ");
   scanf("%d",&t.d.jahr);
   printf("\n");
   printf("Stunde..........: ");
   scanf("%u",&t.z.stunde);
   printf("Minuten.........: ");
```

```
    scanf("%u",&t.z.minute);
    printf("Sekunden........: ");
    scanf("%u",&t.z.sekunde);
    printf("\n");
    printf("Neuer Termin am ");
    printf("%02u.%02u.%04d um ",t.d.tag, t.d.monat, t.d.jahr);
    printf("%02u.%02u.%02u Uhr \n",
       t.z.stunde, t.z.minute, t.z.sekunde);
    return EXIT_SUCCESS;
}
```

Dieser geringe Mehraufwand stellt eher eine Erleichterung dar. Zuerst werden in diesem Programm zur Demonstration die Werte direkt übergeben:

```
struct termin t = {{19,12,2004},{20,15,0}};
/* struct termin t = {{struct datum}{struct uhrzeit}} */
```

Danach werden die Werte über die Tastatur eingelesen, z. B. die Minuten:

```
scanf("%u", &t.z.minute);
```

Das Listing wird kaum jemanden überfordern. Daher soll das Programm zur Adressverwaltung mit dem eben gezeigten Programm verbunden werden. Damit hätte die Struktur `termin` folgendes Aussehen:

```
struct termin {
   struct datum d;
   struct uhrzeit z;
   struct adressen a;
} t[20];
```

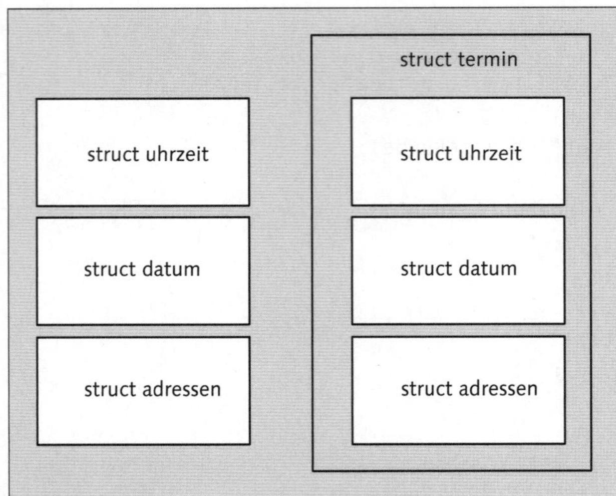

Abbildung 15.6 Eine weitere Struktur wurde zur Struktur hinzugefügt.

So können Sie 20 Termine mit Datum, Uhrzeit und der Adresse verwalten. Hier folgt das vollständige Listing:

```
/* nested_struct2.c */
#include <stdio.h>
#include <string.h>
#include <stdlib.h>
#define MAX 30

/* Zähler Termine */
static int dates = 0;
/* Zähler Adressen */
static int nr = 0;

struct uhrzeit {
                 unsigned int stunde;
                 unsigned int minute;
                 unsigned int sekunde;
               };

struct datum {
   unsigned int tag;
   unsigned int monat;
   int jahr;
};

struct adressen {
   char vname[MAX];
   char nname[MAX];
   long PLZ;
   char ort[MAX];
   int geburtsjahr;
} xyz[100];

struct termin {
   struct datum d;
   struct uhrzeit z;
   struct adressen a;
} t[20];

/* Funktionsprototypen */
void newdate(struct termin *);
int suche(char *);
void listdate(struct termin *,int);
void replacedate(struct termin *,int);
```

```
void sortdate(struct termin *,int);
void Eingabe(struct adressen *);
void Ausgabe(struct adressen *);
void Sortadress(struct adressen *);

void newdate(struct termin *t) {
   int auswahl,ret;
   char such_name[MAX];

   printf("Tag.......: ");
   scanf("%u",&t[dates].d.tag);
   printf("Monat.....: ");
   scanf("%u",&t[dates].d.monat);
   printf("Jahr......: ");
   scanf("%d",&t[dates].d.jahr);
   printf("---------------------\n");
   printf("Stunde....: ");
   scanf("%u",&t[dates].z.stunde);
   printf("Minute(n).: ");
   scanf("%u",&t[dates].z.minute);
   printf("---------------------\n");

   printf("\nTermin mit :\n -1- Neuer Adresse\n");
   printf(" -2- Vorhandener Adresse\n");
   printf("Ihre Auswahl : ");
   do {
      scanf("%d",&auswahl);
   } while(getchar()!= '\n');

   if(auswahl == 1) {
      printf("Vorname.....: ");
      fgets(t[dates].a.vname, MAX, stdin);
      printf("Nachname....: ");
      fgets(t[dates].a.nname, MAX, stdin);
      printf("Postleitzahl: ");
      do {
         scanf("%ld",&t[dates].a.PLZ);
      } while(getchar()!= '\n');
      printf("ORT.........: ");
      fgets(t[dates].a.ort, MAX, stdin);
      printf("Geburtsjahr..: ");
      do {
         scanf("%d",&t[dates].a.geburtsjahr);
      } while(getchar()!= '\n');
```

```
      /* Neue Adresse kommt auch zum neuen Adresssatz. */
      strcpy(xyz[nr].vname, strtok(t[dates].a.vname, "\n"));
      strcpy(xyz[nr].nname, strtok(t[dates].a.nname, "\n"));
      xyz[nr].PLZ = t[dates].a.PLZ;
      strcpy(xyz[nr].ort, t[dates].a.ort);
      xyz[nr].geburtsjahr=t[dates].a.geburtsjahr;
      dates++;
      nr++;
   }
   else {
      printf("Bitte geben Sie den Nachnamen ein : ");
      fgets(such_name, MAX, stdin);
      ret = suche(strtok(such_name,"\n"));
      if( ret == -1 ) {
         printf("Kein Eintrag vorhanden : %s ???", such_name);
         return;
      }
      strcpy(t[dates].a.vname,xyz[ret].vname);
      strcpy(t[dates].a.nname,xyz[ret].nname);
      t[dates].a.PLZ=xyz[ret].PLZ;
      strcpy(t[dates].a.ort,xyz[ret].ort);
      t[dates].a.geburtsjahr=xyz[ret].geburtsjahr;
      dates++;
   }
}

int suche(char *suchname) {
   int pos, found = 0;

   for(pos = 0; pos <= nr; pos++) {
      if(strcmp(xyz[pos].nname,suchname) == 0) {
         found = 1;
         break;
      }
   }
   if(found)
      return pos;
   else
      return -1;
}

void listdate(struct termin *list, int dates) {
   int i;

   for(i = 0; i < dates; i++) {
```

```
        printf("Nr. %d: ", i+1);
        printf("Termin am %02u.%02u.%04d ",
           list[i].d.tag, list[i].d.monat, list[i].d.jahr);
        printf("um %02u.%02u Uhr\n",
           list[i].z.stunde, list[i].z.minute);
        printf("mit %s %s\n\n", list[i].a.vname, list[i].a.nname);
        }
}

void replacedate(struct termin *aendern, int nt) {
     if(nt <= dates && nt < 20) {
         printf("Bitte neue Terminzeit eingeben!!\n");
         printf("Tag..........: ");
         scanf("%u",&aendern[nt].d.tag);
         printf("Monat........: ");
         scanf("%u",&aendern[nt].d.monat);
         printf("Jahr.........: ");
         scanf("%d",&aendern[nt].d.jahr);
         printf("-----------------------\n");
         printf("Stunden......: ");
         scanf("%u",&aendern[nt].z.stunde);
         printf("Minuten......: ");
         scanf("%u",&aendern[nt].z.minute);
       }
     else
        printf("Falsche Eingabe : %d\n", nt);

}

void sortdate(struct termin *sort, int dates) {
   struct termin *temp;
   int i,j;

   temp = malloc(sizeof(struct termin *));
   if(NULL == temp) {
      printf("Konnte keinen Speicher reservieren ...\n");
      return;
   }
   for(i = 0; i < dates; i++) {
      for(j = i + 1; j < dates; j++) {
         if(sort[i].d.jahr > sort[j].d.jahr) {
            *temp=sort[j];
            sort[j]=sort[i];
            sort[i]=*temp;
         }
```

```
      }
   }
   printf("... sortiert!!\n");
}

void Eingabe(struct adressen *neu) {
   unsigned int size;

   printf("Vorname : ");
   fgets(neu[nr].vname, MAX, stdin);
   /* newline-Zeichen entfernen */
   size = strlen(neu[nr].vname);
   neu[nr].vname[size-1] = '\0';

   printf("Nachname : ");
   fgets(neu[nr].nname, MAX, stdin);
   /* newline-Zeichen entfernen */
   size = strlen(neu[nr].nname);
   neu[nr].nname[size-1] = '\0';

   printf("Postleitzahl: ");
   do {
      scanf("%ld",&neu[nr].PLZ);
   } while(getchar()!= '\n');
   printf("Wohnort : ");
   fgets(neu[nr].ort, MAX, stdin);
   printf("Geburtsjahr : ");
   do {
      scanf("%d",&neu[nr].geburtsjahr);
   } while(getchar()!= '\n');
   nr++;
}

void Ausgabe(struct adressen *all) {
   int i;

   for(i = 0; i < nr; i++) {
      printf("Vorname.........:%s\n", all[i].vname);
      printf("Nachname........:%s\n", all[i].nname);
      printf("Postleitzahl....:%ld\n", all[i].PLZ);
      printf("Ort.............:%s", all[i].ort);
      printf("Geburtsjahr.....:%d\n\n", all[i].geburtsjahr);
      if( (!(i%2)) && i!=0) {
         // fflush(stdin);
         printf("\n\tWeiter mit <Enter>\n\n");
```

```
            getchar();
        }
    }
}

void Sortadress(struct adressen *sort) {
    struct adressen *temp;
    int i,j;

    temp = malloc(sizeof(struct adressen *));
    if(NULL == temp) {
        printf("Konnte keinen Speicher reservieren ...\n");
        return;
    }
    for(i = 0; i < nr; i++) {
        for(j = i + 1; j < nr; j++) {
            if(strcmp(sort[i].nname, sort[j].nname)>0) {
                *temp=sort[j];
                sort[j]=sort[i];
                sort[i]=*temp;
            }
        }
    }
    printf("... sortiert!!\n");
}

int main(void) {
    int eingabe,aendern;

    do {
        printf("\tTerminverwaltung\n");
        printf("\t----------------\n\n");
        printf("\t-1- Neuer Termin\n");
        printf("\t-2- Termine auflisten\n");
        printf("\t-3- Termin ändern\n");
        printf("\t-4- Termine sortieren\n");
        printf("\t-5- Neue Adresse eingeben\n");
        printf("\t-6- Adressen ausgeben\n");
        printf("\t-7- Adressen sortieren\n");
        printf("\t-8- Programm beenden\n");
        printf("\n\tIhre Auswahl : ");
        scanf("%d",&eingabe);
        /* fflush(stdin); */
        getchar();
        switch(eingabe) {
```

```
         case 1  : newdate(t);            break;
         case 2  : listdate(t,dates);     break;
         case 3  : listdate(t,dates);
                  printf("Welchen Termin ändern(Nr.?):");
                  scanf("%d",&aendern);
                  replacedate(t,--aendern);
                  break;
         case 4  : sortdate(t,dates);     break;
         case 5  : Eingabe(xyz);          break;
         case 6  : Ausgabe(xyz);          break;
         case 7  : Sortadress(xyz);       break;
         default : break;
      }
   } while(eingabe < 8);
   printf("Bye\n");
   return EXIT_SUCCESS;
}
```

Eine kurze Erklärung: Bei der ersten Funktion `newdate()` wird zuerst der neue Termin eingegeben. Anschließend wird erfragt, ob ein neuer Adresseintrag für den Termin vorgenommen werden soll oder ob ein bereits vorhandener Adresssatz verwendet wird. Die nächste Funktion `listdate()` listet die Termine auf. Mit der Funktion `replacedate()` kann ein Termin verschoben werden. Die Funktion `sortdate()` wurde ebenfalls schon ähnlich verwendet. Hier wurde nur nach Jahresdatum sortiert. Als Übung können Sie dies ja bis auf die Minute genau umschreiben. Der Rest des Programms wurde zum Teil schon bei der Adressverwaltung erklärt. Die Suchfunktion wurde dabei verändert. Diese sucht jetzt nach einem ganzen Nachnamen, nicht mehr nur nach dem Anfangsbuchstaben. Dem Programm fehlen noch eine Menge Fehlerüberprüfungen bei der Eingabe. Auf diese wurde aus Gründen der Übersichtlichkeit jedoch verzichtet (Sie können sie zur Übung ja selbst schreiben).

Abbildung 15.7 Das Terminverwaltungsprogramm während der Ausführung

15.8 Kurze Zusammenfassung zu den Strukturen

Da das Kapitel über Strukturen recht umfangreich ist, fasse ich hier nochmals einige Punkte zusammen.

Der Datensatz einer Struktur wird folgendermaßen zusammengefasst:

```
struct daten {
   int var1;
   char var2[100];
};
```

Hiermit haben Sie eine Struktur mit dem Namen daten mit zwei Elementen (var1, var2) deklariert. Eine Variable dieses Strukturtyps können Sie folgendermaßen deklarieren:

```
// Variable vom Typ struct daten
struct daten d1;
// ein Zeiger auf eine Struktur vom Typ struct daten
struct daten *d2;
// Struktur-Array mit 10 Elementen vom Typ struct daten
struct daten d3[10];
```

Weiterhin können Sie diese Variablen vom Typ struct daten auch so deklarieren:

```
struct daten {
   int var1;
   char var2[100];
} d1, *d2, d3[10];
```

Die Initialisierung einer Strukturvariablen kann über eine Initialisierungsliste erfolgen, die für jedes Element einen Anfangswert enthält:

```
struct daten d1 = { 111, "Test" };
```

Nach dem neuen C99-Standard können bestimmte Elemente der Struktur mit dem Elementbezeichner in der Form .strukturelement initialisiert werden. Alle anderen Elemente ohne Initialisierer haben automatisch den Wert 0:

```
// var1 hat automatisch den Wert 0.
struct daten d1 { .var2 = "Test" }
```

Auf ein einzelnes Strukturelement greifen Sie mit dem Punktoperator zu:

```
struct daten d1;
d1.var1 = 111;
stcpy(d1.var2, "Test");
```

```
// Array von Strukturen
d3[2].var1 = 123;  // 3. Element des Struktur-Arrays
stcpy(d3[2].var2, "Test");
```

Wenn Sie Zeiger auf Strukturen nutzen, greifen Sie auf die einzelnen Elemente mithilfe des Pfeiloperators zu:

```
struct daten *d2;
...
d2->var1 = 111;
stcpy(d2->var2, "Test");
```

15.9 Unions

Eine weitere Möglichkeit, Daten zu strukturieren, sind *Unions* (auch *Varianten* genannt). Abgesehen von einem anderen Schlüsselwort, bestehen zwischen Unions und Strukturen keine syntaktischen Unterschiede. Der Unterschied liegt in der Art und Weise, wie mit dem Speicherplatz der Daten umgegangen wird. Hier sehen Sie ein Beispiel für die Speicherplatzbelegung einer Struktur:

```
struct test1 {
   char a;
   int b;
   double c;
};
```

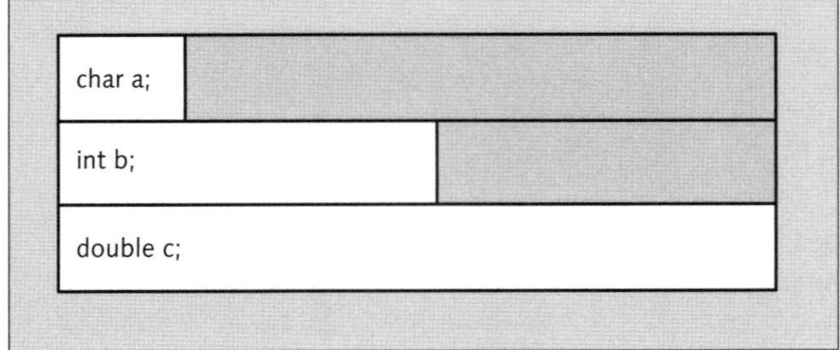

Abbildung 15.8 Speicherbelegung bei einer Struktur

Diese Struktur benötigt 16 Byte an Speicher. Jetzt folgt das gleiche Beispiel mit dem Schlüsselwort `union`:

```
union test2 {
   char a;
   int b;
   double c;
};
```

Intern sieht dies mit `union` folgendermaßen aus:

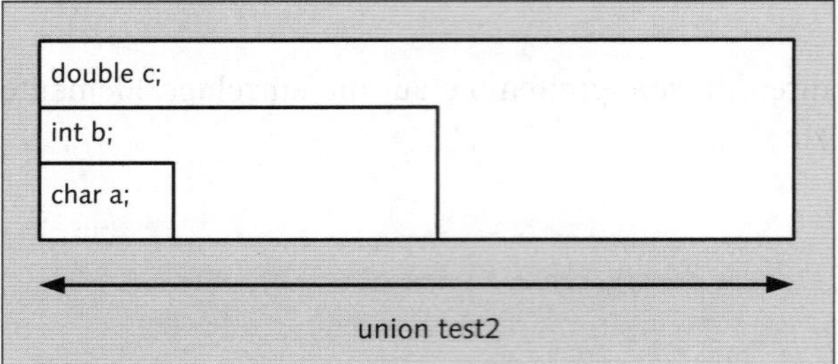

Abbildung 15.9 Speicherbelegung einer Struktur mit dem Schlüsselwort »union«

Hier sehen Sie ein Listing, das den Unterschied demonstrieren soll:

```
/* union1.c */
#include <stdio.h>
#include <stdlib.h>

struct test1 {
   char a;
   int b;
   double c;
};

union test2 {
   char a;
   int b;
   double c;
};

int main(void) {
   printf("struct benoetigt %d Bytes\n", sizeof(struct test1));
   printf("Union  benoetigt %d Bytes\n", sizeof(union test2));
   return EXIT_SUCCESS;
}
```

Sie sehen richtig: Die Struktur mit dem Schlüsselwort `union` besitzt jetzt nur noch acht Bytes. Dies verursachen das Schlüsselwort `union` und das größte Element in der Struktur, `double`. Dieser ersparte Speicherplatz wird allerdings mit dem Nachteil erkauft, dass immer nur ein Element in dieser Struktur verwendet werden kann. Beispielsweise wird dem Strukturelement `int b` der Wert 100 übergeben:

```
text.b = 100;
```

Somit beträgt die Speichergröße der Struktur trotzdem acht Bytes für einen Integer, da der größte Datentyp in der `union` nämlich `double` lautet. Übergeben Sie jetzt an `double c` den Wert 10.55:

```
text.c = 10.55;
```

Jetzt können Sie auf den Wert von `int b` nicht mehr zugreifen, da dieser von `double c` überlappt wurde. Zwar kann es immer noch sein, dass `int b` weiterhin den Wert 100 ausgibt, aber dies wäre Zufall, denn der Speicherbereich wurde überdeckt. Das Verhalten ist in diesem Fall undefiniert.

Welchen Vorteil hat es, wenn immer auf ein Element einer Struktur zugegriffen werden kann? Der wesentliche Vorteil liegt in der Anwendung von Union zum Einsparen von Speicherplatz bei der Verarbeitung großer Strukturen; beispielsweise bei Strukturen, wo bestimmte Elemente niemals miteinander auftreten. Ein Beispiel wäre ein Computerspiel, bei dem immer einer gegen einen, Auge um Auge, kämpft. In dem folgenden Codeabschnitt wurde eine Struktur mit vier verschiedenen Gegnercharakteren erstellt:

```
struct gegner {
   union {
      struct {
         char name[20];
         int power;
         unsigned char leben;
         unsigned int geschwindigkeit;
      } fighter1;

      struct {
         char name[20];
         int power;
         unsigned char leben;
         unsigned int geschwindigkeit;
      } fighter2;

      struct {
         char name[20];
         int power;
         unsigned char leben;
         unsigned int geschwindigkeit;
      } fighter3;

      struct {
         char name[20];
         int power;
```

```
         unsigned char leben;
         unsigned int geschwindigkeit;
      } fighter4;
   };
} dat;
```

Damit wird immer nur auf eine Struktur zugegriffen, was in diesem Beispiel ausreichend ist, denn es sollten immer nur die Daten eines Gegners im Speicher sein – eben die, die im Augenblick nötig sind. So könnten Sie z. B. den `fighter4` mit Werten initialisieren:

```
strcpy(dat.fighter4.name, "Superman");
dat.fighter4.power = 5;
dat.fighter4.leben = 1;
dat.fighter4.geschwindigkeit = NORMAL;
```

Der Zugriff auf die einzelnen Elemente erfolgt wie bei den normalen Strukturen.

Kommen wir zum Programm der Adressverwaltung zurück, denn dieses eignet sich auch prima für eine Union:

```
struct adres {
   union {
      struct {
         char vname[20];
         char nname[20];
         long PLZ;
         char ort[20];
         int geburtsjahr;
      } privat;



      struct {
         char vname[20];
         char nname[20];
         long PLZ;
         char ort[20];
         char sternzeichen[20];
         int geburtsjahr;
      } geschaeftlich;
   };
} adressen[100];
```

Hiermit können 100 Adressen gespeichert werden. Mithilfe dieser Union wird das Private vom Geschäftlichen getrennt.

Natürlich können Sie mit dem Schlüsselwort `union` auch ein Array von Unions realisieren. Der Zugriff und die Initialisierung erfolgen genau so, wie ich bei den Strukturen bereits beschrieben habe; ein Beispiel:

```
/* union2.c */
#include <stdio.h>
#include <stdlib.h>

union number {
   float x;
   int y;
};

int main(void) {
   union number mixed[2];

   mixed[0].x = 1.123;
   mixed[1].y = 123;
   mixed[2].x = 2.345;
   printf("%.2f\t%d\t%.2f\n",
      mixed[0].x, mixed[1].y, mixed[2].x);
   return EXIT_SUCCESS;
}
```

Wenn Sie eine Union initialisieren, erlaubt ANSI C nur einen Initialisierer. Standardmäßig bedeutet dies, dass immer das erste Element der Union initialisiert wird:

```
union 2_D  {
   int x;
   int y;
};
// coordinate.x hat den Wert 123
union 2_D coordinate = { 123 };
```

Haben Sie eine Union bereits initialisiert und weisen Sie einem anderem Union-Element einen Wert zu, wird der Wert des anderen Union-Elements überschrieben:

```
union 2_D  {
   int x;
   int y;
};
...
union 2_D coordinate;
coordinate.x = 20;
...
coordinate.y = 40;  // Element x wird hier überschrieben.
```

Laut dem C99-Standard können Sie auch bei den Unions (wie bei den Strukturen) den Elementbezeichner verwenden, um festzulegen, welches Element in der Union initialisiert werden soll:

```
union 2_D  {
   int x;
   int y;
};
...
union 2_D coordinate = { .y = 99 };
```

Beim Zuweisen eines vorhandenen und initialisierten Union-Objektes an ein anderes wird das neue Union-Objekt mit demselben Typ initialisiert:

```
// wird mit dem vorhandenen Objekt desselben
// Typs initialisiert
union 2_D coordinate2 = coordinate;
```

Achtung

Sollten Sie vorhaben, Ihre Programme auf andere Systeme zu portieren, so müssen sie sich hundertprozentig mit dem Alignment diverser Systeme auskennen, sofern Sie Unions einsetzen wollen. Ansonsten dürften Sie Probleme mit der Portierung bekommen.

15.10 Der Aufzählungstyp »enum«

Das Schlüsselwort `enum` dient zur Aufzählung von Konstanten. Mit dieser Struktur lassen sich beim Programmstart eine Reihe von Konstanten festlegen. Ein Beispiel:

```
/* enum1.c */
#include <stdio.h>
#include <stdlib.h>

enum zahl { NU_LL, EINS, ZWEI, DREI, VIER};

int main(void) {
   enum zahl x;
   x=NU_LL;
   printf("%d\n",x);

   x=EINS;
   printf("%d\n",x);

   x=ZWEI;
   printf("%d\n",x);
```

```
   x=DREI;
   printf("%d\n",x);

   x=VIER;
   printf("%d\n",x);
   return EXIT_SUCCESS;
}
```

Bei Ausführung des Programms werden die Zahlen von null bis vier auf dem Bildschirm ausgegeben. Die Aufzählung lautet hier:

```
enum zahl { NU_LL, EINS, ZWEI, DREI, VIER };
```

In der Regel beginnt der Aufzählungstyp, sofern nicht anders angegeben, mit 0; also `NU_LL=0`. Das nächste Feld hat, wenn nicht anders angegeben, den Wert 1. Somit ist `EINS` auch 1. Gleichbedeutend hätte man dies auch so schreiben können:

```
enum zahl { NU_LL=0, EINS=1 ,ZWEI=2 ,DREI=3 ,VIER=4 };
```

Wird `enum` hingegen so benutzt:

```
enum farben { rot, gelb=6, blau, gruen };
```

würden folgende Konstanten definiert werden:

```
enum farben { 0, 6, 7, 8 };
```

Die Farbe `gelb` wurde mit dem Wert 6 initialisiert. Die Steigerung des Werts zur nächsten Konstante beträgt bei `enum` immer plus eins. Somit hat die Konstante `blau` den Wert 7 und `gruen` den Wert 8.

Häufig wird `enum` zur Nachbildung der booleschen Variablen verwendet. Hier sehen Sie das Beispiel dazu:

```
/* enum2.c */
#include <stdio.h>
#include <stdlib.h>

enum BOOL { FALSE, TRUE };

int main(void) {
   int zahl;
   printf("Gib mir eine Zahl (0-9): ");

   if( (scanf("%d",&zahl)) == FALSE )
      printf("Das war keine Zahl!\n");
   else
```

```
      printf("Vielen Dank!\n");

   if( (zahl==7) == TRUE)
      printf("Wow, die 7, meine Lieblingszahl\n");
   return EXIT_SUCCESS;
}
```

Der Aufzählungstyp enum dient der besseren Lesbarkeit eines Programms. BOOL (in C++ gibt es diesen Datentyp wirklich) könnten Sie aber auch als Makro implementieren:

```
#define BOOL int
#define FALSE 0
#define TRUE  1
```

Es gibt also viele Wege, die ans Ziel führen. Die zwölf Monate eines Jahres könnten Sie mit enum beispielsweise so realisieren:

```
enum Monate {
   JAN=1, FEB, MAR, APR, MAI, JUN, JUL, AUG, SEP, OKT, NOV, DEC
 }
```

Oder mit define so:

```
#define JAN  1
#define FEB  2
#define MAR  3
#define APR  4
#define MAI  5
...
```

Bei beiden Beispielen wurden die einzelnen Monate als Konstanten definiert.

Worin besteht dann der Unterschied zwischen enum und einer Reihe von Präprozessor-Defines? Ironischerweise besteht kaum ein Unterschied. Geplant war (laut ANSI-C-Standard) enum, um ohne Casts verschiedene integrale Typen vermischen zu können, was ja sonst in der Regel einen Compiler-Fehler zur Folge hat. So hätten eine Menge Programmierfehler aufgefangen werden können.

Aber enum hat auch Vorteile:

- Zahlenwerte werden automatisch zugewiesen.
- Debugger-Werte von enum-Variablen können symbolisch dargestellt werden.
- enum unterliegt auch der Sichtbarkeitsregel von C.

15.11 Typendefinition mit »typedef«

Mit dem Schlüsselwort `typedef` kann ein neuer Bezeichner für einen einfachen Datentyp verwendet werden. Die Syntax einer einfachen Typendefinition sieht so aus:

```
typedef Typendefinition Bezeichner;
```

Damit lässt sich die Lesbarkeit eines Programms erheblich verbessern. Diese Typendefinition mit `typedef` soll anhand des Adressprogramms demonstriert werden. Hier sehen Sie das Listung dazu:

```
/* typedef1.c */
#include <stdio.h>
#include <string.h>
#include <stdlib.h>
#define MAX 30

static int x;

struct adres {
   char vname[MAX];
   char nname[MAX];
   long PLZ;
   char ort[MAX];
   int geburtsjahr;
} adressen[100];

typedef struct adres ADRESSE;

void Eingabe(int nr, ADRESSE *neu) {
   printf("Vorname : ");
   fgets(neu[nr].vname, MAX, stdin);
   printf("Nachname : ");
   fgets(neu[nr].nname, MAX, stdin);
   printf("Postleitzahl: ");
   do {
      scanf("%5ld",&neu[nr].PLZ);
   } while(getchar()!= '\n');
   printf("Wohnort : ");
   fgets(neu[nr].ort, MAX, stdin);
   printf("Geburtsjahr : ");
   do {
      scanf("%4d",&neu[nr].geburtsjahr);
   } while(getchar()!= '\n');
}
```

```
void Suche(ADRESSE *search, char buchstabe, int nr) {
   int i;
   for(i = 0; i <= nr; i++)  {
      if(search[i].nname[0] == buchstabe) {
         printf("\n\nGefunden unter Buchstabe :\"%c\"\n\n",
            buchstabe);
         printf("Vorname.......:%s",search[i].vname);
         printf("Nachname......:%s",search[i].nname);
         printf("Postleitzahl..:%ld\n",search[i].PLZ);
         printf("Ort...........:%s",search[i].ort);
         printf("Geburtsjahr...:%d\n",search[i].geburtsjahr);
         printf("\n\tWeiter mit <ENTER>\n");
         getchar();
      }
   }
}

void Ausgabe(ADRESSE *all, int nr) {
   int i;

   for(i = 0; i < nr; i++) {
      printf("Vorname.........:%s",all[i].vname);
      printf("Nachname........:%s",all[i].nname);
      printf("Postleitzahl....:%ld\n",all[i].PLZ);
      printf("Ort.............:%s",all[i].ort);
      printf("Geburtsjahr.....:%d\n\n",all[i].geburtsjahr);

      if( (!(i%2)) && i!=0)  {
         //fflush(stdin);
         printf("\n\tWeiter mit <Enter>\n\n");
         getchar();
      }
   }
}

void Sort(ADRESSE *sort,int nr) {
   ADRESSE *temp;
   int i,j;

   temp = malloc(sizeof(ADRESSE *));
   if(NULL == temp) {
      printf("Konnte keinen Speicher reservieren ...\n");
      return;
   }
```

```
   for(i = 0; i < nr; i++) {
      for(j=i+1;j<nr;j++) {
         if(strcmp(sort[i].nname, sort[j].nname)>0) {
            *temp=sort[j];
            sort[j]=sort[i];
            sort[i]=*temp;
         }
      }
   }
   printf("... sortiert!!\n");
}

int main(void) {
   int auswahl;
   char c;

   do {
      printf("-1- Neue Adresse eingeben\n");
      printf("-2- Bestimmte Adresse ausgeben\n");
      printf("-3- Alle Adressen ausgeben\n");
      printf("-4- Adressen sortieren\n");
      printf("-5- Programm beenden\n");
      printf("\nIhre Auswahl : ");
      scanf("%d",&auswahl);
      /* fflush(stdin); */
      getchar();
      switch(auswahl) {
         case 1 : Eingabe(x++,adressen);         break;
         case 2 : printf("Anfangsbuchstabe Nachnamen :");
                  do {
                     scanf("%c",&c);
                  } while(getchar()!= '\n');
                  Suche(adressen,c,x);
                  break;
         case 3 : Ausgabe(adressen,x);           break;
         case 4 : Sort(adressen,x);              break;
         default: break;
      }
   } while(auswahl < 5);
   return EXIT_SUCCESS;
}
```

Dank der neuen Typdefinition

```
typedef struct adres ADRESSE;
```

kann auf die Struktur jetzt mit

```
ADRESSE neueadressen[100];
```

zugegriffen werden. Dies lässt sich bei längeren Programmen wesentlich einfacher lesen. Vor allem ist dies sinnvoll, wenn mehrere Strukturen vorhanden sind, die einander vom Aufbau sehr ähnlich sind. Die Typdefinition im Programm ließe sich auch noch anders definieren:

```
typedef struct adres {
   char vname[20];
   char nname[20];
   long PLZ;
   char ort[20];
   int geburtsjahr;
} ADRESSE;
...
ADRESSE adressen[100];
```

Die Typdefinition kann ebenso auf andere Variablen angewendet werden. Recht häufig sind folgende Definitionen zu sehen:

```
typedef unsigned char BYTE;     // 1 Byte = 8 BIT
typedef unsigned int WORD;      // 1 WORD = 16 BIT
typedef unsigned long DWORD;    // 1 DOUBLE WORD = 32 BIT
typedef unsigned double QWORD; // 1 QUAD WORD = 64 BIT
typedef unsigned int uint;
typedef unsigned char uchar;
```

Zum Beispiel ist danach die folgende Schreibweise

```
uint wert1, wert2;
```

äquivalent zu:

```
unsigned int wert1,wert2;
```

Das Schlüsselwort `typedef` wird ebenfalls dazu benutzt, sogenannte primitive Datentypen zu erzeugen. Wozu soll das gut sein? Nehmen wir als Beispiel den primitiven Datentyp `uclock_t` (primitive Datentypen enden normalerweise immer mit _t). Dieser ist in der Headerdatei *<time.h>* definiert mit:

```
typedef long uclock_t;
```

Auf einem anderen System sieht diese Definition vielleicht so aus:

```
typedef unsigned int uclock_t;
```

Die primitiven Datentypen machen ein Programm portabler. Dadurch müssen Sie sich nicht mit den Datentypen bei der Portierung auf andere Systeme auseinandersetzen. Wenn Sie ein Programm beispielsweise auf einem 32-Bit-System programmiert haben und dies anschließend auf einem 16-Bit-System getestet wird, kann die Suche nach dem Fehler einer falschen Werteausgabe frustrierend sein.

Wie schon mit `enum` oder `define` wird mit `typedef` das Programm nicht etwa besser oder schneller, sondern es dient auch hier lediglich dazu, dass sich Ihr Programm besser lesen, schreiben und auf andere Systeme portieren lässt.

15.12 Attribute von Strukturen verändern (nicht ANSI C)

Der Speicherplatz für eine Struktur wird – wie schon bei den Arrays – lückenlos im Hauptspeicher abgelegt. Damit das System schneller auf diese Daten im Hauptspeicher zurückgreifen kann, werden diese in durch zwei oder in durch vier teilbare Adressen angeordnet. Dies hängt vom Betriebssystem ab. Dabei wird einiges an Speicherplatz verschwendet. Zur Demonstration dient das folgende Programm:

```
/* alignment1.c */
#include <stdio.h>
#include <stdlib.h>

struct speicher {
   char x;
   int z;
};

int main(void) {
   struct speicher test;

   printf("%u Bytes\n",sizeof(test));
   return EXIT_SUCCESS;
}
```

Auf 32-Bit-Systemen dürfte diese Struktur acht Byte benötigen. Und dies, obwohl es eigentlich fünf Byte sein sollten (`char` + `int` = 5 Byte).

Abbildung 15.10 stellt ein Vier-Byte-Alignment dar, wie es bei den meisten Systemen der Fall sein wird. Dabei entsteht eine Lücke von drei Byte (grau gefärbt), die ungenutzt bleibt. Es wird hier auch vom *Padding* (Auffüllen, Polsterung) des Speichers gesprochen.

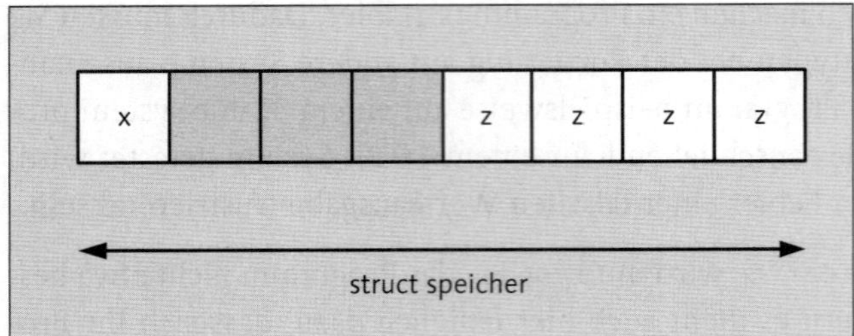

Abbildung 15.10 Speicherabbild mit einer Struktur mit unbenannten Lücken

Hinweis

Dies ist übrigens auch der Grund, warum Sie Strukturen nicht direkt miteinander vergleichen können. Auch ein Low-Level-Vergleich, Byte für Byte, kann da nicht viel helfen, da dieser durch zufällig gesetzte Bits in den Löchern verfälscht sein könnte. In solch einem Fall müssen Sie sich mit einer eigenen Funktion behelfen, die die einzelnen Strukturelemente miteinander vergleicht.

Viele Compiler besitzen daher einen speziellen Schalter, mit dem diese Lücke entfernt werden kann. Wobei ich gleich anmerken muss, dass dies nicht ANSI-C-konform, sondern compiler-abhängig ist.

Mit dem Schalter

```
__attribut__
```

können dem Compiler mehrere Informationen zu einer Funktion, zu Variablen oder Datentypen übergeben werden. Um damit eine lückenlose Speicherbelegung zu erreichen, könnten Sie das Attribut `packed` verwenden.

Sollte dieser Schalter bei Ihrem Compiler nicht funktionieren, können Sie auch das Pragma `pack` verwenden:

```
#pragma pack(n)
```

Für `n` kann hier der Wert 1, 2, 4, 8 oder 16 angegeben werden. Je nachdem, welche Angabe Sie dabei machen, wird jedes Strukturelement nach dem ersten kleineren Elementtyp oder auf `n` Byte abgespeichert.

Beim Testen auf verschiedenen Systemen und unterschiedlichen Compilern gab es keine Probleme mit dem `#pragma pack`. Die Option `__attribut__` hingegen wurde nicht von jedem Compiler erkannt. Wie Sie dabei vorgehen, müssen Sie letztendlich selbst herausfinden.

Hier folgt das Beispiel dazu:

```
/* alignment2.c */
#include <stdio.h>
#include <stdlib.h>

/* Lässt sich dieses Listing nicht übersetzen,
 * entfernen Sie __attribute__((packed)) und
 * verwenden stattdessen #pragma pack(1).
 */

/* #pragma pack(1) */
struct speicher {
   char x;
   int z;
} __attribute__ ((packed));

int main(void) {
   struct speicher test;

   printf("%u Bytes\n",sizeof(test));
   return EXIT_SUCCESS;
}
```

Damit benötigt die Struktur tatsächlich 5 Byte. Dies funktioniert bei manchen Compilern auch bei den `enum`-Aufzählungen:

```
/* alignment3.c */
#include <stdio.h>
#include <stdlib.h>

/* #pragma pack(1); */
enum{TRUE,FALSE}__attribute__ ((packed));

int main(void) {
   printf("%u Bytes\n",sizeof(TRUE));
   return EXIT_SUCCESS;
}
```

Das Beispiel funktionierte beim Testen allerdings nur mit dem `gcc`-Compiler. In diesem Fall wird durch `packed` ein 1-Byte-Alignment angelegt. Das ist gegenüber den vier Bytes ohne `packed` beachtlich. Diese Werte können natürlich von System zu System unterschiedlich sein.

Hinweis

Natürlich müssen Sie sich auch darüber im Klaren sein, dass hier zwischen Performance und Speicherplatz gewählt wird. Schließlich greifen Sie ja in die geschwindigkeitsoptimierte Speicherung des Betriebssystems ein.

Bei den Vorteilen, die mit `packed` oder dem Pragma `pack` erzielt werden, sollten Sie auch die Nachteile beachten. Wenn diese Daten (`struct speicher`) auf einem System mit fünf Bytes pro Struktur in einer Datei gespeichert werden, kann es passieren, dass diese Daten auf einem anderen System falsch angezeigt werden, weil das System vielleicht dort die Option `packed` nicht kennt und einfach ignoriert. Außerdem könnten Low-Level-Funktionen fehlschlagen, da sich die Daten wegen des Alignments nicht dort befinden, wo die Funktionen diese vermutet.

15.13 Bitfelder

Bitfelder sind Strukturelemente, die mit weniger als 1 Byte in eine Struktur gepackt werden können. Laut ANSI C müssen die einzelnen Elemente von Bitfeldern vom Datentyp `int` oder `unsigned int` sein.

Als Beispiel soll hier ein Roboter für eine Fließbandproduktion programmiert werden. Der Roboter muss ein bestimmtes Produkt von Position A nach Position B transportieren. Dazu sind folgende Arbeitsabläufe erforderlich:

1. Produkt zum Befördern vorhanden (Sensor 1 = aktiv). Wenn ja ...
2. Produkt erfassen und hochheben und auf das Fließband legen. Wenn Produkt auf Fließband liegt (Sensor 2 = aktiv), dann ...
3. Fließband bewegen (Schalter 1) und warten, bis Produkt beim Sensor 3 ankommt. Dann wieder prüfen, ob ein Produkt auf Sensor 1 vorhanden ist. Falls an Sensor 1 ein Produkt vorhanden ist, alles wieder von vorn.

Dieser Vorgang soll auch überprüft werden, und bei einem Fehler wird ein Fehlercode ausgegeben, für den es eine entsprechende Stringtabelle gibt. Außerdem wird dazu eine Anzeige benötigt. Es wird davon ausgegangen, dass der Roboter bereits mit dem PC verbunden ist. Hier sehen Sie die Struktur des Roboters:

```
struct robo {
   unsigned char sensor1;
   unsigned char sensor2;
   unsigned char sensor3;
   unsigned char schalter;
   unsigend int Ausgabe;
} Roboter1;
```

Mit dieser Struktur benötigt der Roboter 48 Bits (6 Bytes bzw. 8 Bytes wegen des Alignments des Betriebssystems). Wenn jetzt noch mehrere Roboter hinzukommen, ist das eine Speicherplatzverschwendung, und Speicherplatz ist bei solchen Systemen meistens kostbar. Häufig ist bei solchen Automatisierungsrobotern nicht unbegrenzt Speicherplatz vorhanden. Bei den Sensoren und Schaltern benötigen Sie in der Regel nur zwei Schaltstellungen: 1 für »betätigt« und 0 für »unbetätigt«. In C ist es auch möglich, einzelne Bits einer Struktur mit sogenannten Bitfeldern anzusprechen.

Die Deklaration eines solchen Bitfelds hat folgende Syntax:

```
Typ Elementname : Breite ;
```

Für den `Typ` können Sie einen beliebigen Ganzzahltyp wie `int`, `signed int`, `unsigned int` oder `_Bool` verwenden. Sie können auch Typqualifizierer nutzen. Den `Elementnamen` benötigen Sie, um auf das Bitfeld zugreifen zu können. Sie können auch ein anonymes Bitfeld ohne `Elementnamen` definieren. Solche namenlosen Bitfelder dienen zum Auffüllen eines Bitfeldes, um die Bitzahl auf ein bestimmtes Rechnerwort einzustellen. Mit `Breite` geben Sie die Anzahl der Bits an, die für das Element verwendet werden sollen. Hierbei muss ein ganzzahliger positiver Ausdruck verwendet werden. Ein Bitfeld mit einer Breite von `n` kann außerdem `2n` verschiedene Werte speichern.

Solche Bitfelder haben außerdem den Vorteil, dass sie wie gewöhnliche Struktur- bzw. Union-Elemente mit dem Elementnamen angesprochen werden.

Bezogen auf das Beispiel unseres Automatisierungsroboters sieht dies folgendermaßen aus:

```
struct robo {
   unsigned int sensor1:1;
   unsigned int sensor2:1;
   unsigned int sensor3:1;
   unsigned int schalter:1;
   unsigned int Ausgabe:4;
} Roboter1;
```

Jetzt benötigt die Struktur im Grunde nur noch acht Bits (ein Byte). Wenn Sie allerdings mit `sizeof` prüfen, werden Sie feststellen, dass dieses Bitfeld trotzdem vier Byte belegt. Dies liegt daran, dass das kleinstmögliche Rechnerwort, das der Compiler für ein Bitfeld reserviert, `sizeof(int)` groß ist. Die restlichen drei Bytes in diesem Beispiel sind praktisch leer. Gleiches gilt hierbei natürlich auch, wenn Sie beispielsweise ein Bitfeld mit 40 Bits (fünf Bytes) erstellen. Hier muss der Compiler ein weiteres Rechnerwort (`sizeof(int)`) reservieren, sodass das fünfte

Byte am Anfang des nächsten Rechnerworts liegt und somit insgesamt 8 Bytes benötigt werden.

> **Hinweis**
>
> Da Bitfelder keine adressierbare Speicherstelle belegen, können Sie hierbei weder den Adressoperator `&` noch das Makro `offsetof` anwenden.

Hier sehen Sie das Beispiel dazu:

```
/* bitfields.c */
#include <stdio.h>
#include <stdlib.h>

enum{ OFF, ON };

struct robo {
   unsigned int Sensor1:1;
   unsigned int Sensor2:1;
   unsigned int Sensor3:1;
   unsigned int Schalter:1;
   unsigned int Ausgabe:4;
} Roboter1;

char *msg[7] = {
   "Kein Signal an Sensor 1!\n",
   "Kein Signal an Sensor 2!\n",
   "Kein Signal an Sensor 3!\n",
   "Schalter 1 nicht betätigt!\n",
   "Notaus betätigt!\n",
   "Kein Strom!\n"
};

int main(void) {
   int anzahl;

   do {
      printf("Wie viele Produkte von Pos.A nach Pos.B : ");
      do{ scanf("%d",&anzahl); } while(getchar() != '\n');

      while((anzahl>0) && (anzahl--)) {
         /* Sollte durch echte Schnittstelle ersetzt werden. */
         Roboter1.Sensor1=ON;
         printf("Sensor 1 ist aktiv\n");
```

```
if(Roboter1.Sensor1 == ON)
   printf("Produkt wird aufgenommen und "
          "zum Fließband transportiert\n");
else {

   /* Fehler: Sensor 1 nicht aktiv
    * Fehlermeldung ausgeben */
   Roboter1.Ausgabe = 0;
   printf("%s\n", msg[Roboter1.Ausgabe]);
}
  /* Sollte durch echte Schnittstelle ersetzt werden. */
   Roboter1.Sensor2=ON;
   printf("Sensor 2 ist aktiv\n");
   if(Roboter1.Sensor2 == ON) {
      printf("Produkt ist auf dem Fließband\n");
      printf("Bitte >>ENTER<< drücken"
             " für den Schalter\n");
      getchar();
      printf("Schalter ist eingeschaltet!\n");
      /* Sollte durch echte Schnittstelle
       * ersetzt werden. */
      Roboter1.Schalter=ON;
   }
   else {
      Roboter1.Ausgabe=1;
      printf("%s\n",msg[Roboter1.Ausgabe]);
      Roboter1.Ausgabe=3;
      printf("%s\n", msg[Roboter1.Ausgabe]);
   }
   /* Sollte durch echte Schnittstelle
    * ersetzt werden. */
   Roboter1.Sensor3=ON;
   printf("Sensor 3 aktiv\n");
   if(Roboter1.Sensor3 == ON) {
      printf("Produkt am Ziel angekommen!\n");
      printf("Schalter für Fließband auf OFF\n");
      printf("Roboter wieder betriebsbereit\n");
      printf("Weiter mit >>ENTER<<\n");
      getchar();
      Roboter1.Schalter=OFF;
   }
   else {
      Roboter1.Ausgabe = 2;
      printf("%s\n", msg[Roboter1.Ausgabe]);
   }
```

```
      }
   } while(anzahl > 0);
   Roboter1.Sensor1=OFF;
   Roboter1.Sensor2=OFF;
   Roboter1.Sensor3=OFF;
   Roboter1.Ausgabe=0;
   printf("%s\n",msg[Roboter1.Ausgabe]);
   return EXIT_SUCCESS;
}
```

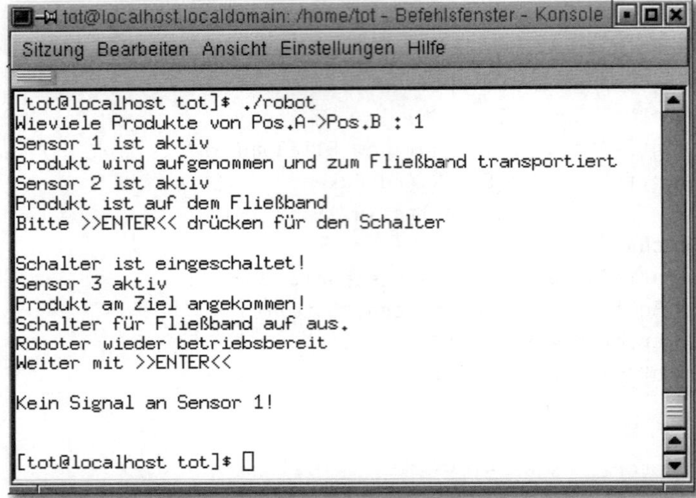

Abbildung 15.11 Der Roboter im Einsatz

Dass die Struktur `robo` hier vier Bytes und nicht ein Byte groß ist, liegt am Alignment des Betriebssystems. Hier kann der Speicherplatz mit dem Keyword `attribute` oder dem Pragma `pack` auf ein Byte zusammengepackt werden. Vorausgesetzt, der Compiler unterstützt dies:

```
//#pragma pack(1)
struct robo {
   unsigned Sensor1:1;
   unsigned Sensor2:1;
   unsigned Sensor3:1;
   unsigned Schalter:1;
   unsigned Ausgabe:4;
} __attribute__ ((packed)) Roboter1;
```

Abbildung 15.12 zeigt diese Struktur nochmals schematisch.

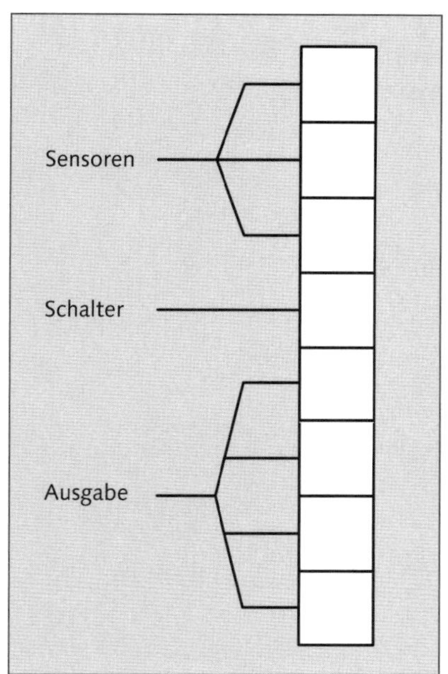

Abbildung 15.12 Bitbelegung der einzelnen Bitfelder der Struktur »robo«

Das Dumme an diesem Beispiel ist, dass es zu gar nichts taugt, da keine Verbindung mit einem Roboter besteht. Zeilen wie

```
Roboter1.Sensor1=ON;

Roboter1.Sensor2=ON;
```

müssen selbst eingegeben werden.

Daher folgt jetzt ein ausführbares Beispiel, das zeigt, was eine Schnittstelle bzw. eine Adresse zum PC genau ist. Es wird der Druckerstatus am Port LPT1 überprüft. Das Listing ist nur unter MS-DOS ausführbar und nicht ANSI-C-konform:

```
/* check_printer.c */
#include <stdio.h>
#include <stdlib.h>
#include <dos.h>
/* 0x378 ist die Adresse der Schnittstelle von LPT1. */
#define LPT1_PORT 0x378

struct status {
   unsigned        :3;    /* Bit 0-2 nicht verwendet */
   unsigned fehler :1;    /* 0=Druckerfehler         */
   unsigned online :1;    /* 1=Drucker online        */
```

```
   unsigned papier :1;      /* 1=kein Papier            */
   unsigned empfang:1;      /* Empfangsbestätigung      */
   unsigned busy   :1;      /* Drucker bereit           */
} LPT1_status;

/* Status am LPT1-Port auslesen */
void druckerstatus(char *statuszeiger) {
   *statuszeiger = inp( LPT1_PORT+1 ) & 0xF8;
}

int main(void) {
   druckerstatus( (char *) &LPT1_status);
   if(LPT1_status.busy && LPT1_status.online) {
      printf("Drucker ist bereit!\n");
      return EXIT_SUCCESS;
   }
   else if(!LPT1_status.online)
      printf("Drucker nicht online!\n");
   else if(LPT1_status.papier)
      printf("Kein Papier vorhanden!\n");
   else
      printf("Drucker ist nicht bereit!\n");
   return EXIT_SUCCESS;
}
```

Die Adresse `0x378` stellt die Adresse des Ports LPT1 dar. Das Statusregister, das hier überprüft wird, sieht so intern aus, wie in Abbildung 15.13 dargestellt.

Diese Struktur ähnelt der Struktur, die oben bei den Robotern verwendet wurde. Die Bits 0–2 werden nicht verwendet. Die Bits 3–7 geben anschließend den Status des Druckers zurück – je nachdem, welche Bits gesetzt sind und welche nicht. Die Funktion `druckerstatus()` liefert den Status zurück. Neu ist bei diesem Programm:

```
unsigned:3;
```

Hiermit werden drei Bits ohne Namen definiert. Im Beispiel sind es die ersten drei Bits, die ungenutzt bleiben. Sie können im Programm nicht verwendet werden und werden als anonyme Bitfelder bezeichnet.

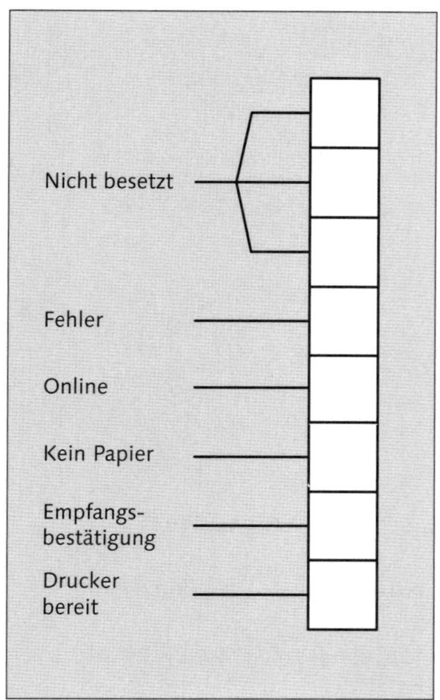

Abbildung 15.13 Bitbelegung eines Druckers am LPT1-Port unter MS-DOS

15.14 Das »offsetof«-Makro

Um den Abstand der einzelnen Strukturelemente in Bytes zu ermitteln, können Sie das Makro `offsetof()` verwenden, das in der Headerdatei *<stddef.h>* deklariert ist. Hier sehen Sie die Syntax dazu:

```
#include <stddef.h>

size_t offsetof(struktur, name_strukturelement);
```

Das Makro liefert, wie schon erwähnt, den Abstand vom Anfang der Struktur bis zu dem Strukturelement, das als zweites Argument angegeben ist. Ist das Makro auf Ihrem System nicht vorhanden, so lässt es sich ohne großen Aufwand selbst implementieren:

```
#define offsetof(struct_type, member) \
        (size_t) &(((struct_type *)0)->member)
```

Ein einfaches Listing dazu:

```
/* offsetof.c */
#include <stdio.h>
#include <stdlib.h>
#include <stddef.h>
#define MAX 15

struct data{
   char datei[MAX];
   unsigned int flag;
   char eigentuemer[MAX];
   char passwort[MAX];
};

int main(void) {
   struct data newfile = { "testfile", 0, "its_me", "believe" };

   printf("Vom Anfang zur Strukturvariable flag     : %d Bytes\n",
      offsetof(struct data, flag));
   printf("Vom Anfang  zur Strukturvariable owner   : %d Bytes\n",
      offsetof(struct data, eigentuemer));
   printf("Vom Anfang zur Strukturvariable passwort: %d Bytes\n",
      offsetof(struct data, passwort));
 return EXIT_SUCCESS;
}
```

Sie erhalten hier jeweils den Abstand in Bytes vom Anfang der Struktur bis zum jeweiligen Strukturelement.

Hinweis

Beachten Sie, dass das Makro `offsetof` nicht bei Bitfeldern funktioniert, da Bitfelder keine adressierbare Speicherstelle belegen.

Was wäre eine Programmiersprache, ohne dass Daten gespeichert werden können – zum Beispiel auf einen Datenträger? In diesem sehr umfangreichen Kapitel geht es ausschließlich um den Fluss der Daten. Gemeint sind damit die Eingabe und Ausgabe von Daten.

16 Ein-/Ausgabe-Funktionen

16.1 Was ist eine Datei?

Häufig wendet man elementare Datei-E/A-Funktionen (E/A steht für *Eingabe/Ausgabe*) an, ohne sich Gedanken darüber zu machen, was eine Datei eigentlich ist. Im Prinzip können Sie sich eine Datei als ein riesengroßes `char`-Array vorstellen. Das `char`-Array besteht dabei aus einer Folge von Bits und Bytes – unabhängig davon, ob es sich um eine Textdatei oder eine ausführbare Datei handelt. Sehen Sie sich mit einem Hex-Editor einmal eine ausführbare Datei aus der Sicht des Computers an. Wenn Sie dasselbe mit einer Textdatei machen, werden Sie feststellen, dass es keine gravierenden Unterschiede zwischen den beiden Dateien gibt. Es wird dabei von einem *Byte Stream* oder einfach kurz von einem *Stream* gesprochen.

16.2 Formatierte und unformatierte Ein-/Ausgabe

In C besteht die Möglichkeit, von zwei verschiedenen Ebenen aus auf eine Datei zuzugreifen: zum einen von der höheren Ebene (*High-Level*) aus und zum anderen von der niedrigeren Ebene (*Low-Level*).

Mit der höheren Ebene kann wesentlich komfortabler und vor allem portabler programmiert werden. Die Funktionen der höheren Ebene entsprechen dem ANSI-C-Standard. Zu den Vorteilen der höheren Ebene gehören z. B. eine formatierte Ein- und Ausgabe und ein optimal eingestellter Puffer. Der Puffer ist ein Bereich im Arbeitsspeicher, der als Vermittler zwischen Daten und Zielort fungiert.

Der Unterschied zwischen der höheren und der niedrigeren Ebene besteht in der Form, wie die Daten in einem Stream von der Quelle zum Ziel übertragen werden. Bei der höheren Ebene ist der Stream eine formatierte Dateneinheit (wie

z. B. mit `printf()`). Hingegen handelt es sich bei der niedrigeren Ebene um einen unformatierten Byte-Stream.

16.3 Standard-Streams

Streams sind einfache Datenströme, mit denen Daten von der Quelle zum Ziel bewegt werden. Es gibt Standard-Streams in C wie die Standardeingabe (`stdin`), die Standardausgabe (`stdout`) und die Standardfehlerausgabe (`stderr`). Auf sie gehe ich in Abschnitt 16.10, »Standard-Streams in C«, noch genauer ein.

Beim Start eines Programms sind die Standard-Streams `stdin`, `stdout` und `stderr` weder byte- noch wide-orientiert.

16.4 Höhere Ein-/Ausgabe-Funktionen

Beginnen wir mit einem kleinen Überblick über die Funktionen, die in der Headerdatei *<stdio.h>* deklariert sind und zur formatierten Ein-/Ausgabe verwendet werden (siehe Tabelle 16.1).

Funktion	Beschreibung
`fopen`	Datenstrom öffnen
`fclose`	Datenstrom schließen
`feof`	Testet auf Dateiende im Stream.
`ferror`	Testet auf Fehler im Stream.
`fflush`	Leert den Puffer im Datenstrom.
`fgetc`	zeichenweise lesen vom Stream
`fgets`	zeilenweise lesen vom Stream
`fgetpos`	Position im Stream ermitteln
`fprintf`	formatierte Ausgabe an den Stream
`fputc`	zeichenweise schreiben in den Stream
`fputs`	Schreibt einen String in den Stream.
`freopen`	Datenstrom erneut öffnen
`fscanf`	formatierte Eingabe vom Stream
`fseek`	Dateizeiger neu positionieren
`fsetpos`	Dateizeiger neu positionieren

Tabelle 16.1 Übersicht zu den Standard-Ein-/Ausgabe-Funktionen

Funktion	Beschreibung
`ftell`	Position im Stream ermitteln
`getc`	zeichenweise lesen vom Stream
`getchar`	zeichenweise lesen von `stdin`
`gets`	Liest String von `stdin` (unsichere Funktion).
`printf`	formatierte Ausgabe an `stdout`
`putc`	zeichenweise schreiben in den Stream
`putchar`	zeichenweise schreiben an `stdout`
`puts`	Zeichenkette an Stream `stdout`
`rewind`	Position von Stream auf Anfang
`scanf`	formatierte Eingabe von `stdin`
`setbuf`	Streampuffer einrichten
`setvbuf`	Streampuffer verändern
`sprintf`	formatierte Ausgabe in einem String
`sscanf`	formatierte Eingabe aus einem String
`ungetc`	Zeichen zurück in den Stream

Tabelle 16.1 Übersicht zu den Standard-Ein-/Ausgabe-Funktionen (Forts.)

Hinweis

Die Deklarationen für die Ein- und Ausgabe von Breitzeichen mit `wchar_t` befinden sich in der Headerdatei *<wchar.h>*.

All diese Funktionen werden Sie auf den nächsten Seiten etwas genauer kennenlernen und anwenden.

16.5 Datei (Stream) öffnen – »fopen«

Die Bearbeitung von Dateien erfolgt in C immer zeichenorientiert. Da Dateien zunächst nichts anderes sind als eine unstrukturierte Folge von Einzelzeichen, spielt es keine Rolle, mit welcher Art von Daten gearbeitet wird. Erst bei der Verarbeitung der Daten bekommen die Einzelzeichen eine Bedeutung und eine Struktur.

Zuerst soll eine einfache Textdatei zum Lesen geöffnet werden. Dabei gehen Sie folgendermaßen vor:

```
FILE *datei;
...
datei = fopen("textdatei.txt", "r");
```

Es wurde eine Textdatei mit dem Namen *textdatei.txt* geöffnet. Mithilfe des Zeigers `datei` vom Typ `FILE` wird dabei ein Lese-Stream zu dieser Textdatei eingerichtet. Die Syntax der Funktion `fopen()` lautet:

```
#include <stdio.h>

FILE *fopen( const char * restrict pfadname,
             const char * restrict modus);
```

Als Pfadangabe (`pfadname`) ist jeder zulässige String erlaubt. Sollten Sie unter einem Microsoft-Betriebssystem programmieren, kann auch eine Laufwerksangabe erfolgen. Die maximale Stringlänge für `pfadname` ist in der Konstante `FILENAME_MAX` deklariert, die sich ebenso in der Headerdatei *<stdio.h>* befindet. Mit `modus` geben Sie an, wie auf den Stream zugegriffen wird. Im Beispiel wurde der Modus `"r"` (für *read*) zum Lesen von der Datei verwendet. Auf die einzelnen möglichen Modi gehe ich gleich ein. Wenn beim Öffnen einer Datei alles planmäßig verlief, wird der `FILE`-Zeiger zurückgegeben. Bei einem Fehler erhalten Sie hingegen den `NULL`-Zeiger zurück.

Der `FILE`-Zeiger – es wird ja auch von einem `FILE`-Stream gesprochen – ist eine Struktur, die in der Headerdatei *<stdio.h>* deklariert ist. Diese Struktur beinhaltet alle Informationen, die für die höheren Datei-E/A-Funktionen benötigt werden, beispielsweise:

- den Puffer – die Anfangsadresse, den aktuellen Zeiger, die Größe
- den File-Deskriptor (mehr dazu bei den Funktionen der niedrigeren Ebene)
- die Position des Schreib- oder Lesezeigers
- die Fehler- und EOF-Flags

Natürlich können Sie auch mehrere Dateien auf einmal öffnen:

```
FILE *datei, *datei2;
...
// Datei textdatei.txt zum Lesen öffnen
datei = fopen("textdatei.txt", "r");

// Datei textdat2.txt zum Lesen öffnen
datei2 = fopen("textdat2.txt", "r");
```

Kommen wir jetzt zu einem ausführbaren Beispiel der Funktion `fopen()`:

```
/* fopen1.c */
#include <stdio.h>
#include <stdlib.h>

int main(void) {
   FILE *datei;

   /* Bitte Pfad und Dateinamen anpassen */
   datei = fopen("test.txt", "r");
   if(NULL == datei) {
      printf("Konnte Datei \"test.txt\" nicht öffnen!\n");
      return EXIT_FAILURE;
   }
   return EXIT_SUCCESS;
}
```

Das Programm öffnet (falls vorhanden) die Datei *test.txt*. Konnte diese Datei nicht geöffnet werden bzw. ist sie nicht vorhanden, dann liefert die Funktion `fopen()` den `NULL`-Zeiger zurück. In diesem Beispiel muss sich die Datei *test.txt* im selben Verzeichnis befinden wie das ausführbare Programm. Liegt die Datei *test.txt* hingegen im Verzeichnis

C:\Dokumentationen\Texte\test.txt

dann muss das erste Argument in der Funktion `fopen()` folgendermaßen aussehen:

```
datei = fopen("c:\\Dokumentationen\\Texte\\test.txt", "r");
```

Bei Microsoft-Systemen müssen Sie darauf achten, dass statt nur einem Backslash zwei (`\\`) geschrieben werden, um das Zeichen `'\'` anzuzeigen. Bei Linux/UNIX ist das einfacher. Ist das Verzeichnis

```
/home/Texte/test.txt
```

dann muss sich Folgendes im ersten Argument befinden:

```
datei = fopen("/home/Texte/test.txt", "r");
```

Unter UNIX/Linux gibt es außerdem keine Laufwerksbezeichnung, da dort jedes Gerät – egal ob Festplatte, CD/DVD-ROM oder Diskette – als Datei betrachtet werden kann.

Hinweis

Bei den meisten Compilern unter MS-Windows kann mittlerweile die Pfadangabe ebenfalls mit einem einfachen Slash (*c:/pfad/pfad*) erfolgen – wie bei Linux/UNIX üblich.

Es gibt noch weitere Unterschiede zwischen diesen beiden Betriebssystemen. Tabelle 16.2 zeigt eine Gegenüberstellung von Linux/UNIX und Microsoft-Systemen.

Eigenschaft	Linux	MS-Windows
Erlaubte Zeichen	alle Zeichen	Buchstaben, Zahlen und einige Sonderzeichen
Laufwerksbezeichnung	keine	A:, B:, C:, ... Z:

Tabelle 16.2 Systemabhängiges bei der Angabe der zu öffnenden Datei

16.5.1 Modus für »fopen()«

Außer dem Lesezugriff (`"r"`), den Sie bereits verwendet haben, gibt es eine Reihe weiterer Zugriffsmöglichkeiten auf einen Stream. Tabelle 16.3 enthält einen Überblick über die vorhandenen Modi und deren Bedeutung.

Modus	Bedeutung
`"r"`	Öffnen einer Datei zum Lesen. Wenn die Datei nicht existiert oder nicht geöffnet werden konnte, gibt `fopen()` `NULL` zurück.
`"w"`	Anlegen einer Datei zum Ändern. Wenn die Datei nicht geändert werden kann bzw. wenn keine Schreibberechtigung besteht, liefert hier `fopen()` `NULL` zurück. Wenn unter Windows/MS-DOS die Datei ein Read-only-Attribut hat, kann sie nicht geöffnet werden.
`"a"`	Öffnet die Datei zum Schreiben oder zum Anhängen an das Ende der Datei. Wenn die Datei nicht vorhanden ist, liefert `fopen()` wieder `NULL` zurück. Auch `NULL` wird zurückgeliefert, wenn keine Zugriffsrechte bestehen.
`"r+"`	Öffnet die Datei zum Lesen und Schreiben, also zum Verändern. Bei Fehlern oder mangelnden Rechten liefert `fopen()` auch hier `NULL` zurück.
`"w+"`	Anlegen einer Datei zum Ändern. Existiert eine Datei mit gleichem Namen, wird diese zuvor gelöscht. Bei Fehlern oder mangelnden Rechten liefert `fopen()` hier `NULL` zurück.
`"a+"`	Öffnen einer Datei zum Lesen oder Schreiben am Ende der Datei. Falls noch keine Datei vorhanden ist, wird eine angelegt. Bei Fehlern oder mangelnden Rechten liefert `fopen()` `NULL` zurück.

Tabelle 16.3 Modus zum Öffnen einer Datei mit »fopen( )«

Damit dieses Buch auch als Referenz zu gebrauchen ist, bietet Tabelle 16.4 eine schnellere Übersicht über die einzelnen Modi.

Bewirkt	r	w	a	r+	w+	a+
Datei ist lesbar.	x			x	x	x
Datei ist beschreibbar.		x	x	x	x	x
Datei ist nur am Dateiende beschreibbar.			x			x
Existierender Dateiinhalt geht verloren.		x			x	

Tabelle 16.4 Schnellübersicht über die Bearbeitungsmodi

Hinweis

Wenn Sie unter Linux eine neue Datei mit dem Modus `"w"` oder `"a"` anlegen wollen, schreibt der POSIX-Standard vor, dass die Datei mit folgenden Rechten angelegt wird: `-rw-rw-rw`

An diese Modi können außerdem zwei weitere Zeichen angehängt werden, die zwischen Text- und Binärdateien unterscheiden (siehe Tabelle 16.5).

Zusätzlicher Modus	Bedeutung
`b`	Die Datei wird im Binärmodus geöffnet. Die Zeichen werden dabei nicht verändert bzw. konvertiert. Das heißt, jedes Zeichen wird so weitergegeben, wie es in der Datei steht, und es wird so in die Datei geschrieben, wie die Schreibfunktion eingestellt ist. Der Modus `b` wird bei Linux nicht verwendet und bei Angabe ignoriert. Er wird nur aus Kompatibilitätsgründen zu ANSI C beibehalten.
`t`	Die Datei wird im Textmodus geöffnet und sollte daher auch lesbare Textzeichen beinhalten.

Tabelle 16.5 Text- und Binärmodus

Lassen Sie ich kurz den Unterschied zwischen Textdateien und Binärdateien erläutern: Textdateien sind für den Menschen mit einem Editor lesbar, wogegen Binärdateien bzw. binäre Zeichen (0,1) die Sprache bilden, die der Computer versteht. Für einen Menschen sind Binärdateien kaum lesbar. Daher bestehen Textdateien immer aus sichtbaren ASCII-Zeichen und ein paar Steuercodes, wie etwa Zeilenschaltungen oder Tabulatoren. Für die Bearbeitung reiner Textdateien ist der Modus `t` gedacht. Da bei MS-DOS ein Zeilenende mit der Sequenz `\r\n` angezeigt wird und bei Linux nur durch ein einzelnes `\n`, führen Compiler für MS-DOS/Windows im Textmodus `t` folgende Konvertierung durch:

- Beim Schreiben in eine Textdatei wird ein `\n` automatisch in ein `\r\n` konvertiert.
- Beim Lesen einer Textdatei wird ein `\r\n` in ein einzelnes `\n` konvertiert.

- Beim Lesen einer Textdatei wird die Tastenkombination [Strg] + [Z] (unter MS-Windows/DOS) und [Strg] + [D] (unter Linux/UNIX) als Dateiende interpretiert und liefert automatisch EOF (*End Of File*).

Hinweis

Um die Anpassung müssen Sie sich als Programmierer allerdings nicht mehr direkt kümmern, weil dies von den Funktionen der Standard-Bibliothek vorgenommen wird.

Im Binärmodus wird diese Konvertierung nicht vorgenommen. Bei Linux/UNIX bedeutet das b nichts, wie in Tabelle 16.5 schon erwähnt wurde, und wird bei Verwendung ignoriert. Unter Linux wird außerdem jede Datei binär gespeichert.

Den Namen der zu öffnenden Datei können Sie natürlich auch mithilfe von Argumenten aus der Kommandozeile angeben. Ein Beispiel:

```
/* fopen2.c */
#include <stdio.h>
#include <stdlib.h>

int main(int argc, char *argv[]) {
   FILE *datei;

   if(argc < 2) {
      printf("Verwendung : %s [datei_zum_Oeffnen]\n", *argv);
      return EXIT_FAILURE;
   }
   datei = fopen(argv[1], "r");
   if(datei != NULL)
      printf("Datei erfolgreich geöffnet\n");
   else {
      printf("Fehler beim Öffnen der Datei");
      return EXIT_FAILURE;
   }
   return EXIT_SUCCESS;
}
```

Zuerst wird überprüft, ob zwei Argumente in der Kommandozeile eingegeben wurden. Ist dies nicht der Fall, wird eine entsprechende Fehlermeldung ausgegeben. Ansonsten wird versucht, die Datei zu öffnen, die Sie in der Kommandozeile mit dem zweiten Argument angegeben haben. Tritt dabei ein Fehler auf, liegt dies meistens an einer falschen Pfadangabe oder unzureichenden Rechten einer Datei.

16.5.2 Maximale Anzahl geöffneter Dateien – »FOPEN_MAX«

Bei einem Programm, bei dem sehr viele Dateien gleichzeitig geöffnet werden, sollten Sie eine Überprüfung mit der Konstante `FOPEN_MAX` aus der Headerdatei *<stdio.h>* vornehmen. Diese Konstante legt fest, wie viele Dateien gleichzeitig pro Prozess geöffnet werden dürfen. Testen können Sie dies z. B. so:

```
/* fopen3.c */
#include <stdio.h>
#include <stdlib.h>

int main(void) {
   printf("Max. offene Dateien : %d\n",FOPEN_MAX);
   return EXIT_SUCCESS;
}
```

Hinweis für Fortgeschrittene

Laut ANSI C sollten Sie per `fopen()` mindestens acht Dateien mit einem Prozess öffnen können.

Meistens liegt dieser Wert aber weitaus höher. Außerdem sind mit acht Dateien reale Streams gemeint, also ohne die Standard-Streams `stdin`, `stdout` und `stderr`. Dies möchte ich für den Fall erwähnen, dass Sie die Struktur `FILE` tatsächlich auf die Anzahl offener Dateien überprüfen und sich wundern, warum dabei immer mehr Streams offen sind, als Sie in Wirklichkeit geöffnet haben.

Damit alles reibungslos mit dem erfolgreich zurückgegebenen Stream verläuft und Sie problemlos in Dateien schreiben bzw. aus diesen lesen können, müssen Sie bei der Anwendung der Funktion `fopen()` noch folgende Punkte berücksichtigen:

- Fehlerflags und EOF-Flags werden beim Öffnen einer Datei zurückgesetzt.
- Wollen Sie, nachdem Sie aus einem Stream gelesen haben, in diesen schreiben, so geht dies nur, wenn Sie vorher eine der folgenden Funktionen verwenden: `fflush()`, `fsetpos()`, `fseek()` oder `rewind()`.
- Wollen Sie aus einem Stream lesen, in den Sie zuvor geschrieben haben, dann müssen Sie eine der Funktionen `fsetpos()`, `fseek()` oder `rewind()` verwenden; außer es wurde das Dateiende (`EOF`) gelesen.

Machen Sie sich keine Sorgen, falls Sie diese Punkte noch nicht verstanden haben – Sie werden auf den nächsten Seiten aufgeklärt.

16.6 Zeichenweise lesen und schreiben – »getchar()« und »putchar()«

Um zeichenweise aus dem Stream stdin (Standardeingabe) zu lesen und zeichenweise auf stdout (Standardausgabe) zu schreiben, können Sie folgende Funktionen verwenden:

```
#include <stdio.h>

// Lesen (zeichenweise) von stdin
int getchar();

// Schreiben (zeichenweise) auf stdout
int putchar(int c);
```

getchar() dient zum Einlesen einzelner Zeichen von der Standardeingabe; normalerweise ist dies die Tastatur. Ein wenig verwirrend dürfte der Rückgabewert der Funktion getchar() sein, da dieser vom Datentyp int ist. Das liegt daran, dass ein char vor der Verwendung eines Ausdrucks in ein int konvertiert wird.

Etwas genauer: Das Problem der Verwendung von int liegt in der Konstante EOF (End of File), die das Ende einer Eingabe anzeigt. EOF ist eine define-Konstante, die in der Headerdatei *<stdio.h>* mit dem Wert –1 deklariert ist, damit sie nicht mit den normalen ASCII-Zeichen kollidiert. Früher, als noch 127 Zeichen verwendet wurden, war das kein Problem. Heute sind die Werte der Zeichen größer als 127, um zum Beispiel Umlaute wie ä, ö, ü und ß ausgeben zu können. Ist char dabei mit unsigned deklariert, könnten Zeichen zwischen 0 ... 255 Platz darin finden. Es ist dann aber kein Platz mehr für EOF (-1). Daher wurde einfach der Rückgabewert von getchar() als int deklariert, und damit können sowohl die 255 Zeichen als auch das EOF übermittelt werden – das Problem war gelöst.

Hierzu ein Listing:

```
/* echo_char.c */
#include <stdio.h>
#include <stdlib.h>

int main(void) {
   int c;

   while( (c = getchar()) !='.')
      putchar(c);
   return EXIT_SUCCESS;
}
```

Wenn hierbei mehrere Zeichen eingegeben werden und [↵] gedrückt wird, wird der Text Zeichen für Zeichen auf dem Bildschirm ausgegeben. Dies geschieht so lange, bis ein einzelnes Zeichen dem eines Punktes entspricht. Dann ist die while-Bedingung unwahr. Sie können als Abbruchbedingung auch EOF angeben:

```
while((c = getchar()) != EOF);
```

Hiermit werden so lange Zeichen eingelesen, bis die Tastenkombination [Strg] + [Z] (unter MS-Systemen) oder [Strg] + [D] (unter Linux) gedrückt wird, die EOF nachbildet.

Hinweis für Programmierneulinge

Auch wenn es bei der Funktion getchar() den Anschein hat, dass hier mit ganzen Strings gearbeitet wird, ist dem nicht so. Diese Funktion liest Zeichen für Zeichen aus einem Puffer.

Dies geschieht aber erst, wenn die Taste [↵] gedrückt wird. Wenn Sie nach einer Funktion suchen, die auf das Betätigen einer bestimmten Taste wartet, könnte die Funktion getch() für Sie interessant sein. Für MS-DOS steht diese Funktion sofort zur Verfügung, z. B.: while((c=getch()) != 'q');. Damit wird das Programm so lange angehalten, bis die Taste [Q] gedrückt wird. Unter Linux müssen Sie dafür die Bibliothek *<ncurses.h>* oder *<termios.h>* verwenden. Der Nachteil von getch() ist, dass das Programm damit schlecht auf ein anderes System portiert werden kann.

Neben den byte-orientierten Funktionen getchar() und putchar() gibt es natürlich auch dieselben Funktionen für breite Zeichen. Hier sehen Sie die Syntax dazu:

```
#include <wchar.h>
// breite Zeichen von stdin (zeichenweise) einlesen
wint_t getwchar();
// breite Zeichen auf stdout (zeichenweise) ausgeben
wint_t putwchar(wint_t wc);
```

Der primitive Datentyp wint_t ist ein ganzzahliger Typ, der mindestens den Wertebereich des Typs wchar_t speichern kann. Zusätzlich kann wint_t auch den Wert WEOF speichern. WEOF ist ein Makro (ebenfalls vom Typ win_t) und ist ein Wert, der nicht mit einem erweiterten breiten Zeichensatz übereinstimmt. WEOF ist also das breite Gegenstück zu EOF, mit dem Unterschied, dass der Wert von WEOF nicht negativ sein muss.

Hinweis

Tritt bei der Konvertierung eines Multibyte-Zeichens in ein Breitzeichen ein Fehler auf, wird die Fehlervariable errno (siehe Abschnitt 16.22, »Fehlerbehandlung«) auf den Wert EILSEQ gesetzt.

Hier sehen Sie das breite Gegenbeispiel zum Listing *echo_char.c* mit wide-orientierten Streams:

```
/* echo_wchar.c */
#include <stdlib.h>
#include <wchar.h>

int main(void) {
   wint_t c;

   while( (c = getwchar()) != L'.')
      putwchar(c);
   return EXIT_SUCCESS;
}
```

Zur Funktion `getchar()` noch ein Listing:

```
/* count_char.c */
#include <stdio.h>
#include <stdlib.h>

int main (void) {
   int c,counter=0;

   printf("Bitte Eingabe machen:");
   /* Eingabe machen, bis mit Return beendet wird */
   while((c=getchar()) != '\n') {
      /* Leerzeichen und Tabulatorzeichen nicht mitzählen */
      if( (c != ' ') && (c != '\t') )
         counter++;      /* counter erhöhen */
   }
   /* Gibt die Anzahl eingegeb. Zeichen von 0 bis counter-1 aus.
    * Mit counter-1 wird das Zeichen '\0' nicht mitgezählt. */
   printf("Anzahl der Zeichen beträgt %d Zeichen\n", counter-1);
   return EXIT_SUCCESS;
}
```

Mit diesem Listing werden alle darstellbaren Zeichen gezählt, die Sie über die Tastatur eingeben. Leerzeichen und Tabulatoren werden jedoch nicht mitgezählt.

16.6.1 Ein etwas portableres »getch()«

Die folgende Frage wurde mir bereits unzählige Male gestellt: Wie kann ich den Programmablauf anhalten, bis eine bestimmte Taste gedrückt wird? Dafür gibt es leider keinen standardisierten Weg. Aber um Sie jetzt nicht im Regen stehen zu lassen, folgt hierfür ein etwas portableres `getch()`, das sowohl unter Linux/UNIX als auch unter MS-Windows funktioniert. Ihnen diese Funktion speziell unter Linux/UNIX näher zu erklären, würde ein wenig zu weit führen. Falls es Sie dennoch interessiert, können Sie mehr darüber auf meiner Homepage unter *http://www.pronix.de* erfahren. Bei MS-Windows gibt es dabei nicht viel zu sagen, nur dass die Headerdatei *<conio.h>* mit eingebunden werden muss, da sich darin diese Funktion befindet. Hier der Quellcode:

```
/* portable_getch.c */
#include <stdio.h>
#include <stdlib.h>
/* ... übersetzt unter Linux/UNIX? */
#ifdef __unix__
#include <termios.h>
#include <unistd.h>

static struct termios new_io;
static struct termios old_io;

/* Funktion schaltet das Terminal in den cbreak-Modus:         */
/* Kontrollflag ECHO und ICANON auf 0 setzen                   */
/* Steuerzeichen: Leseoperation liefert 1 Byte VMIN=1 VTIME=1 */
int cbreak(int fd) {
   /*Sichern unseres Terminals*/
   if((tcgetattr(fd, &old_io)) == -1)
      return -1;
   new_io = old_io;
   /* Wir verändern jetzt die Flags für den cbreak-Modus. */
   new_io.c_lflag = new_io.c_lflag & ~(ECHO|ICANON);
   new_io.c_cc[VMIN] = 1;
   new_io.c_cc[VTIME]= 0;

   /*Jetzt setzen wir den cbreak-Modus*/
   if((tcsetattr(fd, TCSAFLUSH, &new_io)) == -1)
      return -1;
   return 1;
}

int getch(void) {
   int c;

   if(cbreak(STDIN_FILENO) == -1) {
      printf("Fehler bei der Funktion cbreak ... \n");
      exit(EXIT_FAILURE);
   }
   c = getchar();
```

```
    /* alten Terminal-Modus wiederherstellen */
    tcsetattr(STDIN_FILENO, TCSANOW, &old_io);
    return c;
}

/* ... oder wird das Programm unter MS-Windows übersetzt? */
#elif __WIN32__ || _MSC_VER || __MS_DOS__
  #include <conio.h>
#endif

int main(void) {
  int zeichen;

  printf("Bitte 'q' drücken, um das Programm zu beenden!\n");
   /* Wartet auf das Zeichen q. */
  while(( zeichen=getch() ) != 'q');
  return EXIT_SUCCESS;
}
```

16.7 Zeichenweise lesen und schreiben – »putc()«/»fputc()« und »getc()«/»fgetc()«

Die Funktionen `getc()` und `fgetc()` sind das dateiorientierte Gegenstück zu `getchar()`. Sie werden verwendet, um einzelne Zeichen aus einem Stream zu lesen, der zuvor mit `fopen()` geöffnet wurde. Der Unterschied zwischen `getc()` und `fgetc()` besteht darin, dass `fgetc()` als eine Funktion implementiert ist und `getc()` ein Makro sein darf. Hier sehen Sie die Syntax dazu:

```
#include <stdio.h>

int getc(FILE *datei);
int fgetc(FILE *datei);
```

Folgende beiden Schreibweisen sind dabei identisch:

```
// Liest ein Zeichen aus der Standardeingabe.
getchar();

// Liest ebenfalls ein Zeichen aus der Standardeingabe.
fgetc(stdin);
```

Dazu folgt ein Listing, das eine Datei zum Lesen öffnet und anschließend den Inhalt der Datei Zeichen für Zeichen auf dem Bildschirm ausgibt. Eingelesen wird so lange, bis das Zeichen für Dateiende oder Fehler erreicht wird (`EOF`).

```
/* fgetc1.c */
#include <stdio.h>
#include <stdlib.h>

int main(void) {
   int c;
   FILE *datei;

   datei=fopen("test.txt", "r");
   if(datei != NULL) {
      while( (c=fgetc(datei)) != EOF)
         putchar(c);
   }
   else {
      printf("Konnte Datei nicht finden bzw. öffnen!\n");
      return EXIT_FAILURE;
   }
   return EXIT_SUCCESS;
}
```

Bei diesem Programm wird zuerst versucht, eine Textdatei im Lesemodus zu öffnen. Falls dies gelungen ist, wird der Text zeichenweise ausgelesen mit

```
while( (c=fgetc(datei)) != EOF)
```

und mit `putchar()` zeichenweise auf dem Bildschirm ausgegeben, bis ein Fehler oder `EOF` auftritt. Das Programm soll nun ein wenig erweitert werden:

```
/* fgetc2.c */
#include <stdio.h>
#include <stdlib.h>

void read_char(FILE *stream) {
   int c;

   while( (c=fgetc(stream)) !=EOF)
      putchar(c);
}

int main(int argc, char **argv) {
   FILE *datei;
   char filename[255];

   /* Falls die Datei zum Öffnen nicht
    * als Argument übergeben wurde ... */
   if(argc < 2) {
```

```
      printf("Welche Datei wollen Sie öffnen : ");
      scanf("%s",filename);
      datei = fopen(filename ,"r");
      if(datei != NULL)
         read_char(datei);
      else {
         printf("Fehler beim Öffnen von %s\n",filename);
         return EXIT_FAILURE;
      }
   }
   else {
      datei=fopen(argv[1],"r");
      if(datei != NULL)
         read_char(datei);
      else {
         printf("Konnte %s nicht öffnen!\n",argv[1]);
         return EXIT_FAILURE;
      }
   }
   return EXIT_SUCCESS;
}
```

In diesem Beispiel kann die Datei, die es zu öffnen gilt, entweder über die Kommandozeile eingegeben werden oder erst nach dem Start des Programms. Es empfiehlt sich, diese Schreibweise allgemein für Konsolenprogramme zu verwenden. Damit ist zumindest sichergestellt, dass auch Anwender, die mit dem Programm nicht vertraut sind, es bedienen können.

Als Nächstes betrachten wir das Gegenstück der Funktionen `getc()` und `fgetc()`. Für die beiden Funktionen `putc()` und `fputc()` gilt hinsichtlich ihres Unterschieds dasselbe wie bei `getc()` und `fgetc()`. `fputc()` ist somit als Funktion implementiert, und `putc()` darf ein Makro sein. Mit `putc()`/`fputc()` kann zeichenweise in einen Stream geschrieben werden. Die Syntax dieser Funktionen lautet:

```
#include <stdio.h>

int putc(int quelle, FILE *ziel);
int fputc(int quelle, FILE *ziel) ;
```

Damit wird das Zeichen `quelle` in den Stream `ziel` geschrieben. Der Rückgabewert ist das Zeichen in `quelle` oder bei einem Fehler bzw. am Dateiende `EOF`.

Dazu ein Listing, mit dem Sie eine Datei zeichenweise kopieren können:

```
/* copy_char4char.c */
#include <stdio.h>
```

```
#include <stdlib.h>

int main(void) {
   FILE *quelle, *ziel;
   int c;
   char name_q[255], name_z[255];

   printf("Name der Quelldatei : ");
   scanf("%s",name_q);
   quelle=fopen(name_q,"rb");
   if(quelle == NULL) {
      printf("Konnte %s nicht finden bzw. öffnen!\n",name_q);
      return EXIT_FAILURE;
   }
   else {
      printf("Name der Zieldatei : ");
      scanf("%s",name_z);
      ziel=fopen(name_z,"w+b");
      if(ziel==NULL)  {
         printf("Konnte Zieldatei nicht erzeugen!\n");
         return EXIT_FAILURE;
      }
      else {
         /* Wir kopieren zeichenweise von quelle nach ziel. */
         while( (c=getc(quelle)) != EOF)
            putc(c,ziel);
      }
   }
   return EXIT_SUCCESS;
}
```

In diesem Beispiel werden zwei Streams verwendet – einer, mit dem die Datei geöffnet wird, um daraus zu lesen, und ein zweiter, mit dem in eine weitere geöffnete Datei geschrieben wird:

```
FILE *quelle, *ziel;
```

Passend werden diese Streams `quelle` und `ziel` benannt. Zuerst wird eine Datei zum Lesen im `"rb"`-Modus geöffnet. Anschließend erfolgt eine Abfrage, wie die Zieldatei heißen soll. Falls die Zieldatei nicht existiert, wird diese erzeugt. Andernfalls wird diese Datei einfach überschrieben, da der Modus `"w+"` verwendet wurde. Hier wird außerdem der binäre Modus eingesetzt, da der Inhalt in diesem Fall beim Kopieren nicht von Interesse ist. Unter UNIX/Linux hat das `b` für den Binärmodus keine Bedeutung und wird somit ignoriert:

```
ziel = fopen(name_z, "w+b");
```

Anschließend wird überprüft, ob die Datei zum Schreiben im Binärmodus geöffnet werden konnte. Danach kann zeichenweise von der Quelldatei gelesen und in die Zieldatei geschrieben werden:

```
while( (c=getc(quelle)) != EOF)
   putc(c,ziel);
```

Wenn alles problemlos verlaufen ist, wurde eine exakte Kopie der Quelldatei erstellt – mit dem Namen, der als Zieldatei angegeben wurde.

Dazu ein weiteres Beispiel, wann eine zeichenweise Abarbeitung von Daten sinnvoller erscheint. Jeder, der an einer Webseite arbeitet, kennt das Problem: Viel Text muss ins HTML-Format konvertiert werden. Wird dabei einmal das Zeichen `'<'` vergessen, das ein HTML-Tag einleitet, ist manchmal der vollständige Text bis zum nächsten mit `'>'` schließenden Tag futsch.

Das folgende Programm soll alle Sonderzeichen in das HTML-Format konvertieren. Folgende Regeln gelten:

```
Ersetze das Zeichen ä durch die Zeichenfolge &auml;
Ersetze das Zeichen Ä durch die Zeichenfolge &Auml;
Ersetze das Zeichen ö durch die Zeichenfolge &ouml;
Ersetze das Zeichen Ö durch die Zeichenfolge &Ouml;
Ersetze das Zeichen ü durch die Zeichenfolge &uuml;
Ersetze das Zeichen Ü durch die Zeichenfolge &Uuml;
Ersetze das Zeichen ß durch die Zeichenfolge &szlig;
Ersetze das Zeichen < durch die Zeichenfolge &lt;
Ersetze das Zeichen > durch die Zeichenfolge &gt;
Ersetze das Zeichen & durch die Zeichenfolge &amp;
Ersetze das Zeichen " durch die Zeichenfolge &quot;
```

Der Quellcode dazu lautet:

```
/* txt2html_example.c */
#include <stdio.h>
#include <stdlib.h>

/* nchars = Anzahl der Zeichen */
/* tag    = Sonderzeichen in HTML */
/* ziel   = Datei, in die geschrieben wird */

void sonderzeichen(int nchars, char *tag, FILE *ziel) {
   int i;
   char zeichen;
```

```
   for(i = 0; i < nchars; i++) {
      zeichen = tag[i];
      putc(zeichen, ziel);
   }
}

int main(int argc, char **argv) {
   FILE *q, *z;
   int zeichen;

   if(argc < 3) {
      printf("Benutzung : %s quelle ziel\n", *argv);
      return EXIT_FAILURE;
   }

   q = fopen(argv[1], "r");
   z = fopen(argv[2], "w");
   if(q == NULL || z == NULL) {
      printf("Fehler bei Oeffnen einer Datei ...\n");
      return EXIT_FAILURE;
   }
   while((zeichen=getc(q)) != EOF) {
      if(zeichen=='<')
         sonderzeichen(4,"&lt;", z);
      else if(zeichen=='>')
         sonderzeichen(4,"&gt;", z);
      else if(zeichen=='\"')
         sonderzeichen(6,"&quot;",z);
      else if(zeichen=='&')
         sonderzeichen(5,"&amp;",z);
      else if(zeichen=='ä')
         sonderzeichen(6 ,"&auml;",z);
      else if(zeichen=='Ä')
         sonderzeichen(6 ,"&Auml;",z);
      else if(zeichen=='ö')
         sonderzeichen(6 ,"&ouml;",z);
      else if(zeichen=='Ö')
         sonderzeichen(6 ,"&Ouml;",z);
      else if(zeichen=='ü')
         sonderzeichen(6 ,"&uuml;",z);
      else if(zeichen=='Ü')
         sonderzeichen(6 ,"&Uuml;",z);
      else if(zeichen=='ß')
         sonderzeichen(6 ,"&szlig;",z);
      else
```

```
        putc(zeichen, z);
    }
    return EXIT_SUCCESS;
}
```

Schon haben Sie mit ein paar Zeilen Code die Light-Version eines Text2Html-Konverters geschrieben.

Natürlich gibt es auch bei den byte-orientierten Funktionen `fgetc`/`getc` bzw. `fputc`/`putc` die Gegenstücke für breite Zeichen. Die Syntax dazu lautet:

```
#include <wchar.h>
// Breite Zeichen lesen
wint_t fgetwc( FILE *fp );
wint_t getwc( FILE *fp );
// Breite Zeichen schreiben
wint_t fputwc( wchar_t wc, FILE *fp );
wint_t putwc( wchar_t wc, FILE *fp );
```

Ansonsten gilt für die breiten Gegenstücke dasselbe, was ich schon zuvor bei den Funktionen `getwchar()` und `putwchar()` gesagt habe.

16.8 Datei (Stream) schließen – »fclose()«

Die Funktion `fclose()` schließt eine Datei (Stream), die zuvor mit `fopen()` geöffnet wurde. Was soll das bringen? Wenn sich ein Programm beendet, schließen sich automatisch alle noch offenen Streams. Es gibt zwei gute Gründe, dies dennoch selbst zu tun:

- Die Anzahl der geöffneten Dateien ist begrenzt. Sie ist in der Konstante `FOPEN_MAX` in der Headerdatei *<stdio.h>* deklariert. Wird versucht, `FOPEN_MAX+1` Dateien zu öffnen, dann schlägt dies fehl. Mit `fclose()` kann wieder ein `FILE`-Zeiger freigegeben werden.
- Wenn eine Datei im Schreibmodus geöffnet wurde, wird diese erst beschrieben, wenn der Puffer voll ist. Ist der Puffer nur teilweise voll und das Programm beendet sich mit einem Fehler, dann sind die Daten im Puffer verloren.

Die Syntax von `fclose()` ist:

```
#include <stdio.h>

int fclose(FILE *f);
```

Hiermit wird der Stream geschlossen, und `f` vom Typ `FILE` ist wieder für weitere Verwendungen freigegeben.

Hierzu ein kleines Listing:

```
/* fclose.c */
#include <stdio.h>
#include <stdlib.h>

int main(void) {
   FILE *quell,*ziel;
   char quellname[20],zielname[20];
   int c, wahl;

   printf("Bitte geben Sie den Namen der Zieldatei an : ");
   scanf("%19s",zielname);
   if( (ziel=fopen(zielname,"a+")) == NULL) {
      printf("Konnte \"%s\" nicht erstellen bzw. finden!\n",
         zielname);
      printf("...oder Sie haben unzureichende Rechte \n");
      return EXIT_FAILURE;
   }

   do {
      printf("Welche Datei wollen Sie in "
             "die Zieldatei schreiben,\n");
      printf("bzw. anhängen (name.xxx) : ");
      scanf("%19s",quellname);
      quell= fopen(quellname,"r");
      if(NULL == quell) {
         printf("Konnte %s nicht öffnen!\n",quellname);
         return EXIT_FAILURE;
      }
      else {
         while((c=getc(quell)) != EOF)
            putc(c,ziel);
         fclose(quell);
      }
      printf("Weitere Datei an %s anhängen (1=ja/2=nein): ",
         zielname);
      scanf("%1d",&wahl);
   } while(wahl == 1);
   return EXIT_SUCCESS;
}
```

Zuerst wird eine Datei geöffnet oder – falls noch nicht vorhanden – neu erstellt. Diese Datei wird im Modus `"a+"` geöffnet, womit die schreibenden Daten immer an das Ende der Datei angehängt werden. Anschließend werden in der `do while`-Schleife Dateien zum Lesen mit dem Modus `"r"` geöffnet, um den Inhalt immer an das Ende der Zieldatei zu hängen. Danach wird diese Datei wieder geschlossen:

```
fclose(quell);
```

Damit ist der Zeiger `quell` wieder frei zum Öffnen einer anderen Datei. Jetzt kann erneut eine Datei geöffnet werden, um diese wieder an das Ende der Zieldatei zu hängen. Der Modus `"a+"` eignet sich prima zum Erstellen einer Logdatei oder etwa um zu kontrollieren, was die Mitarbeiter so alles mit und an dem PC treiben.

Das Programm soll wieder ein wenig flexibler gemacht werden. Wird z. B.

```
programm alles.txt name1.txt name2.txt home/C1/adressen.txt
```

eingegeben, werden die Dateien mit den Namen *name1.txt*, *name2.txt* und die Datei im Verzeichnis */home/C1/adressen.txt* in einer neu erstellten Datei, hier *alles.txt*, angehängt. Das Schema das Aufrufs lautet also:

```
<Programmname><Ziel><Quelle1><Quelle2><Quelle_n>...
```

Die Verwendung von zwei Streams (`FILE *quelle,*ziel`) in Verbindung mit der Funktion `fclose()` wird im folgenden Beispiel dargestellt.

```
/* file_cat.c */
#include <stdio.h>
#include <stdlib.h>

int main(int argc, char **argv) {
   FILE *quell,*ziel;
   char c;
   int i;


if(argc < 3) {
   printf("Fehler!!!!\n");
   printf("Mindestens 3 Argumente angeben :\n");
   printf("<Programmname><Ziel><Quelle1>"
          "(<Quelle2><Quelle_n>) \n");
   return EXIT_FAILURE;
}
ziel = fopen(argv[1], "a+");
if(ziel == NULL) {
```

```
      printf("Konnte \"%s\" nicht erstellen bzw. nicht"
             " finden!\n", argv[1]);
      return EXIT_FAILURE;
   }

   for(i = 2; i < argc; i++) {
      if(argv[i] != NULL) {
         quell = fopen(argv[i], "r");
         if(NULL == quell) {
            printf("Konnte %s nicht öffnen\n", argv[i]);
            return EXIT_FAILURE;
         }
         else {
            while((c=getc(quell)) != EOF)
               putc(c,ziel);
            fclose(quell);
         }
      }
   }
   fclose(ziel);
   return EXIT_SUCCESS;
}
```

16.9 Formatiertes Einlesen/Ausgeben von Streams mit »fprintf()« und »fscanf()«

`fprintf()` und `fscanf()` sind die dateiorientierten Gegenstücke zu den Funktionen `printf()` und `scanf()`. Ihre Syntax sieht so aus:

```
#include <stdio.h>

int fprintf(FILE *f, const char * restrict format, ...);
int fscanf(FILE *f, const char * restrict format, ...);
```

Natürlich würde mit

```
fscanf(stdin, "%d", &x);
fprintf(stdout, "Hallo Welt\n");
```

dasselbe erreicht wie mit:

```
scanf("%d", &x);
printf("Hallo Welt\n");
```

Beide Schreibweisen lesen bzw. schreiben formatiert auf die Streams `stdin` bzw. `stdout`. `fprintf()` werden gern benutzt, um durch den Stream `stderr` eine Meldung auf die Standardfehlerausgabe (Bildschirm) ungepuffert auszugeben.

Hinweis

Das Argument `format` ist ein Formatstring, den Sie bereits in Abschnitt 4.2, »Formatierte Ausgabe mit ›printf()‹«, näher kennengelernt haben. Die entsprechenden Umwandlungsvorgaben dazu habe ich in Abschnitt 5.20 behandelt.

Ein klassischer Fall von `fprintf()` und `fscanf()` ist das formatierte Einlesen einer CSV-Datei, die Sie mit Tabellenkalkulationsprogrammen erzeugen und ansehen können. Das Thema wurde in Kapitel 11, »Arrays«, bereits einmal erwähnt.

Folgende CSV-Logdatei soll protokolliert werden. Darin steht, wer wann und wie lange am System eingeloggt war:

```
20:23,12.11.2001,20:50,12.11.2001,Pinguin
12:13,13.11.2001,15:29,13.11.2001,root
16:33,13.11.2001,20:23,13.11.2001,Mr.X
23:11,13.11.2001,01:12,14.11.2001,root
10:22,14.11.2001,12:14,14.11.2001,Spock
16:33,14.11.2001,20:21,14.11.2001,Scotty
```

Die Kommas stellen dabei Trennzeichen dar. Folgende Variablen werden benötigt:

```
Uhrzeit eingeloggt, Datum, Uhrzeit ausgeloggt, Datum, User
```

Der Name dieser Datei sei *log.csv*. Um diese Datei auszulesen, sollen die beiden Funktionen `fprintf()` und `fscanf()` eingesetzt werden. Hier sehen Sie den Quellcode zum Einlesen und Ausgeben der Logdatei:

```
/* csv_log.c */
#include <stdio.h>
#include <stdlib.h>

int main(int argc, char **argv) {
   FILE *CSV;
   int login_hour, login_min;
   int date_day, date_mon, date_year;
   char name[40];
   int logout_hour, logout_min;
   int date_dayx, date_monx, date_yearx;

   if(argc < 2) {
      fprintf(stderr, "Verwendung : %s datei.csv\n", *argv);
```

```
      return EXIT_FAILURE;
   }
   CSV = fopen(argv[1], "r");
   if(NULL == CSV) {
      fprintf(stderr, "Fehler beim Oeffnen ...\n");
      return EXIT_FAILURE;
   }

   /* Nun lesen Sie formatiert von der Datei ein ... */
   while((fscanf(CSV,"%d:%d,%d.%d.%d,%d:%d,%d.%d.%d,%s\n",
      &login_hour,&login_min,&date_day,&date_mon,&date_year,
      &logout_hour,&logout_min,&date_dayx,&date_monx,
      &date_yearx,name)) != EOF )
       fprintf(stdout,"User:%s\nLogin um:%d:%d Uhr am %d.%d.%d\n"
                     "Logout um : %d:%d Uhr am %d.%d.%d\n\n",
         name,login_hour,login_min,date_day,date_mon,date_year,
         logout_hour,logout_min,date_dayx,date_monx, date_yearx);
   return EXIT_SUCCESS;
}
```

Meistens lässt sich das Einlesen solcher Dateien allerdings nicht so leicht realisieren wie hier dargestellt. Folgendes Beispiel ist schon wesentlich komplexer:

```
20:23,12.11.2001,"pinguin",20:50,12.11.2001
```

Versuchen Sie es zunächst ruhig selbst, diese Zeile mit `fscanf()` einzulesen. Das Problem liegt in diesem Beispiel beim String `pinguin` und den doppelten Hochkommata. Hier folgt die Möglichkeit, wie der User `pinguin` ohne Gänsefüßchen ausgelesen wird:

```
char begrenzer;
...
while((fscanf(CSV,"%d:%d,%d.%d.%d,\"%[^'\"]%c,%d:%d,%d.%d.%d\n",
          &login_hour,&login_min,&date_day,&date_mon,&date_year,
          name,&begrenzer,&logout_hour,&logout_min,
          &date_dayx,&date_monx,&date_yearx)) != EOF )
```

Auf den ersten Blick mag dies zwar logisch sein, aber darauf muss man erst einmal kommen. Zwar ist dieser Ansatz, CSV-Dateien einzulesen, schon recht praktisch, doch er ist vollkommen inflexibel. Das Programm liest nur CSV-Dateien aus, deren Anordnung Sie kennen. Das würde heißen, für jede CSV-Datei müssten Sie den Code ändern, damit dieser wie eine Schablone in seine Form passt.

Gut eignet sich auch `fprintf()` zum Erstellen von dynamischen Textdateien. Hierzu ein Beispiel, wie Sie dynamisch Webseiten erstellen können. Dafür wird zuvor einfach der Text2HTML-Konverter aus Abschnitt 16.7 erweitert:

```
/* txt2html.c */
#include <stdio.h>
#include <stdlib.h>

void html_head(FILE *ziel) {
   fprintf(ziel, "<!DOCTYPE HTML PUBLIC \"-//W3C//DTD"
                 " HTML 4.0 Transitional//EN\">\n");
   fprintf(ziel,"<html><head><title>Test-Webseite"
                "</title></head><body>\n");
   fprintf(ziel,"<pre>\n");
   fprintf(ziel,"<p style=\"margin-right:0.8cm; "
                " margin-left:0.5cm\" align=\"justify\">\n");
}

void html_end(FILE *ziel) {
   fprintf(ziel,"</pre></p></body></html>\n");
}

void sonderzeichen(int nchars, char *tag, FILE *ziel) {
   int i;
   char zeichen;

   for(i = 0; i < nchars; i++) {
      zeichen = tag[i];

      putc(zeichen, ziel);
   }
}

int main(int argc, char **argv) {
   FILE *q, *z;
   int zeichen;

   if(argc < 3) {
      printf("Benutzung : %s quelle ziel\n",*argv);
      return EXIT_FAILURE;
   }

   q = fopen(argv[1], "r");
   z = fopen(argv[2], "w");

   if(q == NULL || z == NULL) {
      printf("Fehler bei fopen() ... ");
      return EXIT_SUCCESS;
   }
```

```
   /* Kopfzeile für HTML-Dokument */
   html_head(z);

   while( (zeichen=getc(q)) != EOF) {
      if(zeichen=='<')
         sonderzeichen(4,"&lt;", z);
      else if(zeichen=='>')
         sonderzeichen(4,"&gt;", z);
      else if(zeichen=='\"')
         sonderzeichen(6,"&quot;",z);
      else if(zeichen=='&')
         sonderzeichen(5,"&amp;",z);
      else if(zeichen=='ä')
         sonderzeichen(6 ,"&auml;",z);
      else if(zeichen=='Ä')
         sonderzeichen(6 ,"&Auml;",z);
      else if(zeichen=='ö')
         sonderzeichen(6 ,"&ouml;",z);
      else if(zeichen=='Ö')
         sonderzeichen(6 ,"&Ouml;",z);
      else if(zeichen=='ü')
         sonderzeichen(6 ,"&uuml;",z);
      else if(zeichen=='Ü')
         sonderzeichen(6 ,"&Uuml;",z);
      else if(zeichen=='ß')
         sonderzeichen(6 ,"&szlig;",z);
      else if(zeichen=='\n') /* Zeilenumbruch */
         sonderzeichen(4, "<br>", z);
      else if(zeichen==' ')  /* Leerzeichen */
         sonderzeichen(6, " ", z);
      else
         putc(zeichen, z);
   }
   /* Ende von HTML-Datei */
   html_end(z);
   return EXIT_SUCCESS;
}
```

Geben Sie nun in der Kommandozeile Folgendes ein (der Programmname sei *t2html*):

```
t2html myfile.txt myfile.hmtl
```

Jetzt finden Sie im Verzeichnis eine HTML-Datei namens *myfile.html*, die aus der Datei *myfile.txt* mit dem Programm *t2html* erzeugt wurde. Diese HTML-Datei können Sie nun mit Ihrem Lieblingsbrowser öffnen und ansehen.

16.10 Standard-Streams in C

Für jedes ausführbare Programm werden die folgenden Standard-Streams bereitgestellt:

- `stdin` – Standardeingabe
- `stdout` – Standardausgabe
- `stderr` – Standardfehlerausgabe

In der Regel ist der Stream `stdin` für die Eingabe über die Tastatur eingestellt. Für die Ausgabe auf dem Bildschirm sind die Streams `stdout` und `stderr` eingerichtet. Der Unterschied zwischen `stdout` und `stderr` besteht darin, dass `stderr` nicht gepuffert wird – im Gegensatz zu `stdout`. Daher liest jedes `scanf()` und `fscanf()`

```
scanf("%s", string);
fscanf(stdin,"%s", string);
```

von der Standardeingabe (Tastatur), und jedes `printf()` und `fprintf()`

```
printf("Hallo Welt\n");
fprintf(stdout, "Hallo Welt\n");
fprintf(stderr, "Fehler im Programm\n");
```

wird auf dem Bildschirm ausgegeben.

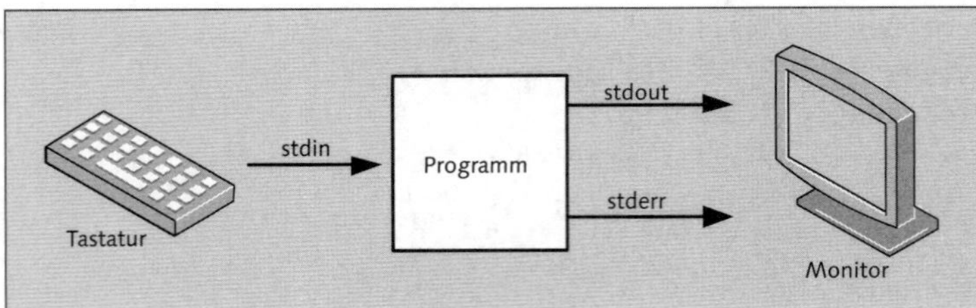

Abbildung 16.1 Standard-Streams in C

16.10.1 Standard-Streams umleiten

Mit dem folgenden Listing will ich Ihnen zeigen, wie Sie diese Streams umleiten können:

```
/* umleitung.c */
#include <stdio.h>
#include <stdlib.h>

int main(void) {
```

```
   int c;

   while((c=getc(stdin)) != EOF)
      putc(c,stdout);
   return EXIT_SUCCESS;
}
```

Es wird so lange von `stdin` (Tastatur) eingelesen, bis `EOF` ([Strg] + [Z] bei Windows/MS-DOS und [Strg] + [D] bei UNIX) erzeugt wird. Wenn Sie [↵] drücken, wird die Eingabe auf `stdout` (Bildschirm) ausgegeben.

Diese Standard-Streams lassen sich aber auch umleiten, etwa mit folgender Eingabe in der Kommandozeile:

```
programmname < test.txt
```

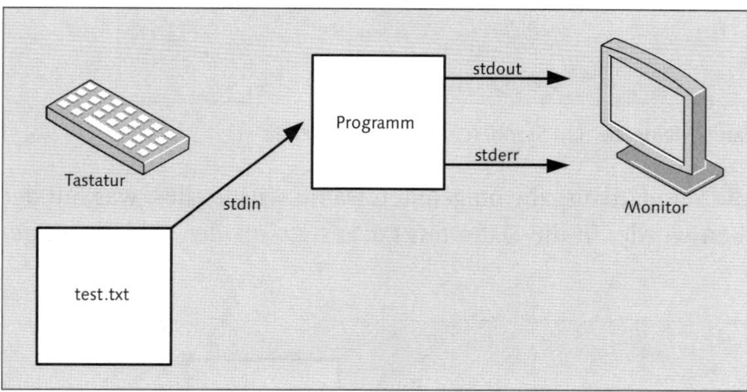

Abbildung 16.2 Standardeingabe umleiten (»stdin«)

Mit dieser Umleitung wurde die Datei *test.txt* über die Standardeingabe (`stdin`) zum Programm umgeleitet. Damit lässt sich allerdings nun keine Eingabe mehr über die Tastatur vornehmen. Natürlich kann die Standardausgabe ebenso umgeleitet werden:

```
programmname < test.txt > kopietext.txt
```

Die Datei *test.txt* wird damit auf die Standardeingabe (`stdin`) und die Datei *kopiertext.txt* auf die Standardausgabe (`stdout`) umgeleitet. In diesem Fall wird gar nichts mehr auf dem Bildschirm ausgegeben, da die Standardausgabe (`stdout`) zu *kopiertext.txt* umgeleitet wurde. Natürlich wäre auch eine solche Umleitung möglich:

```
programmname > text.txt
```

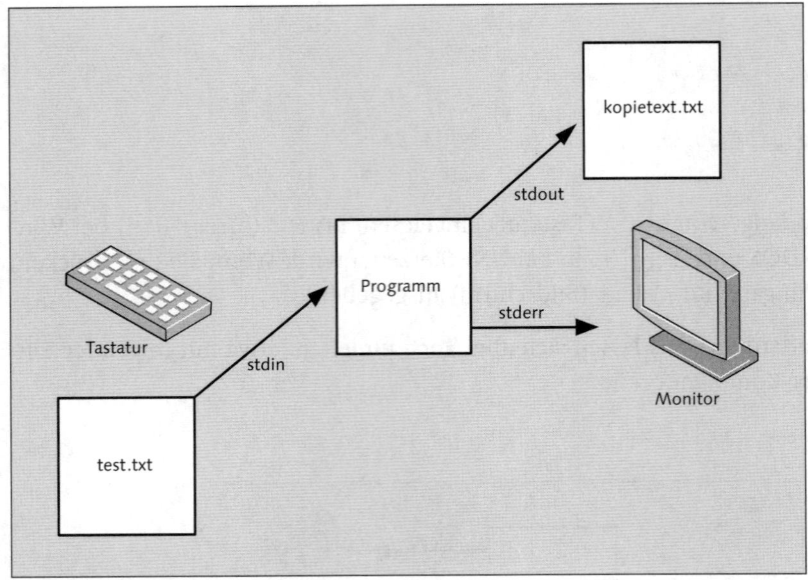

Abbildung 16.3 Standardeingabe und Standardausgabe umgeleitet

Hier wurde nur die Standardausgabe umgeleitet. Damit würde alles, was mit der Tastatur eingegeben wurde, in die Datei *test.txt* anstatt auf den Bildschirm geschrieben.

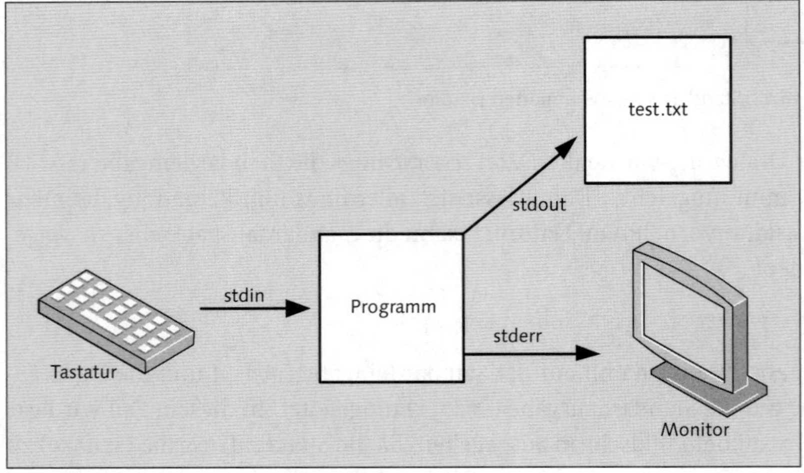

Abbildung 16.4 Standardausgabe umgeleitet

Auf Systemen, die den POSIX-Standard erfüllen (UNIX, Linux, FreeBSD ...), aber mittlerweile auch auf vielen anderen Compilern, sollten Sie statt der Standard-Streams `stdin`, `stdout` und `stderr` folgende Konstanten benutzen:

- `STDIN_FILENO` für `stdin`
- `STDOUT_FILENO` für `stdout`
- `STDERR_FILENO` für `stderr`

Diese Konstanten sind in der Headerdatei *<unistd.h>* deklariert, die daher im Programm mit eingebunden werden muss.

16.11 Fehlerbehandlung von Streams – »feof()«, »ferror()« und »clearerr()«

In diesem Abschnitt folgen einige Funktionen, die nicht so häufig verwendet werden, aber durchaus von Bedeutung sind. Denn gerade die Fehlerbehandlung wird bei Programmen oft vernachlässigt.

Zuerst die Syntax zu `feof()`:

```
#include <stdio.h>

int feof(FILE *datei);
```

Mit dieser Funktion können Sie einen Stream daraufhin testen, ob das `EOF`-Flag gesetzt ist oder nicht. Hierzu ein Beispiel:

```
/* feof.c */
#include <stdio.h>
#include <stdlib.h>

int main(void) {
   int c;

   while( (c = getc(stdin)) )
      if(feof(stdin) != 0)
         break;
      else
         putc(c,stdout);
   return EXIT_SUCCESS;
}
```

Das Programm dürfte Ihnen noch vom Abschnitt zuvor bekannt sein. Statt

```
while( (c=getc(stdin)) != EOF)
```

wurde Folgendes geschrieben:

```
while(c = getc(stdin))
   if(feof(stdin) != 0)
```

Anstatt zu testen, ob der Wert der Variablen `c` demjenigen von `EOF` entspricht, wurde mit `feof()` geprüft, ob das `EOF`-Flag gesetzt ist. Falls nicht, gibt die Funktion 0 zurück, falls aber `EOF` gesetzt ist, gibt die Funktion ungleich 0 zurück. Wird die Funktion `feof()` bei längeren Programmen nochmals benötigt, muss vorher mit

```
clearerr(stdin);
```

das `EOF`-Flag des entsprechenden Streams wieder auf 0 gesetzt werden. Natürlich können Sie anstatt des Streams `stdin` auch jeden anderen offenen Stream verwenden.

Hinweis

Das `EOF`-Flag (bzw. `WEOF` bei den entsprechenden Funktionen von breiten Zeichen) wird von einer Lesefunktion gesetzt, wenn das Dateiende erreicht wird. Der Rückgabewert `EOF` (bzw. `WEOF`) kann aber auch bei einem aufgetretenen Fehler zurückgegeben werden. Um diese beiden Fälle zu unterscheiden, müssen Sie entweder die Funktion `feof()` oder `ferror()` aufrufen.

Die Syntax von `ferror()` lautet:

```
#include <stdio.h>

int ferror(FILE *datei);
```

Die Funktion `ferror()` ist ähnlich wie `feof()`, nur dass die Datei auf das Fehler-Flag überprüft wird. Auch hier ist im Prinzip der Aufruf

```
if((quelle=fopen(argv[1],"r")) == NULL)
```

gleichwertig zu:

```
quelle=fopen(argv[1], "r");
   if(ferror(quelle))
```

Auch bei `ferror()` muss bei nochmaliger Verwendung die Funktion `clearerr()` verwendet werden, um das Fehler-Flag zurückzusetzen. Die Syntax von `clearerr()` lautet:

```
#include <stdio.h>

void clearerr(FILE *datei);
```

`clearerr()` dient zum Zurücksetzen des `EOF`- und des Fehler-Flags bei Streams.

16.12 Gelesenes Zeichen in die Eingabe zurückschieben – »ungetc()«

Mit der Funktion `ungetc()` können Sie das zuletzt gelesene Zeichen wieder zurück in den Stream schieben. Die Syntax lautet:

```
#include <stdio.h>

int ungetc(int ch, FILE *datei);
```

`ungetc()` schiebt das zuletzt mit der Funktion `fgetc()` oder `fread()` gelesene Zeichen `ch` in den Stream `datei` zurück. Im Fall eines Fehlers gibt diese Funktion `EOF` zurück. Damit ist das Zeichen `ch` das erste, das beim nächsten Lesen aus dem Stream `datei` wieder gelesen wird.

Dies gilt allerdings nicht mehr, wenn vor dem nächsten Lesevorgang eine der Funktionen `fflush()`, `rewind()`, `fseek()` oder `fsetpos()` aufgerufen wurde.

Ein Beispiel zu `ungetc()` wäre das Auslesen einer ständig wachsenden Textdatei. Das Programm liest zeichenweise aus einem Stream und gibt die Daten auch zeichenweise wieder auf die Standardausgabe aus, bis `EOF` erreicht wird. Anschließend wird das zuletzt gelesene Zeichen (nicht `EOF`) wieder zurück in den Stream geschoben. Das Ganze wird in einer Endlosschleife ausgeführt. Hier sehen Sie den Code dazu:

```
/* grown_file.c */
#include <stdio.h>
#include <stdlib.h>

/* bitte anpassen */
#define DATEI "datei.txt"

int main(void) {
   FILE *fp;
   int c;

   fp = fopen(DATEI, "r");
   if(fp == NULL) {
      fprintf(stderr, "Konnte %s nicht öffnen\n", DATEI);
      return EXIT_SUCCESS;
   }
   while(1) {
      while( (c=fgetc(fp)) ) {       /* zeichenweise einlesen */
         if(c == EOF)             /* Ist es EOF? */
            ungetc(c,fp);         /* letztes Zeichen zurück */
```

```
            else
               fputc(c, stdout);   /* ausgeben */
         }
      }
      /* Wird nie erreicht. */
      fclose(fp);
      return EXIT_SUCCESS;
}
```

Bei diesem Listing wird davon ausgegangen, dass eine Datei mit dem Namen *datei.txt* im selben Verzeichnis wie das Listing existiert. Der Inhalt dieser Datei sei folgender:

```
Eine Zeile in der Textdatei
Die zweite Zeile ist diese hier
```

Übersetzen Sie das Listing, und starten Sie das Programm. Öffnen Sie jetzt die Textdatei *datei.txt*, und fügen Sie einen weiteren Text ein, zum Beispiel:

```
Eine Zeile in der Textdatei
Die zweite Zeile ist diese hier
Diese Zeile ist neu hinzugekommen
```

Speichern Sie diesen Text wieder, und beachten Sie die weitere Ausführung des Programms. Die neu hinzugekommene Zeile wird ebenfalls ausgegeben. Theoretisch ließen sich damit in einem Netzwerk einzelne Dateien überwachen. Anstelle der Ausgabe auf dem Bildschirm könnte hierfür eine Nachricht an den Administrator geschickt werden.

Vermutlich stellen Sie sich die Frage, wie es möglich ist, dass trotz eines `EOF`-Flags das Programm tadellos arbeitet, ohne beispielsweise die Funktion `clearerr()` aufzurufen. Das liegt daran, dass die Funktion `ungetc()` das `EOF`-Flag löscht und somit immer wieder nach dem Erreichen des Dateiendes ein Zeichen zurückschieben kann. `ungetc()` kann aber keine `EOF`-Konstante zurückschieben.

Auch hierfür gibt es wieder die Version für breite Zeichen mit folgender Syntax:

```
#include <wchar.h>

wint_t ungetwc( wint_t wc, FILE *fp );
```

Anstatt `EOF` wird hier im Fehlerfall natürlich `WEOF` zurückgeliefert. Ansonsten gilt dasselbe wie bei der byte-orientierten Version `ungetc()`.

16.13 (Tastatur-)Puffer leeren – »fflush()«

Diese Funktion dürfte Ihnen aus Abschnitt 4.1, »Formatierte Eingabe mit ›scanf()‹«, bekannt vorkommen, als es darum ging, ein im Tastaturpuffer befindliches Zeichen wie `'\n'` (Newline-Zeichen) zu entfernen. Die Syntax von `fflush()`:

```
#include <stdio.h>

int fflush(FILE *datei);
```

Mit `fflush()` werden alle Inhalte von einem noch nicht geleerten Puffer eines Streams übertragen, die dem `FILE`-Zeiger `datei` zugeordnet sind (oder auch Standard-Streams). Das heißt kurz und bündig, die dem Stream zugeordneten Puffer werden geleert. Falls die Datei zum Schreiben geöffnet ist, werden die sich noch im Puffer befindlichen Zeichen physikalisch in die Datei geschrieben. War eine Datei zum Lesen geöffnet, werden die noch nicht gelesenen Zeichen im Eingabepuffer gelöscht. `fflush()` gibt bei Erfolg 0 zurück, andernfalls `EOF`.

Es scheint aber nicht ganz klar, ob dies auch für Linux gültig ist. Auf Linux-Systemen will `fflush()` partout nicht funktionieren. Nehmen Sie etwa folgendes Programm:

```
/* fflush.c */
#include <stdio.h>
#include <stdlib.h>


int main(void) {
   char x,y;

   printf("Bitte einen Buchstaben eingeben : ");
   scanf("%c",&x);
   fflush(stdin);
   printf("Bitte noch einen Buchstaben eingeben : ");
   scanf("%c",&y);
   printf("Sie gaben ein %c und %c \n",x,y);
   return EXIT_SUCCESS;
}
```

Sie können das Programm so verbiegen und verdrehen, wie Sie wollen, immer wird die zweite Ausgabe durch das sich im Puffer befindliche `'\n'`-Zeichen *überdruckt*.

Das Argument von `fflush()` kann auch `NULL` sein. Ist dies der Fall, entleert `fflush()` die Ausgabepuffer aller Streams des Programms. Bei ungepuffertem Datenverkehr hat `fflush()` keine Wirkung.

Der ANSI-C-Standard schreibt aber auch nicht vor, wie die Funktion `fflush()` auf den Stream `stdin` zu reagieren hat. Das Verhalten ist somit nicht definiert und kann funktionieren oder auch nicht.

16.14 Stream positionieren – »fseek()«, »rewind()« und »ftell()«

Wenn Sie eine Datei öffnen, verweist ein Indikator für die Dateiposition (genauer gesagt der Schreib-/Lesezeiger) auf den Anfang der Datei, genauer gesagt auf das erste Zeichen mit der Position 0. Sie können sich dies gern wie bei einem gewöhnlichen `char`-Array vorstellen, wo jedes Zeichen an einer bestimmten Position ist. Nur dann, wenn Sie eine Datei im Anhängemodus (`a` bzw. `a+`) öffnen, verweist der Schreib-/Lesezeiger auf das Ende der Datei. Mit jeder Lese- oder Schreiboperation erhöht sich auch der Schreib-/Lesezeiger um die Anzahl der übertragenen Zeichen. Wenn Sie diesen sequenziellen Arbeitsfluss von Dateien ändern wollen, müssen Sie Funktionen für einen wahlfreien Dateizugriff verwenden. Hierfür stehen die Funktionen `fseek()`, `rewind()` und `fsetpos()` zur Verfügung.

Hinweis

Es ist nicht möglich, bei allen Arten von Dateien einen wahlfreien Zugriff durchzuführen. Gerade bei Gerätedateien wie Druckern oder Terminals ist ein wahlfreier Zugriff nicht möglich.

Zuerst die Syntax von `fseek()`:

```
#include <stdio.h>

int fseek(FILE *datei, long offset, int origin);
```

Mit `fseek()` kann der Schreib-/Lesezeiger des Streams `datei` verschoben werden. Die Positionierung wird mit `offset` und `origin` angegeben. `origin` gibt den Bezugspunkt an, von wo ab der Schreib-/Lesezeiger verschoben werden soll. `offset` gibt an, wie weit von diesem Bezugspunkt aus der Dateizeiger verschoben wird. Für `origin` sind drei symbolische Konstanten in der Headerdatei *<stdio.h>* deklariert (siehe Tabelle 16.6).

Symbol	Wert	Offset-Rechnung ab
SEEK_SET	0	Anfang der Datei
SEEK_CUR	1	Aktuelle Position
SEEK_END	2	Ende der Datei

Tabelle 16.6 Bezugspunkt für die Positionierung

Das folgende kleine Beispiel demonstriert die Funktionsweise von `fseek()`:

```
/* fseek.c */
#include <stdio.h>
#include <stdlib.h>

int main(void) {
   FILE *quelle, *fehler;
   int c;
   char datei[20];
   long pos = 0;

   printf("Welche Datei wollen Sie oeffnen : ");
   scanf("%s",datei);
   fflush(stdin);

   if( (quelle=fopen(datei,"a+")) == NULL) {
      if((fehler=fopen("fehler.log","a+")) != NULL) {
         fprintf(fehler,"Konnte %s nicht oeffnen\n",datei);
         fprintf(stderr,"Konnte %s nicht oeffnen\n",datei);
         return EXIT_FAILURE;
      }
      fprintf(stderr,"Konnte %s nicht oeffnen\n",datei);
      return EXIT_FAILURE;
   }

   /* Das Zeichen '*' soll das Ende unserer Eingabe markieren. */
   printf("Eingabe machen und mit '*' beenden\n");
   while( (c=getc(stdin)) != '*')
      putc(c,quelle);

   /* Sie setzen den Zeiger quelle an den Anfang der Datei. */
   fseek(quelle, 0L, SEEK_SET);

   /* Sie geben die ganze Datei auf dem Bildschirm aus. */
   printf("\nAusgabe der kompletten Datei : \n");
   while( (c=getc(quelle)) != EOF)
```

```
      putc(c,stdout);

   /* Zur Demonstration gehen Sie von der aktuellen Position
    * 10 Zeichen zurück und geben die letzten 10 Zeichen aus. */
   printf("\nDie letzten 10 Zeichen : ");
   fseek(quelle, -10L, SEEK_CUR);
   while( (c=getc(quelle)) != EOF)
      putc(c,stdout);

   /* Sie legen selbst fest, wie viele Zeichen wir vom Start aus
    * einrücken wollen. */
   printf("\nAnzahl der Stellen einruecken (vom Anfang): ");
   scanf("%ld",&pos);
   fflush(stdin);

   fseek(quelle, 0L, SEEK_SET);
   fseek(quelle, pos,SEEK_CUR);

   while( (c=getc(quelle)) != EOF)
      putc(c,stdout);
   return EXIT_SUCCESS;
}
```

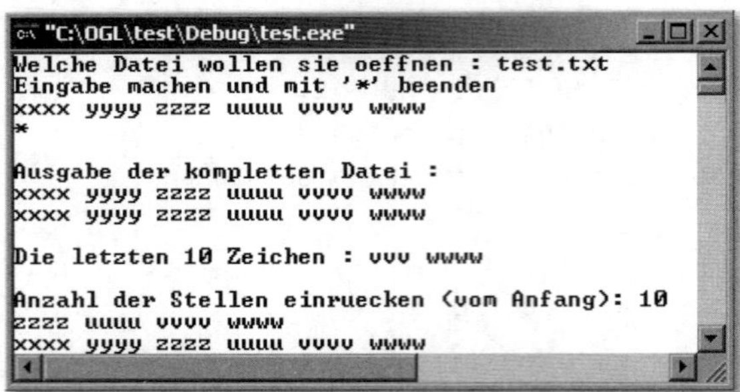

Abbildung 16.5 Verschieben des Schreib-/Lesezeigers mit der Funktion »fseek()«

Zuerst wird eine Datei geöffnet. Falls dies nicht gelingt, wird eine Datei mit dem Namen *fehler.log* beschrieben. Anschließend wird so lange eine Eingabe gemacht, bis das Zeichen `'*'` eingegeben wurde. Die Eingabe wird an das Ende der Datei gehängt, oder es wird, falls keine Datei vorhanden ist, eine entsprechende Datei erzeugt (`"a+"`-Modus). Dann wird mit

```
fseek(quelle, 0L, SEEK_SET);
```

der Schreib-/Lesezeiger des Streams `quelle` an den Anfang der Datei gesetzt, da `SEEK_SET` als Anfang der Datei deklariert ist. Wenn stattdessen Folgendes verwendet würde

```
fseek(quelle, 10L, SEEK_SET);
```

wäre der Schreib-/Lesezeiger vom Anfang der Datei um zehn Bytes nach vorn verschoben, also dann zehn Zeichen vom Dateianfang entfernt. Anschließend wird die vollständige Datei auf dem Bildschirm ausgegeben. Jetzt befindet sich der Schreib-/Lesezeiger am Ende der Datei. Als Nächstes wird mit

```
fseek(quelle, -10L, SEEK_CUR);
```

der Schreib-/Lesezeiger um zehn Stellen von der aktuellen Position (`SEEK_CUR`) zurückgeschoben. Es ist also auch möglich, negative Werte für `offset` anzugeben. Dabei werden die zehn letzten Zeichen auf dem Bildschirm ausgegeben. Dann erfolgt eine Abfrage, um wie viele Stellen der Schreib-/Lesezeiger des Streams `quelle` vom Anfang der Datei verschoben werden soll. Dies wird gleich programmtechnisch umgesetzt mit:

```
fseek(quelle, pos,SEEK_CUR);
```

Benötigen Sie die aktuelle Position des Schreib-/Lesezeigers im Stream `datei`, können Sie diesen mit der Funktion `ftell()` ermitteln. Die Syntax lautet:

```
long ftell(FILE *datei);
```

Falls dabei ein Fehler auftritt, liefert diese Funktion einen Wert kleiner als 0 zurück. Bei Erfolg gibt sie die aktuelle Position des Schreib-/Lesezeigers in Byte zurück.

Die Funktion `ftell()` können Sie ebenso einsetzen, um die Größe einer Datei in Byte zu ermitteln:

```
/* ftell.c */
#include <stdio.h>
#include <stdlib.h>

int main(void) {
   FILE *quelle;
   char datei[20];

   printf("Welche Datei wollen Sie oeffnen : ");
   scanf("%s",datei);

   if( (quelle=fopen(datei, "r")) == NULL) {
      fprintf(stderr, "Konnte %s nicht oeffnen\n", datei);
      return EXIT_FAILURE;
   }
   /* Wir setzen den FILE-Zeiger ans Ende der Datei. */
   fseek(quelle, 0L, SEEK_END);
```

```
   printf("Die Datei ist %ld Bytes gross!!\n", ftell(quelle));
   return EXIT_SUCCESS;
}
```

Nachdem mit `fseek()` der `FILE`-Zeiger an das Ende der Datei positioniert wurde, kann mit `ftell()` die Position und auch die Größe in Byte abgefragt werden. `ftell()` liefert als Rückgabewert den Datentyp `long`.

Es existiert auch eine andere Möglichkeit, den Schreib-/Lesezeiger wieder zurück an den Anfang der Datei zu setzen. Statt mit

```
fseek(quelle, 0L, SEEK_SET);
```

kann dies auch mit der folgenden Funktion realisiert werden:

```
rewind(quelle);
```

Beide Funktionen erfüllen denselben Zweck. Die Syntax von `rewind()` lautet:

```
#include <stdio.h>

void rewind(FILE *datei);
```

16.15 Stream positionieren – »fsetpos()«, »fgetpos()«

Neben den Funktionen `fseek()` und `ftell()` gibt es noch eine weitere Möglichkeit zum Positionieren eines Schreib-/Lesezeigers. Wobei diese beiden Funktionen häufig gar nicht mehr erwähnt werden, da sie nicht mehr bieten als `fseek()` und `ftell()`. Die Syntax der beiden Funktionen sieht so aus:

```
#include <stdio.h>

int fsetpos(FILE *datei, const fpos_t *pos);
int fgetpos(FILE *datei, fpos_t *pos);
```

Mit `fsetpos()` wird der Schreib-/Lesezeiger auf die Adresse von `pos` gesetzt. Die »Variable« `fpos_t` ist ein sogenannter primitiver Datentyp. Die Adresse, die für `pos` verwendet wird, sollte mit dem Aufruf der Funktion `fgetpos()` ermittelt werden. Hierzu ein Beispiel:

```
/* fpos.c */
#include <stdio.h>
#include <stdlib.h>

int main(void) {
   FILE *quelle;
```

```
   int c;
   char datei[20];
   fpos_t pos;

   printf("Welche Datei wollen Sie oeffnen : ");
   scanf("%s",datei);

   if( (quelle=fopen(datei,"r")) == NULL) {
      fprintf(stderr, "Konnte %s nicht oeffnen!!\n", datei);
      return EXIT_FAILURE;
   }
   /* Wir lesen die aktuelle Position unseres FILE-Zeigers. */
   fgetpos(quelle,&pos);
   printf("Der Positionszeiger zeigt auf Byte : %ld\n",pos);
   while( (c=getc(quelle)) != EOF)
      putc(c,stdout);
   printf("Groesse der Datei= Byte : %ld\n", ftell(quelle));

   /* Wir setzen den FILE-Zeiger wieder an den Anfang der Datei. */
   fsetpos(quelle,&pos);
   printf("Wir sind wieder an Position %ld\n",pos);
   return EXIT_SUCCESS;
}
```

Nachdem eine Datei zum Lesen geöffnet wurde, wird mit

```
fgetpos(quelle,&pos);
```

die aktuelle Position des `FILE`-Zeigers `quelle` ermittelt. Die Position steht anschließend in dem zu Beginn des Programms festgelegten Datentyp:

```
fpos_t pos;
```

Die Adresse wird mit dem Adressoperator (&) in der Funktion `fgetpos()` an `pos` übergeben. Danach wird die Datei ausgelesen, mitsamt der Größe in Byte. Mit

```
fsetpos(quelle,&pos);
```

wird der Stream-Zeiger wieder an den Dateianfang gesetzt. Dies hätten Sie auch mit folgender Funktion erreichen können:

```
rewind(quelle);
```

Richtig eingesetzt sind diese beiden Funktionen recht nützlich, falls eine bestimmte Position in der Datei gespeichert wird, um später wieder zu ihr zurückzuspringen.

16.16 Zeilenweise Ein-/Ausgabe von Streams

16.16.1 Zeilenweise lesen mit »gets()«/»fgets()«

Nun folgen die Funktionen zum zeilenweisen Lesen und Schreiben von einem oder in einen Stream. Betrachten wir zuerst die Funktionen zum zeilenweisen Lesen:

```
#include <stdio.h>

char *gets(char *puffer);
char *fgets(char *puffer, int n, FILE *datei);
wchar_t *fgetws( wchar_t *puffer, int n, FILE *datei);
```

Mit `fgets()` (und der Version für breite Zeichen, `fgetws()`) werden zeilenweise `n`–1 Zeichen vom Eingabe-Stream `datei` bis zum nächsten Newline-Zeichen gelesen. Die gelesene Zeile befindet sich in der Adresse von `puffer` mit dem Newline-Zeichen `'\n'` (bzw. `L'\n'`) und dem abschließenden `'\0'`-Zeichen (bzw. `L'\0'`). Mit `gets()` können Sie ebenso zeilenweise einlesen, allerdings nur von der Standardeingabe (`stdin`) und mit dem Unterschied, dass bei `gets()` das Newline-Zeichen durch das `'\0'`-Zeichen ersetzt wird. Alle drei Versionen liefern bei Erfolg das Argument `puffer` oder bei einem Fehler einen `NULL`-Zeiger zurück. Auch ein `NULL`-Zeiger wird zurückgeliefert, wenn das Dateiende erreicht wurde, ohne dass ein Zeichen gelesen wurde.

`gets()` ist eine unsichere Funktion, weshalb es hierfür keine Version für breite Zeichen gibt. Ein Beispiel für die Verwendung von `gets()` wäre:

```
/* gets.c */
#include <stdio.h>
#include <stdlib.h>

int main(void) {
   char name[20];

   printf("Bitte geben Sie Ihren Namen ein : ");
   gets(name);  /* Gefährlich */
   printf("Hallo %s\n",name);
   return EXIT_SUCCESS;
}
```

Unter Linux/UNIX wird der Compiler bei diesem Programm vernünftigerweise eine Warnung ausgeben. Die Warnung, diese Funktion nicht zu verwenden, ist in Ordnung, aber vielleicht sollte ich gerade für Anfänger auch noch den Grund und die Alternativen bei der Fehlermeldung mit angeben.

Da die Funktion `gets()` nicht die Anzahl der einzugebenden Zeichen überprüft, kann dies zu einem Pufferüberlauf (Buffer-Overflow) führen. Deshalb sollten Sie auf keinen Fall `gets()`, sondern die Funktion `fgets()` verwenden.

Wenn Sie die Syntax von `fgets()` betrachten, bemerken Sie, dass sich darin außer der Zieladresse, in der die Daten eingelesen werden, zusätzlich ein Stream (`FILE` Zeiger) und ein Integer-Wert befinden, der die Anzahl der einzulesenden Zeichen festlegt. Mit `fgets` werden somit `n` Zeichen oder wird bis zum nächsten Newline (`'\n'`) aus dem Stream in die Adresse von `puffer` gelesen, wobei der Stream eine beliebig geöffnete Datei oder auch die Standardeingabe (`stdin`) sein kann. Hierzu sehen Sie das vorige Beispiel mit `fgets()`:

```
/* fgets1.c */
#include <stdio.h>
#include <stdlib.h>
#define MAX 20

int main(void) {
   char name[MAX];
   printf("Bitte geben Sie Ihren Namen ein : ");
   fgets(name, MAX, stdin);
   printf("Hallo %s",name);
   return EXIT_SUCCESS;
}
```

Sollten hier mehr als 20 Zeichen eingegeben werden, läuft das Programm trotzdem für immer anstandslos. Es werden 20 Zeichen bzw. 18 darstellbare Zeichen + `'\n'` + `'\0'` an den String `name` übergeben. Ein Vorteil ist, dass mit `fgets()` nicht nur von `stdin` gelesen werden kann, sondern auch von einem beliebigen Stream. Hier folgt ein Beispiel, wie Sie mit `fgets()` zeilenweise aus einer Datei lesen können:

```
/* fgets2.c */
#include <stdio.h>
#include <stdlib.h>
#define ZEILENLAENGE 80

int main(void) {
   FILE *quelle;
   char puffer[ZEILENLAENGE], name[20];

   printf("Welche Datei wollen Sie zum Lesen öffnen: ");
   scanf("%s",name);
   if( (quelle=fopen(name,"r")) == NULL) {
      fprintf(stderr, "Kann %s nicht oeffnen\n", name);
```

```
      return EXIT_FAILURE;
   }
   while(fgets(puffer, ZEILENLAENGE, quelle))
      fputs(puffer, stdout);
   return EXIT_SUCCESS;
}
```

Weil beim Einlesen vom Stream der Standardeingabe (`stdin`) mit `fgets()` auch das `'\n'`-Zeichen mit eingelesen wird, verwenden einige Programmierer – sei es aus Faulheit oder mangelndem Wissen – die Funktion `gets()`, obwohl sie wissen, dass sie diese Funktion nicht verwenden sollten. Häufig haben diese Programmierer Probleme mit dem Newline-Zeichen am Ende von Stringvergleichen, wie das folgende Beispiel zeigt:

```
/* fgets3.c */
#include <stdio.h>
#include <stdlib.h>
#include <string.h>
#define PASSWORT "Schiller"
#define MAX 10

int main(void) {
   char pswd[MAX];

   printf("Passwort: ");
   fgets(pswd, MAX, stdin);
   if(strcmp(PASSWORT, pswd) == 0)
      printf("Willkommen\n");
   else
      printf("Passwort falsch\n");
   return EXIT_SUCCESS;
}
```

Auch wenn hier der Benutzer das richtige Passwort eingibt, schlägt der Stringvergleich fehl, weil `fgets()` das Newline-Zeichen mit einliest. Dieses Problem lässt sich mit ein paar Zeilen Code beheben:

```
/* fgets4.c */
#include <stdio.h>
#include <stdlib.h>
#include <string.h>
#define PASSWORT "Schiller"
#define MAX 10

void chomp(char *str) {
   size_t p=strlen(str);
```

```
   /* '\n' mit '\0' überschreiben */
   str[p-1]='\0';
}

int main(void) {
   char pswd[MAX];

   printf("Passwort: ");
   fgets(pswd, MAX, stdin);
   /* ... letztes Zeichen vor \0 entfernen */
   chomp(pswd);

   if(strcmp(PASSWORT, pswd) == 0)
      printf("Willkommen\n");
   else
      printf("Passwort falsch\n");
   return EXIT_SUCCESS;
}
```

Die Funktion `chomp()` tut nichts anderes, als das letzte Zeichen vor dem Terminierungszeichen `'\0'` zu entfernen. Dabei wird die Anzahl der Zeichen mit der Funktion `strlen()` gezählt. Zieht man von diesem Wert eins ab und verwendet ihn als Indexzähler mit dem Indizierungsoperator, befinden Sie sich ein Zeichen vor `'\0'`.

16.16.2 Zeilenweise schreiben mit »puts()«/»fputs()«

Hier sehen Sie die Syntax der drei schreibenden Gegenstücke zu `gets()`, `fgets()` und `fgetws()`:

```
#include <stdio.h>

int puts(const char *puffer);
int fputs(const char *puffer, FILE *datei);
int fputws(const wchar_t *puffer, FILE *datei);
```

Mit `puts()` wird der null-terminierte String `puffer` auf dem Bildschirm (`stdout`) ausgegeben. Außerdem gibt `puts()` am Ende der Zeichenkette noch ein Newline-Zeichen mit aus, was die Funktion `fputs()` (bzw. `fputws()`) hingegen nicht macht. Im Gegensatz zu `puts()`, mit dem Sie nur auf die Standardausgabe (`stdout`) schreiben können, verwendet `fputs()` (bzw. die Version für breite Zeichen, `fputws()`), den geöffneten Ausgabe-Stream `datei`, in den geschrieben wird. Als Ausgabe-Stream ist eine Datei zulässig, die im Schreibmodus geöffnet wurde, oder auch die Standardausgabe (`stdout`). Das abschließende Null-Zeichen wird von `fputs()` und `fputws()` nicht in den Ausgabe-Stream geschrieben. Der Rückgabewert von allen drei Funktionen ist im Falle eines Fehlers `EOF` (bzw. `WEOF`) oder bei Erfolg eine nicht-negative Ganzzahl.

```
/* fputs.c */
#include <stdio.h>
#include <stdlib.h>
#define ZEILENLAENGE 80

int main(void) {
   FILE *quelle, *kopie;
   char puffer[ZEILENLAENGE], name[20];

   printf("Welche Datei wollen Sie zum Lesen öffnen: ");
   scanf("%s",name);

   if( (quelle=fopen(name,"r")) == NULL) {
      fprintf(stderr,"Kann %s nicht oeffnen\n",name);
      return EXIT_FAILURE;
   }
   if( (kopie=fopen("kopie.txt","w")) == NULL) {
      fprintf(stderr,"Kann kopie.txt nicht oeffnen\n");
      return EXIT_FAILURE;
   }
   while(fgets(puffer,ZEILENLAENGE,quelle)) {
      fputs(puffer, kopie);
      puts(puffer);
   }
   return EXIT_SUCCESS;
}
```

`fputs()` wird hier eingesetzt, um den Puffer, der mit `fgets()` ausgelesen wurde, in eine Datei namens *kopie.txt* zu schreiben. `puts()` hingegen gibt alles auf dem Bildschirm aus. Somit wird eine Zeile in die Datei *kopie.txt* geschrieben und dasselbe gleich nochmals auf dem Bildschirm ausgegeben.

16.16.3 Zeilenweise vom Stream einlesen mit »getline()« (nicht ANSI C)

Den Benutzern des GNU-GCC-Compilers sei noch die Funktion `getline()` ans Herz gelegt. Sie gehört zwar nicht zum Umfang von ANSI C, jedoch wird in *The GNU C Library Reference Manual* unter *www.gnu.org* explizit darauf verwiesen. Warum diese Funktion so besonders ist, wird im Anschluss erläutert.

Die Funktion getline() kann als Ersatz für die E/A-Funktion fgets() verwendet werden oder noch allgemeiner – für das Einlesen einer Zeile von einem Stream. Zunächst aber sehen wir uns die Syntax der Funktion an, die in *<stdio.h>* deklariert ist:

```
ssize_t getline (char **lineptr, size_t *n, FILE *stream)
```

Die Funktion liest eine Zeile inklusive dem Newline ('\n') und dem Stringende-Zeichen ('\0') in einen Puffer ein und speichert die Adresse des Puffers in *lineptr.

Bevor Sie getline() aufrufen, sollten Sie in *lineptr die Adresse eines zuvor mit malloc() allozierten Puffers der Länge *n Bytes bereitstellen.

Jetzt kommt der eigentliche Clou an der Sache: Ist der übergebene Puffer groß genug, erhalten Sie in etwa den Zustand, den Sie auch mit der Funktion fgets() erreichen können. Ist dies aber nicht der Fall, verhält sich getline() nicht wie fgets() und hört bei Überschreitung der angegebenen Puffergröße einfach auf, die Zeile einzulesen. Vielmehr wird der Puffer innerhalb der Funktion auf die erforderliche Größe mit realloc() angepasst. Wenn Sie sich dieses Szenario nun noch mit der Funktion gets() vorstellen, ist das eigenständige Kürzen der einzulesenden Zeile, wie es bei fgets() geschehen würde, noch das geringere Übel.

Das war aber noch nicht alles. Wird *lineptr vor dem Aufruf mit einem NULL-Zeiger initialisiert und *n auf 0 gesetzt, übernimmt getline() die Bereitstellung des Speichers für die Zeile vollkommen selbstständig, und Sie müssen sich um nichts weiter kümmern.

Die Funktion gibt die Anzahl der eingelesenen Zeichen inklusive des Zeilentrennzeichens ('\n'), aber ohne das abschließende Terminierungszeichen ('\0') zurück – bei einem Fehler oder bei EOF erhalten Sie von getline() –1.

Wenn Sie getline() verwenden wollen, müssen Sie die Konstante _GNU_SOURCE vor allen include-Anweisungen definieren. Laut der GNU-Dokumentation ist diese Funktion der empfohlene Weg, Zeilen vom Stream zu lesen. Sie gilt als die sicherste ihrer Art. In diesem Zusammenhang sei aber nochmals auf *The GNU C Library Reference Manual* verwiesen.

Hier sehen Sie ein einfaches Beispiel für den Fall, dass Sie die Bereitstellung des Puffers vollständig getline() überlassen wollen:

```
/* getline.c */
#define _GNU_SOURCE
#include <stdio.h>
#include <stdlib.h>
```

```
#include <stddef.h>

int main(void) {
   FILE *fd;
   /* bitte die Datei und eventuell den Pfad anpassen */
   char *datei = "/home/user/testdatei.txt";
   int nRet;
   size_t *t = malloc(0);

   char **gptr = malloc(sizeof(char*));
   *gptr = NULL;

   if ( (fd = fopen(datei,"r")) == NULL) {
      fprintf(stderr, "\nKonnte Datei %s nicht öffnen!", datei);
      return EXIT_FAILURE;
   }
   while( (nRet=getline(gptr, t, fd)) > 0)
      fputs(*gptr,stdout);
  return EXIT_SUCCESS;
}
```

16.16.4 Rezepte für zeilenweises Einlesen und Ausgeben

Es folgen jetzt einige nützliche Listings, die häufig zum zeilenweisen Einlesen und Ausgeben benötigt werden. Es sind Beispiele, die sich mit Problemen wie den folgenden befassen:

- Wie kann ich die n-te Zeile auslesen?
- Wie kann ich von Zeile n1 bis n2 lesen?
- Wie kann ich alle Zeilen ausgeben, die eine bestimmte Stringfolge enthalten?
- Wie kann ich alle Zeilen ausgeben, die ein bestimmtes Wort enthalten?
- Suchen und Ersetzen in einer Textdatei (nur ganze Wörter, keine Teilstrings)

Wie kann ich die n-te Zeile auslesen?

```
/* read_nline.c */
#include <stdio.h>
#include <stdlib.h>
#define BUF 255

char temp[BUF];
char puffer[BUF];
```

```
/* Auslesen der n-ten Zeile */
char *getsline_number(int n, FILE *file) {
   int i;

   for(i = 0; i < n-1; i++)
      if(fgets(temp, BUF, file) == NULL)
         /* Bis zur n-ten Zeile lesen */
         return NULL; /* Zeile scheint nicht zu existieren. */
   /* Stream ist jetzt in der n-ten Zeile. */
   if(fgets(puffer,BUF,file) == NULL)
      return NULL; /* Zeile scheint nicht zu existieren. */
   return puffer; /* Zeile an Aufrufer zurückgeben */
}

int main(int argc, char *argv[]) {
   FILE *f;
   unsigned int line;
   char *linenr;

   if(argc < 2) {
      fprintf(stderr, "Verwendung : %s datei\n",*argv);
      return EXIT_FAILURE;
   }
   f = fopen(argv[1],"r");
   if(f == NULL) {
      printf("Fehler beim Öffnen");
      return EXIT_FAILURE;
   }
   printf("Welche Zeile wollen Sie lesen : ");
   scanf("%d",&line);

   linenr=getsline_number(line, f);
   if(linenr == NULL) {
      fprintf(stderr, "Fehler beim Lesen der"
                      " %d-ten Zeile??\n",line);
      return EXIT_FAILURE;
    }
   printf("Zeile %d : %s\n", line, linenr);
   return EXIT_SUCCESS;
}
```

Wie kann ich von Zeile n1 bis n2 lesen?

```
/* read_line_n2n.c */
#include <stdio.h>
```

```
#include <stdlib.h>
#define BUF 255
char temp[BUF];
char puffer[BUF];
int i;  /* Zeilenzähler */

/* Lesen von Zeile n1 bis Zeile n2 */
char *getsline_number(int n1,int n2, FILE *file) {
   for(i = 0; i < n1-1; i++)
      /* Bis zur n1-ten Zeile lesen */
      if(fgets(temp, BUF, file) == NULL)
         return NULL; /* Zeile scheint nicht zu existieren. */
   /* Jetzt beginnt das eigentliche Lesen. */
   printf("\n\n");
   for(i = n1; i <= n2; i++) {
      if(fgets(puffer,BUF,file) == NULL)
         /* Stream ist jetzt in der n-ten Zeile. */
         return NULL;  /* Zeile scheint nicht zu existieren. */
      printf("Zeile %d : %s", i, puffer);
   }
}

int main(int argc, char *argv[]) {
   FILE *f;
   int line1, line2;
   char *linenr;

   if(argc < 2) {
      fprintf(stderr, "Verwendung : %s datei\n", *argv);
      return EXIT_FAILURE;
   }
   f = fopen(argv[1],"r");
   if(f == NULL) {
      printf("Fehler bei fopen()...\n");
      return EXIT_FAILURE;
   }
   printf("von Zeile wollen Sie lesen : ");
   scanf("%d", &line1);
   printf("bis Zeile wollen Sie lesen : ");
   scanf("%d", &line2);


   if(line2 < line1) {
      fprintf(stderr, "bis-Zeile kann nicht "
                      "groesser sein als von-Zeile!\n");
```

```
      return EXIT_FAILURE;
   }
   linenr=getsline_number(line1,line2, f);
   if(linenr == NULL) {
      fprintf(stderr, "Fehler beim Lesen "
                      "der %d-ten Zeile??\n",i);
      return EXIT_FAILURE;
   }
   printf("\n");
   return EXIT_SUCCESS;
}
```

Wie kann ich alle Zeilen ausgeben, die eine bestimmte Stringfolge enthalten?

```
/* search_string.c */
#include <stdio.h>
#include <string.h>
#include <stdlib.h>
#define BUF 255

int main(int argc, char *argv[]) {
   FILE *f;
   char searchstring[BUF], puffer[BUF];
   int counter = 1;

   if(argc < 2) {
      fprintf(stderr, "Verwendung : %s datei\n", *argv);
      return EXIT_FAILURE;
   }
   f = fopen(argv[1], "r");
   if(f == NULL) {
      printf("Fehler bei fopen()... \n");
      return EXIT_FAILURE;
   }
   printf("Wonach suchen Sie in %s : ", argv[1]);
   scanf("%s", searchstring);
   printf("\n");
   while( fgets(puffer, BUF, f) != NULL ) {
      if(strstr(puffer,searchstring) != 0)
         printf("Zeile %d : %s",counter,puffer);
      counter++;
   }
   printf("\n");
   return EXIT_SUCCESS;
}
```

Der Nachteil an diesem Beispiel ist, dass strstr() praktisch alle Stringfolgen ausgibt. Suchen Sie beispielsweise nach der Stringfolge »int«, dann gibt strstr() auch »wahr« aus, wenn die Folge »printf«, »fprintf«, »Lint«, »Mint« ... lautet. Wenn dies so gewollt ist, dann ist es in Ordnung. Falls nicht, muss mit strtok() ein Worttrenner eingebaut werden.

Wie kann ich alle Zeilen ausgeben, die ein bestimmtes Wort enthalten?

```
/* search_word.c */
#include <stdio.h>
#include <stdlib.h>
#include <string.h>
#define BUF 255

/* Anpassen nach Bedarf... */
const char trennzeichen[] = ".;,:\"\' ";

int main(int argc, char *argv[]) {
   FILE *f;
   char searchstring[BUF];
   char puffer[BUF], puffer_bak[BUF];
   int counter=1;
   char *wort;

   if(argc < 2) {
      fprintf(stderr, "Verwendung : %s datei\n",*argv);
      return EXIT_FAILURE;
      }
   f=fopen(argv[1],"r");
   if(f == NULL) {

      printf("Fehler bei fopen()...");
      return EXIT_FAILURE;
   }
   printf("Wonach suchen Sie in %s : ",argv[1]);
   scanf("%s", searchstring);
   printf("\n");

   while(fgets(puffer, BUF, f) != NULL) {
      strcpy(puffer_bak, puffer);
      wort = strtok(puffer, trennzeichen);
      while(wort != NULL) {
         if(strcmp(wort,searchstring) == 0)
            printf("Zeile %d : %s",counter,puffer_bak);
```

```
            wort = strtok(NULL,trennzeichen);
         }
         counter++;
      }
      printf("\n");
      return EXIT_SUCCESS;
   }
```

Suchen und Ersetzen in einer Textdatei (nur ganze Wörter, keine Teilstrings)

```
/* search_and_replace.c */
#include <stdio.h>
#include <string.h>
#include <stdlib.h>
#include <ctype.h>
#define STRING_MAX 8192

int wort_begrenzer(char c) {
   return (c == ' ' || c == '\n' || c == '\t' || c == '\0' ||
       c == '.' || c == ',' || c == ';' || c == '!' ||c == '?');
}

/* Newline von fgets() entfernen */
void chomp(char *str) {
 size_t p=strlen(str);
 str[p-1] = '\0';
}
int main(int argc, char *argv[]) {
   FILE *file, *copy;
   char alt_string[STRING_MAX+1],neu_string[STRING_MAX+1],
        such_wort[STRING_MAX+1],replace_wort[STRING_MAX+1],
        *zgr;
   char puffer[STRING_MAX+1];
   int such_wortlen, i=0,w;
   size_t len=0;

   if(argc < 2) {
      fprintf(stderr, "Verwendung: %s datei\n", *argv);
      return EXIT_FAILURE;
   }
   file = fopen(argv[1],"r");   /* Datei zum Lesen öffnen     */
   copy = fopen(argv[1],"r+");  /* Datei zum Schreiben öffnen */
   if(file == NULL || copy == NULL) {
      printf("Fehler bei fopen()...\n");
      return EXIT_FAILURE;
```

```
}
alt_string[0]='\0';
/* kompletten String in alt_string legen ... */
/* Bitte ggf. selbst durch dynamische Speicherverwaltung
  * genügend Platz schaffen! */
while( (fgets(puffer,STRING_MAX+1,file)) != NULL ) {
   len += strlen(puffer)+1;
   if(len < STRING_MAX)
      strcat(alt_string, puffer);
   else {
      printf("Puffergroesse ueberschritten!\n");
      break;
   }
}
neu_string[0]='\0';

printf("Welches Wort wollen Sie ersetzen : ");
fgets(such_wort, STRING_MAX, stdin );
chomp(such_wort);

such_wortlen = strlen(such_wort); /* Länge des Suchwortes */

for(w = 0; w < such_wortlen; w++)
/* nach Wortbegrenzern duchlaufen ... */
if(wort_begrenzer(such_wort[w])) {
   printf("Keine Wortbegrenzer im Suchwort!!!\n");
   return EXIT_FAILURE;
}
printf("Durch welches Wort wollen Sie ersetzen : ");
fgets(replace_wort, STRING_MAX, stdin);
chomp(replace_wort);
i = 0;
while(1){
   if( (zgr=strstr(&alt_string[i], such_wort)) == NULL) {
      /* Kein Wort zu ersetzen */
      strcat(neu_string, &alt_string[i]);
      break;
   }
   else { /*..ansonsten von Byte i bis zgr in neu_string*/
      strncat(neu_string, &alt_string[i], zgr-&alt_string[i]);
      /* jetzt überprüfen, ob wir ein Wort haben und
       * keinen Teilstring oder ob das Wort am Anfang steht */
      if( (zgr-&alt_string[0]==0 ||
           wort_begrenzer( *(zgr-1))) &&
           wort_begrenzer( *(zgr+such_wortlen))) {
```

```
            strcat(neu_string, replace_wort);
            /* Nach ersetztem Wort den Zeiger setzen ... */
            i += zgr + such_wortlen-&alt_string[i];
         }
         else {
            strncat(neu_string, zgr, 1);
            i += zgr + 1-&alt_string[i];
         }
      }
   } /* Ende while(1) */
   /* Für Testausgabe ... */
   /* printf("Neuer String : %s\n",neu_string); */
   strcpy(alt_string, neu_string);
   /* Achtung jetzt wirds ernst,
    * für Testausgabe in Kommentar setzen. */
   fputs(alt_string, copy);
   neu_string[0] = '\0';
   return EXIT_SUCCESS;
}
```

16.17 Blockweise lesen und schreiben – »fread()« und »fwrite()«

Diese beiden Funktionen lassen sich nicht so recht in ein Thema der Datei-E/A einordnen – weder in den höheren Standardfunktionen (*High Level*) noch in den niedrigeren Funktionen (*Low-Level*). Mit `fread()` und `fwrite()` wird eine Datei nicht als strukturierte Textdatei und auch nicht als unformatierter Bytestrom betrachtet. Die Dateien werden im Binärmodus bearbeitet und haben eine feste Satzstruktur. Das heißt, die Funktionen `fread()` und `fwrite()` tun nichts anderes, als ganze Blöcke binär zu lesen und zu schreiben.

Hinweis

Die Bezeichnungen *Textmodus* und *Binärmodus* können hierbei recht verwirrend sein. ANSI C erlaubt beide Möglichkeiten, eine Datei zu öffnen. Informationen können somit im Binärmodus oder Textmodus geschrieben oder gelesen werden. Eine Textdatei beispielsweise können Sie also im Binärmodus öffnen. Ebenso lässt sich ein Text im Binärmodus abspeichern. Sie können auch die Funktion `fgetc()` oder `getc()` verwenden, um eine Datei mit binären Daten zu kopieren.

Das Gute an diesen beiden Funktionen ist ihre einfache Anwendung. Der Nachteil ist aber, dass die Daten der Datei, die `fwrite()` schreibt, nicht portabel, sondern plattformabhängig sind. Wollen Sie zum Beispiel mit diesen Funktionen

Hauptspeicherinhalte direkt in eine Datei schreiben, könnten aufgrund eines anderen Alignments Probleme auftreten. Dies kommt daher, weil ein Member-Alignment in anderen Strukturen eine andere Byte-Reihenfolge bei Ganzzahlen oder eine unterschiedliche interne Darstellung von Fließkommazahlen haben könnte. Dieses Problem kann schon bei unterschiedlichen Compilern auftreten! Ist es also wichtig, dass die Daten auch auf anderen Systemen gelesen werden können, haben Sie folgende zwei Möglichkeiten:

- Die bessere Lösung wäre es, eine einfache ASCII-Textdatei zu verwenden, die mit `fprintf()` geschrieben und mit `fscanf()` gelesen wird. Ähnlich wird übrigens auch bei Netzwerkprotokollen vorgegangen. Zwar sind Textdateien meistens größer, und die Ein-/Ausgabe läuft ein wenig langsamer ab, aber der Vorteil, die einfachere Handhabung der Daten, macht diese Nachteile wieder wett.
- Sie überprüfen, ob es sich dabei um eine Big-Endian- oder Little-Endian-Maschine handelt.

Diese Funktionen ergänzen das Sortiment der Lese- und Schreibfunktionen hervorragend. Denn mit `fgets()` und `fputs()` lassen sich, wegen der besonderen Bedeutung der Zeichen `'\0'` und `'\n'` in ihnen, schlecht ganze Blöcke von Daten lesen bzw. schreiben. Ebenso ist es nicht sinnvoll, Daten Zeichen für Zeichen zu verarbeiten, wie dies bei den Funktionen `fputc()` und `fgetc()` geschieht. Außerdem ist es naheliegend, dass sich diese beiden Funktionen hervorragend zum Lesen und Schreiben von Strukturen eignen.

Hinweis

Da `fread()` und `fwrite()` nicht mit Zeichen bzw. Strings arbeiten, gibt es keine Funktion für breite Zeichen zu ihnen.

16.17.1 Blockweise lesen – »fread()«

Die Syntax der Funktion lautet wie folgt:

```
size_t fread(void *puffer, size_t blockgroesse,
             size_t blockzahl, FILE *datei);
```

`fread()` liest `blockzahl`-Speicherobjekte, von denen jedes die Größe von `blockgroesse` Bytes hat, aus dem Stream `datei`, der zuvor geöffnet wurde, in die Adresse von `puffer`. Für `puffer` muss dementsprechend viel Platz zur Verfügung stehen. Der Rückgabewert ist die Anzahl der gelesenen Speicherobjekte. Ist die Anzahl kleiner als `blockzahl`, wurde entweder das Dateiende erreicht, oder es trat ein Fehler auf.

Hinweis

`size_t` ist ein primitiver Systemdatentyp, der in der Headerdatei <*stddef.h*> definiert ist. Der maximale Wert des Typ ist implementierungsabhängig. Meistens ist dieser Typ allerdings als `unsigned int` implementiert).

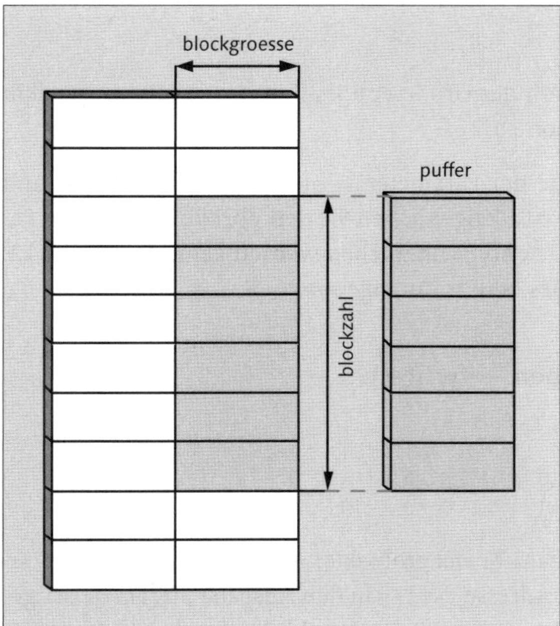

Abbildung 16.6 Blockweises Lesen mit »fread()«

Nehmen wir an, wir haben eine Datei namens *wert.dat*, deren Inhalte aus Integerwerten bestehen. Werden z. B. die ersten zehn Werte benötigt, sieht der Quellcode folgendermaßen aus:

```
/* fread.c */
#include <stdio.h>
#include <stdlib.h>

int main(void) {
   int puffer[10];
   FILE *quelle;
   int i;

   quelle = fopen("wert.dat", "r+b");
   if(quelle != NULL)
      fread(&puffer, sizeof(int), 10, quelle);
```

```
   for(i = 0; i < 10; i++)
      printf("Wert %d = %d\n", i, puffer[i]);
 return EXIT_SUCCESS;
}
```

Folgende Zeile soll wie oben interpretiert werden:

```
fread(&puffer, sizeof(int), 10, quelle);
```

`fread()` liest `10` Datenobjekte mit der Größe von je `sizeof(int)` Bytes aus dem Stream `quelle` in die Adresse von `puffer`.

Ein wenig undurchsichtig dürfte der Parameter `void *puffer` bei `fread()` und `fwrite()` erscheinen. Mit dem `void`-Zeiger haben Sie den Vorteil, dass diesem Parameter ein Zeiger beliebigen Datentyps übergeben werden kann. In Kapitel 12, »Zeiger (Pointer)«, haben wir dies bereits durchgenommen.

16.17.2 Blockweise schreiben – »fwrite()«

Kommen wir jetzt zur Funktion `fwrite()`:

```
size_t fwrite(const void *puffer,size_t blockgroesse,
              size_t blockzahl, FILE *datei);
```

Mit `fwrite()` werden `blockzahl`-Speicherobjekte, von denen jedes `blockgroesse` Bytes groß ist, von der Adresse `puffer` in den Ausgabe-Stream `datei` geschrieben. Der Rückgabewert ist auch hier die Anzahl der geschriebenen Speicherobjekte. Ist die Anzahl kleiner als `blockzahl`, dann ist ein Fehler aufgetreten.

Wieder ein Beispiel:

```
struct {
   char name[20];
   char vornam[20];
   char wohnort[30];
   int alter;
   int plz;
   char Strasse[30];
} adressen;

FILE *quelle;

strcpy(adressen.name, "Barack");
strcpy(adressen.vornam, "Obama");
strcpy(adressen.wohnort, "Washington D.C");
adressen.alter = 55;
adressen.plz = 23223;
```

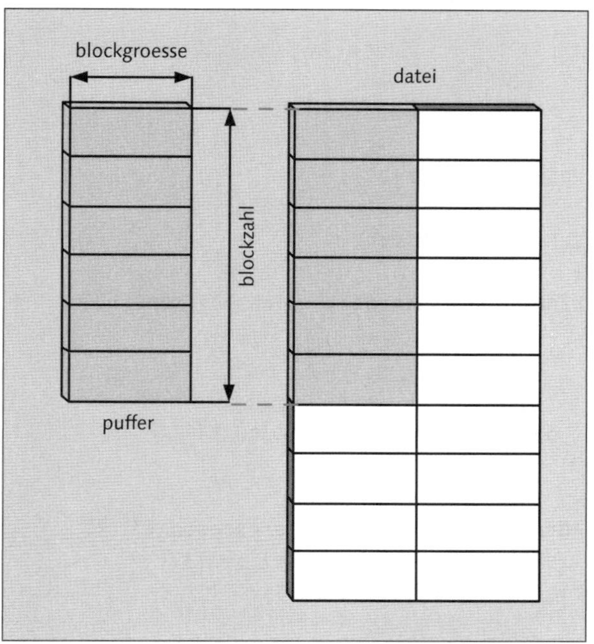

Abbildung 16.7 Blockweise schreiben mit »fwrite()«

```
...
if((quelle=fopen("adres.dat", "w+b")) == NULL)
...
fwrite(&adressen, sizeof(struct adressen), 1, quelle);
```

Hier wird mit `fwrite()` aus der Adresse `adressen` ein Speicherobjekt mit der Größe von `sizeof(struct adressen)` Bytes in den Stream `quelle` geschrieben.

Als Beispiel zu den Funktionen `fread()` und `fwrite()` folgt ein kleines Adressenverwaltungsprogramm ohne irgendwelche besonderen Funktionen, um nicht vom eigentlichen Thema abzulenken:

```
/* fread_fwrite.c */
#include <stdio.h>
#include <stdlib.h>

struct {
   char vorname[20];
   char nachname[30];
   char strasse[30];
   char hausnummer[5];
   char plz[7];
   char ort[30];
```

```
   char sternzeichen[30];
   char alter[3];
} adressen;

void speichern(void) {
   FILE *save = fopen("adressen.dat","r+b");
   if( NULL == save ) {
      save = fopen("adressen.dat","w+b");
      if( NULL == save ) {
         fprintf(stderr,"Kann \"adressen.dat\" nicht öffnen!\n");
         return;
      }
   }
   /* FILE-Zeiger save auf das Ende der Datei setzen */
   fseek(save, 0, SEEK_END);

   /* Wir schreiben eine Adresse ans Ende von "adressen.dat". */
   if(fwrite(&adressen, sizeof(adressen), 1, save) != 1) {
      fprintf(stderr, "Fehler bei fwrite...!!!\n");
      return;
   }
   /* Wir geben unseren FILE-Zeiger wieder frei. */
   fclose(save);
}

void ausgabe(void) {
   FILE *output = fopen("adressen.dat","r+b");
   if( NULL == output ) {
      fprintf(stderr,"Kann \"adressen.dat\" nicht öffnen!\n");
      return;
   }
   /* Wir lesen alle Adressen aus "adressen.dat". */
   while(fread(&adressen, sizeof(adressen), 1, output) == 1) {
      printf("Vorname...........: %s",adressen.vorname);
      printf("Nachname..........: %s",adressen.nachname);
      printf("Strasse...........: %s",adressen.strasse);
      printf("Hausnummer........: %s",adressen.hausnummer);
      printf("Postleitzahl......: %s",adressen.plz);
      printf("Ort...............: %s",adressen.ort);
      printf("Sternzeichen......: %s",adressen.sternzeichen);
      printf("Alter.............: %s",adressen.alter);
      printf("\n\n");
   }
   fclose(output);
}
```

```
void eingabe(void) {
   printf("Vorname...........:");
   fgets(adressen.vorname, sizeof(adressen.vorname), stdin);
   printf("Nachname..........:");
   fgets(adressen.nachname, sizeof(adressen.nachname),stdin);
   printf("Strasse...........:");
   fgets(adressen.strasse, sizeof(adressen.strasse), stdin);
   printf("Hausnummer........:");
   fgets(adressen.hausnummer,sizeof(adressen.hausnummer),stdin);
   printf("Postleitzahl......:");
   fgets(adressen.plz, sizeof(adressen.plz), stdin);
   printf("Ort...............:");
   fgets(adressen.ort, sizeof(adressen.ort), stdin);
   printf("Sternzeichen......:");
   fgets(adressen.sternzeichen,sizeof(adressen.sternzeichen),
      stdin );
   printf("Alter.............:");
   fgets(adressen.alter, sizeof(adressen.alter), stdin);
   speichern();
}

int main(void) {
   int wahl;

   do {
      printf("Was wollen Sie machen:\n\n");
      printf("-1- Neuen Datensatz hinzufuegen\n");
      printf("-2- Alle Datensaetze ausgeben\n");
      printf("-3- Programm beenden\n\n");
      printf("Ihre Auswahl : ");
      do {
         scanf("%d",&wahl);
      } while(getchar() != '\n');
      switch(wahl) {
         case 1 : eingabe();         break;
         case 2 : ausgabe();         break;
         case 3 : printf("...Programm wird beendet\n");
                  break;
         default: printf(">>%d<< ???\n",wahl);
      }
   } while(wahl != 3);
   return;
}
```

Zuerst wurde eine Struktur mit dem Namen `adressen` deklariert. In der Funktion `speichern()` wird, falls vorhanden, die Datei *adressen.dat* geöffnet. Ansonsten wird diese Datei erstellt:

```
FILE *save = fopen("adressen.dat","r+b");
if( NULL == save ) {
   save = fopen("adressen.dat","w+b");
   if( NULL == save ) {
```

Gleich darauf wird der Stream `save` an das Ende der Datei *adressen.dat* positioniert:

```
fseek(save, 0, SEEK_END);
```

Jetzt kann der Adressensatz in die Datei geschrieben werden:

```
if(fwrite(&adressen, sizeof(adressen), 1, save) != 1)
```

Nochmals eine Erklärung von `fwrite()`:

- `&adressen` – Anfangsadresse der Struktur `adressen`, welche am Programmbeginn deklariert und in der Funktion `eingabe()` mit Werten initialisiert wurde
- `sizeof(struct adressen)` – Größe (Blockgröße) in Byte, die vorgibt, wie viel auf einmal in den Stream `save` geschrieben werden soll
- `1` – Anzahl der Blöcke von der Größe `sizeof(adressen)`, die in den Stream `save` geschrieben werden
- `save` – Stream, der zuvor geöffnet wurde, und in den geschrieben wird

Diese Anweisung wurde in eine `if`-Bedingung gepackt, die eine Fehlerausgabe vornimmt, falls weniger als ein Block geschrieben wird. Mit der Funktion `ausgabe()` wird diese Datei jetzt über `fread()` blockweise ausgelesen und der Inhalt auf dem Bildschirm ausgegeben:

```
while(fread(&adressen, sizeof(adressen), 1, output) == 1)
```

Es wird so lange ausgelesen, bis kein ganzer Block der Größe `sizeof(adressen)` mehr vorhanden ist. Auch hierzu bekommen Sie eine genauere Erläuterung von `fread()`:

- `&adressen` – Hierhin wird der Block der Größe `sizeof(adressen)`, auf die der `FILE`-Zeiger `output` zeigt, »geschoben«. Natürlich handelt es sich auch hier um die Struktur `adressen`, die durch den Aufruf von `fread()` mit dementsprechenden Werten initialisiert wird.
- `sizeof(adressen)` – Größe des Blocks, der gelesen werden soll

- `1` – Anzahl der Blöcke, die gelesen werden
- `output` – Stream, aus dem gelesen wird

16.17.3 Big Endian und Little Endian

Ich habe bereits erwähnt, dass die Funktionen `fread()` und `fwrite()` nicht portabel und somit plattformabhängig sind. Sollten Sie also Programme schreiben wollen, die auf den verschiedensten Systemen laufen sollen, bleibt Ihnen nur die Wahl, diese Funktionen nicht zu verwenden, oder Sie finden heraus, auf welchem System genau sie laufen sollen. Unterschieden werden die Systeme dabei nach *Little Endian* und *Big Endian*. Little Endian und Big Endian sind zwei Methoden, wie die einzelnen Bytes im Speicher angeordnet sind. Little Endian und Big Endian unterscheiden sich durch die Anordnung des *most significant byte* und des *least significant byte*. Bei einer Word-Größe der CPU von vier Bytes wird das rechte Ende als *least significant byte* und das linke Ende als *most significant byte* bezeichnet. Das *least significant byte* stellt dabei die niedrigeren Werte und das *most significant byte* die größeren Werte in einem Word dar. Als Beispiel dient jetzt folgende Hex-Zahl:

```
22CCDDEE
```

Auf den unterschiedlichen Systemen wird diese Hex-Zahl im Speicher folgendermaßen abgelegt:

Adresse	0x12345	0x12346	0x12347	0x12348
Big Endian	22	CC	DD	EE
Little Endian	EE	DD	CC	22

Tabelle 16.7 Little Endian und Big Endian im Vergleich

Um jetzt herauszufinden, auf was für einem System das Programm ausgeführt wird, müssen Sie diese Hex-Zahl in einen Speicher schreiben, der Platz für eine Wortbreite bietet und das erste Byte mithilfe von Bit-Operationen überprüfen. Hier sehen Sie das Listing dazu:

```
/* endian.c */
#include <stdio.h>
#include <stdlib.h>
typedef unsigned int  WORD;
typedef unsigned char BYTE;

int main(void) {
   /* Word in den Speicher schreiben */
```

```
   WORD Word = 0x22CCDDEE;
   /* Zeiger auf ein Byte */
   BYTE *Byte;

   /* Word-Zeiger auf Byte-Zeiger casten */
   Byte = (BYTE *) &Word;


/* Speicherinhalt nach Adressen von links nach rechts
 * ausgeben.
 * byte[0]byte[1]byte[2]byte[3]
 * 22     CC     DD     EE      Speicherinhalt bei Little Endian
 * EE     DD     CC     22      Speicherinhalt bei Big Endian
 */
   /* Ist Byte[0] == 11 */
   if(Byte[0] == ((Word >>  0) & 0xFF))
      printf("Little Endian Architecture\n");
   /* oder ist Byte[0] == CC */
   if(Byte[0] == ((Word >> 24) & 0xFF))
      printf("Big Endian Architecture\n");
   return EXIT_SUCCESS;
}
```

Mit

```
if(Byte[0] == ((Word >>  0) & 0xFF))
```

werden die ersten acht Bits (ein Byte) mithilfe einer Maske (`FF` == 256 == 1 Byte) gezielt getestet. Werden bei dem Ausdruck (`(Word >> 0) & 0xFF`) praktisch keine Bits auf 0 gesetzt und stimmt danach der ausgewertete Ausdruck mit `Byte[0]` überein, haben Sie ein Little-Endian-System. Bei der zweiten Bedingung ist es dasselbe, nur wird dabei das vierte Byte (d. h. das 24. bis 32. Bit) verwendet. Zu den Little-Endian-Systemen gehören z. B.:

- Intel-CPUs
- DEC Alpha
- VAX

Big-Endian-Systeme sind zum Beispiel:

- Motorola MC68000 (Amiga, Atari)
- SPARC CPUs (SUN)
- IBM PowerPC

Einen faden Nachgeschmack hat diese Methode allerdings dann doch. Jetzt wissen Sie zwar, ob es sich um ein Little- oder Big-Endian-System handelt, aber nun müssen Sie sich dennoch selbst darum kümmern, dass die einzelnen Bytes richtig gelesen und geschrieben werden. Damit ist gemeint, dass Sie die Bits selbst verschieben müssen. Aber dies ist ein Thema, das den Rahmen dieses Buchs sprengen würde.

16.18 Datei (Stream) erneut öffnen – »freopen()«

Die Syntax von `freopen()` lautet:

```
#include <stdio.h>

FILE *freopen( const char * restrict pfad,
               const char * restrict modus,
               FILE * restrict datei );
```

Mit `freopen()` wird zuerst versucht, den Stream `datei` zu schließen. Fehler beim Schließen werden dabei ignoriert. Danach wird dem `FILE`-Zeiger die Datei zugeordnet, die in `pfad` angegeben wurde. Als `modus` können dieselben Modi verwendet werden wie bei der Funktion `fopen()`. Um es deutlicher auszudrücken: Sie erzeugen mit `freopen()` keinen neuen Stream, sondern verwenden einen vorhandenen Stream, der mit dem dritten Argument angegeben wird. Die Funktion wird für die Umlenkung eines Streams verwendet. Als Rückgabewert erhalten Sie bei Erfolg einen Zeiger auf den mit der Datei verbundenen Stream oder im Fehlerfall den Nullzeiger. Hierzu ein Beispiel:

```
/* freopen1.c */
#include <stdio.h>
#include <stdlib.h>
#define MAX 80

int main(void) {
   FILE *quelle;
   char datei1[20], datei2[20];
   char puffer[MAX];

   printf("Welche Datei wollen Sie als erste lesen : ");
   scanf("%19s",datei1);
   printf("Welche Datei wollen Sie anschließend lesen : ");
   scanf("%19s",datei2);
   quelle=fopen(datei1,"r");
```

```
   if( NULL == quelle ) {
      fprintf(stderr, "Fehler beim Oeffnen von %s\n", datei1);
      return EXIT_FAILURE;
   }
   while(fgets(puffer,MAX,quelle) != NULL)
      fputs(puffer,stdout);
   printf("\n");
   freopen(datei2,"r",quelle);
   while(fgets(puffer,MAX,quelle) != NULL)
      fputs(puffer,stdout);
   return EXIT_SUCCESS;
}
```

Mit der Zeile

```
freopen(datei2,"r",quelle);
```

wurde ein Schließen der Datei mit `fclose()` und ein Öffnen der Datei `datei2` gespart. Da über `freopen()` die Datei mit dem `FILE`-Zeiger (`datei1`) automatisch geschlossen wurde, wird dem `FILE`-Zeiger `quelle` gleich die Datei mit dem Pfad `datei2` übergeben.

So wird `freopen()` aber nicht unbedingt angewandt. Da `freopen()` nicht überprüft, ob der Stream ordnungsgemäß geschlossen wurde, rate ich auch davon ab. Ein Fehler wird schlicht ignoriert.

`freopen()` wird hauptsächlich dazu benutzt, die Standard-Streams `stdin`, `stdout` und `stderr` zu verbinden – in einfachen Worten: die Streams der Ein-/Ausgabe umzuleiten. Hierzu sehen Sie ein einfaches Beispiel:

```
/* freopen2.c */
#include <stdio.h>
#include <stdlib.h>

int main(void) {
   printf("Wir schreiben eine Datei \"log.txt\"\n");
   freopen("log.txt","a+",stdout);
   printf("Dieser Text steht in der Datei \"log.txt\"\n");
   return EXIT_SUCCESS;
}
```

Hier wird z. B. die Standardausgabe in die Datei *log.txt* umgeleitet. Das erste `printf()` wird noch auf dem Bildschirm ausgegeben. Das zweite wird dagegen in die Datei *log.txt* umgeleitet, die sich hier im selben Verzeichnis wie das Programm befinden sollte.

16.19 Datei löschen oder umbenennen – »remove()« und »rename()«

Manchmal ist es erforderlich, eine Datei zu löschen bzw. diese umzubenennen.

16.19.1 remove()

Zum Löschen einer Datei können Sie die Funktion `remove()` verwenden. Die Syntax lautet:

```
#include <stdio.h>

int remove(const char *pfadname);
```

Bei Erfolg gibt diese Funktion 0 und bei Misserfolg –1 zurück. Voraussetzungen für ein erfolgreiches Löschen sind außerdem der richtige Pfad und auch entsprechende Zugriffsrechte auf die Datei. Hier sehen Sie ein kurzes Beispiel zu `remove()`:

```
/* a_remover.c */
#include <stdio.h>
#include <stdlib.h>

int main(void) {
   char pfad[100];

   printf("Welche Datei wollen Sie löschen?\n");
   printf("Bitte wenn nötig gültigen Pfad angeben.\n");
   printf("Eingabe :> ");
   scanf("%99s",pfad);
   if((remove(pfad)) < 0) {
      fprintf(stderr, "Fehler beim Löschen von %s", pfad);
      return EXIT_FAILURE;
   }
   return EXIT_SUCCESS;
}
```

Hinweis

Eine kurze Anmerkung bezüglich des absoluten Löschens einer Datei: Wenn eine Datei mit `remove()` gelöscht wird, geben Sie nur den Speicherplatz frei, also sämtliche Einträge, die zu einer Datei gehören. Aber auf den einzelnen Adressen befinden sich immer noch die Daten, und die lassen sich oftmals wiederherstellen.

Wollen Sie sichergehen, dass eine Datei nicht mehr wiederhergestellt werden kann, empfiehlt es sich, den Inhalt der Datei zuerst zu »zerstören«, ehe Sie mit `remove()` die Datei löschen. Der einfachste Weg ist es, den ganzen Inhalt mit irgendwelchen Zeichen zu beschreiben. Im folgenden Beispiel wurde dies mit `fwrite()` und dem Stringende-Zeichen `'\0'` durchgeführt:

```
/* shreeder.c */
#include <stdio.h>
#include <stdlib.h>

void my_remove(char *rm) {
   unsigned long size;

   FILE *rem=fopen(rm, "w+b");
   if(rem != NULL)  {
      fseek(rem, 0L, SEEK_END);  /* Stream an das Dateiende   */
      size=ftell(rem);           /* Größe in Bytes ermitteln */
      /* kompletten Inhalt mit \0 überschreiben */
      fwrite((char *)'\0', 1, size, rem);
      /* damit die Datei gelöscht werden kann, schliessen */
      fclose(rem);
      remove(rm);    /* Jetzt weg damit */
   }
}

int main(void) {
   char datei[] = "test.txt";
   my_remove(datei);
   return EXIT_SUCCESS;
}
```

Jetzt ist es zwar einigen Experten noch möglich, die Datei wiederherzustellen, doch am Inhalt der Datei dürften sich auch diese die Zähne ausbeißen.

Hinweis

Wollen Sie eine Datei löschen, die im Augenblick geöffnet ist, ist das Verhalten der Funktion `remove()` implementierungsabhängig.

16.19.2 rename()

Mit der Funktion `rename()` kann eine Datei umbenannt werden. Die Syntax dafür lautet:

```
#include <stdio.h>

int rename(const char *altname, const char *neuname);
```

Wenn alles richtig verlief, gibt die Funktion 0, ansonsten bei einem Fehler –1 zurück. Ein kurzes Listing zeigt, wie `rename()` angewendet wird:

```
/* a_renamer.c */
#include <stdio.h>
#include <stdlib.h>

int main(void) {
   char alt[20],neu[20];

   printf("Welche Datei wollen Sie umbenennen : ");
   scanf("%19s",alt);
   printf("Wie soll die Datei heissen: ");
   scanf("%19s",neu);
   if( (rename(alt,neu)) < 0) {
      fprintf(stderr, "Fehler beim Umbenennen von %s", alt);
      return EXIT_FAILURE;
   }
   return EXIT_SUCCESS;
}
```

Sollte eine Datei umbenannt werden und einen Namen erhalten, der bereits vorhanden ist, ist das Verhalten systemabhängig.

Die Funktionen `rename()` und `remove()` funktionieren unter UNIX/Linux-Systemen aber nur, wenn Sie ausreichende Zugriffsrechte für diese Datei besitzen. Unter Windows/MS-DOS ist dies teilweise noch zweitrangig.

16.20 Pufferung einstellen – »setbuf()« und »setvbuf()«

Eine kurze Erklärung zur Pufferung: Die Standardeinstellung ist bei ANSI-C-Compilern die Vollpufferung. Dies ist auch sinnvoller und schneller als keine Pufferung, da weniger Lese- und Schreiboperationen etwa auf der Festplatte oder dem Arbeitsspeicher stattfinden. Die Puffergröße ist abhängig vom Compiler, liegt aber meistens bei 512 und 4096 Bytes. Die Größe ist in der Headerdatei *<stdio.h>* mit der Konstante `BUFSIZ` angegeben.

Bei einer Pufferung, die zeichenweise eingestellt ist, würde ein Kopiervorgang zum Beispiel so ablaufen:

```
-> Lese aus Datei ein Zeichen
<- Schreibe in eine Datei ein Zeichen
-> Lese aus Datei ein Zeichen
<- Schreibe in eine Datei ein Zeichen
-> Lese aus Datei ein Zeichen
<- Schreibe in eine Datei ein Zeichen
....
usw. Zeichen für Zeichen
```

Bei einer Datei mit 100 Bytes wären das 100 Zugriffe zum Lesen im Wechsel mit 100 Zugriffen zum Schreiben.

Bei Vollpufferung läuft dies so: Es wird so lange gelesen, bis der Puffer voll ist (`BUFSIZE`), und dann wird geschrieben. Im obigen Beispiel würde bei Vollpufferung einmal gelesen und einmal geschrieben.

Um hier selbst in die Pufferung eingreifen zu können, stehen Ihnen die Funktionen `setbuf()` oder `setvbuf()` zur Verfügung.

16.20.1 Die Funktion »setbuf()«

Mit der Funktion `setbuf()` wird einer Datei ein Dateipuffer zugeordnet. Die Syntax lautet:

```
#include <stdio.h>

void setbuf(FILE * restrict datei, char * restrict puffer);
```

Der geöffnete Stream `datei` erhält durch `setbuf()` den Puffer `puffer`. Die Größe des Puffers wird durch den Wert von `BUFSIZ` vorgegeben. Die symbolische Konstante `BUFSIZ` befindet sich in der Headerdatei *<stdio.h>*.

Wie groß `BUFSIZ` auf Ihrem System ist, ermitteln Sie mit folgendem Listing:

```
/* bufsize.c */
#include <stdio.h>
#include <stdlib.h>

int main(void) {
   printf("Die max. Groesse des Puffers: %d\n",BUFSIZ);
   return EXIT_SUCCESS;
}
```

Der Wert für `BUFSIZ` dürfte in der Regel 256 KB, 512 KB oder auch 4096 KB betragen. Dies ist abhängig vom System und vom Compiler.

Geben Sie hingegen für `puffer` den `NULL`-Zeiger an, erfolgt die Datenübertragung ungepuffert. Das würde eine Übertragung Zeichen für Zeichen bedeuten und natürlich erheblich mehr Zeit beanspruchen, da jedes einzelne Zeichen gelesen und anschließend wieder geschrieben wird.

Sie müssen die Funktion `setbuf()` unmittelbar nach dem Öffnen einer Datei aufrufen – noch vor einer Lese- oder Schreiboperation.

Zur Demonstration folgt ein Listing, das gepuffertes und ungepuffertes Kopieren von Daten vergleicht. Außerdem werden dabei die Funktionen `getc()` und `putc()` zum Lesen und Schreiben verwendet, die zwar zeichenweise arbeiten, aber dennoch vom Puffer abhängig sind. Hier das Listing:

```
/* test_setbuffer.c */
#include <stdio.h>
#include <stdlib.h>
#include <time.h>

#define DATEIGROESSE 10000000L
#define DATEI1 "test.1"
#define DATEI2 "test.2"

void copy1(char *quelle, char *ziel) {
   FILE *q,*z;
   int c;
   time_t t1 = time(NULL);

   printf("Kopiere zeichenweise mit getc() und putc()\n");
   q=fopen(quelle, "rb");
   if( q != NULL) {
      z = fopen(ziel, "wb");
      if(NULL == z) {
         fprintf(stderr,"Fehler beim Öffnen (%s)\n",ziel);
         exit(EXIT_FAILURE);
      }
   }
   else {
      fprintf(stderr, "Fehler beim Öffnen von %s\n", quelle);
      exit(EXIT_FAILURE);
   }
   while((c=getc(q)) != EOF)
      putc(c,z);
   fclose(q);
   fclose(z);
```

```
   printf("Zeit = %d sec.\n",time(NULL)-t1);
}

void copy2(char *quelle, char *ziel) {
   FILE *q,*z;
   static char puffer1[BUFSIZ];
   static char puffer2[BUFSIZ];
   int c;
   time_t t1 = time(NULL);

   printf("Gepuffertes Kopieren mit setbuf(stream,BUFSIZE)\n");
   q=fopen(quelle,"rb");
   if(q != NULL) {
      z = fopen(ziel, "wb");
      if(NULL == z) {
         fprintf(stderr,"Fehler beim Öffnen (%s)\n",ziel);
         exit(EXIT_FAILURE);
      }
   }
   else {
      fprintf(stderr, "Fehler beim Öffnen von %s\n", quelle);
      exit(EXIT_FAILURE);
   }
   setbuf(q,puffer1);
   setbuf(z,puffer2);
   while((c=getc(q)) != EOF)
      putc(c,z);
   fclose(q);
   fclose(z);
   printf("Zeit = %d sec.\n",time(NULL)-t1);
}

void copy3(char *quelle, char *ziel) {
   FILE *q,*z;
   int c;
   time_t t1 = time(NULL);

   printf("Ungepuffertes Kopieren mit setbuf(stream, NULL)\n");
   q = fopen(quelle, "rb");
   if(q != NULL) {
      z = fopen(ziel, "wb");
      if(NULL == z) {
         fprintf(stderr, "Fehler beim Öffnen (%s)\n", ziel);
         exit(EXIT_FAILURE);
      }
```

```
   }
   else {
      fprintf(stderr, "Fehler beim Öffnen von %s\n", quelle);
      exit(EXIT_FAILURE);
   }
   setbuf(q,NULL);
   setbuf(z,NULL);
   while((c=getc(q)) != EOF)
      putc(c,z);
   fclose(q);
   fclose(z);
   printf("Zeit = %d sec.\n",time(NULL)-t1);
}

void erzeuge_datei(void) {
   FILE *create = fopen(DATEI1, "wb");
   if(NULL == create) {
      fprintf(stderr, "Konnte keine Datei erzeugen\n");
      exit(EXIT_FAILURE);
   }
   fseek(create,DATEIGROESSE-1,SEEK_SET);
   putc('x',create);
   fclose(create);
}

int main(void) {
   printf("Datei %s wird erzeugt\n", DATEI1);
   erzeuge_datei();
   copy1(DATEI1,DATEI2);
   copy2(DATEI1,DATEI2);
   copy3(DATEI1,DATEI2);

   remove(DATEI1);
   remove(DATEI2);
   return EXIT_SUCCESS;
}
```

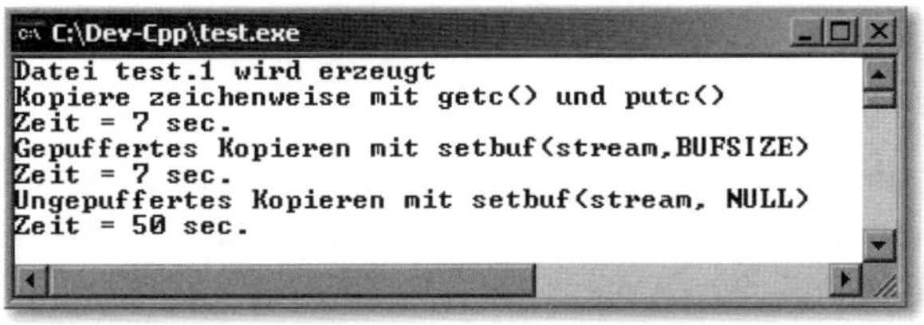

```
C:\Dev-Cpp\test.exe
Datei test.1 wird erzeugt
Kopiere zeichenweise mit getc() und putc()
Zeit = 7 sec.
Gepuffertes Kopieren mit setbuf(stream,BUFSIZE)
Zeit = 7 sec.
Ungepuffertes Kopieren mit setbuf(stream, NULL)
Zeit = 50 sec.
```

Abbildung 16.8 Zeitvergleiche mit gepufferter und ungepufferter Einstellung

Zuerst wird eine Datei von zehn Megabyte Größe mit der Funktion `erzeuge_datei()` angelegt. Anschließend wird die erzeugte Datei *test.1* in die Datei *test.2* kopiert, ohne die Funktion `setbuf()` zu verwenden (Funktion `copy1()`).

Als Nächstes wird die Funktion `copy2()` verwendet, bei der zum ersten Mal `setbuf()` eingesetzt wird. Als Pufferungsgröße wird hierbei die Konstante `BUFSIZ` verwendet. Der Zeitverbrauch ist wieder derselbe wie zuvor ohne `setbuf()`. Also können Sie sich `setbuf()` mit der Größe von `BUFSIZ` ersparen, da dies die Standardeinstellung für die Funktionen `getc()` und `putc()` zu sein scheint.

Als Letztes wurde die Funktion `copy3()` ausgeführt, bei der der Puffer auf `NULL` gesetzt wird. Somit wird ungepuffert kopiert. Das dauert natürlich eine Weile, da nach jedem Lesezugriff pro Byte gleich wieder ein Schreibzugriff erfolgt.

Am Ende werden diese beiden Dateien mittels `remove()` wieder gelöscht, damit nicht unnötig Datenmüll auf der Platte übrig bleibt.

Hinweis

Die Geschwindigkeit des Kopiervorgangs – wie im Listing demonstriert – ist nicht nur von der Power des Rechners abhängig. Einen sehr bedeutenden Anteil daran hat auch der Compiler selbst. Ich habe obiges Programm testweise mit einem anderen Compiler übersetzt, und es lief bis zu dreimal schneller.

Hinweis

Die Funktion `setbuf()` ist mittlerweile veraltet und wird nur noch aus Kompatibilitätsgründen beibehalten. Es empfiehlt sich, die neuere Funktion `setvbuf()` zur Veränderung des Dateipuffers zu verwenden.

16.20.2 Die Funktion »setvbuf()«

Zur Puffereinstellung kann aber auch die Funktion `setvbuf()` eingesetzt werden, die ähnlich wie `setbuf()` funktioniert. Hierzu lautet die Syntax:

```
#include <stdio.h>

int setvbuf(FILE * restrict datei,char * restrict puffer,int modus,
            size_t puffergroesse);
```

Wenn alles in Ordnung ging, liefert diese Funktion 0 zurück, andernfalls einen Wert ungleich 0. Die ersten beiden Parameter (`FILE *datei,char *puffer`) haben dieselbe Bedeutung wie schon bei der Funktion `setbuf()`. Zusätzlich stehen hier für den Parameter `modus` drei symbolische Konstanten zur Verfügung (siehe Tabelle 16.8).

Puffertyp (Modus)	Bedeutung
_IOLBF	Die Datei wird zeilenweise gepuffert. Hierbei wird bei einer Lese- und Schreiboperation der Puffer gefüllt und erst übertragen, wenn ein Newline-Zeichen im Puffer vorkommt oder der Puffer voll ist.
_IONBF	Die Ein-/Ausgabe wird gar nicht gepuffert. Die Daten werden direkt aus der Datei übertragen. Die Parameter `puffer` und `puffergroesse` haben hier keinerlei Effekt.
_IOFBF	Die Ein-/Ausgabe wird voll gepuffert. Der Puffer wird komplett gefüllt, bis die Daten übertragen werden.

Tabelle 16.8 Konstanten für die Einstellung des Puffers mit »setvbuf()«

Falls hierbei für `puffer` `NULL` angegeben wird, alloziert die Funktion einen eigenen Speicher der Größe `puffergrösse`. Das hört sich komplexer an, als es ist. `setbuf()` ohne Pufferung verwenden Sie beispielsweise so:

```
setbuf(quelle,NULL);
```

Hiermit wurde für den Stream `quelle` die Pufferung abgeschaltet (ungepuffert). Mit `setvbuf()` würde dies so erreicht:

```
setvbuf(quelle, NULL, _IONBF, BUFSIZ);
```

Für den Stream `quelle` wurde der Puffer nun ebenso abgeschaltet.

Wenn Sie die Pufferung auf z. B. 50 KB einstellen wollen, um Daten vom Stream `quelle` zum Stream `ziel` zu kopieren, so ergeben sich bei `setvbuf()` folgende Argumente:

```
setvbuf(quelle, NULL, _IOFBF, 50000L);
setvbuf(ziel, NULL, _IOFBF, 50000L);
```

Für eine zeilenweise Pufferung könnten Sie folgende Angaben machen:

```
setvbuf(quelle, NULL, _IOLBF, 80);
setvbuf(ziel, NULL, _IOLBF, 80);
```

So werden von `quelle` nach `ziel` mindestens 80 Zeichen kopiert, oder es wird bis zum nächsten Newline-Zeichen (`\n`) kopiert.

Sie haben auf diese Weise mit der Funktion `setvbuf()` die Möglichkeit, einen Dateipuffer bestimmter Länge zuzuordnen.

16.21 Temporäre Dateien erzeugen – »tmpfile()« und »tmpnam()«

Wollen Sie Daten während der Laufzeit eines Programms temporär zwischenspeichern, müssen Sie nicht extra eine neue Datei erstellen. Dafür gibt es in C spezielle Funktionen.

Mit der Funktion `tmpnam()` kann ein eindeutiger Name für eine temporäre Datei erzeugt werden. Die Syntax sieht wie folgt aus:

```
#include <stdio.h>

char *tmpnam(char *zgr);
```

Ein eindeutiger Name heißt, dass es sich um keinen Namen einer bereits existierenden Datei handelt. Insgesamt können mit `TMP_MAX` eindeutige Namen erzeugt werden. `TMP_MAX` ist in der Headerdatei *<stdio.h>* deklariert. Mit folgendem Programm können Sie herausfinden, wie viele temporäre Dateien auf Ihrem System erzeugt werden können:

```
/* tmpmax.c */
#include <stdio.h>
#include <stdlib.h>

int main(void) {
   printf("TMP_MAX = %u\n", TMP_MAX);
   return EXIT_SUCCESS;
}
```

Wird die Funktion `tmpnam()` hingegen so verwendet:

```
tmpnam(NULL);
```

dann wird die Datei in einem `static`-Speicherbereich untergebracht, und die Adresse wird als Funktionswert wiedergegeben. Das bedeutet, dass nachfolgende Aufrufe der Funktion `tmpnam()` dieselbe Adresse einnehmen. Aus diesem Grund sollte zuerst umkopiert werden, um die alte Adresse nicht zu überschreiben.

Sollte `tmpnam()` ohne den `NULL`-Zeiger aufgerufen werden, wird für `zgr` ein Adressbereich adressiert, der `L_tmpnam` Zeichen aufnehmen kann. `L_tmpnam` ist ebenso in der Headerdatei *<stdio.h>* deklariert.

```
/* Ltmpnam.c */
#include <stdio.h>
#include <stdlib.h>
```

```
int main(void) {
   printf("L_tmpnam= %d Zeichen\n", L_tmpnam);
   return EXIT_SUCCESS;
}
```

Kommen wir jetzt zur Funktion `tmpfile()`. Die Syntax lautet:

```
#include <stdio.h>

FILE *tmpfile(void);
```

Mit `tmpfile()` wird eine temporäre Datei im Binärmodus (`"wb+"`) zum Lesen und Schreiben geöffnet. Die Datei mit einem eindeutigen Namen wird entweder beim Schließen der Datei mit `fclose()` oder bei der ordnungsgemäßen Beendigung des Programms automatisch gelöscht. Wenn das Programm abnormal beendet wurde, hängt es von der Implementierung ab, ob die temporäre Datei gelöscht wird oder nicht. Kann `tmpfile()` keine temporäre Datei öffnen, gibt diese Funktion einen Nullzeiger zurück. Wie auch schon bei `tmpnam()` können bei einem Programm laut C99-Standard mindestens `TMP_MAX` temporäre Dateien erzeugt werden.

Jetzt ist es Zeit, diese Funktionen anhand eines Programmbeispiels zu demonstrieren:

```
/* a_tempfile.c */
#include <stdio.h>
#include <stdlib.h>

char string[] = {
   "Dies ist der String für die Testdatei\n"
   "Diese Zeile ist ein Lückenfüller !!!!\n"
   "Aber diese Zeile soll verändert werden\n"
   "Hier könnten noch viele Zeilen mehr stehen\n"
};

void create_text_file(void) {
   FILE *out = fopen("test.txt", "w");
   if(NULL == out) exit(EXIT_FAILURE);
   fputs(string, out);
   fclose(out);
}

int main(void) {
   FILE *in, *out;
   char line[80], *tmp;
   int line_nr = 1;
```

```
   /* Es wird eine Datei mit dem Inhalt string erzeugt. */
   create_text_file();
   /* Die Datei zum Ändern wird zum Lesen geöffnet. */
   in  = fopen("test.txt", "r");
   if(NULL == in) {
      fprintf(stderr, "Konnte Datei nicht erzeugen!\n");
      return EXIT_FAILURE;
   }
   tmp = tmpnam(NULL);      /* temporäre Datei erzeugen */
   /* temporäre Datei zum Schreiben öffnen */
   out = fopen(tmp, "w");
   if(NULL == out) {
      fprintf(stderr, "Konnte Datei nicht öffnen!\n");
      return EXIT_FAILURE;;
   }
   /* aus der Datei zeilenweise lesen und in
    * temporäre Datei schreiben */
   while( NULL != fgets(line, 80, in)) {
      /* Es soll die dritte Zeile geändert werden. */
      if(line_nr == 3)
         fputs("Ein veränderte Zeile!\n", out);
      else
         fputs(line, out);
      line_nr++;
   }
   fclose(in);
   fclose(out);
   remove("test.txt");        /* Original löschen          */
   rename(tmp, "test.txt");   /* temporäre Datei umbenennen */
   return EXIT_SUCCESS;
}
```

Das Programm demonstriert den Einsatz temporärer Dateien recht eindrücklich. Es wird zuerst eine Textdatei *test.txt* erzeugt, die mit dem Inhalt von `string` beschrieben wird. Diese Datei wird jetzt zum Lesen geöffnet. Anschließend wird mit `tmpnam()` eine temporäre Datei erzeugt. Durch das Argument `NULL` befindet sich diese Datei im `static`-Speicherbereich. Diese temporäre Datei öffnen Sie nun zum Schreiben. In der `while()`-Schleife wird Zeile für Zeile aus der Datei gelesen und in die temporäre Datei geschrieben. Ist die dritte Zeile erreicht, wird diese geändert. Danach geht es wieder Zeile für Zeile weiter, bis keine mehr vorhanden ist. Am Ende des Programms wird die Originaldatei gelöscht und die temporäre Datei in diese umbenannt. Das Listing stellt eine einfache Möglichkeit dar, eine Textdatei zu verändern. Dies kann z. B. recht sinnvoll sein, wenn Sie ein

Textverarbeitungsprogramm entwickeln wollen und dabei eine Funktion einbauen, die alle 10 Minuten eine Sicherungskopie vom Originaltext erstellt. Die meisten guten Textverarbeitungsprogramme besitzen dieses Feature.

Jetzt will ich Ihnen auch noch ein Listing mit der Funktion `tmpfile()` zeigen:

```
/* more_tempfile.c */
#include <stdio.h>
#include <stdlib.h>

int main(void) {
   FILE *tmp;
   int i;
   char tempdatei[L_tmpnam], zeile[1000];

   printf("Demo-Funktion tmpnam ...\n");
   for(i = 1; i <= 4; i++) {
      if(i%2==0) {
         printf("%20d. %s\n",i,tmpnam(NULL));
      }
      else {
         tmpnam(tempdatei);
         printf("%20d. %s\n",i,tempdatei);
      }
   }
   printf("Demo Funktion tmpfile ...\n");
   tmp=tmpfile();
   if( NULL == tmp ) {
      fprintf(stderr,"Fehler bei tmpfile\n");
      return EXIT_FAILURE;
   }
   /* Wir schreiben mit fputs in die temporäre
    * Datei, auf die tmp zeigt. */
   fputs("Dieser Text wird in die temporäre"
         " Datei geschrieben\n", tmp);
   rewind(tmp);
   if(fgets(zeile,sizeof(zeile),tmp) == NULL) {
      fprintf(stderr, "Fehler bei fgets ...\n");
      return EXIT_FAILURE;
   }
   printf("%s\n",zeile);
   return EXIT_SUCCESS;
}
```

Als Erstes wird in diesem Programm die Funktion `tmpnam()` demonstriert. Sie erzeugen zwei temporäre Dateien mit dem `NULL`-Zeiger und zwei ohne. Anschließend erstellen Sie eine temporäre Datei und schreiben mit `fputs()` einen Text in diese. Danach lesen Sie aus der angefertigten temporären Datei, auf die der `FILE`-Zeiger `tmp` zeigt. Bei ordentlichem Beenden wird diese temporäre Datei auch wieder gelöscht. Zum Beweis, dass auch tatsächlich eine temporäre Datei erzeugt wurde, können Sie vor der Zeile

```
if(fgets(zeile,sizeof(zeile),tmp) == NULL)
```

aus der temporären Datei lesen und das Programm mit `exit()` abbrechen, etwa so:

```
rewind(tmp);
exit (1);
if(fgets(zeile,sizeof(zeile),tmp) == NULL)
```

Nun sollte sich in dem Verzeichnis, in dem Sie das Programm ausführen, eine Datei mit folgendem Textinhalt befinden:

```
Dieser Text wird in die temporäre Datei geschrieben
```

16.21.1 »mkstemp()« – sichere Alternative für Linux/UNIX (nicht ANSI C)

Beim Übersetzen mit Linux/UNIX bekommen Sie bei `tmpnam()` eine Warnung angezeigt, diese Funktion nicht zu verwenden. Es wird Ihnen geraten, die Funktion `mkstemp()` einzusetzen. Diese Warnung wird deshalb ausgegeben, weil die Funktion `tmpnam()` einen eindeutigen Namen zurückgibt. In der Zeit zwischen der Erzeugung des Namens und dem Öffnen der Datei könnte theoretisch eine Datei mit demselben Namen untergeschoben werden.

```
int mkstemp(char *template) ;
```

Die Funktion `mkstemp()` erzeugt einen temporären Dateinamen und öffnet diese Datei mittels `open()` und dem Flag `O_EXCL` gleich für Sie. Bei Erfolg gibt Ihnen diese Funktion einen File-Deskriptor zum Lesen und Schreiben auf diese temporäre Datei zurück. Dank des Flags `O_EXCL` ist sichergestellt, dass die so erzeugte temporäre Datei wirklich einzigartig ist. Die geöffnete Datei verwendet den Modus 0600 und ist standardmäßig nur dem Eigentümer vorbehalten. Wenn andere User darauf zugreifen sollen (dürfen), müssen Sie das ändern (z. B. mit `fchmod()`, `fchown()`). `mkstemp()` liefert bei einem Fehler –1 zurück, wenn die Datei nicht erzeugt oder geöffnet werden kann.

16.22 Fehlerbehandlung

Wenn bei einem Systemaufruf ein Fehler auftritt, wird in der globalen Variable `errno` ein entsprechender Fehlerwert gesetzt. Mit den beiden Funktionen `strerror()` und `perror()` können Sie diese Systemfehlermeldung ausgeben lassen. Die Variable `errno` ist in der Headerdatei *<errno.h>* definiert.

Dabei ist es nicht vorgeschrieben, ob `errno` eine globale Variable (vom Typ `int`) oder ein Makro ist, das einen modifizierbaren L-Wert vom Typ `int` hat.

Ebenfalls in der Headerdatei *<errno.h>* sind die Konstanten (Fehlernummern) deklariert, die die Variable `errno` annehmen kann. Jede dieser Konstanten beginnt mit dem Großbuchstaben »`E`«. Diese Fehlernummern sind allerdings, abgesehen von drei Konstanten, system- und compiler-abhängig. Tabelle 16.9 enthält die drei Konstanten, die auf allen Systemen gleich und vorhanden sind.

Konstante	Bedeutung
`EDOM`	(*Domain error*) unzulässiges Argument für eine mathematische Funktion
`EILSEQ`	(*Illegal sequence*) Bei einer Verarbeitung von Multibyte-Zeichen wurden Bytes entdeckt, die keine gültigen Zeichen darstellen.
`ERANGE`	(*Range error*) Das Ergebnis liegt außerhalb des darstellbaren Bereichs.

Tabelle 16.9 Fehlerbehandlungskonstanten für mathematische Funktionen

Weitere – allerdings wie schon erwähnt, system- und compiler-abhängige – Konstanten und ihre Bedeutungen sind in Tabelle 16.10 aufgeführt.

Fehlercode	Bedeutung
`EZERO`	Fehler 0
`EINVFNC`	ungültige Funktionsnummer
`ENOFILE`	Datei nicht gefunden
`ENOPATH`	Pfad nicht gefunden
`ECONTR`	Speicherblöcke zerstört
`EINVMEM`	ungültige Speicherblockadresse
`EINVENV`	ungültiges Environment
`EINVFMT`	ungültiges Format
`EINVACC`	ungültiger Zugriffscode
`EINVDAT`	ungültige Daten

Tabelle 16.10 Fehlerbehandlungskonstanten bei Systemaufrufen

Fehlercode	Bedeutung
EINVDRV	ungültige Laufwerksangabe
ECURDIR	Versuch, das aktuelle Verzeichnis zu löschen
ENOTSAM	nicht das gleiche Gerät
ENMFILE	keine weiteren Dateien mehr
ENOENT	Datei oder Verzeichnis existiert nicht.
EMFILE	zu viele geöffnete Dateien
EACCES	Zugriff verweigert
EBADF	ungültiger Datei-Deskriptor
ENOMEM	zu wenig Speicher
ENODEV	Gerät existiert nicht.
EINVAL	ungültiges Argument
E2BIG	Argumentliste ist zu lang.
ENOEXEC	Fehler beim Exec-Format
EXDEV	Kreuzverbindung von Geräten
EFAULT	unbekannter Fehler
EEXIST	Datei existiert bereits.

Tabelle 16.10 Fehlerbehandlungskonstanten bei Systemaufrufen (Forts.)

Dies dürften jetzt nicht alle gewesen sein bzw. auf anderen Systemen wieder zu viele. Sie sollten in der Headerdatei *<errno.h>* oder unter Linux auf der Manpage *intro* nachsehen.

Die Variable `errno` wird beim Programmstart normalerweise auf 0 gesetzt, da es keine Fehlernummer mit dem Wert 0 gibt. Deshalb sollte `errno` jedes Mal, wenn eine Systemfunktion aufgerufen wird, wieder auf 0 gesetzt werden.

16.22.1 Fehlerausgabe mit »perror()«

Im ersten Beispiel wird die Funktion `perror()` verwendet. Sehen sie sich zuerst die Syntax zu dieser Funktion an:

```
#include <stdio.h>

void perror(const char *meldung);
```

Wenn für `meldung` kein `NULL`-Zeiger angegeben wurde, wird der String `meldung` mit anschließendem Doppelpunkt, gefolgt von einer zu `errno` gehörenden Fehlermeldung, ausgegeben (mit abschließendem `'\n'`). Rufen Sie hingegen diese

Funktion mit dem NULL-Zeiger auf, wird nur eine zu errno gehörende Fehlermeldung ausgegeben. Geschrieben wird diese Fehlermeldung auf die Standardfehlerausgabe (stderr).

```
/* perror.c */
#include <stdio.h>
#include <stdlib.h>

int main(void) {
   FILE *fp;

   fp = fopen("keinedatei.dat", "r");
   if (NULL == fp) {
      perror("Kann nicht aus Datei lesen ");
      return EXIT_FAILURE;
   }
   return EXIT_SUCCESS;
}
```

Das Programm versucht, die Datei *keinedatei.dat* zu öffnen. Falls diese nicht existiert, wird eine entsprechende Fehlermeldung ausgegeben:

```
Kann nicht aus Datei lesen : No such file or directory
```

Der Funktion perror() kann auch ein NULL-Zeiger übergeben werden:

```
perror(NULL);
```

In diesem Fall würde nur das Folgende ausgegeben:

```
No such file or directory (ENOENT)
```

16.22.2 Fehlerausgabe mit »strerror()«

Das Gleiche soll jetzt auch mit der Funktion strerror() realisiert werden. Die Syntax der Funktion lautet:

```
#include <string.h>

char *strerror(int error_nr);
```

Die Funktion liefert als Rückgabewert einen Zeiger auf einen String, der zur Systemfehlermeldung der Variablen errno passt. Der Parameter error_nr beinhaltet in der Regel die Fehlervariable von errno.

```
/* strerror.c */
#include <stdio.h>
#include <string.h>
```

```
#include <stdlib.h>
#include <errno.h>

int main(void) {
   FILE *fp;

   fp = fopen("keinedatei.dat", "r");
   if (NULL == fp) {
      fprintf(stderr, "%s\n", strerror(errno));
      return EXIT_FAILURE;
   }
   return EXIT_SUCCESS;
}
```

Das Programm läuft genauso ab wie das Programm zuvor mit `perror()`.

Mit dem nun folgenden Programm wird eine Datei mit dem Namen *testfile* erstellt. Zuerst soll die Datei zum Lesen geöffnet werden. Anschließend wird mit

```
if(errno == ENOENT)
```

überprüft, ob die Variable `errno` den Wert der Konstante `ENOENT` hat. Wenn ja, bedeutet dies, dass keine solche Datei existiert, und sie soll somit neu angelegt werden. Sollte es Probleme beim Anlegen dieser Datei geben, so wird dies mit dem nächsten `perror()`-Aufruf ausgegeben.

```
/* isfile.c */
#include <stdio.h>
#include <stdlib.h>
#include <errno.h>
#define ESUCCESS 0

int main(void) {
   FILE *fp;

   fp = fopen("testfile", "r");
   if(errno == ENOENT) {
      /* errno wieder zurücksetzen */
      errno = ESUCCESS;
      fp = fopen ("testfile", "w");
      if(NULL == fp) {
         perror(NULL);
         return EXIT_FAILURE;
      }
      else
         printf("Datei \"testfile\" angelegt\n");
```

```
   }
   else
      printf("Datei \"testfile\" exisitiert bereits\n");
   fclose(fp);
   return EXIT_SUCCESS;
}
```

16.23 Formatiert in einen String schreiben und formatiert aus einem String lesen – »sscanf()« und »sprintf()«

Die Funktion `sprintf()` ist in der Headerdatei *<stdio.h>* deklariert und nicht – wie häufig irrtümlicherweise angenommen – in *<string.h>*. Sie arbeitet genauso wie `printf()`, nur dass statt der Ausgabe auf dem Bildschirm formatiert in einen String geschrieben wird. So lassen sich verschiedene Formatelemente formatiert in einen String schreiben. Die Syntax dazu lautet:

```
int sprintf( char * restrict target_string,
             const char * restrict format, ...);
int snprintf( char * restrict target_string, size_t n
              const char * restrict format, ...);
```

Mit dem ersten Parameter `target_string` wird die Adresse des Zielstrings angegeben. Das zweite und die weiteren Argumente von `sprintf()` haben dieselbe Bedeutung wie schon bei der Funktion `printf()`. `snprintf()` funktioniert genauso wie `sprintf()`, nur werden hierbei nicht mehr als `n` Bytes in den Zielstring `target_string` geschrieben.

Diese Funktion eignet sich besonders gut, wenn Sie Zahlen in einen String konvertieren wollen. Zudem schreibt sie am Ende das `'\0'`-Zeichen. Dazu ein kurzes Listing:

```
/* sprint.c */
#include <stdio.h>
#include <stdlib.h>
#define BUF 255

int main(void) {
   char string1[BUF];
   char string2[BUF];
   int anzahl = 10;
   char gegenstand[] = "Kartoffel";
   float liter = 1.55f;
   char fluessigkeit[] = "Limo";
```

```
   sprintf(string1, "%d kg %s\n",anzahl,gegenstand);
   sprintf(string2, "%.2f Liter %s\n",liter,fluessigkeit);

   printf("%s",string1);
   printf("%s",string2);
   return EXIT_SUCCESS;
}
```

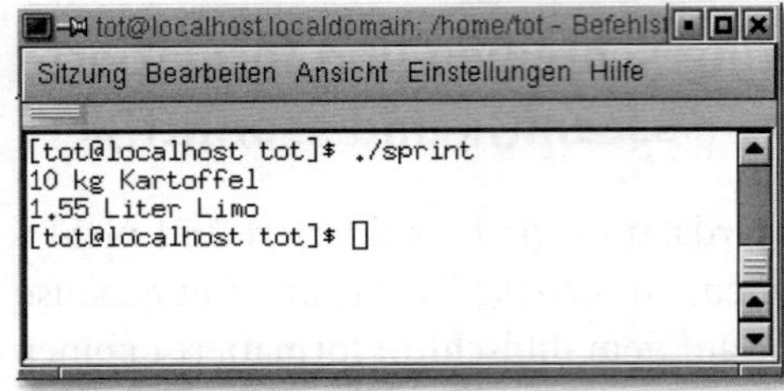

Abbildung 16.9 Formatiert in einen String schreiben

Die Funktion `sscanf()` stellt das Gegenstück zur Funktion `sprintf()` dar. Sie funktioniert genauso wie `scanf()`, nur liest `sscanf()` die Formatelemente nicht von der Tastatur ein, sondern von einem String. Die Syntax sieht so aus:

```
int sscanf( const char * restrict quell_string,
            const char * restrict format, ...);
```

Im ersten Argument befindet sich der Quellstring, von dem anschließend die Eingabezeichen mit den Formatbezeichnern des zweiten Arguments in die Variablenliste eingelesen werden. Am Dateiende oder bei einem Fehler gibt diese Funktion `EOF` zurück. Damit können Strings wieder in Zahlen umgewandelt werden. Hier sehen Sie ein Beispiel zu `sscanf()`:

```
/* sscanf.c */
#include <stdio.h>
#include <string.h>
#include <stdlib.h>

int main(int argc, char **argv) {
   int count = 1, check, temp, summe = 0;

   if (argc < 2) {
      fprintf(stderr, "Verwendung: %s Integer"
                      " Integer [Integer_n]\n", *argv);
      return EXIT_FAILURE;
   }
   while(count < argc) {
      /* einzelne Argumente in Integerwerte konvertieren */
```

```
      check = sscanf(argv[count], "%d", &temp);
      /* ungültiges Argument wird ignoriert */
      if(check == EOF)
         count++;
      else {
         summe += temp;
         count++;
      }
   }
   printf("Summe aller Ganzzahlen der Argumente: %d\n", summe);
   return EXIT_SUCCESS;
}
```

Mit diesem Listing werden die Ganzzahlen, die dem Programm beim Aufruf über die Kommandozeile als Argumente mitgegeben wurden, als Summe berechnet. Die einzelnen Argumente werden mit der folgenden Zeile in Integerwerte konvertiert:

```
check = sscanf(argv[count], "%d", &temp);
```

Zur Verdeutlichung folgt hier noch ein weiteres Beispiel mit den beiden Funktionen `sprintf()` und `sscanf()`:

```
/* form.c */
#include <stdio.h>
#include <stdlib.h>
#define NUMITEMS 4

char *namen[4] = {
   "Jürgen", "Fatma", "Gismo", "Jonathan"
};

int main(void) {
   int schleife;
   char temp[4][80];
   char name[20];
   int alter;
   long lohn;

   /* Wir erstellen Namen, Alter und Gehalt. Alter und Gehalt
    * werden durch Zufallszahlen erzeugt. Mit sprintf schreiben
    * wir die Daten formatiert nach int temp. */
   for (schleife = 0; schleife < NUMITEMS; ++schleife)
      sprintf(temp[schleife], "%s %d %ld"
         ,namen[schleife], rand()%20+18, rand()+27500L);
```

```
   /* Wir erstellen eine Kopfzeile. */
   printf("%4s | %-20s | %5s | %9s\n",
      "#","Name","Alter","Gehalt");
   printf(" ----------------------------------------"
          "----------\n");

   /* Mit sscanf lesen wir die Daten formatiert aus temp aus,
    * und zwar dort, wo wir zuvor mit sprintf die Daten
    * formatiert geschrieben haben. */
   for (schleife=0; schleife < NUMITEMS; ++schleife) {
      sscanf(temp[schleife],"%s %d %ld",(char*)&name,&alter,&lohn);
      printf("%4d | %-20s | %5d | %9ld\n",
         schleife+1,name,alter,lohn);
   }
   return EXIT_SUCCESS;
}
```

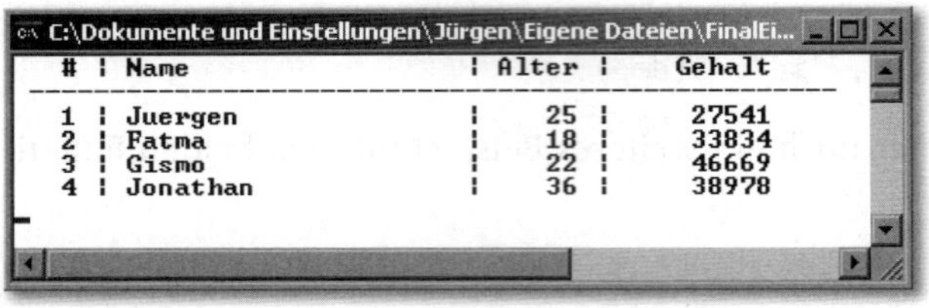

```
C:\Dokumente und Einstellungen\Jürgen\Eigene Dateien\FinalEi...
   # | Name                 | Alter |    Gehalt
 --------------------------------------------------
   1 | Juergen              |    25 |     27541
   2 | Fatma                |    18 |     33834
   3 | Gismo                |    22 |     46669
   4 | Jonathan             |    36 |     38978
```

Abbildung 16.10 Formatiertes Schreiben in einen und Lesen aus einem String

Dies ist ein recht praktisches Beispiel. Zuerst wird mit `sprintf()` formatiert in das zweidimensionale Array `temp` geschrieben und anschließend mit `sscanf()` wieder formatiert ausgelesen.

16.24 Byte- und wide-orientierter Stream

Neben einem `char` steht Ihnen auch der Typ `wchar_t` für Breitzeichen (siehe Abschnitt 5.13, »Der Breitzeichen-Typ ›wchar_t‹«) zur Verfügung, um, abhängig von der Implementierung, erweiterte Zeichensätze darzustellen. Zwar werden in diesem Kapitel nur die Standard-Ein-/Ausgabefunktionen der Headerdatei *<stdio.h>* beschrieben, aber für breite Zeichen stehen in der Headerdatei *<wchar.h>* immer entsprechende Gegenstücke zu Verfügung. Um beispielsweise einen String zeilenweise in einen Stream zu schreiben, steht Ihnen in der Headerdatei *<stdio.h>* die Funktion `fgets()` zur Verfügung. Das entsprechende Gegenstück für breite Zeichen aus der Headerdatei *<wchar.h>* unterscheidet sich lediglich durch den Namen und lautet `fgetws()`.

Das Öffnen einer Datei erfolgt bei byte- und wide-orientierten Streams immer auf dieselbe Art und Weise. Erst der erste Zugriff auf eine Datei entscheidet, ob dieser byte- oder wide-orientiert erfolgt. Dies hängt natürlich davon ab, ob Sie die byte-orientierten Funktionen aus *<stdio.h>* oder die wide-orientierten aus *<wchar.h>* verwenden.

Wissen müssen Sie auf jeden Fall, falls Sie einen wide-orientierten Stream verwenden, dass die Zeichen als Multibyte-Zeichen (siehe den gleichnamigen Abschnitt 5.14) in der Datei gespeichert werden. Um die entsprechenden Konvertierungen von Breitzeichen in Multibyte-Zeichen und umgekehrt müssen Sie sich nicht kümmern, das machen die Funktionen für Sie.

Jeder wide-orientierte Stream hat außerdem ein Objekt vom Typ `mbstate_t`, in dem der Status der Konvertierung gespeichert wird. Diese Informationen werden benötigt, um korrekte Konvertierungen zwischen Breitzeichen und Multibyte-Zeichen und umgekehrt durchzuführen. Mit diesem Status wird die Funktionsweise der Konvertierung festgelegt. In diesem Konvertierungsstatus wird auch die Position innerhalb des Multibyte-Zeichens gespeichert, sodass Sie mithilfe von `mbstate_t` auch ohne Probleme die Dateiposition mit den Funktionen `fgetpos()` und `fsetpos()` abfragen bzw. setzen können.

Wollen Sie wissen, ob ein Stream byte- oder wide-orientiert ist, können Sie die Funktion `fwide()` aus der Headerdatei *<wchar.h>* verwenden. Mit dieser Funktion können Sie außerdem auch die Stream-Orientierung direkt setzen. Gewöhnlich macht man dies gleich nach dem Öffnen der Datei. Nach dem Setzen der Orientierung mit `fwide()` kann diese nicht mehr geändert werden. Die Orientierung lässt sich aber nach einem Aufruf von `freopen()` wieder löschen. Ohne einen Aufruf von `fwide()` wird, wie bereits erwähnt, die Orientierung implizit dadurch festlegt, ob die erste Schreib- oder Leseoperation byte- oder wide-orientiert ist. Ein einfaches Beispiel hierzu:

```
/* wideorientiert.c */
#include <stdio.h>
#include <stdlib.h>
#include <wchar.h>

int main() {
   FILE *fp;
   int ret;
   wchar_t wStr[] =
      L"Ein einfaches Beispiel für Breitzeichen";

   fp = fopen("testfile.txt", "w+");
   if( NULL == fp ) {
```

```
      printf("Konnte Datei nicht öffnen\n");
      exit(EXIT_FAILURE);
   }
   // wide-orientiert setzen = 1
   ret = fwide( fp, 1 );
   if( ret <= 0 ) {
      fprintf( stderr,
         "Konnte nicht auf Breitzeichen umstellen\n");
      exit(EXIT_FAILURE);
   }
   // Die Breitzeichen schreiben
   fputws( wStr, fp );
   return EXIT_SUCCESS;
}
```

Hinweis

Eine Übersicht zu den Funktionen der Headerdatei *<wchar.h>* finden Sie in Anhang B.23.

16.25 Ein fortgeschrittenes Thema

Mittlerweile haben Sie ja in diesem Buch schon einiges gelernt. Aber irgendwie waren alle Themen doch sehr theoretisch. Ich habe vorwiegend gezeigt, wie Sie eine Funktion einsetzen können und was dabei beachtet werden muss. Daher soll in diesem Abschnitt einmal etwas Praktisches gemacht werden, womit einige C-typische Stärken aufgezeigt werden können. Es muss auch erwähnt werden, dass dieses Programmbeispiel Ihnen einiges an Wissen abverlangt. Im Listing werden aber keine Konstrukte von C verwendet, mit denen Sie bisher noch nichts zu tun hatten. Wenn Sie so wollen, stellt dieses Programm eine Art Zwischenprüfung Ihrer Kenntnisse in C dar.

Es soll gezeigt werden – wie Sie einen Text einer Datei dynamisch in den Speicher lesen können; wie dies bei Textverarbeitungsprogrammen geschieht. Eine einfache Textdatei ist dabei so strukturiert wie in Abbildung 16.11 gezeigt.

Sicher ist dies nur eine einfache Strukturierung einer Textdatei. In der Regel fehlen hierbei z. B. noch die Absätze oder die Seitenzahlen. Aber für unseren Fall genügt dies.

Folgende Funktionen benötigen Sie für diese Aufgabe:

- eine Funktion, die eine Datei zum zeilenweisen Lesen öffnet
- eine Funktion, die dynamischen Speicher für einen String anfordert

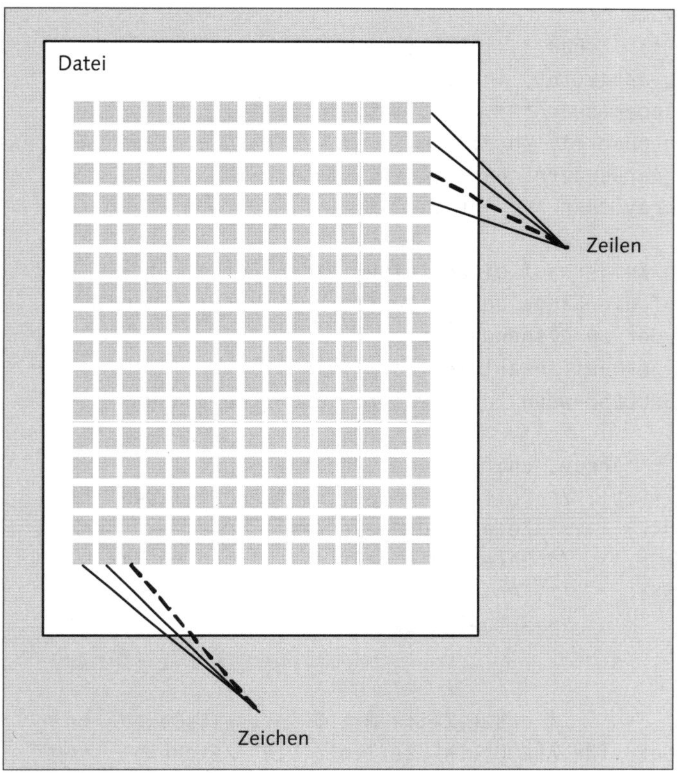

Abbildung 16.11 Einfache Strukturierung einer Textdatei

- eine Funktion, die den dynamischen Speicher erweitert (eine Zeile hinzufügt)
- eine Funktion, die die Größe einer Zeile anpasst und überflüssigen Speicher wieder freigibt
- eine Funktion, die den dynamischen Speicher verringert
- eine Funktion, die allozierten Speicher freigibt

Hier folgt jetzt das vollständige Listing, das sehr ausführlich kommentiert ist:

```
/* dyn_text.c */
#include <stdio.h>
#include <stdlib.h>
#include <string.h>
/* symbolische Konstanten */
#define LINE 255
#define ALLOC_LINE 10

enum { SUCCESS, ERROR };
```

```
/* Funktionsprototypen */
int read_file(char ***, char *, int *);
char **alloc_string_array(int, int);
int zeilen_hinzu_fuegen(char ***, int, int, int);
int string_anpassen(char **, int);
int string_groesse_veraendern(char **, int, int);
void free_string_array(char **, int);

/*  ***array == Ein Zeiger auf einen Zeiger einer Zeile mit
 *  einem Zeiger auf die Länge der Zeile (*array[zeile][länge])
 *  *fname == Name der zu öffnenden Datei
 *  *zeile_n == Zeiger auf Anzahl Zeilen
 *  Rückgabewert: SUCCESS wenn kein Fehler, ansonsten ERROR
 */
int read_file(char ***array, char *fname, int *zeile_n) {
 char puffer[LINE] = {0}; /* Puffer zum zeilenweisen Einlesen  */
 char *newline = NULL;    /* Zeiger für neue Zeile             */
 FILE *f;                 /* Datei, die geöffnet werden soll*/
 int error = SUCCESS;     /* Fehlerstatus                      */
 int zeile = 0;           /* aktuelle Zeile                    */
 int absatz_n;

 *zeile_n = 0;            /* erste Zeile mit 0 initialisieren  */
 /* Speicher anfordern für ALLOC_LINE Zeilen a LINE Zeichen    */
 *array = alloc_string_array(ALLOC_LINE, LINE);
 if(NULL != *array) {
    f = fopen(fname, "r"); /* Datei fname zum Lesen öffnen */
    if(NULL != f) {
       *zeile_n = ALLOC_LINE;
       absatz_n = 0;
       /* solange kein Fehler auftritt, zeilenweise einlesen */
       while(0 == error && NULL != fgets(puffer, LINE, f)) {
          newline = strchr(puffer, '\n');
          if(NULL != newline)
             /* Newline-Zeichen gegen
              * Terminierungszeichen austauschen */
               *newline = '\0';
             strcat( (*array)[zeile], puffer);
             if(NULL != newline) {
                absatz_n = 1;
                zeile++;
                /* Haben wir noch Platz im Speicher
                 * für weitere Zeilen? */
                if(zeile >= *zeile_n) {
                   /* Nein, dann anfügen. */
```

```
               if(0 == zeilen_hinzu_fuegen(
                array, *zeile_n, ALLOC_LINE, LINE) )
                  error = ERROR;
               else
                  /* Anzahl der Zeilen + 10 */
                  *zeile_n += ALLOC_LINE;
            }
         }
         /* kein Newline-Zeichen, dann Zeile länger als LINE
          * Zeichen, String der Länge anpassen  -> Speicher
          * anfordern */
         else {
            absatz_n++;
            if(0 == string_groesse_veraendern(
             *array, zeile, absatz_n * LINE))
               error = ERROR;
         }
      }/*while*/
      fclose(f);
      /* Wir sind am Ende vom Einlesen, oder ein Fehler trat auf.
       * Es muss/müssen allerdings noch die übrige(n) Zeile(n) in
       * den Speicher eingelesen werden. */
      if(0 == error && *zeile_n > zeile) {
         if(0 == zeilen_hinzu_fuegen(
          array, *zeile_n, zeile-*zeile_n, 0))
            error = ERROR;
         *zeile_n = zeile;
      }
   }
   else  /* Datei fname konnte nicht geöffnet werden. */
      error = ERROR;
}
else   /* Es konnte kein Speicher alloziert werden. */
    error = ERROR;

if(error != 0) {
   /* im Fall eines Fehlers Speicher wieder freigeben
    * und Anzahl Zeilen auf 0 setzen */
   free_string_array(*array, *zeile_n);
   *zeile_n = 0;
}
else
    string_anpassen(*array, *zeile_n);
return error;
}
```

```
/*   zeilen_n == Anzahl Zeilen, wie viele reserviert werden sollen
 *   laenge   == Speicherplatz für die Länge jeder Zeile,
 *               die angefordert wird
 *   Rückgabewert: Anfangsadresse des reservierten Speichers vom
 *                 String-Array  (array[zeile][laenge])
 */
char **alloc_string_array(int zeilen_n, int laenge) {
 char **array = NULL;
 int zeile;
 int ret = SUCCESS;

 if(zeilen_n > 0 && laenge > 0) {
    /* Speicher für zeilen_n Zeilen reservieren */
    array = malloc(zeilen_n * sizeof(*array));
    if(NULL != array) {
       for(zeile=0; zeile < zeilen_n; zeile++) {
          /* Für jede zeile_n Zeile laenge Bytes
           * Speicher reservieren */
          array[zeile] =
             malloc( laenge * sizeof(*array[zeile]) );
          if(NULL == array[zeile])
             ret = ERROR;
          else
             /*in jeder Zeile erstes Zeichen mit \0 initialisieren*/
             array[zeile][0] = '\0';
       }
       if(ERROR == ret) {  /* Bei Fehler Speicher freigeben */
          free_string_array(array, zeilen_n);
          array = NULL;
       }
    }
 }
 return array;
}

/*  ***array       == Ein Zeiger auf einen Zeiger einer Zeile mit
 * einem Zeiger auf die Länge der Zeile ( *array[zeile][länge])
 * alt_n_zeilen    == Anzahl akt. Zeilen im Speicher
 * n_zeilen_hinzu == Anzahl Zeilen, für die neuer Speicherplatz
 * reserviert werden soll. Bei negativen Werten werden n Zeilen
 * entfernt
 * init_laenge     == Speicherplatz für die Länge jeder Zeile, die
 *                    angefordert wird
 * Rückgabewert: 1 wenn Ok, ansonsten 0
 */
```

```
int zeilen_hinzu_fuegen(char ***array_ptr, int alt_n_zeilen,
                        int n_zeilen_hinzu, int init_laenge) {
 char **ptr;
 int ret = 1;
 int zeile;
 int anzahl_alte_zeilen = alt_n_zeilen;

 /* ein negativer Wert bedeutet Zeilen entfernen */
 if(n_zeilen_hinzu < 0) {
    for(zeile=anzahl_alte_zeilen-1;
     zeile >= anzahl_alte_zeilen+n_zeilen_hinzu; zeile--)
       free( (*array_ptr)[zeile]);
 }
 /* Speicher für einzelne Zeilen reservieren */
 ptr=realloc( *array_ptr,
  (anzahl_alte_zeilen+n_zeilen_hinzu)*sizeof(**array_ptr));
 if(NULL != ptr) {
    *array_ptr = ptr;
    for(zeile=anzahl_alte_zeilen;
     ret && zeile < anzahl_alte_zeilen+n_zeilen_hinzu; zeile++) {
       /* Anzahl der Zeichen, die jede Zeile
        * aufnehmen kann, reservieren */
       (*array_ptr)[zeile] = malloc(init_laenge);
       if( NULL != (*array_ptr)[zeile])
          /* in jeder Zeile das erste Zeichen mit \
           * 0 initialisieren */
          (*array_ptr)[zeile][0] = '\0';
       else
          ret = 0;
    }
 }
 else
    ret = 0;
 return ret;
}

/*  **array_ptr == Ein Zeiger auf das String-Array
 *                 array[zeile][laenge]
 *       zeile_n == Anzahl Zeilen, die angepasst werden
 * Rückgabewert bei Erfolg 0, ansonsten größer als 0
 */
int string_anpassen(char **array_ptr, int zeile_n) {
 int zeile;
 int anzahl_zeichen;
 int fehlschlag = 0;
```

```
 for(zeile = 0; zeile < zeile_n; zeile++) {
    /* Funktion strlen liest das Terminierungszeichen
     * '\0' nicht mit -> daher +1 */
     anzahl_zeichen = strlen(array_ptr[zeile])+1;
     if(0 == string_groesse_veraendern(
      array_ptr, zeile, anzahl_zeichen))
        fehlschlag++;
 }
 return fehlschlag;
}

/*  **array_ptr == Ein Zeiger (Adresse) auf das String-Array
 *  array[zeile][laenge]
 *      zeile   == Zeile, die verändert werden soll
 * neu_laenge   == Anzahl Zeichen, die für die Zeile verändert
 *                 werden soll
 * Rückgabewert bei Erfolg SUCCESS, ansonsten bei Fehler ERROR
 */
int string_groesse_veraendern(char **array, int zeile,
                              int neu_laenge) {
 char *ptr;
 int ret = SUCCESS;

 ptr = realloc(array[zeile], neu_laenge);
 if(ptr != NULL)
   array[zeile] = ptr;
 else
   ret = ERROR;
 return ret;
}

/*  **array_ptr == Ein Zeiger (Adresse) auf das String-Array
 *                 array[zeile][laenge]
 *    n_zeile   == Anzahl Zeilen, die freigegeben werden sollen*/
void free_string_array(char **array, int n_zeilen) {
 int zeile;

 if(array != NULL) {
    for(zeile= 0; zeile < n_zeilen; zeile++) {
       if(array[zeile] != NULL)
          free(array[zeile]);
    }
 }
```

```
 free(array);
}

int main(void) {
 char **array = NULL;
 char datei[255];
 int zeilen=0, i, auswahl, n, m;

 do {
    printf("Was wollen Sie tun?\n\n");
    printf("-1- Datei komplett in den Speicher einlesen\n");
    printf("-2- Inhalt der Datei im Speicher ausgeben\n");
    printf("-3- Datei im Speicher von Zeile n bis m ausgeben\n");
    printf("-4- Den Speicher wieder freigeben\n");
    printf("-5- Ende\n\n");
    printf("Ihre Wahl : < >\b\b");
    scanf("%d",&auswahl);fflush(stdin);
    switch(auswahl) {
       case 1 : printf("Datei angeben( mit Pfadangabe ): ");
                scanf("%254s",datei);
                fflush(stdin);
                if( (read_file(&array, datei, &zeilen))==ERROR)
                    printf("Fehler beim Lesen in Speicher!!!\n");
                break;
       case 2 : if(zeilen == 0)
                   printf("Keine Daten vorhanden!\n");
                else
                   for(i=0; i<=zeilen-1; i++)
                      printf("%s\n",array[i]);
                break;
       case 3 : printf("Zeilenbeginn: ");
                scanf("%d",&n);
                fflush(stdin);
                if(n > 0 && n <= zeilen-1) {
                   printf("bis zur Zeile: ");
                   scanf("%d",&m);
                   fflush(stdin);
                   if(m >= n && m <= zeilen-1) {
                      for(i=n; i<=m-1; i++)
                         printf("%s\n",array[i]);
                   }
                   else
                      printf("??>>%d<<??\n",m);
                }
```

```
                else
                   printf("??>>%d<<??\n",n);
                break;
         case 4 : free_string_array(array, zeilen);
                zeilen=0;
                break;
         default: break;
      }
   } while(auswahl != 5);
   return EXIT_SUCCESS;
}
```

16.26 Low-Level-Datei-I/O-Funktionen (nicht ANSI C)

Mit den Funktionen der höheren Ebene (*High-Level*) wurde auf die Daten mit einem hohen Abstraktionsniveau zugegriffen. Das bedeutet, die Daten eines Programms wurden formatiert ausgegeben oder eingelesen. Bei der niedrigeren Ebene (*Low-Level*) wird auf einem tieferen Niveau gearbeitet. Der Zugriff auf die Daten findet als eine Folge von unstrukturierten Bytes statt und bietet somit die Möglichkeit, Bytesequenzen vorgegebener Länge einzulesen oder auszugeben. Nicht nur die Namen der Funktionen der höheren und der niedrigeren Ebene sind ähnlich, auch ihre Abarbeitung ist es – nur mit einem, aber sehr prinzipiellen Unterschied, der etwas verwirrend ist. Während beim High-Level-Dateizugriff mit einem `FILE`-Zeiger (Stream) auf die Datei zugegriffen wird, geschieht dies auf der niedrigeren Ebene mit einem sogenannten File-Deskriptor. Dieser Deskriptor ist kein Zeiger wie bei der höheren Ebene, sondern ein normaler `int`-Wert, der beim Öffnen einer Datei zurückgegeben wird.

Die höheren Dateifunktionen bauen auf den Funktionen der niedrigeren Ebene auf. Die niedrigere Ebene ist also die Grundlage der höheren Funktionen in der Standard-Bibliothek. Doch allein die Funktionen der niedrigeren Ebene arbeiten ungepuffert.

Wenn zum Beispiel Bibliotheksfunktionen wie `printf()` oder `scanf()` zum Ausbzw. Eingeben benutzt werden, verwenden Sie eigentlich die Systemfunktionen `write()` und `read()`. Dies sind Funktionen (Systemfunktionen) im Low-Level-Bereich. Also ist es egal, ob `fgets()`, `fputs()`, `gets()`, `puts()`, `putc()`, `getc()` usw. eingesetzt werden, all diese Funktionen bauen auf Systemfunktionen auf.

Natürlich ist anzumerken, dass diese Funktionen der niedrigeren Ebene systemabhängig sind und somit nicht dem ANSI-C-Standard entsprechen können. Das heißt konkret, dass es Probleme mit der Portabilität der Programme geben kann.

Hinweis

Bei Linux/UNIX-Betriebssystemen sind Low-Level-Funktionen direkte Schnittstellen zum System. Dateizugriffe mit diesen Funktionen realisieren direkt entsprechende Betriebssystemfunktionen (sogenannte *System Calls*).

16.26.1 Datei öffnen – »open()«

Öffnen Sie eine Datei mit der Funktion `open()`, so wird der Datei ein Deskriptor – auch File-Deskriptor genannt – zugeordnet. Ein File-Deskriptor ist eine positive kleine Zahl, die vom Betriebssystem vergeben wird. Über diesen Deskriptor geben Sie an, ob gelesen oder geschrieben werden soll. Mit der Funktion `open()` kann zudem auch gleich eine Datei angelegt werden. Hier sehen Sie die Syntax mit den dazugehörenden Headerdateien, die mit eingebunden werden müssen, für Linux/UNIX:

```
#include <fcntl.h>
#include <sys/types.h>
#include <sys/stat.h>

int open(const char *pfad, int modus);
int open(const char *pfadname, int flags, mode_t zugriffsrechte);
```

Die Syntax mit Headerdateien für Windows/MS-DOS sieht so aus:

```
#include <fcntl.h>
#include <io.h>
#include <sys\stat.h>

int open(const char *pfad, int modus);
int open(const char *pfadname, int flags, mode_t zugriffsrechte);
```

Als Pfadangabe müssen Sie den absoluten oder relativen Pfad der Datei angeben, die geöffnet werden soll. Da der Prototyp (unter Linux/UNIX zumindest) in Wirklichkeit korrekt `open(const char *, int, ...)` lautet, kann je nach Situation das dritte Argument auch wegfallen.

Beim Modus gibt es mehrere Varianten, aber diese sind systemabhängig. Einer der drei Modi, die in Tabelle 16.11 aufgeführt sind, muss immer angegeben werden.

Modus	Bedeutung
`O_WRONLY`	nur zum Schreiben öffnen

Tabelle 16.11 Bearbeitungsmodi für »open()«

Modus	Bedeutung
O_RDWR	zum Lesen und Schreiben öffnen
O_RDONLY	nur zum Lesen öffnen

Tabelle 16.11 Bearbeitungsmodi für »open()« (Forts.)

Dies sieht dann unter Linux/UNIX folgendermaßen aus:

```
int fh;
if((fh = open("/home/programmname", O_RDONLY)) != -1)
```

oder unter Windows/MS-DOS:

```
if((fh = open("c:\\config.sys", O_RDONLY)) != -1)
```

In den beiden Beispielen wird eine Datei nur zum Lesen geöffnet. Bei einem dieser drei genannten Modi können Sie mit dem bitweisen ODER-Zeichen (|) weitere Aktionen verknüpfen. Dies sieht dann so aus:

```
if((fh = open("c:\\test.sys", O_WRONLY|O_CREAT)) != -1)
```

Hiermit wird eine Datei zum Schreiben geöffnet. Existiert diese Datei nicht, so wird sie erzeugt (O_CREAT). Existiert diese Datei, so wird der zusätzliche Modus O_CREATE ignoriert. Tabelle 16.12 zeigt die zusätzlichen Modi, die für Linux/UNIX und Windows/MS-DOS darüber hinaus zur Verfügung stehen.

Modus	Bedeutung
O_CREAT	Falls die Datei nicht existiert, wird sie neu angelegt. Falls die Datei existiert, ist O_CREAT ohne Wirkung.
O_APPEND	Datei öffnen zum Schreiben am Ende
O_EXCL	O_EXCL kombiniert mit O_CREAT bedeutet, dass die Datei nicht geöffnet werden kann, wenn sie bereits existiert und open() den Wert –1 zurückliefert (–1 == Fehler).
O_TRUNC	Eine Datei, die zum Schreiben geöffnet wird, wird geleert. Darauffolgendes Schreiben bewirkt erneutes Beschreiben der Datei von Anfang an. Die Attribute der Datei bleiben erhalten.

Tabelle 16.12 Weitere Bearbeitungsmodi für »open()«

Beispielsweise wird mit

```
if((fh = open("/home/Name.txt", O_WRONLY | O_TRUNC)) != -1)
```

erreicht, dass die Datei *Name.txt* zum Schreiben geöffnet wird. Der Inhalt dieser Datei wird gelöscht, und sie kann neu beschrieben werden. Tabelle 16.13 listet weitere Modi auf, die nur für Linux/UNIX zur Verfügung stehen.

Modus	Bedeutung
O_NOCTTY	Falls der Pfadname der Name eines Terminals ist, so sollte dieses nicht das neue Kontrollterminal des Prozesses werden, sofern der aktuelle Prozess kein Kontrollterminal besitzt.
O_NONBLOCK	Falls der Pfadname der Name eines FIFOs oder einer Gerätedatei ist, wird der Prozess beim Öffnen und bei nachfolgenden I/O-Operationen nicht blockiert. Dieses Flag zeigt seine Wirkung erst bei einer Pipe oder nichtblockierenden Sockets.
O_SYNC	Jeder Schreibvorgang auf das Medium wird direkt ausgeführt, und es wird gewartet, bis der Schreibvorgang komplett beendet wurde. Dieses Flag setzt den Pufferungsmechanismus außer Kraft. O_SYNC wird nicht von POSIX.1 unterstützt, wohl aber von SVR4.

Tabelle 16.13 Bearbeitungsmodi nur für Linux/UNIX

Für Windows/MS-DOS gibt es die Extra-Modi, die in Tabelle 16.14 aufgelistet sind.

Modus	Bedeutung
O_BINARY	Legt den Binärmodus der Datei fest.
O_TEXT	Legt den Textmodus der Datei fest.

Tabelle 16.14 Bearbeitungsmodi nur für MS-DOS/Windows

Jetzt folgen noch einige Modi, mit denen die Zugriffsrechte auf eine Datei erteilt werden können. Die Modi für Windows/MS-DOS sehen Sie in Tabelle 16.15.

Modus für Zugriffe	Bedeutung
S_IWRITE	Schreiben erlaubt
S_IREAD	Lesen erlaubt
S_IREAD | SIWRITE	Lesen und Schreiben erlaubt

Tabelle 16.15 Zugriffsrechte auf eine Datei erteilen (MS-DOS/Windows)

Mit folgender Zeile wird z. B. eine Datei erzeugt, die nur gelesen werden darf:

```
if((fh=open("new.xxx", O_CREAT , S_IREAD)) == -1)
```

Wenn das Lesen und Schreiben erlaubt sein sollen, sieht dies so aus:

```
if((fh=open("new.xxx",O_CREAT, S_IREAD|S_IWRITE)) == -1)
```

Diese drei Zugriffsrechte für Windows/MS-DOS stehen in der Headerdatei *<sys\stat.h>*.

Für Linux/UNIX können Sie folgende Zugriffsrechte erteilen, die sich in der Headerdatei *<sys/stat.h>* befinden. Tabelle 16.16 enthält die Modi für Zugriffsrechte unter Linux/UNIX.

Modus für Zugriffe	Bedeutung
`S_ISUID`	Set-user-ID-Bit
`S_ISGID`	Set-group-ID-Bit
`S_ISVTX`	Sticky Bit (saved-text Bit)
`S_IRUSR`	`read` (`user`; Leserecht für Eigentümer)
`S_IWUSR`	`write` (`user`; Schreibrecht für Eigentümer)
`S_IXUSR`	`execute` (`user`; Ausführungsrecht für Eigentümer)
`S_IRWXU`	`read`, `write`, `execute` (`user`; Lese-, Schreib-, Ausführungsrecht für Eigentümer)
`S_IRGRP`	`read` (`group`; Leserecht für Gruppe)
`S_IWGRP`	`write` (`group`; Schreibrecht für Gruppe)
`S_IXGRP`	`execute` (`group`; Ausführungsrecht für Gruppe)
`S_IRWXG`	`read`, `write`, `execute` (`group`; Lese-, Schreib-, Ausführungsrecht für Eigentümer)
`S_IROTH`	`read` (`other`; Leserecht für alle anderen Benutzer)
`S_IWOTH`	`write` (`other`; Schreibrecht für alle anderen Benutzer)
`S_IXOTH`	`execute` (`other`; Ausführungsrecht für alle anderen Benutzer)
`S_IRWXO`	`read`, `write`, `execute` (`other`; Lese-, Schreib-, Ausführungsrecht für alle anderen Benutzer)

Tabelle 16.16 Zugriffsrechte auf eine Datei erteilen (Linux/UNIX)

Hinweis

Sofern Sie mit der oktalen Schreibweise der Rechtevergabe vertraut sind, können Sie natürlich diese als Alternative verwenden, beispielsweise so:

```
fd = open( new_file, O_WRONLY | O_EXCL | O_CREAT, 0644);
```

Außerdem sollten Sie noch wissen, dass bei Verwendung des Flags `O_CREAT` die Zugriffsrechte unter Linux/UNIX nicht unbedingt gewährt werden müssen, da die Einschränkungsmaske die Vergabe von Rechten verhindern kann (wird) – und somit die Rechte selbst. Aus diesem Grund wurde mithilfe der Funktion `umask()` die Maske zur Wegnahme von Rechte-Bits auf 0 gesetzt, womit alle Zugriffsrechte in dieser Maske erlaubt werden.

Tipp

Standardmäßig wird meistens die Einschränkungsmaske 022 vergeben. Es ist aber auch möglich, mit dem Shell-Built-in-Kommando `umask` die eigene Einschränkungsmaske zu ändern. Innerhalb eines Listings z. B. würde die neu gesetzte `umask` von 0 nur während der Ausführung des Programms (und der Unterprozesse) gültig. Dazu kann man beispielsweise einen entsprechenden `umask`-Aufruf in einer Startup-Datei wie *.profile* eintragen, sodass beim Start einer entsprechenden Shell die Einschränkungsmaske automatisch gesetzt wird.

Im folgenden Listing soll eine Datei zum Lesen und Schreiben geöffnet werden. Existiert diese nicht, wird eine neue Datei erzeugt. Falls sie existiert, wird der Inhalt gelöscht und neu beschrieben. Hier sehen Sie den Quellcode, der portabel gehalten wurde:

```
/* open1.c */
#include <stdio.h>
#include <stdlib.h>
#include <fcntl.h>
#ifdef __unix__
      #include <unistd.h>
#elif __MSDOS__ || __WIN32__ || _MSC_VER
      #include <io.h>
#endif

int main(void) {
   int fh;

   if((fh=open("adress.txt", O_RDWR|O_CREAT|O_TRUNC))==-1) {
      perror("Fehler bei open()");
      return EXIT_FAILURE;
   }
   close(fh);
   return EXIT_SUCCESS;
}
```

Falls Sie jetzt noch die Zugriffsrechte auf diese Datei vergeben wollen, muss für Linux/UNIX die Headerdatei *<sys/stat.h>* und für MS-DOS/Windows *<sys\stat.h>* eingebunden werden (beachten Sie den Slash und Backslash). Soll beispielsweise der User unter Linux diese Datei nur lesen dürfen, so muss nur mithilfe des ODER-Operators der Modus `S_IRUSR` hinzugefügt werden:

```
// alle Zugriffsrechte der Einschränkungsmaske erlauben
umask(0);

open("adress.txt", O_RDWR|O_CREAT|O_TRUNC, S_IRUSR)) == -1)
```

Ein weiteres Beispiel mit `open()` ist z. B. das Aufrufen von Programmen aus der Kommandozeile:

```
/* open2.c */
#include <stdio.h>
#include <stdlib.h>
#include <fcntl.h>
#ifdef __unix__
      #include <unistd.h>
      #include <sys/stat.h>
      #include <sys/types.h>
#elif __MSDOS__ || __WIN32__ || _MSC_VER
      #include <io.h>
      #include <sys\stat.h>
#endif

int main(int argc, char *argv[]) {
   int fh;

   if( (fh=open(*++argv,O_RDONLY)) == -1)
      perror(*argv);
   else
      close(fh);
   return EXIT_SUCCESS;
}
```

In diesem Beispiel wird eine Datei zum Lesen geöffnet, deren Name als zweites Argument in der Kommandozeile angegeben wurde. Falls die Datei nicht existiert, wird eine entsprechende Fehlermeldung wie

```
Programmname : No such File in Directory
```

ausgegeben. Danach wird der File-Deskriptor wieder geschlossen. Falls die Datei, die eben aufgerufen wurde, nicht existiert, aber anschließend erzeugt werden soll, dann ist dies so möglich:

```
/* open3.c */
#include <stdio.h>
#include <stdlib.h>
#include <fcntl.h>
#ifdef __unix__
      #include <unistd.h>
      #include <sys/stat.h>
      #include <sys/types.h>
#elif __MSDOS__ || __WIN32__ || _MSC_VER
      #include <io.h>
```

```
    #include <sys\stat.h>
#endif

int main(int argc,char *argv[]) {
   int fh;
   if(*++argv == NULL)
      return EXIT_FAILURE;  /* keine Argumente vorhanden */
   if( (fh = open(*argv, O_RDONLY)) == -1)
      if( (fh = open(*argv,O_RDWR|O_CREAT)) == -1)
         perror(*argv);
   close(fh);
   return EXIT_SUCCESS;
}
```

Hiermit wird zuerst versucht, die Datei zu öffnen. Falls die Datei nicht existiert, wird sie gleich zum Lesen und Schreiben erzeugt.

Bei der Erläuterung der Low-Level-Datei-E/A-Funktionen konnten Sie schon erkennen, warum eher auf die höhere Ebene zurückgegriffen wird. Wer auf mehreren Systemen programmiert, kann schnell durcheinanderkommen. Was bei dem einen System gelingt, ist bei dem anderen nicht machbar. Andererseits ist es durchaus hilfreich, beim Erzeugen einer Datei die Zugriffsrechte von Beginn an festzulegen (das gilt speziell unter Linux/UNIX). Daraus ergibt sich, dass Low-Level-Datei-E/A-Funktionen vorwiegend zur Systemprogrammierung eingesetzt werden.

Vor allem für Linux/UNIX-Programmierer ist diese Art, eine Datei (auch Gerätedateien) zu öffnen, eine sehr wichtige Schnittstelle. Beispielsweise kann man hier mit folgendem einfachen Code-Konstrukt etwas auf dem Drucker ausgeben lassen:

```
int fd;
// Drucker auf /dev/lp0 zum Schreiben öffnen
fd = open("/dev/lp0", O_WRONLY);
if(fd >= 0)
   // drucken ...
   write(fd, buf, buf_size);
close(fd);
```

16.26.2 Datei schließen – »close()«

`close()` dient dazu, eine Datei mit dem Deskriptor `fh` zu schließen, die zuvor mit `open()` oder `create()` geöffnet bzw. erzeugt wurde. Denn auch mit der Funktion `open()` kann nur eine bestimmte Anzahl von Dateien gleichzeitig geöffnet werden. Die Anzahl der maximal offenen Dateien ist in der Konstante OPEN_MAX deklariert. Hier sehen Sie die Syntax zu close():

```
int close(int fh);
```

Der Rückgabewert der Funktion ist bei Fehler –1, ansonsten 0. Hierzu noch ein kurzes Listing:

```
/* close.c */
#include <stdio.h>
#include <stdlib.h>
#include <fcntl.h>
#ifdef __unix__
      #include <unistd.h>
#elif __MSDOS__ || __WIN32__ || _MSC_VER
      #include <io.h>
#endif

int main(void) {
   int fh;

   if((fh=open("adressen.txt", O_RDONLY | O_CREAT)) == -1) {
      perror("Fehler bei open");
      return EXIT_FAILURE;
   }
   if((close(fh)) == -1)
      printf("Fehler beim Schliessen der Datei\n");
   else
      printf("Datei wurde ordentlich geschlossen\n");
   return EXIT_SUCCESS;
}
```

Sie öffnen hier mit open() eine Datei zum Lesen. Falls diese nicht existiert, wird eine neue erzeugt. Danach wird der Deskriptor wieder mit einer Überprüfung geschlossen, ob der Schließvorgang ordnungsgemäß verlief. Beim Programmende schließen sich die offenen Deskriptoren selbst.

16.26.3 Datei erzeugen – »creat()«

Außer mit open() kann auch mit der Funktion creat() eine neue Datei angelegt werden. Die Syntax von creat() sieht bei Linux/UNIX so aus:

```
#include <fcntl.h>
#inlcude <sys/types.h>
#include <sys/stat.h>

int creat(const char *pfad, int modus);
```

und unter Windows/MS-DOS so:

```
#include <fcntl.h>
#inlcude <io.h>
#include <sys\stat.h>

int creat(const char *pfad, int modus);
```

`creat()` arbeitet genauso wie die Funktion `open()`. `pfad` ist der Name der neu anzulegenden Datei mit dem Pfad. Mit `modus` sind die Modi gemeint, die im Abschnitt zu `open()` geschildert wurden. Existiert eine Datei bereits, wird diese geöffnet und geleert.

Mit der Funktion `open()` und den Modi `O_CREAT` und `O_TRUNC` erreichen Sie dasselbe wie mit `creat()`. Und somit ist die Funktion `creat()` eigentlich völlig überflüssig und umständlich, da eine neu mit `creat()` angelegte Datei nur beschrieben werden kann. Um diese Datei lesen zu können, muss sie zuerst mit `close()` geschlossen werden, um sie anschließend mit `open()` zum Lesen zu öffnen.

`creat()` wurde zu einer Zeit benötigt, als die Funktion `open()` noch nicht die Angabe von `O_CREAT` kannte. Jetzt bleibt die Funktion natürlich weiterhin bestehen, da sonst alte Programme, die zu dieser Zeit entwickelt wurden, ohne Änderung am Quellcode nicht mehr übersetzt werden können.

16.26.4 Schreiben und Lesen – »write()« und »read()«

Wir betrachten zuerst die Syntax der Funktion `write ()`:

```
#include <unistd.h> /* für UNIX/LINUX */
#include <io.h>     /* für MS-DOS     */

int write(int fh, const void *puffer, size_t bytezahl);
```

Mit der Funktion `write()` wird unformatiert in die Datei mit dem File-Deskriptor `fh` geschrieben. Um den geeigneten File-Deskriptor zu erhalten, muss die Datei zuvor mit `open()` oder `create()` geöffnet werden. Dann schreibt `write()` von der Datei mit dem `fh`-File-Deskriptor `bytezahl` Bytes in die Speicheradresse von `puffer`. Dieser ist wieder ein typenloser `void`-Zeiger und kann somit jeden beliebigen Datentyp annehmen. Bei einem Fehler liefert diese Funktion den Wert –1 zurück, ansonsten die Anzahl der erfolgreich geschriebenen Bytes. Hierzu ein einfaches Beispiel mit `write()`:

```
/* write1.c */
#include <stdio.h>
#include <stdlib.h>
#include <fcntl.h>
```

```
#include <string.h>
#ifdef __unix__
      #include <unistd.h>
#elif __MSDOS__ || __WIN32__ || _MSC_VER
      #include <io.h>
#endif

int main(void) {
   int fh;
   char puffer[100];

   strcpy(puffer,"Dieser Text steht in \"test.txt\"\n");

   if((fh=open("test.txt",O_RDWR|O_CREAT|O_TRUNC)) == -1) {
      perror(NULL);
      return EXIT_FAILURE;
    }

   if((write(fh, &puffer, sizeof(puffer))) == -1) {
      perror("Fehler bei write");
      return EXIT_FAILURE;
   }
   printf("Erfolgreich in \"test.txt\" geschrieben\n");
   return EXIT_SUCCESS;
}
```

Zuerst wird mit `strcpy()` ein String in das Array `puffer` kopiert. Danach wird mit `open()` die Datei *test.txt* geöffnet bzw. erzeugt. In den von `open()` zurückgegebenen File-Deskriptor werden dann mit der Funktion `write()` von der Adresse `puffer` Bytes der Anzahl `sizeof(puffer)` geschrieben.

Die Funktion `write()` eignet sich genauso wie `fwrite()` dazu, ganze Strukturen auf einmal zu schreiben, wie das folgende Listing demonstriert:

```
/* write2.c */
#include <stdio.h>
#include <stdlib.h>
#include <string.h>
#include <fcntl.h>
#ifdef __linux__
      #include <unistd.h>
      #include <sys/stat.h>
      #include <sys/types.h>
#elif __MSDOS__ || __WIN32__ || _MSC_VER
      #include <io.h>
      #include <sys\stat.h>
```

```
#endif
#define MAXADRESSEN 10
#define MAX 30

struct kunde  {
   char name[MAX];
   char vorname[MAX];
   int kundenummer;
   char ort[MAX];
   char strasse[MAX];
   int hausnummer;
   int vorwahl;
   int telefonnr;
};

struct kunde k[MAXADRESSEN];
static int counter=0;

void neukunde(void) {
   int fh;

   if(counter==MAXADRESSEN)
      printf("Kein Speicherplatz mehr frei!!!\n");
   else {
      printf("Name...................: ");
      fgets(k[counter].name, MAX, stdin);
      printf("Vorname................: ");
      fgets(k[counter].vorname, MAX, stdin);
      k[counter].kundenummer=counter;
      printf("Ort....................: ");
      fgets(k[counter].ort, MAX, stdin);
      printf("Strasse................: ");
      fgets(k[counter].strasse, MAX, stdin);
      printf("Hausnummer.............: ");
      do {
         scanf("%d",&k[counter].hausnummer);
      } while(getchar() != '\n');
      printf("Vorwahl................: ");
      do {
         scanf("%d",&k[counter].vorwahl);
      } while(getchar() != '\n');
      printf("Telefonnummer..........: ");
      do {
         scanf("%d",&k[counter].telefonnr);
      } while(getchar() != '\n');
```

```
      if((fh=creat("kunden.dat",S_IREAD|S_IWRITE)) == -1)
         printf("Konnte\"kunden.dat\" nicht öffnen\n");
      else if((write(fh,&k,sizeof(k))) == -1)
         printf("Konnte nicht in \"kunden.dat\" schreiben\n");
      else
         counter++;
   }
}

int main(void) {
   int wahl;

   do {
      printf("\t1: Neuen Kunden eingeben\n\n");
      /* printf("\t2: Kunden ausgeben\n\n"); */
      printf("\t3: Programmende\n\n");
      printf("\tEingabe :> ");
      do {
         scanf("%d",&wahl);
      } while(getchar() != '\n');
      switch(wahl) {
         case 1  : neukunde(); break;
         /* case 2 : lese(); break; */
         case 3  : printf("bye\n"); break;
         default : printf("Falsche Eingabe!!!\n");
      }
   } while(wahl != 3);
   return EXIT_SUCCESS;
}
```

Zuerst werden in der Funktion `neukunde()` die Daten an die Struktur übergeben. Anschließend wird mit

```
if((fh=creat("kunden.dat",S_IREAD|S_IWRITE)) == -1)
```

eine Datei namens *kunden.dat* zum Lesen und Schreiben erzeugt. Jetzt kann mit

```
else if((write(fh,&k,sizeof(k))) == -1)
```

in diese Datei über den File-Deskriptor `fh` von der Adresse `struct kunde k` mit der Größe der Struktur (`sizeof(k)`) geschrieben werden. Anschließend wird `counter` inkrementiert. Ein wenig verwirrend können die `if else`-Bedingungen sein. Aber bei Korrektheit werden alle drei ausgeführt, solange keine der Bedingungen –1 zurückliefert. Jetzt befindet sich im Verzeichnis, in dem das Programm ausgeführt wird, eine Datei namens *kunden.dat*. Wird diese Datei mit einem Texteditor geöffnet, könnte man meinen, das Schreiben mit `write()` hätte nicht geklappt. Aber wie ich bereits erwähnt habe, wird unformatiert in eine Datei geschrieben. Und dies lässt sich nun mal nicht mit einem Texteditor lesen.

Anmerkung

Das Schreiben mit `write()` wird über einen Puffercache durchgeführt, bevor wirklich auf die Festplatte, Diskette usw. geschrieben wird. Dieses *Delayed Write* birgt bei einem Systemabsturz die Gefahr, dass im Cache befindliche Daten nicht physikalisch auf Festplatte oder Diskette geschrieben werden. In diesem Fall können Sie die Datei zum Schreiben im `O_SYNC`-Modus öffnen. Dieser Modus wartet bei jedem physikalischen Schreibvorgang, bis dieser fertig ist, und liest dann erst wieder Daten ein. Der Modus hat leider den Nachteil, schrecklich langsam zu sein. Für Linux gibt es hier zwei Funktionen, `sync()` und `fsync()`, die in diesem Buch allerdings nicht behandelt werden. Linux-User lesen bitte entsprechende Manpages, falls Sie diese Funktionen benötigen.

Jetzt folgt das Gegenstück zur Funktion `write()`. Zuerst die Syntax:

```
int read(int fh, const void *puffer, site_t bytezahl);
```

Mit der Funktion `read()` werden `bytezahl` Bytes aus der Datei mit dem File-Deskriptor `fh` gelesen. Die Daten werden an derAdresse von `puffer` abgelegt. Zuvor muss natürlich die Datei mit `open()` geöffnet werden. Auch hier liefert die Funktion bei einem Fehler –1, ansonsten, wenn alles richtig verlief, die Anzahl gelesener Bytes zurück. Hierzu sehen Sie ein Listing, das eine Datei kopiert:

```
/* read1.c */
#include <stdio.h>
#include <stdlib.h>
#include <fcntl.h>
#ifdef __unix__
      #include <unistd.h>
      #include <sys/stat.h>
      #include <sys/types.h>
#elif __MSDOS__ || __WIN32__ || _MSC_VER
      #include <io.h>
      #include <sys\stat.h>
#endif
#define MAXBYTES 1024

int main(int argc, char *argv[]) {
   int in,out,count;
   char buffer[MAXBYTES];

   if(argc < 3) {
      printf("Aufruf: programmname quelldatei zieldatei\n");
      return EXIT_FAILURE;
```

```
   }
   if( (in=open(*++argv ,O_RDONLY)) == -1)
      printf("Fehler open %s\n", (char *)argv);
   if( (out=open(*++argv, O_WRONLY | O_TRUNC | O_CREAT)) == -1)
      printf("Fehler open %s\n", (char *)argv);
   while( (count = read(in, buffer, MAXBYTES)) )
      write(out,buffer,count);
   close(in);
   close(out);
   return EXIT_SUCCESS;
}
```

Damit wird die Datei, die als zweites Argument in der Kommandozeile angegeben wird, in die Datei kopiert, die als drittes Argument angegeben wird.

Jetzt soll das erste Programm aus dem vorigen Abschnitt zu `write()` mit der Funktion `read()` ergänzt werden:

```
/* read2.c */
#include <stdio.h>
#include <stdlib.h>
#include <fcntl.h>
#include <string.h>
#ifdef __unix__
      #include <unistd.h>
#elif __MSDOS__ || __WIN32__ || _MSC_VER
      #include <io.h>
      #include <sys\stat.h>
#endif

int main(void) {
   int fh;

   char puffer[100];
   char pufferneu[100];

   strcpy(puffer,"Dieser Text steht in \"test.txt\"\n");

   if( (fh = open("test.txt",O_RDWR|O_CREAT|O_TRUNC)) == -1) {
      perror(NULL);
      return EXIT_FAILURE;
   }
   if((write(fh, &puffer, sizeof(puffer))) == -1) {
      perror("Fehler bei write");
      return EXIT_FAILURE;
   }
```

```
   close(fh);

   if( (fh = open("test.txt",O_RDONLY)) == -1) {
      perror(NULL);
      return EXIT_FAILURE;
   }
   if( (read(fh, &pufferneu, sizeof(pufferneu))) == -1) {
      perror("Fehler bei read");
      return EXIT_FAILURE;
   }
   printf("%s" ,pufferneu);
   close(fh);
   return EXIT_SUCCESS;
}
```

Bis zur Funktion `write()` ist das so weit nichts Neues für Sie. Mit `read()` wird hier die Größe von `sizeof(pufferneu)` Bytes mit dem File-Deskriptor `fh` in die Adresse von `pufferneu` gelegt. Das Programm dürfte keinem mehr Kopfzerbrechen bereiten.

Daher soll auch das zweite obige Listing mit der Funktion `read()` bestückt werden. Schließlich wollen Sie die Daten, die geschrieben wurden, auch wieder lesen können:

```
/* read3.c */
#include <stdio.h>
#include <stdlib.h>
#include <string.h>
#include <fcntl.h>
#ifdef __unix__
      #include <unistd.h>
      #include <sys/stat.h>
      #include <sys/types.h>
#elif __MSDOS__ || __WIN32__ || _MSC_VER
      #include <io.h>
      #include <sys\stat.h>
#endif
#define MAXADRESSEN 10
#define MAX 30

struct kunde  {
   char name[MAX];
   char vorname[MAX];
   int kundenummer;
   char ort[MAX];
   char strasse[MAX];
```

```
   int hausnummer;
   int vorwahl;
   int telefonnr;
};

struct kunde k[MAXADRESSEN];
static int counter=0;

void neukunde(void) {
   int fh;

   if(counter==MAXADRESSEN)
      printf("Kein Speicherplatz mehr frei!!!\n");
   else {
      printf("Name...................: ");
      fgets(k[counter].name, MAX, stdin);
      printf("Vorname................: ");
      fgets(k[counter].vorname, MAX, stdin);
      k[counter].kundenummer=counter;
      printf("Ort....................: ");
      fgets(k[counter].ort, MAX, stdin);
      printf("Strasse................: ");
      fgets(k[counter].strasse, MAX, stdin);
      printf("Hausnummer.............: ");
      do {
         scanf("%d",&k[counter].hausnummer);
      } while(getchar() != '\n');
      printf("Vorwahl................: ");
      do {
         scanf("%d",&k[counter].vorwahl);
      } while(getchar() != '\n');
      printf("Telefonnummer..........: ");
      do {
         scanf("%d",&k[counter].telefonnr);
      } while(getchar() != '\n');

      if((fh=open("kunden.dat",O_CREAT|O_RDWR)) == -1)
         printf("Konnte\"kunden.dat\" nicht öffnen\n");
      else if((write(fh,&k,sizeof(k))) == -1)
          printf("Konnte nicht in \"kunden.dat\" schreiben\n");
      else
         counter++;
   }
}
```

```
void lese(void) {
   int fh;
   int num;

   printf("Bitte geben Sie die Kundennummer ein : ");
   scanf("%d",&num);

   if( (fh = open("kunden.dat",O_RDONLY)) == -1) {
      perror("Kann Kundendatei nicht öffnen");
      exit(EXIT_FAILURE);
   }
   read(fh,&k,sizeof(k));
   printf("\n\n");
   printf("Name..........%s",k[num].name);
   printf("Vorname.......%s",k[num].vorname);
   printf("Kundennummer..%d\n",k[num].kundenummer);
   printf("Wohnort.......%s",k[num].ort);
   printf("Strasse.......%s",k[num].strasse);
   printf("Hausnummer....%d\n",k[num].hausnummer);
   printf("Vorwahl.......%d\n",k[num].vorwahl);
   printf("Telefonnum....%d\n",k[num].telefonnr);
}

int main(void) {
   int wahl;

   do {
      printf("\t1: Neuen Kunden eingeben\n\n");
      printf("\t2: Kunden ausgeben\n\n");
      printf("\t3: Programmende\n\n");
      printf("\tEingabe :> ");
      do {
         scanf("%d",&wahl);
      }while(getchar() != '\n');
      switch(wahl) {
         case 1 : neukunde(); break;
         case 2 : lese(); break;
         case 3 : printf("bye\n"); break;
         default: printf("Falsche Eingabe!!!\n");
      }
   } while(wahl != 3);
   return EXIT_SUCCESS;
}
```

Das Datenprogramm ist wieder um eine Funktion reicher geworden, nämlich um `lese()`. Bei dieser wird mit

```
if((fh=open("kunden.dat", O_RDONLY)) == -1)
```

die Kundendatei zum Lesen geöffnet und mit

```
read(fh,&k,sizeof(k));
```

ausgelesen sowie anschließend auf dem Bildschirm ausgegeben.

Ein paar Zeilen noch zum File-Deskriptor. Die folgende Anwendung des File-Deskriptors ist bekannt:

```
write(fh, &puffer, sizeof(puffer));
read(fh, &puffer, sizeof(puffer));
```

Aber statt des File-Deskriptors `fh` können logischerweise auch Ganzzahlen verwendet werden. Die in Tabelle 16.17 genannten Ziffern sind allerdings fest belegt, da sie vordefinierte Deskriptoren sind.

Dezimalzahl	Bedeutung
0	Standardeingabe (`stdin`)
1	Standardausgabe (`stdout`)
2	Standardfehlerausgabe (`stderr`)

Tabelle 16.17 Besetzte Werte für Deskriptoren

Ein Listing dazu:

```
/* deskriptor_nr1.c */
#include <stdio.h>
#include <stdlib.h>
#ifdef __unix__
     #include <unistd.h>
#elif __MSDOS__ || __WIN32__ || _MSC_VER
     #include <io.h>
#endif

int main(void) {
   char puffer[100];
   read(0, &puffer, sizeof(puffer));
   printf("%s",puffer);
   return EXIT_SUCCESS;
}
```

Mit `read(0, &puffer, sizeof(puffer))` wird aus der Standardeingabe (`stdin`) in die Adresse des Puffers gelesen, also von der Tastatur. Anhand der Ausgabe können Sie auch die Eigenheiten der niedrigeren Ebene erkennen. Hier wird nicht automatisch ein Stringende-Zeichen angehängt, darum müssen Sie sich selbst kümmern. Dasselbe kann auch mit `write()` auf dem Bildschirm vorgenommen werden:

```
/* deskriptor_nr2.c */
#include <stdio.h>
#include <stdlib.h>
#ifdef __unix__
     #include <unistd.h>
#elif __MSDOS__ || __WIN32__ || _MSC_VER
     #include <io.h>
#endif

int main(void) {
   char puffer[] = "Ich werde im Low-Level-I/O ausgegeben";
   write(1, &puffer, sizeof(puffer));
   return EXIT_SUCCESS;
}
```

Da der File-Deskriptor manchmal so verwendet wird, sollte dies hier nicht unerwähnt bleiben.

16.26.5 File-Deskriptor positionieren – »lseek()«

`lseek()` ist dieselbe Funktion, die bei der höheren Ebene `fseek()` hieß, und dient zum Verschieben des File-Deskriptors in der geöffneten Datei. Die Syntax von `lseek()` lautet:

```
#inlcude <unistd.h>       /* für UNIX */
#include <sys/types.h>    /* für UNIX */
#inlcude <io.h>           /* für MS-DOS/WIN */

long lseek(int fh, long offset, int wie);
```

Die Datei, in der der File-Deskriptor verschoben werden soll, wird mit dem File-Deskriptor `fh` angegeben, der natürlich zuvor mit `open()` geöffnet bzw. erzeugt wurde. Um wie viele Bytes der File-Deskriptor von der Position `wie` verschoben werden soll, wird mit `offset` angegeben. Die Angaben von `wie` sind dieselben wie schon bei `fseek()`. Tabelle 16.18 zeigt, welche Möglichkeiten zur Verfügung stehen.

wie-Angabe	Beschreibung
SEEK_SET oder 0	Schreib/Lese-Deskriptor vom Dateianfang um offset Bytes versetzen
SEEK_CUR oder 1	Schreib/Lese-Deskriptor von der aktuellen Position um offset Bytes versetzen
SEEK_END oder 2	Schreib/Lese-Deskriptor vom Dateiende um offset Bytes versetzen

Tabelle 16.18 Bezugspunkt für die Positionierung (gleich wie bei »fseek«)

Als Rückgabewert gibt diese Funktion den Wert der aktuellen Position des File-Deskriptors zurück:

```
long aktuelle_position;
aktuelle_position = lseek(fh, 0L, SEEK_CUR);
```

Bei einem Fehler gibt diese Funktion –1 zurück. `lseek()` sollte allerdings nicht auf kleiner als 0 geprüft werden, sondern auf –1, da es durchaus sein kann, dass es Gerätedateien gibt, die einen negativen Wert zurückliefern. Weitere Möglichkeiten von `lseek()` sind:

Deskriptor auf den Dateianfang setzen:

```
lseek(fh, 0L, SEEK_SET);
```

Deskriptor um 100 Bytes von der aktuellen Position nach vorn versetzen:

```
lseek(fh, 100L, SEEK_CUR);
```

Deskriptor um 10 Bytes von der aktuellen Position zurücksetzen:

```
lseek(fh, -10L, SEEK_CUR);
```

Deskriptor auf das letzte Byte setzen (nicht `EOF`):

```
lseek(fh, -1L, SEEK_END);
```

Ein Beispiel zu `lseek()` kann ich mir sparen, da diese Funktion genauso eingesetzt wird wie `fseek()`; nur dass anstatt eines Streams hierbei ein File-Deskriptor verwendet wird.

16.26.6 File-Deskriptor von einem Stream – »fileno()«

Manchmal benötigen Sie von einem offenen Stream den File-Deskriptor. Die Syntax dieser Funktion lautet:

```
int fileno(FILE *fz);
```

`fileno()` ist erforderlich, falls eine Datei mit `fopen()` geöffnet wurde, um den Stream für Funktionen einzusetzen, die einen File-Deskriptor benötigen (z. B. Funktionen wie `dup()`, `dup2()` oder `fcntl()`). Hier sehen Sie ein Listing dazu:

```
/* fileno.c */
#include <stdio.h>
#include <stdlib.h>
#ifdef __unix__
    #include <unistd.h>
#else
    #include <io.h>
#endif

int main(void) {
   FILE *fz;
   int fd,fd2;
   char datei[255];

   printf("File-Deskriptoren zu stdin, stdout und stderr : ");
   printf("%d, %d und %d\n",
      fileno(stdin),fileno(stdout),fileno(stderr));
   printf("Welche Datei wollen Sie öffnen : ");
   scanf("%s",datei);

   fz=fopen(datei, "r");
   if(!fz) {
      perror(NULL);
      return EXIT_FAILURE;
   }
   fd = fileno(fz);
   printf("File-Deskriptor zur Datei %s lautet %d\n",datei,fd);
   fd2=dup(fd);
   printf("File-Deskriptor, der kopiert wurde, lautet %d\n",fd2);
   return EXIT_SUCCESS;
}
```

Zu Beginn des Programms werden erst die File-Deskriptoren zu `stdin`, `stdout` und `stderr` ausgegeben, diese sollten immer 0, 1 und 2 sein. Anschließend wird der File-Deskriptor in einer von Ihnen geöffneten Datei ausgegeben. Dieser File-Deskriptor wird jetzt mit der Funktion `dup()` dupliziert und ebenfalls auf dem Bildschirm ausgegeben.

16.26.7 Stream von File-Deskriptor – »fdopen()«

Mit der Funktion `fdopen()` erhalten Sie aus einem File-Deskriptor einen `FILE`-Zeiger:

```
#include <stdio.h>

FILE *fdopen(int fd, const char *modus);
```

`fdopen()` ist das Gegenstück zu `fileno()`. Als `modus`, wie die Datei geöffnet wird, können dieselben Modi wie bei der Funktion `open()` genutzt werden.

`fdopen()` wird oft auf File-Deskriptoren angewandt, die von Funktionen zurückgegeben werden, die Pipes oder Kommunikationskanäle in Netzwerken einrichten. Das kommt daher, weil einige Funktionen (`open()`, `dup()`, `dup2()`, `fcntl()`, `pipe()`, `...`) in Netzwerken nichts mit Streams anfangen können und File-Deskriptoren benötigen. Um aber wieder aus Deskriptoren einen Stream (`FILE`-Zeiger) zu erzeugen, ist die Funktion `fdopen()` erforderlich. Hierzu ein kurzes Beispiel:

```
/* fdopen.c */
#include <stdio.h>
#include <stdlib.h>
#ifdef __linux__
   #include <unistd.h>
#else
   #include <io.h>
#endif

int main(void) {
   FILE *fz, *fz2;
   int fd,fd2;
   char datei[255];

   printf("Welche Datei wollen Sie erzeugen: ");
   scanf("%s",datei);

   fz=fopen(datei, "w+");
   if(!fz)
      perror(NULL);
   fd = fileno(fz);
   printf("File-Deskriptor zur Datei %s lautet %d\n",datei,fd);

   fd2=dup(fd);
```

```
   printf("Der File-Deskriptor, der kopiert wurde %d\n\n",fd2);

   printf("Wir wollen einen STREAM  oeffnen....\n");
   fz2 = fdopen(fd2, "w");
     if(!fz2)
        perror(NULL);

   fprintf(fz,"Dieser Text steht in %s\n",datei);
   fprintf(fz2,"Dieser Text steht auch in %s\n",datei);
   fprintf(stdout,"Es wurde etwas in die "
                  "Datei %s geschrieben",datei);
   return EXIT_SUCCESS;
}
```

Die beiden Funktionen `fileno()` und `fdopen()` werden vorwiegend in der Netzwerkprogrammierung eingesetzt.

Das Ermitteln der Eigenschaften einer Datei oder das Öffnen und Auslesen eines Verzeichnisses sind systemabhängig. Denn jedes Betriebssystem verwaltet Dateien und Verzeichnisse auf andere Art. Daher wird in Büchern oft auf dieses Thema verzichtet. In diesem Kapitel versuche ich, es so universell wie möglich zu behandeln.

17 Attribute von Dateien und das Arbeiten mit Verzeichnissen (nicht ANSI C)

17.1 Attribute einer Datei ermitteln – »stat()«

Der Funktion `stat()` wird die Adresse der Struktur `struct stat` übergeben. Aus dieser Struktur können die Attribute der Datei ausgelesen werden. Die Syntax dazu lautet:

```
#include <sys/stat.h>     /* LINUX/UNIX     */
#include <sys/types.h>    /* LINUX/UNIX     */
#include <sys\stat.h>     /* MS-DOS/WINDOWS */

int stat(const char *pfad, struct stat *puffer);
```

Mit `stat()` werden somit die Attribute der Datei, die Sie mit `pfad` angeben, in die Adresse der Strukturvariablen `puffer` geschrieben. Ein Beispiel:

```
struct stat attribut;
stat("testprogramm.txt", &attribut);
...
if(attribut.st_mode & S_IFCHR)
   printf("Datei ist eine Gerätedatei");
```

Hiermit wird getestet, ob die Datei *testprogramm.txt* eine Gerätedatei ist.

Es folgt eine Auflistung der einzelnen Variablen der Struktur `struct stat`, in der sich die jeweiligen Attribute zu einer Datei befinden. Dabei ist wiederum anzumerken, dass es Unterschiede zwischen Linux/UNIX und MS-DOS/Windows gibt. Tabelle 17.1 enthält die einzelnen Elemente der Struktur `stat`.

Variable	Bedeutung
st_dev	Gerätenummer (Device-Nummer) des Dateisystems
st_ino	Inode-Nummer (nur Linux)
st_mode	Dateimodus (Dateityp und Zugriffsrechte)
st_nlink	Anzahl fester Links auf die Datei (bei MS-DOS/Windows immer 1)
st_uid	numerische UID des Dateieigentümers
st_gid	numerische GID des Dateieigentümers
st_rdev	Geräte-ID (nur für Spezialdateien; bei MS-DOS/Windows st_dev)
st_size	Größe der Datei in Bytes
st_atime	Datum des letzten Zugriffs
st_mtime	Datum der letzten Veränderung (bei MS-DOS/Windows st_atime)
st_ctime	Datum der Inode-Änderung (bei MS-DOS/Windows st_atime)
st_blksize	eingestellte Blockgröße (nicht überall vorhanden)
st_blocks	Anzahl der verwendeten st_blksize-Blöcke (nicht überall vorhanden)

Tabelle 17.1 Bedeutung der einzelnen Strukturvariablen in »stat( )«

17.1.1 »stat()« – »st_mode«

Mit dem Strukturelement `short st_mode` in der Struktur `stat` können Sie die Dateiart erfragen. Dazu verknüpfen Sie den bitweisen UND-Operator (`&`) und den in `st_mode` gespeicherten Wert mit einer der Konstanten aus Tabelle 17.2.

Konstante	Bedeutung
S_IFREG	reguläre Datei
S_IFDIR	Verzeichnis
S_IFCHR	zeichenorientierte Gerätedatei
S_ISBLK	blockorientierte Gerätedatei
S_ISFIFO	FIFO (benannte Pipe)
S_ISLINK	symbolischer Link (nicht bei POSIX.1 oder SVR4)
S_ISSOCK	Socket (nicht bei POSIX.1 oder SVR4)

Tabelle 17.2 Dateimodus (Dateityp erfragen)

POSIX schreibt diese Konstanten allerdings nicht vor. Bei Linux/UNIX-Systemen könnten diese Konstanten auch als entsprechende Makros in der Headerdatei *<sys/stat.h>* implementiert sein. Der Makroname entspricht dabei dem Konstantennamen (S_IFREG(), S_IFDIR(), S_IFCHR(), S_ISBLK(), S_ISFIFO(), S_IS-LINK() und S_ISSOCK()). Alle diese Makros geben 1 zurück, wenn Entsprechendes zutrifft, ansonsten 0.

Im folgenden Listing können Sie über Argumente aus der Kommandozeile beliebig viele Dateien dahingehend abfragen, ob es sich um eine reguläre Datei (S_IFREG), eine zeichenorientierte Gerätedatei (S_IFCHR) oder ein Verzeichnis (S_IFDIR) handelt.

```
/* file_chk.c */
#include <stdio.h>
#include <stdlib.h>
#ifdef __unix__
      #include <unistd.h>
      #include <sys/stat.h>
      #include <sys/types.h>
#else
      #include <sys\stat.h>
#endif

int main(int argc, char *argv[]) {
   struct stat attribut;

   if(argc == 1) {
      printf("%s = ",*argv);
      if(stat(*argv, &attribut) == -1) {
         fprintf(stderr,"Fehler bei stat ...\n");
         return EXIT_FAILURE;
      }
      if(attribut.st_mode & S_IFREG)
         printf("Reguläre Datei\n");
      else if(attribut.st_mode & S_IFDIR)
         printf("Directory\n");
      else if(attribut.st_mode & S_IFCHR)
         printf("Gerätedatei\n");
      else
         printf("Unbekannte Datei\n");
   }
   else {
      while(*++argv) {
         printf("%s = ",*argv);
         if(stat(*argv, &attribut) == -1) {
            fprintf(stderr,"Fehler bei stat (2)...\n");
            return EXIT_FAILURE;
         }
```

```
         if(attribut.st_mode & S_IFREG)
            printf("Reguläre Datei\n");
         else if(attribut.st_mode & S_IFDIR)
            printf("Directory\n");
         else if(attribut.st_mode & S_IFCHR)
            printf("Gerätedatei\n");
         else
            printf("Unbekannte Datei\n");
      }/* Ende while */
   }
   return EXIT_SUCCESS;
}
```

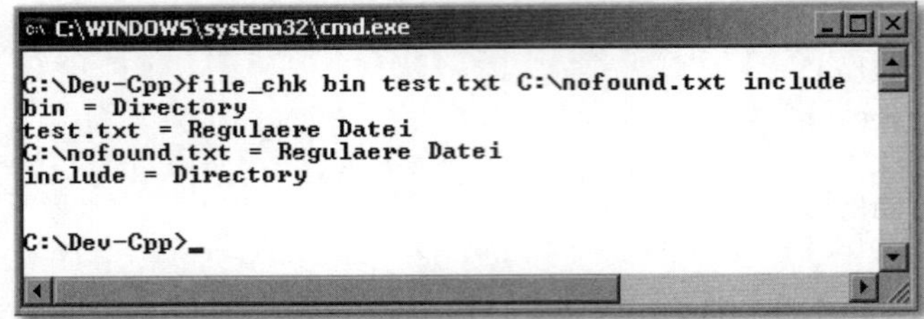

Abbildung 17.1 Erfragen der Dateiart mit »st_mode«

Zuerst werden in der Schleife mit

```
if(stat(*argv, &attribut) == -1)
```

die Attribute der Datei `*argv` in die Adresse der Strukturvariablen `attribut` geschrieben. Anschließend werden einige Attribute mit den folgenden Zeilen abgefragt, um zu ermitteln, um welche Dateiart es sich hierbei handelt:

```
if(attribut.st_mode & S_IFREG)
   printf("Reguläre Datei\n");
else if(attribut.st_mode & S_IFDIR)
   printf("Directory\n");
else if(attribut.st_mode & S_IFCHR)
   printf("Gerätedatei\n");
else
   printf("Unbekannte Datei\n");
```

Danach fährt die Programmausführung mit dem nächsten Argument in der Kommandozeile fort.

Wenn sich das Listing bei Ihnen nicht übersetzen lässt und Sie unter Linux/UNIX arbeiten, sollten Sie es mit den entsprechenden Makros probieren:

```
if( S_IFREG(attribut.st_mode) )
   printf("Reguläre Datei\n");
else if( S_IFDIR(attribut.st_mode) )
   printf("Directory\n");
else if( S_IFCHR(attribut.st_mode) )
   printf("Gerätedatei\n");
else
   printf("Unbekannte Datei\n");
```

Mit dem Strukturelement `st_mode` in der Struktur `stat` lassen sich die Zugriffsrechte einer Datei ebenfalls abfragen. Dies funktioniert genauso wie bei der Abfrage der Dateiart. Zudem müssen Sie den bitweisen UND-Operator (&) mit einer der unter Linux/UNIX vorgegebenen Konstanten verknüpfen (siehe Tabelle 17.3).

Konstante	Bedeutung	Benutzerklasse
S_IRUSR	read (Leserecht)	Dateieigentümer
S_IWUSR	write (Schreibrecht)	Dateieigentümer
S_IXUSR	execute (Ausführungsrecht)	Dateieigentümer
S_IRGRP	read (Leserecht)	Gruppe des Dateieigentümers
S_IWGRP	write (Schreibrecht)	Gruppe des Dateieigentümers
S_IXGRP	execute (Ausführungsrecht)	Gruppe des Dateieigentümers
S_IROTH	read (Leserecht)	alle anderen Benutzer
S_IWOTH	write (Schreibrecht)	alle anderen Benutzer
S_IXOTH	execute (Ausführungsrecht)	alle anderen Benutzer

Tabelle 17.3 Dateimodus (Rechte erfragen) unter Linux/UNIX

Bei MS-DOS/Windows gibt es zum Erfragen der Zugriffsrechte die Möglichkeiten, die Tabelle 17.4 aufführt.

Konstante	Bedeutung
S_IWRITE	nur Schreibrecht
S_IREAD	nur Leserecht
S_IEXEC	Ausführen erlaubt bzw. Verzeichnis durchsuchen erlaubt

Tabelle 17.4 Dateimodus (Rechte erfragen) unter MS-DOS/Windows

Hierzu ein Beispiel für Linux/UNIX:

```
/* check_rwx.c */
#include <stdio.h>
#include <stdlib.h>
```

```
#include <sys/stat.h>
#include <sys/types.h>

int main(int argc, char *argv[]) {
   struct stat attribut;
   int i;
   char l_rwx[10];
   char rwx[] = "rwxrwxrwx";

   int bits[] = {
      S_IRUSR,S_IWUSR,S_IXUSR,   /* Zugriffsrechte User     */
      S_IRGRP,S_IWGRP,S_IXGRP,   /* Zugriffsrechte Gruppe   */
      S_IROTH,S_IWOTH,S_IXOTH    /* Zugriffsrechte der Rest */
   };
   while(*++argv) { /* einzelne Argumente durchlaufen */
      l_rwx[0]='\0';
      printf("%18s = ",*argv);
      if(stat(*argv, &attribut) == -1) {
         fprintf(stderr,"Fehler bei stat?!?...\n");
         return EXIT_FAILURE;
      }
      for(i = 0; i < 9; i++) {
         /* wenn nicht 0, dann gesetzt */
         if(attribut.st_mode & bits[i])
            l_rwx[i]=rwx[i];  /*r,w oder x*/
         else
            l_rwx[i] = '-'; /*wenn nicht gesetzt, dann '-'*/
      }
      l_rwx[9]='\0';
      printf("%s\n",l_rwx);
   }/*Ende while*/
   return EXIT_SUCCESS;
}
```

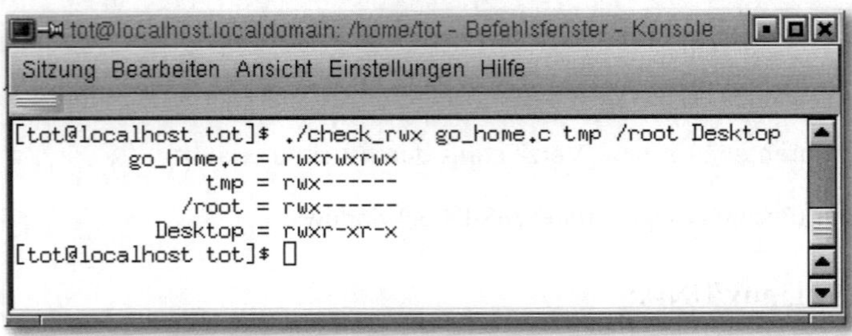

Abbildung 17.2 Ausgabe der Zugriffsrechte unter Linux/UNIX

Dieses Listing stellt eine einfache Methode dar, wie die Zugriffsrechte einer Datei oder eines Verzeichnisses in gewohnter Linux-Manier ausgegeben werden können. Bei MS-DOS/Windows können Sie so vorgehen:

```
if(attribut.st_mode & S_IREAD)
 { /* Datei darf nur gelesen werden */ }
else if(attribut.st_mode & S_IWRITE)
 { /* Datei darf beschrieben werden */ }
else if(attribut.st_mode & S_IEXEC)
 { /* Datei ist eine ausführbare (bsp. *.exe */ }
```

Wird hingegen bei Linux/UNIX die oktale Darstellung der Zugriffsrechte benötigt, können Sie dies folgendermaßen erreichen:

```
/* permission_oct.c */
#include <stdio.h>
#include <stdlib.h>
#include <sys/stat.h>
#include <sys/types.h>

int main(int argc, char *argv[]) {
   struct stat attribut;

   while(*++argv) { /* einzelne Argumente durchlaufen */
      printf("%18s = ",*argv);
      if(stat(*argv, &attribut) == -1) {
         fprintf(stderr,"Fehler bei stat?!?...\n");
         return EXIT_FAILURE;
      }
      printf("%o\n", attribut.st_mode & 0777);
   }
   return EXIT_SUCCESS;
}
```

17.1.2 »stat()« – »st_size«

Kommen wir nun zu einem weiteren Parameter der Struktur `stat`. Um die Größe einer Datei in Bytes zu ermitteln, kann die Strukturvariable `st_size` verwendet werden. Ein Wert wird aber nur für reguläre Dateien und Verzeichnisse (bei MS-DOS/Windows 0 für Verzeichnisse) zurückgegeben. Beim Filesystem werden dabei nicht die einzelnen Bytes angegeben, sondern immer ganze Blöcke von Bytes. Typische Blockgrößen sind 512 oder 1024 Bytes. Das bedeutet, die Variable von `st_size` gibt nicht den physikalischen Speicher einer Datei aus, den diese wirklich belegt. Das folgende Programm gibt die Größe aller Dateien auf dem Bildschirm aus, die Sie in der Kommandozeile angeben.

```
/* size.c */
#include <stdio.h>
#include <stdlib.h>
#ifdef __unix__
     #include <sys/stat.h>
     #include <sys/types.h>
#else
     #include <sys\stat.h>
#endif

int main(int argc, char *argv[]) {
   struct stat attribut;
   unsigned long sizeofall=0;

   if(argc == 1) {
      if(stat(*argv, &attribut) == -1) {
         fprintf(stderr,"Fehler bei stat....\n");
         return EXIT_FAILURE;
      }
      else {
         printf("Größe von %s = %ld Bytes\n",
            *argv,attribut.st_size);
         return EXIT_SUCCESS;
      }
   }
   else {
      while(*++argv) {
         if(stat(*argv, &attribut) == -1) {
            fprintf(stderr,"Fehler bei stat....\n");
            return EXIT_FAILURE;
         }
         else {
            printf("Größe von %s = %ld Bytes\n",
               *argv,attribut.st_size);
            sizeofall += attribut.st_size;
         }
      }
   }
   printf("Größe aller Dateien in der "
      " Kommandozeile = %ld Bytes",sizeofall);
   printf("= %ld KB\n",sizeofall/=1024);
   return EXIT_SUCCESS;
}
```

```
C:\Dev-Cpp>size conv.exe zitat.txt packman.exe
Groesse von conv.exe = 4608 Bytes
Groesse von zitat.txt = 69 Bytes
Groesse von packman.exe = 845312 Bytes
Groesse aller Dateien in der Kommandozeile = 849989 Bytes= 830 KB

C:\Dev-Cpp>
```

Abbildung 17.3 Größe von Dateien mit »st_size« ermitteln

Wie ich bereits erwähnt habe, gelingt es unter Windows/MS-DOS nicht, die Größe eines Verzeichnisses zu erhalten. Bei UNIX/Linux hingegen funktioniert das schon, da Verzeichnisse hier wie normale Dateien behandelt werden.

17.1.3 »stat()« – »st_atime«, »st_mtime« und »st_ctime«

Um spezielle Zeitdaten einer Datei abzufragen, befinden sich in der Struktur `stat` folgende Variablen:

- `st_atime` = Zeit des letzten Zugriffs
- `st_mtime` = Zeit der letzten Änderung des Dateiinhalts
- `st_ctime` = Zeit der letzten Inode-Änderung

Hinweis

Mit einer Inode werden unter Linux/UNIX Verwaltungsinformationen von den eigentlichen Daten getrennt gespeichert. Diese Inode-Informationen sind dabei Merkmale wie Zugriffszeit, Rechte, Größe und weitere Angaben. Die einzige Information, die nicht zur Inode gehört, ist der Name der Datei.

Die Unterscheidung dieser drei Zeitattribute trifft nur für Linux/UNIX zu. Bei MS-DOS/Windows bedeuten alle drei Zeiten dasselbe: nämlich den Zeitpunkt, zu dem die Datei das letzte Mal geändert wurde. Dazu ein Beispiel: Von allen Dateien, die Sie in der Kommandozeile eingeben, wird die Zeit des letzten Zugriffs und die Zeit der letzten Änderung ausgegeben:

```
/* ch_time.c */
#include <stdio.h>
#include <stdlib.h>
#include <time.h>
#ifdef __unix__
      #include <sys/stat.h>
      #include <sys/types.h>
#else
```

```
      #include <sys\stat.h>
#endif

int main(int argc, char *argv[]) {
   struct stat attribut;
   unsigned long sizeofall=0;

   if(argc == 1) {
      if(stat(*argv, &attribut) == -1) {
         fprintf(stderr,"Fehler bei stat....\n");
         return EXIT_FAILURE;
      }
      else {
         printf("Groesse von %s = %ld Bytes\n",
            *argv,attribut.st_size);
         printf("letzter Zugriff : %s",
            ctime(&attribut.st_atime));
         printf("letzte Aenderung: %s",
            ctime(&attribut.st_mtime));
         return EXIT_SUCCESS;
      }
   }
   else {
      while(*++argv) {
         if(stat(*argv, &attribut) == -1) {
            fprintf(stderr,"Fehler bei stat....\n");
            return EXIT_FAILURE;
         }
         else {
            printf("Groesse von %s = %ld Bytes\n",
               *argv,attribut.st_size);
            printf("letzter Zugriff : %s",
               ctime(&attribut.st_atime));
            printf("letzte Aenderung: %s\n",
               ctime(&attribut.st_mtime));
            sizeofall += attribut.st_size;
         }
      }
   }
   printf("Groesse aller Dateien in der "
         "Kommandozeile = %ld Bytes",sizeofall);
   printf("= %ld KB\n",sizeofall/=1024);
   return EXIT_SUCCESS;
}
```

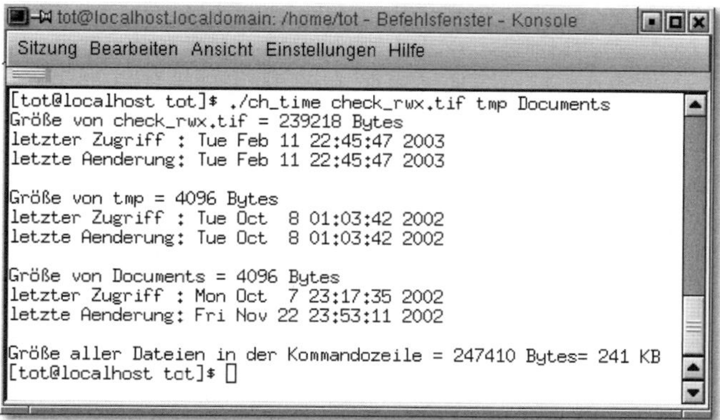

Abbildung 17.4 Abfragen verschiedener Zeitdaten unter Linux

Das Programm wurde mit dem vorherigen Beispiel vermischt. Auf diese Weise wird gleichzeitig die Größe der Datei inklusive der letzten Änderung und des letzten Zugriffs auf die Datei ausgegeben.

Unter Linux lässt sich außerdem mithilfe der Variablen `st_atime` und `st_mtime` beim Kopieren einer Datei verhindern, dass diese beiden Werte verändert werden. Gemeint ist damit Folgendes: Wenn Sie eine Datei beispielsweise mit `cp` kopieren, werden normalerweise alle drei Werte auf das aktuelle Datum gesetzt. Wollen Sie das Datum des Originals erhalten (letzter Zugriff und Änderung des Inhalts), können Sie folgendermaßen vorgehen:

```
/* manipulate_time.c */
#include <stdio.h>
#include <stdlib.h>
#include <sys/stat.h>
#include <sys/types.h>
#include <utime.h>
#include <fcntl.h>

int main(int argc, char *argv[]) {
   FILE *q,*z;
   struct stat attribut;
   char buf[1024];
   int i;
   struct utimbuf zeit;  /* siehe Funktion utimes() */

   if(stat(argv[1],&attribut) < 0) {
      fprintf(stderr, "Fehler bei stat ...\n");
      return EXIT_FAILURE;
   }
```

```
   zeit.actime = attribut.st_atime;
   zeit.modtime= attribut.st_mtime;

   q=fopen(argv[1],"r");
   z=fopen(argv[2],"w");
   if(q == NULL || z == NULL) {
      fprintf(stderr,"Fehler bei fopen ...\n");
      return EXIT_FAILURE;
   }
   while( (i=fread(buf, 1, 1024, q)) > 0 )
      fwrite(buf, 1, i, z);

   /* Wichtig!!! Ohne den Stream zu schließen, wird die
    * aktuelle Zeit verwendet, da die Datei erst nach
    * return 0 beendet wird. */
   fclose(q);
   fclose(z);
   /* Jetzt die Zeit von quelle in ziel eintragen */
   if(utime(argv[2], &zeit) < 0) {
      printf("Fehler bei utime() ...\n");
      return EXIT_FAILURE;
   }
   return EXIT_SUCCESS;
}
```

Kopieren Sie einmal eine Datei mittels `cp`, und sehen Sie sich die Zeiten mit `ls -l`, `ls -lu` und `ls -lc` an. Bei der Überprüfung der Zeitangabe werden Sie feststellen, dass alle drei Zeitdaten auf dieselbe Zeit gesetzt wurden.

Wiederholen Sie dies nun mit dem eben geschriebenen Programm. Bei einem erneuten Blick auf die Zeitdaten sind die Variablen `st_atime` und `st_mtime` jetzt identisch mit der Originaldatei. Hätten Sie in diesem Listing `fclose()` nicht oder erst nach der Funktion `utime()` verwendet, so würde wieder der aktuelle Zeitstempel gesetzt, da dies den letzten Zugriff darstellt.

Wollen Sie herausfinden, welche von zwei Dateien älter ist, können Sie dies mit der Strukturvariablen `st_mtime` ermitteln:

```
/* older_file.c */
#include <sys/stat.h>
#include <stdio.h>
#include <time.h>
#include <stdlib.h>

time_t st_mTime(char *name) {
```

```
   struct stat s;

   if (stat(name, &s)) {
      perror(name);
      exit(EXIT_FAILURE);
   }
   return s.st_mtime;
}

int main(int argc, char *argv[]) {
   time_t t1, t2;

   if (argc == 3) {
      t1 = st_mTime(argv[1]),
      t2 = st_mTime(argv[2]);
      if(t1 != t2)
         printf("%s ist %s wie %s\n"
          ,argv[1],(t1>t2?"neuer":"älter"),argv[2]);
      else
         printf("Beide Dateien sind gleich alt\n");
   }
   else {
      fprintf(stderr, "Verwendung %s datei1 datei2\n",argv[0]);
      return EXIT_FAILURE;
   }
   return EXIT_SUCCESS;
}
```

In diesem Listing wurde die Headerdatei *<time.h>* verwendet, um den Rückgabetyp `time_t` zu verwenden. Zu dieser Headerdatei finden Sie im Buch noch einen eigenen Abschnitt (19.1).

17.1.4 »stat()« – »st_gid« und »st_uid«

Um herauszufinden, wer der Eigentümer und der Gruppeneigentümer einer Datei ist, können Sie sich der Variablen `st_uid` (Eigentümer) und `st_gid` (Gruppeneigentümer) bedienen. Hierzu das Listing:

```
/* ugid.c */
#include <stdio.h>
#include <stdlib.h>
#include <sys/stat.h>
#include <sys/types.h>

int main(int argc, char *argv[]){
```

```
   struct stat attribut;

   while(*++argv) {
      if(stat(*argv,&attribut) < 0) {
         fprintf(stderr, "Fehler bei stat ...\n");
         return EXIT_FAILURE;
      }
      printf("\n%18s\n", *argv);
      printf("USER-ID  : %d\n", attribut.st_uid);
      printf("GROUP-ID : %d\n\n", attribut.st_gid);
   }
   return EXIT_SUCCESS;
}
```

17.1.5 »stat()« – »st_nlink«, »st_ino«

Weitere Informationen zu einer Datei unter Linux lassen sich mit den Variablen `st_nlink` (Anzahl der Links) und `st_ino` (Inode-Nummer der Datei) ausgeben:

```
/* link_ino.c */
#include <stdio.h>
#include <stdlib.h>
#include <sys/stat.h>
#include <sys/types.h>

int main(int argc, char *argv[]){
   struct stat attribut;

   while(*++argv) {
      if(stat(*argv,&attribut) < 0) {
         fprintf(stderr, "Fehler bei stat ...\n");
         return EXIT_FAILURE;
       }
       printf("\n%18s\n",*argv);
       printf("Anzahl Links  : %d\n",attribut.st_nlink);
       printf("Inode Nummer  : %d\n\n",attribut.st_ino);
   }
   return EXIT_SUCCESS;
}
```

17.1.6 »stat()« – »st_dev«, »st_rdev«

Die Strukturvariablen `st_dev` und `st_rdev` sind recht nützlich für Gerätedateien. Bei MS-DOS/Windows haben beide Variablen dieselbe Bedeutung:

- `st_dev` – enthält für jeden Dateinamen die Gerätenummer des Filesystems, in dem sich diese Dateien und ihr zugehöriger Inode befinden. (Windows/MS-DOS und Linux/UNIX).
- `st_rdev` – hat nur für zeichen- und blockorientierte Gerätedateien einen definierten Wert, nämlich die Gerätenummer des zugeordneten Geräts. Die `majornummer` legt den Gerätetyp fest, während der `minornummer` der entsprechende Gerätetreiber übergeben wird. So werden verschiedene Geräte des gleichen Typs unterschieden (nur Linux/UNIX).

Das Folgende ist ein Beispielprogramm nur für MS-DOS/Windows. Das Programm liefert zu angegebenen Dateinamen den Laufwerksnamen zurück:

```
/* lfwrk.c */
#include <stdio.h>
#include <stdlib.h>
#include <sys\stat.h>

int main(int argc, char *argv[]) {
   struct stat laufwerknr;

   if(argc==1) {
      fprintf(stderr, "usage:%s Datei1 Datei2 Datei3\n", *argv);
      return EXIT_FAILURE;
   }
   while(*++argv) {
      printf("%s = Laufwerk : ",*argv);
      if(stat(*argv, &laufwerknr) == -1) {
         fprintf(stderr,"..Fehler bei stat...!\n");
         return EXIT_FAILURE;
      }
      else
         printf("%c (%d)\n",
            laufwerknr.st_dev + 'A',laufwerknr.st_dev);
   }
   return EXIT_SUCCESS;
}
```

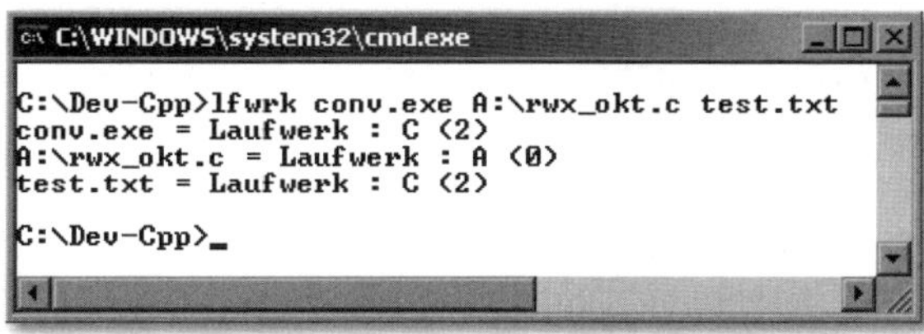

Abbildung 17.5 Ermittlung des Laufwerks, in dem sich die Datei befindet

Ein kurze Erklärung zu:

```
laufwerknr.st_dev + 'A'
```

Da der PC die Laufwerke nicht – wie Sie es gewohnt sind – mit

```
A:\ = 1. Diskettenlaufwerk
B:\ = 2. Diskettenlaufwerk
C:\ = 1.Festplatte
D:\ = 2.Festplatte oder CD-ROM-Laufwerk
................usw. bis Z:\ falls vorhanden
```

erkennt, sondern mit Nummern wie

```
0 = 1. Diskettenlaufwerk
1 = 2. Diskettenlaufwerk
2 = 1.Festplatte
3 = 2.Festplatte oder CD-ROM-Laufwerk
```

wurde einfach die dezimale Ziffer `0 + 'A'` hinzuaddiert. Dies gelingt, weil das Zeichen `'A'` intern für den Wert 65 steht (siehe ASCII-Tabelle) und anschließend auch das Formatzeichen `char` für 65 (`%c = char`) ausgegeben wird. Somit wird z. B. für das Laufwerk 2 der Buchstabe C zurückgegeben (2+`'A'` = 67; ASCII-codiert = `'C'`).

Das Beispiel dazu für Linux/UNIX sieht so aus:

```
/* b_c_file.c */
#include <sys/sysmacros.h>
#include <sys/stat.h>
#include <stdlib.h>
#include <stdio.h>

int main(int argc, char *argv[]) {
   struct stat statpuffer;

   if(argc == 1) {
      fprintf(stderr, "usage: %s Datei1 Datei2 ....\n", *argv);
      return EXIT_FAILURE;
   }
   while(*++argv) {
      printf("%s: ",*argv);
      if(stat(*argv, &statpuffer) == -1)
         fprintf(stderr,"Fehler bei stat...\n");
      else {
         printf("dev = %2d/%2d",major(statpuffer.st_dev),
                                minor(statpuffer.st_dev));
         if(S_ISCHR(statpuffer.st_mode)||
            S_ISBLK(statpuffer.st_mode)) {
```

```
            printf("-> rdev = %2d/%2d (%s",
               major(statpuffer.st_rdev),
               minor(statpuffer.st_rdev),
               (S_ISCHR(statpuffer.st_mode))?"zeichen" :"block");
            printf("orientiert");
         }
      }
      printf("\n");
   }
   return EXIT_SUCCESS;
}
```

Vielleicht noch ein Wort zu dieser Zeile:

```
if(S_ISCHR(statpuffer.st_mode)||
   S_ISBLK(statpuffer.st_mode))
```

Hiermit wird überprüft, ob es sich um eine zeichenorientierte (S_ISCHR) oder eine blockorientierte (S_ISBLK) Gerätedatei handelt. Es erfolgt dann eine entsprechende Ausgabe.

17.2 Prüfen des Zugriffsrechts – »access()«

Mit der Funktion access() können Sie feststellen, ob ein Prozess bestimmte Berechtigungen für den Zugriff auf eine Datei hat. Die Syntax zur Funktion access() lautet:

```
#include <unistd.h>  /* für UNIX/LINUX */
#include <io.h>      /* für MS-DOS     */

int access(const char *pfad, int modus);
```

So wird überprüft, ob der pfad der Datei existiert und die Zugriffsrechte laut modus besitzt. Folgende Zugriffsrechte (Modi) existieren (siehe Tabelle 17.5).

Modus	Bedeutung
00 oder F_OK	Die Datei existiert.
01 oder X_OK	Die Datei ist ausführbar (nur Linux/UNIX).
02 oder W_OK	Die Datei ist beschreibbar.
04 oder R_OK	Die Datei ist lesbar.
06 oder W_OK|R_OK	Die Datei ist lesbar und beschreibbar.

Tabelle 17.5 Modi zum Prüfen des Zugriffsrechts

Bei Erfolg gibt diese Funktion den Wert 0 zurück, ansonsten – bei einem Fehler – 1. Das folgende Listing überprüft die Zugriffsrechte aller in der Kommandozeile eingegebenen Programme mit der Funktion `access()`:

```
/* check_access.c */
#ifdef __unix__
    #include <unistd.h>
    #define EXIST F_OK
    #define EXEC  X_OK
    #define WRITE W_OK
    #define READ  R_OK
#else
    #include <io.h>
    #define EXIST 00
    #define EXEC  01
    #define WRITE 02
    #define READ  04
#endif
#include <stdio.h>
#include <stdlib.h>

int main(int argc, char *argv[]) {
   if(argc == 1) {
      fprintf(stderr, "Mindestens eine Datei angeben!\n");
      return EXIT_FAILURE;
   }
   while(*++argv) {
      printf("%s : \n", *argv);
      /* Existiert die Datei? */
      if(access(*argv, EXIST) != -1) {
         /* Lesen und Schreiben nicht erlaubt */
         if(access(*argv, WRITE|READ) == -1) {
            /* Nur lesen? */
            if(access(*argv, READ) != -1)
               printf("... ist lesbar\n");
            /* Nur schreiben? */
            else if(access(*argv, WRITE) != -1)
               printf("... ist schreibbar\n");
         }
         else
            printf("ist Lesen und Schreiben erlaubt\n");
         /* Datei ausführbar? */
         if(access(*argv, EXEC) != -1)
            printf("... ist ausführbar\n");
      }
```

```
      else {
         fprintf(stderr, "...existiert nicht\n");
         return EXIT_FAILURE;
      }
   }
   return EXIT_SUCCESS;
}
```

Zuerst wird überprüft, ob die Datei überhaupt existiert:

```
if(access(*argv, EXIST) != -1)
```

Ob die Datei zum Lesen und Schreiben freigegeben ist, wird anschließend mit der folgenden Zeile überprüft:

```
if(access(*argv, WRITE|READ) != -1)
```

Trifft dies nicht zu, werden die einzelnen Zugriffsmöglichkeiten getestet:

```
if(access(*argv, READ) != -1)
   printf("... ist lesbar\n");
else if(access(*argv, WRITE) != -1)
   printf("... ist schreibbar\n");
```

Die Überprüfung, ob die Datei ausführbar ist, mit

```
if(access(*argv, EXEC) != -1)
```

kann bei Windows/MS-DOS entfernt werden, da sie nur unter UNIX/Linux einen Sinn ergibt. In diesem Listing wurden die Konstanten der einzelnen Zugriffsrechte hinter Makros versteckt, damit das Programm möglichst portabel bleibt.

Unter Linux/UNIX werden übrigens nur die ersten drei User-Bits der UID überprüft (`rwx`), also die Zugriffsrechte des Datei-Eigentümers. Es ist auch möglich, `access()` mit mehreren Konstanten zu verknüpfen:

```
if( (access(*argv,F_OK|R_OK) ) != -1)
/* if( (access(*argv,00|04) ) != -1) */
```

Hier wird z. B. ermittelt, ob die Datei existiert und ob für sie Leserechte vorhanden sind.

17.3 Verzeichnisfunktionen

Bei den bisherigen ANSI-C-Funktionen konnte es Ihnen egal sein, wie ein Dateisystem aufgebaut ist. Es gibt zwar einige systemabhängige Faktoren, die zu beachten sind (beispielsweise das Trennzeichen von Verzeichnisnamen), aber meistens sind diese Funktionen so universell implementiert, dass es dennoch nicht zu Problemen kommt. Bei einem Zugriff auf Verzeichnisse ist es leider nicht mehr so einfach. Hierbei werden meist POSIX-konforme Funktionen verwendet, die vorwiegend in der UNIX-Welt beheimatet sind. Keine Sorge, auch MS-Windows-Anwender können diese Funktionen nutzen. In vielen Compilern unter diesem System sind diese Funktionen integriert.

17.3.1 Verzeichnis erstellen, löschen und wechseln – »mkdir()«, »rmdir« und »chdir«

```
#include <sys/types.h>  /* Linux/UNIX */
#include <sys/stat.h>   /* Linux/UNIX */
#include <dir.h>        /* MS-DOS/WIN */

int mkdir(const char *pfad, [int modus]);
```

Mit der Funktion `mkdir()` wird ein neues Verzeichnis mit dem Namen `pfad` angelegt. Zusätzlich werden in dem neuen Verzeichnis automatisch auch das Arbeitsverzeichnis (Working Directory) (`.`) und das Eltern-Verzeichnis (Parent Directory) (`..`) mit angelegt. Die Zugriffsrechte können über `modus` vergeben werden. Dies gilt aber nur für Linux/UNIX und nicht für Windows/MS-DOS. Die Modi unter Linux/UNIX entnehmen Sie bitte der Manpage von `chmod()`.

Hierzu sehen Sie als Beispiel ein Listing, mit dem ein neues Verzeichnis erstellt wird.

```
/* create_dir.c */
#ifdef __unix__
   #include <sys/types.h>
   #include <sys/stat.h>
   #define MODUS ,0711)
#elif __WIN32__ || _MS_DOS_
    #include <dir.h>
    #define MODUS )
#else
    #include <direct.h>  /* Visual C++ */
    #define MODUS )
#endif
#include <stdio.h>
#include <stdlib.h>

int main(void) {
   char pfadname[200];
```

```
   printf("Wie soll der neue Ordner heissen: ");
   scanf("%199s",pfadname);
   if(mkdir(pfadname MODUS == -1) /*Nicht schön, aber portabler*/
      printf("Konnte kein neues Verzeichnis erstellen\n");
   else
      printf("Neues Verzeichnis namens %s erstellt\n",pfadname);
   return EXIT_SUCCESS;
}
```

Wurde das Programm ausgeführt, sollte sich im benannten Verzeichnis ein neuer Ordner mit dem eingegebenen Namen befinden. Unter Linux/UNIX muss außerdem beachtet werden, dass für den `modus` auch die Ausführrechte (Execute-Bits) gesetzt sind, um auch Zugriff auf das neue Verzeichnis zu haben.

Sofern versucht wird, ein Verzeichnis zu erstellen, das bereits existiert, wird dies fehlschlagen. `errno` wird dann auf einen entsprechenden Wert gesetzt (`EEXIST`).

Hinweis

Es soll hierbei nicht unerwähnt bleiben, dass Sie unter Linux/UNIX nicht einfach die Zugriffsrechte für ein neues Verzeichnis bzw. eine neue Datei vergeben können, wie es Ihnen gerade passt. Sie sind dabei von einer gewissen Bit-Einschränkungsmaske abhängig, die Sie allerdings mit der Funktion `umask()` verändern können. Dies ist allerdings sehr systemspezifisch. Daher möchte ich Sie auf mein anderes Buch »Linux-UNIX-Programmierung« hinweisen, das Sie auch zum Probelesen auf meiner Homepage vorfinden.

Als Nächstes soll in das eben erstellte Verzeichnis gewechselt werden. Dies gelingt mit der Funktion `chdir()`. Die Syntax von `chdir()` sieht so aus:

```
#include <unistd.h> /* Linux/UNIX */
#include <dir.h>    /* MS-DOS/WIN */

int chdir(const char *pfad);
```

Mit `chdir()` wird in das Arbeitsverzeichnis gewechselt, das jedes ablaufende Programm besitzt. Bei einem Fehler gibt diese Funktion –1 zurück, ansonsten 0. In dem folgenden Listing wird erst ein neues Verzeichnis erstellt, und danach wird mit `chdir()` in das erstellte Verzeichnis gewechselt und darin eine Textdatei erzeugt.

```
/* change_dir.c */
#ifdef __linux__
   #include <sys/types.h>
   #include <sys/stat.h>
   #include <unistd.h>
```

```
   #define MODUS ,0711)
#elif _WIN32__ || _MS_DOS_
    #include <dir.h>
    #define MODUS )
#else
    #include <direct.h>
    #define MODUS )
#endif
#include <stdio.h>
#include <stdlib.h>
#include <string.h>
#include <errno.h>

int main(void) {
   char pfadname[200];

   printf("Wie soll der neue Ordner heissen : ");
   scanf("%199s",pfadname);
   if(mkdir(pfadname MODUS == -1)
      printf("Konnte kein neues Verzeichnis erstellen\n");
   else {
      printf("Neues Verzeichnis namens %s erstellt\n", pfadname);
      printf(" --> (%s)\n", strerror(errno));
   }

   /* Jetzt wollen wir in das neue Verzeichnis wechseln. */
   if(chdir(pfadname) == -1) {
      printf("Konnte nicht in das Verzeichnis wechseln\n");
      return EXIT_FAILURE;
   }
   else
      printf("Erfolgreich nach %s gewechselt!\n", pfadname);
   /* testfile im Verzeichnis erstellen*/
   fopen("testfile", "w");
   return EXIT_SUCCESS;
}
```

Jetzt sollte sich in dem eben erzeugten Verzeichnis eine Datei namens *testfile* befinden. Es dürfte Ihnen aufgefallen sein, dass das Programm, wenn es sich beendet, automatisch wieder in das Verzeichnis des Elternprozesses zurückwechselt.

Wenn Sie mehrmals in einem Programm Verzeichnisse erstellen müssen und in diese wechseln, schreiben Sie besser eine Funktion wie z. B.:

```
int makedir(char *dir) {
   if(mkdir(dir, 0755) != -1) /* Windows/MS-DOS ohne 0755 */
```

```
      if(chdir(dir) != -1)
         return OK;
   return ERROR;
}
```

Wollen Sie ein Verzeichnis wieder löschen, können Sie die Funktion `rmdir()` verwenden. Die Syntax von `rmdir()` lautet:

```
#include <unistd.h>    /* UNIX/Linux */
#include <dir.h>       /* MS-DOS     */

int rmdir(const char *pfad);
```

Mit `rmdir()` kann ein Verzeichnis (`rmdir` steht für *remove directory*) gelöscht werden. Unter Linux/UNIX setzt dies allerdings voraus, dass dieses Verzeichnis außer dem (.) und (..) keinen anderen Eintrag mehr beinhaltet. Bei Erfolg gibt diese Funktion 0 zurück und bei einem Fehler –1.

Dazu soll das Programm, das eben verwendet wurde, erweitert werden. Das Verzeichnis, das erstellt wurde, in das gewechselt wurde und in dem eine Datei erzeugt wurde, soll am Ende des Programms wieder gelöscht werden. Hier sehen Sie das Listing dazu:

```
/* remove_dir.c */
#ifdef __linux__
   #include <sys/types.h>
   #include <sys/stat.h>
   #include <unistd.h>
   #define MODUS ,0711)
#elif _WIN32__ || _MS_DOS_
    #include <dir.h>
    #define MODUS )
#else
    #include <direct.h>
    #define MODUS )
#endif
#include <stdio.h>
#include <stdlib.h>
#include <string.h>
#include <errno.h>

int makedir(char *dir) {
   if(mkdir(dir MODUS != -1)
      if(chdir(dir) != -1)
         return 0;
   return -1;
```

```
}

int main(void) {
   char pfadname[200];

   printf("Wie soll der neue Ordner heissen : ");
   scanf("%199s",pfadname);

   if(makedir(pfadname) == -1) {
      printf("Konnte kein neues Verzeichnis erstellen\n");
      printf(" --> (%s)\n", strerror(errno));
   }
   /* testfile im Verzeichnis erstellen */
   fopen("testfile","w");
   if(rmdir(pfadname) == -1) {
     printf("Konnte Verzeichnis %s nicht loeschen!!\n",pfadname);
     printf(" --> (%s)\n", strerror(errno));
   }
   return EXIT_SUCCESS;
}
```

Unter MS-DOS/Windows wird das Listing problemlos funktionieren. Mit Linux/UNIX kann das Verzeichnis nicht gelöscht werden, da sich dort noch eine Datei befindet. Das Verzeichnis muss also zuvor leer sein. Das vollständige Verzeichnis lässt sich mit folgendem Shell-Aufruf leeren:

```
rmdir Verzeichnis | rm -rf Verzeichnis
```

Im Listing kann dieser Aufruf folgendermaßen eingesetzt werden:

```
/* remove_dir_unix.c */
#include <sys/types.h>
#include <sys/stat.h>
#include <stdio.h>
#include <stdlib.h>
#include <string.h>
#include <unistd.h>
#include <errno.h>

int main(void) {
   char pfadname[200];
   char deletefiles[200];

   printf("Welchen Ordner wollen Sie löschen : ");
   scanf("%189s",pfadname);
```

```
    strcpy(deletefiles,"rm -rf ");
    strcat(deletefiles,pfadname);
    strcat(deletefiles,"/*");
    printf("%s\n",deletefiles);
    system(deletefiles);
    if(rmdir(pfadname) == -1) {
       printf("Konnte Verzeichnis %s nicht löschen!!\n",pfadname);
       printf(" --> (%s)\n", strerror(errno));
    }
    return EXIT_SUCCESS;
}
```

17.3.2 In das Arbeitsverzeichnis wechseln – »getcwd()«

Mit der Funktion `getcwd()` lässt sich der Name des Arbeitsverzeichnisses (Working Directory) ermitteln. Die Syntax von `getcwd()` lautet:

```
#include <unistd.h>      /* Linux/UNIX */
#include <dir.h>         /* MS-DOS/WIN */

char *getcwd(char *puffer, int puffergroesse);
```

Die Funktion schreibt in die Speicheradresse `puffer` den Pfadnamen des Arbeitsverzeichnisses mit abschließendem `'\0'`. Mit `puffergroesse` wird die Größe des Puffers angegeben. Die Funktion gibt bei Erfolg den Pfadnamen des Arbeitsverzeichnisses an `puffer` zurück oder bei einem Fehler `NULL`. Hier sehen Sie ein Beispiel dafür, wie diese Funktion verwendet wird:

```
/* working_D.c */
#ifdef __unix__
    #include <unistd.h>
#elif __WIN32__ || _MS_DOS_
    #include <dir.h>
#else
    #include <direct.h> /* Visual C++ */
#endif
#include <stdio.h>
#include <stdlib.h>

int main(void) {
   char puffer[200];

   if(getcwd(puffer,sizeof(puffer)) == NULL) {
      fprintf(stderr, "Fehler bei getcwd ...\n");
      return EXIT_FAILURE;
   }
```

```
   printf("Working-Directory: %s\n", puffer);
   return EXIT_SUCCESS;
}
```

Für Linux/UNIX gilt außerdem: Wechseln Sie in ein Verzeichnis, das ein symbolischer Link auf ein anderes Verzeichnis ist, so wird in das Verzeichnis gewechselt, auf das der symbolische Link zeigt.

Ein praktisches Beispiel unter Linux: Der User hat den Namen seines Home-Verzeichnisses vergessen. Er muss aber jetzt wieder in das Verzeichnis wechseln. Welches das ist, kann er mit der Eingabe des Shellbefehls `env` (Environment) oder mit der C-Funktion `getenv()`herausfinden. Hier sehen Sie das Listing:

```
/* go_home.c */
#ifdef __unix__
    #include <unistd.h>
#elif __WIN32__ || _MS_DOS_
    #include <dir.h>
#else
    #include <direct.h> /* Visual C++ */
#endif
#include <stdio.h>
#include <stdlib.h>
#include <string.h>
#define MAX 200

int main(void) {
   char puffer[MAX];
   char home[MAX];
   if( getenv("HOME") == NULL ) {
      printf("getenv(\"HOME\") findet nichts\n");
      return EXIT_FAILURE;
   }
   /* das Heimatverzeichnis nach home */
   strncpy(home, getenv("HOME"), MAX-1);
   home[MAX-1] = '\0';
   /* Working Directory lesen */
   if(getcwd(puffer,sizeof(puffer)) == NULL) {
      fprintf(stderr, "Fehler bei getcwd ...\n");
      return EXIT_FAILURE;
   }
   /* Sind wir schon im Heimatverzeichnis? */
   if(strcmp(home,puffer) == 0)
      printf("Wir sind daheim : %s\n",puffer);
   else { /* Nicht, dann wechseln wir ins Heimatverzeichnis. */
      chdir(home);
```

```
      /* Der Beweis: */
      printf("back at home: %s \n",
         getcwd(puffer,sizeof(puffer)));
   }
   return EXIT_SUCCESS;
}
```

17.3.3 Verzeichnisse öffnen, lesen und schließen – »opendir()«, »readdir()« und »closedir()«

Um Verzeichnisse zu lesen, ist in der Headerdatei mit `#include <dirent.h>` eine interne Struktur namens `DIR` deklariert. Der Inhalt dieser Struktur ist hier jetzt nicht von Interesse, sondern es geht um die folgenden Funktionen, die mit der Struktur arbeiten.

Hinweis

Die folgenden Funktionen sind leider nicht mit dem Microsoft Visual-C++-Compiler ausführbar. Dafür wird aber am Ende des Kapitels ein extra Listing angefertigt, das zeigt, wie auch mit dem Visual-C++-Compiler Programme erstellt werden können, die ein Verzeichnis auslesen.

Tipp

Wollen Sie die folgenden Beispiele mit der kostenlosen Entwicklungsumgebung *Bloodshed Dev-C++* durchführen, müssen Sie im Menü über PROJEKT • PROJEKTOPTIONEN in der Liste LINKER die Bibliothek `-lmingwex` eintragen. Eventuell kann dies aber auch über das Menü WERKZEUGE • COMPILER • OPTIONEN in die Liste LINKER eingetragen werden. Hierfür genügt aber dann folgender Eintrag: `mingwex`

»opendir()« – ein Verzeichnis öffnen

Wir beginnen mit der Funktion `opendir()`:

```
#include <sys/types.h>
#include <dirent.h>

DIR *opendir(const char *dirname);
```

Bei Erfolg wird mit dieser Funktion das Verzeichnis `dirname` geöffnet, auf dessen Adresse dann der `DIR`-Zeiger verweist. Ansonsten wird bei einem Fehler `NULL` zurückgegeben.

Der `DIR`-Zeiger wird jetzt verwendet, um den Inhalt eines Verzeichnisses auszulesen. Dies wird jetzt gleich mit der Funktion `readdir()` vorgenommen.

»readdir()« – aus einem Verzeichnis lesen

Die Syntax von `readdir()` lautet:

```
#include <sys/types.h>
#include <dirent.h>

struct dirent *readdir(DIR *dir);
```

Bei einem Fehler gibt diese Funktion ebenfalls `NULL` zurück. Ansonsten gibt sie eine Adresse der Struktur `dirent` zurück, die Folgendes beinhaltet:

```
struct dirent {
   long d_ino;          /* i-node Nr. (bei Windows/MS-DOS immer 0) */
   unsigned short d_reclen;  /* (bei Windows/MS-DOS immer 0)  */
   unsigned short d_namlen;   /* Länge des Namens in d_name     */
   char *d_name;          /* Dateiname mit abschließendem '\0'    */
};
```

In der Praxis kann die Funktion `readdir()` so verwendet werden:

```
DIR *dir;
struct dirent *dirzeiger;
/* Verzeichnis öffnen */
if((dir=opendir(dirname)) != NULL)
/* komplettes Verzeichnis Eintrag für Eintrag auslesen */
while((dirzeiger=readdir(dir)) != NULL)
    printf("%s\n",(*dirzeiger).d_name);
```

Es wird zuerst mit `opendir()` ein Verzeichnis geöffnet und danach mit `readdir()` der komplette Inhalt des Verzeichnisses ausgegeben.

»rewinddir()« – Verzeichnis-Zeiger auf den Anfang zurücksetzen

Mit der Funktion `rewinddir()` wird der Lesezeiger wieder an den Anfang der Namensliste des Verzeichnisses zurückgesetzt. Die Syntax von `rewinddir()` lautet:

```
#include <sys/types.h>
#include <dirent.h>

void rewinddir(DIR *dir);
```

»closedir()« – Verzeichnis schließen

Am Ende wird dann mit der Funktion `closedir()` das Verzeichnis geschlossen, das mit `opendir()` geöffnet wurde. Bei Erfolg gibt diese Funktion 0 und bei Fehler –1 zurück. Die Syntax lautet:

```
#include <sys/types.h>
#inlcude <dirent.h>

int closedir(DIR *dir);
```

Hier folgt ein ausführbares Beispiel, das alle Funktionen in Aktion demonstriert:

```
/* read_dir.c */
#include <sys/types.h>
#include <dirent.h>
#include <stdio.h>
#include <stdlib.h>

int main(int argc, char *argv[]) {
   DIR *dir;
   struct dirent *dirzeiger;

   if(argc != 2) {
      fprintf(stderr,"Benutzung : %s Directory\n", argv[0]);
      return EXIT_FAILURE;
   }
   /* das Verzeichnis öffnen */
   if((dir=opendir(argv[1])) == NULL) {
      fprintf(stderr,"Fehler bei opendir ...\n");
      return EXIT_FAILURE;
   }
   /* das komplette Verzeichnis auslesen */
   while((dirzeiger=readdir(dir)) != NULL)
      printf("%s\n",(*dirzeiger).d_name);
   /* Lesezeiger wieder schließen */
   if(closedir(dir) == -1)
      printf("Fehler beim Schließen von %s\n", argv[1]);
   return EXIT_SUCCESS;
}
```

Mit diesem Programm wird das vollständige Verzeichnis ausgegeben, das Sie über die Kommandozeile angeben.

»telldir()« und »seekdir()« – Positionierung im Verzeichnis

Auf einigen Systemen gibt es zusätzlich noch die Funktion `telldir()`:

```
#include <sys/types.h>
#include <sys/dirent.h>

off_t telldir(DIR *dirptr)
```

Diese Funktion liefert zu einem mit `readdir()` gelesenen Verzeichnis die Position des Lesezeigers zurück.

Mit der Funktion `seekdir()` lässt sich die Position des `DIR`-Zeigers verschieben:

```
#include <sys/types.h>
#include <sys/dirent.h>

void seekdir(DIR *dirptr, off_t pos)
```

Damit wird der mit `opendir()` geöffnete Lesezeiger (`dirptr`) auf die Position `pos` gesetzt, die Sie zuvor mit der Funktion `telldir()` ermittelt haben. Hierzu noch ein kurzer Ausschnitt dieser beiden Funktionen:

```
off_t pos;
/* aktuelle Position im Verzeichnis ermitteln */
pos = telldir(dir_ptr);
/* viele Funktionen */
...
/* zur aktuellen Position zurückspringen */
seekdir(dir_ptr, pos);
```

Probleme mit der Portabilität

Ein Problem bei Funktionen wie `opendir()`, `readdir()` oder `closedir()` ist, dass sie POSIX-konform und aus diesem Grund häufig nicht bei Compilern für MS-Windows implementiert sind. Unter UNIX-artigen Systemen müssen Sie sich wegen dieser Funktionen keine Gedanken machen. Um also unter MS-Windows, genauer gesagt unter WIN32, ein vollständiges Verzeichnis auszugeben, müssen Sie auf die Windows-Systemprogrammierung zurückgreifen. Die Windows-Programmierung hier genauer zu erläutern, würde den Rahmen des Kapitels oder gar des Buchs sprengen. Aber zu Anschauungszwecken folgt hier eine portablere Lösung, mit der Sie ein vollständiges Verzeichnis ausgeben lassen können:

```
/* portabel_readdir.c */
#include <stdio.h>
#include <stdlib.h>
#ifdef __unix__
#include <dirent.h>
#include <sys/types.h>


/* UNIX-Funktion zum Ausgeben des kompletten Verzeichnisses */
void list_dir(const char *path) {
   DIR *dirptr;
   struct dirent *dir;
```

```
   if ((dirptr=opendir(path)) == NULL)
      return;
   while((dir=readdir(dirptr)) != NULL)
      printf("%s\n",dir->d_name);
   closedir(dirptr);
}

#elif __WIN32__ || _MSC_VER
#include <windows.h>
/* Win32-Funktion zum Ausgeben des kompletten Verzeichnisses */
void list_dir(const char *path) {
   WIN32_FIND_DATA dir;
   HANDLE fhandle;
   char directory[256];

   /* unsicher, besser wäre - falls vorhanden - snprintf() */
   sprintf(directory,"%s\\*.*",path);
   /* Handle auf das Verzeichnis directory */
   if ((fhandle=FindFirstFile(directory,&dir)) !=
                              INVALID_HANDLE_VALUE) {
      do {  /* Verzeichnis auslesen */
         printf("%s\n", dir.cFileName);
      } while(FindNextFile(fhandle,&dir));
   }
   FindClose(fhandle);
}
#endif

int main(int argc,char *argv[]) {
   if (argc < 2)
      list_dir(".");
   else
      list_dir(argv[1]);
   return EXIT_SUCCESS;
}
```

Bei der Win32-Funktion wurden hier die MS-DOS-ähnlichen Funktionen `findfirst()` und `findnext()` verwendet. Die Funktion `FindFirstFile()` gibt ein Filehandle auf die erste Datei im Verzeichnis zurück, während `FindNextFile()` das Handle immer um eine Position weitersetzt, bis keine Dateien mehr im Verzeichnis zum Lesen vorhanden sind. `FindClose()` schließt das Filehandle wieder.

In diesem Kapitel lernen Sie Möglichkeiten kennen, wie Sie Funktionen mit einer variablen Anzahl von Argumenten aufrufen können.

18 Arbeiten mit variabel langen Argumentlisten – <stdarg.h>

Dass in C Funktionen mit variabel langen Argumentlisten aufgerufen werden können, dürfte Ihnen an Funktionen wie `printf()` oder `scanf()` bereits aufgefallen sein. Die Deklaration von `printf()` sieht wie folgt aus:

```
int printf(const char* format, ...);
```

Anhand dieser Deklaration erkennen Sie auch, dass `printf()` mindestens ein festes Argument (`const char *format`) und eine variable Anzahl optionaler Argumente erwartet. Die variable Anzahl optionaler Argumente erkennen Sie an den drei Punkten, dem zweiten Parameter von `printf()`. Diese drei Punkte werden Ellipse genannt. Die Verwendung von `printf()` ohne weitere Argumente kennen Sie ja:

```
printf("ohne weitere Argumente\n");
```

Jetzt folgt dasselbe mit zwei Argumenten:

```
printf("Ich habe %d %s\n", argument2, argument1);
```

Anhand der beiden Formatzeichen `%d` und `%s` ist jetzt bekannt, dass dort zwei Argumente folgen.

18.1 Makros in <stdarg.h> – »va_list«, »va_arg«, »va_start« und »va_end«

Damit Sie eigene Funktionen mit einer variablen Argumentliste schreiben können, sind in der Headerdatei *<stdarg.h>* folgende vier Makros deklariert:

Makro	Syntax	Bedeutung
`va_list`	`va_list argPtr;`	Abstrakter Datentyp (wird auch als *Argumentzeiger* bezeichnet), mit dem die Liste der Parameter definiert wird und mit dem der Zugriff auf die optionalen Argumente realisiert wird.
`va_start`	`va_start( va_list argPtr, lastarg);`	Argumentliste initialisiert den Argumentzeiger `argPtr` mit der Position des ersten optionalen Arguments. An `lastarg` muss der letzte Parameter in der Liste übergeben werden.
`va_arg`	`type va_arg( va_list argPtr, typ );`	Gibt das optionale Argument zurück, auf das `argPtr` im Augenblick verweist, und setzt den Argumentzeiger auf das nächste Argument. Mit `typ` geben Sie den Typ des zu lesenden Arguments an.
`va_end`	`void va_end(va_list argPtr);`	Hiermit können Sie den Argumentzeiger `argPtr` beenden, wenn Sie diesen nicht mehr benötigen.
`va_copy`	`void va_copy( va_list dest, va_list src ) ;`	Hiermit initialisieren Sie den Argumentzeiger `dest` mit den aktuellen Argumenten von `src`. Dies macht beispielsweise dann Sinn, wenn Sie eine Argumentenliste ein zweites Mal durchlaufen wollen.

Tabelle 18.1 Makros der Headerdatei »stdarg.h«

Hinweis
Die Makros `va_end()` und `va_copy()` können auch als Funktion implementiert sein.

18.2 Die Argumentliste am Anfang oder Ende kennzeichnen

Diese vier Makros werden Sie jetzt anwenden. Es soll eine Funktion geschrieben werden, die eine variable Anzahl von Argumenten erhält. Die Argumente (Ganzzahlen) werden dabei alle zu einer Summe addiert. Hier sehen Sie das Listing:

```
/* vargs1.c */
#include <stdio.h>
#include <stdlib.h>
#include <stdarg.h>

int add(int zahlen, ...) {
   va_list zeiger;
   int zahl;

   va_start(zeiger,zahlen);
   do {
      zahl = va_arg(zeiger,int);
      zahlen += zahl;
   } while(zahl != 0);

   va_end(zeiger);
   return zahlen;
}

int main(void) {
   int erg;

   printf("%d\n",add(11,12,13,0));
   printf("%d\n",add(99,66,33,22,11,0));
   erg = add(10, 13, 11, 0) + add(9, 8, 11, 0);
   printf("%d\n",erg);
   return EXIT_SUCCESS;
}
```

Der Aufruf der Funktion erfolgt mit:

```
printf("%d\n",add(11,12,13,0));
```

Hier wird die Funktion `add()` mit den Argumenten 11, 12, 13 und 0 aufgerufen. Die Zahl 0 am Ende stellt die Abbruchbedingung dar. Zunächst wird der Argumentzeiger angelegt, mit dem die Liste der optionalen Argumente durchlaufen wird:

```
va_list zeiger;
```

Der Argumentzeiger erhält jetzt mithilfe des Makros `va_start()` die Position des ersten optionalen Arguments:

```
va_start(zeiger,zahlen);
```

Ohne diesen Aufruf wäre kein Zugriff auf die weiteren optionalen Argumente möglich. Man könnte auch sagen, der Datentyp `zeiger` verweist auf die Anfangsadresse der ersten Zahl in der Argumentliste. Anschließend wird in der `do while`-Schleife der Wert zurückgeliefert, auf den der Argumentzeiger gerade verweist.

```
zahl=va_arg(zeiger,int);
```

In diesem Beispiel ist dies die Zahl 12. Diese Zahl wird zu dem ersten Wert von `zahlen` (11) addiert. Außerdem wird nach dem Aufruf von `va_arg()` der Argumentzeiger auf das nachfolgende Argument gesetzt.

Ist die Bedingung der Schleife wahr (`zahl != 0`), fährt das Programm mit `zahl=va_arg(zeiger,int)`, genauer gesagt dem nächsten Wert (13), fort und addiert diesen wieder mit `zahlen`. Beim nächsten Durchgang ist die `while`-Bedingung unwahr (`zahl==0`), und die Liste wird beendet mit:

```
va_end(zeiger);
```

Anhand des ersten Funktionsaufrufs können Sie sich dies grafisch so vorstellen:

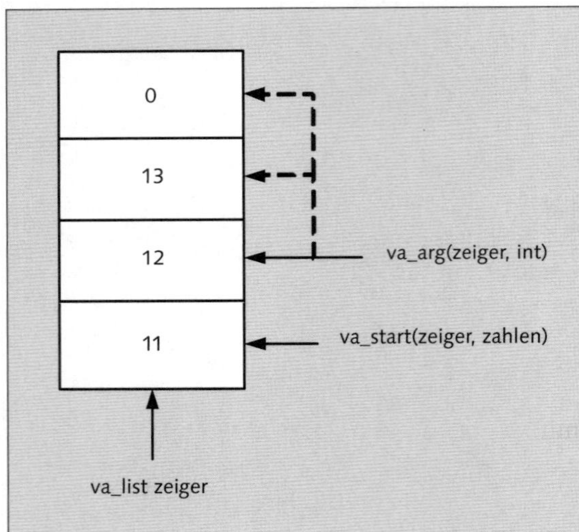

Abbildung 18.1 Zugriff einzelner Werte bei einer variablen Argumentliste

Jetzt soll das Programm so umgeschrieben werden, dass mit einer bestimmten Anzahl von Argumenten gearbeitet wird:

```
/* vargs2.c */
#include <stdio.h>
#include <stdlib.h>
#include <stdarg.h>

void print_zahlen(int anzahl, ...) {
   va_list zeiger;
```

```
   int zahl;
   int i;

   printf("Es werden %d Zahlen ausgegeben\n",anzahl);
   va_start(zeiger,anzahl);
   for(i = 1; i <= anzahl; i++) {
      zahl=va_arg(zeiger,int);
      printf("%d\t",zahl);
   }
   printf("\n");
   va_end(zeiger);
}

int main(void) {
   print_zahlen(4,3,2,4,7);
   print_zahlen(6,11,22,33,44,55,66);
   return EXIT_SUCCESS;
}
```

Das Programm ist ähnlich aufgebaut wie im Beispiel zuvor, nur dass hier als Abbruchbedingung das erste Argument verwendet wurde. In dem Funktionsaufruf

```
print_zahlen(6, 11, 22, 33, 44, 55, 66);
```

wird durch das erste Argument gekennzeichnet, dass die Funktion mit 6 Argumenten vom Typ `int` aufgerufen wird. Dies ist auch die Abbruchbedingung für die `for`-Schleife in der Funktion `print_zahlen()`.

Diese Makros sind natürlich noch deutlich vielseitiger, als Beispiel sei die Funktion `strcat()` zum Anhängen eines Strings an einen anderen genannt. Häufig würden Sie sicherlich gern mehrere Strings auf einmal an einen anderen hängen. Dabei mussten Sie bislang immer mehrere `strcat()`-Aufrufe ausführen. Mit dem eben gezeigten Beispiel kann dies jetzt in einem Schritt realisiert werden:

```
strxcat(3, string, string1, string2);
```

Hiermit werden die beiden Strings `string1` und `string2` an den String `string` gehängt. Die Anzahl der Strings wird am Anfang der Argumentliste gekennzeichnet. Hierzu das Listing:

```
/* strxcat.c */
#include <stdio.h>
#include <stdarg.h>
#include <string.h>
#include <stdlib.h>
#define MAX 50
```

```
void strxcat(int n_strings, ...) {
   va_list zeiger;
   char *quelle, *ziel, *p;

   va_start(zeiger,n_strings);
   /* nun auf den Zielstring */
   ziel = va_arg(zeiger,char *);
   p = ziel;
   /* am Ende vom Zielstring */
   ziel+=strlen(ziel);
   if( (ziel-p) > MAX) {
      printf("!!!Maximale Anzahl an Zeichen ueberschritten!!!\n");
      return;
   }
   while(--n_strings > 0) {
      /* Quelle einlesen */
      quelle = va_arg(zeiger, char *);
      /* jetzt Zeichen für Zeichen an ziel */
      while(*quelle) {
         *ziel++ = *quelle++;
         if( (ziel-p) > MAX) {
            printf("!Maximale Anzahl an Zeichen ueberschritten!\n");
            exit(EXIT_FAILURE);
         }
      }
   }
   *ziel = '\0';
}

int main(void) {
   char string[MAX] = "Test : ";
   char string2[] = " Und";

   strxcat(3, string, "hallo " , "welt");
   printf("%s\n",string);

   strxcat(5, string, string2, " noch", " ein", " Test");
   printf("%s\n",string);

   /*Und nun ein Fehler mit Absicht*/
   strxcat(4, string , " Ueberlauf", " von", " MAX");
   printf("%s\n",string);
   return EXIT_SUCCESS;
}
```

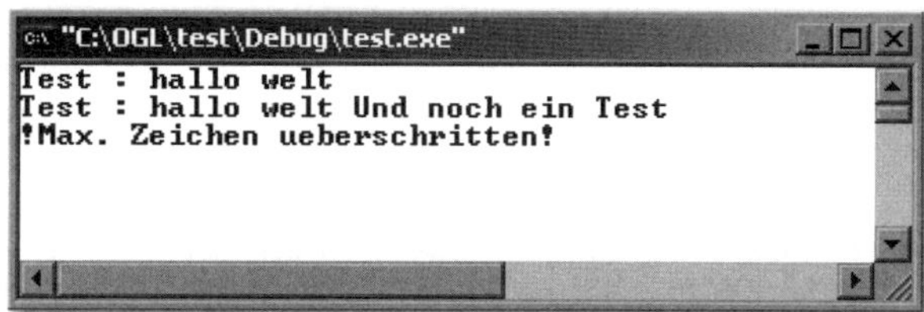

Abbildung 18.2 Mehrere Strings auf einmal aneinanderhängen

Hier wurde auch eine Sicherung eingebaut, um sich vor sogenannten Pufferüberläufen zu schützen.

18.3 »vprintf()«, »vsprintf()«, »vfsprintf()« und »vsnsprintf()«

Mit dem Makro `va_arg` werden die variablen Parameter einzeln verarbeitet. Mit den beiden Funktionen `vprintf()` und `vfprintf()` kann die ganze Liste in einem Stück übernommen werden. Dazu wird der Makroname `va_arg` nicht mehr benötigt. Hier sehen Sie die Syntax von `vprintf()`:

```
#include <stdio.h>
#include <stdarg.h>

int vprintf(const char * restrict format, va_list artPtr);
```

Jetzt soll hiermit die Funktion `printf()` nachgebildet werden. Der Code sieht so aus:

```
/* my_printf.c */
#include <stdio.h>
#include <stdlib.h>
#include <stdarg.h>

static void myprintf(char *string, ...) {
   va_list argzeiger;
   va_start(argzeiger,string);
   vprintf(string,argzeiger);
   va_end(argzeiger);
}

int main(void) {
   char hallo[] = "Hallo vprintf\n";
   myprintf("Hier ein Beispiel von vprintf....");
   myprintf("\n");
```

```
   myprintf("%d * %d = %d\n",10,10,10*10);
   myprintf("%s",hallo);
   return EXIT_SUCCESS;
}
```

Der einzige Unterschied zu den vorigen Beispielen ist, dass hier anstatt `va_arg()` die Funktion `vprintf()` benutzt wird. Diese Funktion übernimmt den ganzen String in einem Stück. Natürlich macht dieses Programm wenig Sinn. `vprintf()` eignet sich sehr gut, um eigene Fehlermeldungsroutinen zu schreiben. Ein Beispiel:

```
/* error_handling.c */
#include <stdio.h>
#include <stdarg.h>
#include <stdlib.h>
#define MAXWERT 8192

enum{ WARN, ERROR, EXIT, MISC };

/* Stringtabelle mit Fehlerausgaben */
const char *error[] = {
   "Fehlerhafte Eingabe\n",
   "Maximaler Wertebereich ueberschritten\n",
   "Nagativer Wert wurde eingegeben\n"
};

void fehler(int kennung, const char *format, ...) {
   va_list vargzeiger;
   va_start(vargzeiger,format);
   switch(kennung) {
      case 0  : printf("\nAchtung: ");
                vprintf(format,vargzeiger);
                break;
      case 1  : printf("\nFehler : ");
                vprintf(format,vargzeiger);
                break;
      case 2  : printf("\nProgrammabbruch : ");
                vprintf(format,vargzeiger);
                exit(EXIT_FAILURE);
      case 3  : vprintf(format,vargzeiger);
                break;
      default : printf("\nFalscher Funktionsaufruf\n");
   }
   va_end(vargzeiger);
}
```

```
int main(void) {
   int zahl, ret;

   printf("Eine Zahl zwischen 0-8192: ");
   ret=scanf("%d",&zahl);
   /* fehlerhafte Eingabe vorgenommen */
   if(ret == 0)
      fehler(EXIT, error[0]);
   /* Zahl größer als Maximalwert */
   else if(zahl > MAXWERT)
      fehler(WARN, error[1]);
   /* negative Zahl */
   else if(zahl < 0)
      fehler(ERROR, error[2]);
   /* alles in bester Ordnung */
   else
      fehler(MISC, "Eingabe ist in Ordnung\n");
   return EXIT_SUCCESS;
}
```

Damit kann jederzeit mit dem Funktionsaufruf

```
fehler(kennungsnummer,"Fehler - Unbekannter Fehler");
```

eine bestimmte Fehlermeldung auf dem Bildschirm ausgegeben werden – je nachdem, welche Kennungsnummer an die Funktion `fehler()` übergeben wurde. In diesem Beispiel wurden die Fehlernummern in `enum`-Variablen gekleidet und die entsprechende Fehlerausgabe in eine Stringtabelle.

Das dateiorientierte Gegenstück zu `vprintf()` ist die Funktion `vfprintf()` mit folgender Syntax:

```
#include <stdio.h>
#include <stdarg.h>

int vfprintf( FILE * restrict f,
              const char * restrict puffer,
              va_list argPtr);
```

Diese Funktion ist gleichbedeutend mit der Funktion `vprintf()`, nur dass Sie dabei noch formatiert in einen Stream oder aber auch auf die Standardausgabe schreiben können mit:

```
vfprintf(stdout, format, vargzeiger);
// gleichwertig zu ...
vprintf(format, vargzeiger);
```

Zudem existiert noch die Funktion vsprintf(), die ähnlich wie sprintf() funktioniert. Ihre Syntax lautet:

```
#include <stdio.h>
#include <stdarg.h>

int vsprintf( const char * restrict puffer,
              const char * restrict format,
              va_list argPtr);
```

Damit kann eine variabel lange Argumentliste formatiert in einen String geschrieben werden. Hier sehen Sie ein kurzes Beispiel:

```
/* vsprintf.c */
#include <stdio.h>
#include <stdlib.h>
#include <stdarg.h>
/*  Bei Linux die Bibliothek math.h extra hinzulinken (-lm)
 *  gcc -o programm programm.c -lm
 */
#include <math.h>

static void float2string(char *string, char *dezimal, ...) {
   va_list argzeiger;
   va_start(argzeiger,dezimal);
   vsprintf(string,dezimal,argzeiger);
   va_end(argzeiger);
}

int main(void) {
   char string[100];
   float zahl = 20.0;

   float2string(&string[0],"string-> %.6f <-string",sqrt(zahl));
   printf("%s\n",string);
   return EXIT_SUCCESS;
}
```

Ab dem C99-Standard ist mit vsnprintf() auch die snprintf()-Alternative mit einer variablen Argumentliste neu hinzugekommen. Die Syntax dieser Funktion sieht so aus:

```
#include <stdio.h>
#include <stdarg.h>
```

```
int vsnprintf( const char * restrict puffer,
               size_t n
               const char * restrict format,
               va_list argPtr );
```

Zwar wurden die Funktionen `vprintf()`, `vfprintf()`, `vsprintf()` und `vsnsprintf()` recht kurz abgehandelt, aber im Grunde arbeiten all diese Funktionen auf die gleiche Art und Weise wie ihre Gegenstücke `printf()`, `fprintf()`, `sprintf()` und `snprintf()`, nur dass der letzte Parameter immer ein Argumentzeiger vom Typ `va_list` ist, womit zusätzlich zur bereits vorhandenen Funktion der Gegenstücke auch noch optionale Argumente möglich sind. Um die Argumentliste verwenden zu können, muss diese immer zuerst mit `va_start()` initialisiert und am Ende mit `va_end()` beendet werden. `va_arg()` wird hier nicht benötigt, weil dieses Makro intern von den Funktionen verwendet wird.

Hinweis

Die Funktionen gibt es auch wieder für breite Zeichen. In diesem Fall wären dies `vwprintf()`, `vfwprintf()` und `vswprintf()`.

18.4 Variadic Makros – __VA_ARGS__

Ab dem C99-Standard haben Sie die Möglichkeit, ein Makro mit variablen Argumenten zu definieren und aufzurufen. Zugegeben, dieser Abschnitt hätte auch gut zu Kapitel 10, »Präprozessor-Direktiven«, gepasst, aber ich habe mich dann doch entschieden, dieses Thema hier aufzunehmen.

Das Prinzip ist denkbar einfach. Beim Aufruf eines Makros fasst der Präprozessor alle optionalen Argumente zu einem Argument zusammen. Hierzu wurde der Bezeichner `__VA_ARGS__` eingeführt, der im Ersatztext die zusammengefassten optionalen Argumente enthält. Allerdings darf der Bezeichner `__VA_ARGS__` nur im Ersatztext der Makrodefinition verwendet werden. `__VA_ARGS__` kann dort wie fast ein gewöhnlicher Parameter verwendet werden. Der Unterschied ist, dass der Parameter durch sämtliche Argumente ersetzt wird und nicht nur durch ein Argument.

Hier folgt ein einfaches Beispiel dafür, wie Sie ein Makro erstellen können, das eine variable Anzahl von Argumenten verwendet:

```
/* variadic1.c */
#include <stdio.h>
#include <stdlib.h>
#define errprintf(...) fprintf(stderr, __VA_ARGS__)
```

```
int main(void) {
   const char str[] = "ein Argument";
   int val = 10;

   errprintf("Hallo Welt %d %s\n", val, str);
   errprintf("Fehler!! Zeile: %d (%s)\n",
      __LINE__, __DATE__ );
  return EXIT_SUCCESS;
}
```

Das Prinzip ist recht einfach. Der Makroaufruf

```
errprintf("Hallo Welt %d %s\n", val, str);
```

sieht nach dem Ersetzen des Textes in `__VA_ARGS__` wie folgt aus:

```
fprintf(stderr, "Hallo Welt %d %s\n", val, str);
```

Anstatt die Ausgabe auf den Standard-Stream `stderr` auszugeben, können Sie selbstverständlich auch eine Datei dafür verwenden – vorausgesetzt natürlich, Sie haben eine entsprechende Datei mit `FILE`-Zeiger zum Schreiben geöffnet. Dies ist ein eleganter und einfacher Weg, um ein Programm mitzuprotokollieren, indem bestimmte Dinge in einer Logdatei geschrieben werden.

Hierzu ein weiteres Beispiel, das noch einige Möglichkeiten demonstrieren soll, ein Makro mit variablen Argumenten zu nutzen:

```
/* variadic2.c */
#include <stdio.h>
#include <stdlib.h>

#define fprintf_log(...) fprintf(fp, __VA_ARGS__)
#define errprintf(...) fprintf(stderr, __VA_ARGS__)
#define checkerror(x, ...) if(!(x)) { \
                              fprintf(stderr, __VA_ARGS__); }
#define LOGFILE "logfile.txt"

static FILE *fp;

void openLog(void) {
   fp = fopen(LOGFILE, "w+");
   if( NULL == fp ) {
      errprintf("%s:%d: Konnte Logdatei nicht oeffnen\n",
         __func__, __LINE__);
      exit(EXIT_FAILURE);
   }
}
```

```
int main(void) {
   char name[80];
   int val, check;

   openLog();
   fprintf_log("(%s/%s): Programmstart\n",
      __DATE__, __TIME__);

   printf("Bitte Namen eingeben: ");
   fgets( name, 80, stdin);
   // Die Eingabe wird mitprotokolliert.
   fprintf_log("Eingabe \"name\": %s", name);

   printf("Bitte eine Ganzzahl eingeben: ");
   check = scanf("%d", &val);
   // Wird nur ausgeführt, wenn die
   // Eingabe bei scanf() falsch war.
   checkerror(check, "Die Eingabe war falsch\n");

   return EXIT_SUCCESS;
}
```

Mit dem ersten Makro

```
#define fprintf_log(...) fprintf(fp, __VA_ARGS__)
```

können Sie eine variable Anzahl von Argumenten in den Stream `fp` schreiben – vorausgesetzt natürlich, der Stream `fp` wurde vorher zum Schreiben geöffnet, was in diesem Beispiel in der Funktion `openLog()` realisiert wurde. Mit `fprintf_log()` können Sie somit alles im Programm mitprotokollieren, was Ihnen sinnvoll erscheint.

Ebenfalls recht praktisch ist das folgende Makro:

```
#define checkerror(x, ...) if(!(x)) { \
                              fprintf(stderr, __VA_ARGS__); }
```

Hier wurde noch ein zusätzlicher Parameter verwendet, womit anschließend mit `if` überprüft wird, ob das Makro überhaupt ausgeführt werden soll. In diesem Fall wird das Makro nur dann ausgeführt, wenn der zusätzliche Parameter `x` gleich 0 ist. Im Listing wurde dies bei der `scanf()`-Eingabe verwendet:

```
int check;
check = scanf("%d", &val);
checkerror(check, "Die Eingabe war falsch\n");
```

Wurde bei `scanf()` eine falsche Eingabe gemacht, beispielsweise ein Zeichen anstatt einer Ganzzahl eingegeben, ist der Wert von `check` gleich 0. Und beim Aufruf von `checkerror()` wird dieser `scanf()`-Rückgabewert als erster Parameter übergeben. Somit würde das Makro `checkerror()` im Falle eines Fehlers nach der Ersetzung wie folgt aussehen:

```
if(!(check)) {
   fprintf(stderr, "Die Eingabe war falsch\n");
}
```

Im selben Verzeichnis wie das Listing *variadic2.c* finden Sie außerdem noch die Logdatei *logfile.txt*, die Sie nach Beendigung des Programms in einem Editor Ihrer Wahl betrachten können.

Hinweis

Auch hier muss man wieder erwähnen, dass dieses Makro mit variabel langen Argumenten nur mit Compilern funktioniert, die den C99-Standard erfüllen. Hier ist der GNU-GCC unter Linux vorbildlich. Microsoft VC++ beispielsweise kann mit solchen Makros noch nicht umgehen. Es bleibt zu hoffen, dass hier der Standard mit der kommenden 2010er-Version auch komplett implementiert wird.

In der C-Standard-Bibliothek sind einige Funktionen enthalten, mit denen Sie die Zeit bestimmen können. Die Zeit umfasst dabei das Datum und die Uhrzeit.

19 Zeitroutinen

19.1 Die Headerdatei <time.h>

Es folgen einige Standardfunktionen der Headerdatei *<time.h>*, in denen Routinen für Zeit und Datum deklariert sind. Tabelle 19.1 gibt Ihnen einen kurzen Überblick über die speziellen (primitiven) Datentypen in dieser Headerdatei und ihre Bedeutungen.

Typ	Bedeutung
`size_t`	arithmetischer Datentyp für Größenangaben
`clock_t`	arithmetischer Datentyp für die CPU-Zeit
`time_t`	arithmetischer Datentyp für Datums- und Zeitangaben
`struct tm`	enthält alle zu einer (gregorianischen) Kalenderzeit relevanten Komponenten

Tabelle 19.1 (Primitive) Datentypen und Struktur für Datum und Zeit

Laut ANSI-C-Standard sollten in der Struktur `tm` folgende Komponenten enthalten sein:

»struct tm«-Variable	Bedeutung
`int tm_sec;`	Sekunden (0–59)
`int tm_min;`	Minuten (0–59)
`int tm_hour;`	Stunden (0–23)
`int tm_mday;`	Monatstag (1–31)
`int tm_mon;`	Monate (0–11; Januar = 0)
`int tm_year;`	ab 1900

Tabelle 19.2 Bedeutung der Strukturvariablen in »struct tm«

»struct tm«-Variable	Bedeutung
`int tm_wday;`	Tag seit Sonntag (0–6; Sonntag = 0)
`int tm_yday;`	Tag seit 1. Januar (0–365; 1. Januar = 0)
`int tm_isdst;`	Sommerzeit (`tm_isdst > 0`) Winterzeit (`tm_istdst == 0`) nicht verfügbar (`tm_isdst < 0`)

Tabelle 19.2 Bedeutung der Strukturvariablen in »struct tm« (Forts.)

Auf Linux-Systemen sind außerdem noch folgende Komponenten vorhanden:

```
long int tm_gmtoff;
```

`tm_gmtoff` gibt die Sekunden östlich von UTC bzw. den negativen Wert westlich von UTC für die Zeitzonen an. UTC steht für *Universal Time Coordinated* und dient als Bezeichnung für eine auf der gesamten Erde einheitliche Zeitskala. Die Universal Time ist identisch mit der Greenwich Mean Time (GMT). Diese Angabe kann aber auch unter

```
long int __tm_gmtoff
```

vorliegen. Ebenfalls nur bei Linux ist folgende Komponente enthalten:

```
const char *tm_zone;
```

Diese Variable enthält den Namen der aktuellen Zeitzone. Diese kann auch in folgender Schreibweise angegeben sein:

```
const char *__tm_zone;
```

19.1.1 Konstanten in der Headerdatei <time.h>

Folgende zwei Konstanten sind in der Headerdatei *<time.h>* deklariert:

- `CLOCKS_PER_SEC` – Die Konstante enthält die Anzahl von `clock_t`-Einheiten pro Sekunde.
- `NULL` – Das ist derselbe `NULL`-Zeiger, den Sie schon in der Headerdatei *<stdio.h>* kennengelernt haben.

19.1.2 Datums- und Zeitfunktionen in <time.h>

Die Zeit, mit der der Systemkern arbeitet, ist die Anzahl der Sekunden, die seit dem 1. Januar 1970, 00:00:00 Uhr, vergangen sind. Diese Zeit wird immer mit dem Datentyp `time_t` dargestellt und enthält das Datum und die Uhrzeit. Diese Zeit kann mit der Funktion

```
time_t time(time_t *zeitzeiger);
```

ermittelt werden. Wird für den Parameter `zeitzeiger` kein `NULL`-Zeiger verwendet, befindet sich an dieser Adresse die aktuelle Systemzeit. Hierzu folgt nun ein kleines Listing, das die Zeit in Sekunden fortlaufend seit dem 1. Januar 1970 um 00:00:00 Uhr mithilfe der Funktion `time()` ausgibt:

```
/* time1.c */
#include <stdio.h>
#include <stdlib.h>
#include <time.h>

#ifdef  __unix__
   #define clrscr() printf("\x1B[2J")
#else
   #include <stdlib.h>
   #define clrscr() system("cls")
#endif

int main(void) {
   time_t t;

   time(&t);
   while(1) {
      clrscr();
      printf("%ld\n",t);
      printf("Mit <STRG><C> bzw. <STRG><D> beenden!! ");
      time(&t);
   }
   return EXIT_SUCCESS;
}
```

Ob es nach dem »Jahr 2000«-Problem zum Jahre 2038 zum nächsten Problem kommt, bleibt noch offen. Bei vielen Rechnern ist `time_t` als `long` implementiert, womit Platz für etwa 2 Milliarden Sekunden wäre. Dies wäre im Jahr 2038 erreicht. Der Standard schreibt hier nicht vor, welchen Wert `time_t` haben soll, und somit ist der Wertebereich von der Implementierung abhängig.

»localtime()« und »gmtime()« – Umwandeln von »time_t« in »struct tm«

Die Ausgabe der Sekunden als Zeitformat ist nicht gerade originell. Sie könnten jetzt anfangen, Funktionen zu schreiben, mit denen der Rückgabewert der Funktion `time()` in ein entsprechendes Format umgerechnet wird. Oder Sie verwenden bereits geschriebene Standardfunktionen wie:

```
struct tm *localtime(const time_t *zeitzeiger);
struct tm *gmtime(const time_t *zeitzeiger);
```

Beide Funktionen liefern als Rückgabewert die Adresse einer Zeitangabe vom Typ `struct tm`. Diese Struktur wurde bereits zu Beginn dieses Kapitels behandelt. Die Funktion `localtime()` wandelt die Kalenderzeit der Adresse `time_t *zeitzeiger` in lokale Ortszeit um – unter der Berücksichtigung von Sommer- und Winterzeit. `gmtime()` dagegen wandelt die Kalenderzeit in die UTC-Zeit um.

Hierzu ein Beispiel, das die Eingabe eines Geburtsdatums erwartet und anschließend das Alter in Jahren, Monaten und Tagen ausgibt:

```
/* time2.c */
#include <stdio.h>
#include <stdlib.h>
#include <time.h>

struct tm *tmnow;

void today(void) {
   time_t tnow;

   time(&tnow);
   tmnow = localtime(&tnow);
   printf("Heute ist der ");
   printf("%d.%d.%d\n",
      tmnow->tm_mday, tmnow->tm_mon + 1, tmnow->tm_year + 1900);
}

int main(void) {
   int tag, monat, jahr;
   unsigned int i=0, tmp;

   printf("Bitte gib Deinen Geburtstag ein!\n");
   printf("Tag : ");
   scanf("%d", &tag);
   printf("Monat : ");
   scanf("%d", &monat);
   printf("Jahr (jjjj) : ");
   scanf("%d", &jahr);
   today();
   if(tmnow->tm_mon < monat) {
      i = 1;
      tmp=tmnow->tm_mon+1-monat;
      monat=tmp+12;
   }
```

```
   else {
      tmp=tmnow->tm_mon+1-monat;
      monat=tmp;
   }
   if(monat == 12) {
      monat = 0;
      i = 0;
   }
   printf("Sie sind %d Jahre %d Monat(e) %d Tag(e) alt\n",
      tmnow->tm_year+1900-jahr-i,monat, tmnow->tm_mday-tag);
   return EXIT_SUCCESS;
}
```

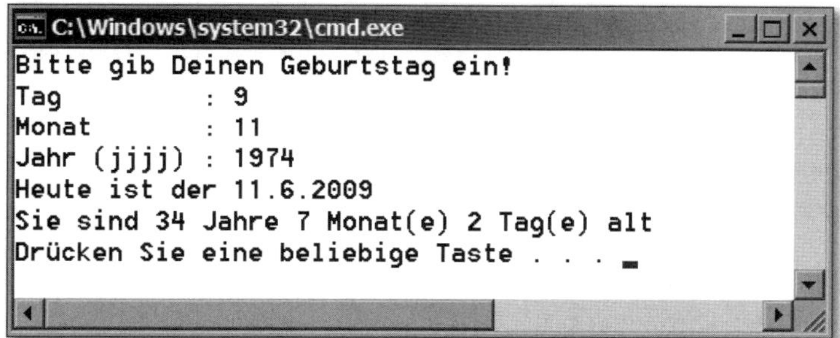

Abbildung 19.1 Verwendung der Funktion »localtime()«

Eine Anmerkung zur `if else`-Bedingung im Programm: Diese war erforderlich, damit im Monatsdatum kein negativer Wert zurückgegeben wird und Sie nicht auf einmal 1 Jahr älter sind.

»mktime()« – Umwandeln von »struct tm« in »time_t«

Kommen wir jetzt zum Gegenstück der Funktionen `localtime()` und `gmtime()`:

```
time_t mktime(struct tm *zeitzeiger);
```

Auf diese Weise wird eine Zeit im `struct tm`-Format wieder in eine Zeit im `time_t`-Format umgewandelt. Ist die Kalenderzeit nicht darstellbar, gibt diese Funktion –1 zurück. Die echten Werte der Komponenten `tm_yday` und `tm_wday` in `zeitzeiger` werden ignoriert. Die ursprünglichen Werte der Felder, `tm_sec`, `tm_min`, `tm_hour`, `tm_mday` und `tm_mon`, sind nicht auf den durch die `tm`-Struktur festgelegten Bereich beschränkt. Befinden sich die Felder nicht im korrekten Bereich, werden diese angepasst.

Das heißt konkret: Wird z. B. das fehlerhafte Datum 38.3.2001 eingegeben, muss die Funktion `mktime()` dieses Datum richtig setzen. Bei richtiger Rückgabe erhalten Sie entsprechende Werte für `tm_yday` und `tm_wday`. Der zulässige Bereich für die Kalenderzeit liegt zwischen dem 1. Januar 1970, 00:00:00 Uhr, und dem 19. Januar 2038, 03:14:07 Uhr.

Ein Beispiel soll zeigen, wie Sie den genauen Wochentag durch diese Funktion ermitteln können:

```
/* time3.c */
#include <stdio.h>
#include <stdlib.h>
#include <time.h>

char *wday[] = {
   "Sonntag", "Montag", "Dienstag", "Mittwoch",
   "Donnerstag", "Freitag", "Samstag", "??????"
};

int main(void) {
   struct tm time_check;
   int year, month, day;

   /* Jahr, Monat und Tag eingeben zum
    * Herausfinden des Wochentags */
   printf("Jahr : ");
   scanf("%d", &year);
   printf("Monat: ");
   scanf("%d", &month);
   printf("Tag  : ");
   scanf("%d", &day);

   /* Wir füllen unsere Struktur struct tm time_check
    * mit Werten. */
   time_check.tm_year = year - 1900;
   time_check.tm_mon = month - 1;
   time_check.tm_mday = day;

   /* 00:00:01 Uhr */
   time_check.tm_hour  = 0;
   time_check.tm_min   = 0;
   time_check.tm_sec   = 1;
   time_check.tm_isdst = -1;

   if(mktime(&time_check) == -1)
      time_check.tm_wday = 7;  /* = unbekannter Tag */
```

```
    /* Der Tag des Datums wird ausgegeben. */
    printf("Dieser Tag ist/war ein %s\n",
       wday[time_check.tm_wday]);
    return EXIT_SUCCESS;
}
```

»asctime()« und »ctime()« – Umwandeln von Zeitformaten in einen String

Mit zwei Funktionen können die beiden Zeitformen `struct tm` und `time_t` in einen String konvertiert werden. Hier sehen Sie die Syntax der beiden:

```
char *asctime(struct tm *zeitzeiger);
char *ctime(const time_t *zeitzeiger);
```

Auch dazu ein kleines Beispiel in einem Listing:

```
/* time4.c */
#include <stdio.h>
#include <time.h>
#include <string.h>
#include <stdlib.h>

int main(int argc, char **argv) {
   FILE *datei;
   time_t time1;
   struct tm *time2;
   char zeit[25];
   int c;

   if(argc<2) {
      printf("Bitte eingeben : %s textdatei.txt\n",*argv);
      return EXIT_FAILURE;
   }
   if((datei = fopen(*++argv,"w+")) == NULL) {
      printf("Konnte Datei : %s nicht öffnen!!!!\n",*argv);
      return EXIT_FAILURE;
   }
   printf("Eingabe machen (mit '#' beenden)\n>");
   /* Wir schreiben in unsere Datei und beenden diese
    * mit dem Zeichen '#'. */
   while((c=getchar()) != '#')
      putc(c, datei);
   putc('\n', datei);

   /* zuerst time_t-Format */
   time(&time1);
```

```
   printf("Heute ist %s und Sie haben eben die "
          "Datei %s geschlossen\n",ctime(&time1), *argv);

   /* jetzt struct tm-Format mit asctime() */
   time1=time(NULL);
   time2=localtime(&time1);
   strcpy(zeit,asctime(time2));

   /* Das Datum schreiben wir in die Datei ... */
   fprintf(datei,"%s\n",zeit);
   fclose(datei);
   return EXIT_SUCCESS;
}
```

Dieses Listing gibt zum einen das heutige Datum mit der Funktion `ctime()` auf dem Bildschirm aus und schreibt zum anderen den Rückgabewert der Funktion `asctime()` in eine Textdatei.

»difftime()« – Differenz zweier Zeiten

Wird eine Differenz zwischen zwei Zeiten benötigt, lässt sich diese mit der folgenden Funktion ermitteln:

```
double difftime(time_t zeit1, time_t zeit0);
```

Diese Funktion liefert die Differenz von `zeit1` minus `zeit0` als `double`-Wert zurück. Hierzu ein einfaches und kurzes Beispiel:

```
/* time5.c */
#include <stdio.h>
#include <stdlib.h>
#include <time.h>

int main(void) {
   time_t start, stop;
   double diff;

   printf("Einen Augenblick bitte ...\n");
   start=time(NULL);
   while((diff=difftime(stop=time(NULL),start)) != 5);
   printf("%.1f sek. vorbei!!\n",diff);
   return EXIT_SUCCESS;
}
```

Das Programm wartet fünf Sekunden, bis es einen entsprechenden Text ausgibt. Bei

```
while((diff=difftime(stop=time(NULL),start)) !=5);
```

wurde die Funktion `time()` gleich in der Funktion `difftime()` ausgeführt. Natürlich ist dies nicht so gut lesbar, aber es erfüllt denselben Zweck wie:

```
while((diff=difftime(stop,start)) != 5)
   stop=time(NULL);
```

»clock()« – Verbrauchte CPU-Zeit für ein Programm

Eine weitere häufig gestellte Frage lautet: Wie kann ich herausfinden, wie lange das Programm schon läuft? Sie können dies mit folgender Funktion ermitteln:

```
clock_t clock(void);
```

Diese Funktion liefert die verbrauchte CPU-Zeit seit dem Programmstart zurück. Falls die CPU-Zeit nicht verfügbar ist, gibt die Funktion –1 zurück. Wenn Sie die CPU-Zeit in Sekunden benötigen, muss der Rückgabewert dieser Funktion durch `CLOCKS_PER_SEC` dividiert werden; Beispiel:

```
/* runtime.c */
#include <stdio.h>
#include <stdlib.h>
#include <time.h>

int main(void) {
   clock_t prgstart, prgende;
   int c;

   prgstart=clock();
   printf("Geben Sie etwas ein, und beenden Sie mit #\n");
   printf("\n > ");
   while((c=getchar())!= '#')
      putchar(c);
   prgende=clock();
   printf("Die Programmlaufzeit betrug %.2f Sekunden\n",
      (float)(prgende-prgstart) / CLOCKS_PER_SEC);
   return EXIT_SUCCESS;
}
```

Damit dürfte es Ihnen nicht schwerfallen, die Nutzungsdauer eines Programms herauszubekommen.

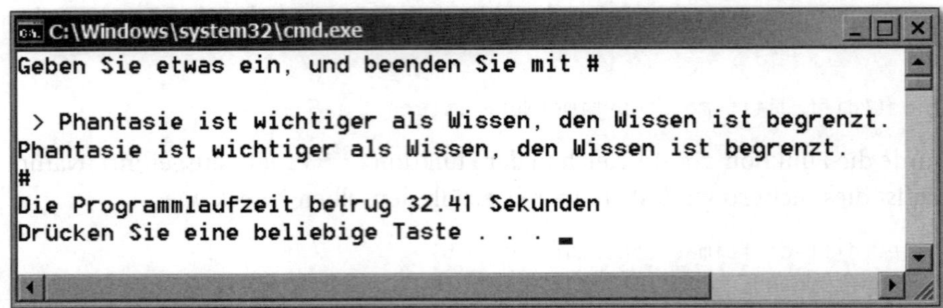

Abbildung 19.2 Verbrauchte Zeit eines Programms mit »clock()« ermitteln

»strftime()« – »struct tm« in einen benutzerdefinierten String umwandeln

Als Nächstes folgt eine Funktion, die Sie als die `sprintf()`-Funktion für Zeit- und Datumswerte ansehen können. Die Syntax lautet:

```
size_t strftime(char * restrict puffer, int maxzeichen,
                const char * restrict format,
                struct tm * restrict zeitzeiger);
```

So kann die Kalenderzeit aus `struct tm *zeitzeiger` in einem entsprechenden Format in die Adresse `puffer` geschrieben werden. Folgende Umwandlungsvorgaben können Sie dabei verwenden:

Format	... wird ersetzt durch ...	Beispiel
%a	Wochenname (gekürzt)	Sat
%A	Wochenname (ausgeschrieben)	Saturday
%b	Monatsname (gekürzt)	Jan
%B	Monatsname (ausgeschrieben)	January
%c	entsprechende lokale Zeit- und Datumsdarstellung	Thu Jun 11 22:22:22 MET 2009
%d	Monatstag (1–31)	22
%H	Stunde im 24-Stunden-Format (0–23)	23
%I	Stunde im 12-Stunden-Format (1–12)	5
%j	Tag des Jahres (1–366)	133
%m	Monat (1–12)	5
%M	Minute (0–59)	40
%p	AM- oder PM-Zeitangabe; Indikator für das 12-Stunden-Format (USA)	PM

Tabelle 19.3 Formatierungszeichen für eine benutzerdefinierte Zeitangabe

Format	... wird ersetzt durch ...	Beispiel
%S	Sekunden (0–69)	55
%U	Wochennummer (0–53; Sonntag als erster Tag der Woche)	33
%w	Wochentag (0–6, Sonntag = 0)	3
%W	Wochennummer (0–53; Montag als erster Tag der Woche)	4
%x	lokale Datumsdarstellung	02/20/09
%X	lokale Zeitdarstellung	20:15:00
%y	Jahreszahl (ohne Jahrhundertzahl 0–99)	09 (2009)
%Y	Jahreszahl (mit Jahrhundertzahl YYYY)	2009
%Z, %z	Zeitzone (gibt nichts aus, wenn Zeitzone unbekannt)	MET
%%	Prozentzeichen	%

Tabelle 19.3 Formatierungszeichen für eine benutzerdefinierte Zeitangabe (Forts.)

Hinweis

Bei einigen Compilern (beispielsweise GNU-GCC) findet man noch mehr von diesen Umwandlungszeichen. Hierzu will ich Sie allerdings auf die entsprechende Manual-Page von `strftime()` *(http://linux.die.net/man/3/strftime)* verweisen.

Hinweis

Zu `strftime()` gibt es mit `wcsftime()` auch noch ein Gegenstück für breite Zeichen. Die Funktion entspricht im Grunde der von `strftime()`, nur dass der Formatstring ein String mit breiten Zeichen ist. Auch die maximale Länge (zweiter Parameter) ist hierbei die Anzahl der breiten Zeichen und nicht die Anzahl von Bytes.

Das folgende Listing zeigt, wie diese Angaben verwendet werden können:

```
/* time6.c */
#include <stdio.h>
#include <stdlib.h>
#include <time.h>

int main(void) {
   struct tm *zeit;
   time_t sekunde;
   char string[80];
   time(&sekunde);
```

```
    zeit = localtime(&sekunde);
    strftime(string, 80,
    "Es ist %H Uhr und %M Minuten (%Z) %A, %B %Y",zeit);
    printf("%s\n",string);
    return EXIT_SUCCESS;
}
```

Es wird übrigens empfohlen, bei der formatierten Zeitausgabe des Jahres `%Y` statt `%y` zu verwenden, um Probleme mit dem Datum ab dem Jahr 2000 zu vermeiden.

Abbildung 19.3 fasst alle Funktionen, die Sie hier kennengelernt haben, anhand ihrer Beziehungen zueinander zusammen.

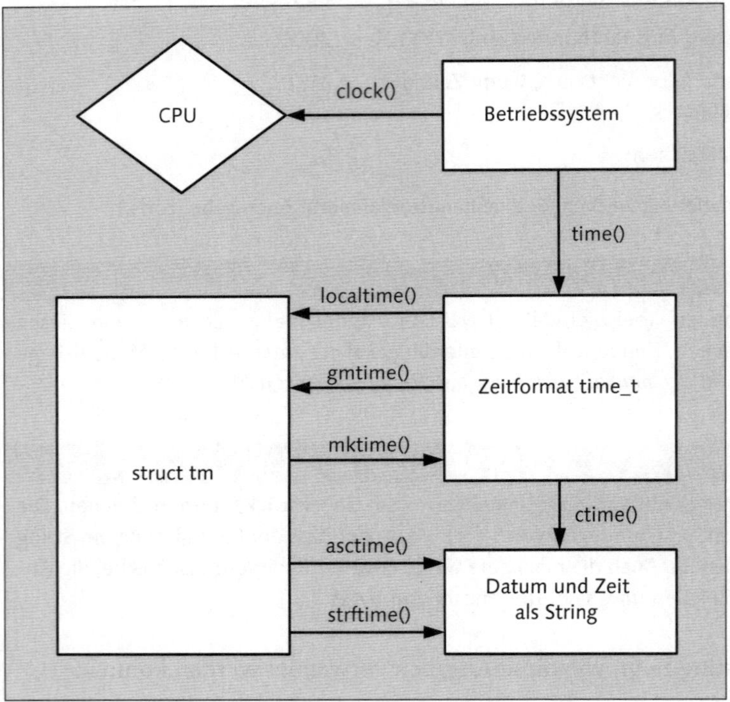

Abbildung 19.3 Datums- und Zeitfunktionen im Überblick

19.2 Laufzeitmessung (Profiling)

Für kleinere Programme können Sie eine Laufzeitmessung mit der Funktion `clock()` vornehmen. Für größere und umfangreiche Projekte ist diese Funktion aber weniger geeignet. Bei solchen speziellen Fällen sollten Sie extra Programme einsetzen, die für diese geschrieben wurden – sogenannte *Profiler*.

Ein Profiler ist ein eigenständiges Programm, das Sie zur Laufzeitanalyse verwenden können. Der Vorteil dieses Werkzeugs ist, dass Sie mit ihm auch einzelne Funktionen analysieren können. So lässt sich schnell herausfinden, welcher Teil des Quellcodes mehr Zeit als gewöhnlich beansprucht. Ein Profiler ist ebenfalls ein Standardwerkzeug für Codetuning-Freaks.

Bei den kommerziellen Entwicklungsumgebungen ist der Profiler im Normalfall mit dabei. Es gibt aber auch einen kostenlosen Kommandozeilen-Profiler, den GNU-Profiler *gprof*, der für alle gängigen Systeme erhältlich ist.

Es ist nicht die Aufgabe dieses Buchs, Ihnen die Werkzeuge der Programmierung näher zu erläutern, dennoch will ich kurz auf die Verwendung des Profilers *gprof* unter Einsatz des `gcc`-Compilers eingehen. Für andere Profiler lesen Sie bitte die jeweilige Dokumentation der Online-Hilfe.

Als Erstes benötigen Sie einen fehlerfreien Quellcode, den Sie analysieren wollen. Dann müssen Sie den Quellcode mit dem Compiler-Flag `-pg` übersetzen:

```
gcc -pg programmname.c
```

Jetzt befindet sich im Verzeichnis eine Datei namens *a.out* (unter Windows/MS-DOS auch *a.exe*). Diese Datei ist die ausführbare Datei für Ihren Quellcode. Starten Sie jetzt das ausführbare Programm *a.out*. Nun werden die Profiling-Informationen in die Datei *gmon.out* geschrieben, die sich jetzt ebenfalls im Verzeichnis befindet. Nach Programmende können Sie *gprof* zur Auswertung der Datei *gmon.out* aufrufen. Die Ausgabe, die häufig etwas länger ist, leiten Sie am besten in eine Datei um:

```
gprof ./a.out > test_prof.txt
```

Die Textdatei *test_prof.txt* können Sie jetzt mit einem Editor Ihrer Wahl öffnen. Diese Datei beinhaltet wiederum zwei Dateien. Der erste Teil nennt

- die verbrauchte Rechenzeit der Funktionen und
- die Anzahl der Aufrufe von Funktionen.

Im zweiten Teil sehen Sie, wie sich die Rechenzeit von Funktionen auf die von ihnen aufgerufenen Unterfunktionen verteilt. Mehr zum Werkzeug *gprof* erfahren Sie in der entsprechenden Dokumentation.

Hinweis

Sofern Sie mehr zum Profiling wissen wollen, kann ich Ihnen mein Buch »Linux-UNIX-Programmierung« empfehlen, das Sie zum Probelesen auch online auf meiner Homepage vorfinden.

In diesem Kapitel werden Funktionen aus den Standard-Headerdateien näher erläutert, die bisher noch nicht oder nur zu kurz zur Sprache gekommen sind. Alle Headerdateien sind vom ANSI-C-Komitee vorgeschrieben und somit auf allen Systemen vorhanden.

20 Weitere Headerdateien und ihre Funktionen (ANSI C)

20.1 <assert.h> – Testmöglichkeiten und Fehlersuche

Mit der Funktion

```
#include <assert.h>

void assert(int ausdruck);
```

können Ausdrücke aus einem Programm auf logische Fehler getestet werden. Ist `ausdruck` gleich 0, wird das Programm mit einer Fehlermeldung beendet. Genauer gesagt: Erst wird eine Fehlermeldung auf `stderr` ausgegeben, etwa:

```
Assertion failed: ausdruck, file filename, line nnn
```

Der Dateiname und die Zeilennummern stammen von den Präprozessor-Makros `__FILE__` und `__LINE__`. Danach wird die Ausführung des Prozesses mit der Funktion `abort()` beendet.

Ein einfaches Beispiel: Es werden zwei Zahlen durch einander dividiert. Dabei darf keine der Zahlen eine Null oder ein negativer Wert sein. Außerdem soll der Teiler nicht größer als der Nenner sein. Hier sehen Sie das Listing:

```
/* assertion1.c */
#include <stdio.h>
#include <stdlib.h>
#include <assert.h>

int divide(int zahl1, int zahl2) {
   assert( (zahl1 >= 0 && zahl1 >= zahl2) && (zahl2 >= 0) );
   return zahl1 / zahl2;
}
```

```
int main(void) {
   printf("%d / %d = %d\n",5,2,divide(5,2));
   printf("%d / %d = %d\n",3,4,divide(3,4));
   printf("%d / %d = %d\n",4,4,divide(4,4));
   return EXIT_SUCCESS;
}
```

Das Programm wird durch den Funktionsaufruf `divide(3,4)` mit folgender Fehlermeldung abgebrochen:

```
Assertion failed: assert( (zahl1>=0 && zahl1>=zahl2) &&
(zahl2>=0) ), file:Pfad_zur_Datei.c, line 6
```

Diese Art, Programme zu testen, eignet sich sehr gut für größere Projekte. Damit Sie nicht den ganzen Code durchsuchen müssen, um anschließend bei der Fertigstellung des Programms die `assert()`-Anweisungen zu entfernen, müssen Sie nur das Makro

```
NDEBUG
```

angeben, und der Compiler ignoriert alle `assert()`-Aufrufe. `NDEBUG` muss allerdings noch vor der Headerdatei

```
#include <assert.h>
```

angegeben werden. Bei dem folgenden Beispiel wird die `assert()`-Anweisung ignoriert:

```
/* assertion2.c */
#include <stdio.h>
#include <stdlib.h>
#define NDEBUG
#include <assert.h>

int divide(int zahl1, int zahl2) {
   assert( (zahl1 >= 0 && zahl1 >= zahl2) && (zahl2 >= 0) );
   return zahl1 / zahl2;
}

int main(void) {
   printf("%d / %d = %d\n",5,2,divide(5,2));
   printf("%d / %d = %d\n",3,4,divide(3,4));
   printf("%d / %d = %d\n",4,4,divide(4,4));
   return EXIT_SUCCESS;
}
```

20.2 <ctype.h> – Zeichenklassifizierung und Umwandlung

In der Headerdatei *<ctype.h>* befinden sich Funktionen, mit denen einzelne Zeichen überprüft oder umgewandelt werden können. Die Headerdatei *<wchar.h>* hingegen enthält die Deklarationen der Gegenstücke für Breitzeichen. In Tabelle 20.1 finden Sie die Syntax der einzelnen Funktionen und die Beschreibungen:

Funktion in <ctype.h>	Funktion in <wctype.h>	Beschreibung
`int isalnum(int c);`	`int iswalnum(wint_t wc);`	Testet, ob ein Zeichen ein alphanumerisches Zeichen ist.
`int isalpha(int c);`	`int iswalpha(wint_t wc);`	Testet, ob ein Zeichen ein Buchstabe ist.
`int iscntrl(int c);`	`int iswcntrl(wint_t wc);`	Testet, ob ein Zeichen ein Steuerzeichen ist (z. B. [Strg] + [B]).
`int isdigit(int c);`	`int iswdigit(wint_t wc);`	Testet, ob ein Zeichen eine Dezimalziffer ist.
`int isgraph(int c);`	`int iswgraph(wint_t wc);`	Testet, ob ein Zeichen ein druckbares Zeichen ist.
`int islower(int c);`	`int iswlower(wint_t wc);`	Testet, ob ein Zeichen ein Kleinbuchstabe ist.
`int isprint(int c);`	`int iswprint(wint_t wc);`	Testet, ob ein Zeichen ein druckbares Zeichen ist, aber kein Leerzeichen.
`int ispunct(int c);`	`int iswpunct(wint_t wc);`	Testet, ob ein Zeichen ein Interpunktionszeichen ist.
`int isspace(int c);`	`int iswspace(wint_t wc);`	Testet, ob ein Zeichen ein Leerzeichen (Zwischenraumzeichen) ist.
`int isupper(int c);`	`int iswupper(wint_t wc);`	Testet, ob ein Zeichen ein Großbuchstabe ist.
`int isxdigit(int c);`	`int iswxdigit( wint_t wc);`	Testet, ob ein Zeichen eine hexadezimale Ziffer ist.
`int isascii(int c);`		Das Makro `isascii` prüft, ob das Zeichen `c` ein normiertes Zeichen des ASCII-Zeichensatzes ist (0–127). Wenn nicht, kann es mit `toascii` umgewandelt werden.

Tabelle 20.1 Funktionen zur Zeichenklassifizierung und Zeichenumwandlung

Funktion in <ctype.h>	Funktion in <wctype.h>	Beschreibung
`int isblank(int c);`	`int iswblank(wint_t wc);`	Ist `c` ein Leerzeichen, wird 1 zurückgegeben, sonst 0 (nur bei ANSI-C99-Compilern vorhanden).
`int tolower(int c);`	`int towlower(wint_t wc);`	Wandelt Groß- in Kleinbuchstaben um.
`int toupper(int c);`	`int towupper(wint_t wc);`	Wandelt Klein- in Großbuchstaben um.
`int toascii(int c);`		`toascii` ist ein Makro, das den übergebenen Wert `c` (durch Löschen aller Bits außer den 7 niederwertigsten) auf den Bereich 0 bis 127 begrenzt und das Ergebnis dieser Operation zurückliefert. Dadurch werden aber nationale Zeichen wie etwa `'ä'`, `'ü'`, `'ö'` ... falsch dargestellt.

Tabelle 20.1 Funktionen zur Zeichenklassifizierung und Zeichenumwandlung (Forts.)

Alle Funktionen in der Tabelle erwarten ein `int`- bzw. `wint_t`-Argument, dessen Wert als `EOF` (bzw. `WEOF`) oder `unsigned char` bzw. `wchar_t` darstellbar sein muss. Bei Erfolg geben diese Funktionen einen Wert ungleich 0 zurück. Tritt ein Fehler auf, ist der Rückgabewert immer 0.

Hinweis

Abgesehen von den Funktionen `isdigit()` und `iswdigit()` ist das Ergebnis abhängig von der Einstellung der lokalen Umgebung für die Kategorie `LC_CTYPE`. Diese Umgebung können Sie mit `setlocale()` abfragen und ändern (siehe Abschnitt 20.5, »<locale.h> – länderspezifische Eigenheiten«).

In der Headerdatei *<wctype.h>* sind außerdem noch zwei erweiterbare Funktionen vorhanden, um breite Zeichen zu überprüfen. Die Syntax dieser Funktionen lautet:

```
int iswctype(wint_t wc, wctype_t desc);
wctype_t wctype(const char *property);
```

Mit diesen Funktionen können Sie mindestens dieselben Tests wie in Tabelle 20.1 durchführen. Hierbei müssen Sie lediglich für `property` das Präfix `isw` weglassen. Somit ist eine Überprüfung für ein Breitzeichen `wc` gleichwertig mit den Tests im Kommentar dahinter:

```
iswctype(wc, wctype("alnum")) // iswalnum(wc)
iswctype(wc, wctype("alpha")) // iswalpha(wc)
iswctype(wc, wctype("blank")) // iswblank(wc)
iswctype(wc, wctype("cntrl")) // iswcntrl(wc)
iswctype(wc, wctype("digit")) // iswdigit(wc)
iswctype(wc, wctype("graph")) // iswgraph(wc)
iswctype(wc, wctype("lower")) // iswlower(wc)
iswctype(wc, wctype("print")) // iswprint(wc)
iswctype(wc, wctype("punct")) // iswpunct(wc)
iswctype(wc, wctype("space")) // iswspace(wc)
iswctype(wc, wctype("upper")) // iswupper(wc)
iswctype(wc, wctype("xdigit")) // iswxdigit(wc)
```

Der Vorteil dieser Implementierung liegt auf der Hand. Es ist ohne größeren Aufwand möglich, zusätzliche Strings für `property` zu definieren, die für bestimmte locale-spezifische Zeichen nötig sind.

So, wie es Funktionen für die Klassifizierung von breiten Zeichen gibt, existieren auch Funktionen für die Umwandlung von Breitzeichen. Die Syntax dieser Funktionen lautet:

```
wint_t towctrans(wint_t wc, wctrans_t desc);
wctrans_t wctrans(const char *property);
```

Hierbei können Sie für `property` die Strings `tolower` und `toupper` verwenden. Somit ist eine Umwandlung für ein Breitzeichen `wc` gleichwertig mit der Umwandlung im Kommentar dahinter:

```
towctrans(wc, wctrans("tolower")) // towlower(wc)
towctrans(wc, wctrans("toupper")) // towupper(wc)
```

Zur Demonstration der einzelnen Funktionen folgt jetzt ein Listing, das normale byte-orientierte Zeichen verwendet:

```
/* big_small.c */
#include <stdio.h>
#include <string.h>
#include <stdlib.h>
#include <ctype.h>

/* Prototypen */
void grosschrift(char *, char *);
void kleinschrift(char *, char *);
void international(char *,char *);
void oeffne_dateien(char *, char *, FILE **, FILE **);

void grosschrift(char *arg2, char *arg3) {
```

```
   FILE *in,*out;
   int c;

   oeffne_dateien(arg2,arg3,&in,&out);
   while((c=getc(in)) != EOF) {
      if(islower(c))
         putc(toupper(c),out);
      else
         putc(c,out);
   }
}

void kleinschrift(char *arg2, char *arg3) {
   FILE *in,*out;
   int c;

   oeffne_dateien(arg2,arg3,&in,&out);
   while((c=getc(in)) != EOF) {
      if(isupper(c))
         putc(tolower(c),out);
      else
         putc(c,out);
   }
}

void international(char *arg2, char *arg3) {
   FILE *in,*out;
   int c;

   oeffne_dateien(arg2,arg3,&in,&out);
   while((c=getc(in)) != EOF) {
      if(isascii(c)==0)
         putc(toascii(c),out);
      else
         putc(c,out);
   }
}

void oeffne_dateien(char *quelle, char *ziel,
                    FILE **input, FILE **output) {
   if((*input=fopen(quelle,"r+")) == NULL) {
      printf("Fehler beim Oeffnen (Lesen) von %s\n", quelle);
      exit(EXIT_FAILURE);
   }
   if((*output=fopen(ziel,"w+")) == NULL) {
```

```
      printf("Fehler beim Oeffnen (Schreiben) von %s\n", ziel);
      exit(EXIT_FAILURE);
   }
}

int main(int argc, char *argv[]) {
   if(argc<4) {
      printf("Verwendung: "
      "Programmname -[Schalter] datei.txt Zieldatei.txt\n"
      "für -[Schalter] : -b (komplette Textdatei in Grossschrift)\n"
      "                  -s (komplette Textdatei in Kleinschrift)\n"
      "                  -i (nationale Zeichen zu ASCII-Zeichen\n");
         return EXIT_FAILURE;
   }
   if(strcmp(argv[1],"-b")==0)
      grosschrift(argv[2],argv[3]);
   else if(strcmp(argv[1],"-s")==0)
      kleinschrift(argv[2],argv[3]);
   else if(strcmp(argv[1],"-i")==0)
      international(argv[2],argv[3]);
   else {

      printf("Verwendung: "
      "Programmname -[Schalter] datei.txtZieldatei.txt\n"
      "für -[Schalter] : -b (komplette Textdatei in Grossschrift)\n"
      "                  -s (komplette Textdatei in Kleinschrift)\n"
      "                  -i (nationale Zeichen zu ASCII-Zeichen\n");
         return EXIT_SUCCESS;
   }
   return EXIT_SUCCESS;
}
```

Mit diesem Code können Sie bei einer Textdatei jeden Buchstaben in einen großen, einen kleinen oder ein ASCII-Zeichen umwandeln.

20.3 Mathematische Funktionen – <math.h>, <tgmath.h> und <complex.h>

Die Standard-Bibliothek beinhaltet mittlerweile eine gewaltige Sammlung von mathematischen Funktionen. Die meisten dieser Funktionen sind in der Headerdatei *<math.h>* deklariert. Die meisten dieser Funktionen sind für Gleitpunktzahlen und zum Teil auch für komplexe Gleitpunkttypen (aus der Headerdatei *<complex.h>*) geeignet. Zwar bietet die Standard-Bibliothek auch einige Funktionen für ganzzahlige Typen, diese sind aber alle vorwiegend in der Headerdatei *<stdlib.h>* bzw. für den Typ `intmax_t` in *<inttypes.h>* deklariert. Des Weiteren sind in der Headerdatei *<tgmath.h>* typengenerische Makros definiert, mit denen es möglich ist, mathematische Funktionen mit einem einheitlichen Namen, unabhängig vom Typ der Argumente, aufzurufen.

Um mit den anschließenden Tabellen nicht den Rahmen des Buches zu sprengen, werden zur besseren Übersicht nur die Funktionen für die Gleitpunkttypen `double` und `double _Complex` aufgelistet. Zu jeder dieser Funktionen gibt es auch eine Version mit `float` bzw. `float _Complex` und eine Version für `long double` bzw. `long double _Complex`. Die Versionen von `float` bzw. `float _Complex` haben das Suffix `f` am Ende des Funktionsnamens, und die Versionen für `long double` bzw. `long double _Complex` haben das Suffix `l` am Ende. Sofern Sie allerdings die Headerdatei *<tgmath.h>* verwenden, können Sie dies außer Acht lassen. Mehr dazu erfahren Sie in Abschnitt 20.3.4.

Wenn ich beispielsweise die Funktion zum Ziehen der Quadratwurzel für reelle Zahlen wie folgt aufliste:

```
double sqrt(double zahl);
```

dann existieren von dieser Funktion noch die Versionen:

```
float sqrtf(float zahl);
long double sqrtl(long double zahl);
```

Gleiches gilt auch für die aufgelistete komplexe Gleitpunkttyp-Version, nur dass diese Funktionen noch zusätzlich mit dem Präfix `c` beginnen:

```
double complex csqrt(double complex z);
```

Auch von dieser Version gibt es noch zwei weitere Versionen:

```
float complex csqrtf(float complex z);
long double complex csqrtl(long double complex z);
```

Hinweis für Linux-User

Damit ein Programm die *<math.h>*-Bibliothek verwenden kann, muss diese erst mit dem Compiler-Flag `-lm` hinzugelinkt werden. Beispiel:

```
gcc -o programm programm.c -lm
```

20.3.1 Funktionen für reelle und komplexe Gleitpunkttypen

In Tabelle 20.2 finden Sie Funktionen aus der Headerdatei *<complex.h>* und *<math.h>*, die Sie für reelle und komplexe Gleitpunkttypen verwenden können.

Hinweis

<complex.h> wurde erst mit dem C99-Standard eingeführt, was natürlich wieder heißt, dass der Compiler dies wiederum nur unterstützt, wenn er C99-konform ist.

Funktion in <math.h>	Funktion in <complex.h>	Beschreibung

`double cosh( double z );` [1]
`double sinh( double z );` [1]
`double tanh( double z);` [1]
	`double complex ccosh( double complex z );`
	`double complex csinh( double complex z );`
	`double complex ctanh( double complex z);`
		Hyperbolische Funktionen

`double acos( double z );`	`double complex cacos( double complex z );`	Arcuscosinus
`double asin( double z );`	`double complex casin( double complex z );`	Arcussinus
`double atan( double z );`	`double complex catan( double complex z );`	Arcustangens
`double cos( double z );`	`double complex ccos( double complex z );`	Cosinus
`double sin( double z );`	`double complex csin( double complex z );`	Sinus
`double tan( double z);`	`double complex ctan( double complex z);`	Tangens
`double cosh( double z);`	`double complex ccosh( double complex z);`	Cosinus hyperbolicus
`double sinh( double z);`	`double complex casinh( double complex z);`	Sinus hypberbolicus
`double tanh( double z);`	`double complex ctanh( double complex z);`	Tangens hypberbolicus
`double exp( double z);`	`double complex cexp( double complex z);`	Exponentialfunktion berechnen
`double log( double z);`	`double complex clog( double complex z);`	Logarithmus von `z` zur Basis e = 2.71828 ...
`double sqrt( double z);`	`double complex csqrt( double complex z);`	Quadratwurzel
`double fabs( double z);`	`double cabs( double complex z);`	Absolutwert
`double pow( double z1, double z2) ;`	`double complex cpow( double complex x, double complex y);`	Potenz `z1z2`
[1] Diese Funktionen wurden erst mit dem C99-Standard eingeführt.		

Tabelle 20.2 Mathematische Funktionen für reelle und komplexe Gleitpunkttypen

20.3.2 Funktionen nur für reelle Gleitpunkttypen

Die Funktionen in Tabelle 20.3 stehen nur für reelle Gleitpunkttypen zur Verfügung und sind in der Headerdatei *<math.h>* definiert.

Funktion	Beschreibung
`double atan2(` `double x1, double x2);`	Arcustangens von `x1` und `x2`

`double exp(double x);`
`double exp2(double x);` [1]
`double frexp(`
`double x, int x2);`
`double ldexp(`
`double x, int exp);`
`double scalbn(`
`double x, int n);` [1]
`double scalbln(`
`double x, long int n);` [1]
	Exponentialfunktionen

`double log(double x);`
`double log10(double x)`
`double log1p(double x);` [1]
`double log2(double x);` [1]
`double logb(double x);` [1]
`int ilogb(double x);` [1]
	Logarithmusfunktionen

`double fabs(double x);`	Absolutwert

`double nextafter(`
`double x, double y);` [1]
`double nexttoward(`
`double x, long double y);` [1]
	Nächste darstellbare Zahl

`double fma(`
`double x,`
`double y,`
`double z);` [1]
	Multiplikation und Addition

`double fdim(` `double x, double y);` [1]	Positive Differenz

`double trunc(double x);` [1]
`long long int llround(`
`double x);` [1]
`long int lround(double x);` [1]
`double round(double x);` [1]
`long long int llrint(`
`double x);` [1]
`long int lrint(double x);` [1]
`double rint(double x);` [1]
`double nearbyint(double x);` [1]
	Rundungsfunktionen

Tabelle 20.3 Mathematische Funktionen für reelle Gleitpunkttypen

Funktion	Beschreibung
`double floor(double x);` `double ceil(double x);`	Nächste Ganzzahl runden
`double modf(` `double1 x1, double2 *x2);`	Zerlegt den Wert von `x1` in einen gebrochenen und einen ganzzahligen Wert. Der ganzzahlige Wert (Vorkommateil) befindet sich dann in der Adresse von `x2`.

`int fmod(`
`double x1, double x2);`
`double remainder(`
`double x, double y);` [1]
`double remquo(`
`double x,`
`double y,`
`int *quo);` [1]
	Rest einer Division

`double hypot(`
`double x, double y);`
`double cbrt(double x);` [1]
	Wurzelfunktionen

`double erf(double x);` [1] `double erfc(double x);` [1]	Fehlerfunktionen zur Normalverteilung

`double fmin(`
`double x, double y);`
`double fmax(`
`double x, double y);`
	Minimum und Maximum

`double lgamma(double x);` [1] `double tgamma(double x);` [1]	Gammafunktionen
`double copysign(` `double x, double y);` [1]	Vorzeichen zuordnen
`double nan(` `const char *tagp);` [1]	Ein NaN erzeugen
[1] Diese Funktionen wurden erst mit dem C99-Standard eingeführt.	

Tabelle 20.3 Mathematische Funktionen für reelle Gleitpunkttypen (Forts.)

20.3.3 Funktionen nur für komplexe Gleitpunkttypen

Zum Schluss fehlt nur noch die Tabelle mit den mathematischen Funktionen aus der Headerdatei *<complex.h>*, die nur für komplexe Gleitpunkttypen vorhanden sind.

Funktion	Beschreibung
`double cimag(double complex z);` `double creal(double complex z);`	der Imaginär- bzw. komplexe Teil der komplexen Zahl

Tabelle 20.4 Mathematische Funktionen für komplexe Gleitpunkttypen

Funktion	Beschreibung
`double complex cproj( double complex z);`	komplexe Projektion auf die Riemann'sche Sphäre
`double complex conj( double complex z);`	konjugierte komplexe Zahl
`double carg(double complex z);`	Winkel in den Polarkoordinaten (komplexes Argument)

Tabelle 20.4 Mathematische Funktionen für komplexe Gleitpunkttypen (Forts.)

Hierzu folgt ein einfaches Beispiel, das diese Funktionen in der Praxis demonstrieren soll. Da immer noch diverse Compiler den C99-Standard implementiert haben und somit komplexe Zahlen nicht verwenden können, habe ich hier das Makro zur Überprüfung auf den neueren C99-Standard verwendet.

```
/* mathematik1.c */
#include <stdio.h>
#include <stdlib.h>
/* bei Linux das Compiler-Flag -lm mit angeben */
#include <math.h>
#if __STDC_VERSION__ >= 19901L
   #include <complex.h>
#endif

int main(void) {
   double i=5.5, pi;
#if __STDC_VERSION__ >= 19901L
   double complex c;
#endif

   // Berechnungen mit reellen Zahlen
   printf("Quadratwurzel von %f = %f\n",i,sqrt(i));
   printf("Der Sinus von %f = %f\n",i,sin(i));
   printf("Der Tangens von %f = %f\n",i,tan(i));
   printf("Der Cosinus von %f = %f\n",i,cos(i));

#if __STDC_VERSION__ >= 19901L
   // Berechnung mit komplexen Zahlen
   pi = 4 * atan(1.0);
   c = cexp(I * pi);
   printf("%f + %f * i\n", creal(c), cimag(c));
#endif
   return EXIT_SUCCESS;
}
```

Sollte der `double`-Wert nicht mehr richtig darstellbar sein, geben all diese Funktionen die Konstante `HUGE_VAL` zurück, die ebenfalls in der Headerdatei *<math.h>* deklariert ist. Für die `float`- bzw. `long double`-Funktionen sind für die Makros `HUGE_VALF` und `HUGE_VALL` definiert.

20.3.4 Typengenerische Makros – <tgmath.h>

<tgmath.h> wurde mit dem C99-Standard eingeführt. In *<tgmath.h>* sind die Headerdateien *<math.h>* und *<complex.h>* inkludiert und definieren typengenerische Makros. Der Vorteil dieser Makros liegt darin, dass Sie unabhängig vom Typ des Arguments die mathematischen Funktionen mit demselben Namen aufrufen können. Das bedeutet, Sie können außer Acht lassen, welche mathematische Funktionen Sie für den Typ `float`, `double`, `long double`, `float complex`, `double complex` und `long double complex` aufrufen.

Wollen Sie beispielsweise eine Funktion zum Ziehen der Quadratwurzel verwenden, so mussten Sie, abhängig vom Datentyp, zwischen sechs verschiedenen Varianten mit `sqrtf()`, `sqrt()`, `sqrtl()`, `csqrtf()`, `csqrt()` und `csqrtl()` unterscheiden. Mit den typengenerischen Makros in *<tgmath.h>* brauchen Sie sich darum keine Gedanken mehr machen. Hier müssen Sie lediglich die Funktionen der `double`- bzw. `double complex`-Variante kennen, und ein Aufruf von `sqrt()` führt automatisch die entsprechende Erweiterung aus. Rufen Sie beispielsweise `sqrt()` mit einem `float complex`-Argument aus, wird automatisch die Erweiterung `csqrtf()` ausgeführt.

Hierzu folgt ein Beispiel, das diese typengenerischen Makros demonstrieren soll. In diesem Beispiel wird für alle reellen und komplexen Gleitpunkttypen die Funktion `sqrt()` zum Ziehen der Quadratwurzel aufgerufen, was ohne die typengenerischen Makros nicht möglich gewesen wäre (und bei Compilern, die den C99-Standard nicht vollständig unterstützen, auch nicht möglich ist). Hier sehen Sie das Listing:

```
/* mathematik2.c */
#include <stdio.h>
#include <stdlib.h>
/* bei Linux den Compiler-Flag -lm mit angeben */
#include <tgmath.h>

int main(void) {
   float f = 1.1;
   double d=2.2;
   long double ld = 3.3;
   float complex fc = 1.0 + 2.0*I, fcval;
   double complex dc = 4.0 + 2.0*I, dcval;
```

```
   long double complex ldc = 8.0 + 9.0*I, ldcval;

   // Berechnungen mit reellen Zahlen
   printf("Quadratwurzel von %f = %f\n",f,sqrt(f));
   printf("Quadratwurzel von %f = %f\n",d,sqrt(d));
   printf("Quadradwurzel von %Lf = %Lf\n",ld,sqrt(ld));
   fcval = sqrt(fc);
   printf("Quadratwurzel von %f + %fi = Lf\n",
      creal(fcval), cimag(fcval));
   dcval = sqrt(dc);
   printf("Quadratwurzel von %f + %fi\n",
      creal(dcval), cimag(dcval));
   ldcval = sqrt(ldc);
   printf("Quadratwurzel von %Lf + %Lfi\n",
      creal(ldcval), cimag(ldcval));
   return EXIT_SUCCESS;
}
```

20.3.5 Gleitpunktwerte klassifizieren

Ein weiteres interessantes Feature sind Makros zur Bestimmung der Kategorie von Gleitpunktzahlen. Seit dem C99-Standard werden die Gleitpunktzahlen in folgende fünf Kategorieren unterteilt (Konstanten aus der Headerdatei *<math.h>*):

Konstante	Kategorie
`FP_NAN`	`NAN` steht für *Not a Number* und bedeutet, dass es sich bei dem Wert um keine gültige Gleitpunktdarstellung handelt.
`FP_NORMAL`	eine Gleitpunktzahl in normaler Darstellung
`FP_INFINITE`	Die Gleitpunktzahl wird als unendlicher Wert dargestellt.
`FP_ZERO`	eine Gleitpunktzahl mit dem Wert 0
`FP_SUBNORMAL`	eine Gleitpunktzahl, mit der besonders kleine Zahlen dargestellt werden können

Tabelle 20.5 Bestimmung der Gleitpunktzahl-Kategorie

Abfragen, in welche Kategorie eine bestimmte Gleitpunktzahl fällt, können Sie mit den folgenden Makros vornehmen:

Makro	Bedeutung
`isnan(x)`	Ist die Gleitpunktzahl gleich `FP_NAN`, wird 1 zurückgegeben, ansonsten 0.

Tabelle 20.6 Makros zur Bestimmung der Gleitpunktzahl-Kategorie

Makro	Bedeutung
`isnormal(x)`	Ist die Gleitpunktzahl gleich `FP_NORMAL`, wird 1 zurückgegeben, ansonsten 0.
`isfinite(x)`	Ist die Gleitpunktzahl eine unendliche Zahl, wird 1 zurückgegeben, ansonsten 0.
`isinf(x)`	Ist die Gleitpunktzahl gleich `FP_INFINITE`, wird 1 zurückgegeben, ansonsten 0.

Tabelle 20.6 Makros zur Bestimmung der Gleitpunktzahl-Kategorie (Forts.)

Intern werden alle diese Makros jedoch mithilfe des Makros `fpclassify()` ausgewertet. Selbstverständlich können Sie `fpclassify()` auch mithilfe der vordefinierten Konstanten wie folgt verwenden:

```
if ( fpclassify(x) == FP_NORMAL ) {
   /* … */
}
// ... gleichwertig zu ...
if( isnormal(x) ) {
   /* ... */
}
```

20.3.6 Makro zum Vergleichen von reellen Zahlen

Makros zum Vergleichen von Gleitpunktzahlen sind nicht unbedingt nötig. In Abschnitt 5.9, »Numerische Gleitpunktprobleme«, haben Sie bereits erfahren, dass abgesehen von Gleichheit (==) alle Vergleiche von Gleitpunktzahlen möglich sind. Dennoch gibt es noch ein Problem, das hier nicht angesprochen wurde: Ist einer der Werte keine gültige Gleitpunktzahl, lassen sich die Operanden nicht miteinander vergleichen und es wird die Exception `FE_INVALID` ausgelöst. Wollen Sie vermeiden, dass diese Exception ausgelöst wird, müssen Sie die entsprechenden Makros aus der Headerdatei *<math.h>* verwenden. Die Makros führen einen stillen Vergleich der Operanden durch, womit keine Exception ausgelöst wird. Tabelle 20.7 zeigt die entsprechenden Makros und deren Bedeutung.

Makro	Bedeutung
`isgreater(x, y)`	`x` größer als `y`
`isgreaterequal(x, y)`	`x` größer als oder gleich `y`
`isless(x, y)`	`x` kleiner als `y`
`islessequal(x, y)`	`x` kleiner als oder gleich `y`

Tabelle 20.7 Makros zum Vergleichen von Gleitpunktzahlen

Makro	Bedeutung
`islessgreater(x, y)`	x kleiner als y ODER x größer als y
`isunordered(x, y)`	Sind x und y nicht miteinander vergleichbar, gibt dieses Makro 1 zurück, ansonsten 0.

Tabelle 20.7 Makros zum Vergleichen von Gleitpunktzahlen (Forts.)

20.3.7 Zugriff auf die Gleitpunkt-Umgebung – <fenv.h>

In der Headerdatei *<fenv.h>* (für **F**loating **Env**ironment = Gleitpunktumgebung) wurden zwei neue Typen, mehrere Makros und einige Funktionen zum Testen auf Fehlersituationen beim Rechnen mit Gleitpunktzahlen implementiert. Diese Umgebung enthält die Systemvariable `fexcept_t`, die von Gleitpunkt-Exceptions-Funktionen gesetzt werden kann, und die Variable `fenv_t`, die für den Kontrollmodus (beispielsweise des Rundungsverhaltens) verwendet wird. Die Headerdatei *<fenv.h>* ist erst seit dem C99-Standard vorhanden.

Um mit dem Programm auf diese Gleitpunkt-Umgebung zuzugreifen, empfiehlt es sich, dies dem Compiler mit dem Pragma `STDC FENV_ACCESS` mitzuteilen:

```
// Compiler informieren, damit dieser
// Optimierungen verhindert
#pragma STDC FENV_ACCESS ON
```

Mit `OFF` können Sie das Pragma wieder abschalten. Ob dieses Pragma mit dem Status `ON` oder `OFF` implementiert ist, hängt vom Compiler ab. Das Pragma ist ebenfalls in der Headerdatei *<fenv.h>* definiert.

Zugriff auf die Exception-Statusflags

Für den Zugriff auf die Exception-Statusflags von Gleitpunktzahlen stehen Ihnen mehrere Funktionen zur Verfügung, die in Tabelle 20.8 aufgelistet sind.

Funktion	Beschreibung
`int feclearexcept(int excepts);`	Exception wieder löschen
`int fegetexceptflag( fexcept_t *flagp, int excepts);`	Exception-Statusflags speichern
`int feraiseexcept(int excepts);`	Exception manuell auslösen
`int fesetexceptflag( const fexcept_t *flagp, int excepts);`	Exception-Statusflags wiederherstellen

Tabelle 20.8 Funktionen für den Zugriff auf die Exception-Statusflags

Funktion	Beschreibung
`int fetestexcept(int excepts);`	Exception-Statusflags testen

Tabelle 20.8 Funktionen für den Zugriff auf die Exception-Statusflags (Forts.)

Zur genauen Identifizierung der Exception-Statusflags sind in der Headerdatei *<fenv.h>* folgende Exceptions als ganzzahlige Makros implementiert:

Makro	Beschreibung
`FE_DIVBYZERO`	Division durch null
`FE_INEXACT`	Ungenauigkeit bei der Gleitpunktberechnung
`FE_INVALID`	ungültige Gleitpunktberechnung
`FE_OVERFLOW`	Überlauf bei der Gleitpunktberechnung
`FE_UNDERFLOW`	Unterlauf bei der Gleitpunktberechnung
`FE_ALL_EXCEPT`	Zugriff auf alle unterstützten Exceptions

Tabelle 20.9 Verschiedene Typen von Exceptions in <fenv.h>

Hierzu ein einfaches Beispiel, in dem wir zunächst alle Exception-Statusflags mit der Funktion `fegetexceptflag()` sichern. Anschließend lösen wir mit Absicht mit einer Division durch 0 die Exception `FE_DIVBYZERO` aus, was die Überprüfung mit `fetestexcept()` auch bestätigt. Anschließend stellen wir die zuvor gesicherte Gleitpunkt-Umgebung mit `fesetexceptflag()` wieder im Ursprungszustand her. Hier sehen Sie das Listing dazu (das natürlich nur bei C99-konformen Compilern läuft):

```
/* mathematik3.c */
#include <stdio.h>
#include <stdlib.h>
/* bei Linux den Compiler-Flag -lm mit angeben */
#include <math.h>
#include <fenv.h>
#pragma STDC FENV_ACCESS ON

int main(void) {
   double d1=0, d2=1.0, dges;
   fexcept_t flagp;
   // Exception-Statusflags sichern
   fegetexceptflag(&flagp, FE_ALL_EXCEPT );
   // mit Absicht eine Division durch 0 auslösen
   dges = d2 / d1;
   if( fetestexcept( FE_DIVBYZERO ) ) {
```

```
      printf("Exception ausgelöst: Divsion durch 0 !\n");
   }
   // Exception-Statusflags wiederherstellen
   fesetexceptflag(&flagp, FE_ALL_EXCEPT);
   // Sollte jetzt nicht mehr ausgeführt werden.
   if( fetestexcept( FE_DIVBYZERO ) ) {
      printf("Exception ausgelöst: Divsion durch 0 !\n");
   }
   return EXIT_SUCCESS;
}
```

Rundungsmodus

Neben den Exception-Statusflags können Sie auch das Rundungsverhalten der Gleitpunktarithmetik mit Funktionen und Makros der Headerdatei *<fenv.h>* einrichten. Hier sind die beiden dazu nötigen Funktionen:

```
// Gibt den aktuellen Rundungsmodus zurück,
// gewöhnlich ist hier FE_TONEAREST eingestellt.
int fegetround(void);

// Setzt den Rundungsmodus auf round
// Mögliche Modi dazu finden Sie in der Tabelle 20.10.
int fesetround(int round);
```

In der Headerdatei *<fenv.h>* sind die in Tabelle 20.10 aufgelisteten Makros definiert, die von `fegetround()` zurückgegeben bzw. mit `fesetround()` gesetzt werden können.

Makro	Beschreibung
FE_DOWNWARD	Gleitpunktzahl zum nächsten Integer abrunden
FE_UPWARD	Gleitpunktzahl zum nächsten Integer aufrunden
FE_TONEAREST	Gleitpunktzahl auf nächstmöglichen Integer auf- oder abrunden (Standardeinstellung)
FE_TOWARDZERO	Gleitpunktzahl auf den nächstmöglichen Integer in der Nähe von 0 runden.

Tabelle 20.10 Mögliche Makros für den Rundungsmodus der Gleitpunktarithmetik

Die Verwendung ist entsprechend einfach:

```
#include <fenv.h>
...
int save;
...
```

```
// Rundungsmodus sichern
save = fegetround();
// neuen Rundungsmodus festlegen
fesetround(FE_UPWARD);
...
...
// Rundungsmodus wiederherstellen
fesetround(save);
```

Zugriff auf die komplette Gleitpunktumgebung

Es gibt auch noch Funktionen, mit denen Sie auf die komplette Gleitpunkt-Umgebung zugreifen können:

```
// Gleitpunkt-Umgebung speichern
int fegetenv(fenv_t *envp);
// Gleitpunkt-Umgebung in einen Non-Stop-Modus setzen.
// Hierbei unterbricht eine Exception nicht die
// Programmausführung.
int feholdexcept(fenv_t *envp);
// Gleitpunkt-Umgebung wiederherstellen
int fesetenv(const fenv_t *envp);
// eine gespeicherte Gleitpunkt-Umgebung wiederherstellen
// und alle zur Laufzeit gesetzten Exceptions erneut auslösen
int feupdateenv(const fenv_t *envp);
```

20.4 <stdlib.h>

In der Headerdatei *<stdlib.h>* befinden sich außer den Funktionen zum Allozieren von Speicherplatz noch weitere nützliche Funktionen.

20.4.1 Programmbeendigung – »exit()«, »_exit()«, »atexit()« und »abort()«

Zur normalen Beendigung eines Programms können Sie außer `return` folgende Funktion verwenden:

```
void exit(int status);
```

Laut ANSI-C-Standard ist es egal, ob ein Programm mit der Funktion `exit()` oder `return` beendet wird – mit dem Unterschied, dass über `exit()`das Programm von einer beliebigen Position im Code aus beendet werden kann. Bei `return` gelingt dies nur in der `main()`-Funktion. Der Ablauf von `exit()` lässt sich so erklären: Bei Programmbeendigung mit `exit()` werden zuvor alle gefüllten Puffer geleert, alle geöffneten Dateien geschlossen und alle temporären Dateien gelöscht, die mit der Funktion `tmpfile()` angelegt wurden. Anschließend wird die Routine `_exit()` aufgerufen, und das Programm beendet sich.

Bei `exit()` gelten die gleichen Rückgabewerte wie beim Beenden der `main()`-Funktion mittels `return`. Ein Rückgabewert von 0 bedeutet, dass ein Programm ordentlich beendet wurde – ein Wert ungleich 0 hingegen sagt aus, dass etwas nicht ordnungsgemäß abgeschlossen wurde. Da dies, wie schon in Abschnitt 9.17 erwähnt wurde, nicht unbedingt so implementiert sein muss, sind Sie auch hier mit den Standard-C-Makros `EXIT_SUCCESS` (für eine erfolgreiche Beendigung) und `EXIT_FAILURE` (bei einem Fehler) als Parameter für `exit()`auf der sicheren Seite.

Theoretisch kann die Funktion `_exit` auch gleich aufgerufen werden. Dies entspricht allerdings nicht dem ANSI-C-Standard. Hier sehen Sie die Syntax:

```
#include <unistd.h>    /* unter Linux/UNIX */
#include <stdlib.h>    /* unter MS-DOS     */

void _exit(int status);
```

Damit werden die oben genannten »Aufräumarbeiten« nicht vorgenommen.

Eine weitere Funktion für Beendigungsroutinen in der Headerdatei *<stdlib.h>* ist die Funktion `atexit()`. Die Syntax sieht so aus:

```
#include <stdlib.h>

int atexit(void (*funktion) (void));
```

Mit `atexit()` wird ein sogenannter Funktionshandler eingerichtet. Alle Funktionen, die in `atexit()` angegeben sind, werden in einer Funktionsliste eingetragen und bei Beendigung des Programms in umgekehrter Reihenfolge ausgeführt, also nach dem LIFO-Prinzip (Last In First Out). Laut ANSI C können insgesamt 32 solcher Funktionen verwendet werden. Hierzu ein Beispiel:

```
/* atexit1.c */
#include <stdio.h>
#include <stdlib.h>

void funktion1(void) {
   printf("Die Funktion funktion1 wurde aufgerufen\n");
}

void funktion2(void) {
   printf("Die Funktion funktion2 wurde aufgerufen\n");
```

```
}

int main(void) {
   atexit(funktion1);
   atexit(funktion2);
   printf("Wir beenden unser Programm\n");
   exit(EXIT_FAILURE);
   printf("Dies wird nicht mehr ausgegeben\n");
   return EXIT_SUCCESS;
}
```

Solch ein Beispiel macht natürlich wenig Sinn. Sie können `atexit()` beispielsweise verwenden, um Logdateien zu schreiben, etwa wenn der User das Programm beendet oder wenn ein Programm mit einem Fehler beendet wurde. Oder Sie können noch diverse Aufräumarbeiten durchführen, wie es im folgenden Beispiel geschieht:

```
/* atexit2.c */
#include <stdio.h>
#include <stdlib.h>

char *memPtr;

void free_malloc(void) {
   /* Wurde überhaupt Speicher reserviert? */
   if(memPtr == NULL)
      printf("Kein Speicher war reserviert!!!\n");
   else {
      free(memPtr);
      printf("Speicher wurde freigegeben!!\n");
   }
}

int main(void) {
   memPtr =(char *) malloc(10000);

   if(memPtr==NULL)
      printf("Konnte keinen Speicher reservieren\n");
   if(atexit (free_malloc) != 0)
      printf("Konnte Funktionshandler nicht einrichten\n");

   /* Nach vielen Zeilen Code beenden wir das Programm. */
   printf("Ein Fehler - Programm wird beendet - \n");
   exit(EXIT_FAILURE);
```

```
   printf("Wird nicht mehr ausgegeben\n");
   return EXIT_SUCCESS;
}
```

Die nächste Funktion zur Beendigung (oder in diesem Fall besser gesagt zur abnormalen Beendigung eines Programms) ist die Funktion `abort()`. Die Syntax lautet:

```
#include <stdlib.h>

void abort(void);
```

Diese Funktion bewirkt – wie der Name schon sagt – eine abnormale Programmbeendigung. `abort()` schickt dem aufrufenden Prozess das Signal `SIGABRT`. Dieses Signal sollte niemals ignoriert werden. Hier ein Mini-Beispiel dazu:

```
/* abort.c */
#include <stdio.h>
#include <stdlib.h>

int main(void) {
   abort();
   return EXIT_SUCCESS;
}
```

Das Programm wird mit folgender Fehlermeldung beendet:

```
Abnormal Programm termination
```

Hier wurde die Fehlerausgabe über `stderr` realisiert. Im Gegensatz zur Funktion `exit()` gibt es bei der Funktion `abort()` keine Vorgaben, ob der Ausgabepuffer geleert oder die temporären Dateien automatisch gelöscht werden. Somit ist diese Funktion nicht für Programme geeignet, die auf mehreren Systemen laufen müssen. Ebenso werden nach einem `abort()`-Aufruf die Funktionen, die mit `atexit()` eingerichtet wurden, nicht mehr ausgeführt.

POSIX.1 hingegen schreibt vor, dass zumindest alle noch offenen Standard-E/A-Streams mit `fclose()` ordentlich geschlossen werden müssen.

20.4.2 Strings in numerische Werte konvertieren

Müssen Sie einen String in einen numerischen Wert konvertieren, gibt es hierfür in der Headerdatei *<stdlib.h>* gleich mehrere Funktionen. Einen String in einen `int`-Wert umwandeln können Sie mit folgender Funktion:

```
int atoi(char *string);
```

Ein String kann in einen `long int`-Wert mit der Funktion

```
long int atol(char *string);
```

umgewandelt werden, und soll ein `double`-Wert aus einem String werden, dann ist diese Funktion verfügbar:

```
double atof(char *string);
```

Es soll ein Programm geschrieben werden, das z. B. folgende Eingabe von der Kommandozeile verarbeiten kann:

```
typen 5 5.55 A 255555 3E234
```

Die Ausgabe sollte dann so aussehen:

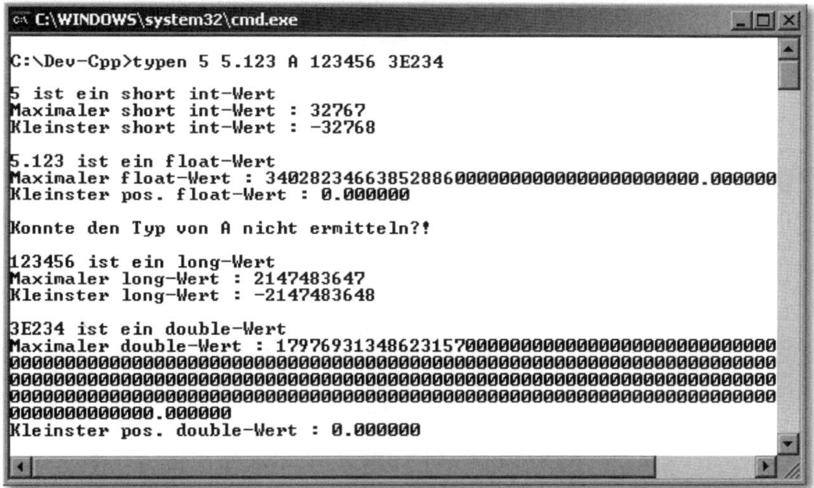

Abbildung 20.1 Strings in numerische Werte konvertieren

Hier sind der Quellcode und die Funktionen `atof()` und `atol()`:

```
/* string2val1.c */
#include <stdio.h>
#include <stdlib.h>
#include <string.h>
#include <float.h>
#include <limits.h>

int main(int argc, char *argv[]) {
   if(argc==1) {
      printf("Keine Zahlen zum Auswerten vorhanden!\n");
      return EXIT_FAILURE;
   }
```

```
   while(*++argv) {
      if(strchr(*argv,'.') || strchr(*argv,'e') ||
       strchr(*argv,'E')) {
         if(((atof(*argv)) <= FLT_MAX)&&
          ((atof(*argv)) >= FLT_MIN)) {
            printf("\n%s ist ein float-Wert\n", *argv);
            printf("Maximaler float-Wert:%f\n", FLT_MAX);
            printf("Kleinster pos. float-Wert : %f\n" , FLT_MIN);
         }
         else if(((atof(*argv)) <= DBL_MAX)&&
          ((atof(*argv)) >= DBL_MIN)) {
            printf("\n%s ist ein double-Wert\n", *argv);
            printf("Max. double-Wert:%f\n", DBL_MAX);
            printf("Kleinster pos. double-Wert : %f\n", DBL_MIN);
         }
      }
      else if(((atol(*argv)) < SHRT_MAX)&&
       ((atol(*argv))>SHRT_MIN) && (atol(*argv) != 0)) {
         printf("\n%s ist ein short int-Wert\n",*argv);
         printf("Maximaler short int-Wert: %d\n",SHRT_MAX);
         printf("Kleinster short int-Wert: %d\n",SHRT_MIN);
      }
      else if(((atol(*argv)) < LONG_MAX) &&
       ((atol(*argv)) > LONG_MIN) && (atol(*argv) != 0)) {
         printf("\n%s ist ein long-Wert\n",*argv);
         printf("Maximaler long-Wert : %ld\n",LONG_MAX);
         printf("Kleinster long-Wert : %ld\n",LONG_MIN);
      }
      else
         printf("\nUnbekannter Typ (%s)!\n",*argv);
      }
   return EXIT_SUCCESS;
}
```

Es wurde hier nicht auf alle Datentypen geprüft, und anderweitig ist das Programm auch nicht wasserdicht. Aber dies würde den Rahmen dieses Kapitels sprengen. Hier wurden außerdem die (ANSI-C-)Konstanten aus den Headerdateien *<float.h>* und *<limits.h>* verwendet, damit das Programm auch auf jedem System läuft – egal, welche Grenzen gesetzt sind.

20.4.3 Bessere Alternative – Strings in numerische Werte konvertieren

Sicherlich ist Ihnen an der Methode (im Listing *string2val.c*) mit `atof()` bzw. `atol()` aufgefallen, dass diese Funktionen recht unflexibel sind und vor allem das Manko haben, keinen Fehler bei der Eingabe feststellen zu können. Eine häufig gestellte Frage lautet nämlich, wie man prüfen könne, ob der richtige Datentyp eingegeben wurde. Und genau diese »bessere« Alternative stellt Ihnen die Standard-Bibliothek mit den Funktionen `strtod()` und `strtol()` zur Verfügung. Beide Funktionen sind ebenfalls in der Headerdatei *<stdlib.h>* enthalten. Zuerst die Funktion `strtod()`:

```
double strtod(
   const char * restrict string,
   char ** restrict endptr );
```

`strtod()` konvertiert einen String in einen `double`-Wert. `strtod()` bricht die Analyse beim ersten Zeichen ab, das nicht mehr als Teil eines `double`-Werts interpretiert werden kann. Solange der Parameter `endptr` nicht `NULL` ist, wird `*endptr` von `strtod()` auf das Zeichen innerhalb von `string` gesetzt, durch das die Analyse abgebrochen wurde (`*endptr=&abbruch_zeichen`).

```
long strtol(
   const char * restrict string,
   char ** restrict endptr, int basis );
```

`strtol()` konvertiert einen String in einen `long`-Wert. `basis` legt das Zahlensystem fest, in das die Zahl umgewandelt werden soll (Basis = 8 ist Oktalzahl, Basis = 16 (0–9, A–F) ist eine Hexadezimalzahl, Basis = 10 ist das Dezimalsystem). Für `basis` sind Werte von 2 bis 36 möglich. Für `endptr` können Sie den `NULL`-Zeiger angeben. Falls kein `NULL`-Zeiger angegeben wird, zeigt `endptr` auf den Rest des `long`-Werts (sollte einer übrig bleiben). Für diese Funktion gibt es auch den `unsigned`-Bruder mit derselben Bedeutung:

```
unsigned long strtol(const char *string,
                     char **end_ptr,int basis);
```

Im Falle eines Fehlers liefern all diese Funktionen 0 zurück. Wird der Wertebereich des zu konvertierenden Typs unter- bzw. überschritten (bei `long` sind dies `LONG_MIN` bzw. `LONG_MAX`), wird `errno` auf `ERANGE` gesetzt. Somit können Sie, wenn der Rückgabewert der Funktionen nicht 0, der `end_ptr` gleich `NULL` und die Fehlervariable `errno` nicht `ERANGE` ist, mit ziemlicher Sicherheit davon ausgehen, dass die von Ihnen eingegebene Zahl richtig ist (eine 100 %ige Garantie gibt es aber nicht).

Hier ein kurzes Beispiel, das den gleichwertigen Fall von `atol()` und `strtol()` demonstrieren soll:

```
/* string2val2.c */
#include <stdio.h>
#include <stdlib.h>

int main(void) {
   char string1[] =  "256Vorrat";
   char string2[]=   "128Benoetigt";
   long zahl1, zahl2;

   zahl1 = atol(string1);
   zahl2 = strtol(string2, NULL, 10);
   printf("zahl1: %ld; zahl2: %ld\n", zahl1, zahl2);
   return EXIT_SUCCESS;
}
```

Hierbei wird »korrekterweise« einmal die Zahl 256 und einmal 128 ausgegeben. Beide Funktionen konvertieren also bis zum ersten Zeichen, das nicht mehr zum Datentyp gehört. Was aber, wenn eine derartige Eingabe überprüft werden soll – denn eigentlich sind ja beide Strings keine »korrekten« Zahlen, sondern nur Strings, die eben Zahlen beinhalten bzw. die mit Zahlen beginnen. Eben hier ist `atol()` am Ende. Mit `strtol()` hingegen haben Sie hierbei noch den zweiten Parameter, der Ihnen dabei helfen wird.

Daher soll hier ein Beispiel erstellt werden, das jeweils zweimal die Eingabe eines Strings erfordert und überprüft, ob es sich dabei um einen »echten« `long`-Wert handelt (`strtol()`), und noch eine Funktion hat, die überprüft, ob sich der String korrekt in einen `double`-Wert konvertieren lässt (`mit strtod()`).

```
/* check_input.c */
#include <stdio.h>
#include <stdlib.h>
#include <string.h>
#include <errno.h>
#define CHARS 20

void chomp(char *str) {
   size_t p=strlen(str);
   /* '\n' mit '\0' ueberschreiben */
   str[p-1]='\0';
}

void is_long(char *str) {
```

```
   static long val;
   char *stop_ptr = NULL;

   val = strtoul(str, &stop_ptr, 10);
   if(errno == ERANGE) {
      printf("Werteueber- bzw. unterlauf!!!\n");
      exit(EXIT_FAILURE);
   }
   if(!val) {
      printf("Wert konnte nicht umgewandelt werden\n");
      exit(EXIT_FAILURE);
   }
   if(*stop_ptr) {
      printf("Kein korrekter long-Wert: %s\n", str);
      printf("Fehler der Umwandlung ab Pos.: %s\n", stop_ptr);
      printf("Umgewandelt ---> %ld\n", val);
   }
   else
      printf("Yeah! Korrekter long-Wert : %ld\n", val);
}

void is_double(char *str) {
   static double val;
   char *stop_ptr = NULL;

   val = strtod(str, &stop_ptr);
   if(errno == ERANGE) {
      printf("Werteueber- bzw. unterlauf!!!\n");
      exit(EXIT_FAILURE);
   }
   if(!val) {
      printf("Wert konnte nicht umgewandelt werden\n");
      exit(EXIT_FAILURE);
   }
   if(*stop_ptr) {
      printf("Kein korrekter double-Wert: %s\n", str);
      printf("Fehler der Umwandlung ab Pos.: %s\n", stop_ptr);
      printf("Umgewandelt ---> %lf\n", val);
   }
   else
      printf("Yeah! Korrekter double-Wert : %lf\n", val);
}

int main(void) {
   char val[CHARS];
```

```
   /* Testen eines long-Wertes */
   printf("Bitte geben Sie einen long-Wert ein : ");
   fgets(val, CHARS, stdin);
   chomp(val);
   is_long(val);
   /* Gleiches nochmals mit einem double-Wert */
   printf("Bitte geben Sie einen double-Wert ein : ");
   fgets(val, CHARS, stdin);
   chomp(val);
   is_double(val);

   return EXIT_SUCCESS;
}
```

Sofern Sie jetzt hierbei auf andere Typen wie beispielsweise `int` überprüfen wollen, müssen Sie dazu die Limit-Konstanten der Headerdatei *<limits.h>* (beispielsweise `INT_MIN` oder `INT_MAX`) verwenden und mit dem `long`-konvertieren Wert vergleichen.

Hinweis

Sofern Ihr Compiler den ISO-C99-Standard versteht, finden Sie hierbei noch weitere solcher sehr nützlichen Funktionen mit `strtoll()` (String to `long long`), `strtoimax()` (String to `intmax_t`; Funktion in `<inttypes.h>`), `strtoumax()` (String to `uintmax_t`; Funktion in `<inttypes.h>`), `strtof()` (String to `float`) und `strtold()` (String to `long double`). Mehr dazu entnehmen Sie dann der Dokumentation Ihres Compilers (beispielsweise der Manual-Page). Ebenso stehen Ihnen auch die Funktionen zur Konvertierung von Zahlen und breiten Strings zur Verfügung. Die entsprechenden Gegenstücke haben alle das Präfix `w` vorangestellt und sind in der Headerdatei *<wchar.h>* definiert. Lediglich zu `atoi()` gibt es hier kein Gegenstück für breite Zeichen.

Eine häufige Frage lautet: Wo ist `itoa()`, oder wie kann ich einen Integerwert in einen String konvertieren? `itoa()` ist keine ANSI-C-Standardfunktion, und daher hängt es vom Compiler ab, ob diese Funktion vorhanden ist oder nicht. Sollten Sie aber portabel bleiben müssen, macht diese Funktion ohnehin keinen Sinn. Also basteln Sie sich diese Funktion selbst zusammen:

```
/* my_itoa.c */
#include <stdio.h>
#include <stdlib.h>

char *my_itoa(int wert, int laenge) {
   char *ret =(char *) malloc(laenge+1 * sizeof(char));
   int i;
```

```
    for(i  =0; i < laenge; i++) {
        ret[laenge-i-1] = (wert % 10) + 48;
        wert = wert / 10;
    }
    ret[laenge]='\0';
    return ret;
}

int main(void) {
    printf("%s\n", my_itoa(1234,4));
    printf("%s\n", my_itoa(5432,6));
    return EXIT_SUCCESS;
}
```

Falls für die Länge zu viele Zahlen angegeben wurden, werden diese mit voranstehenden Nullen gefüllt.

Da ich in diesem Kapitel nur auf die Funktionen zum Konvertieren zwischen Zahlen und Strings aus der Headerdatei *<stdlib.h>* eingegangen bin, es aber auch weitere Funktionen für breite Zeichen in *<wchar.h>* und ganzzahlige Typen maximaler Breite in *<inttypes.h>* gibt (siehe Anhang B), folgt hier eine Tabelle mit einem Überblick, mit welcher Funktion Sie am besten einen String in welchen Typ konvertieren.

String zu...	<stdlib.h>	<inttypes.h> [1)]	<wchar.h> [1)]
int	atoi()		
long	strtol()		wcstol()
unsigned long	strtoul()		wcstoul()
long long	strtoll()		wcstoll()
unsigned long long	strtoull()		wcstoull()
float	strtof()		wcstof()
double	strtod()		wcstod()
long double	strtold()		wcstold()
intmax_t		strtoimax()	wcstoimax()
uintmax_t		strtoumax()	wcstoumax()
[1)] Headerdatei und Funktionen erst seit dem C99-Standard verfügbar			

Tabelle 20.11 Übersicht zu Funktionen zum Konvertieren von Strings in Zahlen

20.4.4 Zufallszahlen

Die Funktion

```
int rand(void);
```

liefert eine Pseudo-Zufallszahl im Bereich 0 bis `RAND_MAX` zurück, beispielsweise mit:

```
/* zufall1.c */
#include <stdio.h>
#include <stdlib.h>

int main(void) {
   int zufallszahl, i;

   for(i = 0; i < 5; i++)
      printf("Die Zufallszahl lautet %d\n", zufallszahl=rand());
   return EXIT_SUCCESS;
}
```

Bei Ausführung des Listings werden fünf verschiedene Zufallszahlen zwischen 0 und `RAND_MAX` ausgegeben. Aber spätestens, wenn das Programm jetzt ein zweites Mal gestartet wird, merken Sie, dass sich diese Zufallszahlen immer wiederholen. Das Problem an der Funktion `rand()` ist, dass diese immer denselben Startpunkt zur Berechnung der Zufallszahl benutzt. Anders dagegen die Funktion:

```
void srand(unsigned int startwert);
```

Mit ihr kann der Startpunkt für die Zufallszahl selbst bestimmt werden.

Ein Beispiel:

```
/* zufall2.c */
#include <stdio.h>
#include <stdlib.h>

int main(void) {
   int zufallszahl, i, startpunkt;

   printf("Geben Sie irgendeine Zahl ein : ");
   scanf("%d",&startpunkt);
   srand(startpunkt);
   for(i = 0; i < 5; i++)
      printf("Die Zufallszahl lautet  %d\n", zufallszahl=rand());
   return EXIT_SUCCESS;
}
```

Jetzt wollen Sie aber sicher nicht andauernd einen Startwert für den Zufallsgenerator eingeben. Zum einen ist dies umständlich, und zum anderen bekommen Sie wieder dieselbe Zahl zurück, sollte zweimal der gleiche Wert eingegeben werden. Was eignet sich also besser als die Funktion `time()` für den Startwert. Und wie gehen Sie vor, falls eine Zufallszahl im Bereich zwischen 1 und 10 benötigt wird? Hier eignet sich der Modulo-Operator bestens. Ein entsprechendes Beispiel wäre:

```
/* zufall3.c */
#include <stdio.h>
#include <stdlib.h>
#include <time.h>

int main(void) {
   int zufallszahl, i;

   srand(time(NULL));
   for(i = 0; i < 5; i++)
      printf("Zufallszahl lautet %d\n", zufallszahl=rand()%10+1);
   return EXIT_SUCCESS;
}
```

Jetzt erhalten Sie schon etwas bessere Zufallszahlen im Bereich zwischen 1 und 10.

20.4.5 Absolutwerte, der Quotient und der Rest von Divisionen

Um Absolutwerte von Ganzzahlen zu ermitteln, können zwei Funktionen verwendet werden:

```
long int labs(long int zahl);
int abs(int zahl);
```

So erhalten Sie den Absolutwert zum ganzzahligen Argument `zahl`:

```
/* absolut.c */
#include <stdio.h>
#include <stdlib.h>

int main(void) {
   int zahl = 5;

   printf("%d\n", abs(zahl-20));
   return EXIT_SUCCESS;
}
```

Werden der Quotient und der Rest einer Division benötigt, können folgende Funktionen verwendet werden:

```
div_t div(int zaehler, int nenner);
ldiv_t ldiv(long int zaehler, long int nenner);
```

`div_t` und `ldiv_t` sind Strukturtypen mit folgendem Inhalt:

```
typedef struct{
   int quot;  /* quotient */
   int rem;   /* remainder */
} div_t;
```

... bzw. ...

```
typedef struct{
   long int quot;  /* quotient */
   long int rem;   /* remainder */
} ldiv_t;
```

Damit berechnen Sie `zaehler/nenner`. Der Rest des Werts steht in `rem`, falls die Rechnung ungenau ist, und der Quotient befindet sich in `quot`. Ein Beispiel:

```
/* division.c */
#include <stdio.h>
#include <stdlib.h>

int main(void) {
   div_t x = div(10,3);


   printf("10 div 3 = %d Rest %d\n",  x.quot, x.rem);
   return EXIT_SUCCESS;
}
```

Diese Funktion macht im Prinzip nichts anderes, als Folgendes zu berechnen:

```
quot = zaehler / nenner;
rem  = zaehler % nenner;
```

Neu ab dem C99-Standard sind auch die entsprechenden Gegenstücke `imaxabs()` und `imaxdiv()` für den Typ `intmax_t`. Beide Funktionen sind in der Headerdatei *<inttypes.h>* definiert und haben folgende Syntax:

```
#include <inttypes.h>

intmax_t imaxabs(intmax_t j);
imaxdiv_t imaxdiv(intmax_t numer, intmax_t denom);
```

20.4.6 Suchen und Sortieren – »qsort()« und »bsearch()«

Mit der Funktion `qsort()` kann ein Array der Wahl nach beliebigen Kriterien sortiert werden. Die `qsort()`-Funktion basiert auf dem Quicksort-Algorithmus von C.A.R. Hoare. Hier sehen Sie die Syntax von `qsort()` ausführlich dokumentiert:

```
void qsort(
   void *array,         // Anfangsadresse des Vektors
   size_t n,            // Anzahl der Elemente zum Sortieren
   size_t size,         // Größe des Datentyps, der sortiert wird
   // Jetzt folgt die Vergleichsfunktion
   int (*vergleich_func)(const void*, const void*)   );
```

Die Bedeutungen der einzelnen Parameter dürften klar sein – bis auf die Vergleichsfunktion. Diese müssen Sie selbst implementieren. Hierzu ein einfaches Beispiel mit der Funktion `qsort()`:

```
/* qsort.c */
#include <stdio.h>
#include <stdlib.h>

/* Vergleichsfunktion */
int cmp(const void *ptr1, const void *ptr2) {
   if( *(int *)ptr1 < *(int *)ptr2 )
      return -1;
   else if( *(int *)ptr1 > *(int *)ptr2 )
      return 1;
   else
      return 0;  /* Beide Elemente sind gleich. */
}

int main(void) {
   int wert[] = { 2, 5, 2, 7, 6, 4, 2 };
   int i;

   printf("Daten vor dem Sortieren\n");
   for(i = 0; i < sizeof(wert)/sizeof(int); i++)
      printf("%d\t", wert[i]);
   printf("\n");

   /* jetzt sortieren mit qsort() */
   qsort(wert, sizeof(wert)/sizeof(int), sizeof(int), cmp);

   printf("Daten nach dem Sortieren mit qsort()\n");
   for(i = 0; i < sizeof(wert)/sizeof(int); i++)
      printf("%d\t", wert[i]);
```

```
   printf("\n");
   return EXIT_SUCCESS;
}
```

Das Listing sortiert das unsortierte Integer-Feld `wert`; die Ausgabe des Programms bestätigt dies.

Wollen Sie ein Element wieder in Ihrem sortierten Vektor finden, dann können Sie die Funktion `bsearch()` verwenden. `bsearch` steht für »binäre Suche« und sucht die Elemente, indem es mit der Suche im mittleren Bereich eines Arrays beginnt und je nach Resultat mit der Suche auf der linken oder rechten Hälfte fortfährt. Genaueres dazu erfahren Sie in Kapitel 22, »Algorithmen«. Wird ein entsprechendes Element gefunden, liefert diese Funktion die Adresse zurück. Wird kein entsprechendes Element gefunden, dann wird der `NULL`-Zeiger zurückgegeben. Hier folgt die Syntax:

```
void *bsearch(
   const void *key,      // gesuchte Elemente
   const void *array,    // Anfangsadresse der Tabelle zum Suchen
   size_t n,             // Anzahl der Elemente
   size_t size,          // Elementgröße
   // Jetzt folgt die Vergleichsfunktion
   int (*vergleich_func)(const void*, const void*)   );
```

Die Syntax ist also der Funktion `qsort()` recht ähnlich. Zur Abwechslung soll aber hier nach einem String in einer Stringtabelle gesucht werden, die Sie zuvor noch mit `qsort()` sortieren.

```
/* bsearch.c */
#include <stdio.h>
#include <stdlib.h>

#include <string.h>
/* Anzahl der Strings */
#define MAX 5

/* Vergleichsfunktion für zwei Strings */
int cmp_str(const void *s1, const void *s2) {
   return (strcmp(*(char **)s1, *(char **)s2));
}

int main(void) {
   char *daten[MAX], puffer[80], *ptr, *key_ptr, **key_ptrptr;
   int count;

   /* Wörter eingeben */
   printf("Geben Sie %d Wörter ein\n", MAX);
```

```
   for (count = 0; count < MAX; count++) {
      printf("Wort %d: ", count+1);
      fgets(puffer, 80, stdin);
      /* Speicher für das Wort Nummer count reservieren */
      daten[count] = (char *) malloc(strlen(puffer)+1);
      strcpy(daten[count], strtok(puffer,"\n") );
   }
   /* die einzelnen Wörter sortieren */
   qsort(daten, MAX, sizeof(daten[0]), cmp_str);
   /* sortierte Daten ausgeben */
   for (count = 0; count < MAX; count++)
      printf("\nWort %d: %s", count+1, daten[count]);

   /* jetzt nach einem Wort suchen */
   printf("\n\nNach welchem Wort wollen Sie suchen: ");
   fgets(puffer, 80, stdin);
   /* Zur Suche übergeben Sie zuerst den puffer an key,
    * danach benötigen Sie einen weiteren Zeiger, der
    * auf diesen Such-Schlüssel zeigt
    */
   key_ptr = strtok(puffer, "\n");
   key_ptrptr = &key_ptr;
   /* Der Zeiger ptr bekommt die Adresse des Suchergebnisses. */
   ptr =(char *) bsearch(key_ptrptr, daten, MAX,
                         sizeof(daten[0]), cmp_str);

   if(NULL == ptr)
      printf("Kein Ergebnis stimmt mit %s überein\n", puffer);
   else
      printf("%s wurde gefunden\n", puffer);
   return EXIT_SUCCESS;
}
```

20.4.7 system()

Um aus einem lauffähigen Programm ein anderes Programm zu starten, steht Ihnen die Funktion `system()` zur Verfügung. Die Syntax lautet:

```
#include <stdlib.h>

int system(const char *kommandozeile);
```

Beim Ausführen der Funktion `system()` übergeben Sie den String `kommandozeile` an den Kommandozeilenprozessor. Konnte der Aufruf erfolgreich ausgeführt werden, gibt die Funktion einen Wert ungleich 0 zurück, ansonsten –1. Für den

String kommandozeile können Sie alles angeben, was auch in der Kommandozeile erlaubt ist.

Um zu testen, ob auf Ihrem System der Kommandozeilenprozessor überhaupt zur Verfügung steht, müssen Sie die Funktion system() mit dem NULL-Zeiger aufrufen:

```
if(system(NULL) == 0) {
   // Kommandozeilenprozessor steht nicht zur Verfügung
}
else {
   // Kommandozeilenprozessor ist bereit
}
```

Wird dabei ein Wert ungleich null zurückgegeben, können Sie die Funktion system() ohne Bedenken verwenden.

Hinweis

Wenn Sie sich mit der Linux-Systemprogrammierung ein wenig auskennen, dürfte Ihnen das Verhalten der Funktion system() bekannt vorkommen. Mit der Funktion system() werden fork(), exec() und waitpid() praktisch auf einmal aufgerufen.

Zum Abschluss folgt ein einfaches Beispiel zur Funktion system(). Auf jedem System gibt es einen Kommandozeilenbefehl, mit dem sich das vollständige Verzeichnis auflisten lässt. Unter Linux/UNIX ist dies ls, und unter Windows/MS-DOS heißt das Kommando dir. Im folgenden Listing soll dieses Kommando auf dem jeweiligen System mithilfe der Funktion system() ausgeführt werden.

```
/* list_dir.c */
#include <stdio.h>
#include <stdlib.h>
#ifdef __unix__
   #define KOMMANDO system("ls -C")
#else
   #define KOMMANDO system("dir /w")
#endif

int main(void) {
  if( system(NULL) == 0) {
     fprintf(stderr,"Kein Kommandozeilenprozessor vorhanden \n");
     return EXIT_FAILURE;
  }
  else
     KOMMANDO;
  return EXIT_SUCCESS;
}
```

Achtung

Vermeiden Sie den `system()`-Funktionsaufruf, mit dem sich der Anwender einen eigenen String zusammenbasteln kann. Böse Anwender könnten dabei so manchen gefährlichen Konsolenbefehl ausführen lassen.

Nicht besprochen in diesem Abschnitt wurde die Funktion der Headerdatei *<stdlib.h>*, mit der Sie Multi-Byte-Zeichen bearbeiten können, da diese recht selten benötigt wird.

Die Funktion `getenv()`, mit der Sie Umgebungsvariablen auslesen können, wird in Kapitel 23, »CGI mit C«, besprochen.

20.5 <locale.h> – länderspezifische Eigenheiten

In ANSI C sind auch Funktionen vorhanden, die länderspezifische Eigenheiten wie beispielsweise die Formatierung von Geldbeträgen beachten. Dabei handelt es sich um zwei Funktionen und mehrere Makros, die recht selten Beachtung finden.

Wenn Sie ein Programm starten, werden die lokalen Aspekte zunächst nicht berücksichtigt und das Programm wird somit mit den Standard-Einstellungen der Umgebung gestartet.

Die Funktion, mit der Sie ein Programm mit den lokalen Eigenheiten zur Laufzeit anpassen können, lautet:

```
#include <locale.h>

char *setlocale( int kategorie, const char *name );
```

Manchmal will man nicht die kompletten lokalen Aspekte berücksichtigen, daher wurde die Kategorie (erstes Argument) folgendermaßen aufgeteilt:

Kategorie	Betroffen davon im Programm
`LC_ALL`	Alle lokalen Aspekte (die gleich noch in der Kategorie folgen) werden berücksichtigt.
`LC_COLLATE`	nur die Funktionen zum Vergleichen von Strings, `strcoll()` und `wcscoll()`
`LC_CTYPE`	nur die Funktionen für die Zeichenklassifizierung und -umwandlung in *<ctype.h>* bzw. *<wctype.h>*

Tabelle 20.12 Kategorien zur Lokalisierung der Umgebung

Kategorie	Betroffen davon im Programm
LC_MONETARY	die Formatierungsinformationen für die Darstellung von Geldbeträgen (siehe auch localeconv())
LC_NUMERIC	das Zeichen für den Dezimalpunkt der Ein-/Ausgabe und Stringkonvertierungen
LC_TIME	die Funktionen zur Formatierung des Datums strftime() und wcsftime()

Tabelle 20.12 Kategorien zur Lokalisierung der Umgebung (Forts.)

Für das Argument name in der Funktion setlocale() sind folgende Angaben möglich:

Angabe für »name«	Bedeutung
"C"	Keine lokalen Aspekte werden berücksichtigt.
""	Die Einstellung richtet sich nach der Umgebung des Compilers.
NULL	Die lokale Umgebung wird nicht verändert. Wird verwendet, um mithilfe des Rückgabewertes von setlocale() die alte Umgebung zu sichern und eventuell wiederherzustellen.

Tabelle 20.13 Zweites Argument für »setlocale()«

Hierzu folgt ein einfaches Beispiel, mit dem die lokale Umgebung ermittelt und anschließend entsprechend dem Einsatzgebiet des Compilers verändert und zum Schluss wiederhergestellt wird.

```
/* my_setlocale.c */
#include <stdio.h>
#include <locale.h>
#define KOMMA 3.3223

int main(void) {
   char *local_save = setlocale(LC_ALL, NULL);
   char *local;
   printf("Lokale Umgebung: %s (Standard)\n", local_save);
   printf("Gleitpunkt: %f\n",KOMMA);

   local = setlocale( LC_ALL, "");
   printf("Neue lokale Umgebung: %s\n", local);
   printf("Gleitpunkt: %f\n",KOMMA);

   printf("Standard-Umgebung wiederherstellen\n");
   local = setlocale( LC_ALL, local_save);
```

```
    printf("Lokale Umgebung: %s (wiederhergestellt)\n", local);
    return 0;
}
```

Benötigen Sie außerdem Informationen für die Formatierung von numerischen Werten wie z. B. des Dezimalpunkts oder des Währungssymbols, steht Ihnen noch folgende Funktion zur Verfügung:

```
#include <locale.h>

struct lconv *localeconv( void );
```

Die Funktion füllt eine Struktur namens `lconv` mit der aktuell gesetzten länderspezifischen Umgebung. Diese Struktur beinhaltet folgende Mitglieder:

Elemente in struct lconv	Beschreibung
`char* decimal_point;`	Zeichen für einen Dezimalpunkt nicht-monetärer Werte.
`char* thousands_sep;`	Trennzeichen für Gruppen von Ziffern. Einige Umgebungen fassen Ziffern in Tausendergruppen zusammen. (Beispielsweise ist das Trennzeichen ein Komma: `"66,666"`.)
`char* grouping;`	Größe einer Gruppe von Ziffern
`char* int_curr_symbol;`	internationales Symbol für lokale Währung
`char* currency_symbol;`	lokales Währungssymbol
`char* mon_decimal_point;`	Zeichen für den Dezimalpunkt bei Geldbeträgen
`char* mon_thousands_sep;`	Trennzeichen für (Tausender-)Gruppen von Ziffern bei Geldbeträgen
`char* mon_grouping;`	Größe einer Gruppe von Ziffern bei Geldbeträgen
`char* positive_sign;`	Symbol für positive Geldbeträge
`char* negative_sign;`	Symbol für negative Geldbeträge
`char int_frac_digits;`	Anzahl der Ziffern nach Dezimalpunkt von Geldbeträgen (international) (meistens 2)
`char frac_digits;`	Anzahl der Ziffern nach Dezimalpunkt von Geldbeträgen (national) (meistens 2)
`char p_cs_precedes;`	Für positive Geldbeträge: 0 = Währungssymbol nach dem Betrag 1 = Währungssymbol vor dem Betrag
`char int_p_cs_precedes;`	(C99) internationale Version von `p_cs_precedes`

Tabelle 20.14 Strukturelemente der Struktur »struct lconv«

Elemente in struct lconv	Beschreibung
`char p_sep_by_space;`	Für positive Geldbeträge: Leerzeichen zwischen Währungssymbol und dem Betrag: 1 = Leerzeichen 0 = kein Leerzeichen
`char int_p_sep_by_space;`	(C99) Internationale Version von `p_sep_by_space`
`char n_cs_precedes;`	Für negative Geldbeträge: 0 = Währungssymbol nach dem Betrag 1 = Währungssymbol vor dem Betrag
`char int_n_cs_precedes;`	(C99) Internationale Version von `n_cs_precedes`
`char n_sep_by_space;`	Für negative Geldbeträge: Leerzeichen zwischen Währungssymbol und dem Betrag: 1 = Leerzeichen 0 = kein Leerzeichen
`char int_n_sep_by_space;`	(C99) internationale Version von `n_sep_by_space`
`char p_sign_posn;`	Position von `positive_sign`
`char int_p_sign_posn;`	(C99) internationale Version von `p_sign_posn`
`char n_sign_posn;`	Position von `negative_sign`
`char int_n_sign_posn;`	(C99) internationale Version von `n_sign_posn`

Tabelle 20.14 Strukturelemente der Struktur »struct lconv« (Forts.)

20.6 Nicht-lokale Sprünge – <setjmp.h>

In C sind Sprünge über Funktionsgrenzen hinweg nicht erlaubt. Das heißt genau: Funktionen werden immer an den direkten Ausrufer zurückgegeben. Wenn z. B. Funktion 1 die Funktion 2 aufruft, kehrt Funktion 2 immer zuerst zur Funktion 1 zurück – eben in der umgekehrten Reihenfolge wie die einzelnen Funktionen auf (genauer: unter) dem Stack abgelegt wurden. Erst dann kann Funktion 1 zu ihrem Aufrufer zurückkehren. Ein Beispiel:

```
/* call_func.c */
#include <stdio.h>
#include <stdlib.h>

void func1(void);
void func2(void);
void func3(void);
void func4(void);
void func1(void) {
```

```
   printf("Funktion 1 ist aufgerufen!\n");
   func2();
}

void func2(void) {
   printf("Funktion 2 ist aufgerufen!\n");
   func3();
}

void func3(void) {
   printf("Funktion 3 ist aufgerufen!\n");
   func4();
}

void func4(void) {
   printf("Funktion 4 ist aufgerufen!\n");
}

int main(void) {
   func1();
   return EXIT_SUCCESS;
}
```

Das Programm ruft in der `main()`-Funktion zuerst `func1()` auf, `func1()` ruft anschließend `func2()` auf, `func2()` ruft danach `func3()` auf, und `func3()` ruft am Ende `func4()` auf. Anschließend kehren die einzelnen Funktionen wieder in der Reihenfolge `func3()`, `func2()` und `func1()` zur `main()`-Funktion zurück. Was wäre jetzt, wenn in `func2()` eine Berechnung durchgeführt wird und der Wert dieser Berechnung nicht mehr dem entspricht, den der Nutzer sich versprochen hat? Trotzdem werden sinnloserweise noch `func3()` und `func4()` aufgerufen und ausgeführt. Die Frage lautet also: Wie kann man z. B. von `func2()` zur `main()`-Funktion zurückspringen, die Funktionen `func3()` und `func4()` auslassen und auch nicht mehr über `func1()` zur `main()`-Funktion zurückkehren?

Dafür können Sie die Funktionen der Headerdatei *<setjmp.h>* verwenden. Hier sehen Sie die Syntax:

```
#include <setjmp.h>

jmp_buf env;    // primitiver Datentyp jmp_buf

int setjmp(jmp_buf env);
void longjmp(jmp_buf env, int wert);
```

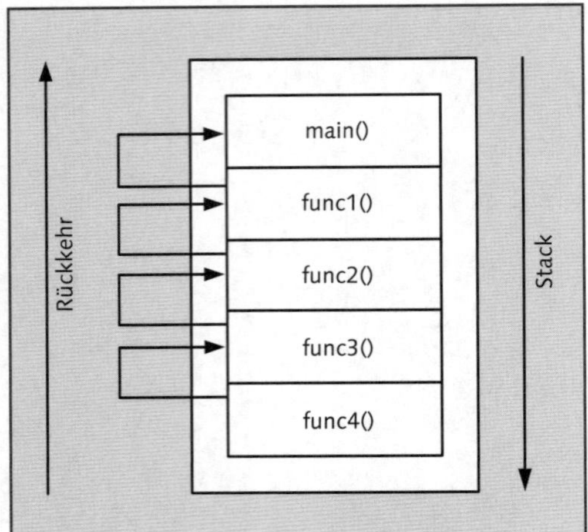

Abbildung 20.2 Rückkehr von Funktionen bei einem normalen Verlauf

Der Datentyp `jmp_buf env` ist eine Art Puffer, der den mit `setjmp(env)` eingefrorenen Programmzustand enthält und den Sie mit der Funktion `longjmp(env,1)` wiederherstellen können. `jmp_buf` enthält zum Beispiel die CPU-Registerinhalte (CS, DS, SS und ES), den Stackpointer (SP), den Instruktionspointer (IP) usw. – alle Informationen eben, die erforderlich sind, um den gleichen Zustand wiederherzustellen, der vor dem Aufruf von `setjmp()` vorlag.

Mit `setjmp()` werden, wie eben schon erwähnt, alle Informationen, die im Augenblick vorliegen, auf einen Stack gelegt. Der Aufruf von `setjmp()` lautet:

```
if(setjmp(env) == 0)
```

Beim ersten Aufruf von `setjmp()` liefert die Funktion den Wert 0 zurück. Beim zweiten Aufruf durch `longjmp(env)` liefert die Funktion auf jeden Fall einen Wert ungleich 0 zurück.

Mit der Funktion `longjmp()` kehren Sie dann an diese Programmstelle zurück, die Sie mit `setjmp(env)` auf dem Stack abgelegt haben. Dies geschieht mit folgendem Aufruf:

```
longjmp(env,1);
```

Nochmals alles zusammengefasst:

```
...
jmp_buf programmzustand;
...
if(setjmp(programmzustand) == 0)
    printf("Programmzustand auf den Stack gelegt\n");
else
```

```
    printf("Rücksprung mit longjmp erfolgt\n");
...
// viele, viele Funktionen später
longjmp(programmzustand,1);
```

Als Erstes legen Sie hier mit `setjmp()` den Programmzustand auf den Stack. Anschließend, viele Funktionen später, wird mit `longjmp()` dieser Zustand wiederhergestellt und springt zurück zu `setjmp()`. Dieses Mal ist der Rückgabewert von `setjmp()` aber nicht mehr 0, und daher fährt das Programm hinter der `else`-Anweisung fort.

Jetzt soll alles in einem Programm verwendet werden, ohne komplizierte Berechnungen oder Ähnliches. Es wird einfach abgefragt, wie viele Funktionen ausgeführt werden sollen, und das Programm springt nach der gewünschten Anzahl der Funktionen mit einem Aufruf von `longjmp()` zur `main()`-Funktion zurück:

```
/* setjmp.c */
#include <stdio.h>
#include <stdlib.h>
#include <setjmp.h>

void func1(int);
void func2(int);
void func3(int);
void func4(void);
jmp_buf env;

static int zahl;
void func1(int zahl) {
   printf("Funktion 1 ist aufgerufen!\n");
   if(zahl == 1)
      longjmp(env, 1);
   func2(zahl);
}

void func2(int zahl) {
   printf("Funktion 2 ist aufgerufen!\n");
   if(zahl == 2)
      longjmp(env, 2);
   func3(zahl);
}

void func3(int zahl) {
   printf("Funktion 3 ist aufgerufen!\n");
   if(zahl == 3)
```

```
      longjmp(env, 3);
   func4();
}

void func4(void) {
   printf("Funktion 4 ist aufgerufen!\n");
}

int main(void) {
   printf("Wie viele Funktionen sollen ausgefuehrt werden : ");
   scanf("%d",&zahl);
   if(setjmp(env) == 0)
      func1(zahl);
   else
      printf("Ruecksprung durch longjmp von Funktion %d!\n",zahl);
   return EXIT_SUCCESS;
}
```

Die Funktionen `setjmp()` und `longjmp()` haben übrigens nichts mit der Anweisung `goto` gemeinsam. Es hat sich als recht nützlich erwiesen, `setjmp()` und `longjmp()` bei Fehlerbehandlungen einzusetzen.

20.7 <signal.h>

Signale sind nicht vorhersehbare Ereignisse, die zu einem nicht vorhersagbaren Zeitpunkt auftreten können, also asynchrone Ereignisse. Nach dem ANSI-C-Standard gibt es folgende Signale, die vorkommen können:

Name	Bedeutung
`SIGABRT`	Dieses Signal signalisiert, dass sich das Programm abnormal beendet hat (`abort()`).
`SIGFPE`	Dieses Signal wird z. B. angezeigt bei einer Division durch 0 oder einem Überlauf einer Zahl.
`SIGILL`	Dieses Signal wird angezeigt, wenn ein illegaler Hardware-Befehl ausgeführt wird.
`SIGINT`	Dieses Signal wird an alle Prozesse geschickt, wenn die Tastenkombination [Strg] + [C] gedrückt wurde.
`SIGSEGV`	Wird dies angezeigt, wurde versucht, auf eine unerlaubte Speicherstelle zu schreiben oder diese zu lesen.
`SIGTERM`	Beendigung eines Programms

Tabelle 20.15 Makros für Fehlersignale

Unter Linux gibt es deutlich mehr Signale (ca. 30). Mit dem Befehl

```
kill -l
```

wird eine Liste der Signale unter Linux/UNIX ausgegeben. Tritt ein Signal auf, haben Sie folgende Möglichkeiten, darauf zu reagieren:

- Eintragen einer selbst geschriebenen Funktion
- Ignorieren des Signals (geht aber nicht mit `SIGKILL`)
- Verwenden der voreingestellten Default-Funktion (Bei den ANSI-C-Signalen ist dies immer eine Beendigung des Programms.)

Um auf die Signale zu reagieren, existiert ein sogenanntes Signalkonzept. Dabei richtet ein Prozess einen sogenannten Signalhandler ein. Dieser Signalhandler teilt – wenn das Signal auftritt – dem Systemkern mit, was er zu tun hat. Ein solcher Handler kann mit der Funktion `signal()` eingerichtet werden. Hier ihre Syntax:

```
#include <signal.h>

void(*signal(int signr, void(*sighandler)(int)))(int);
```

Einen solchen Prototyp zu lesen, ist fast unmöglich. Aus diesem Grund wurde die Funktion in der Headerdatei *<signal.h>* wie folgt vereinfacht:

```
typedef void (*__p_sig_fn_t)(int);
__p_sig_fn_t signal(int, __p_sig_fn_t);
```

Somit sieht der Prototyp folgendermaßen aus:

```
signalfunktion *signal(int signalnummer,
                       signalfunktion *sighandler);
```

Mit dem Parameter `signalnummer` legen Sie die Nummer des Signals fest, für die ein Signalhandler eingerichtet werden soll. Dies ist dann eines der Signale, die Sie soeben in Tabelle 20.15 kennengelernt haben (bzw. unter Linux diejenigen, die mit `kill -l` aufgelistet wurden).

Für den Parameter `sighandler` sind zwei Konstanten in der Headerdatei *<signal.h>* deklariert: `SIG_DFL` und `SIG_IGN`. Mit `SIG_DFL` wird die Default-Aktion ausgeführt, was meist die Beendigung des Prozesses bedeutet. Ein Beispiel:

```
signal(SIGINT, SIG_DFL);
```

Falls Sie die Tastenkombination [Strg] + [C] drücken, wird die Default-Einstellung des Signals `SIGINT` ausgeführt. Und die Default-Einstellung schreibt vor, dass das Programm beendet wird. Als zweite Möglichkeit können Sie Folgendes eingeben:

```
signal(SIGINT, SIG_IGN);
```

Drücken Sie jetzt die Tastenkombination [Strg] + [C], passiert gar nichts. Das Signal SIGINT wird mit der Angabe von SIG_IGN ignoriert. Als dritte Möglichkeit können Sie das Signal SIGINT abfangen und die Adresse einer eigenen Funktion übergeben, die ausgeführt werden soll, wenn die Tastenkombination [Strg] + [C] betätigt wurde:

```
signal(SIGINT,funktionsaufruf);
```

Jetzt wird es Zeit, dass Sie sich ansehen, wie die Funktion signal() in der Praxis eingesetzt wird:

```
/* signal1.c */
#include <stdio.h>
#include <stdlib.h>
#include <signal.h>

void sigfunc(int sig) {
   int c;

   if(sig != SIGINT)
      return;
   else {
      printf("\nWollen Sie das Programm beenden (j/n) : ");
      c=getchar();
      if(c == 'j')
         exit (EXIT_FAILURE);
      else
         return;
   }
}

int main(void) {
   int i;

   signal(SIGINT, sigfunc);
   while(1) {
      printf("Mit STRG+C beenden");
      for(i = 0; i <= 48; i++)
         printf("\b");
   }
```

```
   return EXIT_SUCCESS;
}
```

Mit der Anweisung

```
signal(SIGINT, sigfunc);
```

wird ein Signalhandler für das Signal `SIGINT` eingerichtet, der beim Auftreten dieses Signals die Funktion `sigfunc` aufrufen soll.

Ein einfaches Beispiel bietet auch das Erstellen einer eigenen kleinen Shell. Die einzelnen Shellbefehle werden in einer Endlosschleife abgearbeitet. Mit der Tastenkombination [Strg] + [C] lösen Sie dabei einen Neustart der Shell aus. Dieser Sprung (Neustart) wird mit den Funktionen der Headerdatei *<setjmp.h>* realisiert. Hier sehen Sie das Beispiel dazu:

```
/* a_simple_shell.c */
#include <stdio.h>
#include <string.h>
#include <signal.h>
#include <setjmp.h>
#include <stdlib.h>
#define MAX 255
#define OK 0

jmp_buf restart;

void ctrlc(int sig) {
   signal(sig, ctrlc);
   /* zurück zur Kommandozeile */
   longjmp(restart, 1);
   return;
}

int main(void) {
   char *command;
   /* Installiere den Signalhandler. */
   signal(SIGINT, ctrlc);

   if(setjmp(restart) != 0)
      printf("\n\nShell neu gestartet ...\n\n");
   else
      printf("\n\nShell gestartet ...\n\n");

   for (;;) {   /* Hier können Sie machen, was Sie wollen. */
      char puffer[MAX];
```

```
      printf("$~> ");
      fgets(puffer, MAX, stdin);
      command = strtok(puffer, "\n");

      if( strcmp(command, "test") == OK )
         printf("Ihr Befehl lautete \"test\"\n");
      else if( strcmp(command, "help") == OK )
         printf("Brauchen Sie Hilfe?\n");
      /* usw. eine Menge mehr Shellbefehle ... */
      else if( strcmp(command, "exit") == OK )
         exit (EXIT_SUCCESS);
      else {
         printf("\nUnbekannter Shellbefehl\n");
         printf("Bekannte Befehle: test, help, exit\n\n");
      }
   }
   return EXIT_SUCCESS;
}
```

Dies ist eine einfache Schnittstelle einer eigenen Shell. Logischerweise müssen Sie statt der Ausgabe von Texten Ihre selbst geschriebenen Funktionen implementieren.

Hier sehen Sie ein weiteres Beispiel zu `signal()` mit dem Signal `SIGABRT`:

```
/* sigabort.c */
#include <stdio.h>
#include <stdlib.h>
#include <signal.h>

void sigfunc(int sig) {
   if(sig == SIGABRT)
      printf("Demonstration von SIGABRT\n");
}

int main(void) {
   signal(SIGABRT, sigfunc);
   abort();
   return EXIT_SUCCESS;
}
```

Um zu testen, ob der Aufruf der Funktion `signal()` überhaupt erfolgreich war, befindet sich in der Headerdatei *<signal.h>* der Fehlercode `SIG_ERR`, der mit dem Wert –1 definiert ist. Wollen Sie also die Funktion `signal()` auf Fehler überprüfen, sollte dies so aussehen:

```
if( signal(SIGINT,sigfunc) == SIG_ERR)
   { /* Fehler beim Aufruf von signal */
```

Es ist auch möglich, mit der Funktion `raise()`ein Signal an ein ausführendes Programm zu senden. Die Syntax der Funktion lautet:

```
int raise(int signr);
```

Damit können Sie ein Signal mit der `signr` an das Programm senden. Ein kurzes Beispiel:

```
/* raise_signal.c */
#include <stdio.h>
#include <stdlib.h>
#include <signal.h>

void sigfunc(int sig) {
   if(sig == SIGINT)
      printf("SIGINT wurde ausgeloest\n");
}

int main(void) {
   signal(SIGINT,sigfunc);
   printf("Mit ENTER SIGINT ausloesen\n");
   getchar();
   /* SIGINT auslösen */
   raise(SIGINT);
   return EXIT_SUCCESS;
}
```

Unter Linux/UNIX verwendet man allerdings in der Praxis ein etwas anderes Signalkonzept, da die `signal()`-Funktion von ANSI C hier einige Schwächen besitzt. Mehr dazu können Sie wieder meinem Buch »Linux-UNIX-Programmierung« entnehmen, das Sie auch auf meiner Webseite zum Online-Lesen vorfinden.

20.8 <string.h> – die »mem...«-Funktionen zur Speichermanipulation

Die meisten Stringfunktionen wurden bereits an früherer Stelle behandelt. Aber einige Funktionen habe ich Ihnen bislang noch vorenthalten. Mit den `mem...`-Funktionen in der Headerdatei *<string.h>* können Sie ganze Speicherblöcke kopieren, vergleichen, initialisieren und durchsuchen.

20.8.1 »memchr()« – Suche nach einzelnen Zeichen

Die Syntax lautet:

```
void *memchr(const void *buffer, int c, size_t n);
```

Diese Funktion sucht in den ersten `n` Bytes in `buffer` nach dem Zeichen `c`. Sollten Sie den ganzen String durchsuchen wollen, können Sie die Funktion `strchr()` verwenden. Tritt dabei ein Fehler auf oder wird das Zeichen nicht gefunden, gibt diese `NULL` zurück. Ein Beispiel:

```
/* memchr.c */
#include <stdio.h>
#include <stdlib.h>
#include <string.h>

int main(void) {
   char str[] = "Have a lot of fun";
   char *p;
   char ch = 'l';

   p = (char *) memchr(str, ch, 10);
   if(NULL == p)
      printf("%c kommt nicht in den ersten 10 Bytes vor\n", ch);
   else
      printf("%c gefunden an Pos. %d\n", ch, p-str);
   return EXIT_SUCCESS;
}
```

20.8.2 »memcmp()« – bestimmte Anzahl von Bytes vergleichen

Die Syntax lautet:

```
int memcmp( const void *s1, const void *s2, size_t n);
```

Mit `memcmp()` werden die ersten `n` Bytes im Puffer `s1` mit dem Puffer `s2` lexikografisch verglichen. Der Rückgabewert ist derselbe wie schon bei `strcmp()`. Ist `s1` größer als `s2`, ist der Rückgabewert kleiner als 0. Ist `s2` größer als `s1`, ist die Rückgabe größer als 0, und bei Gleichheit beider Speicherbereiche wird 0 zurückgegeben.

```
/* memcmp.c */
#include <stdio.h>
#include <stdlib.h>
#include <string.h>

int main(void) {
```

```
   char str1[] = "Have a lot of fun";
   char str2[] = "Have more than a lot of fun";
   int check, i;

   for(i = 4; i <= 10; i+=6) {
      check = memcmp( str1, str2, i);
      if(check == 0)
         printf("Vergleich %d Bytes: "
                "Beide Strings sind gleich\n", i);
      else
         printf("Die ersten %d Bytes sind "
                "unterschiedlich\n", i);
   }
   return EXIT_SUCCESS;
}
```

20.8.3 »memcpy()« – bestimmte Anzahl von Bytes kopieren

Die Syntax lautet:

```
void *memcpy(void *dest, const void *src, size_t n);
```

Mit der Funktion `memcpy()` können Sie `n` Bytes aus dem Puffer `src` in den Puffer `dest` kopieren. Die Funktion gibt die Anfangsadresse von `dest` zurück.

```
/* memcpy.c */
#include <stdio.h>
#include <stdlib.h>
#include <string.h>

int main(void) {
   char str[] = "Ein Wort, das hier nicht hingehört: Mist!";
   char replace[] = "M***";
   char *ptr;

   ptr = strstr(str, "Mist");
   memcpy(ptr, replace, strlen(replace));
   printf("%s\n",str);
   return EXIT_SUCCESS;
}
```

20.8.4 »memmove()« – bestimmte Anzahl von Bytes kopieren

Die Syntax lautet:

```
void *memmove(void *dest, const void* src, size_t n);
```

Die Funktion erfüllt denselben Zweck wie die Funktion `memcpy()` – mit einem einzigen, aber gravierenden Unterschied: `memmove()` stellt sicher, dass im Fall einer Überlappung der Speicherbereiche der Überlappungsbereich zuerst gelesen und dann überschrieben wird. Auch die Rückgabewerte sind bei `memmove()` dieselben wie bei `memcpy()`.

```
/* memmove.c */
#include <stdio.h>
#include <stdlib.h>
#include <string.h>

int main(void) {
   char str[21] = "1234567890";

   /* Den kompletten String nehmen und
    * 10 Bytes weiter als Kopie ablegen */
   memmove(str+10, str, sizeof(str)-1);
   printf("%s\n",str);
   return EXIT_SUCCESS;
}
```

20.8.5 »memset()« – Speicherbereich mit bestimmten Zeichen auffüllen

Die Syntax lautet:

```
void *memset(void *dest, int ch, unsigned int n);
```

Mit dieser Funktion füllen Sie die ersten `n` Bytes der Adresse `dest` mit den Zeichen `ch` auf.

```
/* memset.c */
#include <stdio.h>
#include <stdlib.h>
#include <string.h>

int main(void) {
   char credit_card[21] = "123456-aiex";
   char *ptr = strchr(credit_card, '-');

   *ptr++;
   /* die letzten vier Zeichen der Kreditkartennummer
    * nicht angeben */
   memset(ptr, '*', 4);
```

```
   printf("%s\n",credit_card);
   return EXIT_SUCCESS;
}
```

Hinweis

Der Zugriff auf Speicherblöcke mit den `mem...()`-Funktionen in der Headerdatei *<string.h>* erfolgt byteweise und ist somit nicht für Breitzeichen geeignet. Für Breitzeichen sind in der Headerdatei *<wchar.h>* die Gegenstücke `wmemcpy()`, `wmemmove()`, `wmemcmp()`, `wmemchr()` und `wmemset()` definiert. Anders als bei der Größe eines Speicherblocks (immer der dritte Parameter), die als Anzahl von Bytes eingegeben wird, muss hier allerdings die Anzahl der Breitzeichen eingegeben werden.

In diesem Kapitel werden die Themen Strukturen, Zeiger und dynamische Speicherverwaltung vermischt. Was auf den ersten Blick ein wenig kompliziert aussieht – und es auch manches Mal ist –, erweist sich, sobald Sie es beherrschen, als eine enorme Erleichterung.

21 Dynamische Datenstrukturen

21.1 Lineare Listen (einfach verkettete Listen)

In Kapitel 14, »Dynamische Speicherverwaltung«, habe ich den Umgang mit dynamisch zugeordnetem Speicher näher erläutert. »Dynamisch« heißt, dass zur Laufzeit des Programms Speicher vom Heap alloziert wird.

Der Hauptsinn von dynamischen Datenstrukturen besteht darin, dass eine Struktur mit einem Zeiger vom Typ der Struktur selbst definiert wird. Gehen wir einmal von folgender Struktur einer Angestelltenliste aus:

```
struct datum {
   int tag;
   int monat;
   int jahr;
};

struct angestellt{
   char name[20];
   char vorname[20];
   struct datum alter;
   struct datum eingest;
   long gehalt;
};
```

Eine solche Struktur wurde ja bereits behandelt und stellt somit nichts Neues mehr dar. Jetzt soll diese Struktur erweitert werden:

```
struct datum {
   int tag;
   int monat;
   int jahr;
```

```
};

struct angestellt {
   char name[20];
   char vorname[20];
   struct datum alter;
   struct datum eingest;
   long gehalt;
   struct angestellt *next;
};
```

Folgende Zeile dürfte Ihnen am Ende der Struktur `angestellt` aufgefallen sein:

```
struct angestellt *next;
```

Das Besondere an diesem Zeiger ist, dass er ein Zeiger auf eine Adresse ist, die denselben Typ wie die Struktur selbst (`struct angestellt`) beinhaltet. Mit diesem Zeiger können somit einzelne Strukturen miteinander verkettet werden. Der `next`-Zeiger verweist immer auf die Adresse des nächsten Elements, das wiederum eine Struktur mit denselben Elementen und ebenfalls wieder einen weiteren Zeiger beinhaltet. Sie können dabei eine gewisse Ähnlichkeit mit den Arrays von Strukturen erkennen – wobei hier das nächste Element mithilfe eines Zeigers statt mit dem Indizierungsoperator angesprochen wird und Sie zuvor noch für das nächste Element einen Speicherplatz reservieren müssen. Außerdem wird noch ein Ende für die Kette benötigt. Dazu verwenden Sie einfach den `next`-Zeiger und übergeben diesem einen `NULL`-Zeiger:

```
struct angestellt *next = NULL;
```

Somit würde die Struktur `angestellt` aussehen wie in Abbildung 21.1 dargestellt.

Nochmals: Der Zeiger `struct angestellt *next` zeigt nicht auf sich selbst, sondern auf eine Adresse des nächsten Elements vom selben Typ. (Zur Erinnerung: Zeiger dereferenzieren eine Adresse und keinen Wert.) In diesem Beispiel wird zunächst auf `NULL` verwiesen, da noch keine Daten eingegeben wurden.

In Kapitel 15, »Strukturen«, habe ich bereits gezeigt, wie Sie auf die einzelnen Elemente einer Struktur zugreifen können, zum Beispiel:

```
struct angestellt a;
```

Anschließend wird mit `a.name`, `a.vorname` oder `a.alter` usw. auf die einzelnen Strukturelemente zugegriffen. Ähnlich funktioniert dies, wenn nicht mit einer Strukturvariablen, sondern mit Zeigern auf eine Struktur gearbeitet wird:

```
struct angestellt *structzeiger;
```

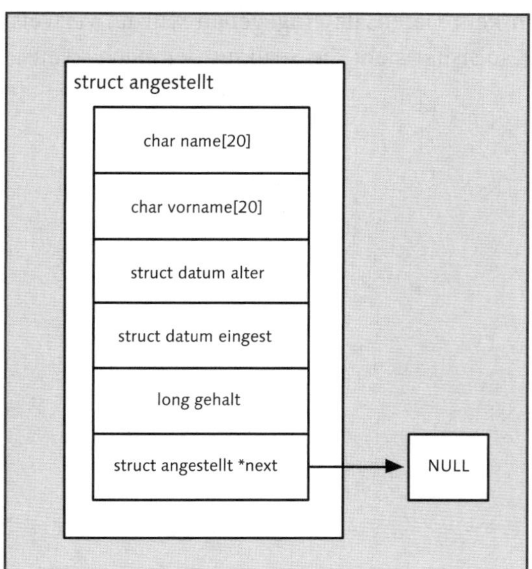

Abbildung 21.1 Eine Struktur für eine einfach verkettete Liste

Der Zugriff auf die einzelnen Elemente der Struktur sieht dann so aus:

```
(*structzeiger).name
(*structzeiger).vorname
(*structzeiger).alter
```

Diese Schreibweise ist allerdings nicht allzu lesefreundlich und birgt die Gefahr, Fehler zu machen. Zum Glück haben die Compiler-Bauer einen extra Operator geschaffen, der eine Kombination aus Dereferenzierung und Elementzugriff ist:

```
->
```

Da der `->`-Operator die Form eines Zeigers hat, ist dieser auch noch einfacher zu lesen. Somit ergibt sich folgende Schreibweise für den Zugriff auf die einzelnen Strukturelemente:

```
structzeiger->name
structzeiger->vorname
structzeiger->alter
```

Theoretisch könnten Sie jetzt einen Datensatz nach dem anderen anhängen. Aber irgendwann wollen Sie den Datensatz auch wieder ausgeben oder sortieren. Deshalb benötigt die Kette einen Anfang, d. h. eine Anfangsadresse, mit der die Liste beginnt. Also ist ein weiterer Zeiger der Struktur `angestellt` erforderlich, in dem sich die Anfangsadresse befindet:

```
struct angestellt *anfang;
```

Da zu Beginn des Programms noch kein Datensatz eingegeben wurde, verweist dieser Zeiger zunächst auch auf `NULL`. Bisher sieht die Struktur demnach so aus:

```
struct datum {
   int tag;
   int monat;
   int jahr;
};

struct angestellt {
    char name[20];
    char vorname[20];
    struct datum alter;
    struct datum eingest;
    long gehalt;
    struct angestellt *next;
};

struct angestellt *next   = NULL;
struct angestellt *anfang = NULL;
```

Jetzt folgt eine Funktion, mit der Sie Adresssätze aneinanderhängen können. Die Funktion `anhaengen()` ist sehr ausführlich kommentiert:

```
/* linear_list1.c */
#include <stdio.h>
#include <string.h>
#include <stdlib.h>
#define MAX 20

struct datum {
   int tag;
   int monat;
   int jahr;
};

struct angestellt {
   char name[MAX];
   char vorname[MAX];
   struct datum alter;
   struct datum eingest;
   long gehalt;
   struct angestellt *next;
};

struct angestellt *next = NULL;
```

```
struct angestellt *anfang=NULL;

/* Wir hängen einen Datensatz an oder geben einen neuen ein:
 * n=name,v=vornam,at=alter.tage,am=alter.monat,aj=alter.jahr
 * eint=eigestellt tag,einm=eingestellt monat,einj=eingest.
 * Jahr  g=gehalt */

void anhaengen(char *n, char *v, int at, int am, int aj,
               int eint, int einm, int einj, long g) {
   /* Zeiger zum Zugriff auf die einzelnen Elemente
    * der Struktur*/
   struct angestellt *zeiger;

  /* Wir fragen ab, ob es schon ein Element in der Liste
   * gibt. Wir suchen das Element, auf das unser Zeiger
   *  *anfang zeigt. Falls *anfang immer noch auf NULL zeigt,
   *  bekommt *anfang die Adresse unseres 1. Elements und ist
   *  somit der Kopf (Anfang) unserer Liste. */
   if(anfang == NULL) {
      /* Wir reservieren Speicherplatz für unsere Struktur
       * für das erste Element der Liste. */
      if((anfang =
       malloc(sizeof(struct angestellt))) == NULL) {
         fprintf(stderr, "Kein Speicherplatz vorhanden "
                         "fuer anfang\n");
         return;
      }
      strcpy(anfang->name, n);
      strcpy(anfang->vorname, v);
      anfang->alter.tag = at;
      anfang->alter.monat = am;
      anfang->alter.jahr = aj;
      anfang->eingest.tag = eint;
      anfang->eingest.monat = einm;
      anfang->eingest.jahr = einj;
      anfang->gehalt = g;
      /* Somit haben wir unseren Anfang der Liste. Von nun an
       * zeigt der Zeiger anfang immer auf das Element vor ihm.
       * Da dies aber jetzt das 1. Element der Liste war, zeigt
       * der Zeiger anfang auf den Zeiger next. next zeigt am
       * Ende immer wieder  NULL. */
      anfang->next=NULL;
   }
   /* Es scheint schon mindestens ein Element in der Liste
    * vorhanden zu sein, da der Anfang nicht == NULL ist.
```

```
    * Jetzt suchen wir so lange nach dem nächsten Element,
    * bis der *next-Zeiger auf NULL zeigt. Somit haben wir
    * das Ende der Liste gefunden und können einen neuen
    * Datensatz anhängen. */
   else {
      zeiger=anfang; /* Wir zeigen auf das 1. Element. */
      while(zeiger->next != NULL)
         zeiger=zeiger->next;
      /* Wir reservieren einen Speicherplatz für das letzte
       * Element der Liste und hängen es an. */
      if((zeiger->next =
       malloc(sizeof(struct angestellt))) == NULL) {
         fprintf(stderr,"Kein Speicherplatz fuer das "
                        "letzte Element\n");
         return;
      }
      zeiger=zeiger->next; /* zeiger auf neuen Speicherplatz */
      strcpy(zeiger->name,n);
      strcpy(zeiger->vorname,v);
      zeiger->alter.tag=at;
      zeiger->alter.monat=am;
      zeiger->alter.jahr=aj;
      zeiger->eingest.tag=eint;
      zeiger->eingest.monat=einm;
      zeiger->eingest.jahr=einj;
      /* Wir terminieren wieder unsere Datenstruktur. */
      zeiger->gehalt=g;
      zeiger->next=NULL;
   }
}

/* Funktion zur Eingabe der Daten */
void eingabe(void) {
   char nam[MAX],vorn[MAX];
   int atag,amon,ajahr,eintag,einmon,einjahr;
   long gehalt;
   printf("Name........................: ");
   fgets(nam, MAX, stdin);
   printf("Vorname.....................: ");
   fgets(vorn, MAX, stdin);
   printf("Alter..........(tt.mm.jjjj): ");
   scanf("%2d.%2d.%4d",&atag,&amon,&ajahr);
   printf("Eingestellt am..(tt.mm.jjjj): ");
   scanf("%2d.%2d.%4d",&eintag,&einmon,&einjahr);
   printf("Monatsgehalt................: ");
```

```
   scanf("%ld",&gehalt);
   getchar();
   /* eingegebenen Datensatz hinten anhängen */
   anhaengen(nam, vorn, atag, amon, ajahr, eintag,
    einmon, einjahr, gehalt);
}

int main(void) {
   while(1)
      eingabe();
   return EXIT_SUCCESS;
}
```

Zuerst wird die Funktion `eingabe()` zur Eingabe der einzelnen Daten aufgerufen. Diese eingegebenen Variablen werden anschließend als Argument an die Parameter der Funktion `anhaengen()` übergeben. Bei der Funktion ist die Zeile

```
zeiger=zeiger->next;
```

sehr wichtig. Es wird davon ausgegangen, dass bereits ein Element eingegeben wurde und das nächste somit das zweite Element in der Liste ist. Wenn jetzt `zeiger` nicht auf die Adresse von `zeiger->next` verweisen würde, wäre dies zwar kein syntaktischer Fehler, aber es würde immer wieder die erste Struktur überschrieben werden.

Mit der folgenden Zeile wird es überhaupt erst möglich, dass die `while`-Schleife funktioniert, um wieder neue Daten einzugeben:

```
zeiger->next=NULL;
```

Sonst würde die `while`-Schleife mit der Abfrage, ob `zeiger` auf `next` zeigt, niemals korrekt abbrechen, da niemals auf `NULL` verwiesen würde:

```
while(zeiger->next != NULL)
   zeiger=zeiger->next;
```

Dies soll jetzt bildlich dargestellt werden. Es wurden bereits zwei Personen eingegeben. Somit sind folglich zwei Datensätze vorhanden (siehe Abbildung 21.2).

Hier erkennen Sie auch, dass der Strukturzeiger `anfang` immer auf das erste Element der Liste zeigt. Der Strukturzeiger `next` im letzten Element zeigt immer auf `NULL` und zeigt somit immer das Ende der Kette an.

Als Nächstes soll eine Funktion erstellt werden, mit der Sie einzelne Elemente in der Liste löschen können. Der Speicherplatz wird dabei wie üblich mit der Funktion `free()` freigegeben.

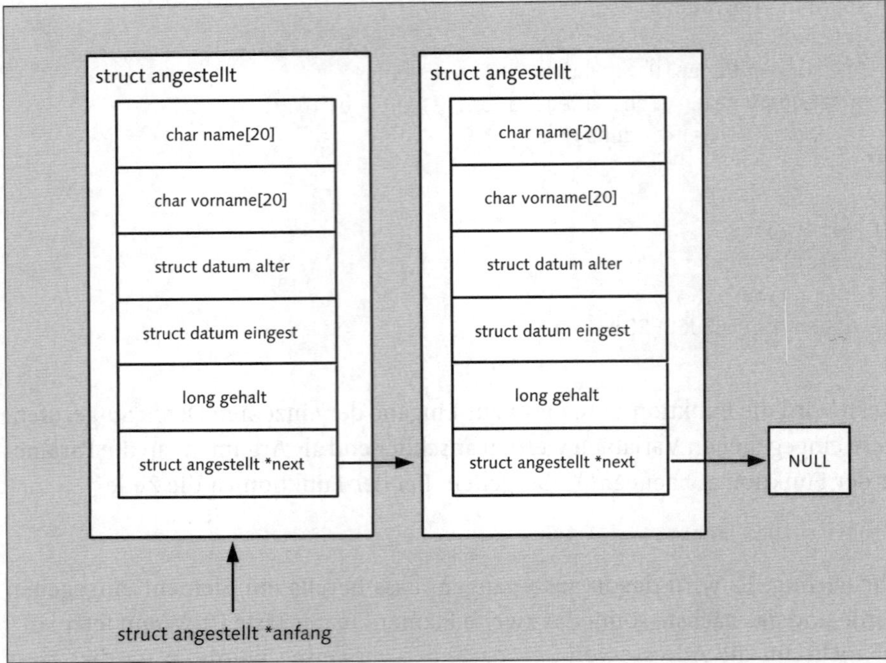

Abbildung 21.2 Eine verkettete Liste mit zwei Datensätzen

21.1.1 Erstes Element der Liste löschen

Falls das erste Element in der Liste gelöscht werden soll, ist dies nicht allzu schwierig. Dabei muss nur ein Zeiger vom Typ `struct angestellt` auf die Adresse von `anfang->next` zeigen (zweites Element). Anschließend kann mit `free(anfang)` der Speicher freigegeben werden. Zum Schluss bekommt der Zeiger `anfang` die Adresse des Zeigers `anfang->next`. So werden Sie in der Praxis das erste Element in der Liste los:

```
/* Funktion zum Löschen */
void loesche(char *wen) {
   struct angestellt *zeiger;

   /* Ist überhaupt ein Element vorhanden? */
   if(anfang != NULL) {
      /* Ist unser 1. Element das von uns gesuchte (wen[])? */
      if(strcmp(anfang->name,wen) == 0) {
         zeiger=anfang->next;
```

Es sei jetzt der Fall gegeben, dass das erste Element in der Liste das momentan gesuchte ist, das gelöscht werden soll. Somit ergibt sich im Augenblick folgender Zustand:

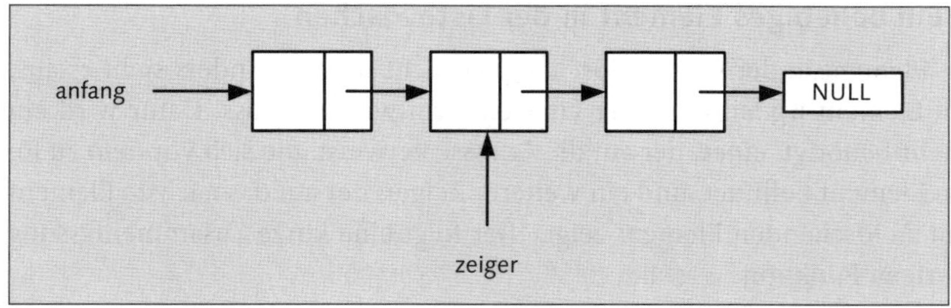

Abbildung 21.3 Ein Zeiger auf das nächste Element vom Anfang

Jetzt folgt der Aufruf:

```
free(anfang);
```

Damit wird der Speicherplatz freigegeben, auf den der Zeiger `anfang` verweist:

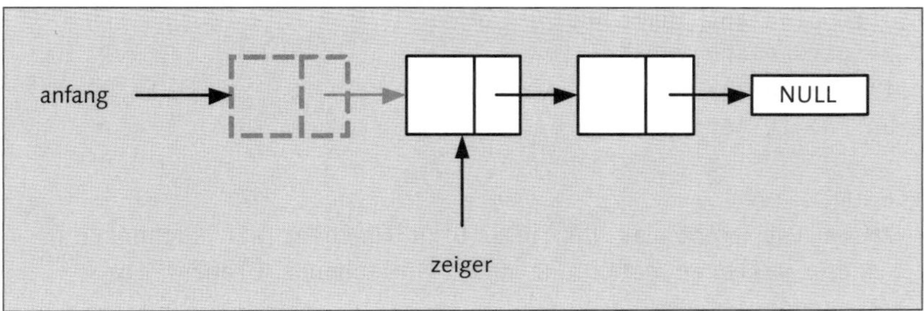

Abbildung 21.4 Speicherplatz des ersten Elements wird freigegeben.

Wenn Sie es jetzt hierbei belassen, sind die restlichen Daten der Kette wohl verloren, da es keinen Anfang mehr gibt. Es muss noch die Adresse des Zeigers `zeiger` an den Zeiger `anfang` übergeben werden:

```
anfang=zeiger;
```

Damit ergibt sich das folgende finale Bild:

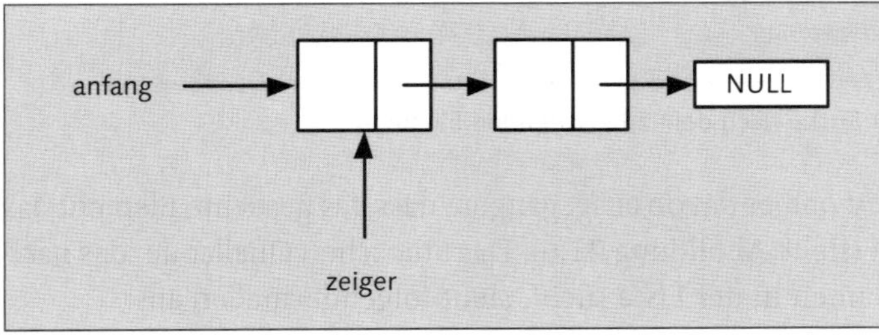

Abbildung 21.5 Der Zeiger des ersten Elements bekommt eine neue Adresse.

21.1.2 Ein beliebiges Element in der Liste löschen

Das erste Element in der Liste zu löschen war nicht schwer. Anders sieht es aus, wenn ein Element irgendwo in der Liste entfernt werden muss. Dafür wird ein Zeiger mehr benötigt: einer, der auf die Adresse verweist, die sich vor dem zu löschenden Element befindet, und ein weiterer Zeiger, der auf das nächste Element nach dem zu löschenden Element zeigt. Hier folgt eine kurze Zusammenfassung der bisherigen Funktion `loesche()`:

```
/* Funktion zum Löschen */
void loesche(char *wen) {
   struct angestellt *zeiger, *zeiger1;

   /* Ist überhaupt ein Element vorhanden? */
   if(anfang != NULL) {
      /* Ist unser 1. Element das von uns gesuchte (wen[])? */
      if(strcmp(anfang->name,wen) == 0) {
         zeiger=anfang->next;
         free(anfang);
         anfang=zeiger;
      }
      else {
         /* Es ist nicht das 1. Element zu löschen. Wir suchen in
          * der weiteren Kette, ob das zu löschende Element vor-
          * handen ist. */
         zeiger=anfang;
```

Daraus ergibt sich momentan folgende »Grundstellung«:

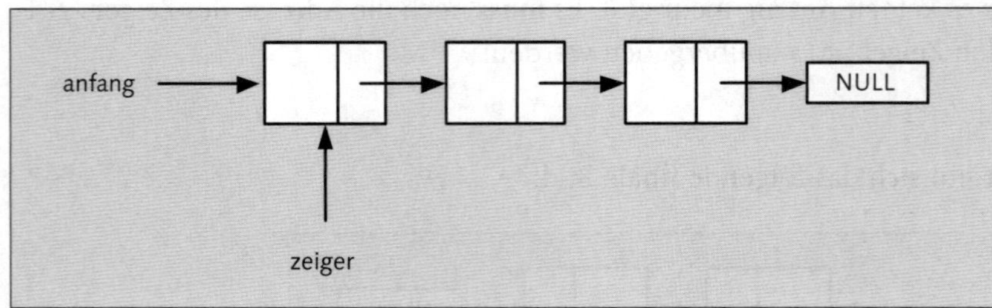

Abbildung 21.6 Auf der Suche nach dem zu löschenden Element

Es wird der Einfachheit halber davon ausgegangen, dass das gesuchte Element das zweite in der Liste sei (siehe Abbildung 21.6). Das Stückchen Quellcode, das nach einem bestimmten Namen in der Liste sucht, sieht folgendermaßen aus:

```
         while(zeiger->next != NULL) {
            zeiger1=zeiger->next;
```

```
         /* Ist die Adresse von zeiger1 der gesuchte Name? */
         if(strcmp(zeiger1->name,wen) == 0) {
            /* Falls ja, dann ... */
```

Bildlich ergibt sich daraus folgender Stand:

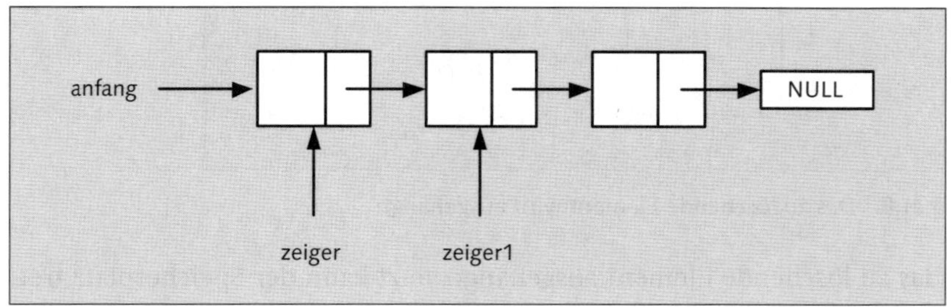

Abbildung 21.7 Element zum Löschen gefunden

Die Adresse, auf die `zeiger1` zeigt, ist das gesuchte Element in der Liste, das gelöscht werden soll. Bevor Sie jetzt den Speicherplatz freigeben können, benötigt das Element in der Liste, auf das `zeiger` verweist, eine Adresse für den `next`-Zeiger, damit die Kette nicht abreißt:

```
            zeiger->next=zeiger1->next;
            free(zeiger1);
            break;
         }
         zeiger=zeiger1;
      }  /* Ende while */
   }     /* Ende else */
}        /* Ende if(anfang != NULL) */
else
   printf("Es sind keine Daten zum Löschen vorhanden!!!\n");
}
```

Sehen wir uns dies etwas genauer an:

```
zeiger->next=zeiger1->next;
```

In Worten: Der Zeiger `zeiger`, der auf die Adresse der nächsten (`next`) Datenstruktur zeigt (zum jetzigen Zeitpunkt zeigt `zeiger->next` ja noch auf das zu löschende Element, auf das der Zeiger `zeiger1` zeigt), bekommt jetzt die Adresse, auf die der `next`-Zeiger des zu löschenden Elements (`zeiger1`) verweist. Anhand einer Grafik ist das einfacher zu verstehen:

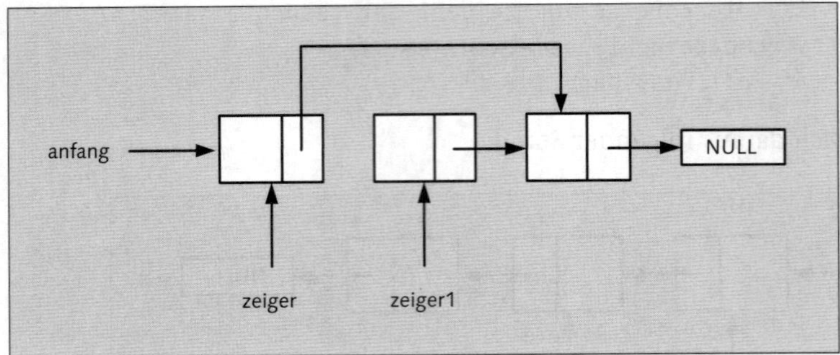

Abbildung 21.8 Das zu löschende Element wird ausgehängt.

So wird das zu löschende Element ausgehängt. Jetzt kann der Speicherplatz freigegeben werden:

```
free(zeiger1);
```

Somit ergibt sich folgendes Bild:

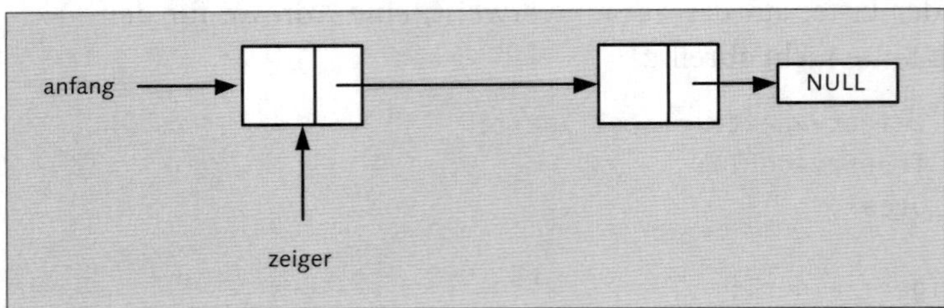

Abbildung 21.9 Der Speicherplatz des zu löschenden Elements wurde freigegeben.

21.1.3 Elemente der Liste ausgeben

Die Funktion zur Ausgabe der einzelnen Elemente in der Liste lässt sich recht einfach erstellen. Zuerst übergeben Sie einem Zeiger die Anfangsadresse der Liste und durchlaufen mit

```
while(zeiger != NULL)
```

die Liste so lange, bis der Zeiger `zeiger` auf `NULL` verweist – was das Ende der Liste darstellt. Hier sehen Sie die komplette Funktion zur Ausgabe der verketteten Liste:

```
void ausgabe(void) {
   struct angestellt *zeiger = anfang;

   printf("||====================================="
          "==================||\n");
```

```
   printf("|%10cName%10c |Geburtsdatum|"
   "Eingestellt|Gehalt|\n",' ',' ');
   printf("||====================================="
   "==================||\n");

   while(zeiger != NULL) {
      printf("|%12s,%-12s| %02d.%02d.%04d|"
            "%02d.%02d.%04d|%06ld|\n",
         zeiger->name,zeiger->vorname,zeiger->alter.tag,
         zeiger->alter.monat,zeiger->alter.jahr,
         zeiger->eingest.tag,zeiger->eingest.monat,
         zeiger->eingest.jahr,zeiger->gehalt);
         printf("|-----------------------------------"
               "---------------------|\n");
         zeiger=zeiger->next;
   }
}
```

Und jetzt sehen Sie das gesamte Programm inklusive der `main()`-Funktion:

```
/* linear_list2.c */
#include <stdio.h>
#include <string.h>
#include <stdlib.h>
#define MAX 20

struct datum{
   int tag;
   int monat;
   int jahr;
};

struct angestellt{
   char name[MAX];
   char vorname[MAX];
   struct datum alter;
   struct datum eingest;
   long gehalt;
   struct angestellt *next;
};

struct angestellt *next   = NULL;
struct angestellt *anfang = NULL;

/* Wir hängen einen Datensatz an oder geben einen neuen ein:
 * n=name,v=vornam,at=alter.tage,am=alter.monat,aj=alter.jahr
```

```
 * eint=eigestellt tag,einm=eingestellt monat,
 * einj=eingest. Jahr g=gehalt */

void anhaengen(char *n, char *v, int at, int am, int aj,
                int eint, int einm, int einj, long g) {
   /* Zeiger zum Zugriff auf die einzelnen Elemente
    * der Struktur */
   struct angestellt *zeiger;

  /* Wir fragen ab, ob es schon ein Element in der Liste
   * gibt. Wir suchen das Element, auf das unser Zeiger
   *  *anfang zeigt. Falls *anfang immer noch auf NULL zeigt,
   *  bekommt *anfang die Adresse unseres 1. Elements und ist
   *  somit der Kopf (Anfang) unserer Liste. */
   if(anfang == NULL) {
      /* Wir reservieren Speicherplatz für unsere Struktur
       * für das erste Element der Liste. */
      if((anfang =
       malloc(sizeof(struct angestellt))) == NULL) {
         fprintf(stderr, "Kein Speicherplatz vorhanden "
                         "für anfang\n");
         return;
      }
      strcpy(anfang->name, n);
      strcpy(anfang->vorname, v);
      anfang->alter.tag = at;
      anfang->alter.monat = am;
      anfang->alter.jahr = aj;
      anfang->eingest.tag = eint;
      anfang->eingest.monat = einm;
      anfang->eingest.jahr = einj;
      anfang->gehalt = g;
      /* Somit haben wir unseren Anfang der Liste. Von nun an
       * zeigt der Zeiger anfang immer auf das Element vor ihm.
       * Da dies aber jetzt das 1. Element der Liste war, zeigt
       * der Zeiger anfang auf den Zeiger next. next zeigt am
       * Ende immer wieder auf NULL. */
      anfang->next=NULL;
   }
   /* Es scheint schon mindestens ein Element in der Liste
    * vorhanden zu sein, da der Anfang nicht == NULL ist.
    * Jetzt suchen wir so lange nach dem nächsten Element,
    * bis der *next-Zeiger auf NULL zeigt. Somit haben wir
    * das Ende der Liste gefunden und können einen neuen
    * Datensatz anhängen. */
```

```
    else {
       zeiger=anfang; /* Wir zeigen auf das 1. Element. */
       while(zeiger->next != NULL)
          zeiger=zeiger->next;
       /* Wir reservieren einen Speicherplatz für das letzte
        * Element der Liste und hängen es an. */
       if((zeiger->next =
        malloc(sizeof(struct angestellt))) == NULL) {
          fprintf(stderr,"Kein Speicherplatz für das "
                         "letzte Element\n");
          return;
       }
       zeiger=zeiger->next; /* zeiger auf neuen Speicherplatz */
       strcpy(zeiger->name,n);
       strcpy(zeiger->vorname,v);
       zeiger->alter.tag=at;
       zeiger->alter.monat=am;
       zeiger->alter.jahr=aj;
       zeiger->eingest.tag=eint;
       zeiger->eingest.monat=einm;
       zeiger->eingest.jahr=einj;
       /* Wir terminieren wieder unsere Datenstruktur. */
       zeiger->gehalt=g;
       zeiger->next=NULL;
    }
}

/* Funktion zum Löschen einer Datei */
void loesche(char *wen) {
   struct angestellt *zeiger, *zeiger1;

   /* Ist überhaupt ein Element vorhanden? */
   if(anfang != NULL) {
      /* Ist unser 1. Element das von uns gesuchte (wen[])? */
      if(strcmp(anfang->name,wen) == 0) {
         zeiger=anfang->next;
         free(anfang);
         anfang=zeiger;
      }
      else {
         /* Es ist nicht das 1. Element zu löschen.
          * Wir suchen in der weiteren Kette, ob das zu
          * löschende Element vorhanden ist. */
         zeiger=anfang;
         while(zeiger->next != NULL) {
```

```
            zeiger1=zeiger->next;
            /* Ist die Adresse von zeiger1
             * der gesuchte Name? */
            if(strcmp(zeiger1->name,wen) == 0) {
               /* Falls ja, dann ... */
               zeiger->next=zeiger1->next;
               free(zeiger1);
               break;
            }
            zeiger=zeiger1;
         } /* Ende while */
      }    /* Ende else */
   }       /* Ende if(anfang != NULL) */
   else
      printf("Es sind keine Daten zum Loeschen vorhanden!!!\n");
}

/* Funktion zum Ausgeben der Dateien */
void ausgabe(void) {
   struct angestellt *zeiger = anfang;

   printf("||========================================"
          "==================||\n");
   printf("|%10cName%10c |Geburtsdatum|"
   "Eingestellt|Gehalt|\n",' ',' ');
   printf("||========================================"
   "==================||\n");

   while(zeiger != NULL) {
      printf("|%12s,%-12s| %02d.%02d.%04d|"
             "%02d.%02d.%04d|%06ld|\n",
         zeiger->name,zeiger->vorname,zeiger->alter.tag,
         zeiger->alter.monat,zeiger->alter.jahr,
         zeiger->eingest.tag,zeiger->eingest.monat,
         zeiger->eingest.jahr,zeiger->gehalt);
         printf("|-----------------------------------"
                "---------------------|\n");
         zeiger=zeiger->next;
   }
}

/* Funktion zur Eingabe der Daten */
void eingabe(void) {
   char nam[MAX],vorn[MAX];
   int atag,amon,ajahr,eintag,einmon,einjahr;
```

```
   long gehalt;
   char *ptr;
   printf("Name........................: ");
   fgets(nam, MAX, stdin);
   ptr = strrchr(nam, '\n');
   *ptr = '\0';
   printf("Vorname.....................: ");
   fgets(vorn, MAX, stdin);
   ptr = strrchr(vorn, '\n');
   *ptr = '\0';
   printf("Alter...........(tt.mm.jjjj): ");
   scanf("%2d.%2d.%4d",&atag,&amon,&ajahr);
   printf("Eingestellt am..(tt.mm.jjjj): ");
   scanf("%2d.%2d.%4d",&eintag,&einmon,&einjahr);
   printf("Monatsgehalt................: ");
   scanf("%ld",&gehalt);
   getchar();
   anhaengen(nam, vorn, atag, amon, ajahr, eintag,
      einmon, einjahr, gehalt);
}

int main(void) {
   int wahl;
   char dname[MAX];

   do {
      printf("\n1 : Eingabe\n");
      printf("2 : Ausgabe\n");
      printf("3 : Namen loeschen\n");
      printf("9 : Ende\n");
      printf("Ihre Wahl : ");
      scanf("%d",&wahl);
      getchar();
      switch(wahl) {
         case 1 : eingabe();
                  break;
         case 2 : ausgabe();
                  break;
         case 3 : printf("Der Name zum Loeschen: ");
                  fgets(dname, MAX, stdin);
                  loesche(strtok(dname, "\n"));
                  break;
         case 9 : break;
         default: printf("Falsche Eingabe!!!\n");
      }
```

```
   } while(wahl != 9);
   return EXIT_SUCCESS;
}
```

Dem Programm fehlen noch einige Optionen, und die Optik lässt auch sehr zu wünschen übrig. Auf den nächsten Seiten wird dieses Programm noch erheblich ausgebaut.

21.1.4 Eine vollständige Liste auf einmal löschen

Auch die Funktion, mit der alle Elemente einer Liste auf einmal gelöscht werden können, ist nicht schwierig zu implementieren. Hier der Quellcode:

```
void loesche_alles(void) {
   struct angestellt *zeiger, *zeiger1;

   /* Ist überhaupt eine Liste zum Löschen vorhanden? */
   if(anfang != NULL) {
      /* Es ist eine vorhanden. */
      zeiger=anfang->next;
      while(zeiger != NULL) {
         zeiger1=anfang->next->next;
         anfang->next=zeiger1;
         free(zeiger);
         zeiger=zeiger1;
      }
      /* Jetzt löschen wir erst den Anfang der Liste. */
      free(anfang->next);
      free(anfang);
      anfang=NULL;
      printf("Liste erfolgreich geloescht!!\n");
   }
   else
      fprintf(stderr,"Keine Liste zum Loeschen vorhanden!!\n");
}
```

Zuerst wird überprüft, ob überhaupt eine Liste zum Löschen vorhanden ist. Anschließend bekommt der Zeiger `zeiger` die Adresse des zweiten Elements (siehe Abbildung 21.10).

Jetzt wird mit

```
anfang->next=zeiger1;
```

dem `next`-Zeiger des ersten Elements die Adresse übergeben, auf die `zeiger1` verweist (siehe Abbildung 21.11).

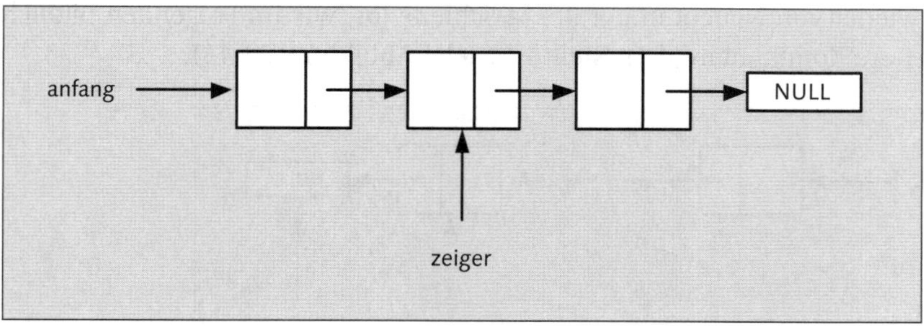

Abbildung 21.10 Zeiger auf das nächste Element vom Anfang

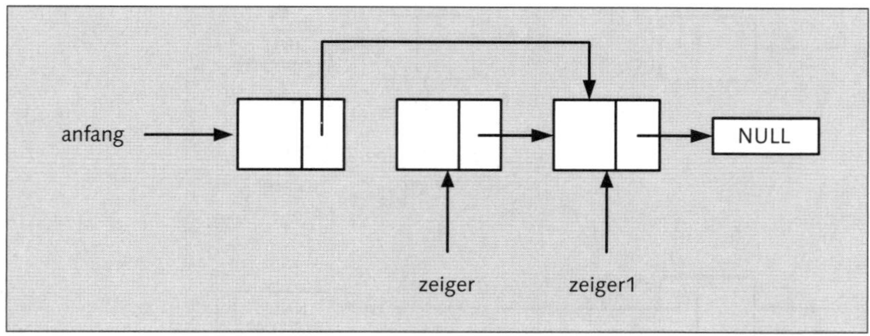

Abbildung 21.11 Zu löschendes Element aushängen

Hiermit wurde das Element mit der Adresse, auf die der Zeiger `zeiger` zeigt, ausgehängt. Jetzt kann der Speicher freigegeben werden:

```
free(zeiger);
```

Mit `free(zeiger)` geben Sie den Speicher für das Element in der Liste endgültig frei. Jetzt bekommt noch der Zeiger `zeiger` die Adresse von `zeiger1`, damit die Liste weiterhin ordentlich verkettet bleibt. Somit sieht es nun folgendermaßen aus (siehe Abbildung 21.12).

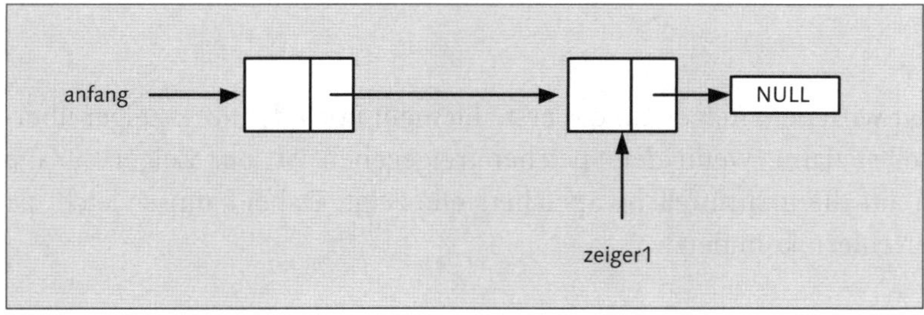

Abbildung 21.12 Speicherplatz wurde freigegeben.

Es geht wieder von Neuem in der `while`-Schleife los, wie im Folgenden bildlich ohne weitere Kommentare dargestellt ist (siehe Abbildung 21.13).

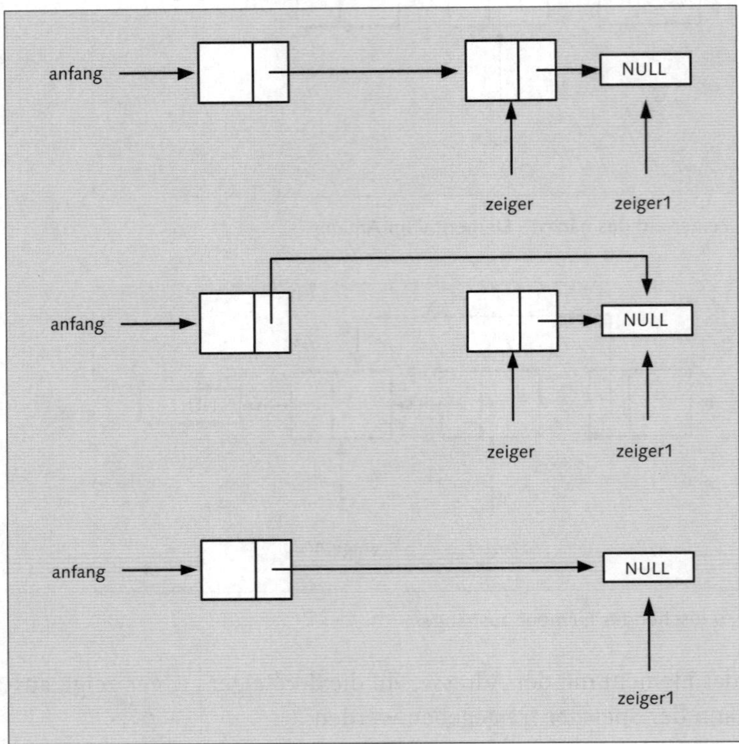

Abbildung 21.13 Den Zeiger wieder auf das nächste Element vom Anfang setzen, dann aushängen und Speicherplatz freigeben

Die Abbruchbedingung für die `while`-Schleife wäre nun erreicht. Der Zeiger `zeiger` verweist jetzt auf `NULL`. Am Ende muss nur noch der Anfang gelöscht werden:

```
free(anfang->next);
free(anfang);
anfang=NULL;
```

Zur Sicherheit wird dem Zeiger auf das erste Element noch der `NULL`-Zeiger übergeben, da selbst dann, wenn der Speicher freigegeben ist, der Zeiger `anfang` immer noch auf die ursprüngliche Speicherstelle zeigt. Dabei kann es leicht zu Programmierfehlern kommen.

21.1.5 Element in die Liste einfügen

Nun folgt eine Funktion zum sortierten Einfügen eines neuen Elements in die Liste. Die Elemente (Nachnamen) sollen alphabetisch eingefügt werden. Dazu gibt es folgende vier Möglichkeiten, die beim Einfügen eines neuen Elements auftreten können:

1. Es ist noch kein Element in der Liste vorhanden, und das eingegebene ist das erste Element.
2. Das eingegebene Element ist das *größte* und wird somit hinten angehängt.
3. Das eingegebene Element ist das *kleinste* und wird ganz an den Anfang eingefügt.
4. Die letzte Möglichkeit ist gleichzeitig auch die schwierigste. Das Element muss irgendwo in der Mitte eingefügt werden.

Die folgende Funktion überprüft, welche der Möglichkeiten zutrifft, und führt dann entsprechende Arbeiten aus. Zuerst der Funktionskopf:

```
void sortiert_eingeben(char *n, char *v, int at, int am,
                       int aj, int et, int em, int ej, long geh) {
   struct angestellt *zeiger, *zeiger1;
```

Jetzt muss überprüft werden, ob überhaupt ein Element in der Liste vorhanden ist:

```
   if(anfang == NULL)
      anhaengen(n,v,at,am,aj,et,em,ej,geh);
```

Falls noch kein Element in der Liste vorhanden ist, wird die Funktion `anhaengen()` mit entsprechenden Argumenten aufgerufen.

Es befindet sich bereits mindestens ein Element in der Liste. Somit beginnt die Suche danach mit:

```
   zeiger=anfang;
   while(zeiger != NULL && (strcmp(zeiger->name,n) < 0))
      zeiger=zeiger->next;
```

Die einzelnen Elemente in der Liste werden so lange durchlaufen, bis entweder das Ende erreicht ist (`zeiger == NULL`) oder bis das neue Element größer oder gleich dem Namen ist, auf den der `zeiger` verweist. Auf jeden Fall wird die Schleife unterbrochen. Jetzt muss überprüft werden, warum die Schleife abgebrochen wurde. Zuerst wird nachgesehen, ob keine Übereinstimmung stattgefunden hat, und das neue Element somit ganz hinten angehängt wird:

```
   if(zeiger == NULL)
      anhaengen(n,v,at,am,aj,et,em,ej,geh);
```

In diesem Fall ist das neue Element das größte und wird mit der Funktion `anhaengen()` am Ende angefügt.

Die nächste Möglichkeit: Das neue Element ist das kleinste und muss ganz an den Anfang der Liste platziert werden:

```
else if(zeiger == anfang) {
   anfang=malloc(sizeof(struct angestellt));
   strcpy(anfang->name,n);
   strcpy(anfang->vorname,v);
   anfang->alter.tag=at;
   anfang->alter.monat=am;
   anfang->alter.jahr=aj;
   anfang->eingest.tag=et;
   anfang->eingest.monat=em;
   anfang->eingest.jahr=ej;
   anfang->gehalt=geh;
   anfang->next=zeiger;
}
```

Dies sieht bildlich folgendermaßen aus:

```
else if(zeiger == anfang)
```

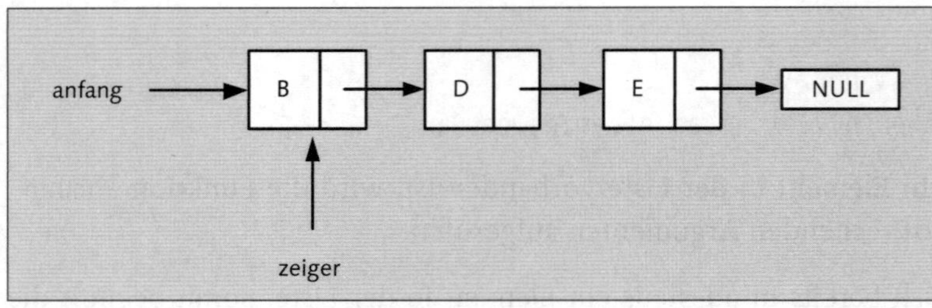

Abbildung 21.14 Ein neues Element wird am Anfang eingefügt.

```
anfang=malloc(sizeof(struct angestellt));
```

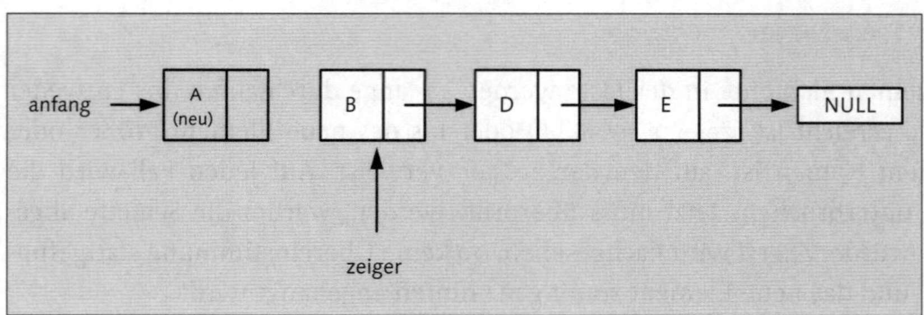

Abbildung 21.15 Für das neue Element wird Speicherplatz reserviert.

```
anfang->next=zeiger;
```

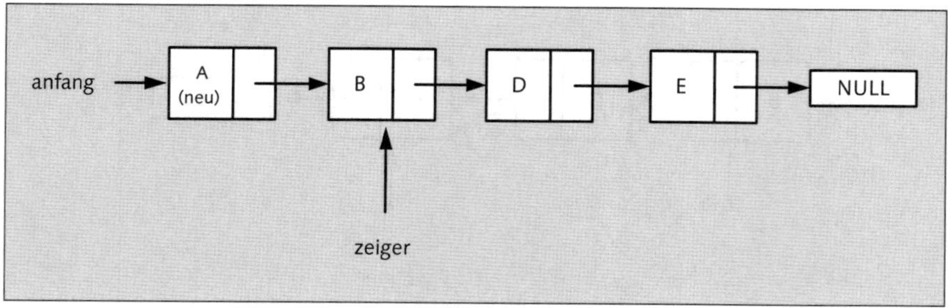

Abbildung 21.16 Das neue Element wird am Anfang eingefügt.

Jetzt fehlt noch die schwierigste Möglichkeit: Das Element muss irgendwo in der Mitte eingefügt werden:

```
else {
   zeiger1=anfang;

   /* Wir suchen das Element, das vor dem Zeiger
    * zeiger steht. */
   while(zeiger1->next != zeiger)
      zeiger1=zeiger1->next;

   zeiger=malloc(sizeof(struct angestellt));
   strcpy(zeiger->name,n);
   strcpy(zeiger->vorname,v);
   zeiger->alter.tag=at;
   zeiger->alter.monat=am;
   zeiger->alter.jahr=aj;
   zeiger->eingest.tag=et;
   zeiger->eingest.monat=em;
   zeiger->eingest.jahr=ej;
   zeiger->gehalt=geh;

   /* Wir fügen das neue Element ein. */
   zeiger->next=zeiger1->next;
   zeiger1->next=zeiger;
}
```

Als Beispiel wird ein neues Element zwischen dem zweiten und dem dritten Element eingefügt. Bildlich ergibt sich dadurch folgender Stand (siehe Abbildung 21.17).

Der Zeiger `zeiger` verweist somit auf das dritte Element. Jetzt wird mit

```
while(zeiger1->next != zeiger)
   zeiger1=zeiger1->next;
```

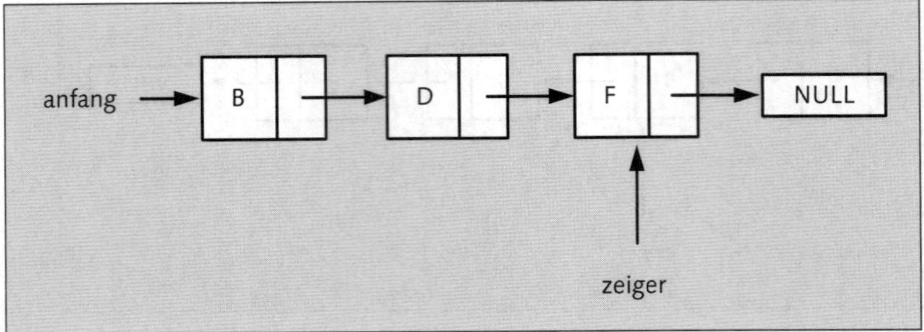

Abbildung 21.17 Ein Zeiger befindet sich eine Position hinter dem neuen Element, das eingefügt werden soll.

die Adresse des Elements ermittelt, das vor dem Zeiger `zeiger` steht:

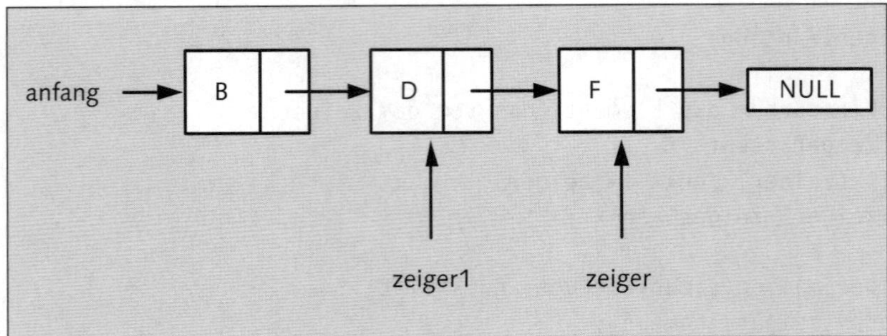

Abbildung 21.18 Ein Zeiger befindet sich jetzt vor dem einzufügenden Element.

Für das neue Element wird jetzt zunächst Speicherplatz benötigt:

```
zeiger=malloc(sizeof(struct angestellt));
```

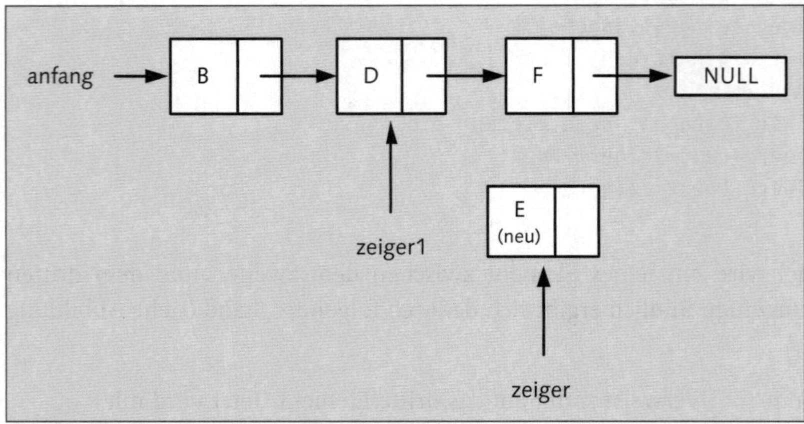

Abbildung 21.19 Speicherplatz für das neu einzufügende Element reservieren

Nun muss das neue Element in die Liste eingehängt werden. Dies geschieht in zwei Schritten: Der `next`-Zeiger des neuen Elements bekommt die Adresse, auf die auch der `next`-Zeiger von `zeiger1` verweist:

```
zeiger->next=zeiger1->next;
```

Es ergibt sich folgendes Bild:

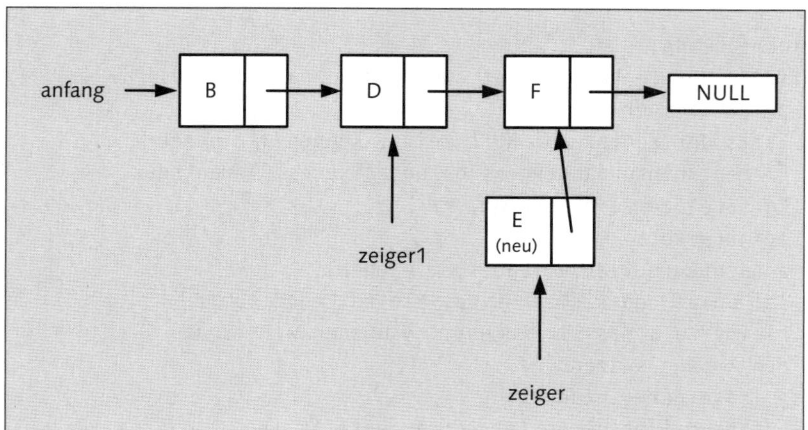

Abbildung 21.20 So lassen Sie den »next«-Zeiger des neuen Elements auf die Adresse des »next«-Zeigers seines Vorgängers verweisen.

Jetzt muss noch der `next`-Zeiger von `zeiger1` auf die Adresse des neuen Elements zeigen:

```
zeiger1->next=zeiger
```

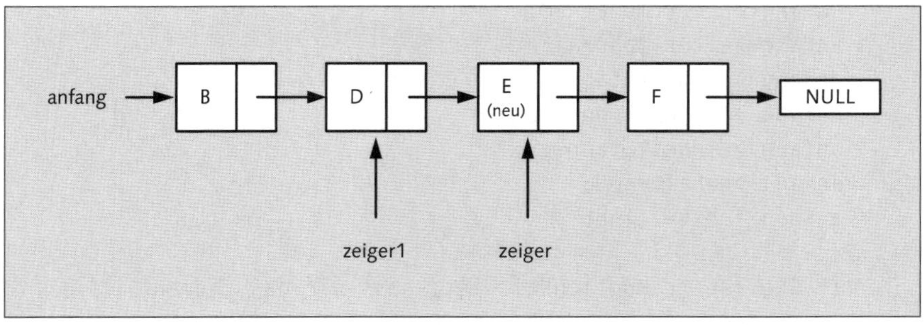

Abbildung 21.21 So lassen Sie den »next«-Zeiger des Vorgängers auf das neue Element verweisen.

Hier sehen Sie die vollständige Funktion `sortiert_eingeben()`:

```
void sortiert_eingeben(char *n, char *v, int at, int am, int aj,
                       int et, int em, int ej, long geh) {
```

```
struct angestellt *zeiger, *zeiger1;

/* Ist es das 1. Element der Liste? */
if(anfang==NULL)
   anhaengen(n,v,at,am,aj,et,em,ej,geh);
/* Es ist nicht das 1. Element. Wir suchen so lange, bis das
 * gesuchte Element gefunden wird oder wir auf NULL stoßen */
else {
   zeiger=anfang;
   while(zeiger != NULL && (strcmp(zeiger->name,n) < 0))
      zeiger=zeiger->next;
   /* Falls der Zeiger auf NULL zeigt, können wir unser
    * Element hinten anhängen, da unser neues Element das
    * "größte" zu sein scheint. */
   if(zeiger==NULL)
      anhaengen(n,v,at,am,aj,et,em,ej,geh);
   /* Ist unser neues Element das kleinste und somit
    * kleiner als das 1. Element, so müssen wir es an
    * den Anfang setzen. */
   else if(zeiger==anfang) {
      anfang=malloc(sizeof(struct angestellt));
      if(NULL == anfang) {
         fprintf(stderr, "Kein Speicher\n");
         return;
      }
      strcpy(anfang->name,strtok(n, "\n"));
      strcpy(anfang->vorname,strtok(v, "\n"));
      anfang->alter.tag=at;
      anfang->alter.monat=am;
      anfang->alter.jahr=aj;
      anfang->eingest.tag=et;
      anfang->eingest.monat=em;
      anfang->eingest.jahr=ej;
      anfang->gehalt=geh;
      anfang->next=zeiger;
         }
      /* Die letzte Möglichkeit ist, dass wir das Element
       * irgendwo in der Mitte einfügen müssen. */
      else {
         zeiger1=anfang;
         /* Wir suchen das Element, das vor dem
          * Zeiger zeiger steht. */
         while(zeiger1->next != zeiger)
            zeiger1=zeiger1->next;
         zeiger=malloc(sizeof(struct angestellt));
```

```
         if(NULL == zeiger) {
            fprintf(stderr, "Kein Speicher");
            return;
         }
         strcpy(zeiger->name,strtok(n, "\n"));
         strcpy(zeiger->vorname,strtok(v, "\n"));
         zeiger->alter.tag=at;
         zeiger->alter.monat=am;
         zeiger->alter.jahr=aj;
         zeiger->eingest.tag=et;
         zeiger->eingest.monat=em;
         zeiger->eingest.jahr=ej;
         zeiger->gehalt=geh;
         /* Wir fügen das neue Element ein. */
         zeiger->next=zeiger1->next;
         zeiger1->next=zeiger;
      } //Ende else
   } //Ende else
}
```

Das Programm wird in den nächsten Abschnitten noch verwendet und erweitert. Den kompletten Quellcode des Programms bis hierher (*linear_list3.c*) können Sie von *http://www.pronix.de/* herunterladen oder – noch besser – Sie versuchen diese Funktion selbst einzubauen.

21.2 Doppelt verkettete Listen

Im Gegensatz zu den einfach verketteten Listen haben doppelt verkettete Listen zusätzlich noch einen Zeiger auf den Vorgänger. Soll z. B. erst ein Element in der Liste gelöscht werden und wird gleich darauf auf den Vorgänger des gelöschten Elements zugegriffen, müsste bei der einfach verketteten Liste der vollständige Satz von Neuem durchlaufen werden. Mit der doppelt verketteten Liste kann hingegen sofort auf den Vorgänger zugegriffen werden.

Zur Realisierung doppelt verketteter Listen muss nur der Struktur bei der Deklaration ein weiterer Zeiger hinzugefügt werden:

```
struct angestellt{
   char name[20];
   char vorname[20];
   struct datum alter;
   struct datum eingest;
   long gehalt;
   struct angestellt *next;       /* Nachfolger */
```

```
   struct angestellt *previous;   /* Vorgänger */
};
```

Außerdem sollten Sie noch einen Zeiger auf das letzte Element definieren. Wird z. B. nach einem Namen mit dem Anfangsbuchstaben »Z« gesucht, wäre es doch reine Zeitverschwendung, die Liste von vorn zu durchlaufen. Also gäbe es noch folgende Angaben:

```
struct angestellt *anfang;
struct angestellt *ende;
```

Die Initialisierung mit NULL soll gleich in eine Funktion verpackt werden:

```
void start(void) {
   anfang = ende = NULL;
}
```

So sieht die Struktur jetzt mit dem Extra-Zeiger auf seinen Vorgänger aus (siehe Abbildung 21.22).

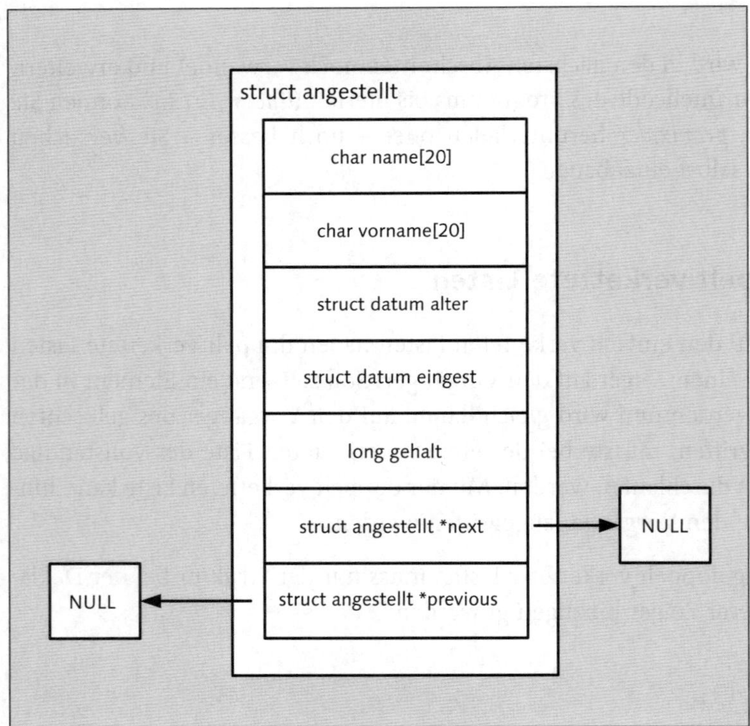

Abbildung 21.22 Struktur einer doppelt verketteten Liste

Bevor all dies in die Praxis umgesetzt wird, noch schnell ein Bild dazu, wie Sie sich eine doppelt verkettete Liste vorstellen können (siehe Abbildung 21.23).

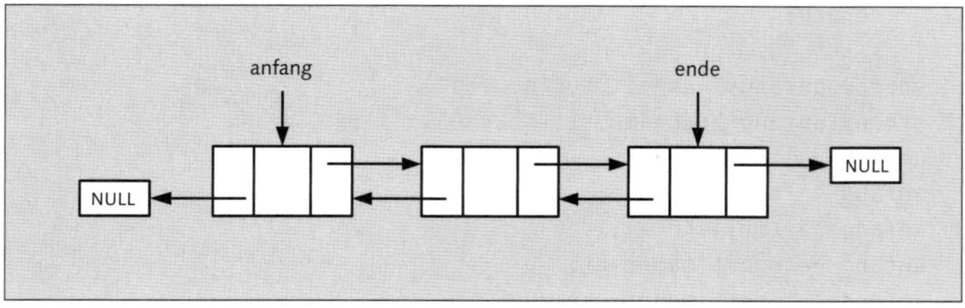

Abbildung 21.23 Doppelt verkettete Liste

Auf den kommenden Seiten werden die Funktionen, die im Abschnitt über die einfach verketteten Listen verwendet wurden, umgeschrieben, damit diese mit doppelt verketteten Listen eingesetzt werden können. Sie müssen dabei immer darauf achten, dass jetzt jedes Element in der Liste auch einen Vorgänger besitzt.

Wir beginnen mit der Funktion `anhaengen()`:

```
void anhaengen(char *n, char *v, int at, int am, int aj,
               int eint, int einm, int einj, long g) {
   /* Zeiger zum Zugriff auf die einzelnen Elemente
    * der Struktur */
   struct angestellt *zeiger, *zeiger1;

   /* Wurde schon Speicher für den ende-Zeiger bereitgestellt? */
   if(ende == NULL) {
      if((ende=malloc(sizeof(struct angestellt))) == NULL) {
         printf("Konnte keinen Speicherplatz für ende "
                "reservieren\n");
                return;
      }
   }

   /* Wir fragen ab, ob es schon ein Element in der Liste gibt.
    * Wir suchen das Element, auf das unser Zeiger *anfang
    * zeigt. Falls *anfang immer noch auf NULL zeigt, bekommt
    * *anfang die Adresse unseres 1. Elements und ist somit der
    * Kopf (Anfang) unserer Liste. */
   if(anfang == NULL) {
      /* Wir reservieren Speicherplatz für unsere
       * Struktur für das erste Element der Liste. */

      if((anfang =malloc(sizeof(struct angestellt))) == NULL) {
         fprintf(stderr,"Kein Speicherplatz vorhanden "
                        "fuer anfang\n");
```

```
         return;
      }
      strcpy(anfang->name,strtok(n, "\n"));
      strcpy(anfang->vorname,strtok(v, "\n"));
      anfang->alter.tag=at;
      anfang->alter.monat=am;
      anfang->alter.jahr=aj;
      anfang->eingest.tag=eint;
      anfang->eingest.monat=einm;
      anfang->eingest.jahr=einj;
      anfang->gehalt=g;
```

Bis hierhin stellt diese Funktion nichts Neues dar. Es wird davon ausgegangen, dass sich noch kein Element in der Liste befindet, und Sie fügen nun das erste Element ein:

```
      anfang->next=NULL;
      ende=anfang;
      ende->previous=NULL;
   }
```

Der `next`-Zeiger vom ersten Element zeigt zunächst auf gar nichts (`NULL`). Der `ende`-Zeiger, der auf das letzte Element verweist, zeigt am Anfang zunächst auf das erste Element, das gleichzeitig ja auch das letzte der Liste ist. Der `previous`-Zeiger, der auf den Vorgänger zeigen soll, verweist ebenso auf `NULL`. Genauso gut hätten Sie anstatt `ende->previous=NULL` auch `anfang->previous=NULL` schreiben können. Beides hätte denselben Effekt gehabt.

Kommen wir jetzt zur zweiten Möglichkeit – das neue Element wird hinten angehängt:

```
   else {
      zeiger=anfang;    /* Wir zeigen auf das 1. Element. */
      while(zeiger->next != NULL)
         zeiger=zeiger->next;
      /* Wir reservieren einen Speicherplatz für das letzte
       * Element der Liste und hängen es an. */
      if((zeiger->next =
        malloc(sizeof(struct angestellt))) == NULL) {

         fprintf(stderr, "Kein Speicherplatz fuer "
                         "letztes Element\n");
         return;
      }
      zeiger1=zeiger;
```

```
    zeiger=zeiger->next; /* zeiger auf neuen Speicherplatz */
    strcpy(zeiger->name,strtok(n, "\n"));
    strcpy(zeiger->vorname,strtok(v, "\n"));
    zeiger->alter.tag=at;
    zeiger->alter.monat=am;
    zeiger->alter.jahr=aj;
    zeiger->eingest.tag=eint;
    zeiger->eingest.monat=einm;
    zeiger->eingest.jahr=einj;
    zeiger->gehalt=g;
```

Auch am Anfang bleibt beim Hintenanhängen alles beim Alten – bis auf den `zeiger1`, der wie `zeiger` auf das momentan (noch) letzte Element zeigt. Anschließend verweist man den Zeiger `zeiger` auf den neuen Speicherplatz, der zuvor mit `malloc()` reserviert wurde (siehe Abbildung 21.24).

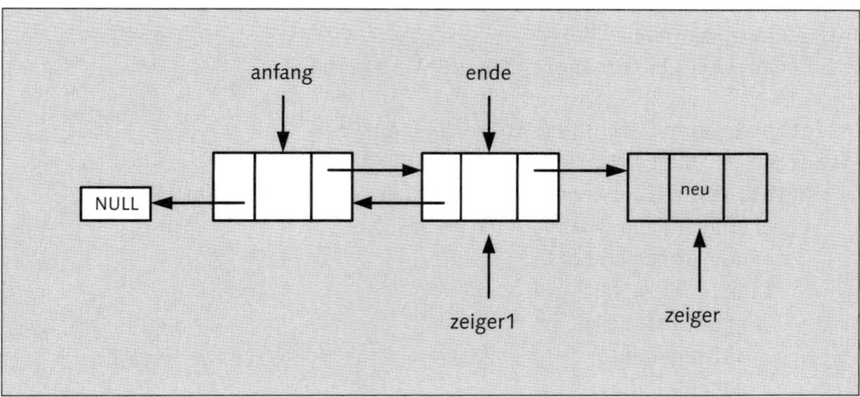

Abbildung 21.24 Ein neues Element wurde hinten mit einfacher Verkettung angefügt.

Die weiteren Schritte zum Einfügen des neuen Elements sind:

```
    zeiger->next=NULL;
    ende=zeiger;
    zeiger->previous=zeiger1;
    zeiger1->next=zeiger;
}
```

Der `next`-Zeiger des neuen Elements bekommt den `NULL`-Zeiger. Der `ende`-Zeiger verweist auf das neue Element, da es das letzte Element in der Liste ist. Zusätzlich bekommt das neue Element auch die Adresse des Vorgängers, auf die `zeiger1` verweist. Und `zeiger1->next` bekommt noch die Adresse des neuen Elements `zeiger` übergeben. Somit ergibt sich folgendes Bild:

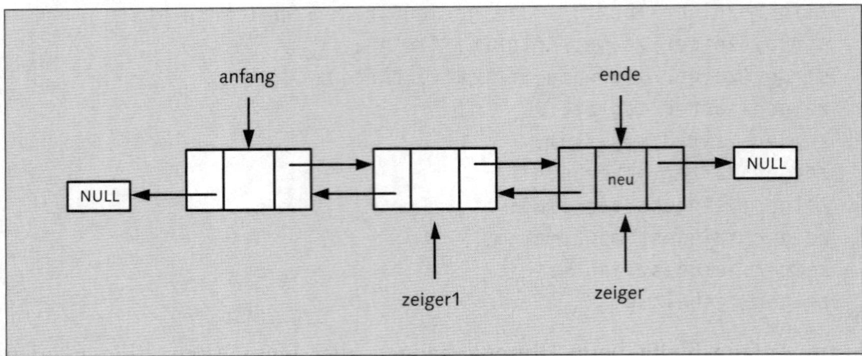

Abbildung 21.25 Ein neues Element wurde hinten mit doppelter Verkettung angefügt.

Schwieriger wird die nächste Funktion, nämlich das Löschen eines Elements in der Liste:

```
void loesche(char *wen) {
   struct angestellt *zeiger, *zeiger1, *zeiger2;

   /* Ist überhaupt ein Element vorhanden? */
   if(anfang != NULL) {
      /* Ist unser 1. Element das von uns gesuchte (wen[])? */
      if(strcmp(anfang->name,wen) == 0) {
         zeiger=anfang->next;
         if(zeiger == NULL) {
            free(anfang);
            anfang=NULL;
            ende=NULL;
            return;
         }
         zeiger->previous=NULL;
         free(anfang);
         anfang=zeiger;
      }
```

Die erste Möglichkeit: Das erste Element ist das gesuchte und soll gelöscht werden. Als Erstes lassen Sie einen Zeiger auf die zukünftige Anfangsdatei zeigen – natürlich vorausgesetzt, es ist mehr als ein Element vorhanden. Falls nicht (`if(zeiger == NULL)`), wird die Anweisung der `if`-Bedingung aktiv. Abbildung 21.26 zeigt den momentanen Stand.

Es wird davon ausgegangen, dass bereits mehrere Elemente in der Liste vorhanden sind. Also folgt nur noch:

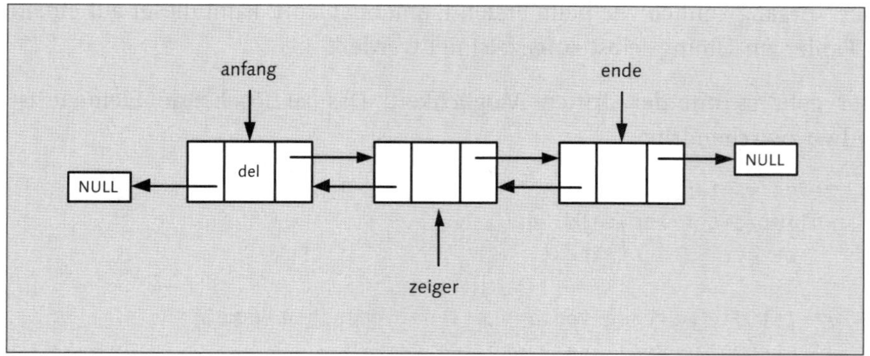

Abbildung 21.26 Das erste Element in der Liste (»anfang«) soll gelöscht werden.

```
zeiger->previous=NULL;
free(anfang);
anfang=zeiger;
```

... und schon ist das erste Element in der Liste gelöscht:

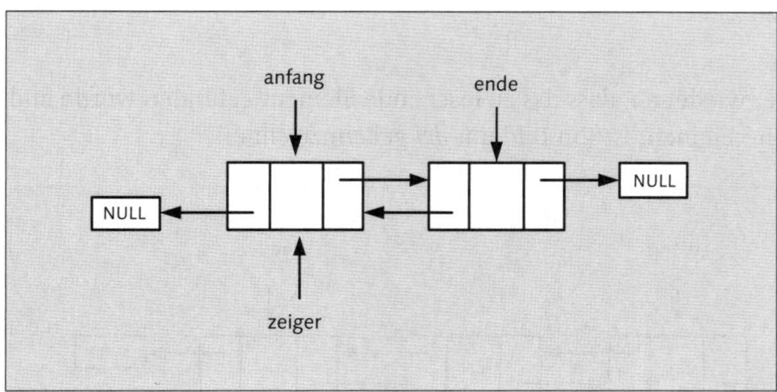

Abbildung 21.27 Das erste Element in der Liste wurde gelöscht.

Die zweite Möglichkeit ist, dass das zu löschende Element das letzte in der Liste ist:

```
else if(strcmp(ende->name,wen) == 0) {
   zeiger=ende->previous;
   zeiger->next=NULL;
   zeiger1=ende;
   ende=zeiger;
   free(zeiger1);
}
```

Da der Vorgang ähnlich wie beim ersten Element abläuft, kann dieser auf einem Blatt Papier zur Übung selbst aufgezeichnet werden.

Weiter geht es mit der dritten Möglichkeit: Das zu löschende Element ist irgendwo zwischendrin:

```
zeiger=anfang;
while(zeiger->next != NULL) {
   zeiger1=zeiger->next;

/* Ist die Adresse von zeiger1 der gesuchte Name? */
if(strcmp(zeiger1->name,wen) == 0) {
   /* Falls ja, dann ... */
   zeiger->next=zeiger1->next;
   zeiger2=zeiger1->next;
   zeiger2->previous=zeiger;
   free(zeiger1);
   break;
}
zeiger=zeiger1;
}
```

Wir nehmen hier wieder an, dass das zu löschende Element gefunden wurde und dass es das zweite Element ist (im Bild mit *del* gekennzeichnet):

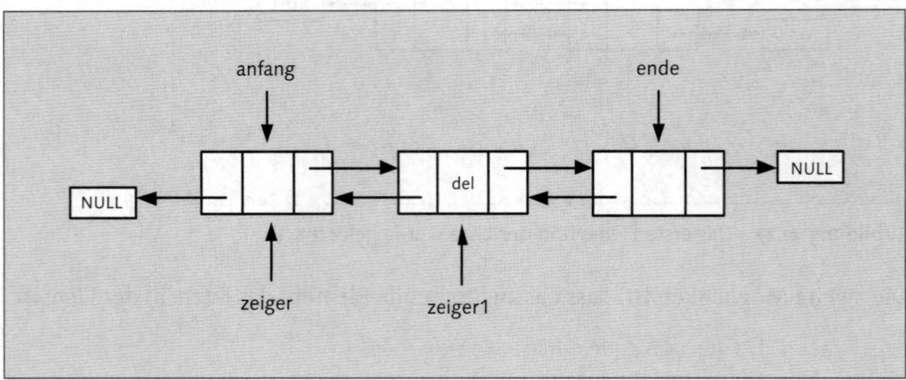

Abbildung 21.28 Das Element, auf das »zeiger1« verweist, soll gelöscht werden.

`zeiger1` verweist auf das zu löschende Element. Dieses Element muss jetzt ausgehängt werden. Die weiteren Schritte sind somit:

```
zeiger->next=zeiger1->next;
```

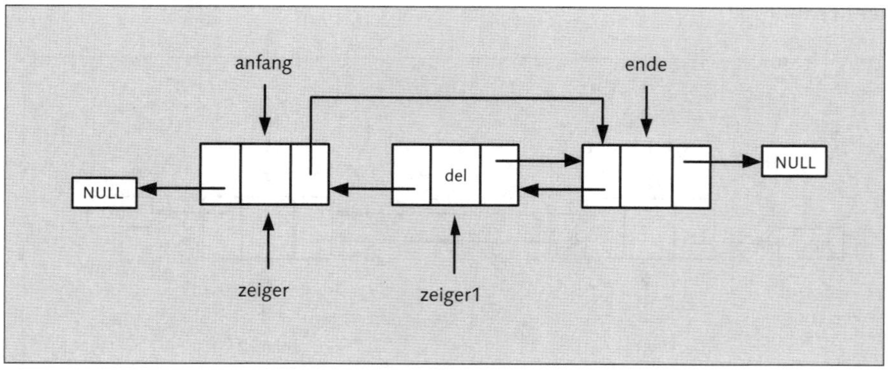

Abbildung 21.29 Zu löschendes Element zum Teil aushängen

```
zeiger2=zeiger1->next;
```

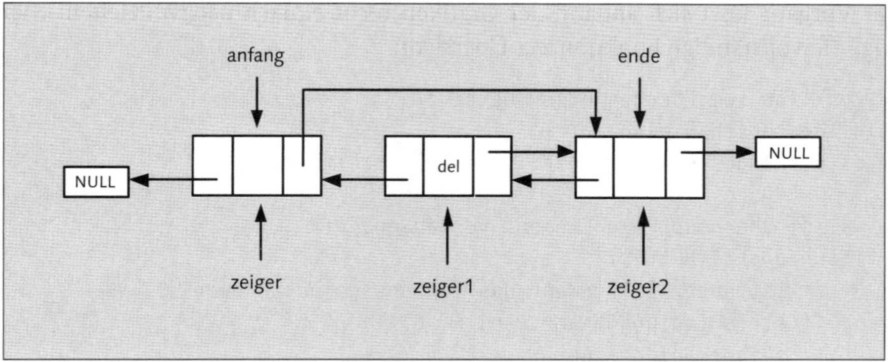

Abbildung 21.30 Ein Zeiger auf den Vorgänger des zu löschenden Elements

```
zeiger2->previous=zeiger;
```

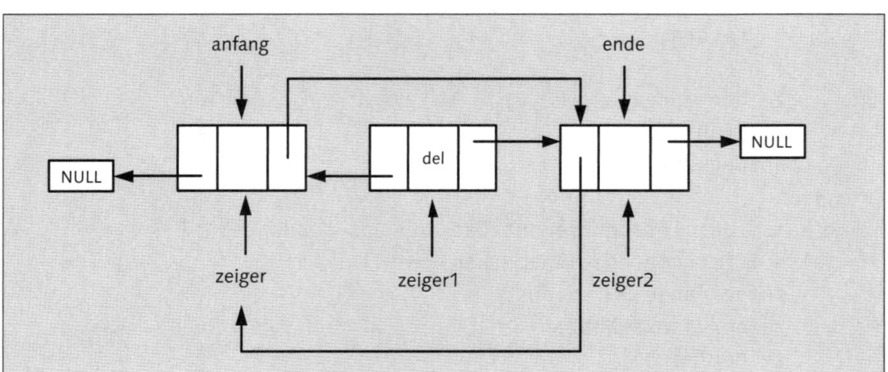

Abbildung 21.31 Das zu löschende Element wurde komplett ausgehängt.

```
free(zeiger1);
```

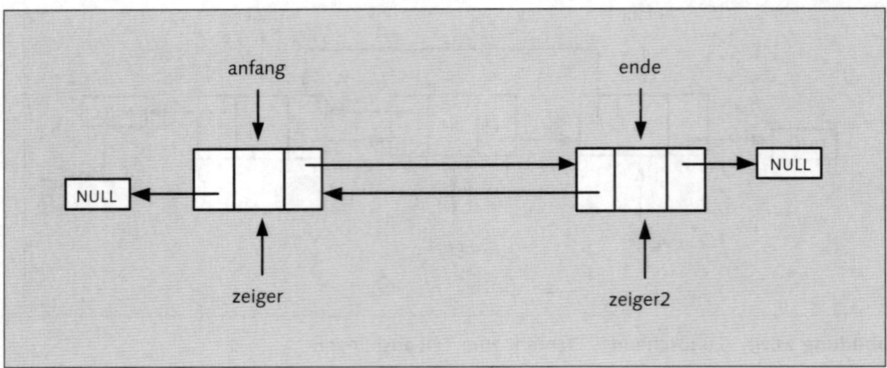

Abbildung 21.32 Speicherplatz freigegeben

Der Vorgang lässt sich anhand der Grafiken recht einfach nachvollziehen. Hier folgt die vollständige Funktion zur Übersicht:

```
/* Funktion zum Löschen einer Datei */
void loesche(char *wen) {
   struct angestellt *zeiger, *zeiger1, *zeiger2;

   /* Ist überhaupt ein Element vorhanden? */
   if(anfang != NULL) {
      /* Ist unser 1. Element das von uns gesuchte (wen[])? */
      if(strcmp(anfang->name,wen) == 0) {
         zeiger=anfang->next;
         if(zeiger == NULL) {
            free(anfang);
            anfang=NULL;
            ende=NULL;
            return;
         }
         zeiger->previous=NULL;
         free(anfang);
         anfang=zeiger;
      }
      /* Ist das letzte Element das von uns gesuchte? */
      else if(strcmp(ende->name,wen) == 0) {
         zeiger=ende->previous;
         zeiger->next=NULL;
         zeiger1=ende;
         ende=zeiger;
         free(zeiger1);
      }
```

```
      else {
         /* Es ist nicht das 1. Element zu löschen.
          * Wir suchen in der weiteren Kette, ob das zu
          * löschende Element vorhanden ist. */
         zeiger=anfang;
         while(zeiger->next != NULL) {
            zeiger1=zeiger->next;
            /* Ist die Adresse von zeiger1
             * der gesuchte Name? */
            if(strcmp(zeiger1->name,wen) == 0) {
               /* Falls ja, dann ... */
               zeiger->next=zeiger1->next;
               zeiger2=zeiger1->next;
               zeiger2->previous=zeiger;
               free(zeiger1);
               break;
            }
            zeiger=zeiger1;
         }
      }
   }
   else
      printf("Es sind keine Daten zum Loeschen vorhanden!!!\n");
}
```

Die Funktionen `eingabe()` und `ausgabe()` müssen nicht verändert werden.

Die Funktion `loesche_alles()` ist ebenfalls relativ einfach umzuschreiben. Es muss lediglich die ganze Liste durchlaufen werden, und dabei müssen alle bis auf das erste und letzte Element gelöscht werden:

```
void loesche_alles(void) {
   struct angestellt *zeiger, *zeiger1;

   /* Ist überhaupt eine Liste zum Löschen vorhanden? */
   if(anfang != NULL) {
      /* Es ist eine vorhanden ... */
      zeiger=anfang->next;
      while(zeiger != NULL) {
         zeiger1=anfang->next->next;
         if(zeiger1 == NULL)
            break;
         anfang->next=zeiger1;
         zeiger1->previous=anfang;
         free(zeiger);
```

```
        zeiger=zeiger1;
    }
```

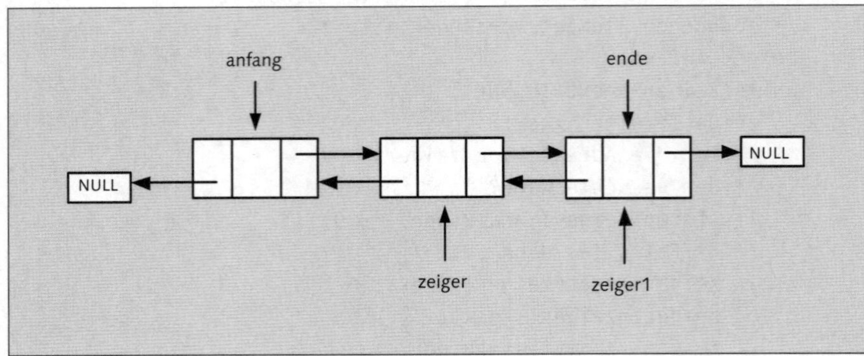

Abbildung 21.33 Momentane Zeigerstellung der Funktion »loesche_alles()«

Die `if`-Abfrage, ob der Zeiger `zeiger1` auf `NULL` zeigt, wird als Abbruchbedingung benutzt, da – falls das wahr sein sollte – nur noch zwei Elemente in der Liste vorhanden sind. Genauso gut hätten Sie dies mit der `while`-Abfrage vornehmen können: `while(zeiger->next != NULL)`. Zu dieser Funktion sehen wir uns den Ablauf an. Zuerst wird das Element, auf das `zeiger` verweist, ausgehängt:

```
anfang->next=zeiger1;
zeiger1->previous=anfang;
```

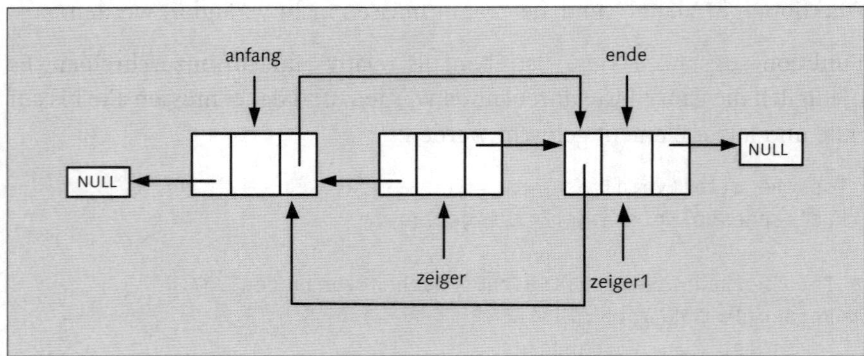

Abbildung 21.34 Zu löschendes Element aushängen

Danach kann der Speicherplatz, auf den `zeiger` zeigt, mit `free()` freigegeben werden. Es ergibt sich in Abbildung 21.35.

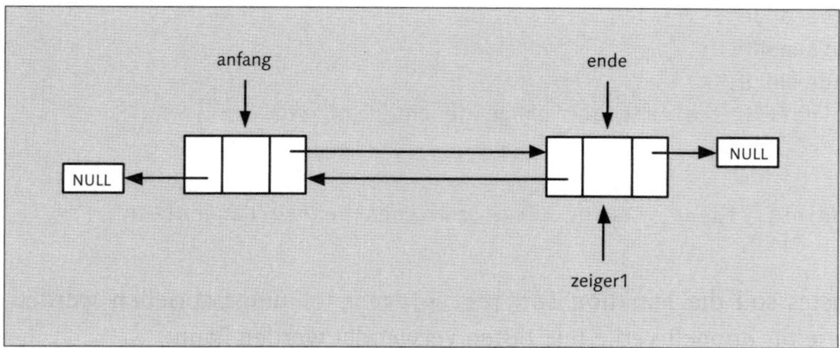

Abbildung 21.35 Speicherplatz wurde freigegeben.

Hier endet die `while`-Schleife, da `zeiger1=anfang->next->next` jetzt auf `NULL` zeigt. Jetzt müssen nur noch die letzten beiden Elemente in der Liste gelöscht werden:

```
free(anfang);
free(ende);
anfang=NULL;
ende=NULL;
```

Dazu müssen Sie den Speicherplatz freigeben, auf den `anfang` und `ende` zeigen. Anschließend bekommen die Zeiger `anfang` und `ende` den `NULL`-Zeiger. Die Funktion `loesche_alles()` sieht komplett so aus:

```
void loesche_alles(void) {
   struct angestellt *zeiger, *zeiger1;

   /* Ist überhaupt eine Liste zum Löschen vorhanden? */
   if(anfang != NULL) {
      /* Es ist eine vorhanden ... */
      zeiger=anfang->next;
      while(zeiger != NULL) {
         zeiger1=anfang->next->next;
         if(zeiger1 == NULL)
            break;
         anfang->next=zeiger1;
         zeiger1->previous=anfang;
         free(zeiger);
         zeiger=zeiger1;
      }

      /* Jetzt löschen wir erst den Anfang der Liste und
       * dann das Ende der Liste. */
      free(anfang);
```

```
      free(ende);
      anfang=NULL;
      ende=NULL;
      printf("Liste erfolgreich geloescht!!\n");
   }
   else
      fprintf(stderr, "Keine Liste zum Loeschen vorhanden!!\n");
}
```

Als Nächstes soll die Funktion sortiert_eingeben() umgeschrieben werden, damit diese für doppelt verkettete Listen verwendet werden kann:

```
void sortiert_eingeben(char *n, char *v, int at, int am,
                       int aj, int et, int em, int ej,
                       long geh) {
   struct angestellt *zeiger, *zeiger1;

   /* Ist es das 1. Element der Liste? */
   if(anfang==NULL)
      anhaengen(n,v,at,am,aj,et,em,ej,geh);
   /* Es ist nicht das 1. Element. Wir suchen nun so lange, bis
    * das gesuchte Element gefunden wird oder wir auf NULL
    * stoßen. */
   else {
      zeiger=anfang;
      while(zeiger != NULL && (strcmp(zeiger->name,n) < 0 ) )
         zeiger=zeiger->next;
      /* Falls der Zeiger auf NULL zeigt, können wir
       * unser Element hinten anhängen, da unser neues Element
       * das "größte" zu sein scheint. */
      if(zeiger==NULL)
         anhaengen(n,v,at,am,aj,et,em,ej,geh);
      /* Ist unser neues Element das kleinste und somit
       * kleiner als das 1. Element, so müssen wir es an den
       * Anfang hängen. */
      else if(zeiger == anfang) {
         anfang=malloc(sizeof(struct angestellt));
         if(NULL == anfang) {
            fprintf(stderr, "Kein Speicherplatz vorhanden!!!\n");
            return;
         }
         strcpy(anfang->name,strtok(n, "\n") );
         strcpy(anfang->vorname,strtok(v, "\n") );
         anfang->alter.tag=at;
         anfang->alter.monat=am;
```

```
      anfang->alter.jahr=aj;
      anfang->eingest.tag=et;
      anfang->eingest.monat=em;
      anfang->eingest.jahr=ej;
      anfang->gehalt=geh;
      anfang->next=zeiger;
      anfang->previous=NULL;
   }
```

Die Erklärung dafür, ob es sich hier um das einzige, das erste oder das letzte Element der Liste handelt, können Sie bei der Funktion `anhaengen()` in Abschnitt 21.1, »Lineare Listen (einfach verkettete Listen)«, nachlesen. Viel interessanter ist es, wie ein Element irgendwo dazwischen eingefügt wird. Hier sehen Sie zunächst den weiteren Codeverlauf:

```
   else {
      zeiger1=anfang;
      /* Wir suchen das Element, das vor dem
       * Zeiger zeiger steht. */
      while(zeiger1->next != zeiger)
         zeiger1=zeiger1->next;
      zeiger=malloc(sizeof(struct angestellt));
      if(NULL == zeiger) {
         fprintf(stderr, "Kein Speicherplatz vorhanden!!!\n");
         return;
      }
      strcpy(zeiger->name, strtok(n, "\n") );
      strcpy(zeiger->vorname, strtok(v, "\n") );
      zeiger->alter.tag=at;
      zeiger->alter.monat=am;
      zeiger->alter.jahr=aj;
      zeiger->eingest.tag=et;
      zeiger->eingest.monat=em;
      zeiger->eingest.jahr=ej;
      zeiger->gehalt=geh;
      /* Wir fügen das neue Element ein */
      zeiger->next=zeiger1->next;
      zeiger->previous=zeiger1;
      zeiger1->next=zeiger;
      zeiger1->next->previous=zeiger;
   } /* Ende else */
```

Wir gehen davon aus, dass die Position für das neue Element bereits ermittelt wurde und dass sich `zeiger1` vor diesem Element befindet. Somit ergibt sich folgender Zustand:

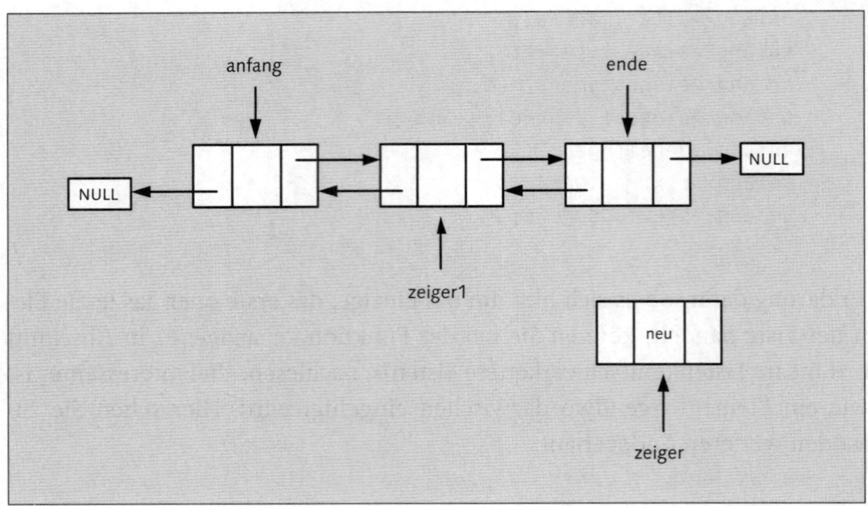

Abbildung 21.36 Neues Element einfügen

Jetzt soll das neue Element, auf das `zeiger` verweist, zwischen dem zweiten und dem dritten Element eingefügt werden. Die weiteren Schritte sind:

```
zeiger->next=zeiger1->next;
```

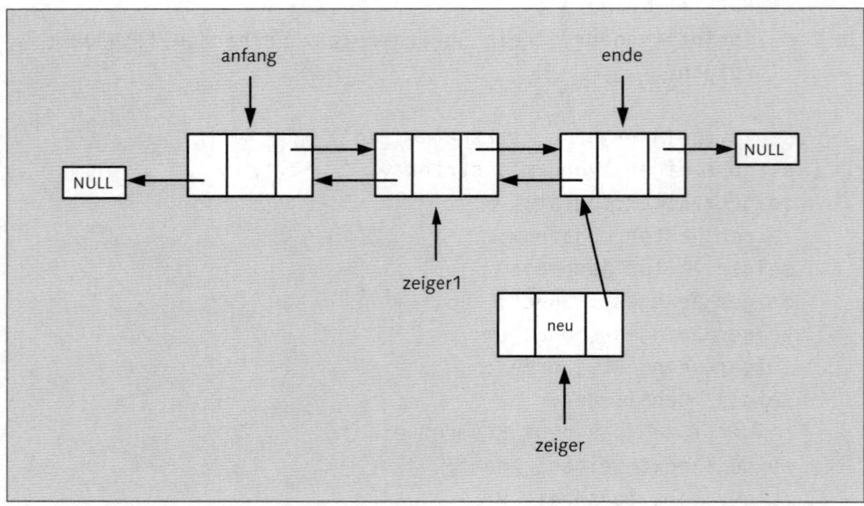

Abbildung 21.37 Zeiger auf den Nachfolger des neuen Elements

```
zeiger->previous=zeiger1;
```

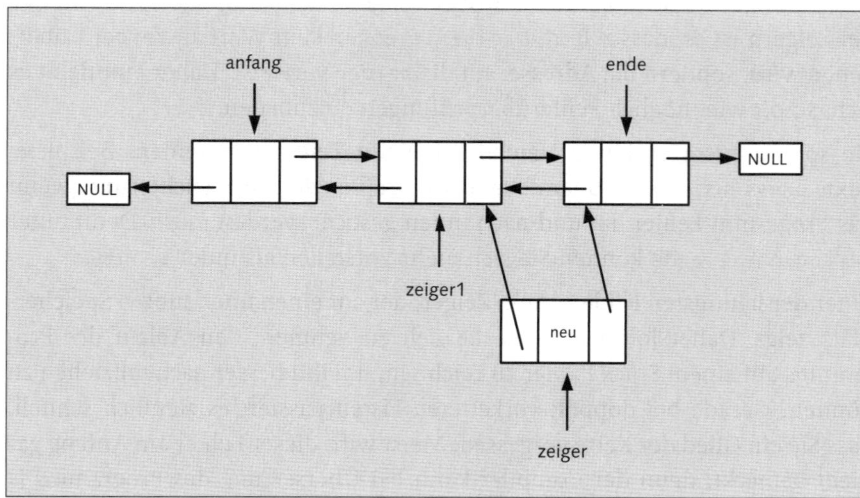

Abbildung 21.38 Zeiger auf den Vorgänger des neuen Elements

```
zeiger1->next=zeiger;
zeiger1->next->previous=zeiger;
```

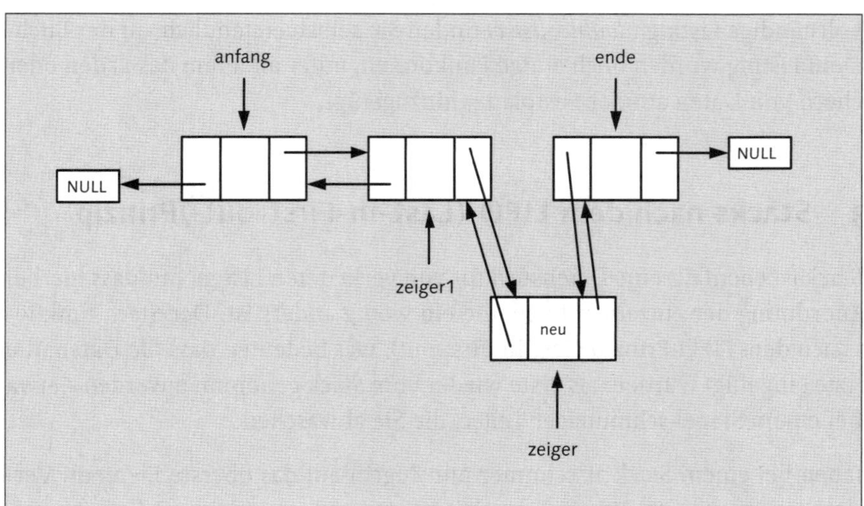

Abbildung 21.39 Zeiger vom Vorgänger und Nachfolger zum neuen Element

Das soll es vorerst mit dem Abschnitt »Doppelt verkettete Listen« gewesen sein. Wenn Sie folgende Ratschläge zu diesem Thema beherzigen, dürften keine Probleme zu erwarten sein:

- Wenn Sie Zeiger benutzen, müssen Sie immer darauf achten, dass diese auf einen gültigen Speicherbereich (Adresse) zeigen. Ein häufiges Missverständnis bei Zeigern ist es, dass z. B. mit `zeiger1=zeiger` kein Wert an `zeiger1` übergeben wird, sondern die Adresse, auf die `zeiger` verweist. Daher empfiehlt es sich, so oft wie möglich Fehlerüberprüfungen einzubauen.
- Sie sollten aussagekräftige Namen für einen Zeiger verwenden. Beispiele: `next`, `previous`, `anfang` oder `ende`. Dies ist eine enorme Erleichterung, wenn das Programm Fehler hat und nach ihnen gesucht werden muss. Denn unter `anfang->next=ende` können Sie sich mehr vorstellen als unter `a->n=e`.
- Einer der häufigsten Fehler ist ein Zeiger, der auf einen unerlaubten Speicherplatz zeigt. Daher lohnt es, sich die Zeit zu nehmen, den Ablauf des Programms auf einem Stück Papier zu zeichnen, um ihn besser nachvollziehen zu können. Gerade bei doppelt verketteten Listen passiert es ziemlich schnell, dass Sie ein Glied der Kette vergessen. Meist wird dieser Fehler am Anfang gar nicht bemerkt, denn der Compiler kann bei Übersetzung des Programms ja noch nicht wissen, ob ein Zeiger ins Nirwana verweist.
- And last but not least: Sie sollten immer den Rückgabewert überprüfen, wenn Speicherplatz reserviert wird. Denn alles, was schiefgehen kann, wird irgendwann einmal schiefgehen.

Das vollständige Listing (*double_list.c*) finden Sie selbstverständlich auf der Buch-CD. Dem Listing wurden noch einige Funktionen, unter anderem das Laden oder Speichern von Daten auf der Festplatte, hinzugefügt.

21.3 Stacks nach dem LIFO-(Last-in-First-out-)Prinzip

Der Stack ist ebenfalls eine Datenstruktur von verketteten Listen, nur dass hierbei die Anordnung der einzelnen Elemente ein wenig anders ist. Der Stack funktioniert nach dem LIFO-Prinzip (Last-in-First-out), was bedeutet, dass die Daten, die als letzte eingefügt wurden, als erste wieder vom Stack genommen werden – etwa wie bei einem Stapel schmutziger Teller, die Sie abwaschen.

Sie haben bei einem Stack also immer nur Zugriff auf das oberste Element. Verwenden könnten Sie das Prinzip beispielsweise zum rückgängigen Löschen einer Operation. Im Prinzip besteht ein Stack aus zwei grundlegenden Funktionen:

- `push()` – ein neues Element auf dem Stack ablegen
- `pop()` – holt das oberste Element wieder vom Stack herunter

Hinweis

Die Datenstruktur des Stacks wird als *abstrakte Datenstruktur* (ADT steht eigentlich für »Abstrakter Datentyp«) bezeichnet. Es wird auch von einer abstrakten Datenstruktur gesprochen, wenn die konkrete Umsetzung der Datenstrukturen verborgen bleibt und der Anwender des Stacks nur die Stack-Operationen zur Verfügung hat.

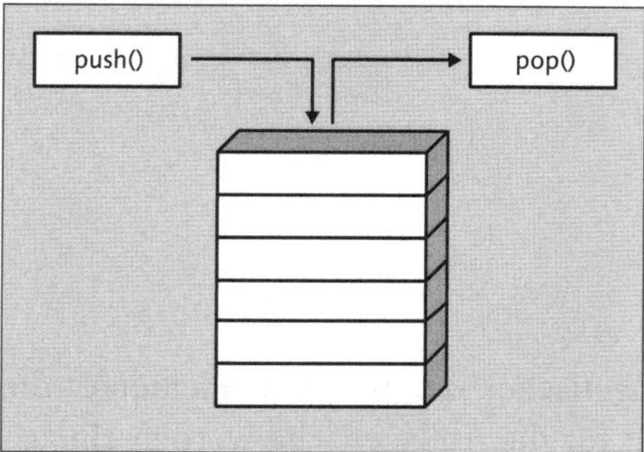

Abbildung 21.40 Der Stack und seine grundlegende Funktion

Als Beispiel dient wieder das Programm, das Sie schon im Abschnitt zuvor entwickelt haben. Hierzu soll eine Funktion erstellt werden, die gelöschte Datensätze auf einen Stack ablegt und bei Bedarf diese Aktion wieder rückgängig machen kann. An der Struktur selbst ändert sich nichts. Hier sehen Sie nochmals die Struktur zur Erinnerung:

```
struct angestellt  {
   char name[20];
   char vorname[20];
   struct datum alter;
   struct datum eingest;
   long gehalt;
   struct angestellt *next;      // Nachfolger
   struct angestellt *previous;  // Vorgänger
};
```

Hinzu kommen zwei neue globale Strukturzeiger vom Typ `angestellt`:

```
struct angestellt *stack_ptr, *stack_help;
```

Für den Stack soll hier eine Unterlage erstellt werden, auf der alle anderen Elemente abgeladen werden. Dafür wird eine Funktion erstellt, die eine Auflage erstellt und den Stack initialisiert.

```
int stackinit(void) {
   if((stack_ptr=
     malloc(sizeof(struct angestellt))) != NULL) {
      stack_ptr->next = NULL;
```

```
      strcpy(stack_ptr->name,"dummy");
      strcpy(stack_ptr->vorname,"dummy");
      stack_ptr->alter.tag=0;
      stack_ptr->alter.monat=0;
      stack_ptr->alter.jahr=0;
      stack_ptr->eingest.tag=0;
      stack_ptr->eingest.monat=0;
      stack_ptr->eingest.jahr=0;
      stack_ptr->gehalt=0;
      return 1;
   }
   else
      return 0;
}
```

Zuerst wird Speicherplatz für die »Auflagefläche« der weiteren Elemente, die noch folgen werden, reserviert. Als Inhalt für die Auflagefläche werden einfach irgendwelche Werte verwendet. Der Zeiger `stack_ptr` verweist jetzt auf diese Auflagefläche (siehe Abbildung 21.41).

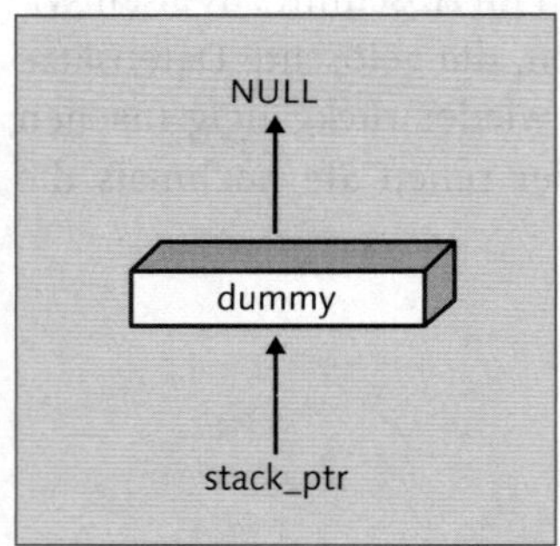

Abbildung 21.41 Ein »leerer« Stack

Danach folgt die Funktion `push()`, mit der ein Element auf den Stack geladen werden kann. Die Funktion `push()` soll im Programm dann aufgerufen werden, wenn der User einen Datensatz aus der Liste löscht. Praktisch bedeutet dies, dass überall im Programm, wo Sie mit `free()` einen Speicherplatz freigeben würden, die Funktion `push()` platziert wird.

```
int push(struct angestellt *neu) {
   neu->next = stack_ptr->next;
   stack_ptr->next=neu;
   return 1;
}
```

Der Speicherplatz für die Elemente, die auf dem Stack abgelegt werden, muss nicht mehr reserviert werden, da dies ja schon beim Einfügen des Elements in der verketteten Liste vorgenommen wurde. Natürlich müssen Sie dabei auch die Funktion `loesche()` abändern, damit diese wirklich den Speicherplatz nicht mehr mittels `free()` hergibt. Der Funktion `push()` wird einfach diese Adresse als Argument (`struct angestellt *neu`) übergeben. Beachten Sie bitte, falls Sie vorhaben, den Stack in ein anderes Programm zu implementieren, dass Sie für die Speicherverwaltung der Daten selbst verantwortlich sind. Die erste Zeile in der Funktion sieht so aus:

```
neu->next = stack_ptr->next;
```

Damit verweist der `next`-Zeiger des neuen Elements auf die Adresse von `stack_ptr->next`, was zunächst der `NULL`-Zeiger ist, wie Sie hier erkennen können:

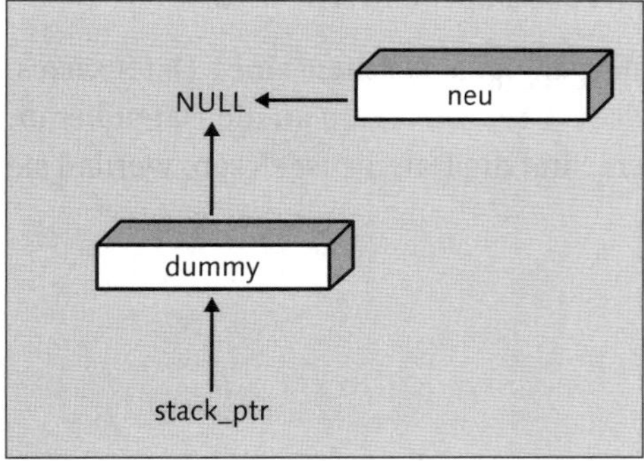

Abbildung 21.42 Ein neues Element auf den Stack legen

Anschließend bekommt die »Auflagefläche« die Adresse des neuen Elements:

```
stack_ptr->next=neu;
```

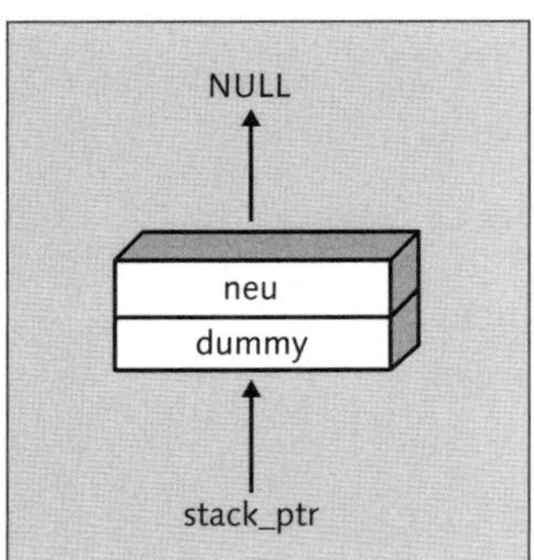

Abbildung 21.43 Der Stack nach dem Funktionsaufruf »push()«

Bei einem erneuten Aufruf der Funktion push() würde der Stack folgendermaßen aussehen:

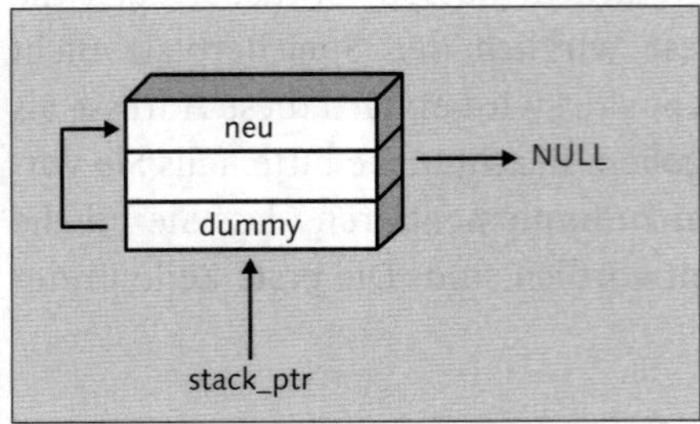

Abbildung 21.44 Der Stack nach einem weiteren »push«

Das erste Element im Stapel, vom DUMMY-Element abgesehen, zeigt immer auf NULL, da es auch das letzte ist, das wieder vom Stapel entfernt wird.

Als Nächstes folgt die Funktion zum rückgängigen Löschen eines Datensatzes. Diese Funktion verwendet den Zeiger stack_ptr->next, um an die Daten heranzukommen, die oben auf dem Stack liegen. Sind die Daten ausgelesen, werden sie wieder in die verkettete Liste eingefügt.

```
void rueckgaengig_loeschen(void) {
   char n[20],vn[20];
   int at,am,aj,et,em,ej;
   long geh;

   if(stack_ptr->next != NULL) {
      strcpy(n,stack_ptr->next->name);
      strcpy(vn,stack_ptr->next->vorname);
      at=stack_ptr->next->alter.tag;
      am=stack_ptr->next->alter.monat;
      aj=stack_ptr->next->alter.jahr;
      et=stack_ptr->next->eingest.tag;
      em=stack_ptr->next->eingest.monat;
      ej=stack_ptr->next->eingest.jahr;
      geh=stack_ptr->next->gehalt;
      sortiert_eingeben(n,vn,at,am,aj,et,em,ej,geh);

      /* jetzt runter damit vom Stack */
      pop();
   }
   else {
      printf("Kein Element mehr vorhanden zu \"Rückgängig"
             " Löschen\"\n");
      printf("<ENTER>");
```

```
        getchar();
    }
}
```

Am Ende kann das oberste Element vom Stack wieder entfernt werden, wie dies hier bei der Funktion `rueckgaengig_loeschen()` mit der Funktion `pop()` geschieht. Jetzt müssen Sie noch die Funktion `pop()` schreiben:

```
void pop(void) {
   stack_help = stack_ptr->next;
   stack_ptr->next=stack_help->next;
   printf("%s\n",stack_help->vorname);
   free(stack_help);
}
```

Zuerst bekommt der Zeiger `stack_help` die Adresse des obersten Elements (`stack_ptr->next`) auf dem Stapel:

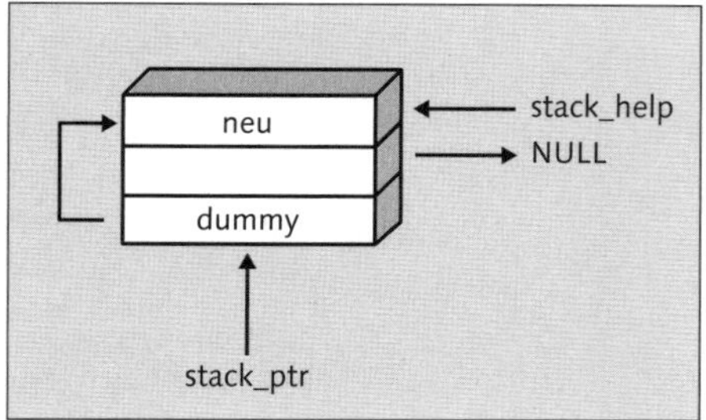

Abbildung 21.45 Das oberste Element soll vom Stack entfernt werden.

Danach folgt eine kleine Stolperstelle, die häufig für Verwirrung sorgt:

```
stack_ptr->next=stack_help->next;
```

Aber dafür ist es nun mal ein Stapel. Wird das oberste Element entfernt, welches ist dann das nächste Element, das oben liegt? Richtig, eines darunter. Und so sieht es nach dieser Zeile aus:

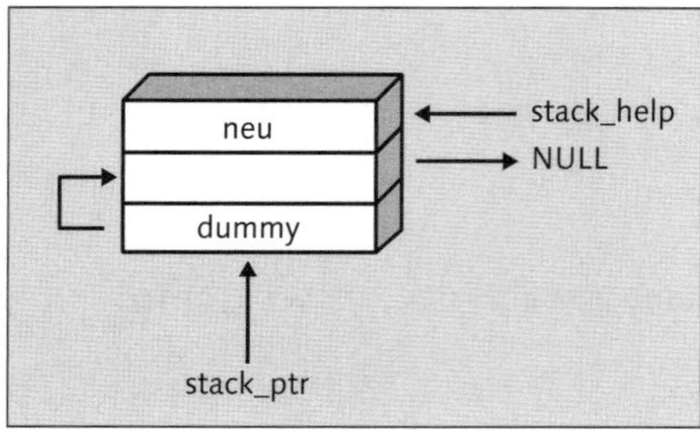

Abbildung 21.46 Das oberste Element vom Stack »aushängen«

Jetzt kann der Speicherplatz, auf den der Zeiger `stack_help` verweist, freigegeben werden:

```
free(stack_help);
```

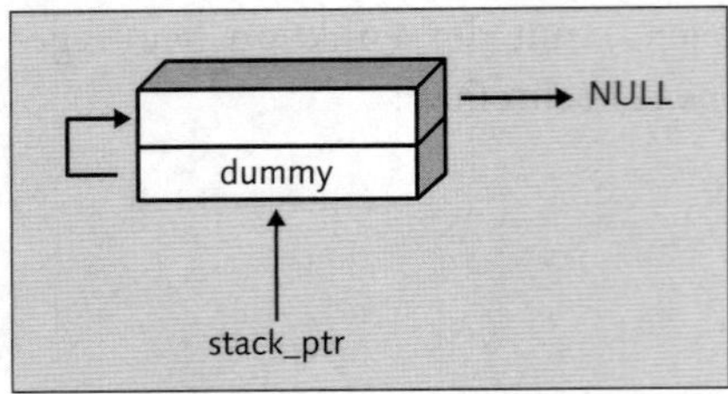

Abbildung 21.47 Den Speicherplatz des obersten Elements freigeben

Hierzu folgt jetzt das vollständige finale Listing von Kapitel 21 mit allen Funktionen, die in diesem Kapitel geschrieben wurden:

```
/* datenstruktur_final.c */
#include <stdio.h>
#include <string.h>
#include <stdlib.h>
#define MAX 20

struct datum{
   int tag;
   int monat;
   int jahr;
};

struct angestellt{
   char name[MAX];
   char vorname[MAX];
   struct datum alter;
   struct datum eingest;
   long gehalt;
   struct angestellt *next;
   struct angestellt *previous;
};

/* globale Variablen */
struct angestellt *next, *anfang, *ende, *stack_ptr, *stack_help;
static int counter=0;
static char datname[] = "personal.dat";
/* Prototypen der Funktionen */
void start(void);
```

```
void anhaengen(char *,char *,int,int,int,int,int,int,long);
void loesche(char *);
void ausgabe(void);
void eingabe(void);
void loesche_alles(void);
void sortiert_eingeben(char *,char *,
                       int,int,int,int,int,int,long);
int vergleiche(struct angestellt *, struct angestellt *);
int laden(FILE *);
void speichern(FILE *);
int datei_oeffnen_lesen(FILE **);
int datei_oeffnen_erstellen(FILE **);
int datei_oeffnen_lesen_schreiben(FILE **);
int stackinit(void);
int push(struct angestellt *);
void pop(void);

/* Startadressen für die Zeiger next, anfang und ende */
void start(void) {
   next=anfang=ende=NULL;
   if((ende=
     malloc(sizeof(struct angestellt))) == NULL) {
      printf("Konnte keinen Speicherplatz für ende "
             "reservieren\n");
      exit(EXIT_FAILURE);
   }
}

/* "Auflagefläche" für stack_ptr. Wir benutzen
 * einen Stack, um loeschen() rückgängig zu machen. */
int stackinit(void) {
    if((stack_ptr=
      malloc(sizeof(struct angestellt))) != NULL) {
       stack_ptr->next = NULL;
       strcpy(stack_ptr->name,"dummy");
       strcpy(stack_ptr->vorname,"dummy");
       stack_ptr->alter.tag=0;
       stack_ptr->alter.monat=0;
       stack_ptr->alter.jahr=0;
       stack_ptr->eingest.tag=0;
       stack_ptr->eingest.monat=0;
       stack_ptr->eingest.jahr=0;
       stack_ptr->gehalt=0;
       return 1;
    }
```

```
    else
        return 0;
}

/* Funktion zum Ablegen von gelöschten Dateien, um sie bei Bedarf
 * rückgängig zu machen */
int push(struct angestellt *neu) {
   neu->next = stack_ptr->next;
   stack_ptr->next=neu;
   return 1;
}

/* Funktion zum Freigeben eines Elements vom Stack */
void pop(void) {
   stack_help = stack_ptr->next;
   stack_ptr->next=stack_help->next;
   free(stack_help);
}

/* Wir hängen einen Datensatz an oder geben einen neuen ein:
 * n=name,v=vornam,at=alter.tage,am=alter.monat,aj=alter.jahr
 * eint=eigestellt tag,einm=eingestellt monat,einj=eingest. jahr
 * g=gehalt */
void anhaengen(char *n, char *v, int at, int am, int aj,
               int eint, int einm, int einj, long g) {
   /* Zeiger für den Zugriff auf die einzelnen
    * Elemente der Struktur */
   struct angestellt *zeiger, *zeiger1;

   /* Wurde schon Speicher für den ende-Zeiger bereitgestellt? */
   if(ende == NULL) {
      if((ende=
        malloc(sizeof(struct angestellt))) == NULL) {
          printf("Konnte keinen Speicherplatz für ende "
                 "reservieren\n");
          exit(EXIT_FAILURE);
      }
   }

   /* Wir fragen ab, ob es schon ein Element in der Liste gibt.
    * Wir suchen das Element, auf das unser Zeiger *anfang zeigt.
    * Falls *anfang immer noch auf NULL zeigt, bekommt *anfang
    * die Adresse unseres 1. Elements und ist somit der Kopf
    * (Anfang) unserer Liste. */
   if(anfang == NULL) {
```

```
      /* Wir reservieren Speicherplatz für unsere Struktur
       * für das erste Element der Liste. */
      if((anfang =
        malloc(sizeof(struct angestellt))) == NULL) {
         fprintf(stderr,"Kein Speicherplatz vorhanden "
                        "fuer anfang\n");
         return;
      }
      counter++;
      strcpy(anfang->name,strtok(n, "\n") );
      strcpy(anfang->vorname,strtok(v, "\n") );
      anfang->alter.tag=at;
      anfang->alter.monat=am;
      anfang->alter.jahr=aj;
      anfang->eingest.tag=eint;
      anfang->eingest.monat=einm;
      anfang->eingest.jahr=einj;
      anfang->gehalt=g;

      /* Somit haben wir unseren Anfang der Liste. Von nun
       * an zeigt der Zeiger anfang immer auf das Element
       * vor ihm. Da dies aber jetzt das 1. Element der Liste
       * war, zeigt der Zeiger anfang auf den Zeiger next.
       * next zeigt am Ende immer wieder NULL. Da es das erste
       * Element der Liste ist, zeigt somit ende auf
       * dasselbe Element wie anfang. Und das Element vor dem
       * 1. Element ist somit NULL. */
      anfang->next=NULL;
      ende=anfang;
      ende->previous=NULL;
   }
   /* Es scheint schon mindestens ein Element in der Liste
    * vorhanden zu sein, da der Anfang nicht == NULL ist.
    * Jetzt suchen wir so lange nach dem nächsten Element,
    * bis der *next-Zeiger auf NULL zeigt. Somit haben
    * wir das Ende der Liste gefunden und können einen
    * neuen Datensatz anhängen. */
   else {
      zeiger=anfang;    /* Wir zeigen auf das 1. Element. */
      while(zeiger->next != NULL)
         zeiger=zeiger->next;
```

```
      /* Wir reservieren einen Speicherplatz für das
       * letzte Element der Liste und hängen es an. */
      if((zeiger->next =
       malloc(sizeof(struct angestellt))) == NULL) {
         fprintf(stderr, "Kein Speicherplatz fuer "
                         "letztes Element\n");
         return;
      }
      zeiger1=zeiger;
      zeiger=zeiger->next; /* zeiger auf neuen Speicherplatz */
      counter++;
      strcpy(zeiger->name, strtok(n, "\n") );
      strcpy(zeiger->vorname,strtok(v, "\n") );
      zeiger->alter.tag=at;
      zeiger->alter.monat=am;
      zeiger->alter.jahr=aj;
      zeiger->eingest.tag=eint;
      zeiger->eingest.monat=einm;
      zeiger->eingest.jahr=einj;
      zeiger->gehalt=g;
      zeiger->next=NULL;
      ende=zeiger;
      zeiger->previous=zeiger1;
      zeiger1->next=zeiger;
   }
}

/* Funktion zum Löschen einer Datei */
void loesche(char *wen) {
   struct angestellt *zeiger ,*zeiger1, *zeiger2;

   /* Ist überhaupt ein Element vorhanden? */
   if(anfang != NULL) {
      /* Ist unser 1. Element das von uns gesuchte (wen[])? */
      if(strcmp(anfang->name,wen) == 0) {
         zeiger=anfang->next;
         if(zeiger == NULL) {
            push(anfang);
            anfang=NULL;
            ende=NULL;
            counter--;
            return;
         }
         push(anfang);
         zeiger->previous=NULL;
```

```
         /* free(anfang); */
         counter--;
         anfang=zeiger;
      }
      /* Ist das letzte Element das von uns gesuchte? */
      else if(strcmp(ende->name, wen) == 0) {
         zeiger=ende->previous;
         zeiger->next=NULL;
         zeiger1=ende;
         ende=zeiger;
         push(zeiger1);
         /* free(zeiger1); */
         counter--;
      }
      else {
         /* Es ist nicht das 1. Element zu löschen.
          * Wir suchen in der weiteren Kette, ob das zu
          * löschende Element vorhanden ist. */
         zeiger=anfang;
         while(zeiger->next != NULL) {
            zeiger1=zeiger->next;
            /* Ist die Adresse von zeiger1 der
               gesuchte Name? */
            if(strcmp(zeiger1->name,wen) == 0) {
               /* Falls ja, dann ... */
               zeiger->next=zeiger1->next;
               zeiger2=zeiger1->next;
               zeiger2->previous=zeiger;
               push(zeiger1);
               counter--;
               break;
            }
            zeiger=zeiger1;
         }
      }
   }
   else
      printf("Es sind keine Daten zum Loeschen vorhanden\n");
}

/* Funktion zum Ausgeben der Dateien */
void ausgabe(void) {
   struct angestellt *zeiger = anfang;
```

```
   printf("||=================================================="
          "====||\n");
   printf("|%10cName%10c |Geburtsdatum|Eingestellt|Gehalt|\n"
                                                   ,' ',' ');
   printf("||=================================================="
          "====||\n");

   while(zeiger != NULL) {
      printf("|%12s,%-12s|  %02d.%02d.%04d| %02d.%02d.%04d|"
              "%06ld|\n", zeiger->name,zeiger->vorname,
         zeiger->alter.tag, zeiger->alter.monat,
         zeiger->alter.jahr,zeiger->eingest.tag,
         zeiger->eingest.monat,zeiger->eingest.jahr,
         zeiger->gehalt);
         printf("|------------------------------------------------"
                "------------|\n");
         zeiger=zeiger->next;
   }
   printf("\n\nWeiter mit <ENTER>\n");
   getchar();
}

/* Funktion zur Eingabe der Daten */
void eingabe(void) {
   char nam[MAX],vorn[MAX];
   int atag,amon,ajahr,eintag,einmon,einjahr;
   long gehalt;
   char *ptr;
   printf("Name.......................: ");
   fgets(nam, MAX, stdin);
   ptr = strrchr(nam, '\n');
   *ptr = '\0';
   printf("Vorname....................: ");
   fgets(vorn, MAX, stdin);
   ptr = strrchr(vorn, '\n');
   *ptr = '\0';
   printf("Alter..........(tt.mm.jjjj): ");
   scanf("%2d.%2d.%4d",&atag,&amon,&ajahr);
   printf("Eingestellt am..(tt.mm.jjjj): ");
   scanf("%2d.%2d.%4d",&eintag,&einmon,&einjahr);
   printf("Monatsgehalt...............: ");
   scanf("%ld",&gehalt);
   getchar();
```

```
   sortiert_eingeben(nam, vorn, atag, amon, ajahr, eintag,
      einmon, einjahr, gehalt);
}

/* Funktion zum Löschen der gesamten Liste */
void loesche_alles(void) {
   struct angestellt *zeiger, *zeiger1;

   /* Ist überhaupt eine Liste zum Löschen vorhanden? */
   if(anfang != NULL) {
      /* Es ist eine vorhanden ... */
      zeiger=anfang->next;
      while(zeiger != NULL) {
         zeiger1=anfang->next->next;
         if(zeiger1 == NULL)
            break;
         anfang->next=zeiger1;
         zeiger1->previous=anfang;
         push(zeiger);
         zeiger=zeiger1;
      }
      /* Jetzt löschen wir erst den Anfang der Liste
       * und das Ende der Liste. */
      push(anfang);
      push(ende);
      anfang=NULL;
      ende=NULL;
      counter=0;
      printf("Liste erfolgreich geloescht!!\n");
   }
   else
      fprintf(stderr,"Keine Liste zum Loeschen vorhanden!!\n");
}

void sortiert_eingeben(char *n, char *v, int at, int am, int aj,
                       int et, int em, int ej, long geh ) {
   struct angestellt *zeiger, *zeiger1, *zeiger2;

   zeiger2=malloc(sizeof(struct angestellt));
   if(NULL == zeiger2) {
      fprintf(stderr, "Speicherplatzmangel\n");
      return;
   }
   strcpy(zeiger2->name,strtok(n, "\n") );
   strcpy(zeiger2->vorname,strtok(v, "\n") );
```

```
zeiger2->alter.tag=at;
zeiger2->alter.monat=am;
zeiger2->alter.jahr=aj;
zeiger2->eingest.tag=et;
zeiger2->eingest.monat=em;
zeiger2->eingest.jahr=ej;
zeiger2->gehalt=geh;

/* Ist es das 1. Element der Liste? */
if(anfang==NULL)
   anhaengen(n,v,at,am,aj,et,em,ej,geh);
/* Es ist nicht das 1. Element. Wir suchen nun so lange,
 * bis das gesuchte Element gefunden wird oder wir auf
 * NULL stoßen. */
else {
   zeiger=anfang;
   while(zeiger != NULL && (vergleiche(zeiger,zeiger2)<0))
      zeiger=zeiger->next;

   /* Falls der Zeiger auf NULL zeigt, können wir unser
    * Element hinten anhängen, da unser neues Element das
    * "größte" zu sein scheint. */
   if(zeiger==NULL)
      anhaengen(n,v,at,am,aj,et,em,ej,geh);
   /* Ist unser neues Element das kleinste und somit
    * kleiner als das 1. Element, so müssen wir es an
    * den Anfang hängen. */
   else if(zeiger==anfang && (vergleiche(zeiger,zeiger2))) {
      anfang=malloc(sizeof(struct angestellt));
      if(NULL == anfang) {
         fprintf(stderr, "Speicherplatzmangel\n");
         return;
      }
      counter++;
      strcpy(anfang->name, strtok(n, "\n") );
      strcpy(anfang->vorname, strtok(v, "\n") );
      anfang->alter.tag=at;
      anfang->alter.monat=am;
      anfang->alter.jahr=aj;
      anfang->eingest.tag=et;
      anfang->eingest.monat=em;
      anfang->eingest.jahr=ej;
      anfang->gehalt=geh;
      anfang->next=zeiger;
      anfang->previous=NULL;
```

```
      }
      /* Die letzte Möglichkeit ist, dass wir das Element
       * irgendwo in der Mitte einfügen müssen. */
      else if(vergleiche(zeiger,zeiger2)) {
         zeiger1=anfang;
         /* Wir suchen das Element, das vor dem Zeiger
          * zeiger steht. */
         while(zeiger1->next != zeiger)
            zeiger1=zeiger1->next;
         zeiger=malloc(sizeof(struct angestellt));
         if(NULL == zeiger) {
            fprintf(stderr, "Speicherplatzmangel\n");
            return;
         }
         counter++;
         strcpy(zeiger->name, strtok(n, "\n") );
         strcpy(zeiger->vorname, strtok(v, "\n") );
         zeiger->alter.tag=at;
         zeiger->alter.monat=am;
         zeiger->alter.jahr=aj;
         zeiger->eingest.tag=et;
         zeiger->eingest.monat=em;
         zeiger->eingest.jahr=ej;
         zeiger->gehalt=geh;

         /* Wir fügen das neue Element ein. */
         zeiger->next=zeiger1->next;
         zeiger->previous=zeiger1;
         zeiger1->next=zeiger;
         zeiger1->next->previous=zeiger;
      }
      else {
         printf("Name wurde nicht eingefuegt!!! "
                "(Weiter mit <ENTER>");
         getchar();
      }
   }
}

/* Funktion zum Vergleichen von Nachname und bei Gleichheit
 * Vorname. Somit wird bei gleichem Nachnamen nach dem Anfangs-
 * buchstaben des Vornamens sortiert. */
int vergleiche(struct angestellt *n1, struct angestellt *n2) {
   int z = strcmp(n1->name,n2->name);
```

```
   /* Falls z einen Wert ungleich 0 hat, gibt es den Namen noch
    * nicht. Somit können wir den Wert an die Funktion
    * zurückgeben, den wir durch strcmp erhalten haben. */
   if(z)
      return z;
   /* Wenn diese Funktion ausgeführt wird, so existiert dieser
    * Name schon. Somit vergleichen wir die Vornamen. */
   return(strcmp(n1->vorname,n2->vorname));
}

/* die gesamte Liste in der Datei "personal.dat" speichern */
void speichern(FILE *datei) {
   struct angestellt *zeiger;

   /* im "w+" - Modus öffnen */
   if(datei_oeffnen_lesen_schreiben(&datei)) {
      zeiger=anfang;
      while(zeiger != NULL) {
         fwrite(zeiger,sizeof(struct angestellt),1,datei);
         zeiger=zeiger->next;
      }
   }
   fclose(datei);
}

/* Beim Start des Programms alle Elemente aus der Datei
 * "personal.dat" laden. "Laden" ist nicht ganz richtig.
 * Wir lesen zuerst die einzelnen Elemente aus der Datei
 * "personal.dat" und übergeben jedes einzelne Element
 * an die Funktion sortiert_eingeben. */
int laden(FILE *datei) {
   struct angestellt zeiger;

   if(datei_oeffnen_lesen(&datei)) {
      while(fread(&zeiger,sizeof(struct angestellt),1,datei)) {
         sortiert_eingeben(zeiger.name,zeiger.vorname,
            zeiger.alter.tag,zeiger.alter.monat,
            zeiger.alter.jahr,zeiger.eingest.tag,
            zeiger.eingest.monat,zeiger.eingest.jahr,
            zeiger.gehalt );
      }
      return 1;
   }
   return 0;
}
```

```
/* Funktion zum Öffnen einer Datei im Nur-Lesen-Modus "r" */
int datei_oeffnen_lesen(FILE **datei) {
   if((*datei = fopen(datname,"r")) == NULL) {
      fprintf(stderr,"Konnte \"personal.dat\" "
                     "nicht oeffnen!\n");
      printf("<ENTER>"); getchar();
      return 0;
   }
   return 1;
}

/* Falls die Datei "personal.dat" noch nicht existiert, wird sie
 * erzeugt. */
int datei_oeffnen_erstellen(FILE **datei) {
   if((*datei = fopen(datname,"w+")) == NULL) {
      printf("Konnte \"personal.dat\" nicht erstellen\n");
      return 0;
   }
   return 1;
}

/* Datei zum Lesen und Schreiben öffnen. Der Inhalt der Datei
 * wird dabei überschrieben. */
int datei_oeffnen_lesen_schreiben(FILE **datei) {
   if((*datei = fopen(datname,"w+")) == NULL) {
      printf("Kann \"personal.dat\" nicht zum"
             " beschreiben oeffnen!\n");
      printf("<ENTER>"); getchar();
      return 0;
   }
   return 1;
}

/* Funktion, um einen Löschvorgang rückgängig zu machen */
void rueckgaengig_loeschen(void) {
   char n[MAX],vn[MAX];
   int at,am,aj,et,em,ej;
   long geh;

   if(stack_ptr->next != NULL) {
      strcpy(n, stack_ptr->next->name);
      strcpy(vn,stack_ptr->next->vorname);
      at=stack_ptr->next->alter.tag;
      am=stack_ptr->next->alter.monat;
      aj=stack_ptr->next->alter.jahr;
```

```
         et=stack_ptr->next->eingest.tag;
         em=stack_ptr->next->eingest.monat;
         ej=stack_ptr->next->eingest.jahr;
         geh=stack_ptr->next->gehalt;
         sortiert_eingeben(n,vn,at,am,aj,et,em,ej,geh);
         pop();
      }
      else {
         printf("Kein Element mehr vorhanden zum"
                " \"Rueckgängig Loeschen\"\n");
         printf("<ENTER>");
         getchar();
      }
   }

   int main(void) {
      int wahl;
      char dname[MAX];
      FILE *datei;
      struct angestellt *emptystack;
      /* Stack mit dummy initialisieren */
      stackinit();

      if(laden(datei))
         ;
      else if(datei_oeffnen_erstellen(&datei)) {
         start();
         printf("\"personal.dat\" neu erstellt\n");
         printf("<ENTER>"); getchar();
         fclose(datei);
      }
      else {
         fprintf(stderr,"Konnte \"personal.dat\" weder"
                        " erstellen noch finden\n");
         return EXIT_FAILURE;
      }
      do {
         printf("Personaldaten - Verwaltung\n");
         printf("=========================\n");
         printf("1 : Eingabe\n");
         printf("2 : Ausgabe\n");
         printf("3 : Namen loeschen\n");
         printf("4 : Alles loeschen\n");
         printf("5 : Speichern\n");
         printf("6 : Rueckgängig Loeschen\n");
```

```
        printf("0 : Ende\n");
        printf("Sie haben %d Leute an Personal\n",counter);
        printf("Ihre Wahl : ");
        scanf("%d",&wahl);
        getchar();
        switch(wahl) {
           case 1  : eingabe();
                     break;
           case 2  : ausgabe();
                     break;
           case 3  : printf("Welchen Namen : ");
                     fgets(dname, MAX, stdin);
                     loesche( strtok(dname, "\n") );
                     break;
           case 4  : loesche_alles();
                     break;
           case 5  : speichern(datei);
                     break;
           case 6  : rueckgaengig_loeschen();
                     break;
           case 0  : break;
           default : printf("Falsche Eingabe!!!\n");
        }
     } while(wahl != 0);
     /* Wir entleeren unseren stack_ptr. */
     while((emptystack=stack_ptr->next) != NULL)
        pop();
     free(stack_ptr);
     return EXIT_SUCCESS;
}
```

In diesem Listing ist der Einsatz der Funktionen `push()` und `pop()` noch einigermaßen überschaubar. Bei umfangreichen Projekten passiert es aber schnell, dass man den Überblick vor lauter `push()` und `pop()` verliert. Damit Sie dann im Fall der Fälle beim Debuggen Ihres Quellcodes wenigstens beim Stack den Überblick behalten, sollten Sie die Anzahl der Pushs und Pops mitzählen und entsprechend reagieren. Ein mögliches Beispiel könnte dabei so aussehen:

```
/* count_push_pop.c */
#include <stdio.h>
#include <stdlib.h>
#define DEBUG 1

#ifdef DEBUG
   int push_cnt=0, pop_cnt=0;
```

```
#endif

void push(void) {
   #ifdef DEBUG
      push_cnt++;
      printf("Anzahl push : %d\n", push_cnt);
   #endif
   /* Ausführung von push */
}

void pop(void) {
   #ifdef DEBUG
      pop_cnt++;
      printf("\t\tAnzahl pop : %d\n", pop_cnt);
      if(pop_cnt > push_cnt)
         printf("Schwerer Fehler: pop_cnt darf nie groesser"
                " als push_cnt sein\n");
   #endif
 /* Ausführung von pop */
}

int main(void) {
   push();
   push();
   pop();
   push();
   pop();
   pop();
   pop();    /* Fehler */
   return EXIT_SUCCESS;
}
```

21.4 Queues nach dem FIFO-Prinzip

Eine weitere Art der abstrakten Datenstrukturen sind *Queues* (dt.: *Warteschlangen*). Queues können Sie sich vorstellen wie eine Warteschlange an der Einkaufskasse. Der Kunde, der sich als Erster angestellt hat, kommt auch als Erster dran. Alle anderen Kunden müssen sich immer hinten anstellen und warten, bis sie an der Reihe sind (sollten sie zumindest).

Die Operationen einer Queue (Element hineinschieben und Element herausholen) werden Put und Get genannt. Im Gegensatz zum Stack erscheinen die Elemente in der gleichen Reihenfolge, in der sie hineingesteckt wurden. Eine Queue wird deshalb auch First-in-First-out-Datenstruktur (FIFO-Datenstruktur) genannt.

Als Modell einer Queue können Sie sich ein Rohr vorstellen, das an beiden Enden offen ist. An einem Ende werden neue Elemente hineingeschoben, am anderen Ende werden sie wieder entnommen. Wie auch schon der Stack setzt sich die Queue aus zwei grundlegenden Funktionen zusammen:

- `get()` – ein neues Element wird am Ende der Queue angefügt.
- `put()` – ein Element wird am anderen Ende entnommen.

Abbildung 21.48 verdeutlicht das Prinzip einer Queue:

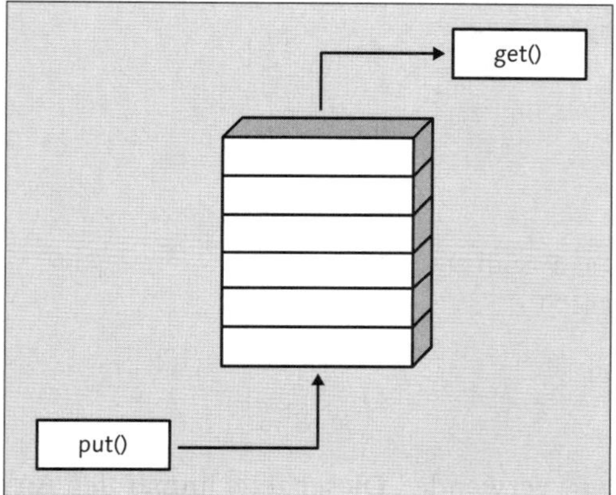

Abbildung 21.48 Eine Warteschlange und ihre Funktionen »get()« und »put()«

In der Praxis können Sie Queues recht vielseitig einsetzen. Eine interessante Lösung für das umfangreiche Listing, das Sie in Abschnitt 21.3 erstellt haben, wäre, das Speichern von Daten mithilfe einer Queue zu realisieren. Sinn macht dies vor allem bei einem System, bei dem mehrere User gleichzeitig auf Daten zugreifen müssen – insbesondere dann, wenn mehrere User versuchen, gleichzeitig in dieselbe Datei zu schreiben. Mit den Queues können Sie dabei sogenannte Deadlocks vermeiden.

Deadlock

Deadlocks sind klassische Synchronisationsprobleme, bei denen eine Situation auftritt, in der sich mehrere Prozesse um dieselben Ressourcen streiten und dabei nicht mehr weiterkommen.

Keine Sorge, ich werde das Thema hier nicht wieder auf das mittlerweile schon recht umfangreiche Listing ausweiten. Wenn Sie wollen, können Sie den Suchbegriff »Queues C« einmal in eine Suchmaschine eingeben. Sie werden dabei eine Menge Anwendungsbeispiele – auch betriebssystemspezifische – finden.

Ein Szenario: Damit ein Arzt sich einen Überblick darüber verschaffen kann, ob noch Patienten im Wartezimmer sind und vor allem welcher Patient als Nächstes an der Reihe ist, soll ein Programm geschrieben werden. Die Daten eines neuen Patienten werden von der Assistentin am Empfang eingegeben. Zuerst schreiben wir die Funktion zum Initialisieren einer Warteschlange:

```
int schlange_init(void) {
   if((dummy=
     malloc(sizeof(struct reservierung))) != NULL) {
      strcpy(dummy->name,"dummy");
      strcpy(dummy->vorname,"dummy");
      dummy->nummer=0;
      dummy->previous=NULL;
      return 1;
   }
   else {
      fprintf(stderr, "Konnte keinen Speicher "
                      "reservieren!!\n");
      return 0;
   }
}
```

Auch hierzu wird als Kopf eine Art `dummy` verwendet. Dieser zeigt immer den Anfang der Warteschlange an. Zuerst wird ein Speicherplatz für `dummy` reserviert und anschließend mit sinnlosen Werten initialisiert. Der `previous`-Zeiger zeigt somit am Anfang wieder auf `NULL`:

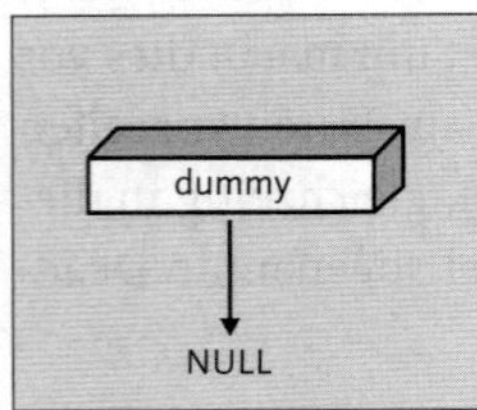

Abbildung 21.49 Eine »leere« Warteschlange

Als Nächstes wird eine Funktion benötigt, die ein neues Element immer an das Ende der Warteschlange hängt:

```
int put(struct reservierung *neu) {
   struct reservierung *zeiger;

  /* Ist es das 1. Element in der Schlange? */
   if(dummy->previous == NULL) { /* Es ist das 1. Element. */
      dummy->previous=neu;
      neu->previous=NULL;
```

```
      return 1;
   }
   /* Es ist nicht das 1. Element. */
   else {
      zeiger=dummy;
      /* Wir suchen das Ende der Schlange */
      while(zeiger->previous != NULL)
         zeiger=zeiger->previous;
      zeiger->previous=neu;
      neu->previous=NULL;
      return 1;
   }
}
```

Zuerst wird überprüft, ob sich hinter dem Anfang der Warteschlange ein Element befindet. Das ist am Anfang nicht der Fall, und somit wird ein neues Element hinten angefügt:

```
dummy->previous=neu;
```

Das neue Element zeigt hinter sich momentan noch auf gar nichts. Hier sehen Sie den aktuellen Stand:

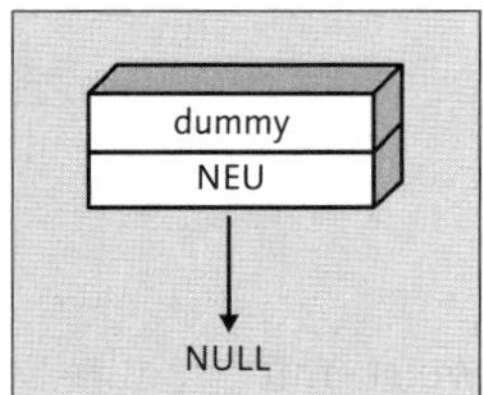

Abbildung 21.50 Ein neues Element wird hinten angefügt.

Falls `dummy` schon hinter sich auf ein Element zeigt, wird mit

```
zeiger=dummy;
while(zeiger->previous != NULL)
    zeiger=zeiger->previous;
```

die Warteschlange von vorn bis zum Ende durchlaufen, bis `zeiger->previous` auf das Ende der Warteschlange (`NULL`) verweist. Anschließend wird, wie schon das erste Element der Warteschlange, das neue Element hinten angehängt.

Als Nächstes wird noch eine Funktion benötigt, um das eingefügte Element in der Warteschlange wieder zu entfernen und das zweite Element in der Warteschlange zum ersten zu machen. Hier sehen Sie die Funktion dazu:

```
void get(void) {
   struct reservierung *zeiger;
```

```
    /* Ist überhaupt etwas in der Schlange? */
    if(dummy->previous != NULL) { /*Es ist...!*/
       zeiger=dummy->previous;
       dummy->previous=zeiger->previous;
       free(zeiger);
    }
    else
       fprintf(stderr,"Es sind keine Patienten "
                      "im Wartezimmer.....\n");
}
```

Zuerst wird überprüft, ob überhaupt ein Nachfolger von `dummy` vorhanden ist. Falls nicht, ist die Liste leer. Ist die Liste nicht leer, dann bekommt ein Zeiger die Adresse des ersten Elements in der Warteschlange:

```
zeiger=dummy->previous;
```

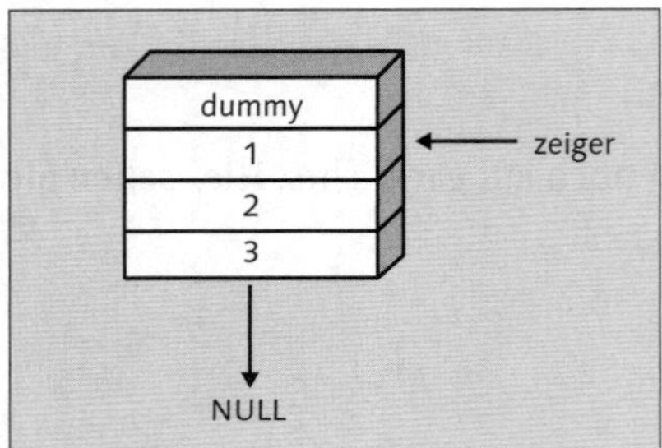

Abbildung 21.51 Das zuerst eingefügte Element entfernen

Bevor Sie das erste Element, auf das der Zeiger `zeiger` verweist, mit `free(zeiger)` freigeben können, muss noch eine Zeile Code eingefügt werden, damit das (noch) zweite Element zum ersten Element in der Warteschlange wird:

```
dummy->previous=zeiger->previous;
```

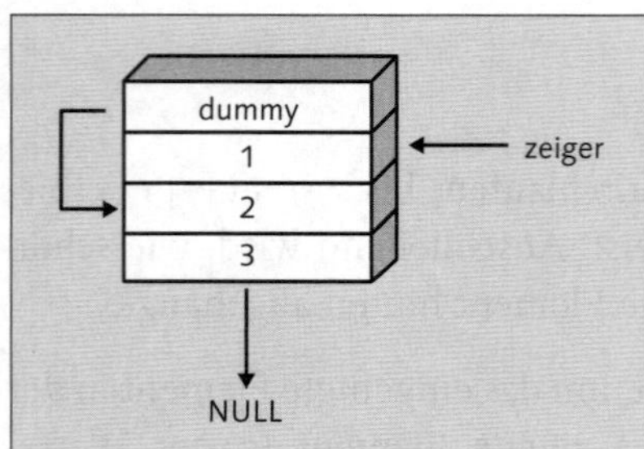

Abbildung 21.52 Das zuerst eingefügte Element »aushängen«

```
free(zeiger);
```

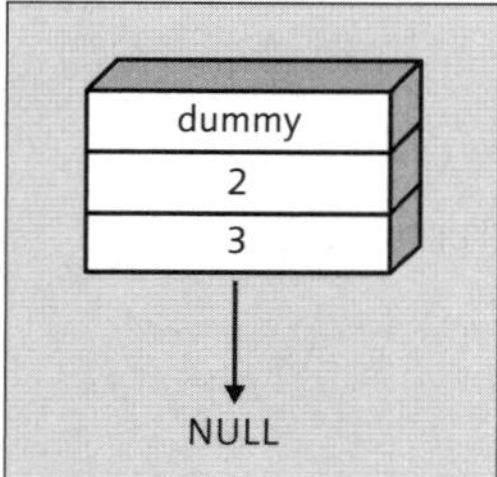

Abbildung 21.53 Speicherplatz des ersten Elements wurde freigegeben.

Dies sind alle Funktionen einer Warteschlange. Jetzt folgt das Demonstrationsprogramm, das diese Funktionen einsetzt und natürlich enorm erweiterbar ist:

```
/* queues.c */
#include <stdio.h>
#include <stdlib.h>
#include <string.h>
#define MAX 20

struct reservierung {
   char name[MAX];
   char vorname[MAX];
   int rnummer;
   struct reservierung *previous;
};

struct reservierung *dummy;
static int nummer = 1;

int schlange_init(void) {
   if((dummy=malloc(sizeof(struct reservierung))) != NULL)  {
      strcpy(dummy->name,"dummy");
      strcpy(dummy->vorname,"dummy");
      dummy->rnummer=0;
      dummy->previous=NULL;
      return 1;
   }
   else {
      fprintf(stderr,"Konnte keinen Speicher reservieren!!\n");
      return 0;
   }
}
```

```
/* Wir hängen ein neues Element an das Ende der Schlange. */
int put(struct reservierung *neu) {
   struct reservierung *zeiger;

   /* Ist es das 1. Element in der Schlange? */
   if(dummy->previous == NULL) { /* Es ist das 1. Element. */
      dummy->previous=neu;
      neu->previous=NULL;
      return 1;
   }
   /* Es ist nicht das 1. Element. */
   else {
      zeiger=dummy;
      /* Wir suchen das Ende der Schlange. */
      while(zeiger->previous != NULL)
         zeiger=zeiger->previous;
      zeiger->previous=neu;
      neu->previous=NULL;
      return 1;
   }
}

/* Wir benötigen das 1. Element der Liste, das wir auch als 1.
 * eingegeben haben. */
void get(void) {
   struct reservierung *zeiger;

   /* Ist überhaupt etwas in der Schlange? */
   if(dummy->previous != NULL) { /* Es ist...! */
      zeiger=dummy->previous;
      dummy->previous=zeiger->previous;
      free(zeiger);
   }
   else
      fprintf(stderr,"Es sind keine Patienten "
                     "im Wartezimmer.....\n");
}

void eingabe(void) {
   struct reservierung *neu;
   char n[MAX],vn[MAX];

   if((neu=(struct reservierung *)
     malloc(sizeof(struct reservierung))) != NULL) {
      printf("Name.....: ");
```

```
      fgets(n, MAX, stdin);
      strcpy(neu->name, strtok(n,"\n"));
      printf("Vorname..: ");
      fgets(vn, MAX, stdin);
      strcpy(neu->vorname,strtok(vn,"\n"));
      printf("Nummer...: ");
      printf("%d\n",neu->rnummer = nummer++);
      neu->previous=NULL;
      put(neu);
   }
}

void ausgabe(void) {
   if(dummy->previous != NULL) {
      printf("\n%s, %s Nummer.: %d \n\n",
      dummy->previous->name,dummy->previous->vorname,
      dummy->previous->rnummer);
      get();
   }
   else
      printf("Keine Patienten im Wartezimmer vorhanden!!!\n");
}

int main(void) {
   int wahl;

   schlange_init();
   do {
      printf("-1- Reservierung eingeben\n");
      printf("-2- Naechster Patient\n");
      printf("-3- Programmende\n\n");
      printf("Ihre Wahl : ");
      scanf("%d",&wahl);
      getchar();
      switch(wahl) {
         case 1  : eingabe();
                   break;
         case 2  : ausgabe();
                   break;
         case 3  : if(dummy->previous != NULL) {
                      printf("Es sind noch Patienten"
                             " im Wartezimmer!!!\n");
                      wahl = 4; /* Abhauen gilt nicht */
                   }
                   break;
```

```
         case 4   : break;
         default  : printf("Falsche Eingabe!!\n\n");
      }
   } while(wahl != 3);
   printf("\n\nFeierabend\n");
   return EXIT_SUCCESS;
}
```

Hiermit ist der Abschnitt »Lineare Listen« erst einmal beendet. Später, in Kapitel 22, »Algorithmen«, wird dieses Wissen um den Bereich der binären Bäume erweitert.

21.5 Dynamisches Array mit flexiblen Elementen

Neu ab dem C99-Standard ist auch die Möglichkeit, das letzte Element in einer Struktur als unvollständiges Array ohne Längenangabe zu deklarieren. Dieses Feature kann man sich zunutze machen, um beispielsweise ein dynamisches Array zu erstellen. Hier sehen Sie ein Beispiel für ein solch flexibles Element:

```
typedef struct { int len; int iarray[]; } Vint_t;
```

Sie müssen hierbei allerdings berücksichtigen, dass flexible Elemente nicht bei der Größe der Struktur beachtet werden. Das Alignment (Füllbyte) wird hierbei trotzdem eingehalten. Um hier also beispielsweise für die Struktur `Vint_t` Speicher zu reservieren, müssen Sie beachten, dass Sie extra für das flexible Element ebenfalls Speicherplatz reservieren. Folgendes reicht also nicht aus:

```
Vint_t *Viptr = malloc ( sizeof( Vint_t) );
```

Hier haben Sie zwar Speicher für die Struktur reserviert, aber nicht für die flexiblen Elemente. Somit muss die Allokation von Speicher wie folgt aussehen:

```
#define LEN 10  // Anzahl flexibler Elemente
...
Vint_t *Viptr = malloc ( sizeof(Vint_t) + LEN*sizeof(int) );
Viptr->len = LEN;
```

Hier folgt ein komplettes Beispiel dazu. Es wird Platz für eine Struktur vom Typ `Vint_t` mit 10 flexiblen Elementen reserviert. Die Elemente werden in der Schleife mit einem sinnlosen Wert versehen und anschließend innerhalb einer anderen Schleife wieder ausgegeben.

```
/* flexibel.c */
#include <stdio.h>
#include <stdlib.h>
#define LEN 10

typedef struct { int len; int iarray[]; } Vint_t;

int main(void) {
   Vint_t *Viptr = malloc(sizeof(Vint_t) + LEN*sizeof(int));
   Viptr->len = LEN;
   for( int i = 0; i < Viptr->len; i++ )
      Viptr->iarray[i] = i*i;

   for( int i = 0; i < Viptr->len; i++ )
      printf("Viptr->iarray[%d]: %3d\n",
         i ,Viptr->iarray[i]);

   return EXIT_SUCCESS;
}
```

Eine Initialisierung von flexiblen Elementen ist laut C99-Standard nicht erlaubt. Ein Beispiel dafür wäre:

```
// Gemäß C99-Standard nicht zulässig
Vint_t Viarr1 = { 4, { 1, 2, 4, 8 }};
```

Das Ziel dieses Kapitels ist es nicht, Ihnen eine ganze Palette von Algorithmen vorzustellen, sondern nur einige grundlegende der Informatik.

22 Algorithmen

Um es mit diesem Thema aufzunehmen, brauchen Sie schon einige Erfahrung in der Programmierung mit C. Sie sollten alle Grundlagen von C bereits kennen. Vor allem sollten Sie wissen, was Arrays und verkettete Listen sind und wie Sie diese in der Praxis verwenden können. Sofern Sie also einige dieser Themen noch nicht ganz verstehen oder übersprungen haben, empfehle ich Ihnen, sich diesen nochmals zu widmen, bevor Sie mit diesem Kapitel beginnen. Außerdem ist ein wenig Eigenmotivation gefordert, die Themen zu verstehen – und vor allem Praxis. Wenn Sie dieses Kapitel durchgelesen und die Algorithmen (hoffentlich) eingesetzt haben, dann besitzen Sie ein gutes Fundament, um sich tiefergehend mit der Materie zu befassen.

22.1 Was sind Algorithmen?

Ein Algorithmus hat keinerlei Bezug zum Betriebssystem und ist auch nicht von irgendeiner Bibliothek abhängig. Ein Algorithmus ist nichts anderes als ein Verfahren, das verwendet wird, um ein Problem unter bestimmten Voraussetzungen durch eine endliche Anzahl von Schritten zu lösen. Mit »Verfahren« meine ich hier natürlich Quellcode.

Da es viele verschiedene Algorithmen gibt, ist es nicht immer einfach, den richtigen zur rechten Zeit zu verwenden. Dies ist abhängig vom Problemfall und von der Erfahrung des Programmierers mit einem bestimmten Algorithmus. Meistens ist es sinnvoll, verschiedene Algorithmen zu testen und eine Laufzeitanalyse (Profiling) zu erstellen – insbesondere dann, wenn Ihnen der Algorithmus unbekannt ist und Sie nicht wissen, welche Anforderungen dieser stellt.

22.2 Wie setze ich Algorithmen ein?

Egal, ob Sie jetzt Arrays oder verkettete Listen verwenden, die Algorithmen in den folgenden Abschnitten lassen sich meist mit wenigen Anpassungen implementieren – daher auch die Voraussetzung, dass Sie mit den Grundlagen der Programmierung in C gut vertraut sind. Aber deshalb haben Sie schließlich dieses Buch gekauft.

22.3 Sortieralgorithmen

Viele Programme und Computer (Server) erledigen oft den lieben langen Tag nichts anderes, als Daten zu sortieren. Wenn Sie das Sortieren verstanden haben, wird es Ihnen nicht mehr schwerfallen, andere Algorithmen zu verstehen. Das Sortieren könnte man sozusagen auch als »Basics für Algorithmen« bezeichnen. Hier einige Typen von Sortieralgorithmen:

- *Internes Sortieren* – internes Sortieren findet innerhalb des RAMs (Arbeitsspeicher) statt. Dabei werden meist Daten an das Programm geschickt und werden sortiert wieder ausgegeben.
- *Externes Sortieren* – beim externen Sortieren werden externe Speicherquellen (Festplatte, Streamer, Tape, ...) verwendet. Während des externen Sortierens werden zahlreiche Lese- und Schreibzugriffe auf externe Quellen ausgeführt. Externes Sortieren wird genutzt, wenn die Daten zum Sortieren nicht auf einmal im RAM verarbeitet werden können.
- *Vergleichendes Sortieren* – dabei wird häufig ein Schlüssel zum Sortieren verwendet. Dieser Schlüssel besteht meist nur aus einem kleinen Teil der Daten, der das Sortieren steuert.
- *Stabiles Sortieren* – stabil wird sortiert, wenn z. B. eine Arbeitnehmerliste, die nach Alphabet sortiert ist, nach Gehalt sortiert wird, ohne dass dabei die alphabetische Liste durcheinandergerät.

Im Folgenden werden häufig Arrays zum Sortieren verwendet. Diese sollten Sie sich als Schlüssel einer Datenstruktur vorstellen. Die Funktionen sind so aufgebaut, dass sie jederzeit mit ein wenig Tipparbeit an die eigenen Bedürfnisse angepasst werden können. Primär geht es darum, Ihnen die einzelnen Sortierverfahren näherzubringen, speziell deren Funktionen. Die Implementierung ist zumeist problemabhängig und richtet sich nach der Art der Daten, die es zu sortieren gilt.

22.3.1 »Selection Sort« – sortieren durch Auswählen

Der erste Sortieralgorithmus ist *Selection Sort*. Dieser Algorithmus sucht sich als Erstes das kleinste Element in der Liste, merkt es sich und tauscht es gegen das Element am Anfang aus, sodass sich dann das kleinste Element ganz am Anfang befindet. Als Nächstes wird das zweitkleinste Element in der Liste gesucht und wird gegen das an zweiter Stelle platzierte Element der Liste ausgetauscht usw.

Auf diese Weise haben immer die Elemente auf der linken Seite der aktuellen Position einen festen Platz und werden nicht mehr geändert. Abbildung 22.1 verdeutlicht den Vorgang:

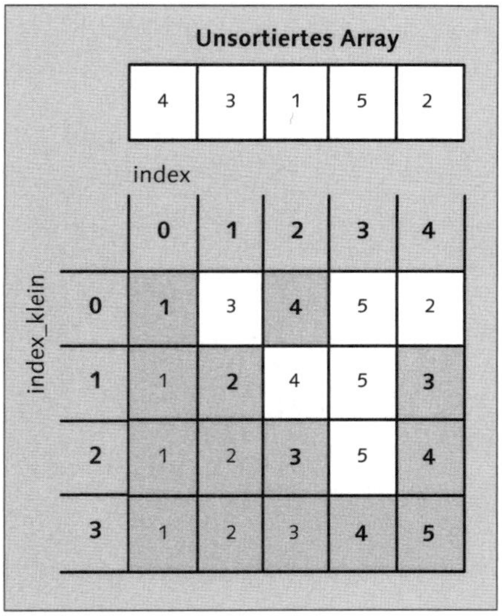

Unsortiertes Array

4	3	1	5	2

index_klein \ index	0	1	2	3	4
0	1	3	4	5	2
1	1	2	4	5	3
2	1	2	3	5	4
3	1	2	3	4	5

Abbildung 22.1 Sortieren durch Auswählen

Der Quellcode dazu sieht so aus:

```
/* selektion.c */
#include <stdio.h>
#include <stdlib.h>

void selection(int *array, int elemente) {
   int index,index_klein,
       wert, wert_klein;

   /* Schleife wird von links nach rechts durchlaufen. */
   for(index = 0; index < elemente; index++) {
      /* aktuelle Position */
      wert=index;
      /* Schleife läuft durch bis ein kleineres Element als
```

```
         * die aktuelle Position gefunden wurde oder bis zum Ende,
         * was bedeutet, die aktuelle Position ist schon
         * das kleinste Element. */
        for(index_klein = index+1; index_klein <= elemente;
          index_klein++) { /* Ein kleineres Element gefunden? */
          if(array[index_klein] < array[wert])
             /* Neues kleinstes Element */
             wert=index_klein;
        }
        /* kleinstes Element an die aktuelle
         * Position falls nötig */
        if(wert != index) {
           wert_klein=array[wert];
           array[wert]=array[index];
           array[index]=wert_klein;
        }
     }
  }

  int main(void) {
     int i;
     /* das Array zum Sortieren */
     int test_array[] = { 5, 2, 7, 9, 1, 4, 3, 8, 6 };
     int N = sizeof(test_array)/sizeof(int);

     selection(test_array, N-1);

     for(i = 0; i < N; i++)
        printf("%d ", test_array[i]);
     printf("\n");
     return EXIT_SUCCESS;
  }
```

Natürlich können Sie mit *Selection Sort* auch andersherum sortieren, also vom größten Element abwärts. In diesem Fall muss nur die `if`-Abfrage geändert werden:

```
if(array[index_klein] > array[wert])
```

Der Vorteil von *Selection Sort* liegt darin, dass jedes Element höchstens einmal bewegt wird.

22.3.2 Insertion Sort

Das Prinzip von *Insertion Sort* (Sortieren durch direktes Einfügen) ist relativ einfach. Die einzelnen Elemente werden wieder von vorne nach hinten durchlaufen. Von der aktuellen Position aus wird jedes Element von rechts nach links weitergereicht – und das so lange, bis das bewegte Element größer oder gleich dem Element ist, das an der im Augenblick abgefragten Position liegt.

Der Platz für das Element, das verschoben wird, ist frei. Diese Lücke wird mit dem entsprechenden Wert an der richtigen Stelle gefüllt. Bildlich können Sie sich *Insertion Sort* folgendermaßen vorstellen:

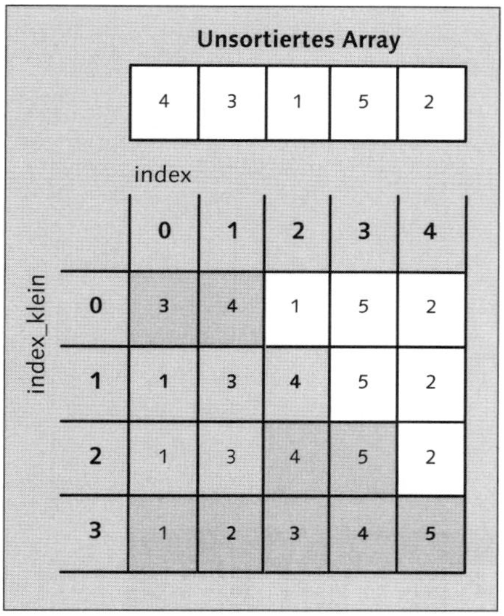

Unsortiertes Array

4	3	1	5	2

index_klein \ index	0	1	2	3	4
0	3	4	1	5	2
1	1	3	4	5	2
2	1	3	4	5	2
3	1	2	3	4	5

Abbildung 22.2 Insertion Sort

Der folgende Quellcode soll diesen Algorithmus noch verständlicher machen:

```
/* insertion.c */
#include <stdio.h>
#include <stdlib.h>

void insertion(int *array, int elemente) {
   int index,index_klein,wert_klein;

   /* Schleife von links-1 nach rechts */
   for(index=1; index<=elemente; index++) {
      /* aktuelle Position zwischenspeichern */
      wert_klein=array[index];
      /* Kleineren Wert als wert_klein suchen. Schleife  läuft
       * von aktueller Position von rechts nach links durch. */
```

```
      for( index_klein=index;
           array[index_klein-1] > wert_klein&&index_klein > 0;
           index_klein-- )
         /* wenn Vorgänger größer als aktuelles
          * Element in wert_klein */
         array[index_klein] = array[index_klein-1];
      /* gespeichertes Element an neue Position ->
       * Lücke auffüllen */
      array[index_klein]=wert_klein;
   }
}

int main(void) {
   int i;
   /* das Array zum Sortieren */
   int test_array[] = { 5, 2, 7, 9, 1, 4, 3, 8, 6 };
   int N = sizeof(test_array)/sizeof(int);

   insertion(test_array, N-1);

   for(i = 0; i < N; i++)
      printf("%d ", test_array[i]);
   printf("\n");
   return EXIT_SUCCESS;
}
```

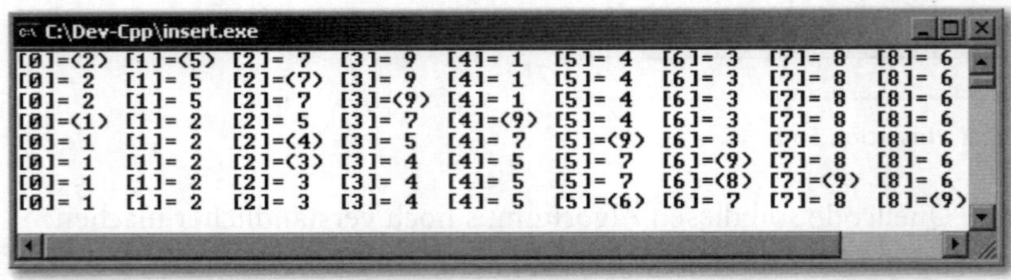

```
C:\Dev-Cpp\insert.exe
[0]=<2> [1]=<5> [2]= 7   [3]= 9   [4]= 1   [5]= 4   [6]= 3   [7]= 8   [8]= 6
[0]= 2  [1]= 5  [2]=<7>  [3]= 9   [4]= 1   [5]= 4   [6]= 3   [7]= 8   [8]= 6
[0]= 2  [1]= 5  [2]= 7   [3]=<9>  [4]= 1   [5]= 4   [6]= 3   [7]= 8   [8]= 6
[0]=<1> [1]= 2  [2]= 5   [3]= 7   [4]=<9>  [5]= 4   [6]= 3   [7]= 8   [8]= 6
[0]= 1  [1]= 2  [2]=<4>  [3]= 5   [4]= 7   [5]=<9>  [6]= 3   [7]= 8   [8]= 6
[0]= 1  [1]= 2  [2]=<3>  [3]= 4   [4]= 5   [5]= 7   [6]=<9>  [7]= 8   [8]= 6
[0]= 1  [1]= 2  [2]= 3   [3]= 4   [4]= 5   [5]= 7   [6]=<8>  [7]=<9>  [8]= 6
[0]= 1  [1]= 2  [2]= 3   [3]= 4   [4]= 5   [5]=<6>  [6]= 7   [7]= 8   [8]=<9>
```

Abbildung 22.3 Geklammerte Werte symbolisieren den Elementetausch.

Das aktuelle Element wird hier in `wert_klein` gespeichert. Jetzt wird so lange umdisponiert, bis entweder ein Element kleiner als `wert_klein` ist oder bis Sie am Anfang des Arrays (Index 0) angekommen sind (was bedeuten würde, dass `wert_klein` das kleinste Element im Array ist).

Wie auch schon bei *Selection Sort* sind die Elemente bei *Insertion Sort* auf der linken Seite sortiert; nur mit dem Unterschied, dass dies noch keine endgültige Stellung wie bei *Selection Sort* bedeutet.

22.3.3 Bubble Sort

Bubble Sort ist ein recht einfaches Sortierverfahren. Dabei wird das vollständige Array durchlaufen, und jedes Mal – wenn notwendig – werden die benachbarten Elemente miteinander vertauscht.

Nach jedem Durchlauf bekommt immer das letzte Element einen festen Platz. Daher macht es auch Sinn, eine rückwärts zählende Schleife von dieser Position an einzusetzen. Hier sehen Sie den Quellcode zu *Bubble Sort*:

```
/* bubble.c */
#include <stdio.h>
#include <stdlib.h>

void bubble(int *array, int elemente) {
   int i,temp;

   while(elemente--)
      for(i = 1; i <= elemente; i++)
         if(array[i-1] > array[i]) {
            temp=array[i];
            array[i]=array[i-1];
            array[i-1]=temp;
         }
}

int main(void) {
   int i;
   /* das Array zum Sortieren */
   int test_array[] = { 5, 2, 7, 9, 1, 4, 3, 8, 6 };
   int N = sizeof(test_array)/sizeof(int);

   bubble(test_array, N);

   for(i = 0; i < N; i++)
      printf("%d ", test_array[i]);
   printf("\n");
   return EXIT_SUCCESS;
}
```

Da nach jedem Durchlauf das größte Element ganz nach rechts geholt wird und dies nicht mehrmals verglichen werden sollte, wurde von dieser Position aus eine rückwärts zählende Schleife eingesetzt:

```
while(elemente--)
```

Abbildung 22.4 zeigt die Arbeitsweise von *Bubble Sort*:

Unsortiertes Array

4	3	1	5	2

	0	1	2	3	4
0	3	4	1	5	2
1	3	1	4	5	2
2	3	1	4	5	2
3	3	1	4	2	5
4	1	3	4	2	5
5	1	3	2	4	5
6	1	3	2	4	5
7	1	2	3	4	5
8	1	2	3	4	5

Abbildung 22.4 »Bubble Sort« in Aktion

Auf die letzten Durchläufe wurde in der Darstellung verzichtet, da keine Daten mehr verschoben werden.

22.3.4 Shellsort

Shellsort ist eine Erweiterung von *Insertion Sort*. Anstatt jedes benachbarte Element wie bei *Insertion Sort* zu vergleichen und zu sortieren, vergleicht *Shellsort* jedes `n`-te Element (bei beliebigem Anfangselement). Damit ist es möglich, Elemente zu sortieren, die in größeren Entfernungen voneinander liegen. Ist der Abstand für `n` beispielsweise 4, dann setzen sich folgende Gruppen von Elementen mit dem Index 0, 4, 8, 12 ... und 1, 5, 9, 13 ... 2, 6, 10, 14 ... 3, 7, 11, 15 ... usw. zusammen. Diese Gruppen werden einzeln sortiert. Danach wird `n` verringert, und dann werden die Gruppen `n-1` sortiert. Dies geschieht so lange, bis `n==1` ist und somit im letzten Durchlauf keine Unterteilung mehr stattfindet. Ist `n` gleich von Anfang an 1, könnten Sie sich den Aufwand sparen, da dies dem »Insertion Sort«-Algorithmus entspräche.

Natürlich hängt n von den Werten ab, die sortiert werden. Man spricht dabei von Distanzfolgen. Je besser diese Folge ist, desto schneller werden die Daten sortiert. Die Suche nach der optimalen Folge ist Aufgabe des Programmierers. Hier sehen Sie den Quellcode zu *Shellsort*:

```
/* shellsort.c */
#include <stdio.h>
#include <stdlib.h>

void shellsort (int *array, int elemente) {
  int i, j, temp, n;

   /* Anfangswert für die Distanz errechnen */
  for ( n = 1; n <= elemente/9; n = 3*n+1);
  for (; n > 0; n /= 3) {
     for (i = n; i <= elemente; i++) {
        temp = array[i];
        /* Größer als temp und nicht elemente
         * sowie >= und nicht > */
        for(j = i;
            j >= n && array[j-n] > temp;
            j -= n) {
          array[j] = array[j-n];
        }
        array[j] = temp;
     }
  }
}

int main(void) {
   int i;
   /* das Array zum Sortieren */
   int test_array[] = { 5, 0, 2, 7, 9, 1, 4, 3, 8, 6 };
   int N = sizeof(test_array)/sizeof(int);

   shellsort(test_array, N-1);

   for(i = 0; i < N; i++)
      printf("%d ", test_array[i]);
   printf("\n");
   return EXIT_SUCCESS;
}
```

Jetzt soll gezeigt werden, wie Sie die optimale Distanzfolge von Daten für *Shellsort* ermitteln. Es wird ein Array mit 10 Millionen Elementen erstellt, das Zahlen in absteigender Reihenfolge enthält. In diesem Fall müssten alle Elemente bei der Sortierung ausgetauscht werden. Getestet wird mithilfe einer Schleife und den Distanzfolgen von 2 bis 10.

Für das Profiling wird hierbei die Funktion `clock()` verwendet, die für diesen Zweck vollkommen ausreichen dürfte (mehr zum Profiling entnehmen Sie bitte dem entsprechenden Abschnitt 19.2, »Laufzeitmessung (Profiling)«).

Hier sehen Sie das Beispiel mit den verschiedenen Distanzfolgen:

```
/* profile_shellsort.c */
#include <stdio.h>
#include <stdlib.h>
#include <time.h>
#define MAX 10000000
#define MAX_TEST 10

/* das Array zum Sortieren */
int test_array[MAX];

void init_test_array(void) {
   int i,j;
   for(i = MAX, j = 0; i >= 0; i--,j++)
      test_array[j] = i;
}

void shellsort(int *array, int elemente, int distanz) {
   int i, j, temp, n = elemente;

   for(; n > 0; n /= distanz)
      for (i = n; i <= elemente; i++) {
         temp = array[i];
         /* Größer als temp und nicht elemente
          * sowie >= und nicht > */
         for(j = i;
             j >= n && array[j-n] > temp;
             j -= n) {
            array[j] = array[j-n];
         }
         array[j] = temp;
      }
}
```

```
int main(void) {
   int distanz_folge;
   float zeit;
   clock_t start, ende;

   for(distanz_folge =2;
     distanz_folge <= MAX_TEST; distanz_folge++) {
      init_test_array();

      start = clock();
      shellsort(test_array, MAX-1, distanz_folge);
      ende = clock();

      /* Ergebnis der Laufzeitmessung in Sekunden */
      zeit = (float)(ende-start) / (float)CLOCKS_PER_SEC;
      printf("Die Laufzeitmessung der Distanzfolge "
         " %d ergab %2.2f  Sekunden\n" ,distanz_folge,zeit);
   }
   return EXIT_SUCCESS;
}
```

Je nach Power des Rechners erhalten Sie folgende Ausgabe (als Beispiel ein 1700-MHz-Pentium 4 mit 256 MB RAM):

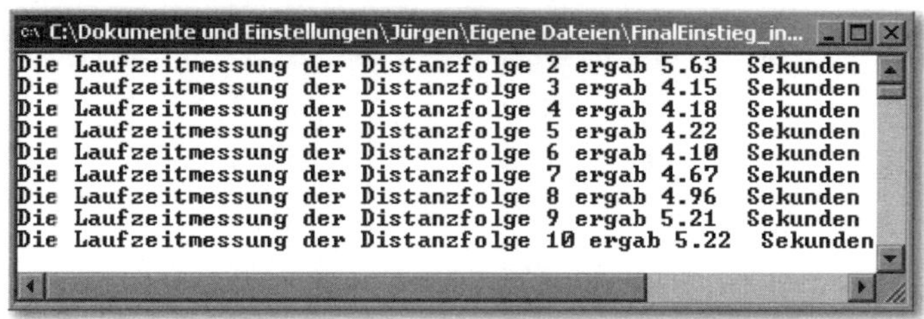

Abbildung 22.5 Ermitteln der optimalen Distanzfolge von Shellsort

In diesem Fall scheint eine Distanzfolge zwischen 3 und 6 das optimale Ergebnis zu liefern.

Diese Tests der Laufzeitmessungen mit *Shellsort* werden Sie wohl immer durchführen müssen, da bisher noch niemand in der Lage war, *Shellsort* genau zu analysieren. Aber verglichen mit *Insertion Sort* läuft *Shellsort* immer schneller ab. Zum Vergleich kann hierbei *Insertion Sort* (Distanzfolge = 1) mit eingebaut werden. Dabei sollte aber die Anzahl der Elemente reduziert werden, weil *Insertion Sort* eine Weile mit ihnen beschäftigt sein wird.

22.3.5 Quicksort

Ein oft eingesetzter Algorithmus ist *Quicksort*, da seine Implementierung nicht allzu schwer ist. Aufgrund ihrer häufigen Verwendung wurde diese Funktion in die ANSI-C-Bibliothek mit aufgenommen (`qsort`). *Quicksort* funktioniert nach dem Prinzip »Teile und herrsche«, also rekursiv. Die Daten werden immer in zwei Teile zerlegt und wieder sortiert. Diese zwei Teile werden wiederum jeweils in zwei Teile zerlegt und sortiert usw., bis die Daten sortiert sind. Die Rekursion beendet sich, wenn das Teilstück aus nur noch einem Element besteht. Hier sehen Sie den Quellcode von *Quicksort*:

```
/* quicksort.c */
#include <stdio.h>
#include <stdlib.h>
#include <time.h>
#define MAX 50000

/* das Array zum Sortieren */
int test_array[MAX];

void my_qsort(int*, int*);

void init_test_array(void) {
   int i, j;
   for(i = MAX,j=0; i >= 0; i--,j++)
      test_array[j] = i;
}

void print_test_array(void) {
   int i;
   for(i=0;i<MAX; i++)

      printf("%d ",test_array[i]);
}

/* Die Funktion erhält einen Zeiger auf das erste
 * und einen zweiten Zeiger auf das letzte Element.
 * Hier werden dazu die Namen »links« und »rechts« verwendet.
 */
void my_qsort(int *links, int *rechts) {
   int *ptr1 = links;
   int *ptr2 = rechts;
   int w, x;
   /* x bekommt die Anfangsadresse der
    * Mitte von links und rechts.
```

```
     * Anstatt der Bitverschiebung hätten Sie
     * auch einfach »geteilt durch 2« rechnen können.
     */
   x = *(links + (rechts - links >> 1));
   do {
      while(*ptr1 < x) ptr1++;
      while(*ptr2 > x) ptr2--;
      if(ptr1 > ptr2)
         break;
      w = *ptr1;
      *ptr1 = *ptr2;
      *ptr2 = w;
   } while(++ptr1 <= --ptr2);
   if(links < ptr2)  my_qsort(links, ptr2);
   if(ptr1 < rechts) my_qsort(ptr1, rechts);
}

int main(void) {
   init_test_array();
   my_qsort(test_array, test_array+MAX);
   print_test_array();
   return EXIT_SUCCESS;
}
```

Im Gegensatz zu den anderen bisher verwendeten Algorithmen sieht dieser schon ein wenig kryptischer aus. Daher soll er auch etwas genauer analysiert werden. Wir gehen von folgenden unsortierten Werten aus:

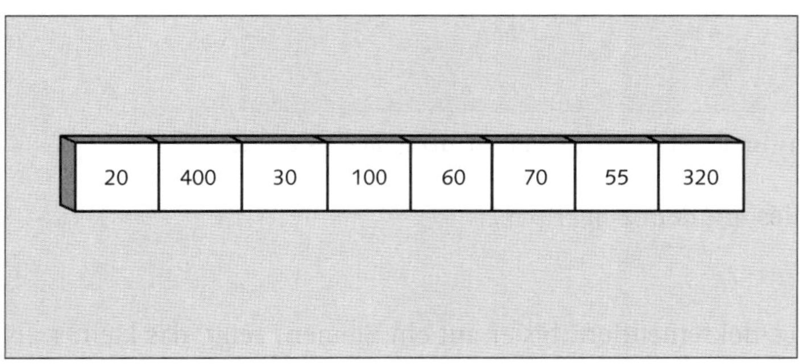

Abbildung 22.6 Werte sollen mit »Quicksort« sortiert werden.

Aufgerufen wird die Funktion mit:

```
my_qsort(test_array, test_array+MAX);
```

Somit zeigt in der Funktion `my_qsort()` der Zeiger `links` auf die Anfangsadresse von `test_array`, nämlich den Wert 20. Der rechte Zeiger verweist auf das Ende des Arrays, also den Wert 320. In der Funktion übernehmen zwei Zeiger diese Adressen:

```
int *ptr1 = links;
int *ptr2 = rechts;
```

Durch die darauf folgende Berechnung

```
x = *(links + (rechts - links >> 1));
```

bekommt die Variable x zunächst den Wert 100 zugewiesen. Denn im Klartext ergibt diese Rechnung auf Zahlen bezogen:

```
x = *(0 + (7 - 0 / 2));
```

Das Ergebnis dieser Berechnung beträgt 3, und die Zahl mit dem Index [3] lautet 100. Weiter geht es mit folgender Zeile:

```
while(*ptr1 < x) ptr1++;
```

Der Zeiger ptr1 wird jetzt so lange inkrementiert, bis er auf ein Element zeigt, das größer als oder gleich dem Element von x ist. Im aktuellen Beispiel ist dies der Wert 400.

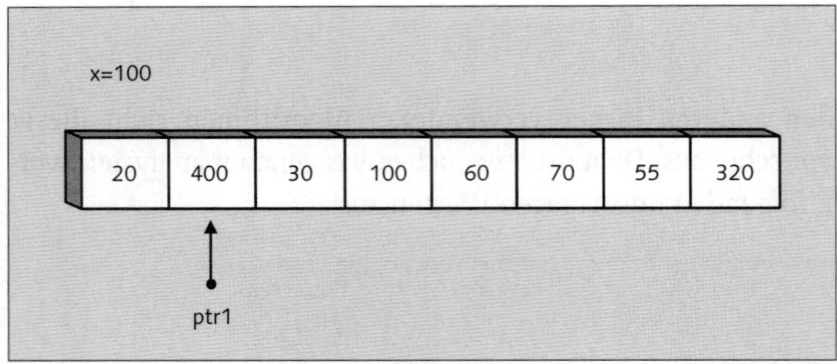

Abbildung 22.7 »ptr1« ist auf einen Wert gestoßen, der größer als »x« ist.

Genauso verläuft dies mit dem Zeiger ptr2:

```
while(*ptr2 > x) ptr2--;
```

Dieser wird so lange dekrementiert, bis er auf ein Element zeigt, das kleiner als oder gleich dem von x ist.

Als Nächstes wird überprüft, ob ptr1 schon weiter ist als ptr2. Trifft dies zu, wird die do while-Schleife abgebrochen. Hier stimmt dies aber nicht, und somit werden die beiden Elemente, auf die ptr1 und ptr2 zeigen, vertauscht:

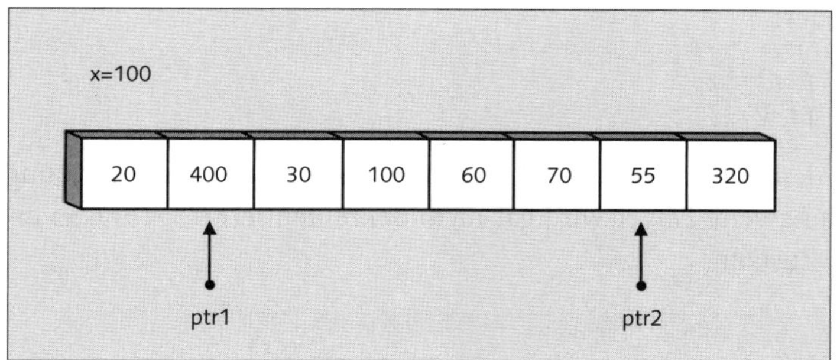

Abbildung 22.8 »ptr2« ist auf einen Wert gestoßen, der kleiner als »x« ist.

```
w = *ptr1;
*ptr1 = *ptr2;
*ptr2 = w;
```

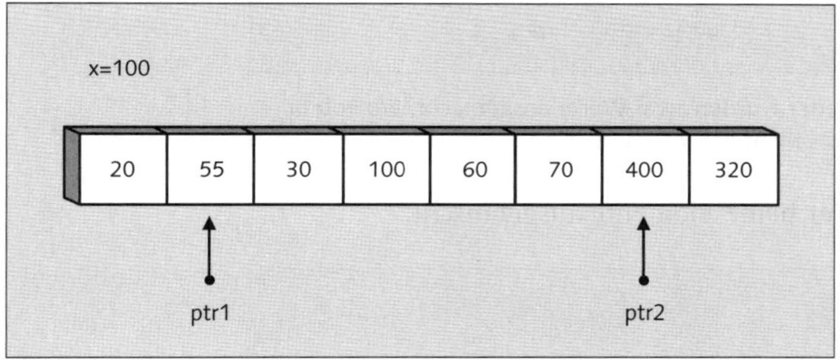

Abbildung 22.9 Werte von »ptr1« und »ptr2« tauschen

Jetzt bewegen sich die beiden Zeiger mit

```
++ptr1 <= --ptr2
```

aufeinander zu.

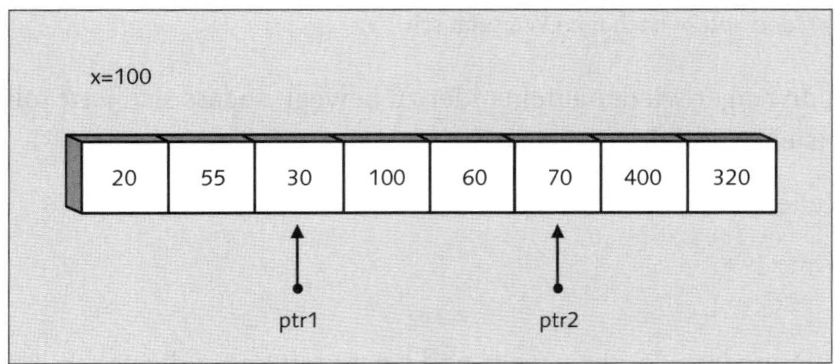

Abbildung 22.10 Die Zeiger nähern sich einander.

Danach folgen wieder:

```
while(*ptr1 < x) ptr1++;
while(*ptr2 > x) ptr2--;
```

Die Bedingung für den Zeiger `ptr1` trifft bereits nach der ersten Inkrementierung zu (`100<60`), und der zweite Zeiger wird gar nicht dekrementiert (`70>100`). So ergibt sich folgender Zustand:

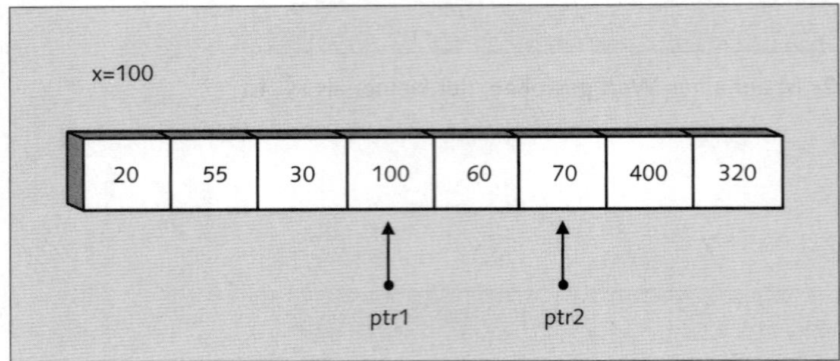

Abbildung 22.11 Wieder wurden zwei Werte ausgemacht, wo »ptr1« nicht kleiner und »ptr2« nicht größer als »x« sind.

Jetzt werden wieder beide Elemente ausgetauscht:

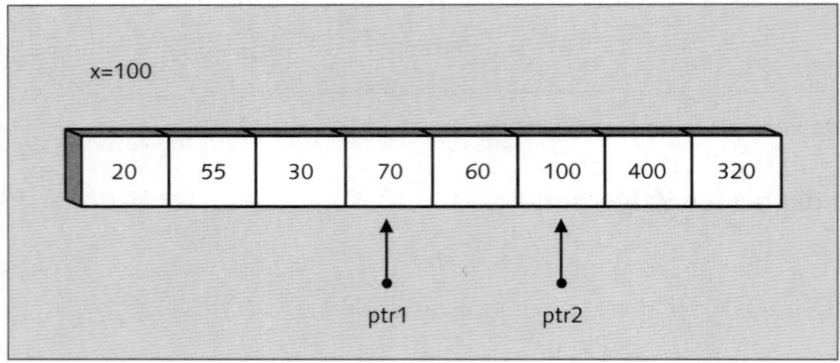

Abbildung 22.12 »ptr1«und »ptr2« nach dem Wertetausch

Danach werden beide Zeiger wieder aufeinander zu bewegt, sodass sich jetzt folgendes Bild ergibt (siehe Abbildung 22.13).

Nach den beiden Zeilen

```
while(*ptr1 < x) ptr1++;
while(*ptr2 > x) ptr2--;
```

ist jetzt die `if`-Bedingung (`ptr1 > ptr2`) wahr und bricht mit `break` die `do while`-Schleife ab. Folgender Zustand liegt dabei vor (siehe Abbildung 22.14).

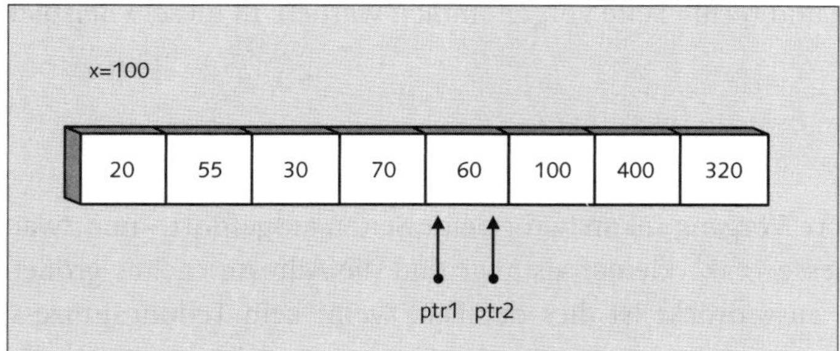

Abbildung 22.13 »ptr1« und »ptr2« treffen aufeinander.

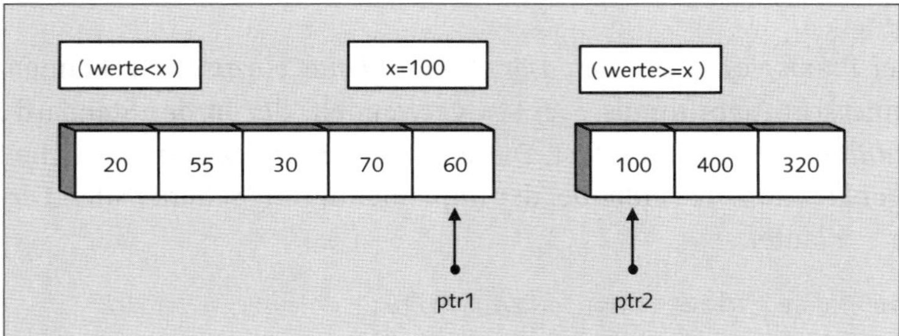

Abbildung 22.14 Ein Teilungsprozess findet statt.

Damit wurde der erste Teilungsprozess beendet. Daran lässt sich auch schon feststellen, dass alles, was sich links von der Teilungslinie befindet, größer, und alles, was rechts davon liegt, kleiner ist. Der Algorithmus funktioniert auch, wenn der Wert der Variablen x beispielsweise einem Wert entspricht, der weiter außen liegt. Die optimale Bedingung ist eine Teilung in der Mitte.

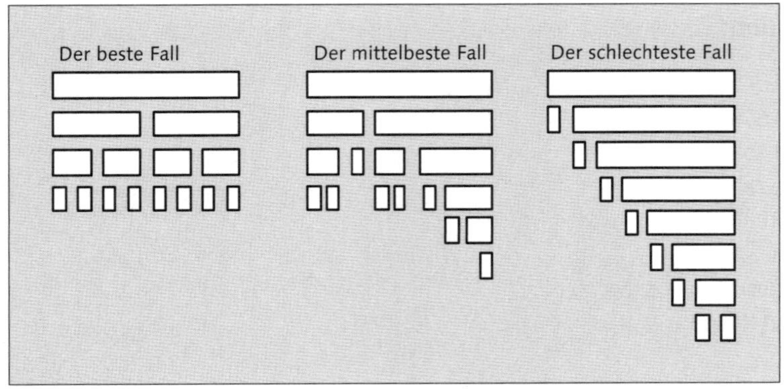

Abbildung 22.15 Quicksort ist von der Anordnung der Daten abhängig.

Nach der ersten Teilung sind nun weitere Schritte notwendig. Oder einfacher ausgedrückt: Im Prinzip sind nur noch zwei Schritte zu beachten: Es muss derselbe

Vorgang für die linke und rechte Seite vorgenommen werden. In diesem Beispiel sind das die Zeilen:

```
if(links < ptr2) my_qsort(links, ptr2);
if(ptr1 < rechts) my_qsort(ptr1, rechts);
```

Damit wird der weitere Vorgang rekursiv für beide Seiten ausgeführt – und zwar so lange, bis die Adresse `links` kleiner als `ptr2` und die Adresse `rechts` größer als `ptr1` ist. Einfach ausgedrückt ist dies der Fall, wenn kein Teilungsprozess mehr möglich ist.

22.3.6 qsort()

Sollten Sie in der Praxis vorhaben, den *qsort()-Algorithmus* einzusetzen, können Sie auch den Quicksort-Algorithmus `qsort()` verwenden, der in der Standard-Headerdatei *<stdlib.h>* implementiert ist. Dieser läuft zumeist stabiler und sicherer ab als die Eigenkreation, da Fehler bei der Implementierung seltener sind. Die Syntax von `qsort()` lautet:

```
void qsort(void *base, size_t num, size_t size,
           int (*cmp)(void *elem1, void *elem2));
```

`base` ist die Adresse des ersten Elements in der Liste oder in einem Array, das es zu sortieren gilt. Die Anzahl der Elemente geben Sie mit `num` und die Größe der einzelnen Elemente mit `size` an. `cmp` ist eine Adresse auf eine Vergleichsfunktion, die Sie selbst implementieren müssen. Schließlich kann `qsort()` nicht von vornherein wissen, welche Art von Daten (Strukturen, Arrays, Strings ...) Sie sortieren wollen. So bleibt `qsort()` immer für den Allgemeingebrauch verfügbar. Hierzu zeige ich die Funktion `qsort()` der Standard-Bibliothek im Zeitvergleich mit unserer Eigenkreation:

```
/* profile_quicksort.c */
#include <stdio.h>
#include <stdlib.h>
#include <time.h>
#define MAX 5000000

/* das Array zum Sortieren */
int test_array[MAX];

void my_qsort(int*, int*);

void init_test_array(void) {
   int i, j;
   for(i = MAX,j=0; i >= 0; i--,j++)
```

```
      test_array[j] = i;
}

/* Vergleichsfunktion für qsort() */
int cmp_integer(const void *wert1, const void *wert2) {
   return (*(int*)wert1 - *(int*)wert2);
}

/* Die Funktion erhält einen Zeiger auf das erste
 * und einen zweiten Zeiger auf das letzte Element.
 * Hier werden die Namen »links« und »rechts« verwendet.
 */
void my_qsort(int *links, int *rechts) {
   int *ptr1 = links;
   int *ptr2 = rechts;
   int w, x;
   /* x bekommt die Anfangsadresse der
    * Mitte von »links« und »rechts«
    * Statt der Bitverschiebung hätten Sie
    * auch einfach »geteilt durch 2« rechnen können.
    */
   x = *(links + (rechts - links >> 1));
   do {
      while(*ptr1 < x) ptr1++;
      while(*ptr2 > x) ptr2--;
      if(ptr1 > ptr2)
         break;
      w = *ptr1;
      *ptr1 = *ptr2;
      *ptr2 = w;
   }while(++ptr1 <= --ptr2);
   if(links < ptr2)  my_qsort(links, ptr2);
   if(ptr1 < rechts) my_qsort(ptr1, rechts);
}

int main(void) {
   clock_t start,ende;

   init_test_array();
   start = clock();
   qsort(test_array, MAX, sizeof(int), cmp_integer);
   ende = clock();
   printf("qsort() der Standard-Library: %.2f\n",
      (float)(ende-start) / (float)CLOCKS_PER_SEC);
```

```
    init_test_array();
    start = clock();
    my_qsort(test_array, test_array+MAX);
    ende = clock();
    printf("Selbst geschriebene Quicksort-Funktion %.2f\n",
       (float)(ende-start) / (float)CLOCKS_PER_SEC);
    return EXIT_SUCCESS;
}
```

22.3.7 Zusammenfassung der Sortieralgorithmen

Jetzt werden die Sortieralgorithmen ein wenig analysiert. Es soll ein Beispiel erstellt werden, mit dem drei verschiedene Zustände von Daten sortiert werden.

- Zuerst sollen Daten sortiert werden, bei denen das größte Element ganz am Anfang ist und absteigend das kleinste Element ganz am Ende.
- Anschließend sollen Daten sortiert werden, die bereits in sortierter Form vorliegen. Denn es kann ja immer mal vorkommen, dass Herr Meier die Daten sortiert hat und Herr Müller wieder mal nichts davon weiß und diese nochmals sortiert.
- Im letzten Beispiel werden Daten sortiert, die mit Zufallsdaten belegt werden.

Die Anzahl der Elemente ist in einem solchen Fall natürlich auch entscheidend. Es werden dafür 1000, 10.000 und am Schluss 100.000 Elemente verwendet, die nach den vorhandenen Zuständen sortiert werden sollen.

Das Programm wurde der Übersicht halber etwas zusammengepresst. Es ist nur die Ausgabe des Programms von Interesse. Leiten Sie die Standardausgabe am besten in eine Textdatei um, indem Sie im Programm noch vor der `for`-Schleife in der `main()`- Funktion Folgendes eingeben:

```
freopen("benchmark.txt", "a+", stdout);
```

Dies kann jetzt – abhängig vom Rechner – etwas dauern. Hier sehen Sie das kleine Benchmark dazu mit einigen Sortieralgorithmen:

```
/* sortbenchmark.c */
#include <stdio.h>
#include <time.h>
#include <stdlib.h>
#define MAX 100000

/* ein Array von großen zu kleinen Werten sortieren */
int test_array[MAX];
```

```
void init_test_array(int elements) {
   int i, j;
   for(i = elements,j=0; i >= 0; i--,j++)
      test_array[j] = i;
}

/* ein bereits sortiertes Array */
void init_test_array2(int elements) {
   int i;
   for(i = 0; i <= elements; i++)
      test_array[i] = i;
}

/* ein Array mit (Pseudo)-Zufallszahlen */
void init_test_array3(int elements) {
   int i;
   for(i = 0; i <= elements; i++)
      test_array[i] = rand();
}

/* Vergleichsfunktion für qsort() */
int cmp_integer(const void *wert1, const void *wert2) {
   return (*(int*)wert1 - *(int*)wert2);
}

/* Die Funktion erhält einen Zeiger auf das erste
 * und einen zweiten Zeiger auf das letzte Element.
 * Hier werden die Namen »links« und »rechts« verwendet.
 */
void my_qsort(int *links, int *rechts) {
   int *ptr1 = links;
   int *ptr2 = rechts;
   int w, x;
   /* x bekommt die Anfangsadresse der
    * Mitte von »links« und »rechts«.
    * Statt der Bitverschiebung hätten Sie
    * auch einfach »geteilt durch 2« rechnen können.
    */
   x = *(links + (rechts - links >> 1));
   do {
      while(*ptr1 < x) ptr1++;
      while(*ptr2 > x) ptr2--;
      if(ptr1 > ptr2)
         break;
      w = *ptr1;
```

```
      *ptr1 = *ptr2;
      *ptr2 = w;
   } while(++ptr1 <= --ptr2);
   if(links < ptr2) my_qsort(links, ptr2);
   if(ptr1 < rechts) my_qsort(ptr1, rechts);
}

void shellsort (int *array, int elemente) {
  int i, j, temp, n;

   /* Anfangswert für die Distanz errechnen */
  for ( n = 1; n <= elemente/9; n = 3*n+1);
  for (; n > 0; n /= 3) {
     for (i = n; i <= elemente; i++) {
        temp = array[i];
        /* Größer als temp und nicht elemente
         * sowie >= und nicht > */
        for(j = i;
            j >= n && array[j-n] > temp;
            j -= n) {
           array[j] = array[j-n];
        }
        array[j] = temp;
     }
  }
}

void selection(int *array, int elemente) {
   int i, j, mini, temp;

   for(i = 0; i < elemente; i++) {
      mini=i;
      for(j=i+1; j <= elemente; j++) {
         if(array[j] < array[mini])
            mini=j;
      }
      temp=array[mini];
      array[mini]=array[i];
      array[i]=temp;
   }
}

void insertion(int *array, int elemente) {
   int i, j, temp;
```

```
   for(i = 1; i <= elemente; i++) {
      temp=array[i];  /* aktuelles Element zwischenspeichern */
      for(j=i; array[j-1] > temp && j > 0; j--)
         /* solange der Vorgänger größer ist als das
          * aktuelle Element in temp ... */
         array[j] = array[j-1];
      /* gespeichertes Element an neue Position */
      array[j]=temp;
   }
}

void bubble(int *array, int elemente) {
   int i, temp;

   while(elemente--)
      for(i = 1; i <= elemente; i++)
         if(array[i-1] > array[i]) {
            temp=array[i];
            array[i]=array[i-1];
            array[i-1]=temp;
         }
}

int main(void) {
   int i;
   int elemente=1000;
   float zeit;
   clock_t start, ende;

   /* freopen("log.txt","a+",stdout); */

   for(i=1; i<=3; i++, elemente*=10){
      printf("\n\nSortieren von %d Elementen\n\n",elemente);
      printf("\n%d. Versuch : alle %d Elemente muessen "
             "sortiert werden\n\n",i,elemente);

   /* Selectionsort */
      init_test_array(elemente); start = clock();
      selection(test_array, elemente-1); ende = clock();
      zeit = (float)(ende-start) / (float)CLOCKS_PER_SEC;
      printf("Selectionsort: %.2f Sekunden\n",zeit);

   /* Insertionsort */
      init_test_array(elemente); start = clock();
      insertion(test_array, elemente-1); ende = clock();
```

```
      zeit = (float)(ende-start) / (float)CLOCKS_PER_SEC;
      printf("Insertionsort: %.2f Sekunden\n",zeit);

   /* Bubblesort */
      init_test_array(elemente); start = clock();
      bubble(test_array, elemente); ende = clock();
      zeit = (float)(ende-start) / (float)CLOCKS_PER_SEC;
      printf("Bubblesort    : %.2f Sekunden\n",zeit);

   /* Shellsort */
      init_test_array(elemente); start = clock();
      shellsort(test_array, elemente-1); ende = clock();
      zeit = (float)(ende-start) / (float)CLOCKS_PER_SEC;
      printf("Shellsort     : %.2f Sekunden\n",zeit);

   /* Quicksort */
      if(elemente < 50000){
         init_test_array(elemente); start = clock();
         my_qsort(test_array, test_array+elemente);
         ende = clock();
         zeit = (float)(ende-start) / (float)CLOCKS_PER_SEC;
         printf("Quicksort     : %.2f Sekunden\n",zeit);
      }

   /* qsort aus der Standard-Bibliothek <stdlib.h> */
      init_test_array(elemente); start = clock();
      qsort(test_array, elemente, sizeof(int), cmp_integer);
      zeit = (float)(ende-start) / (float)CLOCKS_PER_SEC;
      printf("qsort         : %.2f Sekunden\n",zeit);

   /* 2. Versuch, eine bereits sortierte Liste */
      printf("\n%d. Versuch : keins der %d Elemente muss "
             "sortiert werden\n\n",i,elemente);
   /* Selectionsort */
      init_test_array2(elemente); start = clock();
      selection(test_array, elemente-1); ende = clock();
      zeit = (float)(ende-start) / (float)CLOCKS_PER_SEC;
      printf("Selectionsort: %.2f Sekunden\n",zeit);

   /* Insertionsort */
      init_test_array2(elemente); start = clock();
      insertion(test_array, elemente-1); ende = clock();
      zeit = (float)(ende-start) / (float)CLOCKS_PER_SEC;
      printf("Insertionsort: %.2f Sekunden\n",zeit);
```

```
/* Bubblesort */
   init_test_array2(elemente); start = clock();
   bubble(test_array, elemente); ende = clock();
   zeit = (float)(ende-start) / (float)CLOCKS_PER_SEC;
   printf("Bubblesort    : %.2f Sekunden\n",zeit);

/* Shellsort */
   init_test_array2(elemente); start = clock();
   shellsort(test_array, elemente-1); ende = clock();
   zeit = (float)(ende-start) / (float)CLOCKS_PER_SEC;
   printf("Shellsort     : %.2f Sekunden\n",zeit);

/* Quicksort */
   init_test_array2(elemente); start = clock();
   my_qsort(test_array, test_array+elemente); ende = clock();
   zeit = (float)(ende-start) / (float)CLOCKS_PER_SEC;
   printf("Quicksort     : %.2f Sekunden\n",zeit);

/* qsort aus der Standard-Bibliothek <stdlib.h> */
   init_test_array2(elemente); start = clock();
   qsort(test_array, elemente, sizeof(int), cmp_integer);
   zeit = (float)(ende-start) / (float)CLOCKS_PER_SEC;
   printf("qsort         : %.2f Sekunden\n",zeit);

/* 3. Versuch Zufallsdaten */
   printf("\n%d. Versuch : %d Zufallszahlen muessen"
          "sortiert werden\n\n",i,elemente);

/* Selectionsort */
   init_test_array3(elemente); start = clock();
   selection(test_array, elemente-1); ende = clock();
   zeit = (float)(ende-start) / (float)CLOCKS_PER_SEC;
   printf("Selectionsort: %.2f Sekunden\n",zeit);

/* Insertionsort */
   init_test_array3(elemente); start = clock();
   insertion(test_array, elemente-1); ende = clock();
   zeit = (float)(ende-start) / (float)CLOCKS_PER_SEC;
   printf("Insertionsort: %.2f Sekunden\n",zeit);

/* Bubblesort */
   init_test_array3(elemente); start = clock();
   bubble(test_array, elemente); ende = clock();
   zeit = (float)(ende-start) / (float)CLOCKS_PER_SEC;
   printf("Bubblesort    : %.2f Sekunden\n",zeit);
```

```
   /* Shellsort */
      init_test_array3(elemente); start = clock();
      shellsort(test_array, elemente-1); ende = clock();
      zeit = (float)(ende-start) / (float)CLOCKS_PER_SEC;
      printf("Shellsort    : %.2f Sekunden\n",zeit);

   /* Quicksort */
      init_test_array3(elemente); start = clock();
      my_qsort(test_array,test_array+elemente); ende = clock();
      zeit = (float)(ende-start) / (float)CLOCKS_PER_SEC;
      printf("Quicksort    : %.2f Sekunden\n",zeit);

   /* qsort aus der Standard-Bibliothek <stdlib.h> */
      init_test_array3(elemente); start = clock();
      qsort(test_array, elemente, sizeof(int), cmp_integer);
      zeit = (float)(ende-start) / (float)CLOCKS_PER_SEC;
      printf("qsort        : %.2f Sekunden\n",zeit);
   }/* Ende for */
   return EXIT_SUCCESS;
}
```

In Tabelle 22.1 finden Sie eine Analyse der einzelnen Sortierfunktionen. Bei einigen Algorithmen wurde die Anzahl der Elemente nochmals erhöht, da diese bei den Anforderungen eine kaum nennenswerte Zeit benötigen.

Anzahl	Zustand	Selektion	Insertion	Bubble	Shell	my_qsort	qsort()
1000	alle sortieren	0.03	0.04	0.02	0.06	0.11	0.12
1000	sortiert	0.04	0.04	0.03	0.05	0.10	0.11
1000	Zufall	0.03	0.04	0.04	0.06	0.11	0.11
10000	alle sortieren	0.34	0.53	1.04	0.15	0.13	0.14
10000	sortiert	0.36	0.07	0.45	0.04	0.15	0.13
10000	Zufall	0.36	0.27	1.09	0.11	0.15	0.14
25000	alle sortieren	2.32	3.79	7.74	0.13	0.16	0.15
25000	sortiert	3.03	0.09	2.77	0.16	0.13	0.14
25000	Zufall	2.84	1.71	7.10	0.15	0.16	0.15
50000	alle sortieren	9.79	14.84	27.79	0.17	0.17	0.16
50000	sortiert	10.15	0.10	10.01	0.18	0.18	0.17
50000	Zufall	9.82	6.60	28.74	0.17	0.19	0.17
100000	alle sortieren	33.55	52.39	97.87	0.19	0.19	0.18

Tabelle 22.1 Grober Zeitvergleich einiger Sortieralgorithmen

Anzahl	Zustand	Selektion	Insertion	Bubble	Shell	my_qsort	qsort()
100000	sortiert	32.51	0.04	32.81	0.18	0.19	0.18
100000	Zufall	32.60	27.40	119.58	0.19	0.18	0.19
1000000	alle sortieren	–	–	–	0.40	0.25	0.20
1000000	sortiert	–	–	–	0.31	0.19	0.19
1000000	Zufall	–	–	–	1.17	0.45	0.18
5000000	alle sortieren	–	–	–	2.10	0.60	0.32
5000000	sortiert	–	–	–	1.26	0.55	0.30
5000000	Zufall	–	–	–	9.75	2.10	0.40

Tabelle 22.1 Grober Zeitvergleich einiger Sortieralgorithmen (Forts.)

Mithilfe dieser Analyse können Sie sich nun ein etwas detaillierteres Bild von der Effizienz der einzelnen Algorithmen machen. Natürlich sollten Sie diese Laufzeitmessung nicht allzu genau nehmen. Für eine exaktere und genauere Messung sollten Sie auf jeden Fall einen Profiler einsetzen. Denn das Programm zur Laufzeitmessung ist während der Ausführung sicherlich nicht das einzige Programm, das gerade auf Ihrem System läuft.

Die Frage nach dem besten Algorithmus lässt sich allerdings auch mit solch einer Analyse nicht exakt klären. Diese ist auch sehr abhängig von der Verteilung und Art der Daten, die es zu sortieren gilt. Außerdem ist es auch möglich, die einzelnen Algorithmen weiter zu optimieren. Beim Thema Algorithmen kommen Sie nicht darum herum, weitere Literatur zurate zu ziehen.

22.4 Suchalgorithmen – Grundlage zur Suche

Eine weitere grundlegende Arbeit, die ein PC zu verrichten hat, ist die Suche nach Daten. Daten mit bestimmten Informationen müssen aus einer großen Menge gespeicherter Informationen gefunden werden. Ein gutes Beispiel für die Suche ist eine Suchmaschine wie beispielsweise *google.de*, die sich mittlerweile zu einer der schnellsten und besten Suchmaschinen gemausert hat, und zwar dank eines Top-Algorithmus.

Idealerweise verfügt jeder Datensatz unter anderem auch über einen bestimmten Schlüssel. Er wird bei der Suche nach einem Datensatz verwendet, beispielsweise so:

```
struct data {
   char ort[MAX];
   unsigned int postleitzahlen;
};
```

Dieses Beispiel stellt ein Verzeichnis für Postleitzahlen dar. Der Schlüssel ist in diesem Fall die Postleitzahl. Wird die Postleitzahl gefunden, gibt die Suche den zugehörigen Ort aus. Eine Voraussetzung der Suche ist natürlich ein vorangegangenes Sortieren. Schließlich werden Daten ja sortiert, um sich die Suche zu erleichtern.

Mithilfe der Suche lassen sich folgende Operationen durchführen:

- Daten initialisieren
- Daten einfügen
- Daten löschen
- Daten sortieren

Anhand dieser Operationen können Sie erkennen, dass ohne Suche kaum eine richtige Datenorganisation möglich ist.

22.4.1 Lineare Suche

Die einfachste und bequemste Form der Suche von Daten ist die lineare Suche (sequenzielle Suche). Bei der sequenziellen Suche werden die Daten vom Anfang bis zum Ende durchlaufen, bis ein Datensatz mit dem Suchergebnis übereinstimmt. Die lineare Suche hat folgende Vorteile:

- einfachste Implementierung und Erstellung mit verketteten Listen oder Arrays
- Es kann auch in nicht sortierten Daten gesucht werden.
- Eine bereits sortierte Liste bleibt auch dann sortiert, wenn ein neues Element eingefügt wird.

Der Nachteil der linearen Suche ist klar – bei einem großen Datensatz dauert die Suche ein wenig länger – speziell dann, wenn sich das gesuchte Element am Ende der Liste befindet. Hier sehen Sie ein einfaches Beispiel für eine sequenzielle Suche:

```
/* simple_search.c */
#include <stdio.h>
#include <string.h>
#include <stdlib.h>
#define MAX 255

struct plz{
   char ort[MAX];
   unsigned int postleit;
};
```

```
struct plz postleitzahlen[100];
static int N;

/* initialisieren */
voic init(void) {
   N = 0;
   postleitzahlen[N].postleit = 0;
   strcpy(postleitzahlen[N].ort, "init");
}

void einfuegen(unsigned int p, char *o) {
   postleitzahlen[++N].postleit = p;
   strcpy(postleitzahlen[N].ort, o);
}

void suche(unsigned int key) {
   int i;
   for(i=0; i<=N; i++)
   if(postleitzahlen[i].postleit == key) {
      printf("Der Ort zur Postleitzahl %d : %s\n",
         key,postleitzahlen[i].ort);
      return;
   }
   printf("Für den Wert %d konnte keine Postleitzahl "
          "gefunden werden!\n",key);
}

int main(void) {
   int wahl;
   unsigned int search, post;
   char new_ort[MAX];
   init();

   do {
      printf("-1- Postleitzahl suchen\n");
      printf("-2- Postleitzahl hinzufuegen\n");
      printf("-3- Ende\n\n");
      printf("Ihre Wahl : ");
      scanf("%d",&wahl);
      getchar();

      if(wahl == 1) {
         printf("Welche Postleitzahl suchen Sie : ");
         scanf("%5u",&search);
         suche(search);
```

```
      }
      else if(wahl == 2) {
         printf("Neue Postleitzahl : ");
         scanf("%5u",&post);
         getchar();
         printf("Ort für PLZ %d : ",post);
         fgets(new_ort, MAX, stdin);
         einfuegen(post, strtok(new_ort, "\n") );
      }
   } while(wahl!=3);
   return EXIT_SUCCESS;
}
```

Natürlich kann die Suche auch so verändert werden, dass zu einem Ort die Postleitzahl gesucht wird. Dazu muss nur die Suchfunktion ein wenig umgeschrieben werden:

```
void suche(char *o) {
   int n=N;
   int i;
   for(i=0; i<=N; i++)
      if(strcmp(postleitzahlen[i].ort,o) == 0) {
         printf("Der Ort zur Postleitzahl %d : %s\n",
            key,postleitzahlen[i].ort);
         return;
      }
   printf("Für den Wert %s konnte keine Postleitzahl "
          "gefunden werden!\n",o);
}
```

In den einfachsten Fällen – bei wenigen Daten – dürfte die lineare Suche völlig ausreichend sein.

22.4.2 Binäre Suche

Die binäre Suche eignet sich sehr gut bei etwas größeren Datensätzen. Sie arbeitet nach dem Prinzip »Teile und herrsche«. Der vollständige Datensatz wird (sortiert!) in zwei Teile zerlegt. Ist das aktuelle Element größer als das gesuchte, wird mit dem Element, das links vom aktuellen Element liegt, verglichen. Ist das aktuelle kleiner, wird mit dem Element rechts verglichen. Ist die Suche erfolglos, wird die Liste wieder in zwei Teile aufgeteilt – natürlich unter der Bedingung, dass das Element in der Mitte größer oder kleiner als das gesuchte ist. Im schlechtesten Fall wird das erste oder das letzte Element gesucht.

Diese Art der Suche scheint für reine Suchergebnisse optimal zu sein. Sollten Sie aber vorhaben, Elemente in den Datensatz einzufügen, ist das schnelle Suchergebnis wieder dahin. Beim Einfügen eines neuen Elements muss wieder dafür gesorgt sein, dass die Liste sortiert bleibt.

Hierzu folgt das Beispiel, das voraussetzt, dass die Liste bereits sortiert ist. Eine Sortierfunktion können Sie ja zur Übung selbst implementieren.

```
/* bin_search.c */
#include <stdio.h>
#include <string.h>
#include <stdlib.h>
#define MAX 255

struct plzn{
   char ort[MAX];
   unsigned int plz;
};

struct plzn postleitzahlen[100];
static int N;

/* initialisieren */
void init(void) {
   N = 0;
   postleitzahlen[N].plz = 0;
   strcpy(postleitzahlen[N].ort, "dummy");
}

void einfuegen(unsigned int p, char *o) {
   postleitzahlen[++N].plz = p;
   strcpy(postleitzahlen[N].ort, o);
}

int binaere_suche(unsigned int key) {
   int l=1;
   int r=N;
   int x;

   while(r >= l) {
      x=(l+r)/2;
      if(key < postleitzahlen[x].plz) /* kleiner? */
         r=x-1;  /* Rechte Seite ist nicht mehr so interessant. */
       else      /* dann halt größer */
         l=x+1;  /* Linke Seite ist nicht mehr so interessant. */
       if(key == postleitzahlen[x].plz)
          return x;     /* gefunden; x = Position */
   }
```

```
   return -1; /* nicht gefunden */
}

int main(void) {
   int wahl, ret;
   unsigned int search, post;
   char new_ort[MAX];

   init();
   do {
      printf("-1- Postleitzahl suchen\n");
      printf("-2- Postleitzahl hinzufuegen\n");
      printf("-3- Ende\n\n");
      printf("Ihre Wahl : ");
      scanf("%d",&wahl);
      getchar();
      if(wahl == 1) {
         printf("Welche Postleitzahl suchen Sie : ");
         scanf("%5u",&search);
         ret=binaere_suche(search);
         if(ret == -1)
            printf("Kein Ergebnis auf Ihre Anfrage!\n");
         else
            printf("Die Antwort auf %d : "
                   "%s\n",search,postleitzahlen[ret].ort);
      }
      else if(wahl == 2) {
         printf("Neue Postleitzahl : ");
         scanf("%5u",&post);
         getchar();
         printf("Ort für PLZ %d : ",post);
         fgets(new_ort, MAX, stdin);
         einfuegen(post, strtok(new_ort, "\n") );
      }
   } while(wahl!=3);
   return EXIT_SUCCESS;
}
```

Die binäre Suche eignet sich also für eine kleinere, bereits sortierte Datenmenge hervorragend.

22.4.3 Binäre (Such-)Bäume

Binäre Suchbäume dürfen wohl als *die* Methode der Informatik schlechthin angesehen werden. Binäre Bäume sind im Prinzip den verketteten Listen sehr ähnlich, allerdings mit dem Unterschied, dass binäre Bäume nicht linear angeordnet sind. Hierzu zwei Grafiken, die das verdeutlichen sollen:

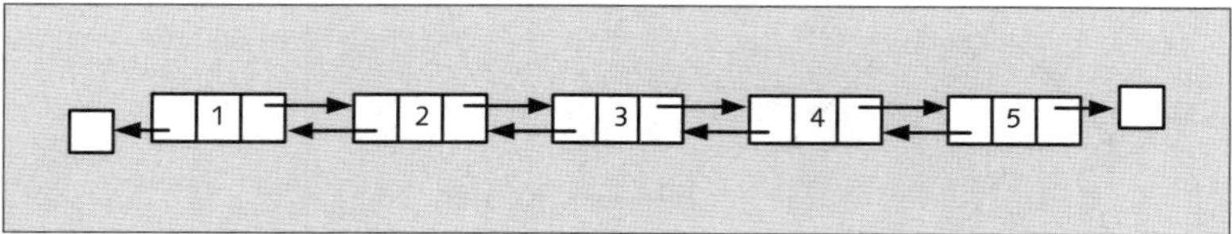

Abbildung 22.16 Doppelt verkettete Liste

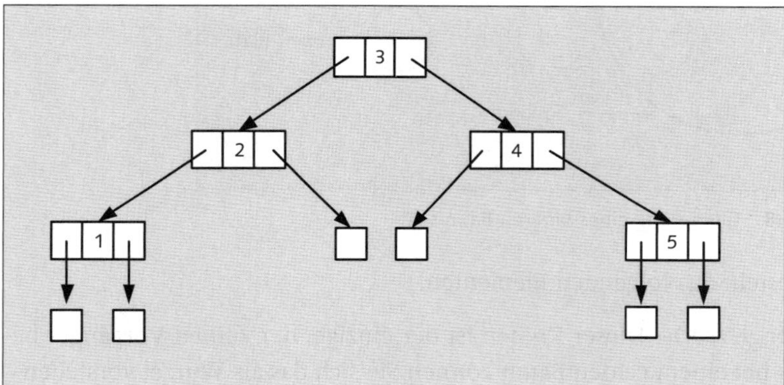

Abbildung 22.17 Binärer Baum

Welchen Vorteil bietet hierbei der binäre Baum? Am besten ist, Sie zählen die Schritte, die benötigt werden, um vom Anfang des Baums bis zum Wert 5 zu gelangen. Dasselbe machen Sie jetzt mit der verketteten Liste. Der Anfang (Wurzel) beim binären Baum ist hier die Ziffer 3. Mit binären Suchbäumen lassen sich also die Suchwege erheblich verkürzen. Bei solch kleinen Beispielen ist das nicht der Rede wert, aber je größer der Datenbestand wird, desto stärker wirkt sich dies auf die Performance aus.

Zudem ist bei der grafischen Darstellung des binären Baums auffällig, dass alle Werte, die sich auf der linken Seite befinden, kleiner sind, und dass sich die größeren Werte auf der rechten Seite befinden. Aber dazu gleich mehr.

Grundbegriffe von binären Bäumen

Der Begriff *Baum* (engl. *Tree*) wurde hier verwendet, da diese Struktur die Form eines Baums hat, der allerdings auf den Kopf gestellt ist. Auch die einzelnen Elemente heißen ähnlich wie die eines Baums. Bäume sind hierarchische Datenstrukturen, die folgendermaßen aufgeteilt werden:

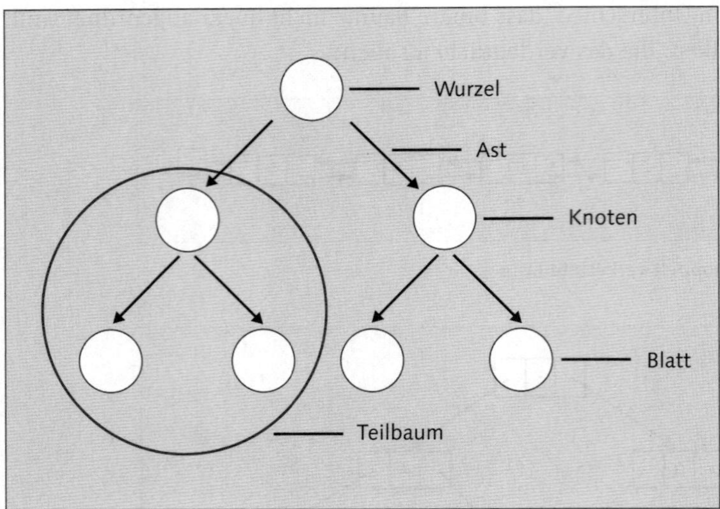

Abbildung 22.18 Gliederung eines binären Baums

Ein Baum besteht aus folgenden Elementen:

- *Wurzel* (engl. *root*) – Dieser Knoten ist der einzige, der keinen Vorgänger besitzt. Wie bei einem echten Baum können Sie sich das als Wurzel vorstellen – nur dass in der Informatik die Wurzel oben ist.
- *Ast, Kante* (engl. *edges*) – Jeder Baum besteht aus einzelnen Knoten, die mit einem Ast verbunden sind.
- *Knoten* (engl. *node*) – Knoten sind die eigentlichen Elemente, die über alle Informationen wie Daten und Zeiger zum rechten und linken Knoten verfügen. Ein Knoten ist die Struktur selbst. Beim binären Baum hat jeder Knoten nicht mehr als zwei Nachfolger (daher auch »bi« = zwei). Es gibt zwar auch Bäume mit mehreren Nachfolgern, allerdings handelt es sich dann nicht mehr um einen binären Baum.
- *Blatt* (engl. *leaf*) – Blätter sind Knoten, die keinen Nachfolger besitzen.
- *Teilbaum* – Ein Knoten mit einem linken und einem rechten Nachfolger wird als Teilbaum bezeichnet.
- *Tiefe* (engl. *level*) – Als Tiefe wird die Anzahl der Nachfolgeroperationen bezeichnet, die erforderlich sind, um von der Wurzel des Baums zu einem bestimmten Knoten zu gelangen. Die Tiefe n kann dann 2n –1 einzelne Knoten beinhalten.

Mit diesem Grundwissen können Sie beginnen, einen binären Baum zu programmieren. Zuerst wird die Struktur eines Knotens benötigt:

```
struct knoten {
   int wert;
   struct knoten *links;
   struct knoten *rechts;
};
```

Damit der Umfang des Beispiels nicht zu sehr anwächst, begnügen wir uns hier mit der Eingabe eines Werts (`int wert`) in die Struktur. Außer dem `int`-Wert besitzt die Struktur noch jeweils einen Zeiger auf den linken und einen auf den rechten Nachfolger des Knotens. Somit können Sie sich die Struktur vom Typ `knoten` so vorstellen:

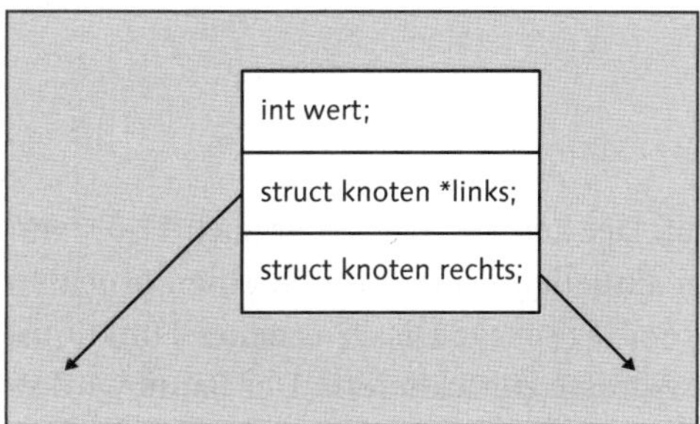

Abbildung 22.19 Die Datenstruktur eines binären Baumes

22.4.4 Elemente im binären Baum einordnen

Als Erstes wird eine Funktion benötigt, mit der Werte in den binären Baum eingeordnet werden. Die kleineren Werte sollen dabei immer auf der linken Seite und die größeren Werte auf der rechten Seite eingeordnet werden. Hier folgt nochmals die Struktur. Es wurde außerdem mit `typedef` ein neuer Datentyp namens `KNOTEN` definiert:

```
struct knoten   {
   int wert;
   struct knoten *links;
   struct knoten *rechts;
};

typedef struct knoten KNOTEN;

KNOTEN *einordnen(KNOTEN *zeiger) {
   //---->Funktionen ...
```

Folgende drei Möglichkeiten können beim Einordnen in den binären Baum auftreten:

1. Es befindet sich noch kein Element (genauer: es fehlt noch die Wurzel – *root*) im Baum, und das eingefügte ist das erste Element und somit die Wurzel des Baums:

   ```
   if(zeiger==NULL) {
      zeiger=(KNOTEN*)malloc(sizeof(KNOTEN));
      zeiger->wert=zahl;
      zeiger->links=zeiger->rechts=NULL;
   }
   ```

2. Der neue Wert ist kleiner als die Wurzel bzw. bei weiterem Verlauf kleiner als der Knoten, und somit wird der neue Wert links von der Wurzel bzw. dem Knoten eingeordnet:

   ```
   else if(zeiger->wert >= zahl)
      zeiger->links=einordnen(zeiger->links);
   ```

   Hier erfolgt der erste rekursive Aufruf. Der Zeiger `zeiger`, der nach `links` verweist, erhält die Adresse `links` vom aktuellen Knoten durch einen erneuten Funktionsaufruf mit `einordnen(zeiger->links)`. Dieser erneute Funktionsaufruf muss natürlich noch nicht die Adresse zurückliefern. Der Baum wird so lange weiter nach unten abgesucht, bis ein passender Platz gefunden wurde.

3. Die dritte und letzte Möglichkeit: Der Wert des neuen Elements ist größer als die Wurzel bzw. der Knoten. Somit kommt dieses auf die rechte Seite der Wurzel bzw. des Knotens:

   ```
   else if(zeiger->wert < zahl)
      zeiger->rechts=einordnen(zeiger->rechts);
   ```

   Trifft die zweite oder dritte Möglichkeit zu, wird der Baum so lange nach rechts oder links durchlaufen (durch weitere rekursive Aufrufe), bis keine der beiden Möglichkeiten mehr zutrifft. Dann wurde der Platz für das neue Element gefunden.

Hier sehen Sie die vollständige Funktion zum Einordnen eines neuen Elements in den binären Baum mitsamt der `main()`-Funktion:

```
/* btree1.c */
#include <stdio.h>
#include <stdlib.h>

struct knoten{
   int wert;
   struct knoten *links;
   struct knoten *rechts;
};
```

```
typedef struct knoten KNOTEN;

/* globale Variable */
int zahl;

KNOTEN *einordnen(KNOTEN *zeiger)  {
   if(zeiger == NULL) {
      zeiger = malloc(sizeof(KNOTEN));
      if(zeiger==NULL) {
         printf("Konnte keinen Speicherplatz reservieren!\n");
         exit (EXIT_FAILURE);
      }
      zeiger->wert=zahl;
      zeiger->links=zeiger->rechts=NULL;
   }
   else if(zeiger->wert >= zahl)
      zeiger->links=einordnen(zeiger->links);
   else if(zeiger->wert < zahl)
      zeiger->rechts=einordnen(zeiger->rechts);
   return (zeiger);
}

int main(void) {
   KNOTEN *wurzel=NULL;

   do {
      printf("Bitte Zahl eingeben : ");
      scanf("%d",&zahl);
      wurzel=einordnen(wurzel);
   } while(zahl != 0);
   return EXIT_SUCCESS;
}
```

Nun betrachten wir den theoretischen Ablauf des Programms: Das Programm wurde gestartet, und der erste Wert sei die 10. Jetzt wird mit `wurzel=einordnen(wurzel)` die Funktion aufgerufen. Bei der ersten Eingabe trifft gleich die erste `if`-Bedingung zu:

```
if(zeiger == NULL)
```

Womit die Zahl 10 das erste Element und gleichzeitig die Wurzel des Baums ist. Die beiden Zeiger `links` und `rechts` bekommen den `NULL`-Zeiger zugewiesen:

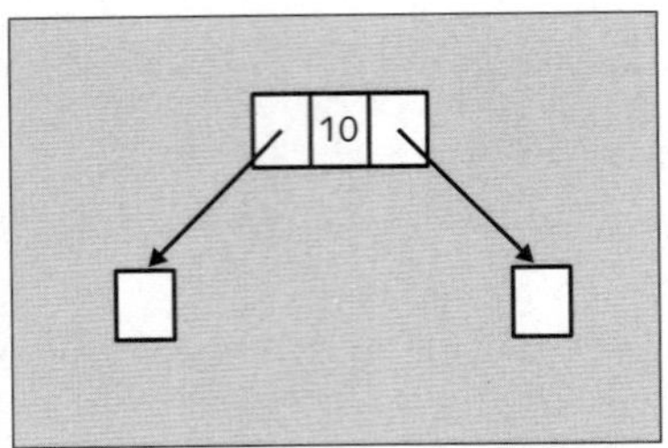

Abbildung 22.20 Die Wurzel des Baums

Als Nächstes sei die Zahl 8 gegeben. Wieder wird über die `main()`-Funktion die Funktion `einordnen()` aufgerufen. Dieses Mal ist es aber (`zeiger==NULL`) falsch, denn das erste Element bzw. die Wurzel des Baums ist die Zahl 10. Die nächste `else if`-Bedingung ist:

```
else if(zeiger->wert >= zahl)
```

Das trifft zu, denn `zeiger->wert` (10) ist größer als die eingegebene Zahl. Es folgt der erste Funktionsselbstaufruf:

```
zeiger->links=einordnen(zeiger->links);
```

Jetzt soll der Zeiger `zeiger`, der auf `links` verweist, die Adresse vom erneuten Funktionsaufruf `einordnen(zeiger->links)` zugewiesen bekommen. Alles beginnt wieder von vorn:

```
if(zeiger==NULL)
```

Und tatsächlich zeigt der Zeiger `zeiger` jetzt auf `NULL`, da er ja zuvor durch den erneuten Aufruf die Adresse von der linken Seite des ersten Elements (10) erhalten hat. Also wird erst Speicher alloziert und dann das neue Element eingefügt. Der linke und der rechte Zeiger des neuen Elements bekommen wieder jeweils den `NULL`-Zeiger zugewiesen:

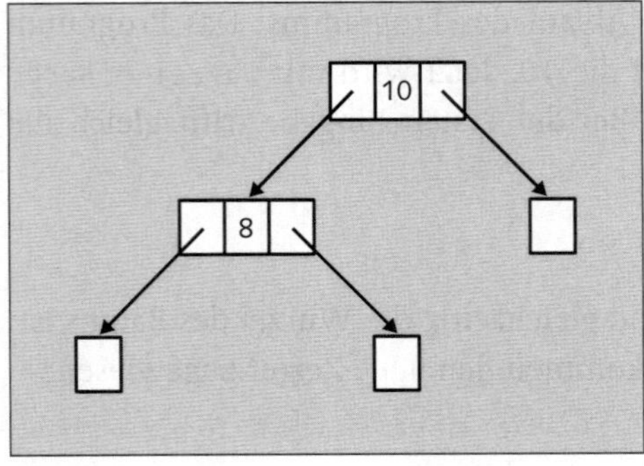

Abbildung 22.21 Kleinere Elemente wie die Wurzel kommen auf die linke Seite.

Als Nächstes sei die Zahl 9 gegeben. Im ersten Durchlauf wird

```
else if(zeiger->wert >= zahl)
   zeiger->links=einordnen(zeiger->links);
```

wie schon zuvor ausgeführt. Jetzt verweist der Zeiger `zeiger` auf die Adresse mit dem Wert 8. Also ist `zeiger==NULL` nicht wahr, und die Bedingung

```
else if(zeiger->wert >= zahl)
```

ist auch nicht wahr, denn `zeiger->wert` (8) ist dieses Mal nicht größer oder gleich der aktuellen Zahl (9). Die nächste `else if`-Anweisung

```
else if(zeiger->wert < zahl)
```

ist jetzt wahr, denn (8 < 9) trifft zu. Dies ist der zweite rekursive Funktionsaufruf (einer liegt ja schon auf dem Stack):

```
zeiger->rechts=einordnen(zeiger->rechts);
```

Jetzt bekommt der Zeiger `zeiger`, der auf `rechts` verweist, die Adresse von `einordnen(zeiger->rechts)`. Das ist übrigens auch der Grund, weshalb die Funktion einen Rückgabewert vom Typ `KNOTEN *` hat. Auf zum erneuten Durchlauf der Funktion: `zeiger==NULL` trifft jetzt zu, also wurde der Platz für das neue Element gefunden:

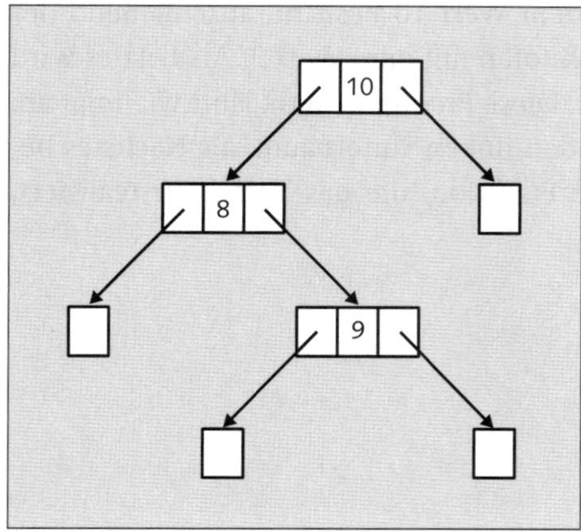

Abbildung 22.22 Das neue Element ist kleiner als die Wurzel, aber größer als der Nachfolgerknoten.

Als Nächstes sei die Zahl 20 gegeben. Hierzu soll eine Grafik genügen, die Sie als Übung selbst durchgehen können:

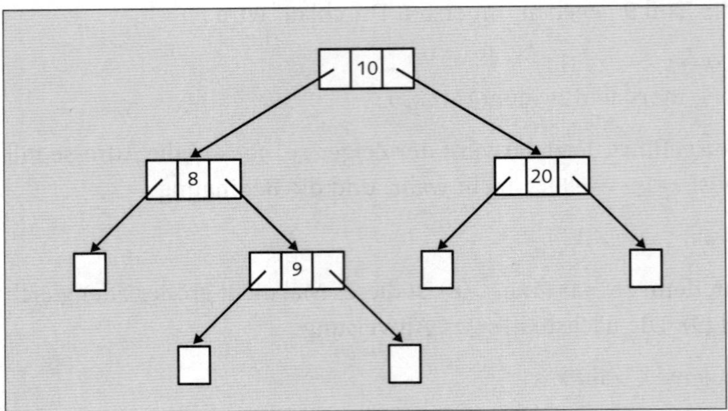

Abbildung 22.23 Elemente, die größer als die Wurzel sind, kommen auf die rechte Seite.

22.4.5 Binäre Bäume traversieren

Die einzelnen Knoten, die zuvor erzeugt wurden, werden nun besucht bzw. in diesem Fall ausgeben. Dies wird *Traversieren der Bäume* genannt. Es gibt zwei gängige Möglichkeiten, die Bäume zu traversieren. Zur Demonstration wird der eben erstellte binäre Baum verwendet:

1. Die erste Variante ist die *Preorder-Traversierung*. Gemäß der Preorder-Traversierung wird zuerst die Wurzel mit dem Wert 10 besucht, anschließend der Knoten mit dem Wert 8. Es folgt der Knoten mit dem Wert 9. Als Letztes wird der Knoten mit dem Wert 20 besucht. Diese Preorder-Taktik läuft wie folgt ab: »Besuche die Wurzel, dann besuche den linken Unterbaum, als Nächstes besuche den rechten Unterbaum.« Die Funktion, die das Verfahren realisiert, sieht so aus:

   ```
   void zeige_baum(KNOTEN *zeiger) {
      if(zeiger != NULL) {
         printf("\n%d->",zeiger->wert);
         zeige_baum(zeiger->links);
         zeige_baum(zeiger->rechts);
      }
   }
   ```

2. Die zweite Möglichkeit ist die sogenannte *Inorder-Traversierung*. Bei dieser Möglichkeit werden die Knoten in folgender Reihenfolge besucht:

   ```
   8->9->10->20
   ```

   im Gegensatz zum Preorder:

   ```
   10->8->9->20
   ```

Daraus lässt sich folgende Inorder-Taktik konstatieren: »Besuche den linken Unterbaum, dann besuche die Wurzel, und besuche zuletzt den rechten Unterbaum.« Die Funktion der Inorder-Taktik sieht dann wie folgt aus:

```
void zeige_baum(KNOTEN *zeiger) {
   if(zeiger != NULL) {
      zeige_baum(zeiger->links);
      printf("\n%d->",zeiger->wert);
      zeige_baum(zeiger->rechts);
   }
}
```

Es ist kaum eine Änderung zur Preorder-Traversierung festzustellen, nur dass bei der Inorder-Traversierung zuerst mit dem am weitesten links unten liegenden Knoten oder Blatt angefangen wird und beim Preorder mit der Wurzel.

Es gibt noch eine dritte Möglichkeit: »Besuche den linken Unterbaum, besuche den rechten Unterbaum und dann besuche die Wurzel.« Diese Methode benötigen Sie eigentlich nur bei Postfix-Notationen.

22.4.6 Löschen eines Elements im binären Baum

Jetzt folgt ein etwas komplizierteres Problem: das Löschen eines Elements im Baum. Hierbei gibt es erneut drei Möglichkeiten:

1. Die einfachste Form ist die Entfernung eines Blatts, da dieses keinen Nachfolger mehr hat.
2. Die zweite Möglichkeit ist die Entfernung eines Knotens mit nur einem Nachfolger.
3. Die letzte Möglichkeit ist gleichzeitig auch die schwierigste. Es muss ein Knoten gelöscht werden, der zwei Nachfolger hat.

Zuerst benötigen Sie eine Funktion, die den zu löschenden Knoten sucht:

```
void loesche(KNOTEN **zeiger, int such) {
   if((*zeiger) == NULL)
      printf("Baum ist leer\n");
   else if((*zeiger)->wert == such) /* Gefunden! */
      loesche_knoten(zeiger);
   else if((*zeiger)->wert >= such)
      loesche(&((*zeiger)->links),such);
   else
      loesche(&((*zeiger)->rechts),such);
}
```

Der Funktion loesche() werden als Argumente die Wurzel (zeiger) und der zu suchende Wert (such) übergeben. Als Erstes wird überprüft, ob überhaupt eine Wurzel vorhanden ist (if((*zeiger) == NULL)). Danach wird getestet, ob der Wert schon gefunden wurde (else if((*zeiger)->wert == such)). Wurde der Wert gefunden, wird die Funktion loesche_knoten() mit dem zeiger auf den gefundenen Wert aufgerufen. Als Nächstes (falls der Knoten noch nicht gefunden wurde) wird überprüft, ob der Wert, auf den der Zeiger zeiger verweist, größer oder gleich dem gesuchten Wert such ist (else if((*zeiger)->wert >= such)). Ist dies der Fall, ist der gesuchte Wert kleiner als der, auf den der Zeiger zeiger verweist, und muss sich somit auf der linken Seite der aktuellen Adresse zeiger befinden (loesche(&((*zeiger)-> links),such)). Hier erfolgt der erste rekursive Aufruf mit dem Adressoperator. Die letzte else-Anweisung ergibt sich dadurch, dass der gesuchte Wert größer als der ist, auf den der Zeiger zeiger gerade verweist. In diesem Fall wird auf der rechten Seite mit dem rekursiven Aufruf (loesche(&((*zeiger)-> rechts),such)) weiter gesucht.

Es wird jetzt davon ausgegangen, dass der Knoten gefunden wurde, und nun wird die Funktion loesche_knoten(zeiger) aufgerufen:

```
void loesche_knoten(KNOTEN **zeiger) {
   KNOTEN *temp;
   int tempwert;

   if(globale_wurzel == *zeiger) {
      printf("Kann die Wurzel nicht loeschen!!\n");
      return;
   }
   if((*zeiger)!=NULL) { /* Blatt! */
      if((*zeiger)->links==NULL && (*zeiger)->rechts==NULL) {
         free(*zeiger);
         *zeiger=NULL;
      }
      else if((*zeiger)->links==NULL) {
         /* Nur rechter Nachfolger */
         temp = *zeiger;
         *zeiger=(*zeiger)->rechts;
         free(temp);
      }
      else if((*zeiger)->rechts==NULL) {
         /* Nur linker Nachfolger */
         temp = *zeiger;
         *zeiger=(*zeiger)->links;
         free(temp);
      }
```

```
        else { /* 2 Nachfolger, wir suchen Ersatzelement */
          suche_ersatz(&tempwert, &((*zeiger)->rechts));
          (*zeiger)->wert=tempwert;
        }
      }
   }
```

Zunächst wird überprüft, ob der gefundene Wert die Wurzel ist. In diesem Fall wird kein Element gelöscht und die Funktion beendet (dazu unten mehr). Als Nächstes wird getestet, ob das zu löschende Element ein Blatt ist (ein Element ohne Nachfolger):

```
if((*zeiger)->links==NULL && (*zeiger)->rechts==NULL)
```

Falls es ein Blatt ist, wird es entfernt. Ansonsten wird mit den nächsten beiden `else if`-Bedingungen ermittelt, ob das zu löschende Element einen rechten oder linken Nachfolger hat. Die letzte und die schwierigste Möglichkeit ist, dass der zu löschende Knoten zwei Nachfolger besitzt. Dafür wird am besten eine spezielle Funktion geschrieben, die für den zu löschenden Knoten ein Ersatzelement sucht:

```
else { /* 2 Nachfolger, wir suchen Ersatzelement */
    suche_ersatz(&tempwert, &((*zeiger)->rechts));
    (*zeiger)->wert=tempwert;
}
```

Hier wird ein Ersatzelement auf der rechten Seite gesucht. Die Funktion `suche_ersatz()` sieht so aus:

```
void suche_ersatz(int *neuwert, KNOTEN **zeiger) {
   KNOTEN *temp;

   if(*zeiger != NULL) {
      if((*zeiger)->links==NULL) {
         neuwert=(*zeiger)->wert;
         temp=*zeiger;
         *zeiger=(*zeiger)->rechts;
         free(temp);
      }
      else
         suche_ersatz(neuwert, &((*zeiger)->links));
   }
}
```

Die Funktion `suche_ersatz()` läuft jetzt durch einen rekursiven Aufruf (`suche_ersatz(neuwert, &((*zeiger)->links));`) so lange die linke Seite des Baums hinab, bis die Bedingung (`if((*zeiger)->links==NULL)`) wahr ist. Dann wurde ein Ersatzelement gefunden, auf das gleich der Zeiger `*neuwert` verweist.

Tipp

Zum besseren Verständnis hilft es oft, sich den Vorgang mit einer Zeichnung auf einem Blatt Papier zu vergegenwärtigen.

Das vollständige Listing (*btree2.c*) – mit einigen zusätzlichen Funktionen – finden Sie natürlich wieder auf der Buch-CD.

22.4.7 Ein binärer Suchbaum in der Praxis

Jetzt soll der binäre Suchbaum mit dem Postleitzahlen-Programm verwendet werden. Zuerst wird die grundlegende Knotenstruktur für den binären Baum festgelegt:

```
struct binaer_knoten{
   char ort[255];
   unsigned int plz;
   struct binaer_knoten *links;
   struct binaer_knoten *rechts;
};
```

Jetzt schreiben wir eine spezielle Struktur für den Baum:

```
struct binaer_baum{
   struct binear_knoten *root;
   unsigned int counter;
};
```

Dank dieser Struktur werden die rekursiven Aufrufe des vorigen Beispiels aufgehoben. Dies ist möglich, weil beim ersten Aufruf der Funktion als Argument immer die Adresse der Wurzel des Baums mit übergeben wird.

Als Nächstes benötigen Sie eine Funktion, um den binären Baum zu initialisieren:

```
struct binaer_baum *init(void) {
   struct binaer_baum *baum =malloc(sizeof *baum);
   if(baum == NULL) {
      fprintf(stderr, "Speicherplatzmangel!!!\n");
      return NULL;
   }
   else { /* initialisieren */
      baum->root = NULL;
      baum->counter=0;
      return baum;
   }
}
```

Es folgt eine Funktion zum Einfügen einzelner Knoten in den binären Baum ohne einen rekursiven Funktionsaufruf:

```
int einfuegen(struct binaer_baum *baum, unsigned int p, char *o){
   struct binaer_knoten *knoten, **neu;

   neu =(struct binaer_knoten **) &baum->root;
   knoten= (struct binaer_knoten *) baum->root;
   for(;;) {
      if(knoten == NULL) {
         /* Haben wir einen freien Platz gefunden? */
         knoten = *neu = malloc(sizeof *knoten);
         if(knoten != NULL) {
            /* Daten einfügen */
            knoten->plz = p;
            strcpy(knoten->ort, o);
            knoten->links=knoten->rechts=NULL;
            baum->counter++;
            /* Beendet die Funktion erfolgreich. */
            return 1;
         }
         else {
            fprintf(stderr, "Speicherplatzmangel\n");
            return 0;
         }
      }
      /* Ist die aktuelle Postleitzahl größer? */
      else if(p > knoten->plz)  {
         /* Dann gehts rechts weiter im Baum. */
         neu = &knoten->rechts;
         knoten = knoten->rechts;
      }
      else { /* Der letzte Fall, die aktuelle PLZ ist kleiner, */
         /* dann eben nach links weiter im Baum. */
         neu = &knoten->links;
         knoten = knoten->links;
      }
   }
}
```

Das Thema binäre Bäume ist erheblich einfacher, wenn die Rekursion beseitigt wird. Wichtig ist bei dieser Funktion, dass sich die Endlosschleife auch irgendwann einmal beendet. In diesem Beispiel beendet sich die Funktion bei Erfolg mit dem Rückgabewert 1 (`return 1`), wenn das neue Element eingefügt wurde. Bei Mangel an Speicherplatz gibt diese Funktion 0 zurück. Das Einfügen eines neuen

Elements berücksichtigt übrigens keine doppelten Einträge. Dies können Sie zur Übung gern selbst nachtragen.

Jetzt soll die Suchfunktion erstellt werden (um die es ja eigentlich in diesem Kapitel geht). Begonnen wird an der Wurzel (`root`) des Baums. Ist das gesuchte Element größer, geht die Suche auf der rechten Seite des Baums weiter. Ist das gesuchte Element kleiner, wird auf der linken Seite weitergesucht. Bei einem perfekt ausgeglichenen Baum führt dies zu optimalen Ergebnissen. Hier sehen Sie die Suchfunktion, die sich relativ einfach erstellen lässt:

```
void binaere_suche_plz(const struct binaer_baum *baum,
                        unsigned int p) {
   const struct binaer_knoten *knoten;

   /* zuerst an die Wurzel */
   knoten = (struct binaer_knoten *) baum->root;
   for(;;) {
      if(knoten == NULL) {
         printf("Keine erfolgreiche Suche!\n");
         return;
      }
      if(p == knoten->plz) {  /* Gefunden */

         printf("Ort zu Postleitzahl %d : %s\n",
            p,knoten->ort);
         return;
      }
      else if(p > knoten->plz)   /* Gesuchtes Element größer:  */
         knoten=knoten->rechts;  /* rechts am Baum weiter.     */
      else                       /* Gesuchtes Element kleiner: */
         knoten=knoten->links;   /* links am Baum weiter.      */
   }
}
```

Mit dieser Funktion haben Sie auch schon die Grundlage für das Löschen eines Elements im Baum geschaffen. Nur müssen Sie anstatt

```
      if(p == knoten->plz) {  /* Gefunden */
         printf("Ort zu Postleitzahl %d : %s\n",
            p,knoten->ort);
         return;
      }
```

`break` verwenden, um nach der `for`-Schleife weitere Operationen durchzuführen:

```
   if(p == knoten->plz) /* Gefunden */
      break;
```

Das Löschen eines Elements im binären Baum wurde ja schon einmal präsentiert. Da aber schon beim Einfügen eines Knotens auf weitere Funktionsaufrufe, insbesondere Rekursionen, verzichtet wurde, soll auch die Funktion zum Löschen eines Knotens entsprechend umgeschrieben werden, und zwar so, dass alle Operationen in dieser Funktion ausgeführt werden. Hier sehen Sie die Funktion:

```
int bin_delete(struct binaer_baum *baum, unsigned int p) {
   /* pointer_z ist das zu löschende Element */
   struct binaer_knoten **pointer_q, *pointer_z,
                        *pointer_y, *pointer_x;

   pointer_q = (struct binaer_knoten **)&baum->root;
   pointer_z =  (struct binaer_knoten *)baum->root;
   for(;;) {
      if(pointer_z == NULL)
         return 0;
      else if(p == pointer_z->plz)
         /* zu löschendes Element gefunden */
         break;
      else if(p > pointer_z->plz) {
         /* Das zu löschende Element ist größer. */
         pointer_q = &pointer_z->rechts;
         /* rechts weitersuchen */
         pointer_z = pointer_z->rechts;
      }
      else { /* Das zu löschende Element ist kleiner. */
         pointer_q = &pointer_z->links;
         /* links weitersuchen */
         pointer_z = pointer_z->links;
      }
   } /* Hierher kommen wir nur durch ein break. */

   /* Jetzt müssen wir das zu löschende Element untersuchen.
    * pointer_z hat rechts keinen Nachfolger, somit können wir
    * es austauschen gegen den linken Nachfolger ... */
   if(pointer_z->rechts == NULL)
      *pointer_q = pointer_z->links;
   else {
      /* pointer_z hat einen rechten Nachfolger, aber
       * keinen linken. */
      pointer_y = pointer_z->rechts;
      if(pointer_y->links == NULL) {
         /* pointer_z->rechts hat keinen linken Nachfolger ... */
         pointer_y->links = pointer_z->links;
         *pointer_q = pointer_y;
```

```
      }
      else {  /* Es gibt einen linken Nachfolger. */
         pointer_x = pointer_y->links;
         /* Jetzt suchen wir so lange, bis es keinen linken
          * Nachfolger mehr gibt */
         while(pointer_x->links != NULL) {
            pointer_y = pointer_x;
            pointer_x = pointer_y->links;
         }
         /* Jetzt haben wir alle Punkte zusammen und
          * können diese verknüpfen. */
         pointer_y->links = pointer_x->rechts;
         pointer_x->links = pointer_z->links;
         pointer_x->rechts = pointer_z->rechts;
         *pointer_q = pointer_x;
      }
   }
    /* Zu guter Letzt können wir pointer_z freigeben. */
   baum->counter--;
   free(pointer_z);
   return 1;
}
```

Zugegeben, auf den ersten Blick dürfte diese Funktion etwas abschreckend wirken. Aber zeichnen Sie sich einen binären Baum auf ein Blatt Papier, und gehen Sie dabei diese Funktion Schritt für Schritt durch: Sie werden sich wundern, wie einfach diese Funktion im Gegensatz zur rekursiven Variante ist.

Zum Schluss folgt hier noch der vollständige Quellcode zu diesem Abschnitt:

```
/* btree3.c */
#include <stdio.h>
#include <string.h>
#include <stdlib.h>
#define MAX 255

struct binaer_knoten{
   char ort[MAX];
   unsigned int plz;
   struct binaer_knoten *links;
   struct binaer_knoten *rechts;
};

struct binaer_baum{
   struct binear_knoten *root;
   unsigned int counter;
```

```
};

struct binaer_baum *init(void) {
   struct binaer_baum *baum =malloc(sizeof *baum);
   if(baum == NULL) {
      fprintf(stderr, "Speicherplatzmangel!!!\n");

      return NULL;
   }
   else { /*Initialisieren*/
      baum->root = NULL;
      baum->counter=0;
      return baum;
   }
}

int einfuegen(struct binaer_baum *baum, unsigned int p, char *o){
   struct binaer_knoten *knoten, **neu;

   neu =(struct binaer_knoten **) &baum->root;
   knoten= (struct binaer_knoten *) baum->root;
   for(;;) {
      if(knoten == NULL) {
         /* Haben wir einen freien Platz gefunden? */
         knoten = *neu =malloc(sizeof *knoten);
         if(knoten != NULL) {
            /* Daten einfuegen */
            knoten->plz = p;
            strcpy(knoten->ort, o);
            knoten->links=knoten->rechts=NULL;
            baum->counter++;
            /* Beendet die Funktion erfolgreich. */
            return 1;
         }
         else {
            fprintf(stderr, "Speicherplatzmangel\n");
            return 0;
         }
      }
      /* Ist die aktuelle Postleitzahl größer? */
      else if(p > knoten->plz)  {
         /* Dann gehts rechts weiter im Baum. */
         neu = &knoten->rechts;
         knoten = knoten->rechts;
      }
```

```
        else { /* Der letzte Fall, die aktuelle PLZ ist kleiner, */
           /* dann eben nach links weiter im Baum. */
           neu = &knoten->links;
           knoten = knoten->links;
        }
     }
  }

  void binaere_suche_plz(const struct binaer_baum *baum,
                         unsigned int p) {
     const struct binaer_knoten *knoten;

     /* zuerst an die Wurzel */
     knoten = (struct binaer_knoten *) baum->root;
     for(;;) {
        if(knoten == NULL) {
           printf("Keine erfolgreiche Suche!\n");
           return;
        }
        if(p == knoten->plz) {  /* Gefunden */
           printf("Ort zu Postleitzahl %d : %s\n",
              p,knoten->ort);
           return;
        }
        else if(p > knoten->plz)   /* Gesuchtes Element größer:  */
           knoten=knoten->rechts;  /* rechts am Baum weiter.     */
        else                       /* Gesuchtes Element kleiner: */
           knoten=knoten->links;   /* links am Baum weiter.      */
     }
  }

  int bin_delete(struct binaer_baum *baum, unsigned int p) {
     /* pointer_z ist das zu löschende Element. */
     struct binaer_knoten **pointer_q, *pointer_z,
                          *pointer_y, *pointer_x;

     pointer_q = (struct binaer_knoten **)&baum->root;
     pointer_z =  (struct binaer_knoten *)baum->root;
     for(;;) {
        if(pointer_z == NULL)
           return 0;
        else if(p == pointer_z->plz)
           /* zu löschendes Element gefunden */
           break;
        else if(p > pointer_z->plz) {
```

```
         /* Das zu löschende Element ist größer. */
         pointer_q = &pointer_z->rechts;
         /* rechts weitersuchen */
         pointer_z = pointer_z->rechts;
      }
      else { /* Das zu löschende Element ist kleiner. */
         pointer_q = &pointer_z->links;
         /* links weitersuchen */
         pointer_z = pointer_z->links;
      }
   } /* Hierher kommen wir nur durch ein break. */

   /* Jetzt müssen wir das zu löschende Element untersuchen.
    * pointer_z hat rechts keinen Nachfolger, somit können wir
    * es austauschen gegen den linken Nachfolger ... */
   if(pointer_z->rechts == NULL)
      *pointer_q = pointer_z->links;
   else {
      /* pointer_z hat einen rechten Nachfolger, aber
       * keinen linken. */
      pointer_y = pointer_z->rechts;
      if(pointer_y->links == NULL) {
         /* pointer_z->rechts hat keinen linken Nachfolger ... */
         pointer_y->links = pointer_z->links;
         *pointer_q = pointer_y;
      }
      else {  /* Es gibt einen linken Nachfolger. */
         pointer_x = pointer_y->links;
         /* Jetzt suchen wir so lange, bis es keinen linken
          * Nachfolger mehr gibt. */
         while(pointer_x->links != NULL) {
            pointer_y = pointer_x;
            pointer_x = pointer_y->links;
         }
         /* Jetzt haben wir alle Punkte zusammen und
          * können diese verknüpfen. */
         pointer_y->links = pointer_x->rechts;
         pointer_x->links = pointer_z->links;
         pointer_x->rechts = pointer_z->rechts;
         *pointer_q = pointer_x;
      }
   }
    /* Zu guter Letzt können wir pointer_z freigeben. */
   baum->counter--;
   free(pointer_z);
```

```
    return 1;
}

int main(void) {
    struct binaer_baum *re;
    char o[MAX];
    unsigned int p;
    int wahl, r;

    re = init();
    if(re == NULL) {
        printf("Konnte keinen neuen binaeren Baum erzeugen!\n");
        return EXIT_FAILURE;
    }
    else
        printf("Binaerbaum wurde erfolgreich initialisiert\n");

    do {
        printf("\n-1- Neue PLZ hinzufuegen\n");
        printf("-2- PLZ suchen\n");
        printf("-3- PLZ loeschen\n");
        printf("-4- Ende\n\n");
        printf("Ihre Wahl : ");
        scanf("%d",&wahl);

        if(wahl == 1) {
            printf("Bitte geben Sie eine neue PLZ ein : ");
            do{ scanf("%5u",&p); }while( (getchar()) != '\n' );
            printf("Der Ort dazu : ");
            fgets(o, MAX, stdin);
            r=einfuegen(re, p, strtok(o, "\n") );
            if(r == 0)
                return EXIT_FAILURE;
        }
        else if(wahl == 2) {
            printf("Für welche PLZ suchen Sie einen Ort : ");
            scanf("%5u",&p);
            binaere_suche_plz(re, p);
        }
        else if(wahl == 3) {
            printf("Welche PLZ wollen Sie loeschen : ");
            scanf("%5d",&p);
            bin_delete(re, p);
        }
    } while(wahl != 4);
```

```
    return EXIT_SUCCESS;
}
```

22.4.8 Binäre Suchbäume mit Eltern-Zeiger und Threads

Es gibt noch mehrere andere Wege, binäre Bäume zu implementieren, um sich z. B. das Traversieren des Baums zu erleichtern. Bereits gesehen haben Sie das Durchlaufen der Bäume mittels Preorder- und Inorder-Traversierung. Wenn Sie aber das Durchlaufen (Traversieren) eines Baums iterativ und nicht mehr rekursiv vornehmen wollen, können Sie die Struktur um einen Zeiger zum Elternknoten erweitern:

```
struct binaer_knoten{
   char ort[255];
   unsigned int plz;
   struct binaer_knoten *links;
   struct binaer_knoten *rechts;
   struct binaer_knoten *eltern;
};
```

Jetzt kann jeder Knoten sein Umfeld kontrollieren. Dieser Eltern-Zeiger vereinfacht das Traversieren des Baums, doch der Schreibaufwand für das Programm steigt. Außerdem wird auch das Einfügen und Löschen eines Elements verlangsamt, da ein Zeiger mehr verwaltet werden muss. Dem Eltern-Zeiger der Wurzel übergeben Sie hingegen den `NULL`-Zeiger.

Mit Threads (*Threading*) haben Sie die Möglichkeit, einen Baum noch schneller zu traversieren. Denn anstatt zu überprüfen, ob der linke oder rechte Teil eines Knotens leer (`NULL`) ist, was zu einer schlechteren Laufzeit führen könnte, müssen Sie nur zwei Extra-Bits (Bit-Felder) in die Struktur einfügen:

```
struct binaer_knoten{
   char ort[255];
   unsigned int plz;
   struct binaer_knoten *links;
   struct binaer_knoten *rechts;
   unsigned linker_thread:1;
   unsigned rechter_thread:1;
};
```

Wenn sich z. B. auf der linken Seite eines Knotens ein weiterer Knoten befindet, steht das Bit `linker_tread` auf 1. Falls sich dort noch kein Knoten befindet, steht es auf 0. Natürlich lässt sich auf diese Weise nicht generell eine bessere Laufzeit garantieren, da diese davon abhängt, wie der Compiler Bit-Felder optimiert. Aber eine Erleichterung dürfte es auf jeden Fall darstellen.

22.4.9 Ausgeglichene Binärbäume

Es gibt leider einen negativen Aspekt bei den binären Bäumen, die Sie eben kennengelernt haben. Betrachten Sie bitte den Binärbaum aus Abbildung 22.24.

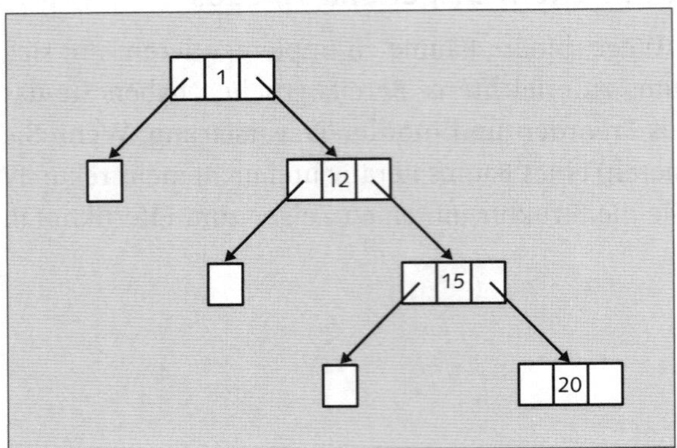

Abbildung 22.24 Entarteter Binärbaum

Bei diesem Beispiel handelt es sich tatsächlich um einen binären Baum und nicht, wie Sie vielleicht vermuten würden, um einen verkettete Liste. Der Baum hat die Tiefe 4 und könnte normalerweise 15 Elemente aufnehmen (24–1). Es handelt sich dabei um einen entarteten Baum. So etwas kann passieren, wenn ein relativ kleiner oder großer Wert als Wurzel des Baums verwendet wird. Zugegeben, dieses Beispiel ist ein ungünstiger Fall, aber es könnte dazu kommen.

Es gibt, um entartete Binärbäume auszugleichen, Algorithmen, die allerdings nicht einfach zu verstehen sind. Aber was heißt perfekt ausbalanciert (ausgeglichen) im Sinne von Binärbäumen? Ein Binärbaum ist perfekt ausgeglichen, wenn sich die Höhen (oder auch Tiefen) der linken und rechten Teilbäume höchstens um den Wert 1 unterscheiden. Solche Bäume werden *AVL-Bäume* genannt.

Um also Probleme zu vermeiden, müssen Sie den Baum immer ausgeglichen halten. Dies ist allerdings auch mit einem erhöhten Speicheraufwand verbunden. Denn wenn ein neues Element eingefügt oder ein Element gelöscht wird, kann es sein, dass der komplette Baum wieder neu organisiert werden muss. Diesen Aufwand sollten Sie jedoch nur betreiben, wenn es denn tatsächlich auf ein schnelleres Suchergebnis ankommt. Ein solches schnelleres Suchergebnis wird durch die Verkürzung der Pfadlänge erreicht.

22.4.10 Algorithmen für ausgeglichene Bäume – eine Übersicht

Zu diesem Thema könnte man ganze Bücher schreiben. Einige weiterführende Hinweise sollen zu den binären Bäumen dennoch gegeben werden.

AVL-Bäume

Ein AVL-Baum (AVL nach seinen Erfindern Adelson-Velsky und Landis) ist ein Suchbaum, dessen Knoten sich in der Höhe (Tiefe) von derjenigen der Teilbäume um höchstens 1 unterscheidet, also ein perfekt ausbalancierter Baum. Wird diese Bedingung verletzt, muss eine Ausgleichsfunktion ausgeführt werden. Folgende drei Bedingungen können dabei auftreten (auch Balance-Grad genannt):

- `balance > 0` – Der rechte Teilbaum besitzt eine größere Höhe als der linke.
- `balance < 0` – Der linke Teilbaum besitzt eine größere Höhe als der rechte.
- `balance = 0` – Die Teilbäume haben die gleiche Höhe und sind optimal ausbalanciert. Dieser Zustand wird angestrebt.

Um gegen diese Verletzung vorzugehen, werden sogenannte *Rotationen* vorgenommen. Dabei müssen Sie zwischen rechtsseitiger Rotation (betrifft die rechte Seite des Teilbaums eines Knotens) und linksseitiger Rotation (betrifft die linke Seite des Teilbaums eines Knotens) unterscheiden. Außerdem gibt es noch einfache und doppelte Rotationen. Dass all diese Operationen sehr rechenintensiv sind, lässt sich wohl leicht erschließen.

B-Bäume (Bayerbäume)

Wenn Sie sich für die Programmierung einer eigenen Datenbank interessieren, dann sollten Sie sich mit diesem Baum befassen. Der B-Baum wird durch eine variable Anzahl von Elementen (Blättern) pro Knoten an die Blockgröße des Dateisystems angepasst. Dadurch ist eine effektive und optimale Geschwindigkeitsausnutzung auf verschiedenen Systemen möglich. Die einzelnen Knoten eines B-Baums sind nicht immer belegt und variieren zwischen dem Kleinst- und dem Höchstwert. Somit ist immer Platz für Änderungen von Strukturen bei Manipulationen (Einfügen, Löschen, Ändern ...) an der Datenbank vorhanden.

Dies waren lange noch nicht alle Algorithmen, mit denen Sie ausgeglichene Bäume erstellen können. Zu erwähnen sind hier noch die Top-Down 2-3-4-Bäume und die *Rot-Schwarz-Bäume*.

22.5 Hashing (Zerhacken)

Das Hashing ist eine bekannte Methode zum Suchen und Speichern von Datensätzen mithilfe einer Tabelle, bei der ein Schlüssel in eine Tabellenadresse umgewandelt wird. Durch diese Umwandlung kann bei einer Suche sofort auf diese Tabellenadresse gesprungen werden, ohne den vollständigen Datensatz (bei binärer Suche einen Teil des Datensatzes) zu durchlaufen. Die Ziele beim Hashing sind dabei eine effizientere Nutzung der verfügbaren Speicherkapazität und ein schnellerer Zugriff.

22.5.1 Wann wird Hashing verwendet?

Das beste Beispiel für Hashing sind Symboltabellen, bei denen Werte durch jedes Element mit einer dynamischen Menge von Strings assoziiert werden. So geschieht dies etwa beim Compiler. So kann ein Compiler alle Variablen eines Programms am effizientesten verwalten.

Ein weiteres Beispiel ist die (verräterische) Autovervollständigung des Browsers oder auch der Cache des Webbrowsers, der den Verlauf speichert. Ein simples Beispiel für Hashing ist die Zählung von Wörtern, die in einem Text vorkommen. Abfragen, die auf ein digitales Wörterbuch angewendet werden, können mit Hashing ebenso effizient gestaltet werden wie die Programmierung von großen Datenbanken. Denn in diesen Fällen ist es wirklich geboten, unglaublich viele Daten in kurzer Zeit zu durchsuchen.

22.5.2 Was ist für das Hashing erforderlich?

- Eine *Hash-Funktion* – mit der Hash-Funktion wird eine eindeutige Adresse erzeugt, die die Position des Datensatzes in der Hash-Tabelle bestimmt.
- Eine *Hash-Tabelle* – in der Hash-Tabelle befinden sich die eindeutigen Adressen. Eine Suchanfrage wird zunächst mit der Hash-Funktion in eine Tabellenadresse umgewandelt. Mit dieser eindeutigen Adresse wird im Anschluss der Datensatz in der Hash-Tabelle gesucht.

Die Hash-Funktion wird in der Praxis meist mit einem Array passender Größe angegeben, das zur Kompilierzeit angelegt wird. Einfach ausgedrückt: Eine Hash-Tabelle mit 10 Elementen ist ein Array mit verketteten Listen – mit der Größe von 10 * Arraygröße. In jedem Index dieses Arrays könnte eine verkettete Liste sein.

Das soll jetzt in der Praxis untersucht werden. Hier wird wieder das Postleitzahlen-Beispiel verwendet:

```
struct plz{
   char ort[MAX];
   unsigned int postleit;
   struct plz *next;
};
```

Die Hash-Tabelle, die jetzt für die verkettete Liste verwendet wird, sieht wie folgt aus:

```
struct plz *hash_tabelle[MAX_HASH];
```

Um es einfach zu halten, wird eine niedrige Arraygröße verwendet:

```
#define MAX_HASH 10
```

Abbildung 22.25 zeigt die aktuelle Hash-Tabelle in grafischer Dargestellung:

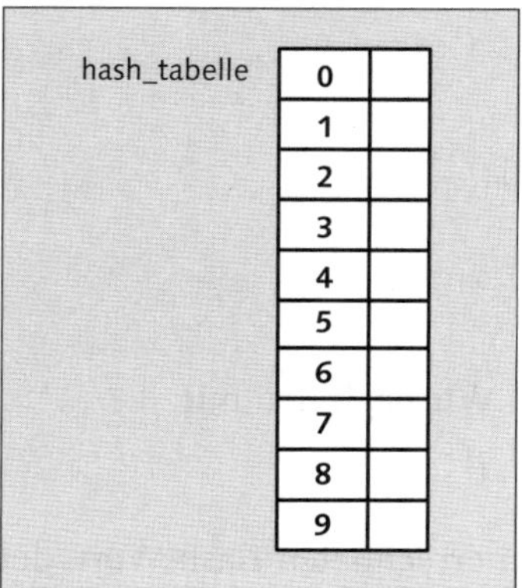

Abbildung 22.25 Leere Hash-Tabelle

Jetzt benötigen Sie eine Funktion, um einen neuen Datensatz zum Hash hinzuzufügen:

```
struct plz *insert(char *o, unsigned int p) {
   struct plz *pointer;
   /* Hash-Wert (bucket) an hash_adresse (0-9) */
   int hash_adresse = hash_funktion(o);

   / *printf("%d\n",hash_adresse); */

   /* Zeiger auf errechnete Tabellenadresse
    * durch hash_funktion */
   pointer = hash_tabelle[hash_adresse];
   /* Wir suchen freien Platz für einen neuen Eintrag
    * in hash_tabelle[hash_adresse] */
   while(pointer != NULL) {
      if(strcmp(o, pointer->ort) == 0)  /* Stadt gleich? */
         if(pointer->postleit == p) {
            /* Postleitzahlen gleich? */
            printf("%s mit PLZ %d ist bereits vorhanden\n",o,p);
            /* doppelte Einträge vermeiden */
            return pointer;
         }
         pointer=pointer->next;
   }
```

```
    /* Speicher für neues Element allozieren */
    pointer = malloc(sizeof(struct plz));
    if(pointer == NULL) {
       printf("Kein Speicher für neue PLZ vorhanden\n");
       return NULL;
    }
    strcpy(pointer->ort, o);
    pointer->postleit = p;
    pointer->next = hash_tabelle[hash_adresse];
    hash_tabelle[hash_adresse] = pointer;
    return pointer;
}
```

Die Funktion wird jetzt Schritt für Schritt erläutert. Wir beginnen mit:

```
int hash_adresse = hash_funktion(o);
```

Hiermit bekommt die Variable `hash_adresse` einen errechneten Hash-Wert, der logischerweise zwischen 0 und 9 liegen muss, da die Hash-Tabelle 10 Slots besitzt. Nehmen wir an, dass der Funktion `insert()` folgende Werte übergeben wurden:

```
insert("Augsburg", 86163);
```

Die Hash-Funktion errechnet in diesem Beispiel aus dem String `"Augsburg"` den Wert 6. Somit kommt der String `"Augsburg"` in den Index (Slot) 6 der Hash-Tabelle. Auf diesen Slot soll jetzt erst ein Zeiger verweisen:

```
/* Zeiger auf errechnete Tabellenadresse
 * durch hash_funktion */
pointer = hash_tabelle[hash_adresse];
```

Bildlich sieht dies wie folgt aus:

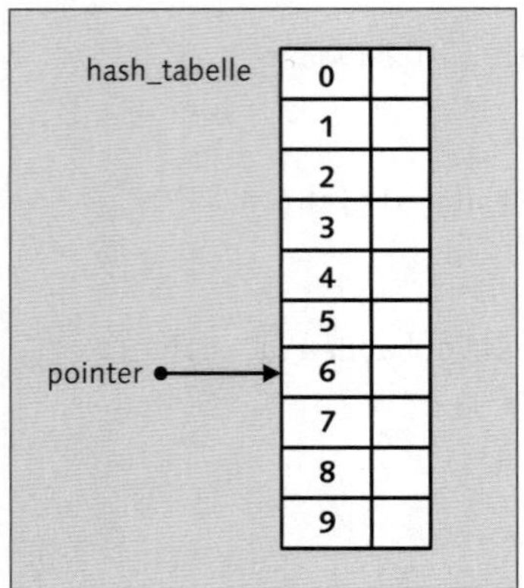

Abbildung 22.26 Zeiger auf errechneten Index

Jetzt muss ein freier Speicherplatz für die neuen Daten gesucht werden:

```
while(pointer != NULL) {
   if(strcmp(o, pointer->ort) == 0)  /* Stadt gleich? */
      if(pointer->postleit == p) {
         /* Postleitzahlen gleich? */
         printf("%s mit PLZ %d ist bereits vorhanden\n",o,p);
         /* Doppelte Einträge vermeiden */
         return pointer;
      }
      pointer=pointer->next;
}
```

Im ersten Fall ist dies recht trivial. Also kann der neue Datensatz gleich in die Hash-Tabelle eingefügt werden mit:

```
strcpy(pointer->ort, o);
pointer->postleit = p;
pointer->next = hash_tabelle[hash_adresse];
hash_tabelle[hash_adresse] = pointer;
```

Jetzt befindet sich das erste Element in der Hash-Tabelle. Grafisch dargestellt sieht dies dann so aus:

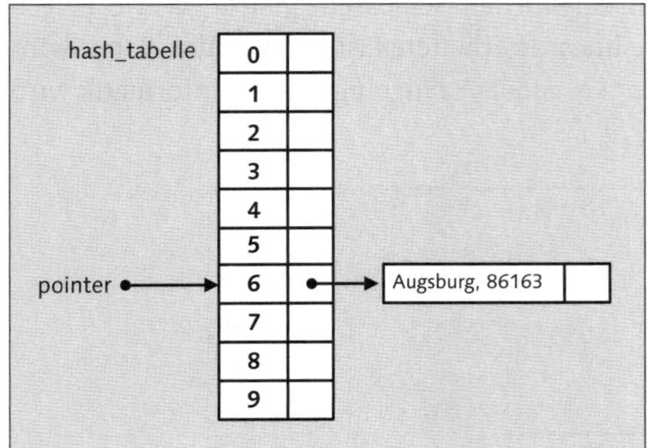

Abbildung 22.27 Ein erster Datensatz wurde hinzugefügt.

Nun folgt ein weiterer Datensatz:

```
insert("Friedberg", 86316);
```

Die Hash-Funktion, die Ihnen immer noch vorenthalten wurde, errechnet hierbei den Index (Slot) 8. Darauf sieht die Hash-Tabelle nach dem Abarbeiten der Funktion `insert()` so aus:

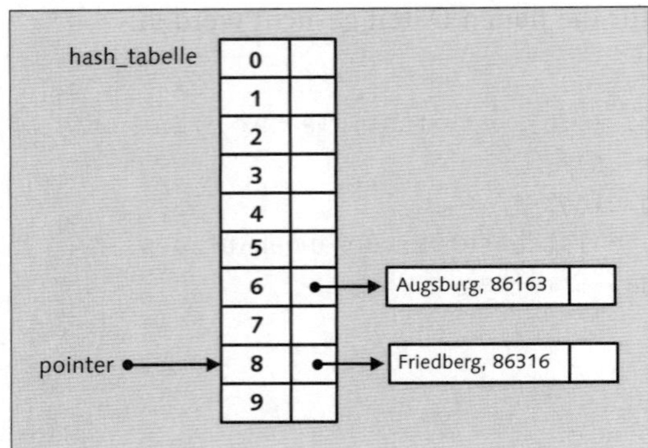

Abbildung 22.28 Ein weiterer Datensatz wurde hinzugefügt.

Kommen wir jetzt zu einem speziellen Fall beim Hashing. Es wird folgender neue Datensatz eingefügt:

```
insert("Stuttgart", 70190);
```

Die Hash-Funktion errechnet aus dem String `"Stuttgart"` den Indexwert 8.

Beim Betrachten der Abbildung 22.29 können Sie erkennen, dass Slot 8 bereits einen Inhalt hat (`"Friedberg"`). Dies wird Kollision genannt, und es bedeutet, dass die Hash-Funktion zu unterschiedlichen Schlüsseln gleiche Werte liefern kann. Deshalb wurde ja auch eine lineare verkettete Liste verwendet. Somit wird der neue Datensatz einfach hinter `"Friedberg"` eingefügt. In der Informatik wird dies als *Synonymkette* bezeichnet.

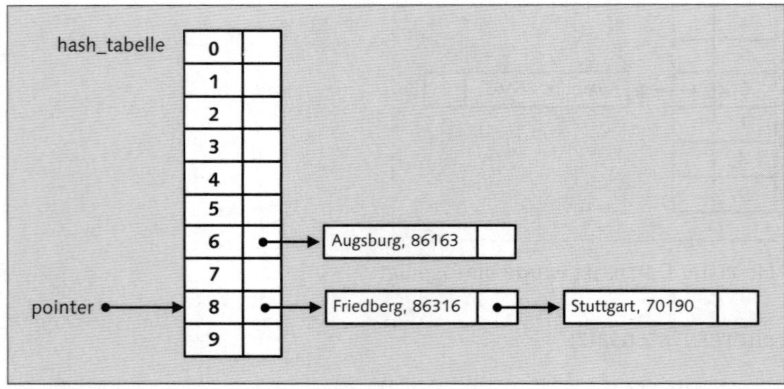

Abbildung 22.29 Ein Datensatz wurde nach einer Kollision hinzugefügt.

22.5.3 Hash-Funktion

Anhand dieses Beispiels dürfte klar sein, dass der Hash-Funktion eine entscheidende Rolle zufällt. Wie Sie eine solche Funktion schreiben, bleibt Ihnen selbst überlassen. Sie könnten sogar eine Funktion schreiben, die Zufallszahlen zwischen 0 und 9 zurückliefert. Doch was nutzt eine solche Funktion, wenn 90 % der Zufallszahlen zum Beispiel zwischen 2 und 4 liegen? Die restlichen Slots werden dabei kaum verwendet.

Für tatsächlich effektive Hash-Berechnungen existieren drei Methoden:

- Divisionsmethode
- Mittquadratmethode
- Zerlegungsmethode

Divisionsmethode

key = key mod m

Für `m` sollten Sie idealerweise eine Primzahl so nahe wie möglich am höchsten Index wählen.

Mittquadratmethode

key = I

`I` ist `key`, wobei führende und endende Ziffern entfernt werden müssen. Beispielsweise:

```
H(3206) = 32062 = 10278436
```

Von dem Wert `10278436` werden abwechselnd rechts und links die Ziffern abgeschnitten, bis ein Wert entsteht, der kleiner als der Index ist. Wenn z. B. eine Hash-Tabelle mit dem Index 10 deklariert wurde, sieht der Wert aus dem Schlüssel `10278436` wie folgt aus:

```
1027 [8] 436 = 8
```

Zerlegungsmethode

Man zerlegt den Schlüssel, bis er eine gültige Adresse hat. Als Beispiel verwenden wir den Schlüssel `135612`:

```
135612 = [13]+[56]+[12]= 81 = [8]+[1] = 9
```

Der Schlüssel wurde zerlegt, bis er als gültige Adresse den Wert 9 besitzt.

Hashing von Strings

Ein bewährter Hash-Algorithmus für Strings erzeugt einen Hash-Wert, in dem er jedes Byte des Strings zum Vielfachen des Strings hinzuaddiert. Eine Multiplikation verteilt die einzelnen Bits des Bytes auf den bisher berechneten Wert. Tests haben ergeben, dass sich bei Strings die Werte 31 und 37 als gute Multiplikatoren erwiesen haben, die auch für das Programmbeispiel verwendet werden.

Theoretisch könnten Sie sich das Beispiel anhand des Postleitzahlen-Listings so vorstellen. Für String "Stuttgart" wurden die Postleitzahlen 70190 eingetragen:

```
hash_tabelle["Stuttgart"] = 70190;
```

Dies ist eigentlich ein Array mit dem Indexwert als String. In der Praxis ist dies in C natürlich nicht möglich. Dafür schreiben Sie ja auch die Hash-Funktion.

Die passende Hash-Funktion für das Programmbeispiel sieht so aus:

```
/* die Hash-Funktion zur Berechnung des
 * Hash-Werts eines Strings */
int hash_funktion(char *string) {
   unsigned int hash_adresse;
   unsigned char *pointer;

   hash_adresse = 0;
   pointer = (unsigned char *) string;
   while(*pointer != '\0') {
      hash_adresse = M * hash_adresse + *pointer;
      pointer++;
   }
   return hash_adresse % MAX_HASH;
}
```

Um sicherzustellen, dass auch positive Hash-Adressen für die Hash-Tabelle zurückgeliefert werden, wird unsigned verwendet.

Es ist relativ schwierig, eine optimale Hash-Funktion zu finden. In solch einem Fall müssen Sie so lange testen, bis Sie mit dem Ergebnis zufrieden sind. Hier sehen Sie das vollständige Programm, das das Hashing mit getrennter Verkettung demonstrieren soll:

```
/* hashing.c */
#include <stdio.h>
#include <string.h>
#include <stdlib.h>
#define MAX_HASH 10
#define M 31

struct plz{
   char ort[255];
   unsigned int postleit;
   struct plz *next;
```

```
};

struct plz *hash_tabelle[MAX_HASH];

struct plz *insert(char *, unsigned int);
void search_in_hash(char *);
int hash_funktion(char *);

struct plz *insert(char *o, unsigned int p) {
   struct plz *pointer;
   /* Hash-Wert (bucket) an hash_adresse (0-9) */
   int hash_adresse = hash_funktion(o);

   /* printf("%d\n",hash_adresse); */

   /* Zeiger auf errechnete Tabellenadresse
    * durch hash_funktion */
   pointer = hash_tabelle[hash_adresse];
   /* Wir suchen freien Platz für einen neuen Eintrag
    * in hash_tabelle[hash_adresse] */
   while(pointer != NULL) {
      if(strcmp(o, pointer->ort) == 0)  /* Stadt gleich? */
         if(pointer->postleit == p) {
            /* Postleitzahlen gleich? */
            printf("%s mit PLZ %d ist bereits vorhanden\n",o,p);
            /* doppelte Einträge vermeiden */
            return pointer;
         }
         pointer=pointer->next;
   }
   /* Speicher für neues Element allozieren */
   pointer = malloc(sizeof(struct plz));
   if(pointer == NULL) {
      printf("Kein Speicher für neue PLZ vorhanden\n");
      return NULL;
   }
   strcpy(pointer->ort, o);
   pointer->postleit = p;
   pointer->next = hash_tabelle[hash_adresse];
   hash_tabelle[hash_adresse] = pointer;
   return pointer;
}

/* Funktion zur Suche in der Hash-Tabelle */
void search_in_hash(char *o) {
```

```
   struct plz *pointer;
  /* Hash-Wert (bucket) an hash_adresse (0-9) */
   int hash_adresse = hash_funktion(o);

   /* printf("%d\n",hash_adresse); */

   /* Zeiger auf errechnete Tabellenadresse
    * durch hash_funktion */
   pointer = hash_tabelle[hash_adresse];

   /* Jetzt wollen wir nachsehen, ob es für o einen
    * Eintrag in der Tabelle gibt. */
   while(pointer != NULL) {
      if(strcmp(pointer->ort, o) == 0)
         printf("PLZ fuer %s ist %d\n",o,pointer->postleit);
      pointer = pointer->next;
   }
}

/* die Hash-Funktion zur Berechnung des Hash-Werts
 * eines Strings */
int hash_funktion(char *string) {
   unsigned int hash_adresse;
   unsigned char *pointer;

   hash_adresse = 0;
   pointer = (unsigned char *)string;
   while(*pointer != '\0') {
      hash_adresse = M * hash_adresse + *pointer;
      pointer++;
   }
   return hash_adresse % MAX_HASH;
}

int main(void) {
   /* einfügen */
   insert("Friedberg", 86316);
   insert("Augsburg", 86136);
   insert("Stuttgart", 71345);
   /* suchen */
   search_in_hash("Augsburg");
   search_in_hash("Friedberg");
   search_in_hash("Stuttgart");
   return EXIT_SUCCESS;
}
```

Die Suchfunktion `search_in_hash()` ist ähnlich wie `insert()`. Daher erkläre ich sie nicht weiter. Wichtig ist es aber auch, zu erwähnen (auch wenn dies eigentlich logisch sein sollte), dass jede Funktion, die Sie hinzufügen (suchen, sortieren, löschen, einfügen, ...), dieselbe Hash-Funktion verwenden muss.

22.5.4 Hashing mit direkter Adressierung

Es ist auch möglich, die einzelnen Hashes direkt zu adressieren, sofern Sie abschätzen können, wie viele Elemente eingefügt werden. Dafür wird eine Tabelle verwendet, die nur Zeiger auf die anderen Stellen im Speicher abgelegter Datensätze enthält. Die direkte Adressierung lässt sich folgendermaßen realisieren (Pseudocode):

```
while(Schlüssel_stimmt_nicht_überein) {
   if(Schlüssel_stimmt_überein) {
      printf("gefunden");
      return;
   }
   else if(Speicherplatz leer) {
      printf("nicht gefunden");
      return;
   }
   weiter_an_die_nächste_Position;
}
```

Der Vorteil der direkten Adressierung besteht in der größeren Schnelligkeit. Der große Nachteil ist aber die fixe Tabellengröße. Sofern Sie die Menge der Daten abschätzen können, ist diese kein Nachteil. Bei Datenbanken, bei denen die Menge der Daten vom Anwendungsfall abhängt, ist die direkte Adressierung nicht sinnvoll.

22.5.5 Vergleich von Hashing mit binären Bäumen

Vorteile des Hashings:

- einfach zu implementieren
- schnelle Suchergebnisse

Vorteile binärer Bäume:

- Garantie für Leistungsfähigkeit auch im ungünstigsten Fall
- unterstützt viele weitere Operationen (z. B. das Sortieren)
- dynamisch (Bei binären Bäumen ist im Gegensatz zum Hashing keine Information über die Anzahl der Einfügungen nötig.)

22.6 String-Matching

Textverarbeitungsprogramme verwenden für die Bearbeitung von Texten Zeichenkettenfolgen in Form von einzelnen Buchstaben, Nummern oder Sonderzeichen.

Wenn Sie einen Texteditor oder Ähnliches entwickeln wollen, werden Sie auch Funktionen wie das Suchen von Strings oder Teilstrings benötigen; oder etwa die Syntaxhervorhebung einer bestimmten Programmiersprache. Eine weitere Möglichkeit ist das Pattern Matching, das Sie vielleicht aus Perl oder von den Linux-Shells kennen.

Für solche und weitere Anwendungsmöglichkeiten werden String-Matching-Algorithmen genutzt. Sie funktionieren nach folgendem Prinzip: In einer Textzeichenfolge, wie etwa dem Text in diesem Buch, soll mit einem Suchmuster die Häufigkeit der enthaltenen N-Zeichen und M-Zeichen verglichen werden.

Das Ziel des Kapitels ist es nicht, die Algorithmen anhand mathematischer Formeln zu erklären, sondern eher, die Algorithmen so zu erklären, dass Sie das Prinzip verstehen, nach dem sie funktionieren.

Als Schnittstelle zu diesen Beispielen soll eine Struktur verwendet werden, die die Daten von der Kommandozeile nimmt und für eventuelle Auswertungen speichert.

```
struct datei{
   char name[LEN];   /* Name der Datei   */
   int gefunden;     /* Anzahl gefunden */
};

typedef struct datei DATEI;
```

Sie können diese Struktur gern um weitere Informationen wie die Position der Fundstelle erweitern. In den Beispielen wird jeweils ein Array von Strukturen verwendet. In der Praxis können Sie auch verkettete Listen einsetzen.

Der Aufruf der Programme lautet hierbei immer:

```
programmname suchstring datei1 ... bis datei_n
```

Bei all den Zusätzen sollten Sie dennoch das Hauptaugenmerk auf die einzelnen Algorithmen richten. Alle Matching-Algorithmen suchen nach einer bestimmten Textfolge. Sofern Sie an ganzen Wörtern interessiert sind, können Sie den Algorithmus entsprechend anpassen. Dabei sollten Sie darauf achten, dass vor und nach dem Suchstring alle Whitespace-Zeichen beachtet werden (Newline, Tabulator und Space).

22.6.1 Brute-Force-Algorithmus

Der einfachste Algorithmus liegt auf der Hand. Es werden alle infrage kommenden Positionen des Musters in einem Text überprüft, bis das Muster mit dem Text übereinstimmt oder das Ende des Texts gekommen ist. Das komplette Muster wird also beim Vergleich des Texts um eine Position nach vorn gezählt. Dies ist ein Brute-Force-Algorithmus (oder auch *grober Algorithmus* oder *naiver Algorithmus*). Abbildung 22.30 zeigt das simple Beispiel.

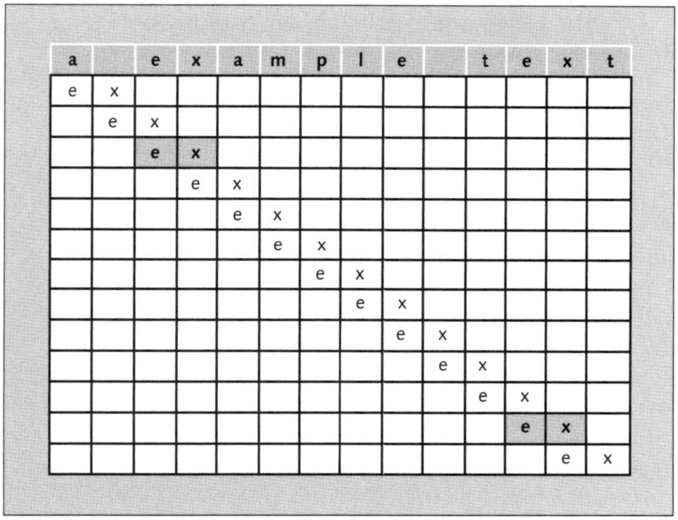

a		e	x	a	m	p	l	e		t	e	x	t
e	x												
	e	x											
		e	**x**										
			e	x									
				e	x								
					e	x							
						e	x						
							e	x					
								e	x				
									e	x			
										e	x		
											e	**x**	
												e	x

Abbildung 22.30 Ablauf des Brute-Force-Algorithmus

Hier sehen Sie den Quellcode zu diesem einfachen String-Matching-Algorithmus:

```
/* bruteforce.c */
#include <stdio.h>
#include <string.h>
#include <stdlib.h>
#define LEN 255
#define MAX_DAT 10
#define MAX_LINE 4096
#define LINE "---------------------------------------\n"

struct datei{
   char name[LEN];   /* Name der Datei    */
   int gefunden;     /* Anzahl gefunden */
};

typedef struct datei DATEI;
```

```
/* int i = der Textzählerstand
 * int j = der Musterzählerstand */
int BruteForce(char *muster, char *text) {
   int i = 0, j, cnt = 0;
   int m=strlen(muster); /* Länge Muster */
   int n=strlen(text);   /* Länge Text   */
   while (i<=n-m) {      /* solange i kleiner als n-m   */
      /* solange Muster und Text gleich j++ */
      for(j=0; j<m && muster[j]==text[i+j]; j++);
      if(j==m) { /* Ist die Länge von j gleich der vom Muster? */
         printf("Pos. %3d, ",i);
         cnt++;
      }
      i++; /* im Text eine Position weiter */
   }
   return cnt;
}

int main(int argc, char *argv[]) {
   DATEI suche[MAX_DAT];
   char suchstring[LEN];
   char read_line[MAX_LINE];
   FILE *f;
   int i, j , ret, zeile;

   if(argc < 3) {
      fprintf(stderr, "Verwendung: %s suchstring datei1"
       " <datei2>  - <datei%d>\n",argv[0],MAX_DAT);
      return EXIT_FAILURE;
   }

   strncpy(suchstring, argv[1], LEN);
   /* Kommandozeilen-Argumente auswerten */
   for(i=2,j=0; j < MAX_DAT && i < argc; i++,j++) {
      strncpy(suche[j].name, argv[i], LEN);
      suche[j].gefunden = 0;
   }
   for(i = 0; i < argc-2; i++) {
      f = fopen(suche[i].name, "r");
      if(f == NULL) {
         perror(NULL);
         continue;
      }
      zeile = 0;
      printf("\nDatei \"%s\": \n",suche[i].name);
```

```
      while( fgets(read_line, MAX_LINE, f) != NULL) {
         zeile++;
         ret = BruteForce(suchstring, read_line);
         if(ret != 0) {
            suche[i].gefunden+=ret;
            printf(" in Zeile %d\n",zeile);
            ret = 0;
         }
      }
      printf("Suchergebnisse in \"%s\": %d\n",
         suche[i].name, suche[i].gefunden);
      printf(LINE);
      fclose(f);
   }
   return EXIT_SUCCESS;
}
```

Wenn wir als Beispiel den Suchstring `"ex"` und als Muster `"a example text"` verwenden, wird die innere `for`-Schleife dabei nur dreimal inkrementiert, und zwar bei jedem Vorkommen des Buchstabens `'e'`. Zweimal wird ein Ergebnis gefunden. Die Laufzeit des Algorithmus hängt natürlich vom Suchmuster ab, aber im Durchschnitt hat der Brute-Force-Algorithmus immer ein lineares Zeitverhalten.

22.6.2 Der Algorithmus von Knuth/Morris/Pratt (KMP)

Der Nachteil des Brute-Force-Algorithmus ist der, dass dieser stur Zeichen für Zeichen, Position um Position vergleicht. Die Programmierer Knuth, Morris und Pratt, nach denen dieser Algorithmus auch benannt ist, haben diesen Algorithmus verbessert (verfeinert). Sie hatten die Idee, die Fehlvergleiche (sogenanntes *Missmatch*) in den weiteren Algorithmus mit einzubeziehen. Als Beispiel sei diese Textfolge gegeben (`text`):

```
lu lalalala lule lulalalas
```

Der Suchstring (`suchmuster`) lautet `alalas`. Der Vorgang beginnt wie beim Brute-Force-Algorithmus:

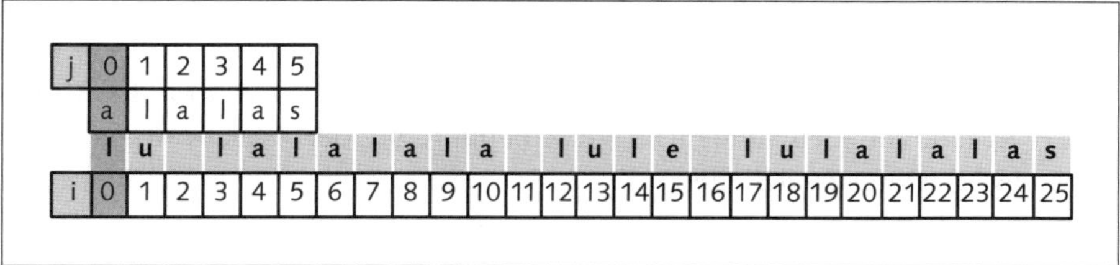

Abbildung 22.31 Auf der Suche nach dem Suchstring »alalas« – Start

Hier haben Sie zwischen `text[i]` und `suchmuster[j]` keine Übereinstimmung. Daher kann `suchmuster` um eine Position weitergeschoben werden:

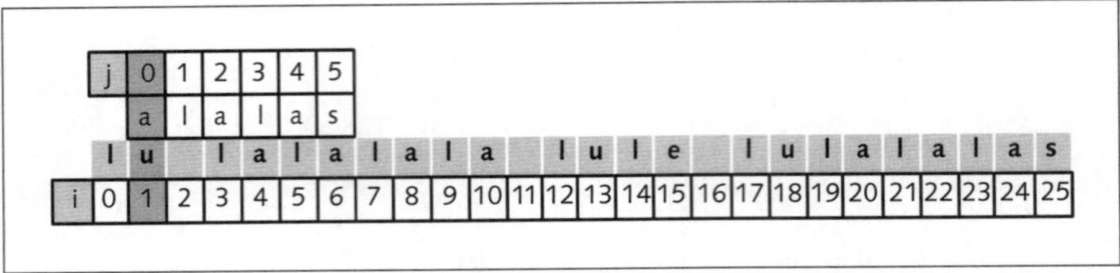

Abbildung 22.32 Keine Übereinstimmung – der Suchstring wandert eine Position weiter.

Dies wird so lange wiederholt, bis zwei gleiche Zeichen aufeinandertreffen:

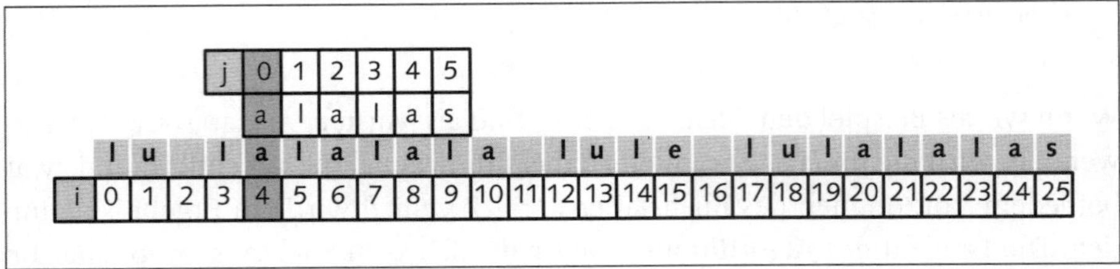

Abbildung 22.33 Das erste Zeichen stimmt überein.

Solange `text[i]` jetzt gleich mit `suchmuster[j]` ist, werden `i` und `j` inkrementiert:

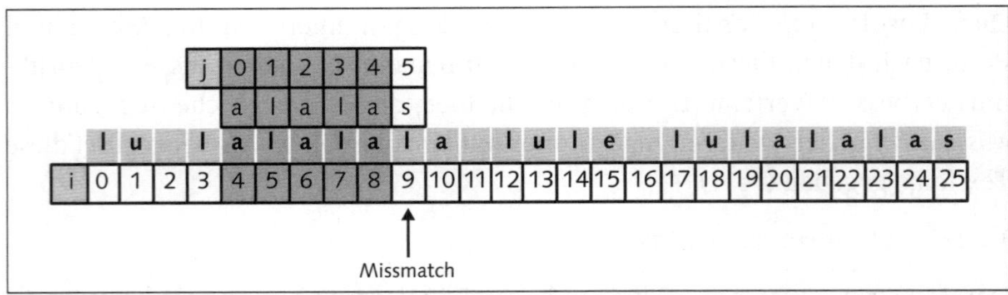

Abbildung 22.34 Nach fünf Zeichen tritt ein Fehlvergleich auf.

An Position `text[9]` und `suchmuster[5]` tritt hier eine Ungleichheit auf. Beim Brute-Force-Algorithmus würde jetzt das Muster wieder um eine Position nach vorn gesetzt werden. Und genau hier greift der Algorithmus von Knuth, Morris und Pratt ein. Die kleinstmögliche Verschiebung, bei der »alalas« sich mit sich selbst deckt, ist um zwei Stellen:

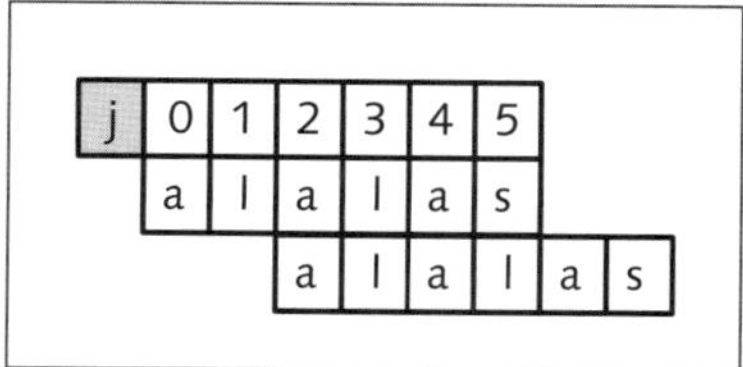

Abbildung 22.35 Kleinstmögliche Verschiebung des Suchstrings selbst

Im nächsten Schritt werden dabei auch zwei Stellen weitergeschoben, da Sie ja nun wissen, dass sich der Anfang nicht überlappt. Genauer gesagt: Sie wissen es jetzt, weil ich es Ihnen gesagt habe, wissen aber nicht, wie dies programmtechnisch geschieht. Hierfür ist eine Vorlaufphase erforderlich. Aber dazu gleich mehr.

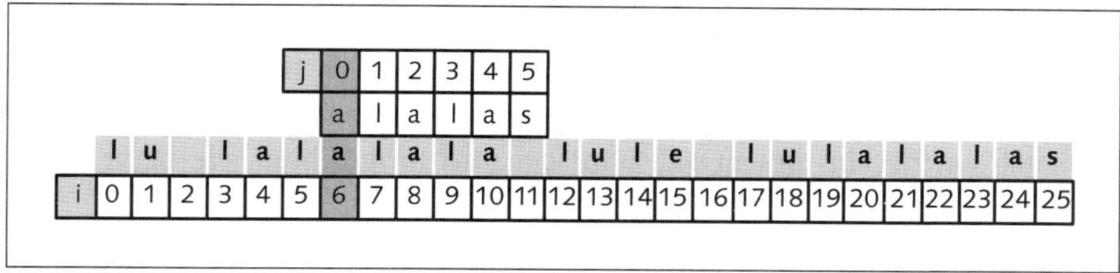

Abbildung 22.36 Verschiebung um zwei Stellen anstatt um eine

In der Theorie hört sich das alles natürlich recht interessant an. Aber es in die Praxis umzusetzen, ist wesentlich komplizierter. Wie realisieren Sie eine kleinstmögliche Verschiebung um den Suchstring (`suchmuster`) selbst?

Da die Berechnung einer solchen Verschiebung nicht vom Text abhängig ist, in dem die Suche stattfindet, sondern nur vom Suchtext (`suchmuster`), kann sie schon vor der eigentlichen Suche erstellt werden. Es wird dabei von einer *Vorlaufphase (Preprocessing)* gesprochen. Hier sehen Sie den Algorithmus, der eine Sprungtabelle aus dem Suchstring selbst für den eigentlichen Suchalgorithmus erstellt:

```
void init_next(char *suchmuster, int m) {
   int i, j;

   i = 0;
   j = next[0] = -1;
   /* solange i kleiner als der Suchstring ist */
   while (i < m) {
      while (j > -1 && suchmuster[i] != suchmuster[j])
         j = next[j];
      i++;
```

```
      j++;
      if (suchmuster[i] == suchmuster[j])
         next[i] = next[j];
      else
         next[i] = j;
   }
}
```

Um nochmals zum Szenario zu kommen: Sie verwenden gerade einen Brute-Force-Algorithmus und vergleichen einzelne Zeichen. Findet jetzt ein Missmatch (`suchmuster!=text`) statt, wird in den bisher gefundenen und übereinstimmenden Zeichen von hinten ein String mit maximaler (`L`) Länge gesucht, der zugleich Anfang eines weiteren Strings ist. Danach wird das Zeichen mit `L+1` (=`next[j]`) und dem `i`-ten Zeichen im Text verglichen. Dafür gibt es zwei Möglichkeiten:

- Das Zeichen `next[j]` des Suchstrings stimmt mit dem `i`-ten Zeichen des Texts überein. Somit wird entweder ganz normal wie beim Brute-Force-Algorithmus fortgefahren, bis der ganze String gefunden wurde oder erneut ein Missmatch auftritt. In diesem Fall wird genauso fortgefahren wie beim ersten Missmatch.
- Das Zeichen `next[j]` des Suchstrings stimmt nicht mit dem `i`-ten Zeichen des Texts überein. `next[j]` wird somit um den Wert 1 reduziert, und der Vergleich geht weiter. Tritt wieder ein Missmatch auf, wird `next[j]` dekrementiert, bis das erste Zeichen des Suchstrings erreicht wurde. In diesem Fall wird `i` inkrementiert, und das Ganze beginnt von vorn.

Mit `next[i] = j` stellen Sie sicher, dass `j-1` die Länge des größten Endstücks, aber auch das Anfangsstück des Suchstrings ist. Ist `suchmuster[i]` gleich `suchmuster[j]`, wird mit `next[++i]=++j` der Wert zugewiesen, da das `next`-Array immer das nächste Zeichen beinhaltet. Ist dies nicht der Fall, werden der Anfangsteil und der längste Endteil mit dem Muster verglichen, bis es zu einem positiven Vergleich zwischen `muster[i]` und `muster[j]` kommt.

Nun folgt noch der eigentliche Algorithmus mit dem Suchstring und dem Textbeispiel, das eben verwendet wurde (`alalas`).

```
/* kmp.c */
#include <stdio.h>
#include <stdlib.h>
#include <string.h>
#define MAX 4096

void init_next(char *, int);
void kmpSearch(char *, char *);
```

```
int next[MAX];

/* i = Position im Text */
/* j = Position im Muster */
void kmpSearch(char *muster, char *text) {
   int i=0, j=0;
   int m=strlen(muster);  /* Länge Muster */
   int n=strlen(text);    /* Länge Text   */

   init_next(muster, m);  /* Tabelle für next berechnen */
   while (i<n) {  /* solange wir nicht am Ende vom Text sind */
      while (j>=0 && text[i]!=muster[j])j=next[j];
      i++; j++;
      if (j==m) {
         printf("Gefunden an Pos. %d\n", i-j);
         j = next[j];
      }
   }
}

void init_next(char *muster, int m) {
   int i, j;

   i = 0;
   j = next[0] = -1;
   /* solange i kleiner als der Suchstring ist */
   while (i < m) {
      while (j > -1 && muster[i] != muster[j])
         j = next[j];
      i++;
      j++;
      (muster[i] == muster[j]) ? (next[i]=next[j]) : (next[i]=j);
   }
}

int main(void)  {
   kmpSearch("alalas", "lu lalalala lule lulalalas");
   return EXIT_SUCCESS;
}
```

Das vollständige Listing des »Brute-Force-Algorithmus« umgeschrieben auf das Programmbeispiel:

```
/* kmpsearch.c */
#include <stdio.h>
```

```
#include <stdlib.h>
#include <string.h>
#define LEN 255
#define MAX_DAT 10
#define MAX_LINE 4096
#define MAX 255
#define LINE "_________________________________________\n"

struct datei{
   char name[LEN];  /* Name der Datei   */
   int gefunden;    /* Anzahl gefunden */
};

typedef struct datei DATEI;

int next[MAX];

int kmp_Search(char *, char *);
void init_next(char *, int);

int kmp_Search(char *muster, char *text) {
   int i=0, j=0, cnt=0;
   int m=strlen(muster);  /* Länge Muster */
   int n=strlen(text);    /* Länge Text */

   init_next(muster, m);  /* Tabelle für next berechnen */
   while (i<n) {   /* solange wir nicht am Ende vom Text sind */
      while (j>=0 && text[i]!=muster[j])j=next[j];
      i++; j++;
      if (j==m) {
         printf("Gefunden an Pos. %d\n", i-j);
         cnt++;
         j=next[j];
      }
   }
   return cnt;
}

void init_next(char *muster, int m) {
   int i, j;

   i = 0;
   j = next[0] = -1;
   /* solange i kleiner als der Suchstring ist */
   while (i < m) {
```

```
      while (j > -1 && muster[i] != muster[j])
         j = next[j];
      i++;
      j++;
      (muster[i]==muster[j]) ? (next[i]=next[j]) : (next[i]=j);
   }
}

int main(int argc, char **argv) {
   DATEI suche[MAX_DAT];
   char suchstring[LEN];
   char read_line[MAX_LINE];
   FILE *f;
   int i, j , ret, zeile;

   if(argc < 3) {
      fprintf(stderr, "Verwendung: %s suchstring datei1 "
         "<datei2> ... <datei%d>\n",argv[0],MAX_DAT);

      return EXIT_FAILURE;
   }

   strncpy(suchstring, argv[1], LEN);
   /* Kommandozeilen-Argumente auswerten */
   for(i=2,j=0; j < MAX_DAT && i < argc; i++,j++) {
      strncpy(suche[j].name, argv[i], LEN);
      suche[j].gefunden = 0;
   }
   for(i = 0; i < argc-2; i++) {
      f = fopen(suche[i].name, "r");
      if(f == NULL) {
         perror(NULL);
         continue;
      }
      zeile = 0;
      printf("\nDatei \"%s\": \n",suche[i].name);
      while( fgets(read_line, MAX_LINE, f) != NULL) {
         zeile++;
         ret = kmp_Search(suchstring, read_line);
         if(ret != 0) {
            suche[i].gefunden+=ret;
            printf(" in Zeile %d\n",zeile);
            ret=0;
         }
      }
```

```
      printf("Suchergebnisse in \"%s\": %d\n",
         suche[i].name, suche[i].gefunden);
      printf(LINE);
      fclose(f);
   }
   return EXIT_SUCCESS;
}
```

Der eine oder andere wird mir jetzt entgegnen, dass Kapitel sei viel zu schwer für ein Einsteiger-Buch. Im Prinzip muss ich dem zustimmen. Allerdings möchte ich zum Knuth-Morris-Pratt-Algorithmus sagen, dass ich hierbei versucht habe, diesen Algorithmus möglichst einfach zu erklären, ohne viele technische Begriffe aus der Welt der Mathematik und Informatik.

Außerdem soll nicht unerwähnt bleiben, dass der Knuth-Morris-Pratt-Algorithmus immer noch einer der leichteren String-Matching-Algorithmen ist.

22.6.3 Weitere String-Matching-Algorithmen

Boyer Moore

Der Boyer-Moore-Algorithmus ähnelt dem Brute-Force-Algorithmus und ist eine weitere Verbesserung gegenüber dem Knuth-Morris-Pratt-Algorithmus. Auch mit diesem Algorithmus werden Verschiebungen vorgenommen, und nicht mehr infrage kommende Verschiebungen werden übersprungen. Hierfür sind gleich zwei Vorlaufphasen (Preprocessing) notwendig – genauer gesagt zwei Heuristiken, die die Schrittweite bei der nächsten Verschiebung vorschlagen:

- *Schlechter-Buchstabe-Heuristik* – Dabei wird untersucht, ob ein Zeichen im Text, das nicht mehr mit dem Pattern übereinstimmt, an einer anderen Stelle im Pattern vorkommt, und dann wird eine entsprechende Schrittweite vorgeschlagen.
- *Gutes-Suffix-Heuristik* – Dabei wird untersucht, ob das Suffix des Patterns, das mit dem Text übereinstimmt, an einer anderen Stelle vorkommt, und dann wird auch hier eine entsprechende Schrittweite vorgeschlagen.

Karp Rabin

Beim Karp-Rabin-Algorithmus wird jeder mögliche String des Musters in eine Hash-Tabelle eingetragen. Dafür wird eine spezielle Hash-Funktion geschrieben, die die Eigenschaft hat, dass sie bei dem Text für Startindex `i` effizient aus dem vorhergehenden Hash-Wert (Startindex = `i-1`) berechnet werden kann. Sind dabei zwei Hash-Werte gleich, wird wie beim Brute-Force-Algorithmus vorgegangen. Dies funktioniert nach folgendem Pseudocode:

```
hash_pattern = hash_wert_des_pattern
hash_text    = hash_wert_der_ersten_m_Zeichen_im_text

do {
   if(hash_pattern == hash_text)
      bruteforce_vergleich
   hash_text = hash_wert_der_nächsten_m_Zeichen_des_Textes
} while(Text_zu_Ende || bruteforce == wahr);
```

22.7 Pattern Matching (reguläre Ausdrücke)

Jeder, der mit einer UNIX/Linux-Maschine zu tun hat, kennt wohl die regulären Ausdrücke. Reguläre Ausdrücke sind auch eine Form der Suche nach Zeichenketten, nur erheblich komfortabler und komplexer.

Der Begriff »regulärer Ausdruck« stammt von dem Sprachwissenschaftler Noam Chomsky und wird in der Informatik verwendet. Es gibt zwar mehrere Varianten von regulären Ausdrücken, doch haben alle dasselbe Ziel.

Bei einem regulären Ausdruck geht es darum, Muster aus Buchstaben zu beschreiben, und dies zusammen mit Wiederholungen, Alternativen und Abkürzungen für Zeichenklassifizierungen wie Ziffern oder Buchstaben. Das bekannteste Beispiel, mit dem sogar MS-DOS klarkommt und das jeder kennen dürfte, ist die *Wildcard* (*):

```
dir t*.txt
```

oder unter UNIX:

```
ls -l t*.txt
```

So werden alle Textdateien ausgegeben, die mit »t« beginnen und mit ».txt« enden:

```
text.txt
test.txt
total.txt
```

Reguläre Ausdrücke sind keine Funktionen, sondern es handelt sich um eine echte Sprache mit formaler Grammatik, bei der jeder Ausdruck eine präzise Bedeutung hat.

Hierzu folgen einige Funktionen in der Praxis, wobei diejenigen, die mit den regulären Ausdrücken überhaupt nicht vertraut sind, einen kleinen Einblick erhalten, und Anwender, die reguläre Ausdrücke schon häufiger verwendet haben, sehen werden, wie reguläre Ausdrücke in C geschrieben werden können.

Es sei darauf hingewiesen, dass es sich dabei nicht um eine umfassende Anleitung zu regulären Ausdrücken handelt, sondern vielmehr um einen kurzen Überblick.

Das Programm, das erstellt werden soll, liest Zeile für Zeile aus einer Datei aus. Die erste Funktion, die das Pattern Matching einleitet, sieht so aus:

```
int pmatch(char *ausdruck, char *text) {
#ifdef __unix__
   if(ausdruck[0] == '^')
#elif __WIN32__
   if(ausdruck[0] == '#')
#endif
      return match(ausdruck+1, text);
   else {
      for( ; *text != '\0'; *text++)
         if(match(ausdruck, text))
            return 1;
   }
   return 0;
}
```

Zuerst wird überprüft, ob der zu matchende Ausdruck am Anfang einer Zeile vorkommt. Dies ist gegeben, wenn der Ausdruck mit dem Zeichen `'^'` beginnt. Beispielsweise geben Sie als Suchstring folgenden Ausdruck an:

```
^hallo
```

Somit müssen die ersten fünf Zeichen einer Zeile in `text` mit der Zeichenfolge `"hallo"` übereinstimmen. Beispiele:

```
hallo welt wie gehts   (Gefunden, da am Anfang der Zeile)
  hallo welt wie gehts (Missmatch -> nicht gefunden)
```

Im Fall des Zeichens `'^'` muss der zu matchende Ausdruck inkrementiert werden, damit dieses Zeichen nicht mit verglichen wird. Bei Nichtverwendung des Zeichens `'^'` wird die Matching-Funktion ganz normal – Zeichen für Zeichen – aufgerufen.

Hinweis

Damit sich dieses Beispiel auch unter MS-DOS/Win32 realisieren lässt, verwenden Sie bitte statt des Zeichens `'^'` das Zeichen `'#'`. Daher auch die bedingte Kompilierung in der Funktion.

Jetzt folgt die Matching-Funktion `match()`:

```
int match(char *ausdruck, char *text) {
   if(ausdruck[0] == '\0')
```

```
      return 1;
   if(ausdruck[1] == '*')
      return wildcard(ausdruck[0], ausdruck+2, text);
   if(ausdruck[0] == '$' && ausdruck[1] == '\0')
      return *text == '\0';
   if(*text != '\0' && (ausdruck[0]== '.'||
     ausdruck[0] == *text) )
      return match(ausdruck+1, text+1);
   return 0;
}
```

Zuerst wird getestet, ob das Ende des Patterns schon gekommen ist (`'\0'`). Danach wird überprüft, ob eine Wildcard (*) angegeben ist. Falls ja, wird die entsprechende Funktion aufgerufen, worauf in Kürze eingegangen wird. Das Zeichen `'$'` bedeutet beim Matching Zeilenende. Als Beispiel dient uns folgende Zeile:

```
match und$ *.txt
```

Damit werden alle Ausdrücke gefunden, bei denen die Zeile mit »und« endet. Einige Beispiele:

```
Ein Text, der mit und endet und          /* Gefunden */
Der Text endet nicht mit und und.        /* Missmatch */
qwert asdf qwert asdf qwert  und         /* Gefunden */
und was jetzt                            /* Missmatch */
```

Um zu überprüfen, dass nicht nach dem Zeichen `'$'` gesucht wird, sondern dass es auch wirklich das gewünschte »und« am Ende der Zeile ist (in diesem Fall) ist, wird gleich darauf getestet, ob das nächste Zeichen des Ausdrucks das Endzeichen `'\0'` ist. Die nächste Überprüfung

```
if(*text != '\0' &&(ausdruck[0] == '.' ||  ausdruck[0] == *text))
```

testet, ob nicht schon das Ende gekommen ist, und das nächste Zeichen ein beliebiges sein darf (.) oder das Zeichen im Ausdruck mit demjenigen im Text übereinstimmt. Der Punkt steht somit für ein beliebiges Zeichen, abgesehen vom Zeichenende. Falls diese Bedingung zutrifft, wird die Funktion rekursiv erneut mit den nächsten Zeichen aufgerufen. Der rekursive Aufruf erfolgt so lange, bis eine der Bedingungen in dieser Funktion einen `return`-Wert (0 == keine Übereinstimmung oder 1 == Übereinstimmung gefunden) zurückliefert.

Jetzt die (primitive) Wildcard-Funktion:

```
int wildcard(int c, char *ausdruck, char *text) {
   for( ;*text != '\0' && (*text == c || c == '.'); *text++)
      if(match(ausdruck, text))
```

```
         return 1;
   return 0;
}
```

Zugegeben, dies ist eine schwache Wildcard-Funktion; aber sie funktioniert. Was bedeutet aber dieses Sternchen beim Pattern Matching? Der Stern zeigt an, dass das letzte Zeichen (oder der Inhalt) mindestens einmal oder mehrmals vorkommen kann, aber nicht vorkommen muss. Zum Abschluss sehen Sie noch das vollständige Listing:

```
/* regular_expression.c */
#include <stdio.h>
#include <stdlib.h>
#include <string.h>
#define BUF 4096

int pmatch(char *, char *);
int match(char *, char *);
int wildcard(int, char *, char *);
int my_grep(char *, FILE *, char *);

int pmatch(char *ausdruck, char *text) {
   if(ausdruck[0] == '^')
      return match(ausdruck+1, text);
   for( ; *text != '\0'; *text++)
      if(match(ausdruck, text))
         return 1;
   return 0;
}

int match(char *ausdruck, char *text) {
   if(ausdruck[0] == '\0')
      return 1;
#ifdef __unix__
   if(ausdruck[1] == '*')
#elif __WIN32__
   if(ausdruck[1] == '~')
#endif
      return wildcard(ausdruck[0], ausdruck+2, text);
   if(ausdruck[0] == '$' && ausdruck[1] == '\0')
      return *text == '\0';
   if(*text != '\0' && ( ausdruck[0] == '.' ||
     ausdruck[0] == *text))
      return match(ausdruck+1, text+1);
   return 0;
}
```

```
int wildcard(int c, char *ausdruck, char *text) {
   for( ;*text != '\0' && (*text == c || c == '.'); *text++)
      if(match(ausdruck, text))
         return 1;
   return 0;
}

int my_grep(char *ausdruck, FILE *f, char *name) {
   int n, nmatch=0;
   int line=0;
   char buffer[BUF];

   while(fgets(buffer, sizeof(buffer), f) != NULL) {
      line++;
      n = strlen(buffer);
      if(n > 0 && buffer[n-1] == '\n')
         buffer[n-1] = '\0';
      if(pmatch(ausdruck, buffer)) {
         nmatch++;
         if(name != NULL)
            printf("%d. ",line);
      }
   }
   if(nmatch!=0)
      printf("Zeile in der Datei %s (insg.%d)\n\n",name,nmatch);
   return nmatch;
}

int main(int argc, char *argv[]) {
   int i, nmatch=0;
   FILE *f;

   if(argc <= 2) {
      fprintf(stderr, "Verwendung des Programms : "
         "%s pattern quelle\n\n",*argv);
      return EXIT_FAILURE;
   }
   else {
      for(i = 2; i < argc; i++) {
         f = fopen(argv[i], "r");
         if(NULL == f) {
            fprintf(stderr, "Konnte %s nicht "
               "oeffnen\n",argv[i]);
            continue;
         }
```

```
            if(my_grep(argv[1],f, argv[i]) > 0)
               nmatch++;
            fclose(f);
         }
      }
      printf("%d Dateien mit passenden Pattern %s gefunden\n",
         nmatch, argv[1] );
      return EXIT_SUCCESS;
}
```

Hier folgen noch ein paar Matching-Beispiele zum Programm (der Programmname sei *match* und der Name der Datei *test.txt*). Folgende Textdatei soll gematcht werden:

```
ist
 ist
  ist.
```

Matching	Gefunden in Zeile
`match ^ist test.txt`	1
`match ^ist$ test.txt`	1
`match ist$ test.txt`	1, 2
`match ist test.txt`	1, 2, 3
`match .ist test.txt`	2, 3
`match ist. test.txt`	3
`match .s. test.txt`	1, 2, 3
`match .s.$ test.txt`	1, 2
`match ^...$ test.txt`	1
`match i*. test.txt`	1, 2, 3
`match ^i*. test.txt`	1

Tabelle 22.2 Einige Matching-Beispiele

Sie sehen schon, was für einen gewaltigen Funktionsumfang Sie mit wenigen Zeilen Code auf die Beine stellen können. Dabei stellt das Programm und das bisher vorgestellte Pattern Matching nur einen Bruchteil dessen dar, wozu Pattern Matching wirklich in der Lage ist.

Sollten Sie also für Ihr Programm reguläre Ausdrücke benötigen, können Sie eigene Funktionen schreiben oder auf entsprechende Funktionen der Headerdatei *<regex.h>* zugreifen. Allerdings entsprechen diese Funktionen dem POSIX-Standard und sind vorwiegend in der UNIX-Welt zu Hause. MS-Windows-Anwender können diese Bibliothek aber zum Beispiel mit dem `gcc`-Compiler unter der Cygwin-Umgebung auch verwenden.

22.8 Backtracking

Backtracking ist ein Verfahren, das nach dem Trial-and-Error-Prinzip (Versuch und Irrtum) ausgeführt wird. Damit wird versucht, aus Teillösungen systematisch zu einer Komplettlösung zu kommen. Steht man beispielsweise bei einer Teillösung vor einer Sackgasse, werden einzelne bzw. mehrere Schritte wieder rückgängig gemacht. Gerät man wieder in eine Sackgasse, werden eben nochmals entsprechend viele Schritte zurück gemacht. Dieser Vorgang wird so lange wiederholt, bis man zu einer Lösung des Problems kommt oder feststellen muss, dass es zu diesem Problem keine Lösung gibt.

22.8.1 Der Weg durch den Irrgarten

Das Prinzip soll anhand eines simplen Beispiels demonstriert werden. Wir erstellen ein Spielfeld mit Hindernissen (»*«). An der einen Ecke des Spielfeldes befindet sich »Mister C«, der Hunger hat. Auf der anderen Ecke befindet sich etwas zum Essen (»o«). Sie sollen nun mittels Backtracking Mister »C« über die Hindernisse »*« zum Essen »o« führen. Das Ganze sieht folgendermaßen aus:

```
##################################################
#C *                                             #
#  *                     *                       #
#                                                #
#     *        *   *                         *   #
#            *         *                         #
# *        *   *                  *              #
#                                                #
#   *   *    *       *              *            #
# *                                              #
#           * *                       *          #
#                  *                       *  *  #
#       *       *        *                      o#
##################################################
```

Das Spielfeld soll mit einem zweidimensionalen `char`-Array mit 15 Zeilen und 50 Spalten dargestellt werden:

```
// 15 Zeilen; 50 Spalten
char spielfeld[15][50];
```

Mister C selbst soll sich erst mal in vier verschiedene Richtungen bewegen können:

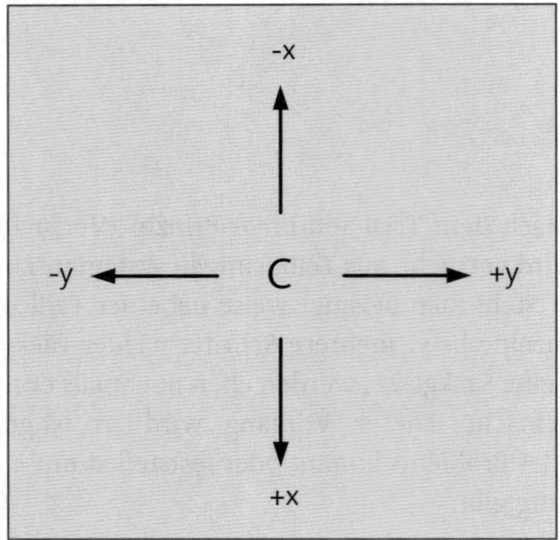

Abbildung 22.37 Koordinatensystem für Mister C

Somit benötigen Sie vier verschiedene Funktionsaufrufe: jeweils einen für die Richtung `+x` (eine Zeile nach unten), `-x` (eine Zeile nach oben), `+y` (eine Spalte nach rechts) und `-y` (eine Spalte nach links). In der Praxis sehen diese Aufrufe folgendermaßen aus:

```
step(x, y+1);
step(x+1, y);
step(x-1, y);
step(x, y-1);
```

Natürlich handelt es sich hierbei um Funktionsselbstaufrufe (Rekursionen). Für die optische Darstellung (Ausgabe des Spielfeldes) sollten Sie hierbei auch noch die alten Positionen von `x` und `y` als Argumente bzw. Parameter verwenden:

```
step(x, y+1, xalt=x, yalt=y);
step(x+1, y, xalt=x, yalt=y);
step(x-1, y, xalt=x, yalt=y);
step(x, y-1, xalt=x, yalt=y);
```

Als Nächstes müssen Sie bestimmen, in welche Richtung Mister C zuerst gehen soll. Im zweidimensionalen Array gesehen, befindet sich Mister C an Position `[1][1]` und das Essen an Position `[13][48]`. Somit können Sie selbst entscheiden, ob Sie zuerst nach rechts (`y+1`) oder nach unten (`x+1`) gehen wollen. Im Beispiel wurde die »Verstärkt-nach-rechts-gehen«-Strategie verwendet.

Bevor wir Mister C also nach rechts schicken (`y+1`), müssen Sie zuerst überprüfen, ob sich in dieser Richtung ein Hindernis (»*«) befindet und ob Sie diese Spalte nicht schon einen Funktionsaufruf zuvor besucht haben (yalt!=y+1). Sind diese beiden Bedingungen erfüllt, können Sie den ersten rekursiven Funktionsaufruf starten (step(x,y+1,x,y)).

Entscheidend für das Backtracking ist nun der Rückgabewert des rekursiven Funktionsaufrufes. Wird 1 zurückgegeben, wird der eben aufgerufene Zug ausgeführt. Hier ist der eben beschriebene Weg »nach rechts«:

```
if( y+1<49 && spielfeld[x][y+1] !='*' &&
    yalt!=y+1 && step(x,y+1,x,y) )
   return 1;
```

Die nächsten drei Funktionsaufrufe mitsamt den Überprüfungen sehen recht ähnlich aus, nur dass diese eben für eine andere Richtung bestimmt sind:

```
else if( x+1<14 && spielfeld[x+1][y] !='*' &&
         xalt!=x+1 && step(x+1,y,x,y))
   return 1;

else if( x-1>0 && spielfeld[x-1][y] !='*' &&
         xalt!=x-1 && step(x-1,y,x,y) )
   return 1;

else if( y-1>0 && spielfeld[x][y-1] !='*' &&
         yalt!=y-1 && step(x,y-1,x,y) )
   return 1;
```

Falls keiner dieser vier Aufrufe erfolgreich war, wird an den vorangegangenen Funktionsaufruf der Wert 0 (return 0) zurückgegeben, womit eben dieser Zug nicht ausgeführt wird.

Die Abbruchbedingung ist erreicht, wenn sich Mister C an der Position des Essens (»o«) befindet. »Abgebrochen« wird aber auch, wenn das Labyrinth zu komplex ist und unser Mister C partout nicht ans Ziel finden will oder er in einer Sackgasse feststeckt, aus der es kein Zurück mehr gibt. Leider bedeutet dieser Abbruch auch einen Stack-Überlauf. Hierzu die komplette Funktion step():

```
int step(int x, int y, int xalt, int yalt) {
   printf("<ENTER>");  getchar();
   if(spielfeld[x][y] == 'O') { /* Sind wir am Ziel? */
      spielfeld[x][y] = 'C';
      spielfeld[xalt][yalt] = ' ';
      showspielfeld();
      printf("Mister C ist zu Hause!\n");
      exit (EXIT_SUCCESS);
   }
```

```
   else if(spielfeld[x][y] == ' ') {
      spielfeld[x][y] = 'C';
      spielfeld[xalt][yalt] = ' ';
      showspielfeld();
      // ... nach rechts
      if( y+1<49 && spielfeld[x][y+1] !='*' &&
          yalt!=y+1 && step(x,y+1,x,y) )
         return 1;
      // ... nach unten
      else if( x+1<14 && spielfeld[x+1][y] !='*' &&
               xalt!=x+1 && step(x+1,y,x,y) )
         return 1;
      // ... nach oben
      else if( x-1>0 && spielfeld[x-1][y] !='*' &&
               xalt!=x-1 && step(x-1,y,x,y) )
         return 1;
      // ... nach links
      else if( y-1>0 && spielfeld[x][y-1] !='*' &&
               yalt!=y-1 && step(x,y-1,x,y) )
         return 1;
   }
  return 0;
}
```

Zum besseren Verständnis sollen hier ein paar Durchläufe gemacht werden. Aufgerufen wird die Funktion in `main()` mit:

```
step(1,1,1,1);
```

Somit sieht es auf dem Spielfeld beispielsweise wie folgt aus:

```
########################
#C  *
#         *      *
# *          *        *
#*    *          *
```

Mister C befindet sich an Position `[1][1]` im Spielfeld. Zuerst wird in der Funktion `step()` überprüft, ob er bereits sein Ziel erreicht hat (was im Moment nicht der Fall ist):

```
if(spielfeld[x][y] == 'O')
```

Als Nächstes müssen Sie überprüfen, ob die Position `[1][1]` überhaupt frei ist:

```
else if(spielfeld[x][y] == ' ' )
```

Ist diese Position frei, dann kann Mister C dort hingesetzt werden, und es sieht wie in der eben gezeigten Position aus. Jetzt wird überprüft, in welche Richtung Mister C gehen kann:

```
// ... nach rechts
if( y+1<49 && spielfeld[x][y+1] !='*' &&
    yalt!=y+1 && step(x,y+1,x,y) )
```

Im Beispiel ist die Richtung `y+1` frei und wurde zuvor auch nicht besucht. Somit befindet sich auf dem Stack nun folgender Funktionsaufruf:

```
step(1, 1+1, 1, 1)
```

Um ausgeführt zu werden, benötigt dieser Funktionsaufruf ja den Rückgabewert 1. Gehen wir mal ein paar Schritte nach vorn, wo Mister C zum ersten Mal auf ein Hindernis prallt. Folgende Funktionsaufrufe wurden bis dahin getätigt (auf dem Stack von oben nach unten):

```
step(1,3+1,1,1)
step(1,2+1,1,1)
step(1,1+1,1,1)
```

Nun sieht das Ganze bildlich folgendermaßen aus:

```
########################
#   C*
#         *      *
#  *        *        *
#*     *         *
```

Hier kommt zum ersten Mal nicht mehr die erste `if`-Anweisung zum Zuge, da `spielfeld[x+1][y] != '*'` nicht mehr zutrifft. Die nächste Überprüfung sieht so aus:

```
// ... nach unten
else if( x+1<14 && spielfeld[x+1][y] != '*' &&
         xalt != x+1 && step(x+1,y,x,y) )
```

Hier scheint es wieder weiterzugehen. Somit wird als Nächstes eine Zeile nach unten gesprungen, womit sich Mister C an Position `[2][3]` befindet:

```
########################
#    *
# C       *      *
#  *        *        *
#*     *         *
```

Sie können das Beispiel gern noch ein paar Schritte weiter durchgehen. Mit dem folgenden Beispiel können Sie den Weg von Mister C im echten Leben betrachten:

```
/* mister_c1.c */
#include <stdio.h>
#include <stdlib.h>
#include <time.h>
#ifdef __unix__
   #define clrscr() printf("\x1B[2J")
#elif __BORLANDC__ && __MSDOS__
   #include <conio.h>
#elif __WIN32__ || _MSC_VER
#define clrscr() system("cls")
#else
   #define clrscr() printf("clrscr() - Fehler!!\n")
#endif

#define HINDERNISSE 100

char spielfeld[15][50];

void createspielfeld(void) {
   int i, j, x, y;
   for(i=0, j=0; j < 50; j++)
      spielfeld[i][j] = '#';

   for(i=1 ;i < 15; i++)
      for(j=0;j<50;j++) {
         if(j==0 || j==49)
            spielfeld[i][j] = '#';
         else
            spielfeld[i][j] = ' ';
         if(i==13 && j==48)
            spielfeld[i][j] = 'O';
      }
      for(i=14,j=0;j<50;j++)
         spielfeld[i][j] = '#';

      for(i=0;i<=HINDERNISSE;i++) {
         x=rand()%14;
         y=rand()%48;
         if(x<15&&y<50 && x>0&&y>0)
            spielfeld[x][y] = '*';

      }
   spielfeld[1][1]=' ';
}
```

```
void showspielfeld(void) {
   int i, j;
   clrscr();
   for(i=0; i < 15; i++)
      for(j=0;j<50;j++) {
         printf("%c",spielfeld[i][j]);
         if(j==49)
            printf("\n");
      }
}

int step(int x, int y, int xalt, int yalt) {
   printf("<ENTER>");  getchar();
   if(spielfeld[x][y] == 'O') { /* Sind wir am Ziel? */
      spielfeld[x][y] = 'C';
      spielfeld[xalt][yalt] = ' ';
      showspielfeld();
      printf("Mister C ist zu Hause!\n");
      exit (EXIT_SUCCESS);
   }
   else if(spielfeld[x][y] == ' ') {
      spielfeld[x][y] = 'C';
      spielfeld[xalt][yalt] = ' ';
      showspielfeld();
      /* ... nach rechts */
      if( y+1<49 && spielfeld[x][y+1] !='*' &&
          yalt!=y+1 && step(x,y+1,x,y) )
         return 1;
      /* ... nach unten */
      else if( x+1<14 && spielfeld[x+1][y] !='*' &&
               xalt!=x+1 && step(x+1,y,x,y) )
         return 1;
      /* ... nach oben */
      else if( x-1>0 && spielfeld[x-1][y] !='*' &&
               xalt!=x-1 && step(x-1,y,x,y) )
         return 1;
      /* ... nach links */
      else if( y-1>0 && spielfeld[x][y-1] !='*' &&
               yalt!=y-1 && step(x,y-1,x,y) )
         return 1;
   }
 return 0;
}
```

```
int main(void) {
   createspielfeld();
   step(1,1,1,1);
   return EXIT_SUCCESS;
}
```

Das Programm bei der Ausführung:

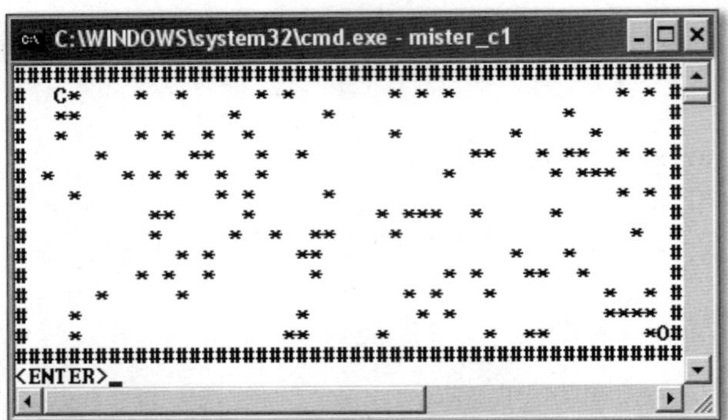

Abbildung 22.38 Mister C auf der Suche nach dem Essen

Dieser Code ist sehr stark auf Rechtsdrang ausgerichtet. Befindet sich Mister C an einer anderen Position, müssen Sie eben das Backtracking den Umständen anpassen.

Wenn Sie im Beispiel die Anzahl der Hindernisse erhöhen, werden Sie merken, dass Mister C irgendwann keinen Ausweg mehr findet, obwohl es rein theoretisch noch welche gibt – sprich, Mister C dreht sich im Kreise. Um dieses Problem zu umgehen, können Sie entweder den Quellcode noch etwas verkomplizieren oder Sie statten Mister C mit weiteren Fähigkeiten aus. Hierfür würde sich beispielsweise eignen, dass sich Mister C auch in die diagonalen Richtungen bewegen kann.

Somit hätten Sie jetzt folgende vier neue Bewegungen, die Sie in den Code einbauen müssten:

```
rechtshoch(x-1,y+1)
rechtsrunter(x+1,y+1)
linksrunter(x+1,y-1)
linkshoch(x-1,y-1)
```

Als Nächstes gilt es auch hier wieder festzulegen, in welcher Reihenfolge diese (jetzt acht) Bewegungen überprüft und ausgeführt werden sollen, um ans Ziel zu kommen. Da sich das Ziel rechts unten befindet, sollten Sie auch wieder diese Richtung als erste Priorität benutzen. Hierfür schlage ich folgenden Weg vor:

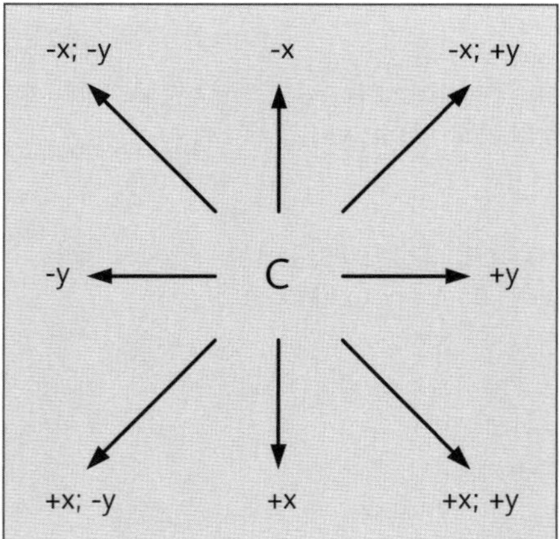

Abbildung 22.39 Mehr Bewegungsfreiheit für Mister C

```
if(rechts=frei)
else if(rechtsrunter=frei)
else if(rechtsoben=frei)
else if(nachunten=frei)
else if(linksrunter=frei)
else if(oben=frei)
else if(links=frei)
else if(linksoben=frei)
else return 0
```

Umgeschrieben auf die Funktion `step()` sieht dies wie folgt aus:

```
int step(int x, int y, int xalt, int yalt) {
   printf("<ENTER>");
   getchar();

   if(spielfeld[x][y] == 'O') { /* Sind wir am Ziel? */
      spielfeld[x][y] = 'C';
      spielfeld[xalt][yalt] = ' ';
      showspielfeld();
      printf("Mister 'C' ist zu Hause!\n");
      exit (EXIT_SUCCESS);
   }
   else if(spielfeld[x][y]==' ') {
      spielfeld[x][y]='C';
      spielfeld[xalt][yalt]=' ';
      showspielfeld();
      /* rechts */
      if( y+1<49 && spielfeld[x][y+1] != '*'
          && yalt!=y+1 && step(x,y+1,x,y) )
```

```
            return 1;
         /* rechts unten */
         else if( y+1<49 && x+1<14 && spielfeld[x+1][y+1] !='*'
                  && xalt!=x+1 && yalt!=y+1 && step(x+1,y+1,x,y) )
            return 1;
         /*rechts oben*/
         else if( x-1>0 && y+1<49 && spielfeld[x-1][y+1]!='*'
                  && xalt!=x-1 && yalt!=y+1 && step(x-1,y+1,x,y))
            return 1;
         /* nach unten */
         else if( x+1<14 && spielfeld[x+1][y] !='*'
                  && xalt!=x+1 && step(x+1,y,x,y) )
            return 1;
         /* links runter */
         else if(x+1<14 && y-1>0 && spielfeld[x+1][y-1]!='*'
               && xalt!=x+1 && yalt!=y-1 && step(x+1,y-1,x,y))
            return 1;
         /* nach oben */
         else if( x-1>0 && spielfeld[x-1][y] !='*'
                  && xalt!=x-1 && step(x-1,y,x,y))
            return 1;
         /* nach links */
         else if( y-1>0 && spielfeld[x][y-1] !='*'
                  && yalt!=y-1 && step(x,y-1,x,y))
            return 1;
         /* links oben */
         else if( x-1>0 && y-1>0 && spielfeld[x-1][y-1] !='*'
                 && xalt!=x-1 && yalt!=y-1 && step(x-1,y-1,x,y))
            return 1;
  }
  spielfeld[x][y] = ' ';
 return 0;
}
```

Wenn Sie diese Funktion in das vorige Beispiel einbauen, werden Sie merken, dass Mister C es nun schon mit mehreren Hindernissen aufnehmen kann. Aber ab einer gewissen Anzahl von Hindernissen scheitert Mister C auch hier wieder – und dies, obwohl wir noch nicht in eine Sackgasse gekommen sind.

Also benötigen Sie noch eine Funktion, die sich merkt, ob ein Feld bereits besucht wurde oder nicht. Dies stellt sich als einfaches Unterfangen dar, indem man einfach ein weiteres zweidimensionales Array verwendet:

```
int besucht[15][50];
```

Alle Felder werden erst einmal mit dem Wert 0 initialisiert. Im Programmverlauf müssen Sie anschließend nur noch die Position, die bereits besucht wurde, mit dem Wert 1 versehen. Allerdings bedeutet dies auch, dass Sie in jeder Richtung eine weitere Bedingung in der Funktion `step()` überprüfen müssen.

Hier sehen Sie den kompletten Quellcode mit einem »intelligenten« Mister C:

```
/* mister_c2.c */
#include <stdio.h>
#include <stdlib.h>
#include <time.h>
#ifdef __unix__
   #define clrscr() printf("\x1B[2J")
#elif __BORLANDC__ && __MSDOS__
   #include <conio.h>
#elif __WIN32__ || _MSC_VER
#define clrscr() system("cls")
#else
   #define clrscr() printf("clrscr() - Fehler!!\n")
#endif

#define HINDERNISSE 200

char spielfeld[15][50];
/* 1=besucht,0=nicht besucht */
int besucht[15][50];

void createspielfeld(void) {
   int i, j, x, y;
   for(i=0, j=0; j < 50; j++)
      spielfeld[i][j] = '#';

   for(i=1 ;i < 15; i++)
      for(j=0;j<50;j++) {
         if(j==0 || j==49)
            spielfeld[i][j] = '#';
         else
            spielfeld[i][j] = ' ';
         if(i==13 && j==48)
            spielfeld[i][j] = 'O';
      }
      for(i=14,j=0;j<50;j++)
         spielfeld[i][j] = '#';

      for(i=0;i<=HINDERNISSE;i++) {
```

```
            x=rand()%14;
            y=rand()%48;
            if(x<15&&y<50 && x>0&&y>0)
               spielfeld[x][y] = '*';

        }
    spielfeld[1][1] = ' ';

    for(i=0; i<15; i++)
       for(j=0; j<50; j++)
        besucht[i][j] = 0;
}

void showspielfeld(void) {
   int i, j;
   clrscr();
   for(i=0; i < 15; i++)
      for(j=0;j<50;j++) {
         printf("%c",spielfeld[i][j]);
         if(j==49)
            printf("\n");
      }
}

int step(int x, int y, int xalt, int yalt) {
   printf("<ENTER>");
   getchar();

   if(spielfeld[x][y] == 'O') { /* Sind wir am Ziel? */
      spielfeld[x][y] = 'C';
      spielfeld[xalt][yalt] = ' ';
      showspielfeld();
      printf("Mister 'C' ist zu Hause!\n");
      exit (EXIT_SUCCESS);
   }
   else if(spielfeld[x][y] == ' ') {
      besucht[x][y] = 1;
      spielfeld[x][y]='C';
      spielfeld[xalt][yalt]=' ';
      showspielfeld();
      /* rechts */
      if( y+1<49 && spielfeld[x][y+1] !='*' &&
          yalt!=y+1 &&besucht[x][y+1]!=1 &&
          step(x,y+1,x,y))
         return 1;
```

```
      /* rechts unten */
      else if( y+1<49 && x+1<14 && spielfeld[x+1][y+1] !='*'
               && xalt!=x+1 && yalt!=y+1 && besucht[x+1][y+1]!=1
               && step(x+1,y+1,x,y))
         return 1;
      /* rechts oben */
      else if( x-1>0 && y+1<49 && spielfeld[x-1][y+1]!='*'
              && xalt!=x-1 && yalt!=y+1 && besucht[x-1][y+1]!=1
              && step(x-1,y+1,x,y) )
         return 1;
      /* nach unten */
      else if( x+1<14 && spielfeld[x+1][y] !='*'
               && xalt!=x+1 && besucht[x+1][y]!=1
               && step(x+1,y,x,y) )
         return 1;
      /* links unten */
      else if( x+1<14 && y-1>0 && spielfeld[x+1][y-1]!='*'
               && xalt!=x+1 && yalt!=y-1 && besucht[x+1][y-1]!=1
               && step(x+1,y-1,x,y) )
         return 1;
      /* nach oben */
      else if( x-1>0 && spielfeld[x-1][y] !='*'
               && xalt!=x-1 && besucht[x-1][y]!=1
               && step(x-1,y,x,y) )
         return 1;
      /* nach links */
      else if( y-1>0 && spielfeld[x][y-1] !='*'
               && yalt!=y-1 && besucht[x][y-1]!=1
               && step(x,y-1,x,y) )
         return 1;
      /* links oben */
      else if( x-1>0 && y-1>0 && spielfeld[x-1][y-1] !='*'
               && xalt!=x-1 && yalt!=y-1 && besucht[x-1][y-1]!=1
               && step(x-1,y-1,x,y) )
         return 1;
   }
   spielfeld[x][y]=' ';
   return 0;
}

int main(void) {
   createspielfeld();
   step(1,1,1,1);
   return EXIT_SUCCESS;
}
```

Auch wenn Ihnen das ganze Thema recht komplex erscheinen mag, so entspricht dies doch einem logischen Ablauf. Man muss eben 1 zurückgeben, wenn der Weg, den man probiert hat, ans Ziel führt. Befindet man sich in einer Sackgasse, muss man einen anderen Wert zurückgeben (in diesem Beispiel 0). Außerdem sollte man einen Weg, den man schon einmal gegangen ist, nicht nochmals zurückgehen (da dieser bekanntlich nicht zum Ziel führt). Mit dieser Strategie kommen Sie durch einen beliebig komplexen Irrgarten immer ans Ziel (sofern ein Weg zum Ziel existiert und der Irrgarten nicht so komplex ist, dass es einen Stack-Überlauf gibt).

22.8.2 Das 8-Dame-Problem

Ein etwas weiter verbreitetes Beispiel für das Backtracking ist das 8-Dame-Problem. Die Aufgabe lautet: »Positionieren Sie 8 Damen auf einem Schachbrett so, dass diese sich nicht gefährden.« Für diejenigen, die es nicht wissen: Die Dame kann von ihrer aktuellen Position aus beliebig viele Felder in der gleichen Spalte, in der gleichen Reihe oder in den Diagonalen rücken – was bedeutet, dass in diesen Richtungen keine andere Dame stehen darf. Versuchen Sie es mal auf dem Schachbrett nachzuahmen. Es gibt exakt 92 Möglichkeiten.

Sie haben hierbei die Möglichkeit, ein zweidimensionales Array für das Schachbrett zu verwenden, aber da sich zwei Damen in der gleichen Reihe oder Spalte sowieso bedrohen würden, können Sie sich das ersparen. Da die erste Dame, die Sie setzen, keine Bedrohung zu befürchten hat, setzen wir diese gleich an die rechte obere Ecke. Somit könnte der Funktionsaufruf wie folgt aussehen:

```
int schachbrett[8];
int i;

for(i = 0; i < 8; i++)
   schachbrett[i] = 0;
/* Dame an die linke obere Ecke */
dame(schachbrett, 7);
```

Hierzu nun ein Teil der Funktion `dame()`:

```
int dame(int *schachbrett, int position) {
    int x = 1;
    static int counter = 1;
    while(x<=8) {
       schachbrett[position] = x;
```

Der Wert `x` dient zur Identifizierung der einzelnen Damen. Jede Dame bekommt eine Nummer. Des Weiteren dient dieser Wert auch noch zur Überprüfung, ob eine Dame in der Diagonalen gefährdet wird. Aber dazu später mehr. Mit der Zeile

```
schachbrett[position] = x;
```

bekommt das Feld 7 (genauer Feld 8, aber da hier 0 ebenfalls als erstes Feld präsent ist, eben 0 bis 7 anstatt 1 bis 8) rechts oben den Wert 1:

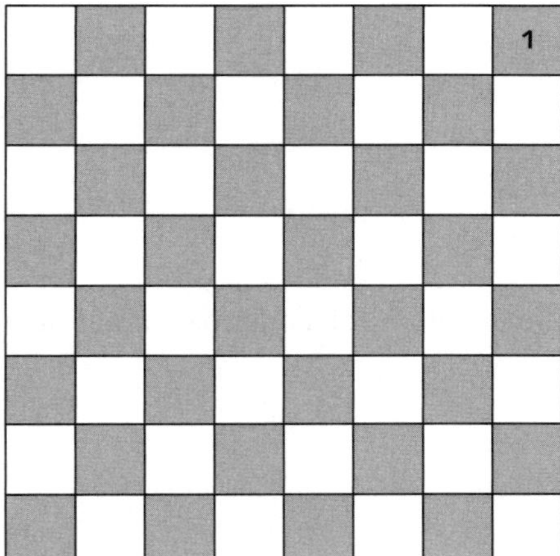

Abbildung 22.40 Die erste Dame wurde rechts oben gesetzt (1).

Als Nächstes benötigen Sie eine Funktion, um zu testen, ob die Dame mit der Nummer 1 auf der Reihe, Spalte und Diagonalen mit einer anderen Dame kollidiert:

```
if(!dame_in_gefahr(schachbrett))
```

Der Funktion übergeben Sie lediglich die Daten vom Schachbrett. Im ersten Durchlauf wird die Bedingung logischerweise wahr sein – d. h., die Dame ist nicht in Gefahr.

Jetzt müssen Sie überprüfen, ob Sie nicht schon an Position 0 angekommen sind (bildlich wäre das, in einer Spalte ganz unten angekommen zu sein):

```
if(position)
```

Falls Sie noch nicht die ganze Spalte durch haben, beginnt ab hier der erste rekursive Aufruf (und eine Erhöhung des Stacks):

```
// die nächste Dame setzen
if(dame(schachbrett,position-1))
   return 1;
```

Nochmals die Funktion bis hierher im Überblick:

```
int dame(int *schachbrett, int position) {
   int x = 1;
   static int counter = 1;

   while(x <= 8) {
      schachbrett[position]=x;
      if(!dame_in_gefahr(schachbrett)) {
         if(position) {
            /* die nächste Dame ... */
            if(dame(schachbrett,position-1))
               return 1;   /* Dame an diese Position setzen */
         }
         else
            return 1;
```

Mit dem erneuten Funktionsaufruf sieht die Situation folgendermaßen auf dem Schachbrett aus:

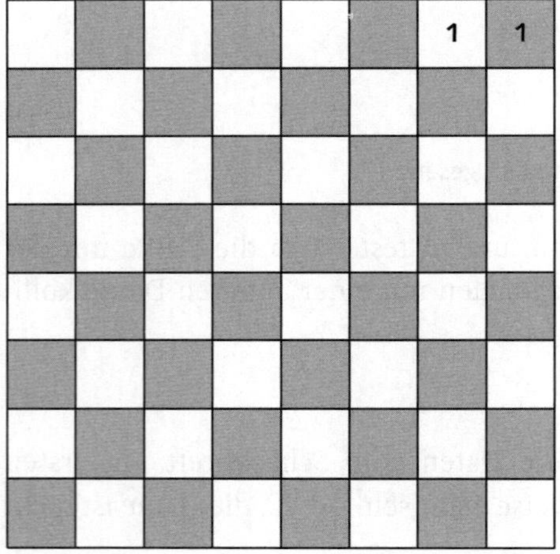

Abbildung 22.41 Erster rekursiver Funktionsaufruf – eine weitere Dame

Jetzt ist eine Dame an Position 7 in Gefahr, und folgende Bedingung trifft nicht zu:

```
if(!dame_in_gefahr(schachbrett))
```

Folglich wird der Zähler `x` um 1 inkrementiert:

```
x++;
```

Bildlich dargestellt, ergibt sich nun durch folgende Code-Zeile folgender Zustand auf dem Schachbrett:

```
schachbrett[position]=x;
```

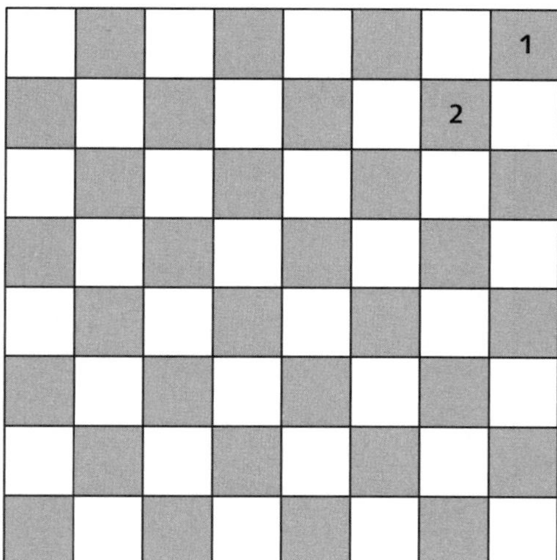

Abbildung 22.42 Ein weiterer Zug der zweiten Dame

Auch in dieser Stellung liegt eine Kollision vor. Also wird x nochmals inkrementiert, womit Sie folgenden Zustand vorfinden:

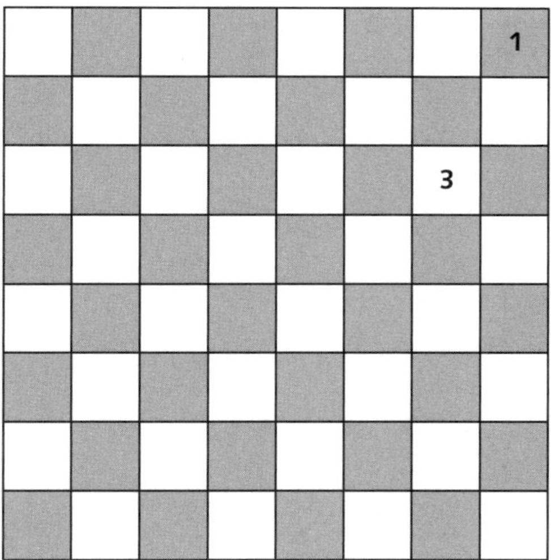

Abbildung 22.43 Ein weiterer Zug, und es ist keine Kollision mehr vorhanden.

Jetzt gefährden sich beide Damen nicht mehr, und somit wird wieder ein erneuter rekursiver Funktionsaufruf ausgeführt. Der Stand der aktuellen Funktion wird wieder auf den Stack getan (zweite Funktion auf dem Stack) und wartet wiederum auf ihren Einsatz. Jetzt geht das Spiel von Neuem los. Der nächste Schritt sieht bildlich so aus (siehe Abbildung 22.44).

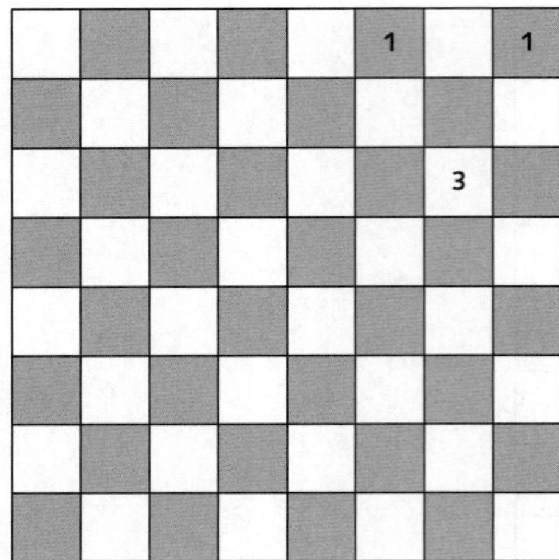

Abbildung 22.44 Der zweite rekursive Funktionsaufruf von »dame()«

Da die Dame in den nächsten drei Reihen sowieso kollidiert, überspringen wir diese drei Schritte, wo jeweils der Wert von x dreimal inkrementiert wird, bis folgende Stellung erreicht wurde:

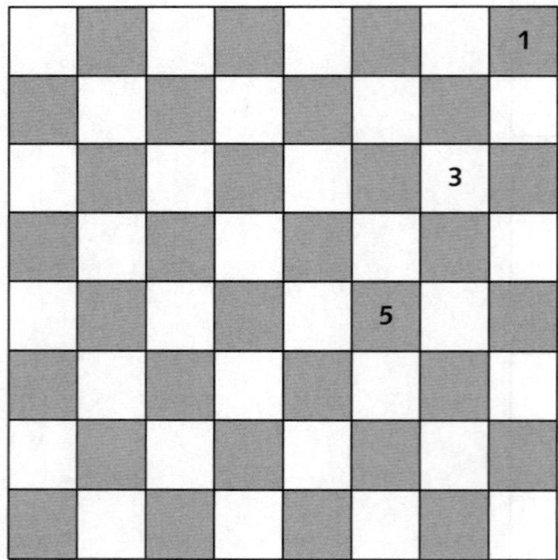

Abbildung 22.45 Es ist keine Kollision mehr vorhanden.

Wohl gemerkt heißt das noch lange nicht, dass dies die endgültige Stellung darstellt, da alle diese Funktionsaufrufe noch auf dem Stack liegen und darauf warten, was mit ihnen passieren soll (1 = bleibt so; 0 = weitersuchen). Nach weiteren rekursiven Funktionsaufrufen passiert endlich etwas:

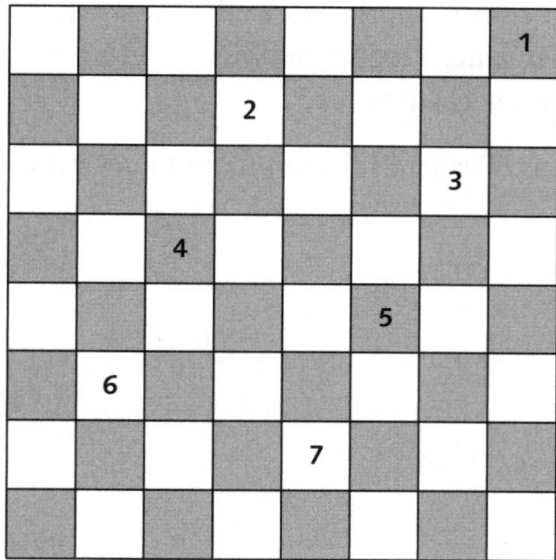

Abbildung 22.46 Noch gibt es keine Kollision.

Der nächste Funktionsaufruf (für die erste Spalte) wird nun den Wert 0 zurückgeben, da sich in der ersten Spalte keine Dame platzieren lässt, ohne dass diese sich mit einer anderen gefährdet. Jetzt »trackt« unsere Funktion zur zweiten Spalte »back«.

Der Wert von `x`, der auf dem Stack gespeichert wurde, betrug in der zweiten Spalte 6, somit wird dieser wieder inkrementiert und es geht in Zeile 7 (zweite Spalte) weiter. Dort findet eine weitere Kollision statt, ebenso wie in der Zeile 8 (zweite Spalte). Somit bekommt auch der Aufrufer der zweiten Spalte den Wert 0 zurück, und unser Programm nimmt seine Ausführung in der dritten Spalte (von links) und der vierten Zeile (Wert von `x` ist hier 4) wieder auf. Weitere Inkrementierungen in dieser Spalte bringen auch keinen Erfolg, sondern nur weitere Kollisionen.

Dies geht so lange weiter zurück, bis entweder keine Kollision mehr stattfindet (dann geht es wieder »nach vorne« weiter) oder die Bedingung

```
if(position)
```

unwahr wird. Das heißt, wir sind am Ende angekommen. Dies wird mit einem `return 1` bestätigt:

```
if(position) {
   if(dame(schachbrett,position-1))
      return 1; //Dame an diese Position setzten
}
else
   return 1;  //Wir sind fertig, wir haben eine Lösung
```

... oder aber auch, wenn Sie alle 92 Möglichkeiten ausgeben wollen. Wir benutzten Letzteres. Ich empfehle Ihnen, um das ganze Programm besser zu verstehen, es Schritt für Schritt auf einem Schachbrett nachzuspielen.

Hierzu noch das komplette Listing, das das 8-Dame-Problem programmtechnisch auflöst:

```
/* 8dame.c */
#include <stdio.h>
#include <stdlib.h>

int dame_in_gefahr(int *schachbrett) {
   /* x==nach unten; y==nach rechts */
   int x,y;
   for(x=0; x<7; x++)
      /* Ist auf feld[x] eine Dame? */
      if(schachbrett[x])
      for(y=x+1; y<=7; y++)
         /* Ist auf feld[y] eine Dame? */
         if(schachbrett[y]) {
            /* Wir überprüfen, ob die beiden
             * Damen kollidieren. */
            /* Sind beide Damen in derselben Zeile? */
            if(schachbrett[x]==schachbrett[y])
               return 1; /* Kollision in gleicher Zeile */
            /* Diagonal? */
            if(abs(x-y)==abs(schachbrett[x]-schachbrett[y]))
              return 2; /* Kollision in der Diagonalen */
         }
   return 0; /* keine Kollision! */
}

int dame(int *schachbrett, int position) {
   int x = 1, i;
   static int counter = 1;

   while(x <= 8) {
      /* Wir setzen die Dame mit der
       * Nummer x an feld[position]. */
      schachbrett[position]=x;
      if(!dame_in_gefahr(schachbrett)) {
         if(position) {
            /* die nächste Dame */
            if(dame(schachbrett,position-1))
               return 1; /* Dame an diese Position setzen */
```

```
            }
            else {
               printf("Loesungs-Nr.%2d : ", counter++);
               for(i=0; i<8; i++)
                  printf("(%d,%d)", i+1, schachbrett[i]);
               printf("\n");
            }
         }
         x++;
      }
      schachbrett[position] = 0;
      return 0;
}

int main(void) {
   int schachbrett[8], x;

   for(x=0; x < 8; x++)
      schachbrett[x] = 0;
   dame(schachbrett,7);
   return EXIT_SUCCESS;
}
```

In der Zeile

```
if(abs(x-y)==abs(schachbrett[x]-schachbrett[y]))
```

wird eine absolute Zahl berechnet, das heißt beispielsweise, der absolute Wert von 2–6 ist 4 und nicht –4. Diese Berechnung und Bedingung dient dazu, zu überprüfen, ob in der Diagonalen eine Kollision mit einer Dame stattfindet.

Hier sehen Sie noch eine der 92 möglichen Lösungen:

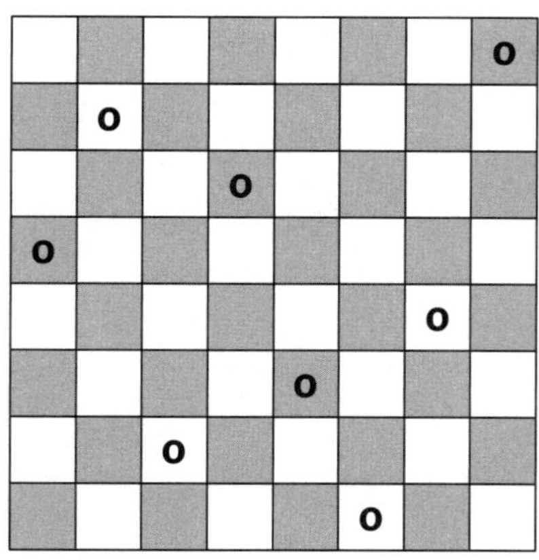

Abbildung 22.47 Keine Dame ist gefährdet.

CGI (Common Gateway Interface) ist, einfach ausgedrückt, eine Schnittstelle, mit der Sie z. B. Anwendungen für das Internet schreiben können.

23 CGI mit C

23.1 Was ist CGI?

Im Laufe dieses Kapitels werden Sie diese Frage detaillierter beantwortet bekommen, aber ein kurzer Anriss des Themas wird schon hier gegeben. Ein CGI (*Common Gateway Interface*) ist eine Schnittstelle, mit der Sie z. B. Anwendungen für das Internet schreiben können. Diese CGI-Anwendungen laufen dabei auf einem (Web-)Server (wie beispielsweise dem Apache) und werden von einer HTML-Webseite meist mithilfe eines Webbrowsers aufgerufen. Die Daten erhält diese CGI-Anwendung entweder von der HTML-Seite selbst (POST-Verfahren) – beispielsweise über ein Eingabeformular – oder direkt über die URL (GET-Verfahren).

Das Verfahren der CGI-Schnittstelle ist ziemlich einfach. Die Daten werden ganz normal von der Standardeingabe (`stdin`) oder von den Umgebungsvariablen empfangen und wenn nötig über die Standardausgabe (`stdout`) ausgegeben. Meistens handelt es sich dabei um ein dynamisch erzeugtes HTML-Dokument, das Sie in Ihrem Browser betrachten können. Sind diese Voraussetzungen gegeben, können CGI-Anwendungen praktisch mit jeder Programmiersprache erstellt werden.

Das CGI-Programm selbst, das Sie erstellen, ist ein ausführbares Programm auf dem Webserver, das nicht von einem normalen User gestartet wird, sondern vom Webserver als ein neuer Prozess (siehe Abbildung 23.1).

23.2 Vorteile von CGIs in C

Es ist unumstritten, dass aufgrund mächtiger String-Verarbeitungsmöglichkeiten Perl die Sprache ist, die am häufigsten für das Schreiben von CGI-Skripten verwendet wird. Perl ist (meiner Meinung nach) einfacher zu lernen als C, und der Aufwand beim Programmieren hält sich bei Perl in Grenzen. Wo Sie in C ganze

Routinen schreiben müssen, kommt Perl gerade einmal mit ein bis zwei Zeilen aus. Es ist aber nicht der Zweck dieses Buches, die Vor- und Nachteile diverser Programmiersprachen zu diskutieren.

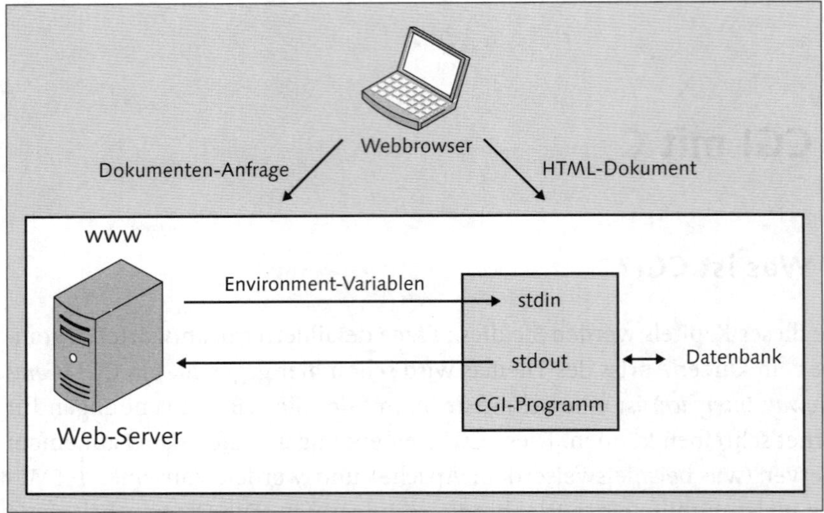

Abbildung 23.1 Der Ablauf in einer CGI-Schnittstelle

Einige Vorteile von CGI-Anwendungen, die in C erstellt wurden, sollen aber doch erwähnt werden:

- Es finden weniger Zugriffe auf den Server statt, auf dem sich das CGI-Skript befindet. Das heißt, es muss nicht erst ein Interpreter gestartet werden, der das Skript übersetzen muss.
- C ist eine schnelle und systemnahe Sprache. Daher ist die Lade- und Initialisierungszeit gegenüber der Ausführzeit ausgeglichener als bei anderen Sprachen.
- Die Programme sind recht klein.
- Für alle Betriebssysteme gibt es einen Compiler.
- Da der Quelltext bei Executables nicht offen ist, lassen sich Sicherheitsfunktionen hervorragend verstecken. Gerade diesen Sicherheitsaspekt gilt es besonders hervorzuheben.

23.3 Andere Techniken der Webprogrammierung

Der Hauptgrund für den ungebremsten Boom des World Wide Web ist vor allem die Plattformunabhängigkeit der Beziehung zwischen dem Server und dem

Client. Es muss dabei nicht auf das Betriebssystem, die Computerhardware oder die Netzwerkkonfiguration geachtet werden, solange Server und Client denselben Protokollstandard verwenden. Dank der einheitlichen Protokolle (HTTP, FTP ...) stieg die Verfügbarkeit unterschiedlicher Webserver, Webbrowser, Programmiersprachen und Scripting-Technologien explosionsartig an.

Die Webtechnologien werden in zwei funktionelle Kategorien (*serverseitig* und *clientseitig*) und drei konzeptionelle Schichten (*Darstellungsschicht, Verarbeitungsschicht, Speicherschicht*) eingeteilt. Auf den folgenden Seiten gehe ich etwas genauer darauf ein.

23.4 Das dreistufige Webanwendungsdesign

23.4.1 Darstellungsschicht

Die erste Stufe der Webprogrammierung ist die Darstellungsschicht. Dies stellt auch immer noch die am weitesten verbreitete Schicht dar. Der Webbrowser fordert mit dem HTTP-Protokoll eine Datei vom Webserver an. Der Webserver schickt dem Browser anschließend diese Datei, was meistens die Darstellung einer einfachen Webseite ist. Zur Darstellungsschicht gehört das ganze Look & Feel einer Seite, wie etwa Mausklicks, Lesevorgänge usw., eben einfach alle Interaktionen des Nutzers. Die Darstellungsschicht wird mithilfe von Webscripting-Sprachen wie z. B. HTML oder JavaScript erarbeitet. Dabei handelt es sich um interpretierte Sprachen, die erst beim Zugriff der Webseite auf den Webserver analysiert werden.

Hinweis

Um Webseiten darzustellen, müssen die Regeln befolgt werden, die ein Webbrowser erwartet. Damit eine Webseite richtig dargestellt wird, sucht der Webbrowser nach einer bestimmten Struktur, die durch HTML geliefert wird. Die *Hypertext Markup Language* (HTML) ist eine Seitenbeschreibungssprache, die verwendet wird, um Webdokumente zu erzeugen, die Verknüpfungen zu anderen Webdokumenten (Hyperlinks oder einfache Links) enthalten. HTML ist keine Programmiersprache, sondern ein bestimmter Satz von Regeln, mit denen eine Webseite formatiert wird.

Hinweis

Als Webprogrammierer sollten Sie HTML verstehen. Egal, ob Sie Ihre Webseiten mit Skriptsprachen wie Perl oder PHP oder mit den Programmiersprachen C/C++ schreiben, Sie werden dabei immer wieder in Berührung mit HTML kommen. Zwar schreibt ein Webprogrammierer sehr viel Code für die gleich folgende Verarbeitungs- und Speicherschicht, dennoch werden Sie häufiger in die Verlegenheit kommen, dynamische Dokumente in der Darstellungsschicht zurückzuliefern.

Häufig kann es auch sein, dass die Darstellungsschicht ebenfalls nur aus dynamischen Dokumenten besteht. Es muss sich also nicht immer um eine statische Webseite handeln. Da aber dieses Buch solche Bedingungen nicht voraussetzen kann, wurden die Beispiele so geschrieben, dass HTML-Ausgaben in Funktionen unterteilt sind. Und zwar so, dass es Ihnen im Prinzip egal sein kann, was diese Funktion ausgibt. Sie müssen den Funktionen lediglich die richtigen Argumente übergeben.

23.4.2 Verarbeitungsschicht

In der Verarbeitungsschicht finden Vorgänge wie Fehlerprüfungen, Plausibilitätsprüfung und Auswertung der Formularfelder statt. Wird z. B. eine E-Mail aus einer Webanwendung verschickt, wird in der Verarbeitungsschicht überprüft, ob die Eingaben richtig sind. Danach wird koordiniert, mit welchem E-Mail-Programm diese Mail versendet wird. In der Verarbeitungsschicht werden natürlich noch eine Menge anderer Arbeiten verrichtet. Dazu erfahren Sie ja im Laufe dieses Kapitels mehr. Die Verarbeitungsschicht wird häufig mit interpretierten Scripting-Sprachen wie Perl, PHP, ASP und Programmiersprachen wie C/C++ erledigt. Interpretierte Sprachen sind bei gewissen Verarbeitungsvorgängen recht langsam und werden daher auf der Serverseite ausgeführt. Und um nochmals auf das Beispiel mit dem E-Mail-Programm zurückzukommen: Auf der Serverseite ist dabei sichergestellt, dass die E-Mail mit einem bestimmten Programm (meistens mit dem Programm *sendmail*) versendet wird. Auf der Seite des Clients würde das wiederum voraussetzen, dass der Nutzer dieses Programm auf seinem Computer installiert hat. Das ist nicht unbedingt benutzerfreundlich.

23.4.3 Speicherschicht

Irgendwann werden Sie auch Daten speichern wollen. Es gibt viele Gründe, Daten zu speichern, seien es Statistiken, Berechnungen oder Registrierungsdaten. Und je komplexer und umfangreicher die Daten werden, die Sie zu speichern beabsichtigen, umso besser muss die Lösung sein. Für einen simplen Besucherzähler reicht eine Textdatei aus, da sich darin immer nur eine Zahl befindet. Aber sobald Sie Anwendungen wie einen Online-Shop erstellen wollen, kommen Sie um eine Datenbank nicht mehr herum. Denn müssen Sie dabei Daten ändern, löschen oder Teile der Daten extrahieren, ist dies bei einer Datenbank häufig mit wenig Code zu bewerkstelligen. Heutzutage stehen auch eine Menge Datenbanklösungen für herstellerspezifische Erweiterungen zur Verfügung. Und vor allem: Viele dieser Lösungen kosten kaum Geld. Mehr dazu erfahren Sie in Kapitel 24, »MySQL und C«.

23.5 Clientseitige Programmierung

Es gibt mittlerweile zahlreiche Programmiertechniken, die dem Webprogrammierer auf der Clientseite zur Verfügung stehen. Einige von diesen sind systemabhängig und daher für die Webprogrammierung weniger nützlich. Hier folgt ein kleiner Überblick über clientseitige Skriptsprachen und deren Vor- bzw. Nachteile.

23.5.1 JavaScript

JavaScript ist eine Untermenge von Java, die direkt im Webbrowser implementiert ist. Mit JavaScript können Sie Formulare prüfen, rechnen, Fenster maßgenau öffnen und noch viel mehr. Der Nachteil von JavaScript: Wenn das Script auf dem einen Browser läuft, kann es bei dem anderen dazu führen, dass nicht einmal die Webseite dargestellt wird. Und ein weiterer Nachteil: Der Surfer kann JavaScript ganz abschalten. Wenn Sie dann noch die ganze Navigation auf JavaScript aufbauen, war die Arbeit umsonst. Und den Surfer sehen Sie wahrscheinlich auch nie wieder. Sollten Sie also JavaScript für Ihre Webseite wählen, vergessen Sie niemals, `<noscript></noscript>` zu verwenden. Dies bedeutet für Webbrowser, die kein JavaScript verstehen, dass der Code zwischen diesen Tags ausgeführt wird.

Auf JavaScript folgten noch eine Menge unterschiedlicher Variationen von Microsoft wie Jscript und VBScript, wobei Jscript eine Erweiterung von JavaScript ist und VBScript auf der Syntax von Visual Basic beruht. Wer vorhat, eine dieser beiden Skriptsprachen einzusetzen, schließt allerdings Surfer mit anderen Systemen aus.

23.5.2 Java-Applets

Java hat übrigens mit JavaScript bis auf die Namensähnlichkeit nichts gemeinsam. Java ist eine vollständige Programmiersprache, eine Weiterentwicklung zu C++, die von SUN herausgebracht wurde. Damit können aufwendige Menüs bis hin zu interaktiven Spielen im Web erzeugt werden. Der Vorteil von Java-Applets sind die Plattformunabhängigkeit und die Sicherheit, da der Code nicht einsehbar ist.

23.6 Serverseitige Programmierung

Heute gibt es zahlreiche Möglichkeiten, serverseitige Anwendungen zu programmieren. Es gibt mittlerweile unzählig viele Schnittstellen, mit denen dynamische Webseiten auf dem Webserver generiert und gesendet werden. Es existieren dabei zwei Arten von serverseitiger Webprogrammierung: Die eine stützt sich auf kompilierte Objekte, und die andere verwendet das Modell der Skriptsprachen. Der Unterschied zwischen diesen beiden Arten ist einfach, aber trotzdem eindeutig. Skriptsprachen werden auf dem Webserver von einem Interpreter zur Laufzeit analysiert. Kompilierte Objekte liegen auf dem Webserver schon ausführbereit vor und müssen nur noch gestartet werden. Somit laufen Skriptsprachen in der Regel etwas langsamer als kompilierter Code ab.

Das Ziel der serverseitigen Programmierung bleibt allerdings immer dasselbe – dynamisch erzeugter HTML-Code soll in Form einer Webseite in Ihrem Browser ausgegeben werden.

Nun soll auf die CGI-Schnittstelle eingegangen werden. CGI wird häufig als eine Programmiersprache bezeichnet, was es aber nicht ist. CGI ist ein standardisiertes Gateway, das eine Schnittstelle zwischen einem Webserver und dem serverseitigen Code darstellt. Dass CGI immer noch so populär ist, verdankt diese Schnittstelle ihrer Vielsprachigkeit. Sie können praktisch mit jeder Programmiersprache, die etwas ausgeben kann, CGI-Skripte schreiben.

Der einzige Nachteil von CGI ist der Verarbeitungsaufwand eines Skripts, da jede CGI-Anfrage einen separaten Prozess in einem separaten Speicherbereich auf dem Webserver benötigt.

Diesen Nachteil haben die Entwickler von Webservern allerdings nicht auf sich beruhen lassen, und sie haben fleißig an einer Lösung des Problems gearbeitet. Die Entwickler brachten webserverspezifische APIs (*Application Programming Interfaces*) heraus. Diese APIs waren voll im Webserver integriert und liefen auch in der Regel schneller ab als einfache Skripte. Der Nachteil solcher APIs ist aber, dass diese mit einem Webserver »verschweißt« sind. Sie machen also nur für Webserver Sinn, die auf mehreren Systemen erhältlich sind (z. B. Apache).

Zu solchen Standalone-Skriptsprachen zählen etwa ASP (*Active Server Pages*), JSP (*Java Server Pages*), CFML (*Cold Fusion Markup Language*) und letztendlich die immer populärere (oder schon populärste) Skriptsprache PHP. Aber auch für Perl gibt es Standalone-CGI-Anwendungen wie z. B. *mod_perl* oder *FastCGI*.

23.7 Der Webserver

23.7.1 Das Client/Server-Modell des Internets

Das Internet oder genauer das World Wide Web wurde nach dem Client/Server-Prinzip entwickelt. Der Webbrowser ist in dieser Architektur der Client. Geben Sie z. B. in den Webbrowser die Adresse *http://www.pronix.de/* ein, ruft der Browser Dienste im Web ab. In diesem Fall wird eine HTTP-Anforderung über das Netzwerk verschickt. Mit dem HTTP-Protokoll haben Sie jetzt Zugriff auf Dateien von Servern in Netzwerken. Der Server oder genauer der Webserver verarbeitet nun die Anfrage des Clients. Dabei ist der Standort des Webservers egal. Dieser kann sich im selben Gebäude, auf der anderen Seite der Erde oder auch auf demselben Computer befinden. Meistens besteht die Aufgabe des Webservers im Internet darin, ein angefordertes Dokument an den Client zurückzuschicken, beispielsweise HTML-Daten zur Darstellung einer Webseite. Der Webserver wird häufig auch als HTTP-Dämon (*Hypertext Transfer Protocol Daemon*) bezeichnet. Abbildung 23.2 stellt den Vorgang einer solchen Transaktion bildlich dar:

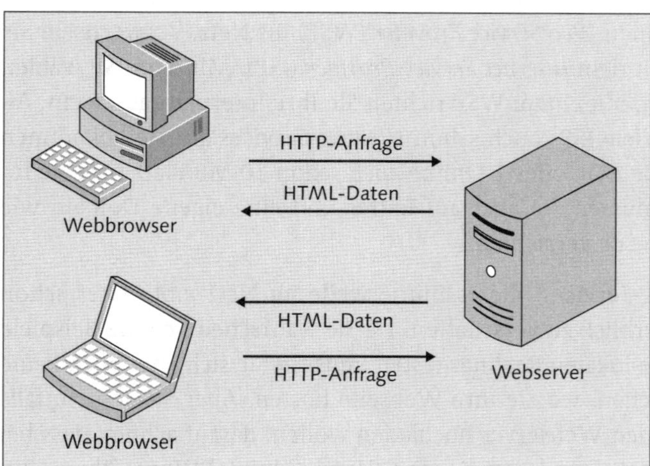

Abbildung 23.2 Transaktion einer HTTP-Anfrage

Hinweis

Ein Webserver ist nichts anderes als ein Programm bzw. eine Anwendung (meist in C geschrieben) ohne visuelle Oberfläche auf dem Server. Das Programm können Sie nicht sehen. Es nimmt über Ports (meistens Port 80) einen Auftrag entgegen und führt diesen aus, zumeist handelt es sich dabei um das Anzeigen einer HTML-Seite. Häufig wird irrtümlicherweise der Server als Hardware mit dem Serverprogramm darauf gleichgesetzt, allerdings ist die Beziehung hier so eng, dass dies auch wieder nicht ganz verkehrt ist.

23.7.2 Serverimplementierung

Bevor Sie sich, sei es privat oder für eine Organisation, für eine Webpräsenz entscheiden, müssen Sie zunächst überlegen, wie oder mit wem Sie ins Web gehen. Entscheidend für die Organisationsstrategie werden wohl die Kosten und der Zweck Ihrer Präsenz sein.

In der Regel werden Sie sich für eine der zwei gebräuchlichsten Strategien zur Webserverimplementierung entscheiden:

- *Hosting-Service* – Der Webserver wird remote über den *Internet Service Provider* (ISP) unterstützt.
- *Schlüsselfertige Lösungen* – Dies ist eine komplette Soft- und Harwarelösung, die lokal am physischen Standort verwaltet wird.

23.7.3 Hosting-Services

Die meisten Anwender dürften sich für einen Hosting-Service entscheiden. Dabei geht der Kunde über einen *Web Service Provider* (WSP) ins Netz. Verwechseln Sie aber den WSP nicht mit dem *Internet Service Provider* (ISP). Mit dem ISP wählen Sie sich ins Internet ein, mit einem WSP richten Sie Ihre Internetpräsenz ein. Allerdings bieten heute viele ISPs auch schon Hosting-Services an. Sie bekommen z. B. bei großen ISPs wie AOL oder T-Online auch schon 10 MB Platz für eine Internetpräsenz. Dabei müssen Sie aber auf Extras und eine eigene Domain wie *www.mein_wunschname.de* verzichten.

Bei den vielen Hosting-Services, die es mittlerweile im Netz gibt, ist es schon schwer, sich einen Überblick zu verschaffen. Da Sie wahrscheinlich die Beispiele im Buch erst einmal am lokalen Rechner testen, müssen Sie sich jetzt noch keine Gedanken darüber machen, wo Sie Ihre Webseite hosten. Aber Sie sollten, falls Sie eigene Skripte auf den Webserver hochladen wollen, darauf achten, dass bei den Leistungen Dinge dabei sind wie: eigene CGIs ausführen, PHP ausführen, Zugriff auf eine MySQL-Datenbank haben. Gute Hosting-Services kosten so in etwa 10 bis 50 Euro monatlich. Geben Sie einfach in einer Suchmaschine den Begriff »Hosting-Service« ein, und Sie bekommen unzählige Ergebnisse zurück.

Die Vorteile solcher Hosting-Services sind ganz klar der günstige Preis und die Tatsache, dass Sie keinerlei Verwaltungsaufgaben und Aufwand haben und somit über keinerlei technische Erfahrung mit Webservern verfügen müssen. Ebenso ist ein enormer Vorteil, dass die meisten Hosting-Services eine Bereitschaft rund um die Uhr, an sieben Tagen in der Woche bieten.

23.7.4 Schlüsselfertige Lösung

Bei einer schlüsselfertigen Lösung handelt es sich um eine vollständige in sich geschlossene Soft- und Hardwarelösung. Der Vorteil gegenüber dem Hosting-Service liegt darin, dass Sie bei einem technischen Problem nicht vom WSP abhängig sind. Es wird dabei praktisch nur noch ein Server am Netzwerk und am Stromnetz angeschlossen, und Sie sind im Web. Dabei ist aber schon ein gewisses Maß an Know-how notwendig. Solche Server-Applikationen sind vorwiegend für kleinere bis mittlere Organisationen gedacht. Die Konfiguration des Webservers wird meistens über den Client, den Webbrowser, vorgenommen, der mit einer einfach zu bedienenden Oberfläche ausgestattet ist. Oft wird bei der Software Linux als Betriebssystem und Apache als Webserver verwendet, da bei beiden kaum lizenzrechtliche Bestimmungen beachtet werden müssen.

23.7.5 Weitere Möglichkeiten

Theoretisch haben Sie aber auch die Möglichkeit, einen Server von zu Hause aus zu betreiben. Dabei installieren Sie einen Webserver auf Ihrem PC. Danach wählen Sie sich ins Internet ein und bekommen meist eine dynamische IP-Adresse. Unter dieser IP-Adresse können jetzt die Surfer Ihre Webseite ansteuern und das Internetangebot auch nutzen. Der Vorteil: Diese Lösung kostet keinen Cent. Aber bei einer ständig wechselnden IP-Adresse Ihrer Webseite dürfte wohl kaum ein Websurfer Ihre Seite finden. Dieses Problem können Sie theoretisch mit kostenlosen Diensten wie *www.dyndns.org* beheben. Damit können Sie sich auch ohne DENIC eine Webadresse einrichten lassen – wobei logischerweise die Bandbreite der Besucher, die sich gleichzeitig auf Ihrer Seite tummeln können, beschränkt ist. Aber probieren macht gewöhnlich Spaß, und so lernen Sie auch noch einiges dabei.

Eine weitere Möglichkeit stellt das Intranet dar, ob nun privat oder geschäftlich. Wenn Sie das Glück haben, in einer Firma ein größeres Intranet zu betreiben, können Sie schalten und walten, wie Sie wollen.

Hinweis

Wenn Sie die folgenden Beispiele lokal auf Ihrem System testen wollen, wird ein (Web-)Server benötigt. Die folgenden Beispiele wurden mit dem Apache als Serversoftware getestet.

DENIC

Die DENIC ist in Deutschland für das Vergeben von *.de-Domänen zuständig. Wenn Sie also eine eigene Domäne registrieren lassen möchten, so muss dies bei der DENIC geschehen. Die meisten WSPs kümmern sich in der Regel für den Kunden darum.

23.7.6 Apache

1995 schlossen sich mehrere Entwickler zusammen, um den damals dominierenden, aber sehr fehlerhaften Webserver NCSA weiterzuentwickeln. Was dabei herauskam, wurde wegen der vielen Fehlerbehebungen (Patches) »a patchy Server« oder einfach »Apache« genannt.

Warum Apache?

Warum in diesem Kapitel der Apache-Webserver verwendet wird, lässt sich recht einfach erklären. Der Apache ist für viele Systeme erhältlich, und ist für ein System einmal keine Binary-Version vorhanden, können Sie den Quellcode, der in C geschrieben wurde und frei vorliegt, auf dem System anpassen und übersetzen (kompilieren) lassen. Natürlich können Sie sich auch auf gängigen Systemen Ihre eigene Version des Apache *zusammenbasteln*. Der zweite Grund: Apache liegt in freier Form vor. In freier Form heißt, der Quellcode liegt offen, somit werden Sicherheitslücken schneller gefunden als bei Webservern, bei denen Sie sich auf den Hersteller verlassen müssen. Und der dritte Grund ist auch der ausschlaggebende: Der Apache ist der am meisten verwendete Webserver im Internet, wie folgende Auswertung von der Webseite *http://www. netcraft.com/survey* zeigt:

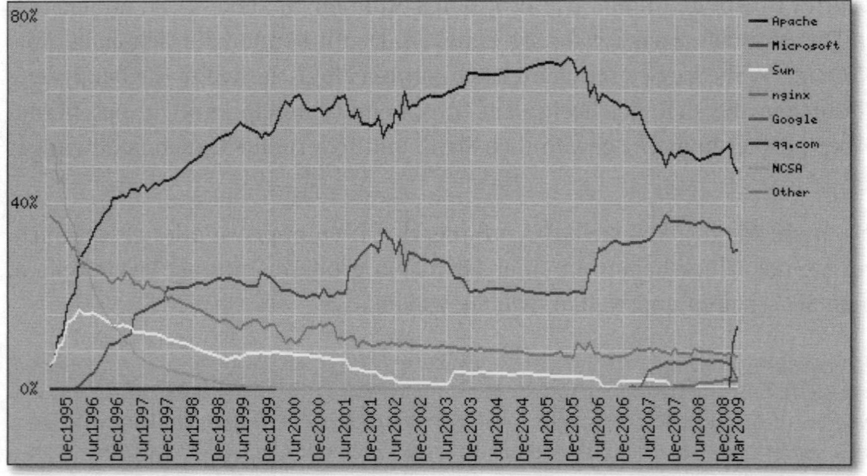

Abbildung 23.3 Verwendete Webserver im Internet

And last, but not least: Apache ist kostenlos. Der Webserver finanziert sich durch die *Apache Software Foundation*, der große Firmen wie IBM gewisse Beträge spenden und so die Weiterentwicklung des Webservers unterstützen. Firmen und Entwickler, die dieses Projekt unterstützen wollen, sind immer willkommen. Mehr dazu finden Sie unter *http://www.apache.org*.

Apache installieren und testen

Damit Sie in den folgenden Abschnitten die Beispiele auf Ihrem lokalen Rechner testen können, müssen Sie zunächst Apache auf dem System installieren, sofern dies noch nicht geschehen ist. Es empfiehlt sich im Allgemeinen, die CGI-Anwendungen zuerst auf einem lokalen Rechner zu testen, ehe Sie sie im Web der Öffentlichkeit vorstellen.

Den Vorgang der Installation zeige ich anhand der Binary-Version des Apache, da dies wohl die Installationsart ist, die am häufigsten verwendet wird. Für eine Beschreibung, wie Sie mit dem Sourcecode einen *persönlichen* Apache erstellen können, sei die Homepage *http://www.apache.org* empfohlen.

Windows

In der Regel kann der Apache auf jeder Windows-Version ohne Probleme betrieben werden. Die Funktionalität kann hierbei für Windows 2000 (w2k), Windows Server 2003 (R2), Windows XP (SP2 und SP3) und Windows Vista garantiert werden. Nicht mehr offiziell unterstützt wird Windows 98SE, obgleich auch hier der Apache noch läuft.

Für die Installation können Sie sich zwar die aktuellste Version von Apache von der offiziellen Apache-Webseite (*http://www.apache.org/*) herunterladen, aber ich empfehle Ihnen, sofern Sie noch nie etwas mit Webservern zu tun gehabt haben, hierfür das Komplettpaket *XAMPP für Windows*. Der Vorteil des Pakets ist, dass Sie sich für den Hausgebrauch keine Gedanken um die Konfigurationen machen müssen, und außerdem sind neben dem Apache auch gleich MySQL, PHP, phpMyAdmin, FileZilla FTP Server und der Mercury E-Mail-Server dabei. Und um das alles zu steuern, gibt es auch gleich mit dem *XAMPP Control Panel* eine grafische Oberfläche dazu. Die aktuellste Version können Sie sich von der Webseite *http://www.apachefriends.org/* herunterladen und mithilfe des Installers installieren.

Hinweis

Wenn Sie noch Perl und Tomcat dazu benötigen, können Sie diese ebenfalls von derselben Webseite als Add-Ons nachinstallieren.

Nach der Installation von XAMPP können Sie über das *XAMPP Control Panel* die Server starten und stoppen (siehe Abbildung 23.4). Hier können Sie auch gleich die Server als Dienst installieren bzw. deinstallieren, wenn Sie die Checkbox des entsprechenden Servers aktivieren bzw. deaktivieren.

Für dieses Kapitel benötigen Sie zunächst nur den Apache als Webserver. Daher reicht es aus, wenn Sie nur diesen über den Button START ausführen.

Wenn Sie jetzt XAMPP installiert haben und den Apache-Server gestartet haben, können Sie den Webbrowser öffnen und hier die Adresse `http://localhost` eingeben und mit [↵] bestätigen. Jetzt sollten Sie die Ansicht aus Abbildung 23.5 erhalten.

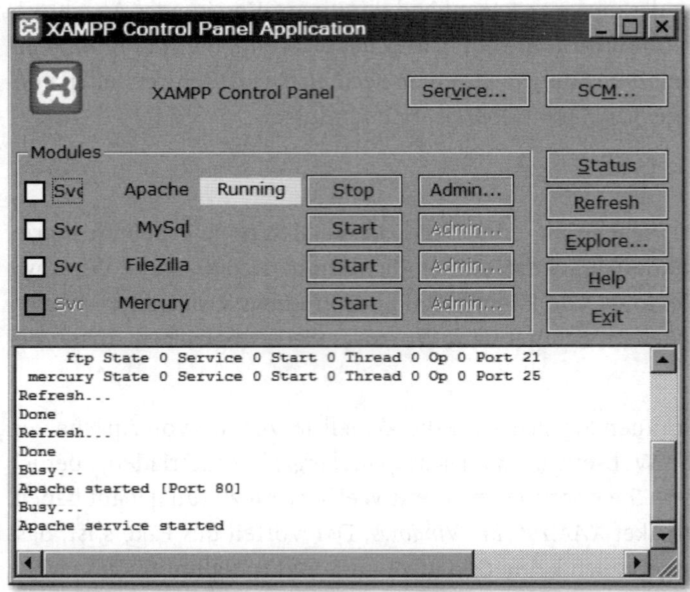

Abbildung 23.4 Das XAMPP Control Panel zum Starten und Stoppen der Server

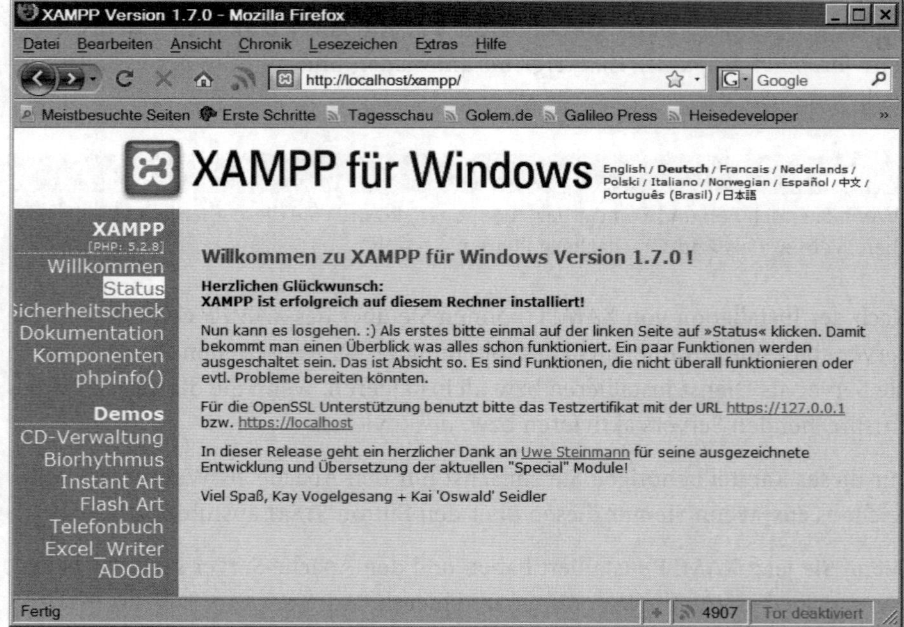

Abbildung 23.5 Der Apache-Webserver läuft – hier können Sie außerdem auch gleich einige Tests und Demos ausführen.

Hinweis

Wenn Sie unter Vista das Benutzerkonto (UAC – User Account Control) aktiviert haben, müssen Sie das Setup natürlich als Administrator durchführen. Auch die entsprechenden Ports müssen gegebenenfalls bei der Firewall freigeschaltet werden. Sofern Sie das Benutzerkonto (UAC) nicht deaktivieren wollen bzw. können, sollten Sie außerdem XAMPP in ein anderes Verzeichnis als *C:\Programme* installieren (beispielsweise *c:\xampp*) weil Sie sonst nur eingeschränkte Schreibrechte haben, womit sich beispielsweise Änderungen in Skripten nicht durchführen lassen. Mehr dazu finden Sie auf der Webseite *http://www.apachefriends.org/* in der FAQ.

Linux

Die Installation unter Linux gestaltet sich recht einfach, da der Apache-Webserver in der Regel mit der Distribution mitgeliefert wird. Das heißt, Sie müssen nur noch das Paket von Ihrer Linux-Distribution nachinstallieren.

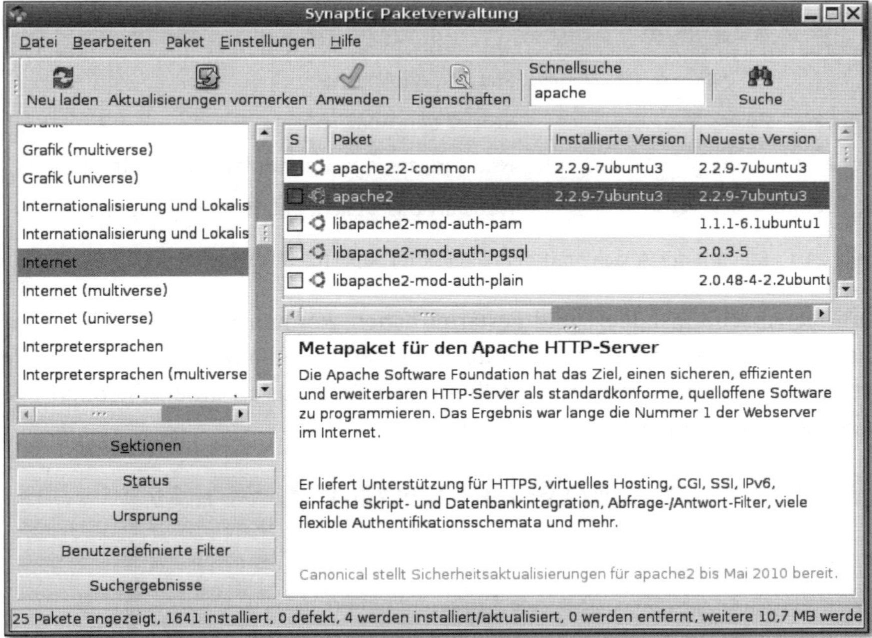

Abbildung 23.6 Paketauswahl bei der Ubuntu-Distribution mit der Paketverwaltung »Synaptic«

Natürlich können Sie auch die neueste Version des Apache herunterladen und installieren, was allerdings für die Beispiele dieses Buchs nicht nötig ist. Diese wurden unter anderem auch mit dem Apache der Version 1.3 und 2.2 getestet. Als Nächstes müssen Sie gegebenenfalls den Webserver in einer Konsole mit folgendem Befehl starten:

```
$ sudo /etc/init.d/apache2 start
[sudo] password for user: ******
* Starting web server apache2 [ OK ]
$
```

Sollte dies nicht funktionieren, können Sie mit Administrator-Rechten das apache2ctl-Skript verwenden, um Apache zu starten. Dann sollte es mit folgendem Aufruf klappen:

```
$ sudo apache2ctl start
[sudo] password for user: ******
* Starting web server apache2 [ OK ]
$
```

Das Steuerskript apache2ctl ist die empfohlene Methode, um den Apache zu steuern. Mit welchem Parameter dabei Apache gesteuert wird, können Sie Tabelle 23.1 entnehmen.

Befehl	Bedeutung
apache2ctl start	Startet den Apache.
apache2ctl stop	Stoppt den Apache.
apache2ctl restart	Neustart des Apache mit der HUP-Methode
apache2ctl graceful	Neustart des Apache mit der USR1-Methode

Tabelle 23.1 Steuern des Apache mit dem Shellskript »apach2ectl« (Linux)

Wenn Sie Apache installiert und gestartet haben, können Sie den Webbrowser öffnen und hier die Adresse *http://localhost* eingeben und mit [↵] bestätigen. Die Startseite des Apache kann von Distribution zu Distribution unterschiedlich aussehen (siehe Abbildung 23.7).

Abbildung 23.7 Schnörkellos, aber klar: die Antwortseite bei Ubuntu

htdocs-Verzeichnis

Die Begrüßungsseite in den verschiedensten Sprachen finden Sie im *htdocs*-Verzeichnis. Bei den vielen verschiedenen Distributionen und Betriebssystemen ist es gar nicht so einfach, das Verzeichnis zu finden. Gerade bei Linux/Unix-Systemen, wo vieles selbst kompiliert wird, hängt das Verzeichnis (auch als Direktive `DocumentRoot` bekannt) vom vordefinierten Layout ab. In Tabelle 23.2 finden Sie einige dieser vordefinierten Layouts (ohne Garantie auf Vollständigkeit).

System/Distribution	Verzeichnis
Apache (Standardlayout)	*/usr/local/apache2/htdocs*
Beos	*/boot/home/apache/htdocs*
BSD	*/var/www/htdocs*
Darwin (MacOS X)	*/Library/WebServer/Documents*
Debian	*/usr/share/apache2/default-site/htdocs*
FreeBSD	*/usr/local/www/data*
GNU	*/usr/local/share/apache2/htdocs*
MacOS X Server	*/Local/Library/WebServer/Documents*
OpenBSD	*/var/www/htdocs*
opt-Verzeichnis	*/opt/apache/share/htdocs*
Red Hat	*/var/www/html*
Solaris	*/var/apache/htdocs*
SuSE	*/usr/local/httpd/htdocs*
Ubuntu	*/usr/share/apache2/default-site/htdocs*

Tabelle 23.2 Verschiedene vordefinierte Layouts für das »htdocs«-Verzeichnis

Unter Windows kann der Pfad ebenfalls recht unterschiedlich sein. Bei XAMPP beispielsweise finden Sie das *htdocs*-Verzeichnis in *c:\xampp\htdocs* bzw. *c:\Programme\xampp\htdocs*.

Wenn Sie jetzt eine HTML-Seite auf dem lokalen Webserver speichern und mit einem Webbrowser betrachten wollen, müssen Sie dazu nur die Webseiten, Bilder und, falls benötigt, weitere Unterordner im *htdocs*-Verzeichnis des Apache-Servers ablegen.

Erstellen Sie z. B. eine HTML-Seite mit dem Namen *testseite.html* und speichern diese im *htdocs*-Verzeichnis, dann können Sie diese Seite mit einem Browser über die URL *http://localhost/testseite.html* aufrufen und anzeigen.

Hinweis

Wo sich das Basisverzeichnis für die Webseiten des Hauptservers (wie hier eben mit dem Standardwert */htdocs)* befindet, wird in der Konfigurationsdatei *httpd.conf* bzw. *apache2.conf* von Apache mit der Direktive `DocumentRoot` festgelegt.

Apache für CGI-Anwendungen konfigurieren

Wenn Sie irgendetwas beim Apache konfigurieren müssen, ist die Konfigurationsdatei *httpd.conf* Ihre erste Anlaufstelle. Bei Linux/Unix benötigen Sie zum Editieren dieser Datei natürlich Administratorrechte. Bei vielen Distributionen wird der Dateiname *httpd.conf* gar nicht mehr verwendet, sondern die Datei heißt *apache2.conf*.

Auch der Pfad zur Konfigurationsdatei des Apache lässt sich nicht auf Anhieb genau nennen. So finden Sie beispielsweise bei Windows mit XAMPP die Konfigurationsdatei im *xampp*-Verzeichnis unter *C:\Pfad_zu_XAMPP\apache\conf* und bei Linux (hier beispielsweise bei Ubuntu) im Verzeichnis */etc/apache2*. Allerdings kann dieser Pfad auch woanders liegen.

Enorm von Bedeutung ist hier die Direktive `ScriptAlias`, mit der Sie den Namen für das CGI-Verzeichnis (traditionell lautet der Name *cgi-bin*) und den Pfad dahin festlegen. Standardmäßig ist dieses Verzeichnis ein anderes als das `DocumentRoot`-Verzeichnis (das *htdocs*-Verzeichnis). Gewöhnlich wird dieses Verzeichnis mit dem Modul `mod_alias` (bzw. `alias_module`) und der Direktive `ScriptAlias` bereitgestellt.

Hinweis

Sollten Sie vorhaben, die CGI-Anwendungen im vorgegebenen *cgi-bin*-Verzeichnis auszuführen, müssen Sie in der Regel nichts in der Konfigurationsdatei ändern.

Beispielsweise sieht diese Zeile bei XAMPP unter Microsoft Windows wie folgt aus:

```
ScriptAlias /cgi-bin/ "C:/xampp/cgi-bin/"
```

Und unter Linux so:

```
ScriptAlias /cgi-bin/ "/var/www/cgi-bin/"
```

Hier wurde der traditionelle Name `cgi-bin` verwendet, gefolgt vom Verzeichnis, wo sich dieses befindet und wo Sie (hier bspw. /var/www/cgi-bin/) Ihre CGI-Anwendungen ausführen können. Die Werte können Sie selbstverständlich an Ihre Bedürfnisse anpassen. Ein Zugriff auf *http://localhost/cgi-bin/test.cgi* entspricht dann praktisch unter Windows einem Zugriff auf *C:\xampp\cgi-bin\test.cgi* bzw. bei Linux einem Zugriff auf */var/www/cgi-bin/test.cgi*.

Hinweis

Wenn Sie mehrere Verzeichnisse CGI-fähig machen wollen, können Sie auch die Direktive `ScriptAliasMatch` verwenden.

Hinweis

Es sollte klar sein, dass in diesem Buch der Umfang von *httpd.conf* bzw. *apache2.conf* und Apache nicht ausreichend beschrieben werden kann. Für die Ausführung von CGI-Skripten reicht es zwar, aber für mehr Informationen empfehle ich Ihnen, die Apache-Dokumentation (*http://httpd.apache.org/docs/*) zu lesen. Wenn Sie auf der Suche nach Literatur zu Apache sind, kann ich Ihnen ohne Bedenken das Buch »Apache 2 – Das umfassende Handbuch« von Sascha Kersken (erschienen bei Galileo Press; ISBN 978-3-8362-1325-7) empfehlen.

Hier sehen Sie eine erste CGI-Anwendung, die Sie in Ihrem Webbrowser zum Testen starten können:

```
/* time.c */
#include <stdio.h>
#include <stdlib.h>
#include <time.h>

/* die Kopfzeile eines Standard-HTML-Dokuments;
 * Titel: String, der als Titel erscheinen soll
 */
void print_html_header(char *titel) {
   printf("<html><head>\n");
   printf("<title>%s</title>\n",titel);
   printf("</head><body>\n");
}

/* das Ende eines HTML-Dokuments */
void print_html_end(void) {
   printf("</body></html>\n");
}

/* damit überhaupt ein HTML-Dokument ausgegeben wird */
void print_header(void) {
   printf("Content-Type: text/html\n\n");
}
```

```
void print_time(void) {
   time_t zeit;

   time(&zeit);
   printf("Aktuelle Systemzeit: ");
   printf("%s\n",ctime(&zeit));
}

int main(void) {
   print_header();
   print_html_header("Hallo Welt in CGI mit Zeit\n");
   print_time();
   print_html_end();
   return EXIT_SUCCESS;
}
```

Die Funktion `print_html_header()` enthält die Kopfdaten eines HTML-Dokuments. Der String, den Sie der Funktion übergeben, wird als Titel der HTML-Seite verwendet. Und die Funktion `print_html_end()` enthält das Ende eines HTML-Dokuments. Zur Zeile `print_header()` erfahren Sie später mehr. Mit der Funktion `print_time()` wird die aktuelle Systemzeit ausgegeben. Da sich diese zwischen den Funktionen `print_html_header()` und `print_html_end()` befindet, also im Body-Teil des HTML-Dokuments, stellt die Ausgabe praktisch den Inhalt der HTML-Seite dar. Jetzt soll dieses CGI-Programm mit dem Webbrowser Ihrer Wahl aufgerufen werden.

Ein CGI-Programm erstellen und starten Sie in den folgenden Schritten (der Programmname sei `time.c`):

1. Übersetzen Sie den Quellcode wie gewohnt.
2. Verändern Sie die Extension der ausführbaren Datei. Bei Linux hat diese binäre Datei keine Extension, und Sie sollten eine hinzufügen. Aus `time` wird hierbei `time.cgi`. Unter Windows läuft dies ähnlich ab, aus `time.exe` machen Sie `time.cgi`. Es kann dabei vorkommen, dass Ihr System Sie warnt, das Programm sei danach nicht mehr ausführbar. Das können Sie ignorieren.
3. Kopieren Sie die übersetzte Datei in das *cgi-bin*-Verzeichnis des Webservers. Unter Linux/Unix werden Sie hierbei Administratorrechte benötigen, um auf das Verzeichnis schreibend zugreifen zu können.
4. Unter Linux müssen Sie noch die Zugriffsrechte der Datei *time.cgi* ändern. Ein einfaches `chmod a+x time.cgi` sollte dabei reichen (voraussichtlich werden Superuser-Rechte dazu benötigt).

5. Jetzt können Sie einen Webbrowser Ihrer Wahl starten und, falls es nicht schon geschehen ist, den Apache-Webserver ebenfalls.
6. Jetzt wird es Zeit, die CGI-Anwendung zu starten. Geben Sie in der Adressleiste Ihres Browser folgende URL ein:

```
http://localhost/cgi-bin/time.cgi
```

Wenn alles richtig verlaufen ist, müssten Sie folgende Ausgabe auf Ihrem Bildschirm erhalten:

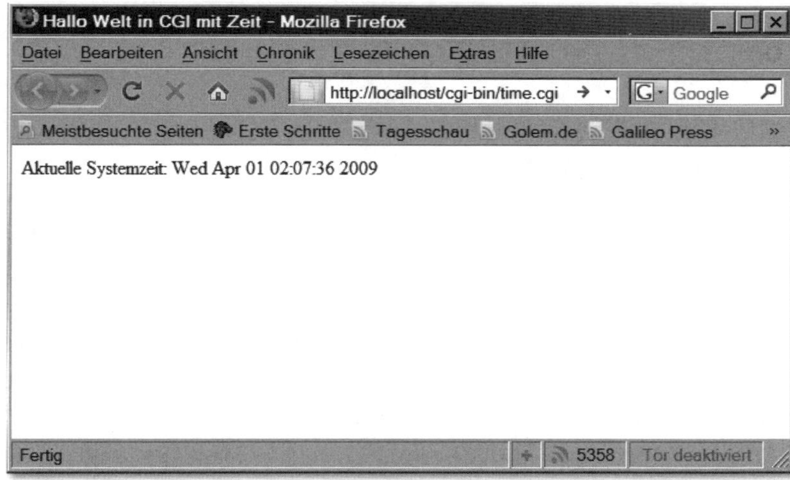

Abbildung 23.8 Ausgabe der Systemzeit mit Mozilla (SUSE Linux)

Tipp

Unter Linux können Sie sich das Verändern der Extension ersparen, wenn Sie der ausführbaren Datei gleich beim Übersetzen diese Extension übergeben:

```
gcc -o time.cgi time.c.
```

Troubleshooting

Sollten Sie die CGI-Anwendung nicht zum Laufen bekommen, sehen Sie in der folgenden Checkliste nach, welche möglichen Ursachen dies haben könnte:

- Haben Sie die Zugriffsrechte auf die CGI-Anwendung richtig gesetzt? Wenn Sie keine Rechte auf die Datei haben, sollten Sie dies nachholen.
- Liegt ein Fehler im Programm vor? Meistens bekommen Sie dabei von Ihrem Webbrowser einen Fehler mit der Nummer 500 zurück.
- Führen Sie das Programm in der Kommandozeile aus, und achten Sie auf die Ausgabe.

- Haben Sie die richtige URL im Browser eingegeben?
- Testen Sie nochmals, ob der Webserver richtig oder überhaupt läuft (*http://localhost/*).
- Ein Blick ins Apache-Log kann auch nicht schaden. In der Regel ist dies in */var/log/apache/* zu finden. Interessant sind hier die Dateien *error.log* und *access.log*. Gerade beim Testen von neuen CGIs sollten Sie durch Eingabe in einer Konsole `tail -f /var/log/apache/error.log` mitlaufen lassen. Alle Fehlermeldungen, die dann über `stderr` ausgegeben werden, tauchen im Log auf.

Bevor Sie jetzt weitere CGI-Anwendungen erstellen, benötigen Sie noch ein wenig Grundwissen zum HTTP-Protokoll.

23.8 Das HTTP-Protokoll

Das *Hypertext Transfer Protocol* (kurz HTTP) ist das Protokoll, mit dem sich der Webbrowser und der Webserver über das Internet miteinander unterhalten. Und da CGI auf dem HTTP-Protokoll aufbaut, ist es recht sinnvoll, sich auch ein wenig damit auszukennen. Natürlich ist es nicht meine Absicht, Ihnen alles über das Thema mitzuteilen, sondern nur das Wichtigste. Sollten Sie mehr Informationen benötigen, kann ich Ihnen die Webseite *www.w3.org/Protocols/* empfehlen.

23.8.1 Web-Protokolle

Der Sinn dieses Abschnitts ist es, zu erklären, wo das HTTP-Protokoll seinen Platz in der Netzwerktechnik hat. Es gibt natürlich weitaus mehr Protokolle für das Web als nur HTTP. Beispiele wären das File-Transfer-Protokoll (besser bekannt als FTP), das TELNET-Protokoll, das Simple-Mail-Transfer-Protokoll (SMTP) und noch eine Menge mehr. Für Sie als CGI-Programmierer ist das HTTP-Protokoll am meisten von Interesse.

23.8.2 Wozu dienen Protokolle?

Im Prinzip können Sie die Protokolle der Netzwerktechnik mit Sprachen vergleichen. In aller Welt sprechen die Menschen gut tausend verschiedene Sprachen. Wenn Sie sich mit jedem Menschen auf der Welt unterhalten wollten, müssten Sie alle diese Sprachen beherrschen – ein schwieriges Unterfangen. Würde dasselbe auf Computer angewendet, ließe sich wohl kaum noch eine Webseite darstellen. Sie würden dann wahrscheinlich eine Fehlermeldung erhalten wie: Diese Webseite kann nicht angezeigt werden, da Ihr System das Protokoll nicht versteht.

23.8.3 Was ist ein Protokoll?

Protokolle sind eine Mischung aus Kommunikationsregeln und Nachrichtenformaten, deren Regeln vernetzte Computer befolgen müssen, wenn Sie Daten miteinander austauschen wollen. Werden z. B. Daten von Computer *Ernie* zum Computer *Bert* versendet, so werden diese zunächst in eine Nachricht verpackt. Diese Nachricht wird in einer bestimmten Kommunikationsregel des Protokolls definiert. In der Kommunikationsregel wird z. B. beschrieben, wie die Nachricht beim Zielrechner Bert behandelt werden soll, wenn ein Fehler bei der Übertragung auftritt. Zur Übertragung von Daten wird das IP-Protokoll (Internet Protocol) verwendet.

Die Sprache der Computer ist nicht ganz so komplex wie die des Menschen. Der Computer verständigt sich mit anderen Gleichgesinnten durch die Binärzahlen 0 und 1. Trotz dieser universellen Sprache sind nicht alle Computer vom gleichen Typ. Angefangen bei unterschiedlicher Hardware bis hin zu einem anderen Betriebssystem kann es dabei ziemliche Verständigungsprobleme geben. Und Protokolle sind sozusagen die Dolmetscher, die die Probleme der Kommunikation lösen. Damit ist es erst möglich, dass sich unterschiedliche Computertypen mit unterschiedlichen Betriebssystemen verständigen können.

23.8.4 Normen für die Netzwerktechnik

Damit jetzt die vernetzten Computer mit einheitlichen Protokollen miteinander kommunizieren können, musste zunächst eine einheitliche Netzwerktechnik entwickelt werden. Eine Normung war auch allmählich notwendig, denn durch die fortschreitende Entwicklung von Netzwerkkomponenten kamen im Laufe der Zeit immer mehr herstellerspezifische Netzwerke und Protokolle zustande. Dass dabei mit zunehmender Vernetzung immer mehr Probleme auftraten, liegt auf der Hand.

1978 hat sich dann ein Gremium mit dem Namen ISO (*International Organization for Standardization*) zusammengefunden, mit dem Ziel, eine Schnittstelle zu standardisieren, die für die Vernetzung von PCs in Betracht kommen könnte. Es dauerte danach weitere sechs Jahre, bis das ISO-Komitee einen Standard bekanntgab. Der Standard wurde *Open System Interconnection* (kurz OSI) genannt. Mit OSI wurde festgelegt, wie die Kommunikation der unterschiedlichen Rechner mit diversen Protokollen stattzufinden hat.

23.8.5 Das OSI-Schichtenmodell

Mit Einführung des OSI-Modells wurden endlich einheitliche Produkte für den Netzwerkeinsatz entwickelt, da die Hersteller gezwungen waren, sich an diesen

Vorgaben zu orientieren. Es muss aber hinzugefügt werden, dass dies allein noch lange keine Realisierung aller Standards bedeutet. Beim OSI-Referenzmodell handelt es sich um ein geprüftes und bewährtes Modell für die Hard- und Softwareentwicklung. Ob und wie die Hersteller dieses Modell anwenden, bleibt immer noch deren Angelegenheit.

Das genormte OSI-Schichtenmodell wurde auf sieben Schichten verteilt. Jede Schicht hat dabei ihre eigene Aufgabe. Abbildung 23.9 gibt einen kurzen Überblick über diese sieben Schichten und die Protokolle, die die einzelnen Schichten nutzen können.

Schicht 7	Anwendung	File-Transfer	Electronic Mail	Terminal Emulation	Usenet News	Gopher	WAIS	WWW
Schicht 6	Darstellung	File-Transfer-Protocol (FTP)	Simple Mail Transfer (SMTP)	Telnet-Protocol (Telnet)	Network New Transfer (NNTP)	Internet Gopher Protcol (Gopher)	Z39.50	Hypertext Transfer Protocol (HTTP)
Schicht 5	Kommunikation							
Schicht 4	Transport	Transmission Control Protocol (TCP)						
Schicht 3	Vermittlung	Adress Resolution Protocol (ARP)			Internet Protocol (IP)			
Schicht 2	Sicherung	Ethernet, Token Ring, FDDI						
Schicht 1	Bit-übertragung	Übertragungsmedien: Kabel, drahtlose Verbindung, Lichtwellen, ...						

Abbildung 23.9 Das OSI-Schichtenmodell und die Protokolle

Nicht abgebildet sind hier die UDP-Protokolle. Das HTTP-Protokoll (in der Abbildung grau eingefärbt), das Sie zur CGI-Programmierung verwenden, ist über dem TCP-Protokoll angesiedelt. Der gesamte Webverkehr verläuft über das TCP/IP-Protokoll.

23.8.6 Die Elemente einer URL

Häufig begegnen Sie einer URL (*Uniform Resource Locator*), deren Bedeutung einem zunächst fremd erscheint. Betrachten Sie folgende URL:

```
http://www.pronix.de:80/cgi/name.cgi?vorname=Clint&nachname=East
```

Diese URL soll jetzt in ihre Einzelteile zerlegt werden.

»http« (Schema)

`http` ist das verwendete Protokoll, über das der Webbrowser mit dem Webserver kommuniziert. Es gibt natürlich noch mehr Protokolle außer dem HTTP. Mehr dazu erfahren Sie gleich bei den Ports. Danach folgt der Rechnername.

»www.pronix.de« (Rechnername)

Bei `www.pronix.de` handelt es sich um den Namen des Rechners, auf dem sich die Webseite oder das Dokument befindet. Dies kann aber auch eine IP-Adresse (beispielsweise *http://127.0.0.1*) und muss nicht immer ein Domainname (*http://www.pronix.de*) sein.

»80« (Portnummer)

Der Webserver nimmt hier über Port 80 einen Auftrag entgegen. Dass dieser Port bei der URL nicht angegeben werden muss, liegt daran, dass Port 80 der voreingestellte Port des HTTP-Protokolls ist.

Die Daten müssen aber nicht immer über Port 80 übertragen werden. Sie können genauso gut einen Server konfigurieren, mit dem Sie Daten über den Port 85 empfangen können. Folgende Ports und ihre Protokolle sind in der Regel voreingestellt:

Protokoll	Port
FTP (Datenverbindung)	20
FTP (Steuerverbindung)	21
Telnet	23
SMTP	25
DNS	53
http	80
HTTPS (SSL-verschlüsselt)	443
POP3	110
NNTP	119
LDAP (Standard)	389
LDAP (SSL-verschlüsselt)	636

Tabelle 23.3 Gängige Protokolle und deren Ports

»/cgi/name.cgi« (Pfadangabe)

Damit wird der Ort des gespeicherten Dokuments auf dem Webserver bezeichnet.

»?vorname=Clint&nachname=East« (Query-String)

Der Query-String kann aus mehreren Paaren von Namen und den dazugehörenden Werten bestehen. Die einzelnen Paare werden mit dem Zeichen `&` voneinander getrennt. Die Variable und der Wert werden mit einem = getrennt. In diesem Beispiel haben Sie folgende zwei Paare:

```
Variable des ersten Paars: vorname; Wert des ersten Paars: Clint
Variable des zweiten Paars: nachname;Wert des zweiten Paars: East
```

Der Query-String wird noch ausführlicher behandelt.

23.8.7 Client-Anfrage – HTTP-Request (Browser-Request)

Das Erste bei einer HTTP-Verbindung ist immer die Anfrage (HTTP-Request) des Webbrowsers an den Webserver. Wenn Sie beispielsweise in Ihrem Browser die URL

```
http://www.pronix.de/
```

eingeben und [↵] drücken, schickt der Browser eine Anfrage an den Webserver, die aus zwei Teilen besteht: zum einen aus der Anforderungszeile und zum anderen aus den Header-Feldern. Das sieht dann so aus:

```
GET /index.html HTTP/1.1

Host: www.pronix.de
Accept: image/gif, image/jpeg, image/pjpeg, */*
Accept-Language: de
Connection: Keep-Alive
User-Agent: Mozilla/4.0 (compatible; MSIE 6.0; Windows NT 5.1)
Referer: ...
...
```

Die erste Zeile ist die sogenannte Request-Zeile:

```
GET /index.html HTTP/1.1
```

`GET` ist dabei die Request-Methode, mit der eine Ressource vom Server angefordert wird, ohne dass dabei irgendwelche Daten auf dem Server verändert werden. `GET` ist die Standard-Methode, wenn ein Browser per HTTP ein Dokument anfordert. In diesem Beispiel wird die Datei *index.html* angefordert. Das Protokoll, durch das der Webbrowser und der Webserver sich unterhalten sollen, ist hier HTTP mit der Versionsnummer 1.1.

Eine andere häufig verwendete Request-Methode ist `POST`. Im Wesentlichen unterscheiden sich diese beiden Methoden zur Datenübermittlung in der Art, wie die Daten an den Webserver übergeben werden.

Um Ihnen den Unterschied zwischen den beiden Request-Methoden `GET` und `POST` etwas deutlicher zu machen, folgt hier eine kurze theoretische Beschreibung.

GET

Hier soll bei einem HTML-Formular einfach die Eingabe eines Textfeldes ausgewertet werden. Ich verwende hierfür folgenden HTML-Code:

```
<form action="http://localhost/cgi-bin/auswert.cgi" method=get>
  <b>Bitte geben Sie Ihren Namen ein : </b>
  <input value="hallo" name="Textfeld" size="20">
  <input type=submit value="abschicken">
</form>
```

Dadurch entsteht das folgende Textfeld mit einem Button:

Bitte geben Sie Ihren Namen ein : hallo abschicken

Abbildung 23.10 Eingabefeld mit Button

Mit der Zeile

```
<form action="http://localhost/cgi-bin/auswert.cgi" method=get>
```

fordern Sie das CGI-Programm *auswert.cgi* mit der Methode `GET` (`method=get`) an. Dabei können Sie auch gleich sehen, wie Sie die Methode des HTTP-Requests bestimmen können. Beim Drücken des Buttons wird die CGI-Anwendung auf dem Server aufgerufen. Ein Blick auf die URL des Webbrowsers zeigt Folgendes:

```
http://localhost/cgi-bin/auswert.cgi?Textfeld=hallo
```

Den Query-String können Sie jetzt auf dem Webserver mit der CGI-Anwendung *auswert.cgi* aus der gleichnamigen Umgebungsvariablen `QUERY_STRING` auslesen. In dieser Variablen befindet sich jetzt folgender String:

```
QUERY_STRING= Textfeld=hallo
```

POST

Wollen Sie das Gleiche mit der `POST`-Methode machen, müssen Sie nur Folgendes im HTML-Code umändern:

```
<form action="http://localhost/cgi-bin/auswert.cgi" method=post>
```

Jetzt befindet sich in der URL, beim Klicken des Buttons, kein Query-String mehr. In diesem Beispiel müssen Sie die Umgebungsvariable `CONTENT_LENGTH` nach der Anzahl der Bytes abfragen, die diese Nachricht enthält. Anschließend können Sie `CONTENT_LENGTH` Bytes von der Standardeingabe (`stdin`) einlesen – zum Beispiel mit `fgets()`:

```
fgets(puffer, CONTENT_LENGTH, stdin);
```

Danach befindet sich die komplette Eingabe (`Textfeld=IhrName`) vom HTML-Formular im String `puffer`.

Sowohl bei der Methode `GET` als auch bei der `POST`-Methode liegen die Daten kodiert vor und müssen noch dekodiert werden. Wie das geht, erfahren Sie in Kürze.

Weitere Methoden

Es gibt noch einige weitere Methoden, auf die ich hier aber nicht eingehe. Diese Methoden werden in der Praxis kaum eingesetzt. Hier nur ein schneller Überblick zu den weiteren möglichen Anforderungen, die Sie an den Webserver stellen könnten:

- `HEAD` – holt nur die HTTP-Header und keinen Inhalt vom Webserver.
- `PUT` – erzeugt eine Ressource auf dem Server.
- `DELETE` – löscht eine Ressource auf dem Server.
- `OPTIONS` – dient zur Abfrage der möglichen Request-Methoden des Servers.

Request Header

Außer der Request-Zeile schickt der Browser dem Webserver noch einige Informationen, den sogenannten Request-Header, mit. Diese Informationen bestehen aus dem Feldnamen, der mit einem Doppelpunkt von seinem Wert getrennt wird. Dazu nochmals zur Erinnerung das Beispiel eines HTTP-Request, das Sie weiter oben schon gesehen haben:

```
GET /index.html HTTP/1.1

Host: www.pronix.de
Accept: image/gif, image/jpeg, image/pjpeg, */*
Accept-Language: de
Connection: Keep-Alive
User-Agent: Mozilla/4.0 (compatible; MSIE 6.0; Windows NT 5.1)
Referer: ...
```

In diesem Beispiel ist das Fettgedruckte der Request-Header.

In Tabelle 23.4 finden Sie einen Überblick zu einigen HTTP-Request-Headern. Diese Informationen schicken Sie praktisch immer mit, wenn Sie mit einem Webbrowser unterwegs sind und eine neue Webseite vom Webserver anfordern.

Request-Header	Bedeutung
`Host`	Der `Host` ist der Zielrechner, auf dem sich das angeforderte Dokument befindet.
`Content-Length`	Damit der Server weiß, wie viele Daten er aus dem Nachrichten-Body des HTTP-Requests lesen soll, wird dieser Header verwendet. Natürlich gilt dies nur für den `POST`-Request (siehe `POST`). Bei einer Anforderung mit der Methode `GET` wird dieses Feld nicht mit angegeben.
`Content-Type`	Besitzt ein Request einen Nachrichten-Body, muss der `Content-Type`-Header mitgeschickt werden. Damit wird der Medientyp des Nachrichten-Bodys angegeben.
`User-Agent`	Darin befinden sich Angaben darüber, mit welchem Webbrowser und Betriebssystem die Anfrage vorgenommen wurde – wobei diese Angaben nicht immer stimmen müssen. Viele Programme und auch Webbrowser bieten eine Option an, diesen Header zu manipulieren.
`Referer`	Darin befindet sich in der Regel die URL, die der Anwender zuletzt besucht hat. Wenn der User aber eine URL direkt in den Webbrowser eingibt oder ein Bookmark verwendet, befindet sich nichts in diesem Header.
`Accept`	Es gibt mehrere `Accept`-Header. Darin schickt der Browser dem Server Daten, welche Arten von Response (Antworten vom Server) er verstehen kann. Zum Beispiel: ▸ Accept: Liste der Medientypen, die der Browser (Client) akzeptiert. ▸ Accept-Charset: Liste der Zeichensätze, die der Browser akzeptiert. ▸ Accept-Language: Sprachen, die der Browser akzeptiert.
`Cookies`	Damit teilt der Browser dem Server mit, ob er `Cookies` akzeptiert. Deaktivieren Sie zum Beispiel in Ihrem Browser die `Cookies`, so wird dieser Header nicht mitgeschickt. Der Server kann, falls Cookies akzeptiert werden, ein `Cookie` setzen.

Tabelle 23.4 Einige Request-Header und deren Bedeutung

23.8.8 Serverantwort (Server-Response)

Nachdem Sie einen HTTP-Request des Webbrowsers ausführlich durchgearbeitet haben, wird Ihnen der Webserver auch irgendwann mit einer HTTP-Response antworten. Die Antwort besteht aus einer Statuszeile, ebenfalls aus einigen Header-Feldern und häufig auch aus einem Nachrichten-Body. Hier sehen Sie ein Antwort-Beispiel des Webservers:

```
HTTP/1.1 200 OK
Date: Wed, 30 Oct 2002 01:21:22 GMT
Server: Apache/1.3.14
Last Modified: Tue, 29 Oct 2002 22:21:19 GMT

Content-Length: 2232
Content-Type: text/html

<html>
...
</html>
```

Der Statuscode

In der ersten Zeile, der Statuszeile, wird außer dem Protokoll mit der Versionsnummer ein dreistelliger Statuscode angegeben.

```
HTTP/1.1 200 OK
```

Anhand dieses Statuscodes bekommt der Webbrowser die Antwort auf seine Anforderung. In diesem Beispiel wird der Statuscode 200 zurückgegeben, was einem erfolgreichen Request vorangeht. Recht häufig dürfte Ihnen der Statuscode 404 im Internet begegnet sein. Dieser wird zurückgegeben, wenn das angeforderte Dokument nicht gefunden wurde.

Hierzu folgt ein Überblick über die möglichen Statuscodes. Tabelle 23.5 listet die fünf Gruppen von Codes auf, die anhand der ersten Ziffer unterschieden werden.

Statusbereich	Bedeutung
100–199	Allgemeine Informationen. Die Anfrage wird trotzdem noch zur Bearbeitung ausgeführt.
200–299	Alles in Ordnung. Erfolgreiche Anfrage
300–399	Veränderungsstatus, Verlagerungen (bzw. Umleitungen), weitere Maßnahmen müssen getroffen werden, um eine erfolgreiche Anfrage zu gewährleisten.
400–499	Fehlermeldung vom Client (meistens Webbrowser)
500–599	Fehlermeldung vom Server

Tabelle 23.5 Einzelne Bereiche von Statuscodes

Tabelle 23.6 zeigt die in der Praxis etwas häufiger auftretenden Statuscodes und ihre Bedeutungen:

Statuscode	Bedeutung
200	alles okay
201	POST-Befehl erfolgreich
202	Anforderung akzeptiert
203	GET-Anforderung erfüllt
204	Anforderung erfüllt, aber Rücksendung nicht verstanden
300	Datenquelle an mehreren Stellen gefunden
301	Datenquelle war dauernd in Bewegung.
302	Datenquelle war zeitweise in Bewegung.
304	Datenquelle konnte nicht näher bestimmt werden.
400	unverständliche Anforderung vom Client
401	ein File wurde angefragt, für das sich der User ausweisen muss
403	Anfrage war verständlich, der Server weigert sich jedoch, das Dokument zu senden, da dieser oder der Client keine Berechtigung hat. Beispiel: keine Leserechte der Datei.
404	Datenquelle nicht gefunden
405	Verfahren an Datenquelle nicht erlaubt. Zum Beispiel ist die Abfrage-Methode POST explizit gesperrt.
406	Art der Datenquelle nicht erwünscht
408	Anfrage Timeout -> Server überlastet? Fehlkonfiguriert?
500	Fehler im CGI-Skript, falsche Zugriffsrechte, Server falsch konfiguriert
501	Anfrage wird vom Server nicht unterstützt, da notwendige Module nicht implementiert sind.
502	schlechte Netzverbindung oder Server überladen
503	Dienst steht nicht zur Verfügung – Timeout, wenn z. B. ein Datenbankserver nicht reagiert.

Tabelle 23.6 Häufige Statuscodes und deren Bedeutung

Server-Header

Es folgt eine kurze Beschreibung der gängigsten HTTP-Server-Header, die der Webserver dem Webbrowser sendet.

Server-Header	Bedeutung
`Date`	Datum und Uhrzeit, wann die Antwort geschickt wurde
`Server`	Name und Versionsnummer des Webservers
`Content-Length`	Länge des Nachrichten-Body in Bytes
`Content-Type`	Art des Dokuments im Nachrichten-Body. `text/html` steht beispielsweise für eine HTML-Datei. Geben Sie dafür hingegen `text/plain` an, dann handelt es sich um eine reine Textdatei. Dieser Header wird bei fast allen CGI-Anwendungen benötigt, die einen Nachrichten-Body besitzen.
`Last Modified`	Datum der letzten Änderung des angeforderten Dokuments
`Set-Cookie`	Damit können Sie ein Cookie setzen.
`Location`	Speicherort des Dokuments

Tabelle 23.7 Einige Server-Header und deren Bedeutung

23.8.9 Zusammenfassung

Jetzt haben Sie mit dem HTTP-Protokoll das schwierigste und wahrscheinlich auch langweiligste Kapitel hinter sich. Im Laufe der nächsten Seiten wird Ihnen einiges, was Ihnen vielleicht noch nicht so klar ist, in einem anderen Licht erscheinen. Speziell in den nächsten Abschnitten werden Sie sehen, wie Sie mit CGI-Anwendungen und dem HTTP-Webserver zusammenarbeiten können, um dynamische Webseiten zu erstellen.

23.9 Das Common Gateway Interface (CGI)

Damit Sie CGI-Anwendungen auf einem Server ausführen können, muss dafür eine bestimmte Umgebung erzeugt werden. CGI erzeugt diese Umgebung. In diesem Abschnitt geht es darum, welche Umgebung Ihnen CGI zur Verfügung stellt und wie Sie damit arbeiten können.

23.9.1 Filehandles

Den Standard-Filehandles `stdin` und `stdout` fällt bei CGI-Anwendungen eine besondere Rolle zu:

- `stdin` – Erhält der Webserver eine Anfrage (HTTP-Request) mit der `POST`-Methode vom Webbrowser, eine CGI-Anwendung zu starten, wird der Nachrichten-Body über `stdin` an die CGI-Anwendung weitergeleitet. Über die Standardeingabe können Sie nun `Content-Length`-Bytes einlesen. Diese eingelesenen Daten liegen allerdings noch in kodierter Form vor und müssen erst noch dekodiert werden.

- `stdout` – Auf `stdout` geben CGI-Anwendungen ihre Daten aus. Die Ausgabe beim Apache-Webserver ist dabei ungepuffert.

Einfacher geht es eigentlich kaum. Daten vom Webbrowser für die CGI-Anwendung werden einfach über die Standardeingabe (`stdin`) eingelesen, und Daten für den Webbrowser (z. B. die Darstellung einer Webseite) werden über die Standardausgabe (`stdout`) ausgegeben. Und hier greifen Sie ein. Sie sind mit einer dazwischenliegenden CGI-Anwendung für den Datenfluss verantwortlich.

Was die Standardfehlerausgabe (`stderr`) bei CGI-Anwendungen macht, ist nicht festgelegt und hängt somit von den einzelnen Webservern ab. Zumindest beim Apache werden Ausgaben in das in der *httpd.conf* angegebene *error.log* geleitet.

23.9.2 CGI-Umgebungsvariablen

In den sogenannten Umgebungsvariablen befinden sich Informationen zum Webserver und zum Client (Browser). Die CGI-Umgebungsvariablen werden aus drei verschiedenen Quellen erzeugt:

- dem HTTP-Anfrage-Paket
- dem Webserver
- dem HTTP-Anfrage-Header des Webbrowsers

Einige der Umgebungsvariablen werden dabei aus einer Kombination dieser drei Quellen gesetzt. Hier folgt ein Überblick zu einigen Standard-Umgebungsvariablen auf dem Webserver:

CGI-Umgebungsvariable	Bedeutung
AUTH_TYPE	Authentifizierungsmethode zur Überprüfung des Benutzers (falls angefordert)
CONTENT_LENGTH	Größe der Daten in Bytes, die an die Standardeingabe (`stdin`) der CGI-Anwendung übergeben wurden
CONTENT_TYPE	die Art des Dokuments des Nachrichten-Body
DOCUMENT_ROOT	Verzeichnis, aus dem statische Webseiten gelesen werden
GATEWAY_INTERFACE	Version der CGI-Spezifikation des Webservers
PATH_INFO	zusätzliche Pfadinformationen, die beispielsweise vom Webbrowser übergeben wurden

Tabelle 23.8 CGI-Umgebungsvariablen und deren Bedeutung

CGI-Umgebungsvariable	Bedeutung
PATH_TRANSLATED	die übersetzte Version von PATH_INFO, die als Systempfad angegeben wird
QUERY_STRING	die Information, die mit einem ? an die URL gehängt wird
REMOTE_ADDR	die IP-Adresse des Clients, der den Request geschickt hat
REMOTE_HOST	der DNS-Name des Clients, der den Request geschickt hat
REMOTE_IDENT	Der Name des Remote-Benutzers, der vom Server ermittelt wurde. Funktioniert nur, wenn Server und Client die RFC-931-Identifikation unterstützen.
REMOTE_USER	Unterstützt Ihr Server Benutzer-Authentifizierung, dann ist dies der Benutzername, mit dem Sie sich authentifiziert haben.
REQUEST_METHOD	die Methode der verwendeten HTTP-Anfrage (meist GET oder POST)
SCRIPT_NAME	der URL-Pfad des ausgeführten Skripts
SERVER_NAME	der Hostname, der DNS-Alias oder die IP-Adresse des Serverrechners
SERVER_PORT	Die Portnummer, an die die HTTP-Anfrage gesendet wurde. Meistens ist das Port 80.
SERVER_PROTOCOL	der Name und die Versionsnummer des Protokolls, mit dem die Anfrage gesendet wurde
SERVER_SOFTWARE	der Name und die Versionsnummer des verwendeten Webservers

Tabelle 23.8 CGI-Umgebungsvariablen und deren Bedeutung (Forts.)

Weitere Header-Variablen, die Ihnen Apache zur Verfügung stellt, sind die vom Client (Webbrowser) bei der Anfrage gesendeten Variablen. Alle diese Header-Variablen sind gleich aufgebaut: `HTTP_Name_des_Headers`. Tabelle 23.9 zeigt einige dieser Variablen im Überblick:

Header-Variablen	Bedeutung
HTTP_ACCEPT	Liste der akzeptierten Medientypen
HTTP_ACCEPT_CHARSET	Liste der akzeptierten Zeichensätze
HTTP_ACCEPT_LANGUAGE	Liste der akzeptierten Sprachen
HTTP_COOKIE	das Cookie, das vom Server gesetzt wurde

Tabelle 23.9 HTTP-Header-Variablen

Header-Variablen	Bedeutung
HTTP_FROM	die E-Mail-Adresse des Benutzers, der den Request gesendet hat (ist meistens nicht gesetzt)
HTTP_REFERER	Die URL, die der Benutzer zuletzt besucht hat. Ausnahme: eine direkt eingetippte URL oder ein Bookmark
HTTP_USER_AGENT	Name und Versionen des Betriebssystems und des Webbrowsers, der den Request gesendet hat

Tabelle 23.9 HTTP-Header-Variablen (Forts.)

Um jetzt auf die Umgebungsvariablen zuzugreifen, wird die ANSI-C-Funktion `getenv()` verwendet:

```
#include <stdlib.h>

char *getenv(const char *str);
```

Ist die Umgebungsvariable `str` vorhanden, wird ein Zeiger auf den Inhalt dieser Umgebungsvariable zurückgegeben. Wenn die Umgebungsvariable nicht vorhanden ist, wird `NULL` zurückgegeben. Wollen Sie beispielsweise abfragen, von welchem Betriebssystem und welchem Webbrowser die Anfrage gestellt wurde, können Sie wie folgt vorgehen:

```
/* browser.c */
#include <stdio.h>
#include <stdlib.h>

/* die Kopfzeile eines Standard-HTML-Dokuments;
 * titel: String, der als Titel erscheinen soll
 */
void print_html_header(char *titel) {
   printf("<html><head>\n");
   printf("<title>%s</title>\n",titel);
   printf("</head><body><pre>\n");
}

/* das Ende eines HTML-Dokuments */
void print_html_end(void) {
   printf("</pre></body></html>\n");
}

/* damit überhaupt ein HTML-Dokument ausgegeben wird */
void print_header(void) {
   printf("Content-Type: text/html\n\n");
}
```

```
int main(void) {
   char *p;

   print_header();
   print_html_header("Wer bin ich?");
   p = getenv("HTTP_USER_AGENT");
   if(p!=NULL)
      printf("Sie browsen mit : %s\n",p);
   else
      printf("Konnte HTTP_USER_AGENT nicht ermitteln!\n");
   print_html_end();
   return EXIT_SUCCESS;
}
```

Wenn Sie diese CGI-Anwendung wieder aufrufen (der Name sei *browser.cgi*), und zwar mit `http://localhost/cgi-bin/browser.cgi`, dann sollten Sie im Browser einen String vorfinden wie z. B.:

```
Sie browsen mit :
Mozilla/5.0 (Windows; U; Windows NT 6.0; de; rv:1.9.0.8)
Gecko/2009032609 Firefox/3.0.8 (.NET CLR 3.5.30729)
```

oder:

```
Sie browsen mit :
Mozilla/5.0 (X11; U; Linux i686; en-US; rv:1.9.0.5) Gecko/
2008121622 Ubuntu/8.10 (intrepid) Firefox/3.0.5
```

Die Abfrage aller Umgebungsvariablen soll jetzt in eine Funktion gepackt werden. Das folgende Listing gibt alle vorhandenen Umgebungsvariablen auf dem Browser aus:

```
/* env.c */
#include <stdio.h>
#include <stdlib.h>

/* Listing gibt alle vorhandenen Environment-Variablen aus. */

char *env[] =  {
   "AUTH_TYPE", "CONTENT_LENGTH", "CONTENT_TYPE",
   "GATEWAY_INTERFACE", "HTTP_ACCEPT", "HTTP_CONNECTION",
   "HTTP_HOST", "HTTP_REFERER", "HTTP_USER_AGENT",
   "PATH_INFO", "PATH_TRANSLATET", "QUERY_STRING",
   "REMOTE_ADDR", "REMOTE_HOST", "REMOTE_IDENT",
   "REMOTE_USER", "REQUEST_METHOD", "SCRIPT_NAME",
   "SERVER_NAME", "SERVER_PORT", "SERVER_PROTOCOL",
   "SERVER_SOFTWARE" , NULL
};
```

```
/* die Kopfzeile eines Standard-HTML-Dokuments;
 * titel: String, der als Titel erscheinen soll
 */
void print_html_header(char *titel) {
   printf("<html><head>\n");
   printf("<title>%s</title>\n",titel);
   printf("</head><body><pre>\n");
}

/* das Ende eines HTML-Dokuments */
void print_html_end(void) {
   printf("</pre></body></html>\n");
}

/* damit überhaupt ein HTML-Dokument ausgegeben wird */
void print_header(void) {
   printf("Content-Type: text/html\n\n");
}

/* Inhalt der Environment-Variable ausgeben */
void environment(const char *s) {
   char *p;

   p = getenv(s);
   printf ("%s", s);
   if(p!=NULL)
      printf (" = %s", p);
   else
      printf(" = (<i>keine Angaben</i>)");
   printf ("<BR>\n");
}

int main(void) {
   int i;

   print_header();
   print_html_header("CGI-Umgebungsvariablen ausgeben - 2\n");
   for(i=0; env[i] != NULL; i++)
      environment(env[i]);
   print_html_end();
   return EXIT_SUCCESS;
}
```

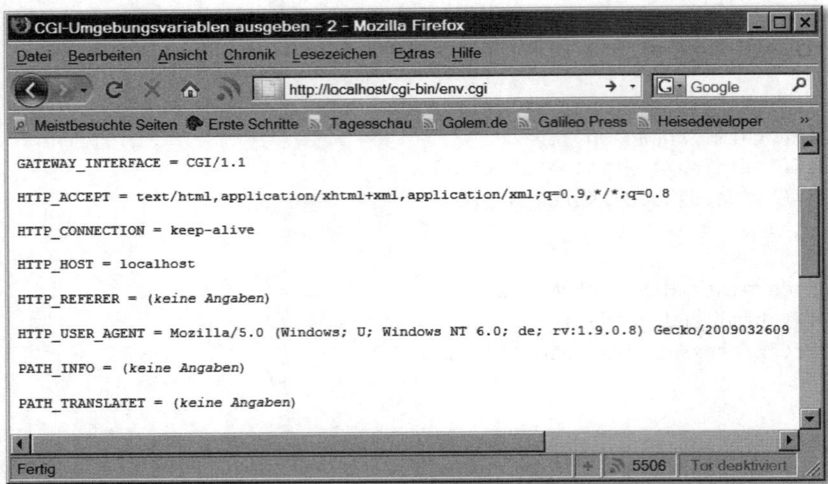

Abbildung 23.11 Ausgabe der Umgebungsvariablen

Dreh- und Angelpunkt ist die Funktion `environment()`, die mit einem entsprechenden String als Argument aufgerufen wird. Die Strings wurden in diesem Beispiel alle in eine Stringtabelle verpackt. In `environment()` werden in einer Schleife alle Umgebungsvariablen abgefragt und ausgegeben.

23.9.3 CGI-Ausgabe

Wenn Ihre CGI-Anwendung etwas ausgeben soll, müssen Sie mindestens eine Headerzeile ausgeben. Der Webserver erledigt dann den Rest, wie zum Beispiel die Ausgabe weiterer Header. Von den drei folgenden Headern muss mindestens einer angegeben werden.

Content-Type-Dokumente ausgeben

Wollen Sie, dass Ihre CGI-Anwendung ein bestimmtes Dokument ausgibt, müssen Sie dem Webserver erst mitteilen, um was für ein Dokument es sich handelt. Meistens werden Sie ein HTML-Dokument ausgeben wollen. Dies wird mit folgender Angabe erledigt:

```
printf("Content-Type: text/html\n\n");
```

Die beiden Newline-Zeichen am Ende sind enorm wichtig. Damit wird dem Webserver angezeigt, dass es sich um die letzte Headerzeile handelt. Wenn der Webserver diese Leerzeile erhält, kann er dem Webbrowser seine Daten schicken. Meistens ist dies das Anzeigen einer HTML-Webseite. Natürlich lassen sich mit dem `Content-Type`-Header noch unzählig viele andere Dokumente neben den HTML-Dokumenten ausgeben.

»Status« – Statuscode ausgeben

Damit können Sie angeben, welchen Statuscode der Webserver an den Webbrowser als Response schicken soll. Welche unterschiedlichen Statuscodes Sie verwenden können, wissen Sie bereits. Wollen Sie zum Beispiel den Statuscode 403 (Forbidden) an den Webbrowser senden, und zwar derart, dass der Surfer keinen Zugriff auf diese Seite hat, können Sie so vorgehen:

```
printf("Status: 403");
```

»Location« – Weiterleiten an ein anderes Dokument

Wollen Sie mithilfe einer CGI-Anwendung nicht ein Dokument ausgeben, sondern zu einem anderen Dokument weiterleiten, können Sie dazu den `Location`-Header verwenden. Dieser lässt sich beispielsweise ideal einsetzen, wenn sich die URL eines Dokuments geändert hat. Anwenden können Sie den Header so:

```
printf("Location: umleitungs_ziel.html\n\n");
```

Bitte bedenken Sie auch, dass es immer noch Surfer mit älteren Browsern gibt, die eine automatische Weiterleitung nicht unterstützen. Schreiben Sie dafür ein paar extra Zeilen HTML-Code mit einem Link zum Weiterklicken.

Hierzu folgt jetzt ein Programmbeispiel, das Surfern mit bestimmten IP-Adressen (`REMOTE_ADDR`) den Zugang auf die Webseite verweigert. Falls aber die IP-Adresse Zugang hat, wird der Surfer zu einer entsprechenden URL weitergeleitet.

```
/* location.c */
#include <stdio.h>
#include <string.h>
#include <stdlib.h>

/* Listing fragt REMOTE_ADDR ab. Lässt sich der Wert nicht
 * auslesen, gibt das CGI-Programm den Statuscode 500 zurück.
 * Ansonsten werden die verbotenen IP-Adressen in forbidden mit
 * REMOTE_ADDR überprüft und entsprechende Maßnahmen getroffen. */

/* die Liste der IP-Adressen, die keinen Zugriff auf die Seite
 * haben sollen */
char *forbidden[] = {
   "127.0.0.1", "168.123.6.1", NULL
};

/* Weiterleitung zu einer URL;
 * url ist die URL, zu der Sie den User weiterleiten.
 */
void print_location(char *url) {
```

```
   printf("Location: %s\n\n", url);
   /* für den Fall, dass ein alter Browser keine
    * automatische Weiterleitung unterstützt */
   printf("Content-Type: text/html\n\n");
   printf("<html><head>\n");
   printf("<title>Weiterleitung zu %s</title>\n",url);
   printf("</head><body><pre>\n");
   printf("Weiter gehts <a href=\"%s\">hier</a>",url);
   printf("</pre></body></html>\n");
}

/* Statuscode zurückgeben */
void print_status(char *status) {
   printf("Status: %s", status);
}

int main(void) {
   char *p;
   int i;

   /* IP-Adresse ermitteln */
   p = getenv("REMOTE_ADDR");
   if( p == NULL) { /* Fehler bei getenv-Abfrage */
      print_status("500");
      return EXIT_FAILURE;
   }
   for(i=0; forbidden[i] != NULL; i++)
      if(strcmp(p, forbidden[i]) == 0) {
         /* Diese IP hat keinen Zutritt */
         print_status("403");
         return EXIT_FAILURE;
      }
   /* Ok, der User wird auf die Willkommen-Seite weitergeleitet.
    * Die URL an Ihre Bedürfnisse anpassen */
   print_location("http://localhost/welcome.html");
   return EXIT_SUCCESS;
}
```

Zuerst überprüft die CGI-Anwendung die IP-Adresse des Surfers. Sollte es dabei schon zu Problemen kommen, wird der Fehlercode 500 zurückgegeben, ein Serverfehler also. Ansonsten wird die Stringtabelle `forbidden` durchlaufen und mit `strcmp()` und dem Rückgabewert von `getenv()` verglichen. Bei der IP-Adresse `127.0.0.1` handelt es sich um die Adresse des `localhost`. Wenn Sie die Anwendung auf Ihrem System testen wollen, handelt es sich um Ihre eigene IP-Adresse.

In diesem Fall sollten Sie den Statuscode 403 (Forbidden) vom Browser zurückbekommen. Der letzte Fall leitet Sie an die URL *http://localhost/welcome.html* weiter, die sich im Beispiel im *htdocs*-Verzeichnis befindet.

Außerdem empfehle ich Ihnen, die Daten der Stringtabelle `forbidden` in einer extra Datei zu speichern. Diese Datei können Sie dann beim Ausführen der CGI-Anwendung zum Lesen öffnen, auslesen und mit `REMOTE_ADDR` überprüfen. Eine extra Datei ist deshalb sinnvoller, weil Sie beim Hinzufügen von weiteren IP-Adressen nicht das komplette Listing neu übersetzen müssen.

Hinweis

In der Praxis empfiehlt es sich, die Zugriffe auf bestimmte Seiten mit der Datei *.htaccess* zu regeln. Dies ist wesentlich einfacher, als eine CGI-Anwendung dafür zu schreiben.

23.10 HTML-Formulare

Mit den Umgebungsvariablen allein könnten Sie schon ein ganzes Arsenal von CGI-Anwendungen schreiben. Aber irgendwann werden Sie auch Daten eines HTML-Formulars auswerten wollen. Und darum geht es in diesem Abschnitt, nämlich um das Erstellen eines solchen Formulars. Natürlich handelt es sich dabei nur um einen groben Überblick.

23.10.1 Die Tags und ihre Bedeutung

Jetzt lernen Sie einige HTML-Tags kennen, mit denen Sie sogenannte Webformulare erstellen können.

Hinweis

Der Inhalt von HTML-Dateien ist in sogenannten *Tags* eingeschlossen. Ein Tag besteht zum einen aus dem HTML-Befehl selbst und zum anderen aus einer Kennzeichnung, die besagt, ob es sich dabei um einen einführenden oder einen abschließenden HTML-Befehl handelt.

Der Bereich zwischen dem einführenden und dem abschließenden Tag wird als *Gültigskeitsbereich* bezeichnet. Als Beispiel sehen Sie hier die Tags, die Ihren Webbrowser anweisen, das angeforderte Dokument als HTML-Seite zu interpretieren und darzustellen:

```
<html> Das sehen Sie im Browser </html>
```

<form>-Tag

Dieses Tag werden Sie bei jedem Formular verwenden. Alle anderen Formular-Tags stehen zwischen den Tags `<form>` und `</form>`:

```
<form>
...
Formularinhalt
...
</form>
```

Folgende zwei Attribute des `<form>`-Tags sind von besonderem Interesse:

- `method` – Wie der Name schon sagt, legen Sie damit fest, mit welcher Request-Methode Sie die CGI-Anwendung aufrufen. Meistens dürften dies die Methoden `GET` oder `POST` sein. Wird keine Methode angegeben, wird die `GET`-Methode verwendet.
- `action` – Damit geben Sie die URL der CGI-Anwendung an, mit der Sie beabsichtigen, die Formulareingaben zu bearbeiten.

Somit könnte das `<form>`-Tag folgendermaßen aussehen:

```
<form action="./cgi-bin/auswert.cgi" method="POST">
...
Formularinhalt
...
</form>
```

<input>-Tag

Mit dem `<input>`-Tag können Sie eine Menge Formularobjekte erzeugen. Unterschieden werden diese durch das `type`-Attribut. Besonders wichtig für CGI-Anwendungen ist außerdem das Attribut `name`. Damit können Sie beim Auswerten eines Formulars auf den übergebenen Wert zugreifen.

Wir betrachten im Folgenden die einzelnen Typen des `<input>`-Tags.

<input type="text">

So sieht es aus:

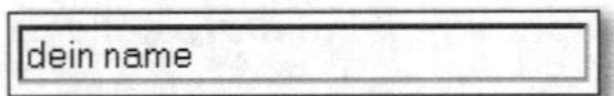

Abbildung 23.12 Einzeiliges Eingabefeld

So wird es gemacht:

```
<input type=text name="name" size=32
      maxlength=32 value="dein name">
```

Bedeutung der Attribute	
`size`	Gibt die Breite des Textfeldes an.
`maxlength`	die Anzahl der Zeichen, die eingegeben werden können
`value`	Der Wert, der standardmäßig im Text erscheint. Wird dieses Attribut nicht verwendet, bleibt das Textfeld leer.

Tabelle 23.10 Das <input>-Tag (Text)

<input type="password">

So sieht es aus:

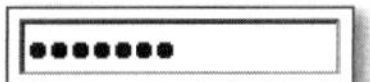

Abbildung 23.13 Einzeiliges Passwortfeld

So wird es gemacht:

```
<input type=password value="abcdefg" size=16, maxlength=16>
```

Bedeutung der Attribute
Als Attribute werden dabei dieselben wie schon beim Textfeld (`type=text`) verwendet. Dieses Eingabefeld dient allerdings nur als Bildschirmschutz, denn bei der `GET`-Methode wird das Passwort unverschlüsselt im Query-String angezeigt.

Tabelle 23.11 Das <input>-Tag (Passwort)

<input type="radio">

So sieht es aus:

Abbildung 23.14 Radiobuttons

So wird es gemacht:

```
<input type="radio" name="essen" value="Pizza" checked> Pizza<br>
<input type="radio" name="essen" value="Pommes"> Pommes<br>
<input type="radio" name="essen" value="Salat"> Salat<br>
```

Bedeutung der Attribute	
`value`	Dieser Wert wird, falls aktiviert, beim Request an die CGI-Anwendung mitgeschickt.
`checked`	Dieses Attribut können Sie nur an einen Radiobutton in der Gruppe übergeben. In diesem Beispiel ist das die Gruppe `essen`.

Tabelle 23.12 Das <input>-Tag (Radiobuttons)

<input type="checkbox">

So sieht es aus:

☐ Nachnahme (+6 Euro)
☐ Express (+2 Euro)
☐ Versichert (+2 Euro)

Abbildung 23.15 Checkboxen

So wird es gemacht:

```
<input type="checkbox" name="zusatz" value="10000">
Nachnahme (+6 Euro)<br>
<input type="checkbox" name="zusatz" value="20000">
Express   (+2 Euro)<br>
<input type="checkbox" name="zusatz" value="30000">
Versichert(+2 Euro)<br>
```

Bedeutung der Attribute
Die Checkboxen können ebenso verwendet werden wie schon die Radiobuttons, allerdings mit dem Unterschied, dass mit Checkboxen eine Mehrfachauswahl möglich ist. Natürlich kann man hier das Attribut `checked` ebenfalls mehrmals verwenden.

Tabelle 23.13 Das <input>-Tag (Checkboxen)

<input type="submit"> und <input type="reset">

So sieht es aus:

Abbildung 23.16 Schaltflächen (Buttons)

So wird es gemacht:

```
<input type="Submit" name="sub" value="Abschicken">
<input value="Zurücksetzen" type="reset">
```

Bedeutung der Attribute
Mit dem Button vom Typ `Submit` wird das Formular abgeschickt. Es wird also eine Anfrage an die URL gerichtet, die Sie im `<form>`-Tag beim `action`-Attribut angegeben haben. Das Attribut `name` macht beim `Submit`-Button eigentlich nur dann Sinn, wenn Sie mehrere Submit-Buttons für ein Formular verwenden. Mit dem Button vom Typ `reset` werden alle bisher veränderten Werte im Formular wieder auf ihren Ursprungszustand gesetzt. Die Beschriftung der beiden Buttons legen Sie mit dem Attribut `value` fest.

Tabelle 23.14 Das <input>-Tag (Schaltflächen)

<texarea>-Tag

So sieht es aus:

Abbildung 23.17 Mehrzeiliges Textfeld

So wird es gemacht:

```
<textarea name="textform" cols="32" rows="6">Textinhalt
</textarea>
```

Bedeutung der Attribute
Damit haben Sie einen Textbereich mit einer Breite von 32 Zeichen und sechs Spalten erstellt. Den Text, den Sie zwischen den Tags `<textarea>text</textarea>` schreiben, finden Sie in dem Textbereich wieder. Außer den für sich selbst sprechenden Attributen `cols` und `rows` können Sie noch das Attribut `wrap` verwenden. Damit können Sie angeben, ob und wie der Text am Zeilenende umbrochen werden soll. Als Parameter können Sie dazu verwenden: `virtual`, `physical` und `none`.

Tabelle 23.15 Das <textarea>-Tag

<select>-Tag

Mit dem `<select>`-Tag können zwei unterschiedliche Arten von Listen erzeugt werden – welche Art, das bestimmen Sie mit dem Attribut `size`. Geben Sie für dieses Attribut den Wert 1 an, erstellen Sie ein Aufklappmenü. Geben Sie diesem Attribut beispielsweise den Wert 5, so haben Sie eine Scrollliste mit fünf sichtbaren Elementen. Als Beispiel:

```
size=1
```

So sieht es aus:

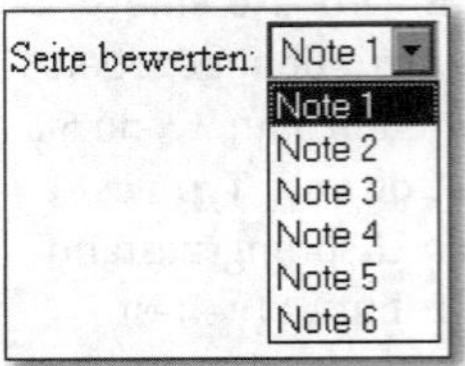

Abbildung 23.18 Listen (Aufklappmenü)

So wird es gemacht:

```
Seite bewerten:
<select name="Bewertung" size="1">
<option>Note 1</option>
<option>Note 2</option>
<option>Note 3</option>
<option>Note 4</option>
<option>Note 5</option>
<option>Note 6</option>
</select>
```

Bedeutung der Attribute
Mithilfe des `<option>`-Tags können Sie die möglichen Werte im Klartext schreiben, da das Tag `<select>` kein `value`-Attribut besitzt. Setzen Sie beim `<option>`-Tag zusätzlich noch das Attribut `selected`, können Sie dieses Element in der Liste als ausgewählt anzeigen lassen.

Tabelle 23.16 Das <select>-Tag

Die zweite Möglichkeit:

```
size= (>1)
```

So sieht es aus:

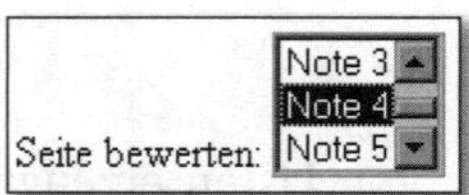

Abbildung 23.19 Listen (Scrollbox)

So wird es gemacht:

```
Seite bewerten:
<select name="Bewertung" size="4">
<option>Note 1</option>
```

```
<option>Note 2</option>
<option>Note 3</option>
<option selected>Note 4</option>
<option>Note 5</option>
<option>Note 6</option>
</select>
```

Bedeutung der Attribute
Zusätzlich können Sie mit dem Attribut `multiple` beim `<select>`-Tag dafür sorgen, dass mehrere Optionen ausgewählt werden können. Dies funktioniert natürlich nur mit Scroll-listen. Außerdem müssen Sie im Falle einer Mehrfachauswahl die [Strg]-Taste gedrückt halten.

Tabelle 23.17 Das <select>-Tag

Zu diesen Tags gibt es natürlich noch eine Menge weiterer Attribute und Optionen.

23.11 CGI-Eingabe

23.11.1 Die Anfrage des Clients an den Server

In den Abschnitten zur Client-Anfrage und zu den Formular-Tags habe ich die zwei vorwiegend in der Praxis eingesetzten Methoden zum Empfangen von Daten schon erwähnt (`POST`, `GET`). Diese Methoden werde ich jetzt anhand des folgenden HTML-Formulars genauer erläutern:

```
<html>
<head>
<title>Eine einfache Auswertung</title>
</head>
<body>
<h1><center>
<b><u>Formular</u></b></center></h1><br><br>
<form action=http://localhost/cgi-bin/auswert.cgi method=get>
   <center><b>Bitte geben Sie Ihren Namen ein :</b><br>
   <input name="Textfeld" size="20"> </input>
   <input type=submit value="abschicken"></center>
</form>
</body>
</html>
```

So sieht es aus:

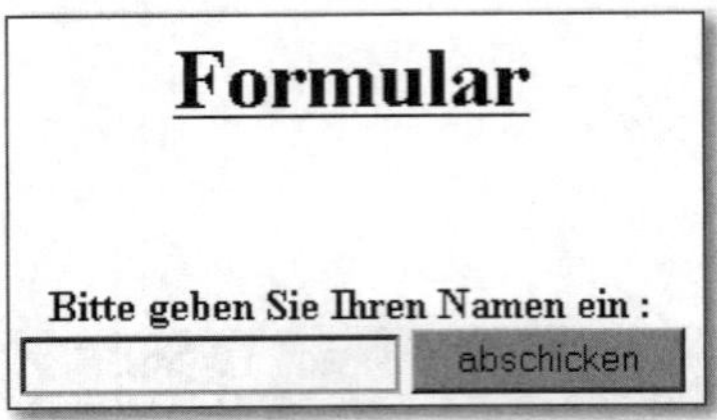

Abbildung 23.20 Eingabeformular

Von ganz besonderem Interesse ist hier das `<form>`-Tag. Sobald Sie auf den Button ABSCHICKEN klicken, wird mit dem Attribut `action` ein Prozess, nämlich die CGI-Anwendung *auswert.cgi*, auf dem Webserver gestartet. Darin unterscheiden sich beide Methoden nicht. Da im HTML-Beispiel hier die Methode `GET` (`method=get`) verwendet wurde, soll diese auch als Erste behandelt werden.

Arbeitsweise von GET

Bei der `GET`-Methode hängt der Browser die Zeichenkette am Ende der URL an. Bei einer Eingabe der Zeichenkette `"hallo"` hat die URL folgendes Aussehen:

```
http://localhost/cgi-bin/auswert.cgi?Textfeld=hallo
```

Der Webserver ist jetzt dafür verantwortlich, diese Zeichenkette wieder zu entfernen, und übergibt diese an die Umgebungsvariable `QUERY_STRING`:

```
QUERY_STRING = Textfeld=hallo
```

Jetzt sind Sie an der Reihe, mit dem CGI-Programm die Umgebungsvariable `QUERY_STRING` auszuwerten. Die `GET`-Möglichkeit stellt dabei die einfachste Art dar. Es herrscht hierbei immer noch der Irrglaube, dass mit der `GET`-Methode nur 255 bzw. 1024 Bytes verarbeitet werden können. Diese Größe wird aber vom Webserver vorgegeben und beträgt mindestens 255 Bytes bis zu 8192 Bytes.

Arbeitsweise von POST

Wollen Sie statt der Methode `GET` die Methode `POST` verwenden, müssen Sie nur im HTML-Formular die Zeile

```
<form action="http://... /cgi-bin/auswert.cgi" method=get>
```

umändern in:

```
<form action="http://.. /cgi-bin/auswert.cgi" method=post >
```

Bei der `POST`-Methode werden die Daten nicht in einer der Umgebungsvariablen abgelegt, sondern in der Standardeingabe (`stdin`). Sie können somit die CGI-Anwendung so schreiben, als würde die Eingabe von der Tastatur gemacht. Die Länge des kodierten Strings befindet sich in der Umgebungsvariablen CONTENT_LENGTH.

Außerdem wird noch die Umgebungsvariable CONTENT_TYPE verwendet, damit die CGI-Anwendung weiß, um was für eine Art Dokument es sich handelt.

POST- oder GET-Methode programmtechnisch auswerten

Damit die CGI-Anwendung jetzt weiß, ob die Daten mit der Methode GET oder POST gesendet wurden, benötigen Sie eine Funktion, die die Umgebungsvariable REQUEST_METHOD auswertet und den Inhalt (String), sei es nun vom QUERY_STRING oder von der Standardeingabe, an den Aufrufer zurückgibt.

```
/*  Funktion liest Daten in der POST- oder GET-Methode ein.
 *  Rückgabewert: String puffer mit den Daten

 *  bei Fehler  : NULL
*/
char *getdata(void) {
   unsigned long size;
   char *puffer = NULL;
   char *request = getenv("REQUEST_METHOD");
   char *cont_len;
   char *cgi_string;

   /* zuerst die Request-Methode überprüfen */
   if(  NULL == request )
      return NULL;
   else if( strcmp(request, "GET") == 0 ) {
      /* die Methode GET -> Query String abholen */
      cgi_string = getenv("QUERY_STRING");
      if( NULL == cgi_string )
         return NULL;
      else {
         puffer =(char *) Strdup(cgi_string);
         return puffer; /* Rückgabewert an den Aufrufer */
      }
   }
   else if( strcmp(request, "POST") == 0 ) {
      /* die Methode POST -> Länge des Strings
       * ermitteln (CONTENT_LENGTH) */
      cont_len = getenv("CONTENT_LENGTH");
      if( NULL == cont_len)
         return NULL;
```

```
      else {
         /* String CONTENT_LENGTH in
          * unsigned long umwandeln */
         size = (unsigned long) atoi(cont_len);
         if(size <= 0)
            return NULL; /* Keine Eingabe!?!? */
      }
      /* jetzt lesen wir die Daten von stdin ein */
      puffer = (char *) malloc(size+1);
      if( NULL == puffer )
         return NULL;
      else {
         if( NULL == fgets(puffer, size+1, stdin) ) {
            free(puffer);
            return NULL;
         }
         else  /* Rückgabewerte an den Ausrufer */
            return puffer;
      }
   }
   else /*  Weder die GET- noch die POST-Methode
         *  wurden verwendet. */
      return NULL;
}

/*  Da die Funktion strdup() in der Headerdatei <string.h> keine
 *  ANSI-C-Funktion ist, schreiben wir eine eigene.
 */
char *Strdup(const char *str) {
   char *p;

   if(NULL == str)
      return NULL;
   else {
      p = malloc(strlen(str)+1);
      if(NULL == p)
         return NULL;
      else
         strcpy(p, str);
   }
   return p;
}
```

Es wurde außerdem eine extra Funktion für `Strdup()` geschrieben, da die vorhandene `strdup()` in der Headerdatei *<string.h>* nicht zum ANSI-C-Standard gehört. Sie können diese eben erstellten Funktionen gern in einer CGI-Anwendung testen und ausführen. Falls Sie die CGI-Anwendung getestet und etwa folgende Eingabe in einem Webformular gemacht haben:

```
Jürgen "pronix" Wolf
```

erscheint anschließend im Webbrowser folgende Zeile:

```
Textfeld=J%FCrgen+%22pronix%22+Wolf
```

Wir sind also noch ein wenig vom gewünschten Ergebnis entfernt.

23.11.2 Eingabe parsen

Sie können zwar jetzt die Eingabe vom Client empfangen, aber Sie müssen den String noch lesefreundlich dekodieren. Hier folgt ein Überblick zu den Zeichen, die eine besondere Bedeutung haben und die Sie als Programmierer von CGI-Anwendungen berücksichtigen müssen.

- `&` – Die einzelnen Formularelemente (sofern es mehrere sind) werden mit diesem Zeichen getrennt.
- `=` – Mit diesem Zeichen werden die Variable/Wert-Paare voneinander getrennt.

  ```
  Textfeld J%FCrgen+%22pronix%22+Wolf
  ```

- `+` – Damit werden die Leerzeichen der eingegebenen Daten getrennt.

  ```
  Textfeld J%Fcrgen %22pronix%22 Wolf
  ```

- `%XX` – Bei einem Prozentzeichen, auf das zwei hexadezimale Ziffern folgen, handelt es sich um ASCII-Zeichen mit dem dezimalen Wert von 128 bis 255. Diese hexadezimalen Ziffern müssen in ASCII-Zeichen dekodiert werden.

  ```
  Textfeld Jürgen pronix Wolf
  ```

In Tabelle 23.18 finden Sie Steuerzeichen und weitere Zeichen sowie ihre hexadezimale Darstellung im Überblick:

Zeichen	Hexadezimale Darstellung
Tab	%09
Space	%20
"	%22
#	%23
%	%25

Tabelle 23.18 Kodierte Zeichen und ihre Bedeutung

<table>
<tr><th>Zeichen</th><th>Hexadezimale Darstellung</th></tr>
<tr><td>&</td><td>%26</td></tr>
<tr><td>(</td><td>%28</td></tr>
<tr><td>)</td><td>%29</td></tr>
<tr><td>,</td><td>%2C</td></tr>
<tr><td>.</td><td>%2E</td></tr>
<tr><td>/</td><td>%2F</td></tr>
<tr><td>:</td><td>%3A</td></tr>
<tr><td>;</td><td>%3B</td></tr>
<tr><td><</td><td>%3C</td></tr>
<tr><td>=</td><td>%3D</td></tr>
<tr><td>></td><td>%3E</td></tr>
<tr><td>?</td><td>%3F</td></tr>
<tr><td>@</td><td>%40</td></tr>
<tr><td>[</td><td>%5B</td></tr>
<tr><td>\</td><td>%5C</td></tr>
<tr><td>]</td><td>%5D</td></tr>
<tr><td>^</td><td>%5E</td></tr>
<tr><td>`</td><td>%60</td></tr>
<tr><td>{</td><td>%7B</td></tr>
<tr><td>|</td><td>%7C</td></tr>
<tr><td>}</td><td>%7D</td></tr>
<tr><td>~</td><td>%7E</td></tr>
</table>

Tabelle 23.18 Kodierte Zeichen und ihre Bedeutung (Forts.)

Jetzt wollen Sie natürlich auch wissen, wie Sie dies in der Praxis dekodieren können. Folgende Funktionen sind dazu zunächst nötig:

- kodierte Zeichen (Prozentzeichen, gefolgt von zwei Hexzahlen) dekodieren
- alle Leerzeichen, die mit + angegeben sind, in ein echtes Leerzeichen konvertieren

Alle anderen Schritte folgen in den nächsten Funktionen. Betrachten wir zunächst die Funktionen, mit denen die hexadezimalen Zahlen in ASCII-Werte und die +-Zeichen in echte Leerzeichen konvertiert werden:

```
/* Wandelt einzelne Hexzeichen (%xx) in ASCII-Zeichen
 * und kodierte Leerzeichen (+) in echte Leerzeichen um. */
```

```
void hex2ascii(char *str)  {
   int x, y;


   for(x=0,y=0; str[y] != '\0'; ++x,++y) {
      str[x] = str[y];
      /* Ein hexadezimales Zeichen? */
      if(str[x] == '%')  {
         str[x] = convert(&str[y+1]);
         y += 2;
      }
      /* Ein Leerzeichen? */
      else if( str[x] == '+')
         str[x]=' ';
   }
   /* geparsten String sauber terminieren */
   str[x] = '\0';
}

/* Funktion konvertiert einen String von zwei hexadezimalen
 * Zeichen und gibt das einzelne dafür stehende Zeichen zurück. */
char convert(char *hex) {
   char ascii;

   /* erster Hexawert */
   ascii =
   (hex[0] >= 'A' ? ((hex[0] & 0xdf) - 'A')+10 : (hex[0] - '0'));

   ascii <<= 4; /* Bitverschiebung schneller als ascii*=16 */
   /* zweiter Hexawert */
   ascii +=
   (hex[1] >= 'A' ? ((hex[1] & 0xdf) - 'A')+10 : (hex[1] - '0'));
   return ascii;
}
```

Sollten Sie die Funktionen wieder in der Praxis testen wollen, können Sie dies tun. Jetzt bekommen Sie die Eingabe des Formulars im Klartext ausgegeben:

```
Textfeld=Jürgen "pronix" Wolf
```

Im nächsten Schritt benötigen Sie eine Funktion, die diese beiden Werte auseinanderhält und zwischenspeichert. In diesem Beispiel wurde nur eine Variable (`Textfeld`) mit dem Wert (`Jürgen "pronix" Wolf`) verwendet. Die nun folgende Funktion sollte in diesem Zusammenhang allgemeingültig und auch später wiederverwendbar sein. Daher kommen Sie nicht um die Programmierung einer dynamischen Liste herum. Folgende Struktur soll hierfür verwendet werden:

```
struct CGI_DATEN {
   char *variable;
   char *wert;
   struct CGI_DATEN *next;
};

struct CGI_DATEN *ende = NULL;
```

Die Daten einer einzelnen CGI-Eingabe werden anhand des `'='`-Zeichens getrennt (`variable=wert`). Somit muss dieses Zeichen auch geparst werden. Und für den Fall (so ist es meistens), dass mehrere Variablen/Werte-Paare übermittelt werden, müssen Sie auch das Zeichen `'&'` parsen, das die Paare voneinander trennt (`variable1=wert&variable2=wert`). Eine Menge Arbeit liegt damit vor Ihnen. Hier sehen Sie die komplette Funktion:

```
struct CGI_DATEN *erstellen(char *str) {
   char* s;
   char* res;
   /* Irgendwo gibt es auch eine Grenze, hier sind
    * MAX_PAARE erlaubt. */
   char *paare[MAX_PAARE];
   struct CGI_DATEN *ptr_daten = NULL;
   struct CGI_DATEN *ptr_anfang = NULL;
   int i=0, j=0;

   /* Zuerst werden die Variablen/Werte-Paare anhand
    * des Zeichens '&' getrennt, sofern es mehrere sind. */
   s=str;
   res=strtok(s,"&");
   while( res != NULL && i < MAX_PAARE) {
      /* Wert von res dynamisch in char **pair speichern. */
      paare[i] = (char *)malloc(strlen(res)+1);
      if(paare[i] == NULL)
         return NULL;
      paare[i] = res;
      res=strtok(NULL,"&");
      i++;
   }

   /* Jetzt werden die Variablen von den Werten getrennt und
    * an die Struktur CGI_DATEN übergeben. */
   while ( i > j ) { /* Das erste Element? */
      if(ptr_anfang == NULL) {
         ptr_anfang =(struct CGI_DATEN *)
           malloc(sizeof (struct CGI_DATEN *));
```

```
         if( ptr_anfang == NULL )
            return NULL;
         res = strtok( paare[j], "=");
         ptr_anfang->variable = malloc(strlen(res)+1);
         if( ptr_anfang->variable == NULL )
            return NULL;
         ptr_anfang->variable = res;
         res = strtok(NULL, "\0");
         ptr_anfang->wert = malloc(strlen(res)+1);
         if( ptr_anfang->wert == NULL )
            return NULL;
         ptr_anfang->wert = res;
         /* printf("%s %s<br>",
          * ptr_anfang->variable, ptr_anfang->wert); */
         ptr_anfang->next = malloc(sizeof (struct CGI_DATEN *));
         if(ptr_anfang->next == NULL)
            return NULL;
         ptr_daten = ptr_anfang->next;
         j++;
      }
      else { /* die restlichen Elemente */
         res = strtok( paare[j], "=");
         ptr_daten->variable = malloc(strlen(res)+1);
         if(ptr_daten->variable == NULL)
            return NULL;
         ptr_daten->variable = res;
         res = strtok(NULL, "\0");
         ptr_daten->wert = malloc(strlen(res)+1);
         if(ptr_daten->wert == NULL)
            return NULL;
         ptr_daten->wert = res;
         /* printf("%s %s<br>",
          * ptr_daten->variable, ptr_daten->wert); */
         ptr_daten->next = malloc(sizeof (struct CGI_DATEN *));
         if( ptr_daten->next == NULL )
            return NULL;
         ptr_daten = ptr_daten->next;
         j++;
      }
   }
   ende = ptr_daten;
   /* Anfangsadresse der Liste struct CGI_DATEN zurückgeben */
   return ptr_anfang;
}
```

Hiermit haben Sie eine Funktion erstellt, die für alle Fälle gerüstet ist. Jetzt benötigen Sie nur noch eine Funktion, die den Speicherplatz der dynamischen Liste wieder freigibt. Diese finden Sie im folgenden Programmbeispiel.

23.12 Ein Gästebuch

Um alle Funktionen jetzt zu demonstrieren, soll ein einfaches Gästebuch erstellt werden. Ich denke, so etwas kennt jeder. Folgende Dateien benötigen Sie dafür:

- das HTML-Formular, in das sich der Besucher einträgt
- die CGI-Anwendung, die diesen Eintrag einliest, auswertet und bearbeitet
- die HTML-Datei, mit der das Gästebuch angezeigt wird

In diesem Beispiel wurde auch gleich die HTML-Datei, die die Einträge anzeigt, zur Datenspeicherung verwendet, um das Programm ein wenig kürzer zu halten. Bei einem umfangreichen Gästebuch würden sich dafür eine extra Datei oder eine Datenbank anbieten.

23.12.1 Das HTML-Formular (»guestbook.html«)

```
<html>
<head>
<title>Eintrag ins Gästebuch</title>
</head>
<body text="#000000" bgcolor="#FFFFFF" link="#FF0000" alink="#FF0000"
 vlink="#FF0000">
<h3>Formular zum Eintragen ins Gästebuch</h3>

<pre>
<form action="http://localhost/cgi-bin/auswert.cgi" method=post>
<b>Name   : </b>
<input value="IhrName" name="Name" size="20">
<b>E-Mail : </b>
<input value="Mailadresse@mail" name="E-Mail" size="20">

<b>Bewertung dieser Webseite : </b>
<select name="Bewertung" size="3">
<option>Note 1</option><option>Note 2</option>
<option selected>Note 3</option><option>Note 4</option>
<option>Note 5</option><option>Note 6</option>
</select><br>
```

```
<b>Ihr Eintrag :</b>
<textarea name="textform" cols="32" rows="6">Textinhalt
</textarea>

<b>Ihre Programmierkenntnis : </b>
<input type="checkbox" name="programmieren" value="C/C++">C/C++
<input type="checkbox" name="programmieren" value="Perl">Perl
<input type="checkbox" name="programmieren" value="Visual Basic">
Visual Basic

<input type="reset"><input type=submit value="Abschicken">
</form>
</pre>
</body>
</html>
```

Der Ort, wo Sie diese Datei speichern, ist in der Regel auf dem lokalen System nicht so wichtig. Wichtiger ist, dass die Angaben zum Aufrufen der CGI-Anwendung stimmen:

```
<form action="http://localhost/cgi-bin/auswert.cgi" method=post>
```

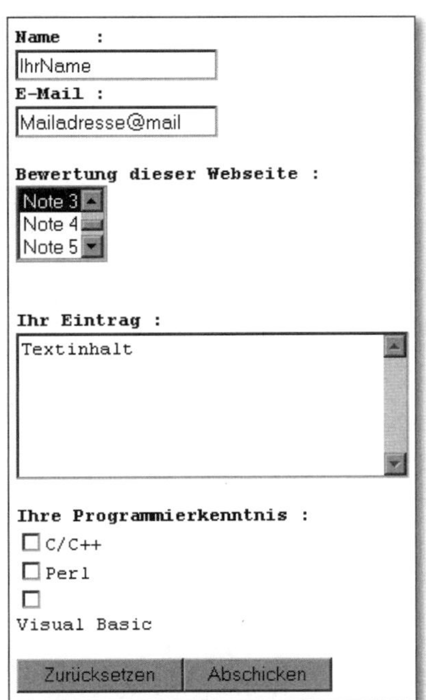

Abbildung 23.21 Das HTML-Formular

23.12.2 Das CGI-Programm (»auswert.cgi«)

```
/* auswert.c */
#include <stdio.h>
#include <stdlib.h>
#include <string.h>
#define MAX_PAARE 255

void print_location(char *);
char *getdata();
char *Strdup(const char *);
void hex2ascii(char *);
char convert(char *);
struct CGI_DATEN *erstellen(char *);
void printf_error(char *);

struct CGI_DATEN {
   char *variable;
   char *wert;
   struct CGI_DATEN *next;
};

struct CGI_DATEN *ende = NULL;

/* Weiterleitung zu einer URL;
 * url ist die URL, wohin Sie den User weiterleiten.
 */
void print_location(char *url) {
   printf("Location: %s\n", url);
   /* für den Fall, dass ein alter Browser keine
      automatische Weiterleitung unterstützt */
   printf("Content-Type: text/html\n\n");
   printf("<html><head>\n");
   printf("<title>Weiterleitung zu %s</title>\n",url);
   printf("</head><body>\n");
   printf("Weiter gehts <a href=\"%s\">hier</a>",url);
   printf("</body></html>\n");
}

/*
 *  Funktion liest Daten in der POST- oder GET-Methode ein.
 *  Rückgabewert: String puffer mit den Daten
 *  bei Fehler  : NULL
 */
char *getdata(void) {
```

```
unsigned long size;
char *puffer = NULL;
char *request = getenv("REQUEST_METHOD");
char *cont_len;
char *cgi_string;

/* zuerst die Request-Methode überprüfen */
if(  NULL == request )
   return NULL;
else if( strcmp(request, "GET") == 0 ) {
   /* Die Methode GET -> Query-String abholen */
   cgi_string = getenv("QUERY_STRING");
   if( NULL == cgi_string )
      return NULL;
   else {
      puffer = (char *) Strdup(cgi_string);
      return puffer; /* Rückgabewert an den Aufrufer */
   }
}
else if( strcmp(request, "POST") == 0 ) {
   /* die Methode POST -> Länge des Strings
    * ermitteln (CONTENT_LENGTH) */
   cont_len = getenv("CONTENT_LENGTH");
   if( NULL == cont_len)
      return NULL;
   else {
      /* String CONTENT_LENGTH in unsigned long umwandeln */
      size = (unsigned long) atoi(cont_len);
      if(size <= 0)
         return NULL; /* Keine Eingabe!?!? */
   }
   /* jetzt lesen wir die Daten von stdin ein */
   puffer =(char *) malloc(size+1);
   if( NULL == puffer )
      return NULL;
   else {
      if( NULL == fgets(puffer, size+1, stdin) ) {
         free(puffer);
         return NULL;
      }
      else  /* Rückgabewerte an den Aufrufer */
         return puffer;
   }
}
```

```
   /* Weder die GET-Methode noch die POST-Methode wurden verwendet. */
   else
      return NULL;
}

/*  Da die Funktion strdup() in der Headerdatei <string.h> keine
 *  ANSI-C-Funktion ist, schreiben wir eine eigene.
 */
char *Strdup(const char *str) {
   char *p;
   if(NULL == str)
      return NULL;
   else {
      p = (char *)malloc(strlen(str)+1);
      if(NULL == p)
         return NULL;
      else
         strcpy(p, str);
   }
   return p;
}

/* Wandelt einzelne Hexzeichen (%xx) in ASCII-Zeichen
 * und kodierte Leerzeichen (+) in echte Leerzeichen um. */
void hex2ascii(char *str) {
   int x,y;

   for(x=0,y=0; str[y] != '\0'; ++x,++y) {
      str[x] = str[y];
      /* Ein hexadezimales Zeichen? */
      if(str[x] == '%')  {
         str[x] = convert(&str[y+1]);
         y += 2;
      }
      /* Ein Leerzeichen? */
      else if( str[x] == '+')
         str[x]=' ';
   }
   /* geparsten String sauber terminieren */
   str[x] = '\0';
}
```

```
/* Funktion konvertiert einen String von zwei hexadezimalen
 * Zeichen und gibt das einzelne dafür stehende Zeichen zurück.
 */
char convert(char *hex) {
   char ascii;

   /* erster Hexawert */
   ascii =
   (hex[0] >= 'A' ? ((hex[0] & 0xdf) - 'A')+10 : (hex[0] - '0'));
   ascii <<= 4; /* Bitverschiebung schneller als ascii*=16 */
   /* zweiter Hexawert */
   ascii +=
   (hex[1] >= 'A' ? ((hex[1] & 0xdf) - 'A')+10 : (hex[1] - '0'));
   return ascii;
}

/* Liste aus Variable/Wert-Paaren erstellen
 * Rückgabewert: Anfangsadresse der Liste
 * Bei Fehler: NULL
 */
struct CGI_DATEN *erstellen(char *str) {
   char* s;
   char* res;
   /* Irgendwo gibt es auch eine Grenze, hier sind
      MAX_PAARE erlaubt. */
   char *paare[MAX_PAARE];
   struct CGI_DATEN *ptr_daten = NULL;
   struct CGI_DATEN *ptr_anfang = NULL;
   int i=0, j=0;

   /* Zuerst werden die Variablen/Werte-Paare anhand des Zeichens
    * '&' getrennt, sofern es mehrere sind. */
    s=str;
    res=strtok(s,"&");
    while( res != NULL && i < MAX_PAARE) {
       /* Wert von res dynamisch in char **pair speichern */
       paare[i] = (char *)malloc(strlen(res)+1);
       if(paare[i] == NULL)
          return NULL;
       paare[i] = res;
       res=strtok(NULL,"&");
       i++;
    }
```

```
/* Jetzt werden die Variablen von den Werten getrennt und
 * an die Struktur CGI_DATEN übergeben. */
while ( i > j )  { /* Das erste Element? */
   if(ptr_anfang == NULL) {
      ptr_anfang =(struct CGI_DATEN *)
        malloc(sizeof (struct CGI_DATEN *));
      if( ptr_anfang == NULL )
         return NULL;
      res = strtok( paare[j], "=");
      if(res == NULL)
         return NULL;
      ptr_anfang->variable = (char *)
        malloc(strlen(res)+1);
      if( ptr_anfang->variable == NULL )
         return NULL;
      ptr_anfang->variable = res;
      res = strtok(NULL, "\0");
      if(res == NULL)
         return NULL;
      ptr_anfang->wert = (char *) malloc(strlen(res)+1);
      if( ptr_anfang->wert == NULL )
         return NULL;
      ptr_anfang->wert = res;
      /* printf("%s %s<br>",
       * ptr_anfang->variable, ptr_anfang->wert); */
      ptr_anfang->next =(struct CGI_DATEN *)
        malloc(sizeof (struct CGI_DATEN *));
      if(ptr_anfang->next == NULL)
         return NULL;
      ptr_daten = ptr_anfang->next;
      j++;
   }
   else { /* die restlichen Elemente */
      res = strtok( paare[j], "=");
      if(res == NULL)
         return NULL;
      ptr_daten->variable =(char *)
        malloc(strlen(res)+1);
      if(ptr_daten->variable == NULL)
         return NULL;
      ptr_daten->variable = res;
      res = strtok(NULL, "\0");
      if(res == NULL)
         return NULL;
      ptr_daten->wert =(char *) malloc(strlen(res)+1);
```

```
         if(ptr_daten->wert == NULL)
            return NULL;
         ptr_daten->wert = res;
         /* printf("%s %s<br>",
          * ptr_daten->variable,  ptr_daten->wert); */
         ptr_daten->next = (struct CGI_DATEN *)
           malloc(sizeof (struct CGI_DATEN *));
         if( ptr_daten->next == NULL )
            return NULL;
         ptr_daten = ptr_daten->next;
         j++;
      }
   }
   ende = ptr_daten;
   /* Anfangsadresse der Liste struct CGI_DATEN zurückgeben */
   return ptr_anfang;
}

void loeschen(struct CGI_DATEN *daten) {
   struct CGI_DATEN *next = NULL;

   while(daten != ende) {
      next = daten->next;
      if(daten->variable != NULL)
         free(daten);
      daten=next;
   }
}

void printf_error(char *str) {
   printf("Content-Type: text/html\n\n");
   printf("<html><head>\n");
   printf("<title>CGI-Fehlermeldung</title>\n");
   printf("</head><body>\n");
   printf("%s",str);
   printf("</body></html>\n");
}

int main(void) {
   char *str;
   struct CGI_DATEN *cgi;
   struct CGI_DATEN *free_cgi;
   FILE *f;
```

```
/* Eingabe einlesen */
str = getdata();
if(str == NULL) {
   printf_error("Fehler beim Einlesen von der "
                "Formulareingabe");
   return EXIT_FAILURE;
}
/* Hexzeichen in ASCII-Zeichen konvertieren und aus '+'
 * Leerzeichen machen */
hex2ascii(str);
/* Liste der Formualardaten erstellen */
cgi = erstellen(str);
free_cgi = cgi;
if (cgi == NULL) {
   printf_error("Fehler beim Erstellen der "
                "Variablen/Werte-Liste\n");
   return EXIT_FAILURE;
}

/* Datei zum Schreiben öffnen */
/* Bitte den Pfad anpassen: beispielsweise unter SUSE Linux:
 * f = fopen("/srv/www/htdocs/gaeste.html", "r+");
 * und WICHTIG: Schreibrechte auf diese Datei vergeben
 */
f = fopen("gaeste.html", "r+");
if(f == NULL) {
   printf_error("Konnte Datei gaeste.html nicht zum "
                "Schreiben oeffnen\n");
   return EXIT_FAILURE;
}
else {
   /* Stream vor </body></html> */
   fseek(f, -14, SEEK_END);
   fprintf(f, "<hr><br>"); /* Eine horizontale Linie */
   /* Name */
   if(cgi->wert != NULL)
      fprintf(f, "Name: %s E-Mail: ",cgi->wert);
   cgi = cgi->next;
   /* Mailadresse */
   if(cgi->wert != NULL)
      fprintf(f, "<a href=\"mailto:%s\">%s</a> ",
        cgi->wert,cgi->wert);
   cgi = cgi->next;
   /* Bewertung */
   if(cgi->wert != NULL)
```

```
            fprintf(f, "Bewertung : %s",cgi->wert);
         cgi = cgi->next;
         /* Eintrag */
         if( cgi->wert != NULL) {
            fprintf(f, "<p><b>Der Eintrag : </b>");
            fprintf(f, "%s",cgi->wert);
         }
         cgi = cgi->next;
         /* Programmierkenntnis(se) */
         if(cgi->wert != NULL) {
            fprintf(f, "<br><br>Programmierkenntnisse : ");
            while(cgi->wert != NULL  &&
              strcmp(cgi->variable,"programmieren") == 0 ) {
               fprintf(f, "%s ",cgi->wert);
               cgi = cgi->next;
            }
         }
         fprintf(f, "</p></body></html>");
         fclose(f);
      }
      /* Speicher wieder freigeben */
      loeschen(free_cgi);
      /* Auch hier müssen Sie die Pfadangabe ggf. anpassen. */
      print_location("http://localhost/gaeste.html");
      return EXIT_SUCCESS;
}
```

Wichtig in diesem Listing ist der Pfad zum Öffnen der Datei *gaeste.html*

```
f = fopen("gaeste.html", "r+");
```

den Sie gegebenenfalls anpassen müssen. Bei dieser Angabe wird davon ausgegangen, dass sich das HTML-Dokument im *cgi-bin*-Verzeichnis befindet. Das funktioniert aber nicht auf jedem System. Beispielsweise bei SUSE 8.2 sieht der Pfad auf meinem System wie folgt aus:

```
f = fopen("/srv/www/htdocs/gaeste.html","r+");
```

... vorausgesetzt, die Datei *gaeste.html* befindet sich auch im entsprechenden Verzeichnis. Denken Sie auch an die Angabe und Änderung des Pfades, wenn Sie die CGI-Anwendung ins Web stellen.

Der zweite wichtige Pfad in dieser Anwendung ist der folgende:

```
print_location("http://localhost/gaeste.html");
```

Auch hier muss der Speicherort der Datei *gaeste.html* richtig angegeben werden. Im Beispiel bedeutet dies, dass sich die Datei im *htdocs*-Verzeichnis des Webservers befindet.

Dies sollte hier erwähnt werden, da ich aus Erfahrung weiß, dass dies eine der häufigsten Ursachen dafür ist, warum eine CGI-Anwendung nicht auf Anhieb funktioniert.

23.12.3 Das HTML-Gästebuch (»gaeste.html«)

```
<html>
<head>
  <title>Gästebuch</title>
</head>
<body>
<center><h1> Einträge im Gästebuch</h1></center><br>
</body></html>
```

Dies ist die Datei, in der die CGI-Anwendung *auswert.cgi* neue Daten schreibt. Daher muss der Speicherort der Datei mit den Angaben der Funktionen `fopen()` und `print_location()` im Programm *auswert.cgi* übereinstimmen. Außerdem benötigen Sie das Schreibrecht auf diese Datei, das Sie mit `chmod` nachträglich vergeben können (`chmod a+rwx gaeste.html`).

Das Beispiel ausführen

In diesem Beispiel wird davon ausgegangen, dass sich die Dateien *auswert.cgi* und *gaeste.html* im *cgi-bin*-Verzeichnis befinden. Bitte passen Sie die Pfade im Listing *auswert.c* an Ihre Bedürfnisse an. Starten Sie als Erstes wieder Ihren Lieblingswebbrowser, und öffnen Sie die HTML-Datei *guestbook.html*. Befindet sich diese beispielsweise im *htdocs*-Verzeichnis des Webservers, können Sie diese Datei mit folgender URL aufrufen:

```
http://localhost/guestbook.html
```

Jetzt sollte die HTML-Seite erscheinen, und zwar mit dem Formular aus Abbildung 23.22.

Wenn Sie alle Daten eingetragen haben, klicken Sie auf den ABSCHICKEN-Button, und das CGI-Programm *auswert.cgi* verrichtet seine Arbeit. Gleich darauf leitet das CGI-Programm Sie zur Seite *gaeste.html* weiter, wo Sie sich den neuen Eintrag ansehen können.

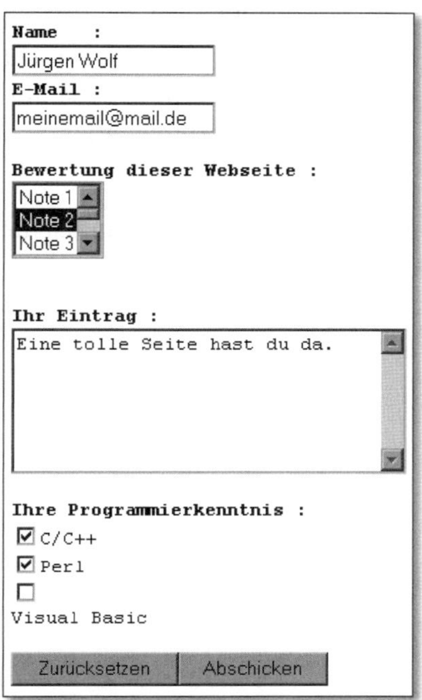

Abbildung 23.22 Eingabeformular des Gästebuchs

Zugegeben, das Layout entspricht nicht mehr dem heutigen Standard, aber darum geht es hierbei nicht.

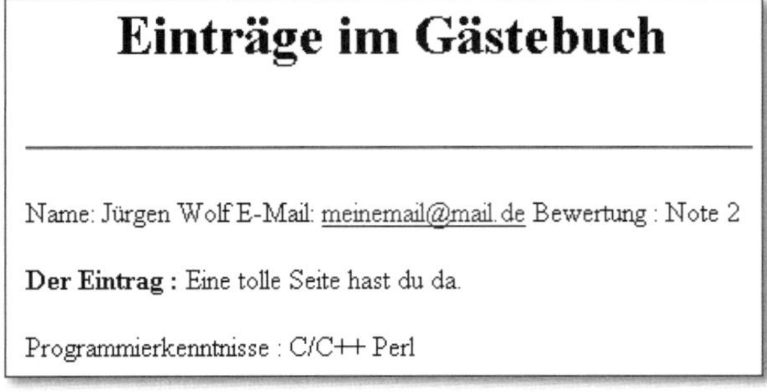

Abbildung 23.23 Einträge im Gästebuch

23.13 Ausblick

Sie wissen jetzt, wie Sie CGI-Anwendungen in C erstellen und anwenden können. Sollten Sie beabsichtigen, eine eigene CGI-Bibliothek zu schreiben, wissen Sie ja nun, wie Sie dabei vorgehen können. Haben Sie keine Lust, eine Bibliothek zu schreiben, greifen Sie einfach auf eine bereits vorhandene Bibliothek zurück. Ich kann Ihnen die *cgic*-Bibliothek von Thomas Boutell empfehlen. Diese entspricht zum einen dem ANSI-C-Standard und ist zum anderen vielfach erprobt. Die Bibliothek können Sie mitsamt einer guten und ausführlichen Dokumentation von der Webseite *http://www.boutell.com/cgic/* herunterladen.

Sie werden im nächsten Kapitel mit MySQL nochmals auf die CGI-Schnittstelle zurückgreifen und die hier erstellten Funktionen verwenden.

Die Kombination von MySQL und der C-API ist ein sehr reizvolles, aber leider auch selten behandeltes Thema. Dieses Kapitel sorgt für Abhilfe und bietet Ihnen eine Einführung in MySQL und die C-API.

24 MySQL und C

Hinweis

Dieses Kapitel kann ein vollwertiges MySQL-Buch nicht ersetzen. Das Thema MySQL ist zwar nicht unbedingt kompliziert, aber der Umfang ist gewaltig. Einige Funktionen der C-API oder MySQL-Sprachelemente werden deshalb hier nicht erwähnt. Hier empfehle ich Ihnen die offizielle Dokumentation von MySQL (Webseite: *http://dev.mysql.com/doc/*).

24.1 Aufbau eines Datenbanksystems

Dieser Abschnitt ist sehr wichtig, sofern Sie noch keinerlei Erfahrungen mit Datenbanksystemen gemacht haben. Hier werden die grundlegenden Prinzipien von Datenbanken erklärt.

Als C-Programmierer werden Sie sich fragen, »Warum benötige ich eine Datenbank? Ich kann doch einfach ein Programm unter Verwendung von binären Bäumen entwickeln, womit die Nutzung einer Datenbank überflüssig wird.« Und Sie werden sich wundern – vereinfacht arbeitet MySQL auch so, nur mit einer anderen Beziehung: einer relationalen. Sicherlich, das könnten Sie auch programmieren, schließlich wurde MySQL in der Programmiersprache C geschrieben. Wozu sollten Sie aber das Rad neu erfinden? Außerdem erweist es sich als recht schwieriges Unterfangen, ein eigenes relationales Datenbankprogramm zu schreiben.

24.1.1 Warum wurde ein Datenbanksystem (DBS) entwickelt?

Vor der Zeit der Datenbanken wurden Daten mit selbst entwickelten Programmen in Dateien gespeichert. Diese Programme waren zumeist an die Bedürfnisse einer Firma bzw. eines Anwenders angepasst. Schlimmer noch, teilweise wurden die Programme für die einzelnen Abteilungen bis hin zum einzelnen Mitarbeiter konfiguriert. Probleme waren dabei vorprogrammiert: Herr Meier konnte nicht auf die Datei »x« zugreifen, die Herr Müller erstellt hatte, da Herr Meier im Gegensatz zu Herrn Müller ein modifiziertes Programm besaß.

In diesem Fall hatte Herr Meier zwei Möglichkeiten: Entweder er ließ das Programm vom Programmierer wieder anpassen (das war noch die Blütezeit für Programmierer, als immer Arbeit vorhanden war) oder er ging zu Herrn Müller, um sich von diesem die Daten zu besorgen. Doch als Herr Müller den Datensatz abrufen wollte, fand er ihn nicht mehr. Nach einigen Recherchen stellte sich heraus, dass Frau Schneider diesen Datensatz gelöscht hatte, da sie dachte, er würde nicht mehr benötigt.

Da beim Zugriff auf gemeinsame Daten (auch *File Sharing* genannt) ein enormer Wartungsaufwand entstand, was häufig zu hohen Kosten führte, wurden Datenbanksysteme entwickelt. Ein Datenbanksystem hat gegenüber dem traditionellen Dateisystem die folgenden Vorteile:

- Der Benutzer kann auf die Daten zugreifen, ohne dass er wissen muss, wie die einzelnen Daten organisiert sind.
- Der Benutzer kann (fast) ohne Kenntnisse Daten löschen, hinzufügen, ändern oder erweitern. Der Benutzer muss nicht einmal wissen, um welche Datenbank es sich handelt.
- Das Datenbanksystem sorgt dafür, dass ein unbedachter Benutzer Daten nicht einfach löschen kann oder doppelte Daten zweimal gespeichert werden.
- Ein gutes Datenbanksystem ist portabel. Das bedeutet, das System organisiert den Datenbestand so, dass andere Programme und Systeme mithilfe von Schnittstellen auf diese Daten zurückgreifen können.
- Datensätze werden so optimiert, dass sie geringeren Speicherplatz erfordern und eine schnellere Zugriffszeit haben.

24.1.2 Das Datenbank-Management-System (DBMS)

Das Datenbank-Management-System (kurz DBMS) ist die Schnittstelle, mit der der Benutzer Mittel zu Verfügung gestellt bekommt, um mit der Datenbank zu kommunizieren. Durch das DBMS wird beim Ändern, Hinzufügen, Löschen oder Erweitern immer die Korrektheit der Datenbestände überprüft. Greift der Benutzer zum Beispiel auf einen Datensatz in der Datenbank zurück, wird zuerst nach einem gewissen Schema des DBMS auf den Datenbestand zugegriffen. Anschließend werden dem Benutzer diese Daten so serviert, wie er sie sich von der Anforderung wünscht. Dadurch entsteht eine Art Datenunabhängigkeit, die in einem DBMS deshalb so wichtig ist, weil dadurch die physische Speicherung einer Datenbank beliebig geändert werden kann, ohne die logische Struktur der Daten zu verändern.

In Abbildung 24.1 können Sie das Drei-Schichten-Modell erkennen. Um es kurz zu halten: Es handelt sich dabei schlicht um die Trennung von Benutzer, DBMS und Datenspeicherung. Die *externe Schicht* beschreibt alle Möglichkeiten, die der Benutzer hat, um auf die Datenbank zuzugreifen (Programme, Funktionen und Schnittstellen). Die *konzeptionelle Schicht* beschreibt das Datenmodell (hier das relationale Modell). Mit diesem Modell wird beschrieben, wie auf die Daten zugriffen wird und in welchem Zusammenhang diese zueinander stehen. Die *interne Schicht* ist die tiefste Schicht und stellt die Ebene der Datenpräsentation dar – also, wie und wo die Daten gespeichert werden.

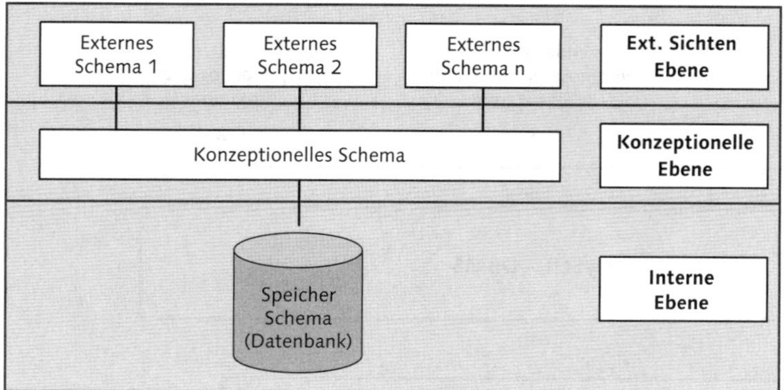

Abbildung 24.1 Die drei Ebenen eines Datenbanksystems

Noch ein paar Sätze zur logischen Struktur: Als C-Programmierer kennen Sie ja Strukturen. Folgende Struktur dient jetzt als Beispiel:

```
struct file{
   char name[MAX];
   char vame[MAX];
   int  old;
   struct file *l;
   struct file *r;
};
```

Das Programm mit dieser Struktur läuft jahrelang bei Ihrem Kunden mit unzähligen Adressen. Jetzt wünscht Ihr Kunde, dass Sie den Datenbestand für `int old` entfernen und zwei andere Strukturvariablen dafür einsetzen. Sie müssen jetzt das Programm umschreiben, müssen den Datenbestand neu anpassen, und noch einiges mehr ist dabei zu beachten – eine Menge Arbeit also. Mit dem DBMS lässt sich dies ohne Mühe mit ein oder zwei Befehlen erledigen.

Der Benutzer kommuniziert allerdings nicht direkt mit dem DBMS, sondern mit einer Schnittstelle, die sich noch vor dem DBMS befindet, dem DBCI (*Data Base Communication Interface*).

Sie können hier eindeutig das Client/Server-Prinzip wiedererkennen, wobei der Server-Teil sich um die Verwaltung und Verarbeitung von Daten kümmert und der Client-Teil mit dem Benutzer zu tun hat. Er gewährleistet die komfortable Eingabe, einfaches Auslesen und mehr. Abbildung 24.2 zeigt das Beispiel grafisch.

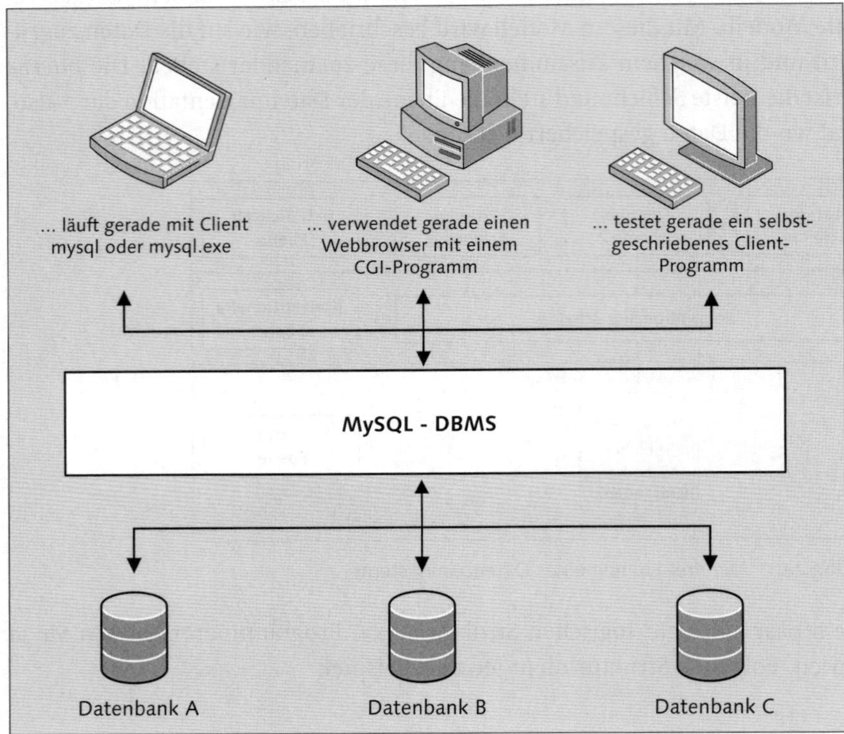

Abbildung 24.2 MySQL-Datenbanksystem

Der Client kann jetzt ein Webbrowser sein, der ein CGI-Programm startet, mit dem auf die Datenbank zugegriffen wird, eine Java-Applikation mit der Schnittstelle *JDBC* (*Java Database Connectivity*), ein C-Programm mit der *ODBC*-Schnittstelle (*Open DataBase Connectivity*), ein Perl-Skript mit dem DBI-Modul oder auch der Datenbank-Client `mysql`. Wie auch immer Sie auf das DBMS zugreifen, der Server verarbeitet die Anfrage des Clients und schickt gesammelte Daten an ihn zurück. Und die Sprache, mit der hier kommuniziert wird, heißt *SQL* (*Structured Query Language*). SQL ist eine genormte Datenbanksprache, die in der Regel jede Datenbank versteht. Es gibt natürlich auch Client-Programme, die Sie verwenden können, ohne ein Wort SQL zu verstehen. Das Client-Programm sorgt in diesem Fall für die Kommunikation zwischen Server und Benutzer. Als ein C-Programmierer sollte es Ihr Ziel sein, ein solches Client-Programm zu entwickeln.

24.1.3 Relationale Datenbank

MySQL ist eine Datenbank, die auf dem relationalen Konzept aufbaut. Das bedeutet, dass zwischen den Daten, die in Tabellen gespeichert werden, bestimmte Beziehungen bestehen. Sie können die Daten mit Zusammenhängen zu anderen Daten speichern.

Hinweis

Die Daten einer Datenbank stehen in einer Tabelle mit Zeilen und Spalten. Eine Datenzeile wird dabei als *Datensatz* bezeichnet.

Folgende Beziehungen sind jetzt zwischen verschiedenen Datensätzen möglich:

Beziehung	Bedeutung
1:1-Beziehung	Bei der 1:1-Beziehung zwischen Datensätzen wird nur ein Datensatz mit einem anderen verbunden.
1:n- und n:1-Beziehung	Die 1:n-Beziehung ist die gängigste Beziehung. Ein Datensatz kann so mit vielen anderen Datensätzen zusammengehängt werden.
n:m-Beziehung	Hierbei stehen mehrere Datensätze mit mehreren Datensätzen in Beziehung.

Tabelle 24.1 Relationale Beziehungen

Wenn Sie das relationale Konzept hier nicht so richtig verstanden haben, macht dies für den weiteren Verlauf des Buchs nichts aus. Es sollte nur der Vollständigkeit halber erwähnt werden.

24.1.4 Eigene Clients mit C für SQL mithilfe der ODBC-API entwickeln

In diesem Buch wird nur beschrieben, wie Sie eigene Clients für die MySQL-Datenbank mit der C-API (Application Programming Interface) schreiben können. Sie können zwar für jede Datenbank mit C eigene Client-Programme erstellen, nur liefert jede Datenbank dafür spezielle und leider unterschiedliche Funktionen. Wollen Sie Client-Programme schreiben, die mit jedem Datenbanksystem zusammenarbeiten, so benötigen Sie die ODBC-API, die eine reine C-Schnittstelle ist. Der ODBC-Treiber muss zuvor besorgt und installiert werden. Er klinkt sich dann zwischen die Client-Anwendung und das DBMS ein. Sendet der Client eine Anforderung an den Server, verarbeitet der ODBC-Treiber zuerst die Anfrage und gibt sie in entsprechender Form an den Server (DBMS) weiter, damit dieser die Anfrage versteht. Der Server antwortet anschließend dem Client, wiederum durch den ODBC-Treiber. Wenn Sie so wollen, dient ODBC also als Dolmetscher für verschiedene Datenbanken mit dem Client-Programm.

24.2 MySQL installieren

24.2.1 Linux

Die Installation unter Linux gestaltet sich wieder relativ einfach. Ein Download sollte eigentlich nicht erforderlich sein, da MySQL in der Regel jeder Linux-Distribution beiliegt. Bei der Suche nach MySQL in Ihrer Linux-Distribution wird Ihnen auffallen, dass – abhängig von der Distribution – meistens noch eine Reihe weiterer Pakete vorhanden sind. Neben dem MySQL-Server (meistens `mysql-server`) sollten Sie auch `mysql-client` und `libmysql` installiert haben. Wie die Pakete genau heißen, hängt teilweise auch von der Distribution ab.

Wenn alle Pakete installiert wurden, können Sie den Datenbankserver starten. Unter Ubuntu genügt hierzu beispielsweise der Befehl (bei vielen anderen Distributionen funktioniert das auch als Root und ohne `sudo`):

```
$ sudo /etc/init.d/mysql start
[sudo] password for user: ******
* Starting MySQL database server mysqld [ OK ]
```

Stoppen können Sie den Server wiederum mit:

```
$ sudo /etc/init.d/mysql stop
* Stopping MySQL database server mysqld [ OK ]
```

Bei anderen Distributionen (beispielsweise RedHat, Fedora, Mandrake) kann das Verzeichnis zum Script auch */etc/rc.d/init.d/* sein.

Bei der FreeBSD kann der MySQL Server auch mit folgendem Befehl vom Superuser gestartet bzw. gestoppt werden:

```
$ /usr/local/etc/rc.d/mysql-server start
Starting service MySQL done

$ /usr/local/etc/rc.d/mysql-server stop
Shutting down service mysql done
```

Mit dem Befehl `restart` am Ende (anstatt mit `start` oder `stop`) können Sie den MySQL-Server neu starten lassen.

Windows

Die Installation unter Windows verläuft ähnlich einfach, nur dass Sie hier das Binary zunächst von *http://www.mysql.de* herunterladen müssen. Anschließend finden Sie einen anwenderfreundlichen Installer, mit dem Sie MySQL Klick für Klick installieren können. Sie müssen lediglich den Anweisungen auf dem Bildschirm folgen.

Damit Sie anschließend auch MySQL-Anwendungen erstellen können, müssen Sie hierbei auch die Bibliothek und Headerdateien mitinstallieren. Mit dem typischen Klick für Klick auf NEXT geschieht dies leider nicht automatisch, sodass Sie bei der Option, was Sie alles installieren wollen, anstatt TYPICAL bzw. STANDARD hier CUSTOM bzw. BENUTZERDEFINIERT auswählen müssen und bei den DEVELOPER-COMPONENTS die Option C INCLUDE FILES / LIB FILES aktivieren.

Hinweis

Im Kapitel zuvor haben Sie vielleicht XAMPP installiert. Leider liegen XAMPP nicht die Bibliotheken und Headerdateien bei, die Sie für die Erstellung von MySQL-Anwendungen unter Windows benötigen. Daher sollten Sie sich das Binary von der Webseite *http://www.mysql.de/* besorgen.

Zunächst sollten Sie sich hier den MySQL-Server von *http://www.mysql.de/* heruntergeladen, um eben die Bibliothek und Headerdateien (im *lib-* und *include-*Verzeichnis) für unsere MySQL-Anwendungen zu verwenden. Sie können jetzt natürlich jederzeit wieder das XAMPP Control Panel verwenden, um MySQL zu starten bzw. stoppen.

Alternativ können Sie aber auch, wenn Sie beispielsweise kein XAMPP verwenden wollen oder können, den MySQL-Server mit dem *MySQL Server Instance Configuration Wizard* einrichten und konfigurieren. Hierzu müssen Sie einfach den Anweisungen auf dem Bildschirm folgen. Hierbei kann der MySQL-Server dann auch gleich als Dienst eingerichtet werden.

Hinweis

Da es viele unterschiedliche Möglichkeiten gibt, ist diese Anleitung für die Installation und das Starten des Datenbankservers MySQL sehr oberflächlich gehalten. Für genauere Angaben und Details empfiehlt es sich immer, zuerst das Manual zur aktuellen MySQL-Version zu lesen. Dies befindet sich meistens im *docs*-Verzeichnis von MySQL oder online unter *http://www.mysql.de*.

24.2.2 Den Client »mysql« starten

Der Client (oder besser die SQL-Shell) `mysql` ist im Standardumfang von MySQL enthalten und quasi das wichtigste Werkzeug, um mit MySQL in der Kommandozeile zu arbeiten. Die MySQL-Shell soll jetzt aufgerufen werden. Starten Sie hierfür, falls das noch nicht geschehen ist, den MySQL-Server. Da das Werkzeug `mysql` eine gewaltige Anzahl von Optionen besitzt, können Sie es auch mit dem Flag `-help` aufrufen, um sich einen Überblick zu verschaffen. Folgendermaßen können Sie den Client beispielsweise starten:

```
$ mysql -uroot -p -hlocalhost
Enter password: *****
...
mysql >
```

Sie starten hierbei die MySQL-Shell mit dem User `root` und dem Host `localhost`. Sie können sich von Haus aus als Benutzer `root` mit dem MySQL-Server verbinden. Das sollte eigentlich auch logisch sein, denn sonst hätten Sie keinen Zugriff auf den MySQL-Server. Mit der Option `-p` werden Sie interaktiv nach dem Passwort gefragt.

Alternativ funktioniert dies natürlich auch bei Windows mit (beispielsweise befindet sich *mysql.exe* im Pfad *C:\xampp\mysql\bin*):

```
C:\xampp\mysql\bin\mysql.exe -uroot -p -hlocalhost
```

Für den Fall, dass Sie noch kein Passwort vergeben haben, können Sie die Option `-p` hier auch weglassen.

Jetzt sehen Sie den Eingabecursor:

```
mysql>
```

Wenn Sie nun `quit` eingeben, können Sie den Client wieder verlassen. Das Client-Programm `mysql`, das Sie gerade gestartet haben, wird verwendet, um SQL-Anweisungen an den Datenbankserver zu übermitteln. In der Praxis kann dafür auch das Tool `phpMyAdmin` verwendet werden, mit dem eine vollständige Administration der MySQL-Datenbank mithilfe des Webbrowsers möglich ist. Das Tool wird über PHP-Dokumente und das HTTP-Protokoll aufgerufen und lässt sich somit auf allen Betriebssystemen mit dem Webbrowser verwenden.

Hinweis

Wenn Sie den `mysql`-Client starten, sollte der Server natürlich ebenso seine Arbeit verrichten. Das ist plausibel, aber ein häufiger Grund, warum der Client keine Verbindung zum Server aufbauen kann.

mysqladmin

Wollen Sie ein Passwort ändern oder vergeben, können Sie dies recht komfortabel mit dem Client `mysqladmin` (beispielsweise *mysqladmin.exe*) realisieren. Beispielsweise können Sie folgendermaßen ein Passwort für den User `root` vergeben:

```
$ mysqladmin -uroot password k4p6m3o3
```

Hier haben Sie dem User `root` das Passwort `k4p6m3o3` gegeben. Natürlich können Sie das Passwort so auch jederzeit wieder mit `mysqladmin` ändern:

```
$ mysqladmin -uroot -pk4p6m3o3 password juergen
$ mysql -uroot -pk4p6m3o3 -hlocalhost
ERROR 1045 (28000): Access denied for user
 'root'@'localhost' (using password: YES)
$ mysql -uroot -pjuergen -hlocalhost
Welcome to the MySQL monitor. Commands end with ; or \g.
...
```

Hiermit haben Sie das Passwort `k4p6m3o3` in das Passwort `juergen` umgeändert. Sie sollten sich natürlich ein anderes Passwort einfallen lassen. Es empfiehlt sich allerdings auf Produktivsystemen nicht diesen Befehl abzusetzen. Falls es jemand schafft, Root-Rechte auf dem Server zu erlangen, kann er somit das Hauptpasswort für die DB aus der */root/.bash_history* auslesen (erste Anlaufstelle für Cracker). Es ist sinnvoller, das Passwort im `mysql`-Monitor mit den Grant-Funktionen zu ändern oder mit einem

```
mysql > USE mysql;
mysql > UPDATE user SET Password=PASSWORD('neues_password')
      > WHERE User='root';
```

und danach mit

```
mysql > FLUSH PRIVILEGES;
```

die User-Datenbank neu einzulesen.

Hinweis

Natürlich gibt es auch bei MySQL mit *my.cnf* eine Konfigurationsdatei, in der alles mit einem Texteditor eingestellt werden kann.

24.3 Crashkurs (My)SQL

Um mit MySQL arbeiten zu können, werden Sie nun einige grundlegende Sprachelemente kennenlernen. Vieles wird Ihnen als C-Programmierer ohnehin nicht schwerfallen. Natürlich soll hier nicht die ganze Palette von SQL-Kommandos verwendet werden, sondern nur eine ausgewählte Anzahl, die Sie in die Lage versetzt, eine Datenbankstruktur aufzubauen und die zugehörigen Abfragen zu formulieren.

24.3.1 Was ist SQL?

Um es gleich vorweg zu nehmen: SQL ist keine Programmiersprache. SQL steht für *Structured Query Language* und gliedert sich in zwei Teile:

- *DDL-Anweisungen (Data Definition Language)* – Diese Anweisungen dienen zum Aufsetzen der Datenbankstruktur.
- *DML-Anweisungen (Data Manipulation Language)* – Diese Anweisungen beziehen sich auf die Manipulation von Daten.

24.3.2 Die Datentypen von (My)SQL

Genauso wie in C gibt es bei MySQL Datentypen. Aufgeteilt werden diese in numerische Datentypen, Datentypen für Strings und Datentypen für Datum und Zeit. Wir beginnen mit einer kurzen Übersicht zu den Datentypen für Ganzzahlen (Integer-Datentypen) mit deren Bereichsangabe:

Datentyp	Speicherbedarf	Erklärung
`TINYINT`	1 Byte (8 Bit)	–128 bis 127 mit `UNSIGNED` von 0 bis 255
`SMALLINT`	2 Byte (16 Bit)	–32768 bis 32767 mit `UNSIGNED` von 0 bis 65535
`MEDIUMINT`	3 Byte (24 Bit)	–83886008 bis 83886007 mit `UNSIGNED` von 0 bis 16777215
`INT, INTEGER`	4 Byte (32 Bit)	–2147483648 bis 2147483647 mit `UNSIGNED` von 0 bis 4294967296
`BIGINT`	8 Byte (64 Bit)	–9223372036854775808 bis 9223372036854775807 mit `UNSIGNED` von 0 bis 18446744073709551616

Tabelle 24.2 Übersicht zu den ganzzahligen Datentypen von MySQL

Wie schon in C können Sie auch in MySQL mit dem Schlüsselwort `UNSIGNED` das Vorzeichenbit setzen. Für Gleitpunktzahlen stehen Ihnen folgende Datentypen zur Verfügung:

Datentyp	Speicherbedarf	Erklärung
`FLOAT`	4 Byte (32 Bit)	–3.402823466E+38 bis 1.175494351E-38 und 1.175494351E-38 bis 3.402823466E+38

Tabelle 24.3 Übersicht zu Datentypen für Gleitpunktzahlen in MySQL

Datentyp	Speicherbedarf	Erklärung
DOUBLE	8 Byte (64 Bit)	–1.7976931348623157E+308 bis –2.2250738585072014E-308 und 2.2250738585072014E-308 bis 1.7976931348623157E+308
DECIMAL(M,D)	M Byte (M*8 Bit)	Abhängig von M und D

Tabelle 24.3 Übersicht zu Datentypen für Gleitpunktzahlen in MySQL (Forts.)

Für Strings (Zeichenketten) können Sie gleich mehrere Datentypen einsetzen, die sich – abgesehen vom Namen – hauptsächlich durch die Anzahl der Zeichen unterscheiden, die sie aufnehmen können:

Datentyp	Speicherbedarf	Erkärung
CHAR(x)	x-Byte	Zeichenkette fester Länge mit x-Byte bis max. 255 Zeichen
VCHAR(x)	x+1 Byte	Zeichenkette mit variabler Länge mit x-Byte bis max. 255 Zeichen
TINYTEXT, TINYBLOB	Zeichenzahl+1 Byte	Zeichenkette mit variabler Länge bis max. 255 Zeichen
TEXT, BLOB	Zeichenzahl+2 Byte	Zeichenkette mit variabler Länge bis max. 65535 Zeichen
MEDIUMTEXT, MEDIUMBLOB	Zeichenzahl+3 Byte	Zeichenkette mit variabler Länge bis max. 224 Zeichen
LONGTEXT, LONGBLOB	Zeichenzahl+4 Byte	Zeichenkette mit variabler Länge bis max. 232 Zeichen

Tabelle 24.4 Übersicht zu den Datentypen für Zeichen und Strings in MySQL

Die BLOP-Datentypen sind für Binärdaten gedacht. Zu guter Letzt folgen noch einige MySQL-Datentypen für Datum und Zeit:

Datentyp	Speicherbedarf	Erklärung
DATE	3 Byte (24 Bit)	Datum von 1000-01-01 bis 9999-12-31; Format YYYY-MM-DD
DATETIME	8 Byte (64 Bit)	Datum und Zeit von 1000-01-01 00:00:00 bis 9999-12-31 23:59:59; Format YYYY-MM-DD HH:MM:SS

Tabelle 24.5 Übersicht zu den Datentypen für Zeit und Datum

Datentyp	Speicherbedarf	Erklärung
TIMESTAMP(M)	4 Byte (32 Bit)	UNIX-Zeitstempel von Datum und Zeit von 1970-01-01 00:00:00 bis 2036-12-31 23:59:59; Format YYYY-MM-DD HH:MM:SS. Format M = 6 YYMMDD; M = 8 YYYYMMDD; M = 12 YYMMDDHHMMSS; M = 14 YYYYMMDDHHMMSS
TIME	3 Byte (24 Bit)	Zeit von -838:59:89 bis 838:59:59; Format HH:MM:SS
YEAR	1 Byte (8 Bit)	Jahr (4-stellig) von 1901 bis 2155; Format YYYY

Tabelle 24.5 Übersicht zu den Datentypen für Zeit und Datum (Forts.)

Anhand eines Beispiels sollen Sie in die SQL-Sprache eingeführt werden. Starten Sie zuerst wieder den Client mysql mit:

```
mysql -u root -h localhost
```

24.3.3 Eine Datenbank erzeugen

Bevor Sie mit einer Datenbank arbeiten, müssen Sie zunächst eine neue erzeugen. Dies können Sie mit folgendem Befehl erreichen:

```
CREATE DATABASE dvd_archiv;
```

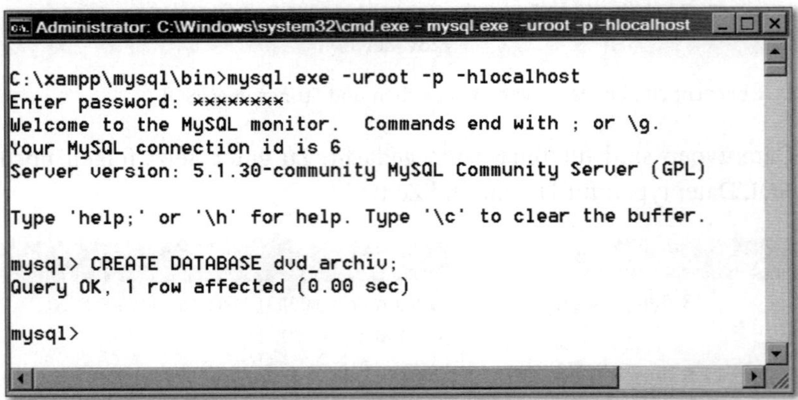

Abbildung 24.3 Eine Datenbank wurde erstellt.

Mit diesem SQL-Kommando erzeugen Sie eine neue Datenbank mit dem Namen dvd_archiv. Wie Sie es bereits von C her kennen, wird der Befehl mit einem Semikolon abgeschlossen.

> **Hinweis**
>
> Es ist übrigens egal, ob Sie die SQL-Anweisung in Groß-, Klein- oder einer Mischung aus Groß- und Kleinbuchstaben schreiben. Sie können beispielsweise folgende Schreibweisen verwenden: `Create Database` oder `create database`.

Existiert eine Datenbank bereits, wird eine Fehlermeldung mit ausgegeben. Wollen Sie eine Bedingung beim Anlegen einer neuen Datenbank erstellen, können Sie so vorgehen:

```
CREATE DATABASE IF NOT EXISTS dvd_archiv;
```

Mit `IF NOT EXISTS` wird erst überprüft, ob eine Datenbank mit dem Namen `dvd_archiv` noch nicht vorhanden ist. Ist dies der Fall, wird der Befehl `CREATE DATABASE` ausgeführt.

> **Hinweis**
>
> Der Name der Datenbank darf nicht mehr als 64 Zeichen lang sein. Für Zeichen gelten dieselben Regeln wie schon bei der Namensvergabe für Variablen in C, außer dass der Name mit einem x-beliebigen Zeichen beginnen darf. Im Gegensatz zu Windows unterscheidet Linux, zumindest was den Namen der Datenbank betrifft, zwischen Groß- und Kleinschreibung.

24.3.4 Eine Datenbank löschen

Als Nächstes soll die neu erstellte Datenbank wieder gelöscht werden. Falls Sie den Namen der neu erstellten Datenbank vergessen haben, lassen Sie sich am besten einen Überblick aller Datenbanken geben. Hierfür verwenden Sie den SQL-Befehl:

```
SHOW DATABASES;
```

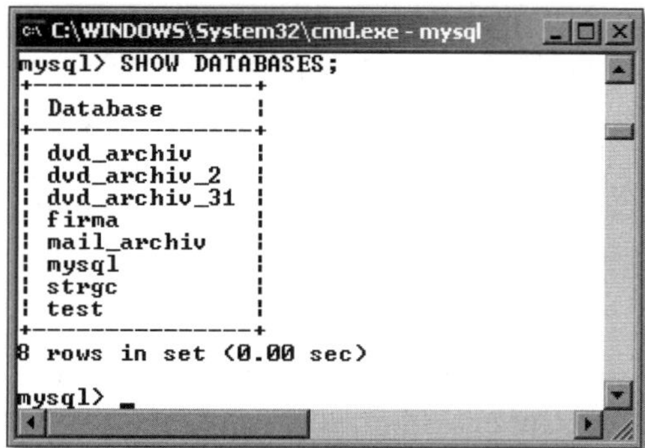

Abbildung 24.4 Anzeigen aller vorhandenen Datenbanken

Jetzt ist es also wieder Zeit, die Datenbank dvd_archiv zu löschen:

```
DROP DATABASE dvd_archiv;
```

Wollen Sie auch hier eine Fehlermeldung mit einer Bedingung abfangen, können Sie das Löschen auch so schreiben:

```
DROP DATABASE IF EXISTS dvd_archiv;
```

Hiermit wird nur dann versucht, die Datenbank zu löschen, wenn diese auch existiert. Erstellen Sie wieder die Datenbank dvd_archiv, damit Sie mit den folgenden Beispielen weitermachen können.

24.3.5 Datenbank wechseln

Wenn Sie zwischen verschiedenen Datenbanken wechseln wollen, können Sie den Befehl USE verwenden. Beispiel:

```
USE dvd_archiv;
```

24.3.6 Eine Tabelle erstellen

Nachdem Sie eine Datenbank erstellt haben, wollen Sie sicherlich auch Daten darin speichern. Zuerst müssen Sie aber noch eine Tabelle anlegen. Eine Tabelle erzeugen Sie mit folgender SQL-Anweisung:

```
CREATE TABLE filmdaten (
titel CHAR(255),
hauptrolle CHAR(255),
gedreht YEAR
);
```

Mit diesem SQL-Kommando erstellen Sie in der Tabelle filmdaten die Spalten titel mit dem Datentyp CHAR(255), hauptrolle mit dem Datentyp CHAR(255) und gedreht mit dem Datentyp YEAR. Die Tabelle (Datensatz) mit dem Namen filmdaten (maximal sind 64 Zeichen erlaubt) wird in der Datenbank dvd_archiv erzeugt – vorausgesetzt, Sie sind mit USE zur entsprechenden Datenbank gewechselt. Als Inhalt der Tabelle wurden drei Variablen deklariert: zwei Datentypen für Strings mit jeweils 255 Zeichen, die den Titel (titel) und den Hauptdarsteller (hauptrolle) eines bestimmten Films enthalten, sowie ein Datentyp, der das Jahresdatum des Films speichern kann.

Die Schreibweise, die hier verwendet wurde, ist nicht unbedingt so vorgeschrieben. Die Tabelle kann auch mit einer Zeile auf einmal erzeugt werden:

```
CREATE TABLE filmdaten (titel CHAR(255),hauptrolle CHAR(255),
gedreht YEAR);
```

Die Syntax setzt sich aber immer folgendermaßen zusammen:

```
CREATE TABLE tbl (Spaltenname Datentyp_der_Spalte,
                  Spaltenname Datentyp_der_Spalte,
                  Spaltenname Datentyp_der_Spalte);
```

Im Gegensatz zu C wird also hier der Bezeichner vor dem Datentyp geschrieben.

24.3.7 Die Tabelle anzeigen

Einen Überblick zu der Tabelle, die Sie mit CREATE erstellt haben, können Sie sich wieder mit dem SQL-Kommando SHOW anzeigen lassen:

```
SHOW TABLES;
```

24.3.8 Tabellendefinition überprüfen

Wissen Sie nicht mehr genau, was Sie alles in der Tabelle angegeben haben, können Sie sich mit dem Befehl EXPLAIN einen Überblick verschaffen:

```
EXPLAIN filmdaten;
```

Hinweis

In Abbildung 24.5 sehen Sie in der *Default*-Spalte den Wert NULL. Dieser ist nicht mit dem Wert NULL gleichzusetzen, den Sie von C her kennen. NULL bedeutet in MySQL einfach: Es ist kein Wert dafür vorhanden. Verwenden Sie hingegen die doppelten Anführungszeichen (""), bedeutet dies in MySQL, dass der Wert unbekannt ist. Das mag zwar auf dem ersten Blick dasselbe sein, ist es aber nicht. Dies ist ein häufig gemachter MySQL-Fehler.

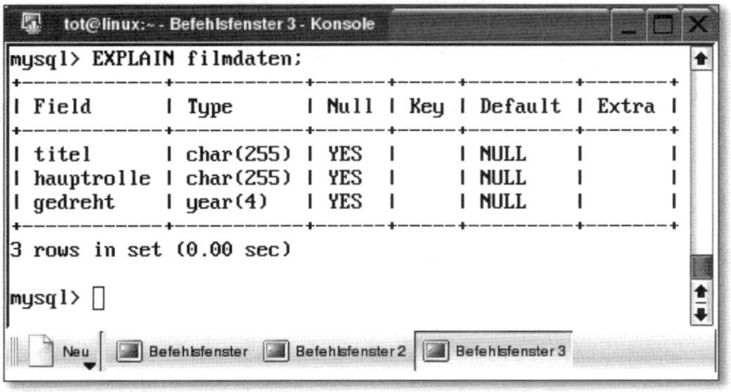

```
tot@linux:~ - Befehlsfenster 3 - Konsole
mysql> EXPLAIN filmdaten;
+------------+-----------+------+-----+---------+-------+
| Field      | Type      | Null | Key | Default | Extra |
+------------+-----------+------+-----+---------+-------+
| titel      | char(255) | YES  |     | NULL    |       |
| hauptrolle | char(255) | YES  |     | NULL    |       |
| gedreht    | year(4)   | YES  |     | NULL    |       |
+------------+-----------+------+-----+---------+-------+
3 rows in set (0.00 sec)

mysql>
Neu | Befehlsfenster | Befehlsfenster 2 | Befehlsfenster 3
```

Abbildung 24.5 Überprüfen der Tabellendefinition

24.3.9 Tabelle löschen

Benötigen Sie eine Tabelle nicht mehr, können Sie diese mit demselben SQL-Befehl wie zum Löschen einer Datenbank entfernen:

```
DROP TABLE IF EXISTS filmdaten;
```

Wobei `IF EXISTS` hier wieder optional ist. Sie sehen, wie einfach es ist, mit MySQL etwas zu löschen. Daher ist es oft sinnvoll, regelmäßig ein Backup einer Datenbank durchzuführen. Wenn Sie ein Backup erstellen wollen, können Sie sich den Client `mysqldump` ansehen, der ebenfalls bei einer normalen MySQL-Installation dabei ist. Wollen Sie beispielsweise die vollständige MySQL-Datenbank sichern, dann geben Sie Folgendes im Prompt ein:

```
mysqldump -u root -p -opt -all -databases > my_backup.sql
```

Nach dieser Eingabe müssen Sie noch schnell Ihr Passwort eingeben, und die Daten sind gesichert. Wollen Sie das Backup wiederherstellen, können Sie dies mit dem Client `mysql` so erreichen:

```
mysql -u root -p < my_backup.sql
```

24.3.10 Struktur einer Tabelle ändern

Jetzt wollen Sie die Struktur einer Tabelle ändern. Dies können Sie unabhängig davon, ob diese Tabelle schon Daten beinhaltet, mit dem SQL-Kommando `ALTER` vornehmen. In der Tabelle `filmdaten` fehlt noch die Altersbeschränkung der einzelnen Filme. Diese soll jetzt hinter der Reihe `hauptrolle` eingefügt werden:

```
ALTER TABLE filmdaten ADD fsk TINYINT AFTER hauptrolle;
```

Bei gewissen Englischkenntnissen lässt sich diese Zeile doch schon fast wie ein Satz lesen: »Ändere Tabelle `filmdaten` und füge `fsk` vom Typ `TINYINT` hinter `hauptrolle` hinzu.« Mit dem SQL-Kommando `ALTER` lässt sich noch so manches mehr anstellen. Wollen Sie etwa ein Element in der Tabelle entfernen, schreiben Sie:

```
ALTER TABLE filmdaten DROP fsk;
```

Hier würde zum Beispiel die Spalte `fsk` von der Tabelle `filmdaten` entfernt. Eine Spaltenbezeichnung können Sie mit folgendem Kommando ändern:

```
ALTER TABLE filmdaten CHANGE fsk alter INT;
```

Hiermit würden Sie die Spalte `fsk` in `alter` umbenennen. Außerdem ist das neue Element jetzt vom Datentyp `INT`. Falls Sie beim Titel der Tabelle `filmdaten` mehr als 255 Zeichen eingeben wollen, schreiben Sie:

```
ALTER TABLE filmdaten MODIFY titel CHAR(300);
```

Das ALTER-Kommando ist sehr vielfältig einsetzbar, sodass es sich lohnen würde, dieses Kommando noch genauer zu untersuchen.

24.3.11 Datensätze eingeben

Mit dem Kommando INSERT können Sie Daten in die Tabelle einfügen. Es gibt drei Möglichkeiten, wie INSERT verwendet werden kann. In diesem Abschnitt folgt zunächst die einfachste Variante. Jetzt fügen Sie Ihre ersten Daten in die Tabelle filmdaten ein:

```
INSERT INTO filmdaten (titel, hauptrolle, fsk, gedreht) VALUES
('Der Patriot', 'Mel Gibson', 16, 2001);
```

Wichtig ist, dass der Inhalt in der zweiten Klammerung mit der Reihenfolge der ersten Klammerung der Tabelle übereinstimmen muss. Sie könnten diese Daten auch in einer anderen Reihenfolge in die Tabelle einlesen:

```
INSERT INTO filmdaten (hauptrolle, titel, gedreht, fsk) VALUES
('Mel Gibson', 'Der Patriot', 2001, 16);
```

Sie müssen also immer darauf achten, dass die in VALUES angegebenen Werte mit denen der ersten Klammerung übereinstimmen. Sie können natürlich auch mehrere Daten auf einmal in eine Tabelle einfügen:

```
INSERT INTO filmdaten (titel, hauptrolle, fsk, gedreht) VALUES
('Braveheart', 'Mel Gibson', 16, 1998),
('Hello Mr. President', 'Michael Douglas', 6, 1995);
```

Die einzelnen Datensätze der Tabelle werden dabei jeweils durch Kommata getrennt. Die Strings wurden hier zwar zwischen einzelne Hochkommata gestellt, können bei MySQL aber auch – wie Sie es aus C kennen – zwischen doppelte Hochkommata gestellt werden.

24.3.12 Datensätze auswählen

Jetzt kommen wir zum wohl wichtigsten und am meisten angewandten Befehl in SQL: SELECT. Mit SELECT können Sie aus einer oder mehreren Tabellen Informationen zusammentragen. Zuerst sollen mittels SELECT alle Daten der Tabelle filmdaten angezeigt werden:

```
SELECT * FROM filmdaten;
```

Das Sternchen steht hier als ein Platzhalter für alle in der Tabelle vorhandenen Spalten. Dieser Platzhalter hat dieselbe Bedeutung, als wenn Sie Folgendes schreiben würden:

```
SELECT titel, hauptrolle, fsk, gedreht FROM filmdaten;
```

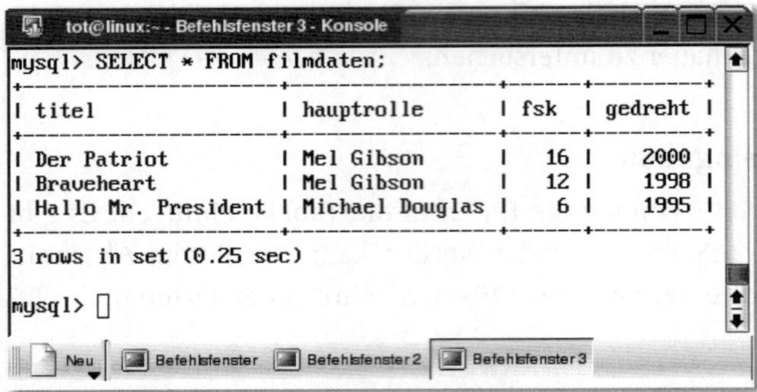

Abbildung 24.6 Datensätze selektieren

Auch hiermit werden alle Daten einer Tabelle ausgegeben. Mit FROM geben Sie die Tabelle an, die selektiert werden soll. Interessieren Sie sich nur für die Titel der Filme, können Sie SELECT folgendermaßen verwenden:

```
SELECT titel FROM filmdaten;
```

Wollen Sie hingegen nur die Daten der Filme ausgeben, bei denen Mel Gibson der Hauptdarsteller ist, verwenden Sie zusätzlich das SQL-Kommando WHERE:

```
SELECT * FROM filmdaten WHERE hauptrolle='Mel Gibson';
```

Falls Sie nicht mehr genau wissen, wie der Hauptdarsteller geschrieben wird, verwenden Sie Folgendes:

```
SELECT * FROM filmdaten WHERE hauptrolle LIKE 'Mel%';
```

Hier wurde der Unschärfe-Operator LIKE eingesetzt. Wollen Sie alle Filme sortiert nach Datum ausgeben lassen, erreichen Sie dies mit:

```
SELECT * FROM filmdaten ORDER BY gedreht ASC;
```

Mit dem SQL-Befehl ORDER BY sagen Sie dem Server, dass er die Daten geordnet ausgeben soll; in welcher Reihenfolge das geschieht, geben Sie mit ASC (aufsteigend) oder DESC (absteigend) an. Sie können natürlich auch die Vergleichsoperatoren verwenden, die Sie bereits von C her kennen.

24.3.13 Ein fortgeschrittenes Szenario

Ein Blick auf Ihre Datenbank dvd_archiv zeigt Ihnen, dass Sie einige Filme verliehen haben. Leider wissen Sie nicht mehr, an wen. Da Sie sich ein wenig mit MySQL auskennen, lösen Sie das Problem mit der Datenbank. Zuerst erstellen Sie eine neue Tabelle kontakt in der Datenbank dvd_archiv:

```
CREATE TABLE kontakt(nname CHAR(30), vname CHAR(30),
telefon BIGINT);
```

Als Nächstes geben Sie die Daten für die Tabelle `kontakt` ein:

```
INSERT INTO kontakt(nname, vname, telefon) VALUES
('Meier', 'Hans', 12345676),
('Müller', 'Franz', 3691215),
('Schiller', 'Johann', 48121620);
```

Jetzt benötigen Sie noch eine Tabelle, in der sich die Filme befinden, die Sie verliehen haben, zusammen mit der Information, an wen sie verliehen wurden:

```
CREATE TABLE verliehen(name CHAR(30), titel CHAR(255));
```

Sie lernen jetzt eine weitere Methode kennen, wie Sie Datensätze mit `INSERT` einlesen können:

```
INSERT INTO verliehen (name, titel) SELECT
kontakt.nname, filmdaten.titel FROM
kontakt, filmdaten WHERE
filmdaten.titel = 'Der Patriot' AND
kontakt.nname = 'Meier';
```

Hier fügen Sie mittels `SELECT` Daten in die Tabelle `verliehen` ein. Mit den Zeilen `kontakt.nname` und `filmdaten.titel` haben Sie eine Verknüpfung zweier Tabellen realisiert und zum ersten Mal Kontakt mit dem relationalen Modell gehabt. Denn obwohl beide Tabellen physisch voneinander getrennt sind, können diese mit `SELECT` verknüpft werden. Neu ist auch die logische `AND`-Verknüpfung, die Sie als C-Programmierer als `&&` kennen. Wenn Sie nun einen Blick auf die Tabelle `verliehen` werfen, befindet sich jetzt darin tatsächlich der Titel des Films und der Name, an wen Sie den Film verliehen haben:

```
SELECT * FROM verliehen;
```

Nun wollen Sie die Telefonnummer der Person ermitteln, damit Sie sich mit dieser in Verbindung setzen können. Versuchen Sie es einmal selbst in Worte zu fassen. Beispiel: »Suche die Telefonnummer von einer Person, der ich einen Film geliehen habe.« So setzen Sie dies in MySQL um:

```
SELECT telefon FROM kontakt, verliehen
WHERE verliehen.name = kontakt.nname;
```

Ein echter MySQL-Guru geht dabei sicherlich noch eleganter zu Werke. Aber das ist jetzt nicht das Ziel dieses Kapitels. Das Beispiel soll Ihnen zeigen, warum Sie gut beraten sind, eigene Client-Programme in C zu schreiben.

24.3.14 Datensatz löschen

Hat Ihnen der Bekannte den Film wieder zurückgebracht, ist es an der Zeit, ihn aus der Tabelle `verliehen` zu löschen. Dies können Sie mit dem SQL-Befehl `DELETE` erledigen:

```
DELETE FROM verliehen WHERE titel = 'Der Patriot';
```

24.3.15 Datensatz ändern

Mit dem SQL-Kommando `UPDATE` können Sie die einzelnen oder auch mehrere Datensätze in einer Tabelle ändern. Zusätzlich wird der Befehl `SET` dazu verwendet. Wollen Sie beispielsweise die Altersbeschränkung für einen Film verändern, können Sie dabei so vorgehen:

```
UPDATE filmdaten SET fsk=12 WHERE fsk=6;
```

Damit werden alle Daten `fsk`, bei denen der Wert 6 beträgt, in den Wert 12 umgeändert.

Hinweis

Löschen Sie die Datenbank `dvd_Archiv` bitte nicht. Sie wird später bei der C-API wieder benötigt.

24.3.16 Zugriffsrechte in MySQL

Auf die Zugriffsrechte von MySQL soll hier nur kurz eingegangen werden. Die Zugriffsrechte von MySQL werden ebenfalls in Tabellen verwaltet. Wechseln Sie in die Datenbank, und sehen Sie sich die Tabellen darin an:

```
USE mysql;
SHOW TABLES;
```

Sechs Tabellen werden aufgelistet. Die haben folgende Bedeutung:

Tabelle	Bedeutung
`user`	Darin befinden sich die Zugriffsrechte der Anwender, die auf alle Datenbanken und Tabellen zugreifen können.
`db`	Darin befinden sich die Zugriffsrechte der Anwender, die auf eine bestimmte Datenbank zugreifen können.
`tables_priv`	Darin befinden sich die Zugriffsrechte der Anwender, die auf eine bestimmte Tabelle zugreifen können.

Tabelle 24.6 Tabellen für die Erteilung der Zugriffsrechte von MySQL

Tabelle	Bedeutung
`columns_priv`	Darin befinden sich die Zugriffsrechte der Anwender, die auf eine bestimmte Spalte zugreifen können.
`host`	Darin befinden sich die Zugriffsrechte für bestimmte Rechner, von denen aus auf die Datenbank zugegriffen werden kann.
`func`	Diese Tabelle ist bisher noch undokumentiert. Darin sollen in Zukunft die Zugriffsrechte einzelner *user defined functions* eingetragen werden.

Tabelle 24.6 Tabellen für die Erteilung der Zugriffsrechte von MySQL (Forts.)

Anhand dieser Tabelle lassen sich folgende Zugriffslevel zur Vergabe von Benutzerrechten vergeben:

- *globale Rechte* – Bezieht sich auf alle Datenbanken.
- *Datenbank* – Bezieht sich auf eine bestimmte Datenbank.
- *Tabelle* – Bezieht sich auf eine bestimmte Tabelle in einer Datenbank.
- *Spalte* – Bezieht sich auf eine bestimmte Spalte in einer Tabelle.

Benutzerrechte vergeben können Sie mit dem SQL-Kommando `GRANT`, und die Benutzerrechte entziehen Sie mit `REVOKE`. Da das Thema recht umfangreich ist, sei hierfür auf die MySQL-Dokumentation verwiesen.

Hinweis

Bei einer Neuinstallation von MySQL ist das root-Passwort nicht gesetzt. Das ist logisch, sonst könnten Sie den Client nicht starten. In der Praxis empfiehlt es sich, ein Passwort zu verwenden. Die Listings, die Sie in den folgenden Abschnitten erstellen, gehen davon aus, dass noch kein Passwort für root vergeben wurde. Falls Sie bereits das Passwort für root verändert haben, ändern Sie dies auch in den Listings ab.

24.3.17 Übersicht über einige SQL-Kommandos

Damit Sie im weiteren Verlauf nicht immer wieder zu den einzelnen Abschnitten zurückblättern müssen, folgt hier ein kurzer Überblick über die SQL-Kommandos, die Sie bisher kennengelernt haben, und ihre jeweilige Bedeutung:

SQL-Kommando	Bewirkt
`CREATE DATABASE datenbank;`	eine Datenbank erzeugen
`SHOW DATABASES;`	eine Datenbank anzeigen
`DROP DATABASE datenbank;`	eine Datenbank löschen

Tabelle 24.7 Übersicht zu einigen gängigen MySQL-Kommandos

SQL-Kommando	Bewirkt
`USE datenbank;`	Datenbank wechseln
`CREATE TABLE tabelle (Spaltenname Datentyp, Spaltenname Datentyp, Spaltenname Datentyp);`	eine Tabelle erstellen
`SHOW TABLES;`	Tabelle anzeigen
`EXPLAIN tabelle;`	Tabellendefinition überprüfen
`DROP TABLE IF EXISTS tabelle;`	Tabelle löschen
`ALTER TABLE tabelle ADD bezeichner_neu datentype AFTER bezeichner;`	Daten in die Tabelle einfügen
`ALTER TABLE tabelle ->DROP spaltennamen;`	Daten aus der Tabelle entfernen
`ALTER TABLE tabelle CHANGE alter_bezeichner neuer_bezeichner Datentyp;`	den Bezeichner ändern
`ALTER TABLE tabelle MODIFY bezeichner datentype_neu;`	den Datentyp des Bezeichners ändern
`INSERT INTO tabelle (bezeichner1, bezeichner2, bezeichner3, bezeichner4) VALUES ('foo', 'baa', 99, 66);`	Datensätze in Tabelle eingeben
`SELECT * FROM tabelle;`	alle Datensätze einer Tabelle ausgeben
`SELECT bezeichner FROM tabelle;`	einzelne Datensätze einer Tabelle ausgeben
`SELECT * FROM filmdaten WHERE hauptrolle='foo';`	Datensätze einer Tabelle mit bestimmtem Inhalt ausgeben
`SELECT * FROM tabelle ORDER BY bezeichner ASC;`	Datensätze sortiert ausgeben (aufsteigend)
`SELECT * FROM tabelle ORDER BY bezeichner DESC;`	Datensätze sortiert ausgeben (absteigend)
`DELETE FROM tabelle WHERE bezeichner = 'foo';`	Datensatz aus Tabelle mit bestimmtem Inhalt löschen
`UPDATE tabelle SET bezeichner=12 WHERE bezeichner=6;`	Datensatz aus Tabelle mit bestimmtem Inhalt ändern
`GRANT ALL ON tabelle TO benutzername`	Benutzerrechte vergeben

Tabelle 24.7 Übersicht zu einigen gängigen MySQL-Kommandos (Forts.)

SQL-Kommando	Bewirkt
`REVOKE ALL ON tabelle TO benutzername`	Benutzerrechte entziehen

Tabelle 24.7 Übersicht zu einigen gängigen MySQL-Kommandos (Forts.)

24.4 Die MySQL-C-API

Die MySQL-C-API ist eine Bibliothek, die in C geschrieben wurde und die es Ihnen erlaubt, Client-Programme mit Zugriff auf die MySQL-Datenbank zu erstellen.

Tipp

Die meisten Client-Programme bei MySQL wurden in C geschrieben und liegen in freier Form zum Studieren der Quellcodes vor. Wollen Sie den Quellcode von Client-Programmen wie `mysql` oder `mysqladmin` genauer unter die Lupe nehmen, müssen Sie sich die Quellcode-Distribution herunterladen. Im Verzeichnis *client* finden Sie dann außer den erwähnten Client-Programmen weitere Beispiele dazu.

Abgesehen von der MySQL-C-API gibt es noch MySQL-APIs zu Perl, PHP, C++, Python, Tcl und einen Eiffel-Wrapper, die aber alle – wie auch die C-API – die *mysqlclient*-Bibliothek verwenden. Eine Ausnahme stellt hierbei nur Java dar. Um mit Java auf den MySQL-Server zuzugreifen, wird der JDBC-Treiber benötigt.

24.4.1 Grundlagen zur Programmierung eines MySQL-Clients

Bevor Sie beginnen, eigene Client-Programme zu schreiben, sollten Sie zunächst in Erfahrung bringen, wie Sie ein solches Programm erstellen können. Das Kompilieren und Linken eines Client-Programms ist gerade unter Windows recht umständlich. Umständlich daher, weil die Bibliothek *libmysql.lib* mit dem Visual-C++-Compiler erzeugt wurde. Für denjenigen, der diesen Compiler unter Windows verwendet, kann das egal sein. Aber viele Benutzer mit anderen Compilern werden recht schnell frustriert aufgeben, eigene MySQL-Client-Programme zu schreiben, wenn sich die Bibliothek nicht mit dem Compiler verträgt.

Dabei darf neidisch auf die Linux-Anwender geschaut werden, da es auf diesem System überhaupt keine Probleme gibt, denn dort wird der Compiler `gcc` verwendet. Die Auswahl des Compilers und das Herumärgern mit der Bibliothek fallen also schon einmal weg. Damit Sie einen MySQL-Client programmieren können, benötigen Sie Folgendes:

- die MySQL-Bibliothek (*lib*)
- die MySQL-Headerdateien (*include*)

Unter Windows ist bei einer Standardinstallation von MySQL in der Regel beides vorhanden. Die Bibliothek sollten Sie dabei im Verzeichnis *c:\mysql\lib\opt* (»c:« sei das Laufwerk) vorfinden und die Headerdateien im Verzeichnis *c:\mysql\include*.

Bei Linux sollten Sie die Bibliothek im Verzeichnis */usr/lib* oder */usr/lib/mysql* oder auch */usr/local/lib/mysql* finden. Die Headerdatei ist in der Regel unter */usr/include/mysql* oder auch unter */usr/local/include/mysql* abgelegt. Bei einer RPM-Installation unter Linux kann es auch sein, dass Sie zur Entwicklung eigener Clients noch ein extra RPM installieren müssen (*Developer RPM*).

Wollen Sie jetzt den Client-Quellcode, den Sie erstellt haben, kompilieren und linken, müssen Sie angeben, wo sich die Headerdateien und die Bibliothek von MySQL befinden.

Bei Windows müssen Sie außerdem die DLL *libmysql.dll* in ein Systemverzeichnis kopieren. Zumeist sollte dies das Verzeichnis *c:\Windows\system32* sein.

24.4.2 Client-Programm mit dem gcc unter Linux und dem Cygwin-gcc-Compiler unter Windows

Zuerst kompilieren Sie das geschriebene Client-Programm, in dem Sie mit dem Compiler-Flag `-I` (Include) angeben, an welcher Stelle sich die Headerdateien von MySQL befinden. Bei Linux mit `gcc` sieht das so aus:

```
gcc -c -I/usr/include/mysql myclient.c
```

Bei Windows unter der Cygwin-Umgebung mit `gcc` sieht das so aus:

```
gcc -c -I"c:\mysql\include" myclient.c
```

Jetzt verfügen Sie über eine Objektdatei in dem Verzeichnis, in dem Sie den Quellcode kompiliert haben. Als Nächstes müssen Sie diese Objektdatei zu einer ausführbaren Datei linken. Damit dies auch funktioniert, müssen Sie dem Linker mitteilen, wo sich die Client-Bibliothek von MySQL befindet. Dies erledigen Sie mit dem Compiler-Flag `-L`, mit dem der Pfad zur Bibliothek angegeben wird, und dem Flag `-l` , mit dem Sie die Bibliothek angeben, die hinzugelinkt werden soll. Die Eingabe für Linux lautet:

```
gcc -o myclient myclient.o -L/usr/lib/mysql -lmysqlclient
```

Und mit Windows unter der Cygwin-Umgebung:

```
gcc -o myclient.exe myclient.o -L"c:\mysql\lib\opt" -llibmysql
```

Bei Windows sollten Sie die dynamische Bibliothek *libmySQL* hinzulinken, die ein Wrapper zum Laden von *libmySQL.dll* ist. Es ist aber auch möglich, die statische Bibliothek *mysqlclient.lib* hinzuzulinken.

Wenn alles bis hierher glatt verlaufen ist, können Sie den Client beim Namen aufrufen.

24.4.3 MySQL Client-Programme mit dem VC++ Compiler und dem Borland Freeware Compiler

Bei beiden Compilern gehe ich davon aus, dass diese bereits auf Ihrem System installiert sind. Installationsanleitungen diverser Compiler finden Sie unter *http://www.pronix.de*.

MS Visual C++

Erstellen Sie wie gewöhnlich ein leeres Win32-Konsolen-Fensterprojekt. Fügen Sie dem Projekt eine C++-Datei hinzu. In diese Datei können Sie jetzt wie gewohnt Ihren Quellcode eingeben. Binden Sie die Headerdateien *"mysql.h"* und *"my_global.h"* mit ein:

```
#include "my_global.h"
#include "mysql.h"
```

Bei den Projekteigenschaften (die Sie bei *Visual C++ 2008 Express Edition* beispielsweise über [ALT]+[F7] erreichen) müssen Sie jetzt noch die Pfade zu den Headerdateien und der Bibliothek angeben, damit der Compiler die Headerdatei und der Linker die Bibliothek findet.

Den Pfad zum *include*-Verzeichnis der MySQL-C-API können Sie über PROJEKT • *projektname*-EIGENSCHAFTEN und im sich dann öffnenden Fenster über KONFIGURATIONSEIGENSCHAFTEN • C/C++ • ALLGEMEIN bei ZUSÄTZLICHE INCLUDEVERZEICHNISSE auswählen (bei mir lautet das Verzeichnis beispielsweise *"C:\Program Files\MySQL\MySQL Server 5.1\include"*).

Auch den Pfad zur Bibliothek *libmysql.lib* können Sie über PROJEKT • *projektname*-EIGENSCHAFTEN bei KONFIGURATIONSEIGENSCHAFTEN • LINKER • BEFEHLSZEILE im Textfeld ZUSÄTZLICHE OPTIONEN eingeben (bei mir lautet das Verzeichnis beispielsweise *"C:\Program Files\MySQL\MySQL Server 5.1\lib\opt\libmysql.lib"*).

Jetzt können Sie das Programm linken und ausführen. Voraussetzung ist natürlich auch, dass Sie die DLL *libmySQL.dll* in ein Systemverzeichnis kopiert haben (beispielsweise *system32*).

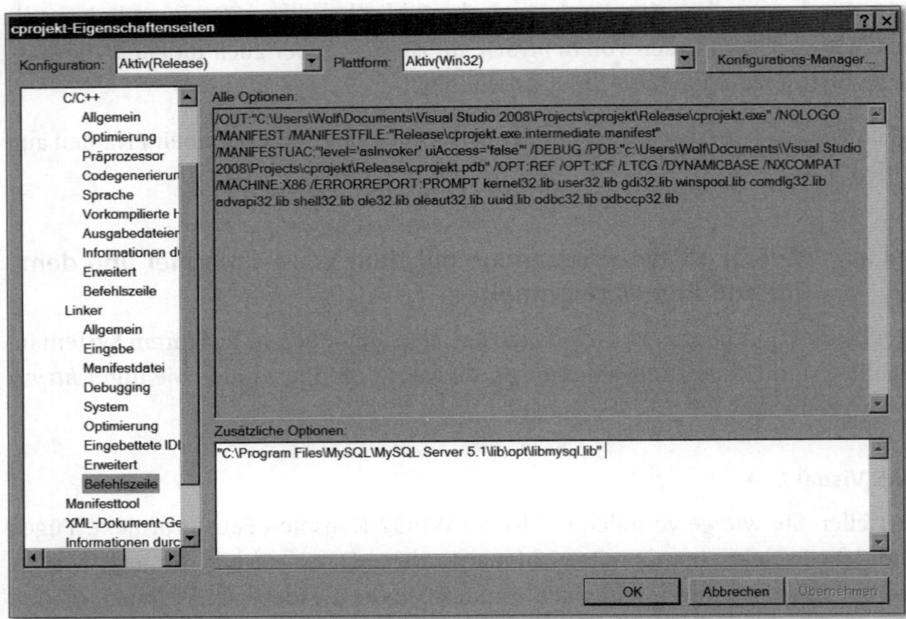

Abbildung 24.7 Projekteigenschaften wie den Pfad zur Bibliothek und Headerdateien von MySQL einstellen

Borland Freeware Compiler

Im *bin*-Verzeichnis des Borland-Compilers befindet sich das Tool `coff2omf`, mit dem Sie die im Microsoft-Croff-Format vorliegende *libmysql* in ein für Borland übliches Format, `omf`, konvertieren können:

```
coff2omf c:\mysql\lib\opt\libmysql.lib c:\borland\bcc55\lib\
libmysql.lib
```

Damit kopieren Sie auch gleich die im OMF-Format erzeugte Bibliothek *libmysql* in das Bibliothekenverzeichnis des Borland-Compilers. Das war es auch schon. Jetzt können Sie das Client-Programm kompilieren:

```
bcc32 -c -I"c:\mysql\include" myclient.c
```

Nun befindet sich eine Objektdatei im entsprechenden Verzeichnis, die Sie mit den Dateien *c0x32.obj, import32.lib* sowie *cw32.lib* und der Bibliothek *libmysql* zusammenlinken. Die Objektdatei *c0x32* und die beiden Bibliotheken *import32* und *cw32* sind notwendig für eine Konsolenanwendung. Hier sehen Sie die vollständige Linkeranweisung zu einer ausführbaren Datei:

```
ilink32 c0x32.obj  myclient.obj ,  myclient.exe ,  ,
import32.lib  cw32.lib libmysql.lib
```

Bei dieser umständlichen Schreibweise empfiehlt es sich, eventuell eine Batchdatei zu erstellen. Nun können Sie den Client mit dem Namen starten.

24.4.4 Troubleshooting

Die MySQL-C-API verwendet auch Funktionen aus der Headerdatei *<math.h>* (`floor()`). Bei manchen Linux-Distributionen müssen Sie *<math.h>* mit dem Compiler-Flag `-lm` hinzulinken:

```
gcc -o myclient myclient.o -L/usr/lib/mysql -lmysqlclient -lm
```

Bei Solaris müssen außerdem noch folgende zwei Bibliotheken hinzugelinkt werden:

```
gcc -o myclient myclient.o -L/usr/lib/mysql -lmysqlclient -lm
-lsocket -lnsl
```

Erhalten Sie einen *Undefined-reference*-Fehler bei den Funktionen `compress` und `uncompress`, müssen Sie die Bibliothek *zlib* mit `-lz` hinzulinken:

```
gcc -o myclient myclient.o -L/usr/lib/mysql -lmysqlclient -lm
-lsocket -lnsl -lz
```

Erhalten Sie vom Compiler hingegen *undefined reference*-Fehler auf verschiedene Funktionen, dann verträgt sich die *mysqlclient*-Bibliothek nicht mit dem Compiler. Dann müssen Sie sich entweder einen Compiler besorgen, mit dem sich diese Bibliothek verträgt, oder Sie laden sich die Quellcode-Distribution herunter und übersetzen die Bibliothek für Ihren Compiler selbst. Wie Sie dabei vorgehen, können Sie dem MySQL-Manual entnehmen.

24.4.5 Das erste Client-Programm – Verbindung mit dem MySQL-Server herstellen

Ihr erstes MySQL-Client-Programm wird das einfachste sein. Das Programm stellt ein Grundgerüst für die weiteren Client-Programme dar, die Sie noch schreiben werden. Bevor Sie nämlich umfangreiche Datenbankoperationen vornehmen, müssen Sie sich erst mit dem MySQL-Server verbinden.

Zuerst müssen Sie für ein MySQL-Objekt Speicherplatz reservieren und es initialisieren. Ein `MYSQL`-Handle erstellen Sie wie folgt:

```
MYSQL *my;
```

Die Struktur `MYSQL` repräsentiert ein Handle für eine Datenbankverbindung, das Sie für fast alle MySQL-Funktionen benötigen. Die Struktur `MYSQL` können Sie sich in der Headerdatei *<mysql.h>* gern genauer ansehen.

Um für dieses Handle jetzt Speicherplatz zu reservieren und zu initialisieren, wird die Funktion mysql_init() verwendet. Die Syntax zu dieser Funktion lautet:

```
MYSQL *mysql_init(MYSQL *mysql);
```

Wird diese Funktion mit einem NULL-Zeiger aufgerufen, wird zuerst Speicherplatz für ein MYSQL-Objekt alloziert und gleich darauf initialisiert. Zurück gibt diese Funktion dann ein neues MYSQL-Objekt. Rufen Sie diese Funktion hingegen mit einem MYSQL-Objekt auf, wird nur das Objekt initialisiert und die Adresse des Objekts zurückgegeben. In beiden Fällen gibt diese Funktion entweder ein initialisiertes MYSQL-Handle zurück oder im Fehlerfall den (C-typischen) NULL-Zeiger.

```
MYSQL *my;
my = mysql_init(NULL);
if(my == NULL) {
   fprintf(stderr, "Fehler beim Initialisieren \n");
   exit (EXIT_FAILURE);
}
```

Die erfolgreiche Ausführung der Funktion mysql_init() ist Voraussetzung für die nächste Funktion mysql_real_connect(), mit der versucht wird, eine Verbindung mit dem MySQL-Server aufzubauen. Die Syntax dieser Funktion ist ein wenig lang, aber trotzdem recht klar:

```
MYSQL *mysql_real_connect( MYSQL *mysql,
                           const char *host,
                           const char *user,
                           const char *passwort,
                           const char *db,
                           unsigned int port,
                           const char *unix_socket,
                           unsigned int client_flag );
```

Ohne erfolgreiche Ausführung dieser Funktion ist es nicht möglich, irgendeine weitere Funktion aus der C-API zu verwenden (mit Ausnahme von mysql_get_client_info()). In Tabelle 24.8 finden Sie die Bedeutungen der einzelnen Parameter der Funktion mysql_real_connect().

Parameter	Bedeutung
MYSQL *mysql	die Adresse einer existierenden MYSQL-Struktur, die zuvor mit der Funktion mysql_init() initialisiert wurde
const char *host	Ein Hostname oder eine IP-Adresse. Wird hierfür NULL oder "localhost" angegeben, wird versucht, eine Verbindung zum lokalen Host aufzubauen.

Tabelle 24.8 Bedeutung der Parameter der Funktion »mysql_real_connect()«

Parameter	Bedeutung
	Bei Betriebssystemen mit Sockets und Named Pipes werden diese Verbindungen statt TCP/IP verwendet, um eine Verbindung mit dem Server aufzubauen.
`const char *user`	Der Username, der beim MySQL-Login verwendet wird. Bei Angabe von `NULL` wird der aktuell eingeloggte User verwendet.
`const char *passwort`	Das Passwort für den `user`. Wird hier `NULL` angegeben, kann nur auf die `user`-Tabellen zugegriffen werden, die ein leeres Passwort-Feld besitzen.
`const char *db`	Der Name der Datenbank (Datenbank muss existieren). Bei `NULL` wird eine vorgegebene Datenbank verwendet.
`unsigned int port`	Es wird die Portnummer der TCP/IP-Verbindung verwendet, die der `host`-Parameter festlegt. Ansonsten wird dabei Port 0 verwendet.
`const char *unix_socket`	Entweder `NULL` oder ein String, der ein Socket oder Named Pipe festlegt. Der Verbindungstyp wird dabei vom `host`-Parameter festgelegt.
`unsigned int client_flag`	In der Regel wird hierfür der Wert 0 angegeben. Es sind aber auch spezielle Optionen, einzeln oder kombiniert, möglich: `CLIENT_COMPRESS`, `CLIENT_FOUND_ROWS`, `CLIENT_IGNORE_SPACE`, `CLIENT_INTER_ACTIVE`, `CLIENT_NO_SCHEMA`, `CLIENT_ODBC`, `CLIENT_SSL`

Tabelle 24.8 Bedeutung der Parameter der Funktion »mysql_real_connect()« (Forts.)

Die Funktion `mysql_real_connect()` gibt als Rückgabewert bei Erfolg das `MYSQL`-Handle des ersten Parameters zurück. Bei einem Fehler wird `NULL` zurückgeliefert. Somit sieht der vorzeitige Code folgendermaßen aus:

```
MYSQL *my;
my = mysql_init(NULL);
if(my == NULL) {
   fprintf(stderr, "Initialisierung fehlgeschlagen\n");
   exit (EXIT_FAILURE);
}
if( mysql_real_connect (
                my,            /* Zeiger auf MYSQL-Handler */
                def_host_name, /* Host-Name */
                def_user_name, /* User-Name */
                def_passwort,  /* Passwort für user_name */
                def_db_name,   /* Name der Datenbank */
                0,             /* Port (default=0) */
```

```
                NULL,           /* Socket (default=NULL) */
                0               /* keine Flags */  ) == NULL)
```

Da beim Aufruf der Funktion `mysql_real_connect()` fast ein gutes Dutzend Fehler auftreten kann, wäre es sehr aufschlussreich zu erfahren, was denn nicht funktioniert hat.

Zum Glück müssen Sie hierfür keine spezielle Routine schreiben, die die einzelnen Fehler abfragt. Sie können die Funktionen `mysql_errno()` und `mysql_error()` verwenden. Hier sehen Sie die Syntax der Funktion `mysql_errno()`:

```
unsigned int mysql_errno(MYSQL *mysql);
```

Schlägt die Verbindung mit dem Handler `mysql` fehl, gibt diese Funktion einen Fehlerstatuscode zurück. Wird kein Fehler festgestellt, gibt `mysql_errno()` 0 zurück.

Hinweis

Fehler, die bei einem Client-Programm auftreten können, finden Sie in der Headerdatei *<errmsg.h>*, die sich im selben Verzeichnis wie *<mysql.h>* befindet. Fehler des Serverprogramms befinden sich in der Headerdatei *<mysqld_error.h>*.

Ein Fehlerstatuscode allein nützt dem Anwender des Client-Programms allerdings recht wenig. Sie könnten jetzt die einzelnen symbolischen Konstanten der Headerdatei *<errmsg.h>* auswerten; etwa so:

```
unsigned int error;
...
if( mysql_real_connect (
        my,             /* Zeiger auf MYSQL-Handler */
        def_host_name,  /* Host-Name */
        def_user_name,  /* User-Name */
        def_passwort,   /* Passwort für user_name */
        def_db_name,    /* Name der Datenbank */
        0,              /* Port (default=0) */
        NULL,           /* Socket (default=NULL) */
        0               /* keine Flags */  ) == NULL)
   error = mysql_errno(my);
if( error == CR_CONN_HOST_ERROR )
   fprintf(stderr, "Keine Verbindung zu Host\n");
```

Die C-API für MySQL hat aber auch hierfür eine Funktion parat. Die Syntax lautet:

```
char *mysql_error(MYSQL *mysql);
```

Diese Funktion gibt eine entsprechende Fehlermeldung auf dem Bildschirm aus, die von der zuletzt aufgerufenen API-Funktion provoziert wurde. Trat kein Fehler auf, gibt die Funktion einen leeren String (`Index[0] == '\0'`) zurück. Somit können Sie, falls die Funktion `mysql_real_connect()` `NULL` zurückgibt, folgendermaßen eine Fehlermeldung auf dem Bildschirm ausgeben (`my` sei das `MYSQL`-Handle):

```
fprintf (stderr, "Fehler mysql_real_connect(): %u (%s)\n",
  mysql_errno (my), mysql_error (my));
```

Hiermit wird im Fall eines Fehlers der Statuscode und ein String mit entsprechender Fehlermeldung ausgegeben. Jetzt haben Sie eine Verbindung mit dem MySQL-Server hergestellt und könnten damit arbeiten. Dazu folgt mehr im nächsten Abschnitt.

Hinweis

Wollen Sie sich die Fehlermeldungen in deutscher Sprache ausgeben lassen, geben Sie Folgendes in der Kommandozeile ein:

```
mysqld --language=german
```

Wenn eine Verbindung zum Server aufgebaut wurde, sollte diese auch irgendwann wieder freigegeben werden. Eine saubere Beendigung des Clients, also des `MYSQL`-Handles, erreichen Sie mit der Funktion `mysql_close()`:

```
void mysql_close(MYSQL *mysql);
```

Dies sind die grundlegenden Aufgaben, um eine Verbindung mit dem MySQL-Server herzustellen und am Ende auch wieder zu beenden. Dazu sehen Sie jetzt alle Funktionen als ausführbares Programm:

```
/* mysql1.c */
#include <stdio.h>
#include <stdlib.h>
#if defined __WIN32__ || _MSC_VER
   #include "my_global.h"
   #include "mysql.h"
#else
   #include <mysql.h>
#endif

int main (int argc, char *argv[]) {
   MYSQL  *my;
   /* Handle initialisieren */
   my = mysql_init(NULL);
   if(my == NULL) {
      fprintf(stderr, " Initialisierung fehlgeschlagen\n");
      return EXIT_SUCCESS;
   }
```

```
   /* mit dem Server verbinden */
   if( mysql_real_connect (
        my,    /* Zeiger auf MYSQL-Handler */
        NULL, /* Host-Name */
        NULL, /* User-Name */
        NULL, /* Passwort für user_name */
        NULL,  /* Name der Datenbank */
        0,     /* Port (default=0) */
        NULL,  /* Socket (default=NULL) */
        0      /* keine Flags */  ) == NULL) {
      fprintf (stderr, "Fehler mysql_real_connect():"
        "%u (%s)\n",mysql_errno (my), mysql_error (my));
   }
   else
      printf("Erfolgreich mit dem MySQL-Server verbunden\n");

   /* Hier befindet sich der Code für die Arbeit mit MySQL. */

   /* Verbindung trennen */
   mysql_close (my);
   return EXIT_SUCCESS;
}
```

24.4.6 MySQL-Kommandozeilen-Optionen

Im Listing zuvor wurde die Verbindung zum MySQL-Server über die Funktion `mysql_real_connect()` mit Default-Werten bzw. `NULL`-Zeigern aufgebaut. Dass dies in der Praxis häufig nicht so ist, dürfte klar sein. Dieses Thema ist im Prinzip nicht Teil dieses Buchs, doch einige Worte sollen hierzu trotzdem gesagt werden. Vielleicht erinnern Sie sich noch, wie der `mysql`-Client aufgerufen wurde:

```
mysql -u root -h localhost
```

Die Bedeutung dieser einzelnen Flags und aller weiteren finden Sie in Tabelle 24.9.

Parameter	Kurze Form	Lange Form
Hostname	`-h` host_name	`--host=`host_name
Username	`-u` user_name	`--user=`user_name
Passwort	`-p oder` `-p` your_password	`--password` oder `-password=`your_password
Portnummer	`-P` port_num	`--port=`port_num
Socket Name	`-S` socket_name	`--socket=`socket_name

Tabelle 24.9 MySQL-Kommandozeilen-Optionen (Flags)

Damit Ihr Client, den Sie programmieren, ebenso Flags auswerten kann wie der mysql-Client, müssen Sie entweder die Argumente aus der Kommandozeile selbst auswerten oder die einzelnen Argumente im Programm abfragen. Sollten Sie auf einem System arbeiten, das die Bibliothek getopt() beinhaltet, rate ich Ihnen, diese dafür zu verwenden.

Wollen Sie wissen, wie die Default-Optionen für die aktuelle Verbindung mit MySQL lauten, können Sie die Funktion load_defaults() einsetzen. Die Syntax lautet:

```
void load_defaults(const char *conf_file, const char **groups,
                   int *argc, char ***argv);
```

Mit dieser Funktion laden Sie aus conf_file – unter Linux ist das die Datei *my.cnf* und unter Windows häufig auch *my.ini* – die Optionen der Gruppen groups. Zusätzlich werden noch die Kommandozeilenargumente zur Auswertung verwendet.

Für die Variable groups können Sie einen oder mehrere Strings angeben. Dies sind die Zeilen, die in den eben genannten Konfigurations-Files zwischen eckigen Klammen stehen, beispielsweise unter Windows:

```
[WinMySQLadmin]
user=Jonathan
password=sql
host=localhost
...
```

Das letzte Element in der Gruppe muss ein NULL-Zeiger sein:

```
char *groups[] = {
   "client", "WinMySQLadmin", NULL
};
```

Für den String conf_file wird in der Regel immer "my" verwendet. Bevor Sie jetzt die Funktion load_default() verwenden können, müssen Sie noch die Funktion my_init() aufrufen. Hier sehen Sie das Listing zu load_default():

```
/* mysql2.c */
#include <stdio.h>
#include <stdlib.h>
#if defined __WIN32__ || _MSC_VER
   #include "my_global.h"
   #include "mysql.h"
#else
   #include <mysql.h>
```

```
#endif

int main (int argc, char *argv[]) {
   int i;
   char *groups[] = {
      "client", "WinMySQLadmin", NULL
   };

   my_init ();
   printf ("Ursprüngliche Argumente:\n");
   for (i = 0; i < argc; i++)
      printf ("argv[%d] : %s\n", i, argv[i]);

   load_defaults ("my", (const char **)groups, &argc, &argv);

   printf ("Angepasste Argumente nach load_default():\n");
   for (i = 0; i < argc; i++)
      printf ("argv[%d] : %s\n", i, argv[i]);
   return EXIT_SUCCESS;
}
```

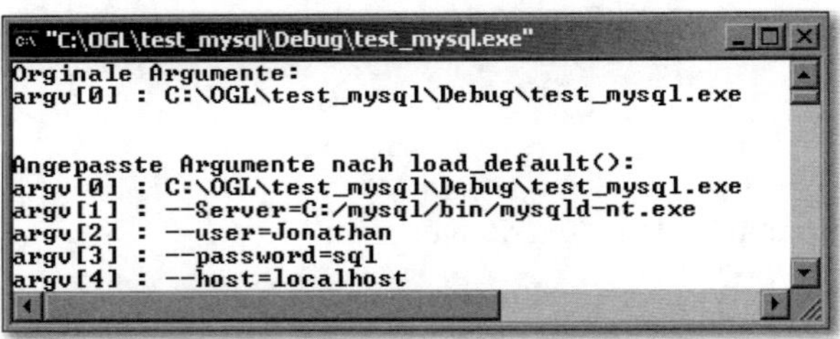

Abbildung 24.8 Angepasste Argumente mit »load_default()«

Wollen Sie die MySQL-Umgebungsvariablen `MYSQL_TCP_PORT` für die Portnummer und `MSQL_UNIX_SOCKET` für den Socket-Namen verwenden, können Sie dafür die Funktion `getenv()` aus der Headerdatei *<stdlib.h>* nutzen:

```
char *p;
int port_num = 0;
char *socket_name = NULL;
if ((p = getenv ("MYSQL_TCP_PORT")) != NULL)
port_num = atoi (p);
if ((p = getenv ("MYSQL_UNIX_PORT")) != NULL)
socket_name = p;
...
```

```
if( mysql_real_connect (
        my,    /* Zeiger auf MYSQL-Handler */
        NULL, /* Host-Name */
        NULL, /* User-Name */
        NULL, /* Passwort für user_name */
        NULL, /* Name der Datenbank */
        port_num,     /* Port */
        socket_name,  /* Socket */
        0     /* keine Flags */  )  == NULL)
```

24.4.7 Anfrage an den Server

Ich empfehle Ihnen jetzt eine nochmalige Wiederholung der SQL-Anweisungen, da Sie einige davon auf den nächsten Seiten mit der C-API wieder verwenden werden. Als Beispiel soll hier gezeigt werden, wie Sie auf eine bereits vorhandene Datenbank zugreifen können. Dabei dient die Datenbank `dvd_archiv` als Grundlage, die Sie im MySQL-Crashkurs erstellt haben. Falls Sie diese bereits gelöscht haben, erstellen Sie diese bitte nochmals. Hier sind die einzelnen Schritte dafür:

```
mysql> CREATE DATABASE dvd_archiv;
mysql> USE dvd_archiv;
mysql> CREATE TABLE filmdaten (
    -> titel CHAR(255), hauptrolle CHAR(255),
    -> fsk TINYINT, gedreht YEAR);
```

Zum Schluss dieses Kapitels werden Sie dazu ein etwas umfangreicheres Beispiel erstellen.

Wie schon beim `mysql`-Client-Programm gibt es auch bei der C-API zwei Arten von Anfragen an den Server:

- Das Client-Programm sendet eine Anfrage an den Server, wobei der Server nicht antwortet.
- Das Client-Programm sendet eine Anfrage an den Server, und dieser gibt dem Client einen Rückgabewert.

Wenn Sie wollen, können Sie sich dies wie bei den Funktionen vorstellen. Es gibt Funktionen mit einem Rückgabewert und Funktionen ohne einen Rückgabewert. Eine Anfrage an den Server können Sie mit der Funktion `mysql_real_query()` (bzw. auch `mysql_query()`) stellen. Jede Anfrage an den Server läuft folgendermaßen ab:

1. Sie erstellen eine SQL-Anfrage an den Server.
2. Der Server erhält die Anfrage und überprüft diese auf syntaktische Fehler.

3. Der Server führt die Anfrage aus und gibt das Resultat zurück. Ob ein Wert zurückgegeben wird, hängt von der Art der Anfrage ab. So gibt beispielsweise die Anfrage `INSERT` keinen Rückgabewert zurück, im Gegensatz zu einer Anfrage mit dem Kommando `SELECT`.

Hier sehen Sie zuerst die Syntax der Funktion für das Stellen einer Anfrage:

```
int mysql_query(MYSQL *mysql, const char *anfrage);
int mysql_real_query( MYSQL *mysql, const char *anfrage,
                      unsigned long laenge );
```

Damit wird die SQL-Anweisung `anfrage` ausgeführt. Sie darf allerdings im Gegensatz zu der Anfrage, die Sie beim MySQL-Crashkurs kennengelernt haben, kein Semikolon oder `\g` am Ende haben. Bei dem String `anfrage` handelt es sich außerdem um einen nullterminierten String. Der Rückgabewert dieser Funktion lautet 0, wenn alles glatt verlief, ansonsten ist er ungleich 0.

Hinweis

Für den Fall, dass Sie eine Anfrage mit Binärdaten stellen wollen, müssen Sie auf jeden Fall die Funktion `mysql_real_query()` verwenden.

Dies ist erforderlich, da Binärdaten das Stringende-Zeichen `'\0'` enthalten können, was bei `mysql_query()` das Ende der Anfrage bedeutet.

Da mit `mysql_query()` keinerlei Angaben zur Länge des Strings gemacht werden, ist diese Funktion ein Kandidat für einen Buffer-Overflow – deshalb sollten Sie immer die Funktion `mysql_real_query()` bevorzugen.

Wenn Sie mit der Funktion `mysql_real_query()` eine Anfrage an den Server stellen und Sie keine Antwort bekommen, könnte es an einem der folgenden Fehler liegen:

- Der MySQL-Server ist gar nicht in Betrieb. Das klingt banal, kommt aber häufig vor.
- Sie haben keine entsprechenden Zugriffsrechte, was unter Linux öfter der Fall ist.
- Die Syntax der Anfrage ist falsch.
- Die Anfrage ist ungültig. Beispielsweise wollen Sie den Inhalt einer Tabelle ausgeben, die gar nicht existiert.

Jetzt folgt auf den nächsten Seiten das versprochene Programm, mit dem Sie auf die im Crashkurs erstellte Datenbank `dvd_archiv` zugreifen.

Sofern Sie die Datenbank `dvd_archiv` bereits wieder gelöscht haben oder falls Sie ebenso wie der Autor zu den Personen gehören, die gerne kreuz und quer lesen, finden Sie hier nochmals die MySQL-Befehle (für den *mysql*-Client) um die entsprechende Datenbank mitsamt der Struktur anzulegen, die Sie für das folgende Listing benötigen:

```
CREATE DATABASE IF NOT EXISTS dvd_archiv;

CREATE TABLE filmdaten (
titel CHAR(255),
hauptrolle CHAR(255),
fsk tinyint,
gedreht YEAR
);
```

Einen ersten Überblick, welche Funktionen auf den folgenden Seiten erstellt werden, können Sie den Angaben der Funktionsprototypen und der `main()`-Funktion des Programms entnehmen:

```
   /* mysql3.c */
   #include <stdio.h>
   #include <stdlib.h>
   #include <string.h>
   #if defined __WIN32__ || _MSC_VER
      #include "my_global.h"
      #include "mysql.h"
   #else
      #include <mysql.h>
   #endif


/* Wegen sehr vielen malloc()-Aufrufen im Listing
 * wurde hier zur Verkürzung des Listings ein Makro
 * geschrieben, das aber keine Schule machen soll!!
 */
#define malloc(size) \
        malloc(size);\
        if( (size) == NULL)\
           {\
              printf("Kein Speicher mehr ...\n");\
              return;\
           }

/* Funktionsprototypen */
void check_error(void);
void verbinden(void);
void verbindung_schliessen(void);
```

```
void db_waehlen(char *);
void filmdaten_anfuegen(void);
void filmdaten_loeschen(void);
void filmdaten_aendern(void);
void alle_daten_ausgeben(void);
void schauspieler_suchen(char *);
void print_line(MYSQL_RES *);

MYSQL *mysql;

/* Ab hier können Sie die einzelnen Funktionen der
 * kommenden Seiten einfügen.
 */

int main (int argc, char *argv[]) {
  int auswahl;
  char darsteller[255];
  char *ptr;

  printf("Baue Verbindung zur Datenbank auf ...\n\n");
  verbinden();
  db_waehlen("dvd_archiv");

  do {
     printf("\n-1- Filmdaten hinzufuegen\n");
     printf("-2- Filmdaten loeschen\n");
     printf("-3- Filmdaten aendern\n");
     printf("-4- Alle Filmdaten ausgeben\n");
     printf("-5- Film suchen\n");
     printf("-6- Programm beenden\n\n");
     printf("Ihre Auswahl : ");
     scanf("%d",&auswahl);
     getchar();

     switch(auswahl) {
        case 1: filmdaten_anfuegen();
                break;
        case 2: filmdaten_loeschen();
                break;
        case 3: filmdaten_aendern();
                break;
        case 4: alle_daten_ausgeben();
                break;
        case 5: printf("Suchkriterium Schauspieler "
                   "(Name eingeben): ");
```

```
                fgets(darsteller, 254, stdin);
                if((ptr=(char *)strchr(darsteller, '\n'))!= NULL)
                   /* newline durch \0 ersetzen */
                   *ptr = '\0';
                schauspieler_suchen(darsteller);
                break;

         case 6: printf("...beende Verbindung zur Datenbank\n");
                 break;
         default:printf("Falsche Eingabe\n\n");
      }
   } while(auswahl != 6);
   verbindung_schliessen();
   return EXIT_SUCCESS;
}
```

Auf den ersten Blick sieht das Programm noch nicht wie ein MySQL-Client-Programm aus. Die API-Funktionen zum Verbinden mit dem Server, die Fehlerüberpüfung und das Schließen einer Verbindung wurden aus der `main()`-Funktion entfernt und sind somit modular verfügbar. Hier sehen Sie die Funktionen `verbinden()`, `check_error()`, `verbindung_schliessen()` und `db_waehlen()`:

```
/* Bricht bei Fehler (mysql_error != 0) das Programm ab. */
void check_error(void)  {
   if (mysql_errno(mysql) != 0) {
      fprintf(stderr, "Fehler: %s\n", mysql_error(mysql));
      exit(EXIT_FAILURE);
   }
}

/* Baut eine Verbindung zum Datenbankserver auf.
 * Passen Sie ggf. Usernamen und Passwort und, sofern
 * andere Parameter benötigt werden, diese an Ihre
 * Bedürfnisse selbst an.
 */
void verbinden(void)  {
   mysql=mysql_init(mysql);
   check_error();
   mysql_real_connect(mysql, "localhost", "root",
                      NULL, NULL, 0, NULL, 0);
   check_error();
}

/* Serververbindung wieder schließen und den Speicher für die
 * Struktur MYSQL wieder freigeben */
```

```
void verbindung_schliessen(void)  {
   mysql_close(mysql);
}
/* Falls die Datenbank bei der Funktion verbinden() nicht
 * angegeben wurde oder Sie die Datenbank wechseln wollen, dann
 * verwenden Sie diese Funktion. */
void db_waehlen(char *db) {
   mysql_select_db(mysql, db);
   check_error();
}
```

Die einzelnen Funktionen stellen bis auf die Funktion `db_waehlen()` nichts Neues mehr für Sie dar. In der Funktion `db_waehlen()` finden Sie die API-Funktion `mysql_select_db()`, die die folgende Syntax hat:

```
int mysql_select_db(MYSQL *mysql, const char *db);
```

Mit dieser Funktion wechseln Sie in die Datenbank mit dem Namen `db`. Mit dem MYSQL-Handle `mysql` können Sie jetzt auf diese Datenbank mit weiteren Operationen zugreifen. Haben Sie keine Zugriffsrechte oder existiert diese Datenbank nicht, liefert sie einen Wert ungleich 0 zurück. Bei Erfolg hingegen ist der Rückgabewert 0. Diese Funktion entspricht also der SQL-Anweisung `USE`.

Jetzt werden Sie eine einfache Anfrage an den Server stellen. Es sollen dabei mit der SQL-Anweisung `INSERT` neue Daten in die Datenbank eingefügt werden. Damit Sie jetzt nicht mehr so weit zurückblättern müssen, hier noch einmal das erforderliche SQL-Kommando:

```
INSERT INTO filmdaten (titel, hauptrolle, fsk, gedreht) VALUES
                      ('Der Patriot', 'Mel Gibson', 16, 2001);
```

Die vollständige Funktion `filmdaten_anfuegen()`:

```
/* Daten mit mysql_real_query() in die Datenbank schreiben */
void filmdaten_anfuegen(void) {
   char titel[255], hauptrolle[255], temp[6];
   unsigned int fsk, gedreht;
   int i,  size=0;
   char *str[9], *query;
   char *ptr;

   printf("\n\nFilmtitel  : ");
   fgets(titel, 254, stdin);
   if( (ptr = strchr(titel, '\n')) != NULL)
      *ptr = '\0';  /* newline durch \0 ersetzen */
```

```
printf("Hauptrolle : ");
fgets(hauptrolle, 254, stdin);
if( (ptr = strchr(hauptrolle, '\n')) != NULL)
   *ptr = '\0';  /* newline durch \0 ersetzen */

printf("FSK        : ");
fgets(temp, 4, stdin);
if( (ptr = strchr(temp, '\n')) != NULL)
   *ptr = '\0';  /* newline durch \0 ersetzen */
sscanf(temp, "%u", &fsk);

printf("Gedreht    : ");
fgets(temp, 5, stdin);
if( (ptr = strchr(temp, '\n')) != NULL)
   *ptr = '\0';  /* newline durch \0 ersetzen */
sscanf(temp, "%u", &gedreht);

/* jetzt wird der Anfragestring erstellt */
str[0]= "INSERT INTO filmdaten (titel, hauptrolle, fsk, "
        "gedreht) VALUES ('";
str[1] = malloc(strlen(titel)+1);
strcpy(str[1], titel);
str[2] = "','";
str[3] = malloc(strlen(hauptrolle)+1);
strcpy(str[3], hauptrolle);
str[4] = "',";
str[5] = malloc(3);
sprintf(str[5], "%2u", fsk);
str[6] = ",";
str[7] = malloc(5);
sprintf(str[7], "%4u", gedreht);
str[8] = ")";

for (i=0; i < 9; i++)
   size+=strlen(str[i]);
/* Speicherplatz für den Anfragestring reservieren */
query = malloc(size + 1);
strcpy(query, str[0]);
for(i = 1; i < 9; i++)
   strcat(query, str[i]);
/* zum Testen für die Konsole  */
/* printf("%s",query);         */

/* jetzt die Anfrage an den Datenbankserver */
mysql_real_query(mysql, query, strlen(query));
```

```
   check_error();
   free(query);
}
```

Der Großteil dieser Funktion vollführt nichts anderes, als den Anfragestring für die Funktion `mysql_real_query()` dynamisch zu erstellen. Ich gehe hierbei davon aus, dass Sie mittlerweile gute Kenntnisse in C besitzen, sonst hätte es wohl kaum Sinn, sich mit dem Thema MySQL und C zu befassen. Wenn alles glatt verlief, befindet sich in der Datenbank `dvd_archiv` ein neuer Eintrag in der Tabelle `filmdaten`. Diese Funktion beachtet auch Einträge, bei denen Sie zum Beispiel keine Daten eingeben und einfach mit [↵] quittieren, damit dieses Feld leer bleibt.

Hinweis

Wollen Sie vermeiden, dass `NULL`-Werte vorkommen oder doppelte Einträge in der MySQL-Datenbank vorgenommen werden, so können Sie jeden Datensatz in einer Tabelle mit einem Schlüssel, dem sogenannten Primärschlüssel, belegen. Dieser Schlüssel wird bei Erstellung der Tabelle mit dem `CREATE TABLE`-Kommando übergeben. Mit der Option `NOT NULL` sorgen Sie dafür, dass keine leeren Werte gespeichert werden, und mit `PRIMARY KEY` legen Sie fest, dass keine doppelten Einträge für ein bestimmtes Feld gespeichert werden dürfen. Genaueres dazu entnehmen Sie bitte der MySQL-Dokumentation oder entsprechender Literatur.

Als Nächstes soll die Funktion zum Löschen eines Datensatzes in der Tabelle `filmdaten` geschrieben werden:

```
void filmdaten_loeschen(void) {
   char del[255], temp[4];
   char *item[]= {"titel", "hauptrolle", "fsk", "gedreht" };
   char *ptr;
   char *str[5], *query='\0';
   int auswahl, i, size=0;
   unsigned long affected;

   printf("Nach welchem Kriterium wollen Sie Daten loeschen\n");
   printf("[1]=Titel  [2]=Hauptrolle  [3]=FSK  "
          "[4]=Datum  : [ ]\b\b");

   fgets(temp, 3, stdin);
   if( (ptr = strchr(temp, '\n')) != NULL)
      *ptr = '\0';  /* newline durch \0 ersetzen */
   sscanf(temp, "%d", &auswahl);

   str[0] = "DELETE FROM filmdaten WHERE ";
```

```
   if(auswahl > 0 && auswahl < 5) {
      str[1] = malloc(strlen(item[auswahl-1])+1);
      strcpy(str[1], item[auswahl-1]);
   }
   else {
      printf("Kein solches Kriterium vorhanden!!!\n\n");
      return;
   }
   str[2] = " = '";

   printf("Bitte angaben fuer \'%s\' machen: ",
      item[auswahl-1]);
   fgets(del, 254, stdin);
   if( (ptr = strchr(del, '\n')) != NULL)
      *ptr = '\0';  /* newline durch \0 ersetzen */
   str[3] = malloc(strlen(del)+1);
   strcpy(str[3], del);
   str[4] = "'";

   for (i=0; i < 5; i++)
      size+=strlen(str[i]);
   /* Speicherplatz für den Anfragestring reservieren */
   query = malloc(size + 1);
   strcpy(query, str[0]);
   for(i = 1; i < 5; i++)
      strcat(query, str[i]);
   /* als Test für die Konsole */
   /* printf("%s",query);      */

   /* jetzt die Anfrage an den Datenbankserver */
   mysql_real_query(mysql, query, strlen(query));
   check_error();
   if((affected=(unsigned long)mysql_affected_rows(mysql))<= 0 ){
      printf("Kein Datensatz von dieser Anfrage betroffen\n");
      check_error();
   }
   else
       printf("%ld %s von dieser Anfrage betroffen\n\n",
        affected, (affected == 1) ? "Datensatz war" :
        "Datensaetze waren" );
   free(query);
}
```

Auch hier dient der Löwenanteil der Funktion dazu, den Anfragestring für die Funktion `mysql_real_query()` dynamisch zu erstellen. Neu in der Funktion filmdaten_loeschen ist die API-Funktion mysql_affected_rows(), die nach der Funktion mysql_real_query() aufgerufen wurde. Die Syntax dieser Funktion lautet:

```
my_ulonglong mysql_affected_rows(MYSQL *mysql);
```

Diese Funktion gibt die Anzahl der Zeilen zurück, die von der letzten SQL-Anweisung wie DELETE, INSERT oder UPDATE betroffen war. Meistens wird diese Funktion unmittelbar nach einem Aufruf von mysql_real_query() verwendet. War kein Datensatz von der letzten Anfrage betroffen, liefert diese Funktion 0 zurück. Trat ein Fehler bei der Funktion auf, ist der Rückgabewert –1.

Hinweis

Weil es auf manchen Systemen zu Problemen mit mysql_affected_rows() und dem Rückgabewert des primitiven Datentyps my_longlong kommen kann, empfiehlt es sich, ein Casting mit unsigned long durchzuführen, um Probleme zu vermeiden.

Als Nächstes folgt die vollständige Funktion filmdaten_aendern():

```
void filmdaten_aendern(void) {
   char change[255],replace[255], temp[4];
   char *item[]= {"titel", "hauptrolle", "fsk", "gedreht" };
   char *ptr;
   char *str[8], *query;
   int auswahl1, auswahl2, i, size=0;
   unsigned int integer;
   unsigned long affected;

   printf("Welche Daten wollen Sie aendern (Suchkriterium)\n");
   printf("[1]=Titel  [2]=Hauptrolle  "
          "[3]=FSK  [4]=Datum  : [ ]\b\b");

   fgets(temp, 3, stdin);
   if( (ptr = strchr(temp, '\n')) != NULL)
      *ptr = '\0';  /* newline durch \0 ersetzen */
   sscanf(temp, "%1d", &auswahl1);

   printf("Welchen Inhalt suchen Sie fuer %s:",
      item[auswahl1-1]);
   fgets(change, 254, stdin);
   if( (ptr = strchr(change, '\n')) != NULL)
      *ptr = '\0';  /* newline durch \0 ersetzen */

   printf("Welche Daten sollen ersetzt werden"
          " (Ersetzungskriterium)\n");
```

```
printf("[1]=Titel  [2]=Hauptrolle  "
       "[3]=FSK  [4]=Datum  : [ ]\b\b");

fgets(temp, 3, stdin);
if( (ptr = strchr(temp, '\n')) != NULL)
   *ptr = '\0';  /* newline durch \0 ersetzen */
sscanf(temp, "%1d", &auswahl2);

printf("Welchen Inhalt soll %s haben: ",item[auswahl2-1]);
fgets(replace, 254, stdin);
if( (ptr = strchr(replace, '\n')) != NULL)
   *ptr = '\0';  /* newline durch \0 ersetzen */

/* alle Daten vorhanden, um Querystr zu erzeugen */

str[0] = "UPDATE filmdaten SET ";
if(auswahl2 > 0 && auswahl2 < 5) {
   str[1] = malloc(strlen(item[auswahl2-1])+1);
   strcpy(str[1], item[auswahl2-1]);
}
else {
   printf("Kein solches Kriterium vorhanden!!!\n\n");
   return;
}
str[2] = "=";

/* Integerwerte? */
if(auswahl2==3 || auswahl2==4) {
   sscanf(replace, "%u", &integer);
   str[3] = malloc(5);
   sprintf(str[3], "%4d", integer);
}
else { /* ... dann ist es ein str */
   str[3] = malloc(strlen(replace)+3);
   strcpy(str[3], "'");
   strcat(str[3], replace);
   strcat(str[3], "'");
}
str[4] = " WHERE ";
if(auswahl1 > 0 && auswahl1 < 5) {
   str[5] = malloc(strlen(item[auswahl1-1])+1);
   strcpy(str[5], item[auswahl1-1]);
}
else {
   printf("Kein solches Kriterium vorhanden!!!\n\n");
```

```
      return;
   }
   str[6] = "=";

   /* Integerwerte? */
   if(auswahl1==3 || auswahl1==4) {
      sscanf(change, "%u", &integer);
      str[7] = malloc(5);
      sprintf(str[7], "%4d", integer);
   }
   else { /* ... dann ist es ein str */
      str[7] = malloc(strlen(change)+3);
      strcpy(str[7], "'");
      strcat(str[7], change);
      strcat(str[7], "'");
   }
   for (i=0; i < 8; i++)
      size+=strlen(str[i]);
   /* Speicherplatz für den Anfragestr reservieren */
   query = malloc(size + 1);
   strcpy(query, str[0]);
   for(i = 1; i < 8; i++)
      strcat(query, str[i]);

   /* printf("%s",query); */

   /* jetzt die Anfrage an den Datenbankserver */
   mysql_real_query(mysql, query, strlen(query));
   check_error();
   if((affected=(unsigned long)mysql_affected_rows(mysql))<=0) {
      printf("Kein Datensatz von dieser Anfrage betroffen\n");
      check_error();
   }
   else
      printf("%ld %s von dieser Anfrage betroffen\n\n",
        affected, (affected == 1) ?"Datensatz war" :
        "Datensaetze waren");
   free(query);
}
```

Der Ablauf der Funktion `filmdaten_aendern()` ähnelt dem der Funktion `fimdaten_loeschen()` zuvor, nur dass hier ein anderer Anfragestring (`UPDATE`) erstellt wird.

Die Funktionen, mit denen Sie bisher eine Anfrage an den Server gestellt haben, haben noch keine Daten zurückgegeben. Aus dem MySQL-Crashkurs wissen Sie ja noch, dass Funktionen wie SELECT, EXPLAIN oder SHOW bewirken, dass etwas auf dem Bildschirm ausgegeben wird.

Der Vorgang, Daten vom Server zu empfangen, wird ebenfalls mit der Funktion mysql_real_query() ausgelöst. Danach folgt ein Aufruf der API-Funktion mysql_store_result(), die alle angeforderten Daten vom Server in den Speicher des Client-Programms lädt. Hier sehen Sie die Syntax der Funktion:

```
MYSQL_RES *mysql_store_result(MYSQL *mysql);
```

Alle angeforderten Daten befinden sich jetzt in der Struktur MYSQL_RES. Tritt beim Einlesen der Daten ein Fehler auf, wird NULL zurückgegeben. NULL wird allerdings auch bei SQL-Anweisungen wie INSERT, also Anweisungen ohne Rückgabewert, zurückgegeben. Ob also tatsächlich ein Fehler auftrat, müssen Sie mit mysql_errno() oder mysql_error() überprüfen.

Nach dem Aufruf der Funktion mysql_store_results() befinden sich die Daten jetzt in der Struktur MYSQL_RES. Wollen Sie jetzt wissen, wie viele Zeilen sich in der Struktur MYSQL_RES befinden, können Sie folgende Funktion aufrufen:

```
my_ulonglong mysql_num_rows(MYSQL_RES *result);
```

Die Funktion ist ähnlich wie mysql_affected_rows(). Auch hier empfiehlt sich aus Portabilitätsgründen ein unsigned long-Casting des Rückgabewerts. Diese Funktion ist natürlich optional und muss nicht unbedingt nach der Funktion mysql_store_result() aufgerufen werden. Dennoch erweist diese sich häufig als recht nützlich.

Um die Daten aus der Struktur MYSQL_RES zu lesen, benötigen Sie eine Funktion, die das kann. Und das ist die Funktion mysql_fetch_row():

```
MYSQL_ROW mysql_fetch_row(MYSQL_RES *result);
```

Diese Funktion liest Zeile für Zeile aus der Struktur MYSQL_RES ein, bis ein NULL-Zeiger zurückgegeben wird; also ähnlich wie die Standardfunktion fgets(), nur nicht bis zum nächsten Newline, sondern bis zum nächsten Datensatz. NULL wird auch zurückgegeben, wenn ein Fehler aufgetreten ist. MYSQL_ROW präsentiert eine Zeile von Daten, die als array-gezählte Byte-Zeichenkette implementiert ist.

Wollen Sie jetzt wissen, wie viele Spalten der aktuelle Datensatz in der Struktur MYSQL_RES hat, dann müssen Sie die Funktion mysql_num_fields() verwenden:

```
unsigned int mysql_num_fields(MYSQL_RES *results);
```

Wenn Sie mit den Daten der Struktur MYSQL_RES fertig sind, dann sollten Sie den Speicher wieder freigeben, um Memory Leaks zu vermeiden. Die Syntax dazu lautet:

```
void mysql_free_result(MYSQL_RES *result);
```

Zugegeben, das war jetzt ein ziemlicher Brocken, der Ihnen hier vor die Füße geschmissen wurde. Daher folgt nochmals eine kurze Zusammenfassung, wie Sie die Anfrage vom Server abholen und bearbeiten können:

- Anfrage an den Server (mysql_real_query)
- Daten der Anfrage abholen (mysql_store_result)
- Anzahl der Zeilen ermitteln, die abgeholt wurden (mysql_num_rows)
- Zeilenweises Einlesen der Daten (mysql_fetch_row)
- Anzahl der Spalten der aktuellen Zeile ermitteln (mysql_num_fields)
- Speicherplatz wieder freigeben (mysql_free_result)

Hierzu folgt jetzt die Funktion schauspieler_suchen(), die alle diese Funktionen demonstriert.

```
void schauspieler_suchen(char *name) {
   unsigned long  anzahl_reihen;
   unsigned int i;
   MYSQL_ROW  row;
   MYSQL_RES  *mysql_res;

   char *query, *string;
   char *select = "SELECT * FROM filmdaten WHERE hauptrolle='";
   string = malloc(strlen(name)+2);
   strcpy(string,name);
   strcat(string, "'");
   query = malloc(strlen(select)+strlen(string)+1);
   strcpy(query, select);
   strcat(query, string);

   /* jetzt die Anfrage an den Datenbankserver */
   mysql_real_query(mysql, query, strlen(query));
   check_error();
   /* Daten der Anfrage abholen */
   mysql_res = mysql_store_result(mysql);
   check_error();
   /* Anzahl der gefundenen Datensätze ermitteln */
   anzahl_reihen = (unsigned long) mysql_num_rows (mysql_res);
   printf ("Anzahl gefunden: %lu\n\n", anzahl_reihen);
```

```
   /* gefundenen Datensatz bzw. Datensätze ausgeben */
   while ((row = mysql_fetch_row (mysql_res)) != NULL) {
      /* Einzelne Spalten der Zeile ausgeben */
      for (i = 0;  i < mysql_num_fields(mysql_res);  i ++)
         printf ("%s ",row[i]);
      printf("\n");
   }
   /* Speicherplatz wieder freigeben */
   mysql_free_result(mysql_res);
   free(string);
   free(query);
}
```

In dieser Funktion wird in der Datenbank nach Filmen eines bestimmten Schauspielers gesucht, und diese werden dann ausgegeben. Zuvor wird wieder der Anfragestring erstellt. Um jetzt die Feldwerte eines einzelnen Feldes zu ermitteln, verwenden Sie die Funktion `mysql_fetch_field()`, die die folgende Syntax besitzt:

```
MYSQL_FIELD *mysql_fetch_field(MYSQL_RES *results);
```

Die Informationen des Feldes werden in der Struktur `MYSQL_FIELD` gespeichert. Tabelle 24.10 bietet einen kurzen Überblick darüber, welche Daten Sie aus dieser Struktur entnehmen können.

Variable	Bedeutung
`char *name;`	Der Name des Felds als String, nicht zu verwechseln mit dem Inhalt des Felds. Im Programmbeispiel sind dies `titel`, `hauptrolle`, `fsk` und `gedreht`.
`char *table;`	Der Name der Tabelle, die dieses Feld enthält, als String. Im Programmbeispiel ist der Name `filmdaten`.
`char *def;`	Der Vorgabewert des Felds als String. Wird nur gesetzt, wenn die Funktion `mysql_list_fields()` verwendet wird.
`enum enum_field_types;`	Der Datentyp des Felds. Folgende Werte kommen dafür infrage: `FIELD_TYPE_DECIMAL`, `FIELD_TYPE_TINY`, `FIELD_TYPE_SHORT`, `FIELD_TYPE_LONG`, `FIELD_TYPE_FLOAT`, `FIELD_TYPE_DOUBLE`, `FIELD_TYPE_NULL`, `FIELD_TYPE_TIMESTAMP`, `FIELD_TYPE_LONGLONG`,`FIELD_TYPE_INT24`, `FIELD_TYPE_DATE`, `FIELD_TYPE_TIME`, `FIELD_TYPE_DATETIME`, `FIELD_TYPE_YEAR`, `FIELD_TYPE_NEWDATE`,`FIELD_TYPE_ENUM`,

Tabelle 24.10 Variablen der Struktur »MYSQL_FIELD«

Variable	Bedeutung
	FIELD_TYPE_SET, FIELD_TYPE_TINY_BLOB, FIELD_TYPE_MEDIUM_BLOB, FIELD_TYPE_LONG_BLOB, FIELD_TYPE_BLOB, FIELD_TYPE_VAR_STRING, FIELD_TYPE_STRING, FIELD_TYPE_GEOMETRY Die Bedeutung der einzelnen Flags spricht teilweise für sich. Für eine genauere Erläuterung sei die Dokumentation der C-API empfohlen. Um zu testen, ob das Feld ein numerisches ist oder nicht, können Sie das Makro `IS_NUM()` verwenden.
`unsigned int length;`	Die Breite des Felds, die Sie in der Tabellendefinition festgelegt haben. Im Programmbeispiel ist dies für `titel` 255, für `hauptrolle` 255 und für `fsk`, `gedreht` jeweils 4.
`unsigned int max_length;`	Maximale Breite des Felds. Diese Funktion ist ideal zur Ausgabe einer Tabelle auf dem Bildschirm.
`unsigned int flags;`	Einige Bit-Flags für das Feld. Folgende Flags kommen dafür infrage: NOT_NULL_FLAG, PRI_KEY_FLAG, UNIQUE_KEY_FLAG, MULTIPLE_KEY_FLAG. BLOB_FLAG, UNSIGNED_FLAG, ZEROFILL_FLAG BINARY_FLAG, ENUM_FLAG, AUTO_INCREMENT_FLAG, TIMESTAMP_FLAG SET_FLAG, NUM_FLAG, PART_KEY_FLAG GROUP_FLAG, UNIQUE_FLAG Die Bedeutung der einzelnen Flags spricht teilweise für sich. Für genauere Informationen sei die C-API-Dokumentation empfohlen. Um die einzelnen Flags zu testen, können die `IS_`-Makros verwendet werden. Hier wird zum Beispiel geprüft, ob der Inhalt eines Felds nicht `NULL` ist: `IS_NOT_NULL(flag);`
`unsigned int decimals;`	Anzahl von Dezimalstellen für numerische Felder

Tabelle 24.10 Variablen der Struktur »MYSQL_FIELD« (Forts.)

Die folgenden zwei Funktionen `alle_daten_ausgeben()` und `print_line()` sollen jetzt noch die Funktion `mysql_fetch_field()` veranschaulichen:

```
void alle_daten_ausgeben(void) {
   unsigned int  i, col_len;
   MYSQL_ROW  row;
   MYSQL_RES  *res;
   MYSQL_FIELD  *field;
```

```
/* jetzt die Anfrage an den Datenbankserver */
mysql_real_query(mysql, "SELECT * FROM filmdaten",
   strlen("SELECT * FROM filmdaten"));
check_error();
/* Anfrage vom Server in die Struktur MYSQL_RES laden */
res = mysql_store_result(mysql);
check_error();

/* offset = 0 bedeutet: auf den Anfang der Zeile setzen */
mysql_field_seek (res, 0);

/* Damit bei der Ausgabe ein einheitliches Bild entsteht,
 * sollen die Daten für die maximale Länge einer Spalte
 * bei jeder einzelnen (MYSQL_FIELD)-Spalte verändert werden. */
for (i = 0; i < mysql_num_fields(res); i++) {
   field = mysql_fetch_field (res);
   /* Länge des Namens in der Spalte ermitteln */
   col_len = strlen (field->name);
   /* Ist die Länge des Elements in der Spalte kleiner als
      die maximale Länge ... */
   if (col_len < field->max_length)
   /* ... dann bekommt col_len den Wert der maximal
          erlaubten Länge der Spalte. */
      col_len = field->max_length;
   /* Für den Fall, dass eine Spalte keine Daten
      beinhaltet ... */
   if (col_len < 4 && !IS_NOT_NULL (field->flags))
   /* ... bekommt col_len den Wert 4 für den String
      "NULL" ->keine Daten. */
      col_len = 4;
   /* maximale Länge von Spalten-Info verändern */
   field->max_length = col_len;
}
/* Namen der Tabelle ausgeben */
printf("Daten der Tabelle: [ %s ]\n", field->table);
print_line(res);
printf("|");
/* alles wieder auf den Anfang stellen */
mysql_field_seek (res, 0);
/* jetzt den Tabellenkopf ausgeben (titel, hauptrolle, fsk,
 * gedreht) */
for (i = 0; i < mysql_num_fields (res); i++)  {
   field = mysql_fetch_field (res);
   printf (" %-*s |", field->max_length, field->name);
}
```

```
   printf("\n");
   print_line(res);

   /* jetzt die Daten aus der Struktur MYSQL_RES zeilenweise
    * einlesen */
   while ((row = mysql_fetch_row (res)) != NULL) {
      mysql_field_seek (res, 0);
      printf("|");
      for (i = 0; i < mysql_num_fields (res); i++) {
         /* Spalte für Spalte abarbeiten */
         field = mysql_fetch_field (res);
         /* keine Daten in dieser Spalte */
         if (row[i] == NULL)
            printf (" %-*s |", field->max_length, "NULL");
         /* Handelt es sich um ein numerisches Feld? */
         else if (IS_NUM (field->type))
            /* Dann wird der Inhalt rechtsbündig formatiert
             * ausgegeben. */
            printf (" %*s |", field->max_length, row[i]);
         else
            /* Der Wert der Spalte ist ein String, also
             * linksbündige Ausgabe. */
            printf (" %-*s |", field->max_length, row[i]);
      }
      printf("\n");
   }
   print_line(res);
   mysql_free_result(res);
}

void print_line(MYSQL_RES *res) {
   MYSQL_FIELD   *field;
   unsigned int  i, j;

   mysql_field_seek (res, 0);
   /* erstes Zeichen der Linie */
   printf("+");
   for (i = 0; i < mysql_num_fields(res); i++) {
      field = mysql_fetch_field(res);
      /* max_length '-' Zeichen jeder Spalte ausgeben */
      for (j = 0; j < field->max_length + 2; j++)
         printf("-");
      /* am Ende der Spalte '+' ausgeben */
      printf("+");
```

```
    }
    printf("\n");
}
```

Mit diesen beiden Funktionen werden alle Daten der Tabelle `filmdaten` sauber in Tabellenform auf dem Bildschirm ausgegeben. Zusätzlich wurde hier die Funktion `mysql_field_seek()` verwendet, womit der Feldcursor auf das angegebene Offset gesetzt wird. Da hier als Offset 0 angegeben wurde, wird immer bis zum Anfang einer Zeile gesucht. Die Funktion `mysql_fetch_field()`, die danach aufgerufen wird, ruft die Felddefinition der Spalte ab, die mit dem Offset `MYSQL_FIELD_OFFSET` verknüpft ist. Wollen Sie beispielsweise an eine Position des letzten `mysql_fetch_field()` zurückspringen, können Sie sich eine Position mit der Funktion `mysql_field_tell()` merken und den Rückgabewert dieser Funktion als Offset an die Funktion `mysql_field_seek()` übergeben.

24.5 MySQL und C mit CGI

Zum Abschluss soll wie versprochen ein Beispiel erstellt werden, bei dem Sie mithilfe eines CGI-Webformulars eine Datenbank mit E-Mail-Adressen füttern. Auf diese Weise erstellen Sie quasi eine *grafische* Oberfläche zum Bedienen einer Datenbank mithilfe des Webbrowsers. Erzeugen Sie eine neue Datenbank mit dem Namen `mail_archiv`. Geben Sie dazu im `mysql`-Client Folgendes ein:

```
CREATE DATABASE mail_archiv;
```

Wechseln Sie mit `USE` in diese Datenbank, und erstellen Sie eine Tabelle mit folgendem SQL-Kommando:

```
CREATE TABLE daten (adresse CHAR(255), name CHAR(255));
```

24.5.1 HTML-Eingabeformular

Als Nächstes sollten Sie die HTML-Datei erstellen, mit der Sie die Daten eingeben können. Die Datei sieht wie folgt aus:

```
<html>
<head>
<title>Datenbank</title>
</head>
<body text="#000000" bgcolor="#FFFFFF" link="#FF0000"
alink="#FF0000" vlink="#FF0000">
<h3>Datenbank (E-Mail-Adressen)</h3>

<hr><br>
```

```
<form action="http://localhost/cgi-bin/add_db.cgi" method=post>
Neuen Datensatz hinzufügen:
<pre>Name  : <input value="IhrName" name="Name" size="20">
E-Mail : <input value="adr@mail" name="E-Mail" size="20"></pre>
<input type=submit value="Hinzufügen">
</form>
<hr><br>
<form action=http://localhost/cgi-bin/search_db.cgi
      method=post>
In der Datenbank suchen:
<pre>Name   : <input value="IhrName" name="Name" size="20"></pre>
<input type=submit value="Suchen">
</form>
<hr>
</body>
</html>
```

Bei diesem HTML-Formular können zwei CGI-Anwendungen gestartet werden: zum einen das Einfügen neuer Daten in die Datenbank (*add_db.cgi*) und zum anderen das Suchen darin (*search_db.cgi*).

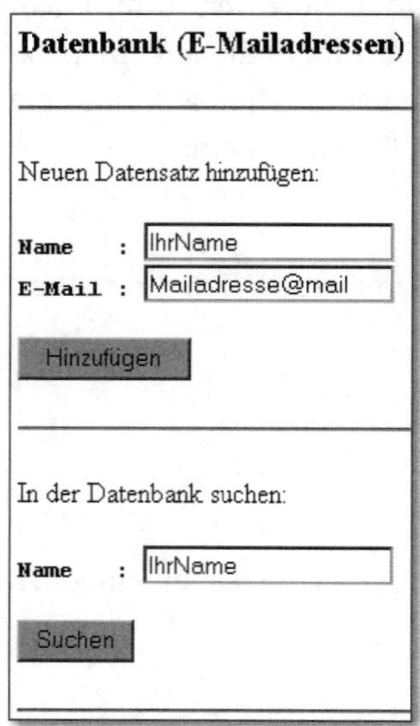

Abbildung 24.9 HTML-Formular zur Eingabe oder Suche von Datensätzen

24.5.2 Die CGI-Anwendung »add_db.cgi«

Zuerst wird die CGI-Anwendung zum Hinzufügen neuer Datensätze in die Datenbank geschrieben. Dabei finden Sie wieder altbekannte Funktionen aus den Abschnitten zu CGI und C. Ich habe mich entschlossen, das Listing hier vollständig wiederzugeben, da ich es auch nicht mag, ständig in einem Buch hin- und her zu blättern.

```
/* add_db.c */
#include <stdio.h>
#include <stdlib.h>
#include <string.h>
#if defined __WIN32__ || _MSC_VER
   #include "my_global.h"
   #include "mysql.h"
#else
   #include <mysql.h>
#endif

#define MAX_PAARE 255
#define BUF 255

struct CGI_DATEN {
   char *variable;
   char *wert;
   struct CGI_DATEN *next;
};

struct CGI_DATEN *ende = NULL;

MYSQL *mysql;

void print_html(void);
char *getdata(void);
char *Strdup(const char *);
void hex2ascii(char *);
char convert(char *);
void loeschen(struct CGI_DATEN *);
struct CGI_DATEN *erstellen(char *);
void check_error(void);
void verbinden(void);
void verbindung_schliessen(void);

/* Weiterleitung zu einer URL;
 * url ist die URL, an die Sie den User weiterleiten.
 */
void print_html(void) {
   printf("<html><head>\n");
   printf("<title>Eintragsbestätigung</title>\n");
   printf("</head><body>\n");
```

```
   printf("Eintragung erfolgreich. Zurück gehts"
          " <a href=\"javascript:history.back()\">hier</a>");
   printf("</body></html>\n");
}

/*  Die Funktion liest Daten mit der POST oder GET-Methode ein.
 *  Rückgabewert: Stringpuffer mit den Daten
 *  bei Fehler  : NULL
 */
char *getdata(void) {
   unsigned long size;
   char *puffer = NULL;
   char *request = getenv("REQUEST_METHOD");
   char *cont_len;
   char *cgi_string;

   /* zuerst die Request-Methode überprüfen */
   if(  NULL == request )
      return NULL;
   else if( strcmp(request, "GET") == 0 ) {
      /* die Methode GET -> Query-String abholen */
      cgi_string = getenv("QUERY_STRING");
      if( NULL == cgi_string )
         return NULL;
      else {
         puffer = Strdup(cgi_string);
         return puffer; /* Rückgabewert an den Aufrufer */
      }
   }
   else if( strcmp(request, "POST") == 0 ) {
      /* die Methode POST -> Länge des Strings
       * ermitteln (CONTENT_LENGTH) */
      cont_len = getenv("CONTENT_LENGTH");
      if( NULL == cont_len)
         return NULL;
      else {  /* String CONTENT_LENGTH in
               * unsigned long umwandeln */
         size = (unsigned long) atoi(cont_len);
         if(size <= 0)
            return NULL; /* Keine Eingabe?! */
      }
      /* Jetzt lesen wir die Daten von stdin ein. */
      puffer = malloc(size+1);
      if( NULL == puffer )
         return NULL;
```

```
      else {
         if( NULL == fgets(puffer, size+1, stdin) ) {
            free(puffer);
            return NULL;
         }
         else   /* Rückgabewerte an den Aufrufer */
            return puffer;
      }
   }
   /* Weder die GET-Methode noch die POST-Methode wurden verwendet. */
   else
      return NULL;
}

/*  Da die Funktion strdup() in der Headerdatei <string.h> keine
 *  ANSI-C-Funktion ist, schreiben wir eine eigene.
 */
char *Strdup(const char *str) {
   char *p;
   if(NULL == str)
       return NULL;
   else {
      p = malloc(strlen(str)+1);
      if(NULL == p)
         return NULL;
      else
         strcpy(p, str);
   }
   return p;
}

/* Wandelt einzelne Hexzeichen (%xx) in ASCII-Zeichen
 * und kodierte Leerzeichen (+) in echte Leerzeichen um. */
void hex2ascii(char *str) {
   int x, y;

   for(x=0,y=0; str[y] != '\0'; ++x,++y) {
      str[x] = str[y];
      /* Ein hexadezimales Zeichen ? */
      if(str[x] == '%') {
         str[x] = convert(&str[y+1]);
         y += 2;
      }
      /* Ein Leerzeichen ? */
      else if( str[x] == '+')
```

```
         str[x]=' ';
   }
   /* geparsten String sauber terminieren */
   str[x] = '\0';
}

/* Funktion konvertiert einen String von zwei hexadezimalen
 * Zeichen und gibt das einzelne dafür stehende Zeichen zurück.
 */
char convert(char *hex) {
   char ascii;

   /* erster Hexawert */
   ascii =
   (hex[0] >= 'A' ? ((hex[0] & 0xdf) - 'A')+10 : (hex[0] - '0'));
   ascii <<= 4; /* Bitverschiebung schneller als ascii*=16 */
   /* zweiter Hexawert */
   ascii +=
   (hex[1] >= 'A' ? ((hex[1] & 0xdf) - 'A')+10 : (hex[1] - '0'));
   return ascii;
}

/* Liste aus Variable/Wert-Paaren erstellen
 * Rückgabewert: Anfangsadresse der Liste
 * Bei Fehler: NULL
 */
struct CGI_DATEN *erstellen(char *str) {
   char* s;
   char* res;
   /* Irgendwo gibt es auch eine Grenze, hier sind
      MAX_PAARE erlaubt. */
   char *paare[MAX_PAARE];
   struct CGI_DATEN *ptr_daten = NULL;
   struct CGI_DATEN *ptr_anfang = NULL;
   int i=0, j=0;

   /* Zuerst werden die Variablen/Werte-Paare anhand des Zeichens
    * '&' getrennt, sofern es mehrere sind. */
   s=str;
   res=strtok(s,"&");
   while( res != NULL && i < MAX_PAARE) {
      /* Wert von res dynamisch in char **pair speichern */
      paare[i] = (char *)malloc(strlen(res)+1);
      if(paare[i] == NULL)
         return NULL;
```

```
      paare[i] = res;
      res=strtok(NULL,"&");
      i++;
   }
   /* Jetzt werden die Variablen von den Werten getrennt und
    * an die Struktur CGI_DATEN übergeben. */
   while ( i > j ) {  /* Das erste Element ? */
      if(ptr_anfang == NULL) {
         ptr_anfang =malloc(sizeof (struct CGI_DATEN));
         if( ptr_anfang == NULL )
            return NULL;
         res = strtok( paare[j], "=");
         if(res == NULL)
            return NULL;
         ptr_anfang->variable = malloc(strlen(res)+1);
         if( ptr_anfang->variable == NULL )
            return NULL;
         ptr_anfang->variable = res;
         res = strtok(NULL, "\0");
         if(res == NULL)
            return NULL;
         ptr_anfang->wert = malloc(strlen(res)+1);
         if( ptr_anfang->wert == NULL )
            return NULL;
         ptr_anfang->wert = res;
         /* printf("%s %s<br>",
          * ptr_anfang->variable, ptr_anfang->wert); */
         ptr_anfang->next =
            malloc(sizeof (struct CGI_DATEN));
         if(ptr_anfang->next == NULL)
            return NULL;
         ptr_daten = ptr_anfang->next;
         j++;
      }
      else { /* die restlichen Elemente */
         res = strtok( paare[j], "=");
         if(res == NULL)
            return NULL;
         ptr_daten->variable = malloc(strlen(res)+1);
         if(ptr_daten->variable == NULL)
            return NULL;
         ptr_daten->variable = res;
         res = strtok(NULL, "\0");
         if(res == NULL)
            return NULL;
```

```
         ptr_daten->wert = malloc(strlen(res)+1);
         if(ptr_daten->wert == NULL)
            return NULL;
         ptr_daten->wert = res;
         /* printf("%s %s<br>",
          * ptr_daten->variable, ptr_daten->wert); */
         ptr_daten->next =
            malloc(sizeof (struct CGI_DATEN));
         if( ptr_daten->next == NULL )
            return NULL;
         ptr_daten = ptr_daten->next;
         j++;
      }
   }
   ende = ptr_daten;
   /* Anfangsadresse der Liste struct CGI_DATEN zurückgeben */
   return ptr_anfang;
}

/* Bricht bei Fehler (mysql_error != 0) das Programm ab. */
void check_error(void)  {
   if (mysql_errno(mysql) != 0) {
      fprintf(stderr, "Fehler: %s\n", mysql_error(mysql));
      exit(EXIT_FAILURE);
   }
}

/* Baut eine Verbindung zum Datenbankserver auf.
 * Passen Sie ggf. Usernamen und Passwort und, sofern
 * andere Parameter benötigt werden, diese selbst an Ihre
 * Bedürfnisse an.
 */
void verbinden(void)  {
   mysql= mysql_init(mysql);
   check_error();
   mysql_real_connect(mysql, "localhost", "root",
      NULL, NULL, 0, NULL, 0);
   check_error();
}

/* Serververbindung wieder schließen und den Speicher für die
 * Struktur MYSQL wieder freigeben */
void verbindung_schliessen(void)  {
   mysql_close(mysql);
}
```

```
/* Falls die Datenbank bei der Funktion verbinden() nicht angegeben
 * wurde oder Sie die Datenbank wechseln wollen, dann verwenden
 * Sie diese Funktion. */
void db_waehlen(char *db) {
   mysql_select_db(mysql, db);
   check_error();
}

/* Daten mit mysql_real_query() in die Datenbank schreiben */
void daten_anfuegen(struct CGI_DATEN *daten) {
   char buf[BUF] = "INSERT INTO daten (name, adresse) VALUES ('";

   strcat(buf, daten->wert);
   strcat(buf, "', '");
   daten = daten->next;
   strcat(buf, daten->wert);
   strcat(buf, "');");

   /* Jetzt die Anfrage an den Datenbankserver */
   mysql_real_query(mysql, buf, strlen(buf));
   check_error();
}

int main(void) {
   char *str;
   struct CGI_DATEN *cgi;
   struct CGI_DATEN *free_cgi;

   /* für Fehlermeldungen */
   printf("Content-Type: text/html\n\n");
   /* Eingabe einlesen */
   str = getdata();
   if(str == NULL) {
      printf("Fehler beim Einlesen von der Formulareingabe");
      return EXIT_FAILURE;
   }
   /* Hexzeichen in ASCII-Zeichen konvertieren und aus '+'
    * Leerzeichen machen */
   hex2ascii(str);
   /* Liste der Formualar-Daten erstellen */
   cgi = erstellen(str);
   free_cgi = cgi;
   if (cgi == NULL) {
      printf("Fehler beim Erstellen der "
```

```
            "Variablen/Werte-Liste!!\n");
      return EXIT_FAILURE;
   }
   verbinden();
   db_waehlen("mail_archiv");
   daten_anfuegen(cgi);

   verbindung_schliessen();
   print_html();
   return EXIT_SUCCESS;
}
```

Übersetzen Sie den Quellcode wieder wie gewohnt, ändern Sie die Extension (**.cgi*), und speichern Sie die ausführbare Datei im *cgi-bin*-Verzeichnis des (Apache-)Webservers. Unter Linux werden dafür teilweise root-Rechte benötigt. Ändern Sie außerdem unter Linux die Zugriffsrechte für diese Datei (`chmod go+rx add_db.cgi`). Weiteres finden Sie in Kapitel 23, »CGI mit C«, das Sie bereits durchgenommen haben sollten, bevor Sie sich an dieses Programm wagen.

24.5.3 Die CGI-Anwendung »search_db.cgi«

Als Nächstes folgt die CGI-Anwendung zur Suche in der Datenbank `mail_archiv`, die im Großen und Ganzen ebenfalls nichts mehr enthält, was nicht bereits besprochen wurde.

```
/* search_db.c */
#include <stdio.h>
#include <stdlib.h>
#if defined __WIN32__ || _MSC_VER
   #include "my_global.h"
   #include "mysql.h"
#else
   #include <mysql.h>
#endif

#define MAX_PAARE 255
#define BUF 255

struct CGI_DATEN {
   char *variable;
   char *wert;
   struct CGI_DATEN *next;
};

struct CGI_DATEN *ende = NULL;
```

```
MYSQL *mysql;

void print_html(void);
char *getdata(void);
char *Strdup(const char *);
void hex2ascii(char *);
char convert(char *);
void loeschen(struct CGI_DATEN *);
struct CGI_DATEN *erstellen(char *);
void check_error(void);
void verbinden(void);
void verbindung_schliessen(void);

/* Weiterleitung zu einer URL;
 * url ist die URL, an die Sie den User weiterleiten.
 */
void print_html(void) {
   printf("<html><head>\n");
   printf("<title>Suchergebniss</title>\n");
   printf("</head><body>\n");
   printf("<br><br>Zurück gehts "
          "<a href=\"javascript:history.back()\">hier</a>");
   printf("</body></html>\n");
}

/*  Die Funktion liest Daten mit der POST oder GET-Methode ein.
 *  Rückgabewert: Stringpuffer mit den Daten
 *  bei Fehler  : NULL
 */
char *getdata(void) {
   unsigned long size;
   char *puffer = NULL;
   char *request = getenv("REQUEST_METHOD");
   char *cont_len;
   char *cgi_string;

   /* zuerst die Request-Methode überprüfen */
   if(  NULL == request )
      return NULL;
   else if( strcmp(request, "GET") == 0 ) {
      /* die Methode GET -> Query-String abholen */
      cgi_string = getenv("QUERY_STRING");
      if( NULL == cgi_string )
         return NULL;
```

```
      else {
         puffer = Strdup(cgi_string);
         return puffer; /* Rückgabewert an den Aufrufer */
      }
   }
   else if( strcmp(request, "POST") == 0 ) {
      /* Die Methode POST -> Länge des Strings
       * ermitteln (CONTENT_LENGTH) */
      cont_len = getenv("CONTENT_LENGTH");
      if( NULL == cont_len)
         return NULL;
      /* String CONTENT_LENGTH in unsigned long umwandeln */
      else {
         size = (unsigned long) atoi(cont_len);
         if(size <= 0)
            return NULL; /* Keine Eingabe!?!? */
      }
      /* jetzt lesen wir die Daten von stdin ein */
      puffer = malloc(size+1);
      if( NULL == puffer )
         return NULL;
      else {
         if( NULL == fgets(puffer, size+1, stdin) ) {
            free(puffer);
            return NULL;
         }
         else   /* Rückgabewerte an den Aufrufer */
            return puffer;
      }
   }
   /* Weder die GET-Methode noch die POST-Methode wurden verwendet. */
   else
      return NULL;
}

/*  Da die Funktion strdup() in der Headerdatei <string.h> keine
 *  ANSI-C-Funktion ist, schreiben wir eine eigene.
 */
char *Strdup(const char *str) {
   char *p;

   if(NULL == str)
      return NULL;
   else {
      p = malloc(strlen(str)+1);
```

```
      if(NULL == p)
         return NULL;
      else
         strcpy(p, str);
   }
   return p;
}

/* Wandelt einzelne Hexzeichen (%xx) in ASCII-Zeichen
   und kodierte Leerzeichen (+) in echte Leerzeichen um. */
void hex2ascii(char *str) {
   int x, y;

   for(x=0,y=0; str[y] != '\0'; ++x,++y) {
      str[x] = str[y];
      /* Ein hexadezimales Zeichen? */
      if(str[x] == '%') {
         str[x] = convert(&str[y+1]);
         y += 2;
      }
      /* Ein Leerzeichen ? */
      else if( str[x] == '+')
         str[x]=' ';
   }
   /* geparsten String sauber terminieren */
   str[x] = '\0';
}

/* Die Funktion konvertiert einen String von zwei hexadezimalen
 * Zeichen und gibt das einzelne dafür stehende Zeichen zurück.
 */
char convert(char *hex) {
   char ascii;

   /* erster Hexawert */
   ascii =
   (hex[0] >= 'A' ? ((hex[0] & 0xdf) - 'A')+10 : (hex[0] - '0'));
   ascii <<= 4; /* Bitverschiebung schneller als ascii*=16 */
   /* zweiter Hexawert */
   ascii +=
   (hex[1] >= 'A' ? ((hex[1] & 0xdf) - 'A')+10 : (hex[1] - '0'));
   return ascii;
}
```

```
/* Liste aus Variable/Wert-Paaren erstellen
 * Rückgabewert: Anfangsadresse der Liste
 * Bei Fehler: NULL */
struct CGI_DATEN *erstellen(char *str) {
   char* s;
   char* res;
   /* Irgendwo gibt es auch eine Grenze, hier
      sind MAX_PAARE erlaubt. */
   char *paare[MAX_PAARE];
   struct CGI_DATEN *ptr_daten = NULL;
   struct CGI_DATEN *ptr_anfang = NULL;
   int i=0, j=0;

   /* Zuerst werden die Variablen/Werte-Paare anhand des Zeichens
    * '&' getrennt, sofern es mehrere sind. */
   s=str;
   res=strtok(s,"&");
   while( res != NULL && i < MAX_PAARE) {
      /* Wert von res dynamisch in char **pair speichern */
      paare[i] = malloc(strlen(res)+1);
      if(paare[i] == NULL)
         return NULL;
      paare[i] = res;
      res=strtok(NULL,"&");
      i++;
   }
   /* Jetzt werden die Variablen von den Werten getrennt und
    * an die Struktur CGI_DATEN übergeben. */
   while ( i > j )  { /* Das erste Element? */
      if(ptr_anfang == NULL) {
         ptr_anfang = malloc (sizeof (struct CGI_DATEN));
         if( ptr_anfang == NULL )
            return NULL;
         res = strtok( paare[j], "=");
         if(res == NULL)
            return NULL;
         ptr_anfang->variable = malloc(strlen(res)+1);
         if( ptr_anfang->variable == NULL )
            return NULL;
         ptr_anfang->variable = res;
         res = strtok(NULL, "\0");
         if(res == NULL)
            return NULL;
         ptr_anfang->wert = malloc(strlen(res)+1);
         if( ptr_anfang->wert == NULL )
```

```
            return NULL;
         ptr_anfang->wert = res;
         /* printf("%s %s<br>",
          * ptr_anfang->variable, ptr_anfang->wert); */
         ptr_anfang->next =
            malloc(sizeof (struct CGI_DATEN));
         if(ptr_anfang->next == NULL)
            return NULL;
         ptr_daten = ptr_anfang->next;
         j++;
      }
      else { /* die restlichen Elemente */
         res = strtok( paare[j], "=");
         if(res == NULL)
            return NULL;
         ptr_daten->variable = malloc(strlen(res)+1);
         if(ptr_daten->variable == NULL)
            return NULL;
         ptr_daten->variable = res;
         res = strtok(NULL, "\0");
         if(res == NULL)
            return NULL;
         ptr_daten->wert = malloc(strlen(res)+1);
         if(ptr_daten->wert == NULL)
            return NULL;
         ptr_daten->wert = res;
         /* printf("%s %s<br>",
          * ptr_daten->variable, ptr_daten->wert); */
         ptr_daten->next =
            malloc(sizeof (struct CGI_DATEN));
         if( ptr_daten->next == NULL )
            return NULL;
         ptr_daten = ptr_daten->next;
         j++;
      }
   }
   ende = ptr_daten;
   /* Anfangsadresse der Liste struct CGI_DATEN zurückgeben */
   return ptr_anfang;
}

/* Bricht bei Fehler (mysql_error != 0) das Programm ab. */
void check_error(void) {
   if (mysql_errno(mysql) != 0) {
      fprintf(stderr, "Fehler: %s\n", mysql_error(mysql));
```

```
        exit(EXIT_FAILURE);
    }
}

/* Baut eine Verbindung zum Datenbankserver auf.
 * Passen Sie ggf. Usernamen und Passwort und, sofern
 * andere Parameter benötigt werden, diese selbst an
 * Ihre Bedürfnisse an.
 */
void verbinden(void)  {
   mysql= mysql_init(mysql);
   check_error();
   mysql_real_connect(mysql, "localhost", "root",
                      NULL, NULL, 0, NULL, 0);
   check_error();
}

/* Serververbindung wieder schließen und den Speicher für die
 * Struktur MYSQL wieder freigeben */
void verbindung_schliessen(void)  {
   mysql_close(mysql);
}

/* Falls die Datenbank bei der Funktion verbinden() nicht
 * angegeben wurde oder Sie die Datenbank wechseln wollen,
 * dann verwenden Sie diese Funktion. */
void db_waehlen(char *db) {
   mysql_select_db(mysql, db);
   check_error();
}

/* Daten mit mysql_real_query() in die Datenbank schreiben */
void daten_suchen(struct CGI_DATEN *daten) {
   MYSQL_ROW  row;
   MYSQL_RES  *mysql_res;
   unsigned long  anzahl_reihen;
   unsigned int i;
   char buf[BUF] = "SELECT adresse FROM daten WHERE name='";

   strcat(buf, daten->wert);
   strcat(buf, "';");
   mysql_real_query(mysql, buf, strlen(buf));
   check_error();
   /* Daten der Anfrage abholen */
   mysql_res = mysql_store_result(mysql);
```

```
   check_error();
   /* Anzahl der gefundenen Datensätze ermitteln */
   anzahl_reihen = (unsigned long) mysql_num_rows (mysql_res);
   printf ("Anzahl gefunden: %lu\n\n<br><br>", anzahl_reihen);
   /* gefundenen Datensatz bzw. Datensätze ausgeben */
   while ((row = mysql_fetch_row (mysql_res)) != NULL) {
      /* einzelne Spalten der Zeile ausgeben */
      for (i = 0;  i < mysql_num_fields(mysql_res);  i ++)
         printf ("Adresse zu %s lautet %s<br> ",
           daten->wert,row[i]);
         printf("\n");
   }
   /* Speicherplatz wieder freigeben */
   mysql_free_result(mysql_res);
}

int main(void) {
   char *str;
   struct CGI_DATEN *cgi;
   struct CGI_DATEN *free_cgi;

   /* für Fehlermeldungen */
   printf("Content-Type: text/html\n\n");
   /* Eingabe einlesen */
   str = getdata();
   if(str == NULL) {
      printf("Fehler beim Einlesen von der Formulareingabe");
      return EXIT_FAILURE;
   }
   /* Hexzeichen in ASCII-Zeichen konvertieren und aus '+'
    * Leerzeichen machen */
   hex2ascii(str);
   /* Liste der Formualar-Daten erstellen */
   cgi = erstellen(str);
   free_cgi = cgi;
   if (cgi == NULL) {
      printf("Fehler beim Erstellen der "
             "Variablen/Werte-Liste!!\n");
      return EXIT_FAILURE;
   }
   verbinden();
   db_waehlen("mail_archiv");
   daten_suchen(cgi);

   verbindung_schliessen();
```

```
    print_html();
    return EXIT_FAILURE;
}
```

Natürlich gilt auch hier: Übersetzen Sie den Quellcode wie gewohnt, ändern Sie die Extension (`*.cgi`), und speichern Sie die ausführbare Datei im *cgi-bin*-Verzeichnis des (Apache-)Webservers. Unter Linux werden dafür teilweise root-Rechte benötigt. Ändern Sie außerdem unter Linux die Zugriffsrechte für diese Datei (`chmod go+rx search_db.cgi`).

Das war es. Wenn Sie jetzt wollen, können Sie die CGI-Anwendungen mit MySQL in der Praxis testen. Öffnen Sie dazu mit Ihrem Webrowser das erstellte HTML-Formular. Jetzt können Sie munter Datensätze in die Datenbank einfügen oder in den Datensätzen suchen. Die Voraussetzung dafür, dass dies auch funktioniert, ist, dass der (Apache-)Webserver und der Datenbankserver MySQL gestartet wurden.

Mit diesem Beispiel haben Sie jetzt die Grundlagen für komplexere Aufgaben mit der MySQL-Datenbank geschaffen.

Hinweis

Noch mehr zur MySQL-C-API (und auch zur PostgreSQL-C-API) finden Sie in meinem Buch »Linux-UNIX-Programmierung« (ebenfalls bei Galileo Press erschienen). CGI und MySQL als Content-Management-System? Warum nicht – meine Webseite *http://www.pronix.de/* basiert komplett auf einer solchen in C geschriebenen Anwendung, die zu 100 % die CGI-Schnittstelle und die MySQL-Datenbank mit C verwendet.

24.6 Funktionsübersicht

Zum Abschluss dieses Kapitels fasst Tabelle 24.11 nochmals die wichtigsten Funktionen der MySQL-C-API für Referenzzwecke zusammen.

Funktion	Bedeutung
`mysql_affected_rows()`	Gibt die Anzahl von Zeilen zurück, die durch die letzte `UPDATE`-, `DELETE`- oder `INSERT`-Anfrage geändert, gelöscht bzw. hinzugefügt wurden.
`mysql_close()`	Schließt eine Serververbindung
`mysql_connect()`	Stellt die Verbindung mit einem MySQL-Server her. Diese Funktion ist veraltet; benutzen Sie dafür `mysql_real_connect()`.

Tabelle 24.11 Funktionsübersicht der MySQL-C-API

Funktion	Bedeutung
mysql_change_user()	Ändert Benutzer und Datenbank bei einer geöffneten Verbindung.
mysql_character_set_name()	Gibt den Namen des vorgabemäßigen Zeichensatzes für die Verbindung zurück.
mysql_create_db()	Erzeugt eine Datenbank. Diese Funktion ist veraltet; benutzen Sie stattdessen den SQL-Befehl CREATE DATABASE.
mysql_data_seek()	Sucht bis zu einer beliebigen Zeile in einer Anfrage-Ergebnismenge.
mysql_debug()	Macht ein DBUG_PUSH mit der angegebenen Zeichenkette.
mysql_drop_db()	Löscht eine Datenbank. Diese Funktion ist veraltet; benutzen Sie stattdessen den SQL-Befehl DROP DATABASE.
mysql_dump_debug_info()	Veranlasst den Server, Debug-Informationen in die Log-Datei zu schreiben.
mysql_eof()	Stellt fest, ob die letzte Zeile der Ergebnismenge gelesen wurde oder nicht. Diese Funktion ist veraltet; benutzen Sie stattdessen mysql_errno() oder mysql_error().
mysql_errno()	Gibt die Fehlernummer der zuletzt aufgerufenen MySQL-Funktion zurück.
mysql_error()	Gibt die Fehlermeldung der zuletzt aufgerufenen MySQL-Funktion zurück.
mysql_real_escape_string()	Escape-Sonderzeichen in einer Zeichenkette, die für ein SQL-Statement benutzt wird, wobei der aktuelle Zeichensatz der Verbindung berücksichtigt wird.
mysql_escape_string()	Escape-Sonderzeichen in einer Zeichenkette, die für ein SQL-Statement benutzt wird.
mysql_fetch_field()	Gibt den Typ des nächsten Tabellenfelds zurück.
mysql_fetch_field_direct()	Gibt den Typ eines Tabellenfelds zurück, angegeben durch eine Feldnummer.
mysql_fetch_fields()	Gibt ein Array aller Feldstrukturen zurück.
mysql_fetch_lengths()	Gibt die Länge aller Spalten in der aktuellen Zeile zurück.
mysql_fetch_row()	Holt die nächste Zeile aus der Ergebnismenge.

Tabelle 24.11 Funktionsübersicht der MySQL-C-API (Forts.)

Funktion	Bedeutung
mysql_field_seek()	Setzt den Spaltencursor auf eine bestimmte Spalte.
mysql_field_count()	Gibt die Anzahl der Ergebnisspalten für die letzte Anfrage zurück.
mysql_field_tell()	Gibt die Position des Feldcursors zurück, der für das letzte mysql_fetch_field() benutzt wurde.
mysql_free_result()	Gibt Speicher frei, der von einer Ergebnismenge benutzt wird.
mysql_get_client_info()	Gibt Client-Versionsinformationen zurück.
mysql_get_host_info()	Gibt eine Zeichenkette zurück, die die Verbindung beschreibt.
mysql_get_proto_info()	Gibt die Protokollversion zurück, die von der Verbindung benutzt wird.
mysql_get_server_info()	Gibt die Server-Versionsnummer zurück.
mysql_info()	Gibt Informationen über die zuletzt ausgeführte Anfrage zurück.
mysql_init()	Holt oder initialisiert eine MYSQL-Struktur.
mysql_insert_id()	Gibt die Kennung zurück, die für eine AUTO_INCREMENT-Spalte durch die letzte Anfrage erzeugt wurde.
mysql_kill()	Beendet einen angegebenen Thread.
mysql_list_dbs()	Gibt die Datenbanknamen zurück, die mit einem einfachen regulären Ausdruck übereinstimmen.
mysql_list_fields()	Gibt die Feldnamen zurück, die mit einem einfachen regulären Ausdruck übereinstimmen.
mysql_list_processes()	Gibt eine Liste der aktuellen Server-Threads zurück.
mysql_list_tables()	Gibt Tabellennamen zurück, die mit einem einfachen regulären Ausdruck übereinstimmen.
mysql_num_fields()	Gibt die Anzahl von Spalten in einer Ergebnismenge zurück.
mysql_num_rows()	Gibt die Anzahl von Zeilen in einer Ergebnismenge zurück.
mysql_options()	Setzt Verbindungsoptionen für mysql_connect().
mysql_ping()	Prüft, ob die Verbindung zum Server funktioniert oder nicht, und verbindet sich erneut, falls notwendig.
mysql_query()	Führt eine SQL-Anfrage aus, die als NULL-begrenzte Zeichenkette angegeben wird.

Tabelle 24.11 Funktionsübersicht der MySQL-C-API (Forts.)

Funktion	Bedeutung
mysql_real_connect()	Verbindet sich mit einem MySQL-Server.
mysql_real_query()	Führt eine SQL-Anfrage aus, die als gezählte Zeichenkette angegeben wird.
mysql_reload()	Weist den Server an, die Berechtigungstabellen erneut zu laden.
mysql_row_seek()	Sucht bis zu einer Zeile in einer Ergebnismenge, indem sie den Wert benutzt, der von mysql_row_tell() zurückgegeben wird.
mysql_row_tell()	Gibt die Zeilencursorposition zurück.
mysql_select_db()	Wählt eine Datenbank aus.
mysql_shutdown()	Fährt den Datenbankserver herunter.
mysql_stat()	Gibt den Serverstatus als Zeichenkette zurück.
mysql_store_result()	Ruft eine vollständige Ergebnismenge zum Client ab.
mysql_thread_id()	Gibt die aktuelle Thread-Kennung zurück.
mysql_thread_safe()	Gibt 1 zurück, wenn die Clients thread-sicher kompiliert sind.
mysql_use_result()	Initialisiert den zeilenweisen Abruf einer Ergebnismenge.

Tabelle 24.11 Funktionsübersicht der MySQL-C-API (Forts.)

24.7 Datentypenübersicht der C-API

Auch zu den eigenen Datentypen von MySQL und der C-API folgt hier ein kurzer Überblick.

Datentyp	Bedeutung
MYSQL	Handle einer Datenbankverbindung. Wird für fast alle MySQL-Funktionen verwendet.
MYSQL_RES	Ergebnis einer Anfrage, die Zeilen zurückgibt (SELECT, SHOW, DESCRIBE, EXPLAIN).
MYSQL_ROW	Eine typensichere Darstellung eines Datensatzes (Zeile). Zeilen werden gewöhnlich mit der Funktion mysql_fetch_row() eingelesen.

Tabelle 24.12 Datentypenübersicht der MySQL-C-API

Datentyp	Bedeutung
MYSQL_FIELD	Eine Struktur mit Informationen über ein Feld, Feldnamen, Feldtyp und Feldgröße. Die einzelnen Werte dieser Struktur erhalten Sie durch die Funktion mysql_fetch_field().
MYSQL_FIELD_OFFSET	Eine typensichere Darstellung eines Offsets in einer MySQL-Feldliste. Offsets sind Feldnummern innerhalb einer Zeile.
my_ulonglong	Der Typ, der für die Anzahl von Zeilen und für mysql_affected_rows(), mysql_num_rows() und mysql_insert_id() benutzt wird.

Tabelle 24.12 Datentypenübersicht der MySQL-C-API (Forts.)

Heute gibt es kaum noch eine Anwendung ohne eine gewisse Netzwerkfunktionalität. Wie Sie ein einfaches Client/Server-Beispiel erstellen können – und das auch noch auf den verschiedensten Plattformen –, zeigt Ihnen dieses Kapitel.

25 Netzwerkprogrammierung und Cross-Plattform-Entwicklung

Die Netzwerkprogrammierung gehört nicht unbedingt zu den einfacheren Themen in der Programmierung. Auch wenn Ihnen dieses Kapitel den Eindruck verschafft, es sei alles nicht so schwer, sollten Sie sich nicht täuschen lassen: Sie erhalten hier lediglich einen Einblick in die Welt der Netzwerkprogrammierung. Allerdings erscheint es mir sehr wichtig, Ihnen diese Basis mitzugeben, da heutzutage kaum noch eine Anwendung ohne Netzwerkfunktionalität angeboten wird.

Sicherlich stellt sich zunächst die Frage, wie man die Netzwerkprogrammierung in einem Buch behandelt, das sich primär mit der Erstellung von portablen Programmen befasst. Prallen hier mit der Netzwerkprogrammierung unter MS-Windows und den UNIX-Varianten (Linux) nicht zwei verschiedene Welten aufeinander?

Im Verlaufe des Kapitels werden Sie merken, dass die grundlegenden Prinzipien dieselben sind – und die Funktionsnamen sind zum Teil sogar die gleichen. Und darum geht es auch im zweiten Teil dieses Kapitels, bei der Cross-Plattform-Entwicklung. Dabei werden Sie erfahren, wie Sie sinnvoll portable Headerdateien bzw. Bibliotheken erstellen können, die auf den verschiedensten Plattformen ausführbar sind (hier MS-Windows und Linux/UNIX) – natürlich wiederum anhand von Beispielen zur Netzwerkprogrammierung.

Hinweis

Um im Rahmen dieses Buches zu bleiben, gebe ich hier nur eine Einführung in die Netzwerkprogrammierung. Bei dem Thema wäre es sogar angemessen, sich extra Literatur dazu anzuschaffen.

25.1 Begriffe zur Netzwerktechnik

Bevor ich Sie in die Netzwerkprogrammierung einführe, möchte ich Ihnen hier noch einige Begriffe der Netzwerktechnik etwas näherbringen, damit Sie anschließend bei der Programmierung nicht ins Straucheln geraten. Sollten Sie mit den Begriffen der Netzwerktechnik bereits vertraut sein, können Sie diesen Abschnitt selbstverständlich überfliegen.

25.1.1 IP-Nummern

Die IP-Nummer (IP – Internet Protokoll) ist mit einer Telefonnummer vergleichbar. Unter dieser Nummer sind Sie im Internet für alle anderen Teilnehmer erreichbar. Daher ist es auch verständlich, dass diese Nummer eindeutig sein muss, sodass keine Adresskonflikte auftreten können.

Statische und dynamische IP-Nummern

Bei den IP-Nummern unterscheidet man (sofern man von einem Unterschied sprechen kann) zwischen einer statischen und einer dynamischen IP-Nummer. Rechner, die ständig im Internet sind, um etwa einen bestimmten Service anzubieten, benötigen meistens eine statische IP-Nummer. Man spricht von einer statischen IP-Nummer, wenn einem Rechner einmal eine Nummer zugeteilt wird und sich diese anschließend nicht mehr ändert. Natürlich können Sie sich auch eine eigene IP-Nummer geben lassen (beispielsweise um einen eigenen Webserver zu betreiben). Dazu müssen Sie sich über einen Internet Provider oder besser gleich über das *Network Information Center* (NIC) eine solche Nummer zuteilen lassen. Für Privatpersonen bzw. mittelständische Firmen lohnt sich dies allerdings recht selten – da eine feste IP-Nummer auch ihren Preis hat.

Gewöhnlich wird Ihnen, wenn Sie sich ins Internet einwählen, jedes Mal eine neue dynamische IP-Adresse erteilt. Sie wählen sich praktisch ins Internet ein und Ihr Internet Service Provider teilt Ihnen so eine dynamische IP-Adresse zu. Neben dem geringeren Verbrauch von IP-Adressen wird auch der Admin-Aufwand erheblich verringert. Dies trifft besonders bei größeren lokalen Netzwerken zu. Hierbei muss der Admin nicht jede einzelne statische IP-Adresse ins Netzwerk integrieren, sondern meistens übernimmt eine Software die Verteilung der dynamischen IP-Adressen.

IPv4- und IPv6-Nummern

Im Augenblick setzen sich die IP-Nummern (IPv4) noch aus vier Zahlen (32 Bit) zwischen 0 und 255 zusammen. Dadurch sind mit IPv4 Adressierungen zwischen `0.0.0.0` und `255.255.255.255` möglich – was etwa 4 Milliarden Adressen wären.

Allerdings nur theoretisch – da diverse Nummern, beispielsweise mit der Endung 0 und 255, für andere Zwecke vergeben sind. Und 4 Milliarden IP-Adressen sind in der Tat nicht viele – wenn man diese Zahl mit der Weltbevölkerung vergleicht. Somit musste eine andere Lösung gefunden werden – die auch schon längst mit IPv6 gefunden wurde. In IPv6 sind die Adressen 128 Bit lang, anstatt der 32 Bit in IPv4. Damit lassen sich natürlich erheblich mehr IP-Adressen darstellen.

IPv6 ist allerdings noch nicht eingeführt und immer noch für unbestimmte Zeit Zukunftsmusik. Wenn IPv6 eingeführt wird, werden Sie sich auch an eine andere Schreibweise gewöhnen müssen, die auf den ersten Blick ein wenig komplexer erscheint. Schreibt man beispielsweise eine IPv6-Adresse vollständig aus, ergeben sich sieben Doppelpunkte getrennt durch Hexadezimalzahlen:

```
2ffd:345:34b:33:432:e23:a:2
```

Diese Schreibweise kann durch die Zusammenfassung von Nullen noch vereinfacht werden. So kann beispielsweise eine Gruppe von aufeinanderfolgenden Nullen durch zwei Doppelpunkte (`::`) angegeben werden. Dies ist beispielsweise auch nötig bzw. der Fall, wenn die Kompatibilität zu IPv4-Adressen gewahrt werden muss. Da beispielsweise bei einer IPv4-Adresse, die in IPv6 konvertiert wird, die ersten sechs Gruppen mit Nullen beziffert sind (IPv4: `xxx.xxx.xxx.xxx` konvertiert zu IPv6: `0:0:0:0:0:0:xxxx:xxxx`), kann man es sich auch hier mit der Doppelpunktregelung einfacher machen (`0:0:0:0:0:0:xxxx:xxxx`; Gruppe von Nullen durch `::` ersetzen `::xxxx:xxxx`). Und damit man bei der Konvertierung nicht dauernd auch noch den hexadezimalen Wert der IPv4-Adresse zur IPv6-Adresse umrechnen muss (oder errechnen lässt), ist es auch erlaubt, dass die letzten beiden Ziffern dezimal (also aus den vier Zahlen wie in IPv4) angegeben werden können (also als `0:0:0:0:0:0:xxx.xxx.xxx.xxx` oder auch als `::xxx.xxx.xxx.xxx`).

25.1.2 Portnummer

Bei den Internetprotokollen TCP/IP und UDP/IP sind neben den IP-Nummern, mit denen ein Rechner spezifiziert wird, auch noch sogenannte Portnummern (16 Bit lang; 0 bis 65535) vorhanden. Mit den Portnummern wird ein bestimmter Service (Dienst) auf dem Rechner spezifiziert. Jeder Service (Dienst) hat dabei gewöhnlich eine eigene Portnummer. Die bekannteste Portnummer z. B. dürfte 80 (HTTP-Dienst) sein: Über diesen Port unterhält sich gewöhnlich der Webserver mit dem Webbrowser. Entsprechend der Portnummer reagiert also auch der Rechner mit einem entsprechenden Dienst und dem damit verknüpften Protokoll.

Bei Firewalls lassen sich die Portnummern verwenden, um gewisse Nachrichten herauszufiltern. Ebenfalls lassen sich dabei bestimmte Dienste auf dem Rechner sperren, indem einfach entschieden wird, welche Ports durchgelassen werden und welche nicht. Man kann sich die Ports gern als Türen vorstellen – lässt man andauernd die Tür offen stehen, braucht man sich nicht über ungebetene Gäste wundern.

Selbstverständlich sind die Ports auch (teilweise) standardisiert. Besonders die ersten 1023 Portnummern werden beispielsweise von der IANA (*Internet Assigned Numbers Authority*) kontrolliert und zugewiesen. Unter Linux/UNIX können diese ersten 1023 Portnummern in der Regel meistens nur durch den Superuser verwendet werden. Hier finden sich die Portnummern vieler Standard-Anwendungen wieder. Beispielsweise wird FTP über Port 21 abgewickelt, TELNET über Port 23 oder der Internetverkehr (HTTP) über Port 80. Natürlich sind die Portnummern unter 1024 auch ein beliebtes Ziel für Hacker.

25.1.3 Host- und Domainname

Zwar wissen Sie jetzt, dass im Internet alles über IP-Nummern erreichbar ist, aber wenn Sie sich mit diesen Nummern durchs WWW hangeln müssten, wäre das Internet wohl heute nicht so erfolgreich. Deshalb wird an die Nummern noch zusätzlich ein Name vergeben, der aus dem Host- und dem Domainnamen (und eventuell einer Top-Level-Domain; TLD) besteht (*hostname.domainname.tld*; beispielsweise *www.pronix.de*).

Der Domainname ist der Name, mit dem Sie eine Webseite (beispielsweise *pronix.de*) im Internet ansprechen. Ein Domainname wird von hinten nach vorne aufgelöst. Somit steht das *de* für die Top-Level-Domain (wie der Name sagt, das, was ganz vorne steht). Die Top-Level-Domain bezeichnet die Herkunft und/oder die Zugehörigkeit (*.com, .gov, .net* etc.), in unserem Beispiel *de* für Deutschland. Nach der Top-Level-Domain folgt weiter links der eigentliche *Domainname*, der im Beispiel *pronix* lautet.

Der *Hostname* ist somit die niedrigste Instanz eines Domainnamens, da dieser ja von hinten nach vorne aufgelöst wird. Der Hostname ist somit der erste Teil in der Leseweise. Gewöhnlich lautet im Internet der Hostname *www* (*www.pronix.de*) – allerdings spricht nichts dagegen, den Host auch anders zu benennen. Es wird nämlich nur empfohlen, weil sich viele Anwender an das *www* gewöhnt haben. Genauso gut könnten Sie auch *abc.pronix.de* verwenden.

25.1.4 Nameserver

Einfach ausgedrückt ist ein Nameserver ein Rechner, der für die Umsetzung von Rechnernamen in IP-Nummern verantwortlich ist. Im Internet beispielsweise ist dies mit einem Telefonbuch vergleichbar, in dem der Name des Teilnehmers in die Telefonnummer aufgelöst wird. Der Dienst, der Ihnen diese Arbeit im Internet abnimmt, wird als *Domain Name System* (DNS) bezeichnet. Bei kleineren Netzwerken wie einem Intranet, werden die lokalen IP-Nummern meistens in Form einer Tabelle in einer Datei hinterlegt.

25.1.5 Das IP-Protokoll

Das IP-Protokoll ist dafür verantwortlich, dass die Datenpakete von einem Sender über mehrere Netze zum Empfänger transportiert werden. Die Übertragung des IP-Protokolls findet paketorientiert und verbindungslos statt. Es wird dabei nicht garantiert, dass die Pakete in der richtigen Reihenfolge oder überhaupt beim Empfänger ankommen. Ebenfalls liefert es keine Empfangsbestätigung vom Empfänger an den Sender zurück. Die maximale Länge eines IP-Paketes ist auf 65.535 Bytes beschränkt. Da das IP-Protokoll auch für das IP-Routing durch ein Netzwerk verantwortlich ist, kann dieses Protokoll die einzelnen Stationen auch anhand der IP-Adresse identifizieren. Da es ja keine Garantie gibt, dass die Daten ans Ziel gelangen, gibt es im IP-Header des IP-Paketes ein *Time-to-Live*-Feld (TTL), in dem die Lebensdauer eines Datagramms (hier des Pakets) festgelegt wird. Das TTL-Feld sorgt dafür, dass die Datenpakete nicht unendlich durch das Netz irren und den Datenverkehr belasten. Ist die im TTL-Feld angegebene Lebensdauer abgelaufen, wird das Datenpaket verworfen.

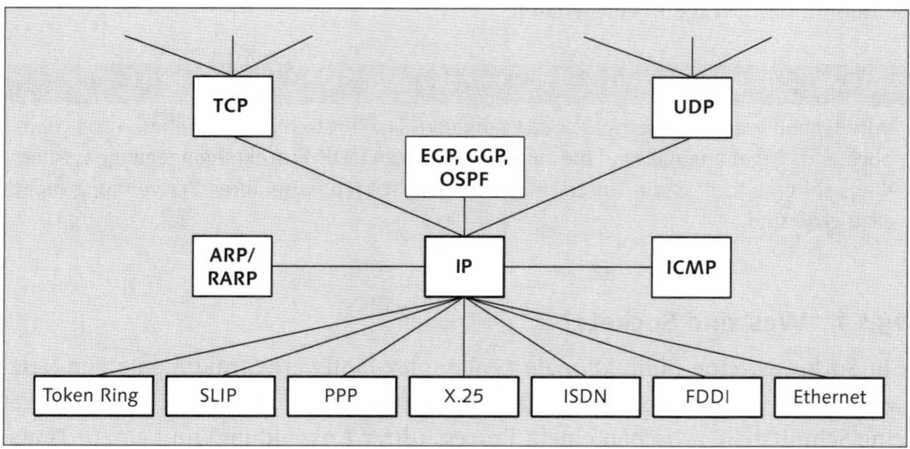

Abbildung 25.1 Das IP-Protokoll und die assoziierten Verbindungen

25.1.6 TCP und UDP

Aufbauend auf das IP-Protokoll gibt es zwei wichtige Transportprotokolle: TCP/IP (TCP – Transmission Control Protocol) und UDP/IP (UDP – User Datagram Protocol). Beide Protokolle sind auf der Transport-Ebene angesiedelt.

Der Vorteil von TCP ist, dass eine zuverlässige Datenübertragung garantiert wird. Dabei wird beispielsweise sichergestellt, dass ein Paket, das nach einer gewissen Zeit nicht beim Empfänger angekommen ist, erneut gesendet wird. Ebenso garantiert TCP, dass die Datenpakete auch in der Reihenfolge geliefert werden, in der sie losgeschickt wurden. Zusammengefasst erhalten Sie beim TCP-Protokoll eine Ende-zu-Ende-Kontrolle (Peer-to-Peer), ein Verbindungsmanagement (nach dem sogenannten Handshake-Prinzip), eine Zeitkontrolle, eine Flusskontrolle sowie eine Fehlerbehandlung der Verbindung. Man spricht bei TCP von einem *verbindungsorientierten* Transportprotokoll.

Das UPD-Protokoll hingegen verwendet einen *verbindungslosen* Datenaustausch zwischen den einzelnen Rechnern. Mit UDP haben Sie in Ihren Anwendungen die direkte Möglichkeit, Datagramme zu senden. Allerdings gibt es keine Garantie, dass ein Datagramm beim Empfänger abgeliefert wird. Ebenso wenig ist es gegeben, dass die Datagramme in der richtigen Reihenfolge ankommen (es ist sogar möglich, dass Datagramme mehrfach ankommen). Der Vorteil davon, dass bei UDP weniger Verwaltungsaufwand betrieben werden muss, ist natürlich ein höherer Datendurchsatz, der mit TCP nicht möglich ist. UDP ist beispielsweise recht interessant für Videoübertragung oder bei Netzwerkspielen. In diesen Anwendungsbereichen ist es nicht so schlimm, wenn das eine oder andere Datenpaket mal nicht ankommt. Die UDP-Strategie kann man gern mit dem Motto »Erst schießen, dann fragen« vergleichen.

Hinweis

Vorwiegend wird in diesem Buch das gängigere TCP-Protokoll beschrieben – aber dennoch wird gegebenenfalls auf die Unterschiede zum UDP-Protokoll eingegangen. Allerdings sei gesagt, dass die Unterschiede beider Protokolle bei ihrer Verwendung nicht allzu groß sind.

25.1.7 Was sind Sockets?

Ein Socket ist eine bidirektionale (Vollduplex-)Software-Struktur, die zur Netzwerk- oder Interprozesskommunikation verwendet wird. Somit ist ein Socket eine Schnittstelle zwischen einem Prozess (Ihrer Anwendung) und einem Transportprotokoll, was meistens das TCP- oder UDP-Protokoll ist.

In den RFCs ist ein Socket als ein 5-Tupel aus Ziel- und Quell-IP-Adresse, Ziel- und Quell-Port und dem Netzwerkprotokoll beschrieben. Sockets werden in UDP und TCP verwendet.

RFC

RFCs (Requests for Comments) sind eine Reihe von technischen und organisatorischen Dokumenten zum Internet (ursprünglich ARPANET), die 1969 begonnen wurde. Mehr dazu finden Sie unter der offiziellen Webseite *http://www.rfc-editor.org/*.

Seit 1983 verwendet BSD die Netzwerk-Sockets in seiner *Berkeley Sockets API*. Linux, Solaris und viele andere UNIX-Varianten verwenden ebenfalls die BSD-Sockets. Der Zugriff auf ein Socket erfolgt ähnlich wie auf Dateien mit einem Filedeskriptor – nur mit dem Unterschied, dass es bei Sockets nicht um Dateien geht, sondern um Kommunikationskanäle.

MS-Windows verwendet eine ähnliche API wie in den Berkeley Sockets, die *Windows Sockets* (kurz *Winsock*).

25.2 Headerdateien zur Socketprogrammierung

Zur Erstellung von Netzwerkanwendungen mit Sockets sind auf den Systemen verschiedene Headerdateien und unter MS-Windows auch eine bestimmte Bibliothek nötig.

25.2.1 Linux/UNIX

Die Headerdateien für Linux/UNIX und auch für die BSD-Varianten lauten:

```
#include <sys/types.h>
#include <sys/socket.h>
#include <netinet/in.h>
#include <netdb.h>
#include <arpa/inet.h>
```

Hinweis

Beachten Sie, dass bei BSD-Systemen beim Kompilieren immer die Headerdatei *<sys/types.h>* noch vor *<sys/socket.h>* inkludiert werden muss, sonst gibt es einen Fehler beim Kompilieren. Dies nur für den Fall, dass ich es mal vergessen sollte zu erwähnen und Sie unter einem BSD-System eine seltsame Fehlermeldung erhalten.

25.2.2 Windows

Unter MS-Windows sollte es ausreichen, die folgende Headerdatei zu inkludieren:

```
#include <winsock.h>
```

Eventuell kann es auch nötig sein, die Headerdatei *<windows.h>* einzubinden – sofern Ihr Compiler eine seltsame Warn- bzw. Fehlermeldung ausgibt. Alternativ zu *<winsock.h>* können Sie hier auch die neuere *<winsock2.h>* inkludieren, was allerdings für die Beispiele im Buch nicht unbedingt nötig ist.

Hinweis

Bei den meisten Windows-Anwendungen macht es keinen Unterschied, ob Sie Winsock oder Winsock2 verwenden. Winsock2 enthält neue Funktionen für einige neue Netzwerkprotokolle (wie z. B. Bluetooth). Winsock2 ist auf jeden Fall komplett abwärtskompatibel zum Original-Winsock.

Bibliotheken

Unter MS-Windows wird wie gesagt noch die Winsock- bzw. Winsock2-Bibliothek benötigt. Hierfür sind leider bei den verschiedensten Compilern unterschiedliche Bibliotheksnamen angegeben. Mir bekannte Namen unter Microsoft Visual C++ sind beispielsweise *WSOCK32.LIB* (für winsock) und *WS2_32.LIB* (für Winsock2). Bei einigen anderen Compilern heißen sie aber *WINSOCK32.LIB* und *WINSOCK2_32.LIB*.

Bei der kostenlosen Entwicklungsumgebung *Code::Blocks*, die z. B. den MinGW-Compiler verwendet, lautet der Bibliotheksname *LIBWSOCK32.a* (Winsock) oder *LIBWS2_32.a* (Winsock2). Dabei müssen Sie bei Ihrem neuen Projekt lediglich eine der beiden Bibliotheken dem Linker mitteilen, indem Sie im *lib*-Verzeichnis des entsprechenden Compilers die entsprechende Bibliothek wählen. Wie dies mit den Entwicklungsumgebungen *Visual C++ Express Edition 2008* und *Code::Blocks* genau funktioniert, können Sie in der Anleitung auf der Buch-CD nachlesen.

Hinweis

Sofern Ihr Compiler hier nicht erwähnt wurde, sollten Sie die Dokumentation lesen, die mit Ihrem Compiler mitgeliefert wurde. Meistens allerdings reicht es auch aus, einen Blick in das Verzeichnis der Bibliotheken zu werfen (meistens *lib*) und nach einem entsprechenden Namen zu suchen.

Hinweis

Wenn Sie beim Übersetzen einen Linkerfehler wie `undefined reference to...` erhalten, dann bedeutet dies, dass Ihre Linkeroptionen zur entsprechenden Winsock-Bibliothek falsch sind oder dass Sie (was häufig vorkommt) gar keine Angaben gemacht haben.

Die Windows-Programmierung und die (C-)Syntax

Bevor es mit dem Thema weitergeht, will ich noch ein paar Worte zur Syntax der Windows-Programmierung sagen. Sofern Sie noch nichts damit zu tun gehabt haben, wird es wohl eine Weile dauern, bis Sie sich an die Windows-typische C-Schreibweise gewöhnt haben. Auf den ersten Blick erscheint einem alles ein wenig fremd. Beispielsweise wird anstelle von `unsigned char` der Name `BYTE` oder anstelle von `unsigned long` der Name `DWORD` für die Datentypen verwendet. Aber ein Blick in die Win32-Bibliothek zeigt, dass sich dies durch eine einfache Typdefinition ergibt:

```
typedef unsigned char      BYTE;
typedef unsigned long      DWORD;
```

Ebenso wird dies mit Strukturen und anderen Datentypen gemacht. Außerdem wird bei den Variablennamen von vielen Programmierern eine besondere Schreibweise, die sogenannte *ungarische Notation*, verwendet. Hierbei fängt jeder Variablenname mit einer Vorsilbe (Präfix) an, die etwas über den Variablentyp aussagt, gefolgt vom eigentlichen Namen, der mit einem Großbuchstaben beginnt. Ein Beispiel ist der Name `szPauseName`. Das Präfix `sz` steht hier für »string-zero terminated« d. h. »Zeichenkette mit dem Stringende-Zeichen«.

Zwar verzichte ich in diesem Buch weitgehend auf die Verwendung einer solchen Syntax bzw. auf die Verwendung von Win32-Datentypen, aber sie sollte dennoch erwähnt werden, sofern Sie beispielsweise nach Quellcodes oder Dokumentationen zu diesem Thema Ausschau halten.

Winsock initialisieren

Damit unter MS-Windows ein Prozess überhaupt Sockets verwenden kann, muss er vor jedem Aufruf einer Socket-Funktion initialisiert werden. Durch diese Initialisierung kann ein Prozess die *WS2_32.DLL* bzw. *WINSOCK.DLL* überhaupt erst verwenden. Sie initialisieren den Prozess durch den Systemaufruf `WSAStartup()`:

```
int WSAStartup (
  WORD wVersionRequested,
  LPWSADATA lpWSAData
);
```

Diese Funktion muss für jede weitere Socket-Funktion aufgerufen werden. Der erste Parameter ist vom Datentyp `WORD` (`unsigned short`) mit 2 Bytes Länge. Mit diesem Parameter geben Sie die Versionsnummer von Winsock an, die Sie verwenden wollen. Dabei legen Sie im Low-Order-Byte die Major-Nummer und im High-Order-Byte die Minor-Nummer (Revisionsnummer) fest. Damit Sie sich jetzt nicht mit Bitverschiebungen und den Byte-Orders auseinandersetzen müssen, verwenden Sie am besten gleich das Win32-Makro `MAKEWORD()`:

```
WORD MAKEWORD (
   BYTE bLow,   // low-order byte of short value
   BYTE bHigh   // high-order byte of short value
);
```

Und schon sind Sie ein Problem mehr los. Wollen Sie hierbei nun die Version 1.2 von Winsock verwenden, dann müssen Sie nur `MAKEWORD(1, 2)` verwenden. Für die Version 2.0 schreiben Sie einfach `MAKEWORD(2 ,0)`.

Mit dem zweiten Parameter von `WSAStartup()` geben Sie einen Zeiger auf die Struktur `(LP)WSADATA` (`LP` = Long Pointer) an. In dieser Struktur finden Sie Informationen zur Winsock-Version. Allerdings werden Sie diese Struktur im Buch nicht mehr benötigen.

Wenn Sie mit der Anwendung fertig sind, sollten Sie zum Schluss mit der Funktion `WSACleanup()` die Verbindung mit *WS2_32.DLL* oder *WINSOCK.DLL* wieder beenden bzw. diese freigeben:

```
int  WSACleanup (void);
```

Damit werden diverse Aufräumarbeiten durchgeführt, und ein interner Referenzzähler, der auf *WS2_32.DLL* oder *WINSOCK.DLL* verweist, wird dekrementiert.

25.3 Client/Server-Prinzip

Beide Begriffe werden von der Außenwelt gerne missverstanden. Häufig stellt sich der Laie unter einem Server eine Hardware (einfach einen kompletten PC) vor. Bei dem Begriff »Client« ist dies recht ähnlich. Beides ist eigentlich falsch, denn sowohl der Server als auch der Client sind zwei Stückchen Software, die miteinander kommunizieren können. Diese Kommunikation muss dabei nicht zwangsläufig auf verschiedenen PCs stattfinden, auch wenn dies (in der Netzwerkprogrammierung) meistens der Fall ist. Es ist auch möglich, dass sich beides auf demselben Rechner befindet. Das Client/Server-Prinzip wird beispielsweise auch gern zur Kommunikation oder zum Austausch von Daten zwischen verschiedenen nicht verwandten Prozessen verwendet (Stichwort *Interprozesskommunikation*). Natürlich ist dies auch mit den Sockets (UNIX-Domain-Sockets) möglich – doch dies ist hier nicht das Thema.

Der Server ist einfach eine Software, die einen bestimmten Dienst oder auch Service anbietet. Der oder meistens die Clients sind ebenfalls ein Stückchen Software, das diesen Dienst bzw. Service verwendet. Das einfachste Beispiel ist der Webserver (wie beispielsweise der Apache einer ist). Der Webserver bietet häufig viele Dienste wie FTP oder SSH an – aber der am meisten verwendete Dienst dürfte wohl das Anbieten von Webseiten (HTTP) sein. Und der Webbrowser ist dabei der Client, der diesen angebotenen Service vom Webserver verwendet. Damit können Sie die Webseiten auf Ihrem PC ansehen. Dabei ist es im Grunde egal, ob der Server auf einem Linux/UNIX-System ausgeführt wird (was größtenteils der Fall ist) und der Client auf einem MS-Windows-System läuft (was bei Webbrowsern auch wieder größtenteils der Fall ist). Wichtig ist, dass beide dieselbe Sprache sprechen (beispielsweise HTTP, Hypertext Transfer Protocol).

Für das Client/Server-Prinzip in der Netzwerkprogrammierung ist es wichtig, dass eine Netzwerkverbindung zwischen mindestens zwei Endpunkten bestehen muss. Steht die Verbindung, kann die Kommunikation über das Netzwerk mit den verschiedenen Protokollen (TCP/IP oder UDP/IP) beginnen.

25.3.1 Loopback-Interface

Da die meisten Leser das Client/Server-Beispiel auf dem lokalen Rechner testen werden, muss ich auch ein paar Worte zum Loopback-Interface sagen. Mit dem Loopback-Interface (`127.0.0.1` oder auch `localhost`) können Sie die Netzwerkprotokolle auf dem lokalen Rechner zur Kommunikation verwenden, auch wenn kein Netzwerk vorhanden ist. Der Sinn des Loopback-Interface besteht einfach darin, dass manche Kommandos ihre Kommunikation auf dem Netzwerkprotokoll aufbauen. Somit würden ohne das Loopback-Interface die einen oder anderen Kommandos auf dem lokalen Rechner gar nicht funktionieren – wozu unter anderem auch Ihre Anwendungen zählen, sofern Sie diese lokal testen und verwenden wollen.

25.4 Erstellen einer Client-Anwendung

In diesem Abschnitt geht es darum, was für Funktionen grundlegend verwendet werden, um eine Client-Anwendung zu erstellen.

25.4.1 »socket()« – Erzeugen eines Kommunikationsendpunktes

Der erste Schritt einer Kommunikationsverbindung – egal, ob dies auf dem Server oder auf dem Client geschieht – besteht immer erst einmal darin, einen Socket vom Betriebssystem anzufordern. Dabei ist noch egal, wer mit wem kommunizieren will. Das Erzeugen eines Sockets (Kommunikationsendpunkt) können Sie sich wie das Installieren einer Stromsteckdose vorstellen. Ähnlich wie bei den Stromsteckdosen weltweit, wo es ja auch unterschiedliche Formen und Spannungen gibt, muss auch beim Anlegen eines Sockets angegeben werden, was hier alles »eingesteckt« werden kann. Hierzu sehen Sie zuerst die Syntax der Funktion `socket()` für Linux/UNIX:

```
#include <sys/types.h>
#include <sys/socket.h>

int socket(int domain, int type, int protocol);
```

Und hier ist die Syntax für MS-Windows:

```
#include <winsock.h>

SOCKET socket(int af, int type, int protocol);
```

Auf beiden Systemen haben diese Funktionen eine fast identische Syntax – abgesehen vom Rückgabewert, der unter MS-Windows `SOCKET` lautet. Allerdings ist `SOCKET` letztendlich nichts anderes als eine Typdefinition von `int`, und somit könnten Sie in der Praxis hierfür auch `int` verwenden. Als Rückgabewert erhalten Sie bei beiden Versionen den Socket-Deskriptor.

Bei einem Fehler gibt die Linux/UNIX-Version –1 zurück. Den Fehler können Sie mit dem Fehlercode von `errno` auswerten (beispielsweise mit `perror()` oder `strerror()`).

Unter MS-Windows wird bei einem Fehler die Konstante `SOCKET_ERROR` (ebenfalls mit –1 definiert) zurückgegeben. Hierbei können Sie den Fehlercode mit der Funktion `WSAGetLastError()` ermitteln.

Mit dem ersten Parameter `domain` bzw. `af` geben Sie die Adressfamilie (d. h. die Protokollfamilie) an, die Sie verwenden wollen. Eine komplette Liste aller auf Ihrem System unterstützten Protokolle finden Sie in der Headerdatei *<sys/socket.h>*. Tabelle 25.1 enthält einen Überblick zu den gängigeren und häufiger verwendeten Protokollen.

Adressfamilie	Bedeutung
AF_UNIX	UNIX Domain Sockets; wird gewöhnlich für lokale Interprozesskommunikation verwendet.
AF_INET	Internet IP-Protokoll Version 4 (IPv4)
AF_INET6	Internet IP-Protokoll Version 6 (IPv6)
AF_IRDA	IRDA-Sockets; beispielsweise via Infarot
AF_BLUETOOTH	Bluetooth-Sockets

Tabelle 25.1 Einige gängige Adressfamilien

Mit dem zweiten Parameter der Funktion `socket()` geben Sie den Socket-Typ an. Damit legen Sie die Übertragungsart der Daten fest. Für Sie sind hierbei erst einmal nur die symbolischen Konstanten `SOCK_STREAM` für TCP und `SOCK_DGRAM` für UDP interessant.

Mit dem dritten Parameter können Sie ein Protokoll angeben, das Sie zur Übertragung verwenden wollen. Wenn Sie hierfür 0 eintragen, was meistens der Fall ist, wird das Standardprotokoll verwendet, das dem gewählten Socket-Typ (zweiter Parameter) entspricht. Im Fall von `SOCK_STREAM` wird TCP und bei `SOCK_DGRAM` wird UDP verwendet. Weitere mögliche Werte, ohne jetzt genauer darauf einzugehen, wären hierbei `IPPROTO_TCP` (TCP-Protokoll), `IPPROTO_UDP` (UDP-Protokoll), `IPPROTO_ICMP` (ICMP-Protokoll) und `IPPROTO_RAW` (wird bei Raw-Sockets verwendet). Wenn Sie allerdings beispielsweise für den Socket-Typ `SOCK_STREAM` angegeben haben und das TCP-Protokoll verwenden wollen, müssen Sie nicht extra noch beim dritten Parameter `IPPROTO_TCP` angeben. Mit der Angabe von 0 wird dieses Protokoll standardmäßig verwendet.

Somit sieht das Anfordern eines Sockets folgendermaßen aus:

```
// Erzeuge das Socket - Verbindung über TCP/IP
sock = socket( AF_INET, SOCK_STREAM, 0 );
if (sock < 0) {
    // Fehler beim Erzeugen des Sockets
}
```

Hinweis

Damit hier keine Missverständnisse entstehen: Das Erzeugen eines Sockets muss auch auf der Serverseite durchgeführt werden. Womit sonst, wenn nicht über Sockets, will sich ein Client mit dem Server unterhalten?

25.4.2 »connect()« – ein Client stellt eine Verbindung zum Server her

Nachdem mit den Sockets die Kommunikationsendpunkte erzeugt wurden, kann der Client nun versuchen, eine Verbindung zum Server-Socket herzustellen. Dies wird mit der Funktion `connect()` versucht, die unter Linux/UNIX folgende Syntax hat:

```
#include <sys/types.h>
#include <sys/socket.h>

int connect (
   int socket,
   const struct sockaddr *addr,
   int addrlen
);
```

Unter MS-Windows lautet die Syntax so:

```
#include <winsock.h>

int connect (
   SOCKET s,
   const struct sockaddr FAR* addr,
   int addrlen
);
```

Auch hier unterscheidet sich die Syntax nicht erheblich voneinander, und auch die Bedeutungen der einzelnen Parameter sind wieder dieselben. Bei einer erfolgreichen Ausführung geben beide Funktionen 0, ansonsten bei einem Fehler –1 (gleichwertig unter MS-Windows mit `SOCKET_ERROR`) zurück. Den Fehler können Sie auch hier wieder mit der Fehlervariablen `errno` (unter Linux/UNIX) oder mit der Funktion `WSAGetLastError()` (unter MS-Windows) ermitteln.

Als erster Parameter wird der Socket-Deskriptor erwartet, über den Sie die Verbindung herstellen wollen. Dies ist der Rückgabewert, den Sie von der Funktion `socket()` erhalten haben.

Um eine Verbindung zu einem anderen Rechner aufzubauen, werden logischerweise auch Informationen über die Adresse benötigt, mit der sich der Client verbinden will. Die Adressinformationen über den gewünschten Verbindungspartner tragen Sie im zweiten Parameter der Funktion `connect()` ein. Um sich mit dem Server zu verbinden, benötigen Sie Informationen über die Adressfamilie (Protokollfamilie), die Portnummer und logischerweise die IP-Adresse. Eingetragen werden diese Informationen mit dem zweiten Parameter der Struktur `sockaddr`, die folgendermaßen definiert ist:

```
struct sockaddr {
   sa_family_t sa_family; // Adressfamilie AF_XXX
   char sa_data[14];      // Protokolladresse (IP-Nr. und Portnr.)
};
```

Da diese Struktur allerdings recht umständlich auszufüllen ist, wurde für IP-Anwendungen eine spezielle Struktur eingeführt, mit der es möglich ist, die IP-Nummer und die Portnummer getrennt einzutragen:

```
struct sockaddr_in {
   sa_family sin_family;          // Adressfamilie AF_XXX
   unsigned short int sin_port;   // Portnummer
   struct in_addr sin_addr;       // IP-Adresse
   unsigned char pad[8];          // Auffüllbytes für sockaddr
};
```

Da beide Strukturen im Speicher gleichwertig sind, reicht es aus, eine einfache Typumwandlung bei `connect()` vorzunehmen. Mit dem letzten Parameter (`addrlen`) von `connect()` geben Sie die Länge in Bytes von `sockaddr` mit dem `sizeof`-Operator an.

Ausfüllen von »sockaddr_in«

In der Strukturvariablen `sin_family` geben Sie die Adressfamilie (Protokollfamilie) an, mit der Sie kommunizieren wollen. Gewöhnlich gibt man hierfür dieselbe Familie an, wie schon beim ersten Parameter der Funktion `socket()`.

In `sin_port` geben Sie die Portnummer an, über die Sie mit dem Server in Kontakt treten wollen. Wichtig ist hierbei, dass Sie den Wert in der *Network Byte Order* angeben. Es genügt also nicht, wenn Sie sich beispielsweise mit einem Webserver verbinden wollen, als Portnummer einfach 80 hinzuschreiben. Sie müssen hierbei auch auf die verschiedenen Architekturen Rücksicht nehmen, die es in heterogenen Netzwerken gibt. Denn auf den verschiedenen Architekturen gibt es unterschiedliche Anordnungen der Bytes zum Speichern von Zahlen. So wird bei der Anordnung gewöhnlich zwischen Big Endian und Little Endian unterschieden. Man spricht dabei gern vom »Zahlendreher«. Beim *Big Endian*-Format wird das höchstwertige Byte an der niedrigsten Adresse gespeichert, das zweithöchste an der nächsten Adresse und so weiter. Bei der Anordnung von *Little Endian* ist dies genau umgekehrt. Dabei wird das niedrigstwertige Byte an der niedrigsten Stelle gespeichert, das zweitniedrigste an der nächsten Stelle usw.

Um jetzt aus einer lokal verwendeten Byte-Reihenfolge (*Host Byte Order*) eine *Network-Byte-Order*-Reihenfolge oder umgekehrt zu konvertieren, stehen Ihnen die folgenden vier Funktionen zur Verfügung:

```
#include <netinet/in.h>

// Rückgabe : network-byte-order
// Parameter: host-byte-order
unsigned short int htons(unsigned short int hostshort);

// Rückgabe : network-byte-order
// Parameter: host-byte-order
unsigned long int htonl(unsigned long int hostlong);

// Rückgabe  :  host-byte-order
// Parameter : network-byte-order
unsigned short int ntohs(unsigned short int netshort);

// Rückgabe :  host-byte-order
// Parameter : network-byte-order
unsigned long int ntohl(unsigned long int netlong);
```

Nicht jeder kennt allerdings die entsprechenden Portnummern zum entsprechenden Dienst. Hierbei kann die Funktion `getservbyname()` helfen. Dieser Funktion übergeben Sie den Namen eines Dienstes und das Transportprotokoll als Parameter. Anschließend sucht `getservbyname()` in einer speziellen Datei nach einem Eintrag, der dazu passt, und gibt die Portnummer zurück. Hierfür gibt es eine spezielle Struktur in der Headerdatei `<netdb.h>` , mit der Sie an die Informationen zu den entsprechenden Diensten kommen:

```
struct servent {
   char *s_name;       // offizieller Name vom Service
   char **s_aliases;   // Alias-Liste
   int  s_port;        // Portnummer zum Servicenamen
   char *s_proto;      // verwendetes Protokoll
};
```

Eine kurze Beschreibung der einzelnen Strukturvariablen:

- `s_name` – offizieller Servicename
- `s_aliases` – Ein Stringarray mit eventuellen Aliasnamen zum Service, falls vorhanden. Das letzte Element in der Liste ist `NULL`.
- `s_port` – die Portnummer zum Servicenamen
- `s_proto` – der Name des zu verwendenden Protokolls

Die Syntax von `getservbyname()` lautet:

```
#include <netdb.h>
```

```
struct servent *getservbyname ( const char *name,
                                const char *proto );
```

Wenn Sie den Dienst `name` und das Protokoll `proto` angeben, liefert Ihnen diese Funktion bei Erfolg eine Adresse auf die Information in `struct servent`. Bei einem Fehler wird `NULL` zurückgegeben.

Die IP-Adresse geben Sie in der Strukturvariablen `sin_addr` an. Allerdings wird auch hier die *Network-Byte-Order*-Reihenfolge erwartet. Hierbei ist uns allerdings die Funktion `inet_addr()` (oder die etwas sicherere Alternative `inet_aton()`) behilflich. Hierbei können Sie die IP-Adresse als String angeben und bekommen einen für `sin_addr` benötigten 32-Bit Wert in *Network Byte Order* zurück.

Wenn der Client den Dienst eines Servers verwenden will, muss jenem natürlich dessen IP-Adresse bekannt sein. Meistens gibt ein Endanwender aber als Adresse den Rechnernamen anstatt der IP-Adresse an, da dieser einfacher zu merken ist. Damit also ein Client aus dem Rechnernamen (beispielsweise *www.google.de*) eine IP-Adresse (216.239.59.99) erhält, wird die Funktion `gethostbyname()` verwendet.

```
#include <netdb.h>

struct hostent *gethostbyname(const char *rechnername);
```

Um also aus einem Rechnernamen eine IP-Adresse und weitere Informationen zu ermitteln, steht ein sogenannter Nameserver zur Verfügung – dieser Rechner ist für die Umsetzung zwischen Rechnernamen und IP-Nummern zuständig. Selbst auf Ihrem Rechner finden Sie solche Einträge der lokalen IP-Nummern in der Datei */etc/hosts* hinterlegt. Im Internet hingegen werden diese Daten in einer eigenen Datenbank gehalten. Um solche Informationen zu den einzelnen Rechnern zu erhalten, ist in der Headerdatei *<netdb.h>* folgende Struktur definiert:

```
struct hostent {
   char *  h_name;
   char ** h_aliases;
   short   h_addrtype;
   short   h_length;
   char ** h_addr_list;
};
```

Eine kurze Beschreibung der einzelnen Strukturvariablen:

- `h_name` – offizieller Name des Rechners.
- `h_aliases` – ein Stringarray, in dem sich eventuell vorhandene Aliasnamen befinden. Das letzte Element ist immer `NULL`.

- h_addrtyp – Hier steht der Adresstyp, was gewöhnlich AF_INET für IPv4 ist.
- h_length – Hier findet sich die Länge der numerischen Adresse.
- h_addr_list – Hierbei handelt es sich um ein Array von Zeigern auf die Adressen für den entsprechenden Rechner.

Die Funktion gethostbyname() gibt bei Erfolg einen Zeiger auf struct hostent des gefundenen Rechners zurück, ansonsten bei einem Fehler NULL. Die letzte Strukturvariable pad in der Struktur sockaddr_in wird lediglich als Lückenfüller verwendet, um sockaddr_in auf die Größe von sockaddr aufzufüllen.

Wenn Sie jetzt alle Strukturvariablen der Struktur sockaddr_in mit Werten belegt haben, können Sie die Funktion connect() aufrufen und bei stehender (erfolgreicher) Verbindung Daten austauschen (senden und empfangen).

Hier folgt ein Codeausschnitt, der zeigt, wie ein »Auffüllen« der Struktur sockaddr_in und der anschließende Aufruf der Funktion connect() vonstatten geht. Im Beispiel wird versucht, sich mit einem Webserver (Port 80; HTTP) zu verbinden, dessen IP-Adresse Sie als Argument in der Kommandozeile übergeben haben.

```
struct sockaddr_in server;
unsigned long addr;
...
// Alternative zu memset() -> bzero()
memset( &server, 0, sizeof (server));

addr = inet_addr( argv[1] );
memcpy( (char *)&server.sin_addr, &addr, sizeof(addr));
server.sin_family = AF_INET;
server.sin_port = htons(80);
...
// Baue die Verbindung zum Server auf.
if (connect(sock,(struct sockaddr*)&server, sizeof(server)) < 0){
        // Fehler beim Verbindungsaufbau ...
    }
```

Hinweis

Wenn Sie UDP anstatt TCP verwenden, können Sie auf einen Aufruf von connect() verzichten. Dann allerdings müssen Sie die entsprechende Adressinformation bei den Funktionen sendto() zum Senden und recvfrom() zum Empfangen von Daten ergänzen.

25.4.3 Senden und Empfangen von Daten

Nachdem Sie sich erfolgreich mit dem Server verbunden haben, können Sie anfangen, Daten an den Server zu senden bzw. Daten zu empfangen. Hierzu gibt es jeweils für TCP und UDP ein Funktionspaar. Es war ja schon einmal die Rede davon, dass man mit Sockets ähnlich wie bei Dateien mit Filedeskriptoren arbeiten kann. Und in der Tat, unter Linux/UNIX kann der Austausch von Daten über Sockets auch mit den Systemcalls `read()` und `write()` stattfinden. Allerdings ist dies unter MS-Windows erst ab den Versionen NT/2000/XP mit den Funktionen `ReadFile()` und `WriteFile()` möglich.

> **Hinweis**
>
> Natürlich gilt auch hier, dass die Funktionen zum Senden und Empfangen nicht nur für die Clients, sondern auch für die Serveranwendung gelten.

»send()« und »recv()« – TCP

Zum Senden von Daten von einem Socket an den Stream wird gewöhnlich die Funktion `send()` verwendet, die unter Linux/UNIX folgende Syntax besitzt:

```
#include <sys/types.h>
#include <sys/socket.h>

ssize_t send ( int socketfd, const void *data,
               size_t data_len, unsigned int flags );
```

Unter MS-Windows mit Winsock sieht die Syntax wieder ähnlich aus:

```
#include <winsock.h>

int send ( SOCKET s, const char FAR* data,
           int data_len, int flags );
```

Wenn Sie diese Funktion mit `write()` vergleichen, können Sie Parallelen ziehen. Mit dem ersten Parameter geben Sie den Socket-Deskriptor an, über den Sie die Daten senden wollen. Im zweiten Parameter wird ein Zeiger auf den Speicherbereich erwartet, in dem sich die Daten befinden. Die Größe des Speicherbereichs geben Sie mit dem dritten Parameter an. Mit dem letzten Parameter können Sie das Verhalten von `send()` noch beeinflussen. Wird hierbei 0 angegeben, verhält sich `send()` wie die Systemfunktion `write()` zum Schreiben. Ansonsten wäre beispielsweise die symbolische Konstante `MSG_OOP` ein häufig verwendeter Wert, mit dem »Out-of-band«-Daten gesendet werden können. Weitere `flags` entnehmen Sie bitte wieder aus der entsprechenden Dokumentation (beispielsweise der Manual-Page) – da ich hierauf nicht näher eingehe.

Im Falle eines Fehlers liefert `send()` –1 (was unter MS-Windows gleichwertig zur Konstante `SOCKET_ERROR` ist) zurück. Welcher Fehler auftrat, lässt sich wieder mit den üblichen betriebssystembedingten Routinen überprüfen (`errno` unter Linux/UNIX und `WSAGetLastError()` unter MS-Windows).

Auch wenn kein Fehler auftritt, ist es dennoch sehr wichtig, den Rückgabewert zu überprüfen. Denn bei der Netzwerkprogrammierung sind auch gewisse Grenzen (Bandbreite) vorhanden – sprich, Sie können nicht unendlich viele Daten auf einmal versenden. Mit der Auswertung des Rückgabewerts können bzw. müssen Sie sich selbst darum kümmern, dass der eventuelle Rest, der nicht gesendet werden konnte, ebenfalls noch verschickt wird. Dies erledigen Sie, indem Sie `data_len` mit dem Rückgabewert von `send()` vergleichen. Durch diese Differenz (`data_len` – *Rückgabewert*) erhalten Sie die noch nicht gesendeten Daten.

Um Daten von einem Stream-Socket zu empfangen (zu lesen), wird die Funktion `recv()` verwendet. Die Syntax unter Linux/UNIX lautet:

```
#include <sys/types.h>
#include <sys/socket.h>

ssize_t recv ( int socketfd, void *data ,
               size_t data_len, unsigned int flags );
```

Und die Syntax unter MS-Windows ist:

```
#include <winsock.h>

int recv (SOCKET s, char FAR* data,  int data_len,  int flags);
```

Auch hier lassen sich mit Ausnahme des letzten Parameters wieder Parallelen zur Systemfunktion `read()` ziehen. Der erste Parameter ist wieder der Socket-Deskriptor der Verbindung, gefolgt von einem Zeiger auf einen Puffer, in den die Daten gelegt werden sollen. Die Länge des Puffers geben Sie mit dem dritten Parameter an, und mit den Flags können Sie das Verhalten von `recv()` beeinflussen. Eine Angabe von 0 bedeutet auch hier, dass sich `recv()` wie die Funktion `read()` verhält. Ansonsten wird auch hierbei gern die Konstante `MSG_OOP` (für »Out-of-band«-Daten, die gelesen werden können) und `MSG_PEEK` verwendet. Mit `MSG_PEEK` können Daten erneut gelesen werden. Zu weiteren möglichen `flags` sollten Sie bei Bedarf die entsprechende Dokumentation lesen (beispielsweise die Manual-Page).

Im Falle eines Fehlers gilt dasselbe wie schon bei der Funktion `send()`. Außerdem kann die Funktion `recv()` auch 0 zurückgeben. Dies bedeutet dann, dass der Verbindungspartner seine Verbindung beendet hat. Ansonsten wird auch mit `recv()` die Anzahl der erfolgreich gelesenen Bytes zurückgeliefert.

»sendto()« und »recvfrom()« – UDP

Für die Funktionen zum Senden und Empfangen von Datagrammen (UDP-Sockets) werden vorzugsweise `sendto()` und `recvfrom()` verwendet. Die Syntax unter Linux/UNIX lautet:

```
#include <sys/types.h>
#include <sys/socket.h>

ssize_t  recvfrom( int  s,  void  *buf,  size_t  len,
                   int flags, struct sockaddr *from,
                   socklen_t   *fromlen );

ssize_t  sendto( int  s,  const  void  *msg,  size_t  len,
                 int  flags, const struct sockaddr *to,
                 socklen_t tolen );
```

Und es gibt eine entsprechende ähnliche Syntax unter MS-Windows:

```
#include <winsock.h>

int sendto( SOCKET s, const char FAR * buf,  int len,
            int flags, const struct sockaddr FAR * to,
            int tolen );

int recvfrom( SOCKET s, char FAR* buf, int len,
              int flags,  struct sockaddr FAR* from,
              int FAR* fromlen );
```

Die Bedeutung der einzelnen Parameter sowie des Rückgabewerts entspricht exakt der von den TCP-Gegenstücken `send()` und `recv()`. Hinzugekommen hingegen sind am Ende zwei weitere Parameter. Mit dem fünften Parameter übergeben Sie einen Zeiger auf die Adresse des Zielrechners (bei `sendto()`) bzw. einen Zeiger auf die Adresse des Absenders (bei `recvfrom()`). Die Angaben entsprechen dabei dem Parameter `sockaddr` von der Funktion `connect()`. Mit dem letzten Parameter beider Funktionen geben Sie wieder die Größe der Struktur `sockaddr` an.

Sollten Sie bei einer UDP-Verbindung die `connect()`-Funktion verwenden, können Sie auch die Funktionen `send()` und `revc()` verwenden. In diesem Fall werden die fehlenden Informationen zur Adresse automatisch ergänzt.

25.4.4 »close()« und »closesocket()«

Sobald Sie mit der Datenübertragung fertig sind, sollten Sie den Socket-Deskriptor wieder freigeben bzw. schließen. Unter Linux/UNIX können Sie hierbei, wie beim Lesen und/oder Schreiben einer Datei, ein simples `close()` verwenden:

```
#include <unistd.h>

int close(int s);
```

Unter MS-Windows hingegen wird hierbei die Funktion `closesocket()` verwendet, die letztendlich, abgesehen von ihrem anderen Namen, dieselbe Wirkung erzielt wie ein `close()` unter Linux/UNIX.

```
#include <winsock.h>

int closesocket( SOCKET s);
```

Beide Funktionen erwarten als Parameter den zu schließenden Socket-Deskriptor und geben bei Erfolg 0, ansonsten bei einem Fehler –1 (gleichwertig zu `SOCKET_ERROR` unter MS-Windows) zurück. Auch hierbei können Sie den Fehler anhand von `errno` (Linux/UNIX) oder der Funktion `WSAGetLastError()` (MS-Windows) ermitteln. Ein Aufruf von `close()` bzw. `closesocket()` beendet außerdem eine TCP-Verbindung sofort.

25.5 Erstellen einer Server-Anwendung

Eine Server-Anwendung zu erstellen ist nicht viel schwieriger als das Programmieren der Client-Anwendung. Der Datenaustausch erfolgt genauso wie bei der Client-Anwendung via `send()`/`recv()` (TCP) bzw. `sendto()`/`recvfrom()` (UDP). Der Server muss allerdings keine Verbindung herstellen – dies ist die Aufgabe des Clients. Allerdings ist es die Aufgabe des Servers, Verbindungswünsche anzunehmen. Und um dies zu realisieren, müssen Sie den Server in einen Wartezustand versetzen.

25.5.1 »bind()« – Festlegen einer Adresse aus dem Namensraum

Nachdem Sie auch auf der Serverseite mit der Funktion `socket()` eine »Steckdose« bereitgestellt haben, müssen Sie zunächst die Portnummer der Server-Anwendung festlegen. Sie wissen ja bereits von der Clientanwendung, dass mittels `connect()` auf eine bestimmte IP-Adresse und eine Portnummer des Servers zugegriffen wird. Unter welcher IP-Adresse und Portnummer der Server nun auf Anfragen der Clients wartet, müssen Sie mit der Funktion `bind()` festlegen. Somit weisen Sie praktisch einem Socket eine Adresse zu – schließlich ist es durchaus gängig, dass eine Serveranwendung mehrere Sockets verwendet. Dass hierbei meistens die IP-Adresse die gleiche ist, dürfte klar sein, aber es ist durchaus möglich, die Datenübertragung über mehrere Ports zuzulassen. Die Funktion `bind()`

wiederum teilt dem Betriebssystem mit, welchen Socket es mit einem bestimmten Port verknüpfen soll. Sobald dann ein Datenpaket eingeht, erkennt das Betriebssystem anhand der Portnummer, für welchen Socket das Paket ist.

Die Syntax zur Funktion `bind()` lautet bei Linux/UNIX:

```
#include <sys/types.h>
#include <sys/socket.h>

int bind( int s, const struct sockaddr name, int namelen );
```

Bei MS-Windows lautet die Syntax ähnlich:

```
#include <winsock.h>

int bind(SOCKET s, const struct sockaddr FAR* name, int namelen);
```

Als ersten Parameter übergeben Sie wie immer den Socket-Deskriptor, den Sie mit `socket()` angelegt haben. Mit dem zweiten Parameter geben Sie einen Zeiger auf eine Adresse und Portnummer an. Damit teilen Sie dem System mit, welche Datenpakete für welches Socket gedacht sind. Die Struktur `sockaddr` bzw. (einfacher) `sockaddr_in` und deren Mitglieder wurde bereits ausführlich im Abschnitt zur Funktion `connect()` beschrieben. Allerdings sollte hier noch erwähnt werden, dass ein Rechner häufig über verschiedene Rechner (unter mehreren Adressen) und auch verschiedenste Netze (Internet, Intranet, lokales Netzwerk etc.) erreichbar ist bzw. sein muss. Damit ein Server über alle Netze und IP-Adressen eine Verbindung annimmt, setzt man die IP-Adresse auf `INADDR_ANY` (natürlich in *Network Byte Order*). Ansonsten geben Sie die IP-Adresse wie gewöhnlich mit der Funktion `inet_addr()` an.

Es ist außerdem auch möglich, neben der IP-Adresse eine beliebige Portnummer zuzulassen. Hierfür müssen Sie lediglich 0 als Portnummer (in *Network Byte Order*) verwenden. Welchen Port Sie dann erhalten haben, können Sie mit der Funktion `getsockname()` im Nachhinein abfragen. Mehr zu dieser Funktion können Sie aus der entsprechenden Dokumentation entnehmen (beispielsweise der Manual-Page).

Mit dem letzten Parameter geben Sie wiederum die Länge der Struktur (zweiter Parameter) in Bytes mit `sizeof()` an. `bind()` liefert im Falle eines Fehlers –1 (gleichwertig mit dem Fehlercode `SOCKET_ERROR` unter MS-Windows). Welcher Fehler aufgetreten ist, können Sie wiederum mit `errno` (Linux/UNIX) bzw. `WSAGetLastError()` (MS-Windows) in Erfahrung bringen.

Hier sehen Sie einen kurzen Codeausschnitt, der zeigt, wie die Zuweisung einer Adresse auf der Serverseite in der Praxis realisiert wird:

```
struct sockaddr_in server;

memset( &server, 0, sizeof (server));
// IPv4-Adresse
server.sin_family = AF_INET;
// Jede IP-Adresse ist gültig
server.sin_addr.s_addr = htonl( INADDR_ANY );

// Portnummer 1234
server.sin_port = htons( 1234 );

if(bind( sock, (struct sockaddr*)&server, sizeof( server)) < 0) {
   //Fehler bei bind()
}
```

25.5.2 »listen()« – Warteschlange für eingehende Verbindungen einrichten

Im nächsten Schritt müssen Sie eine Warteschlange einrichten, die auf eingehende Verbindungswünsche eines Clients wartet – man spricht auch gerne vom »Horchen« auf Verbindungen, die am Socket eingehen. Eine solche Warteschlange wird mit der Funktion `listen()` eingerichtet. Dabei wird die Programmausführung des Servers so lange unterbrochen, bis ein Verbindungswunsch eintrifft. Mit `listen()` lassen sich durchaus mehrere Verbindungswünsche »gleichzeitig« einrichten. Die Syntax dieser Funktion sieht unter Linux/UNIX wie folgt aus:

```
#include <sys/types.h>
#include <sys/socket.h>

int listen( int s, int backlog );
```

Unter MS-Windows hingegen sieht die Syntax wie folgt aus:

```
#include <winsock.h>

int listen( SOCKET s, int backlog );
```

Mit dem ersten Parameter geben Sie wie immer den Socket-Deskriptor an und mit dem zweiten Parameter die Länge der Warteschlange. Die Länge der Warteschlange ist die maximale Anzahl von Verbindungsanfragen, die in eine Warteschlange gestellt werden, wenn keine Verbindungen mehr angenommen werden können.

Der Rückgabewert ist bei Erfolg 0 und auch hier bei einem Fehler –1 (gleichbedeutend unter MS-Windows mit SOCKET_ERROR). Den Fehlercode selbst können Sie wieder wie gehabt mit errno (Linux/UNIX) bzw. WSAGetLastError() (MS-Windows) auswerten.

In der Praxis sieht die Verwendung von listen() wie folgt aus:

```
if( listen( sock, 5 ) == -1 ) {
   // Fehler bei listen()
}
```

25.5.3 »accept()« und die Serverhauptschleife

Sobald nun ein oder mehrere Clients Verbindung mit dem Server aufnehmen wollen, können Sie sich darauf verlassen, dass die Funktion accept() immer die nächste Verbindung aus der Warteschlange holt (die Sie mit listen() eingerichtet haben). Hier sehen Sie die Syntax dazu unter Linux/UNIX:

```
#include <sys/types.h>
#include <sys/socket.h>

int accept( int s, struct sockaddr *addr, socklen_t addrlen );
```

Die Syntax unter MS-Windows ist ähnlich:

```
#include <winsock.h>

SOCKET accept( SOCKET s,
               struct sockaddr FAR* addr,
               int FAR* addrlen );
```

An der Syntax unter MS-Window lässt sich gleich erkennen, dass die Funktion accept() als Rückgabewert ein neues Socket zurückgibt. Hierbei handelt es sich um das gleiche Socket mit denselben Eigenschaften wie vom ersten Parameter s. Über dieses neue Socket wird anschließend die Datenübertragung der Verbindung abgewickelt. Ein so akzeptiertes Socket kann allerdings nicht mehr für weitere Verbindungen verwendet werden. Das Orginalsocket s hingegen bleibt weiterhin für weitere Verbindungswünsche offen.

Hinweis

accept() ist eine blockierende Funktion. Das heißt, accept() blockiert den aufrufenden (Server-)Prozess so lange, bis eine Verbindung vorhanden ist. Sofern Sie die Eigenschaften des Socket-Deskriptors auf nicht-blockierend ändern, gibt accept() einen Fehler zurück, wenn beim Aufruf keine Verbindungen vorhanden sind.

Mit dem zweiten Parameter schreibt accept() Informationen (IP-Adresse und Port) über den Verbindungspartner in die Struktur sockaddr bzw. sockaddr_in. Dies ist logischerweise nötig, damit Sie wissen, mit wem Sie es zu tun haben. addrlen wiederum ist die Größe der Struktur sockaddr bzw. sockaddr_in – allerdings wird diesmal ein Zeiger auf die Größe der Adresse erwartet!

Bei einem Fehler wird –1 (gleichbedeutend mit SOCKET_ERROR unter MS-Windows) zurückgegeben. Die genaue Ursache des Fehlers können Sie wieder mit errno (Linux/UNIX) bzw. WSAGetLastError() (MS-Windows) ermitteln. Bei erfolgreicher Ausführung von accept() wird, wie bereits beschrieben, ein neuer Socket-Deskriptor zurückgegeben.

Ein wichtiger Teil der Serverprogrammierung ist außerdem die Serverhauptschleife. In dieser Schleife wird gewöhnlich die Funktion accept() aufgerufen, und darin findet auch gewöhnlich der Datentransfer zwischen Client und Server statt. Hier sehen Sie ein Beispiel für eine solche Serverhauptschleife:

```
struct sockaddr_in client;
int sock, sock2;
socklen_t len;
...
for (;;) {
        len = sizeof( client );
        sock2 = accept( sock, (struct sockaddr*)&client, &len);
        if (sock2 < 0) {
            //Fehler bei accept()
        }
        // Hier beginnt der Datenaustausch.
    }
```

Abbildung 25.2 verdeutlicht alle Socket-Funktionen für eine TCP-Verbindung zwischen dem Server und dem Client anhand einer Grafik.

Für eine UDP-Verbindung zwischen Server und Client sieht der Vorgang hingegen so aus wie in Abbildung 25.3.

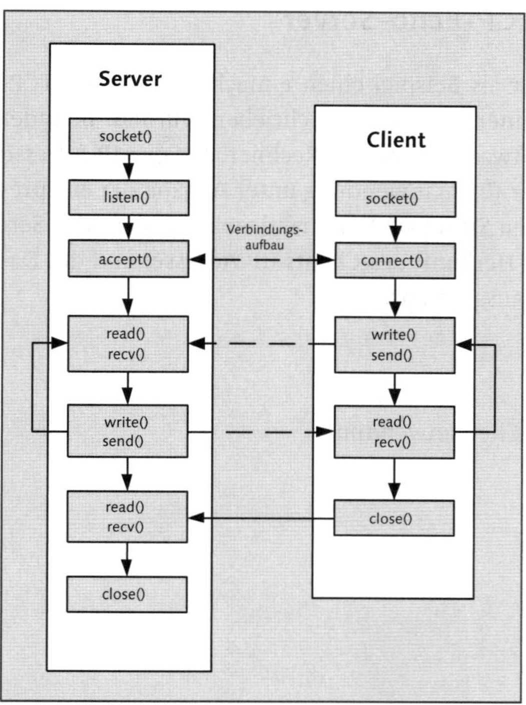

Abbildung 25.2 Kompletter Vorgang einer TCP-Client/Server-Verbindung

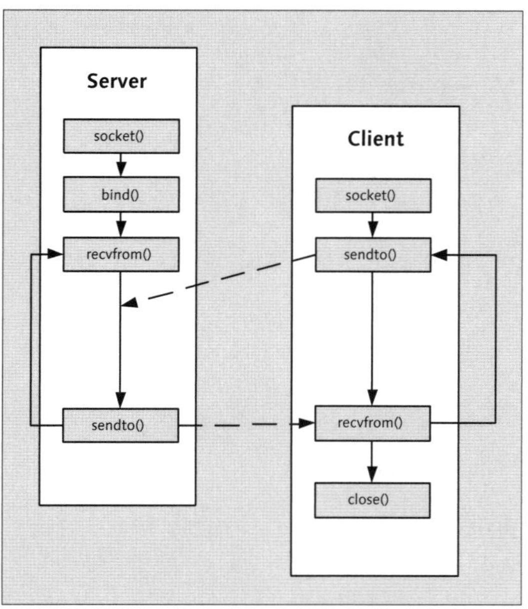

Abbildung 25.3 Kompletter Vorgang einer UDP-Client/Server-Verbindung

25.6 (Cross-Plattform-)TCP-Echo-Server

In diesem Abschnitt schreiben wir als Beispiel einen einfachen portablen TCP-Echo-Server mit fast allen Funktionen, die eben beschrieben wurden. Befindet sich beispielsweise die Server-Software auf einem Rechner mit der IP-Adresse 196.12.32.6, so können Sie mit der Clientanwendung unter Angabe der entsprechenden IP-Adresse einen einfachen String via Kommandozeile senden. Der Server gibt diesen String mitsamt der Herkunft des Clients (IP-Adresse) und des Datums mit Uhrzeit auf die Standardausgabe aus.

25.6.1 Der Client

Hier sehen Sie den Quellcode der Clientanwendung:

```
/* client.c */
#include <stdio.h>
#include <stdlib.h>
#include <string.h>
#include <errno.h>

#ifdef _WIN32
/* Headerfiles für Windows */
#include <winsock.h>
#include <io.h>

#else
/* Headerfiles für UNIX/Linux */
#include <sys/types.h>
#include <sys/socket.h>
#include <netinet/in.h>
#include <netdb.h>
#include <arpa/inet.h>
#include <unistd.h>
#endif

#define PORT 1234
#define RCVBUFSIZE 8192

/* Funktion gibt aufgetretenen Fehler aus und
 * beendet die Anwendung. */
static void error_exit(char *errorMessage) {

#ifdef _WIN32
    fprintf(stderr,"%s: %d\n", errorMessage, WSAGetLastError());
#else
```

```
    fprintf(stderr, "%s: %s\n", errorMessage, strerror(errno));
#endif
    exit(EXIT_FAILURE);
}

int main( int argc, char *argv[]) {
    struct sockaddr_in server;
    struct hostent *host_info;
    unsigned long addr;

#ifdef _WIN32
    SOCKET sock;
#else
    int sock;
#endif

    char *echo_string;
    int echo_len;

#ifdef _WIN32
    /* Initialisiere TCP für Windows ("winsock"). */
    WORD wVersionRequested;
    WSADATA wsaData;
    wVersionRequested = MAKEWORD (1, 1);
    if (WSAStartup (wVersionRequested, &wsaData) != 0)
        error_exit( "Fehler beim Initialisieren von Winsock");
    else
        printf("Winsock initialisiert\n");
#endif

 /* Sind die erforderlichen Kommandozeilenargumente vorhanden? */
    if (argc < 3)
        error_exit("usage: client server-ip echo_word\n");

    /* Erzeuge das Socket. */
    sock = socket( AF_INET, SOCK_STREAM, 0 );


    if (sock < 0)
        error_exit( "Fehler beim Anlegen eines Sockets");

    /* Erzeuge die Socketadresse des Servers.
     * Sie besteht aus Typ, IP-Adresse und Portnummer. */
    memset( &server, 0, sizeof (server));
    if ((addr = inet_addr( argv[1])) != INADDR_NONE) {
```

```
        /* argv[1] ist eine numerische IP-Adresse. */
        memcpy( (char *)&server.sin_addr, &addr, sizeof(addr));
    }
    else {
        /* Für den Fall der Fälle: Wandle den
         * Servernamen bspw. "localhost" in eine IP-Adresse um. */
        host_info = gethostbyname(argv[1]);
        if (NULL == host_info)
            error_exit("Unbekannter Server");
        /* Server-IP-Adresse */
        memcpy( (char *)&server.sin_addr,
                host_info->h_addr, host_info->h_length );
    }
    /* IPv4-Verbindung */
    server.sin_family = AF_INET;
    /* Portnummer */
    server.sin_port = htons( PORT );

    /* Baue die Verbindung zum Server auf. */
    if(connect(sock,(struct sockaddr*)&server,sizeof(server)) <0)
        error_exit("Kann keine Verbindung zum "
                   "Server herstellen");

    /* Zweites Argument wird als "echo" beim Server verwendet. */
    echo_string = argv[2];
    /* Länge der Eingabe */
    echo_len = strlen(echo_string);

    /* den String inkl. Nullterminator an den Server senden */
    if (send(sock, echo_string, echo_len, 0) != echo_len)
        error_exit("send() hat eine andere Anzahl"
                   " von Bytes versendet als erwartet !!!!");


    /* Schließe Verbindung und Socket. */
#ifdef _WIN32
    closesocket(sock);
    /* Cleanup Winsock */
    WSACleanup();
#else
   close(sock);
#endif

    return EXIT_SUCCESS;
}
```

25.6.2 Der Server

Hier ist der Quellcode zur Server-Anwendung:

```
/* server.c */
#include <stdio.h>
#include <stdlib.h>
#include <string.h>
#include <fcntl.h>
#include <errno.h>
#include <time.h>

#ifdef _WIN32
/* Headerfiles für Windows */
#include <winsock.h>
#include <io.h>

#else
/* Headerfiles für UNIX/Linux */
#include <sys/types.h>
#include <sys/socket.h>
#include <netinet/in.h>
#include <netdb.h>
#include <arpa/inet.h>
#include <unistd.h>
#endif

/* Portnummer */
#define PORT 1234

/* Puffer für eingehende Nachrichten */
#define RCVBUFSIZE 1024

#ifdef _WIN32
   static void echo(SOCKET);
#else
   static void echo( int );
#endif

static void error_exit(char *errorMessage);

/* Die Funktion gibt Daten vom Client auf stdout aus,
 * die dieser mit der Kommandozeile übergibt. */
#ifdef _WIN32
static void echo(SOCKET client_socket)
#else
```

```
static void echo(int client_socket)
#endif
{
    char echo_buffer[RCVBUFSIZE];
    int recv_size;
    time_t zeit;

    if((recv_size =
            recv(client_socket, echo_buffer, RCVBUFSIZE,0)) < 0)
        error_exit("Fehler bei recv()");
    echo_buffer[recv_size] = '\0';
    time(&zeit);
    printf("Nachrichten vom Client : %s \t%s",
            echo_buffer, ctime(&zeit));
}

/* Die Funktion gibt den aufgetretenen Fehler aus und
 * beendet die Anwendung. */
static void error_exit(char *error_message) {

#ifdef _WIN32
    fprintf(stderr,"%s: %d\n", error_message, WSAGetLastError());
#else
    fprintf(stderr, "%s: %s\n", error_message, strerror(errno));
#endif

    exit(EXIT_FAILURE);
}

int main( int argc, char *argv[]) {
    struct sockaddr_in server, client;

#ifdef _WIN32
    SOCKET sock, fd;
#else
    int sock, fd;
#endif

    unsigned int len;

#ifdef _WIN32
    /* Initialisiere TCP für Windows ("winsock"). */
    WORD wVersionRequested;
    WSADATA wsaData;
    wVersionRequested = MAKEWORD (1, 1);
```

```
    if (WSAStartup (wVersionRequested, &wsaData) != 0)
        error_exit( "Fehler beim Initialisieren von Winsock");
    else
        printf("Winsock initialisiert\n");
#endif

    /* Erzeuge das Socket. */
    sock = socket(PF_INET, SOCK_STREAM, IPPROTO_TCP);
    if (sock < 0)
        error_exit("Fehler beim Anlegen eines Sockets");

    /* Erzeuge die Socketadresse des Servers. */
    memset( &server, 0, sizeof (server));
    /* IPv4-Verbindung */
    server.sin_family = AF_INET;
    /* INADDR_ANY: jede IP-Adresse annehmen */
    server.sin_addr.s_addr = htonl(INADDR_ANY);
    /* Portnummer */
    server.sin_port = htons(PORT);

    /* Erzeuge die Bindung an die Serveradresse
     * (genauer: an einen bestimmten Port). */
    if(bind(sock,(struct sockaddr*)&server, sizeof( server)) < 0)
        error_exit("Kann das Socket nicht \"binden\"");

    /* Teile dem Socket mit, dass Verbindungswünsche
     * von Clients entgegengenommen werden. */
    if(listen(sock, 5) == -1 )
         error_exit("Fehler bei listen");

    printf("Server bereit - wartet auf Anfragen ...\n");
    /* Bearbeite die Verbindungswünsche von Clients
     * in einer Endlosschleife.
     * Der Aufruf von accept() blockiert so lange,
     * bis ein Client Verbindung aufnimmt. */
    for (;;) {
        len = sizeof(client);
        fd = accept(sock, (struct sockaddr*)&client, &len);
        if (fd < 0)
            error_exit("Fehler bei accept");
        printf("Bearbeite den Client mit der Adresse: %s\n",
           inet_ntoa(client.sin_addr));
        /* Daten vom Client auf dem Bildschirm ausgeben */
        echo( fd );
```

```
        /* Schließe die Verbindung. */
#ifdef _WIN32
        closesocket(fd);
#else
        close(fd);
#endif
    }
    return EXIT_SUCCESS;
}
```

Generell werden die meisten Leser dieses Beispiel am lokalen Rechner testen. Das heißt, sowohl die Server- als auch die Clientanwendung befindet sich dabei auf einem Rechner. Wie schon erwähnt wurde, ist dies dank des Loopback-Interfaces kein Problem. Die lokale IP-Adresse, die Sie auf Ihrem Rechner verwenden können, lautet hierbei 127.0.0.1 bzw. »localhost«. Wenn Sie allerdings die Möglichkeit haben, die Serveranwendung auf einem anderen System zu kompilieren und zu testen, so sollten Sie sich nicht scheuen, dies zu tun.

Abbildung 25.4 zeigt das Programm bei der Ausführung.

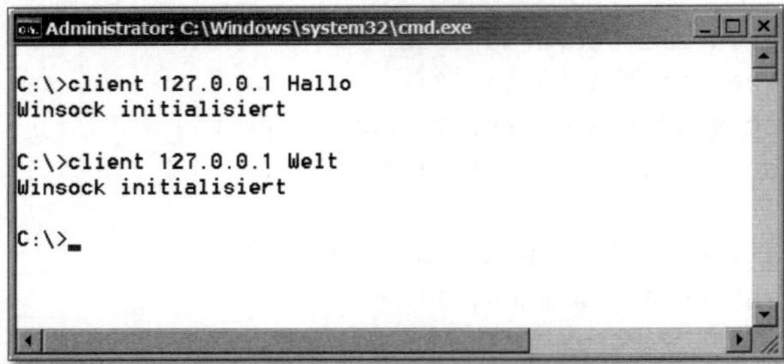

Abbildung 25.4 Ein Client schickt einen String an den Server.

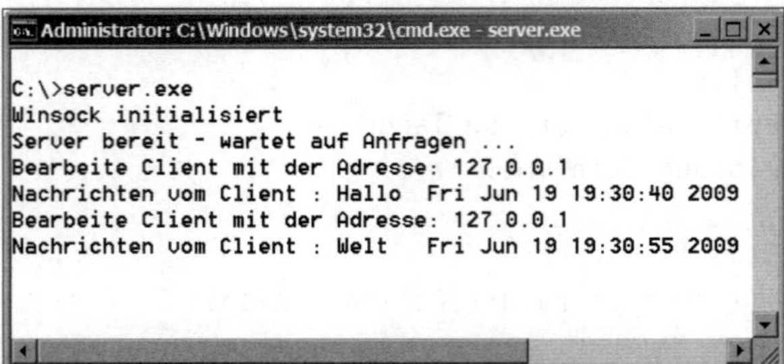

Abbildung 25.5 Der Server bearbeitet die Anfragen des bzw. der Clients.

Natürlich stellt dieses Beispiel die primitivste Form der Netzwerkprogrammierung dar. Dennoch werden eigentlich alle wichtigen Funktionen der Netzwerkprogrammierung dazu verwendet.

25.7 Cross-Plattform-Development

Das kleine Beispiel des TCP-Echo-Servers zeigte Ihnen einen einfachen Weg, wie Sie mit einfachen `#ifdef`-Präprozessor-Direktiven eine Cross-Plattform-Anwendung schreiben können. Das Problem dabei (am Quellcode) war allerdings, dass alles für jede Plattform in eine Datei geschrieben wurde. Für das kleine Programm ist das zwar nicht die Rede wert, aber bei umfangreicheren und komplizierten Programmen ist es sinnvoller, einen abstrakten Layer (*Abstraction Layer*) zu schreiben. Nicht anders wird dies übrigens bei solchen Mammut-Projekten wie MySQL und dem Apache realisiert – auch hier finden Sie für alle gängigen Plattformen eine extra Version.

25.7.1 Abstraction Layer

Hinter dem Begriff *Abstraction Layer* verbirgt sich nichts Kompliziertes. Der Abstraction Layer isoliert plattformspezifische Funktionen und Datentypen in separate Module für portablen Code. Die plattformspezifischen Module werden dann speziell für jede Plattform geschrieben. Des Weiteren erstellen Sie eine neue Headerdatei, in der sich eventuell die plattformspezifischen `typedef` und `#define` mitsamt den Funktionsprototypen der Module befinden. Bei der Anwendung selbst binden Sie nur noch diese Headerdatei ein. Auf den folgenden Seiten finden Sie nun die einzelnen Quellcodes für unseren abstrakten Layer – ich werde diesen einfach SOCKETPRX nennen.

25.7.2 Headerdatei für Linux/UNIX

```
/* socketprx.h für Linux/UNIX */
#ifndef SOCKETPRX_H_
#define SOCKETPRX_H_

#include <stdio.h>
#include <stdlib.h>
#include <string.h>
#include <errno.h>
#include <sys/types.h>
#include <sys/socket.h>
#include <netinet/in.h>
#include <netdb.h>
#include <arpa/inet.h>
#include <unistd.h>

/* ein eigener primitver Datentyp für den Socket-Deskriptor */
#define socket_t int
```

```
/* Funktionsprototypen */
void error_exit(char *error_message);
int create_socket( int af, int type, int protocol );
void bind_socket(socket_t
  *sock, unsigned long adress, unsigned short port);
void listen_socket( socket_t *sock );
void accept_socket( socket_t *new_socket, socket_t *socket );
void connect_socket(socket_t *sock, char *serv_addr,
 unsigned short port);
void TCP_send( socket_t *sock, char *data, size_t size);
void TCP_recv( socket_t *sock, char *data, size_t size);
void UDP_send ( socket_t *sock, char *data, size_t size,
  char *addr, unsigned short port);
void UDP_recv( socket_t *sock, char *data, size_t size);
void close_socket( socket_t *sock );
void cleanup(void);

#endif
```

25.7.3 Linux/UNIX-Quellcodedatei

```
/* socketlayer.c - für Linux/UNIX */
#include  "socketprx.h"

/* Die Funktion gibt aufgetretene Fehler aus und
 * beendet die Anwendung. */
void error_exit(char *error_message) {
    fprintf(stderr, "%s: %s\n", error_message, strerror(errno));
    exit(EXIT_FAILURE);
}

 int create_socket( int af, int type, int protocol ) {
    socket_t sock;
    const int y = 1;
    /* Erzeuge das Socket. */
    sock = socket(af, type, protocol);
    if (sock < 0)
        error_exit("Fehler beim Anlegen eines Sockets");

    /* Mehr dazu siehe Anmerkung am Ende des Listings ... */
    setsockopt( sock, SOL_SOCKET,
                SO_REUSEADDR, &y, sizeof(int));
    return sock;
}
```

```
/* Erzeugt die Bindung an die Serveradresse,
 * (genauer gesagt an einen bestimmten Port). */
void bind_socket(socket_t *sock, unsigned long adress,
                 unsigned short port) {
   struct sockaddr_in server;
   memset( &server, 0, sizeof (server));
   server.sin_family = AF_INET;
   server.sin_addr.s_addr = htonl(adress);
   server.sin_port = htons(port);
   if (bind(*sock, (struct sockaddr*)&server,sizeof(server)) < 0)
       error_exit("Kann das Socket nicht \"binden\"");
}

/* Teile dem Socket mit, dass Verbindungswünsche
 * von Clients entgegengenommen werden. */
void listen_socket( socket_t *sock ) {
  if(listen(*sock, 5) == -1 )
      error_exit("Fehler bei listen");
}

/* Bearbeite die Verbindungswünsche von Clients.
 * Der Aufruf von accept() blockiert so lange,
 * bis ein Client Verbindung aufnimmt. */
void accept_socket( socket_t *socket, socket_t *new_socket ){
   struct sockaddr_in client;
   unsigned int len;

   len = sizeof(client);
   *new_socket=accept(*socket,(struct sockaddr *)&client, &len);
   if (*new_socket  == -1)
      error_exit("Fehler bei accept");
}

/* Baut die Verbindung zum Server auf. */
void connect_socket(socket_t *sock, char *serv_addr,
                    unsigned short port) {
   struct sockaddr_in server;
   struct hostent *host_info;
   unsigned long addr;

   memset( &server, 0, sizeof (server));
   if ((addr = inet_addr( serv_addr )) != INADDR_NONE) {
       /* argv[1] ist eine numerische IP-Adresse */
       memcpy( (char *)&server.sin_addr, &addr, sizeof(addr));
   }
```

```
   else {
      /* Für den Fall der Fälle: Wandle den
       * Servernamen bspw. "localhost" in eine IP-Adresse um. */
      host_info = gethostbyname( serv_addr );
      if (NULL == host_info)
         error_exit("Unbekannter Server");
      memcpy( (char *)&server.sin_addr, host_info->h_addr,
              host_info->h_length);
   }
   server.sin_family = AF_INET;
   server.sin_port = htons( port );
   /* Baue die Verbindung zum Server auf. */
   if (connect(
         *sock, (struct sockaddr *)&server, sizeof( server)) < 0)
      error_exit( "Kann keine Verbindung zum Server herstellen");
}

/* Daten versenden via TCP */
void TCP_send( socket_t *sock, char *data, size_t size) {
   if(send( *sock, data, size, 0) == -1 )
      error_exit("Fehler bei send()");
}

/* Daten empfangen via TCP */
void TCP_recv( socket_t *sock, char *data, size_t size) {
    unsigned int len;
    len = recv (*sock, data, size, 0);
    if( len > 0 || len != -1 )
       data[len] = '\0';
    else
       error_exit("Fehler bei recv()");
}

/* Daten senden via UDP */
void UDP_send ( socket_t *sock, char *data, size_t size,
                char *addr, unsigned short port){
  struct sockaddr_in addr_sento;
  struct hostent *h;
  int rc;

  /* IP-Adresse des Servers überprüfen */
  h = gethostbyname(addr);
  if (h == NULL)
     error_exit("Unbekannter Host?");
```

```
   addr_sento.sin_family = h->h_addrtype;
   memcpy ( (char *) &addr_sento.sin_addr.s_addr,
            h->h_addr_list[0], h->h_length);
   addr_sento.sin_port = htons (port);

   rc = sendto(*sock, data, size, 0,
                  (struct sockaddr *) &addr_sento,
                  sizeof (addr_sento));
   if (rc < 0)
      error_exit("Konnte Daten nicht senden - sendto()");
}

/* Daten empfangen via UDP */
void UDP_recv( socket_t *sock, char *data, size_t size){
   struct sockaddr_in addr_recvfrom;
   unsigned int len;
   int n;

   len = sizeof (addr_recvfrom);
   n = recvfrom ( *sock, data, size, 0,
                    (struct sockaddr *) &addr_recvfrom, &len );
   if (n < 0) {
       printf ("Keine Daten empfangen ...\n");
       return;
    }
}

/* Socket schließen */
void close_socket( socket_t *sock ){
    close(*sock);
}

/* Unter Linux/UNIX ist nichts zu tun ... */
void cleanup(void){
   printf("Aufraeumarbeiten erledigt ...\n");
   return;
}
```

Hinweis

In diesem Beispiel zu Linux/UNIX wurde die Funktion `setsockopt()` verwendet. Durch die Verwendung der symbolischen Konstante `SO_REUSEADDR` stellen Sie das Socket so ein, damit es erlaubt ist, dass mehrere Prozesse (Clients) denselben Port teilen – sprich: Mehrere Clients können innerhalb kürzester Zeit mit dem Server in Verbindung treten. Außerdem lösen Sie damit auch das Problem, dass der Server beim Neustart seinen lokalen Port erst nach zwei Minuten Wartezeit wieder benutzen kann.

25.7.4 Headerdatei für MS-Windows

```
/* socketprx.h für MS-Windows */
#ifndef SOCKETPRX_H_
#define SOCKETPRX_H_

#include <stdio.h>
#include <stdlib.h>
#include <winsock.h>
#include <io.h>

#define socket_t SOCKET

void error_exit(char *error_message);
int create_socket( int af, int type, int protocol );
void bind_socket(socket_t *sock, unsigned long adress,
  unsigned short port);
void listen_socket( socket_t *sock );
void accept_socket( socket_t *new_socket, socket_t *socket );
void connect_socket(socket_t *sock, char *serv_addr,
  unsigned short port);
void TCP_send( socket_t *sock, char *data, size_t size);
void TCP_recv( socket_t *sock, char *data, size_t size);
void UDP_send (socket_t *sock, char *data, size_t size);
void UDP_recv( socket_t *sock, char *data, size_t size,
  char *addr, unsigned short port);
void close_socket( socket_t *sock );
void cleanup(void);

#endif
```

25.7.5 Windows-Quellcodedatei

```
/* socketlayer.c - für MS-Windows */
#include <stdio.h>
#include <stdlib.h>
#include <winsock.h>
#include <io.h>
#define socket_t SOCKET

/* Die Funktion gibt aufgetretene Fehler aus und
 * beendet die Anwendung. */
void error_exit(char *error_message) {
    fprintf(stderr,"%s: %d\n", error_message, WSAGetLastError());
```

```
    exit(EXIT_FAILURE);
}

/* Initialisiere TCP für Windows ("winsock"),
 * legt ein Socket an
 * und gibt das Socket als Rückgabewert zurück. */
int create_socket( int af, int type, int protocol ) {
    socket_t sock;
    WORD wVersionRequested;
    WSADATA wsaData;
    wVersionRequested = MAKEWORD (1, 1);
    if (WSAStartup (wVersionRequested, &wsaData) != 0)
        error_exit( "Fehler beim Initialisieren von Winsock");
    else
        printf("Winsock initialisiert\n");

    /* Erzeuge das Socket. */
    sock = socket(af, type, protocol);
    if (sock < 0)
        error_exit("Fehler beim Anlegen eines Sockets");
    return sock;
}

/* Erzeugt die Bindung an die Serveradresse
 * (genauer gesagt an einen bestimmten Port). */
void bind_socket(socket_t *sock, unsigned long adress,
                 unsigned short port) {
   struct sockaddr_in server;

   memset( &server, 0, sizeof (server));
   server.sin_family = AF_INET;
   server.sin_addr.s_addr = htonl(adress);
   server.sin_port = htons(port);
   if (bind(*sock, (struct sockaddr*) &server,
          sizeof( server)) == SOCKET_ERROR)
       error_exit("Kann das Socket nicht \"binden\"");
}

/* Teile dem Socket mit, dass Verbindungswünsche
 * von Clients entgegengenommen werden. */
void listen_socket( socket_t *sock ) {
  if(listen(*sock, 5) == -1 )
      error_exit("Fehler bei listen");
}
```

```
/* Bearbeite die Verbindungswünsche von Clients.
 * Der Aufruf von accept() blockiert so lange,
 * bis ein Client Verbindung aufnimmt. */
void accept_socket( socket_t *socket, socket_t *new_socket ){
   struct sockaddr_in client;
   unsigned int len;

   len = sizeof(client);
   *new_socket=accept(*socket, (struct sockaddr *)&client, &len);
   if (*new_socket == INVALID_SOCKET)
      error_exit("Fehler bei accept");
}

/* Baut die Verbindung zum Server auf. */
void connect_socket( socket_t *sock, char *serv_addr,
                     unsigned short port) {
   struct sockaddr_in server;
   struct hostent *host_info;
   unsigned long addr;

   memset( &server, 0, sizeof (server));
   if ((addr = inet_addr( serv_addr )) != INADDR_NONE) {
       /* argv[1] ist eine numerische IP-Adresse. */
       memcpy( (char *)&server.sin_addr, &addr, sizeof(addr));
   }
   else {
       /* Für den Fall der Fälle: Wandle den
        * Servernamen bspw. "localhost" in eine IP-Adresse um. */
       host_info = gethostbyname( serv_addr );
       if (NULL == host_info)
           error_exit("Unbekannter Server");
       memcpy( (char *)&server.sin_addr, host_info->h_addr,
               host_info->h_length);
   }
   server.sin_family = AF_INET;
   server.sin_port = htons( port );

   /* Baue die Verbindung zum Server auf. */
   if (connect(
         *sock, (struct sockaddr*)&server, sizeof( server)) < 0)
      error_exit( "Kann keine Verbindung zum Server herstellen");
}

/* Daten versenden via TCP */
void TCP_send( socket_t *sock, char *data, size_t size ) {
```

```
    if( send (*sock, data, size, 0) == SOCKET_ERROR )
       error_exit("Fehler bei send()");
}

/* Daten empfangen via TCP */
void TCP_recv( socket_t *sock, char *data, size_t size) {
    int len;
    len = recv (*sock, data, size, 0);
    if( len > 0 || len != SOCKET_ERROR )
       data[len] = '\0';
    else
       error_exit("Fehler bei recv()");
}

/* Daten senden via UDP */
void UDP_send ( socket_t *sock, char *data, size_t size,
                char *addr, unsigned short port){
  struct sockaddr_in addr_sento;
  struct hostent *h;
  int rc;

  /* IP-Adresse vom Server überprüfen */
  h = gethostbyname(addr);
  if (h == NULL)
     error_exit("Unbekannter Host?");

  addr_sento.sin_family = h->h_addrtype;
  memcpy ( (char *) &addr_sento.sin_addr.s_addr,
           h->h_addr_list[0], h->h_length);
  addr_sento.sin_port = htons (port);

  rc = sendto(*sock, data, size, 0,
                 (struct sockaddr *) &addr_sento,
                 sizeof (addr_sento));
  if (rc == SOCKET_ERROR)
     error_exit("Konnte Daten nicht senden - sendto()");
}

/* Daten empfangen via UDP */
void UDP_recv( socket_t *sock, char *data, size_t size){
   struct sockaddr_in addr_recvfrom;
   unsigned int len;
   int n;
```

```
   len = sizeof (addr_recvfrom);
   n = recvfrom ( *sock, data, size, 0,
                  (struct sockaddr *) &addr_recvfrom, &len );
   if (n == SOCKET_ERROR)
      error_exit("Fehler bei recvfrom()");
}

/* Socket schließen und Winsock freigeben */
void close_socket( socket_t *sock ){
    closesocket(*sock);
}

void cleanup(void){
   /* Cleanup Winsock */
   WSACleanup();
   printf("Aufraeuumarbeiten erledigt ...\n");
}
```

25.7.6 All together – die »main«-Funktionen

Nachdem Ihnen nun zwei Versionen von SOCKETPRX zur Verfügung stehen, können Sie die Module jetzt auf dem System Ihrer Wahl übersetzen und ausführen. Der Vorteil ist, dass Sie nur noch eine Hauptfunktion benötigen – alle plattformspezifischen Eigenheiten verstecken sich ja nun hinter dem Layer. Und es gibt noch einen weiteren Vorteil: Bei einer guten Planung des Layers gestaltet sich die Erstellung der `main()`-Funktion erheblich leichter und kürzer – da Sie die Fehlerüberprüfungen nun auch dem Layer überlassen können. Besonders bezahlt macht sich ein solcher Layer, wenn Sie einzelne Routinen immer wieder benötigen. Somit können Sie eine tolle und simple Cross-Plattform-Bibliothek anbieten.

Der Server

Das Beispiel des TCP-Echo-Servers wurde hier erweitert. Daraus ist nun eine Art 1:1-Chat zwischen dem Server und Client geworden (wie Sie mehr als einen Client bearbeiten können, erfahren Sie noch). Der Server »lauscht« am Port 15000 und wartet, bis ein Client mit diesem in Verbindung tritt. Sobald ein Client eine Verbindung zum Server hergestellt hat, können Sie (der Server) dem Client eine Zeichenkette als Nachricht senden. Anschließend wartet der Server auf eine Antwort vom Client. Sendet der Client dem Server die Textfolge »quit«, so bedeutet dies für den Server, dass der Client »aufgelegt« hat, und der Server wartet wieder (mittels `accept()`) auf eine Verbindungsanfrage eines Clients. Der Quellcode des Servers sieht so aus:

```
/* server.c */
#include <string.h>
#include "socketprx.h"
#define BUF 1024

int main (void) {
  socket_t sock1, sock2;
  int addrlen;
  char *buffer = (char*) malloc (BUF);

  sock1 = create_socket(AF_INET, SOCK_STREAM, 0);
  atexit(cleanup);
  bind_socket( &sock1, INADDR_ANY, 15000 );
  listen_socket (&sock1);
  addrlen = sizeof (struct sockaddr_in);

  while (1) {
     accept_socket( &sock1, &sock2 );
     do {
        printf ("Nachricht zum Versenden: ");
        fgets (buffer, BUF, stdin);
        TCP_send (&sock2, buffer, strlen (buffer));
        TCP_recv (&sock2, buffer, BUF-1);
        printf ("Nachricht empfangen: %s\n", buffer);
     } while (strcmp (buffer, "quit\n") != 0);
     close_socket (&sock2);
  }
  close_socket (&sock1);
  return EXIT_SUCCESS;
}
```

Der Client

Der Quellcode des Clients ist ähnlich simpel aufgebaut. Dieser versucht zunächst, eine Verbindung zum Server aufzubauen. Ist dies geglückt, wartet er auf eine Antwort vom Server. Schickt der Server dem Client eine Antwort, so wird diese auf die Standardausgabe ausgegeben. Jetzt ist der Client an der Reihe, dem Server eine Zeichenkette zu senden. Geben Sie hierfür »quit« an, beendet sich die Client-Anwendung und nimmt alle Aufräumarbeiten vor. Dass die Aufräumarbeiten (die Funktion `cleanup()`) durchgeführt werden, haben Sie mit der Standard-Funktion `atexit()` sichergestellt, die beim Beenden des Prozesses die Funktion `cleanup()` aufruft (was unter Linux/UNIX unbedeutend ist). Solch ein Cleanup wird generell gern in dieser Form verwendet. Dasselbe Cleanup wird übrigens auch beim Server eingerichtet und durchgeführt, sofern sich dieser beendet.

Ansonsten findet ein reger Kommunikationsaustausch zwischen Server und Client statt. Hier sehen Sie den Quellcode für den Client:

```
/* client.c */
#include <string.h>
#include "socketprx.h"
#define BUF 1024

int main (int argc, char *argv[]) {
  socket_t sock;
  char *buffer = (char *)malloc (BUF);

  if( argc < 2 ){
     printf("Usage: %s ServerAdresse\n", *argv);
     exit(EXIT_FAILURE);
  }

  sock = create_socket(AF_INET, SOCK_STREAM, 0);
  atexit(cleanup);
  connect_socket(&sock, argv[1], 15000);

  do {
      buffer[0] = '\0';
      TCP_recv (&sock, buffer, BUF-1);
      printf ("Nachricht erhalten: %s\n", buffer);
      printf ("Nachricht zum Versenden: ");
      fgets (buffer, BUF, stdin);
      TCP_send (&sock, buffer, strlen (buffer));
  } while (strcmp (buffer, "quit\n") != 0);
  close_socket (&sock);
  return EXIT_SUCCESS;
}
```

Hinweis

Vergessen Sie beim Übersetzen nicht, die Datei *socketlayer.c* hinzuzulinken!

Abbildung 25.6 zeigt das Programm bei der Ausführung.

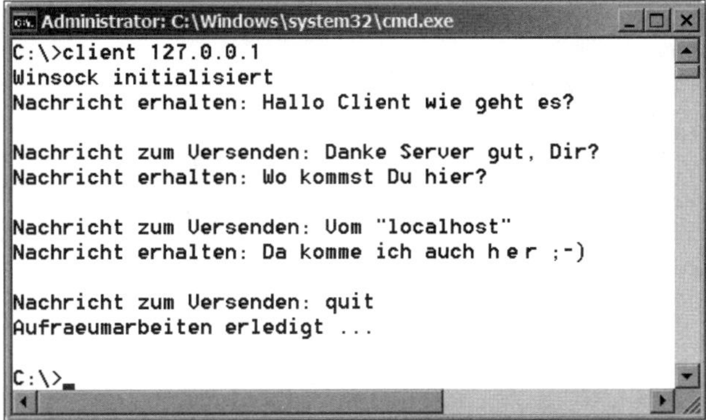

Abbildung 25.6 Die Client-Anwendung unter MS-Windows bei der Ausführung

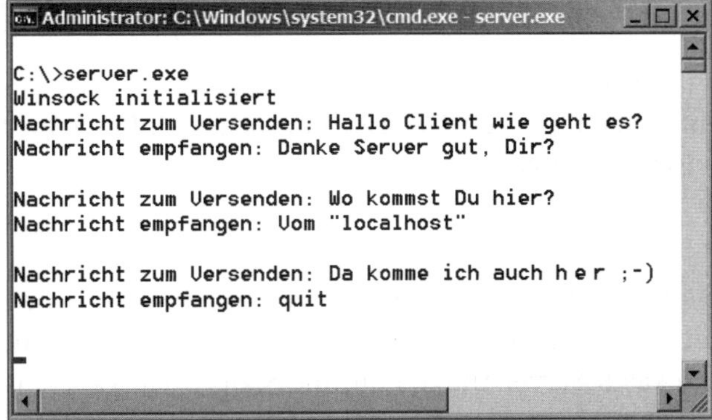

Abbildung 25.7 Die Server-Anwendung unter MS-Windows bei der Ausführung

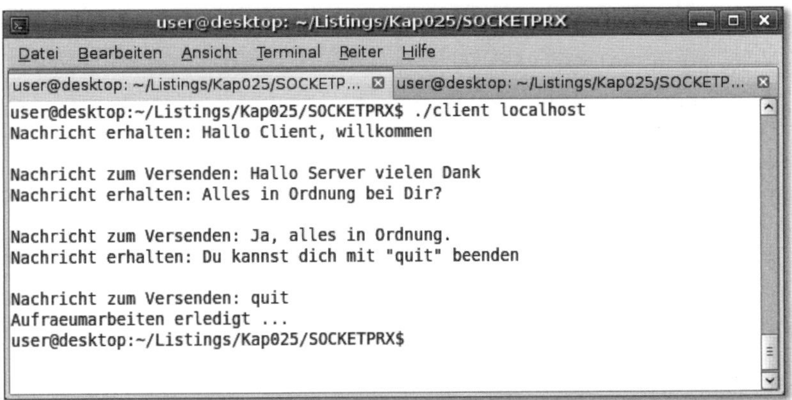

Abbildung 25.8 Die Client-Anwendung unter Linux bei der Ausführung

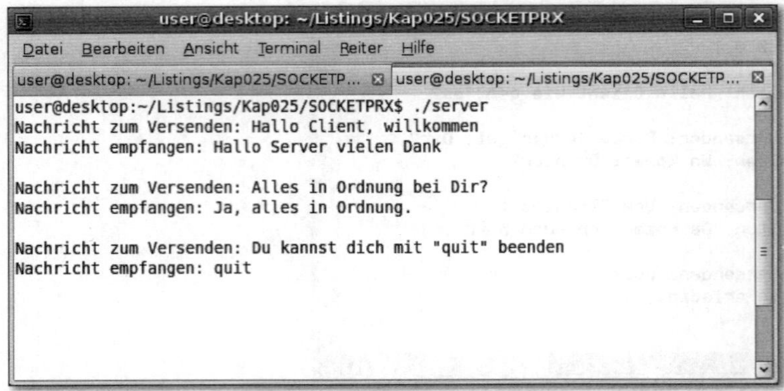

Abbildung 25.9 Die Server-Anwendung unter Linux bei der Ausführung

25.7.7 Ein UDP-Beispiel

Bei unserem Layer wurden ja auch Funktionen zum Datenaustausch via UDP geschrieben. Außerdem wurde auch einiges zu UDP erwähnt, sodass ich Ihnen hier ein kleines Client/Server-Beispiel nicht vorenthalten will.

Der Server

Der Server wartet auf die Verbindung irgendeines Clients, der einen einfachen String als zweites Argument in der Kommandozeile versendet. Der Server gibt diese Zeichen mitsamt der lokalen Server-Uhrzeit auf die Standardausgabe aus und wartet anschließend erneut wieder auf Daten am Port 1234 von irgendeinem Client.

```
/* udp_server.c */
#include <string.h>
#include <time.h>
#include "socketprx.h"

#define LOCAL_SERVER_PORT 1234
#define BUF 255

int main (int argc, char *argv[]) {
  socket_t sock;
  char puffer[BUF];
  time_t time1;
  char loctime[BUF];
  char *ptr;

  /* Socket erzeugen */
  sock = create_socket( AF_INET, SOCK_DGRAM, 0);
```

```
  atexit(cleanup);
  bind_socket(&sock, INADDR_ANY, LOCAL_SERVER_PORT);
  printf ("Warte auf Daten am Port (UDP) %u\n",
     LOCAL_SERVER_PORT);
  /* Server-Schleife */
  while (1) {
    memset (puffer, 0, BUF);
    UDP_recv( &sock, puffer, BUF );
    /* Zeitangaben präparieren */
    time(&time1);
    strncpy(loctime, ctime(&time1), BUF);
    ptr = strchr(loctime, '\n' );
    *ptr = '\0';

    /* erhaltene Nachricht ausgeben */
    printf ("%s: Daten erhalten: %s\n",
            loctime, puffer);
  }
  return EXIT_SUCCESS;
}
```

Der Client

```
/* udp_client.c */
#include <stdlib.h>
#include <stdio.h>
#include <string.h>
#include "socketprx.h"
#define BUF 1024
#define SERVER_PORT 1234

int main (int argc, char *argv[]) {
  socket_t sock;
  /* Kommandozeile auswerten */
  if (argc < 3) {
    printf ("Usage: %s <server> <string>\n",argv[0]);
    exit (EXIT_FAILURE);
  }

  /* Socket erzeugen */
  sock = create_socket( AF_INET, SOCK_DGRAM, 0);
  atexit(cleanup);
  bind_socket(&sock, INADDR_ANY, 0);
  UDP_send(&sock,argv[2],strlen(argv[2]),argv[1], SERVER_PORT);
```

```
  return EXIT_SUCCESS;
}
```

Abbildung 25.10 zeigt das Programm bei der Ausführung.

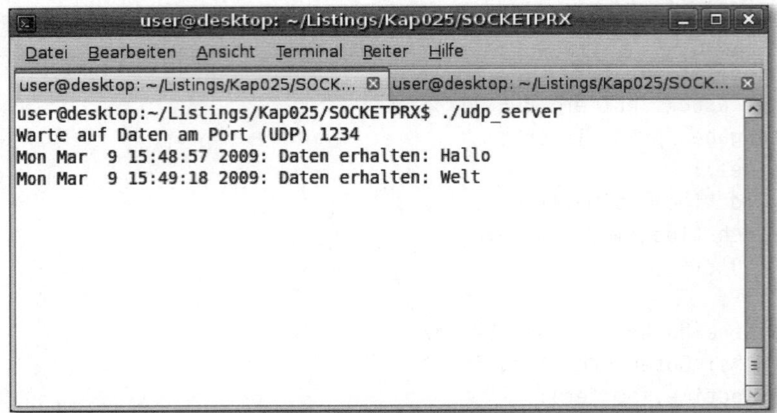

Abbildung 25.10 Der UDP-Server im Einsatz unter Linux

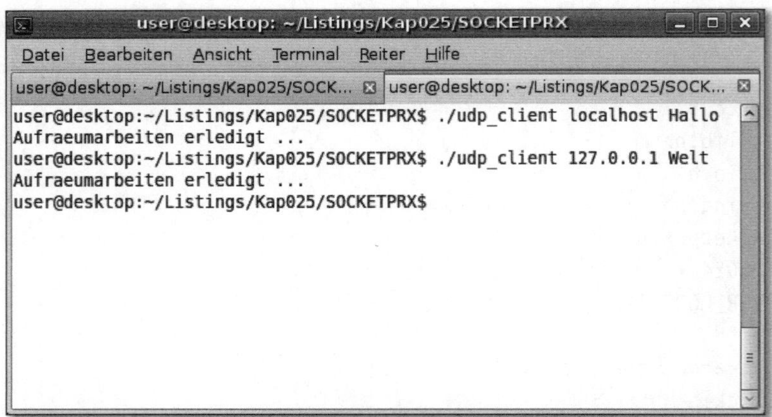

Abbildung 25.11 Die (UDP)Client-Anwendung unter Linux

25.7.8 Mehrere Clients gleichzeitig behandeln

Einen gravierenden Nachteil allerdings hatten alle Server-Beispiele, die Sie bisher geschrieben haben. Alle Server sind nur für eine Client-Anfrage ausgelegt – sprich, die Server konnten nur einen Client gleichzeitig bearbeiten. Alle anderen Clients wurden in die Warteschlange gesteckt und mussten warten, bis der Server wieder für weitere Verbindungswünsche frei ist. Für Anwendungen wie Webserver, Chat-Programme, Spiele-Server etc. ist dieser Zustand unbrauchbar.

Um diesen Zustand zu verbessern, gibt es mehrere Möglichkeiten, wobei sich hier die Varianten auf den verschiedenen Plattformen erheblich unterscheiden. Sinnvolle und mögliche Varianten wären:

- *die Verwendung von (Multi-)Threads* – Dabei wird für jeden Client ein neuer Thread gestartet. Der »Nachteil« von Threads ist, dass es auf den verschiedenen Plattformen die verschiedensten Thread-Bibliotheken gibt und somit nur bedingt portabel sind.
- *die Verwendung von Prozessen* – Hierbei wird für jeden Client ein neuer (Server-)Prozess gestartet – jeder Client bekommt hierbei praktisch seinen eigenen Server. Voraussetzung hierfür ist allerdings, dass Sie sich mit der Systemprogrammierung der entsprechenden Plattform auskennen. Schließlich müssen die einzelnen Prozesse kontrolliert werden.

Hinweis

Sofern Sie mehr zu Linux/UNIX tendieren, möchte ich Ihnen mein Buch »Linux-UNIX-Programmierung« ans Herz legen. In ihm wird das Thema »Netzwerkprogrammierung« weit umfassender – auch mit den Threads und Prozessen – behandelt.

Neben diesen Möglichkeiten gibt es selbstverständlich eine Reihe weiterer Verfahren, um mehrere Clients zu behandeln. Unter MS-Windows beispielsweise könnten Sie hierfür die `WSA`-Routinen `WSAAsyncSelect()` oder `WSAEventSelect()` verwenden. Bei Linux/UNIX hingegen würden sich hierfür auch asynchrone E/A-Routinen nach »POSIX«-Erweiterungen eignen.

»select()« – Eine portablere Alternative

Neben den eben beschriebenen Möglichkeiten, die Sie verwenden können, um mehrere Clients zu bedienen, soll hier auf die Möglichkeit mit der Funktion `select()` etwas genauer eingegangen werden. Diese Funktion ist sowohl auf MS- als auch auf Linux/UNIX-Systemen vorhanden – und somit ein geeigneter Kandidat für eine portablere Lösung.

Das Problem bei einem Server, wie Sie ihn bisher verwendet haben, ist, dass dieser immer nur auf einen Socket-Deskriptor gewartet hat und auch immer über einen Socket-Deskriptor Daten empfangen bzw. versendet hat. Wurde beim Server beispielsweise `revc()` aufgerufen, blockierte dieser Aufruf den Socket-Deskriptor so lange, bis der Client wirklich Daten an diesen gesendet hat. Natürlich kann man das Blockieren auch dadurch umgehen, dass man den Socket-Deskriptor als nicht-blockierend einrichtet (beispielsweise mit `fcntl()`). Allerdings sollten Sie bedenken, dass hierbei ständig überprüft wird, ob an einem Socket Daten vorliegen – das heißt, es wird in einer Schleife dauerhaft gepollt – was die CPU unnötig belastet. Mit der Funktion `select()` können Sie den Socket-Deskriptor so einrichten, dass nur dann CPU-Zeit benötigt wird, wenn auch wirklich Daten an einem Socket-Deskriptor vorliegen.

Hinweis

Dieser Abschnitt sollte nicht den Eindruck erwecken, die Funktion `select()` sei eine Routine, die sich nur zur Netzwerkprogrammierung eignet. `select()` kann überall dort eingesetzt werden, wo auch Deskriptoren verwendet werden bzw. synchrones Multiplexing verwendet werden soll. Des Weiteren lassen sich mit `select()` auch hervorragend sogenannte Timeouts einrichten.

Hier sehen Sie die Syntax zur Funktion `select()` unter Linux/UNIX:

```
// entsprechend nach POSIX 1003.1-2001
#include <sys/select.h>

// entsprechend nach früheren Standards
#include <sys/time.h>
#include <sys/types.h>
#include <unistd.h>

int select( int n, fd_set *readfds, fd_set *writefds,
            fd_set *exceptfds, struct timeval *timeout );
```

Und hier ist die ähnliche Syntax unter MS-Windows:

```
int select( int n, fd_set FAR * readfds, fd_set FAR * writefds,
            fd_set FAR * exceptfds,
            const struct timeval FAR * timeout );
```

Mit dem ersten Parameter `n` geben Sie die Größe der folgenden Menge an. Hierfür wird gewöhnlich der Wert des höchsten (Socket-)Deskriptors plus eins angegeben. Sie sollten sich allerdings nicht darauf verlassen, dass hier automatisch eine aufsteigende und lückenlose Reihenfolge für die (Socket-)Deskriptoren vergeben wird. Welche Nummer der nächste (Socket-)Deskriptor verwendet, entscheidet immer noch das System. Daher empfiehlt es sich, jeden gesetzten (Socket-)Deskriptor mit dem zu vergleichen, der rein theoretisch der höchste ist.

Die nächsten drei Parameter sind Zeiger auf die `fd_sets`, die zum Lesen, Schreiben oder auf Ausnahmen getestet werden. Sofern Sie einen der Parameter nicht verwenden wollen, können Sie hierfür `NULL` angeben. Drei getrennte Sets sind nötig, da man ja nicht alle (Socket-)Deskriptoren auf Lesen oder Schreiben testen möchte.

Der am häufigsten verwendete Parameter (wie es auch im anschließenden Beispiel der Fall ist) ist `readfds`. Mit diesem Parameter wird überprüft, ob auf den (Socket-)Deskriptoren Daten zum Lesen vorhanden sind. Das Gegenstück dazu ist der Parameter `writefds`. Hiermit können Sie die Beschreibbarkeit von (Socket-)Deskriptoren überprüfen – sprich, ob ein Deskriptor bereit ist, eine Ausgabe anzunehmen (diese Überprüfung wird beispielsweise gerne bei Pipes verwendet). Der dritte `fd_set`-Parameter, `exceptfds`, wird weitaus seltener verwendet. Mit ihm überprüfen Sie, ob bei einem (Socket-)Deskriptor irgendwelche besonderen Zustände (Ausnahmen) vorliegen. Dies wird beispielsweise bei Out-of-band-Daten (`MSG_OOB`) verwendet (siehe Manual-Page zu `send()` und/oder `recv()`).

Nach dem Aufruf von `select()` wird diese Menge in Teilmengen der Filedeskriptoren verteilt, die die Bedingungen erfüllen.

Mit dem letzten Parameter können Sie ein Timeout, eine Zeit im Format von Sekunden (`tv_sec`) und Mikrosekunden (`tv_usec`), einrichten. Diese Zeit wird dann abgewartet, bis eine bestimmte Bedingung eintritt. Sind Sie daran nicht interessiert, können Sie auch hier `NULL` angeben. Es gibt aber auch einen *Nachteil,* wenn sich `select()` vorzeitig verabschiedet (vor dem Ablauf der festgelegten Zeit). `select()` gibt keine Auskunft darüber, wie lange denn tatsächlich gewartet wurde. Dazu muss extra eine Funktion wie beispielsweise `gettimeofday()` aufgerufen werden.

Die Funktion gibt die Anzahl der Filedeskriptoren zurück, die Ihre Bedingung erfüllt haben (einfach die Anzahl der (Socket-)Deskriptoren, die bereit sind). Wenn die Zeit abgelaufen ist (Timeout) wird 0 und bei einem Fehler des Funktionsaufrufs `select()`-1 zurückgegeben.

Ein Problem bei `select()` ist, dass es mit Bitfeldern arbeitet – was somit abhängig vom Betriebssystem ist. Die Bitfeldgröße bei BSD beispielsweise beträgt 256 und unter Linux 1024. Somit können auf BSD nur die ersten 256 und unter Linux 1024 Deskriptoren angesprochen werden. Unter MS-Windows kann dieser Wert sogar nur bis zu 64 Deskriptoren betragen. Wie viele Deskriptoren Sie nun tatsächlich pro Prozess verwenden können, ist mit der symbolischen Konstante `FD_SETSIZE` definiert. Natürlich macht es jetzt wenig Sinn, alle (Socket-) Deskriptoren zu überwachen. Zum Glück müssen Sie sich eigentlich recht wenig um diese Menge kümmern, da Ihnen der Datentyp `fd_set` die Arbeit zum Speichern der (Socket-)Deskriptoren abnimmt und einige Makros den Zugriff darauf erleichtern. Hier sehen Sie die Makros, um die Mengen zu bearbeiten:

```
FD_ZERO(fd_set *set);
FD_SET(int element, fd_set *set);
```

```
FD_CLR(int element, fd_set *set);
FD_ISSET(int element, fd_set *set);
```

Die Makros lassen sich recht schnell erklären. `FD_ZERO()` macht aus der Menge `set` eine leere Menge, `FD_SET()` fügt `element` der Menge `set` hinzu, und `FD_CLR()` entfernt `element` aus der Menge `set`. Mit `FD_ISSET()` können Sie überprüfen, ob `element` in der Menge `set` vorkommt (genauer gesagt: gesetzt ist).

Das folgende Beispiel, ein einfacher TCP-Echo-Server, soll Ihnen die Funktion `select()` demonstrieren. Das Beispiel ist dem 1:1-Chat zwischen dem Server und dem Client recht ähnlich, den Sie in diesem Kapitel bereits geschrieben haben. Nur begnügen wir uns beim Server jetzt damit, dass dieser nur die Zeichenketten auf dem Bildschirm ausgibt und dem Client nicht antwortet. Allerdings gibt es den gravierenden Unterschied, dass der Server nun mehrere Clients »gleichzeitig« behandeln kann – genauer gesagt bis zu `FD_SETSIZE` Clients. Sobald auch hier ein Client die Zeichenfolge »quit« sendet, entfernt der Server den Client (genauer den (Socket-)Deskriptor) aus der Menge.

Im Beispiel wurde aus Übersichtlichkeitsgründen darauf verzichtet, die `select()`-Abhandlung in unseren Layer SOCKETPRX zu implementieren. In der Praxis wäre dies allerdings sehr sinnvoll, da die Verwendung von `select()` doch zu einem der etwas komplizierteren Teile der Programmierung gehört. Dank des Layers SOCKETPRX kann ich `select()` erheblich leichter abhandeln als ohne. Hier folgt der gut dokumentierte Source-Code zum Server, der nun die Abfragen mehrerer Clients auf einmal abarbeiten kann:

```
/* multi_server.c */
#include <stdlib.h>
#include <stdio.h>
#include <string.h>
#include "socketprx.h"
#define BUF 1024

int main (void) {
  socket_t sock1, sock2, sock3;
  int i, ready, sock_max, max=-1;
  int client_sock[FD_SETSIZE];
  fd_set gesamt_sock, lese_sock;
  char *buffer = (char*) malloc (BUF);

  sock_max = sock1 = create_socket(AF_INET, SOCK_STREAM, 0);
  atexit(cleanup);
  bind_socket( &sock1, INADDR_ANY, 15000 );
  listen_socket (&sock1);
```

```
for( i=0; i<FD_SETSIZE; i++)
   client_sock[i] = -1;
FD_ZERO(&gesamt_sock);
FD_SET(sock1, &gesamt_sock);

for (;;) {
  /* immer aktualisieren */
  lese_sock = gesamt_sock;
  /* Hier wird auf die Ankunft von Daten oder
   * neuer Verbindungen von Clients gewartet. */
  ready = select( sock_max+1, &lese_sock, NULL, NULL, NULL );
  /* Eine neue Client-Verbindung ...? */
  if( FD_ISSET(sock1, &lese_sock)) {
     accept_socket( &sock1, &sock2 );
     /* freien Platz für (Socket-)Deskriptor
      * in client_sock suchen und vergeben */
     for( i=0; i< FD_SETSIZE; i++)
        if(client_sock[i] < 0) {
           client_sock[i] = sock2;
           break;
        }
     /* mehr als FD_SETSIZE Clients sind nicht möglich */
     if( i == FD_SETSIZE )
        error_exit("Server überlastet - zu viele Clients");
     /* den neuen (Socket-)Deskriptor zur
      * (Gesamt)Menge hinzufügen */
     FD_SET(sock2, &gesamt_sock);
     /* select() benötigt die höchste
      * (Socket-)Deskriptor-Nummer. */
     if( sock2 > sock_max )
        sock_max = sock2;
     /* höchster Index für client_sock
      * für die anschließende Schleife benötigt */
     if( i > max )
        max = i;
     /* ... weitere (Lese-)Deskriptoren bereit? */
     if( --ready <= 0 )
        continue; //Nein ...
  } //if(FD_ISSET ...

  /* Ab hier werden alle Verbindungen von Clients auf
   * die Ankunft von neuen Daten überprüft. */
  for(i=0; i<=max; i++) {
     if((sock3 = client_sock[i]) < 0)
        continue;
```

```
        /* (Socket-)Deskriptor gesetzt ... */
        if(FD_ISSET(sock3, &lese_sock)){
           /* ... dann die Daten lesen */
           TCP_recv (&sock3, buffer, BUF-1);
           printf ("Nachricht empfangen: %s\n", buffer);
           /* Wenn quit erhalten wurde ... */
           if (strcmp (buffer, "quit\n") == 0) {
              /* ... hat sich der Client beendet. */
              close_socket (&sock3);       //Socket schließen
              FD_CLR(sock3, &gesamt_sock);  //aus Menge löschen
              client_sock[i] = -1;         //auf -1 setzen
              printf("Ein Client hat sich beendet\n");
           }
           /* Sind noch lesbare Deskriptoren vorhanden ...? */
           if( --ready <= 0 )
              break; //Nein ...
        }
     }
  } // for(;;)
  return EXIT_SUCCESS;
}
```

Und jetzt folgt noch der Quellcode zur entsprechenden Client-Anwendung:

```
/* multi_client.c */
#include <stdlib.h>
#include <stdio.h>
#include <string.h>
#include "socketprx.h"
#define BUF 1024

int main (int argc, char *argv[]) {
  socket_t sock;
  char *buffer = (char *)malloc (BUF);

  if( argc < 2 ){
     printf("Usage: %s ServerAdresse\n", *argv);
     exit(EXIT_FAILURE);
  }

  sock = create_socket(AF_INET, SOCK_STREAM, 0);
  atexit(cleanup);
  connect_socket(&sock, argv[1], 15000);

  do {
      buffer[0] = '\0';
```

```
      printf ("Nachricht zum Versenden: ");
      fgets (buffer, BUF, stdin);
      TCP_send (&sock, buffer, strlen (buffer));
   } while (strcmp (buffer, "quit\n") != 0);
   close_socket (&sock);
   return EXIT_SUCCESS;
}
```

Abbildung 25.12 zeigt das Programm bei der Ausführung.

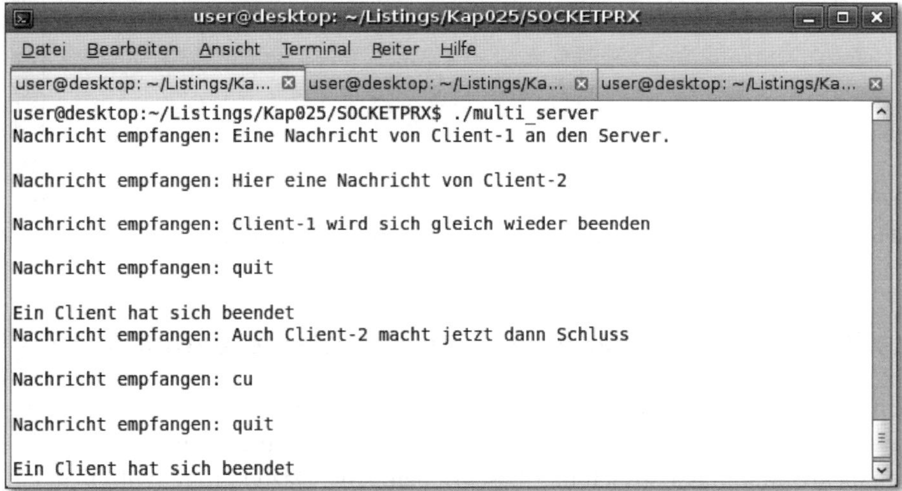

Abbildung 25.12 Der Server kann jetzt mehrere Anfragen (Clients) bearbeiten.

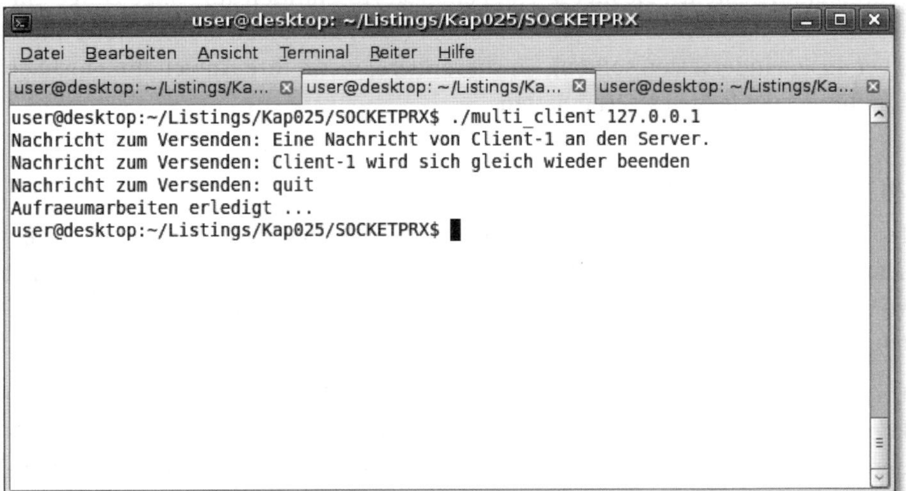

Abbildung 25.13 Einer von zwei gerade aktiven Clients

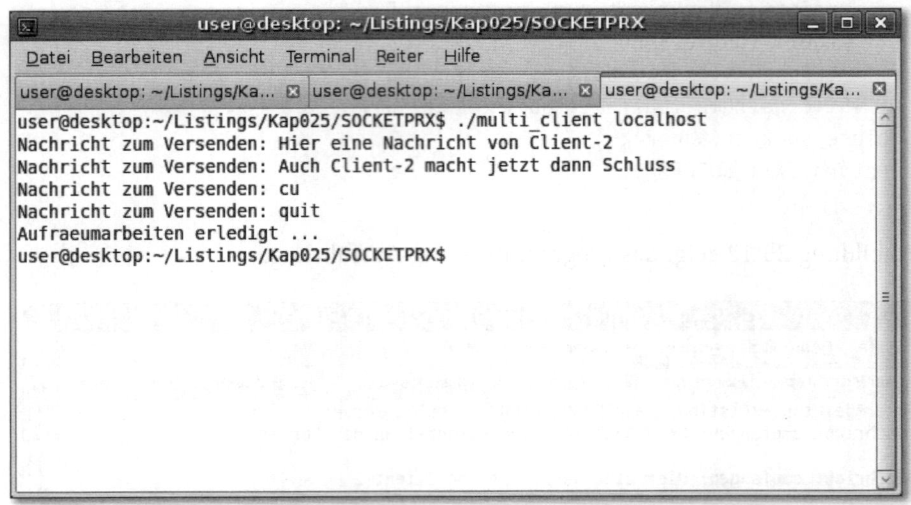

Abbildung 25.14 Der andere der beiden aktiven Clients zur selben Zeit

25.8 Weitere Anmerkungen zur Netzwerkprogrammierung

Mit diesem kleinen Kapitel haben Sie sich jetzt den Grundstein zur Netzwerkprogrammierung gelegt. Bedenken Sie aber, dass dieses Thema ein noch viel größeres Spektrum umfasst, als ich hier beschrieben habe. Dazu könnte (will) man ein ganzes Buch schreiben (an mir soll's nicht liegen ;-)). Bevor Sie sich jetzt in das Abenteuer stürzen, eigene kleine Programme mit Netzwerkfunktionalität zu schreiben, möchte ich Sie hier noch in ein paar Abschnitten auf einige Dinge hinweisen, auf die Sie besonders achten sollten (bzw. mit denen Sie sich noch intensiver auseinandersetzen sollten) – insbesondere, wenn Ihre Anwendung nicht so funktioniert, wie Sie es gerne hätten.

25.8.1 Das Datenformat

In den Beispielen, die Sie hier erstellt haben, wurden lediglich Zeichenketten verschickt. Meistens liegen die Daten aber nicht in einem solch bequemen Format vor. Wenn Sie beispielsweise Ganzzahlen oder Gleitpunktzahlen versenden wollen, verwenden Sie am besten `sscanf()` und `snprintf()`.

Und was ist mit binären Strukturen (`struct`)? Auch hier empfiehlt es sich, die komplette Struktur in eine Zeichenkette zu konvertieren, bevor Sie diese versenden. Auf der anderen Seite müssen selbstverständlich ebenfalls bestimmte Vorkehrungen getroffen werden.

Sicherlich, letztendlich entscheiden Sie, wie die Daten zwischen Client und Server hin- und hergeschickt werden. Allerdings sollten Sie bedenken, dass Sie nicht immer wissen, auf was für einen Rechner die Daten übertragen werden. Schicken Sie von einem Little-Endian-Rechner einen Integer an ein Big-Endian-System, sind Probleme vorprogrammiert. Oder was ist, wenn Sie von einem 64-Bit-Rechner einen Integer an einen 32-Bit-Rechner verschicken? Sie wissen also nie genau, welche Größe die Datentypen `int`, `long` und `short` auf der Gegenseite haben. Zwar gibt es (seit der Einführung des C99-Standards) die unabhängigen Typen wie beispielsweise `int8_t`, `int16_t` etc. und `uint8_t` etc. in der Headerdatei *<stdint.h>*, was aber recht wenig nützt, weil dieser Standard von einigen Compiler-Herstellern (insbesondere auf Windows-Systemen) unzureichend bis überhaupt nicht beachtet wird.

Daher die Empfehlung: Senden Sie numerische Daten immer im Textformat an die Gegenseite. Natürlich setzt dies voraus, dass die Gegenseite denselben Zeichensatz verwendet. Wenn Sie einen String an einen Rechner schicken, auf dem sich nur japanische Schriftarten befinden, kommt nichts dabei raus. Ebenso müssen Sie unsere landestypischen Umlaute berücksichtigen, die meist auf einem Rechner, der beispielsweise in der USA steht, auch nicht richtig dargestellt werden können. Der Nachteil: Es wird Bandbreite verschwendet. Eine 64-Bit-Nummer beispielsweise kann nämlich über 20 Zeichen lang sein, während im Binärformat gerade mal 8 Zeichen dafür benötigt werden. Aber es ist Ihre Entscheidung!

25.8.2 Der Puffer

Bisher mussten Sie sich nie so richtig um die Pufferung der Daten kümmern. Beispielsweise hat Ihnen bei Funktionen wie `fgets()` oder `fputs()` das System die Pufferung abgenommen. Sie mussten hierbei nur angeben, wie groß dieser Puffer sein sollte. In der Netzwerkprogrammierung müssen Sie sich nun selbst darum kümmern. Mit den Funktionen `send()/sendto()` und `recv()/recvfrom()` können bei den Sockets erst mal weniger Bytes ein- bzw. ausgegeben werden als angenommen. Das *Problem* ist, dass das System (der Kernel) für das Socket eine bestimmte Puffergröße vorgibt. Das bedeutet: Wenn der Puffer voll ist, liest `recv()/recvfrom()` bzw. schreibt `send()/sendto()` aus diesem bzw. in diesen Puffer – selbst dann, wenn noch nicht alle gewünschten Daten ausgelesen bzw. geschrieben wurden.

Wenn Sie die Daten in Form eines `char`-Arrays mit einfachem Text übertragen, dürften Sie keine Probleme mit der Pufferung bekommen, sofern Sie einen String ordentlich mit `\0` abschließen. Sobald allerdings binäre Daten übertragen werden sollen, gibt es Probleme damit. Bei binären Daten können Sie sich nicht darauf verlassen, dass diese mit einem `\0` abgeschlossen werden – weshalb Sie sich hierbei selbst um das letzte Zeichen kümmern müssen.

Welche Puffergröße Sie verwenden, bleibt Ihnen überlassen und hängt vom Anwendungsfall ab. Allerdings macht ein byteweiser Puffer genauso wenig Sinn wie ein überdimensional großer Puffer. Es hat sich bewährt, eine Puffergröße von 512 oder 1024 KB zu verwenden.

Hinweis

Der Puffer ist Ihr wichtigstes Kommunikationswerkzeug, mit dem Sie Daten austauschen können. Wenn Sie etwas in einen Puffer schreiben wollen, sollten Sie immer bedenken, wie es auf der anderen Seite wieder herauskommt, und eventuell auch überprüfen, was herauskommt. Denn wenn etwas häufig nicht klappt, dann ist es die Art und Weise, wie die Daten beim Empfänger ankommen. Nicht selten ist es ein nicht terminierter String, der für Zeichensalat sorgt.

25.8.3 Portabilität

Sie haben in diesem Kapitel gesehen, wie man mit einem abstrakten Layer eine portable Anwendung (nicht nur) für die Netzwerkprogrammierung erstellen kann. Mit Linux/UNIX und MS-Windows haben Sie in den Beispielen eine recht große Zielgruppe eingeschlossen. Bedenken Sie allerdings, dass es auch noch andere Systeme gibt. Gemeint sind beispielsweise Systeme wie QNX oder SGI IRIX. Zwar sind die Unterschiede der allgemeinen Socket-Programmierung nicht allzu gravierend, dennoch müssen Sie sich auch diesbezüglich gegebenenfalls schlau machen, welche Differenzen es dabei gibt.

25.8.4 Von IPv4 nach IPv6

Da IPv6 noch nicht eingeführt wurde (und eine Einführung noch nicht in Sicht ist), wurden seine Eigenheiten in den vorangegangenen Abschnitten nicht näher behandelt. Allerdings gibt es hierzu eigentlich auch gar nicht viel zu berichten. Daher folgt hier eine kurze Zusammenfassung für den Fall der Fälle, die zeigt, wie Sie Ihre Anwendungen von IPv4 nach IPv6 portieren könnten.

Konstanten

Die IPv4-Konstanten `AF_INET` bzw. `PF_INET` wurden durch `AF_INET6` bzw. `PF_INET6` ersetzt. Hierbei muss eigentlich nur die Konstante um eine `6` erweitert werden. Es ist auch kein Fehler, wenn Sie auch bei einer IPv4-Software gleich die neuen Konstanten verwenden, da ein Programm, das auf IPv6 portiert wurde, auch weiterhin auf IPv4-Rechnern läuft (vorausgesetzt, der Rechner ist »dualstacked«, was in Zukunft bei IPv6-fähigen Rechnern immer der Fall sein sollte).

Was sich auch verändert hat, ist die Konstante `INADDR_ANY`, die beim Binden von Sockets an einen Port angeben wird. Sie bedeutet, dass Pakete von jedem Interface angenommen werden. Ein wenig ungewöhnlich ist, dass die neue Konstante kleingeschrieben wird – `in6addr_any`. Der Grund hierfür: Die alte Struktur `in_addr` bestand nur aus einem `unsigned long int s_addr`, und somit war die Konstante `INADDR_ANY` auch nur eine Zahl. Da die Adresse bei IPv6 128 Bit breit ist, ist dies nicht mehr möglich (da kein portabler Datentyp mit dieser Breite existiert), weshalb es sich nun um ein Array handelt:

```
struct in6_addr {
   union{
      uint8_t  u6_addr8[16];
      uint16_t u6_addr16[8];
      uint32_t u6_addr32[4];
   } in6_u;

#define s6_addr     in6_u.u6_addr8
#define s6_addr16   in6_u.u6_addr16
#define s6_addr32   in6_u.u6_addr32
};
```

Strukturen

Nachdem `in_addr` durch `in6_addr` ersetzt wurde (siehe oben), ist es auch nötig, die Struktur `sockaddr_in` anzupassen:

```
struct sockaddr_in6 {
   sa_family_t sin6_family      /* Adress-Familie - AF_INET6 */
   in_port_t sin6_port;         /* Port Transportschicht # */
   uint32_t sin6_flowinfo;      /* IPv6 Datenfluss-Informationen */
   struct in6_addr sin6_addr;   /* IPv6 Adresse */
   uint32_t sin6_scope_id;      /* IPv6 Scope-Kennung */
};
```

Hier wurde nicht nur die Adressstruktur verändert, es wurden auch noch die zusätzlichen Strukturvariablen `sin6_flowinfo` und `sin6_scope_id` hinzugefügt.

Funktionen

Der Großteil der Socket-API-Funktionen ist gleich geblieben. Verändert (hinzugefügt) wurden lediglich die meisten Adressauflösungs- und Konvertierungsfunktionen. So werden die Funktionen `inet_aton()` bzw. `inet_ntoa()` durch die Funktionen `inet_pton()` bzw. `inet_ntop()` ersetzt. Da diese neuen Funktionen jetzt nicht mehr auf Zahlen operieren, sondern auf den konkreten Adressstrukturen (z. B. `in6_addr`), unterstützen sie auch beliebige Adressfamilien.

Noch wichtiger sind die neu hinzugekommenen Funktionen `getaddrinfo()` und `getnameinfo()`. Diese wurden als Ersatz für die Funktionen `gethostbyname()`/`gethostbyaddr()` und `getipnodebyname()`/`getipnodebyaddr()` eingeführt und haben den Vorteil, dass sie direkt `sockaddr`-Strukturen bearbeiten. Des Weiteren wurde noch die Funktion `gethostbyname2()` hinzugefügt, bei der es sich allerdings nur um eine reine GNU-Extension handelt!

Hinweis

All diese Funktionen stehen Ihnen übrigens auch schon für IPv4 zur Verfügung, weshalb es nicht falsch sein kann, diese jetzt schon zu verwenden, um eine eventuell spätere Portierung zu erleichtern.

25.8.5 RFC-Dokumente (Request for Comments)

Sie wollen einen HTTP-, einen FTP- oder einen SMTP-Server bzw. einen Client erstellen, der damit kommuniziert, und wissen nicht, wo Sie anfangen sollen. Dies ist eine beliebte Frage in den Foren. Wie Sie bereits erfahren haben, findet die Kommunikation zwischen dem Server und Client über Protokolle statt (vergleichbar mit den verschiedenen Sprachen dieser Welt). Ein Webclient und ein Webserver beispielsweise unterhalten sich anders als ein Mailclient und ein Mailserver. All diese Standard-Protokolle werden in den RFCs (Requests for Comments) gesammelt. RFCs sind eine Reihe von technischen Dokumentationen zum Internet, die ihren Ursprung zu ARPANET-Zeiten 1969 hatten. Einen gewaltigen Fundus zur RFC-Sammlung finden Sie im Internet unter *http://www.ietf.org/* (The Internet Engineering Task Force).

25.8.6 Sicherheit

Das Wichtigste kommt zum Schluss. Mit der Netzwerkprogrammierung in C haben Sie auch das gefährlichste Kapitel in C kennengelernt. Die meisten Programme, die angegriffen werden, sind nicht Ihr Editor oder Ihre Entwicklungsumgebung, sondern die Programme, die mit dem Netz verbunden und somit meistens auch für *alle* erreichbar sind. Beispielsweise kann ein Buffer-Overflow bei einer Netzwerk-Anwendung sehr böse Folgen haben (ein beliebtes Lästerbeispiel ist der Internet Explorer alias »Internet Exploiter«).

Des Weiteren sollten Sie beachten, dass die Daten, die Sie über ein Netzwerk versenden, jederzeit abgefangen werden können. Daher empfiehlt es sich, bei sicherheitsrelevanten Daten (beispielsweise Kundendaten) diese verschlüsselt zu versenden. Die Daten können zwar weiterhin abgefangen werden, aber bei einer guten Verschlüsselung sind diese Daten für den »Sniffer« nicht mehr lesbar – es sei denn, er kann die Verschlüsselung knacken.

Der Trend des Megahertz-Wahns scheint derzeit ein wenig rückläufig zu sein, und stattdessen ist es schick geworden, mehrere Prozessoren in einen Rechner einzubauen. Allerdings nützen solche Multiprozessor-Systeme nur dann etwas, wenn auch die Programme dafür erstellt wurden. Wie das geht, erfahren Sie in diesem Kapitel.

26 Paralleles Rechnen

26.1 Parallelität

Hinweis

Das Ziel dieses Kapitels ist es nicht, Ihnen eine umfassende Einführung in die Threadprogrammierung zu bieten, sondern eher das Thema anzuschneiden. Da der Umfang des Buches schon ziemlich gewaltig ist, lässt sich einfach nicht noch ein umfangreiches Kapitel mehr hinzufügen. Sollten Sie mehr Informationen dazu benötigen, finden Sie beispielsweise in meinem Buch »Linux-UNIX-Programmierung« (3. Auflage) ein sehr umfangreiches Kapitel dazu. Da in diesem Buch die POSIX-Threads-Bibliothek behandelt wird, lässt sich das darin Beschriebene auch unter Windows verwenden. Dieses Kapitel finden Sie auf der Buch-CD.

Die Werbung der Computerbranche versucht zurzeit kräftig, sogenannte Dual- bzw. Quad-Core-PCs an den Mann (oder die Frau) zu bringen. Mittlerweile ist schon in jedem Discounter-PC ein solcher Prozessor eingebaut. Dabei wird einem versprochen, dass man mit zwei Prozessoren die doppelte Rechenleistung erhält, weil ja die Rechenaufgaben auf zwei Prozessoren aufgeteilt werden.

Zwei Prozessoren bringen also die doppelte Leistung? Nein, hier hat man die Rechnung ohne den Wirt gemacht. Zunächst machen solche Multiprozessorsysteme so viel Sinn, wie wenn man zwei Autos in der Garage stehen hat – man kann auch nur eines gleichzeitig fahren. Um also beide oder gegebenenfalls mehrere Prozessoren zu verwenden, muss auch die Software dafür geschrieben sein.

Auch wenn die Software für Multi-Prozessorsysteme angepasst wurde, kann man noch lange nicht sagen, um welchen Faktor (auch *Speedup* genannt) die Software schneller läuft. Es gibt mehrere Faktoren, von denen es abhängt, um wie viel das Programm letztendlich schneller läuft: Kann beispielsweise der Prozessor die Daten aus seinem eigenen schnellen Cache holen, oder müssen diese immer aus dem langsamen Arbeitsspeicher geholt werden? Dies hängt von der Cache-Größe des Prozessors ab. Hinzu kommen auch Größe, Topologie und Bandbreite des Speichers. Es gibt auch Situationen, in denen man mit der seriellen Programmierung genauso gute Ergebnisse erzielen kann wie mit der parallelen. Zusammengefasst lässt sich sagen, dass man den gewonnenen Geschwindigkeitsfaktor der Software erst im laufenden Betrieb ermitteln kann.

Fakt ist auf jeden Fall, dass sich die Multiprozessorsysteme künftig auch auf gewöhnlichen Workstation-Rechnern verbreiten werden. Ein guter Grund also, sich mit der Entwicklung paralleler Software zu befassen.

Hinweis

Im nächsten C-Standard (derzeit auch als C1x-Standard bekannt), an dem das Standardisierungskomitee seit 2007 arbeitet, wird auf jeden Fall die Threadprogrammierung implementiert sein.

26.1.1 Single-Prozessorsysteme

Damit Programme tatsächlich parallel laufen, müssen mehrere Prozessoren vorhanden sein. Trotzdem ist es auch möglich, dass Single-Prozessorsysteme von der parallelen Programmierung profitieren. So teilen sich bei einer parallelen Anwendung beispielsweise alle einzelnen Threads das Codesegment, das Datensegment, den Heap und alle anderen Zustandsdaten, die ein gewöhnlicher Prozess besitzt. Somit sind mehrere Threads leichtgewichtiger als mehrere Prozesse.

Hinweis

Auch wenn jemand Ihr Programm verwendet, das Sie eigentlich für Multiprozessorsysteme erstellt haben, lässt es sich ebenfalls problemlos auf einem Single-Prozessorsystem ausführen.

26.1.2 Hyperthreading

Hyperthreading wird häufig mit *Multithreading* in einen Topf geworfen. Nun hat Hyperthreading aber zunächst nichts mit zwei Prozessoren zu tun und wird trotzdem bei der Entwicklung von Multithreading-Anwendungen verwendet. Die Technologie *Hyperthreading* wurde von Intel mit den Prozessoren Pentium III, Pentium 4 und Xeon eingeführt, aber auch AMD hat entsprechende Prozessoren auf dem Markt. Mit dieser Technologie wird der Durchsatz von Multithreaded-Anwendungen im Multitasking erhöht, indem sie die Auslastung der *On-Chip*-Ressourcen erhöht, die in der Intel-NetBurst-Mikroarchitektur verfügbar sind. Ein typischer Thread belastet nur etwa 35 % der NetBurst-Ausführungsressourcen. Hyperthreading erhöht die Auslastung durch notwendige Logik und Ressourcen, die der CPU hinzugefügt werden. Für die Aufteilung der einkommenden Daten auf den freien Raum sorgen somit zwei logische Prozessoren, die vom Betriebssystem mittels klassischer Multiprocessing-Verfahren verwaltet werden.

NetBurst

Die NetBurst-Architektur ist eine von Intel für den Pentium 4 neu entwickelte Mikroarchitektur, die bei mehreren CPU-Familien zum Einsatz kam. Die Architektur setzt auf eine sehr lange Pipeline, durch die sehr hohe Taktraten erreicht werden sollen.

Ich will hier nicht mit dem Fachchinesisch weitermachen – es lässt sich auch einfacher erklären. Mit Hyperthreading wird dem Betriebssystem ein zweiter logischer Prozessor vorgegaukelt. Dazu wird intern einfach das Register der CPU verdoppelt und es werden zwei getrennte Recorder- und Store-Buffer eingebaut. Allerdings teilen sich die beiden virtuellen Prozessoren die Funktionseinheiten, sodass es rein logisch nicht möglich ist, dass Befehle zweier Threads gleichzeitig ausgeführt werden. Aber in der Praxis stellte sich heraus, dass diese Technik manchmal genauso effektiv ist, als befänden sich zwei physikalische Prozessoren im System. Daher werden in der Praxis auch Prozessoren, die Hyperthreading implementiert haben, als parallele Systeme anerkannt.

26.2 Programmiertechniken der Parallelisierung

Als Programmierer können Sie im Grunde mehrere Wege gehen, um Ihre Anwendung zu parallelisieren.

26.2.1 Automatische Parallelisierung

Zunächst gäbe es die Möglichkeit, das Parallelisieren dem Compiler zu überlassen. Eine solche automatische Parallelisierung wird derzeit nur vom Intel-Compiler angeboten. Hierzu setzt man bei der Kompilierung die Option `/Qparallel` für Windows und `/parallel` für Linux. Bei der Übersetzung sucht der Compiler jetzt nach einfachen Schleifen (beispielsweise Grafikroutinen), die er in mehreren Threads parallel ausführen kann. Wer hier jetzt eine Compiler-Optimierung wie mit den Optionen `-O1` etc. sieht, hat recht. Im Grunde ist diese Option des Compilers nichts anderes als das. Bei Tests ist es mir außerdem nicht gelungen, mehr als zwei parallele Threads zu erzeugen.

26.2.2 Halbautomatische Parallelisierung

Neben der Möglichkeit, parallele Anwendungen mithilfe des Intel-Compilers automatisch zu erstellen, gibt es noch eine halbautomatische Möglichkeit (wenn man das so sagen darf). »Halbautomatisch« deswegen, weil hierbei der Code nicht verändert, sondern nur ergänzt werden muss. Hierzu verwendet man *OpenMP*, eine Programmierschnittstelle, die seit 1997 von verschiedenen Hardware- und Compiler-Herstellern zur Shared-Memory-Programmierung auf Multiprozessor-Rechnern verwendet wird. Ein Vorteil von OpenMP ist es, dass die Synchronisation der Threads implizit erfolgt. Allerdings schränkt dieser Vorteil den Grad der Parallelisierung erheblich ein. Des Weiteren lässt sich OpenMP nur für Shared-Memory-Systeme verwenden (wie dies beispielsweise bei den Dual-Core-CPUs der Fall ist).

Für die Parallelisierung werden `pragma`-Direktiven verwendet, weshalb in dem Fall, dass ein Compiler OpenMP nicht unterstützt, keine Fehlermeldungen ausgegeben werden. OpenMP ist auf vielen gängigen Compilern vorhanden (MS Visual Studio etc.). Auch unter Linux wird der GCC unterstützt – dies allerdings erst ab der Version 4.2, was bedeutet, dass Sie den entsprechenden *Snapshot* (nach-)installieren müssen. Auch der Intel-Compiler (erhältlich für Linux und Windows) unterstützt OpenMP. OpenMP ist somit auch eine interessante und einfache Möglichkeit der (halbautomatischen) Parallelisierung, die sich allerdings wegen der Vereinfachungen recht schlecht skalieren lässt. Mehr Informationen dazu finden Sie auf der Webseite von OpenMP unter *http://www.openmp.org/*.

26.2.3 Echte Parallelisierung

Dann gibt es noch den Weg der echten Thread-Programmierung. Allerdings ist die Multithread-Programmierung nicht unbedingt eine einfache Sache. Mehrere Threads bedeuten häufig auch mehr Aufwand bei der Programmerstellung. Gewöhnlich müssen Threads auch synchronisiert werden. Schließlich stellt jeder Thread so etwas wie eine eigene Anwendung dar. Trotzdem reißt, wenn ein Thread beispielsweise abstürzt, dieser alle anderen Threads mit ins Verderben.

Thread-Bibliotheken gibt es viele. Den Windows-Entwicklern werden da einige hausgemachte Lösungen für Win32, MFC oder das .NET-Framework mitgeliefert. Wer reine Windows-Anwendungen schreibt, der dürfte damit sehr zufrieden sein. Soll es aber plattformübergreifend sein, greift man gewöhnlich zur POSIX-Thread-Bibliothek. Diese Spezifikation beschreibt den POSIX-Standard 1003.1c oder kurz und einfach *Pthreads*. Auch in diesem Buch greifen wir auf die POSIX-Threads zurück, um hier die Erwartungen eines jeden Lesers unabhängig von der Systemangehörigkeit zu erfüllen.

26.3 Vom Prozess zum Thread

Ein Prozess ist das, was Sie bei den bisherigen Beispielen des Buches immer erstellt haben – also ein Programm bei seiner Ausführung. Diesem Programm steht zum Zeitpunkt seiner Ausführung die komplette Verwaltungseinheit des Betriebssystems zur Verfügung, als wäre es das einzige Programm, das ausgeführt wird.

Zum Zeitpunkt der Ausführung erhält ein Prozess somit die volle Aufmerksamkeit der CPU. Eine solche alleinige Verfügbarkeit ist natürlich bei einem Multitasking-Betriebssystem zeitlich begrenzt. Üblicherweise laufen auf einem Betriebssystem mehrere Prozesse »gleichzeitig« ab. Auch wenn Sie selbst noch kein Programm gestartet haben, laufen bereits viele Dienste im Hintergrund ab (unter Linux/Unix werden diese auch als *Dämonprozesse* bezeichnet). Egal welches Programm Sie nun ausführen, jede Anwendung bekommt eine gewisse Rechenzeit der CPU zur Verfügung gestellt, bevor die CPU die Rechenzeit einem anderen Prozess widmet (siehe Abbildung 26.1).

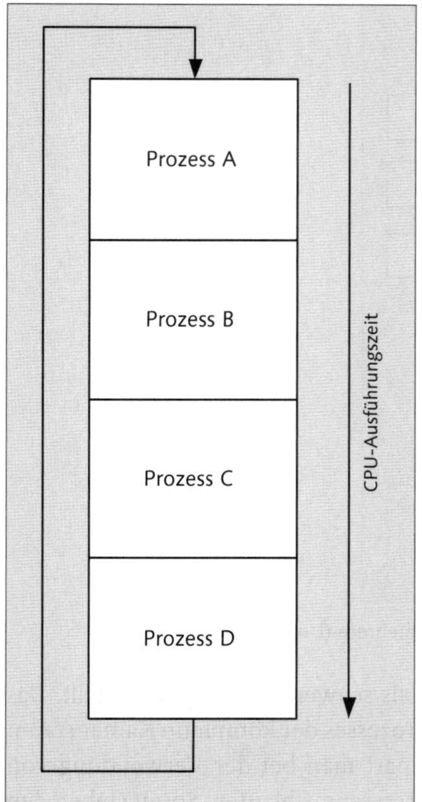

Abbildung 26.1 Prozesse werden Task für Task abgearbeitet.

Mit dieser Technik, dem Multitasking, hat es den Anschein, dass alle Prozesse quasi gleichzeitig ablaufen – was natürlich nicht möglich ist, da pro CPU immer nur ein Task ausgeführt werden kann.

Im ersten Moment besteht vorerst gar kein Unterschied zwischen einem Prozess und einem Thread, denn letztendlich besteht ein Prozess mindestens aus einem Thread. Ferner endet ein Prozess, wenn sich alle Threads beenden. Somit ist der *eine* Prozess (dieser eine Prozess ist der erste Thread, auch »Main Thread« bzw. »Haupt-Thread« genannt) verantwortlich für die gleichzeitige Ausführung mehrerer Threads – da doch Threads auch nur innerhalb eines Prozesses ausgeführt werden. Der gravierende Unterschied zwischen den Threads und den Prozessen besteht darin, dass Threads unabhängige Befehlsfolgen innerhalb eines Prozesses sind. Man könnte auch sagen, Threads sind in einem Prozess gefangen oder verkapselt – im goldenen Käfig eingeschlossen (siehe Abbildung 26.2).

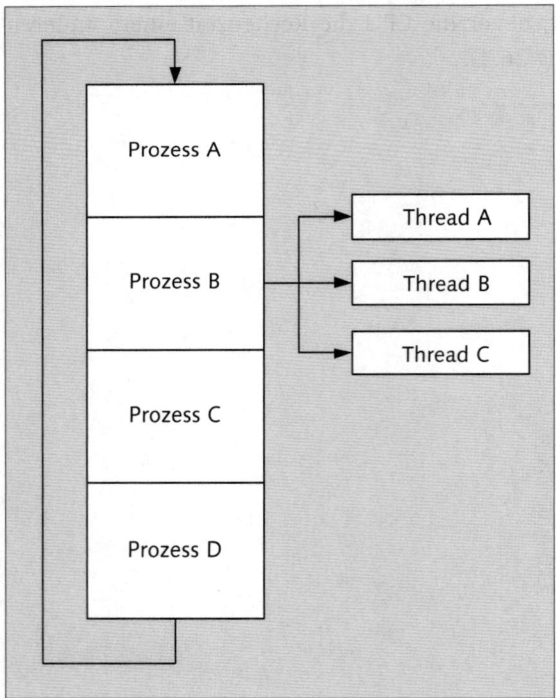

Abbildung 26.2 Ein Prozess (Main-Thread) startet mehrere (Unter-)Threads.

Prozesse werden gegenüber Threads immer als schwergewichtig dargestellt. Das kommt daher, dass bei der Erstellung eines Prozesses der komplette Namensraum dupliziert werden muss. Diesen Aufwand spart man bei der Verwendung von Threads, da diese in einem gemeinsamen Adressraum ablaufen. Somit stehen den einzelnen Threads dasselbe Codesegment, Datensegment, der Heap und alle anderen Zustandsdaten, die ein »gewöhnlicher« Prozess besitzt, zur Verfügung – was somit auch die Arbeit beim Austausch von Daten und bei der Kommunikation untereinander erheblich erleichtert. Weil aber kein Speicherschutzmechanismus unter den Threads vorhanden ist, bedeutet dies auch, dass ein Thread, wenn er abstürzt, alle anderen Threads mit abstürzen lässt. Einen Vergleich des Verwaltungsaufwandes zwischen den Threads und Prozessen finden Sie in den Abbildungen 26.3 und 26.4.

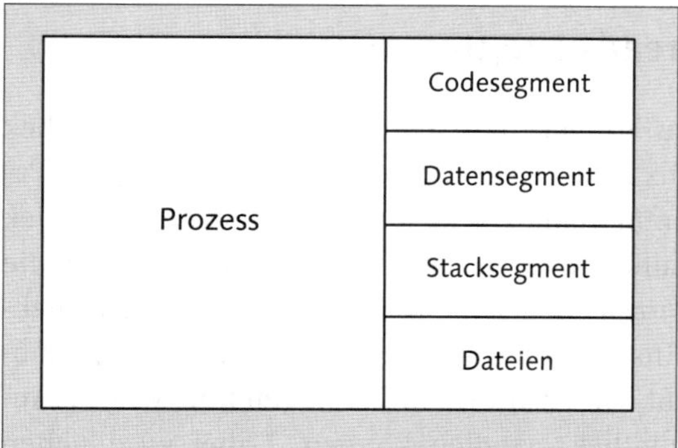

Abbildung 26.3 Das beinhaltet jeder einzelne Prozess.

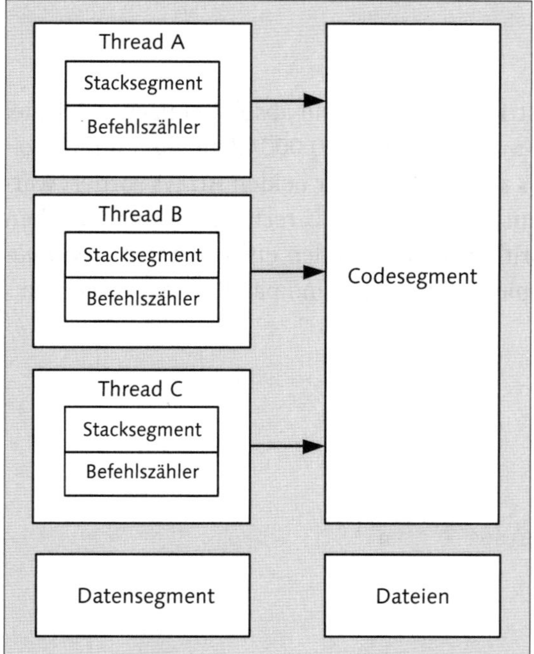

Abbildung 26.4 Threads hingegen teilen sich (abgesehen vom Stacksegment und dem Befehlszähler) die Ressourcen.

In Abbildung 26.4 lässt sich schön erkennen, dass sich Threads den Adressraum teilen. Allerdings macht gerade dies die Threads etwas aufwendiger zu programmieren, denn die Threads teilen sich hierbei die globalen Variablen, geöffneten Dateien (beispielsweise Filedeskriptor) – eben alle globalen Ressourcen außerhalb eines Threads –, weshalb hierbei gewisse Synchronisationsmechanismen nötig sind.

26.4 Mit den POSIX-Threads programmieren

Um POSIX-Threads verwenden zu können, müssen Sie die *Pthread*-Bibliothek erst einmal installieren. Unter Linux lässt sie sich bequem mit dem jeweiligen Paketmanager nachinstallieren. Auch für Windows lässt sich die *Pthread*-Bibliothek ohne großen Aufwand nachinstallieren. Erste Anlaufstelle sollte hierbei die Webseite *http://sourceware.org/pthreads-win32/* sein. Damit ich hier nicht mehrere Seiten für die Anleitung zur Installation und Verwendung der *Pthread*-Bibliothek verschwende, finden Sie auf der Buch-CD eine Beschreibung, wie Sie Anwendungen mit der *Pthread*-Bibliothek erstellen können. Dabei wird neben Linux auch auf die Verwendung von Pthreads mit Entwicklungsumgebungen wie *Code::Blocks* und *Visual C++* von Microsoft eingegangen.

26.4.1 Ein serielles Beispiel

Um Ihnen die Threads zu demonstrieren, habe ich ein absolut einfaches Beispiel verwendet. Wir verwenden zwei `int`-Arrays mit 100.000 Elementen mit absteigendem Wert – was bedeutet, dass alle Elemente der beiden Arrays sortiert werden müssen. Hierbei geht es mir nur darum, zwei CPU-rechenintensive Aufgaben zu beschleunigen. Als Sortieralgorithmus habe ich den etwas langsameren *Bubblesort* verwendet. Folgendes Beispiel soll anschließend parallel erstellt werden:

```
/* bubblesort.c */
#include <stdio.h>
#include <stdlib.h>
/* 100000 Elemente */
#define MAX 100000

/* ein Array von großen zu kleinen Werten */
int test_array1[MAX];
int test_array2[MAX];

/* in umgekehrter Reihenfolge erstellen */
void init_test_array(int *array) {
   int i, j;
```

```
    for(i = MAX,j=0; i >= 0; i--,j++)
        array[j] = i;
}

static void *bubble1(void* val) {
    int i, temp, elemente=MAX;
    while(elemente--)
        for(i = 1; i <= elemente; i++)
            if(test_array1[i-1] > test_array1[i]) {
                temp=test_array1[i];
                test_array1[i]=test_array1[i-1];
                test_array1[i-1]=temp;
            }
}

static void *bubble2(void* val) {
    int i, temp, elemente=MAX;
    while(elemente--)
        for(i = 1; i <= elemente; i++)
            if(test_array2[i-1] > test_array2[i]) {
                temp=test_array2[i];
                test_array2[i]=test_array2[i-1];
                test_array2[i-1]=temp;
            }
}

int main (void) {
    int i, j;
    init_test_array(test_array1);
    init_test_array(test_array2);

    bubble1(NULL);
    bubble2(NULL);

    /* Ausgabe in eine Textdatei */
    freopen("myoutput.txt", "w+", stdout);

    for(i = 0; i < MAX; i++)
        printf("[%d-%d]", test_array1[i], test_array2[i]);
    return EXIT_SUCCESS;
}
```

Die sortierten Elemente finden Sie anschließend in der Datei *myoutput.txt*, im selben Verzeichnis, in dem das Programm ausgeführt wird, wieder. Bei der Ausführung des Programms wird meine CPU (mit Dual-Core) ca. 50 % ausgelastet (siehe Abbildung 26.5). Neben der Anzeige der CPU-Auslastung wird auch noch der Verlauf beider CPUs bei der Auslastung angezeigt. Auch hieran kann man erkennen, dass nur eine CPU damit beschäftigt ist, das Array zu sortieren. Natürlich habe ich auch die einzelnen Prozesse überwacht, sodass mir nicht ein anderer Prozess mit einer rechenintensiven Anwendung dazwischenkommt.

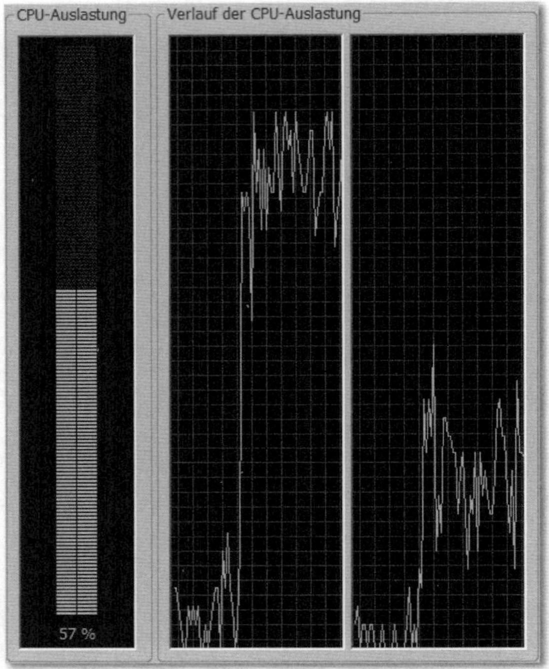

Abbildung 26.5 »bubblesort.c« bei der Ausführung ohne Threads

Bei mehrfacher Ausführung des Programms lag die durchschnittliche Ausführzeit immer zwischen 25 und 28 Sekunden (was natürlich auch von der Rechenleistung abhängt).

Das Ziel dieses Beispiels soll es nun sein, mithilfe der POSIX-Thread-Bibliothek, die Sortierung der beiden Arrays parallel auszuführen – sprich, jede CPU soll hier die Sortierung eines Arrays durchführen. Hierdurch versprechen wir uns eine erheblich schnellere Ausführzeit des Programms.

26.4.2 Das Grundgerüst für ein Programm mit mehreren Threads

Bevor Sie das Programm zum Sortieren der Arrays parallel machen werden, sollen hier die grundlegenden Funktionen von Pthreads etwas näher beschrieben werden, die dazu nötig sind.

Hinweis

Alle Funktionen der *Pthread*-Bibliothek geben bei Erfolg 0 und bei einem Fehler –1 zurück.

»pthread_create« – Einen neuen Thread erzeugen

Einen neuen Thread können Sie mit der Funktion pthread_create() erzeugen:

```
#include <pthread.h.>
int pthread_create( pthread_t *thread,
                    const pthread_attr_t *attribute,
                    void *(*funktion)(void *),
                    void *argumente );
```

Jeder Thread hat eine eigene Identifikationsnummer vom Datentyp pthread_t, die in der Adresse des ersten Parameters von pthread_create() abgelegt wird. Attribute für den Thread können Sie mit dem zweiten Parameter vergeben. Wird hierfür NULL angegeben, werden die Standard-Attribute verwendet. Auf die Attribute eines Threads wird gesondert eingegangen. Mit dem dritten Parameter geben Sie die »Funktion« für den Thread selbst an – hierbei handelt es sich um den eigentlichen neuen Thread. Hierzu muss die Anfangsadresse der Funktion angegeben werden. Die Argumente für den Thread vom dritten Parameter können Sie mit dem vierten Parameter übergeben. Gewöhnlich wird dieses Argument verwendet, um Daten an den Thread zu übergeben. In der Praxis handelt es sich hierbei meistens um eine Strukturvariable.

Einen Thread beenden

Um einen Thread zu beenden, gibt es im Grunde zwei Möglichkeiten: Entweder man verwendet funktionstypisch return oder die Funktion pthread_exit. In beiden Fällen muss der Rückgabewert vom Typ void* sein. Die Syntax zu pthread_exit() sieht so aus:

```
#include <pthread.h.>
void pthread_exit( void * wert );
```

Mit den beiden Möglichkeiten wird nur der jeweilige Thread beendet. Den Rückgabewert können Sie anschließend mit der Funktion pthread_join abfragen.

Hinweis

C-typisch darf der Rückgabewert eines Threads, wie schon bei den gewöhnlichen Funktionen, kein lokales Speicherobjekt sein, da auch hier der Speicher nach dem Beenden des Threads nicht mehr gültig ist.

Sollte allerdings irgendwo im Programm ein beliebiger Thread die Standard-Funktion exit() aufrufen, so bedeutet dies das Ende aller Threads einschließlich des Haupt-Threads.

Damit Sie sich nach der Beendigung eines Threads nicht noch um Reinigungsarbeiten wie das Freigeben der Ressourcen kümmern müssen, können Sie mit den Funktionen pthread_cleanup_push() und pthread_cleanup_pop() einen Exit-Handle einrichten. Ein solcher eingerichteter Handle wird dann immer ausgeführt, wenn ein Thread mit pthread_exit oder return beendet wurde. Im Grunde kann man diese Funktionen mit der Standardbibliotheksfunktion atexit() vergleichen. Anhand der Endung _push und _pop kann man schon erahnen, dass auch hier das Prinzip des Stacks verwendet wird. Hier die Syntax der beiden Funktionen:

```
#include <pthread.h.>
void pthread_cleanup_push( void (*function)(void *),
                           void *arg );
void pthread_cleanup_pop( int exec );
```

Mit pthread_cleanup_push() richten Sie den Exit-Handle ein. Als ersten Parameter geben Sie die Funktion an, die ausgeführt werden soll. Für die Argumente, die Sie der Funktion übergeben wollen, wird der zweite Parameter verwendet. Den zuletzt eingerichteten Exit-Handle können Sie wieder mit der Funktion pthread_cleanup_pop() vom Stack entfernen. Geben Sie allerdings einen Wert ungleich 0 als Parameter exec an, so wird diese Funktion zuvor noch ausgeführt, was bei einer Angabe von 0 nicht gemacht wird.

Hinweis

pthread_cleanup_push() und pthread_cleanup_pop() sind als Makros implementiert. Dabei ist pthread_cleanup_push() mit einer sich öffnenden und pthread_cleanup_pop() mit einer sich schließenden geschweiften Klammer implementiert. Das bedeutet: Sie müssen beide Funktionen im selben Anweisungsblock ausführen. Daher müssen Sie immer ein _push und ein _pop verwenden, auch wenn Sie wissen, dass eine _pop-Stelle nie erreicht wird.

»pthread_join« – Warten auf das Thread-Ende

Um aus dem Haupt-Thread auf das Ende und den Rückgabewert einzelner Threads zu warten, wird die Funktion pthread_join() verwendet:

```
#include <pthread.h.>
int pthread_join( pthread_t thread, void **thread_return );
```

pthread_join() hält den aufrufenden Thread (meistens den Haupt-Thread), der einen Thread mit pthread_create erzeugt hat, so lange an, bis der Thread thread vom Typ pthread_t beendet wurde. Der Exit-Status (bzw. Rückgabewert) des Threads wird an die Adresse von thread_return geschrieben. Sind Sie nicht am Rückgabewert interessiert, können Sie hier auch NULL verwenden.

Ein Thread, der sich beendet, wird eben so lange nicht »freigegeben« bzw. als beendeter Thread anerkannt, bis ein anderer Thread pthread_join aufruft. Daher sollte man für jeden erzeugten Thread einmal pthread_join aufrufen, es sei denn, man hat einen Thread mit pthread_detach »abgehängt«.

Ein paralleles Beispiel

Mit diesen wenigen Funktionen ist es nun möglich, eine echte parallele Anwendung zu erstellen. Hierzu folgt das Beispiel zum Sortieren der Arrays mit Bubblesort – mit dem Unterschied zum Beispiel zuvor, dass jetzt jede CPU ein Array zum Sortieren bekommt.

```
/* thread1.c */
#include <stdio.h>
#include <stdlib.h>
#include <pthread.h>
/* 100000 Elemente */
#define MAX 100000

/* ein Array von großen zu kleinen Werten */
int test_array1[MAX];
int test_array2[MAX];

/* in umgekehrter Reihenfolge erstellen */
void init_test_array(int *array) {
   int i, j;
   for(i = MAX,j=0; i >= 0; i--,j++)
      array[j] = i;
}

// Thread 1
static void *bubble1(void* val) {
   static int i, temp, elemente=MAX;
   printf("Thread bubble1() wurde gestartet\n");
   while(elemente--)
      for(i = 1; i <= elemente; i++)
         if(test_array1[i-1] > test_array1[i]) {
            temp=test_array1[i];
            test_array1[i]=test_array1[i-1];
            test_array1[i-1]=temp;
         }
```

```
   printf("Thread bubble1() wurde beendet\n");
   // Der Rückgabewert interessiert uns nicht.
   return NULL;
}

// Thread 2
static void *bubble2(void* val) {
   static int i, temp, elemente=MAX;
   printf("Thread bubble2() wurde gestartet\n");
   while(elemente--)
      for(i = 1; i <= elemente; i++)
         if(test_array2[i-1] > test_array2[i]) {
            temp=test_array2[i];
            test_array2[i]=test_array2[i-1];
            test_array2[i-1]=temp;
         }
   printf("Thread bubble2() wurde beendet\n");
   // Der Rückgabewert interessiert uns nicht.
   return NULL;
}


int main (void) {
    pthread_t thread1, thread2;
    int i, rc;

    // Ausgabe in eine Textdatei
    freopen("myoutput.txt", "w+", stdout);

    printf("Haupt-Thread main() wurde gestartet\n");
    // beide Arrays mit Werten initialisieren
    init_test_array(test_array1);
    init_test_array(test_array2);
    // Thread 1 erzeugen
    rc = pthread_create( &thread1, NULL, &bubble1, NULL );
    if( rc != 0 ) {
        printf("Konnte Thread 1 nicht erzeugen\n");
        return EXIT_FAILURE;
    }
    // Thread 2 erzeugen
    rc = pthread_create( &thread2, NULL, &bubble2, NULL );
    if( rc != 0 ) {
        printf("Konnte Thread 2 nicht erzeugen\n");
        return EXIT_FAILURE;
    }
```

```
    // Main-Thread wartet auf beide Threads.
    pthread_join( thread1, NULL );
    pthread_join( thread2, NULL );

    // das Ergebnis der Sortierung in die Datei
    // myoutput.txt schreiben
    for(i = 0; i < MAX; i++) {
       printf("[%d-%d]", test_array1[i], test_array2[i]);
    }
    printf("\nHaupt-Thread main() wurde beendet\n");
    return EXIT_SUCCESS;
}
```

Die Ausführung des Programms an sich entspricht dem seriellen Beispiel. Die Arrays werden hier ebenfalls sortiert, und das Ergebnis wird in die Datei *myoutput.txt* geschrieben. Uns interessiert hierbei allerdings eher die Auslastung der CPUs und natürlich die Zeit, die diese Sortierung mit der parallelen Version benötigt. Ein Blick auf die Auslastung der CPU zeigt jetzt das gewünschte Ergebnis. Die beiden CPUs sind beide parallel zu 100 % ausgelastet und verrichten auch gleichzeitig ihre Arbeit.

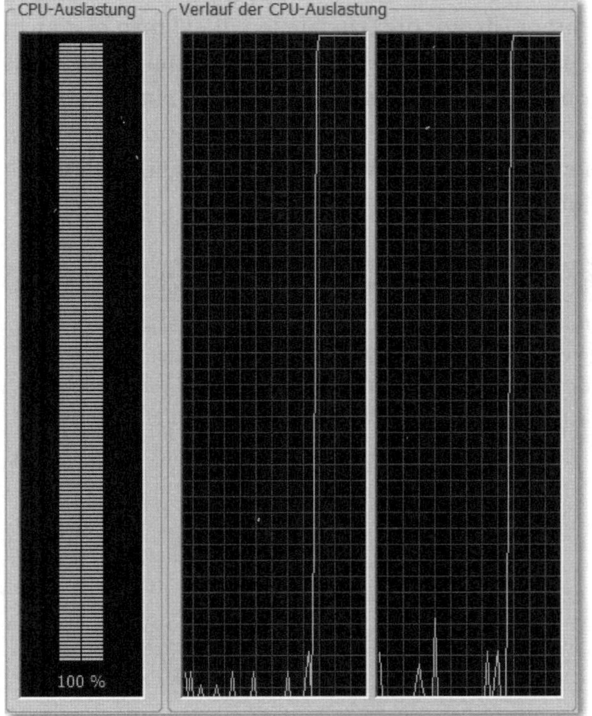

Abbildung 26.6 Bubblesort bei der parallelen Ausführung

Auch die Ausführzeit hat sich gewaltig verändert. Anstatt der bisher 25–28 Sekunden verrichtet unser Programm jetzt seine Arbeit in 11–14 Sekunden. Wir haben damit die Ausführzeit quasi halbiert.

Hinweis

Das Beispiel ließe sich sicherlich noch mehr optimieren. Es wurde nämlich noch nicht die Cacheline-Größe des Prozessors beachtet, die üblicherweise 128 Byte beträgt. Hierbei kann es beispielsweise passieren, dass Variablen von zwei verschiedenen Threads in einer Cacheline liegen. Verändert hierbei ein Thread den Wert seiner Variablen, wird das Invalid-Bit für den anderen Prozessor gesetzt. Dadurch muss der andere Prozessor den Wert erneut in den Cache laden. Dies kann die Performance der Anwendung erheblich bremsen.

26.4.3 Zusammenfassung

Anhand dieser kurzen Einführung zu den POSIX-Threads lässt sich schon erkennen, wie brisant und aktuell das Thema ist. Dennoch soll gesagt werden, dass Threads wirklich nur da eingesetzt werden sollten, wo sie unbedingt benötigt werden. Lassen Sie sich von diesem Kapitel nicht täuschen: Threads sind nicht immer so einfach zu implementieren. Häufig sind Synchronisationsmechanismen zu implementieren, wenn mehrere Threads die Daten teilen. Weiß man hier nicht genau, was man tut, kann es passieren, dass die Threads Amok laufen oder dass es Datensalat gibt. Es gibt Probleme, die lassen sich sehr gut und einfach parallelisieren. Andere wiederum benötigen einfache Synchronisationsmechanismen, und wieder andere brauchen einen gewaltigen Verwaltungsaufwand, sodass sich ein Parallelisieren fast nicht lohnt.

Hinweis

Mehr zu den POSIX-Threads finden Sie auf der Buch-CD in einem Kapitel aus dem Buch »Linux-UNIX-Programmierung« vom selben Verlag (und aus meiner Feder ;-)). Die Beispiele lassen sich selbstverständlich auch unter Windows ausführen und verwenden, sofern Sie die *Phtread*-Bibliothek installiert haben. Wie dies geht, ist ebenfalls auf der Buch-CD beschrieben.

In diesem Kapitel werden zwei Themen angesprochen, die vielleicht auf den ersten Blick nicht allzu interessant erscheinen: Buffer Overflows und Memory Leaks. Da diese beiden Probleme jedoch leider häufiger in Erscheinung treten, sollte sich jeder ernsthafte Programmierer mit ihnen auseinandersetzen.

27 Sicheres Programmieren

Ein Aspekt, der oft übersehen wird, ist die sicherheitsbezogene Programmierung. Programmierer setzen oft Funktionen ein, von denen sie zwar wissen, dass diese nicht ganz sicher sind, aber sie wissen nicht, was diese unsicheren Funktionen bewirken können.

Sie haben nach langjähriger Programmiererfahrung zwar jeden Algorithmus im Kopf und ihnen kann keiner etwas vormachen, sie verwenden aber trotzdem weiter diese Funktionen, weil sie sie eben immer verwenden und nicht so genau wissen, was daran schlimm sein soll. Denn das Programm läuft doch. Richtig? – Nein, falsch!

Auch wenn der Konkurrenzkampf und der Zeitdruck bei der Fertigstellung eines Projekts heutzutage enorm sind, sollten Sie diese Einstellung überdenken und sich ernsthaft mit diesem Thema befassen.

Diese zunächst unscheinbaren Unsicherheiten von Beginn an zu berücksichtigen, ist ein Bestandteil von vorausschauender Programmentwicklung und trägt wesentlich zur Qualitätssicherung Ihrer Programme bei. Auf diese Weise begegnen Sie schon im Vorfeld unvorhersehbarem Ärger, und nachträglich entstehen hohe Kosten.

Ein Szenario: Sie haben für eine Firma ein Programm zur Verwaltung von Daten geschrieben. In der Firma haben einige gewiefte Mitarbeiter einen Weg gefunden, mithilfe Ihres Programms aus dem Verwaltungsprogramm zu springen, wodurch sie ins System gelangen und allerlei Unfug anrichten. Der Kunde wird mit Sicherheit kein Programm mehr von Ihnen entwickeln lassen. Also haben Sie auf jeden Fall schon einen Imageschaden. Da Sie aber versprochen haben, sich um das Problem zu kümmern, müssen Sie alles andere erst einmal stehen und liegen lassen. Damit haben Sie schon kostbare Zeit verloren, die Sie für andere Projekte hätten nutzen können. Da noch weitere Kunden dieses Produkt verwenden, müssen Sie auch diese informieren.

Jetzt ist es an der Zeit, ein Bugfix (Patch) zu schreiben, den der Kunde einspielen muss, um den Fehler zu beheben. Wenn Sie Glück haben, kann der Kunde das Programm unterbrechen und den Patch einspielen. Sollte der Kunde aber rund um die Uhr auf das Programm angewiesen sein, entstehen ihm Ausfallkosten.

Nachdem Sie den Patch aufgespielt haben, treten andere unerwartete Probleme mit dem Programm auf. Somit folgt dem Patch ein weiterer, womit wieder Zeit, Geld und Image verloren gehen. Ich denke, dass jedem schon einmal ein ähnliches Szenario mit einem Programm widerfahren ist.

Die meisten solcher Sicherheitsprobleme treten mit Programmen auf, die in C geschrieben wurden. Dies heißt allerdings nicht, dass C eine unsichere Sprache ist, sondern es bedeutet nur, dass sie eine der am häufigsten eingesetzten Sprachen ist. Viele Systemtools, Server, Datenbanken, aber auch grafische Oberflächen sind in C geschrieben.

Sie sehen also, dass es sich durchaus lohnt, diese Themen aufzugreifen und bei der Entwicklung von Programmen zu berücksichtigen.

27.1 Buffer-Overflow (Speicherüberlauf)

Eines der bekanntesten und am häufigsten auftretenden Sicherheitsprobleme ist der Buffer-Overflow (dt.: Speicherüberlauf, Pufferüberlauf), häufig auch als *Buffer Overrun* bezeichnet. Geben Sie einmal in einer Internet-Suchmaschine den Begriff »Buffer-Overflow« ein, und Sie werden angesichts der enormen Anzahl von Ergebnissen überrascht sein. Es gibt unzählige Programme, die für einen Buffer-Overflow anfällig sind. Das Ziel des Angreifers ist es dabei, den Buffer-Overflow auszunutzen, um in das System einzubrechen.

Die Aufgabe dieses Abschnitts ist es nicht, Ihnen beizubringen, wie Sie Programme hacken können, sondern zu erklären, was ein Buffer-Overflow ist, wie dieser ausgelöst wird und was Sie als Programmierer beachten müssen, damit Ihr Programm nicht anfällig dafür ist.

Für den Buffer-Overflow ist immer der Programmierer selbst verantwortlich. Der Overflow kann überall dort auftreten, wo Daten von der Tastatur, dem Netzwerk oder einer anderen Quelle aus in einen Speicherbereich mit statischer Größe ohne eine Längenüberprüfung geschrieben werden. Hier sehen Sie ein solches Negativbeispiel:

```
/* bufferoverflow1.c */
#include <stdio.h>
#include <stdlib.h>
#include <string.h>

int main(void) {
   char *str = "0123456789012";
   char buf[10];

   strcpy(buf, str);
   printf("%s",buf);
   return EXIT_SUCCESS;
}
```

Hier wurde ein Buffer-Overflow mit der Funktion `strcpy()` erzeugt. Es wird dabei versucht, in den `char`-Vektor, der Platz für 10 Zeichen reserviert hat, mehr als diese 10 Zeichen zu kopieren.

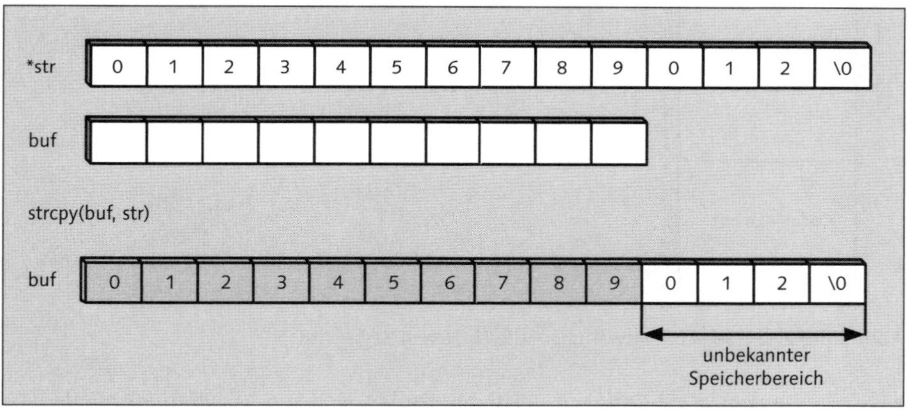

Abbildung 27.1 Pufferüberlauf mit der Funktion »strcpy()«

Die Auswirkungen eines Buffer Overflows sind stark vom Betriebssystem abhängig. Häufig stürzt dabei das Programm ab, weil Variablen mit irgendwelchen Werten überschrieben wurden. Manches Mal bekommen Sie aber auch nach Beendigung des Programms eine Fehlermeldung zurück, etwa Speicherzugriffsfehler. Dies wird ausgegeben, wenn z. B. die Rücksprungadresse des Programms überschrieben wurde und das Programm irgendwo in eine unerlaubte Speicheradresse springt.

Wird aber bewusst diese Rücksprungadresse manipuliert und auf einen speziell von Ihnen erstellten Speicherbereich verwiesen bzw. gesprungen, der echten Code enthält, haben Sie einen sogenannten *Exploit* erstellt.

27.1.1 Speicherverwaltung von Programmen

Ein Programm besteht aus drei Speichersegmenten, die im Arbeitsspeicher liegen. Der Prozessor (CPU) holt sich die Daten und Anweisungen aus diesem Arbeitsspeicher. Damit der Prozessor unterscheiden kann, ob es sich bei den Daten um Maschinenbefehle oder den Datenteil mit den Variablen handelt, werden diese Speicherbereiche in einzelne Segmente aufgeteilt. In Abbildung 27.2 sind die einzelnen Segmente schematisch dargestellt.

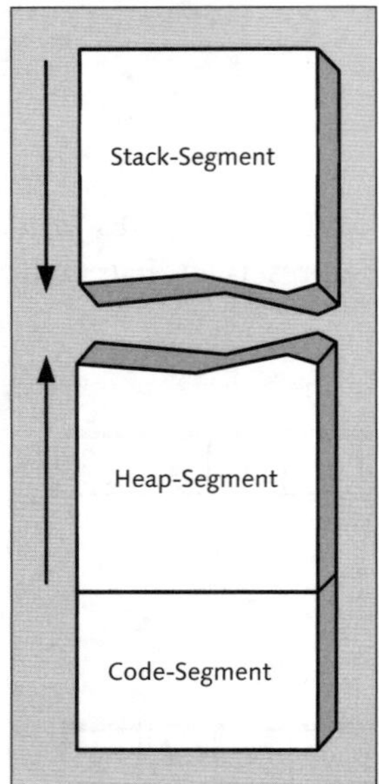

Abbildung 27.2 Speicherverwaltung – die einzelnen Segmente

- *Code-Segment (Text-Segment)* – Hier befinden sich die Maschinenbefehle, die vom Prozessor beim `HOLEN`-Zyklus eingelesen werden – oder einfacher gesagt: der Programmcode selbst. Das Code-Segment lässt sich nicht manipulieren, hat eine feste Größe und ist gegen Überschreiben geschützt.
- *Heap-Segment (Daten-Segment)* – Hier liegen die Variablen (`extern`, `static`), Felder (Arrays) und Tabellen des Programms. Der Maschinenbefehl, der diese Daten benötigt, greift auf dieses Segment zu.
- *Stack-Segment* – Hier befinden sich dynamische Variablen und Rücksprungadressen von Funktionen. Dieser Bereich dient auch dem schnellen Zwischenspeichern von Daten und Parameterübergaben.

Es sei hierbei noch erwähnt, dass der Stack-Bereich nach unten und der Heap nach oben anwächst. Der Stack ist auch das Angriffsziel für einen Buffer-Overflow.

27.1.2 Der Stack-Frame

Für jede Funktion steht ein sogenannter Stack-Frame im Stack zur Verfügung, in dem die lokalen Variablen gespeichert werden. Wichtiger noch: Im Stack befinden sich Registerinhalte des Prozessors, die vor dem Funktionsaufruf gesichert wurden. Sie sind nötig, um bei Beendigung der Funktion auf die aufrufende Funktion zurückspringen zu können.

Beispielsweise wird in der `main()`-Funktion die Funktion mit den Parametern `my_func(wert1, wert2)` aufgerufen:

```
/* stackframe.c */
#include <stdio.h>
#include <stdlib.h>

void my_func(int wert1, int wert2) {
   int summe;

   summe = wert1+wert2;
   printf("Summe: %d \n",summe);
}

int main(void) {
   my_func(10,29);
   return 0;
}
```

Dies geschieht jetzt – ohne zu sehr ins Detail zu gehen – in folgenden Schritten auf dem Stack:

1. Mit dem Assembler-Befehl `PUSH` werden die Parameter `wert1` und `wert2` auf den Stack geschrieben.
2. Mit dem Assembler-Befehl `CALL` wird die Position des Maschinencodes gesichert, damit bei Beendigung der Funktion `my_func()` wieder in die `main()`-Funktion zurückgesprungen werden kann. Dies wird mithilfe des Befehlszeigers (*Instruction Pointer*, kurz: IP) realisiert. Genau genommen wird diese Adresse mithilfe des Befehlszeigers, des Code-Segments (CS) (CS:IP) und des Basis-Pointers (BP) erzeugt. Dies ist die Rücksprungadresse, die mit CS:IP und BP dargestellt wird.
3. Jetzt werden die lokalen Variablen der Funktion `my_func()` eingerichtet, und die Funktion arbeitet die einzelnen Befehle ab.
4. Am Schluss, wenn diese Funktion beendet ist, springt sie wieder zur `main()`-Funktion zurück. Dies geschieht mit dem Assembler-Befehl `RET`, der auf die vom Stack gesicherte Adresse zurückspringt, die aus CS:IP und BP gebildet wird.

27.1.3 Rücksprungadresse manipulieren

In diesem Abschnitt folgt ein Beispiel, das zeigt, wie die Rücksprungadresse manipuliert werden kann.

Es ist hierbei nicht Ziel und Zweck, Ihnen eine Schritt-für-Schritt-Anleitung zur Programmierung eines Exploits an die Hand zu geben und bewusst einen Buffer-Overflow zu erzeugen, sondern Ihnen soll vor Augen geführt werden, wie schnell und unbewusst kleine Unstimmigkeiten im Quellcode Hackern Tür und Tor öffnen können – einige Kenntnisse der Funktionsweise von Assemblern vorausgesetzt.

Zur Demonstration des folgenden Beispiels werden der Compiler *gcc* und der Diassembler *objdump* verwendet. Das Funktionieren dieses Beispiels ist nicht auf allen Systemen garantiert, da bei den verschiedenen Betriebssystemen zum Teil unterschiedlich auf den Stack zugegriffen wird.

Folgendes Listing sei gegeben:

```
/* bufferoverflow2.c */
#include <stdio.h>
#include <stdlib.h>
#include <string.h>

void overflow(void) {
   char zeichen[5];
   strcpy(zeichen, "1234567"); /*Überlauf*/
}

int main(void) {
   printf("Mein 1.Buffer Overflow\n");
   overflow();
   return EXIT_SUCCESS;
}
```

Übersetzen Sie das Programm, und verwenden Sie anschließend den Diassembler, um sich den Maschinencode und den Assembler-Code des Programms anzusehen. Hierfür wird der Diassembler *objdump* verwendet, der auf fast jedem System vorhanden sein dürfte. Rufen Sie den Diassembler mit folgender Option in der Kommandozeile auf:

```
objdump -d bufferoverflow2
```

Jetzt sollte in etwa folgende Ausgabe auf dem Bildschirm erscheinen (gekürzt):

```
...
08048490 <overflow>:
 8048490:       55                push   %ebp
 8048491:       89 e5             mov    %esp,%ebp
 8048493:       83 ec 18          sub    $0x18,%esp
 8048496:       83 ec 08          sub    $0x8,%esp
 8048499:       68 44 85 04 08    push   $0x8048544
 804849e:       8d 45 e8          lea    0xffffffe8(%ebp),%eax
 80484a1:       50                push   %eax
 80484a2:       e8 d9 fe ff ff    call   8048380 <_init+0x78>
 80484a7:       83 c4 10          add    $0x10,%esp
 80484aa:       89 ec             mov    %ebp,%esp
 80484ac:       5d                pop    %ebp
 80484ad:       c3                ret
 80484ae:       89 f6             mov    %esi,%esi
...
```

In der linken Spalte befindet sich der Adressspeicher. An der Adresse »08048490« fängt in diesem Beispiel die Funktion `overflow()` an. Diese Adresse wurde zuvor etwa von der `main()`-Funktion mit

```
80484c6:        e8 c5 ff ff ff  call   8048490 <overflow>
```

aufgerufen. In der zweiten Spalte befindet sich der Maschinencode (Opcode). Dieser Code ist schwer für den Menschen nachvollziehbar. Aber alle Zahlen haben ihre Bedeutung. So steht z. B. die Zahl »55« für `push %ebp`, was den Basis-Pointer auf dem Stack sichert, und »5d« entfernt den Basis-Pointer wieder vom Stack. »c3« bedeutet `ret`, also `return`. Mit »c3« wird also wieder an die Rücksprungadresse gesprungen, die in der `main()`-Funktion ebenfalls auf den Stack gepusht wurde. Häufig finden Sie den Maschinencode »90« (`nop`), der nichts anderes macht, als Zeit des Prozessors zu vertrödeln. In der dritten Spalte befindet sich der Assembler-Code, beispielsweise:

```
add $0x10,%esp
mov %ebp,%esp
```

Es ist wichtig, dass Sie verstehen, woraus ein Programm eigentlich besteht. Ein einfaches C-Konstrukt wie die `for`-Schleife wird z. B. in Hunderte kleine Maschinencodes (Opcodes) zerlegt. Vielleicht wissen Sie nun, wenn Sie das nächste Mal mit einem Hexeditor ein Programm öffnen, ein bisschen mehr darüber, was diese Zahlen (Maschinencode) und Zeilen (Adressen) bedeuten.

Um es gleich vorwegzunehmen: Dies hier wird kein Assembler-Kurs oder Ähnliches. Das Thema ist recht komplex.

Übersetzen Sie das Programm von eben nochmals mit:

```
gcc -S -o bufferoverflow2.s bufferoverflow2.c
```

Jetzt befindet sich im Verzeichnis eine Assembler-Datei (*.s* oder *.asm*) des Programms. Wir wollen uns diese in gekürzter Fassung ansehen:

```
main:
pushl %ebp       ;Framepointer auf dem Stack
movl  %esp, %ebp ;Stackpointer(esp) in Framepointer(ebp) kopieren
subl  $8, %esp   ;Stackpointer um 8 Bytes verringern
subl  $12, %esp  ;Stackpointer um 12 Bytes verringern für ausgabe pri
ntf
pushl $.LC1      ;Den String "Mein 1.Buffer Overflow\n"
call  printf     ;Funktion printf aufrufen
addl  $16, %esp  ;Stackpointer um 16 Bytes erhoehen
call  overflow   ;overflow aufrufen, Rücksprungadresse auf dem
                 ;Stack
movl  $0, %eax
movl  %ebp, %esp
popl  %ebp
ret

overflow:
pushl  %ebp             ;Wieder ein Framepointer auf dem Stack
movl   %esp, %ebp       ;Stackpointer(esp) in Framepointer(ebp)
                        ;kopieren
subl   $24, %esp        ;Stackpointer-24Bytes
subl   $8, %esp         ;Stackpointer-8Bytes
pushl  $.LC0            ;Den String "1234567" auf dem Stack
leal   -24(%ebp), %eax  ;Laden des Offsets zu eax
pushl  %eax             ;eax auf dem Stack
call   strcpy           ;Funktion strcpy aufrufen
addl   $16, %esp        ;16 Bytes vom Stack freigeben
movl   %ebp, %esp       ;Stackpointer in Framepointer kopieren
popl   %ebp             ;Framepointer wieder vom Stack
ret                     ;Zurueck zur main-Funktion
```

Dies ist ein kleiner Überblick über die Assembler-Schreibweise des Programms. Hier ist ja nur die Rücksprungadresse des Aufrufs `call overflow` von Interesse.

Da Sie jetzt wissen, wie Sie an die Rücksprungadresse eines Programms herankommen, können Sie nun ein Programm schreiben, bei dem der Buffer-Overflow, der ja hier durch die Funktion `strcpy()` ausgelöst wird, zum Ändern der Rücksprungadresse genutzt wird. Es wird dabei im Fachjargon von *Buffer-Overflow Exploit* gesprochen. Bei dem folgenden Beispiel soll die Rücksprungadresse manipuliert werden:

```
/* bufferoverflow3.c */
#include <stdio.h>
#include <stdlib.h>
#include <string.h>

void funktion(int temp,char *array) {
   char puffer[5];

   strcpy(puffer, array);
   printf("%s\n",puffer);
}

int main(void) {
   int wert;

   wert=0;
   funktion(7,"hallo");
   wert=1;
   printf("%d\n",wert);
}
```

Das Ziel soll es nun sein, die Funktion `funktion()` aufzurufen und die Rücksprungadresse zu `wert=1;` zu überspringen, sodass `printf()` als Wert 0 anstatt 1 ausgibt. Nach dem Funktionsaufruf sieht der Stack so aus:

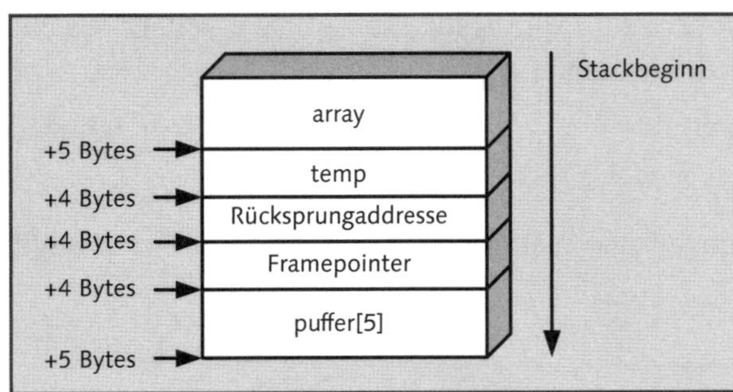

Abbildung 27.3 Der aktuelle Zustand des Stacks

Wie kommen Sie nun am einfachsten zur Rücksprungadresse? Mit einem Zeiger. Also benötigen Sie zuerst einen Zeiger, der auf diese Rücksprungadresse verweist. Anschließend manipulieren Sie die Adresse der Rücksprungadresse, auf die der Pointer zeigt, und zwar so, dass die Wertzuweisung `wert=1` übersprungen wird:

```
/* bufferoverflow4.c */
#include <stdio.h>
#include <stdlib.h>
```

```
#include <string.h>

void funktion(int tmp,char *array) {
   char puffer[5];
   int *pointer;

   strcpy(puffer, array);
   printf("%s\n",puffer);
   /* Pointer auf dem Stack um 4 Bytes zurücksetzen.
      Sollte jetzt auf die Rücksprungadresse zeigen. */
   pointer=&tmp-1;
   /*Rücksprungadresse, auf die Pointer zeigt, 10 Bytes weiter*/
   *pointer=*pointer+10;
}

int main(void) {
   int a;

   a=0;
   funktion(7,"hallo");
   a=1;
   printf("wert = %d\n",a);
   return EXIT_SUCCESS;
}
```

Die einfachste Möglichkeit, auf die Rücksprungadresse zurückzugreifen, besteht darin, um die Speichergröße der Variablen `temp` in der Funktion rückwärts zu springen.

```
pointer=&tmp-1;
```

Jetzt können Sie die Rücksprungadresse manipulieren, auf die der `pointer` zeigt:

```
*pointer=*pointer+10;
```

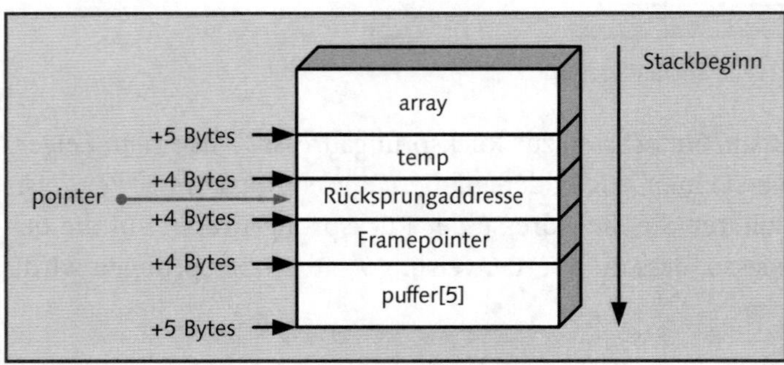

Abbildung 27.4 Der Zeiger verweist auf die Rücksprungadresse.

Warum habe ich hier die Rücksprungadresse um 10 Bytes erhöht? Dazu müssen Sie wieder objdump einsetzen (ohne Opcodes im Beispiel):

```
objdump -d bufferoverflow4
080484e0 <main>:
...
 80484f7:   call   8048490 <funktion>    ;Aufruf funktion
 80484fc:   add    $0x10,%esp            ;Stack wieder freigeben
 80484ff:   movl   $0x1,0xfffffffc(%ebp) ;wert=1
 8048506:   sub    $0x8,%esp
 8048509:   pushl  0xfffffffc(%ebp)      ;printf vorbereiten
 804850c:   push   $0x804859e
 8048511:   call   8048360 <_init+0x58>  ;printf aufrufen
...
```

Die zu überspringende Adresse liegt in diesem Fall ja zwischen »80484ff« und »8048509«. Somit ergibt sich folgende Rechnung:

```
8048509 - 80484ff = A
```

A ist der hexdezimale Wert für 10. Hiermit haben Sie die Rücksprungadresse Ihres eigenen Programms manipuliert. Das Ziel dieser Manipulation ist es aber selten (wie hier dargestellt), die Rücksprungadresse zu ändern, um den Programmcode an einer beliebigen Stelle weiter auszuführen, sondern meistens wird dabei die CPU mit einem eigenen Maschinencode gefüttert. Dabei wird der Maschinencode in einer Variablen auf dem Stack geschrieben und die Rücksprungadresse auf die Startadresse eines fremden Programmcodes gesetzt. Hat der fremde Maschinencode keinen Platz in der Variablen, kann auch der Heap verwendet werden.

Beendet sich hierbei die Funktion, wird durch RET auf die Rücksprungadresse gesprungen, die Sie bereits manipuliert haben, und der Hacker kann nun bestimmte Codesequenzen ausführen.

Ihnen dies jetzt zu demonstrieren, würde zum einen den Umfang des Kapitels bei Weitem sprengen und vor allem am Thema vorbeigehen. Zum anderen würde dies neben der gründlichen Kenntnis von C auch gute Kenntnisse im Assembler-Bereich (und unter Linux u. a. auch der Shell-Programmierung) erfordern.

Zusammengefasst lassen sich Buffer Overflows für folgende Manipulationen ausnutzen:

- Inhalte von Variablen, die auf dem Stack liegen, können verändert werden. Stellen Sie sich das einmal bei einer Funktion vor, die ein Passwort vom Anwender abfragt.

- Die Rücksprungadresse wird manipuliert, sodass das Programm an einer beliebigen Stelle im Speicher mit der Maschinencodeausführung fortfährt. Meistens ist dies die Ausführung des vom Angreifer präparierten Codes. Für die Ausführung von fremdem Code werden wiederum die Variablen auf dem Stack, eventuell auch auf dem Heap verwendet.
- Dasselbe Schema lässt sich auch mit Zeigern auf Funktionen anwenden. Dabei ist theoretisch nicht einmal ein Buffer-Overflow erforderlich, sondern es reicht die Speicheradresse, an der sich diese Funktion befindet. Die Daten, die für die Ausführung von fremdem Code nötig sind, werden vorzugsweise wieder in einer Variablen gespeichert.

27.1.4 Gegenmaßnahmen zum Buffer-Overflow während der Programmerstellung

Steht Ihr Projekt in den Startlöchern, haben Sie Glück. Wenn Sie diesen Abschnitt durchgelesen haben, ist die Gefahr recht gering, dass Sie während der Programmerstellung eine unsichere Funktion implementieren.

Die meisten Buffer Overflows werden mit den Funktionen der Standard-Bibliothek erzeugt. Das Hauptproblem dieser unsicheren Funktionen ist, dass keine Längenüberprüfung der Ein- bzw. Ausgabe vorhanden ist. Daher wird empfohlen, sofern diese Funktionen auf dem System vorhanden sind, alternative Funktionen zu verwenden, die diese Längenüberprüfung durchführen. Falls es in Ihrem Programm auf Performance ankommt, muss jedoch erwähnt werden, dass die Funktionen mit der n-Alternative (etwa `strcpy` -> `strncpy`) langsamer sind als die ohne.

Hierzu folgt ein Überblick zu anfälligen Funktionen und geeigneten Gegenmaßnahmen, die getroffen werden können.

Unsicheres Einlesen von Eingabestreams

Unsichere Funktion	Gegenmaßnahme
`gets(puffer);`	`fgets(puffer, MAX_PUFFER, stdin);`
Bemerkung: Auf Linux-Systemen gibt der Compiler bereits eine Warnmeldung aus, wenn die Funktion `gets()` verwendet wird. Mit `gets()` lesen Sie von der Standardeingabe bis zum nächsten ENTER einen String in einen statischen Puffer ein. Als Gegenmaßnahme wird die Funktion `fgets()` empfohlen, da diese nicht mehr als den bzw. das im zweiten Argument angegebenen Wert bzw. Zeichen einliest.	

Tabelle 27.1 Unsichere Funktion – »gets()«

Unsichere Funktion	Gegenmaßnahme
`scanf("%s",str);`	`scanf("%10s",str);`
Bemerkung: Auch `scanf()` nimmt bei der Eingabe keine Längenprüfung vor. Die Gegenmaßnahme dazu ist recht simpel. Sie verwenden einfach eine Größenbegrenzung bei der Formatangabe (`%|SIZE|s`). Selbiges gilt natürlich auch für `fscanf()`.	

Tabelle 27.2 Unsichere Funktion – »scanf()«

Unsichere Funktionen zur Stringbearbeitung

Unsichere Funktion	Gegenmaßnahme
`strcpy(buf1, buf2);`	`strncpy(buf1, buf2, SIZE);`

Bemerkung: Bei `strcpy()` wird nicht auf die Größe des Zielpuffers geachtet, mit `strncpy()` hingegen schon. Trotzdem kann mit `strncpy()` bei falscher Verwendung ebenfalls ein Buffer-Overflow ausgelöst werden:
`char buf1[100]='\0';`
`char buf2[50];`
 	
`fgets(buf1, 100, stdin);`
`/* buf2 hat nur Platz für 50 Zeichen */`
`strncpy(buf2, buf1, sizeof(buf1));`	

Tabelle 27.3 Unsichere Funktion – »strcpy()«

Unsichere Funktion	Gegenmaßnahme
`strcat(buf1 , buf2);`	`strncat(buf1, buf2, SIZE);`
Bemerkung: Bei `strcat()` wird nicht auf die Größe des Zielpuffers geachtet, mit `strncat()` hingegen schon. Trotzdem kann mit `strncat()` bei falscher Verwendung wie schon bei `strncpy()` ein Buffer-Overflow ausgelöst werden.	

Tabelle 27.4 Unsichere Funktion – »strcat()«

Unsichere Funktion	Gegenmaßnahme
`sprintf(buf, "%s", temp);`	`snprintf(buf, 100, "%s", temp);`
Bemerkung: Mit `sprintf()` ist es nicht möglich, die Größe des Zielpuffers anzugeben, daher empfiehlt sich auch hier die n-Variante `snprintf()`. Gleiches gilt übrigens auch für die Funktion `vsprintf()`. Auch hier können Sie sich zwischen der Größenbegrenzung und `vsnprintf()` entscheiden.	

Tabelle 27.5 Unsichere Funktion – »sprintf()«

Unsichere Funktionen zur Bildschirmausgabe

Unsichere Funktion	Gegenmaßnahme
`printf("%s", argv[1]);`	`printf("%100s",argv[1]);`
Bemerkung: Die Länge der Ausgabe von `printf()` ist nicht unbegrenzt. Auch hier würde sich eine Größenbegrenzung gut eignen. Gleiches gilt auch für `fprintf()`.	

Tabelle 27.6 Unsichere Funktion – »printf()«

Weitere unsichere Funktionen im Überblick

Unsichere Funktion	Bemerkung
`getenv()`	Diese Funktion lässt sich ebenfalls für einen Buffer-Overflow verwenden.
`system()`	Diese Funktion sollte möglichst vermieden werden – insbesondere dann, wenn der Anwender den String selbst festlegen darf.

Tabelle 27.7 Unsichere Funktionen – »getenv()« und »system()«

Abhängig von Betriebssystem und Compiler gibt es noch eine Menge mehr solcher unsicherer Funktionen. Die wichtigsten wurden aber hier erwähnt.

Generell sollte man immer alle `printf()`- und `scanf()`-Funktionen mit Vorsicht und Bedacht verwenden. Häufig lässt es sich hier beispielsweise wesentlich sicherer mit `fwrite()` oder `fread()` arbeiten, und die Konversion kann man dabei auch selbst machen. Wenigstens sollte man aber ein Frame um die »unsichereren« Funktionen bauen, die entsprechende Längenüberprüfungen durchführen, wie beispielsweise folgendes Listing zeigen soll:

```
/* check_before_sprintf.c */
#include <stdio.h>
#include <string.h>
#include <stdlib.h>
#define MAX 10

void check_bevore_sprintf(char *quelle, int max) {
   if(strlen(quelle) < MAX)
      return;
   else
      abort(); /* abort zum Debugger */
}

int main(void) {
   char *ptr1 = "123456789";
```

```
   char *ptr2 = "1234567890";
   char string[MAX];

   check_bevore_sprintf(ptr1, MAX);
   sprintf(string, "%s", ptr1);
   printf("string: %s\n", string);

   /* Boom!!! */
   check_bevore_sprintf(ptr2, MAX);
   sprintf(string, "%s", ptr2);
   printf("string: %s\n", string);

   return EXIT_SUCCESS;
}
```

Einige Programmierer gehen sogar so weit, dass sie alle `printf`- und `scanf`-Funktionen aus ihren fertigen Programmen verbannen. Diese Entwickler scheuen auch nicht die Arbeit, hierzu eigene Funktionen (bzw. eine Bibliothek) zu schreiben, die die Benutzereingaben oder Eingabedatei scannen.

27.1.5 Gegenmaßnahmen zum Buffer-Overflow, wenn das Programm fertig ist

Wenn das Programm bereits fertig ist, und Sie es noch nicht der Öffentlichkeit zugänglich gemacht haben, können Sie sich die Suchen-Funktion des Compilers zunutze machen oder eine eigene Funktion schreiben. Im Folgenden sehen Sie einen solchen Ansatz. Das Listing gibt alle gefährlichen Funktionen, die in der Stringtabelle `danger` eingetragen sind, auf dem Bildschirm aus.

```
/* danger.c */
#include <stdio.h>
#include <string.h>
#include <stdlib.h>
#define MAX 255

char *danger[] = {
   "scanf", "sscanf", "fscanf",
   "gets", "strcat", "strcpy",
   "printf", "fprintf", "sprintf",
   "vsprintf", "system", NULL
   /* usw. */
};

int main(int argc, char **argv) {
   FILE *fp;
```

```
   char puffer[MAX];
   int i, line=1;

   if(argc < 2) {
      printf("Anwendung: %s <datei.c>\n\n", argv[0]);
      return EXIT_FAILURE;
   }
   if ( (fp=fopen(argv[1], "r+")) == NULL) {
      printf("Konnte Datei nicht zum Lesen oeffnen\n");
      return EXIT_FAILURE;
   }
   while( (fgets(puffer, MAX, fp)) != NULL) {
      i=0;
      while(danger[i] != NULL) {
         if( (strstr(puffer,danger[i])) !=0 )
            printf("%s gefunden in Zeile %d\n",
               danger[i],line);
         i++;
      }
      line++;
   }
   fclose(fp);
   return EXIT_SUCCESS;
}
```

Eine weitere Möglichkeit ist es, eine sogenannte Wrapper-Funktion zu schreiben. Eine Wrapper-Funktion können Sie sich als Strumpf vorstellen, den Sie einer anfälligen Funktion überziehen. Als Beispiel dient hier die Funktion `gets()`:

```
/* wrap_gets.c */
#include <stdio.h>
#include <stdlib.h>
#define MAX  10
/* Damit es keine Kollision mit gets aus stdio.h gibt. */
#define gets(c) Gets(c)

void Gets(char *z) {
   int ch;
   int counter=0;

   while((ch=getchar()) != '\n') {
      z[counter++]=ch;
      if(counter >= MAX)
         break;
   }
```

```
   z[counter] = '\0';      /* Terminieren */
}

int main(int argc, char **argv) {
   char puffer[MAX];

   printf("Eingabe : ");
   gets(puffer);
   printf("puffer = %s\n",puffer);
   return EXIT_SUCCESS;
}
```

Zuerst musste vor dem Compiler-Lauf die Funktion `gets()` mit

```
#define gets(c) Gets(c)
```

ausgeschaltet werden. Jetzt kann statt der echten `gets()`-Version die Wrapper-Funktion `Gets()` verwendet werden. Genauso kann dies bei den anderen gefährlichen Funktionen gemacht werden – beispielsweise mit der Funktion `strcpy()`:

```
/* wrap_strcpy.c */
#include <stdio.h>
#include <stdlib.h>
#include <string.h>
#define MAX  10
 /* Damit es keine Kollision mit strcpy in string.h gibt */
#define strcpy Strcpy
#define DEBUG
/* #undef DEBUG */

void Strcpy(char *ziel, char *quelle) {
   int counter;
#ifdef DEBUG
   /* DEBUG-INFO */
   size_t size = strlen(quelle)+1;
   if( size > MAX )
      printf("DEBUG-INFO: Pufferueberlaufversuch\n");
   /* DEBUG-INFO Ende */
#endif

   for(counter=0; quelle[counter] != '\0' && counter < MAX-1;
     counter++)
      ziel[counter]=quelle[counter];
   /* terminieren */
   ziel[counter] = '\0';
}
```

```
int main(int argc, char **argv) {
   char puffer[MAX];

   strcpy(puffer, "0123456789012345678");
   printf("puffer = %s\n",puffer);
   return EXIT_SUCCESS;
}
```

Hier wird zum Beispiel noch eine DEBUG-Info mit ausgegeben, falls dies erwünscht ist. Ansonsten muss einfach die Direktive `undef` auskommentiert werden.

27.1.6 Programme und Tools zum Buffer-Overflow

Es gibt z. B. auf dem Linux-Sektor zwei gute Bibliotheken, *StackShield* und *StackGuard*. Beide Bibliotheken arbeiten etwa nach demselben Prinzip. Beim Aufruf einer Funktion greifen diese Bibliotheken ein und sichern die Rücksprungadresse. Dafür wird natürlich ein extra Code am Anfang und Ende des Funktionsaufrufs eingefügt. Wird hierbei versucht, die Rücksprungadresse zu manipulieren, schreibt das Programm eine Warnung in das Syslog des Systems und beendet sich.

Die Voraussetzung dafür, dass Sie eine der beiden Bibliotheken verwenden können, ist, dass Sie im Besitz des Quellcodes des Programms sind, das Sie vor einem Buffer-Overflow schützen wollen. Denn das Programm muss mit den Bibliotheken von StackShield und StackGuard neu übersetzt werden.

Einen anderen Weg geht die Bibliothek *libsafe*. Sie entfernt gefährliche Funktionsaufrufe und ersetzt sie durch sichere Versionen. Diese besitzen zusätzlich noch einen Schutz vor dem Überschreiben des Stack-Frames.

Firmen mit einem etwas größeren Geldbeutel sei das Programm *Insure++* von Parasoft ans Herz gelegt. Das Programm lässt sich als Testversion einige Zeit kostenlos ausprobieren. Der Anschaffungspreis rechnet sich im Laufe der Zeit allemal. Das Programm ist für alle gängigen Systeme erhältlich und kann außer dem Buffer-Overflow noch eine Menge weiterer Fehler aufdecken. Einige davon sind:

- Speicherfehler
- Speicherlecks
- Speicherreservierungsfehler
- Verwendung uninitialisierter Variablen
- falsche Variablendefinitionen

- Zeigerfehler
- Bibliothekenfehler
- logische Fehler

27.1.7 Ausblick

Buffer Overflows werden wohl in Zukunft noch vielen Programmierern Probleme bereiten und noch länger eines der häufigsten Angriffsziele von Hackern darstellen. Daher lohnt es, sich mit diesem Thema zu befassen.

Es wird wohl noch eine Generation dauern, bis Betriebssysteme auf den Markt kommen, die solche Probleme von selbst erkennen und ausgrenzen. Erste Ansätze dazu gibt es zwar schon (Solaris), aber clevere Programmierer haben bereits einen Weg gefunden, auch diese auszuhebeln.

> **Hinweis**
>
> Um es richtigzustellen: Der *Hacker* findet Fehler in einem System heraus und meldet diese dem Hersteller des Programms. Entgegen der in den Medien verbreiteten Meinung ist ein Hacker kein Bösewicht. Die Bösewichte werden *Cracker* genannt.

27.2 Memory Leaks (Speicherlecks)

Wie bei Buffer Overflows sind auch Memory Leaks in den meisten Fällen durch Programmierfehler zu erklären. Der erste Verdacht, es könnte sich bei Memory Leaks um Hardwareprobleme handeln, täuscht.

Ein Memory Leak entsteht, wenn ein Programm dynamisch Speicher alloziert (`malloc()`, `realloc()`, …) und diese Speicherressourcen nicht mehr an das System zurückgibt (mittels `free()`). Es steht nicht unendlich viel Speicher vom Heap dafür zur Verfügung.

Programme wie das jetzt folgende erzeugen keine Probleme, wenn der Speicher nicht mehr an den Heap zurückgegeben wird:

```
/* mleak1.c */
#include <stdio.h>
#include <stdlib.h>
#include <string.h>

int main(void) {
   char *p;
```

```
   p = malloc(sizeof("Hallo Welt\n"));
   if(NULL == p) {
      fprintf(stderr, "Abbruch: Speichermangel !!\n");
      return EXIT_FAILURE;
   }
   strcpy(p, "Hallo Welt\n");
   printf("%s",p);
   return EXIT_SUCCESS;
}
```

Hier bekommt der Heap seinen Speicher bei Beendigung des Programms sofort wieder zurück.

Was ist aber mit Programmen, die dauerhaft im Einsatz sein müssen? Ein gutes Beispiel sind Telefongesellschaften, die jedes laufende, eingehende und ausgehende Gespräch nach dem FIFO-Prinzip auf dem Heap ablegen und ständig für diese Datensätze Speicher auf dem Heap allozieren bzw. für ältere Datensätze wieder freigeben müssen.

Ein (stupides) Beispiel:

```
/* mleak2.c */
#include <stdio.h>
#include <stdlib.h>

int main(void) {
   char *p;

   while(p = malloc(64000)) {
      if(NULL == p) {
         fprintf(stderr, "Speicherplatzmangel!!\n");
         return EXIT_FAILURE;
      }
      /* Tu was mit dem reservierten Speicher. */
   }
   return EXIT_SUCCESS;
}
```

Dieses Programm wird wohl eine Weile ohne Probleme laufen. Aber je länger das Programm läuft, umso mehr Speicher benötigt es vom Heap. Dies wird sich auf Dauer schlecht auf die Performance des Systems auswirken. Denn der Heap ist ja nicht nur für ein Programm allein da. Die anderen Programme, die ebenfalls Ressourcen benötigen, werden immer langsamer. Am Ende bleibt einem nichts anderes mehr übrig, als das System neu zu starten (abhängig vom Betriebssystem und der Art der Anwendung).

Meistens ist das Programm aber längst fertiggestellt, wenn ein Speicherleck gefunden wird. Dann kann guter Rat teuer werden, wenn Sie sich nicht auskennen.

Eine primitive Möglichkeit, sofern Sie im Besitz des Quellcodes sind, ist es, sogenannte Wrapper-Makros für speicherallozierte und speicherfreigebende Funktionen zu schreiben, beispielsweise für die `malloc()`-Funktion:

```
#define malloc(size) \
        malloc(size);\
        printf("malloc in Zeile %ld der Datei %s (%ld Bytes) \n"\
        ,__LINE__,__FILE__, size);\
        count_malloc++;
```

Bei Verwendung der `malloc()`-Funktion im Programm wird jetzt jeweils eine Ausgabe auf dem Bildschirm erzeugt, die anzeigt, in welcher Zeile und in welchem Programm die Funktion `malloc()` vorkommt und wie viel Speicher sie verwendet. Außerdem wird die Verwendung von `malloc()` mitgezählt.

Dasselbe wird anschließend auch mit der Funktion `free()` gemacht. Die Anzahl der gezählten `malloc()`- und `free()`-Aufrufe wird am Ende in eine Datei namens `DEBUG_FILE` geschrieben.

```
/* mem_check.h */
#ifndef MEM_CHECK_H
#define MEM_CHECK_H
#define DEBUG_FILE "Debug"

static int count_malloc=0;
static int count_free  =0;
FILE *f;

#define malloc(size) \
        malloc(size);\
        printf("malloc in Zeile %d der Datei %s (%d Bytes) \n"\
        ,__LINE__,__FILE__, size);\
        count_malloc++;

#define free(x)\
        free(x); \
        x=NULL;\
        printf("free in Zeile %d der Datei %s\n",
               __LINE__,__FILE__);\
        count_free++;

#define return EXIT_SUCCESS; \
        f=fopen(DEBUG_FILE, "w");\
```

```
        fprintf(f, "Anzahl malloc : %d\n",count_malloc);\
        fprintf(f, "Anzahl free   : %d\n",count_free);\
        fclose(f);\
        printf("Datei : %s erstellt\n", DEBUG_FILE);\
        return EXIT_SUCCESS;

#endif
```

Hier wurde eine Headerdatei namens *mem_check.h* erstellt, mit der alle Aufrufe von `malloc()` und `free()` auf dem Bildschirm ausgeben werden. Sie erfahren dadurch, in welcher Datei und welcher Zeile sich ein Aufruf dieser Funktion befindet. Außerdem wird auch die Anzahl der `malloc()`- und `free()`-Aufrufe mitgezählt. Sind mehr `malloc()`-Aufrufe als `free()`-Aufrufe vorhanden, wurde auf jeden Fall ein Speicherleck im Programm gefunden. Hier sehen Sie ein Listing zum Testen:

```
/* use_mem_check.c */
#include <stdio.h>
#include <stdlib.h>
#include <string.h>
#include "mem_check.h"

int main(void) {
   char *p;

   p = malloc(sizeof("Hallo Welt\n"));
   if(NULL == p) {
      fprintf(stderr, "Speichermangel!!!\n");
      return EXIT_FAILURE;
   }
   strcpy(p, "Hallo Welt\n");
   printf("%s",p);
   malloc(1024);
   free(p);
   return EXIT_SUCCESS;
}
```

In der Praxis und bei größeren Projekten ist diese Version, Memory Leaks aufzuspüren, nur bedingt geeignet. Mit dem Makro `return 0` habe ich es mir allzu leicht gemacht. Dies setzt nämlich voraus, dass ein Programm auch damit beendet wird. Oft haben Sie es aber mit dauerhaft laufenden Programmen zu tun.

Genauso sieht es mit der Zuordnung des allozierten und freigegebenen Speichers aus. Welches `malloc()` gehört zu welchem `free()`? Aber das Prinzip dürfte Ihnen klar geworden sein. Wenn Sie Fehler wie Memory Leaks finden wollen, haben Sie notfalls mit Wrapper-Makros eine gute Möglichkeit.

Meistens werden Sie schon eher auf eines der mittlerweile vielen Tools oder auf eine der Bibliotheken zurückgreifen, die zur Erkennung von Memory Leaks programmiert wurden.

27.2.1 Bibliotheken und Tools zu Memory Leaks

Es gibt mittlerweile eine unüberschaubare Menge von solchen Debugging-Tools. Daher folgt hier ein kleiner Überblick mit Angabe der Bezugsquellen. Meistens finden Sie dabei auf diesen Webseiten gleich die Dokumentation für die Anwendung.

ccmalloc

Bezugsquelle: *http://www.inf.ethz.ch/personal/biere/projects/ccmalloc/*

ccmalloc wird mit dem C/C++-Programm verlinkt und gibt nach Beendigung des Programms einen Bericht über Memory Leaks aus. *ccmalloc* ist nicht geeignet, um festzustellen, ob versucht wurde, aus illegalen Speicherbereichen zu lesen.

dbmalloc

Bezugsquelle:
ftp://ftp.digital.com/pub/usenet/comp.sources.misc/volume32/dbmalloc/

dbmalloc ist in einer kommerziellen und einer kostenlosen Version erhältlich. Besondere Merkmale von *dbmalloc* sind:

- Funktionsfluss, Datei und Zeileninformationen werden mit angegeben.
- Gibt Adressen zurück (hilfreich zusammen mit Debuggern).
- Grenzbereichsüberprüfung
- Ausgabe auf die Standard-Fehlerausgabe
- Findet Memory Leaks.

Generell wird *dbmalloc*, wie die meisten anderen Memory-Leak-Tools zu einem Programm hinzugelinkt. Sie müssen also im Besitz des Quellcodes sein, um diesen neu zu übersetzen. Eine gute Anleitung in deutscher Sprache zu dieser Bibliothek finden Sie unter der URL *http://www.c-handbuch.org/*.

mpatrol

Bezugsquelle: *http://www.cbmamiga.demon.co.uk/mpatrol/*

mpatrol ist ein leistungsfähiges Tool zum Auffinden von Memory Leaks, das sich leider auf die Performance des Programms negativ auswirkt. Folgende Funktionsmerkmale stehen Ihnen dabei zur Verfügung:

- Ein Abbild des Stacks wird bei einem Fehler angezeigt.
- Datei- und Zeilen-Informationen werden mit ausgegeben.
- Es ist kompatibel zu *dmalloc, dbmalloc, insure* und *purify*.
- Es ist nicht unbedingt erforderlich, neu zu übersetzen, um seine Programme mit *mpatrol* zu testen.
- *mpatrol* findet alle denkbaren Fehler auf dem Heap. Fehler auf dem Stack werden nicht gefunden.

Um ein Programm mit *mpatrol* zu testen, ist genau wie bei den meisten anderen Tools ein Überschreiben der speicheranfordernden und freigebenden Funktionsaufrufe notwendig. Bei *mpatrol* können Sie dies auf zwei Arten machen: Entweder Sie linken das Programm zu der statischen oder dynamischen Bibliothek oder Sie binden diese später durch einen Aufruf von

```
mpatrol --dynamc ./testprog -i file
```

dynamisch mit in das Programm ein. Die letzte Möglichkeit funktioniert allerdings nur, wenn das Programm schon dynamisch zur Standard-C-Bibliothek übersetzt wurde, und selbst dann nur auf einigen wenigen Systemen, die diesen Befehl unterstützen. Für eine deutsche Dokumentation sei auch hier wieder auf die Webseite *http://www.c-handbuch.org/* verwiesen.

Es gibt außer diesen hier genannten Tools noch eine Reihe weiterer sehr guter Tools zum Auffinden von Memory Leaks. Einen guten Überblick können Sie sich auf der Seite *http://www.cs.colorado.edu/~zorn/MallocDebug.html* verschaffen.

27.3 Tipps zu Sicherheitsproblemen

Es gibt noch eine Menge weiterer Sicherheitsprobleme, die Sie auf den ersten Blick gar nicht als solche erkennen können. Schließlich haben Sie keine Garantie, dass Ihr Programm vor allen Problemen geschützt ist, wenn Sie auf sichere Funktionen zurückgreifen.

Zum Abschluss des Kapitels folgt hier noch ein kleiner Leitfaden zum Thema Sicherheit. Wenn Sie diese Punkte beherzigen, sollten sich Sicherheitsprobleme auf ein Minimum reduzieren lassen.

- Vermeiden Sie Funktionen, die keine Längenprüfung der Ein- bzw. Ausgabe vornehmen (`strcpy()`, `sprintf()`, `vsprintf()`, `scanf()`, `gets()`, ...).
- Verwenden Sie bei Funktionen, die eine formatierte Eingabe erwarten (etwa `scanf()`) eine Größenangabe (etwa `%10s`, `%4d`).
- Ersetzen Sie gegebenenfalls unsichere Funktionen durch selbst geschriebene (z. B. `gets()` durch `mygets()` ...).
- Überprüfen Sie die Eingabe von der Tastatur auf zulässige Größe. Verlassen Sie sich nicht darauf, dass der Anwender schon das Richtige eingeben wird.
- Verwenden Sie die `exec`-Funktionen und `system()` nur mit konstanten Strings. Lassen Sie niemals den Anwender selbst einen String zusammenbasteln.
- Vergessen Sie bei der Funktion `strlen()` nicht, dass diese Funktion alle Zeichen ohne das Terminierungszeichen zählt. Beim Reservieren von Speicher müssen Sie dies berücksichtigen.
- Und der Klassiker: Die Anzahl der Elemente in einem Array und die Adressierung über den Index beginnt bei 0.

Nun haben Sie das Buch gelesen und überlegen sich, wie Sie jetzt wohl weitermachen können. Ein paar Tipps dazu kann ich Ihnen auf den folgenden Seiten geben.

28 Wie geht's jetzt weiter?

Wenn Sie das Buch ganz gelesen und durchgearbeitet haben, können Sie sich jetzt als fortgeschrittenen Programmierer in C bezeichnen. Der Weg zum Guru ist also nicht mehr weit.

Mit der Sprache C haben Sie sich die allgemeinen Grundlagen der Programmierung angeeignet, doch was kommt jetzt? Mit C allein wird wohl kaum jemand noch seinen Lebensunterhalt verdienen. Gewöhnlich gehen Programmierer im Anschluss folgende Wege:

- Sie steigen in die Systemprogrammierung von Linux oder Windows ein (besonders Wissensdurstige können natürlich auch gleich mit beiden Systemen anfangen). Dabei wird vorausgesetzt, dass Sie die Sprache C beherrschen (dies dürfte nach der Lektüre dieses Buches kein Problem mehr sein) und dass Sie sich mit dem entsprechenden Betriebssystem auskennen. Sofern Sie ein Linux-Fetischist sind, kann ich Ihnen mein aktuelles Buch »Linux-UNIX-Programmierung« empfehlen.
- Sie lernen C++. Um mit der Programmiersprache C++ anzufangen, kann es (entgegen einiger anderer Meinungen) von Vorteil sein, dass Sie die Sprache C bereits beherrschen. Es ist aber nicht unbedingt notwendig. C++ kann auch unabhängig von C erlernt werden. Als Einstieg könnte ich Ihnen mein Buch »C++ von A bis Z« empfehlen, das ebenfalls bei Galileo Press erschienen ist.

Hinweis

Systemprogrammierung ist übrigens nicht gleichzusetzen mit der Programmierung eines Betriebssystems. Wenn Sie sich auf die Spuren von Herrn Gates oder Herrn Torvalds begeben wollen, müssen Sie sich auch mit der Hardwareprogrammierung und Assembler auseinandersetzen (Stichwort: Kernel-Programmierung).

28.1 GUI-Programmierung – grafische Oberflächen

Da Ihnen nach diesem Buch nun Tür und Tor offen stehen, werden sich einige Programmierer auch gern einmal an die »grafische« Programmierung heranwagen wollen, was ohne Weiteres zu empfehlen ist. Allerdings ist aller Anfang auch hier schwer. »Schwer« ist hierbei nicht die Verwendung einer entsprechenden Bibliothek, sondern eher den Überblick zu wahren bzw. den Einstieg zu finden. Bevor Sie sich an die »grafische« Programmierung heranwagen, sollten Sie erst mal überdenken, welche Art von »grafischer« Programmierung Sie einsetzen wollen. Generell unterscheide ich hierbei drei verschiedene Arten der »grafischen« Programmierung.

28.1.1 Low-Level-Grafikprogrammierung

Damit bezeichne ich die tiefste Ebene der »grafischen« Programmierung. Hierbei müssen Sie sich um alle Details selbst kümmern. Sie wollen praktisch jeden Punkt, jede Linie und jedes kleine Detail (genauer die Grafik-Primitiven) selbst zeichnen.

Gewöhnlich greifen Sie dabei auf die systemnächste Grafikschnittstelle des Betriebssystems zu. Unter MS-Windows wäre dies die *Win32-API*, und unter Linux/UNIX ist es die *Xlib* (auch als *X11* bekannt). Fast alle höheren Grafik-Bibliotheken bauen auf dieser Ebene auf. Häufig wird hierbei als Programmiersprache C verwendet.

Sehr gut geeignet ist diese systemnahe Grafikschnittstelle zum Entwickeln einer eigenen Spiele-Bibliothek oder eines Windowmanagers, mit dem Sie Ihrer Oberfläche ein eigenes Look & Feel verpassen können (beispielsweise KDE oder GNOME unter Linux).

Der Nachteil, wenn Sie diese niedrige Ebene verwenden, ist eine sehr lange Einarbeitungszeit sowie langer und komplizierter Quellcode. Außerdem sind gute Mathematikkenntnisse erforderlich, und die Programmierung ist systemabhängig. Die Low-Level-Grafikprogrammierung ist also für Anfänger nur bedingt geeignet.

Natürlich haben Sie hiermit den Vorteil, dass Sie eine eigene schlanke Bibliothek entwickeln können, die Ihren Vorstellungen entspricht. Des Weiteren lernen Sie dabei, wie grafische Oberflächen aufgebaut sind, was Ihnen auf jeden Fall zu einem besseren Verständnis beim Verwenden einer anderen grafischen Bibliothek verhilft. Dabei werden Sie feststellen, dass das Prinzip einer grafischen Bibliothek immer dasselbe bleibt.

28.1.2 High-Level-Grafikprogrammierung

Alle Grafikbibliotheken der höheren Ebene basieren meistens auf der niedrigeren Ebene (*Win32* bzw. *X11*). Bei solchen Bibliotheken können Sie vieles mit lediglich einem Funktionsaufruf erledigen. Alle unangenehmen Arbeiten werden Ihnen abgenommen. Häufig wird dabei auch Systemabhängiges versteckt bzw. eine Cross-Plattform-Bibliothek dafür angeboten. Damit lassen sich viele Bibliotheken der höheren Ebene auch auf mehreren Systemen verwenden.

Vorwiegend werden solche Bibliotheken verwendet, um die auf dem System basierenden typischen Look&Feel-Anwendungen wie »Outlook« bzw. »Kmail« zu entwickeln – also typische fensterbasierende Anwendungen. Hierbei ist die Programmiersprache nicht mehr von primärer Bedeutung, da es häufig Schnittstellen für mehrere Sprachen gibt (für C bzw. C++ gibt es generell immer eine Schnittstelle). Meistens wird einer solchen Bibliothek auch eine Dokumentation mitgegeben, womit die Einarbeitung wesentlich leichter fällt.

Bekannte Beispiele für eine solche Bibliothek wären unter MS-Windows *MFC (Microsoft Foundation Classes)*, eine objektorientierte Version der Win32-API, und *OWL*, die Borland-Alternative zu MFC. Unter MS-Windows gibt es eine Menge freier Bibliotheken zur High-Level-Grafikprogrammierung (beispielsweise *GTK+*, *Qt* usw.). Unter Linux werden vorwiegend die Bibliotheken *GTK+* und die *GNOME-Lib* (für GNOME) oder *Qt* für den KDE-Desktop verwendet. Allerdings gibt es auch hier eine Menge Alternativen.

Der Nachteil von solchen höheren Bibliotheken ist, dass die Anwendungen manchmal etwas »fett« werden und eine Menge unnötigen Ballast mit sich herumtragen.

Allerdings überwiegt der Vorteil, dass das Erstellen einer Anwendung wesentlich schneller und komfortabler von der Hand geht (ein wenig Einarbeitungszeit vorausgesetzt). Voraussetzung ist allerdings immer, dass sich der Programmierer mit seinem Werkzeug (besonders mit dem Compiler und Linker) auskennt. Dies ist beispielsweise nicht gegeben, wenn er schon daran scheitert, eine einfachste (Hallo-Welt-)Anwendung mit dieser Bibliothek zu übersetzen.

Hinweis

Natürlich finden Sie auch ein Buch zur GUI-Programmierung aus meiner Feder, und zwar das Buch »Qt 4 – GUI-Entwicklung mit C++«. Voraussetzung dafür sind allerdings Kenntnisse in C++.

RAD-Tools

Noch einfacher wird es dem Programmierer mit sogenannten *RAD-Tools (Rapid Application Development)* oder auch *GUI-Designern* gemacht. Hierbei ist es fast möglich, ohne Programmierkenntnisse eine grafische Anwendung zusammenzuklicken. Die GTK+-Bibliothek bietet beispielsweise mit *GLADE* ein solches Tool an. In den meisten C#-Compilern ist ebenfalls ein solches Tool vorhanden. Zwar werden die RAD-Tools immer besser und nehmen dem Programmierer eine Menge Arbeit ab, aber wenn es um Details geht, sind weiterhin Programmierkenntnisse notwendig. Ein Mix aus beidem (RAD-Tool und dem Programmieren »von Hand«) führt wohl zum besten Ergebnis.

28.1.3 Multimedia-Grafikprogrammierung

Ebenfalls basierend auf der niedrigen Ebene sind sogenannte Multimedia-Bibliotheken aufgebaut. Multimedia-Bibliotheken werden vorwiegend zur Programmierung von Spielen, Demos aber auch in der Filmindustrie zum Einfügen von Spezialeffekten verwendet. Bei diesen Bibliotheken werden dem Programmierer eine Menge Arbeiten abgenommen – und vieles lässt sich mit einem Funktionsaufruf realisieren. Auch bei diesen Bibliotheken gibt es einige »systemunabhängige« Vertreter wie beispielsweise OpenGL, Allegro oder SDL, die auf vielen Plattformen vorhanden sind.

Die Programmiersprache ist nicht unbedingt von Bedeutung, da es häufig die eine oder andere Schnittstelle zu anderen Sprachen gibt, aber in der Praxis werden die meisten Spiele, Demos bzw. Multimedia-Anwendungen in C/C++ erstellt. Viele dieser Bibliotheken sind sehr gut dokumentiert, und es sind häufig auch eine Menge Quellcodes und Demos zum Studieren vorhanden. Zu *DirectX* (dem »Platzhirsch«, mit dem sehr viele (aber nicht nur) Spiele programmiert werden) gibt es mittlerweile eine Menge deutschsprachiger Literatur, weshalb hier der Einstieg besonders leicht fällt. Allerdings ist DirectX eine Microsoft-eigene Bibliothek und eben nur unter diesem System ausführbar.

Voraussetzungen für die Multimedia-Programmierung sind sehr gute Mathematikkenntnisse (lineare Algebra), räumliches Denken (sofern Sie sich für die 3D-Programmierung interessieren) und sehr viel Zeit;-).

Anhang

Wie es sich für ein anständiges Buch gehört, finden Sie hier im Anhang einige Tabellen und Auflistungen wie die Rangfolge der Operatoren, eine ASCII-Code-Tabelle, reservierte Schlüsselwörter in C und die Standard-Headerdateien.

A Operatoren

A.1 Rangfolge der Operatoren

In der folgenden Tabelle werden die Operatoren von C und ihre Assoziativität (die Bindung der Operanden) in absteigender Reihenfolge aufgelistet. Operatoren derselben Prioritätsklasse haben dieselbe Rangstufe.

Operator	Bedeutung/Name	Assoziativität
1. Priorität		
`++`	Erhöhung nach Auswertung	von links nach rechts
`--`	Heruntersetzen nach Auswertung	
`()`	Funktionsaufruf	
`[]`	Array-Element	
`->`	Zeiger auf Strukturelement	
`.`	Element einer Struktur oder Union	
2. Priorität		
`++`	Erhöhung vor Auswertung	von rechts nach links
`--`	Heruntersetzen vor Auswertung	
`!`	logische Negation	
`~`	Einerkomplement	
`-`	unäres Minus	
`+`	unäres Plus	
`&`	Adresse	
`*`	Indirektion	
`sizeof`	Größe in Bytes	

<table>
<tr><th>Operator</th><th>Bedeutung/Name</th><th>Assoziativität</th></tr>
<tr><td>(type)</td><td>Typumwandlung (Cast)</td><td></td></tr>
<tr><td colspan="3">3. Priorität</td></tr>
<tr><td>*</td><td>Multiplikation</td><td>von links nach rechts</td></tr>
<tr><td>/</td><td>Division</td><td></td></tr>
<tr><td>%</td><td>Rest einer Division</td><td></td></tr>
<tr><td colspan="3">4. Priorität</td></tr>
<tr><td>+</td><td>Addition</td><td>von links nach rechts</td></tr>
<tr><td>-</td><td>Subtraktion</td><td></td></tr>
<tr><td colspan="3">5. Priorität</td></tr>
<tr><td><<</td><td>bitweises Linksschieben</td><td>von links nach rechts</td></tr>
<tr><td>>></td><td>bitweises Rechtsschieben</td><td></td></tr>
<tr><td colspan="3">6. Priorität</td></tr>
<tr><td><</td><td>kleiner als</td><td>von links nach rechts</td></tr>
<tr><td><=</td><td>kleiner gleich</td><td></td></tr>
<tr><td>></td><td>größer als</td><td></td></tr>
<tr><td>>=</td><td>größer gleich</td><td></td></tr>
<tr><td colspan="3">7. Priorität</td></tr>
<tr><td>==</td><td>gleich</td><td>von links nach rechts</td></tr>
<tr><td>!=</td><td>ungleich</td><td></td></tr>
<tr><td colspan="3">8. Priorität</td></tr>
<tr><td>&</td><td>bitweises UND</td><td>von links nach rechts</td></tr>
<tr><td colspan="3">9. Priorität</td></tr>
<tr><td>^</td><td>bitweises EXKLUSIV-ODER</td><td>von links nach rechts</td></tr>
<tr><td colspan="3">10. Priorität</td></tr>
<tr><td>|</td><td>bitweises ODER</td><td>von links nach rechts</td></tr>
<tr><td colspan="3">11. Priorität</td></tr>
<tr><td>&&</td><td>logisches UND</td><td>von links nach rechts</td></tr>
<tr><td colspan="3">12. Priorität</td></tr>
<tr><td>||</td><td>logisches ODER</td><td>von links nach rechts</td></tr>
<tr><td colspan="3">13. Priorität</td></tr>
<tr><td>?:</td><td>Bedingung</td><td>von rechts nach links</td></tr>
</table>

Operator	Bedeutung/Name	Assoziativität
14. Priorität		
=	Zuweisung	von rechts nach links
*=, /=, %=, +=, -=	zusammengesetzte Zuweisungen (arithmetisch)	
<<=, >>=, &=, ^=, |=	zusammengesetzte Zuweisungen (bitweise)	
15. Priorität		
,	Komma-Operator	von links nach rechts

A.2 ASCII-Code-Tabelle

Dez		**0**	**16**	**32**	**48**	**64**	**80**	**96**	**112**
	Hex	**0**	**10**	**20**	**30**	**40**	**50**	**60**	**70**
0	**0**	NUL	DLE	(Blank)	0	@	P	`	p
1	**1**	SOH	DC1	!	1	A	Q	a	q
2	**2**	STX	DC2	"	2	B	R	b	r
3	**3**	ETX	DC3	#	3	C	S	c	s
4	**4**	EOT	DC4	$	4	D	T	d	t
5	**5**	ENQ	NAK	%	5	E	U	e	u
6	**6**	ACK	SYN	&	6	F	V	f	v
7	**7**	BEL	ETB	'	7	G	W	g	w
8	**8**	BS	CAN	(	8	H	X	h	x
9	**9**	HT	EM	)	9	I	Y	i	y
10	**A**	NL	SUB	*	:	J	Z	j	z
11	**B**	VT	ESC	+	;	K	[	k	{
12	**C**	NP	FS	,	<	L	\	l	|
13	**D**	CR	GS	-	=	M	]	m	}
14	**E**	SO	RS	.	>	N	^	n	~
15	**F**	SI	US	/	?	O	_	o	(DEL)

A.3 Reservierte Schlüsselwörter in C

auto	break	case	char	const
continue	default	do	double	else
enum	extern	float	for	goto
if	**inline**	int	long	register
restrict	return	short	signed	sizeof
static	struct	switch	typedef	union
unsigned	void	volatile	while	**_Bool**
_Complex	**_Imaginary**			

(Schlüsselwörter in **fetter Schrift** wurden erst mit dem ANSI-C99-Standard eingeführt.)

A.4 Standard-Headerdateien der ANSI-C-Bibliothek

assert.h	limits.h	**stdint.h**
complex.h	locale.h	stdio.h
ctype.h	math.h	stdlib.h
errno.h	setjmp.h	string.h
fenv.h	signal.h	**tgmath.h**
float.h	stdarg.h	time.h
inttypes.h	**stdbool.h**	**wchar.h**
iso646.h	stddef.h	**wctype.h**

(Headerdateien in **fetter Schrift** wurden erst mit dem ANSI-C99-Standard eingeführt.)

A.5 Weiterführende Links

Da sich Webseiten und ihre Adressen recht häufig ändern, habe ich die weiterführenden Links zu den Kapiteln des Buchs auf meine Webseite *http://www.pronix.de*[1] ausgelagert. Somit ist sichergestellt, dass die Seiten immer erreichbar sind und ich für Sie regelmäßig neue Links hinzufügen kann.

1 Diese Website existiert nicht mehr. Alle Beispieldateien und Hinweise zu Compilern finden Sie auf der Verlagswebsite: *www.rheinwerk-verlag.de/2132*.

B Die C-Standard-Bibliothek

In diesem Kapitel finden Sie eine Übersicht zu allen Funktionen der C-Standard-Bibliothek, alphabetisch sortiert nach den Headerdateien. Hierbei wird auch wieder die aktuelle C99-Syntax mit den `restrict`-Zeigern verwendet.

1989 wurde der Standard zum ersten Mal veröffentlicht, weshalb auch hierbei vom *C89-Standard* die Rede ist. Teil des ANSI-C-Standards sind die Software-Bibliotheken (besser bekannt unter dem Begriff *ANSI C Standard Library*).

Bei einer späteren Revision des C-Standards wurden neue Headerdateien zur Bibliothek hinzugefügt. 1995 kamen beispielsweise die Headerdateien *<iso646.h>*, *<wchar.h>* und *<wctype.h>* hinzu, die als *Normative Amendment 1* bezeichnet wurden (kurz *NA1*).

Vier Jahre später, 1999, kamen dann die Headerdateien *<complex.h>*, *<fenv.h>*, *<inttypes.h>*, *<stdbool.h>*, *<stdint.h>* und *<tgmath.h>* hinzu. Diese Revision wurde dann als *C99-Standard* bekannt.

B.1 <assert.h>

In *<assert.h>* ist nur das Funktionsmakro `assert()` definiert:

```
void assert( int expression );
```

Das Makro bewertet den Ausdruck `expression` und bricht das Programm mit einer Fehlermeldung auf `stderr` und der Funktion `abort()` ab, wenn das Ergebnis falsch (0) ist. Wenn Sie mit dem Testen des Programms fertig sind, müssen Sie lediglich vor dem Inkludieren von *<assert.h>* das Makro `NDEBUG` setzen, dann werden alle `assert()`-Aufrufe ignoriert.

B.2 <complex.h> (C99)

Um auch mit komplexen Zahlen rechnen zu können, wurden mit dem C99-Standard komplexe Gleitpunkttypen eingeführt und um mathematische Funktionen erweitert. Jede der hier aufgelisteten Funktionen gibt es in drei Versionen. Jede dieser Versionen arbeitet mit einem anderen Gleitpunkttyp (`float`, `double`, `long` double). Wenn Sie die float- bzw. long double-Version verwenden wollen, brauchen Sie beim Funktionsnamen nur ein f bzw. l anhängen.

Funktion	Berechnet...
double **cabs**(double complex z); float **cabsf**(float complex z); long double **cabsl**(long double complex z);	Gibt den absoluten Wert einer komplexen Zahl zurück.
double complex **cacos**(double complex z); float complex **cacosf**(float complex z); long double complex **cacosl**(long double complex z);	... den inversen Cosinus einer komplexen Zahl.
double complex **cacosh**(double complex z); float complex **cacoshf**(float complex z); long double complex **cacoshl**(long double complex z);	... den inversen hyperbolischen Cosinus einer komplexen Zahl.
double **carg**(double complex z); float **cargf**(float complex z); long double **cargl**(long double complex z);	... das Argument einer komplexen Zahl.
double complex **casin**(double complex z); float complex **casinf**(float complex z); long double complex **casinl**(long double complex z);	... den inversen Sinus einer komplexen Zahl.
double complex **casinh**(double complex z); float complex **casinhf**(float complex z); long double complex **casinhl**(long double complex z);	... den inversen hyperbolischen Sinus einer komplexen Zahl.
double complex **catan**(double complex z); float complex **catanf**(float complex z); long double complex **catanl**(long double complex z);	... den inversen Tangens einer komplexen Zahl.

Tabelle B.1 Standardfunktionen der Headerdatei <complex.h>

Funktion	Berechnet...

`double complex catanh(double complex z);`
`float complex catanhf(float complex z);`
`long double complex catanhl(long double complex z);`
	... den inversen hyperbolischen Tangens einer komplexen Zahl.

`double complex ccos(double complex z);`
`float complex ccosf(float complex z);`
`long double complex ccosl(long double complex z);`
	... den Cosinus einer komplexen Zahl.

`double complex ccosh(double complex z);`
`float complex ccoshf(float complex z);`
`long double complex ccoshl(long double complex z);`
	... den hyperbolischen Cosinus einer komplexen Zahl.

`double complex cexp(double complex z);`
`float complex cexpf(float complex z);`
`long double complex cexpl(long double complex z);`
	... die natürliche Exponentialfunktion für eine komplexe Zahl.

`double cimag(double complex z);`
`float cimagf(float complex z);`
`long double cimagl(long double complex z);`
	Gibt den Imaginärteil einer komplexen Zahl zurück.

`double complex clog(double complex z);`
`float complex clogf(float complex z);`
`long double complex clogl(long double complex z);`
	... den natürlichen Logarithmus einer komplexen Zahl.

`double complex conj(double complex z);`
`float complex conjf(float complex z);`
`long double complex conjl(long double complex z);`
	Gibt die Konjugierte einer komplexen Zahl zurück.

Tabelle B.1 Standardfunktionen der Headerdatei <complex.h> (Forts.)

Funktion	Berechnet...

double complex **cpow**(
   double complex x,
   double complex y);
float complex **cpowf**(
   float complex x,
   float complex y);
long double complex **cpowl**(
   long double complex x,
   long double complex y);
	... die Potenz einer komplexen Zahl.

double complex **cproj**(
   double complex z);
float complex **cprojf**(
   float complex z);
long double complex **cprojl**(
   long double complex z);
	... die Projektion einer komplexen Zahl.

double **creal**(double complex z); float **crealf**(float complex z); long double **creall**(long double complex z);	Gibt den Realteil einer komplexen Zahl zurück.

double complex **csin**(
   double complex z);
float complex **csinf**(
   float complex z);
long double complex **csinl**(
   long double complex z);
	... den Sinus einer komplexen Zahl.

double complex **csinh**(
   double complex z);
float complex **csinhf**(
   float complex z);
long double complex **csinhl**(
   long double complex z);
	... den hyperbolischen Sinus einer komplexen Zahl.

double complex **csqrt**(
   double complex z);
float complex **csqrtf**(
   float complex z);
long double complex **csqrtl**(
   long double complex z);
	... die Wurzel aus einer komplexen Zahl.

double complex **ctan**(
   double complex z);
float complex **ctanf**(
   float complex z);
long double complex **ctanl**(
   long double complex z);
	... den Tangens einer komplexen Zahl.

Tabelle B.1 Standardfunktionen der Headerdatei <complex.h> (Forts.)

Funktion	Berechnet...

`double complex ctanh( double complex z);`
`float complex ctanhf( float complex z);`
`long double complex ctanhl( long double complex z);`
	... den hyperbolischen Tangens einer komplexen Zahl.

Tabelle B.1 Standardfunktionen der Headerdatei <complex.h> (Forts.)

Für geplante Erweiterungen der Headerdatei *<complex.h>* sind jetzt schon die Funktionsnamen `cerf()`, `cerfc()`, `cexp2()`, `cexpm1()`, `clog10()`, `clog1p()`, `clog2()`, `clgamma()` und `ctgamma()` mitsamt den entsprechenden Suffixen `f` und `r` reserviert.

Ebenfalls in der Headerdatei *<complex.h>* sind folgende Makros definiert:

Makro	Beschreibung
`complex`	ein Synonym für `_Complex`
`_Complex_I`	ein Synonym für `const float _Complex` mit dem Wert des imaginären Anteils
`imaginary`[1]	ein Synonym für `_Imaginary`
`_Imaginary_I`[1]	ein Synonym für `const float _Imaginary` mit dem Wert des imaginären Anteils
`I`	Ein Synonym für `_Complex_I` oder `_Imaginary_I`. Ist `_Imaginary_I` nicht definiert, wird automatisch `_Complex_I` verwendet. `I` steht somit für den imaginären Anteil.
[1] Die Makros `imaginary` und `_Imaginary_I` müssen nur definiert sein, wenn die Implementation imaginäre Typen unterstützt.	

Tabelle B.2 Makros in der Headerdatei <complex.h>

B.3 <ctype.h>

In der Headerdatei *<ctype.h>* finden Sie Funktionen oder Makros zur Klassifizierung und Umwandlung von einzelnen Zeichen. Als Argumente sind nur `int`-Werte im Bereich zwischen 0 und 255 erlaubt.

Funktion	Beschreibung
`int isalnum (int ch);`	Testet auf alphanumerisches Zeichen.
`int isalpha (int ch);`	Testet auf Zeichen des Alphabets.
`int iscntrl (int ch);`	Testet auf Steuerzeichen.
`int isdigit (int ch);`	Testet auf eine Ziffer.
`int isgraph (int ch);`	Testet auf druckbares Zeichen (ohne Leerzeichen).
`int islower (int ch);`	Testet auf Kleinbuchstabe.
`int isprint (int ch);`	Testet auf druckbares Zeichen.
`int ispunct (int ch);`	Testet auf Interpunktionszeichen.
`int isspace (int ch);`	Testet auf Zwischenraum-Zeichen (`\n \t \v \r \f`, Leerzeichen).
`int isupper (int ch);`	Testet auf Großbuchstabe.
`int isxdigit (int ch);`	Testet auf eine hexadezimale Ziffer.
`int isascii (int ch);` [1)]	Testet auf ein ASCII-Zeichen.
`int tolower (int ch);`	Wandelt das Zeichen in einen Kleinbuchstaben um.
`int toupper (int ch);`	Wandelt das Zeichen in einen Großbuchstaben um.
`int toascii (int ch);` [1)]	Wandelt das Zeichen in ein ASCII-Zeichen um.
[1)] Kein unmittelbarer C99-Standard, aber häufig als Erweiterung vorhanden.	

Tabelle B.3 Funktionen und Makros der Headerdatei <ctype.h>

B.4 <errno.h>

In der Headerdatei *<errno.h>* wird `errno` als Fehlervariable vom Typ `int` deklariert, die einige Funktionen der Standard-Bibliothek beim Auftreten eines Fehlers setzen. Der Standard schreibt außerdem nicht vor, dass `errno` eine globale Variable sein muss. `errno` kann auch ein Makro sein. Für jeden Wert, den `errno` annehmen kann, ist in der Headerdatei *<errno.h>* ein Makro mit dem großen Anfangsbuchstaben `E` definiert. Mindestens folgende drei Makros sind definiert:

Makro	Beschreibung
`EDOM`	(*Domain error*) Dieser Fehlercode wird gewöhnlich gesetzt, wenn bei einer mathematischen Funktion ein Argument übergeben wird, für das diese nicht definiert ist (beispielsweise `sqrt(-1)`).
`EILSEQ`	(*Illegal sequence*) Bei einer Funktion mit breiten Zeichen werden ungültige Zeichen entdeckt (beispielsweise `wcstombs(string, L"\xffff", 2)`).
`ERANGE`	(*Range error*) Der Fehlercode wird gesetzt, wenn der Rückgabewert einer Berechnung nicht mehr mit dem definierten Typ dargestellt werden kann (beispielsweise `exp(DBL_MAX)`).

Tabelle B.4 Mögliche Makrokonstanten für »errno«

Häufig sind hierbei noch eine Menge weiterer Fehlercodes mit `E` definiert, die allerdings zum größten Teil abhängig vom System und von der Implementierung sind (also keine Standard-Fehlercodes).

B.5 <fenv.h> (C99)

In der Headerdatei *<fenv.h>* finden Sie verschiedene Einstellungen für das Rechnen mit Gleitpunktzahlen, um mit Gleitpunkt-Exceptions und Zustandsflags zu arbeiten. Außerdem können Sie hierbei auch das Rundungsverhalten von Gleitpunkt-Arithmetiken einstellen.

Um mit dem Programm auf diese Gleitpunkt-Umgebung zuzugreifen, empfiehlt es sich, dies dem Compiler mit dem Pragma `STDC FENV_ACCESS` mitzuteilen:

```
// Compiler-Optimierungen verhindern
#pragma STDC FENV_ACCESS ON
```

Mit `OFF` können Sie das Pragma wieder abschalten. Ob dieses Pragma mit dem Status `ON` oder `OFF` implementiert ist, hängt vom Compiler ab. Das Pragma ist ebenfalls in der Headerdatei *<fenv.h>* definiert.

Für den Zugriff auf die komplette Gleitpunkt-Umgebung stehen folgende `typedef`-Typen zur Verfügung:

Typ	Beschreibung
`fenv_t`	Der Typ stellt die Gleitpunkt-Umgebung als Ganzes dar.
`fexcept_t`	Der Typ stellt die Zustandsflags und Gleitpunkt-Exceptions als Ganzes dar.

Tabelle B.5 Typen in <fenv.h>

Zugriff auf die komplette Gleitpunkt-Umgebung mit dem Typ `fenv_t` haben Sie mit folgenden Funktionen:

Funktion	Beschreibung
`int fegetenv(fenv_t *envp);`	Gleitpunkt-Umgebung speichern
`int feholdexcept( fenv_t *envp );`	Gleitpunkt-Umgebung in einen Non-Stop-Modus setzen. Hierbei unterbricht eine Exception nicht die Programmausführung.
`int fesetenv( const fenv_t *envp );`	Gleitpunktumgebung wiederherstellen
`int feupdateenv( const fenv_t *envp );`	eine gespeicherte Gleitpunkt-Umgebung wiederherstellen und alle zur Laufzeit gesetzten Exceptions erneut auslösen

Tabelle B.6 Zugriff auf die komplette Gleitpunkt-Umgebung

Für den Zugriff auf die Gleitpunkt-Exception und Zustandsflags stehen Ihnen folgende Funktionen zur Verfügung:

Funktion	Beschreibung
`int feclearexcept (int excepts);`	Exception wieder löschen
`int fegetexceptflag ( fexcept_t *flagp, int excepts);`	Exception-Statusflags speichern
`int feraiseexcept (int excepts);`	Exception manuell auslösen
`int fesetexceptflag ( const fexcept_t *flagp, int excepts);`	Exception-Statusflags wiederherstellen
`int fetestexcept (int excepts);`	Exception-Statusflags testen

Tabelle B.7 Zugriff auf die Gleitpunkt-Exception und Zustandflags

Zur genauen Identifizierung der Exeception- und Zustandsflags sind in der Headerdatei *<fenv.h>* folgende ganzzahlige Makros definiert:

Makro	Beschreibung
`FE_DIVBYZERO`	Division durch null
`FE_INEXACT`	Ungenauigkeit bei der Gleitpunktberechnung
`FE_INVALID`	Ungültige Gleitpunktberechnung
`FE_OVERFLOW`	Überlauf bei der Gleitpunktberechnung

Tabelle B.8 Verschiedene Typen von Exception- und Zustandsflags in <fenv.h>

Makro	Beschreibung
FE_UNDERFLOW	Unterlauf bei der Gleitpunktberechnung
FE_ALL_EXCEPT	Zugriff auf alle unterstützten Exceptions

Tabelle B.8 Verschiedene Typen von Exception- und Zustandsflags in <fenv.h> (Forts.)

Ebenfalls in der Headerdatei *<fenv.h>* sind Funktionen definiert, um das Rundungsverhalten der Gleitpunkt-Arithmetik einzustellen:

Funktion	Beschreibung
`int` **`fegetround`** `(void);`	Gibt den aktuellen Rundungsmodus zurück (gewöhnlich ist hier `FE_TONEAREST` eingestellt).
`int` **`fesetround`** `(int round);`	Setzt den Rundungsmodus auf `round`.

Tabelle B.9 Funktionen zum Einstellen des Rundungsmodus bei der Gleitpunkt-Arithmetik

Folgende Makros sind hier in der Headerdatei *<fenv.h>* definiert, um den Rundungsmodus abzufragen bzw. zu setzen:

Makro	Beschreibung
FE_DOWNWARD	Gleitpunktzahl zum nächsten Integer abrunden
FE_UPWARD	Gleitpunktzahl zum nächsten Integer aufrunden
FE_TONEAREST	Gleitpunktzahl auf nächstnäheren Integer auf- oder abrunden (Standardeinstellung)
FE_TOWARDZERO	Gleitpunktzahl auf den nächstmöglichen Integer in der Nähe von 0 runden

Tabelle B.10 Makros zum Einstellen des Rundungsverhalten bei Gleitpunktberechnungen

B.6 <float.h>

In der Headerdatei *<float.h>* werden Makros für die Genauigkeit, den Wertebereich und andere Eigenschaften der Datentypen `float`, `double` und `long double` definiert.

Für die Genauigkeit und den Wertebereich von Gleitpunkttypen sind folgende Makros definiert:

Makro	Bedeutung
FLT_RADIX	Basis für Exponentendarstellung
FLT_MANT_DIG	Anzahl Mantissenstellen (float)
DBL_MANT_DIG	Anzahl Mantissenstellen (double)
LDBL_MANT_DIG	Anzahl Mantissenstellen (long double)
FLT_DIG	Genauigkeit in Dezimalziffern (float)
DBL_DIG	Genauigkeit in Dezimalziffern (double)
LDBL_DIG	Genauigkeit in Dezimalziffern (long double)
FLT_MIN_EXP	minimaler negativer FLT_RADIX-Exponent (float)
DBL_MIN_EXP	minimaler negativer FLT_RADIX-Exponent (double)
LDBL_MIN_EXP	minimaler negativer FLT_RADIX-Exponent (long double)
FLT_MIN_10_EXP	minimaler negativer Zehnerexponent (float)
DBL_MIN_10_EXP	minimaler negativer Zehnerexponent (double)
LDBL_MIN_10_EXP	minimaler negativer Zehnerexponent (long double)
FLT_MAX_EXP	maximaler FLT_RADIX-Exponent (float)
DBL_MAX_EXP	maximaler FLT_RADIX-Exponent (double)
LDBL_MAX_EXP	maximaler FLT_RADIX-Exponent (long double)
FLT_MAX_10_EXP	maximaler Zehnerexponent (float)
DBL_MAX_10_EXP	maximaler Zehnerexponent (double)
LDBL_MAX_10_EXP	maximaler Zehnerexponent (long double)
FLT_MAX	maximaler Gleitpunktwert (float)
DBL_MAX	maximaler Gleitpunktwert (double)
LDBL_MAX	maximaler Gleitpunktwert (long double)
FLT_EPSILON	kleinster float-Wert x, für den 1.0 + x ungleich 1.0 gilt
DBL_EPSILON	kleinster double-Wert x, für den 1.0 + x ungleich 1.0 gilt
LDBL_EPSILON	kleinster long double-Wert x, für den 1.0 + x ungleich 1.0 gilt
FLT_MIN	minimaler normalisierter Gleitpunktwert (float)
DBL_MIN	minimaler normalisierter Gleitpunktwert (double)
LDBL_MIN	minimaler normalisierter Gleitpunktwert (long double)

Tabelle B.11 Makros für die Genauigkeit und den Wertebereich von Gleitpunkttypen

Des Weiteren gibt es noch folgende zwei Makros in der Headerdatei *<float.h>*, die mehr Informationen zur Ausführung von Gleitpunkt-Arithmetik liefern:

Makro	Beschreibung
FLT_ROUNDS	Der Wert liefert den aktiven Rundungsmodus und kann zur Laufzeit des Programms auch geändert werden. Folgende Werte sind hierbei möglich: –1: Unbestimmt 0: Richtung null 1: Richtung nächster darstellbarer Wert 2: Richtung nächstgrößerer Wert 3: Richtung nächstkleinerer Wert
FLT_EVAL_METHOD	Gibt das Gleitpunktformat zurück, womit die Gleitpunktberechnungen intern ausgeführt werden. Der Wert kann nicht zur Laufzeit verändert werden. Folgende Werte sind hierbei möglich: –1: Unbestimmt 0: Berechnungen erfolgen im Format des Typs des Operanden. 1: Berechnungen vom Typ `float` und `double` werden im `double`-Format ausgeführt, und Berechnungen vom Typ `long double` werden im `long double`-Format ausgeführt. 2: Alle Berechnungen werden im `long double`-Format ausgeführt.

Tabelle B.12 Informationen zum Rundungsmodus und zur Ausführung von Gleitpunkt-Arithmetiken

B.7 <inttypes.h> (C99)

Der Header *<inttypes.h>* ist eine Ergänzung bzw. Erweiterung des Headers *<stdint.h>* (der natürlich auch inkludiert ist). *<inttypes.h>* definiert einige Makros (genauer Stringliterale), die als Konvertierungsspezifizierer für Funktionen der `printf`- und `scanf`-Familie verwendet werden können. Des Weiteren finden Sie in der Headerdatei den Struktur-Typ `imaxdiv_t` und weitere Funktionen.

Der Struktur-Typ `imaxdiv_t` enthält zwei Argumente vom Typ `intmax_t` und wird von der Funktion `imaxdiv()` zurückgegeben:

```
#include <inttypes.h>
imaxdiv_t imaxdiv(intmax_t numer, intmax_t denom);
```

Die Funktion `imaxdiv()` berechnet hierbei den Quotienten und den Rest einer Division von Ganzzahlen mit dem Typ `intmax_t` (definiert in *<stdint.h>*).

Weitere Funktionen der Headerdatei *<inttypes.h>* sind:

Funktion	Beschreibung
`intmax_t imaxabs(intmax_t j);`	Liefert den absoluten Wert einer ganzen Zahl vom Typ `intmax_t`.

`intmax_t strtoimax(`
`const char * restrict nptr,`
`char ** restrict endptr,`
`int base);`
	Konvertiert einen String in einen ganzzahligen Wert vom Typ `intmax_t`.

`uintmax_t strtoumax(`
`const char * restrict nptr,`
`char ** restrict endptr,`
`int base);`
	Konvertiert einen String in einen ganzzahligen Wert vom Typ `uintmax_t`.

`intmax_t wcstoimax(`
`const wchar_t * restrict nptr,`
`wchar_t ** restrict endptr,`
`int base);`
	Konvertiert einen String mit breiten Zeichen in einen ganzzahligen Wert vom Typ `intmax_t`.

`uintmax_t wcstoumax(`
`const wchar_t * restrict nptr,`
`wchar_t ** restrict endptr,`
`int base);`
	Konvertiert einen String mit breiten Zeichen in einen ganzzahligen Wert vom Typ `uintmax_t`.

Tabelle B.13 Funktionen der Headerdatei <inttypes.h>

Die Makros der `printf`-Familie beginnen alle mit dem Präfix `PRI`, und die Makros der `scanf`-Familie beginnen mit dem Präfix `SCN`. Danach folgt der Konvertierungsspezifizierer `d`, `i`, `o`, `x` oder `X` mit dem Typnamen. Für jeden in *<stdint.h>* definierten Typ gibt es ein Makro. Bei der Übersicht der Makros müssen Sie lediglich noch den Buchstaben *N* des Makronamens durch die Bit-Breite des Typs austauschen (in der Regel 8, 16, 32 oder 64). Hier sehen Sie alle Makros für die Konvertierungsspezifizierer `d`, `i`, `o`, `x` oder `X` (bei `scanf()` gibt es den Konvertierungsspezifizierer `X` nicht):

```
// printf-Makros für signed integers
PRIdN    PRIdLEASTN    PRIdFASTN    PRIdMAX    PRIdPTR
PRIiN    PRIiLEASTN    PRIiFASTN    PRIiMAX    PRIiPTR
// printf-Makros für unsigned integers
PRIoN    PRIoLEASTN    PRIoFASTN    PRIoMAX    PRIoPTR
PRIuN    PRIuLEASTN    PRIuFASTN    PRIuMAX    PRIuPTR
PRIxN    PRIxLEASTN    PRIxFASTN    PRIxMAX    PRIxPTR
PRIXN    PRIXLEASTN    PRIXFASTN    PRIXMAX    PRIXPTR
// scanf-Makros für signed integers
SCNdN    SCNdLEASTN    SCNdFASTN    SCNdMAX    SCNdPTR
SCNiN    SCNiLEASTN    SCNiFASTN    SCNiMAX    SCNiPTR
// scanf-Makros für unsigned integers
```

```
SCNoN    SCNoLEASTN    SCNoFASTN    SCNoMAX    SCNoPTR
SCNuN    SCNuLEASTN    SCNuFASTN    SCNuMAX    SCNuPTR
SCNxN    SCNxLEASTN    SCNxFASTN    SCNxMAX    SCNxPTR
```

B.8 <iso646.h> (NA1)

Die Headerdatei *<iso646.h>* wurde 1995 zum C90-Standard hinzugefügt. Sie enthält elf definierte Makros als alternative Schreibweise für Bit-Operatoren und logische Operatoren:

Makro	Definiert als
and	&&
and_eq	&=
bitand	&
bitor	|
compl	~
not	!
net_eq	!=
or	||
or_eq	|=
xor	^
xor_eq	^=

Tabelle B.14 In <iso646.h> definierte Makros

B.9 <limits.h>

Die Wertebereiche für ganzzahlige Typen sind in der Headerdatei *<limits.h>* definiert:

Konstante	Mindestwert (Standard)	Erklärung
CHAR_BIT[1)]	8	Bitzahl für ein Byte
SCHAR_MIN	–127	min. signed char
SCHAR_MAX	+127	max. signed char
UCHAR_MAX	255	max. unsigned char
CHAR_MIN	SCHAR_MIN oder 0	min. char

Tabelle B.15 Limits ganzzahliger Typen in <limits.h>

Konstante	Mindestwert (Standard)	Erklärung
CHAR_MAX	SCHAR_MAX oder UCHAR_MAX	max. char
WCHAR_MIN	implementierungsabhängig	min. wchar_t
WCHAR_MAX	implementierungsabhängig	max. wchar_t
MB_LEN_MAX[2)]	1	max. Byte für ein Viel-Bytezeichen
SHRT_MIN	–32767	min. short int
SHRT_MAX	+32767	max short int
USHRT_MAX	65535	max. unsigned short
INT_MIN	–32767 (32 Bit: –2147483647)	min. int
INT_MAX	+32767 (32 Bit: +2147483647)	max. int
UINT_MAX	65535 (32 Bit: 4294967295)	max. unsigned int
LONG_MIN	–2147483647 (64 Bit: –9223372036854775808)	min. long int
LONG_MAX	+2147483647 (64 Bit: +9223372036854775807)	max. long int
ULONG_MAX	4294967295	max. unsigned long int
LLONG_MIN	–9223372036854775808	min. long long
LLONG_MAX	+9223372036854775807	max. long long
ULLONG_MAX	+18446744073709551615	max. unsigned long long

[1)] Bei vielen DSPs (digitalen Signalprozessoren) ist CHAR_BIT gleich 16 oder mehr.
[2)] Unterstützt der Standard Unicode, ist MB_LEN_MAX auf 4 oder mehr gesetzt.

Tabelle B.15 Limits ganzzahliger Typen in <limits.h> (Forts.)

B.10 <locale.h>

Um Anwendungen an die lokale Umgebung wie beispielsweise lokalspezifische Zeichen oder Währungsinformationen anzupassen, ist in der Headerdatei *<locale.h>* eine Struktur mit dem Typ `struct lconv` mit folgenden Mitgliedern deklariert:

Elemente in struct lconv	Beschreibung
`char* decimal_point;`	das Zeichen für einen Dezimalpunkt bei nicht-monetären Werten
`char* thousands_sep;`	Trennzeichen für Gruppen von Ziffern. Einige Umgebungen fassen Ziffern in Tausendergruppen zusammen (beispielsweise ist das Trennzeichen ein Komma: "66,666").
`char* grouping;`	Größe einer Gruppe von Ziffern
`char* int_curr_symbol;`	internationales Symbol für lokale Währung
`char* currency_symbol;`	lokales Währungssymbol
`char* mon_decimal_point;`	Zeichen für einen Dezimalpunkt bei Geldbeträgen
`char* mon_thousands_sep;`	Trennzeichen für (Tausender-)Gruppen von Ziffern bei Geldbeträgen
`char* mon_grouping;`	Größe einer Gruppe von Ziffern bei Geldbeträgen
`char* positive_sign;`	Symbol für positive Geldbeträge
`char* negative_sign;`	Symbol für negative Geldbeträge
`char int_frac_digits;`	Anzahl der Ziffern nach Dezimalpunkt von Geldbeträgen (international; meistens 2)
`char frac_digits;`	Anzahl der Ziffern nach Dezimalpunkt von Geldbeträgen (national; meistens 2)
`char p_cs_precedes;`	Für positive Geldbeträge: 0 = Währungssymbol nach dem Betrag 1 = Währungssymbol vor dem Betrag
`char int_p_cs_precedes;`	(C99) internationale Version von `p_cs_precedes`
`char p_sep_by_space;`	Für positive Geldbeträge Leerzeichen zwischen Währungssymbol und dem Betrag: 1 = Leerzeichen 0 = kein Leerzeichen
`char int_p_sep_by_space;`	(C99) internationale Version von `p_sep_by_space`
`char n_cs_precedes;`	Für negative Geldbeträge: 0 = Währungssymbol nach dem Betrag 1 = Währungssymbol vor dem Betrag
`char int_n_cs_precedes;`	(C99) internationale Version von `n_cs_precedes`

Tabelle B.16 Mitglieder der Struktur »lconv«, um die Anwendung an die lokale Umgebung anzupassen

Elemente in struct lconv	Beschreibung
`char n_sep_by_space;`	Für negative Geldbeträge. Leerzeichen zwischen Währungssymbol und dem Betrag: 1 = Leerzeichen 0 = kein Leerzeichen
`char int_n_sep_by_space;`	(C99) internationale Version von `n_sep_by_space`
`char p_sign_posn;`	Position von `positive_sign`
`char int_p_sign_posn;`	(C99) internationale Version von `p_sign_posn`
`char n_sign_posn;`	Position von `negative_sign`
`char int_n_sign_posn;`	(C99) internationale Version von `n_sign_posn`

Tabelle B.16 Mitglieder der Struktur »lconv«, um die Anwendung an die lokale Umgebung anzupassen (Forts.)

Um auf die Elemente der Struktur `lconv` zuzugreifen, sind in der Headerdatei folgende zwei Funktionen deklariert:

Funktion	Beschreibung
`struct lconv *`**`localeconv`**`(void);`	Damit können Sie Informationen zur Formatierung von numerischen und monetären Werten ermitteln.

`char *`**`setlocale`**`(`
`int category,`
`const char *locale );`
	Damit können Sie bestimmte Kategorien oder die gesamte lokale Umgebung ändern.

Tabelle B.17 Funktionen, die Elemente der Struktur »lconv« abfragen bzw. setzen

Für das erste Argument von `setlocale()` sind folgende Makros definiert, mit denen Sie die Kategorie festlegen können:

Kategorie	Betroffen davon im Programm
`LC_ALL`	Alle lokalen Aspekte (die gleich noch in der Kategorie folgen) werden berücksichtigt.
`LC_COLLATE`	nur die Funktionen zum Vergleich von Strings `strcoll()` und `wcscoll()`, um Zeichenketten nach dem lokalen Alphabet zu vergleichen (beispielsweise wird `ß` wie ein `ss` sortiert)
`LC_CTYPE`	nur die Funktionen für die Zeichenklassifizierung- und Umwandlung in *<ctype.h>* (beispielsweise `isupper()`, `toupper()`) bzw. `<wctype.h>` (beispielsweise `mblen()`, `wctomb()`)

Tabelle B.18 Kategorien zum Lokalisieren der Umgebung

Kategorie	Betroffen davon im Programm
LC_MESSAGES[1)]	Legt fest, in welcher Sprache die positiven und negativen Meldungen angezeigt werden.
LC_MONETARY	die Formatierungsinformationen für die Darstellung von Geldbeträgen (siehe auch localeconv())
LC_NUMERIC	das Zeichen für den Dezimalpunkt der Ein-/Ausgabe und Stringkonvertierungen
LC_TIME	die Funktionen zur Formatierung des Datums strftime() und wcsftime()
[1)] Eine Erweiterung zum künftigen ISO-C-Standard (bei einigen Systemen schon implementiert)	

Tabelle B.18 Kategorien zum Lokalisieren der Umgebung (Forts.)

Für das zweite Argument in der Funktion setlocale() sind folgende Angaben möglich:

Argument	Bedeutung
"C"	Keine lokalen Aspekte werden berücksichtigt.
""	Die Einstellung richtet sich nach der Umgebung des Compilers.
NULL	Die lokale Umgebung wird nicht verändert. Wird verwendet, um mithilfe des Rückgabewertes von setlocale() die alte Umgebung zu sichern und eventuell wiederherzustellen.

Tabelle B.19 Zweites Argument für »setlocale()«

B.11 <math.h>

In der Headerdatei *<math.h>* sind mathematische Funktionen für reelle Gleitpunktzahlen mit dazu passenden Makros und Typen deklariert. *<math.h>* wurde mit dem C99-Standard erweitert.

In *<math.h>* finden Sie (seit dem C99-Standard) mit float_t und double_t zwei typedef-Typen, die das Gleitpunktformat darstellen, womit die arithmetischen Ausdrücke vom Typ float bzw. double intern berechnet werden. Von welchem Typ float_t und double_t sind, definiert der Wert des Makros FLT_EVAL_METHOD:

FLT_EVAL_METHOD	float_t entspricht	double_t entspricht
0	`float`	`double`
1	`double`	`double`
2	`long double`	`long double`

Tabelle B.20 Mögliche Definition der Typen »float_t« und »double_t«

Der Vorteil der Verwendung von `float_t` und `double_t` gegenüber der herkömmlichen Verwendung der Typen `float`, `double` und `long double` ist, dass hier die Operanden nicht vor einer arithmetischen Operation konvertiert werden müssen, wie dies häufig der Fall ist.

Folgende Makros sind (ab dem C99-Standard) in der Headerdatei *<math.h>* vorhanden, um die Gleitpunktwerte zu klassifizieren:

Konstante	Kategorie
`FP_NAN`	`NAN` steht für *Not a Number* und bedeutet, dass es sich bei dem Wert um keine gültige Gleitpunktdarstellung handelt.
`FP_NORMAL`	eine Gleitpunktzahl in normaler Darstellung
`FP_INFINITE`	Die Gleitpunktzahl wird als unendlicher Wert dargestellt.
`FP_ZERO`	eine Gleitpunktzahl mit dem Wert 0
`FP_SUBNORMAL`	eine Gleitpunktzahl, mit der besonders kleine Zahlen dargestellt werden können

Tabelle B.21 Bestimmung der Gleitpunktzahl-Kategorie

Für die Ermittlung der entsprechenden Kategorie sind folgende Makros definiert:

Makro	Bedeutung
`isnan (x)`	Ist die Gleitpunktzahl gleich `FP_NAN`, wird 1 zurückgegeben, ansonsten 0.
`isnormal (x)`	Ist die Gleitpunktzahl gleich `FP_NORMAL`, wird 1 zurückgegeben, ansonsten 0.
`isfinite (x)`	Ist die Gleitpunktzahl eine unendliche Zahl, wird 1 zurückgegeben, ansonsten 0.
`isinf (x)`	Ist die Gleitpunktzahl gleich `FP_INFINITE`, wird 1 zurückgegeben, ansonsten 0.

Tabelle B.22 Makros zur Bestimmung der Gleitpunktzahl-Kategorie

Intern werden alle diese Makros jedoch mithilfe des Makros `fpclassify()` ausgewertet, das Sie selbstverständlich auch manuell verwenden können:

```
if ( fpclassify(x) == FP_NAN ) { /* ... */ }
// ... gleichwert zu ...
if( isnan(x) ) { /* ... */ }
```

Auch zum Vergleich von reelen Zahlen sind folgende Makros in der Headerdatei *<math.h>* vorhanden:

Makro	Bedeutung
`isgreater (x, y)`	`x` größer als `y`
`isgreaterequal (x, y)`	`x` größer als oder gleich `y`
`isless (x, y)`	`x` kleiner als `y`
`islessequal (x, y)`	`x` kleiner als oder gleich `y`
`islessgreater (x, y)`	`x` kleiner als `y` ODER `x` größer als `y`
`isunordered (x, y)`	Sind `x` und `y` nicht miteinander vergleichbar, gibt dieses Makro 1 zurück, ansonsten 0.

Tabelle B.23 Makros zum Vergleichen von Gleitpunktzahlen

Weitere Makros in der Headerdatei *<math.h>* sind:

Makro	Beschreibung

`HUGE_VAL`	Ist das mathematische `double`-Ergebnis nicht mehr ohne erheblichen Rundungsfehler durch den Rückgabetyp darstellbar, tritt ein Überlauf auf (*Range Error*) und liefert das Ergebnis `HUGE_VAL` zurück. `errno` wird außerdem auf `ERANGE` gesetzt.
	Beispielsweise:
	`// beide Male dieselbe Ausgabe. Beispielsweise : inf`
	`printf("%g\n", HUGE_VAL);`
	`printf("%g\n", 1.0/0.0);`

`HUGE_VALF`	(C99) wie `HUGE_VAL`, nur für den Typ `float`
`HUGE_VALL`	(C99) wie `HUGE_VAL`, nur für den Typ `long double`
`INFINITY`	(C99) Je nach Implementierung steht dieses Makro für einen konstanten Ausdruck vom Typ `float`, der positiv unendlich bzw. unendlich ohne Vorzeichen ist, oder das Makro entspricht einem Überlauf eines konstanten `float`-Wertes, wobei der Compiler eine Fehlermeldung erzeugt.

Tabelle B.24 Weitere Makos in <math.h>

Makro	Beschreibung

`NAN`	(C99) `NAN` steht für *Not A Number* und wird ausgegeben, wenn der Wert keine gültige Gleitpunktzahl ist. Dieses Makro ist nur dann definiert, wenn die Implementation auch `NAN` unterstützt. Beispielsweise:
	
	`// beide Male dieselbe Ausgabe. Beispielsweise : nan`
	`printf("%g\n", NAN);`
	`printf("%g\n", sqrt(-1));`

Tabelle B.24 Weitere Makos in <math.h> (Forts.)

Jetzt fehlen natürlich noch die Funktionen der Headerdatei *<math.h>*. Bei der Tabelle der Gleitpunktfunktionen werden hier nur die `double`-Versionen aufgelistet. Wenn Sie mit `float` oder `long double` arbeiten, müssen Sie zum Funktionsnamen lediglich den Buchstaben `f` oder `l` hinzufügen.

Funktion in <math.h>	Beschreibung
`double cosh( double z );`[1] `double sinh( double z );`[1] `double tanh( double z);`[1]	Hyperbolische Funktionen
`double acos( double z );`	Arcuscosinus
`double asin( double z );`	Arcussinus
`double atan( double z );`	Arcustangens
`double cos( double z );`	Cosinus
`double sin( double z );`	Sinus
`double tan( double z);`	Tangens
`double cosh( double z);`	Cosinus hyperbolicus
`double sinh( double z);`	Sinus hyperbolicus
`double tanh( double z);`	Tangens hyperbolicus
`double exp( double z);`	Exponentialfunktion berechnen
`double log( double z);`	Logarithmus von `z` zur Basis e = 2.71828...
`double sqrt( double z);`	Quadratwurzel
`double fabs( double z);`	Absolutwert
`double pow( double z1, double z2 );`	Potenz `z1z2`

Tabelle B.25 Mathematische Funktionen für reelle Gleitpunktzahlen

Funktion in <math.h>	Beschreibung
`double atan2( double x1, double x2 );`	Arcustangens von `x1` und `x2`

`double exp(double x );`
`double exp2(double x );` [1]
`double frexp( double x, int x2 );`
`double ldexp( double x, int exp );`
`double scalbn( double x, int n );` [1]
`double scalbln( double x, long int n );` [1]
	Exponentialfunktionen

`double log(double x);`
`double log10(double x)`
`double log1p(double x);` [1]
`double log2(double x);` [1]
`double logb(double x);` [1]
`int ilogb(double x);` [1]
	Logarithmusfunktionen

`double fabs(double x);`	Absolutwert
`double nextafter( double x, double y);` [1] `double nexttoward( double x, long double y);` [1]	nächste darstellbare Zahl
`double fma( double x, double y, double z);` [1]	Multiplikation und Addition (`x*y+z`)
`double fdim ( double x, double y );` [1]	positive Differenz
`double trunc(double x);` [1] `long long int llround( double x);` [1] `long int lround(double x);` [1] `double round(double x);` [1] `long long int llrint( double x );` [1] `long int lrint(double x);` [1] `double rint(double x);` [1] `double nearbyint(double x);` [1]	Rundungsfunktionen
`double floor(double x);` `double ceil(double x);`	nächste Ganzzahl runden

Tabelle B.25 Mathematische Funktionen für reelle Gleitpunktzahlen (Forts.)

Funktion in <math.h>	Beschreibung
`double modf(` `  double1 x1, double2 *x2);`	Zerlegt den Wert von `x1` in einen gebrochenen und einen ganzzahligen Wert. Der ganzzahlige Wert (Vorkommateil) befindet sich dann in der Adresse von `x2`.

`int fmod(`
`   double x1, double x2 );`
`double remainder(`
`   double x, double y);`[1]
`double remquo(`
`   double x,`
`   double y,`
`   int *quo);` [1]
	Rest einer Division

`double hypot(`
`   double x, double y );`
`double cbrt(double x);`[1]
	Wurzelfunktionen

`double erf(double x);`[1] `double erfc(double x);`[1]	Fehlerfunktionen zur Normalverteilung

`double fmin(`
`   double x, double y);`
`double fmax(`
`   double x, double y);`
	Minimum und Maximum

`double lgamma(double x);`[1] `double tgamma(double x);`[1]	Gammafunktionen
`double copysign(` `   double x, double y);`[1]	Vorzeichen zuordnen
`double nan(` `   const char *tagp);`[1]	ein NaN erzeugen
[1] Diese Funktionen wurden erst mit dem C99-Standard eingeführt.	

Tabelle B.25 Mathematische Funktionen für reelle Gleitpunktzahlen (Forts.)

Für die Funktion `fma(x, y, z)` können außerdem in der Headerdatei *<math.h>* seit dem C99-Standard die Makros `FP_FAST_FMA`, `FP_FAST_FMAF`, `FP_FAST_FMAL` definiert sein. Wenn diese definiert sind, dann bedeutet dies, dass die Ausführung der Funktion schneller ist als die Ausführung einer gewöhnlichen Multiplikation, gefolgt von einer Addition mit Operatoren (beispielsweise `x*y+z`). Dies ist dann der Fall, wenn die Funktion `fma()` spezielle Maschinenbefehle verwendet. `FP_FAST_FMA` ist die `double`-Version, `FP_FAST_FMAF` die `float`-Version und `FP_FAST_FMAL` die Version für `long double`.

Auch für Funktion `ilogb(x)` gibt es mit `FP_ILOGB0` und `FP_ILOGBNAN` zwei Makros. `FP_ILOGB0` wird ausgegeben, wenn das Argument `x` den Wert 0 hat. `FP_`

ILOGBNAN hingegen bedeutet, dass x keine gültige Gleitpunktzahl ist. FP_ILOGB0 kann entweder den Wert -INT_MAX oder INT_MIN haben und FP_LOGBNAN kann den Wert INT_MAX oder INT_MIN annehmen.

Folgende Makros machen die Übersicht zur Headerdatei *<math.h>* jetzt komplett (C99):

```
// Konstante mit dem Wert 1
MATH_ERRNO
// Konstante mit dem Wert 2
MATH_ERREXCEPT
```

Diese Konstanten werden als Bit-Masken verwendet, um den Inhalt von math_errhandling. der externen Variablen oder eines Makros vom Typ int zu ermitteln. Ist beispielsweise der Ausdruck

```
if ( math_errhandlich & MATH_ERRNO ) {
   // Ein Fehler ist aufgetreten; errno auslesen
}
```

nicht null, dann können Sie daraus schließen, dass bei einer Berechnung ein Fehler aufgetreten ist. Mit der Fehlervariablen errno können Sie jetzt ermitteln, ob es sich hierbei um einen *Domain error* (EDOM) oder *Range error* (ERANGE) handelt.

Selbiges lässt sich mit den Exceptions der Gleitpunkt-Umgebung verwenden:

```
if ( math_errhandlich & MATH_ERREXCEPT ) {
   // Eine Exception ist aufgetreten.
   // Mögliche Exceptions finden Sie in <fenv.h>.
}
```

Wenn die Implementierung Exceptions der Gleitpunkt-Umgebung unterstützt, können Sie diese mithilfe der Makros FE_DIVBYZERO, FE_INEXACT, FE_INVALID, FE_OVERFLOW und FE_UNDERFLOW aus der Headerdatei *<fenv.h>* und der Funktion fetestexcept() auswerten. Mehr dazu habe ich bereits in Abschnitt 20.3.7, »Zugriff auf die Gleitpunktumgebung – <fenv.h>« geschrieben.

B.12 <setjmp.h>

Gewöhnlich ist es ja nicht möglich, von einer aufgerufenen Funktion in die aufrufende Funktion zurückzukehren. Mit den Funktionen setjmp() und longjmp() hingegen ist ein solcher Rücksprung möglich.

Der Programmzustand, der von setjmp() gesetzt und von longjmp() angesprungen wird, wird in einem Puffer vom Typ jmp_buf gespeichert. Bei jmp_buf handelt es sich um ein Array mit Informationen wie u. a. Register-Inhalte, Instruktions-Pointer oder Stackpointer.

Funktion	Bedeutung
`int setjmp ( jmp_buf env );`	einen Programmzustand abspeichern
`void longjmp( jmp_buf env, int wert );`	den Programmzustand wiederherstellen

Tabelle B.26 Funktionen für nicht-lokale Sprünge

B.13 <signal.h>

Zur Behandlung von Signalen finden Sie in der Headerdatei *<signal.h>* folgende zwei Funktionen:

Funktion	Beschreibung
`void(*signal( int sig, void (*func)(int)))(int);`	Einen Signal-Handler einrichten. Ein Signal-Handler ist im Grunde eine gewöhnliche Funktion, die beim Eintreffen eines Signals ausgeführt wird.
`int raise(int sig);`	ein Signal senden (auslösen)

Tabelle B.27 Funktionen zur Behandlung von Signalen

Für das erste Argument von `signal()` bzw. `raise()` geben Sie die Signalnummer an, die behandelt bzw. gesendet werden soll. Hierfür sind im Standard mindestens folgende Makros vom Typ `int` definiert:

Name	Bedeutung
SIGABRT	Dieses Signal signalisiert, dass sich das Programm abnormal beendet hat (`abort()`).
SIGFPE	Dieses Signal wird z. B. bei einer Division durch 0 oder bei einem Überlauf einer Zahl angezeigt.
SIGILL	Dieses Signal wird angezeigt, wenn ein illegaler Hardware-Befehl ausgeführt wird.
SIGINT	Dieses Signal wird an alle Prozesse geschickt, wenn die Tastenkombination [Strg] + [C] gedrückt wurde.
SIGSEGV	Wird dies angezeigt, wurde versucht, auf eine unerlaubte Speicherstelle zu schreiben oder diese zu lesen.

Tabelle B.28 Makros für Fehlersignale

Name	Bedeutung
SIGTERM	Beendigung eines Programms

Tabelle B.28 Makros für Fehlersignale (Forts.)

Mit dem zweiten Argument der Funktion legen Sie entweder die Adresse des Signal-Handlers fest, oder Sie können eines der folgenden Makros verwenden:

Makro	Beschreibung
SIG_DFL	Tritt das Signal auf, wird der Standard-Signal-Handler verwendet.
SIG_IGN	Tritt das Signal auf, wird dieses ignoriert.
SIG_ERR	Dies ist der Rückgabewert von der Funktion signal(), wenn ein Fehler aufgetreten ist.

Tabelle B.29 Makros, um auf Signale zu reagieren

Des Weiteren ist in der Headerdatei *<signal.h>* ein Typ sig_atomic_t vorhanden, der Ihnen Zugriff auf atomare Operationen (beispielsweise als Hardware-Interrupt bei Signal-Handlern) ermöglicht. Der Wertebereich von sig_atomic_t ist in der Headerdatei *<stdint.h>* mit den Makros SIG_ATOMIC_MIN und SIG_ATOMIC_MAX definiert.

B.14 <stdarg.h>

In der Headerdatei *<stdarg.h>* sind vier Makros und ein Typ für die Verwendung von optionalen Argumenten bei Funktionen definiert:

Makro	Bedeutung
va_list argPtr;	abstrakter Datentyp (wird auch als *Argumentzeiger* bezeichnet), mit dem die Liste der Parameter definiert wird und mit dem der Zugriff auf die optionalen Argumente realisiert wird
va_start(va_list argPtr, lastarg);	Argumentliste initialisiert den Argumentzeiger argPtr mit der Position des ersten optionalen Arguments. An lastarg muss der letzte Parameter in der Liste übergeben werden.
type **va_arg**(va_list argPtr, typ);	Gibt das optionale Argument zurück, auf das argPtr im Augenblick verweist, und setzt den Argumentzeiger auf das nächste Argument. Mit typ geben Sie den Typ des zu lesenden Arguments an.

Tabelle B.30 Makros der Headerdatei <stdarg.h>

Makro	Bedeutung
`void va_end(va_list argPtr);`	Hiermit können Sie den Argumentzeiger `argPtr` beenden, wenn Sie diesen nicht mehr benötigen.
`void va_copy( va_list dest, va_list src );`	Hiermit initialisieren Sie den Argumentzeiger `dest` mit den aktuellen Argumenten von `src`. Dies macht beispielsweise Sinn, wenn Sie eine Argumentenliste ein zweites Mal durchlaufen wollen.

Tabelle B.30 Makros der Headerdatei <stdarg.h> (Forts.)

B.15 <stdbool.h> (C99)

In der Headerdatei *<stdbool.h>* sind folgende Makros definiert:

Makro	Beschreibung
`bool`	ein Synonym für den Datentyp `_Bool`
`true`	ein Synonym für die Konstante 1
`false`	ein Synonym für die Konstante 0
`__bool_true_false_are_defined`	ein Synonym für die Konstante 1

Tabelle B.31 Makros in der Headerdatei <stdbool.h>

B.16 <stddef.h>

Die Headerdatei *<stddef.h>* beinhaltet folgende zwei Makros:

Makro	Beschreibung
`NULL`	Das Makro ist eine Null-Zeiger-Konstante. (Das Makro ist auch in anderen Headern der Standard-Bibliothek definiert.)
`offsetof(type, member)`	Das Makro liefert den Abstand vom Anfang einer Struktur bis zu dem als zweites Argument angegebenen Strukturelement (das Strukturelement darf kein Bit-Feld sein). Der zurückgegebene Wert ist eine ganzzahlige Konstante vom Typ `size_t`.

Tabelle B.32 Makros in der Headerdatei <stddef.h>

Des Weiteren sind noch folgende drei Typen definiert:

Typ	Beschreibung
ptrdiff_t	Ein ganzzahliger *signed*-Typ, der als Ergebnis einer Subtraktion zweier Zeiger zurückgegeben wird.
size_t	Ein ganzzahliger *unsigned*-Typ, der als Ergebnis von sizeof-Operationen verwendet wird. Der Typ ist ebenfalls in mehreren Headerdateien der Standard-Bibliothek definiert.
wchar_t	Ein ganzzahliger Typ mit der Größe des größten zu speichernden erweiterbaren Zeichensatzes, der implementiert ist. Auch wchar_t ist in weiteren Headerdateien definiert.

Tabelle B.33 Typen in der Headerdatei <stddef.h>

B.17 <stdint.h> (C99)

In der Headerdatei *<stdint.h>* werden ganzzahlige Typen mit bestimmter Breite definiert. Mit »vorgegebener Breite« ist die Anzahl der Bits zur Darstellung des Werts gemeint, die dieser Typ verwenden darf. Spezielle Formatierungsspezifizierer für die printf- und scanf-Familie finden Sie in der Headerdatei *<inttypes.h>*. Hier die Typen im Überblick (Typen, die mit u (unsigned) beginnen, sind vorzeichenlos):

Typ	Bedeutung
int*N*_t uint*N*_t	Ein int-Wert mit einer Breite von *exakt* N Bits. Dieser Typ ist optional und wird nicht vom C99-Standard gefordert. Damit wäre es beispielsweise möglich, eigene erweiterte Ganzzahltypen wie beispielsweise int22_t oder uint34_t zu definieren und verwenden.
int_least*N*_t [1)] uint_least*N*_t [1)]	ein int-Wert mit einer Breite von *mindestens* N Bits (erlaubte Werte für N: 8, 16, 32, 64)
int_fast*N*_t [1)] uint_fast*N*_t [1)]	der schnellste int-Typ mit mindestens einer Breite von N Bits (erlaubte Werte für N: 8, 16, 32, 64)
intmax_t [1)] uintmax_t [1)]	größtmöglicher ganzzahliger Typ (Wert ist in der Konstante INT64_MAX bzw. UINT64_MAX deklariert)
intptr_t uintptr_t	maximale Breite, um den Wert eines Zeigers zu speichern
[1)] Typen werden vom C99-Standard vorgeschrieben. Der Rest ist optional.	

Tabelle B.34 Neue ganzzahlige Typen vorgegebener Breite

Selbstverständlich finden Sie in der Headerdatei *<stdint.h>* auch die zum definierten Typ gehörenden Makros, die den minimalen und maximalen Wertebereich des Typs definieren. Auch hier müssen Sie *N* gegen die erlaubten Werte 8, 16, 32 oder 64 austauschen:

Typ	Minimal	Maximal
int*N*_t uint*N*_t	INT*N*_MIN	INT*N*_MAX UINT*N*_MAX
int_least*N*_t uint_least*N*_t	INT_LEAST*N*_MIN	INT_LEAST*N*_MAX UINT_LEAST*N*_MAX
int_fast*N*_t uint_fast*N*_t	INT_FAST*N*_MIN	INT_FAST*N*_MAX UINT_FAST*N*_MAX
intmax_t uintmax_t	INTMAX_MIN	INTMAX_MAX UINTMAX_MAX
intptr_t uintptr_t	INTPTR_MIN	INTPTR_MAX UINTPTR_MAX

Tabelle B.35 Wertebereiche ganzzahliger Typen mit vorgegebener Breite

Ebenfalls in der Headerdatei *<stdint.h>* werden Wertebereiche für Typen aus anderen Headern definiert:

Typ	Minimal	Maximal
ptrdiff_t	PTRDIFF_MIN (-65535)	PTRDIFF_MAX (+65535)
sig_atomic_t[1)]	SIG_ATOMIC_MIN (-127)	SIG_ATOMIC_MAX (+127)
size_t		SIZE_MAX (+65535)
wchar_t[1)]	WCHAR_MIN (-127)	WCHAR_MAX (+127)
wint_t[1)]	WINT_MIN (-32767)	WINT_MAX (+32767)
[1)] Die Typen können auch ohne Vorzeichen definiert sein, womit sich der maximale Wert verdoppelt.		

Tabelle B.36 Wertebereiche weiterer ganzzahliger Typen

B.18 <stdio.h>

Die Headerdatei *<stdio.h>* deklariert eine Menge grundlegender Funktionen, Makros und Typen für die Ein-/Ausgabe. Zunächst ein Überblick über die Funktionen in *<stdio.h>*:

Syntax	Bedeutung
`FILE *fopen( const char * restrict pfad, const char * restrict modus );`	Datei öffnen
`FILE *freopen( const char * restrict pfad, const char * restrict modus, FILE * restrict fz );`	Datei öffnen mit bereits vorhandenem Stream
`int fflush(FILE *fz);`	Inhalt des Datei-Puffers in einen Stream schreiben
`int fclose(FILE *fz);`	Datei schließen
`int remove( const char *pfadname );`	Datei löschen
`int rename( const char *alt, const char *neu );`	Datei umbenennen
`FILE *tmpfile(void);`	temporäre Datei erzeugen und automatisch wieder löschen
`char *tmpnam(char *ptr);`	eindeutigen Namen für eine temporäre Datei erzeugen
`void setbuf( FILE * restrict fz, char * restrict puffer );`	einer Datei einen Puffer zuordnen
`int setvbuf( FILE * restrict fz, char * restrict puffer, int modus, size_t size );`	einer geöffneten Datei einen Puffer zuordnen
`int fscanf( FILE * restrict fz, const char * restrict format, ... );`	formatiert aus einem Stream lesen
`int scanf( const char * restrict format, ... );`	formatiert aus der Standardeingabe (`stdin`) lesen
`int sscanf( const char * restrict puffer, const char * restrict format, ... );`	formatiert aus einem String lesen
`int fprintf( FILE * restrict fz, const char * restrict format, ...);`	formatiert in einen Stream schreiben

Tabelle B.37 Standard-Ein-/Ausgabe-Funktionen

Syntax	Bedeutung
`int printf( const char * restrict format, ... );`	formatiert auf die Standardausgabe (`stdout`) schreiben
`int sprintf( char * restrict puffer, const char * restrict format, ... );`	formatiert in einen String schreiben
`int vfprintf( FILE * restrict fz, const char * restrict format, va_list arg);`	formatiert in einen Stream schreiben mit Argumentzeiger
`int vprintf( const char * restrict format, va_list arg);`	formatiert auf `stdout` schreiben mit Argumentzeiger
`int vsprintf( char * restrict puffer, const char * restrict format, va_list arg);`	formatiert in einen String schreiben mit Argumentzeiger
`int getchar(void);`	ein Zeichen von der Standardeingabe (`stdin`) einlesen
`int putchar(int ch);`	ein Zeichen auf die Standardausgabe (`stdout`) schreiben
`int fgetc(FILE *fz);` `int getc (FILE *fz);`	ein Zeichen von einem Stream einlesen
`int fputc(int ch, FILE *fz);` `int putc(int ch, FILE *fz);`	ein Zeichen in einen Stream schreiben
`int ungetc( int zeichen, FILE *fz);`	ein gelesenes Zeichen in den Stream zurückschieben
`int gets(char *puffer);`	eine ganze Zeile von der Standardeingabe einlesen (Unsichere Funktion. Bessere Alternative: `fgets()`)
`int puts(const char *puffer);`	eine ganze Zeile auf die Standardausgabe schreiben
`int fgets( char * restrict puffer, int n, FILE * restrict fz);`	eine ganze Zeile aus einem Stream lesen

Tabelle B.37 Standard-Ein-/Ausgabe-Funktionen (Forts.)

Syntax	Bedeutung
`int fputs(const char * restrict puffer, FILE * restrict fz);`	eine ganze Zeile in einen Stream schreiben
`size_t fread(void * restrict ptr, size_t size, size_t n_obj, FILE * restrict fz);`	binäres Lesen ganzer Blöcke
`size_t fwrite(const void * restrict p, size_t siz, size_t n_obj, FILE * restrict fz);`	binäres Schreiben ganzer Blöcke
`int fseek(FILE *fz, long int offset, int origin);`	einen Stream positionieren
`long int ftell(FILE *fz);`	die Position eines Streams abfragen
`int fgetpos(FILE *fz, fpos_t * restrict pos);`	die Position eines Streams speichern
`int fsetpos(FILE *fz, const fpos_t *pos);`	einen Stream positionieren (zweite Möglichkeit)
`void rewind(FILE *fz);`	den Stream zum Dateianfang zurücksetzen
`int feof(FILE *fz);`	EOF-Flag überprüfen, ob der Stream am Dateiende ist
`int ferror(FILE *fz);`	Fehler-Flag überprüfen, ob beim Stream ein Fehler auftrat
`void clearerr(FILE *fz);`	das Fehler- und EOF-Flag löschen
`void perror(const char *s);`	Ausgabe einer zu `errno` gehörigen Fehlermeldung

Tabelle B.37 Standard-Ein-/Ausgabe-Funktionen (Forts.)

Folgende Makros sind in der Headerdatei *<stdio.h>* meistens als positive Integer-Konstanten definiert:

Makro	Beschreibung
`BUFSIZ`	die Größe des Puffers (in Byte), der von der Funktion `setbuf()` verwendet wird

Tabelle B.38 Makro in der Headerdatei <stdio.h>

Makro	Beschreibung
_IOFBF	Ein-/Ausgabe wird voll gepuffert. Die Konstante wird gewöhnlich von der Funktion setvbuf() verwendet.
_IOLBF	Ein-/Ausgabe wird zeilenweise gepuffert. Die Konstante wird gewöhnlich von der Funktion setvbuf() verwendet.
_IONBF	Ein-/Ausgabe wird gar nicht gepuffert. Die Konstante wird gewöhnlich von der Funktion setvbuf() verwendet.
L_tmpnam	die Größe für ein char-Array, um einen temporären Dateinamen mit der Funktion tmpnam() zu generieren
SEEK_CUR	Schreib/Lese-Deskriptor von der aktuellen Position versetzen. Diese Konstante wird von der Funktion fseek() als drittes Argument verwendet.
SEEK_END	Schreib/Lese-Deskriptor vom Dateiende um eine bestimmte Anzahl von Bytes versetzen. Diese Konstante wird von der Funktion fseek() als drittes Argument verwendet.
SEEK_SET	Schreib/Lese-Deskriptor vom Dateianfang versetzen. Diese Konstante wird von der Funktion fseek() als drittes Argument verwendet.
FILENAME_MAX	die Größe für ein char-Array, um den längsten Namen einer Datei zu speichern, der beim Öffnen einer Datei verwendet werden kann
FOPEN_MAX	Anzahl der Dateien, die von einem Programm gleichzeitig geöffnet sein dürfen
TMP_MAX	Anzahl eindeutiger Dateinamen, die mit der Funktion tmpnam() erzeugt werden können
EOF	(*End Of File*) Diese Konstante wird bei unterschiedlichen Funktionen zurückgegeben, wenn beispielsweise ein Fehler aufgetreten ist oder beim Lesen das Dateiende erreicht wurde. Die Konstante ist als negativer Wert (-1) vom Typ int definiert.
NULL	Auch diese Headerdatei definiert den NULL-Zeiger.

Tabelle B.38 Makro in der Headerdatei <stdio.h> (Forts.)

Folgende drei Typen sind in *<stdio.h>* definiert:

Typ	Beschreibung
`FILE`	Der `FILE`-Zeiger ist eine Struktur, die alle Informationen für die höheren Datei-Ein-/Ausgabe-Funktionen enthält. Dies beinhaltet u. a. den Puffer (die Anfangsadresse, aktuelle Position, Größe), den File-Deskriptor, die Position des Schreib- oder Lesezeigers, die Fehler- und `EOF`-Flags.
`fpos_t`	Der Typ wird von der Funktion `fgetpos()` zurückgegeben und speichert alle Informationen zur aktuellen Dateiposition. Später kann mit dieser Variablen mithilfe der Funktion `fsetpos()` auf diese Position (zurück-)gesprungen werden.
`size_t`	Ein ganzzahliger `unsigned`-Typ, der als Ergebnis von `sizeof`-Operationen verwendet wird. Der Typ ist ebenfalls in mehreren Headerdateien der Standard-Bibliothek definiert.

Tabelle B.39 Typen, die in <stdio.h> definiert sind

Die folgenden drei Standard-Streams sind alle als Zeiger auf `FILE` im Header *<stdio.h>* definiert:

Stream	Beschreibung
`stdin`	ein Zeiger auf `FILE`, der mit der Standard-Eingabe verbunden ist (für gewöhnlich ist das die Tastatur)
`stdout`	ein Zeiger auf `FILE`, der mit der Standard-Ausgabe verbunden ist (für gewöhnlich ist das der Bildschirm)
`stderr`	ein Zeiger auf `FILE`, der mit der Standard-Fehlerausgabe verbunden ist (für gewöhnlich ist das der Bildschirm)

Tabelle B.40 Standardstreams in der Headerdatei <stdio.h>

B.19 <stdlib.h>

Die Headerdatei *<stdlib.h>* ist so etwas wie ein Sammelsurium von Funktionen, weil sich hier viele Funktionen unterschiedlicher Bereiche finden. Es gibt folgende Funktionen in *<stdlib.h>*:

Syntax	Bedeutung
`double atof( const char *str);`	einen String in einen `double`-Wert konvertieren
`int atoi(const char *str);`	einen String in einen `int`-Wert konvertieren
`long int atol( const char *str);`	einen String in einen `long int`-Wert konvertieren
`long long int atoll( const char *str);` [1)]	einen String in einen `long long int`-Wert konvertieren
`float strtof( const char * restrict str, char ** restrict endptr);` [1)]	einen String in einen `float`-Wert konvertieren
`double strtod( const char * restrict str, char ** restrict endptr);`	einen String in einen `double`-Wert konvertieren
`long double strtold( const char * restrict str, char ** restrict endptr);` [1)]	einen String in einen `long double`-Wert konvertieren
`long int strtol( const char * restrict str, char ** restrict endptr, int base);`	einen String in einen `long int`-Wert konvertieren
`long long strtoll( const char * restrict str, char ** restrict endptr, int base);` [1)]	einen String in einen `long long`-Wert konvertieren
`unsigned long int strtoul( const char * restrict str, char ** restrict endptr, int base);`	einen String in einen `unsigned long int`-Wert konvertieren
`unsigned long int strtoull( const char * restrict str, char ** restrict endptr, int base);` [1)]	einen String in einen `unsigned long long`-Wert konvertieren
`void *malloc(size_t size);`	Speicherplatz allozieren

Tabelle B.41 Funktionen der Headerdatei <stdlib.h>

Syntax	Bedeutung
`void *calloc( size_t anzahl, size_t size);`	Speicherplatz allozieren
`void *realloc( void *zeiger, size_t size);`	Speicherplatz allozieren
`void free(void *ptr);`	allozierten Speicherplatz wieder freigeben
`int rand(void);`	Erzeugt eine Pseudo-Zufallszahl zwischen 0 und `RAND_MAX`.
`void srand( unsigned int start);`	Legt den Startpunkt für eine Pseudo-Zufallszahl fest.
`int atexit( void (* funktion) (void));`	eine Funktion zur Ende-Behandlung eintragen
`void exit(int status);`	normale Programmbeendigung
`void _Exit(int status);` [1)]	wie `exit()`, nur wird das Programm sofort beendet, und zwar ohne das Senden von Signalen oder Ausführung von Funktionen, die mit der Funktion `atexit()` eingerichtet wurden
`void abort(void);`	nicht normale Programmbeendigung
`int system(const char *str);`	ein Kommando zur Ausführung an die Umgebung übergeben
`char *getenv( const char *name);`	aktuelle Umgebungsvariablen des Systems abfragen
`div_t div( int zaehler, int nenner);`	den Quotienten und den Rest einer Division berechnen (`int`)
`ldiv_t ldiv( long int zaehler, long int nenner);`	den Quotienten und den Rest einer Division berechnen (`long`)
`lldiv_t lldiv( long long zaehler, long long nenner);` [1)]	den Quotienten und den Rest einer Division berechnen (`long long`)
`int abs(int num);`	Absolutwert eines `int`-Arguments
`long int labs(long num);`	Absolutwert eines `long int`-Arguments
`long long int llabs( long long int num);` [1)]	Absolutwert eines `long long int`-Arguments

Tabelle B.41 Funktionen der Headerdatei <stdlib.h> (Forts.)

Syntax	Bedeutung
void ***bsearch**(const void *key, const void *start, size_t n, size_t size, int (*cmp)(const void *, const void *));	binäre Suche
void **qsort**(void *array, size_t n, size_t size, int (*cmp)(const void *, const void *));	Quicksort (Sortieren)
int **mblen**(const char *s, size_t n);[1)]	Liefert die Länge eines Multibyte-Zeichens zurück oder überprüft, ob die Codierung von Multibyte-Zeichen statusabhängig ist.
int **mbtowc**(wchar_t * restrict pwc, const char * restrict s, size_t n);[1)]	Konvertiert ein Multibyte-Zeichen in ein Breitzeichen.
int **wctomb**(char *s, wchar_t wchar);[1)]	Konvertiert ein Breitzeichen in ein Multibyte-Zeichen oder überprüft, ob die Codierung von Multibyte-Zeichen statusabhängig ist.
size_t **mbstowcs**(wchar_t * restrict pwcs, const char * restrict s, size_t n);[1)]	Konvertiert einen Multbyte-String in einen Breitzeichen-String.
size_t **wcstombs**(char * restrict s, const wchar_ t * restrict pwcs, size_t n);[1)]	Konvertiert einen Breitzeichen-String in einen Multibyte-String.
[1)] Diese Funktionen sind erst im C99-Standard vorhanden.	

Tabelle B.41 Funktionen der Headerdatei <stdlib.h> (Forts.)

Folgende Makros sind in *<stdlib.h>* definiert:

Makro	Beschreibung
EXIT_FAILURE	Fehlerhafte Beendigung des Programms mit exit(EXIT_FAILURE). EXIT_FAILURE ist ein Wert ungleich 0.
EXIT_SUCCESS	Erfolgreiche Beendigung des Programms mit exit(EXIT_SUCCESS). EXIT_SUCCESS hat gewöhnlich den Wert 0.
NULL	der NULL-Zeiger, der auch in einigen anderen Headern der Standard-Bibliothek definiert ist
RAND_MAX	eine ganzzahlige Konstante für den maximal möglichen, ganzzahligen Rückgabewert der Funktion rand()
MB_CUR_MAX	Ebenfalls eine ganzzahlige Konstante vom Typ size_t, die die maximale Anzahl von Bytes für ein Multibyte-Zeichen enthält. Der Wert ist in der Regel kleiner oder gleich MB_LEN_MAX aus der Headerdatei *<limits.h>*.

Tabelle B.42 Makros in der Headerdatei <stdlib.h>

Zu guter Letzt sind noch folgende fünf Typen in *<stdlib.h>* enthalten:

Type	Beschreibung
div_t	Struktur mit den Elementen quot und rem vom Typ int, die von der Funktion div() zurückgegeben wird
ldiv_t	Struktur mit den Elementen quot und rem vom Typ long int, die von der Funktion ldiv() zurückgegeben wird
lldiv_t	Struktur mit den Elementen quot und rem vom Typ long long, die von der Funktion lldiv() zurückgegeben wird
size_t	Ein ganzzahliger *unsigned* Typ, der als Ergebnis von sizeof-Operationen verwendet wird. Der Typ ist ebenfalls in mehreren Headerdateien der Standard-Bibliothek definiert.
wchar_t	Ein ganzzahliger Typ mit der Größe des größten zu speichernden erweiterbaren Zeichensatzes, der implementiert ist. wchar_t ist in weiteren Headerdateien der Standard-Bibliothek definiert.

Tabelle B.43 Definierte Typen in der Headerdatei <stdlib.h>

B.20 <string.h>

In der Headerdatei *<string.h>* sind viele Stringfunktionen und Funktionen, die ein Array byteweise bearbeiten, vorhanden. Die Stringfunktionen beginnen hierbei mit dem Präfix `str` und die Bytefunktionen mit `mem`. Ebenfalls in der Headerdatei *<string.h>* ist der Typ `size_t` und das Makro `NULL` definiert, worauf jetzt schon des Öfteren eingegangen wurde. Hierzu sehen Sie nun die Funktionen der Headerdatei:

Syntax	Bedeutung
`void **memcpy**( void * restrict ziel, const void * restrict quelle, size_t anzahl);`	eine bestimmte Anzahl von Bytes in `quelle` nach `ziel` kopieren
`void **memmove**( void *ziel, const void *quelle, size_t anzahl);`	wie `memcpy`, nur wird der korrekte Kopiervorgang garantiert
`void **memchr**( const void *ptr, int zeichen, size_t bereich);`	Sucht ein bestimmtes Zeichen in einem bestimmten Bereich.
`void **memset**( const void *ptr, int zeichen, size_t bereich);`	Füllt einen bestimmten Bereich mit einem Zeichen.
`void **memcmp**( const void *s1, const void *s2, size_t anzahl);`	Vergleicht eine bestimmte Anzahl Bytes miteinander.
`int **strcpy**( char * restrict ziel, const char * restrict quelle);`	einen String kopieren
`char ***strncpy**( char * restrict ziel, const char * restrict quelle, size_t size);`	eine bestimmte Anzahl von Zeichen eines Strings kopieren
`char ***strcat**( char * restrict str1, const char * restrict str2);`	einen String an einen anderen hängen

Tabelle B.44 In <string.h> definierte Funktionen

Syntax	Bedeutung
`char *strncat( char * restrict str1, const char * restrict str2, size_t size);`	einen String bestimmter Länge an einen anderen hängen
`int strcmp( const char *str1, const char *str2);`	zwei Strings miteinander vergleichen
`int strncmp( const char *str1, const char *str2, size_t size);`	zwei Strings bis zu einer gewissen Länge vergleichen
`size_t strlen(const char *str);`	Länge eines Strings ermitteln (ohne Stringende-Zeichen \0)
`char *strchr( const char *str, int zeichen);`	ein Zeichen in einem String suchen (von vorne)
`char *strrchr( const char *str, int zeichen);`	ein Zeichen in einem String suchen (von hinten)
`char *strstr( const char *str, const char *such_str);`	eine bestimmte Stringfolge in einem String suchen
`char *strpbrk( const char *str, const char *zeichen_menge);`	ein Zeichen aus einer Zeichenmenge im String suchen
`size_t strspn( const char *str, const char *zeichen_menge);`	Ermittelt die Länge der übereinstimmenden Zeichen.
`size_t strcspn( const char *str, const char *zeichen_menge);`	Ermittelt die Anzahl der nicht übereinstimmenden Zeichen.
`char *strtok( char * restrict str, const char * restrict zeichen);`	einen String nach bestimmten Zeichen zerlegen
`char *strerror( int fehlernummer);`	Gibt eine zur Fehlernummer gehörende Fehlermeldung aus.
`int strcoll( const char*str1, const char *str2);`	länderspezifische Vergleichsfunktion

Tabelle B.44 In <string.h> definierte Funktionen (Forts.)

Syntax	Bedeutung
`size_t strxfrm( char * restrict land, const char * restrict is_land, size_t size);`	länderspezifische Umwandlung von Zeichen

Tabelle B.44 In <string.h> definierte Funktionen (Forts.)

B.21 <tgmath.h> (C99)

In *<tgmath.h>* sind die Headerdateien *<math.h>* und *<complex.h>* inkludiert und definieren typengenerische Makros. Der Vorteil dieser Makros besteht darin, dass Sie unabhängig vom Typ des Arguments die mathematischen Funktionen mit demselben Namen aufrufen können. Das bedeutet: Sie können außer Acht lassen, welche mathematischen Funktionen Sie für den Typ `float`, `double`, `long double`, `float complex`, `double complex` und `long double complex` aufrufen.

Wollen Sie beispielsweise eine Funktion zum Ziehen der Quadratwurzel verwenden, so mussten Sie, abhängig vom Datentyp, zwischen sechs verschiedene Varianten mit `sqrtf()`, `sqrt()`, `sqrtl()`, `csqrtf()`, `csqrt()` und `csqrtl()` unterscheiden. Mit den typengenerischen Makros in *<tgmath.h>* brauchen Sie sich darüber keine Gedanken mehr zu machen. Hiermit brauchen Sie lediglich die Funktionen der `double`- bzw. `double complex`-Variante kennen, und ein Aufruf von `sqrt()` führt automatisch die entsprechende Erweiterung aus. Rufen Sie beispielsweise `sqrt()` mit einem `float complex`-Argument auf, wird automatisch die Erweiterung `csqrtf()` ausgeführt.

Hinweis

Die Funktionen `carg()`, `cimag()`, `conj()`, `cproj()` und `creal()` sind nur für komplexe Gleitpunktzahlen definiert, und daher führt ein Aufruf Funktionen mit reellen Typen zu einem Aufruf der Funktion des komplexen Typs.

Hinweis

Ganzzahlige Argumente werden automatisch in ein `double` umgewandelt.

B.22 <time.h>

<time.h> beinhaltet viele Standardfunktionen, Typen und Makros für die Behandlung von Datum und Uhrzeit. Hierzu zunächst ein Überblick über die Funktionen:

Syntax	Bedeutung
`clock_t` **`clock`**`(void);`	verbrauchte CPU-Zeit seit dem Programmstart
`time_t` **`time`**`(time_t *time_ptr);`	Erfragen der aktuellen Kalenderzeit
`struct tm *`**`gmtime`**`(const time_t *time_ptr);` `struct tm *`**`localtime`**`(const time_t *time_ptr);`	Konvertieren vom `time_t`-Zeitformat in die `struct tm`-Zeit
`time_t` **`mktime`**`(const struct tm *tm_ptr);`	Konvertieren vom `struct tm`-Zeitformat in die `time_t`-Zeit
`char *`**`asctime`**`(const struct tm *tm_ptr);`	Konvertieren vom `struct tm`-Zeitformat in einen String
`char *`**`ctime`**`(const time_t *time_ptr);`	Konvertieren vom `time_t`-Zeitformat in einen String
`double` **`difftime`**`(time_t z2, time_t z1);`	Differenzen zweier Uhrzeiten im `time_t`-Format
`size_t` **`strftime`**`(char * restrict puf, size_t smax, const char * restrict fmt, const struct tm * restrict t_ptr);`	Konvertieren vom `struct tm`-Zeitformat in einen benutzerdefinierten String

Tabelle B.45 Standardzeitfunktionen der Headerdatei <time.h>

Folgende Typen sind in *<time.h>* deklariert:

Typ	Beschreibung
`clock_t`	Der Typ wird von der Funktion `clock()` zurückgegeben. Der Wert von `clock_t` implementierungsabhängig (häufig als `int` oder `long int` definiert).
`time_t`	Der Typ wird von der Funktion `time()` zurückgegeben. Der Wert von `time_t` ist ebenfalls implementierungsabhängig (häufig ebenfalls als `int` oder `long int` definiert).
`struct tm`	eine Struktur, die Datum und Uhrzeit repräsentiert

Tabelle B.46 In <time.h> deklarierte Typen

Typ	Beschreibung
size_t	Auch hier: Ein ganzzahliger *unsigned*-Typ, der als Ergebnis von sizeof-Operationen verwendet wird. Der Typ ist ebenfalls in mehreren Headerdateien der Standard-Bibliothek definiert.

Tabelle B.46 In <time.h> deklarierte Typen (Forts.)

In der Sturktur struct tm sind folgende Elemente deklariert:

Element in struct tm	Beschreibung
int tm_sec	Sekunden (0–59)
int tm_min	Minuten (0–59)
int tm_hour	Stunden (0–23)
int tm_mday	Tag des Monats (1–31)
int tm_mon	Monat (0–11; 0 = Januar)
int tm_year	Jahr seit 1900
int tm_wday	Tag der Woche (0–6; 0 = Sonntag)
int tm_yday	Tag des Jahres (0–365)
int tm_isdst	Sommerzeit (>0: Sommerzeit; ==0: keine Sommerzeit; <0: unbekannt).

Tabelle B.47 Elemente der Struktur »struct tm«

Folgende Makros sind in der Headerdatei *<time.h>* definiert:

Makros	Beschreibung
CLOCKS_PER_SEC	Hierbei handelt es sich um einen konstanten Ausdruck vom Typ clock_t, der verwendet wird, wenn die verbrauchte Prozessorzeit in Sekunden berechnet werden soll. Hierbei wird der Rückgabewert von clock() durch CLOCKS_PER_SEC dividiert.
NULL	der Null-Zeiger

Tabelle B.48 Makros aus der Headerdatei <time.h>

Jetzt noch eine Übersicht über die Formatspezifizierer der Funktion strftime(), um Werte von der Struktur struct tm in einen benutzerdefinierten String umzuwandeln. Folgende Umwandlungsvorgaben können Sie hier verwenden:

Format	Wird ersetzt durch	Beispiel
%a	Wochenname (gekürzt)	Sat
%A	Wochenname (ausgeschrieben)	Saturday
%b	Monatsname (gekürzt)	Jan
%B	Monatsname (ausgeschrieben)	January
%c	entsprechende lokale Zeit- und Datumsdarstellung	Sat Jan 22 22:22:22 MET 2003
%d	Monatstag (1–31)	22
%H	Stunde im 24-Stunden-Format (0–23)	23
%I	Stunde im 12-Stunden-Format (1–12)	5
%j	Tag des Jahres (1–366)	133
%m	Monat (1–12)	5
%M	Minute (0–59)	40
%p	AM- oder PM-Zeitangabe; Indikator für das 12-Stunden-Format (USA)	PM
%S	Sekunden (0–59)	55
%U	Wochennummer (0–53; Sonntag als erster Tag der Woche)	33
%w	Wochentag (0–6; Sonntag = 0)	3
%W	Wochennummer (0–53; Montag als erster Tag der Woche)	4
%x	lokale Datumsdarstellung	02/20/02
%X	lokale Zeitdarstellung	20:15:00
%y	Jahreszahl (ohne Jahrhundertzahl 0–99)	01 (2001)
%Y	Jahreszahl (mit Jahrhundertzahl YYYY)	2001
%Z, %z	Zeitzone (gibt nichts aus, wenn Zeitzone unbekannt)	MET
%%	Prozentzeichen	%

Tabelle B.49 Formatierungszeichen für eine benutzerdefinierte Zeitangabe

B.23 <wchar.h> (NA1)

Bisher haben Sie eine Menge Funktionen zu Verarbeitung von gewöhnlichen Strings gesehen. Wenn Sie auf der Suche nach entsprechenden Gegenstücken aus den Headerdateien *<stdio.h>*, *<stdlib.h>*, *<string.h>* oder *<time.h>* für Breitzeichen-Strings (vom Typ `wchar_t`) sind, werden Sie in dem Header *<wchar.h>* fündig.

Zunächst die Übersicht über die Gegenstücke für breite Zeichen aus der Headerdatei *<stdio.h>*, die sich in *<wchar.h>* befinden:

Funktion	Beschreibung

`int` **`fwprintf`**`(`
`FILE * restrict stream,`
`const wchar_t * restrict frmt,`
`...);`
	Schreibt formatiert einen Breitzeichenstring in einen Stream.

`int` **`fwscanf`**`(`
`FILE * restrict stream,`
`const wchar_t * restrict frmt,`
`...);`
	Liest formatiert einen Breitzeichenstring aus einem Stream.

`int` **`swprintf`**`(`
`wchar_t * restrict s, size_t n,`
`const wchar_t * restrict frmt,`
`...);`
	formatiert Daten in einen Breitzeichenstring speichern

`int` **`swscanf`**`(`
`const wchar_t * restrict s,`
`const wchar_t * restrict frmt,`
`...);`
	formatiert Daten aus einem Breitzeichenstring lesen

`int` **`vfwprintf`**`(`
`FILE * restrict stream,`
`const wchar_t * restrict frmt,`
`va_list arg);`
	formatiert einen Breitzeichenstring in einen Stream schreiben (mit Argumentzeiger)

`int` **`vfwscanf`**`(`
`FILE * restrict stream,`
`const wchar_t * restrict frmt,`
`va_list arg);`
	Liest formatiert einen Breitzeichenstring aus einem Stream und speichert diesen im Argumentzeiger.

`int` **`vswprintf`**`(`
`wchar_t * restrict s, size_t n,`
`const wchar_t * restrict frmt,`
`va_list arg);`
	formatiert Daten in einem Breitzeichenstring speichern (mit Argumentzeiger)

`int` **`vswscanf`**`(`
`const wchar_t * restrict s,`
`const wchar_t * restrict frmt,`
`va_list arg);`
	formatiert Daten aus einem Breitzeichenstring lesen, um die Daten im Argumentzeiger zu speichern

`int` **`vwprintf`**`(`
`const wchar_t * restrict frmt,`
`va_list arg);`
	formatiert einen Breitzeichenstring auf `stdout` schreiben (mit Argumentzeiger)

Tabelle B.50 Alternative Breitzeichen-Gegenstücke für Standard-Ein-/Ausgabe-Funktionen der Headerdatei <stdio.h> in <wchar.h>

Funktion	Beschreibung
`int vwscanf( const wchar_t * restrict frmt, va_list arg);`	formatiert einen Breitzeichenstring von `stdin` einlesen und im Argumentzeiger speichern
`int wprintf( const wchar_t * restrict frmt, ...);`	formatiert einen Breitzeichenstring auf `stdout` schreiben
`int wscanf( const wchar_t * restrict frmt, ...);`	formatiert einen Breitzeichenstring von `stdin` einlesen
`wint_t fgetwc(FILE *stream);`	ein Breitzeichen aus einem Stream lesen
`wchar_t *fgetws( wchar_t * restrict s, int n, FILE * restrict stream);`	Breitzeichenstring aus einem Stream lesen
`wint_t fputwc( wchar_t c, FILE *stream);`	ein Breitzeichen in einem Stream schreiben
`int fputws( const wchar_t * restrict s, FILE * restrict stream);`	einen Breitzeichenstring in einem Stream schreiben
`int fwide( FILE *stream, int mode);`	Überprüft oder setzt die Zeichenorientierung, ob und wenn ein Stream byte- oder wide-orientiert ist. Rückgabe: >0: wide-orientiert (ggf. setzen) <0: byte-orientiert (ggf. setzen) =0: Orientierung wird nicht geändert.
`wint_t getwc(FILE *stream);`	Ein Breitzeichen aus einem Stream lesen. Kann auch als Makro implementiert sein.
`wint_t getwchar(void);`	ein Breitzeichen von der Standardeingabe einlesen
`wint_t putwc( wchar_t c, FILE *stream);`	Ein Breitzeichen in einem Stream schreiben. Kann auch als Makro implementiert sein.
`wint_t putwchar(wchar_t c);`	ein Breitzeichen auf die Standardausgabe schreiben
`wint_t ungetwc( wint_t c, FILE *stream);`	Schiebt ein Breitzeichen in den Streampuffer zurück.

Tabelle B.50 Alternative Breitzeichen-Gegenstücke für Standard-Ein-/Ausgabe-Funktionen der Headerdatei <stdio.h> in <wchar.h> (Forts.)

Natürlich finden Sie in *<wchar.h>* auch Funktionen für numerische Konvertierungen, wie aus der Headerdatei *<stdlib.h>*, nur eben für Breitzeichenstrings. Hier die entsprechenden Funktionen:

Funktion	Beschreibung
double **wcstod**(const wchar_t * restrict nptr, wchar_t ** restrict endptr);	einen Breitzeichenstring in einen double-Wert konvertieren
float **wcstof**(const wchar_t * restrict nptr, wchar_t ** restrict endptr);	einen Breitzeichenstring in einen float-Wert konvertieren
long double **wcstold**(const wchar_t * restrict nptr, wchar_t ** restrict endptr);	einen Breitzeichenstring in einen long double-Wert konvertieren
long int **wcstol**(const wchar_t * restrict nptr, wchar_t ** restrict endptr, int base);	einen Breitzeichenstring in einen long int-Wert konvertieren
long long int **wcstoll**(const wchar_t * restrict nptr, wchar_t ** restrict endptr, int base);	einen Breitzeichenstring in einen long long int-Wert konvertieren
unsigned long int **wcstoul**(const wchar_t * restrict nptr, wchar_t ** restrict endptr, int base);	einen Breitzeichenstring in einen unsigned long int-Wert konvertieren
unsigned long long int **wcstoull**(const wchar_t * restrict nptr, wchar_t ** restrict endptr, int base);	einen Breitzeichenstring in einen unsigned long long-Wert konvertieren

Tabelle B.51 Alternative Breitzeichen-Gegenstücke für Funktionen für numerische Konvertierungen aus der Headerdatei <stdlib.h> in <wchar.h>

Auch die Stringfunktionen für Breitzeichenstrings finden Sie in der Headerdatei *<wchar.h>*. Sie sind ihren Gegenstücken aus der Headerdatei *<string.h>* ebenbürtig:

Funktion	Beschreibung
wchar_t ***wcscpy**(wchar_t * restrict s1, const wchar_t * restrict s2);	einen Breitzeichenstring kopieren
wchar_t ***wcsncpy**(wchar_t * restrict s1, const wchar_t * restrict s2, size_t n);	eine bestimmte Anzahl von Breitzeichen eines Breitzeichenstrings kopieren

Tabelle B.52 Alternative Breitzeichen-Gegenstücke für Stringfunktionen der Headerdatei <string.h> in <wchar.h>

Funktion	Beschreibung

`wchar_t *wmemcpy(`
`wchar_t * restrict s1,`
`const wchar_t * restrict s2,`
`size_t n);`
	Kopiert einen ganzen Speicherblock mit Breitzeichen.

`wchar_t *wmemmove(`
`wchar_t *s1,`
`const wchar_t *s2,`
`size_t n);`
	wie `wmemcpy()`, nur wird der korrekte Kopiervorgang garantiert

`wchar_t *wcscat(`
`wchar_t * restrict s1,`
`const wchar_t * restrict s2);`
	Hängt einen Breitzeichenstring an einen anderen.

`wchar_t *wcsncat(`
`wchar_t * restrict s1,`
`const wchar_t * restrict s2,`
`size_t n);`
	Hängt einen Breitzeichenstring mit bestimmter Länger an einen anderen.

`int wcscmp(`
`const wchar_t *s1,`
`const wchar_t *s2);`
	zwei Breitzeichenstrings miteinander vergleichen

`int wcscoll(`
`const wchar_t *s1,`
`const wchar_t *s2);`
	länderspezifische Vergleichsfunktion mit Breitzeichenstrings

`int wcsncmp(`
`const wchar_t *s1,`
`const wchar_t *s2,`
`size_t n);`
	zwei Breitzeichenstrings bis zu einer bestimmten Länge miteinander vergleichen

`size_t wcsxfrm(`
`wchar_t * restrict s1,`
`const wchar_t * restrict s2,`
`size_t n);`
	länderspezifische Umwandlung von Breitzeichen

`int wmemcmp(`
`const wchar_t *s1,`
`const wchar_t *s2,`
`size_t n);`
	Vergleicht zwei Speicherblöcke von Breitzeichenstrings mit einer bestimmten Anzahl von Breitzeichen miteinander.

`wchar_t *wcschr(` `const wchar_t *s, wchar_t c);`	ein Breitzeichen in einem Breitzeichenstring suchen

`size_t wcscspn(`
`const wchar_t *s1,`
`const wchar_t *s2);`
	Ermittelt die Länge der nicht übereinstimmenden Breitzeichen.

`wchar_t *wcspbrk(`
`const wchar_t *s1,`
`const wchar_t *s2);`
	Sucht Breitzeichen aus einer Breitzeichenmenge im Breitzeichenstring.

Tabelle B.52 Alternative Breitzeichen-Gegenstücke für Stringfunktionen der Headerdatei <string.h> in <wchar.h> (Forts.)

Funktion	Beschreibung
`wchar_t *wcsrchr( const wchar_t *s, wchar_t c);`	ein Breitzeichen in einem Breitzeichenstring suchen (von hinten)
`size_t wcsspn( const wchar_t *s1, const wchar_t *s2);`	Ermittelt die Länge der übereinstimmenden Breitzeichen.
`wchar_t *wcsstr( const wchar_t *s1, const wchar_t *s2);`	Sucht eine bestimmte Breitzeichenstringfolge in einem Breitzeichenstring.
`wchar_t *wcstok( wchar_t * restrict s1, const wchar_t * restrict s2, wchar_t ** restrict ptr);`	einen Breitzeichenstring nach bestimmten Breitzeichen zerlegen
`wchar_t *wmemchr( const wchar_t *s, wchar_t c, size_t n);`	Sucht ein bestimmtes Breitzeichen aus einem Speicherblock.
`size_t wcslen(const wchar_t *s);`	Länge des Breitzeichenstrings ermitteln (ohne `L'\0'`)
`wchar_t *wmemset( wchar_t *s, wchar_t c, size_t n);`	Füllt einen bestimmten Speicherblock mit einem Breitzeichenstring.

Tabelle B.52 Alternative Breitzeichen-Gegenstücke für Stringfunktionen der Headerdatei <string.h> in <wchar.h> (Forts.)

Für die Formatierung von Datum und Uhrzeit in einem Breitzeichenstring ist in *<wchar.h>* die Funktion `wcsftime()` deklariert:

```
size_t wcsftime(
   wchar_t * restrict s, size_t maxsize,
   const wchar_t * restrict format,
   const struct tm * restrict timeptr);
```

Die Verwendung der Funktion entspricht exakt der Verwendung der Funktion `strftime()` aus der Headerdatei *<time.h>*, nur eben mit Breitzeichenstrings.

Des Weiteren finden Sie folgende Funktionen zur erweiterten Umwandlung von Breitzeichen in Multibytezeichen und umgekehrt:

Funktion	Beschreibung
`wint_t btowc(int c);`	ein Byte-Zeichen in ein Breitzeichen konvertieren

Tabelle B.53 Funktionen zum Umwandlung von Breitzeichen in Multibyte-Zeichen und umgekehrt

Funktion	Beschreibung
`int wctob(wint_t c);`	ein Breitzeichen in ein Byte-Zeichen konvertieren, wenn möglich
`int mbsinit( const mbstate_t *ps);`	Testet, ob der Multibyte-Shift-Status der ursprüngliche Status ist.
`size_t mbrlen( const char * restrict s, size_t n, mbstate_t * restrict ps);`	Gibt die Länge eines Multibyte-Zeichens zurück und speichert den Shift-Status.
`size_t mbrtowc( wchar_t * restrict pwc, const char * restrict s, size_t n, mbstate_t * restrict ps);`	ein Multibyte-Zeichen in ein Breitzeichen konvertieren und den Shift-Status speichern
`size_t wcrtomb( char * restrict s, wchar_t wc, mbstate_t * restrict ps);`	ein Breitzeichen in ein Multibyte-Zeichen konvertieren
`size_t mbsrtowcs( wchar_t * restrict dst, const char ** restrict src, size_t len, mbstate_t * restrict ps);`	einen Multibyte-String in einen Breitzeichenstring konvertieren und den Shift-Status speichern
`size_t wcsrtombs( char * restrict dst, const wchar_t ** restrict src, size_t len, mbstate_t * restrict ps);`	einen Breitzeichenstring in einen Multibyte-String konvertieren und den Shift-Status speichern

Tabelle B.53 Funktionen zum Umwandlung von Breitzeichen in Multibyte-Zeichen und umgekehrt (Forts.)

Folgende Typen sind in der Headerdatei *<wchar.h>* außerdem noch deklariert:

Typ	Beschreibung
`mbstate_t`	Mit diesem Typ wird der Status einer Umwandlung von Multibyte-Strings in Breitzeichenstrings und umgekehrt gespeichert.
`size_t`	Auch hier: Ein ganzzahliger *unsigned*-Typ, der als Ergebnis von `sizeof`-Operationen verwendet wird. Der Typ ist ebenfalls in mehreren Headerdateien der Standard-Bibliothek definiert.
`struct tm`	eine Struktur, die Datum und Uhrzeit repräsentiert

Tabelle B.54 In <wchar.h> deklarierte Typen

Typ	Beschreibung
`wchar_t`	ein ganzzahliger Typ mit der Größe des größten zu speichernden erweiterbaren Zeichensatzes, der implementiert ist
`wint_t`	Ein ganzzahliger Typ mit mindestens der Breite von `int`. Der Typ umfasst auf jeden Fall den kompletten Wertebereich von `wchar_t` und muss auch das Makro `WEOF` darstellen können. Häufig sind `wchar_t` und `wint_t` dieselben Typen und gleichwertig.

Tabelle B.54 In <wchar.h> deklarierte Typen (Forts.)

Neben den Makros `WCHAR_MIN`, `WCHAR_MAX` (siehe *<stdint.h>*) und `NULL` definiert *<wchar.h>* auch das Makro `WEOF`. Diese Konstante ist vom Typ `wint_t` und stellt einen Wert dar, der nicht mit dem Wert eines Zeichens aus dem erweiterten Zeichensatz übereinstimmt. `WEOF` kann im Gegensatz zu `EOF` auch einen positiven Wert haben und wird von vielen Funktionen im Fall eines Fehlers oder beim Ende eines Lesevorgangs zurückgegeben.

B.24 <wctype.h> (NA1)

In der Headerdatei *<wctype.h>* finden Sie die Funktionen zu Klassifizierung und Umwandlung von Breitzeichen. Hierbei handelt es sich um dieselben Gegenstücke aus der Headerdatei *<ctype.h>*. Folgende Funktionen sind hier deklariert:

Funktion	Beschreibung
`int iswalnum(wint_t wc);`	Testet auf alphanumerisches Breitzeichen.
`int iswalpha(wint_t wc);`	Testet auf Breitzeichen des Alphabets.
`int iswcntrl(wint_t wc);`	Testet auf Steuerzeichen.
`int iswdigit(wint_t wc);`	Testet auf eine dezimale Ziffer.
`int iswgraph(wint_t wc);`	Testet auf druckbares Zeichen (ohne Leerzeichen).
`int iswlower(wint_t wc);`	Testet auf Kleinbuchstabe.
`int iswprint(wint_t wc);`	Testet auf druckbares Zeichen.
`int iswpunct(wint_t wc);`	Testet auf Interpunktionszeichen.
`int iswspace(wint_t wc);`	Testet auf Zwischenraum-Zeichen.
`int iswupper(wint_t wc);`	Testet auf Großbuchstabe.
`int iswxdigit(wint_t wc);`	Testet auf eine hexadezimale Ziffer.

Tabelle B.55 Funktionen in der Headerdatei <wctype.h>

Funktion	Beschreibung
`int towlower(wint_t wc);`	Wandelt das Breitzeichen in einen Kleinbuchstaben um.
`int towupper(wint_t wc);`	Wandelt das Breitzeichen in einen Großbuchstaben um.
`wctype_t wctype( const char *property);`	Liefert zu einer Zeichenkategorie den skalaren Wert `wctype_t` für die Funktion `iswctype()`.
`int iswctype( wint_t wc, wctype_t desc);`	Überprüft ein Breitzeichen daraufhin, ob dies zu einer bestimmten Zeichenkategorie gehört (siehe Abschnitt 20.2, »<ctype.h> – Zeichenklassifizierung und Umwandlung«).
`wint_t towctrans( wint_t wc, wctrans_t desc);`	Konvertiert ein Breitzeichen nach den lokalspezifischen Gegebenheiten.
`wctrans_t wctrans( const char *property);`	Liefert bei einer Zeichenumwandlung einen skalaren Wert für die Funktion `towctrans()`. Beispielsweise: `towctrans(wc, wctrans("tolower"));`

Tabelle B.55 Funktionen in der Headerdatei <wctype.h> (Forts.)

Index

A

B

C

D

E

F

G

H

I

J

K

L

M

N

O

P

Q

R

S

T

X

Z

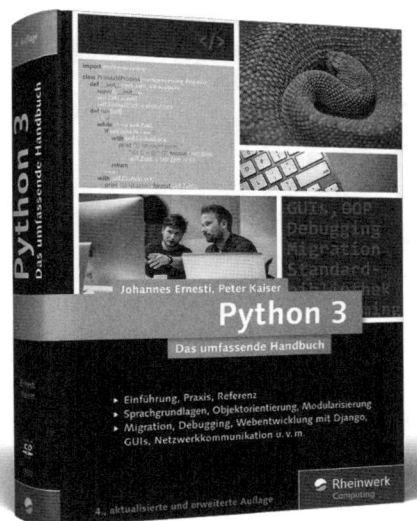

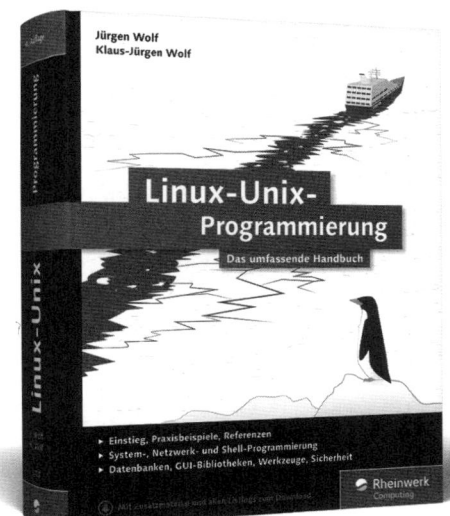

Linux-Unix-Programmierung

Das umfassende Handbuch

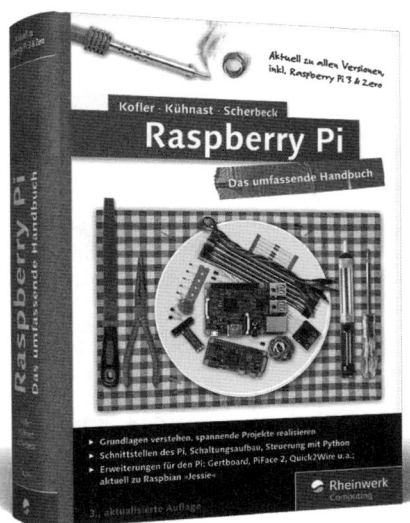

Wie hat Ihnen dieses Buch gefallen?
Bitte teilen Sie uns mit, ob Sie zufrieden waren, und bewerten Sie das Buch auf:
www.rheinwerk-verlag.de/feedback

Ausführliche Informationen zu unserem aktuellen Programm samt Leseproben finden Sie ebenfalls auf unserer Website. Besuchen Sie uns!